근대 한국학 교과서 총서

7

역사과

성신여대 인문융합연구소 편

제이앤씨
Publishing Company

근대 한국학 교과서의 탄생

1.

근대 교과서는 당대 사회의 복잡한 사회・역사・정치・문화의 상황과 조건들의 필요에서 나온 시대의 산물이다. 한국 근대사는 반봉건과 반외세 투쟁 속에서 자주적인 변혁을 이루어야 했던 시기였고, 특히 1860년대부터 1910년에 이르는 시간은 반봉건・반외세 투쟁을 전개하면서 근대적 주체를 형성해야 했던 때였다. 주체의 형성은 근대사에서 가장 중요한 과제였는 바, 그 역할의 한 축을 담당한 것이 근대 교육이다.

근대 초기 교과서 개발은 1876년 개항 이후 도입된 신교육 체제를 구현하기 위한 구체적인 과제였다. 교과서가 없이는 신교육을 실행할 수 없었기 때문에 개화정부는 교육개혁을 시행하면서 우선적으로 교과서 개발을 고려한다. 갑오개혁에 의해 각종 학교의 관제와 규칙이 제정되고 이에 따라 근대적 형태의 교육과정이 구성되는데, 교육과정이 실행되기 위해서는 교육내용을 전하는 교과서를 먼저 구비해야 했다. 당시 교과서 편찬을 관장했던 기구는 '학부(學部) 편집국'이다. 편집국은 일반도서와 교과용 도서에 관한 업무를 관장해서 ① 도서의 인쇄, ② 교과용 도서의 번역, ③ 교과용 도서의 편찬, ④ 교과용 도서의 검정, ⑤ 도서의 구입・보존・관리 등의 사무를 맡았다. 학부는 교과서의 시급성을 감안하여 학부 관제가 공포된 지 불과 5개월만인 1895년 8월에 최초의 근대 교과서라 할 수 있는 『국민소학독본』을 간행하였고, 이후 『소학독본』(1895)과 『신정심상소학』(1896) 등을 연이어 간행해서 1905년까지 40여 종의 교과서를 출간하였다.

학부 간행의 교과서는 교육에 의한 입국(立國) 의지를 천명한 고종의 '교육조서'(1895,2)에 의거해서 이루어졌다. 교육조서는 ① 교육은 국가 보존의 근본이고, ② 신교육은 과학적 지식과 신학문과 실용을 추구하는 데 있고, ③ 교육의 3대 강령으로 덕육(德育)・체육(體育)・지육(智育)을 제시하고, ④ 교육입국의 정신을 들어 학교를 많이 설립하고 인재를 길러내는 것이 곧 국가 중흥과 국가보전에 직결된다는 것을 천명하였다. 이는 오늘날의 바람직한 국민상을 육성하기 위한 교육 목표와 동일한 것으로, 이런 취지를 바탕으로 학부는 신학문의 흡수와 국민정신의 각성을 내용으로 하는 교재를 다수 출간한다. 학부는 『조선역사』, 『태서신사』, 『조선지지』, 『여재촬요』, 『지구약론』, 『사민필지』, 『숙혜기략』, 『유몽휘편』, 『심상소학』, 『소학독본』, 『서례수지』, 『동국역사』, 『동국역대사략』, 『역사집략』, 『조선역사』 등 역사와 지리, 수신과 국어 교과서를 연속해서 간행했는데, 특히 역사와 지리 교과서가 다수 출판된 것을 볼 수 있다.

이 시기 교과서를 제대로 이해하기 위해서는 우선 교과서 편찬 주체가 누구인가를 알아야 한다. 불과 두세 달의 시차를 두고 간행되었지만 교과의 내용과 정치적 입장, 역사 인식 등에서 큰 차이를 보이는 『국민소학독본』과 『신정심상소학』을 비교해봄으로써 그런 사실을 알 수 있다.

『국민소학독본』이 간행된 1895년 전후의 시기는 민비와 대원군을 둘러싼 갈등과 대립이 극에 달했던 때였다. 『국민소학독본』은 박정양이 총리대신으로 있던 시기에 간행되었는데, 당시 교과서 편찬의 실무는 이상재(학부참서관), 이완용(학부대신), 윤치호(학부협판) 등 친미·친러파 인사들이 맡았다. 그런 관계로 『국민소학독본』에는 일본 관련 글은 거의 없고 대신 미국과 유럽 관련 글들이 대부분을 차지한다. 전체 41과로 구성되어 우리의 역사와 인물, 근대생활과 지식, 서양 도시와 역사와 위인을 다루었는데, 미국 관련 단원이 10과에 이른다. 그런데, 『신정심상소학』은 민비가 시해되고 대원군이 집권하면서 김홍집이 총리대신으로 있던 시기에 간행되었다. 친일 내각의 등장과 함께 일제의 개입이 본격화되어 책의 '서(序)'에는 일본인 보좌원 다카미 가메(高見龜)와 아사카와(麻川松次郎)가 관여한 사실이 소개되고, 내용도 일본 교과서인 『尋常小學讀本(신정심상소학)』을 그대로 옮겨놓다시피 했다. 근대적인 체계를 앞서 갖춘 일본의 교재를 참조한 것이지만, 일본인 명사 2명이 소개된 것처럼 교과 내용이 친일적으로 변해서 이전 교과서와는 상당히 다른 모습이다.

1906년 일제의 통감이 파견되고 일인 학정참정관이 조선의 교육을 장악하면서부터 교과서의 내용은 이전과 확연히 달라진다. 1906년 2월에 통감부가 서울에 설치되고 초대 통감으로 이토 히로부미(伊藤博文)가 부임해서 한국 국정 전반을 지휘·감독하였다. 일제는 교과서야말로 식민지 건설에 가장 영향력 있는 수단으로 간주해서 교과서 출판에 적극 개입하였다. 조선의 역사와 지리 그리고 국어과 교과서 출판에 대해서는 극심한 통제를 가했고, 한국인 출판업자가 출원하는 검정 교과서는 이른바 '정치적 사항에 문제가 있다' 하여 불인가 조치를 가하는 경우가 빈번하였다. 그 결과 한국사 및 한국 지리 교과서는 거의 간행되지 못하고, 대신 친일적인 내용의 교과서가 다수 간행된다. 1909년 5월에 보통학교용으로 『수신서』 4책, 『국어독본』 8책, 『일어독본』 8책, 『한문독본』 4책, 『이과서』 2책, 『도화 임본』 4책, 『습자첩』 4책, 『산술서』 4책이 출간된다. 이들 교과서에는 일본 관련 단원이 한층 많아져서, 『보통학교학도용 국어독본』(1907)에서 볼 수 있듯이, 우리나라와 일본의 국기가 나란히 걸린 삽화가 게재되고(1권 「국기」), 『일본서기』를 근거로 한 일본의 임나일본부설이 수록되며(6권 「삼국과 일본」), 심지어 세계 6대 강국이 된 군국주의 일본의 강성함을 선전하는 내용의 글(8권 「세계의 강국」)이 수록되기에 이른다.

민간인에 의한 교과서 출판은 을사늑약 이후 활발하게 이루어진다. 일제의 강압 아래 추진된 학부 간행의 교과서를 비판하면서 자주적 한국인 양성에 적합한 교과서를 편찬하고자 힘을 모으는데, 편찬의 주체는 민간의 선각이나 학회와 교육회였다. 이들은 교과서를 '애국심을 격발시키고 인재를 양성'하는 도구로 간주하였다. "학교를 설립하고 교육을 발달코자 할진데 먼저 그 학교의 정신부터 완전케 한 연후에 교육의 효력을 얻을지니 학교의 정신은 다름 아니라 즉 완전한 교과서에 있"다고 말하며, 학교가 잘 설비되어 있더라도 교과서가 "혼잡 · 산란하여 균일한 본국정신"을 담고 있지 못하다면 "쓸데없는 무정신교육"이 되어 국가에 별 이익이 없을 것이라고 주장했는데, 그것은 교과서가 "애국심을 격발케 하는 기계"(「학교의 정신은 교과서에 재함2」. 《해조신문》, 1908, 5.14.)라고 보았기 때문이다. 당시 민간 선각이나 학회들이 대대적으로 교과서 간행에 나선 것은 이런 배경을 갖고 있었다.

민간에서 간행된 최초의 교과서는 대한민국교육회의 『初等小學(초등소학)』(1906)이다. 당시 4년제인 보통학교의 전 학년이 배울 수 있도록 각 학년에 2권씩 모두 8권이 간행되었는데, 『초등소학』에서 무엇보다 두드러지는 것은 자주독립과 충절로 무장한 국민을 만들고자 하는 의지이다. 국가의 운명이 백척간두에 달한 현실에서 『초등소학』은 단군, 삼국시대, 영조, 세종, 성종 등 민족사의 성현들의 행적을 소환한다. 민족이란 발전하는 실체라기보다는 발생하는 현실이자 지속적으로 수행되고 또 다시 수행되는 제도적 정리 작업이라는 점에서 부단히 새롭게 규정될 수밖에 없는데, 『초등소학』은 그런 작업을 과거의 역사와 영웅적 인물들의 소환을 통해서 시도한다. 여기서 곽재우와 송상현, 조헌의 수록은 각별하다. 곽재우는 임진왜란 때 일제의 침략을 물리친 장군이고, 송상현 역시 동래부사로 있으면서 죽음으로 왜군을 막은 장수이며, 조헌은 일본군과 싸우다 금산성 밖에서 전사한 인물이다. 이들을 통해서 풍전등화의 민족적 위기를 극복하고자 하는 취지를 보여준다. 또, 『초등소학』에서 언급되는 한국사는 『大東歷史略(대동역사략)』의 내용을 그대로 집약한 것으로, 중국과의 관계에서 조선의 자주성이 강조되고 일본의 침략을 경계하는 내용이 주를 이룬다. 『대동역사략』은 신라가 마한의 뒤를 이어 삼국을 주도한, 한국사의 계통을 중화 중심에서 벗어나 자주적이고 주체적인 시각에서 서술하여 민족의 자부심을 고취시키고자 하는 취지를 갖고 있었다.

이런 내용의 『초등소학』을 시발로 해서 『유년필독』, 『몽학필독』, 『노동야학독본』, 『부유독습』, 『초등여학독본』, 『최신초등소학』, 『신찬초등소학』, 『초목필지』, 『초등국어어전』, 『윤리학 교과서』, 『초등소학수신서』, 『대한역사』, 『보통교과대동역사략』 등 수신과 역사, 지리 등의 교재들이 간행되었다.

사립학교의 대부분은 남학교였지만, 한편에서는 여성교육이 강조되고 여학교가 설립되기도 하였다. 1880년대부터 선교사들에 의하여 이화학당을 비롯한 여학교들이 설립되고, 민간에서도 1897년경 정선여학교가, 1898년에는 순성여학교가 설립되었다. 순성여학교를 설립한 찬양회는 여성단체의 효시로 여성의 문명개화를 위하여 여학교를 설립하였다. 이들 여학생을 위해서 각종 여학생용 교과서가 간행된다. 『녀ᄌᆞ쇼학슈신셔』, 『부유독습』, 『초등여학독본』 등의 교과서에서는, 여성이 맺는 여성 혹은 남성과의 관계에서 동등한 지위를 차지해야 한다는 담론이 등장하고, 유교적·전통적 성격의 여성상과 기독교적·서구적 성격의 여성상이 일정 수준 이상으로 혼재하고, 국모(國母)의 양성이 강조된다.

2.

『근대 한국학 교과서 총서』에는 총 54종 133권이 수록되었다. 여기서 교과서를 국어과, 수신과, 역사과, 지리과로 나누어 배치한 것은 다분히 편의적인 것이다. 근대적 의미의 교과(教科)가 분화되기 이전에 간행된 관계로 개화기 교과서는 통합교과적인 특성을 갖고 있다. 특히 국어와 수신 교과서는 내용이 중복되어 분간이 어려울 정도이다. 그럼에도 교과를 나눈 것은 다음과 같은 최소 기준에 의한 것이다.

'국어과'는, 교재의 제명이 독본(讀本), 필독(必讀), 필지(必知), 독습(讀習), 보전(寶典), 작문(作文) 등 다양하게 나타나지만, 당대의 문화, 역사, 정치, 경제적 정체성을 '국어'로 반영했다는 데서 국어과로 분류하였다. 당시 국어과 교과서는 "다른 교과목을 가르칠 때에도 항상 언어 연습을 할 수 있도록 하고, 글자를 쓸 때에도 그 모양과 획순을 정확히 지키도록 지도"(보통학교령, 1906) 하는 데 초점을 두었다. 근대지의 효율적인 생산과 유통에서 무엇보다 긴절했던 것은 '국어'에 대한 인식과 국어 사용 능력의 제고였다. 『신정심상소학』, 『보통학교학도용 국어독본』, 『최신 초등소학』 등 이 시기 대다수의 국어 교과서가 앞부분에서 국어 자모나 어휘와 같은 국어・국자 교육을 실행한 까닭은 근대적 지식을 용이하게 전달하기 위한 교육적 필요 때문이었다.

'윤리과'는 '수신(修身)'이라는 제명을 가진 교과서를 묶었다. 학부에서 발간을 주도한 수신과 교과서는 대체로 초등학교용에 집중되어 있고, 중등학교용이나 여학교용은 이 영역에 관심이 있던 민간단체나 개인이 주로 발간하였다. 수신과 교과서는 발간의 주체가 다양했던 관계로 교과서의 내용이나 전개 방식이 다채롭다. 역사에서 뛰어난 행적을 남긴 인물들의 사례를 연령대별로 모아 열거한 경우도 있고(『숙혜기략』), 근대적 가치를 포함시키고 삽화에 내용 정리를 위한 질문까지 곁들인 경우도 있으며(『초등소학 수신서』), 당시 국가가 처한 위기 상황과는 맞지 않게 일제의 영향으로 충군과 애국 관련 내용을 소략하게 수록한 경우도(『보통학교학도용 수신서』) 있다. '중등학교용' 수신과 교과서는, '초등학교용'에 비해 다채로운 방식으로 내용이 전개되지는 않지만 교과서 발간 주체들이 전통적 가치와 대한제국으로 유입되던 근대적 가치들을 조화시키기 위해 노력한 흔적을 보여준다. 또한 발간 시기가 1905년 을사늑약 이후로 집중되어 있어서인지 전체적으로 교과서 내용의 수준이 심화되고 분량도 늘어나는 가운데 충군과 애국 관련 내용이 증가하고, 그 표현의 어조도 한층 강화된 것을 볼 수 있다.

'지리과'는 '지리(地理), 지지(地誌)' 등의 제명을 갖는 교과서를 대상으로 하였다. 지리과 교과서 역시 발행 주체에 따라 학부 간행과 민간 선각에 의한 사찬 교과서로 구분된다. 학부 교과서는 종류와 승인・보급된 수량이 적고 특히 을사늑약 이후 일본의 식민치하에서는 발행이 매우 제한적이었다. 1895년 학부 간행의 『조선지지』는 우리나라 최초의 지리 교과서로, 조선의 지정학적 위치를 설명한 뒤, 한성부에서 경성부에 이르는 전국의 23부를 원장부전답・인호・명승・토산・인물 등으로 구분 · 기재하였다. 반면에 민간 선각들에 의한 발행은 일본의 교육 식민화를 저지하기 위한 목적에서 간행된 다양한 특성의 교과서들이다. 이 시기에는 세계지리를 다룬 만국지리 교과서의 발행이 증가하였는데, 세계 대륙과 대양의 위치 및 관계를 서술하고, 사회 진화 정도(야만, 미개, 반개, 문명)에 따라 세계 지역을 구분하는 등 사회진화론적 인식체계를 보여주었다. 『초등만국지리대요』에서는 '청국 남자는 아편을 좋아하고, 한족 부녀는 전족을 한다'는 부정적 서술이 있는 등 중국 중심의 유교적 철학과 사대주의적 관념에서 벗어나 문명 부강을 추구하는 서구적 문명관으로 재편되고 있음을 볼 수 있다.

'역사과'는 학부에서 발행한 관찬 사서 6권과 사찬 사서 20권으로 대별된다. 관찬 사서 6권은 모두 갑오개혁기(1895)와 대한제국기(1899)에 발행되었고, 사찬 사서 20권은 계몽운동기(1905~1910)에 발행되었다. 갑오개혁기 교과서에서는 모두 '大朝鮮國 開國 紀元'이라는 개국 기원을 사용해 자주독립 의식을 표현하고 있는 점이 특징이다. 하지만 자주와 독립의 의미를 강조하면서도 개국과 근대화 과정에서 일본의 역할과 관계를 강조하는 시각이 투사되어 있다. 교과서에 대한 통제가 본격화된 통감부 시기에 간행된 교과서에는 일제의 사관이 한층 깊이 개입된다. 현채의 『중등교과 동국사략』의 경우, 일본 다이스케 하야시의 『朝鮮史(조선사)』(1892)의 관점을 수용해서 개국과 일본에 의한 조선 독립이라는 내용이 삽입되어 있다. 이후 발행된 다양한 자국사 교과서들 역시 비슷한 관점에서 서술된다. 외국사 교과서는 1896년에 발행된 『萬國略史(만국약사)』부터 1910년에 발행된 『西洋史教科書(서양사교과서)』까지 모두 유사한 관점으로 되어 있다. 제국주의 침략에 맞서 문명개화 노선으로 부국강병을 꾀하려는 의도를 담고 있지만, 문명개화국과 그렇지 않은 국가 간의 우열을 그대로 드러내는 사회진화론적 관점을 보여서 세계 각 나라를 야만 → 미개 → 반개 → 문명으로 나누어 서술하였다. 유럽은 문명을 이룩하여 강대국이 되었으나, 조선은 반개(半開)의 상태로 야만과 미개는 아니지만 문명에는 미달한다고 서술한 것을 볼 수 있다.

3.

그동안 근대 교과서에 대한 관심이 적었던 것은 교과서 자체가 온전한 형태로 복원되지 못했기 때문이다. 여기저기 자료들이 산재해 있었고, 그것의 내역과 계통을

파악하지 못한 경우가 많았다. 그러다 보니 학계의 관심 또한 저조하기 이를 데 없었다. 이에 필자는 근대 교과서를 조사하고 체계화하여 이렇게 그 일부를 공간한다. 상태가 온전하지 못하고 결락된 부분도 있지만, 지금 상황에서 최선을 다한 것임을 밝힌다. 이들 자료는 국립중앙도서관, 국회도서관, 서울대 중앙도서관, 규장각도서관, 고려대 도서관, 이화여대 도서관, 한국학중앙연구원 한국학도서관, 세종대학교 학술정보원, 한국교육개발원, 제주 항일기념관, 한국개화기교과서총서(한국학문헌연구소편) 등등에서 취합하고 정리하였다. 작업에 협조해 준 관계자분들께 감사를 표하며, 아울러 본 총서 간행을 가능케 한 한국학중앙연구원의 지원에 감사를 드린다.

영인본의 명칭을 『근대 한국학 교과서』라 칭한 것은 다양한 내용과 형태의 교과서를 묶기에 적합한 말이 '한국학(Koreanology)'이라고 생각한 때문이다. 한국학이란 범박하게 한국에 관한 다양한 분야에서 한국 고유의 것을 연구・계발하는 학문이다. 구체적 대상으로는 언어, 역사, 지리, 정치, 경제, 사회, 문화 등 제 분야를 망라하지만, 여기서는 국어, 역사, 지리, 윤리로 교과를 제한하였다. 이들 교과가 근대적 주체(한국적 주체) 형성에 결정적으로 기여하였고, 그것이 이후의 복잡한 사회・역사・정치・문화의 상황과 길항하면서 오늘의 주체를 만들었다고 믿는다.

모쪼록, 이들 자료가 계기가 되어 교과서에 대한 다양한 관심과 연구가 촉발되기를 소망한다.

2022년 3월 1일
강진호

일러두기

- 수록 교과서는 총 54종 133권이고, 각 권에 수록된 교과서 목록은 아래와 같다.
- 국어과・윤리과・역사과・지리과의 구분은 편의상의 분류이다.
- 『초등국어어전』은 1, 3권은 개정본이고, 2권은 초판본이다.
- 『해제집』(10권)은 개화기와 일제강점기 교과서 전반을 망라한 것이다.
- 개화기와 일제강점기 교과서 목록은 10권 말미에 첨부한다.

교과	권	수록 교과서
국어과 (20종 48권)	1	국민소학독본(1895), 소학독본(1895), 신정심상소학(3권)(1896), 고등소학독본(2권)(1906), 최신초등소학(4권)(1906), 초등소학(1906), 보통학교학도용 국어독본(7권)(1907)(7권 결)
	2	유년필독(4권)(1907), 유년필독석의(2권)(1907), 초등여학독본(1908), 노동야학독본(1908), 부유독습(2권)(1908)
	3	초목필지(2권)(1909), 신찬초등소학(6권)(1909), 몽학필독(1912), 초등작문법(1908), 개정초등국어어전(3권)(1910), 대한문전(1909), 보통학교학도용 한문독본(4권)(1907), 몽학한문초계(1907)
윤리과 (12종 31권)	4	숙혜기략(1895), 서례수지(규장각본), 서례수지(한문본, 1886), 서례수지(한글, 1902), 보통학교학도용 수신서(4권)(1907), 초등소학(8권)(1906), 초등윤리학교과서(1907), 초등소학수신서(1908)
	5	여자독본(2권)(1908), 초등여학독본(1908), 여자소학수신서(1909), 중등수신교과서(4권)(1906), 고등소학수신서(1908), 윤리학교과서(4권)(1906)
역사과 (9종 36권)	6	조선역사(3권)(1895), 조선역대사략(3권)(1895), 동국역대사략(6권)(1899), 초등대한역사(1908), 초등본국역사(1908),
	7	역사집략(11권)(1905), 보통교과 동국역사(5권)(1899), 중등교과 동국사략(4권)(1906), 초등본국약사(2권)(1909)
지리과 (13종 18권)	8	조선지지(1895), 소학만국지지(1895), 지구약론(1897), 한국지리교과서(1910), 초등대한지지(1907), 최신초등대한지지(1909), 대한신지지(2권)(1907), 문답대한신지지(1908), 여재촬요(1894)
	9	(신정)중등만국신지지(2권)(1907), 사민필지(한글본)(1889), 사민필지(한문본)(1895), 중등만국지지(3권)(1902), 신편대한지리(1907)
해제집	10	근대 교과서 해제

목차

역사집략

(歷史輯略)

卷1·2·3·4·5·6·7·8·9·10·11

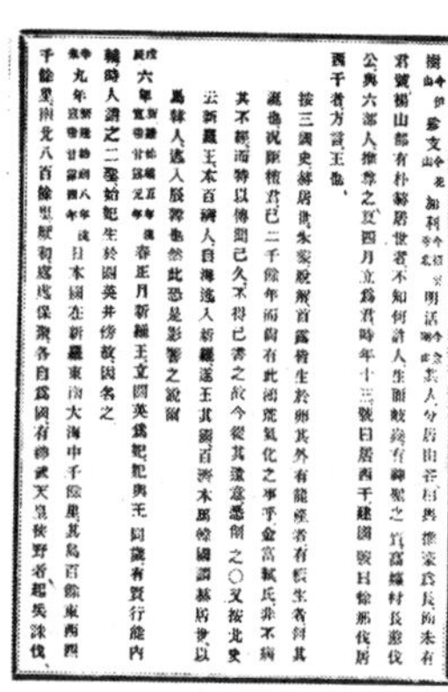

歷史輯略卷二 馬韓 新羅 高句麗 百濟 三十八

樹 珍支 加利 明活 其人。分居山谷。村與。推豪爲長。而未有
君號。楊山部有朴赫居世者。不知何許人。生而岐嶷有神聖之質。高墟村長蘇伐
公。與六部人。推尊之。夏四月立爲君。時年十三。號曰居西干。建國號曰徐那伐。居
西干者。方言王也。
按三國史赫居世朱蒙。脫解首露皆生於卵。其外有龍產者。有卵生者。舛其
誕也。況降精君已二千餘年。而尙有此荒誕氣化之事乎。金富軾氏非不病
其不經。而特以傳聞已久。不得已書之。故今從其遺意。略刪之○又按北史
云新羅王本百濟人。自海逃入新羅。遂王其國。百濟本馬韓國。謂赫居世以
馬韓人。逃入辰韓也。然此恐是影響之說耶
六年 春正月。新羅王立閼英爲妃。妃與王。同德。有賢行。能內
輔。時人謂之二聖。始妃生於閼英井傍。故因名之
九年 日本國在新羅東南大海中。千餘里。其島百餘。東西四
千餘里。南北八百餘里。初處處保聚。各自爲國。有神武天皇者。起兵誅伐。

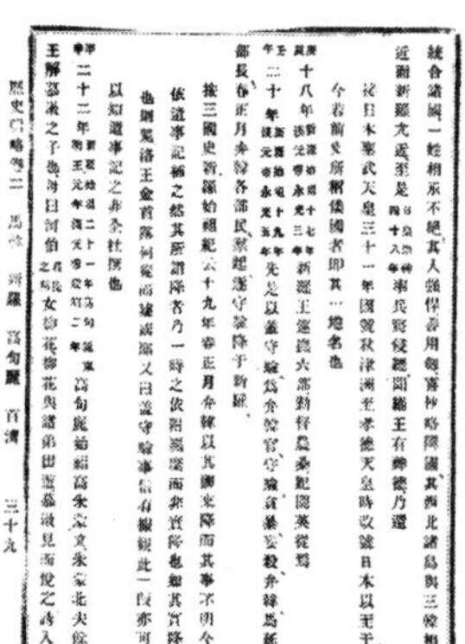

統合諸國。一姓相承不絶。其人强悍。善用劍。嘗抄略隣國。其西北諸島與三韓相
近。而新羅尤近。至是 率兵寇侵。聞羅王有神德。乃還
後日本崇武天皇三十一年。國號秋津洲。至孝德天皇時。改號日本。以至于
今。若前史所稱倭國者。卽其一地名也
十八年 新羅王巡撫六部。勸督農桑。盡地利。閼英從焉
二十年 先是以蓋守綸爲弁韓官。守綸貪婪殘暴。弁韓爲延
部長。春正月。弁韓各部民。殺綸遂守。降于新羅。
按三國史新羅始祖紀云十九年春正月。弁韓以其國來降。而其事不明。今
依遺事記補之。然其所謂降者。乃一時之依附新羅。而非實降也。知其實降
也。則駕洛王金首露。何從而據弁韓乎。又曰蓋守綸事。信有據。據此一段。亦可
以知遺事記之非全杜撰也
二十二年 高句麗始祖高朱蒙。又作衆解。朱蒙。姓高。夫餘
王解慕漱之子也。母曰河伯之女柳花。柳花與諸弟出遊。慕漱見而悅之。誘入

歷史輯略卷二 馬韓 新羅 高句麗 百濟 三十九

光武九年十月[illegible][illegible][illegible]刊

歷史輯略

鶴林李鍾泰題

歷史輯略序

余爲學部之明年編輯局長李君鍾泰以金滄江澤榮所撰歷史輯略將印之而列于敎科以序徵余其書本名東史輯略行于世數年爲識者所稱道至是金君又採紀錄以修以補而前本則付之洗草金君之於此其可謂改過不吝精益求精者歟余觀是書有二長自古史書別種自資治通鑑以下指不勝僂然其卷帙之富者多用本史全文苟於義例不失繩尺則可也若夫卷帙之少者不然純用本史則患乎繁割裁本史則患乎晦惟必將本史之文而加鎔鑄剪裁之功猶若刱製者然後始爲精當此其所以難也今金君於其所謂難者能刻意施手使夫上下三千七百餘年之事之大且要者悉萃于十一卷中而詳不病繁簡不病晦此其一長也我邦古初之文獻其爲杞宋者久矣君主之世系疆域之沿革多有說眩至爲難言君旣能於諸家論說之中裁取其優以辨以斷時復自出秤量平正明覈而至若採入日本史數事則又發前輩見聞之所未及幾幾乎集本邦衆史之大成此又一長也由是言之是書之珍於人豈直初學已哉因念本邦與中

歷史輯略 序

國接壤學者專講中國之乘者俗尙已狃而至於本邦故實則或罔諳邈然是驁於遠而墻於近者也請自今爲學者須先從事於是書溯禮樂刑政之制作以博其識察治亂得失之轍跡以啓其智以爲之根本而其繫外國之史籍則餘力及之庶幾無遠驁近墻之病而有以答邦家教育作成之至意有日矣此區區之所深望云爾

光武九年二月十二日學部大臣李載克序

序

韓國載籍成於高麗以前者殆不傳于今海東古記新羅古事等書三國史引用之然今皆不得見如高句麗留記百濟書記今日若得之則俾補史界果幾乎哉至若高麗金富軾奉仁宗之命撰三國史僧一然又著三國遺事古史幸得而不亡焉韓朝奎運之隆非徒有徐居正之東國通鑑林象德之東史會綱安鼎福之東史綱目洪汝河之通鑑提綱等書而已麗朝之紀有高麗史韓朝之紀有實鑑實錄而至上下數千載之事集之大成最便於通覽者則更不得不待史家之筆於是乎輯略之書成焉今臨其鋟梓聊記一言以弁于卷首云爾

韓國學政參與官
日本文學博士
幣原　坦

自序

曩余作東史輯略閔學士公尹氏爲之捐貲刋行後余又得洽齋柳氏四郡志渤海考及亡友丹農李氏建初所作輯略之辨追加補改凡前後之役皆吾友玄采白受所勸發者也既成易以今名白受讀而喟曰子於此書已勤矣已備矣已精矣吾何敢措一辭獨其一二書法膠守前史而與近世各國史之時義不同何以勸後生乎此所謂惑者也余聞之爲之反覆思惟夫天下有德則已矣德之衰已數千年矣惟力是角而心不服大小强弱雖有不同而特不過虎之與豹耳將尊虎而貶豹則麒麟騶虞豈不笑之而况今之天下非古之天下也環匝大塊其國百數各誇其雄各尊其名使古之君子存於今而爲今之史則其將純用古例耶抑將別思一例耶余不敢自質姑從白受改之如左噫乎白受有志者志之可伸者止此一史而已乎其亦可慨矣夫

光武九年乙巳三月十日滄江學人書

于霖之南遊也囑余校刋是書是書之前後撰述余實勸發而其所採論意

往愈精居然爲學者之寶欽服不可已但其中一二書法雖已對論而尙有
所未盡者故輒敢私加丹黃以合于近世各國史之例他日于霖歸而閱之
其必將啞然一笑也漢水玄釆白受識

原序

自春秋以降世愈下事愈繁一代之史非數十百卷不足以盡記其事人之從事
於史學者聰明旣有所難給而其初學之情尤在於便易故宋江氏明曾氏諸人
不得已而作通鑑節要史略等書去其優柔饜飫之風韻而以就夫簡短窄狹之
蹊徑嗚呼天地無窮人事如之後二氏而往千萬世其所以不得已者尤可知也
然節要純於述故其簡也多滯史略有時而作故雖簡而能通然則與其爲江氏
毋寧爲曾氏乎余廢于學部者有年竊嘗欵初學所讀本國史略苦無善本乃草
一本據徐氏東國通鑑兪氏麗史提綱安氏東史綱目洪氏渤海世家以及乎日
本之史起自檀君止于麗末筆意略倣曾氏而所書視江氏爲豐焉其所辨明以
疆域爲主多採丁氏疆域諸說而間亦附以私見總十一卷名曰東史輯略謂之

輯者不敢沒前人之美也薳幾具閔學士衡植金参書奎東二君子見而悅之議
付印工余感其意遂更取三國史高麗史及通鑑等書以證正修潤隨潤隨出以
旣厥事噫凡此十一卷之間上下三千七百四十五年之事之大者略已備矣然
使吾而能盡善則已矣如其不然是不惟負二君子也天下後世僭妄之罪有所
歸矣盖慄慄以懼不知所裁云
光武六年壬寅秋八月六日滄江學人書于漢城諫洞之溪舍

凡例

一此編本只是歷史之略耳、以其蒐輯前人撰籍、故特加一輯字、以見不沒人美之意

一檀君事荒遠難信、而亦不可盡刪、故篇末、以一云字結之、亦春秋以疑傳疑之法也

一東國通鑑三國紀於駕洛國降等書之、如某君卒之類、是也、然而三國本自無統、而駕洛未嘗臣服、於他則强分尊卑、殊無義意、今只以敵例書之、惟馬韓是箕子之統、故、於同時諸國、皆以降等待之、以尊其統焉

一箕子朝鮮及馬韓世系、多缺、今就有事無年處、各書某王幾年四字、以首、其事盖變例也

一是編所記雜出於中國廿一史者、爲多、則宜若表出某史某史於引用書目中、顧三國史以下諸家所記、既已該載廿一史、故玆不復煩表出

一是書高麗紀本據麗史提綱、既而以高麗史、東國通鑑二書旁證、則年月人名

等類、多有錯誤、玆更據二書、以修潤、并正其誤焉

一 田制兵制等類、凡通鑑提綱所略者、并採三國史、中國史、高麗史以入之、不嫌瑣屑、庶益考覽

一 是書、頗欲辨明疆域、廣引諸家辨說、然主其究竟未快者、一切存疑以俟他人

一 是書、主乎撮略、惟渤海國則共事佚於本國而僅見於他國之史、思之可悲故今不論巨細而悉錄之、以當其一代之全史

一 凡他國交聘往來每從始交處一書之其餘非有大事不書所以取簡略也

引用書目

三國遺事　新羅崔氏致遠撰 或曰高麗僧一然撰

東史古記　新羅僧無亟　撰

三國史　高麗金氏富軾撰

高麗史　本朝鄭氏麟趾撰

東國通鑑　徐氏居正撰

麗史提綱　兪氏　棨撰

東史綱目　安氏鼎福撰

疆域考　丁氏若鏞撰

東史世家　洪氏奭周撰

四郡志　柳氏得恭撰

渤海考　柳氏得恭撰

文獻備考

燕巖集　朴氏趾源撰

中京誌

國史略　日本近藤瓶城撰

右引用書目畧其大者而餘外小小者不盡錄

歷史輯略目錄

卷十一

前廢王禑　後廢王昌　恭讓王

歷史輯略卷一

花開金澤榮于霖撰

檀君朝鮮記

檀君、桓姓、名王儉、上世我邦之民、草衣木食、夏巢冬穴、聚以居、未有統攝、有人生于太伯山、(今妙香山)檀樹下、靈秀明智、衆以爲神、戊辰歲、(即中國唐堯二十五年)推立爲主、以其生於檀、號爲檀君、檀君、旣立、都於平壤、名其國曰朝鮮、(古語、東方之地、先受朝日光鮮、故謂之朝鮮)敎民編髮盖首、飮食居處之制、聞夏禹會諸侯于塗山、遣子扶婁往會之、季年、移居白岳、(今九月山一名阿斯達山)以沒、子孫相傳、凡千有十七年、(商武丁八年甲子)後一百九十六年而箕子東來云

按檀君、箕子及三國事、多出於新羅僧無亟所作東史古記、後世君子不甚信之、以其中多恠誕語、而又不出於儒家爾雅君子也、然自金氏三國史、徐氏東國通鑑、輿地勝覽以下、往往取之、豈非以其事不爲讖無耶、昔司馬氏史記五帝紀、出於古史世本等書、而其中所載怪誕之說、盖或有與古記相

類者故帝紀末、以搢紳之語結之、夫使其離雅也、則何孚可持也、故讀古者惟在能善擇而已、若以其稍涉不經而一切抹撥之、則天下書之可信者能幾何哉、大抵檀君以下三國以前、上下數千年事之都缺、此宇內萬國之所無也、萬國開闢之始、皆能自造文字、以記其言、以通其情、而我邦上世、獨無其事、則是朝市郊野生長老死之間、只一聒然鳥音而已、以此生活、其亦何堪其煩鬱哉、檀氏之世則旣然矣、至箕子東來則有中國之文矣、一國之人不能廣學而普記、抑何故歟、苟能廣學而普記者、設使檀箕二代之史、皆燬於衛滿之亂、如今或人之說、雖亡於朝而必存於野矣、可勝歎哉、嗚呼數千年之間、無一文士能傳其事、而方外之流獨能傳之、蓋三國之交通中國也佛敎之來先於儒敎、持世最久、故其徒能自翻譯方言、以述古事、然其學識不足以擇其不經而鹵莽至此歟、余爲是之慨、輒玆取而裁之、冠諸編首、如右○又按古記、檀君、命子三人、築城於穴口、(今江華)世傳爲三郞城、然而檀君之時、未必有築城之事、豈其事出於檀君後孫而後人謬指爲檀君歟○又按以東史古記觀之、檀氏以商武丁八年國絶、然則下距箕子東來爲一百九十六年、乃許眉叟記言以爲檀氏避箕子立爲北夫餘、此何所據耶、豈以北夫餘王解夫婁與檀君子同名而有此說耶、疑故闕之○茶山丁氏若鏞疆域考曰、漢書地理志、樂浪郡屬縣二十五、其首縣爲朝鮮、則朝鮮者平壤之舊名也

花開金澤榮于霖撰

朝鮮紀

己卯 朝鮮太祖 文聖王箕子元年 周武王元年 箕子、子姓、名胥餘、殷王成湯之苗裔、紂之諸父也、封於箕而子爵、故號箕子、事紂爲太師、紂爲無道、箕子諫紂不聽而囚之、箕子乃被髮佯狂爲奴、鼓琴以自悲、及周武王伐紂入殷、命召公釋箕子、因問殷所以亡、箕子不忍言、武王乃問以天道、箕子爲陳洪範九疇、既而箕子義不臣僕、走之朝鮮、居平壤、或曰朝鮮亦謂之韓

按箕子以下五十王事、雜出於鮮于氏先王遺事記及韓奇二氏之家譜、然箕子之東來、只爲避周自靖、而非爲其爲王、則稱王者、蓋後人之追尊也、故特書箕子二字、以明其志○遺事記云、箕子見平壤民俗强悍、以柳木性柔、令民家悉種柳、故平壤亦曰柳京○冷齋柳氏得恭四郡志曰、韓地爲樂浪南裔、漢時不入版圖、其稱韓者、似由箕氏、而箕氏之稱韓、又似在於南奔金

馬以前也詩韓奕溥彼韓城燕師所完王錫韓侯其追其貊王符潛夫論云
昔周宣王時有韓侯其國近燕後爲衛滿所伐遷居海中王應麟顧炎武皆
譏其說然則韓侯豈非箕氏歟若使韓果是姬晉所并之韓則非燕師所可
城故鄭玄以爲平安時衆民所築者鑿矣王肅則云涿郡方城縣有韓侯城
意在難鄭而亦與貊不相屬據符說可明韓在燕東統貊地也追者前儒多
未詳而必是濊貊之部屬○李建初三韓辨曰按尙書大傳武王克商駉驪
駒驪夫餘皆通道焉蓋朝鮮卽駉駉卽韓武王時韓安得有三而韓止在南
則又安得越朝鮮而先通於韓乎蓋韓是國名朝鮮是所都之地今平壤也
以韓奕詩王符論證之可明也又東沃沮之獻馬於赫居世也曰聞南韓有
聖人出南韓者對北韓之稱也且今韓之爲姓皆出於箕子箕子傳國千年
宗支百世何必待南奔者而傳其姓耶右渠相有韓陶者此亦豈出於南奔
者耶又東國方言謂大曰韓謂一亦曰韓是時箕氏傳世千年民不見他以
韓爲最大國亦以爲第一國○愚按駉驪之駉卽貊也猶言濊貊句麗貊也

蓋中國人統稱東北裔人爲貊故指朝鮮爲駉貊歟

(戊午)四十年(周成王三十三年)箕子昇遐(用本朝國朝寶鑑書法蓋薪例也)壽九十三葬平壤之王荇山(今名兎山在平壤城西北)初箕子之東來也殷人隨之者五千詩書禮樂醫巫陰陽卜筮之流百工技藝皆從焉始至言語不通譯而後知之箕子乃敎其民以禮義田蠶織作用王受謚爲士師施八條之禁其略相殺償以命相傷以穀償相盜者男沒入其家爲奴女爲婢欲自贖者人五十萬雖免爲民俗猶羞之嫁娶無所售是以其民終不相盜無門戶之閉婦人貞信不淫田野闢治飮食以籩豆有仁賢之化至今天下稱東方君子之國皆箕子之遺敎也子松嗣立是爲莊惠王

按三國史高句麗論曰箕子敎其民以禮義田蠶織作設禁八條以此觀之八條者專是刑法也乃順菴安氏疑其或爲八政似欠深考又按尙書大傳云微子朝周過殷故墟作麥秀歌然則史遷所記箕子朝周事誤歟疑故闕之又按丁茶山論井田之說曰箕子旣畫井制奚獨平壤城南一片之土是疆是理乎李勣(當作仁貴)旣克平壤開府留屯今所存溝洫阡陌卽勸屯田之

遺址也此誠有見矣然余以爲井田之難信又不止此今其所謂井田在箕子都城內豈箕子建都不立朝市而但畫井田乎此又可以斷千古之案也

己未 莊惠王元年 周成王十四年 三 立宗廟

按順菴安氏鼎福東史綱目周顯王四十六年朝鮮侯始稱王則箕子以後顯王以前之箕氏蓋皆周之諸侯也但未知始自何代受周封爵故自莊惠王以下只依遺事記本文書之爾

癸未 二十五年 周康王十一年 二 王以衰老傳位于太子洵閑居別宮太子卽位是爲敬孝王

甲申 敬孝王元年 周康王十二年 二 王事父王至孝雖祈寒暑雨日必三朝于別宮

辛卯 八年 周昭王三年 王 莊惠王昇遐

庚戌 二十七年 周昭王十二年 二 王昇遐子伯卽位是爲恭貞王

辛亥 恭貞王元年 周昭王十三年 二 分百官爲十五品置上下大夫等官定冠帶衣裳之制

庚辰 三十年 周穆王元年 王 王昇遐子椿卽位是爲文武王

辛巳 文武王元年 周穆王二年 王 以寅月爲歲首○修定律度量衡○設侍衛軍爲六部五十九隊部有上中下大夫三人各統二部隊各有長士卒共七千三百七十五人旌旆節旗皆尙靑

戊申 二十八年 周穆王十九年 二 王昇遐子孔卽位是爲太原王

壬子 太原王四年 周穆王十三年 三 王昇遐從子遼河伯莊卽位是爲景昌王儒州侯仁之子也

癸丑 景昌王元年 周穆王十四年 三 以[illegible]爲上大夫

癸亥 十一年 周穆王十四年 四 王昇遐子提卽位是爲興平王

甲子 興平王元年 周[illegible]王五年 四 冬大雨雹牛馬多死○初鑄子母錢

丁丑 十四年 周共王三年 王 王昇遐子調卽位是爲哲威王

戊寅 哲威王元年 周共王四年 春王巡北鄙○以[illegible]爲牧師

乙未 十八年 周懿王九年 王 王昇遐子[illegible]卽位是爲宣惠王

丙申 宣惠王元年 周懿王十年 王 春王觀稼于郊親持羊酒以勞農者○置養賢院選民聰

俊者授以六藝○懸直言鼓於國門使民有寃者敲之王親聽以決其有言王過
失者從之如流中外大悅

甲子 二十九年 周孝王十三年 王昇遐子師即位是爲誼讓王

乙丑 誼讓王元年 周孝王十四年 建淸流閣三百間於後苑大宴羣臣○癘疫大熾王親行
旅祭以禳之

丁巳 五十三年 周厲王十三年 王昇遐子炎即位是爲文惠王

戊午 文惠王元年 周厲王十四年 立輪環法之類蓋賑貸以濟貧民○置五教長于州郡

丁未 五十年 周宣王四十四年 王昇遐子越即位是爲盛德王

戊申 盛德王元年 周宣王四十五年 夏四月旱王親禱于白岳大雨○修築京城○禁沿海
民祭潮及鱷者

壬戌 十五年 周幽王三年 王昇遐子職即位是爲悼懷王

甲子 悼懷王二年 周幽王五年 王昇遐無嗣羣臣迎立文惠王孫密雲伯之子優爲王是
爲文烈王

乙丑 文烈王元年 周幽王六年 王聞長髯處士甘加察有才德使人聘之拜上大夫加察
固辭王以賓禮待之咨訪得失後加察歸隱太伯山不知所終

己卯 十五年 周平王九年 王昇遐子睦即位是爲昌國王

壬辰 昌國王十三年 周平王二十二年 王昇遐太子平即位是爲武成王時年八歲太后臨
朝聽政

癸巳 武成王元年 周平王二十三年 初置水軍繕造舟艦○行養老禮大會公卿士庶年七
十以上人十旬宴飮

戊午 二十六年 周平王四十八年 王昇遐子闕即位是爲貞敬王

己未 貞敬王元年 周平王四十九年 夏五月朔日食晝晦烏鵲亂鳴飛入人家王問羣臣曰
何以弭此變羣臣對曰惟王修德政省刑罰薄賦斂王曰善

辛未 十三年 周桓王十年 大饑乃擇商民能通齊魯語者數十人與舟子一千人載魚塩
銅鐵渡海至齊魯境潛貿米萬餘斛而還以濟饑民仍減白官祿之半

丁丑 十九年 周桓王十六年 王昇遐子懷即位是爲樂成王

戊寅 樂成王元年(周桓王十七年) 春三月王巡郡縣問民疾苦○王親製宗廟樂章凡十五

丙申 十九年(周莊王十二年) 時有彭原巫女鈴雲者自稱東海龍神之女以爲能知天之風雨管人之禍福百姓奔走事之王聞之怒曰是可誅耶命亟梟於市

乙巳 二十八年(周惠王元年) 王昇遐子存卽位是爲孝宗王

丙午 孝宗王元年(周惠王二年) 王聞齊侯小白稱伯中國遣上大夫鮮于益聘于齊結好以來○建濟養院五百間於京城收國內鰥寡孤獨無告者以處之給以衣食使終其年○立犯贓律凡爲官者犯公貨百萬及奪民財一百五十萬者戮其身全家徙邊

甲寅 九年(周惠王十年) 王置博士館特選公卿中才德兼備者處之館中令共議郡國大事○齊侯遣其門人公孫恪來報聘

丁巳 十二年(周惠王十三年) 春三月甘露降于宮苑羣臣進頌王謙讓不受○冬十月北狄酋長吉利都頭來朝王賞賜而送之

壬戌 十七年(周惠王十八年) 王有疾屢月不瘳朝有漂海人伯一淸者自言周人得軒轅煉丹術有回生延壽之妙訪東海神山而來羣臣聞而異之引一淸見王請試其術王曰人之壽夭不在天乎遂却之旣而王昇遐太子孝卽位是爲天老王

癸亥 天老王元年(周惠王十九年) 王在東宮時惑伯一淸術至是延一淸入宮以爲國師待之甚厚羣臣不悅

庚午 八年(周襄王元年) 王起求仙臺于紇骨山臺高五百丈築以紋石

己卯 十七年(周襄王十年) 王聞齊侯小白卒遣使弔之○王出遊沸流江上使樂工數百奏迎仙樂宮女作迎仙舞

丙戌 二十四年(周襄王十七年) 王傳位于太子襄自稱天老王太子卽位是爲修道王

丁亥 修道王元年(周襄王十八年) 王亦惑伯一淸甚加封一淸爲國太師恩寵日隆於是一淸貪侍驕泰擅作威福石州人冉西赤詣闕叩頭極論一淸之罪王怒竄于獜城使監馬場赤憂憤成疾而卒

辛卯 五年(周襄王二十二年) 天老王服伯一淸丹藥毒發昇遐○王感伯一淸修道之說自稱修道王

丁酉 十一年 周襄王二十八年 起一山于泪江中流以象祠山上起樓臺飾以金碧
辛丑 十五年 周襄王三十二年 大臣西門長壽謀誅伯一清其舍人有怨長壽者洩其謀于一清於是一清譖奏王曰長壽將叛王乃賜長壽死
乙巳 十九年 周頃王三年 命伯一清弟子盧龍率水手千餘人駕大船數十往東海求神山至竹島船遇風皆覆惟盧龍僅免而還下大夫公孫康進言盧龍助一清爲奸淫殺無辜請治其罪王怒下康于獄○王服丹藥發悶毒昇遐太子邏卽位是爲徽襄王

徽襄王

丙午 徽襄王元年 周頃王四年 誅伯一清盧龍二人都人相賀○赦公孫康爲上大夫
壬戌 十七年 周定王八年 公孫康旣見親於王遂規財利言於王曰今國用不足宜徵關稅 卽戶稅 以益之王從之於是康因緣弄奸收稅以充私藏人情騷怨
丙寅 二十一年 周定王十二年 王昇遐太子邏卽位是爲奉日王時年五歲
壬申 奉日王六年 周定王十八年 公孫康殺王叔父靜時靜以王幼冲代聽國政而爲人正直康恐不得預政一日設宴邀靜使劍客乘其醉刺殺於筵康乃佯驚怒曰賊敢爾乎急呼家奴執劍客殺之以滅口卽馳入宮奏之
丙子 十年 周簡王元年 公孫康尊王爲奉日王康自爲攝政太伯時康顓擅驕奢祭祀宴飮僭用王禮黜陟百官惟從喜怒王拱手而已
壬午 十六年 周簡王七年 公孫康驕泰日甚使人請於王曰太伯康功高宜錫冕服以褒之王知康所爲怒曰何不代予位而只求此耶康聞而憚之乃幽王於別宮王憂憤成疾遂昇遐下大夫南宮齊成素有大志見和義侯僅有人君度可濟時艱欲推立之乃往見康紿曰吾有爲公計者今公立王之至親則禍有不可測也若立疏族則其德公必深公豈不安享富貴耶康然之問曰然則誰可立者齊成曰吾見和義侯於王室爲遠親且其爲人庸懦康乃迎立僅爲王是爲德昌王
癸未 德昌王元年 周簡王八年 南宮齊成勸王誅公孫康且曰康今伺王動靜矣不如賜殊典以安其心然後乘便圖之王從之乃賜康功臣號
甲申 二年 周簡王九年 王與南宮齊成密議除公孫康謀旣定設宴飮康齊成先伏甲士於殿廡王酒酣日晚王起如厠齊成遂發伏執康戮之市并及其族黨○賓南宮

齊成功初置阿衡府以齊成爲太阿衡
庚子 十八年 周靈王十一年 王巡郡縣昇遐于遼原子朔即位是爲壽聖王
辛丑 壽聖王元年 周靈王十二年 蝦夷卉么擴厚壑入貢
甲辰 四年 周靈王十五年 太阿衡南宮齊成卒王親率百官送葬於郊齊成爲政公平進賢
屏邪朝野頌之
庚戌 十年 周靈王二十一年 孔子生於周之魯國昌平鄉名丘字仲尼以中庸之道肇立儒
教祖述堯舜憲章文武集羣聖之大成年七十三卒中國之人世師之自餘宇內
諸國惟我邦最尊信焉
丁卯 二十七年 周景王十一年 以熊國珎爲太師國珎定襄人王聞其賢召論政治大悅之
遂有是擧
辛巳 四十一年 周景王二十五年 王昇遐子黎即位是爲英傑王
壬午 英傑王元年 周敬王元年 王惡殺連朔守嬗彝長以貪賂害民也
丙申 十五年 周敬王十五年 北胡入寇王自將精兵三千餘人伐之斬首千餘級遂追奔逐

北拓地千餘里
丁酉 十六年 周敬王十六年 王傳位于太子岡太子即位是爲逸聖王○英傑王好田獵親
率精騎出獵于北塞
戊戌 逸聖王元年 周敬王十七年 置鄉憲長于州郡勸民孝悌及農務
庚子 三年 周敬王十九年 英傑王昇遐于抱州行宮
甲寅 十七年 周敬王三十三年 王昇遐子混即位是爲濟世王
甲子 濟世王十年 周敬王四十三年 冬十一月冬至後數日宮苑桃李華羣臣進頌功德王
曰非時而花灾也卿等反以爲瑞乎遂不受○時民有潛商于齊魯者王聞之恐
生邊釁命有司禁之
乙亥 二十一年 周貞定王三年 王昇遐子蹩即位是爲靖國王
庚辰 靖國王五年 周貞定王八年 夏四月雨穀三日民蒸穀食之味似陳米
辛卯 十六年 周貞定王十九年 王置進言館擇羣臣中正直者數十人處之使進規諫○遂運
人堵担歛事親至孝王聞之曰孝於親者豈不忠於君乎召用之累官至太阿衡

戊申 三十三年(周考王八年) 王昇遐、子澄卽位、是爲導國王、

乙卯 導國王七年(周考王十五年) 太安獵戶宇和冲恃其慓勇、自稱將軍、聚衆數萬、攻陷北鄙三十六郡、王遣兵禦之不克、冬十月賊遂進圍京師、王奉廟社主、浮海之穴口

丁巳 九年(周威烈王二年) 王師收復京城、斬宇和冲、車駕還京、

丁卯 十九年(周威烈王十二年) 王昇遐、子鷟卽位、是爲赫聖王、

壬申 赫聖王五年(周威烈王十七年) 王遣監察官于州郡、糾察吏民善惡、

戊寅 十一年(周威烈王二十三年) 北胡酋穆修吉康黑入貢、○燕傳公莊遣使來聘、

乙未 二十八年(周安王十六年) 王昇遐、子諧卽位、是爲和羅王、

辛丑 和羅王六年(周安王二十二年) 燕人侵邊郡、郡守苗春長擊敗之

辛亥 十六年(周烈王六年) 王昇遐、子賀卽位、是爲說文王

壬子 說文王元年(周烈王七年) 置博文館、選士民有才德者三百人、處之館中、令太子就而學習、

丙辰 五年(周顯王四年) 燕遣將秦介(秦开)率二萬兵倍道入寇、遂西王乃命上大夫衞文言帥兵三萬以禦之、文言伏兵於五道河邊蘆葦中、待燕軍半渡出擊大破之、

按遺事記於此年下書曰燕遣將秦介云云、所謂秦介者與舊史所見秦開字音相似而事則稍異、何其異哉、然余特恐其間或有誤文、故今姑去秦介二字而書之如右

丁巳 六年(周顯王五年) 燕將旣敗、移屯於連雲島、造備船筏、將渡海來襲、衞文言探知其計、道擊敗之、射殺其將、餘衆遂遁、

己未 八年(周顯王七年) 秋、王昇遐、子華卽位、是爲慶順王、

甲子 慶順王五年(周顯王十二年) 春正月地震、

乙亥 十二年(周顯王二十三年) 北胡酋厄尼車吉汗來朝、獻馬二百匹、請共伐燕、王乃以下大夫申不死爲將、發兵二萬以遣之、不死與北胡一千騎、合攻燕上谷城拔之、

戊寅 十九年(周顯王二十六年) 自上谷之役、燕連年侵我不得志而歸、至是遣使請和許之
○王昇遐、子謂卽位、是爲嘉德王、

己卯 嘉德王元年(周顯王二十七年) 夏大旱、王慮有冤獄、大赦、且親行雩祭、

戊戌二十年(周顯王四十六年)先是箕子既沒後孫事周爲諸侯以及于主是時燕易王僭稱王將來攻朝鮮王欲興兵問燕罪以尊周大夫王禮諫王乃止使禮西說燕燕止不攻於是王亦去侯號而稱王焉或曰是時追尊箕子以下二十九世爲王云

按舊史大夫禮逸其姓今依遺事記以補之又按舊史朝鮮侯見燕稱王亦自稱王欲興兵伐燕以尊周夫我亦稱王而欲責人之王有是理乎是知朝鮮稱王斷在王禮說燕之後而史乃誤記也故今改書之如右

癸卯二十五年(周愼靚王三年)王聞燕王噲無道欲興師伐之王禮諫曰夫燕爲無道雖不討將自僵且吾邊鄙幸少安靖豈可先動兵以困生靈也王然而止之

乙巳二十七年(周愼靚王五年)王昇遐子熠即位是爲三老王

丙午三老王元年(周愼靚王六年)遣大臣王霖如周霖善於詞命應對如流周君臣莫不稱歎霖禮之子也

癸亥十八年(周赧王十七年)北胡尼舍獻翻耶(樂也)工羣臣以胡樂非先王之正音請王勿受王曰遠人豈可拒乎乃受而厚賞之

庚午二十五年(周赧王二十四年)王傳位于太子釋自稱三老王太子即位

辛未顯文王元年(周赧王二十五年)春正月命州郡舉賢良之士一時被選者二百餘人○三老王昇遐

己卯九年(周赧王三十三年)王親耕于郊○立檀君廟于白岳令有司四時祭之

己酉三十九年(周東周君)燕遣使來聘○王昇遐號曰顯文王子潤即位

癸丑章平王四年(中國齊楚燕趙韓魏秦七國)冬十月朔日食晝晦王問禳災之道日者雷萬生奏曰夫日太陽之精也今蝕甚如是此乃王者事天不敬大臣擅權天下分裂之象也王其修德焉○北胡阿里當夫請出師伐燕王不許胡人怨遂不朝貢

戊辰十九年(中國齊楚燕趙韓魏秦七國)王以北胡久不朝貢將伐之羣臣諫曰夷狄素無信義只羈縻而已今王欲勞師遠征無乃不可乎王不聽自將擊之大敗而還○王昇遐號曰章平王子否即位

己巳宗統王元年(中國齊楚燕趙韓魏秦七國)大饑○以諸侍敘爲司法侍敘曾爲郡獄吏以能聞故王召而用之

壬申　四年(中國齊楚燕趙魏韓秦七國)北胡會山只略隆襲寧州殺州守穆遠登遂大掠而去、

己卯　十一年(中國齊楚燕趙魏韓秦七國)王昇遐號曰宗統、王子準卽位

丙戌　哀王七年(秦始皇三十二年)先是、朝鮮强盛、其地東南至列水(今漢江)西過遼河、以與燕接、燕遣其將秦開(失其年條)攻西界取地二千餘里至滿潘汗(或曰樂浪番國或曰遼東番汗縣)爲界、朝鮮遂弱、至是、秦旣并天下、築長城抵遼東遣人請助城役、王畏秦强、遂發民丁、以送之

按舊史曰箕子後孫朝鮮侯見周衰而燕稱王將東略地亦自稱王欲興兵、伐燕以尊周大夫禮諫之而止、使禮西說燕燕亦止不攻後子孫稍驕虐燕乃遣將攻其西取地二千餘里至滿潘汗爲界朝鮮遂弱及秦並天下築長城抵遼東、四十代孫否立、畏秦遂服屬於秦否死、其子準立二十餘年、而陳項起天下亂、蓋秦開事卽朝鮮盛衰之大關棙而其時代歲月無以考之何其惜哉且陳項之亂去遼東長城之役不過六七年而今以舊史觀之則爲二十餘年此又其踈謬之甚者也故今依遺事記書之○又按柳氏得恭曰

自燕京至平壤、不過爲二千五百里、除燕本界新闢地二千餘里、則過浿(今大同江)而東、亦遠矣、是時箕王似不免南遷、而秦按燕界、屬之遼東、衞滿渡浿居秦空地、又何足疑乎、又曰滿潘汗、未詳其爲何地、說文、樂浪潘國、疑即是也、若如此說則、秦之外徼、當及於浿水以東、漢之界止於浿水以西、而箕衞二氏之都俱在於浿東耳

壬辰　王準十三年(秦二世元年)是歲、秦二世胡亥立、陳勝起兵、天下大亂、燕齊趙民、亡歸朝鮮者、數萬口、

戊戌　十九年(漢高祖四年)北貊以梟騎助漢伐楚、

按北貊未詳、豈北扶餘古國濊貊歟

己亥　二十年(漢高祖五年)始全燕時、略屬眞番(說見下)朝鮮、爲置吏築障塞、秦滅燕、屬之遼東外徼、至是、漢定天下、封其臣盧綰爲燕王、以外徼地遠難守、復修遼東古塞、東限浿水(今大同江或曰鴨綠江)於是、朝鮮與漢以浿水爲界、

柳氏得恭曰按輿地勝覽、疑本國境內、有三浿水、其一、史記衞滿東渡浿水、

是以鴨綠爲浿水也、其二唐書、平壤城、南涯浿水、是以大同江爲浿水也、其三、高麗史、以金川郡猪灘爲浿水、此所謂三浿水也、文獻備考、辨鴨綠之爲馬訾而非浿水則得之矣、又引遼史云遼陽浿水、眞漢浿水也、此則不然、遼史、以遼陽府爲平壤、又不得不指一水作浿水以遼史未撰之前有唐書明言其南涯浿水故也、遼史地理志、太半杜撰、惡可信乎、東人所謂古記、及遼志、并勿據然後、東國興地、可明、指猪灘爲浿江者、自是假名、又不足辨也、然則只有平壤之一浿水而已○按燕之築障塞、恐即指滿潘汗定界之事也

丙午 二十七年 漢高祖十二年 漢燕王盧綰反漢入凶奴、綰之臣有燕人衛滿者、素桀驁有大志、當亂亡命、聚黨千餘人、椎髻夷服、渡浿來投、王寵接之、下大夫單通諫曰、臣觀滿恭謙太過、中必奸險、願王察之、王怒曰、滿途窮跡孤、亦心來投、反生疑忌、不仁孰甚、汝勿多言、通出歎曰、千年舊國、其必危於亡虜之手乎、滿知王信已、乃從容說曰、臣久在燕、深知遼北地理、且諳胡人之情、王若使臣居西界、則敢不竭力以效藩屛之職乎、王善之、拜滿爲博士、仍賜圭封以故秦空地上下障之地一百里、使往守之

丁未 二十八年 衛氏朝鮮開國年 漢惠帝元年 一衛滿旣居西藩、誘燕亡黨滋衆、乃遣人詐告王言今漢圖滅朝鮮、大兵方十道至、願入宿衛王信而許之、滿遂以兵襲京都、王與戰不敵、將左右宮人及餘衆數千人、浮海南奔朝鮮、自箕子至王凡四十一世、九百二十九年而失國、王旣南奔、攻馬韓破之、都金馬郡 今益山 營與善花夫人遊龍華山 在益山 以樂之、尋昇遐、號曰哀王、子卓卽位、其他子孫留在故國者、亦保聚一隅謂之西馬韓 其地未聞後又變爲定安國

按後漢書云、準後滅絶、馬韓人復自立爲辰王、丁氏、據此言箕準之爲馬韓止於本身、未嘗傳世、而歷久也、愚以爲馬韓以前、漢王莽篡位一年亡、故作後漢書者、指爲滅絶也、豈可以滅絶之文而遽斷爲止於本身耶

衛滿旣破朝鮮、都于王險、見下 稍役屬眞蕃諸部及燕齊亡命者、會漢惠帝高后時天下初定、遼東太守約滿爲外臣、保塞外諸國、無使寇邊、以故滿得以兵權財物侵降其旁小邑、地方數千里

馬韓紀（衛滿朝鮮 辰韓 弁韓 四郡 二郡 新羅 高句麗 百濟）

戊申 馬韓武康王元年（衛氏朝鮮開國二年 漢惠帝二年） 先是朝鮮東南、有大國曰辰國、（於朝鮮爲辰方）後分爲三韓、其最大者曰馬韓、馬韓之東南曰辰韓（今慶尙地） 或曰 其始祖、本秦人、避役入馬韓、馬韓人割東界、以處之、故或謂之秦韓、辰韓之南曰弁韓、（今慶尙地） 亦謂之下韓、是三國者 各統諸小部、而辰弁又役屬於馬韓、王是、王改國號曰馬韓、遂命博士樂璽建治辰韓事、左大夫秦琓治弁韓事、

按魏志所見馬韓五十四國曰爰襄曰牟水曰桑外曰 小石索曰大 石索曰優休牟涿曰臣濆沽曰伯濟曰速盧不斯曰日華曰古誕者曰古離曰怒藍曰月支曰咨離牟盧曰紹謂乾曰古爰曰莫盧曰卑離曰占離 卑曰臣釁曰支侵曰狗盧曰卑彌曰監奚卑離曰古蒲曰致利鞠曰冉路曰兒林曰駟盧曰內卑離曰感奚曰萬盧曰辟卑離曰舊斯烏旦曰一離曰不離曰友卑曰狗素曰捷盧曰牟盧卑離曰臣蘇塗曰古臘曰臨素半曰臣雲新曰如來卑離曰楚山塗卑離曰一難曰狗奚曰不雲曰不斯濆邪曰爰池曰乾馬曰楚離辰韓十二國曰已祇曰不斯曰弁辰彌離彌凍曰弁辰接塗 曰勤耆曰難彌離彌凍曰弁辰古資彌凍曰弁辰古淳是曰冉奚曰弁辰半路曰 弁樂奴曰弁軍彌弁韓十二國曰弁辰彌烏邪馬曰如湛曰弁辰甘路曰戶 路曰州鮮曰馬延曰弁辰狗邪曰弁辰走漕馬曰弁辰安邪曰 弁辰瀆盧曰斯盧曰優中而今考三國史、自伯濟斯盧以外、槪無一彷彿者、豈皆當時 州縣之小部落而暫起旋滅如浮漚者耶、闕之可也、又按後漢書敍三韓七十 八國曰伯濟是其一伯濟者百濟也、盖當范曄之時、三韓諸國、惟百濟之 名、略達於中國、此所以獨擧百濟也、然旣擧百濟則其所謂韓者、并包當 時新羅駕洛而言也、其下所書風土謠俗、亦隨而然、故今不敢以其風 土謠俗載之于箕準以前三韓之紀焉、又按馬韓、或曰因金馬郡而名弁韓或曰因 其人所戴弁而名駕洛或曰東俗凡冠幘之尖頂者通謂之弁其黃者謂之金 駕那駕洛駕那、聲相近也金官或曰官者冠也、亦金駕那之變稱也、未 知是否○後漢書曰弁韓在辰韓之南、南與倭接

庚戌 三年 衛氏朝鮮開國四年 漢惠帝四年 築龍華山城

辛亥 四年 衛氏朝鮮開國五年 漢惠帝五年 王昇遐、號曰武康 今俗或曰虎康王 王太子龕即位、葬金陵 今益山五金寺西有雙陵 武康王及妃所葬也 蓋自武康王以來、以朝鮮爲讐國、絕不與相往來、惟以自守而已

按陳壽三國志、箕準南奔馬韓、不與朝鮮相往來云云、而今据遺事、記準南奔尋沒、則不通朝鮮、卽武康王以下之事也、今就而綜理如右

癸未 安王三十二年 衛氏朝鮮開國三十七年 漢文帝後元六年 王昇遐、號曰安王、子寔卽位

甲申 惠王元年 衛氏朝鮮開國三十八年 漢文帝後元七年 任那入貢

按任那者、大加耶之別名、而大加耶開國、在此後百餘年、則今此任那何爲者哉、豈三韓古初、已有所謂任那一國、而大加耶繼主于其國歟

丙申 十三年 衛氏朝鮮開國五十年 漢景帝五年 王昇遐、號曰惠王、子武卽位

丁酉 明王元年 衛氏朝鮮開國五十一年 漢景帝六年 禁弁韓人文身

癸丑 十七年 衛氏朝鮮開國六十七年 漢武帝元朔元年 濊貊 今江陵 者、其地、南與辰韓、北與沃沮接、東窮大海、西至樂浪、本朝鮮地也、後有濊貊 北夫餘古國 今淸奉天府之開原縣 來居稱王、仍號濊貊、屬於朝鮮、是爲東濊、是時朝鮮王衛滿、已卒、孫右渠繼立、漢武帝、令彭吳賈、開道通朝鮮濊貊、濊王南閭叛右渠、率男女二十八萬口、詣遼東降、武帝、以其地爲滄海郡、後二年、漢丞相公孫弘、以爲罷弊中國、奉無用之地、諫罷之、或曰南閭濊貊君也、非東濊也

按陳壽記南閭事如右、故只得依而書之、然今江陵之地、距遼東二千里、南閭安得挈如許至夥之人口、越諸國而投降乎、意者北濊是南閭之國也、東濊者、乃南閭降漢之後、其族南徙者、而壽之所記有踈謬歟、或曰、南閭若繫北濊、則北濊之地、安有滄海、而以爲郡名、且以地勢論之、東濊固當役屬於衛氏、若北濊則何當、余以爲不然、渤海國卽北濊之地、此焉有海、而名爲渤海乎、且衛氏役屬眞番諸部、而北濊與眞番相近、則獨不可爲役屬乎、大抵此事至爲難言、故以疑說終之 ○柳洽齋四郡志曰、南閭者、箕氏附庸之君、讐漢兵威、播境降附、漢置郡號滄海、然居箕衛二國之間、不便經略、故罷之

及貊右渠再爲區劃濊地置臨屯郡又濊註曰濊都今江陵府扶餘亦號濊此濊即所謂東濊○按濊貊知爲北夫餘古國濊貊之種者魏志濊傳曰其耆老舊自謂與句麗同種言語法俗大抵與句麗同夫高句麗者北夫餘之種也今濊貊旣與句麗同種則其同出夫餘不旣明甚乎但其遷徙之時今不可攷○又按疆域考力辨濊貊一而非二曰史記匈奴傳云東接濊貉朝鮮司馬貞云貊即濊也又引魏志云夫餘庫有玉璧圭瓚傳世以爲寶其印文言濊王之印國有故城名濊城蓋本濊貊之地而夫餘王其中其他諸證不可勝數考據至此不其有功哉若賈耽者生於後世惑於流俗所傳江陵濊春川貊穢訛之說妄欲譏訾陳壽(壽撰魏志)夫壽之時去古未遠見聞所及豈不萬萬勝於後世而輒敢搖舌持異亦末俗浮薄之弊也

丁卯 三十一年(衛氏朝鮮開國八十一年漢武帝元狩三年)王昇遐號曰明王子享即位

戊辰 孝王元年(衛氏朝鮮開國八十二年漢武帝元朔四年)頒法律於州郡

癸酉 六年(衛氏朝鮮開國八十七年是歲亡漢武帝元封三年)朝鮮王衛右渠招誘漢亡人滋多於祖滿時遂驕恃不肯覲漢又阻辰國(三韓統稱)不得通漢漢武帝使涉何譙諭右渠終不從甕殺何武帝怒遣樓船將軍楊僕從齊浮渤海左將軍荀彘出遼東伐之僕將齊兵七千人先至王險右渠城守拒之窺知僕軍少出城擊僕僕敗走彘擊朝鮮浿水西軍不能破右渠大臣陰使人約降僕以間之彘急擊僕欲就約不戰彘意僕反以故不相能兵久不決武帝又遣濟南太守公孫遂往代之得以便宜從事遂至彘以告遂乃執僕并其軍急擊之夏四月右渠之臣韓陶王唊等相與謀殺右渠以降漢衛氏三世共八十七年而亡王聞漢滅衛氏乃命下大夫眞海以牛三百匹往犒漢軍漢定朝鮮爲四郡一曰樂浪(丁若鏞云今平安黃海二道地柳得恭云今浿水以北至關西)治朝鮮縣(今平壤)一曰臨屯(丁云今漢水以北柳云今關東之地)治東暆縣(柳云今江陵)一曰玄菟(丁云咸鏡南道柳云咸鏡南北關)治沃沮城(今咸興)一曰眞蕃(丁柳并云今滿興京地方)治霅縣陶唊等皆封爵有差自四郡之設漢取太守於遼東以治之而民不遼法令率多犯禁生無閉藏時遇中國賈人往來夜聚剽盜風俗日薄仁賢之化變矣

四郡志曰東人以王險爲平壤右渠所守若果平壤則樓船何故泊於列口

今江華見前漢書耶、此又可見王險之在浿水東也、欲攻平壤而兵集漢江、恐無是理、又曰眞蕃郡、本朝鮮之句驪地、漢武帝元封三年、置治霅縣、去長安七千六百四十里、領縣十五、昭帝始元五年、罷入玄菟臨屯郡、本朝鮮之濊地、漢武帝元朔元年、濊君南閭降、置滄海郡、三年罷、元封三年置郡、治東暆縣、去長安六千一百三十八里、領縣十五、昭帝始元五年、罷入樂浪玄菟郡、本朝鮮之沃沮地、漢武帝元封三年、置治沃沮城、昭帝始元五年、徙治句麗西北幷眞蕃、去洛陽四千里、領縣三、王莽隷幽州、後漢時領城六、公孫度隷平州魏仍之、尋隷幽州、晉復隷平州、領縣三、授慕容廆平州刺史以統之、後入高句麗、樂浪郡、本朝鮮地、漢武帝元封三年、置治朝鮮縣、去洛陽五千里、昭帝始元五年、幷臨屯、尋置東部都尉、分統單單大嶺以東地、領縣二十五、莽改樂鮮、隷幽州、後漢光武建武六年、省都尉、棄嶺東地、領城十八、公孫度隷平州、度子康分屯有縣以南地、置帶方郡、魏仍之、尋以樂浪隷幽州、晉復隷平州、領縣六、帶方郡領縣七、授慕容廆平州刺史以統之、後入高句麗、其東南

裔、亦爲新羅百濟所有以上事幷見于下 ○按四郡地名、蓋皆古朝鮮時所已有者而非漢所創也、且漢史四郡下、雖無置太守之文、然據三國史百濟始祖八年、漢成帝元延二年、樂浪太守告百濟云云、則四郡之置太守已在置郡之初、而史偶有闕耳、故今特補書、使上下文相應 ○疆域考曰洪萬宗云臨屯今江陵、此大謬也、據後漢書濊傳、明云玄菟復徙句麗地名見下自單大嶺以東沃沮濊貊悉屬樂浪、後分嶺東七縣、置東部都尉、江陵之濊、其在四郡之時本屬玄菟、不旣明甚乎、眞蕃之地、雖不可詳、今興京之南、鴨水以北、㺚河以東、婆猪江之左右、沿江千里之地、旣非遼東、又非朝鮮、必古之眞蕃也、東儒謂在咸鏡以北、恐不然也

初、右渠未破時、朝鮮相歷谿卿、以事諫右渠、右渠不用、歷谿卿乃東之辰國、民隨出居者二千餘戶、遂與朝鮮不相往來、故辰韓人名樂浪人、爲阿殘、方言阿者我也、謂樂浪人本我殘餘之人云

按辰國二字、或統指三韓、或單指辰韓

甲午二十七年(漢武帝後元二年)任那國貢珊瑚一本十餘枝、王以爲瑞、獻于太廟
己亥三十二年(漢昭帝始元五年)漢改四郡爲二郡、并臨屯於樂浪、并眞蕃於玄菟、以玄菟
爲諸部所侵、徙玄菟治于高句麗(本古時國名漢置縣今興京地)西北、而析單單大嶺(丁云今薛罕嶺柳云今大關嶺)以東沃沮、濊貊之地、悉屬樂浪、凡玄菟領高句麗、上殷台、西蓋馬(丁云白頭山西大山柳云即白頭山)三縣、樂浪領朝鮮(丁柳并云今平壤府)、䛁邯、浿水(丁云今大同江沿地柳云今寧遠郡)、含資(丁云今交河長湍麻田地柳云今安邊府)黏蟬(丁云今延安白川地柳云今星德府)遂成(丁云今義州昌城之北或其邊也)增地(丁云或今江西龍岡之)帶方(丁云今交河長湍麻田地柳云今長湍府)駟望、海冥、列口(丁柳并云今江華)長岑、屯有(丁云臨屯之故地)昭明、鏤方(丁云今寧遠德川柳云今江東縣)提奚、渾彌、呑列(柳云今旌善郡)東暆、不而(今永興)蠶台、華麗、邪頭昧、前莫
夫租二十五縣、未幾、又以境土廣遠、分嶺東不而以下六縣、改沃沮置東部都尉
治不耐(即不而)、而昭明以下六縣、置南部都尉治昭明

柳氏曰東國通鑑云漢昭帝以朝鮮舊地平那玄菟等郡、爲平州都督府、臨屯樂浪等郡、爲東部都尉府、自此、四郡合爲二府之說、便成信史、然考之兩漢書、并無是事、郡縣名、又無所謂平那者、漢未有都督之稱、決知其爲無稽之言、此必因四郡并爲二郡、而樂浪七縣、分隷東部都尉、漢末公孫度據遼東、置平州、而魏晋因之、統玄菟樂浪帶方等郡、唐置安東都護府於平壤、更名都督府、徙于平州、故後之纂史者、混同轇轕、有此誤耳○按東部南部之分治、各爲六縣、則樂浪太守所治、爲十三縣矣○柳氏曰玄菟、西徙句驪故屬縣若是之少也、後漢增入遼東郡之高顯、候城、遼陽三縣(此以下見下)遼陽者今之遼陽州也、吳志公孫淵、統玄菟郡、在遼東北二百里、意者玄菟後漢之末、爲高句麗所陷、又西南徙在遼東之界、故距洛陽四千里、比樂浪更近也、至晋又移隷遼東之望平、而舊縣只存高句麗高顯兩縣、可見遼界之拓亂玄菟所屬、前後凡七縣、惟上殷台之在何地、未可詳也、意或在今江界府廢、同延(北即咸鏡西郡之一)等地爾○疆域考、張志淵補說云按漢志昭明縣注云南部都尉治、今以百濟史國家東有樂浪之語及欲襲牛頭山城(春川古號曰牛首州)之文、樂之在今春川無疑、春川有昭陽江、謂之昭陽者、豈非以在昭明之陽乎、呑列漢志注云分黎山、列水所出、西至黏蟬入海、旣爲列水所出、則分黎者

疑今金剛、寒溪之山而淮陽、金城、楊口、麟蹄等郡、皆其所經之地也、乃原考以爲疑今豐德通津之地、列水之所入云云、若如此說則當曰至此入海、何以云西至黏蟬入海也

丁未 四十年(漢昭帝元平元年) 王昇遐、號曰孝王、子燮、即位

戊申 襄王元年(漢宣帝本始元年) 封任那大人媚和辭突、爲任那君

壬戌 十五年(漢宣帝神爵三年) 王昇遐、號曰襄王、子勳、即位 ○北夫(一作扶)餘(今淸開原)者、古北濊貊國(說見上己)也、在玄菟北千里、南與高句麗、東與挹婁、西與鮮卑(幷見下)接、北有弱水、地可二千里、其王有曰解夫婁者、老而無子、祭山川求嗣、至鯤淵、得小兒金色蛙形、喜曰、此天賚我令胤乎、乃收養之、名曰金蛙、立爲太子、其國相阿蘭弗謂夫婁曰東海之濱有地曰加葉原、土地膏腴宜五穀、可都也、王然之、遂東遷而居稱東夫餘、於是族人慕漱、自稱天帝子、代王其國、夫婁尋卒、金蛙嗣、

按、尙書傳、有武王克商、馯駱、駒驪、夫餘皆通道之文、則自周武王之時已有夫餘矣、豈自夫餘而變爲濊貊、自濊貊而復爲夫餘歟、不然則或孔安國追稱之辭也、又按、解夫婁壬戌遷都之事、前史所無、而順菴安氏始揭於東史綱目、蓋據古記也、又按、疆域考曰、夫餘王解夫婁時、其相阿蘭弗曰、東海之濱、有地曰加葉原、土壤膏腴、可都也、遂移都、國號東夫餘、按加葉與何瑟河西、其聲相近、加葉原者今之江陵也、又曰江陵之民耕田得印、乃是濊王之印(見下)、則此爲解夫婁之舊印、無疑、愚謂此說恐有未安、句麗大武神王、自國內代東夫餘、時有怪由北伐夫餘之言、以此觀之、國內城之在東夫餘國南可知矣、江陵又在國內之東南、遙遙將千里矣、今若以江陵爲東夫餘、則將曰東代南伐而安得曰北伐哉、其以江陵爲言者、由於新羅南解王十五年北溟人耕田得濊王印之文、蓋以江陵古號爲溟州、故遂轉認北溟爲溟州而有此言也、然旣以北溟爲江陵、則明是魏志所言濊君南閭之國、而其所耕得之印、亦當爲南閭家物也、豈夫婁之所可得有哉、蓋東夫餘者、其地當在今咸鏡北邊、而於北夫餘爲東耳

甲子 元王二年(新羅始祖元年、漢宣帝五鳳元年) 先是辰韓有六部(今慶州地)曰楊山(今曇巖寺)高墟山(今見大

樹(今伊山)珍支(今花山)加利(今栢栗寺北)明活(今金剛山)其人、分居山谷、村與推豪爲長、而未有君號、楊山部有朴赫居世者、不知何許人、生而岐嶷、有神聖之質、高墟村長蘇伐公、與六部人、推尊之、夏四月立爲君、時年十三、號曰居西干、建國號曰徐那伐、居西干者、方言、王也、

按三國史、赫居世、朱蒙、脫解、首露皆生於卵、其外有龍產者、有櫝生者、何其誕也、況距檀君、已二千餘年而尙有此鴻荒氣化之事乎、金富軾氏、非不病其不經、而特以傳聞已久、不得已書之、故今從其遺意、悉刪之○又按北史云新羅王、本百濟人、自海逃入新羅、遂王其國、百濟本馬韓國、謂赫居世、以馬韓人、逃入辰韓也、然此恐是影響之說爾

戊辰 六年(新羅始祖五年漢宣帝甘露元年)春正月新羅王、立閼英爲妃、妃與王同歲、有賢行能內輔、時人謂之二聖、始妃生於閼英井傍、故、因名之

辛未 九年(新羅始祖八年漢宣帝甘露四年)日本國在新羅東南大海中千餘里、其島百餘東西四千餘里、南北八百餘里、厥初、處處保聚、各自爲國、有神武天皇狹野者、起兵誅伐、統合諸國、一姓相承不絕、其人强悍、善用劍、喜抄略隣國、其西北諸島與三韓相近、而新羅尤近、至是(日皇崇神四十八年)率兵將侵羅、聞羅王有神德、乃還

按日本聖武天皇三十一年國號秋津洲至孝德天皇時改號日本以至于今、若前史所稱倭國者、即其一地名也

庚辰 十八年(新羅始祖十七年漢元帝永光三年)新羅王巡撫六部、勸督農桑、妃閼英從焉

壬午 二十年(新羅始祖十九年漢元帝永光五年)先是以蓋守驗、爲弁韓官、守驗貪暴、妄殺、弁韓馬延部長、春正月弁韓各部民、蜂起、逐守驗降于新羅、

按三國史、新羅始祖紀云十九年春正月弁韓以其國來降、而其事不明、今依遺事記補之、然其所謂降者、乃一時之依附羈縻而非實降也、如其實降也、則駕洛王金首露、何從而建國耶、又曰蓋守驗事、信有據、觀此一段、亦可以知遺事記之非全杜撰也

甲申 二十二年(新羅始祖二十一年高句麗東明王元年漢元帝建昭二年)高句麗始祖高朱蒙立、朱蒙北夫餘王解慕漱之子也、母曰河伯(君長之稱)女柳花、柳花與諸弟出遊、慕漱見而悅之、誘入

熊心山下鴨綠室中私之即往不返父母以柳花無媒而從人謫于太白山(白頭山一名)南優渤水上東夫餘王金蛙見而憐之收置室中若有日光逐照其身果有娠生朱蒙年甫七歲自作弓矢發無不中夫餘俗語善射者爲朱蒙故因名焉金蛙有七子技能皆不及朱蒙長子帶素言於金蛙曰朱蒙有勇恐爲後患金蛙不聽使掌喂馬朱蒙增損其芻豆令駿者瘦而駑者肥金蛙自乘肥而與朱蒙瘦與之獵于野與矢又少而朱蒙善馳而殪獸多金蛙諸子益忌欲殺之柳花知之語朱蒙曰國人將害汝以汝才略何往不可孰與遲留而後悔者乎朱蒙乃與烏伊摩離陜父等行至淹淲水無梁追騎將及朱蒙向水而祝於是魚鼈聚浮水上成橋朱蒙乘之得渡至毛屯谷遇再思武骨默居三人乃賜再思姓克氏武骨仲室氏默居少室氏語衆曰我方承景命遇此三賢豈非天乎俱至卒本(丁云今淸興京界內柳云今三水甲山地)扶餘沸流水上都焉或曰朱蒙生於高句麗山下故國號高句麗因姓高氏朱蒙既立以其地連靺鞨(見下)恐爲侵盜遂攘斥之見沸流水菜葉流下知有人居之往尋之果有國曰沸流其王松讓謂曰君爲附庸可乎朱蒙忿與之較藝松讓

不能抗明年以其國降封爲多勿侯麗人語復舊土爲多勿云

按後漢書及魏略皆以魚鼈成橋事入于夫餘傳曰北夫餘始祖名曰東明云云至北史始以東明事屬高句麗始祖而金氏富軾取之以撰史然金氏所取非止北史亦兼據古記也而茶山丁氏欲力排北史而進後漢書魏略何哉以愚論之北史所記蓋正漢魏史之誤可知議論久而始明況古記出於本國人之手比諸他國人影響之說不亦大有據乎故今一從三國史爲斷夫惟如此斷之然後夫餘解夫婁解慕漱諸事條條各有所屬若以東明爲夫餘始祖則夫餘之事不亦紛紛無歸着乎覽者詳之又按疆域考曰卒本故地在今興京界內魏書所謂紇升骨城是也金富軾云卒本者蓋漢玄菟郡(漢昭帝所徙者)之界漢志所云玄菟屬縣高句麗是歟乃曰鄭麟趾之史忽以今成川謂之沸流其後竟以成川爲卒本鄭史之紕繆指不勝屈此尤其甚者也以此觀之今成川之沸流江即其偶同名者也又按東夫餘地雖不可詳然金蛙遇柳花於太白山南而太白山近北夫餘則其地勢亦可以推知

矣

新羅築京城、號金城 在今慶州郡東四里 長三千七十五步、廣三千一十八步、繞六郡、

丁亥 二十五年 新羅始祖二十四年高句麗東明王四年漢元帝建昭五年 秋七月、高句麗、營城郭宮室、

戊子 二十六年 新羅始祖二十五年高句麗東明王五年漢元帝竟寧元年 王昇遐、號曰元王、子貞卽位、

己丑 瑠王元年 新羅始祖二十六年高句麗東明王六年漢成帝建始元年 春正月、新羅營宮室於金城、○冬十月、高句麗王、命烏伊芬奴、伐荇人國、取之、國在太白東南、

癸巳 五年 新羅始祖三十年高句麗東明王十年漢成帝河平元年 漢樂浪人侵新羅、見邊人夜戶不扃、露積被野、相謂曰民不相盜、可謂有道之國、吾儕潛師襲之、無異於盜、得不愧乎、乃引退、

按漢志所見、樂浪郡所領、朝鮮昭明不耐三地、分爲太守及兩都尉之治、則漢水西北、無往非樂浪也、然則新羅始祖三十年以下所見樂浪、吾何以知其的爲何處也、但以百濟始祖所言東有樂浪之語考之、當時樂浪之爲患於濟者、非東部則南部、而非平壤也、若茶山丁氏之說則一截以今春川斷之、此雖出於樂浪牛頭山城 今春川 之文、然不其太快乎、又按前漢玄菟太守霍雲之外、只得五鹿充宗一人樂浪之東暆令延年、又似佚其姓者、盖漢於我邦、以地勢絕遠、只以羈縻而不常置吏、故至有王調崔理之叛亂、則今此所見樂浪、人、亦安知非調理之流耶、

甲午 六年 新羅始祖三十一年高句麗東明王十一年漢成帝河平二年 冬十一月、高句麗、遣將扶尉猒、伐北沃沮滅之、北沃沮 今六鎭地 之地、北接挹婁 肅慎一名 挹婁俗喜乘船寇抄、沃沮畏之、每夏藏巖穴、至冬、船道不通、乃下居焉、至是見滅

按北沃沮者、今六鎭之地、南沃沮者今咸興等地、盖皆古朝鮮地也、自朱蒙以來、句麗蠶食南北沃、沮之地、及句麗之衰、南沃沮爲新羅所得、句麗旣亡、南北沃沮入于渤海、渤海新羅之亡也、又入于女眞、至高麗睿宗、遣尹瓘逐女眞、取南沃沮、至于吉州、旋失之、旣而又沒于元、恭愍王五年、乘元政弊、遣柳仁雨、復南沃沮、而猶未及咸興焉、至我

太祖高皇帝、盡復南北沃沮、而

世宗時、又遣金宗瑞、置六鎭於豆滿江 在今慶源等地源出白頭山 邊、盖前後二千年間

沃沮之得失不一而至我　朝始盡復朝鮮舊疆耳

丁酉九年（新羅始祖三十四年高句麗東明王十四年漢成帝陽朔元年）秋八月高句麗王母柳花薨於東夫餘夫餘王金蛙以太后禮葬之立神廟冬十月麗王遣使致方物以謝

辛丑十三年（新羅始祖三十八年高句麗東明王十八年漢成帝鴻嘉元年）先是中國之人苦秦亂東來馬韓者頗多與辰韓雜居至是寖盛王憂之春二月新羅遣使瓠公來聘王讓曰辰弁二韓爲我屬國比年不輸職貢事大之禮固若是乎瓠公對曰我國自二聖肇興人事修天時和倉庾充實人民敬讓辰韓弁韓樂浪倭人無不畏懷而吾王謙虛遣下臣修聘可謂過於禮矣而大王反怒何耶辭極倨慢王愈怒欲殺之左右諫止乃聽還瓠公本日本人以瓠渡海故名之

按辰韓弁韓樂浪倭人之文則新羅之外別有辰韓一國而至新羅助賁王時始爲曹魏所滅此出李建初辨說

壬寅十四年（新羅始祖三十九年高句麗東明王十九年漢成帝鴻嘉二年）春王昇遐號曰稽王子學即位時有人說新羅王曰韓王前辱我使今當其喪宜伐之羅王曰幸人之災不仁遣使來吊慰

按三國史馬韓王喪在壬寅年而先王遺事記則爲後二年甲辰二者未知孰是然但念遺事記是數千年譜牒謄傳之故紙則今不可不硏譜而伸史也

秋九月高句麗王高朱蒙薨子類利立上號曰東明聖王初朱蒙在東夫餘娶禮氏有娠既去乃生類利類利有奇節喜彈丸嘗出遊彈雀誤中汲婦盆婦罵曰此兒無父頑如此類利歸問母曰我父何人今何在母曰汝父之南奔也語我曰有遺物藏在七嶺七谷石上松下得此者乃吾兒也類利遍索不得一日見柱礎石有七稜自解曰七嶺七谷者七稜也石上松者柱也乃搜柱下得斷劒一段至卒本見王以進王出所藏斷劒合之大悅立以爲嗣

癸卯王學元年（新羅始祖四十年高句麗琉璃王元年百濟始祖元年漢成帝鴻嘉三年）春高句麗王子溫祚來居慰禮（丁云今漢陽城方言凡城郭之四圍者謂之圍哩慰禮聲相近也樹柵築土以作匡郭）之土以東北百里之地予之初麗王朱蒙逃難至卒本扶餘卒本王無子只有三女見朱蒙非常人以第二女妻之未幾

卒本王薨、朱蒙嗣位、生二子、長曰沸流、次曰溫祚、及朱蒙薨、類利嗣位、沸流溫祚恐爲類利所不容、與烏干馬黎等十人南行、百姓從之者多、遂至漢山(丁云今皇京)登負兒岳(或曰今白岳)望可居之地、沸流欲居海濱、十臣諫曰、惟此河(恐指七重河今臨津江)南之地、北帶漢水、東據高岳、南望沃澤、西阻大海、宜定都於此、沸流不聽、分其民、歸彌鄒忽(今仁川)居之、溫祚都河南慰禮城、以十臣爲輔、國號十濟、既而沸流以彌鄒忽土濕水鹹、不得安居、來見慰禮、都邑既定、人民安泰、遂慚恚而死、其臣民皆歸於慰禮、後溫祚、以來時、百姓樂從、改號百濟、以其系、本出夫餘、以夫餘爲氏、或曰溫祚北夫餘人優台之子也、優台娶卒本人延陁勃之女、召西奴、生溫祚兄弟、優台死、召西奴寡居、朱蒙之南奔也、娶之爲妃、撫溫祚兄弟、如己子、及類利立、溫祚兄弟、齊爵自視如贅疣、遂奉母南行卜地、別立國都云

按百濟史、溫祚以夫餘爲氏、又蓋鹵王十七年、致書元魏、自言與高句麗、源出夫餘、先世之時、篤崇舊款、故後之論者、或認溫祚爲優台之子、然溫祚、果若是優台子、則何自立東明廟乎、且句麗之爲句麗、始於琉璃王取高句麗縣、而朱蒙則生於夫餘王於卒本夫餘、薨於卒本夫餘、故不惟中國人、目朱蒙爲扶餘始祖、即其子孫、亦指爲夫餘人、此溫祚蓋鹵王所以曰氏曰源也

○又按舊說、以慰禮爲今稷山地、而至丁茶山始斷之曰今漢陽、蓋以稷山距負兒岳數百里、非可望見之地也、因敍其本末二條、其慰禮考曰慰禮城者、百濟始祖首都之地、其故地在今漢陽城東北、(本考注云惠化門外十里有故城遺痕)溫祚王十三年、徙漢水南、即今廣州古邑、當時謂之河南慰禮城、當時蓋以爲南北二京、溫祚王既卒之百十年、始作北漢山城、即今之京城北坊也、慰禮在北、新城在南(指北漢山城)當時蓋以爲北城南城、漢城考曰漢城者、百濟蓋婁王之所開荒也、今京城之漢陽洞、即其故址、至近肖古王二十六年、乃自漢南徙都漢城、其後或居漢南、或居漢北、未嘗一定而不動、至蓋鹵王末年、句麗燒城殺王、而百濟南遷、其說雖未必盡是、而明覈則極矣、但其論河南慰禮城、以爲濟史誤以溫祚十三年之語、編入于元年、蓋以漢陽爲慰禮、則其北帶漢水云云、不合於方位故也、然余以爲既欲以漢陽爲慰禮、則河南二字

不忠無說河卽古七重河今之臨津江而漢陽在其南則此獨不可曰河南慰禮城而必欲以廣州南漢城當之乎且北帶云者就河南全局數百里而指其東西南北也豈必以負兒岳對漢水而言耶大抵濟史之難讀莫甚於此故今姑首擧以論而餘說各隨事以見于下焉又按三國史祀志負兒岳在北漢山州而此云至漢山登負兒岳蓋百濟之初漢水南北統稱漢山而至後世始有漢山北漢之別耳

夏五月百濟立東明王廟○秋七月高句麗王納多勿侯松讓女爲妃

甲辰二年(新羅始祖四十一年高句麗琉璃王二年百濟始祖二年漢成帝鴻嘉四年)春正月百濟王謂羣臣曰靺鞨連我北境其人勇而多詐宜繕兵積穀爲拒守之計三月以族父乙音有知識膽力拜爲右輔委以兵事

按靺鞨者其人衣豬狗之皮所以得名也三代以前曰肅愼漢魏時曰挹婁北魏時曰勿吉旣又變爲靺鞨其族有七部一曰粟末二曰伯突三曰安車骨四曰拂涅五曰號室六曰黑水七曰白山(近白頭山)在白頭山之北混同江之東虎兒河之左右黑龍江之西南今烏喇寧古搭之近地也與我壤遼絕惟白山一部與北沃沮相接而今本史靺鞨自溫祚二年侵攻不已丁氏辨此以爲靺鞨之名始出於元魏之末而前漢之時靺鞨已橫行我邦有是理乎漢魏之時百濟處冽水之南其北有所謂樂浪國者又其東北之陲有所謂東沃沮者又其北鄙有所謂北沃沮者概非無人之境也又其北界乃接靺鞨然漢魏之際但有挹婁未有靺鞨若云挹婁來寇其將涉豆滿踰摩天越北沃沮越南沃沮跋涉四千里乃寇百濟也偶一來侵猶不近理況連年接月左衝右突有若三家之村逐日勃谿然者豈理也哉今詳其文所謂靺鞨卽東沃沮之濊人漢史所謂不耐濊是也其謂之靺鞨者唐宋之際渤海大氏據我北道二百餘年渤海者靺鞨也濟羅之人以北道指爲靺鞨口慣耳熟凡其古記有北寇來侵者悉名之曰靺鞨而金富軾不覈其實編錄如是也隋唐以降三國史所載靺鞨此皆眞靺鞨也侵我邦皆自遼瀋取路于薩水以其地勢便也此說極覈讀者宜詳玩之

冬十月高句麗王妃松氏薨王納鶻川女禾姬漢人(中國人)女雉姬造東西二宮置之二女爭寵禾姬罵雉姬曰漢家婢何得無禮雉姬慚怒而去王方獵箕山策馬而追之竟不能還雉姬於是王息樹下感黃鳥之飛乃作歌曰翩翩黃鳥雌雄相依念我之獨誰其與歸此東方詩歌之始也

按我邦四言詩倡於琉璃王五言詩倡於乙支文德豈句麗與燕接壤早聞中國之風歟抑之我邦之文明句麗爲先百濟次之新羅居最後而久後乃反軼麗濟而過之耳又按漢魏樂府載朝鮮津吏霍里子高妻麗玉箜篌詞朝鮮者朝鮮縣也津卽洌水也又陶弘景名醫別錄載高麗人人蔘贊四句而并不知其事的在何時故不得不推黃鳥歌爲始耳

乙巳三年(新羅始祖四十二年高句麗琉璃王三年百濟始祖三年漢成帝永始元年)秋九月靺鞨侵百濟北境濟王帥輕兵急擊大破之靺鞨生還者十一二自是靺患不絕

丙午四年(新羅始祖四十三年高句麗琉璃王四年百濟始祖四年漢成帝永始二年)秋八月百濟遣使漢樂浪通好

庚戌八年(新羅始祖四十七年高句麗琉璃王八年百濟始祖八年漢成帝元延二年)春二月靺鞨圍百濟慰禮城濟王閉城門不出經旬靺鞨糧盡而歸濟王簡銳卒追及大斧峴(今平康)戰克之○秋七月百濟築馬首城竪甁山柵漢樂浪太守遣人言曰頃者聘問結好義同一家今逼我彊造立城柵或者其有蠶食之謀乎若不渝舊好隳城破柵則無所猜疑不然請一戰以決勝負濟王曰設險守國古今常道豈敢以此渝好若執事恃强出師小國亦有以待之遂與樂浪失和

按丁氏云始元合郡之後漢廷命吏來治平壤或遣土人分治其後土人遂據春川以自雄別爲一國也又曰前稱太守今乃稱王(見下)又著其姓名蓋本在平壤時據漢郡而自署故猶稱太守及其徙居春川與漢隔絕旣久遂自稱王其春川之說不知其如何而土人之自雄則理有然矣

壬子十年(新羅始祖四十九年高句麗琉璃王十年百濟始祖十年漢成帝元延四年)鮮卑者古東胡也漢初與烏桓俱爲匈奴所滅餘類竄遼東塞外保鮮卑山因以爲號其地在遼水西與烏桓接壤而言語習俗與之相似夏四月高句麗王謂羣臣曰鮮卑恃險不我和親利則出抄不利則入守爲我國患能制者重賞之扶芬奴曰鮮卑險固之國人勇而愚難

以力鬪易以謀屈宜使人反間紿以國小兵弱鮮卑易我必不爲備臣俟其隙率精兵從間道王使羸兵軍城南佯敗走彼必空城追之臣以精兵入其城王親率勇騎挾擊之此韓信攻趙之策王從之鮮卑果開門出兵追之扶芬奴走入城鮮卑驚奔扶芬奴當關拒戰斬殺甚多王擧旗鳴鼓而前鮮卑首尾受敵計窮力屈遂爲屬國王賞扶芬奴食邑辭曰此王之德臣何功焉不受王乃賜金三十斤良馬十匹

癸丑十一年(新羅始祖五十年高句麗琉璃王十一年百濟始祖十一年漢成帝綏和元年)夏四月漢樂浪人以靺鞨兵襲破百濟甁山柵殺掠一百餘人秋七月濟設禿山狗川兩柵以塞樂浪之路○漢成帝時玄菟人有曹元理者以數學聞

甲寅十二年(新羅始祖五十一年高句麗琉璃王十二年百濟始祖十二年漢成帝綏和二年)春正月熒惑守心日者令狐高奏曰臣聞熒惑一名罰星出則有兵守則國亡今是星久守京師之分深爲不祥之兆願修德政外攘强隣內安庶民王聞之悚然然不能用其言

乙卯十三年(新羅始祖五十二年高句麗琉璃王十三年百濟始祖十三年漢哀帝建平元年)春正月東夫餘王帶素遣使聘高句麗請交質子麗王憚夫餘强大欲以太子都切爲質都切不肯行帶素恚之○秋八月百濟遣使來告遷都先是夏五月百濟王母薨濟王謂其臣曰國家東有樂浪北有靺鞨侵軼疆境少有寧日況今妖祥屢見國母棄養勢不自安予觀漢水之南土壤膏腴將遷都以圖久安乃命立柵于漢山(今南漢)下移慰禮民戶實之遂定疆域北至浿河(今猪灘)南限熊川(今公州)西窮大海東極走壤(今春川近地)秋九月仍立城闕

按我邦古初君主必設都山麓絶險之地以避敵害如鳥之欲托高巢獸之欲據深窟故句麗山上王都於丸都山上而因以爲號焉今南漢山城外險內平形勢之奇甲於國中此可以明知溫祚之避敵患而移都也

冬十月東夫餘王以兵五萬侵高句麗會大雪士卒多凍死乃引去

丙辰十四年(新羅始祖五十三年高句麗琉璃王十四年百濟始祖十四年漢哀帝建平二年)春正月百濟王徙都漢山二月巡撫部落勸農秋七月築城漢江西北分漢城民

按丁氏云漢江西北之城卽百濟所謂阿且城未知是否

東沃沮遣使新羅獻良馬二十匹曰寡君聞南韓有聖人出遣使臣來獻沃沮今咸
興在高句麗蓋馬山今白頭山之東東濱大海北與挹婁南與濊貊相接
按丁氏曰東沃沮今咸鏡南道之地也漢武帝時爲玄菟郡昭帝時爲樂浪
東部以其在樂浪之東故謂之東沃沮如此則東沃沮南沃沮乃一地而二
名耳
庚申十八年新羅始祖五十七年高句麗琉璃王十八年百濟始祖十八年漢哀帝元壽二年冬十月靺鞨侵百濟濟王帥
兵逆戰於七重河今積城大破之坑其衆以所虜酋長素牟來獻俘○十一月百濟
王欲襲漢樂浿牛頭山城春川古號曰牛首或曰牛頭州至臼谷遇大雪乃還
四郡志曰春川府舊傳有漢彭吳通道碑今無
壬戌二十年新羅始祖五十九年高句麗琉璃王二十年百濟始祖二十年漢平帝元始二年春二月百濟設大壇親祀天
地自是每歲四仲祭天及五帝○三月高句麗郊豕逸麗王命掌牲薛支追之支
至國內在今楚山江北尉那巖得之還言曰臣至尉那巖見其山水深險地宜五穀又多
麋鹿魚鼈王若移都不惟民利無窮可免兵革之患麗王然之秋九月如國內審

地形
疆域考曰通典馬訾水一名鴨綠水源出白山即白頭山經國內城南又西與一
水合即鹽難水也二水合流西南至安平城入海通志云佟家江即古鹽難
水源出長白山之分水嶺按鹽難水既是佟家江則國內城明在鴨水佟
家江未合之前其在楚山北隔江之地不旣明乎○按赫居世五十八年辛
酉泰西人耶蘇生於東土耳其之猶太國以天神禍福之說勸人爲善泰西
之人世奉爲宗敎遂以其生年爲曆紀之始大抵我邦中國日本蒙古東土
耳其諸國於近世所稱五洲爲亞細亞洲而孔子老聃如來耶蘇皆生於亞
細亞洲雖其敎之不同而生地則皆同豈其山川風氣有所獨鍾歟可異也
癸亥二十一年新羅始祖六十年高句麗琉璃王二十一年百濟始祖二十一年漢平帝元始三年冬十月高句麗王徙都國
內築尉那巖城都卒本凡四十年而還十二月王田于質山五日不返大輔陜父
諫曰王新移都邑民不安堵宜德政是恤而馳騁田獵久而不返若不改過臣恐
政荒臣散先王之業墜地王怒罷陜父職陜父出奔南韓凡麗之官制傳於世者

大輔之外有曰左輔、右輔、大主簿國相九使者中畏大夫出古記 又有曰太大兄次
大兄次小兄次對盧次意侯奢次烏拙次太大使者次大使者次小使者次褥奢
次翳屬次仙人、凡十二等出隋書 又有曰大對盧、曰鬱折、曰太大使者、曰皂衣頭大
兄即仙人 曰大使者、曰大兄、曰上位使者、曰諸兄、曰小使者、曰過節、曰先人、曰古鄒
大加、凡十二級、又有曰沛者、曰于台、曰舒弗邯、曰評者、曰莫離支、曰大莫離支、曰
中裏小兄、曰中裏大兄、曰內評、曰外評、曰五部褥薩出三國史及唐書附書 之屬焉

甲子二十二年、新羅始祖六十一年高句麗琉璃王二十二年百濟始祖二十二年漢平帝元始四年 春三月、新羅始祖朴赫
居世薨、越七日、王妃閼英薨、葬于蛇陵、太子南解立、號次次雄、妃雲帝夫人

丙寅某王幾年、新羅南解王二年高句麗琉璃王二十四年百濟始祖二十四年漢孺子嬰居攝元年 春正月、新羅立始祖廟
○秋七月、百濟立熊川柵、王遣使責曰、王初渡河、無所容足、吾劃東北百里地界
之、其待王不爲不厚、宜思有以報之、今以國完民聚、謂我莫與敵、大設城池、侵犯
我封疆、如義何、濟王慚、遂壞之

按東北百里之地、蓋包溫祚所都南北漢而言也、意者馬韓之地、始止於漢
南及其盛也、拓地過漢而北、以與樂浪帶方接壤、故得以自制與人爾

戊辰二十六年、新羅南解王四年高句麗琉璃王二十六年百濟始祖二十六年漢孺子嬰初始元年 春正月、新羅王、以長女
妻昔脫解、脫解不知何許人、身長九尺、風神秀朗、智識過人、幼棄於海濱、有老嫗
收而養之、及長、業漁釣、養嫗無怠色、嫗曰子、骨相殊異、非常人、宜力學立功名、脫
解遂專精學問、兼通地理○初高句麗王之徙都也、太子解明不肯徙、留在故都
有力好勇、黃龍國蓋契丹古國地 王、遣使贈强弓、解明對其使、彎折之曰、非予有力、弓自
不勁、黃龍王慚、麗王聞之、怒使告黃龍王曰、解明爲子不孝、請爲寡人誅之、三月
黃龍王、遣使請太子相見、太子欲行、有諫者曰、今隣國無故請見、意不可測、太子
曰天之不欲殺我、黃龍其如我何、遂行、黃龍王見之、不敢加害、禮送之○秋七月
百濟王謂諸將曰、馬韓漸弱、上下離心、勢不能久、儻爲他有、脣亡齒寒、悔不可及
不如先人取之、冬十月、陽出獵、潛師襲王城、陷之、入城撫臣民、羣臣皆朝見、濟王
惟大夫宇定殺獨不屈、濟王使人執定殺致之、謂曰汝降則賜爵、否戮之、定殺大
叱曰、我馬韓之臣、安能降汝賊乎、因罵不絕口、濟王怒殺之、遂乘勝攻取諸城、惟

圓山錦峴(在今驪州)二城固守不下

己巳二十七年(是歲馬韓亡新羅南解王五年高句麗琉璃王二十七年百濟始祖二十七年漢王莽篡立一年)春三月、高句麗王遣人謂解明曰、吾遷都欲安民、汝不我隨、恃强力結怨隣國、於子道何、乃賜劒自裁、解明欲自殺、或止之曰、大王長子已卒、太子當爲後、今使者安知非詐乎、解明曰、嚮黃龍王以强弓遺之、我怒其輕我國、折之、今父王以我爲不孝賜劒自裁、父命可逃乎、乃往礪津東原、以槍揷地、走馬觸槍而死、年二十一、麗王以太子禮葬於東原○夏四月、百濟王遷王於海上圓山錦峴二城、遂降于濟、馬韓亡、馬韓自武康王至此、歷二百二年、幷箕子朝鮮上下共爲一千一百三十一年、今之鮮于氏、韓氏、奇氏、皆其遺族也、馬韓之爲國、其部落各有長帥、大者自名爲臣智、其次有邑借、其官有魏率善邑君、歸義侯、中郞將、都尉、伯長之屬、俗少綱紀、居處、作土室草屋、其戶向上、俗不重金銀錦罽、而貴瓔珠、用以飾髮垂耳、其男子、衣帛袍履草屩、性勇悍、讙呼力作、善用弓楯矛櫓、常以五月下種、訖祭鬼神、羣聚歌舞飮酒晝夜無休、數十人俱起相隨、踏地低仰、手足相應、十月農功畢、亦如之、信鬼神、國邑各立一人主祭天神、名曰天君、馬韓之西、海中大島有曰州胡國者、其人、差短小、言語不與韓同、髡頭衣韋、好養牛及猪、乘船往來韓中以市買焉

右朝鮮馬韓事、其一二見於舊史之外、皆先王遺事記也、噫箕氏之無史已數千年、則所謂遺事記者、其誰不大驚以恠而置諸疑案哉、然余嘗反覆思惟、鮮于氏自古昔以來、未嘗有一人聞於世者、至近世始有一遯庵氏、以行學稱、其安能以家先古蹟、早達於太史氏及學士大夫之間哉、但其文謄傳旣久、時不免豕亥之誤、故、今謹一一裁正而著于編、如右、且以爲此事與檀君紀一也、不信檀君則已、旣信檀君則此恐不可以獨疑云○按魏略曰、準子及親留在故、國者冒姓韓氏、韻書曰、箕子支子仲食采於于因氏以鮮于月沙李氏廷龜、崇仁殿碑曰、馬韓末有孱孫三人、曰親、其後爲韓氏、曰平、其後爲奇氏、曰諒、入龍岡烏石山、其後爲鮮于氏、奇氏譜曰、馬韓元王有子三人、曰友平、友誠、友諒、國亡、友平奔高句麗、爲北原鮮于氏、友誠奔百濟、爲奇氏、友諒奔新羅、爲上黨韓氏、諸說互相牴牾、今此臚列以俟辨者

馬韓既亡、馬韓豪傑收其殘衆、復立爲王、謂之後馬韓、然其人猶思念箕氏、奉其祭祀不絶〇秋八月、東夫餘王帶素、遣使讓高句麗王曰、我先王、與先君東明、相好、而乃誘我臣僚、逃至于南、以立國、夫國有大小、人有長幼、以小事大禮也、以幼事長順也、今王、能禮順事我、天必佑之、不然、欲保社稷難矣、麗王、自以立國日淺民孱兵弱、卑辭以報曰、寡人僻在海隅、未聞禮義、今承尊命、敢不惟教、時麗王子無恤、尙幼、聞王失對、自見夫餘使者曰、我先祖生而神異、賢且多才、大王讒諸父王、先祖見幾而出、今大王不念前愆、但恃兵强、輕蔑我邦、請使者歸報大王、今有累卵於此、若大王不毁其卵、則吾將事之、不然則否、帶素聞之、遍問羣下、莫有對者、有老嫗、對曰、累卵者危也、不毁者安也、其意若曰、不知自危、而欲人之事己、不如易危以安、而自理也

歷史輯略卷二終

歷史輯略卷三

花開金澤榮于霖撰

新羅　高句麗　百濟紀　後馬韓 駕洛國　辰韓 三郡　大加耶

庚午（新羅南解王六年 高句麗琉璃王二十八年 百濟始祖二十八年 漢王莽簒位二年）秋七月、新羅以昔脫解爲太輔、委以軍國政事

壬申（新羅南解王八年 高句麗琉璃王三十年 百濟始祖三十年 漢王莽簒位四年）漢王莽、將伐胡、求援於高句麗、麗不得已出兵、遣之、兵既出塞、皆亡歸、因侵遼西、太尹田譚、追擊之、爲所殺、莽怒、使嚴尤擊之、尤誘麗將延丕、斬之、傳首漢京、莽悅、更名麗王爲下句麗侯、布告天下、使明知之

癸酉（新羅南解王九年 高句麗琉璃王三十一年 百濟始祖三十一年 漢王莽簒位五年）冬十一月、東夫餘、侵高句麗、麗王、使子無恤、帥師禦之、無恤、以兵少、恐不能敵、設奇伏于山谷、待之、夫餘兵、直至鶴盤嶺下、伏發擊其不意、夫餘軍大敗、棄馬登山、無恤縱兵盡殺之

甲戌（新羅南解王十年 高句麗琉璃王三十二年 百濟始祖三十二年 漢王莽簒位六年）秋八月、高句麗王、命烏伊、摩離、領兵

二萬、西伐梁貊、滅其國、進兵襲取漢高句麗縣、或曰高句麗之國號、自此始○日本人、(日皇垂仁四十三年)侵新羅邊郡、羅發六部勁兵千人以禦之、漢樂浪人乘虛攻金城急、夜有流星、墜於樂浪營、樂浪人懼而退、屯閼川上、造石堆二十而去、六部兵追者至閼川、見石堆、以爲賊衆、乃止

(丙子年 新羅南解王十二年 百濟始祖三十四年 高句麗琉璃王三十四 漢王莽簒位八年) 冬十月、馬韓舊將周勤、憤宗國之亡、起兵據牛谷城、以規興復、百濟王、率兵五千擊之、勤力盡自經死之、濟腰斬其尸、并殺其妻子

(戊寅年 新羅南解王十四年 百濟始祖三十六年 高句麗琉璃王三十六 漢王莽簒位十年) 夏、高句麗所屬七國(七國當是七縣)投新羅

○冬十月、高句麗王殂、號曰琉璃明王、太子無恤立

(己卯 新羅南解王十五年 百濟始祖三十七年 高句麗大武神王元年 漢王莽簒位十一年) 春二月、北溟人、耕田得濊王印、獻于新羅

按江陵之海雖是東海、而於新羅爲北、則謂之北溟、亦可、故上文已以得印之事、臆于南閭、然或謂高句麗地有曰北溟者、(即怪由所葬地)豈非此耶、夫句麗北溟距新羅、當不下千里、而介其間者、有東沃沮等國、彼何人者、乃懷一印、以截千里、越衆國而獻於他國乎、不可知

夏、百濟旱、漢水東(東疑西字之誤)北部落饑、民亡入高句麗者千餘戶、浿(浿猪灘帶帶方今臨津等地)帶之間、空無居民

按浿帶在漢水之西北、則東北之饑而西北之流離、此豈成說乎、東北之東字恐是西字之誤、三國史如此類者甚多

(庚辰 新羅南解王十六年 百濟始祖三十八年 高句麗大武神王二年 漢王莽簒位十二年) 春二月、百濟王、巡撫境內、東至走壤、北至浿河、五旬而返、又發使勸農桑、除不急擾民之事○高句麗、立東明王廟

○冬十月、百濟、築大壇祀天地

(壬午 新羅南解王十八年 百濟始祖四十年 高句麗大武神王四年 漢王莽簒位十四年) 春二月、高句麗王、攻殺東夫餘王帶素、先是麗王、率師嚮夫餘、道遇一人、身長九尺、面白而目有光、拜王曰臣是北溟人怪由、竊聞大王北伐夫餘、請從行、取夫餘王頭、王悅許之、至是進軍於夫餘國南、其地多泥淖、王使擇平地爲營、解鞍休卒、夫餘王自率衆出戰、欲掩其不備、策

馬以前、昭泥淖不能進退、麗王揮怯由進、怯由拔劒號吼擊其衆潰之、直前斬夫餘王頭、夫餘王既死、其季弟與從者百餘人、至鴨綠谷、殺海頭王而自立、都於曷思水濱、帶素從弟謂國人曰我先王、身亡國滅民無所依、王弟不念圖存、逃竄出外吾亦不肖、其何能爲、乃與萬餘人投麗、麗王封爲王置椽那部、冬十月、怪由卒麗王念前功、命有司葬北溟山陽、以時祀之

按帶素從弟、豈金蛙兄弟之子歟

是時(漢王莽地皇時)辰韓、有右渠帥廉斯鑡者、聞漢樂浪郡土地美、人民饒樂、亡欲投降樂浪、出其邑落、見田中驅雀男子一人、問之、男子曰我是漢人、名戶來、我等五百人、伐材木、爲韓所擊得、皆斷髮爲奴積三年矣、鑡曰我當降樂浪、汝欲俱去否、戶來曰可、鑡因將戶來詣漢含資縣、縣言郡、郡即以鑡爲譯、乘大船入辰韓、逆取戶來降伴、只得千人而五百人已死矣、鑡故謂辰韓曰汝還五百人、若否者、樂浪當遣萬兵來擊汝、辰韓曰五百人已死、我當出贖直耳、乃出辰韓人萬五千、弁韓布萬五千匹、鑡收取直還、郡表鑡功義、于漢、漢賜鑡冠幘田宅、子孫傳之數世、至安

帝延光中、始除

(癸未 新羅南解王十九年 高句麗大武神王五年 百濟始祖四十一年 漢劉玄更始元年)春正月、百濟右輔乙音卒以北部解婁代之、婁本夫餘人、神識淵奧、年過七十、膂力不愆○百濟發漢水東北諸部落人、修營慰禮城

按是時溫祚既已移都南漢、而猶復修營慰禮、其南北二京之規模、可以想見矣、且徵發漢水東北人、則慰禮之非稷山決矣、夫稷山之距漢水東北、爲二百餘里、捨近徵遠、有是理乎、丁說得之

(甲申 新羅南解王二十年 高句麗大武神王六年 百濟始祖四十二年 漢更始二年)秋、新羅王朴南解殂、太子儒理立、妃日知葛文王女也、南解將殂、謂儒理及昔脫解曰吾死後、朴昔兩姓、以長年嗣位焉、及殂、儒理讓于脫解、脫解曰神器、非庸人所堪、吾聞聖智人、多齒、試以餠噬之、儒理齒多、乃立之、號尼師今、尼師今者、方言齒理也、葛文王者追封王之稱也

疆域考曰尼師今麻立干之號、俚陋莫甚、無文故也、以見於北史者、考之、新羅之通中國也、附百濟以達、既而與濟失和則附於加羅(即駕洛)蓋以新羅、僻

在韓地之東隅故其中國之跡反後於百濟加羅而文字之巧亦從而遜之耳

先是漢遣劉憲爲樂浪太守于時中國擾亂樂浪人王調乘時作亂殺憲自稱大將軍樂浪太守

丙戌(新羅儒理王二年 高句麗大武神王八年 百濟始祖四十四年 東漢光武建武二年)冬十月高句麗王伐蓋馬國殺其王以其地爲郡縣十二月句茶國王聞蓋馬滅懼舉國來降

戊子(新羅儒理王四年 高句麗大武神王十年 百濟始祖四十六年 東漢光武建武四年)春二月百濟始祖夫餘溫祚殂子多婁立○秋七月漢以高句麗取高句麗縣發遼東兵伐之圍國內城數旬不解麗左輔乙豆智曰漢謂我城中無水久圍待疲宜取池魚包水草兼以酒致犒麗王從之貽書曰寡人愚昧獲罪大國致令將軍帥百萬之軍暴露敝境無以荅厚意敢用薄物致供於左右於是漢將謂城內有水不可猝拔乃引去○冬十一月新羅王巡國內見一老嫗凍餒將死歎曰予以眇躬居上不能養民使老幼至於此極賜衣及食仍命有司存問鰥寡孤獨老病不能自活者賑給之隣國百姓聞而來者衆時新羅民俗歡康製兜率歌以樂之此新羅歌樂之始也

按是時佛法尙未至中國而新羅何緣取兜率語作歌也豈後人追譯土音而文之以二字歟

新羅始製犂耟及藏氷庫車乘

庚寅(新羅儒理王六年 高句麗大武神王十二年 百濟多婁王二年 東漢光武建武六年)秋漢以王遵爲樂浪太守將兵來勦王調初漢琅琊王仲爲濟北王興居所坊浮海東奔家於樂浪詘邯那其七世孫閎爲郡三老及遵至遼東閎與郡曹吏揚邑共殺調迎之樂浪遂平九月漢封閎邑爲列侯赦樂浪大逆殊死以下因以其地遼遠吏不能制改定二郡玄菟領高句麗西蓋馬上殷台高顯侯城遼陽大城樂浪領朝鮮詘邯那浿水含資黏蟬遂城增地帶方駟望海冥列口長岑屯有昭明鏤方提奚渾彌樂都十八城而省東部都尉棄嶺(單單大嶺)東七縣之地其後因其土俗悉封沃沮濊貊豪右爲縣侯皆令歲時詣樂浪朝貢未幾樂浪人崔理復叛漢自稱王

按十八城無呑列東暆者蓋增一樂都而減呑列東暆以并入于棄地之中

來者衆、時新羅民俗、歡康、製兜率歌以樂之、此新羅歌樂之始也

按是時、佛法尙未至中國、而新羅何緣取兜率語作歌也、豈後人追譯土音而文之以二字歟

新羅、始製犂耟、及藏氷庫、車乘

庚寅（新羅儒理王六年高句麗大武神王十二年百濟多婁王二年東漢光武建武六年）秋、漢以王遵爲樂浪太守、將兵來勦王調、初、漢琅琊王仲、爲濟北王興居所𢭏、浮海東奔、家於樂浪訥那、其七世孫閎爲郡三老、及遵至遼東、閎與郡曹吏楊邑、共殺調迎之、樂浪遂平、九月漢封閎邑爲列侯、赦樂浪大逆殊死以下、因以其地闊遠、吏不能制、改定二郡、玄菟領高句麗西蓋馬、上殷台、高顯、候城、遼陽六城、樂浪領朝鮮、訥那、浿水、含資、黏蟬、遂城、增地、帶方、駟望、海冥、列口、長岑、屯有、昭明、鏤方、提奚、渾彌、樂都十八城、而省東部都尉、棄嶺（單單大嶺）東七縣之地、其後、因其土俗、悉封沃沮、濊貊豪右爲縣侯、皆令歲時詣樂浪朝貢、未幾樂浪人崔理復叛漢、自稱王

按十八城、無呑列東暆者、蓋增一樂都而減呑列東暆、以并入于棄地之中

雨

冬十月、百濟東部屹于、與靺鞨、戰於馬首山西、克之、殺獲甚衆、濟王喜、賞屹于馬十匹租五百石、後數歲代解婁爲右輔

壬辰(新羅儒理王八年高句麗大武神王十四年百濟多婁王四年東漢光武建武八年)春、新羅王改六部之名、仍賜姓、以楊山部爲梁、姓李、高墟部爲沙梁、姓崔、大樹部爲漸梁、姓孫、于珍部爲本彼、姓鄭、加利部爲漢祇、姓裴、明活部爲習比、姓薛、王既定六部、中分爲二、使王女二人、各率部內女子、自秋七月既望、每日早集大部之庭、績麻、夜分而罷、至八月十五日、考其功之多少、負者置酒食以謝勝者、相與歌舞、百戲皆作、謂之嘉俳、時有負家一女、起舞歎曰會蘇會蘇、其音哀雅、後人因其聲作歌、名曰會蘇曲○新羅、設官、有十七等、一曰伊伐飡二曰伊尺飡三曰匝飡四曰波珍飡五曰大阿飡六曰阿飡自重阿飡至四重阿飡七曰一吉飡八曰沙飡九曰級伐飡十曰大奈麻自重大奈麻至九重大奈麻十一曰奈麻自重奈麻至九重奈麻十二曰大舍十三曰舍知十四曰吉士十五曰大烏十六曰小烏十七曰造位自大阿飡以上、眞骨爲之或謂之第一骨、阿飡以下、第二骨爲之、羅俗謂君王承統者曰聖骨、王族曰眞骨○三月、高句麗、以南部使者鄒敎素、爲沸流部長、初仇道、逸苟、焚永三人、爲沸流部長奪人妻妾財貨、恣其所欲、麗王以始祖舊臣、不忍致法、只令廢爲庶人、以敎素代之、敎素作大室以自處、以仇道等罪人、不令升堂、三人謝曰吾儕、小人、犯王法、不勝愧悔、公能赦過、使得自新則死無恨矣、敎素因與之坐曰人孰無過、過而能改、善莫大焉、乃許爲友、仇道等感愧、不復爲惡、王聞之曰敎素、不用威嚴、能以智懲惡、可謂賢矣、賜姓曰大室氏○夏四月、樂浪王崔理、降于高句麗、先是麗王子好童、遊於沃沮、理適見之、謂好童曰相君之貌、必非常人、遂同歸、妻以女、樂浪有鼓角、若有敵兵則自鳴、好童將還、潛謂女曰若能入武庫割破鼓角則我當以禮迎之、女潛入武庫、割破鼓面角口、以報好童、好童歸勸父王、取樂浪、麗王、以兵進襲樂浪、理以鼓角不鳴、不設備、麗兵奄至城下、乃知鼓角皆破、遂殺女出降、好童生於後宮貌甚美、又有功、王甚愛之、王元妃、恐奪嫡、讒於王曰好童無禮於我王疑之、或勸好童自釋、好童曰是顯母之惡、貽父之憂也、吾不忍爲、遂伏劍而死

按好童遊於沃沮而崔理見之則沃沮樂浪必其相近之地然則此樂浪卽東部舊治不耐地歟抑指南部昭明歟

癸巳 新羅儒理王九年高句麗大武神王十五年百濟多婁王五年東漢光武建武九年 春二月百濟令國南州郡始作稻田

凡濟之賦稅以米及布絹絲麻之屬量歲豐儉差等輸之其詳世無傳

丁酉 新羅儒理王十三年高句麗大武神王十九年百濟多婁王九年東漢光武建武十三年 冬高句麗襲樂浪滅之樂浪人五千與帶方人投新羅羅分置六郡

按此樂浪卽崔理之國也豈理降而復叛故句麗窮極用兵而至於襲滅耶

庚子 新羅儒理王十六年高句麗大武神王二十二年百濟多婁王十二年東漢光武建武十六年 秋九月漢華麗不耐 見上 二縣侯連謀率騎兵侵新羅北境貊國侯以兵要曲河西敗之羅王喜與貊國結好

按貊國侯卽漢光武所封濊貊侯而文有省耳若曰貊別有一國則何魏志立濊傳而不立貊傳哉若今世所傳春川貊國之說出於賈耽郡國志其言曰句麗之東南濊之西古貊國蓋今新羅北朔州 春川古號 也豈古時有江陵濊貊一族來居春川遂稱貊國歟不然則有句麗別種小水貊 四郡志云小水貊卽春川昭陽江 居之爲土俗之相傳而耽生於後世不能辨別遂以摭入志也覽者詳之

壬寅 新羅儒理王十八年高句麗大武神王二十四年百濟多婁王十四年東漢光武建武十八年 春三月駕洛 一作加羅今金海等地 國始祖金首露立初駕洛有九干曰我刀彼刀汝刀五刀留水留天神鬼五天神天各統其衆聚居山野無君臣位號有伽倻 一作加耶 山正見母主者生子惱窒朱日及惱窒青裔二人而惱窒青裔特奇傑身長九尺龍顏重瞳衆推爲君是爲首露王國號駕洛或稱加耶後改金官或曰首露自以少昊金天氏之後以金爲姓惱窒朱日別開國曰大加耶或稱任羅 一作那 是爲伊珍阿豉王或曰駕洛之始有男子六人皆英偉長大衆推其兄爲主是爲首露餘五人分爲五加耶一曰大加耶 今高靈 一曰小加耶 一名古自今固城 一曰阿羅加耶 一名阿尸良今咸安 一曰古寧加耶 今咸昌 一曰碧珍加耶 今星州 其地東以黃山江 在今梁山 南以滄海西北以地理山 今智異山 東北以伽倻山 在今星州 爲界

疆域考曰崔致遠釋利貞傳云伽倻山正見母主生大加耶王惱窒朱日及金官國王惱窒青裔二人朱日爲阿豉王之別稱青裔爲首露王之別稱又

曰東史略有六卵之說、而東史總目遂云首露王兄弟六人分作六加耶之始祖、此皆後人推演爲說、不足徵也、又曰文獻通考(馬端臨作)曰弁韓國、有瑟、其形如筑、彈之有音、曲與胡琴相類、我邦琴瑟之可以得名者、惟有加耶琴一種而已、馬氏乃云弁韓瑟形如筑。則伽倻之爲弁韓、豈不明甚、謂之瑟者、絃有十二、其形差大也

新羅、伐伊西國(今淸道)滅之

甲辰(新羅儒理王二十年高句麗大武神王二十六年百濟多婁王十六年東漢光武建武二十年) 春二月、駕洛築都城營宮室○

秋九月、漢、遣兵渡海、伐樂浪、取其地爲郡縣、薩水(今淸川江)以南屬漢

按樂浪之爲高句麗所滅、已八年矣、漢、怒麗所爲、來復其地、然是時、麗勢強大、漸逼薩北、故終亦不能力制而只以薩南屬漢耳

冬十月、高句麗王殂、號大武神王、太子解憂、年幼、國人立王弟解邑朱

乙巳(新羅儒理王二十一年高句麗閔中王元年百濟多婁王十七年東漢光武建武二十一年) 馬韓部落、廉斯(地名)人、蘇馬諟等詣漢樂浪郡貢獻、漢帝封蘇馬諟爲廉斯邑君、使屬樂浪、四時朝謁

李氏建初曰所謂邑君、即建武六年省東部都尉而以縣中渠帥爲侯者也

戊申(新羅儒理王二十四年高句麗閔中王四年百濟多婁王二十年東漢光武建武二十四年) 春高句麗王、殂、葬於閔中、號曰閔中王、大武神王子解憂立○秋七月駕洛國王、納許氏爲妃、是爲普熙太后、后生十子、二子從母姓、今之金海金氏及諸許、皆其後也○駕洛王、謂其臣曰九千爲庶僚之長、而名稱鄙野、非簪履職位之稱、遂改我刀爲我躬、汝刀爲汝諧、彼刀爲彼藏、五刀爲五常、留水爲留功、留天爲留德、神天爲神道、神鬼爲臣貴、五天爲五能、餘并取新羅職儀

己酉(新羅儒理王二十五年高句麗慕本王元年百濟多婁王二十一年東漢光武建武二十五年) 春、高句麗、遣將襲漢北平、漁陽、上谷、太原、遼東太守蔡彤、請與和親、麗從之

癸丑(新羅儒理王二十九年高句麗慕本王五年百濟多婁王二十五年東漢光武建武二十九年) 高句麗王、暴戾不仁、居常坐必藉人、臥則枕之、人或搖動、輒殺之、臣有諫者、射之、有杜魯者、侍王左右、恐禍及已乃哭、或曰子、夫也、何哭爲、古人曰撫我則后、虐我則讎、今王、行虐以殺人、百姓之讎也、爾其圖之、冬十一月、魯、藏刀近王、王引而坐、遂刺殺之、王葬於慕本、謂之慕

本王太子翊、不肖、國人迎琉璃王子再思之子宮立之年甫七歲、太后垂簾聽政
太后夫餘人也
丙辰 新羅儒理王三十二年高句麗太祖王三年百濟多婁王二十八年東漢光武中元元年 自漢罷東部都尉、東沃沮臣屬于
高句麗、納其租稅、秋七月、麗、伐東沃沮、取其地爲邑、於是拓境、東至滄海、南至薩
水、東沃沮、其土地肥美、背山向海、宜五穀、人性質直强勇、善於持矛步戰、食飲居
處衣服之禮、有似句麗
按東至滄海指今咸鏡道沿海地也
丁巳 新羅儒理王三十三年高句麗太祖王四年百濟多婁王二十九年東漢光武中元二年 秋九月、新羅王、不豫、謂臣僚曰脫
解、身聯國戚、位處輔臣、屢著功名、朕之二子、其才不及、且有先君之命、吾死之後
俾卽大位、以無忘遺訓、冬十月、殂、羣臣共立昔脫解爲王、妃阿孝夫人
己未 新羅脫解王二年高句麗太祖王六年百濟多婁王三十一年東漢明帝永平二年 夏五月、新羅、與日本日皇垂仁八十八年交聘
辛酉 新羅脫解王四年高句麗太祖王八年百濟多婁王三十三年東漢明帝永平四年 秋八月、馬韓將孟召、以覆巖城、降于
新羅

按此馬韓、與新羅隣近、蓋卽所謂後馬韓、而其亡時、今無以考矣
甲子 新羅脫解王七年高句麗太祖王十一年百濟多婁王三十六年東漢明帝永平七年 先是、百濟王、侵新羅娘子谷城今濟
州 遣使請會、羅王不許、濟王怒、秋八月、遣兵攻羅西鄙蛙山城、不克、冬十月、又攻
狗壤城、羅、發騎兵二千、逆擊走之、自是、二國、交爭無虛歲
乙丑 新羅脫解王八年高句麗太祖王十二年百濟多婁王三十七年東漢明帝永平八年 春三月、新羅王、得小兒於金城西
始林間、姿貌奇偉、王喜謂左右曰此、豈非天助我以胤乎、因以爲子、及長聰明多
智略、是爲金閼智、或曰閼智、自稱少昊金天氏之後、以金爲姓○新羅以始林有
白鷄之怪、改始林爲鷄林、因以爲國號
丁卯 新羅脫解王十年高句麗太祖王十四年百濟多婁王三十九年東漢明帝永平十年 春正月、新羅以宗戚朴氏、分理州
郡、號爲州主郡主
戊辰 新羅脫解王十一年高句麗太祖王十五年百濟多婁王四十一年東漢明帝永平十一年 秋八月、曷思王孫都頭、以國降于
高句麗、曷思凡三世四十年而亡、東夫餘之種至是絶焉
壬申 新羅脫解王十五年高句麗太祖王十九年百濟多婁王四十四年東漢明帝永平十五年 春二月、高句麗遣貫那部沛者

達買伐漢那、虜其王

癸酉(新羅脫解王十六年高句麗太祖王二十年百濟多婁王四十五年東漢明帝永平十六年)夏五月日本(日皇景行三年)侵新羅木出島、羅王遣角干(官名)羽烏禦之、不克死之、自是日患不絕

按三國史新羅百官志大角干太大角干始於文武王之世而今按脫解王時有角干法興王時有太大角干可知三國史之踈誤也

甲戌(新羅脫解王十七年高句麗太祖王二十一年百濟多婁王四十六年東漢明帝永平十七年)冬十月、高句麗遣桓那部沛者薛儒、伐朱那、虜其王子乙音、爲古鄒加

丁丑(新羅脫解王二十年高句麗太祖王二十四年百濟多婁王四十九年東漢章帝建初二年)秋八月、新羅、阿飡、吉門、與駕洛兵戰於黃山津(即黃山江)獲一千餘級、羅王拜吉門爲波珍飡、以賞其功

按東國通鑑紀駕洛事、於其某立某卒之外、皆依三國史本文、以加耶書之時或以加羅、金官、錯雜書之、一國四名、不旣煩亂乎、故今於其開國之初、一備書之、然後就加耶等文、悉易以駕洛、俾讀者便焉

九月百濟王多婁殂、太子己婁立〇冬十月北夫餘以三角鹿、長尾兎、獻高句

麗王以爲瑞大赦

按是時東夫餘已亡則此以下所見夫餘皆北夫餘也

己卯(新羅脫解王二十二年高句麗太祖王二十六年百濟己婁王二年東漢章帝建初四年)新羅隣境、有于尸山(今寧海)居漆山(一名萇山今東萊)二國頗爲國患、羅王命居道、爲邊官、居道志欲呑并、常集羣馬於張吐野、日使兵士馳走爲戲、稱爲馬技、二國人習見以爲常、不爲備、春居道襲擊二國滅之

庚辰(新羅脫解王二十三年高句麗太祖王二十七年百濟己婁王三年東漢章帝建初五年)秋八月新羅王昔脫解殂儒理王第二子朴婆娑立妃金氏史省夫人葛文王許婁之女也

丁亥(新羅婆娑王七年高句麗太祖王三十四年百濟己婁王十年東漢章帝章和元年)秋七月新羅令曰國家西隣百濟南接駕洛朕德不能綏、威不能讋、宜繕葺城壘、以備不虞、乃築加召(今居昌)馬頭二城

庚寅(新羅婆娑王十年高句麗太祖王三十七年百濟己婁王十三年東漢和帝永元二年)秋七月新羅分遣十人、廉察州郡主、不勤職事、田野多荒者、黜之

丁酉(新羅婆娑王十七年高句麗太祖王四十四年百濟己婁王二十年東漢和帝永元九年)先是駕洛國人襲新羅南鄙、羅王

遣加城主長世拒之戰敗死羅王怒親帥勇士五千出戰破之虜獲甚多春正月又欲舉兵伐之駕洛王懼遣使謝乃止

辛丑 新羅婆娑王二十一年高句麗太祖王四十八年 百濟己婁王二十四年東漢和帝永元十三年 春二月新羅築城於金城東南號月城周一千二十三步秋七月移居之

壬寅 新羅婆娑王二十二年高句麗太祖王四十九年 百濟己婁王二十五年東漢和帝永元十四年 秋八月音汁伐國今興海與悉直谷國今三陟爭疆詣新羅請決羅王難之謂駕洛王首露年老多智識請而問之首露立決以所爭之地屬音汁伐於是羅王命六部以饗首露五部皆以伊飡儐之惟漢祇部以位卑者儐之首露怒命奴殺漢祇部主而歸奴逃依音汁伐主陁鄒干家羅王使人索其奴陁鄒不肯送羅王怒以兵伐音汁伐國其主與衆來降

彊域考曰迦羅卽駕洛新羅忽有和睦之跡意者婆娑王中年迦羅乞和而暫相親附也

悉直押督今慶山二國降于新羅

乙巳 新羅婆娑王二十五年高句麗太祖王五十二年百濟己婁王二十八年東漢和帝元興元年 春正月百濟及新羅平○高句

麗王遣將入漢遼東掠六縣遼東太守耿夔出兵拒之麗軍大敗凡麗將官有曰大模達曰比衛將軍曰攴末客曰比中郞將之屬

戊申 新羅婆娑王二十八年高句麗太祖王五十五年百濟己婁王三十一年東漢安帝永初二年 夏五月新羅大水民饑發使十道開倉賑之○新羅遣兵伐比只多伐草八今草溪三國并之

己酉 新羅婆娑王二十九年高句麗太祖王五十六年百濟己婁王三十二年東漢安帝永初三年 春正月高句麗遣使如漢賀加元服初漢與麗鼓吹技人麗常從玄菟郡取朝服衣幘至是始通聘焉

壬子 新羅婆娑王三十二年高句麗太祖王五十九年百濟己婁王三十五年東漢安帝永初六年 冬十月新羅王朴婆娑殂太子抵摩立妃金氏愛禮夫人葛文王摩帝之女也

乙卯 新羅抵摩王三年高句麗太祖王六十二年百濟己婁王三十八年東漢安帝元初二年 春二月駕洛國侵新羅南邊秋七月羅王伐駕洛師渡黃山河卽黃山江駕洛人伏兵林薄以待之羅王不覺直前伏發圍數重羅王奮擊決圍而退

丙辰 新羅抵摩王四年高句麗太祖王六十三年百濟己婁王三十九年東漢安帝元初三年 秋八月新羅王先遣將侵駕洛師精兵一萬繼之駕洛嬰城固守會久雨羅師乃還

戊午 新羅抵摩王六年 高句麗太祖王六十五年 百濟己婁王四十一年 東漢安帝元初五年 夏六月高句麗王與濊貊侵漢玄菟郡攻華麗城

按丁氏曰始元徙郡之初不立華麗新縣故班固地志只於樂浪東部載華麗舊縣至東漢之時新開一縣冒之以華麗舊名覽者詳之又曰琉璃王旣取高句麗縣以爲國號則玄菟之根本拔矣其不內移乎太武王又取西盖馬以爲郡縣則玄菟之屬邑亡矣其有瞀覩乎漢魏以來句麗屢侵玄菟玄菟之再徙於遼瀋之地可知也又曰漢安帝以後凡史策之稱玄菟者皆是西玄菟與我邦無涉陳隋之際西玄菟爲句麗所得此皆據漢魏以下諸史以言確有其證而西玄菟之云指其在遼河東岸者而言也○又按魏志濊傳云正始六年樂浪太守劉茂帶方太守弓遵以嶺東濊屬句麗興師伐之不耐侯等擧邑降又曰省都尉封其渠帥爲侯今不耐濊皆其種也以此觀之今此所見濊貊似通指江陵不耐之濊而句麗雄圖之蔓及于今嶺東之地可想矣又按濊貊之役屬句麗在此時故有從攻玄菟之事也

辛酉 新羅抵摩王九年 高句麗太祖王六十八年 百濟己婁王四十四年 東漢安帝建光元年 春漢幽州刺史馮煥玄菟太守姚光遼東太守蔡諷等將兵侵高句麗擊殺濊貊君長盡獲兵仗財物麗王乃遣弟遂成領兵二千餘人以禦之遂成遣使詐降光等信之緩其備遂成因據險遮漢軍潛遣三千人攻玄菟遼東二郡焚其城郭殺獲二千餘人夏六月麗王又與鮮卑八千人侵遼隊 遼東屬縣 諷迎戰於新昌敗死麗王遂縱擊殺將士以下百餘人以遂成統軍國事○冬十二月高句麗王帥馬韓濊貊一萬騎進圍漢玄菟城北夫餘王遣子尉仇台領兵二萬與漢兵幷力拒戰麗軍大敗死者五百人明年麗王復與馬韓濊貊侵遼東亦爲夫餘援兵所阻引而還

按以下馬韓蓋西馬韓也又按是時濊貊與句麗連謀侵漢不止一再假令濊貊果是二國也則何可每每連兵交股如狼狽蛩蟨以從事於疆埸耶此尤可決濊貊之一而非二也

癸亥 新羅抵摩王十一年 高句麗太祖王七十年 百濟己婁王四十六年 東漢安帝延光二年 冬十月高句麗以沛者穆度婁爲左輔高福章爲右輔令與遂成參政事

乙丑(新羅祗摩王十三年高句麗太祖王七十二年百濟己婁王四十八年東漢安帝延光四年) 春靺鞨侵新羅北境秋又襲羅大嶺柵過泥河(丁云今江陵北柳云今德源界)羅王恐請救於百濟濟遣五將軍助之靺鞨退自是靺鞨頗爲羅患

按是時江陵之濊服屬于句麗而新羅亦嘗暫取之觀於泥河之文可知

戊辰(新羅祗摩王十六年高句麗太祖王七十五年百濟己婁王五十一年東漢順帝永建三年) 冬百濟王死子蓋婁立

壬申(新羅祗摩王二十年高句麗太祖王七十九年百濟蓋婁王五年東漢順帝陽嘉元年) 春二月百濟築北漢山城(今皇城地)

疆域考曰北漢山城者對南漢而立名也然其曰山城者依北漢之山而爲城非謂其城在山上如今北漢山城之爲也

秋七月高句麗王弟遂成獵於倭山與左右寔貫那(姓疑)于台(官名)彌儒(名也)桓那(姓疑)于台(官名)菸支留(名也)沸流那(姓疑)皂衣(官名)陽神(名也)等陰謂遂成曰初慕本之薨也太子不肖羣僚欲立王子再思再思以老讓其子者欲使兄老弟及今王已老而無讓意惟子計之遂成曰承襲必嫡天下之常道也王今雖老有嫡子在豈敢覬覦乎彌儒曰以弟之賢承兄之後古亦有之子其勿疑左輔沛者穆度婁知遂成有異心稱疾不仕

甲戌(新羅祗摩王二十三年高句麗太祖王八十一年百濟蓋婁王六年東漢順帝陽嘉三年) 秋八月新羅王朴祗摩殂儒理王子朴逸聖立妃朴氏支所禮王之女也

甲申(新羅逸聖王十一年高句麗太祖王九十一年百濟蓋婁王十六年東漢順帝建康元年) 春二月新羅令曰農者政本食惟民天其修堤防闢田野又禁民間用金銀珠玉

丙戌(新羅逸聖王十三年高句麗太祖王九十三年百濟蓋婁王十八年東漢質帝本初元年) 秋八月高句麗王遣將襲漢遼東西安平縣之(丁云今義州玉江堡隔江地唐志所謂泊汋城也)殺帶方令掠樂浪太守妻子以歸

按帶方令始見於此蓋漢既置樂浪郡而又置帶方縣令爲其佐貳王公孫康始陞縣爲郡耳又按丁氏云帶方令樂浪太守妻子本自遼東赴樂浪路由安平爲句麗所殺掠此說得之

冬十一月高句麗王傳位于弟遂成先是遂成獵於倭山謂左右曰王老吾齒亦暮不可坐待願爲我計之左右有切諫者遂成恐漏言殺之右輔高福章聞之言於王曰遂成將反請先誅之王曰是有功於國家吾將禪位福章曰遂成忍而不

仁今日受大王之禪明日害大王之子孫王不聽乃退老於別宮稱爲太祖大王
遂成立時年七十六是爲次大王

丁亥（新羅逸聖王十三年 高句麗次大王元年 百濟蓋婁王十九年 東漢桓帝建和元年）春二月高句麗以貫那沛者彌儒爲左輔三月殺右輔高福章福章臨死歎曰痛哉冤乎我當時爲先祖近臣其可見亂賊不言哉恨前王不用吾言以至於此吾與其生於無道之時不如死之速也乃御刑遂近聞之無不憤惜○秋七月高句麗左輔穆度婁稱疾退老麗王以菸支留爲左輔陞主簿陽神爲中畏大夫陞于台

戊子（新羅逸聖王十四年 高句麗次大王二年 百濟蓋婁王二十年 東漢桓帝建和二年）夏四月高句麗王殺太祖王元子莫勤莫勤弟莫德知不免自縊死○秋七月高句麗王田于平儒原白狐隨而鳴王射之不中問於師巫巫曰狐者妖獸非吉祥君若修德則可以轉禍爲福王曰旣以爲妖又以爲福何其誣也遂殺之

甲午（新羅逸聖王二十年 高句麗次大王八年 百濟蓋婁王二十六年 東漢桓帝永興二年）春二月新羅王朴逸聖殂長子阿達羅立妃朴氏內禮夫人祗摩王之女也

乙未（新羅阿達羅王元年 高句麗次大王九年 百濟蓋婁王二十七年 東漢桓帝永壽元年）冬十月新羅阿飡吉宣謀反事覺奔百濟羅王移書請之濟不從羅王怒出師擊之糧盡乃歸

丙申（新羅阿達羅王二年 高句麗次大王十年 百濟蓋婁王二十八年 東漢桓帝永壽二年）夏四月新羅開鷄立嶺（在今聞慶）路嶺亦曰麻峴方言謂嶺爲鷄立

戊戌（新羅阿達羅王四年 高句麗次大王十二年 百濟蓋婁王三十一年 東漢桓帝延熹元年）春三月新羅開竹嶺（在今順興）

乙巳（新羅阿達羅王十一年 高句麗次大王十九年 百濟蓋婁王三十八年 東漢桓帝延熹八年）春三月高句麗太祖王殂壽百十九歲○冬十月高句麗臣明臨答夫因民不忍弑王遂成初王之謀奪嫡也王弟伯固切諫不聽伯固恐禍及己遯于山谷左輔菸支留與羣臣迎立之

丙午（新羅阿達羅王十二年 高句麗新大王元年 百濟蓋婁王三十九年 東漢桓帝延熹九年）春正月高句麗王下令曰寡人生忝王親本非君德曩謂百姓樂推羣公勸進謬以眇末據于崇高不敢遑寧如涉淵海宜推恩而及遠遂與衆而自新可大赦國內國人聞令無不歡呼初明臨答夫之難次大王太子鄒安逃竄及聞赦令詣王門請罪王封爲讓國君○高句麗改左右輔爲國相以明臨答夫爲國相陞沛者令知內外兵馬兼領梁貊部落○

百濟王蓋婁殂、子肖古立、初蓋婁王聞都彌妻之艶、召都彌語曰、婦人之德、貞潔爲先、然在幽昏無人之地、誘以巧言、能不動心者鮮矣、對曰、人情不可測、若臣之妻、雖死無貳者也、王留都彌、使近臣詐爲王、夜抵都彌家、語其妻曰、已與都彌博賭、欲私之、妻請更衣而進、詐飾一婢子薦之、王後知見欺、大怒、誣都彌以罪、矐其兩目、置小船、泛之河、更引其妻、欲亂之、妻曰、今良人已逝、妾身不能自保、敢爲王辭、但今有月事、請俟他日、王許之、妻逃至江口、忽遇行船、至泊泉城島、則其夫已先往矣、遂與同奔高句麗

丁未 新羅阿達羅王十三年高句麗新大王二年百濟肖古王元年東漢桓帝永康元年 秋七月、百濟潛襲新羅西鄙二城、獲男女一千而還、羅王命一吉飡興宣、領兵二萬伐之、濟大懼、還其所掠男女、乞和

己酉 新羅阿達羅王十五年高句麗新大王四年百濟肖古王三年東漢靈帝建寧二年 漢玄菟太守公孫度、討富山賊、高句麗王遣大加優居、主簿然人等、助伐之○北夫餘王尉仇台、自以處高句麗鮮卑之間、難以圖存、求援於公孫度、度以宗女妻之、時夫餘王葬用玉匣、豫以付玄菟郡、王死則迎取以葬

壬子 新羅阿達羅王十八年高句麗新大王七年百濟肖古王六年東漢靈帝熹平元年 冬十一月、漢玄菟太守耿臨、以大兵欲攻高句麗、麗王問戰守孰便、衆曰、請出師禦之、荅夫曰、不然、漢國大民衆、今以强兵遠鬪、其鋒不可當也、且兵衆者宜戰、兵少者宜守、兵家之常、今漢人千里轉糧、不能持久、若我深溝高壘、淸野待之、不過旬月、其勢飢窘必歸、我以勁卒薄之、可以得志、王然之、嬰城固守、漢人攻之不克、士卒飢窘引還、荅夫率騎千人追之、戰於坐原、漢軍大敗、匹馬不返、王大悅、賜荅夫坐原及質山、爲食邑、荅夫後七年死、年百三歲

己未 新羅阿達羅王二十五年高句麗新大王十四年百濟肖古王十三年東漢靈帝光和二年 冬十二月、高句麗王伯固殂、號新大王、太子男武立、初伯固長子拔奇不肖、以第二子爲太子、是爲男武、男武既立、拔奇怨之、將下戶三萬口降漢、後還住沸流水上

庚申 新羅阿達羅王二十六年高句麗故國川王元年百濟肖古王十四年東漢靈帝光和三年 春二月、高句麗立于氏爲后、后提那部、于素之女也

甲子 新羅阿達羅王三十年高句麗故國川王五年百濟肖古王十八年東漢靈帝中平元年 春三月、新羅王朴阿達羅殂、無嗣

國人立脫解王子角干仇鄒之子昔伐休爲王王占風雨預知水旱豐儉又能知人邪正人謂之聖○漢遼東太守伐高句麗麗王親帥精騎戰於坐原殺獲甚衆

乙丑(新羅伐休王元年 高句麗故國川王六年 百濟肖古王十九年 東漢靈帝中平二年)春二月新羅拜波珍飡金仇道一吉飡仇須兮爲左右軍主伐召文國(今義城)軍主之名始此

己巳(新羅伐休王五年 高句麗故國川王十年 百濟肖古王二十三年 東漢靈帝中平六年)百漢公孫度知天下將亂自求爲遼東太守自度在遼以來威勢雄張我邦諸國皆憚之

庚午(新羅伐休王六年 高句麗故國川王十一年 百濟肖古王二十四年 東漢獻帝初平元年)秋八月百濟襲新羅國伍谷城將軍金仇道率勁騎五百拒之濟兵佯退仇道追至蛙山濟兵還擊大破之羅王以仇道失策貶爲缶谷城主以薛支代爲左軍主

辛未(新羅伐休王七年 高句麗故國川王十二年 百濟肖古王二十五年 東漢獻帝初平二年)初高句麗中畏大夫沛者於畀留評者左可慮皆以外戚執國柄多行不義其子弟并恃勢驕侈掠人子女奪人田宅國人怨憤王怒欲誅之左可慮等與四椽那謀反夏四月聚衆攻王都王徵畿內兵討平之○高句麗王令四部各擧賢良在下者於是共擧東部晏留王徵之委以國政晏留言於王曰微臣庸愚固不足以參大政西鴨綠谷有乙巴素者性質剛毅智慮淵深不見用於世力田自給大王欲理國非此人不可王卑辭重禮以聘拜中畏大夫加爵爲于台謂曰何以教寡人巴素對曰以臣之駑蹇不敢當命願大王選賢良授高官以成大業王知巴素薄其位乃除國相大臣宗族皆嫉之王曰苟不從國相者無貴賤皆族之巴素感其知遇明政教愼賞罰人民以安內外無事王謂晏留曰向非子孤不能得巴素乃拜大使者

甲戌(新羅伐休王十年 高句麗故國川王十五年 百濟肖古王二十八年 東漢獻帝興平元年)高句麗王嘗畋于質陽見哭者問之曰臣以傭力養母今年不登無所於傭是以哭王曰爲民父母使民至於此孤之罪也給以衣食冬十月遂立賑貸法令每歲自三月至七月出官穀以賑貸百姓稱家口多少至冬十月還輸以爲恒式我邦糶糴之法始於此○凡高句麗稅法每農戶稅布五匹穀五石其遊人則三年一稅十人共細布一疋租(穀也)上戶一石次七斗下五斗

丙子(新羅伐休王十二年 高句麗故國川王十七年 百濟肖古王三十年 東漢獻帝建安元年)夏四月新羅王昔伐休殂子骨正

伊買皆先死、太孫助賁尚幼、伊買子奈解立、妃骨正之女也

丁丑 新羅奈解王元年 高句麗故國川王十八年 百濟肖古王三十一年 東漢獻帝建安二年 夏五月高句麗王殂葬於故國川號故國川王、王之始殂也、王后于氏秘不發喪、夜往王弟發岐第、謂曰王無後、子宜嗣之、發岐不知王薨、曰天之曆數必有所歸、不可輕議、况婦人而夜行、禮乎、后慙便往延優第、延優第發岐弟也、迎入飮之、后告以故、遂執延優手入宮、翌日立之、是爲山上王、發岐大怒、以兵圍王宮三日、國人無從者、發岐知事不濟、奔遼東見太守公孫度曰願假兵以平亂、度從之、來伐王弟罽須將兵禦之大敗漢兵語發岐曰延優不以國讓、雖曰非義、兄之欲滅宗國、抑何義耶何面目見先人於地下乎發岐不勝慙恨自刎死王遂立于氏爲后

戊寅 新羅奈解王二年 高句麗山上王元年 百濟肖古王三十二年 東漢獻帝建安三年 春二月高句麗築丸都城 在今滿浦北岸

疆域考曰按唐書地理志云自鴨綠江口、舟行百餘里、乃小舫、泝流東北三十里、至泊灼口、得渤海之境、又泝流五百里、至丸都縣城、據此則自鴨綠江口、舟行百餘里者、今義州之玉江堡也、又自玉江、乘小舟、東北泝五百里者今江界之滿浦堡也、滿浦北岸爲卒本之巽方、今興京東南四百餘里之地也○李勣奏狀曰安市城或云丸都城

己卯 新羅奈解王三年 高句麗山上王二年 百濟肖古王三十三年 東漢獻帝建安四年 春三月駕洛王金首露殂在位百五十八年太子居登立葬于納陵、王之世、黎民大化、四方則之、號爲淳厖之治、及殂國人悲慟

芝峯李氏睟光類說云壬辰 我朝宣祖二十五年 日寇發首露王納陵、壙中甚闊頭骨大如銅盆、手足脛骨甚偉、柩傍有二女子、面貌如生、年可二十、出置壙外旋卽消滅、蓋其殉葬者也

庚辰 新羅奈解王四年 高句麗山上王三年 百濟肖古王三十四年 東漢獻帝建安五年 去年日本主仲哀、會羣臣議伐熊襲 今日本熊本縣 其后卑彌呼 卽神功皇后 諫曰熊襲恃新羅爲援、今先伐羅、熊襲自服、仲哀不從、伐熊襲不克、是歲春 日皇仲哀九年 崩於行宮、卑彌呼恐衆心沮喪、秘其喪、爲男裝執斧鉞、率三軍來侵新羅、時羅國中海潮漲溢、而日兵遽至、羅王懼而講和、於是卑彌呼置司戍兵而還、遂攝其國政

日本史云、皇后爲人有深慮、決策西征、諭群臣曰、事成共其功、不成吾獨有
罪、於是遣鴨別、將兵當熊襲、而自爲男裝、執斧鉞、令三軍、時皇后有娠、適當
產月、取石插腰、祝曰、願凱旋日免於玆土、遂發和珥津、大魚挾船、巨颿船迅
不勞舟楫、直抵新羅、時潮水怒漲、溢及國中、羅王大驚曰、國其爲海乎、言未
畢、望我兵奄至、惶遽出降○按此以下日本交涉我邦之事、如駐兵大加耶
等類、多從日史得之、以補正前史之缺訛、蓋前輩只從中國史、考採日事、而
近時則萬國交通、日史盛行、學士大夫皆得讀之、予以見古今時勢之異、而
亦以歎天下史書得實爲難、昔元之作宋史也、遣使高麗、求宋遺事、有以哉
又按三國史新羅阿達羅王二十年夏五月、倭女主卑彌呼遣使來聘、年條
與日史不合、蓋三國史之疎誤如此類者甚多○又按李建初辨此事、以爲
日本文字、始出於百濟人王仁、王仁以前日史所載、皆杜撰也、至於日士、亦
以此事爲疑、以爲此事不見於三國史、余以爲不然、王仁以前、雖無文字、而
必有方言相傳、且日史所稱某國來朝來貢等語、或不免矜夸、而至於摹虛

撰、空將無爲有、此理之所必無也
高句麗百濟遣使如日本通好、畏日强也
辛巳(新羅奈解王五年 高句麗山上王四年 百濟肖古王三十五年 東漢獻帝建安六年)春二月、駕洛請援于新羅
癸未(新羅奈解王七年 高句麗山上王六年 百濟肖古王三十七年 東漢獻帝建安八年)秋八月、高句麗國相乙巴素卒、以高
優婁代之
甲申(新羅奈解王八年 高句麗山上王七年 百濟肖古王三十八年 東漢獻帝建安九年)先是、漢桓靈之末、新羅百濟濊貊皆
强盛、樂浪不能制、民多流入韓濊、至是遼東太守公孫度卒、子康襲行郡事、乃分
樂浪之屯有(疑即臨屯地)有墟(或曰今延安)以南荒地、爲帶方郡、以固其勢、漢因遣公孫模
張敞等伐我、收集遺民、於是韓與日本皆屬于帶方
按是時句麗雖與漢息兵修好、而公孫康猶不敢以爲無事、故增置帶方一
郡、以緊固薩南形勢、蓋以帶方爲海道往來咽喉故耳
戊子(新羅奈解王十二年 高句麗山上王十一年 百濟肖古王四十二年 東漢獻帝建安十三年)夏四月、日本(日后神功八年)侵新羅、羅
遣王子伊伐飡利音、將兵拒之

按羅日講和有年而今忽以兵侵之豈其間有敗盟之端耶

己丑(新羅奈解王十三年高句麗山上王十二年百濟肖古王四十三年東漢獻帝建安十四年)秋七月浦上八國謀侵駕洛駕洛王子請救於新羅羅王命太子于老及利音將兵救之奪八國所虜六千人還駕洛

按浦上八國今可知者惟保羅史勿骨浦柒浦古浦五國而古浦今固城(本名古自浦)史勿今泗川地骨浦今合于昌原柒浦疑今之漆原餘未聞張志淵以爲浦上八國疑即大加耶之屬國此說甚好

冬十月高句麗移都丸都都國內凡二百七年而遷

壬辰(新羅奈解王十六年高句麗山上王十五年百濟肖古王四十六年東漢獻帝建安十七年)春三月駕洛王遣子質新羅○骨浦柒浦古浦三國(即浦上八國之三)攻新羅竭火城羅王率兵救之大破三國之師初羅人勿稽子戰于浦上功最大以見忌利音不見錄至是又有功而不錄嘗語其婦曰嘗聞人臣之道見危致命忠也浦上竭火之役可謂危且難矣而吾不能致命忘身聞於人不忠也不忠而仕累及先人可謂孝乎既失忠孝將何面目出市朝遂祓髮携琴入師彘山不返

甲午(新羅奈解王十八年高句麗山上王十七年百濟肖古王四十八年東漢獻帝建安十九年)秋九月百濟王肖古死太子仇首立

丙申(新羅奈解王二十年高句麗山上王十九年百濟仇首王二年東漢獻帝建安二十一年)秋八月靺鞨圍百濟赤峴城城主固守靺鞨退濟王帥勁騎八百追之戰於沙道城下破之殺獲甚衆

壬寅(新羅奈解王二十六年高句麗山上王二十五年百濟仇首王八年蜀漢昭烈帝章武二年)冬十月百濟遣兵入新羅羅伊伐飡忠萱領兵逆戰於熊谷爲所敗單騎而返羅王貶爲鎭主以連珍代爲伊伐飡兼知兵馬事後連珍與濟戰烽山下大捷

丁未(新羅奈解王三十一年高句麗山上王三十年百濟仇首王十三年蜀漢後帝建興五年)夏五月高句麗王死葬於山上號曰山上王太子憂位居立

庚戌(新羅奈解王三十四年高句麗東川王三年百濟仇首王十六年蜀漢後帝建興八年)春三月新羅王昔奈解死姪從弟助賁立妃阿爾兮夫人奈解之女也

辛亥(新羅助賁王元年高句麗東川王四年百濟仇首王十七年蜀漢後帝建興九年)秋七月新羅命大將軍昔于老伐甘

文國(今開寧)滅之以其地爲郡甘文國之至小者也嘗與隣部戰出兵僅三十人時人爲之諺曰大發兵三十人今開寧郡北二十里有大塚俗傳甘文國金孝王陵郡西又有所謂獐夫人陵

癸丑(新羅助賁王三年高句麗東川王六年百濟仇首王十九年蜀漢後帝建興十一年)夏五月日本(神功后三十三年)侵新羅東邊羅伊飡昔于老戰于沙道乘風縱火焚其戰艦日兵赴水死盡

甲寅(新羅助賁王四年高句麗東川王七年百濟仇首王二十年蜀漢後帝建興十二年)魏曹叡遣使高句麗結好○秋九月百濟王仇首殂國人以嗣幼立肖古王弟古尒

丙辰(新羅助賁王六年高句麗東川王九年百濟古尒王二年蜀漢後帝建興十四年)春二月骨伐國(今永川)王阿音夫率衆降于新羅羅王賜田宅以其地爲郡○吳孫權遣使胡衛至高句麗通好麗王斬衛傳首于魏

丁巳(新羅助賁王七年高句麗東川王十年百濟古尒王三年蜀漢後帝建興十五年)秋高句麗遣使如魏賀改元

戊午(新羅助賁王八年高句麗東川王十一年百濟古尒王四年蜀漢後帝建興十六年)去年魏遼東太守公孫淵自稱燕王春魏將司馬懿討淵斬之取遼東是役也高句麗王遣主簿大加將兵千人助之

○自漢末天下之亂樂浪帶方二郡頗爲百濟高句麗所分蝕是歲魏以劉昕爲帶方太守鮮于嗣爲樂浪太守越海定二郡

按自東漢以來用兵東方者每越海而來蓋以句麗之地南至薩水(今淸川江)道梗不便故必由海道而出其不意耳

先是日本未嘗通中國但羈屬于帶方郡至是(神功后三十八年)卑彌呼遣大夫難升米等詣帶方求詣中國朝獻太守劉夏送至魏都○是時魏遣樂浪帶方二太守加予諸韓國臣智邑君印綬

按諸韓卽指辰韓八國而言耳

壬戌(新羅助賁王十二年高句麗東川王十五年百濟古尒王八年蜀漢後帝延熙五年)高句麗王遣將襲魏遼東破西安平縣

乙丑(新羅助賁王十五年高句麗東川王十八年百濟古尒王十一年蜀漢後帝延熙八年)冬十月高句麗侵新羅羅舒弗邯(延官名)昔于老將兵出擊之不克退保馬頭柵時天寒于老躬行勞問手燒薪煖之士卒感激如挾纊○先是漢嶺東之濊服屬于高句麗是歲魏樂浪太守劉茂帶

方太守弓遵、以濊反覆、出兵伐之、不耐濊侯等擧而降、遵等令民時詣二郡朝謁、不耐濊、卽濊貊指江陵之別族也、濊俗同姓不婚、多忌諱、疾病死亡、輒棄舊宅、更作新居、有麻布蠶桑作綿、曉候星宿、豫知年歲豐儉、不以珠玉爲寶、常用十月節祭天、晝夜飮酒歌舞、名之爲舞天、又祭虎以爲神、其邑落相侵犯、輒相罰責生口牛馬、名之曰責禍、殺人者償死、少寇盜、作矛長三丈、或數人共持之、能步戰、樂浪未詳何地檀弓出其地、地饒文豹、又出果下馬高三尺乘之可於果樹下行

丙寅新羅助賁王十六年高句麗東川王十九年百濟古尒王十二年蜀漢後帝延熙九年秋八月、魏遣幽州刺史毌丘儉、將萬人、與樂浪太守劉茂、帶方太守弓遵、出玄菟伐高句麗、麗王將步騎二萬逆戰於沸流水上、敗之、斬首三千餘級、又戰於梁貊谷、斬獲三千餘人、王謂諸將曰、毌丘儉魏之名將、今日命在我掌握、乃領鐵騎五千進擊之、儉爲方陣死戰、麗軍大潰、死者萬八千餘人、王以千餘騎奔鴨綠原、時百濟王、乘樂浪虛、遣左將眞忠、襲取邊民、茂怒、濟王恐見侵伐、還其民口○冬十月、毌丘儉攻陷高句麗丸都城、屠之、麗王出奔、儉遣將追之、王欲奔南沃沮、至竹嶺在今咸鏡北軍士散盡、東部密友在

側、募死士力戰、王間行得脫去、依山谷聚散卒、自衛、謂曰有能得密友者、厚賞之、下部劉屋句、往戰地、見密友伏地、負而歸、王枕以股、久而乃蘇、王轉輾至南沃沮、魏軍追不止、王計窮不知所爲、東部人紐由進曰、勢甚危迫、不可徒死、臣有愚計、請往犒魏軍、因伺隙刺殺其將、若愚計得成、王可奮擊決勝矣、王曰諾、紐由入魏軍詐降曰、寡君獲罪大國、逃至海濱、將請降歸死司寇、先遣小臣、致不腆之物、爲從者羞、魏將聞之、將受其降、紐由藏刀食器、刺魏將胸、與之俱死、魏軍遂亂、王分軍爲三道、急擊之、魏軍不能陣、而退、王還都論功、以密友紐由爲第一、初麗人得來、見王侵伐中國、數諫、王不從、得來歎曰、立見此地生蓬蒿、遂不食死、儉令諸軍勿壞其墓○是歲、魏樂浪、南部從事吳林、以樂浪本統韓國、分割辰韓八國、以與樂浪、吏譯轉有異同、辰韓臣智、激其衆忿、攻帶方郡崎離營、帶方太守弓遵與劉茂、興兵伐辰韓、遵戰死、而辰韓竟見滅焉

按辰韓八國今不可詳、而當在今慶尙之西北、蓋是時新羅之疆域尙未及廣爾

丁卯 新羅助賁王十七年 高句麗東川王二十一年 百濟古尒王十三年 蜀漢後帝延熙十年 春二月高句麗以丸都經亂不可
居築平壤城以都之丸都凡三十九年而遷
按是時句麗都平壤則漢樂浪太守之治失矣然則此以下所見樂浪要是
南部昭明也不然則樂浪之治移于他所耳
夏五月新羅王昔助賁殂母弟沾解立○是歲不耐侯如魏朝貢魏更拜爲不耐
濊王令居處雜在民間四時詣樂浪郡朝謁○是時新羅百濟俱遣使餽物于日
本 日后神功四十七年 羅使潛易濟物以遺日后知之遂羅使遣荒田別等將兵援濟攻羅
破之遂定大加耶七國以連濟仍於大加耶置行府駐兵
日本史云任那卽大加耶神功皇后之征韓也置政府於其地後任那爲新
羅所滅○按大加耶卽今高靈地在新羅百濟二國之間故日人以威加之
駐兵其地以爲西結百濟東圖新羅之根本蓋以區區之大加耶處在羅濟
之間形勢偪側而能久保其國後駕洛而亡者直以爲日人所覩故也然而
三國史其事都不一見千載之間聲跡遂寢噫孰知今日厚夜之暗忽借明
於隣舍之火也哉但其君之可知者自始祖以下不過三人惜也又按大加
耶七國者明是浦上八國之屬耳○張志淵所著疆域考增補任那考曰日
本史云崇神天皇六十五年 新羅始祖二十五年 任那國遣蘇那曷叱知入貢任那之
通日本在三國之先而五加耶同時并立云者可知其無稽也愚按五加耶
并立之跡崔孤雲金富軾皆著于史傳今豈可遽屏二說而信日本史乎新
羅始祖八年日本來侵而旋退則其時當有信使之交聘然則任那入貢云
云者安知非誤書新羅之事者耶
戊辰 新羅沾解王元年 高句麗東川王二十二年 百濟古尒王十四年 蜀漢後帝延熙十一年 秋九月高句麗王殂葬於東川號
東川王王數用兵幾亡其國然性寬恕王后嘗欲試之候其出潛使人截其馬鬣
王見之曰馬無鬣可憐哉遂不復詰又令侍者進食陽覆羹於衣亦不怒以故國
人懷其恩比葬近臣自死於墓側者甚多太子然弗立冬十月立椽氏爲王后○
百濟饑濟王發倉賑恤復一年租調
己巳 新羅沾解王二年 高句麗中川王元年 百濟古尒王十五年 蜀漢後帝延熙十二年 春新羅遣昔于老伐沙梁國 今尙州 滅

之且其貳於白濟也○先是日本使葛耶古來聘新羅王使昔于老館之于老
戲言曰早晩以汝王爲鹽奴汝王妃爲爨婢日后(日后神功四十九年)聞之怒夏四月遣將軍
于道朱君來侵于老以寇由己致抵日軍解之曰昔日之言戲耳豈意興師至此
耶日人執之積薪燒殺之乃去後日使來于老妻請於王私饗及其醉使人執而
焚之日人愈怒來攻金城不克引去
(辛未 新羅沾解王四年 高句麗中川王三年 百濟古尒王十七年 蜀漢後帝延熙十四年)春正月新羅以夫道爲阿飡委以物
藏庫事務夫道 漢祇部人工書筭○夏四月高句麗王以夫人貫那置革囊投西
海初貫那顏色佳麗髮長九尺王愛之將立爲小后王后椽氏恐其專寵言於王
曰妾聞西魏求長髮今王遣一介使以進則彼必欣納無復侵伐王默然貫那聞
之懼反譏后於王曰后常罵妾曰田舍女何得至此若不自歸必有後悔意者后
欲伺大王之出加害於妾如之何王獵箕邱還貫那將革囊迎哭曰后欲以此盛
妾投諸海王知其詐怒謂貫那曰汝要入海乎使人投之
(癸酉 新羅沾解王六年 高句麗中川王五年 百濟古尒王十九年 蜀漢後帝延熙十六年)秋九月駕洛國王居登殂子麻品立

世傳居登王招七點山(在金海)隱士旵始旵始乘舟抱琴而來王與之歡遊後人因
名其地爲招賢臺
(己卯 新羅沾解王十二年 高句麗中川王十一年 百濟古尒王二十五年 蜀漢後帝景耀二年)冬十二月高句麗王敗于杜訥谷
魏將尉遲楷將兵來伐麗王簡精騎五千戰於梁貊谷敗之斬首八千餘級
(庚辰 新羅沾解王十三年 高句麗中川王十二年 百濟古尒王二十六年 蜀漢後帝景耀三年)春正月百濟置內臣佐平掌宣納
事內頭佐平掌庫藏事內法佐平掌禮儀事衛士佐平掌宿衛兵事朝廷佐平掌
刑獄事兵官佐平掌外兵馬事又置達率恩率德率扞率奈率將德施德固德季
德對德文督武督佐軍振武克虞等官分掌衆務六佐平并一品達率以下二品
至十六品而六品以上服紫以銀花飾冠十一品以上服緋十六品以上服青○
百濟一代之制長吏三年一交代部下有方各爲五部曰上部前部中部下部後
部部有五巷士庶居焉部統兵五百人五方各有方鎭一人以達率爲之方佐貳
之方有十郡郡有將三人以德率爲之統兵一千一百人以下七百人以上
(辛巳 新羅沾解王十四年 高句麗中川王十三年 百濟古尒王二十七年 蜀漢後帝景耀四年)春正月百濟王始服紫大袖袍青

錦袴、金花飾烏羅冠、素皮帶、烏革履、坐南堂聽事○三月百濟遣使新羅請和羅
不從○冬十二月新羅王昔沾解殂無嗣國人立助賁王婿金味鄒是爲味鄒王
閼智五世孫仇道之子也
壬午（新羅味鄒王元年高句麗中川王十四年百濟古尒王二十八年蜀漢後帝景耀五年）春正月百濟立犯贓法、凡官人受
財及盜者、三倍徵贓、禁錮終身○日本將葛城襲津彦、攻新羅不克而去
戊子（新羅味鄒王七年高句麗中川王二十一年百濟古尒王三十四年晋武帝泰始四年）新羅自春不雨至于夏羅王會羣臣
於南堂親問政刑得失又遣使五人巡問百姓疾苦
庚寅（新羅味鄒王九年高句麗中川王二十二年百濟古尒王三十六年晋武帝泰始六年）冬十月高句麗王殂葬於中川號
中川王太子藥盧立明年立于氏爲后后西部大使者漱之女也
丙申（新羅味鄒王十五年高句麗西川王六年百濟古尒王四十二年晋武帝咸寧二年）春二月新羅臣僚請改作宮室羅王
重勞民不從○是歲高句麗遣使聘日本○百濟新羅大加耶俱遣人餽物于日
本（日皇應神七年）日皇令其臣武內宿禰用三國人穿池名曰韓人池
庚子（新羅味鄒王十九年高句麗西川王十年百濟古尒王四十六年晋武帝太康元年）冬十月肅愼來侵高句麗屠害邊氓

麗王問才堪將帥者羣臣皆曰王弟達賈於是王遣達賈伐之達賈出奇掩擊拔
檀盧城、殺酋長、遷六百餘家於夫餘南以爲附庸王大悅封達賈爲安國君知內
外兵馬事、兼統梁貊肅愼諸部落
癸卯（新羅味鄒王二十二年高句麗西川王十三年百濟古尒王四十九年晋武帝太康四年）百濟王以縫衣女遣日本（日皇應神十四
年）日之服色始此
甲辰（新羅味鄒王二十三年高句麗西川王十四年百濟古尒王五十年晋武帝太康五年）冬十月新羅王金味鄒殂昔儒禮
立儒禮助賁王長子也
乙巳（新羅儒禮王元年高句麗西川王十五年百濟古尒王五十一年晋武帝太康六年）初北夫餘王尉仇台殂傳至曾孫依
慮是歲鮮卑慕容廆襲破夫餘依慮自殺、廆遂夷其國驅萬餘人而歸、既而依慮
子依羅、請援於晋東夷校尉何龕遣督護賈耽、將兵送之復其國○去年百濟
王遣子阿直岐遺良馬于日本、阿直岐通經典、日主使其子稚郎子師焉因問阿直
岐曰子之國博士有賢於子者乎對曰有王仁者、一國之秀也、日主乃請仁于濟
是歲（日皇應神十六年）仁齎論語十卷千字文一卷（鍾繇所作）以往日主喜遂以爲子師日有

文字如此

(丙午新羅儒禮王二年高句麗西川王十六年百濟古尒王五十二年晉武帝太康七年)春正月百濟及新羅平○高句麗王弟逸友素勃二人詐稱病往溫湯與黨類戲樂無節出言悖逆王聞而惡之春二月僞拜相召之令力士執而殺之○冬十月百濟王古尒殂子責稽立○高句麗伐帶方帶方求救於百濟先是濟王娶帶方女寶菓爲夫人王曰帶方我舅甥之國遂出師救之麗人怒濟王慮其侵伐修阿且城(疑今楊州峨嵯山)蛇城以備之

(辛亥新羅儒禮王七年高句麗西川王二十一年百濟責稽王五年晉惠帝元康元年)春二月駕洛國王麻品殂子居叱彌立

(壬子新羅儒禮王八年高句麗西川王二十二年百濟責稽王六年晉惠帝元康二年)春正月高句麗王殂葬於西川故號西川王太子相夫立相夫幼驕逸多猜忌其叔父逹賈以大功爲國人所望相夫惡之旣立踰月殺之國人無不哀憤

(癸丑新羅儒禮王九年高句麗烽上王元年百濟責稽王七年晉惠帝元康三年)時晉國政亂慕容廆據遼東自雄秋八月侵高句麗麗王避往新城(遼東地)廆追之將及新城宰高奴子以五百騎迎王遇

廆軍奮擊敗之後麗王進奴子爲新城太守奴子善政有威聲廆畏不敢犯

(戊午新羅儒禮王十四年高句麗烽上王六年百濟責稽王十二年晉惠帝元康八年)秋九月晉人及貊人侵百濟濟王出禦爲貊兵所害長子汾西立○冬新羅人印觀賣綿於市有署調者以穀買之而還有鳶攫其綿墮印觀家印觀歸于署調曰鳶墮汝綿於吾家今還汝綿署調曰鳶攫與汝天也吾何受爲印觀曰然則還汝穀署調曰吾與汝市二日穀已屬汝矣二人相讓并棄於市掌市官以聞王并賜爵○十二月新羅王昔儒禮殂助賁王之孫基臨立

(庚申新羅基臨王二年高句麗烽上王八年百濟汾西王二年晉惠帝永康元年)先是新羅王以日本數侵欲與百濟共擊之舒弗邯弘權曰我軍不習水戰冒險遠征恐有不測之危況百濟多詐常有呑噬之心恐難與同事王曰善乃止春正月與日(日皇應神三十一年)交聘○二月新羅王巡北列忽(今安邊)親問高年及貧窮者賜穀有差三月至牛頭州望祭太白山(白頭山)樂浪帶方二國來服○高句麗自二月至秋七月不雨年饑民相食○八月高句麗王發國內男女年十五以上大修宮室民乏食困役流亡國相倉助利諫曰天

災荐至年穀不登此誠恐懼修省之時也大王曾是不思驅飢餓之人竊土木之役甚乖爲民父母之意而况隣有强敵若乘弊而來其如社稷生民何願大王熟計之王曰君者百姓之所瞻望也宮室不壯麗無以示威重今國相欲謗寡人以干百姓之譽乎倉助利曰君不恤民非仁也臣不諫君非忠也臣旣承乏國相不敢不言豈敢干譽乎王笑曰國相欲爲百姓死乎倉助利知王不悛且畏及害與羣臣謀廢之先是王謂其弟咄固有異心賜死咄固子乙弗出遯國人寃之倉助利乃遣北部祖弗等求乙弗於沸流河邊奉迎以歸使匿於烏陌南家九月王獵於侯山之陰倉助利從之謂衆人曰與我同心者効我乃以蘆葉揷冠衆人皆揷之倉助利知衆心皆同遂廢王幽於別室王自經死二子亦從而死倉助利遂立乙弗葬王於烽山號烽上王

壬戌 新羅基臨王四年高句麗美川王二年百濟汾西王四年晉惠帝大安元年 秋九月高句麗王率兵攻晉玄莬虜獲八千人移于平壤

甲子 新羅基臨王六年高句麗美川王四年百濟汾西王六年晉惠帝永興元年 春二月百濟襲取晉樂浪西縣樂浪太守怨之冬十月遣刺客貴昌郞舞劍於濟市中濟王欲觀之召而升堂昌郞遂刺王殺之 事詳金氏宗直文集 王子皆幼國人以仇首王之子比流爲賢共立之

丁卯 新羅基臨王九年高句麗美川王七年百濟比流王三年晉懷帝永嘉元年 新羅復改國號鷄林爲新羅

按安氏東史綱目書新羅國號自始祖以下曰斯盧脫解王以下曰鷄林基臨王以下曰新羅皆依當時之實事是矣然原羅之初人文未具三名之外別稱亦多此東國通鑑所以取最後所定而以便考覽者也故今於此編亦然

庚午 新羅基臨王十二年高句麗美川王十年百濟比流王六年晉懷帝永嘉四年 夏五月新羅王昔基臨殂無嗣羣臣以奈解王子角干于老之子訖解幼有老成之度共推立之

辛未 新羅訖解王元年高句麗美川王十一年百濟比流王七年晉懷帝永嘉五年 秋八月高句麗遣將襲取晉遼東西安平 此疑攻慕容氏

壬申 新羅訖解王二年高句麗美川王十二年百濟比流王八年晉懷帝永嘉六年 春三月日本 日皇應神祖後二年 遣使求婚於新羅王以阿飡急利女送之

癸酉 新羅訖解王三年 高句麗美川王十三年 百濟比流王九年 晉愍帝建興元年 先是漢公孫度以玄菟隸幽州、樂浪隸平州、度子康所置帶方亦隸平州、魏幷仍之、尋以三郡悉隸幽州、晉興復隸平州、而玄菟領高句麗望平高顯三縣、樂浪領朝鮮屯有渾彌遂城鏤方駟望六縣、帶方領帶方列口南新長岑提奚含資海冥七縣、至是授慕容廆平州刺史以統之○冬十月高句麗侵晉樂浪郡、獲男女二千餘口而還、是時中國亂、麗乘時屢侵樂浪帶方二郡、晉將張統以二郡兵拒戰、數敗、遂歸于平州刺史慕容廆、廆乃於遼東置樂浪郡、以統爲太守、以遙領之

按玄菟已自漢時再徙治于遼瀋之間矣、樂浪則是時於我邦所在樂浪治之外、更別建一治于遼東、而惟帶方一郡在我邦自如也、乃四郡志以爲樂浪之地、爲高句麗所幷、在此時、豈其然乎

己卯 新羅訖解王九年 高句麗美川王十九年 百濟比流王十五年 東晉元帝大興二年 初晉平州刺史崔毖以慕容廆樂驁、陰說高句麗及段氏宇文氏 幷鮮卑別部 使共攻廆、三國進攻棘城 遼東地 廆閉門自守、獨以牛酒犒宇文氏、以間之、二國疑之、各引兵歸、旣而廆知毖謀、出兵欲擊、毖懼、冬十二月棄家奔麗、其衆悉降于廆、廆以其子仁鎭遼東、時麗將如孥據河城、廆遣張統掩擊擒之、俘其衆千餘家歸于棘城、麗憤數出兵攻遼東、廆遣慕容翰慕容仁禦之、麗求盟而退

庚寅 新羅訖解王二十年 高句麗美川王三十年 百濟比流王二十六年 東晉成帝咸和五年 高句麗遣使遺後趙石勒楛矢

辛卯 新羅訖解王二十一年 高句麗美川王三十一年 百濟比流王二十七年 東晉成帝咸和六年 春二月高句麗王殂、葬於美川原、號美川王、太子斯由立、改名釗

丙申 新羅訖解王二十七年 高句麗故國原王六年 百濟比流王三十三年 東晉成帝咸康二年 春高句麗遣使聘晉

壬寅 新羅訖解王三十三年 高句麗故國原王十二年 百濟比流王三十八年 東晉成帝咸康八年 春高句麗修葺丸都城、又築國內城、秋八月移居丸都○先是三年、燕王慕容皝以兵侵高句麗、至新城、麗王乞盟、皝乃還、旣而皝遷都龍城、欲先取麗、後滅宇文氏、然後進圖中原、策我必重北道、冬十月自將勁兵四萬、出南道、以慕容翰慕容霸爲前鋒、別遣長史王寓等、將萬五千人出北道、麗王遣弟武帥精兵五萬拒北道、而自以羸兵備南道、霸等先至戰、皝繼之、大敗麗兵、遂入丸都、麗王單騎走入斷熊谷、燕將追獲麗王母周氏

及王妃而歸會王寓等戰於北道皆敗沒由是儉不復窮追將旋師左長史韓壽
曰大軍旣去彼復鳩聚收其餘燼猶足爲患請載其父尸囚其生母而歸俟其束
身自歸然後返之撫以恩信策之上也儉從之發美川王墓載其尸收其府庫累
世之藏虜男女五萬餘口燒宮室毀城而還
癸卯(新羅訖解王三十三年高句麗故國原王十二年百濟比流王三十九年東晉康帝建元元年)春二月高句麗王遣弟于燕厚
遣土物燕王皝乃還其父王尸猶留其母爲質○秋七月高句麗移居平壤東黃
城(在今平壤西木覓山)都平壤凡九十七年而還
甲辰(新羅訖解王三十四年高句麗故國原王十三年百濟比流王四十年東晉康帝建元二年)春二月日本(日皇仁德三十二年)遣使新
羅請婚羅不許日移書絕交○冬十月百濟王比流殂汾西王長子契立是爲契
王
乙巳(新羅訖解王三十五年高句麗故國原王十四年百濟契王元年東晉穆帝永和元年)冬十月燕王皝使慕容恪攻高句
麗拔南蘇(在遼東)置戍而還
丙午(新羅訖解王三十六年高句麗故國原王十五年百濟契王二年東晉穆帝永和二年)秋七月駕洛國王居叱彌殂子伊
尸品立○九月百濟王契殂比流王第二子近肖古立○日本(日皇仁德三十四年)侵新羅
風島進圍金城急羅王欲出兵擊之伊伐飡康世曰賊遠至其鋒不可當不若緩
之待其師老王然之閉門不出日人食盡將退命康世率勁騎追擊走之
丁未(新羅訖解王三十七年高句麗故國原王十六年百濟近肖古王元年東晉穆帝永和三年)春百濟以眞淨爲朝廷佐平淨
王后親戚狠戾苛細恃勢自用國人疾之
癸丑(新羅訖解王四十三年高句麗故國原王二十二年百濟近肖古王七年東晉穆帝永和九年)是歲日本遣其臣杷角來聘于
百濟
乙卯(新羅訖解王四十五年高句麗故國原王二十四年百濟近肖古王九年東晉穆帝永和十一年)冬十二月高句麗王遣使于
燕納質餽物請其母燕王儁乃遣其臣刁龕送周氏
丙辰(新羅訖解王四十六年高句麗故國原王二十五年百濟近肖古王十年東晉穆帝永和十二年)夏四月新羅王昔訖解殂無
嗣味鄒王弟伊伐飡金末仇之子奈勿立自是金氏遂世爲羅王妃金氏味鄒王
之後也
按三國史書妃味鄒王女者二一距王殂爲七十三年一距王殂爲一百九

十九年、此皆王之後孫而史有誤文也、故今正之
甲子（新羅奈勿王八年高句麗故國原王三十三年百濟近肖古王十八年東晉哀帝興寧二年）夏四月日本（日皇仁德五十二年）大舉侵
新羅、羅王造草偶人、持兵列吐含山（在慶州東）下、伏勇兵一千於斧峴東原、日人恃衆
直進、伏發擊其不意、日兵大敗走、追擊殺之幾盡
己巳（新羅奈勿王十三年高句麗故國原王三十八年百濟近肖古王二十三年東晉帝奕太和四年）秋九月高句麗王帥步騎二
萬伐百濟、屯于雉壤、分兵侵掠、濟王遣太子近仇首率兵徑至雉壤、急擊破之、獲
五千餘級、自是二國交爭不息〇冬十一月百濟大閱、旗幟皆用黃
庚午（新羅奈勿王十四年高句麗故國原王三十九年百濟近肖古王二十四年東晉帝奕太和五年）秦（王猛）伐燕破之、燕太傅慕
容評奔高句麗、麗王執送于秦
辛未（新羅奈勿王十五年高句麗故國原王四十年百濟近肖古王二十五年東晉簡文帝咸安元年）冬十月百濟王與太子帥精
兵三萬侵高句麗、攻平壤城、麗王力戰拒之、中流矢殂、太子丘夫立、葬王於故國
原、號故國原王
按古記云、近肖古王取南平壤、都漢城、三國史取以爲說、蓋指此事也、然今

參取丁氏疆域說而論之、夫自近肖古王以前、百濟之地、西北極于今新溪
谷山遂安等地、句麗常與中國抗衡而未嘗一步及于濟境、則今　皇京之
地、濟何嘗失、麗何嘗得、而今曰取耶、蓋是時近肖古王攻平壤南城、殺麗王
旣而移都漢山、而古記誤以攻字作取字、以二事作一事耳、不然則誤以濟
聖王辛未事而混書之也
百濟移都漢山（丁氏云今京地說已見上）
按雉壤以後三戰、百濟之拓地西北甚廣、故移都就之、據險漢水、以緊捍句
麗而控制樂浪帶方二郡歟
壬申（新羅奈勿王十六年高句麗小獸林王元年百濟近肖古王二十六年東晉簡文帝咸安二年）春正月百濟遣使聘晉、濟之通
中國於是乎始、仍往來不絕〇先是箕子朝鮮時（周莊王十年）有釋迦佛者、生於天竺
（今印度）卽迦維羅衛國王之子也、年十九出家求道、得寂滅之諦、聚徒靈山說法者
四十九年、示滅、號曰如來（本覺爲如今覺爲來）其法之流入中國者久矣、夏六月秦王苻堅
遣使送浮屠順道及佛像佛經于高句麗、麗王遣使謝之、以其書敎子弟、麗之佛

法始此 按傳燈錄云周昭王時釋迦佛生刹利王家今依王簡栖頭陀寺碑文註書之

高句麗立太學敎子弟

癸酉 新羅奈勿王十七年高句麗小獸林王二年百濟近肖古王二十七年東晋孝武帝寧康元年 春百濟禿山城主率三百人奔新羅羅納之分置六部濟王移書曰兩國和好約爲兄弟今王納我叛民甚乖和親之意請還之羅王答曰民無常心懷則來斁則去固其常也王不患民之不懷而責寡人乎濟不復言然自是遂與羅絕和○高句麗始頒律令

甲戌 新羅奈勿王十八年高句麗小獸林王三年百濟近肖古王二十八年東晋孝武帝寧康二年 秦僧阿道來高句麗○百濟以高興爲博士濟自開國來未有以文字記事至是始有書記

乙亥 新羅奈勿王十九年高句麗小獸林王四年百濟近肖古王二十九年東晋孝武帝寧康三年 春二月高句麗攻白濟北鄙水谷城 今新溪 陷之濟王遣將拒之不克麗王又將大擧報之以年荒不果○冬十一月百濟王近肖古殂太子近仇首立先是高句麗侵濟濟遣太子拒之至半乞壤將戰有斯紀者本濟人誤傷國馬蹄懼罪奔麗至是來告太子曰彼兵雖多其驍勇惟赤旗若先破之其餘不攻自潰太子從之進擊大敗之追奔至水谷城西其將軍莫古解諫曰知足不辱知止不殆今所得多矣何必求多太子善之積石爲識而還

戊寅 新羅奈勿王二十二年高句麗小獸林王七年百濟近仇首王三年東晋孝武帝太元三年 秋九月契丹犯高句麗陷八部落契丹本東胡種避匈奴患保鮮卑山與庫莫奚 部落名奚琴所出 異種而同類爲慕容氏所破竄於松漠 近遼東地 之間後稍滋蔓好爲抄掠

辛巳 新羅奈勿王二十五年高句麗小獸林王十年百濟近仇首王六年東晋孝武帝太元六年 新羅遣衛頭聘秦苻堅問衛頭曰卿言海東之事與古不同何耶對曰時代變革名號改易中國亦然今焉得同此新羅通中國之始也

壬午 新羅奈勿王二十六年高句麗小獸林王十一年百濟近仇首王七年東晋孝武帝太元七年 百濟自春不雨至六月民飢至有鬻子者王出穀贖之

甲申 新羅奈勿王二十八年高句麗小獸林王十三年百濟近仇首王九年東晋孝武帝太元九年 夏四月百濟王近仇首殂元子

歷史輯略卷三 羅奈勿 麗小獸 濟近仇 百一

枕流立是爲枕流王秋七月遣使聘晋九月胡僧摩羅難陀自晋至王迎致宮內禮敬焉百濟佛法始此○冬十一月高句麗王殂無嗣母弟伊連立葬王于小獸林號小獸林王

乙酉(新羅奈勿王二十九年高句麗故國壤王元年百濟枕流王元年東晋孝武帝太元十年)春二月百濟創佛寺於漢山度僧十人○夏六月高句麗王出兵四萬襲遼東先是燕主慕容垂命帶方王佐(似是慕容氏)鎭龍城佐聞麗兵至遣司馬郝景將兵救之麗軍擊敗之遂陷遼東玄菟虜男女一萬口而還冬十月燕將慕容農以兵復二郡○百濟王枕流殂太子阿莘幼王弟辰斯立

庚寅(新羅奈勿王三十四年高句麗故國壤王六年百濟辰斯王五年東晋孝武帝太元十五年)秋九月百濟王命達率眞嘉謨伐高句麗嘉謨攻拔都坤城虜二百人而還進拜兵官佐平

壬辰(新羅奈勿王三十六年高句麗故國壤王八年百濟辰斯王七年東晋孝武帝太元十七年)春正月高句麗遣使聘新羅羅以闕智裔孫伊飡大西知之子實聖質于麗麗羅之交於是乎始○三月高句麗王下敎崇佛又命有司立國社修宗廟麗俗好鬼神每歲十月祭天大會名曰東盟又祀靈星及日箕子可汗等神○高句麗王殂葬於故國壤號故國壤王太子談德立秋九月伐契丹虜男女五百口又招諭本國陷沒民口一萬而歸○冬十一月百濟王辰斯殂枕流王子阿莘立

癸巳(新羅奈勿王三十七年高句麗廣開土王元年百濟阿莘王元年東晋孝武帝太元十八年)先是高句麗王親帥兵攻百濟北鄙漢水北諸部落多沒焉又攻關彌城二十日拔之秋八月濟王謂左將眞武曰關彌城北鄙之要地今爲高句麗所有予甚痛憤卿其爲我一雪武帥師圍關彌城親冒矢石身先士卒城垂拔以根道不繼引還武濟王之親舅沉毅有大略時人服之○高句麗刱九寺於平壤

乙未(新羅奈勿王三十九年高句麗廣開土王三年百濟阿莘王三年東晋孝武帝太元二十年)秋百濟遣左將眞武等伐高句麗麗王率兵七千陣於浿水(疑猪灘)拒戰濟軍大敗死者八千人冬十一月濟王欲雪浿水之恥率兵七千人過漢水次於靑木嶺下會大雪士卒多凍死回軍至漢山城勞軍士時麗王善用兵濟人畏之

按以丁氏之說考之近肖古王以後嘗還都漢南而史有所闕也若曰仍都

漢北則攻麗之兵、何以不過臨津若猪灘而過漢水哉

丁酉 新羅奈勿王四十一年高句麗廣開土王五年百濟阿莘王五年東晉安帝隆安元年 夏五月、百濟遣太子腆支質于日本 日皇仁德八十五年 時日本强盛、羅濟皆以大國待之○秋七月高句麗侵燕取遼東城

庚子 新羅奈勿王四十四年高句麗廣開土王八年百濟阿莘王八年東晉安帝隆安四年 春正月高句麗遣使如燕二月燕王慕容盛以麗王禮慢、自將兵三萬伐之、以驃騎大將軍慕容熙爲前鋒、襲拔新城南蘇二城拓地七百餘里、徙五千餘戶而還

壬寅 新羅奈勿王四十六年高句麗廣開土王十年百濟阿莘王十年東晉安帝元興元年 春二月新羅王奈勿殂太子幼時實聖自高句麗歸、踰年矣、國人共立之妃味鄒王之後也

癸卯 新羅實聖王元年高句麗廣開土王十一年百濟阿莘王十一年東晉安帝元興二年 春二月高句麗遣兵攻燕平州克之、當是時麗復盡有遼東玄菟地、東西幾數千里矣

乙巳 新羅實聖王三年高句麗廣開土王十三年百濟阿莘王十三年東晉安帝義熙元年 春正月燕王慕容熙來攻高句麗遼東城不克而還○秋九月百濟王阿莘殂太子腆支、在日本不還、腆支仲弟訓解攝國政以待其還季弟碟禮殺訓解自立、腆支聞王訃痛哭請歸、日主以兵百

人衛送之、腆支既至國界、漢城人解忠、迎謂曰大王棄世、碟禮殺兄自立、願太子早爲之計、腆支以日兵自衛、依海島、國人殺碟禮、迎立爲王、妃曰八須夫人

丁未 新羅實聖王五年高句麗廣開土王十五年百濟腆支王二年東晉安帝義熙三年 夏四月駕洛國王伊尸品殂子坐知立、坐知得傭女而嬖之、又寵任女黨、國大亂、新羅謀伐之、其臣朴元道諫之、又卜士爲坐知筮之、得解卦、其辭曰解而拇朋至斯孚、坐知謝之、擯女于荷山島

戊申 新羅實聖王六年高句麗廣開土王十六年百濟腆支王三年東晉安帝義熙四年 春正月百濟以王戚、餘信、爲上佐平、上佐平之職始此○二月新羅王聞日本 日皇反正三年 置營於對馬島、鍊兵貯糧、謀將襲之、欲先其未發、擊之、舒弗邯 官名 未斯品曰臣聞兵凶器、戰危事、況涉巨浸以伐人、脫或失利、悔不可追、不若依險設關、來則禦之、使不得侵掠、伺其便出擊之、此所謂致人而不致於人、策之上也王從之對馬島者古對馬國、在新羅東南海中其地土瘠、無良田、人食海物、以活、舊屬於羅、以其隔海難守、爲日人所居而日人之至羅者必由是道、實二國之要衝也○三月高句麗遣使聘北燕、且敘宗族、北燕王高雲遣侍御史李拔報之、雲祖父和、本麗之支庶也、仕燕自謂高陽氏之苗

裔以高爲氏雲深沈有局量慕容寶之爲太子也以武藝給事東宮拜侍御郞襲破慕容會軍寶子之賜姓慕容氏封夕陽公及燕王慕容熙死燕臣馮跋推立之雲乃復姓高氏國號北燕

壬子(新羅實聖王十年高句麗廣開土王二十年百濟腆支王七年東晉安帝義熙八年)先是新羅王常恨奈勿王質己於高句麗及卽位送奈勿王子未斯欣質于日本(日皇履仲四年)以報之然憾猶未釋至是又質未斯欣兄卜好于麗

癸丑(新羅實聖王十一年高句麗廣開土王二十一年百濟腆支王八年東晉安帝義熙九年)冬十月高句麗王殂號廣開土王稱其功也太子臣璉立遣長史高翼聘晉致赭白馬

丙辰(新羅實聖王十四年高句麗長壽王三年百濟腆支王十一年東晉安帝義熙十二年)夏五月晉遣使至百濟

丁巳(新羅實聖王十五年高句麗長壽王四年百濟腆支王十二年東晉安帝義熙十三年)初新羅王怨奈勿甚欲殺其子訥祇以報怨遣人招高句麗人素相知者密告曰見訥祇則殺之令訥祇往逆麗人麗人見訥祇形神爽雅遂告曰爾王使我害君今見君其忍害諸乃歸訥祇怨之夏五月弑王自立號麻立(方言橛也新羅俗有王橛臣橛位置之別)干(尊稱也)妃實聖王之女也

戊午(新羅訥祇王元年高句麗長壽王五年百濟腆支王十三年東晉安帝義熙十四年)秋新羅歃良州(今梁山)干(官名)朴堤上如日本(日皇允恭七年)死之先是羅王思見其弟卜好未斯欣求得辯士往說高句麗及日本聞堤上勇而有謀可以濟事召問曰吾二弟久質日麗何術以生還堤上曰臣聞主憂臣辱主辱臣死論難易而後行謂之不忠圖死生而後動謂之無勇臣雖無狀請行遂之麗謂麗王曰臣聞交隣之道誠信而已若交質子則不及五伯誠末世之事也今寡君之愛弟卜好在此殆將十年寡君以鶺鴒在原之意永懷不已若大王惠然歸之則若九牛落一毛無所損也而寡君之德大王可量也哉麗王然而許之卜好旣還王語堤上曰我念二弟如左右臂今只得一臂奈何堤上曰臣旣以身許國何敢辭然高句麗大國王亦賢臣得以一言悟之若於日當以謀給不可以口舌諭臣若得罪而逃者及臣旣行請囚臣及未斯欣家屬遂入日國若叛者日主疑之及聞羅王囚未斯欣堤上家人謂堤上實叛於是出師將襲新羅以堤上未斯欣爲鄕導行至海島堤上勸未斯欣潛還未斯欣曰豈忍捨君而獨行堤上曰若二人俱發則恐謀不成未斯欣抱堤上項泣辭而歸旣而日人

知未斯欣之亡、縛堤上追之、會烟霧晦冥、不及、日主怒囚堤上、鞫之曰汝何竊遣未斯欣耶、堤上曰臣是鷄林之臣、欲成吾君之志耳、日主怒曰今汝已爲我臣、何謂鷄林之臣、若稱日國之臣者、必賞以重祿、堤上曰寧爲鷄林之犬豚、不爲日國之臣子、寧受鷄林之箠楚、不受日國之爵祿、日主愈怒、剝堤上脚刈葭、使趨其上問之曰汝何國之臣、曰鷄林之臣、又使立於熱鐵之上、問之、對如前、日主知不可屈、乃燒殺木島中、羅王聞之哀慟、贈堤上大阿飡、厚賜其家、使未斯欣娶其第二女以報之、堤上妻率三女上鵄述嶺(在今慶州)望日國痛哭而死、堤上婆娑王五世孫也、初未斯欣之來也、王命六部郊迎、及見握手相泣、置酒極娛、王自作歌舞以宣其意、羅樂所謂憂息曲是也

庚申(新羅訥祗王三年 高句麗長壽王七年 百濟腆支王十五年 宋武帝永初元年)春三月百濟王腆支殂、太子久尒辛立

辛酉(新羅訥祗王四年 高句麗長壽王八年 百濟久尒辛王元年 宋武帝永初二年)夏五月駕洛國王坐知殂、子吹希立

癸亥(新羅訥祗王六年 高句麗長壽王十年 百濟久尒辛王三年 宋少帝景平元年)夏四月新羅王養老於南堂、親執食賜穀帛有差

乙丑(新羅訥祗王八年 高句麗長壽王十二年 百濟久尒辛王五年 宋文帝元嘉二年)高句麗遣使如魏(拓跋氏)自是以爲常

丁卯(新羅訥祗王十年 高句麗長壽王十四年 百濟久尒辛王七年 宋文帝元嘉四年)冬十二月百濟王久尒辛殂、太子毗有立○高句麗復移都平壤、都東黃城凡八十五年而遷

己巳(新羅訥祗王十二年 高句麗長壽王十六年 百濟毗有王二年 宋文帝元嘉六年)秋百濟遣使聘宋

壬申(新羅訥祗王十五年 高句麗長壽王十九年 百濟毗有王五年 宋文帝元嘉九年)是時帶方郡爲燕王馮弘所轄、北魏主伐燕、別遣平東將軍賀多羅越海攻帶方、秋八月燕王弘遣數萬人出戰敗績帶方遂爲多羅所拔

癸酉(新羅訥祗王十六年 高句麗長壽王二十年 百濟毗有王六年 宋文帝元嘉十年)秋七月百濟及新羅平

乙亥(新羅訥祗王十八年 高句麗長壽王二十二年 百濟毗有王八年 宋文帝元嘉十二年)夏六月高句麗王遣使聘魏、魏遣員外散騎侍郎李敖來報聘

戊寅(新羅訥祗王二十一年 高句麗長壽王二十五年 百濟毗有王十一年 宋文帝元嘉十五年)先是魏人數攻燕、燕王馮弘遣使高句麗乞援、及魏破燕、白狼城、麗王遣葛盧孟光將兵數萬迎弘處之北豐、弘素侮麗政刑賞罰如在其國、麗王乃奪其侍人、取其太子爲質、弘怨之、求依于宋

宋遣王白駒迎之、麗王不欲弘南往、遣將高仇等殺之、白駒以所領七千餘人、掩擊殺仇、當是時樂浪郡爲麗所并云

按百濟蓋鹵王致北魏書曰高句麗王璉罪盈惡積、民庶崩離、馮族 指馮弘 士馬有鳥畜之德、樂浪諸郡懷首邱之心、丁氏據此言、句麗王璉殺馮弘、樂浪之亡亦在此時、故百濟之表、馮族樂浪得以雙擧、故今依其說叙之

夏新羅教民牛車之法

甲申 新羅訥祇王二十七年高句麗長壽王三十一年百濟毗有王十七年宋文帝元嘉二十一年 夏四月日本 日皇允恭三十三年 侵新羅圍金城十日、粮盡乃歸、羅王欲出兵追之、左右曰兵法、窮寇勿追、王不聽、率數千騎、追至獨山東、合戰、爲日所敗、將士死者過半、王蒼黃棄馬登山、日人圍王數重、忽昏霧、不辨咫尺、日人謂有陰助、收兵而去

庚寅 新羅訥祇王三十三年高句麗長壽王三十七年百濟毗有王二十三年宋文帝元嘉二十七年 秋七月高句麗邊將獵於新羅悉直原 今三陟 羅何瑟羅 今江陵 城主三直、出兵掩殺之、麗王怒、使告曰孤與大王修好已久、今殺我邊將、是何義耶、乃興師侵羅西邊、羅王卑辭謝之、麗遂罷兵

按此何瑟羅城主之文則江陵之濊之并于新羅、盖已在不耐侯降魏之後而史逸不可考

辛卯 新羅訥祇王三十四年高句麗長壽王三十八年百濟毗有王二十四年宋文帝元嘉二十八年 春正月駕洛國王吹希殂、子銍知立

乙未 新羅訥祇王三十八年高句麗長壽王四十二年百濟毗有王二十八年宋孝武帝孝建二年 秋百濟王毗有殂、長子餘慶立

○冬十月高句麗侵百濟、新羅遣兵救之、三國之爭自此始○高句麗遣使聘宋自是往來不絶

戊戌 新羅訥祇王四十一年高句麗長壽王四十五年百濟蓋鹵王三年宋孝武帝大明二年 秋八月新羅王訥祇殂、長子慈悲立、妃季父舒弗邯未斯欣之女也

癸卯 新羅慈悲王五年高句麗長壽王五十年百濟蓋鹵王八年宋孝武帝大明七年 春二月日本 日皇雄略七年 侵新羅歃良城 今梁山 不克而去、羅將伐智德智二人、伏兵於歸路、要擊大破之、王以日人數侵、築沿邊二城○秋宋遣使至高句麗

甲辰 新羅慈悲王六年高句麗長壽王五十一年百濟蓋鹵王九年宋孝武帝大明八年 高句麗與新羅相攻、羅乞援於大加

耶日本府府師勝斑鳩往救繫地跋伏擊麗大破之壬子(新羅慈悲王十四年高句麗長壽王五十九年百濟蓋鹵王十七年宋明帝泰豫元年)秋七月百濟遣尉馬都尉長史餘禮帶方太守司馬張茂等如魏言句麗吞噬之狀(即馮族欒泒之際)請與共伐魏主不從濟恐之遂與魏絕是後帶方之地入于百濟中國不復置吏而其詳世無傳焉乙卯(新羅慈悲王十七年高句麗長壽王六十二年百濟蓋鹵王二十年宋後廢帝元徽三年)春正月新羅王移居明活城(在今慶州)

○初高句麗王陰求可以間百濟者浮屠道琳應募曰臣愚無能願以報國王悅而遣之琳僞得罪亡入濟時濟王好博奕琳詣王門告曰臣少而學棋頗入妙濟王召與棋果國手遂尊爲上客甚昵之一日琳侍坐從容言臣異國人上不踈外恩私甚渥未有分毫之益願獻一言濟王曰第言之琳曰大王之國四面山河天設之險四隣莫敢覬覦奉事之不暇王當以崇高之勢富有之業竦人之視聽而城郭不葺宮室不修先王骸骨權欑露地百姓屋廬屢毁河流臣竊爲大王不取也王曰諾盡發國人蒸土築城又起宮室樓閣臺榭無不壯麗取大石於郁里河作槨以葬父骨緣河樹堰自蛇城東至崇山之北由是倉庾虛竭人民窮困國勢甚危琳逃還以告麗王王喜將伐之濟王聞之謂子文周曰予愚而不明信用姦人以至於此汝盍避亂以存宗祀文周乃與祖彌(複姓)桀取等南行焉秋九月麗王率兵三萬圍濟漢城(今漢陽或云今南漢)濟王閉門不出麗分兵四面夾攻之有再曾(複姓)桀婁古尒(複姓)萬年者本濟人獲罪逃入于麗于時爲鄕導攻其北城七日拔之移攻南城濟王窘不知所圖以數十騎出城西走桀婁等見王下馬拜拜已向王面三唾數其罪縛送于阿且城下害之虜男女八千而歸當是時漢南北之地多入于麗文周之南也求救於新羅得兵一萬比還城破王已死夾遂即位冬十月移都于熊津濟都漢城凡一百五年而遷

丁氏曰此云漢城者北漢城也南漢本無南北二城又南漢之西即阻大江無緣出門西走也北城者慰禮(溫祚所築)也南城者北漢山城(蓋鹵王所築)也阿[illegible]時明在南漢不知何年更都北漢也又按阿且城者長漢城也在峨嵯山上此溫祚王十四年所營與地書以爲[illegible]古城誤矣○按三國史記桀婁等見王下馬拜已向王面三唾蓋桀婁本是濟王之臣故將害王而先致禮也乃[illegible]

通鑑變亂其文、以爲王見桀婁下馬拜、此豈成說乎、今不得不正之

高句麗旣破百濟、就北漢城建南京、號南平壤、或曰漢城平壤

按句麗將溫達之言曰、新羅割我漢北之地爲郡縣、北史曰、高句麗王都平壤城、其外復有國內城、及漢城、其國中呼爲三京、又三國史地志、今京畿之漢南漢北、及忠淸道東北十餘邑、皆云本句麗之某邑、明麗之取濟地在於是役、故文周王勢蹙而南徙也、蓋前此、句麗常與中國搆兵、未暇他圖、及于此時北據遼瀋、東呑樂浪、兵力强盛、故能一擧破百濟而次及新羅耳○又按日本史云、百濟伐高句麗、復其故地漢城平壤、漢城平壤者、卽南平壤、今皇京地、蓋長壽王破濟後所立名者也、以此觀之、古記所見南平壤是矣、而獨其云近肖古王取之者、爲不近理焉爾○李廷實華東通典漢城府故事曰高句麗長壽王六十二年、置南平壤城

丙辰 (新羅慈悲王十八年高句麗長壽王六十三年百濟文周王元年宋後廢帝元徽四年) 夏四月、耽羅國獻方物于百濟、耽羅或稱耽牟羅、在我邦南海中、古初、有三人從地湧出、長曰良乙那、次曰高乙那、三曰夫乙那、各就泉甘土肥處居焉、始播五穀且牧駒犢、日就富庶、後良變爲梁

姓

燕巖朴氏趾源曰、濟州古耽羅也、北史云、百濟南海中有耽牟羅國、土多獐鹿、附庸於百濟、又云、高句麗使、芮悉弗、言於魏宣武曰、黃金出於夫餘、珂則涉羅所產、唐書云、龍朔初、有儋羅者、其王儒理都羅、遣使入朝、此皆指耽羅也、東國方言、島謂之剡、而國謂之羅羅、耽涉儋三音、並與剡相類、蓋云島國也、古記所稱剡洎耽津朝新羅、故曰耽羅者、附會之說也、又曰、按濟州古亦稱乇羅、韓文公稱耽毛羅、高麗史天授二十一年、乇羅島主來朝、王賜爵、是也、愚按、乇字似毛字之訛也、耽牟羅之牟字與毛字音相類、而毛遂轉訛爲乇也、以此言之、唐史乇羅島之乇字、其亦毛字之轉訛歟

日本 (日皇雄略二十年) 以久麻那利地與百濟文周王、圖復故地

按久麻那利、蓋日本所定、大加耶七國地之連接百濟者也、故與文周、以爲恢復之資歟

丁巳 新羅慈悲王十九年 高句麗長壽王六十四年 百濟文周王二年 宋順帝昇明元年 百濟兵官佐平解仇、擅權亂法、濟王不能制、夏四月王出獵、宿於外、解仇使盜弑之、太子三斤立、年十三

戊午 新羅慈悲王二十年 高句麗長壽王六十五年 百濟三斤王元年 宋順帝昇明二年 春百濟解仇、與恩率燕信、聚衆據大豆城叛、濟王命佐平眞男以兵二千討之、不克、更命德率眞老、帥精兵五百誅仇

燕信奔高句麗

己未 新羅慈悲王二十一年 高句麗長壽王六十六年 百濟三斤王二年 齊高帝建元元年 春二月新羅王慈悲殂、太子炤智立、妃善兮夫人、伊伐飡乃宿女也、慈悲王時有百結先生者、居狼山下、家甚貧、衣百結若懸鶉、故時人因號爲百結先生、慕榮啓期之爲人、常以琴自隨、凡喜怒悲歡不平之事、必於琴宣之、歲將暮、隣里舂粟、其妻聞杵聲曰、人皆有粟可舂、我獨無何以卒歲、先生仰天歎曰、夫死生有命、富貴在天、其來也不可拒、其往也不可追、汝何傷乎、乃鼓琴作杵聲、世傳爲碓樂○百濟王三斤殂、文周王弟昆支之子牟大立、牟大膽力過人、善射必中

庚申 新羅炤智王元年 高句麗長壽王六十七年 百濟東城王元年 齊高帝建元二年 夏四月齊遣使至高句麗、麗王遣隊

奴等、報謝魏、魏高祖送書責麗懷貳、然麗猶通齊白

如也

辛酉 新羅炤智王二年 高句麗長壽王六十八年 百濟東城王二年 齊高帝建元三年 春三月高句麗與靺鞨入新羅北邊、取狐鳴等七城、又進軍於彌秩夫今興海、羅軍與百濟駕洛援兵、分道擊之、麗鞨兵退、追擊之、破於泥河西、斬首千餘級、當是時、麗東南拓地至竈峴竹嶺矣

按輿地書、今青松寧海清河三陟等、皆屬高句麗、而三國史地志所見者、不過三陟泉井殺郡、不知撰輿地書者、何所據而爲此也、蓋句麗之是役、嘗暫取青松以下地、故有此說耶

壬戌 新羅炤智王三年 高句麗長壽王六十九年 百濟東城王三年 齊高帝建元四年 秋九月靺鞨襲破百濟漢山城、虜三百餘戶以還、明年濟王獵至漢山城、撫問軍民

按句麗地志、有漢山州北漢山州等、蓋皆長壽王所拓、而今此漢山城、在於百濟版圖、豈麗於漢南北地、得之未久、旋復漸失、而史有所缺歟

甲子 新羅炤智王五年 高句麗長壽王七十一年 百濟東城王五年 齊武帝永明二年 是時百濟殘破之餘、保聚未完、間齊

親高句麗春二月遣使致書于齊請與結好齊許之秋七月遣內法佐平沙若思如齊至西海中遇麗兵不達而還○冬十月高句麗遣使如魏時魏以麗方强置諸國使邸齊第一麗次之

乙丑年 新羅炤智王六年 百濟東城王六年 高句麗長壽王七十二 齊武帝永明三年 夏四月新羅王祀始祖赫居世廟增置守廟二十家後又就奈乙別建神宮以享之奈乙赫居世初生之地也

丁卯年 新羅炤智王八年 百濟東城王九年 高句麗長壽王七十四 齊武帝永明五年 春新羅置四方郵驛

戊辰年 新羅炤智王九年 百濟東城王九年 高句麗長壽王七十五 齊武帝永明六年 春正月新羅王幸天泉亭有內殿焚修僧匿于琴匣乃與王妃善兮夫人潛通而謀害王者也王獲誅之并及妃是月移居月城○秋魏遣兵伐百濟敗績

己巳年 新羅炤智王十年 百濟東城王十年 高句麗長壽王七十六 齊武帝永明七年 秋九月高句麗遣兵襲新羅北邊至戈峴陷狐山城

庚午年 新羅炤智王十一年 百濟東城王十一年 高句麗長壽王七十七 齊武帝永明八年 春新羅初置市肆以通四方之貨

辛未年 新羅炤智王十二年 百濟東城王十二年 高句麗長壽王七十八 齊武帝永明九年 冬十二月高句麗王殂年九十八號長壽王太孫羅雲立

壬申 新羅炤智王十三年 百濟東城王十三年 高句麗文咨王元年 齊武帝永明十年 夏六月駕洛國王鈺知殂子鉗知立○是歲高句麗遣使如齊齊中書郎王融見麗使服窮袴冠折風戲曰服之不衷身之災也頭上定是何物使曰此古弁之遺像子何以議爲融不能答蓋麗之服制王服五采白羅冠革帶大臣青羅冠次絳羅冠白韋帶黃革履其公會皆錦繡金銀以爲飾庶人衣褐戴弁女子首巾幗弁即折風也上下皆着惟士人加兩鳥羽大略與百濟相近

癸酉 新羅炤智王十四年 百濟東城王十四年 高句麗文咨王二年 齊武帝永明十一年 春三月百濟遣使新羅請婚羅以伊伐飡比智女歸之

甲戌 新羅炤智王十五年 百濟東城王十五年 高句麗文咨王三年 齊明帝建武元年 春二月北夫餘王爲靺鞨古肅愼國所逐與妻孥降于高句麗鮮氏立國最久至是始亾或曰其遺種在靺鞨東北爲流鬼國夫餘之爲國其民土著有宮室倉庫地宜五穀不生五果其人麤大性强勇謹厚不寇鈔國王以六畜名官邑落有豪民名下戶食飲皆用俎豆會同拜爵洗爵

歷史輯略卷三　羅炤智　麗文咨　濟東城　百二十

揖讓升降、正月祭天、國中大會、連日飮食歌舞、名曰迎鼓、於是時、斷刑獄解囚徒
衣服在國尙白、出國用文繡、用刑嚴急、殺人者死、沒其家人爲奴婢、竊盜一責十
二、男女淫婦人妬、皆殺之、其國善養牲、出名馬赤玉美珠
乙亥(新羅炤智王十六年 高句麗文咨王四年 百濟東城王十六年 齊明帝建武二年)秋七月高句麗王南巡狩望海(鹽竹南 濱以北)而還○去年新羅將軍實竹、與高句麗戰薩水原(今淸州 淸川)不克、退保犬牙城、麗
兵圍之、百濟王遣兵三千救之、解圍、麗人怒、秋八月來圍濟雉壤城、濟請救於羅
羅王命將軍德智率兵擊麗、麗衆潰
丙子(新羅炤智王十七年 高句麗文咨王五年 百濟東城王十七年 齊明帝建武三年)秋七月高句麗遣兵攻新羅牛山城(羅北邊)
羅將軍實竹、出擊泥河上敗之、明年麗又攻牛山城竟取之
戊寅(新羅炤智王十九年 高句麗文咨王七年 百濟東城王十九年 齊明帝永泰元年)春百濟王以耽羅不修貢賦、親征至
武珍州(今光州)耽羅聞之、遣使乞罪、乃止
庚辰(新羅炤智王二十一年 高句麗文咨王九年 百濟東城王二十一年 齊明帝永泰三年)春百濟起臨流閣於宮東、高五丈
又穿池置囿以養奇禽、諫臣抗疏不報、恐有復諫者、閉宮門○冬十一月新羅王

歷史輯略卷三　羅智證　麗文咨　濟武寧　百二十一

炤智殂無嗣、再從弟智大路立、年六十四、奈勿王之曾孫也、妃朴氏延帝夫人、伊
飡登欣之女也
辛巳(新羅智證王元年 高句麗文咨王十年 百濟東城王二十二年 齊和帝中興元年)秋八月百濟築加林城(今林川)使衛士
佐平苩加鎭之、加不欲往、辭以疾、王不聽、加怨之、冬十一月乘王出獵、使人刺之
踰月殂、號東城王、子斯摩立
壬午(新羅智證王二年 高句麗文咨王十一年 百濟武寧王元年 梁武帝天監元年)春正月百濟苩加據加林城叛、濟王率
兵至牛頭城(今林川近地)命扞率解明討之、加出降、斬投之白江(今白馬江)○先是新羅俗國
葬殉以男女各五人、二月羅王下令禁之、三月分命州郡主勸農、始用牛耕
癸未(新羅智證王三年 高句麗文咨王十二年 百濟武寧王二年 梁武帝天監二年)冬十月新羅羣臣上言、始祖刱業以來
國號未定、或稱斯羅、或稱斯盧、或稱新羅、臣等以爲新者德業日新、羅者網羅四
方之義、則其爲國號宜矣、又觀自古有國家者、皆稱帝稱王、自我始祖立國、至今
二十二世、但稱方言、未正尊號、今羣臣定議、謹上號新羅國王、王從之
文獻備考曰、新羅國又號徐那伐、後人稱凡京都曰徐伐、轉爲徐蔚

甲申(新羅智證王四年 高句麗文咨王十三年 百濟武寧王三年 梁武帝天監三年)夏四月新羅制喪服法○是歲日本(日皇繼體二年)遣人至百濟檢其民逃在大加耶者以歸

乙酉(新羅智證王五年 高句麗文咨王十四年 百濟武寧王四年 梁武帝天監四年)春二月新羅王欲收復高句麗侵地親定國內州郡置悉直州以金異斯夫爲軍主此軍主爲外官之始也異斯夫嘗爲邊官用居道術以馬戲誤小加耶國取之冬十一月始命有司藏氷制舟楫之利

己丑(新羅智證王九年 高句麗文咨王十八年 百濟武寧王八年 梁武帝天監八年)始新羅以十七等官分掌職務而未有名號春正月始雜用中國制設東市典置監二人位自奈麻至大奈麻爲之其屬有大舍二人位自舍知至奈麻爲之又有書生二人史四人自是以後內外文武之官皆依此制而十七等多歸于品階矣

壬辰(新羅智證王十二年 高句麗文咨王二十一年 百濟武寧王十一年 梁武帝天監十一年)春三月高句麗遣使聘梁自是往來不絕○夏四月百濟遣使聘梁自是往來不絕○六月于山(今鬱陵島 東小山)國降于新羅于山島國也在羅溟州(今江陵)正東海中地方百里恃險不服伊飡異斯夫爲何瑟羅州(今江陵)軍主謂于山人難以威來可以計服乃以木造獅子分載戰船抵其島誑之曰汝若不服卽放此獸踏殺之國人懼乃降納土貢○秋九月高句麗襲取百濟加弗城移兵破圓山城虜男女一千餘口濟王帥勇騎三千戰於葦川北麗人見濟軍少易之不設陣濟王出奇急擊大破之自是濟稍復振矣○是歲日本(日皇繼體六年)遣使至百濟

癸巳(新羅智證王十三年 高句麗文咨王二十二年 百濟武寧王十二年 梁武帝天監十二年)是歲百濟五經博士段楊爾往日本(日皇繼體八年)

甲午(新羅智證王十四年 高句麗文咨王二十三年 百濟武寧王十三年 梁武帝天監十三年)秋七月新羅王智大路殂諡智證新羅諡法始此太子原宗立妃朴氏保刀夫人

李建初曰智證非諡以眞興王北巡碑證之

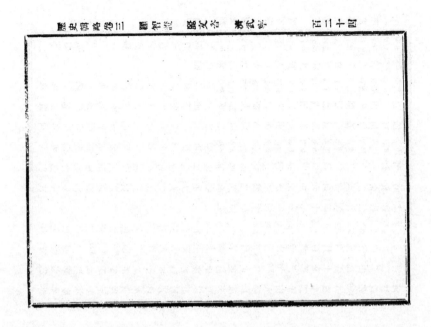

歷史輯略卷四

花開金澤榮于霖撰

新羅　高句麗　百濟紀　駕洛加耶　大

丁酉 新羅法興王三年 高句麗文咨王二十六年 百濟武寧王十六年 梁武帝天監十六年 夏四月新羅始置兵部令一人位自大阿飡至太大角干爲之

己亥 新羅法興王五年 高句麗文咨王二十八年 百濟武寧王十八年 梁武帝天監十八年 高句麗王殂號文咨明王太子興安立

庚子 新羅法興王六年 高句麗安藏王元年 百濟武寧王十九年 梁武帝普通元年 春正月新羅頒律令始制百官公服用朱紫自太大角干至大阿飡紫衣阿飡至級飡緋衣并牙笏大奈麻奈麻青衣大舍至先沮知黃衣伊飡匝飡錦冠波珍飡大阿飡衿荷緋冠上堂大奈麻赤位大舍組纓○高句麗遣使聘梁二月梁遣江法盛來報聘魏兵就海中執之送于洛陽

辛丑 新羅法興王七年 高句麗安藏王二年 百濟武寧王二十年 梁武帝普通二年 駕洛國王鉗知殂子仇衡立○冬十一

月新羅遣使隨百濟使聘梁

壬寅(新羅法興王八年高句麗安藏王三年百濟武寧王二十一年梁武帝普通三年) 春三月駕洛國(或曰加耶) 大王遣使新羅請婚羅王以伊飡比助夫妹歸之

按崔致遠釋順應傳云大加耶國月光太子乃正見之十世孫父曰異腦王求婚于新羅迎夷粲比枝輩之女而生太子丁氏引此以證比助夫事然其事未免牽强尤其可疑者大加耶傳世十六而距此不過四十年豈有四十年之間更歷六七世者哉十世句有脫誤則已否則與比助夫事無涉耳

癸卯(新羅法興王九年高句麗安藏王四年百濟武寧王二十二年梁武帝普通四年) 春二月百濟王幸漢城命佐平因友等徵漢北州郡民年十五以上築雙峴城三月王至自漢城夏五月殂諡曰武寧百濟之諡法始此子明穠立○秋八月高句麗遣兵侵百濟至浿水(今猪灘) 濟王命左將志忠帥步騎一萬擊走之○是歲新羅始立軍號有大幢上州停完山停(猶營也) 碧衿(緋文也) 幢白衿幢等名自是以後增廣其制凡爲軍號者二十三一曰六停二曰九誓三曰十幢四曰五州誓五曰三武幢六曰罽衿幢七曰急幢八曰四千幢九曰京五種幢十日二節末幢十一日萬步幢十二日大匠尺幢十三日軍師幢十四日仲幢十五日百官幢十六日四設幢十七日皆知戟幢十八日三十九餘甲幢十九日仇七幢二十日二罽幢二十一日二弓幢二十二日三邊守幢二十三日新三千幢皆有將軍大監弟監等以掌之將軍以眞骨角干級飡等位爲之大監以下以此等之此新羅一代軍制之大略也

甲辰(新羅法興王十年高句麗安藏王五年百濟聖王元年梁武帝普通五年) 秋九月新羅王巡南境駕洛國王來會

丙午(新羅法興王十二年高句麗安藏王年百濟聖王三年梁武帝普通七年) 五 先是新羅侵取大加耶地是歲日本(日皇繼體二十一年) 遣近江毛野將兵六萬赴大加耶責羅還其地

戊申(新羅法興王十四年高句麗安藏王九年百濟聖王五年梁武帝太通二年) 新羅始行佛法初訥祗王時沙門墨胡子自高句麗至一善郡(今善山) 郡人毛禮作窟室居之梁遣使遺羅王香君臣不知所用與名胡子曰焚此則香氣芬馥可以致誠於神聖所謂神聖未有過於三寶一曰佛陀二曰達摩三曰僧伽若燒此發願則必有靈應會王女病革胡子焚其香禱之病尋愈王喜施報甚厚至是王欲興佛教羣臣皆以爲不可王難之近臣

異次頓曰請斬小臣以定衆議王曰欲興佛道而殺無辜可乎對曰若道之行雖死無憾王乃召群臣以頓言議之僉曰今僧徒童頭異服議論奇詭從之恐有後悔頓獨力言不已王曰衆人之言牢不可破而汝獨異言下吏誅之頓臨刑曰我爲法就刑佛若有神吾死必有異及斬血從斷處湧色白如乳衆恠之不復毁佛

己酉（新羅法興王十五年高句麗安藏王十年百濟聖王六年梁武帝中太通元年）新羅下令禁屠殺用佛法也

辛亥（新羅法興王十七年高句麗安藏王十二年百濟聖王八年梁武帝中太通三年）夏四月新羅以伊飡哲夫爲上大等總知國事上大等始於此○五月高句麗王殂號曰安藏王弟寶延立

壬子（新羅法興王十八年高句麗安原王元年百濟聖王九年梁武帝中太通四年）冬駕洛國王金仇衡見新羅日强度難自保舉國而降羅王授位上大等以其國爲食邑號金官郡駕洛自始祖王此凡十五世而亡共四百九十一年駕洛與辰韓言語法俗相似惟祠祭鬼神有異施竄皆在西

丙辰（新羅法興王建元元年高句麗安原王五年百濟聖王十三年梁武帝大同二年）秋高句麗遣使聘東魏（魏濟阿 王國）自是往來不絕○新羅始建年號曰建元元年

丁巳（新羅法興王建元二年高句麗安原王六年百濟聖王十四年梁武帝大同三年）新羅攻大加耶日本（日皇宣化二年）遣兵赴行府援之

戊午（新羅法興王建元三年高句麗安原王七年百濟聖王十五年梁武帝大同四年）春正月百濟移都泗沘（今扶餘）國號南扶餘都熊津凡六十四年而遷○新羅滅阿羅（一曰阿那）加耶（一名阿尸良）以其地爲郡

按阿那加耶國都在今咸安郡咸安古號爲阿尸良故阿那亦名阿尸良國而前史因而書之今改書之使讀者便焉又据新羅眞興王十二年王謂羣臣曰加耶王淫亂自滅此卽指阿那言者而十二年之距此爲一十四年則今亦不得不表出國名而使上下相明也

庚申（新羅法興王建元五年高句麗安原王九年百濟聖王十七年梁武帝大同六年）秋七月新羅王原宗殂諡法興弟立宗之子彡麥宗立年七歲太后攝政選童男容儀端正者號風月主求善士爲徒以礪孝悌忠信

辛酉（新羅眞興王元年高句麗安原王十年百濟聖王十八年梁武帝大同七年）百濟遣使如梁請毛詩博士涅槃經義工匠畫師等從之○大加耶遣使餽物于日本（日皇欽明元年）明年日本勸大加耶

與百濟謀復新羅侵地

甲子（新羅眞興王四年高句麗安原王十三年百濟聖王二十一年梁武帝大同十年）春二月新羅興輪寺成乃許度人爲僧新羅自此廣興寺刹奉佛之勤最於三國矣

乙丑（新羅眞興王五年高句麗安原王十四年百濟聖王二十二年梁武帝大同十一年）春三月高句麗王殂號安原王太子平成立遣使聘東魏自是往來不絕○秋七月新羅伊飡異斯夫請於王曰國史記君臣之善惡示褒貶於後世苟不修撰後代何觀王深然之命大阿飡金居柒夫等集文士撰之

丙寅（新羅眞興王六年高句麗陽原王元年百濟聖王二十三年梁武帝中大同元年）是歲日本（日皇欽明七年）送良馬戰船于百濟

丁卯（新羅眞興王七年高句麗陽原王二年百濟聖王二十四年梁武帝大淸元年）新羅攻大加耶百濟遣兵救之

戊辰（新羅眞興王八年高句麗陽原王三年百濟聖王二十五年梁武帝大淸二年）春正月高句麗以濊兵六千攻百濟漢北獨山城濟王請救於新羅羅王命將軍朱珍領甲兵三千救之朱珍至獨山城下與麗戰大破之殺獲甚衆

按此時濊貊之滅已久安得有濊兵豈泥河之役高句麗或侵取新羅何瑟羅州而虜其人爲兵歟

己巳（新羅眞興王九年高句麗陽原王四年百濟聖王二十六年梁武帝大淸三年）春梁遣使送佛舍利于新羅羅王使百官奉迎於興輪寺前路初羅僧覺德入梁求法至是與梁使俱來

庚午（新羅眞興王十年高句麗陽原王五年百濟聖王二十七年梁簡文帝太寶元年）春正月百濟王遣將軍達已領兵一萬攻取高句麗道薩城麗亦攻陷濟金峴城新羅王乘兩國兵疲命伊飡異斯夫出兵擊之取二城增築留甲士一千以戍之○夏六月高句麗遣使聘北齊自是往來不絕

辛未（新羅眞興王開國元年高句麗陽原王六年百濟聖王二十八年梁簡文帝太寶二年）春正月新羅建元開國○秋九月突厥圍高句麗新城不克移攻白巖城（在遼東）麗王遣將軍高紇領兵一萬擊之殺獲千餘級○新羅遣將居柒夫等收復高句麗侵地居柒夫者奈勿王五世孫少有遠志祝爲僧欲覘麗強弱入其境聞法師惠亮開堂說經遂詣聽講一日亮問曰汝從何來柒夫曰新羅人也亮握手密言曰老僧不敏亦能識子此國雖小不

可謂無人忍子見執宜速反柒夫將還亮曰汝燕頷應覜必爲將師他日毋貽我
害柒夫曰果如所言所不與師相好者存如皦日遂還仕至波珍飡至是王命柒
夫及大角飡仇珍等八將軍與百濟伐麗濟先攻南平壤復之柒夫等乘勝取竹
嶺以外高峴以內十郡於是亮率其徒見于道左柒夫曰夙蒙師恩得保性命今
日何以爲報亮曰我國政亂滅亡無日願致之貴域柒夫與之歸見於羅王王以
亮爲僧統始置百座講會及八關之法百座講會者每歲仲冬會僧徒於闕庭置
輪燈一座列香燈四傍結兩彩棚呈百戲歌舞以祈福八關者不殺生不偸盜
不淫泆不妄語不飮酒不坐高大床不着香華不自樂觀聽關者閉也謂禁閉八
罪不犯也

按三國史百濟先攻平壤復之云云而日本史記此事乃曰百濟王伐高句
麗復其故地取漢城平壤其曰漢城平壤者卽古記所云南平壤而三國史
乃沒却一南字使三國交爭之大局歸于晻昧何其謬歟

是歲日本(欽明皇十二年)遣百濟麥種一千斛

壬申(新羅眞興王開國二年高句麗陽原王七年百濟聖王二十九年梁元帝承聖元年)初加耶(蓋河羅加耶)王嘉悉法中國樂部
箏而製十二絃琴命樂師于勒造十二曲後勒等知國將亂携樂器投新羅羅王
(當是法興王)置之國原(今忠州) 去年羅王幸娘城(淸州)召見勒及其弟子尼文于河臨宮(娘城
亦徵京歟)令奏其樂二人各製河臨嫩竹二調奏之至是王命法知階古萬德等學樂
於勒勒因其材敎階古以琴法知以歌萬德以舞三人旣傳十二曲相謂曰此樂
繁淫不雅乃約爲五曲勒始聞而怒及聽終歎曰正聲也遂奏之王大悅諫者曰
加耶亡國之音不足取也王曰加耶王淫亂自滅樂何罪乎遂用之名其琴曰加
耶凡羅之樂有三絃一玄琴二加耶琴三琵琶三竹一大笒二中笒三小笒玄琴
者或名玄鶴琴本高句麗國相王山岳因晉人所送七絃琴改製者也其曲百餘
流入于羅羅人玉寶高入地理山學習五十年自製春朝秋夕鴛鴦等三十曲傳
之續命得續命得傳之貴金先生貴金先生者景文王時人也貴金先生傳之安
長安長傳其子克宗克宗之後其傳遂廣琵琶者與中國制大同小異不知何人
所造其音有宮調七賢調鳳凰調共二百一十二曲三竹者笛也神文王元年用

海官朴夙淸言伐竹於東海中小山以作之名曰萬波息後又加號曰萬萬波波
息其音有越調黃鍾調等七調世所傳兵退病愈旱雨雨晴風定波平十四字蓋
其奏曲新亂之辭云大笒三百二十曲中笒二百四十五曲小笒二百九十八曲
其外又有玉笛長尺有九寸聲極淸亮亦傳爲國寶高句麗樂彈箏一搊箏一臥
箜篌一竪箜篌一琵琶一五絃琴一義觜笛一笙一橫笛一簫一小篳篥一大篳
篥一桃皮篳篥一腰鼓一齊鼓一擔鼓一唄一百濟之樂桃皮篳篥箜篌鼓角箏
竽箎笛餘佚無傳

按此加耶或認爲大加耶然以加耶亡國之文觀之明是指阿羅加耶若大
加耶則在此時何嘗亡耶又按古記萬波息笛藏於月城天尊庫

高句麗築長安城○是歲百濟送金銅佛及佛經于日本(日皇欽明十三年) 此日有佛法
之始也

癸酉(新羅眞興王開國三年高句麗陽原王八年百濟聖王三十一年梁元帝承聖二年) 初新羅築宮於月城東黃龍見其地
春二月捨宮爲佛寺賜號曰黃龍○時百濟欲與新羅合兵伐高句麗羅王曰國
之興亡在天若天未厭麗則我何敢望乃通于麗麗感其言與羅通好秋七月羅
人攻濟漢城平壤(即南平壤)濟不能支棄平壤走羅王置新州於其地以阿飡金武力
爲軍主

按此事在三國史新羅紀曰秋七月新羅取百濟東北鄙置新州以阿飡金
武力爲軍主在東國通鑑曰先是百濟欲與新羅合兵謀伐高句麗新羅王
曰國之興亡在天若天未厭高句麗則我何敢望乃通高句麗高句麗感其
言與新羅通好故百濟王怨之親率步騎來攻管山城軍主角干于德伊飡
耽知等逆戰失利武力以所領新州兵赴戰擊殺百濟王云云而其事首尾
不明疑之久矣及見日本史欽明天皇十五年書曰秋援百濟王餘昌伐新
羅拔函山城初百濟王伐高句麗復其故地取漢城平壤新羅與句麗通謀
攻百濟百濟棄漢城平壤新羅入居之於是百濟遣使乞救乃勅內臣遣援
兵因賜船馬弓矢又勅使醫博士易博士遞番往來云云其曰取漢城平壤
者卽居柒夫之事也其曰與高句麗通謀者卽通鑑所載羅麗通好之事也

其曰通謀攻百濟、百濟棄漢城平壤者、卽新羅取濟東北鄙之事、而似是與句麗共攻也、其曰新羅入居者、卽金武力軍主之事也、其曰拔函山城者、卽于德失利之事、而函字當是管字之誤也、故今合三史敍成一串、使脈絡通貫、無有餘憾、讀者詳之

甲戌(新羅眞興王開國四年高句麗陽原王九年百濟聖王二十一年梁元帝承聖三年)秋七月百濟欲釋憾於新羅、遣子昌求救於日本(日皇欽明十五年)、日以兵援之、兼送船馬弓矢、因求醫易博士、於是濟王自將步騎、與日協攻新羅管山城(疑今沃川)、軍主角干于德伊飡耽知等逆戰失利、城遂陷、既而羅將金武力、以所領新州兵、進與濟戰、時昌自日國還、濟王自往勞之、武力裨將三年山郡(今報恩)高干都刀、諜知之、伏兵於途、遽起殺王、於是諸軍乘勝大克之、斬佐平四人、卒二萬九千六百人、匹馬無反者、當是時、漢南北之地多入于羅矣、百濟諡王曰聖、子昌立

乙亥(新羅眞興王開國五年高句麗陽原王十一年百濟威德王元年梁敬帝紹泰元年)冬十月新羅王巡幸北漢山、拓定封疆、立石表之(在今皇城北山)十一月至自北漢山、敎所經州郡復一年租調、旣而廢新州置北漢山州

丁丑(新羅眞興王開國七年高句麗陽原王十二年百濟威德王三年陳武帝永定元年)新羅以國原爲小京、因徙貴戚子弟及六郡豪民以實之、奈麻身得、作砲弩、上之、置之城上

己卯(新羅眞興王開國九年高句麗陽原王十四年百濟威德王五年陳武帝永定三年)春三月高句麗王殂、號陽原王、太子陽城立、是爲平原王

辛巳(新羅眞興王開國十一年高句麗平原王二年百濟威德王七年陳文帝天嘉二年)冬十一月高句麗遣使聘陳、自是往來不絕

壬午(新羅眞興王開國十二年高句麗平原王三年百濟威德王八年陳文帝天嘉三年)是時大加耶服於新羅、秋九月復叛、羅王命伊飡異斯夫討之、以斯多含爲副、斯多含者、奈勿王七世孫、風標淸秀、志氣方正、時人奉爲花郞(一名國仙)、其徒千人、盡得其歡心、時年十五六、請從軍、王以幼少不許、固請許之、斯多含至加耶、領麾下五千騎、先入旃檀門、立白旗、城中驚懼、於是異斯夫引兵乘之、遂滅其國、仍毁日本府、大加耶自始祖阿豉王、歷巽腦王道設智而亡、凡十六世五百二十一年、師還、羅王策斯多含功第一、賞以良田及

所虜三百口、斯多含以其田分與戰士、生口放爲良人、國人美之、斯多含與武官郞、約爲死友、及武官死、哭之慟、七日亦卒、年止十七○秋新羅遣使于日本(日皇欽明)二十三年日、憾其毁府、拘留之、以紀男麻呂爲大將、率兵伐羅、羅拒戰、爲男等所擊敗、已而日副將河邊瓊缶、以兵輕進、羅擊擒之、男等引而歸○日本遣大將軍大伴挾手彥、率兵數萬、擊高句麗大破之

甲申(新羅眞興王開國十四年高句麗平原王五年百濟威德王十年陳文帝天嘉五年)新羅遣使聘北齊、自是往來不絕

乙酉(新羅眞興王開國十五年高句麗平原王六年百濟威德王十一年陳文帝天嘉六年)秋九月陳遣劉思及僧明觀于新羅、附釋氏經論千七百卷

丙戌(新羅眞興王開國十六年高句麗平原王七年百濟威德王十二年陳文帝天康元年)春二月新羅遣使聘陳、自是往來不絕○新羅黃龍寺成、有率居者、畵老松於寺壁、鳥雀往往望之飛入、及到、蹭蹬而落、畵久色漫、寺僧以丹靑補之、鳥雀不復至、世稱神畵○秋九月百濟遣使聘陳、自是往來不絕○初新羅有二達官、同閈而居、一時生男女、男曰白雲、女曰際厚、二家約爲婚媾、白雲十四爲國仙、十五而盲、際厚父母欲改聘于茂榛太守李

佼平、際厚將之茂榛、密語白雲曰妾與子、約爲夫婦久矣、今父母改舊而新是圖若違命則爲不孝、歸茂榛則死生豈不在我乎、子幸尋我於茂榛、信誓而別、際厚旣歸給李曰宜涓吉爲禮、李從之、白雲尋至茂榛、際厚出從之、遂與潛行山谷、忽遇俠客刼白雲、竊際厚而走、白雲之徒金闡、追俠客殺之、奪際厚而還、事聞、王曰三人信義可尙、皆賜爵一級、後眞平王時栗里民家、有薛氏女、有艶色、父當戍邊而年老衰病、薛憂之、沙梁人嘉實聞之、謂薛曰願代尊父之役、薛告於父、父見嘉實謝之、約爲婚姻、嘉實退而請期、薛曰婚姻人之大倫、不可以猝成、待君戍還、筮月成禮、未晩也、遂破鏡、中分爲信、嘉實遂行、會國多亂、不以時代、奄忽六載、父謂女曰始以三年爲期、期已盡、可歸他族、薛曰棄信食言、吾不忍爲、父哀其齒壯無伉儷、欲奪情改婚、婚期已定、薛將逃之、嘉實適至、形容衣服枯槁藍縷、薛見之不識其爲嘉實也、以破鏡驗之、遂爲夫婦

戊子(新羅眞興王大昌元年高句麗平原王九年百濟威德王十四年陳廢帝光大二年)秋八月新羅王北巡至沃沮(今咸興)立碑(在今咸興黃草嶺)定界、當是時羅盡復高句麗所侵北邊之地而復拓地、至麗東北邊

矣

按眞興王北巡事三國史闕而不載我 憲廟時咸鏡監司尹定鉉得碑於咸興黃草嶺上中其文剝落可讀者只三十字曰朕紹太祖之業纂承王統兢身自愼四方托境廣獲民土鄰國誓信和使交通其餘文理不續金阮堂正喜謂其字體與濟梁造像諸石相似蓋東方墨蹟之祖也

辛卯(新羅眞興王大昌四年高句麗平原王十二 年百濟威德王十七年陳宣帝太建三年)春日本(日皇欽明三十二年)遣使新羅詰其滅大加耶狀夏四月日主臨終召其子執手語曰吾欲伐羅復大加耶不果汝繼吾志死無恨

壬辰(新羅眞興王鴻濟元年高句麗平原王十三 年百濟威德王十八年陳宣帝太建四年)春正月新羅改元鴻濟○百濟遣使聘北齊

甲午(新羅眞興王鴻濟三年高句麗平原王十五 年百濟威德王二十年陳宣帝太建六年)春三月新羅鑄黃龍寺丈六佛像銅三萬五千七斤鍍金百二兩

丙申(新羅眞興王鴻濟五年高句麗平原王十七 年百濟威德王二十二年陳宣帝太建八年)春新羅始奉源花初羅君臣病無以知人欲使類聚羣遊以觀其行然後舉而用之遂簡美女南毛俊貞二人聚徒三百餘人既而俊貞妬殺南毛伏誅徒人罷散乃更擇貴人子弟之美者粧飾之名曰花郞使其徒衆或道義相磨或歌樂相悅遊娛山水無遠不至因此知其人邪正擇其善者薦之於朝故王是賜是名以侈之凡羅世國仙自斯多含以外又有永郞述郞安詳南石行之徒擅名於世今嶺南及關東土人往往說其遊跡矣

按三國史新羅眞興王開國十二年已有花郞斯多含之事而至此年書曰始奉源花蓋花郞之法試諸民間已久及其著效然後始登諸朝籍以聲明之故改名以雅之也乃東國通鑑變亂本文以源花爲花郞以前二美女之事不知何爲也

秋八月新羅王彡麥宗殂諡曰眞興王勤於奉佛末年剃髮披僧衣自號法雲王妃朴氏思道夫人亦爲尼住永興寺子金輪立妃知道夫人

丁酉(新羅眞智王元年高句麗平原王十八 年百濟威德王二十三年陳宣帝太建九年)冬十月百濟遣使聘周(宇文[illegible])自是往來不絶○高句麗遣使聘周○是歲百濟以經論及僧尼佛工寺工送于日本(日皇

(依述六年)

己亥(新羅眞智王三年高句麗平原王二十年百濟威德王二十五年陳宣帝太建十一年)秋七月新羅王殂諡曰眞智伯兄銅輪之子伯淨立妃摩耶夫人葛文王福勝之女也○冬十月新羅王作帶鑄金粧玉長十圍鐫鑄六十二國人稱之曰聖(謂聖帝也)帶王身長十一尺狀貌特奇

庚子(新羅眞平王元年高句麗平原王二十一年百濟威德王二十六年陳宣帝太建十二年)春二月新羅以伊飡后稷爲兵部令后稷智證王之曾孫也羅王頗好田獵后稷諫曰古之王者必一日萬機深思遠慮矻矻不敢逸豫殿下日與狂夫獵士放鷹犬逐雉兎奔馳山野不能自止書曰內作色荒外作禽荒有一於此未或不亡由是觀之內則蕩心外則亡國不可不省也王不從又切諫不見聽後后稷病將死謂其三子曰吾爲人臣不能匡救君惡雖死恩有以悟君須瘞吾骨於大王遊畋之路側其子從之他日王出獵半路有遠聲若曰莫去王顧問聲何從來侍者曰彼后稷伊飡墓也遂陳后稷臨死之言王潸然流涕曰夫子愛我深遂終身不復獵

辛丑(新羅眞平王二年高句麗平原王二十二年百濟威德王二十七年陳宣帝太建十三年)春正月新羅始置位和府掌銓注

如古吏部自是船府調府(掌貢賦)乘府(掌車乘)禮部領客府令內省私臣兵部大監侍衛府大監賞賜署大正大道署(或云寺典)大正等官次第而設(以上皆眞平王所設)○冬十二月高句麗遣使聘隋自是往來不絕○百濟遣使聘隋自是往來不絕

甲辰(新羅眞平王建福元年高句麗平原王二十五年百濟威德王三十年陳後主至德二年)春二月新羅改元建福

丙午(新羅眞平王建福三年高句麗平原王二十七年百濟威德王三十二年陳後主至德四年)春高句麗移都長安

己酉(新羅眞平王建福六年高句麗平原王三十年百威德王三十五年隋文帝開皇九年)秋七月新羅國西大水漂沒人戶三萬三百六十發使賑之

庚戌(新羅眞平王建福七年高句麗平原王三十一年百濟威德王三十六年隋文帝開皇十年)冬十月高句麗王殂號平原王太子元立是爲嬰陽王○高句麗伐新羅不克其將溫達死於兵初溫達容貌龍鍾家甚貧乞食養母往來市井時人目爲愚溫達平原王有少女好啼王常戲曰汝每啼聒我耳長必不得爲士夫妻當歸之愚溫達女年十六將嫁下部高氏女曰王常語我爲溫達婦今何故改前言乎王怒曰不從我敎不得爲吾女宜汝所適女於是以寶釧數十枚繫肘後出宮問至溫達家其母盲且老問溫達所在母

曰聞子之貌分殊異常接子之手柔滑如綿必天下之貴人也吾兒貧陋非所宜近吾兒飢甚取楡皮於山也女待溫達歸具言所懷遂與爲夫婦女乃賣金釧買田宅器物頗富且多養馬以資溫達王嘗出獵溫達以馬隨行馳騁常在前王召問姓名驚異之及周武帝之攻遼也王逆戰肄山之野溫達先登破敵功居第一王曰吾甥也賜爵爲大兄威權日盛王是王殂太子即位溫達奏曰新羅割我漢北之地爲郡縣願大王授臣以兵往必復之王許之溫達臨行誓曰所不以鷄立峴竹嶺以西歸我者不返也遂行與羅軍戰於阿且城之下爲流矢所中而死欲葬柩不肯動妻來撫曰死生決矣嗚呼歸矣遂擧而窆○日本（日皇崇峻四年）以紀男麻呂等爲大將軍率兵二萬餘屯筑紫（日國地）遣使于新羅責毀行府羅行成遂復大加耶

丙辰（新羅眞平王建福十三年高句麗嬰陽王六年百濟威德王四十二年隋文帝開皇十六年）春三月新羅遣使聘隋自是往來不絕

戊午（新羅眞平王建福十五年高句麗嬰陽王八年百濟威德王四十四年隋文帝開皇十八年）先是高句麗王聞隋滅陳大懼治兵積穀爲拒守之計隋帝以璽書責之麗王不從春率靺鞨兵萬餘侵遼西隋帝聞而大怒命漢王諒等將水陸兵三十萬來伐夏六月出臨渝關（今山海關）値水潦餽轉不繼復遇疾疫撤而還於是麗遣使伴謝罪隋遂罷兵○冬十二月百濟王殂諡曰威德第二子季明立是爲惠王

己未（新羅眞平王建福十六年高句麗嬰陽王九年百濟惠王元年隋文帝開皇十九年）百濟惠王殂子宣立是爲法王冬十二月下令禁殺生收民家所養鷹鷂放之又焚漁獵之具

庚申（新羅眞平王建福十七年高句麗嬰陽王十年百濟法王元年隋文帝開皇二十年）初高句麗國初始用文字時有人記事一百卷名曰留記春正月麗王詔大學博士李文眞修之爲新集五卷○百濟創王興寺度僧三十人○夏五月百濟法王殂子璋立○是歲新羅侵取大加耶地日本（日皇推古八年）遣境部臣等將兵萬餘伐羅拔五城使歸倭地

壬戌（新羅眞平王建福十九年高句麗嬰陽王十二年百濟武王二年隋文帝仁壽二年）秋八月百濟出兵圍新羅阿莫山城（今雲峯）不利而還羅築泉山（古天嶺郡）等四城以逼之濟王怒令佐平解讎帥步騎四萬攻四城羅將軍乾品武殷帥衆逆戰爲濟伏兵所掩擊墜馬幾危武殷子少監貴

山曰吾嘗聞諸師曰臨戰無退豈敢奔竄以墜師敎乃以馬授父即與其友少監箒項力鬪害數十人金瘡滿身而死諸軍因而奮擊濟師大敗初貴山與箒項訪道於圓光法師圓光曰佛有菩薩戒其別有十若等爲人臣子恐不能行今有世俗五戒一曰事君以忠二曰事親以孝三曰交友以信四曰臨戰無退五曰殺傷有擇若等行之無忽貴山等曰謹受敎不敢失墜○百濟送曆及天文書于日本 日皇推古十年 ○先是契丹爲北齊王所破以其部落萬餘家投高句麗至隋文帝時其別部出伏等背麗附隋

丁卯 新羅眞平王建福二十四年高句麗嬰陽王十七年百濟武王七年隋煬帝大業三年 初隋文帝之伐高句麗也百濟遣使于隋請爲鄕導麗王恨之夏五月攻濟松山城不下移襲石頭城虜男女三千而歸

辛未 新羅眞平王建福二十八年高句麗嬰陽王二十一年百濟武王十一年隋煬帝大業七年 冬十月百濟攻新羅椵岑城縣令讚德固守百餘日糧盡水竭猶力戰不息城將陷讚德仰天大呼曰吾王委我以一城而不能全乎遂攘臂瞋目觸槐而死城遂陷軍士皆降羅以其子奚論爲大奈麻○是歲百濟人味摩之以伎樂舞傳于日本

壬申 新羅眞平王建福二十九年高句麗嬰陽王二十三年百濟武王十二年隋煬帝大業八年 先是隋帝楊廣納其臣裴矩言脅高句麗王入朝不從隋帝怒之會新羅百濟相繼遣使請伐麗隋帝決意親伐春正月詔發天下兵百餘萬命左翊衛大將軍宇文述右翊衛大將軍于仲文等分道出御營六軍繼之旌旗亘千餘里隋帝師至遼水麗王出兵拒之大戰于東岸死者萬計隋軍乘勝進圍遼東城麗人嬰城固守攻之旬月不可下隋帝親至遼東城觀其形勢召諸將詰責曰公等莫肯盡力謂我不能殺公耶隋左翊衛大將軍來護兒以江淮水軍入自浿水薄平壤城麗伏兵於郭內掩擊大敗之護兒引兵還屯海浦不敢復留夏六月述等九軍皆會於鴨綠水糧已將盡麗王遣大臣乙支文德詣其營詐降以觀虛實仲文將執之左右有固止者仲文遂聽文德還旣而悔之遣人紿文德曰更欲有言可復來文德不顧濟鴨綠而歸述等與諸將渡水追文德文德見述軍有飢色故欲疲之每戰輒走述等一日之中七戰皆捷遂進濟薩水去平壤城三十里因山爲營文德復遣使詐降請於述曰若旋

帥者當春王朝行在所遂見士卒疲弊不可復戰又平壤城險固度難猝拔遂因其詐而還文德出軍四面鈔擊且戰且行秋七月至薩水乘隋軍半濟尾擊之隋右屯衛將軍辛世雄戰死於是諸軍俱潰不可禁止將士奔還一日一夜至鴨綠水行四百五十里護兒聞述等敗亦引還惟虎賁郎將衛文昇一軍獨全初隋九軍到遼者凡三十萬五千及還至遼東城惟二千七百人隋帝大怒鎖繫述等引而還隋之是役也惟於遼水西拔我武厲邏置遼東郡及通定鎭而已文德沉鷙有智數兼解屬文方其再詐降也先遺仲文詩曰神策究天文妙筭窮地理戰勝功既高知足願云止○初百濟之請伐高句麗于隋也隋帝使濟覘麗動靜濟王潛與麗通及隋軍渡遼但嚴兵境上聲言助伐而已

癸酉 新羅眞平王建福三十年高句麗嬰陽王二十三年百濟武王十三年隋煬帝大業九年 春正月隋帝復欲伐高句麗詔徵天下兵集涿郡夏四月隋帝至遼東城命王仁恭等諸將攻之麗應變拒之久不下會隋人楊玄感叛書至隋帝大懼密勅諸將引軍還麗人追躡於遼水殺掠數千人○秋七月隋使王世儀至新羅設百高座於皇龍寺邀僧圓光等說經蓋新羅僧人之求法中國者自覺德以來前後相望而其最著名者於周有安弘陳有智明圓光二人隋有曇育

甲戌 新羅眞平王建福三十一年高句麗嬰陽王二十四年百濟武王十四年隋煬帝大業十年 春三月隋帝復親伐高句麗次懷遠鎭時天下已亂所徵兵多失期不至麗亦困弊隋將來護兒至卑奢城麗兵逆戰護兒克之將趣平壤麗王遣使詐降隋帝大悅班師徵麗王入朝王竟不從

戊寅 新羅眞平王建福三十五年高句麗嬰陽王二十八年百濟武王十八年唐高祖武德元年 新羅北漢山州軍主邊品與金山幢主奚論謀襲椵岑城取之百濟舉兵而來奚論慷慨言曰昔吾父殞身於此此吾死所也以短兵赴敵斬數人而死○秋九月高句麗王殂號嬰陽王異母弟建武立是爲榮留王

己卯 新羅眞平王建福三十六年高句麗榮留王元年百濟武王十九年唐高祖武德二年 春二月高句麗遣使聘唐自是往來不絶

辛巳 新羅眞平王建福三十八年高句麗榮留王三年百濟武王二十一年唐高祖武德四年 秋七月新羅遣使聘唐唐人來報聘自是往來不絶○冬十月百濟遣使聘唐致果下馬自是往來不絶

癸未 新羅眞平王建福四十年高句麗榮留王五年百濟武王二十三年唐高祖武德六年 新羅復侵大加耶、日本遣大德境部雄廉呂等將兵伐羅、羅行成

甲申 新羅眞平王建福四十一年高句麗榮留王六年百濟武王二十四年唐高祖武德七年 春二月、高句麗王遣使如唐、唐帝遣使來報聘、仍命道士以天尊像及道法來、爲之講老子、王及國人聽之、老子者周之楚國苦縣人也、其生與孔子同時、淸淨無爲、著道德經五千言、謂之道教、其支流、爲神仙修煉之術、行之中國者千餘年、至是始東來○冬十月、百濟攻新羅速含今咸陽等六城、三城或滅或降、守將訥催以烽岑櫻岑旗懸三城堅守、力盡死之、羅王贈官級飧以旌之

乙酉 新羅眞平王建福四十二年高句麗榮留王七年百濟武王二十五年唐高祖武德八年 冬十一月、高句麗遣人入唐、求學佛老法、唐帝許之

丁亥 新羅眞平王建福四十四年高句麗榮留王九年百濟武王二十七年唐太宗貞觀元年 秋七月、百濟命將軍沙乞侵新羅西鄙、拔二城、又欲復羅所侵地、羅告急於唐、濟王聞之乃止、旣而遣福信如唐、唐帝以璽書與濟王、令與羅平怨、濟王答書陽謝之

己丑 新羅眞平王建福四十六年高句麗榮留王十一年百濟武王二十九年唐太宗貞觀三年 秋八月、新羅遣伊飡任末里、波珍飡龍春白龍、蘇判大因四字官名舒玄等、率兵攻高句麗娘臂城卽今淸州、麗出兵逆擊之、羅軍失利、死者甚衆、無復鬪志、時舒玄子庾信爲中幢幢主、語舒玄曰、兒平生以忠孝自期、臨戰不可無勇、蓋聞振領而裘正、提綱而網張、吾其爲綱領乎、乃跨馬突陣、斬其將、提首而來、諸軍乘勝進擊、斬殺五千餘級、城遂陷、舒玄駕洛苗裔、蘇判大梁州都督武力之子也、潛通新羅宗姓肅訖宗之女萬明、夜夢熒惑鎭二星降於己、尋有娠、二十月而生庾信、背有七星文、庾信旣壯、見麗濟靺鞨侵軼國彊、慨然有削平之志、獨入中岳今慶州石山石窟、告天盟誓、有老人來授秘訣云

辛卯 新羅眞平王建福四十八年高句麗榮留王十三年百濟武王三十一年唐太宗貞觀五年 春二月、高句麗築長城、東北起夫餘城、東南至海、千有餘里、十六年乃畢○秋七月、新羅遣使如唐、遣二美女、唐臣魏徵以爲不宜受、唐帝曰、彼林邑獻鸚鵡、猶言苦寒思歸、況二女遠別親戚乎、付使者歸于我○新羅上舍人實兮爲下舍人珍堤所讒、謫于冷林、或曰、君以忠誠爲佞臣所毁、何不自辨、實兮曰、昔屈原孤直而見黜、李斯盡忠而被刑、佞臣惑

王忠士被斥、何足恤乎、遂不言而往、作長歌以見意

壬辰 新羅眞平王建福四十九年高句麗榮留王十四年百濟武王三十二年唐太宗貞觀六年 春正月新羅王殂諡曰眞平無嗣國人以王女德曼寬仁明敏、立爲王是爲善德主、初眞平王得自唐來牧丹花圖、并花子、以示主、主曰此花必無香、王笑曰爾何以知之對曰花絶豔而畵無蜂蝶、是必無香、種之果然

甲午 新羅善德主仁平二年高句麗榮留王十六年百濟武王三十四年唐太宗貞觀八年 春正月新羅改元仁平○二月百濟王興寺成、寺臨水、窮極壯麗、王每乘舟入寺行香

丙申 新羅善德主仁平四年高句麗榮留王十八年百濟武王三十六年唐太宗貞觀十年 春三月百濟王率左右臣寮、遊燕於泗沘河北浦王飲酒極歡鼓琴自歌、從者屢舞、時人名其地曰大王浦○夏五月新羅宮西玉門池蝦蟆大集、主聞之謂左右曰蝦蟆怒目兵士之象也意西南邊玉門谷、有隣兵潛入乎、乃命將軍閼川往搜之、果有百濟甲軍五百騎鞍以休閼川遂掩擊盡殺之

庚子 新羅善德主仁平八年高句麗榮留王二十二年百濟武王四十年唐太宗貞觀十四年 夏五月高句麗新羅百濟以唐大

興學校、並遣子弟如唐、請入國學

辛丑 新羅善德主仁平九年高句麗榮留王二十三年百濟武王四十一年唐太宗貞觀十五年 春三月百濟王殂諡曰武子義慈立是爲義慈王幼有孝友之行時號海東曾子

壬寅 新羅善德主仁平十年高句麗榮留王二十四年百濟義慈王元年唐太宗貞觀十六年 秋七月百濟王親帥兵侵新羅西鄙、取獼猴等四十餘城、八月又遣將軍允忠、攻羅大耶城 今陜川 羅都督金品釋降幢下舍知竹竹收殘卒閉城自誓曰吾父名我以竹竹者、使我歲寒不凋、可折而不可屈、豈可畏死而降乎、遂力戰城陷死之○冬十月高句麗泉 或曰本淵字避唐祖名改作泉 蓋蘇文弑其君榮留王、立王侄臧是爲寶藏王蓋蘇文一名蓋金、狀貌雄偉意氣驁悍嗣父爲東部大人而凶殘尤甚、諸大人惡之與王密議欲誅、事洩、蓋蘇文乃悉集部兵、若將校閱者、設宴城南請諸大人臨視至皆殺之、馳入宮弑王、斷爲數段、棄之溝中、自爲莫離支 如兵部尙書 於是號令遠近專制國事、常才佩五刀、左右莫敢仰視騎馬必令貴人武將伏地履而上下之○十一月新羅遣伊飡金春秋乞師於高句麗初大耶之敗品釋之妻金氏亦死、金氏卽春秋之女也春秋聞之倚

杜而立、終日不瞬、旣而言曰嗟乎大丈夫不能滅讐國乎、乃詣主請兵句麗報
怨百濟、主許之、春秋將行、謂金庾信曰若我往不返、君何以處之、庾信曰若然、僕
之馬跡必交踐麗濟兩王之庭矣、春秋遂與庾信誓曰以愚料之、六旬當返、過此
必無再見之理、行至代買縣、縣人豆斯智贈靑布三百匹、旣至麗、麗王嚴兵威而
後見之、春秋曰今百濟無道、長蛇封豕侵軼我疆、寡君願仗大國之威一雪之、使
臣致命於下執事、麗王曰麻峴竹嶺本我國地、地若還兵可出、春秋曰臣奉君命
來乞師、大王無意救患而反刧行人以歸地、臣有死而已、麗王怒囚之、春秋以靑
布賂麗王寵臣先道解、道解語春秋曰子亦嘗聞龜兎之說乎、東海之龜欲得兎
肝療龍女病、登陸見兎、誘而負歸、行二三里、顧語以實、兎曰噫吾神明之後、能出
五臟洗而納之、日者小覺心煩、遂出肝洗之、暫置巖石之底、聞爾甘言徑來、肝尙
在彼、可去取之、吾雖無肝尙活也、龜信之、乃還纔上岸、兎脫入草中曰愚哉汝也
豈有無肝而生者乎、龜憫默而退、春秋聞之、喩其意、移書於麗王曰二嶺本大國
地分、臣得歸國、所不請寡君還之者、有如皦日、春秋旣六旬不返、庾信請主伐麗

募兵三千以行、已渡漢水、麗諜者以告、麗王旣見春秋盟辭、又聞諜者之言、不敢
復留、遂厚禮而歸之、春秋出境謂送者曰國家疆理非使臣所得專、向與大王書
云云者、圖逭死耳、羅主喜、拜庾信押梁州(今慶山)軍主
癸卯(新羅善德主仁平十一年 高句麗寶藏王元年 百濟義慈王二年 唐太宗貞觀十七年) 新羅自崇佛以來、貴戚子弟多祝
髮爲僧、有慈藏者眞骨蘇判金茂林之子、入唐求法者八年、春三月自唐將佛頭
骨、佛牙、舍利百粒、金點袈裟而還、羅主以藏爲大國統、創通度寺(在今梁山)以處之○
高句麗泉蓋蘇文告王言、今儒釋并興而道教未盛、宜求之于唐、王從之遣使請
之唐帝遣道士叔達等八人、兼送道德經、王喜取僧寺館之、尊道士居儒士之上
甲辰(新羅善德主仁平十二年 高句麗寶藏王二年 百濟義慈王三年 唐太宗貞觀十八年) 先是百濟與高句麗和親、謀同攻
新羅党項城以塞羅入唐之路、羅主告急于唐、唐太宗遣丞相里玄奬以璽書遣
麗諭以戢兵、泉蓋蘇文謂玄奬曰高句麗新羅、怨隙已久、往者隋室相侵、新羅乘
釁奪高句麗五百里之地、城邑皆據有之、非返地還城、此兵恐未能已、玄奬曰已
往之事焉可追論、蓋蘇文不從、玄奬還言其狀于唐帝、唐帝又遣蔣儼諭旨、蓋蘇

文竟不從因儆甯室中、唐帝聞之大怒、決計親伐、冬十一月以張亮爲平壤道行
軍大摠管、帥江淮嶺硤兵四萬長安洛陽募士三千戰艦五百艘自東萊(地名)泛海
趣平壤、又以李世勣爲遼東道行軍大摠管、帥步騎六萬及蘭河二州降胡趣遼
東兩軍合勢大集於幽州、下手詔布告蓋蘇文弑君虐民之罪於天下、仍詔諸軍
及新羅百濟奚契丹(奚卽庫莫奚) 分道擊之
乙巳(新羅善德主十三年高句麗寶藏王三年百濟義慈王四年唐太宗貞觀十九年) 先是新羅大將軍金庾信伐百濟
取同火(今永同)等七城、春正月歸、未見主、濟大軍來攻羅買利浦城、羅主又拜庾信
爲上州(今尙州)將軍、令拒之庾信聞命不見妻子而行、逆擊濟軍斬首二千、三月獻
捷、未及歸家、又急報濟兵至、羅主謂庾信曰國之存亡繫公一身、不可不煩公再
往、庾信遂行、衆曰大將軍尙如此況我輩乎、踴躍爭先、濟軍望之而退○新羅僧
慈藏請於主曰若建塔、隣國降伏、主從之、乃於黃龍寺造九層塔高二百二十五
尺、羅人以聖帶、丈六像、及塔、爲三寶○夏五月唐太宗帥師至遼澤、李世勣及遼
東副大摠管江夏王李道宗、已克高句麗蓋牟城(遼地也) 進至遼東城、張亮渡海襲

取卑沙城、麗王發新城國內步騎四萬救遼東、道宗將四千騎逆之、敗衂、已、又率
驍騎衝麗陣、世勣引兵助之、麗師大敗、唐帝渡遼水、撤橋以堅士卒之心、自將數
百騎、至遼東城下、見士卒負土塡塹、自於馬上分其尤重者、持之、從官爭負土、置
城下、世勣發攻城十餘日、拔之麗軍死者萬餘人、又進攻白巖城下之、遂至安市
城(在遼地) 麗將北部褥薩高延壽、南部褥薩高惠眞、帥其軍及靺鞨兵十五萬救之
對盧高正義、年老習事、謂延壽曰秦王內芟羣雄外服戎狄、獨立爲帝、此命世之
才、今捲海內之衆而來、不可敵也、爲吾計者、莫若頓兵不戰、曠日持久、分遣奇兵
斷其糧道、糧食旣盡、求戰不得欲歸無路、乃可勝、延壽不從引軍直進、陣於安市
東南、長四十里、唐帝望之有懼色、道宗曰高句麗傾國以抗王師、平壤之守必弱
願假臣精兵五千、覆其本根則數十萬之衆可不戰而降、唐帝不應遣使紿延壽
曰我以爾國强臣、弑其主故來問罪、交戰非吾本心、延壽信之不設備、唐帝命世
勣等分擊、會有龍門人薛仁貴著奇服、大呼陷陣、所向無敵、大軍乘之麗軍大潰
死者二萬餘人、延壽等勢蹙而降唐帝更名所幸山曰駐蹕、刻石紀功、驛書報太

子曰、朕爲將如此、何如、初唐帝之克白巖城也、謂李世勣曰、吾聞安市、城險而兵
精、其城主材勇、泉蓋蘇文之亂、城守不服、蓋蘇文擊之不能下、因而與之、建安（在安
市南）兵弱而糧少、公可先攻建安、建安下則安市在吾腹中耳、世勣曰建安在南安
市在北、今踰安市而攻建安、若麗人斷吾糧道、將若之何、唐帝曰以公爲將、安得
不用公策、勿誤吾事、至是世勣遂乘勝攻安市、城、安市人堅守久不下、道宗督衆
築土山於城東南侵逼其城、城中亦增高其城以拒之、道宗令士卒分番交戰、日
六七合、衝車礮石壞其樓堞、城中隨立木栅以塞其缺、道宗傷足、唐帝親爲之針
築山凡六旬山頂去城數丈、下臨城中、道宗使果毅傅伏愛、將兵守之、山頹壓城
城崩、會伏愛私離所部、麗軍數百人從城缺出戰、遂奪據土山、塹而守之、唐帝怒
斬伏愛以徇、命諸將攻之三日不能克、唐帝以遼左早寒草枯水凍士馬難久留
且糧食將盡、勅班師、耀兵於安市城下而旋、城主登城拜辭、城主或曰梁萬春、唐
之是役凡拔玄菟横山蓋牟、遼東、白巖等十城、徙遼蓋巖三州戶口入中國者七
萬人、唐帝旣還、深慚其不能成功、謂李靖曰吾以天下之衆困於句麗、何也靖曰

此道宗所解、謂乘虛取平壤也、唐帝顧道宗悵然曰當時怱怱、吾不省也
　疆域考曰安市者遼東之古縣、按水經云大遼水過東襄平縣西、又東過安
　市縣、一統志云安市廢縣在蓋州（即蓋牟）衛、東北七十里、漢所置也、乃輿地勝
　覽以爲安市城在烏石山（在今龍岡）此不過野說之傳訛耳
秋九月日本（孝德日皇元年）貢新羅質羆大加耶調、自後羅竟并大加耶而日亦置而不
問、故大加耶之事、遂不復聞於世
丁未（新羅善德主仁平十五年高句麗寶藏王五年百濟義慈王六年唐太宗貞觀二十一年）春正月新羅上大等毗曇等、謂女
主不能善理、擧兵欲廢之、屯明活城、金庾信擊誅之○新羅作瞻星臺、累石爲之
上方下圓、通其中、人由中而上、高數丈○新羅善德主殂主平日預言死期、至期
果驗、眞平王母弟國飯之女勝曼立、是爲眞德主、身長七尺、垂手過膝○初唐帝
將還、以弓服賜泉蓋蘇文、蓋蘇文受之不謝、又待唐使者倨傲、唐帝更議伐之、二
月以牛進達爲靑丘道行軍大摠管李海岸副之、李世勣爲遼東道行軍大摠管
孫貳朗副之、發兵萬餘人以遣之、世勣旣渡遼、克南蘇等數城、焚其羅郭而還、秋

七月進達海岸入麗境凡百餘戰攻石城拔之○新羅改元太和○冬十月百濟將軍義直攻新羅茂山等城羅主遣金庾信拒之濟兵甚銳庾信苦戰力竭顧謂麾下士丕寧子曰事急矣非子誰能奮勵激吾衆乎丕寧子曰將軍今於稠人之中獨屬我敢不報知己即橫槊突陣格殺數人而死其子擧眞及奴合節亦皆赴鬪同死於是三軍感激齊進所向摧陷斬三千餘級義直僅以身免

戊申（新羅眞德主太和元年 高句麗寶藏王六年 百濟義慈王七年 唐太宗貞觀二十二年）春正月唐太宗以牛進達等擊高句麗無功繼遣靑丘道行軍大摠管薛萬徹等將兵三萬渡海擊之仍議以明年大擧滅之令劍南道伐木造舟萬徹等旣入鴨綠圍泊灼城城因山設險攻久不下○冬新羅押梁州都督金庾信大破百濟初庾信在梁州數月飮酒作樂州人請曰師衆久安可以一戰而將軍之玩惕何耶庾信聞之知民可用告主請伐濟以報大耶之役主許之遂進兵大耶城外濟兵逆戰庾信先伏奇兵佯敗至玉門谷濟輕之大率衆來追伏發掩擊前後大敗之斬級一千遂乘勝入濟境攻拔獄城等十二城斬首二萬餘級生獲九千人又屠進禮（今錦山）等九城斬首九千餘級

虜六百人主增庾信秩伊飡上州行軍大摠管○新羅主遣伊飡金春秋及其子文汪如唐唐帝見春秋儀表英偉厚待之春秋請詣國學觀釋奠及講論唐帝許之又召燕見賜以金帛特厚問曰卿有所懷乎春秋乃言百濟强猾因請出兵剪除辭意懇誠唐帝曰誠君子之國也乃勅將軍蘇定方帥師二十萬伐百濟春秋又請改章服以從唐制於是唐帝內出珍服賜春秋及其從者詔授春秋爲特進文汪爲左武衛將軍春秋還留文汪以備宿衛

己酉（新羅眞德主太和二年 高句麗寶藏王七年 百濟義慈王八年 唐太宗貞觀二十三年）春正月新羅始依中國制爲冠服從金春秋之言也○夏四月唐帝崩遺詔罷遼東之役○秋八月百濟左將殷相攻陷新羅石吐等七城羅大將軍金庾信等拒擊之進屯道薩城下時有水鳥東飛過庾信幕將士以爲不祥庾信曰此不足恠也今日必有百濟人來諜汝等佯不知又使徇于軍中曰堅壁不動待明日援軍至然後決戰諜者聞之歸報殷相謂有加兵疑懼於是庾信奮擊大克斬殷相及將士十人俘卒八千九百八十人

庚戌（新羅眞德主三年 高句麗寶藏王八年 百濟義慈王九年 唐高宗永徽元年）夏四月新羅始令眞骨貴臣執牙笏○

六月新羅主遣金法敏如唐、告破百濟、主又自製太平頌織錦爲紋以致之、唐帝悅拜法敏爲大府卿以還頌詩爲五言二十句、此新羅歌詩之始也、○是歲新羅停年號

（辛亥 新羅眞德主四年 高句麗寶藏王九年 百濟義慈王十年 唐高宗永徽二年）春正月朔新羅主御朝元殿、受百官朝賀賀正之禮始於此○二月新羅遣波珍飡金仁問如唐、仍留宿衛、仁問春秋第二子也博覽羣書、兼涉莊老浮屠之說、工隷、善射御、曉音律、識量宏遠唐帝特授左領軍衛將軍時年二十二○是時新羅置侍衛府將軍六人、位自級飡至大阿飡爲之

（甲寅 新羅眞德主七年 高句麗寶藏王十二年 百濟義慈王十三年 唐高宗永徽五年）春三月新羅眞德主殂羣臣奉金春秋爲王春秋三讓而後卽位眞智王之孫也妃文明夫人角飡金舒玄女也○夏四月追尊考伊飡龍春爲文興王妣爲文貞太后○五月新羅命理方府令、良首等、參酌律令爲理方府格六十餘條○新羅中原京、沙梁人强首者、本名牛頭、生而頭後有高骨故名焉比壯自知讀書通曉義理父欲觀其志問曰爾學佛乎學儒乎、對曰佛世外教也願學儒遂就師讀孝經曲禮爾雅文選、所得高遠魁然爲一時之傑遂入仕歷官至是唐使者至羅、詔書有難解處强首一見、說釋無疑滯羅王驚異問姓名對曰臣本任那加良人牛頭也王曰見卿頭骨可稱强首先生使製答書、文工而意盡、王益奇之稱任生不名、委以詞命以其家貧命有司歲賜新城租一百石○冬十月高句麗遣將安固與靺鞨擊契丹（見上）契丹松漠都督李窟哥禦之大敗麗軍於新城○是歲日本主孝德殂、日始稱秋津州後或稱和國其號日本、自孝德始也

按三國史文、武王九年倭更號日本、譏也今從大東合邦論之文正之、但其年條不可詳

（乙卯 新羅武烈王元年 高句麗寶藏王十三年 百濟義慈王十四年 唐高宗永徽六年）春二月百濟立望海亭於王宮南窮極侈麗○是歲高句麗與百濟靺鞨、連兵侵新羅北境、取三十三城、羅王告急于唐三月唐遣營州都督程名振左右衛中郞將蘇定方、發兵擊麗、名振等渡遼水殺獲千餘人而還○秋七月新羅王以婿金歆運爲耶幢大監、出師伐百濟歆運

行屯濟陽山(今沃川)下濟人乘夜來襲黎明緣壘而入羅軍亂欲運橫馬握槊待之大舍詮知曰今賊起暗中咫尺不辨雖死無知者欲運曰大丈夫旣以身許國何計人之知不知而易心乎遂突陣格殺數人而死於是大監穢破少監狄得步騎幢主寶用那及驟徒等亦皆力戰死之時人作陽山歌以傷之○新羅王以女嫁大角飡金庾信

丙辰(新羅武烈王二年高句麗寶藏王十四年百濟義慈王十五年唐高宗顯慶元年)春三月百濟王殺諫臣佐平成忠先是王率宮人淫酗耽樂成忠極諫王怒囚之成忠不食臨死上書曰忠臣死不忘君臣願一言而死臣嘗觀時察變必有兵革之事凡用兵必審擇地勢處上流以應敵可以保全敵兵若來使陸不過炭峴(今在公州)水不入白江(今白馬江)據險隘禦之然後可也王不省遂死獄中○夏五月高句麗王都雨鐵○新羅金仁問自唐歸

己未(新羅武烈王五年高句麗寶藏王十七年百濟義慈王十八年唐高宗顯慶四年)春二月百濟有衆狐入王宮一狐坐上佐平書案○秋九月高句麗有九虎入都城

庚申(新羅武烈王六年高句麗寶藏王十八年百濟義慈王十九年唐高宗顯慶五年)春正月新羅以伊飡金庾信爲上大等○百濟王都井水及泗沘河水赤如血○去年新羅王以百濟侵軼不已遣金仁問如唐乞師三月唐帝以蘇定方爲神丘道行軍大摠管仁問爲副大摠管帥左驍衛將軍劉伯英右武衛將軍馮士貴等水陸十三萬兵伐百濟夏六月羅王聞定方至德物島(今德積島)遣太子法敏大將軍金庾信將軍眞珠天存等領兵船一百艘會定方定方謂法敏曰定方由海太子從陸期以七月十日與大王共會直擣義慈都城可以得志矣法敏歸言定方軍勢甚盛王喜又遣法敏及庾信品日欽春等率精兵五萬應之先是百濟多怪有鬼入宮中大呼曰百濟亡百濟亡卽入地中濟王使人掘之得龜背有文曰百濟同月輪新羅如月新王問之巫者曰同月輪者滿也滿則虧如月新者未滿也未滿則盈王怒殺之或曰同月輪者盛也如月輪者微也意國家盛新羅微乎王悅至是始懼會群臣問戰守之宜佐平義直請先與唐兵決戰達率常永請先擊羅王猶豫未決佐平興首得罪竄古馬彌(今長興)王遣人問曰事急矣如之何興首曰唐兵旣衆師律嚴明況與新羅爲犄角若對陣於原野勝敗未可知白江炭峴國之要衝一夫單槍萬人莫敵宜簡

勇士往守使唐兵不得入白江羅軍不得過炭峴重閉固守待其兵疲食盡然後
奮擊破之必矣濟王不能用○秋七月高句麗平壤江水血色三日○新羅金庾
信等進軍黃山原(今連山) 百濟聞羅兵已過炭峴遣將軍階伯帥死士五千拒之階
伯歎曰以一國偏師當二國之兵存亡未可知且必爲妻子累與其生辱不如死
快遂盡殺妻子至黃山先據險設營將戰慷慨誓衆曰昔句踐以五千人破吳七
十萬衆今日宜各奮勵以報國恩人皆感泣鏖戰無不一當千庾信分軍三道迎
之四戰不利士卒力竭欽春子盤屈品日子官昌突陣力鬪而死於是羅軍感激
進擊濟軍大破之階伯死之○蘇定方金仁問濟師于伎伐浦(卽白江)百濟合兵熊
津口禦之定方乘高而陣下擊之濟師大敗金庾信至唐營定方以後期將斬庾
信督軍金文穎庾信揚言曰蘇將軍不見黃山之役以後期爲罪吾不能無罪而
受辱必先與唐兵決戰然後破百濟乃杖鉞立軍門怒髮如竪腰間寶劍自躍出
鞘定方右將董寶亮躡足言曰新羅兵將有變定方乃釋文穎將步騎直趍都城
濟悉衆拒之死者又萬計唐兵乘勝薄城濟王知不免歎曰悔不用成忠之言以

至於此王子隆移書唐將乞退兵未幾唐羅兵圍都城四道齊進濟王與太子孝
夜遁保熊津城次子泰自立爲王率衆固守太子之子文思謂隆曰王與太子固
在而叔自王可乎遂縋而出民皆從之隆亦出降定方令兵士攀堞立唐旗幟泰
窘開門請命於是義慈詣定方降都泗沘凡百二十三年而國破八月羅王置酒
宴定方坐義慈堂下使行酒濟羣臣莫不嗚咽流涕九月定方立碑紀功(在扶餘治南二
里)以義慈及子孝泰隆演將士八十八人百姓萬二千八百七人渡海而還仁問
等從之濟國本有五部三十七郡二百城七十六萬戶至是唐置熊津馬韓東明
(今扶餘)金漣德安(今恩津)五都督府各統州縣命郎將劉仁願以兵一萬留鎭泗沘城
與羅共定濟餘兵○初新羅王以麗濟靺鞨連兵數侵求忠勇材可禦者以匹夫
爲七重城(今積城)下縣令冬十一月麗忌羅滅濟擧兵來圍其城匹夫且守且戰者
二旬麗人乘風縱火攻之愈急匹夫與一二將士力戰矢集其身如蝟血流至踵
乃死○新羅王至自百濟論功以金庾信爲大角干其餘將士官賞有差初唐人
既滅濟因謀侵羅羅王召羣臣問計有獻策者曰令我卒詐爲濟服爲賊者唐人

必擊之、因與之戰、可以得志、庾信請從之、唐人諜知羅有備、乃止、及蘇定方凱旋唐帝問曰何不因而伐羅、定方曰新羅其君仁而愛民、其臣忠以事國、國雖小不可圖也○故百濟王義慈病卒于唐、唐葬之孫皓陳叔寶墓側

辛酉(新羅武烈王七年 高句麗寶藏王十九年 百濟扶餘豐元年 唐高宗龍朔元年)春正月百濟宗室福信等立故王子扶餘豐爲王、豐嘗質於日本、于時福信與浮屠道琛、起兵據周留城(今洪州)遣人迎立之、西北部皆應、遂引兵圍劉仁願於泗沘城、唐以劉仁軌爲檢校帶方州刺史救之、福信等立兩柵於熊津口拒之、仁軌與新羅兵合擊之、濟軍奔入柵、爭橋墮死者萬餘人、福信等乃釋圍、退保任存城(今大興)羅人以糧盡引還、於是道琛自稱領軍將軍、福信自稱霜岑將軍、招集徒衆其勢頗張、使告仁軌曰聞大唐與新羅約盡殲百濟遺民以國界新羅、我與其坐而受死、豈若力戰而圖存、仁軌遣使賚書具陳禍福、道琛等館使者於外曰使人官卑、我是一國大將不合相叅、不答書遣還之、仁軌以衆少、與仁願合軍、仍請救於羅、羅將金欽將兵至古泗(即泗沘)福信邀擊敗之、欽遁還、尋而福信殺道琛、并其衆、豐不能制

按帶方郡之外、又有帶方之稱者二、其一曰南原、唐帶方刺史劉仁軌既定百濟、移鎭南原、遂以職名冒于南原、而羅麗因之、其一曰羅州之會津古縣李勣既平句麗、請於竹軍縣(即會津)置帶方州爲都督府、而竹軍即會津一名此又一時之便宜立名也、此出丁氏疆域考

夏四月唐伐高句麗、以任雅相爲浿江道行軍摠管、蘇定方爲平壤道行軍摠管與蕭嗣業及諸胡兵凡三十五軍、水陸分道并進、未幾雅相卒於軍○六月新羅王殂、諡曰武烈、廟號太宗、太宗之世時和歲豐、京城布一疋、直租三十石、或五十石、民謂之聖代、太子法敏立、妃慈儀王后、波珍飡善品之女也○先是百濟餘衆分據豆良尹(今定山)等城、與福信爲犄角、新羅兵戰或失利、秋八月金庾信進圍甕山城、遣人諭以禍福、城中人曰城雖小、兵食俱足、寧爲死鬪、誓不生降、庾信笑曰困獸猶鬪、此之謂也、九月燒柵斬數千人、拔其城、自是雨述(今懷德)居列、德安(今恩津)等城次第爲羅所克○是歲新羅改軍主爲摠管

壬戌(新羅文武王元年 高句麗寶藏王二十一年 百濟扶餘豐二年 唐高宗龍朔二年)春二月唐將蘇定方解平壤圍還、先是

定方破高句麗軍於浿江奪馬邑山(在平壤西南)遂圍平壤城泉蓋蘇文閉門固守別遣其子男生以精兵數萬守鴨綠唐契苾何力乘氷渡水掩擊殺三萬人男生僅以身免會唐召何力還唐沃沮道摠管龐孝泰軍於蛇水上蓋蘇文困薄攻之唐兵死者累萬箭如蝟毛孝泰與其子十三人皆死始定方之圍平壤也請兵粮於新羅羅王遣金庾信金仁問眞服良圖等九將軍與留鎭劉仁願率兵數萬赴之兼輸軍粮至是定方以圍久無功食盡兵疲又値大雪得粮便泛海而還庾信等亦還麗人伏兵要之庾信以鼓繫牛腰桴繫牛尾使揮擊有聲又積柴燃之使烟火不絕示若屯宿然夜半潛渡瓢河詰朝麗人覺而追之庾信率勵將士分擊敗之斬萬餘級○耽羅國主佐平徒冬音律朝新羅初高乙那後孫高厚高淸二人造舟渡海至羅耽津于時太史奏客星見南方異國人來朝之象也羅王喜以其動星象稱厚爲星主後臣屬百濟故以佐平爲號○時唐以平壤軍還勅劉仁願等西歸劉仁軌以爲如此則百濟餘燼不日更興高麗逋寇何時可滅乃守便宜秋七月與仁願擊破福信餘衆於熊津之東連拔支羅沙井等城柵分兵鎭守之

福信據眞峴(今鎭岑)城固守仁軌夜督新羅軍薄城攀堞比明而入城斬殺八百人遂通羅餉道仁願奏請益兵唐以孫仁師爲熊津道行軍摠管領兵七千就熊津時福信旣專權與扶餘豐寢相猜忌遂謀殺豐豐知之帥親信掩殺福信遣使高句麗日本(日皇齊明殂後一年)乞師以拒唐兵○新羅沙飡如冬震死如冬嘗毆母

癸亥(新羅文武王三年 高句麗寶藏王二十一年 百濟扶餘豐三年是歲亡 唐高宗龍朔三年)先是唐將孫仁師與劉仁軌等合軍聲頗振新羅王率金庾信等二十八將往助攻百濟秋九月諸將議所向或言加林城(今林川)水陸之衝宜先擊仁軌曰兵法避實擊虛加林險而固攻則傷士守則曠日周留城百濟之巢穴若克之諸城自下於是仁師劉仁願及羅王帥陸軍進仁軌及扶餘隆帥水軍自熊津江往白江以會陸軍同趍周留城遇日本兵於白江羅人力戰四合皆克焚其船四百艘遂拔赤豆陵尹周留等城扶餘豐脫身而走王子忠勝忠志等帥其衆與日人俱降百濟凡三十一王六百八十一年而亡諸將分擊諸城降之獨遲受信所據任存城險固粮儲又多攻之三旬不下初濟人黑齒常之驍毅有謀略爲達率蘇定方之平濟也常之合逋亡至任存城與受

信同謀興復、不旬日歸者三萬、定方遣兵攻之、常之拒戰敗之、遂復二百餘城、與
別部沙吒相如據險以應福信、至是仁軌遣人招諭、常之乃降、仁軌以赤心待之
俾取任存城自效、卽給鎧仗粮糒、仁師疑之、仁軌曰吾觀常之相如二人、忠而有
謀、可以因機立功、尙何疑哉、遂用其謀、冬十一月攻拔任存城、受信奔高句麗餘
黨悉平、唐詔仁軌留鎭之、召仁師仁願還、常之入唐、積功爲燕然道大摠管、擊突
厥破之、會周興等誣言常之與應揚將軍趙懷節叛、捕繫詔獄死、唐人哀之
甲子 (新羅文武王三年高句麗寶藏王二十二年唐高宗麟德元年) 春正月新羅大角干金庾信請老不允賜几杖
○新羅令婦人亦服中國衣裳三月遣人熊津府學唐樂秋七月禁人擅施貨財
土田于佛寺
乙丑 (新羅文武王四年高句麗寶藏王二十三年唐高宗麟德二年) 先是唐復遣劉仁願代劉仁軌戍熊津以扶餘
隆爲熊津都尉、俾還其國、招輯餘衆、令與新羅釋憾、仁軌自請仍留終事秋八月
仁願與羅王及隆會熊津之就利山 (在今公州北) 以盟仁軌爲盟辭藏羅廟中、於是仁
願仁軌領羅濟耽羅日本 (日皇齊明死後四年) 四國使浮海而還隆畏衆携貳亦歸唐京

按淵泉洪氏奭周所撰東史世家云、百濟之强嘗北略遼西安平地而西絕
海侵有浙東諸郡、號爲勝兵百萬、然竟亦以其强故先亡、此盖據中國傳記
而言也、然而略遼侵浙等事、本史都無所見、無亦中國人影響之傳歟

附百濟屬國

休忍國島國也東晉時屬燕、燕亡屬苻秦、秦之伐苻洛也、請兵於鮮卑烏桓
高句麗百濟新羅休忍諸國、後休忍爲百濟所并而本史逸焉

丙寅 (新羅文武王五年高句麗寶藏王二十四年唐高宗乾封元年) 夏四月高句麗王遣太子福男如唐從祀泰山
時新羅亦遣金仁問從祀○高句麗泉蓋蘇文死、長子男生代爲莫離支、兼三軍
大將軍加大莫離支、男生嘗出按諸部、使其弟男建男產留知後事、或間二弟曰
男生惡君等逼、將除之、盍先爲計、又有告男生者曰二弟恐兄奪權、欲拒之、男生
潛遣人偵伺、男建捕獲之、遂殺男生子獻忠、自爲莫離支、發兵攻男生、男生走保
國內城、遣子獻誠于唐、求內附、唐授男生遼東都督兼平壤道行軍大摠管、男生
遂舉南蘇等城以降于唐

海東稗乘曰虬髯客傳雖唐人傳奇、亦必有其人也、按夫餘之地爲高氏所統、在隋唐之際更無所謂夫餘國、南蠻所奏海船千艘、甲兵十萬入夫餘國云云、似指高句麗爲夫餘也、意者蓋蘇文以東部大人之子、意氣傑驁、乘隋季之亂、遊歷中國、將有爲也、及見文皇異表、喪氣東返、稱兵作亂、做得莫離支爾

先是新羅欲滅高句麗、遣金庾信子三光等、請兵于唐、冬十一月唐以李勣爲遼東道行軍大摠管、陸虔俊副之、龐同善、契苾何力並爲副大摠管、率諸將伐麗○高句麗貴臣淵淨土(或曰蓋蘇文之弟)以十二城投新羅

丁卯(新羅文武王六年高句麗寶藏王二十五年唐高宗乾封二年)秋九月李勣攻高句麗新城、城中人縛城主降、遂進擊十六城下之、龐同善、高侃等尙在新城、泉男建遣兵襲其營、左武衛將軍薛仁貴擊破之、侃進至金山與麗軍戰、敗、麗人乘勝逐北、仁貴復引兵橫擊之殺五萬餘人、拔南蘇等城、時唐行軍管記孫萬頃、作檄文曰不知守鴨綠之險、男建報曰謹聞命矣、卽移兵守鴨綠、唐軍不得度、唐帝聞之、流萬頃于嶺南(中國地)

戊辰(新羅文武王七年高句麗寶藏王二十六年是歲亡唐高宗總章元年)先是薛仁貴旣破高句麗軍於金山、乘勝下扶餘四十城、泉男建復遣兵救扶餘城、與李勣等遇於薛賀水、合戰、敗死者三萬餘人、勣進攻大行城、秋七月羅王遣二十八摠管助之、金庾信病風不能行、乃以金欽純金仁問爲將、二人詣庾信願聞指誨、庾信曰夫將者國之干城君之爪牙、決勝負於矢石之間、必上得天時、下得地理、中得人心、然後乃可成功、今我國以忠信而存、百濟以傲慢而亡、高句麗以驕滿而殆、今日以我之直、擊彼之曲、何憂不克、二人遂行、時勣旣克大行城、與諸軍會趣鴨綠、擊麗兵敗之、追奔二百餘里、仁問等遇勣、進軍於嬰留山、金文潁大敗麗兵於蛇川原、於是諸摠管兵俱會、遂與唐軍及泉男生合圍平壤、九月麗王遣泉男產、帥諸大臣竪白幡詣勣降、男建猶固守、委軍事於僧信誠、信誠密遣人於勣、約內應、後五日啓城門、勣縱兵鼓噪而入、執麗王遂以王及子福男德男大臣男建等二十餘萬衆還、仁問等隨之、高句麗凡二十八王七百五年而亡、羅王賞功臣、設太大舒發翰授庾信、仁問爲大角干、以麗俘七千獻于祖廟○冬十一月唐分高句麗五部百七十六城六十

九萬餘戶、爲新城、遼城、哥勿、衛樂、舍利、居素、越喜、去朝、建安、九都督府、四十二州
百縣、置都護府於平壤、以統之以薛仁貴爲檢校安東都護、摠兵二萬以鎭撫之
淵泉洪氏高句麗世家贊曰世言東明王乘麟馬上天、又言平壤城多東明
王遺跡、皆非也、東明之起在鴨綠水西北、至其六世孫東川王、始居平壤、當
東明王時烏覩所謂平壤哉、高句麗以蕞爾小國、常强於天下、非得賢智之
佐、能然哉、而傳者常寥寥、以乙支文德之功、非中國之史、幾無以自見而安
市城主失其姓名、傳記之疎闊若此、而乃獨斷斷於荒唐譎詭之說、甚矣人
之好恠也、然余嘗西渡鴨綠東適沃沮北抵遼水皆故高句麗地也、今天下
昇平久矣、而其俗猶椎鹵强勁、有戰國之風、卽高句麗時可知矣○疆域考
曰句麗之亡也、唐置九都督府而新羅只得其南界、後渤海靺鞨分據九府
之地、唐不能制、遂并棄浿江以南、以與新羅

歷史輯略卷四終

歷史輯略卷五

花開金澤榮于霖撰

新羅紀 渤海國

文武王名法敏太宗子在位二十年

己巳 新羅文武王八年(唐高宗總章二年) 春正月以惠信法師爲政官大書省○王會羣臣下敎曰往者新羅隔於兩國北伐西侵暫無寧歲戰士曝骨積於原野身首分於庭界、今兩敵旣平四隅靜泰、臨陣立功者並已酬賞、戰死幽魂者追以冥資、但囹圄之中不被泣辜之恩、枷鎖之苦未蒙更新之澤、言念此事寢食未安、可赦國內○有弩師沙飡、仇珍川者、造弩射千步、唐帝聞之、冬遣使徵之、造木弩、射不過三十步、唐帝問曰聞在爾國、造弩射一千步、今纔三十步、何也仇珍川對曰材不良也、若取材本國則可以作之、唐帝遣使求木、木至乃命改造、射至六十步、帝問其故仇珍川答曰臣亦不能知其所以然、殆木過海、爲濕氣所侵者歟帝疑其故不爲刼之以重罪、而終不盡呈其能庚午九年(唐高宗咸亨元年)王旣藉唐兵力、滅二國、遂欲盡有其地、分兵經略、春三月遣沙飡薛烏儒、與故高句麗、太大兄、延武、率精兵三萬渡鴨綠江、靺鞨兵先至皆敦壤待之、我兵與戰大克之、旣而唐兵繼至、我兵退保白城(今安城)○夏六月故高句麗大兄劍牟岑、欲圖興復、立高臧外孫淵淨土之子安勝、爲王、來告曰我先王臣臧失道見滅、今臣等得本國貴族安勝、奉以爲君、願作藩屛永世盡忠、臣等聞興滅繼絶天下之公義也、惟大國是望、王處之金馬渚、旣而唐遣高侃爲東州道行軍總管、發兵擊安勝、安勝殺劍牟岑來奔、王冊爲高句麗王、使撫集遺民、後改封報德王(報德城在今益山西)

辛未十年(唐高宗咸亨二年)時王多取百濟地、遣使于唐熊津都督府、請和、督府不從、遣司馬禰軍覘虛實、王知其謀、止禰軍不送、分遣諸將、討濟取八十二城、夏六月又遣將軍竹旨等、領兵踐加林城禾、遂與唐兵戰於石城(今石城疑)斬五千三百級、唐總管薛仁貴聞之、使琳潤法師寄書責之、王報書陽謝之

壬申十一年(唐高宗咸亨三年)秋七月唐將高侃、李謹行、各率兵至平壤、攻取二城、王遣將軍義福、長春等、同高句麗兵逆戰、斬數千級、侃等退營石門之野、義福等追之、唐兵與靺鞨乘我未陣、擊之、我兵大敗、曉川、阿珍含等死之

癸酉十二年(唐高宗咸亨四年)春正月王謂羣臣曰强首能以文辭、致意於中國及麗濟二邦、我先王之請兵於唐以平二邦者、雖曰武功、亦有文章之助焉、則强首之功豈可忽也、乃拜爲沙飡、增俸歲租二百石、後神文王時强首卒、葬事官供、其賻賵衣物匹段甚多、家人皆歸之佛事、其妻乏於食、欲還鄕里、王聞之賜租百石、妻辭曰妾於夫在之日受國恩多矣、今旣獨矣、豈敢再辱厚賜、遂不受而去、妻本釜谷冶家女也、羅世以文章名者、强首之外、又有帝文、守眞、良圖、風訓、骨香數人而事逸不傳○夏閏五月唐將李謹行破高句麗餘衆於瓠瀘河、俘獲數千人、餘皆來奔○秋七月太大舒發翰金庾信卒、年七十九、疾劇王親臨存問泣曰寡人之有卿如魚之有水、脫有不諱、其如人民社稷何、庾信對曰臣愚不肖、豈能有益於國家、幸明上用之不疑、任之不貳、故得竭心力成尺寸功、三韓爲一家、百姓無二心、雖未至太平、亦可謂小康、臣觀自古繼體之君、靡不有初、鮮克有終、累世功績一朝

廢甚可惜也伏願殿下知成功之不易念守成之亦難親君子遠小人使朝廷和於上民物安於下則臣死且無憾及卒王震悼賻賜甚厚以軍樂鼓吹葬之命有司立碑紀功子五人長子曰元述石門之役(事在文武王十一年)元述欲戰死其佐淡凌固止乃已庾信告王曰元述不惟辱王命亦負家訓可斬也王曰元述裨將不可獨施重刑乃赦之元述慚懼不敢見父至是求見母母曰爾既不得爲子於先君吾焉得爲爾母乎遂不見元述歎曰爲淡凌所誤乃至於此遂隱於大白山(在今奉化)後唐兵來攻買蘇川城元述欲雪前恥赴敵力戰有功以不容於父母愧恨不仕終其身

甲戌十三年(唐高宗上元元年)初奈麻德福入唐宿衛傳學曆術春正月還王以其曆頒之○二月王於宮內穿池造山象巫山十二峯植花卉養珍禽奇獸其西即臨海殿也○閱兵於靈廟寺前阿飡薛秀眞進六陣兵法

乙亥十四年(唐高宗上元二年)春正月頒銅印于百司及州郡○去年唐以王納句麗叛衆且據百濟故地遣鷄林道大摠管劉仁軌等伐之二月仁軌破我兵於七重城引而還唐又以李謹行爲安東鎭撫大使以經略之王乃遣使佯謝出兵益取濟地遂抵高句麗南境爲州郡又聞唐兵與靺鞨契丹來侵出九軍待之○秋九月薛仁貴來攻泉城將軍文訓等逆戰勝之斬首一千四百級李謹行以兵二十萬屯買肖城(今楊州)我兵又擊走之得戰馬三萬三百八十匹○靺鞨入阿達城掠城主素那逆擊之自辰至酉矢集其身如蝟遂死人有弔其妻者妻哭曰亡人常曰大丈夫當死王事豈可臥床死兒女手乎今死其志也初素那父沈那膂力過人屢摧百濟兵濟人號曰新羅飛將

丙子十五年(唐高宗儀鳳元年)唐以麗濟餘衆反覆難撫移安東都護府於遼東故城熊津都督府於建安故城以統之凡中國人任東官者悉罷之○先是我兵與唐兵大小十八戰皆克冬十一月沙飡施得領船兵與薛仁貴戰於伎伐浦不利更進二十二戰克之斬首四千餘級自是唐兵遂不至而靺鞨之患亦息矣

丁丑十六年(唐高宗儀鳳二年)春二月唐封高臧爲遼東州都督朝鮮王遣歸遼東安輯餘衆封扶餘隆爲熊津都督帶方王亦遣歸國安輯餘衆移安東都護府于新城以

統之、臧王遂東、潛通靺鞨謀叛、後數歲唐召還卬州、尋卒、葬頡利墓左、餘衆敢入于靺鞨、隆畏羅强不敢入舊國、寄治高句麗故地以死

庚辰十九年（唐高宗調露二年）春三月以王妹歸于報德王安勝、後徵安勝爲蘇判賜姓金

辛巳二十年（唐高宗開耀元年）王旣平二方留意土木、重修宮闕頗極壯麗、春正月又欲新京城、問僧義相、對曰雖在茅屋、行正道則福業長、苟爲不然雖勞人作城亦無所益、王乃止○秋七月王昇遐、將昇遐遺詔曰寡人運屬紛紜時當爭戰、西征北討克定疆封、伐叛招携聿寧遐邇、上慰宗祧之遺顧、下報父子之宿冤、追賞遍於存亡、疏爵均於內外、鑄兵戈爲農器、驅黎元於仁壽、薄賦省傜家給人足、民間安堵域內無虞、倉廩積於丘山、囹圄成於茂草、可謂無愧於幽顯無負於士人、自犯冒風霜遂成痼疾、憂勞政敎更結沉痾、運往名存古今一揆、奄歸大夜何有恨焉、太子早蘊离輝久居震位、上從羣宰下至庶寮、送往之義勿違、事居之禮莫闕、宗廟之主不可暫空、太子卽於柩前嗣立王位、且山谷遷貿人代推移、吳王北山之墳詎見金鳧之彩、魏主西陵之望唯聞銅雀之名、昔日萬機之英終成一封之土、樵牧歌其上狐兎穴其旁、徒費資財貽譏簡牘、空勞人力莫濟幽魂、靜而思之傷痛無已、如此之類非所樂焉、屬纊之後十日、便於庫門外庭、依西國之式以火燒葬、服輕重自有常科、喪制度務從儉約、其邊城鎭遏及州縣課稅、於事非要者並宜量廢、律令格式有不便者、卽便改張、布告遠近令知此意、主者施行、太子政明立、上謚曰文武、羣臣以遺詔葬東海口大石上、仍指其石爲大王石

神文王名政明、文武王長子、在位十一年

壬午神文王元年（唐高宗永淳元年）夏六月立國學、屬禮部、置卿一人

癸未二年（唐高宗弘道元年）夏五月納一吉飡金欽運女爲妃

甲申三年（唐中宗嗣聖元年）冬十月淵安勝族子將軍大文在金馬渚謀叛、事覺伏誅、餘黨殺官吏據邑叛、王發兵勦破之、徙其人於國南州郡、以其地爲金馬郡、是役也弟監、逼實步騎監、金令胤皆力戰死之

丙戌五年（唐武后垂拱二年）春二月置州郡於百濟故地○遣使如唐請禮典並詞章、武后令有司寫吉凶要禮、并採文詞涉於規誡者、勒成五十卷以送之○唐武后以高

賦孫實元爲朝鮮郡王又以義慈孫敬襲封百濟王不行

丁亥 六年 唐武后位三年 簒 夏五月賜文武官僚田有差此東方職田之始也

　順菴安氏曰新羅神文王賜文武官田有差則有職田矣昭聖王置學生祿田則有公田矣聖德王給百姓丁田景德王給孝子向德口分田若干則民皆受田而但其制賦未詳麗濟尤無所徵而句麗賞功或給田則有公田矣

是歲唐以高藏子德武爲安東都督

己丑 八年 唐武后位五年 簒 舊制內外官皆有祿邑取其稅無須祿之規春正月罷祿邑逐年賜租有差以爲恒式

　按今方言稱稻爲羅祿者昉於此

壬辰 十一年 唐武后位八年 簒 夏五月王嘗燕居顧謂文臣薛聰曰今日宿雨初歇薰風微涼雖有珍饌哀音不如高談善謔以舒伊鬱吾子必有異聞盍爲我陳之聰曰唯臣聞昔花王之始來也植之以香園護之以翠幕當三春而發艶凌百花而獨出於是自邇及遐艶艶之靈夭夭之英無不奔走上謁惟恐不及忽有一佳人名曰薔薇朱顏玉齒鮮粧袨服伶俜而來綽約而前曰妾履雪白之沙汀對鏡淸之海水沐春雨以去垢快淸風而自適聞王之令德期薦枕於香帷王其容我乎又有一丈夫名曰白頭翁布衣韋帶戴白持杖龍鍾而步傴僂而來曰僕在京城之外居大道之傍下臨蒼茫之野景上倚嵯峨之山色竊謂左右供給雖足膏粱以充腸茶酒以淸神巾衍儲藏須有良藥以補氣惡石以蠲毒故曰雖有絲麻無棄菅蒯凡百君子無不代匱不識王亦有意乎花王曰丈夫之言亦有道理而佳人難得將如之何丈夫進而言曰吾謂王聰明識理義故來焉耳今則非也凡爲君者鮮不親近邪佞疏遠正直是以孟軻不遇以終身馮唐郞潛而皓首自古如此吾其奈何花王謝曰吾過矣吾過矣於是王愀然作色曰子之寓言誠有深志請書之以爲王者之戒遂擢聰高秩聰字聰智父元曉嘗爲沙門淹該佛書旣而返本自號小性居士娶瑤石宮寡夫人生聰聰明銳生知能以方言讀九經訓導後生又善屬文官至翰林

　按薛聰之方言讀經必創製諺字如　我朝國文所謂訓民正音而世無傳

爲惜哉或謂洪武韻二十六字母出於西域而新羅時西域梵書大行於世聰所製蓋依梵書而其字形與今國文相近豈其然乎若今世官府所行吏讀者都無義意全不成文俗或謂聰之所製此齊東之說耳聰是何等典雅人而乃汙爲此哉

秋七月王薨諡曰神文太子理洪立是爲孝昭王○置醫學博士二人敎授生徒以本草甲乙經素問鍼經脉經明堂經難經爲業

孝昭王名理洪神文王太子在位十年

甲午 孝昭王二年(唐武后纂位十年) 夏四月金仁問卒于唐仁問前後七入唐宿衛凡二十二年

乙未 三年(唐武后纂位十一年) 自三國以來皆遵用中國建寅之曆王是以建子月爲正後五年復用寅曆

丁酉 五年(唐武后纂位十三年) 先是粟末靺鞨有大乞乞仲象者臣附高句麗旣亡仲象與子祚榮率家屬徙居營州稱舍利舍利者契丹語帳官也至是契丹松漠都督李盡忠叛唐殺營州都督趙翽仲象懼與靺鞨人乞四比羽及句麗餘衆東走渡遼水保太白山(白頭山)之東北阻奧婁河(在今滿洲寧古塔界)樹壁自固武后封仲象爲震國公比羽爲許國公以綏之比羽不受命武后遣玉鈐衛大將軍李楷固中郎將索仇擊斬比羽時仲象已卒矣

戊戌 六年(唐武后纂位十四年) 春三月日本(日主文武二年)遣使來聘○是歲唐武后更封高寶元爲忠誠王使統安東舊部不行

己亥 七年(渤海太祖元年唐武后纂位十五年) 渤海太祖大祚榮立爲震國王祚榮嘗爲高句麗將驍勇善騎射及震國公卒乞四比羽敗死祚榮引殘衆遁去李楷固窮追度天門嶺(或曰古連嶺地)祚榮引句麗靺鞨兵大破之楷固僅以身免當是時契丹附於突厥道路阻絕唐兵不能至祚榮卽并比羽之衆據東牟山築忽汗城(後爲中京)以居之交結突厥出兵四討盡得句麗舊疆夫餘沃沮等地東窮海(今東北海)西隣契丹南接新羅以泥河(見上)爲界地方五千里戶十餘萬勝兵數萬學習書契遂開國建元(年號無傳)

柳氏新羅渤海分界說曰唐書云渤海南接新羅以泥河爲界[illegible]都國志

曰自新羅泉井郡至渤海柵城府三十九驛文獻備考曰新羅統合之後東北以泉井郡之炭項關爲界泉井郡今德源府也西北以唐嶽縣爲界今中和府也自中和而東歷今之祥原遂安谷山以抵于德源皆其邊塞也泥河當在德源界內○按疆域考曰渤海立國本據句麗我邦西北之邊皆入疆理惟嶺東之地得其全體南北彌三千里又曰泥河者我江陵之北泥川水也渤海新羅旣以泥河爲界則襄陽以北皆渤海之所得也至唐天寶以後鐵關(今鐵嶺)以南復爲新羅所有故景德王十六年朔庭郡(今安邊郡)泉井郡(今德源)并其屬縣改其名號至宋太宗之時渤海衰微咸興以北沒于女眞(高麗史云九城之地久爲女眞所據)其間三百餘年皆渤海之地也然而東國輿地之書都無渤海之說但云咸州久爲女眞所據不亦踈乎其說儘明覈而但泥河之辨與柳氏之說少異耳

辛丑九年(渤海太祖三年唐武后竊位十七年)夏五月以靈巖郡太守諸逸貪汙杖流海島

壬寅十年(渤海太祖四年唐武后竊位十八年)秋七月孝昭王昇遐無嗣國人立其弟興光○九月復

州郡一年租稅

按新羅租稅法不見於史然以北史所見麗濟稅法(見上)推之則羅制亦略可知矣

聖德王名興光初名隆基孝昭王母弟在位三十年

甲辰聖德王二年(渤海太祖六年唐武后竊位二十年)夏五月王納蘇判金元泰女爲妃○以金大問爲漢山州都督大問以貴族能文章所著高僧傳花郎世記樂本漢山記等傳于世

辛亥九年(渤海太祖十三年唐睿宗景雲二年)冬十一月王製百官箴示羣臣

壬子十年(渤海太祖十四年唐睿宗先天元年)秋八月封金庾信妻爲夫人時夫人落髮爲尼王曰今中外平安高枕無憂舒發喩之賜也夫人儆戒相成陰功亦多寡人未嘗忘于心思欲報之命歲賜城南租一千石

癸丑十一年(渤海太祖十五年唐玄宗開元元年)春二月置典祀署屬禮部○先是唐中宗時遣侍御史張行岌于震國以慰撫之震國王大祚榮亦遣子入侍于唐冬十月唐玄宗冊

祚榮爲左驍衛大將軍渤海郡公、以所統爲忽汗州、領忽汗州都督、於是祚榮遂改國號曰渤海

甲寅十二年(渤海太祖十六年唐玄宗開元二年)春二月改詳文司爲通文博士、掌詞命

按三國史詳文司之司作師誤也今正之

丁巳十五年(渤海太祖十九年唐玄宗開元五年)先是三年遣王子守忠入唐宿衛、秋九月守忠回自唐、上文宣王十哲七十二弟子畫像、命置于太學、時唐玄宗始尊孔子爲王

戊午十六年(渤海太祖二十年唐玄宗開元六年)夏六月始置漏刻、置漏刻典博士、是歲又置烟舍(今疑唐之旅典)

己未十七年(渤海武王元年唐玄宗開元七年)春渤海王大祚榮殂、謚曰高王、子武藝立、改元仁安(以即位之年爲元年後倣此)唐冊王爲左驍衛大將軍忽汗州都督渤海王(以下皆同)

疆域考曰新王改元則先王建元明矣史失之

庚申十八年(渤海武王二年唐玄宗開元八年)春三月納伊飡順元之女爲王妃、夏六月進冊爲王后、新羅后妃之制、初稱夫人、後稱妃、或稱后

壬戌二十年(渤海武王四年唐玄宗開元十年)秋八月始給百姓丁田、民有丁田始此

丙寅二十四年(渤海武王八年唐玄宗開元十四年)先是四年黑水(今黑龍江)靺鞨使者朝唐、請置吏至是唐以其地爲黑水府、置長史、渤海王武藝召其下謀曰黑水始假途於我、與唐通今請唐官、不吾告、是必與唐謀、腹背攻我也、乃遣弟門藝及舅任雅相發兵擊黑水、門藝嘗質於唐、知利害、謂王曰黑水請吏而我擊之、是背唐也、昔高句麗盛時士三十萬、抗唐爲敵、可謂雄强、唐兵一臨、掃地盡矣、今我衆比高句麗三之一、王將違之無乃不可乎、王不聽强遣之、兵至黑水境、門藝又以書固諫、王怒、遣從兄壹夏代將、召門藝將殺之、門藝懼、奔唐、唐拜爲左驍衛將軍、王遣馬文軌、葱勿雅于唐、極言門藝罪狀、請誅之、唐處之安西、好報曰門藝窮來歸我、義不可殺、已投之嶺南矣、幷留文軌等、別遣鴻臚少卿李道邃諭旨、王知之、送書曰大國當示人以信、豈得爲此欺罔、唐帝以道邃等漏洩左遷之、暫遣門藝詣嶺南以報之、王望門藝不已、密遣使入唐東都、募客刺門藝、門藝格之得不死、唐勅河南捕刺客悉殺之

戊辰 二十六年 (渤海武王十年 唐玄宗開元十六年) 渤海王遣寧遠將軍耶將高仁義果毅都尉德周別將舍那婁首領高齊德等通好于日本 (日本聖武五年) 王蝦夷境 (日本地) 仁義以下十六人被殺害齊德與八人走出羽國僅免致國書于日主日主遣其臣蟲麻呂來報聘

渤海王與日本書曰武藝啓山河異域國土不同延聽風猷但增傾仰伏惟大王天朝受命日本開基奕葉重光本支百世武藝忝當列國濫摠諸蕃復高麗之舊居有扶餘之遺俗但以天涯路阻海漢悠悠音耗未通吉凶絶問親仁結援庶叶前經通使聘隣始乎今日謹遣寧遠將軍耶將高仁義遊擊將軍果毅都尉德周別將舍那婁等二十四人賫狀并附貂皮三百張奉送土宜雖賤用表獻芹之誠皮幣非珍還慚掩口之誚主理有限披膳未期時嗣音徽永敦隣好

辛未 二十九年 (渤海武王十三年 唐玄宗開元十九年) 夏四月日本 (日本聖武八年) 以兵船三百艘侵東邊王命將出兵擊破之

壬申 三十年 (渤海武王十四年 唐玄宗開元二十年) 渤海王武藝遣大將張文休將兵浮海攻唐登州殺刺史韋俊命進兵馬都山屠陷城邑謂之雪先王之恥其實恨門藝事也唐玄宗大怒命右領軍將軍葛福順發兵擊之

癸酉 三十一年 (渤海武王十五年 唐玄宗開元二十一年) 春正月唐使大門藝發幽州兵擊渤海仍遣我人仕唐朝者太僕員外郞金思蘭請我擊其南鄙王乃遣金允中等四將率兵會唐軍以往會大雪丈餘山路阻隘士卒死者過半無功而還於是浿水之地皆服於渤海允中庾信之孫也

疆域考曰按唐書云渤海入寇登州蓋當時遼薊之地契丹梗路故其入中國必由登州耳

乙亥 三十三年 (渤海武王十七年 唐玄宗開元二十三年) 春正月遣使金義忠如唐賀正二月義忠還唐帝與我浿江以南地始句麗之亡地皆入唐而新羅只得其南境于是渤海漸强幾盡有九都督府之地道路梗塞故唐不能彊理而遂棄焉

丁丑 三十五年 (渤海文王元年 唐玄宗開元二十五年) 春二月王昇遐謚曰聖德太子承慶立○渤海

王大武藝殂諡曰武王子欽茂立改元大興武王之世益斥大土宇東北諸部皆
畏而臣之
渤海武王之臣有大耶雅者入唐嘗以事被謫後放還
孝成王名承慶聖德王第二子在位五年
戊寅 孝成王元年 渤海文王二年 唐玄宗開元二十六年 春二月唐帝聞聖德王昇遐遣贊善大夫邢
璹來弔祭璹將發唐帝謂曰新羅號爲君子之國頗知書記有類中國以卿惇儒
故特遣之宜演經義使知大國儒敎之盛又以國人善碁詔率府兵曹參軍楊季
膺爲副季膺善碁者也於是王厚贈璹等金寶藥物夏四月璹以老子道德經等
書獻於王○是歲唐遣內侍段守簡冊渤海王王赦境內遣使隨守簡入朝求寫
唐禮及三國志晉書三十六國春秋唐帝許之因授王左金吾大將軍 後天寶中累加特進太子贊客詹事
己卯 二年 渤海文王三年 唐玄宗開元二十七年 春正月納伊飡順元女爲妃○冬渤海王遣若忽州
忠武將軍胥要德雲麾將軍己珍蒙首領己閼棄蒙聘日本 日皇聖武十一年 要

德船覆與棄蒙等四十人俱死惟珍蒙得免日主觀珍蒙射又使奏本國樂聽之
比還送美濃絁三十疋絹十疋絲一百五十絇調綿二百屯
渤海王與日本書曰欽茂啓山河杳絕國土夐遙仰望風猷惟增傾仰伏惟
天皇聖殿至德遐暢奕葉重光澤流萬姓欽茂忝係祖業濫總如始義洽情
深每修隣好今彼國使朝臣廣業等風潮失便漂落投此每加優賞欲待來
春放回使等貪前苦請乃年歸去訴辭至重隣誼非輕因備行資卽爲發遣
仍差若忽州都督胥要德等充使領廣業等令送彼國并附大蟲皮羆皮各
七張豹皮六張人蔘三十斤蜜三斛進上至彼請檢領
壬午 五年 渤海文王六年 唐玄宗天寶元年 夏五月王昇遐太子憲英立上諡曰孝成以遺命燒柩
於法流寺南散骨東海○冬十月日本 日皇聖武十九年 使至不納
景德王名憲英孝成王母弟在位二十三年
癸未 景德王元年 渤海文王七年 唐玄宗天寶二年 夏四月納舒弗邯金義忠女爲王妃
丁亥 五年 渤海文王十一年 唐玄宗天寶六年 春正月改省中侍爲侍中置國學諸業博士助敎

戊子六年(渤海文王十二年 唐玄宗天寶七年)秋八月始置貞察一員糾正百官

己丑七年(渤海文王十三年 唐玄宗天寶八年)春三月置天文博士一員

乙未十三年(渤海文王十九年 唐玄宗天寶十四年)春旌孝子向德門向德熊川州板積鄕人也天性至孝時値年荒父母飢病滋死向德日夜不解衣盡誠安慰無以爲養則封髀肉食之母發癰向德吮之卽愈王聞而嘉之賜租三百石口分田若干命有司立石紀事後人號其地曰孝家里○是歲渤海國王徙都上京(卽龍泉府)

丙申十四年(渤海文王二十年 唐肅宗至德元年)先是唐有安祿山之亂玄宗奔蜀春二月王遣使入唐泝江至成部慰問玄宗喜親製十韻詩以謝王○是歲唐平盧留後徐歸道遣果毅都尉張元簡告渤海王欽茂言今載十月當擊安祿山王須發騎四萬來助欽茂疑有他變留之冬十二月歸道果叛唐潛與祿山部下史思明通謀安東都護王玄志知之率兵攻斬歸道及唐玄宗還都欽茂遣使賀兼道歸道事唐肅宗爲之歎謝

丁酉十五年(渤海文王二十一年 唐肅宗至德二年)冬十二月置九州改郡縣名以沙伐州爲尙州領州一郡十縣三十歃良州爲良州領州一小京一郡十二縣三十四菁州(今晉州)爲康州領州一郡十一縣二十七漢山州(今南漢)爲漢州領州一小京一郡二十七縣四十六首若州(今春川)爲朔州領州一小京一郡十一縣二十七河西州(今江陵)爲溟州領州一郡九縣二十五熊川州(今公州)爲熊州領州一小京一郡十三縣二十九完山州爲全州領州一小京一郡十縣三十一武珍州(今光州)爲武州領州一郡十四縣四十四

戊戌十六年(渤海文王二十二年 唐肅宗乾元元年)春二月令內外官請暇滿六十日者聽辭官

己亥十七年(渤海文王二十三年 唐肅宗乾元二年)春正月改官號以兵部倉部卿監爲侍郎大舍爲郎中執事舍知爲執事員外郎執事史爲執事郎調府禮府乘府船府領客府左右議方府司正位和府例作典大學監大道署永昌宮等大舍爲主簿賞賜署典祀署音聲署工匠府彩典等大舍爲主書二月又改諸部署典宮舍知爲司兵司庫司禮等名

壬寅二十年(渤海文王二十六年 唐肅宗寶應元年)唐詔以渤海爲國進封渤海郡公爲渤海國王授

檢校大尉

癸卯二十一年(渤海文王二十七年唐代宗廣德元年)大奈廉李純當有寵於王一日棄官爲僧累徵不出後聞王好樂詣宮門諫曰臣聞桀紂荒于酒色淫樂不止政事陵夷國家敗滅覆轍在前後車宜戒望大王改過自新以壽國脉王感歎爲之停樂引入正室論說數日

乙巳二十三年(渤海文王二十九年唐代宗永泰元年)夏六月王昇遐謚曰景德太子乾運立是爲惠恭王年八歲母后攝政○王幸太學命博士講尚書○景德王之世改通文博士爲翰林仍置學士

惠恭王名乾運景德王太子在位十五年

癸丑惠恭王八年(渤海文王三十七年唐代宗大曆八年)先是渤海王遣子質于唐冬閏十一月王子潛修衮龍唐有司執詰之對曰慕大國文物也非敢有他意有司以聞唐帝命釋之

丙辰十一年(渤海文王四十年唐代宗大曆十一年)春正月下敎百官皆復舊號二月幸國學聽講

丁巳十二年(渤海文王四十一年唐代宗大曆十二年)春正月渤海王遣使于唐獻日本舞女十一人唐累加王司空太尉

己未十四年(渤海文王四十三年唐代宗大曆十四年)遣金巖聘日本(日皇光仁八年)巖庾信玄孫性聰敏少爲伊湌入唐宿衛就師學陰陽家術自述遁甲立成法示其師師曰不圖吾子之明達至於此也從是而後不敢以弟子待之及還爲司天大博士出爲良康漢三州太守浿江鎭頭上(官名卽)所至盡心撫字每農隙敎以六陣兵法人皆便之至是至日本日主知其賢欲勒留之會唐使高鶴林來相見甚懽日主以巖爲大國所知不敢留而還之

庚申十五年(渤海文王四十四年唐德宗建中元年)王淫于聲色巡遊無度綱紀紊亂人心反側夏四月伊湌金志貞叛聚衆圍宮上大等金良相與伊湌敬信舉兵誅之王與后妃爲亂兵所害王元妃新寶王后伊湌維誠之女次妃伊湌金璋之女史失入宮歲月王既薨良相自立爲王是爲宣德王奈勿王之十世孫也追封父沙湌孝芳爲開聖大王封妻角干良品女爲王妃

宣德王名良相，沙飡孝芳之子，奈勿王十世孫，在位五年

辛酉 宣德王元年（渤海文王四十五年 唐德宗建中二年）秋七月，發使安撫浿江以南州郡

按是時渤海盛強，新羅不能遠圖，而疆理所及，止於浿南耳

癸亥 三年（渤海文王四十七年 唐德宗建中四年）立社稷壇，仍修祀典，其祀分大中小三等，有八蜡、先農、中農、後農、風伯、雨師、靈星、三山、五岳、四鎭、四海、四瀆、諸名山大川之祀，又有四城門祭、四川上祭、日月五星祭、四大道祭、壓兵祭、辟氣祭，或因事或因水旱而行

乙丑 五年（渤海文王四十九年 唐德宗貞元元年）春正月，宣德王昇遐，遺詔燒柩，散骨東海，初宣德之立，金敬信預其謀，以功爲上大等，及宣德昇遐無子，羣臣將立太宗五世孫侍中周元，周元第在京北二十里，會大雨閼川漲，不得渡，議者曰天其或者不欲立周元乎，乃立敬信，是爲元聖王，奈勿王十二世孫也，妃角干金神述女也○二月追封四世，始立五廟，以味鄒王爲金氏始祖，以太宗王文武王有大功德，爲不遷主，幷祖興平大王魏文、考明德大王孝讓爲五廟，一年凡六祭，正月二日五日、五月五日、七月上旬、八月一日十五日行之○改摠管爲都督，凡外官之制，其長爲都督，位自級飡至伊飡爲之，其下皆以此等之，曰仕臣、曰州助、曰郡太守、曰長史、曰仕大舍、曰外司正、曰少守、曰縣令，又有頭上大監，位自級飡至四重阿飡爲之，其下亦以此等之，曰大監、曰上弟監、曰弟監、曰步監、曰少監，其外又有外位官，曰嶽干，視京位一吉飡，其下述干、高干、貴干、撰干（一作選干）、上干（句）、干（句）、一伐、彼日、阿尺等，各視京位有差

元聖王名敬信，奈勿王十二世孫，在位十三年

丙寅 元聖王元年（渤海文王五十年 唐德宗貞元二年）冬十月，大舍武烏獻兵法十五卷、花鈴圖二卷，乃除屈押縣令

丁卯 二年（渤海文王五十一年 唐德宗貞元三年）自眞興王用僧爲國統、都唯那娘、大書省等官，以屬武官，至是又置少年書省二人，以惠英、梵如二法師爲之，其外又有州統、郡統等官

戊辰 三年（渤海文王五十二年 唐德宗貞元四年）春始定讀書出身科，讀春秋左氏傳若禮記、文選，而能通其義，兼明論語、孝經者爲上，讀曲禮、論語、孝經者爲中，讀曲禮、孝經者爲下

若博通五經三史諸子百家者超擢用之前此但以射選人至是改之

己巳四年(唐德宗貞元五年渤海文王五十三年) 秋九月以子玉爲楊根縣小守執事史毛肖駁曰子王不以文籍出身者不可委分憂之職侍中議云雖不以文籍出身曾入唐爲學生不亦可用耶王從之

庚午五年(唐德宗貞元六年渤海文王五十四年) 春三月遣一吉飡伯魚使渤海渤海在新羅之北故羅人謂之北國

按三國史元聖王紀伯魚使北國而崔孤雲所作謝唐不許北國居上表(本國文集及東文選)以渤海强大妄爭位次爲辭則所謂北國者卽渤海也故安順庵東史綱目引表文特書之此則丁茶山洪淵泉諸家之所未及而安氏獨發揮之可不謂有功於東史哉故今特推廣安氏之意先書渤海二字于伯魚之下然後以北國尾明之爾

辛未六年(唐德宗貞元七年渤海文王五十五年) 春正月渤海王遣子常淸朝唐唐授衛尉卿同正秋八月又遣子貞翰入唐請備宿衛

甲戌九年(唐德宗貞元十年渤海成王元年) 渤海王大欽茂殂諡曰文王王修文息兵和睦隣邦唐玄宗之世遣使者二十九代宗之世遣使者二十五季年移都東京(卽龍原府) 子宏臨早卒族弟元義立

渤海文王之時以使命往唐者五十四而其姓名可知者曰楊方慶以賀正使朝唐使日本者高仁義胥要德之外又有曰慕施蒙官輔國大將軍率七十五人以往以王旨問十餘年無使之故日主答書授高句麗舊記責國書違例曰楊承慶者官輔國將軍與歸德將軍楊泰師判官方禮等同往日皇授承慶正三位泰師從三位方禮從五位賜錄事以下十九人祿曰高南申者官輔國大將軍玄菟州刺史兼押衛開國公與副使高興福判官李能本解臂安貴寶同往日皇遣使隨南申來曰王新福者官紫綬大夫政堂左允開國男與判官楊懷珍品官着緋達能信同往爲日皇言唐事曰李家太上少帝并崩廣平王攝政年穀不登人民相食史家朝義稱武皇帝人物多附兵鋒甚强無敢當者鄧州襄陽已屬史家而李家獨有蘇州朝聘之路固未

易通曰、壹萬祿者、官靑綬大夫、與副使慕昌拜、同往至出羽國、日皇以國書
違例、并信物不受、萬祿再拜據地而泣曰、君者彼此一也、臣等必當有罪、遂
改修國書、代王申謝、日皇授萬祿從三位、與王書曰、今省來書、頓改文道、日
下、不註官品姓名、書尾虛陳天孫僭號、且高氏之世、兵亂無休、爲假朝威、彼
稱兄弟、今王、曾無事故、而稱甥舅、於禮失矣、後歲之使、不可更然、昌拜卒於日
本、萬祿、與日使武生鳥守、俱來、遭風着能登國、四年不返、文王乃遣烏須弗
至能登國問故、日皇令自今以後、依舊例從筑紫道來、曰史都蒙者、官獻可
大夫司賓少令開國男、與大判官高祿思、少判官高鬱琳、判官高淑源、大錄
事史道仙、少錄事高珪宜、同往賀日皇卽位、比歸與其朝臣展繼、同來、會海
風大作、展繼船破、爲造二船領歸展繼回、文王遣臣張仙壽言其故、曰高伴
粥者、官押領、與通事高說昌同往、日本以國書違例不受、又責不由筑紫道
時鐵利國人爭坐說昌之上、日本大政官爲異其班、伴粥船破、日本給九船
以歸

乙亥 十年 (渤海康王元年 唐德宗貞元十一年) 渤海王元義爲人猜虐、國人不堪、共弑之、立宏臨之子
華璵、華璵改元中興、復還上京、尋殂、諡曰成王、文王少子嵩璘、嗣爲王、改元正曆
遣匡諫大夫工部郞中呂定琳等、修好于日本 (日皇桓武十四年) 定琳、漂着志理波村
被掠、出羽國言其狀于日主、日主令置越後國供給、仍護歸國

渤海康王與日本桓武皇書曰、上天降禍、祖大行大王、以大興五十七年三
月四日薨背、善隣之義、必聞吉凶、限以滄溟、所以緩告、嵩璘無狀招禍、不自
滅亡、不孝罪苦、酷罰罪苦、謹狀、力奉啓、荒迷不次、孤孫大嵩璘頓首、哀緖已
具別啓、伏惟天皇陛下動止萬福、寢膳勝常、嵩璘覗息苟延、奄及祥制、官僚
感義、奪志抑情、起續洪基、祗統先烈、朝維依舊、封域如初、顧自思惟、實荷殊
眷而滄溟括地、波浪漫天、奉膳無由、徒增傾仰、謹差匡諫大夫工部郞中呂
定琳等、濟海起居、兼修舊好、其少土物、具在別狀、荒迷不次

戊寅 十三年 (渤海康王四年 唐德宗貞元十四年) 渤海王遣其姪能信、及虞候婁番長、都督茹富仇、朝
唐〇冬十二月元聖王昇遐太孫俊邕立〇元聖王時有金生者父母微不知世

系自幼能書平生不攻他藝年踰八十猶操筆不休隷行草皆入神學者傳實之
性又好佛隱居不仕嘗修頭陀行創寺(在今忠州北津上)以居之後高麗時學士洪瓘使
宋以金生行草示待詔楊球李革等二人駭曰不圖今日得見王右軍手書瓘曰
此乃新羅人金生所書也二人不信曰天下除右軍焉有妙筆如此哉
元學士趙孟頫跋金生所書慶州金鰲山昌林寺碑云此新羅金生所書字
畫深有典刑雖唐人名刻無以過之古語云何地不生才信然

昭聖王名俊邕元聖王太子仁謙之子在位二年

己卯 昭聖王元年(渤海康王五年唐德宗貞元十五年) 秋七月得人蔘長九尺甚異之遣使如唐致之
唐德宗謂非人蔘不受

庚辰 二年(渤海康王十六年唐德宗貞元十六年) 春正月封妃金氏桂花夫人爲王后后奈勿王十三世
孫阿飡叔明女也○夏六月王昇遐諡曰昭聖太子清明立是爲哀莊王年十三
叔父兵部令彦昇攝政

哀莊王名清明改重熙昭聖王子在位九年

辛巳 哀莊王元年(渤海康王七年唐德宗貞元十七年) 春二月改五廟制以始祖味鄒王高祖明德王
曾祖元聖王皇祖惠忠王皇考昭聖王爲五廟別立太宗王文武王二廟○耽羅
國遣使朝貢

壬午 二年(渤海康王八年唐德宗貞元十八年) 秋八月納僧順應地德之說創海印寺于伽倻山

癸未 三年(渤海康王九年唐德宗貞元十九年) 秋七月與日本修聘(日本桓武二十二年) 明年日遣使進黃金三
百兩

乙酉 五年(渤海康王十一年唐順宗永貞元年) 春正月封妃朴氏爲王后

丙戌 六年(渤海康王十二年唐憲宗元和元年) 春三月下敎禁新創佛寺惟許修葺又禁佛寺用金銀
錦繡爲器服

己丑 九年(渤海定王元年唐憲宗元和四年) 兵部令彦昇專擅朝政遂懷不軌秋七月與其弟伊飡
悌邕將兵入內弑王王弟體明侍立幷害之遂自立爲王是爲憲德王妃貴勝夫
人角干禮英女也○是歲渤海王大嵩璘殂諡曰康王王於唐德宗之世遣使者
四焉子元瑜立改元永德○渤海康王時日本嘗遣其臣賀萬等來聘康王遣衞

軍大將軍左熊衛都將上柱國開國子大昌泰，以報聘，日主引見，爲減四拜爲二拜，不拍手，又搆彩殿以享之，仍以渤海使舶，多着能登國，修飾其停泊之所（年條未詳）

渤海康王報日本書曰，嵩璘啓，使賀萬等至，所貺之書及信物絹絁各三十疋絲二百絇綿三百屯依數領足，慰悅實深，雖復巨海漫天，滄溟浴日，路無倪限，望斷雲霞，而巽氣送帆，指期舊浦，軋涯斥候，無闕糇糧，豈非彼此齊契暗符人道，南北義感，特叶天心者哉，嵩璘，莅有舊封，纘承先業，遠蒙善獎，聿修如常，天皇遙降德音，重貺使命，恩從懷抱，慰諭殷勤，況復俯記片書，眷依前請，不遺信物，許以年期，書疏之間，喜免瑕纇，庇蔭之願，識異他時，而一葦難航，奉知實論，六年爲限，竊歎其遲，請更貺嘉圖，并回通鑑，從其期限，旁合素懷，然則向風之趣，自不倦於寡情，慕化之勤，可尋蹤於高氏，又書中所許雖不限多少，聊依使者之情，省給行人之數，謹差衛軍大將軍左熊衛都將上柱國開國子大昌泰等，充使送國，兼奉副信物，具如別狀，土無奇異，自知羞惡

憲德王名彥昇，昭聖王母弟，在位十七年

壬辰 憲德王三年（渤海定王四年，唐憲宗元和七年） 秋九月，遣級飡崇正，使渤海

癸巳 四年（渤海僖王元年，唐憲宗元和八年） 是歲，渤海王大元瑜殂，諡曰定王，弟言義立，改元朱雀

戊戌 九年（渤海宣王元年，唐憲宗元和十三年） 是歲，渤海王大言義殂，諡曰僖王，弟簡王明忠立，改元太始，一歲而殂，無嗣，高王弟野勃四世孫仁秀立，改元建興○自高德武爲安東都督，子孫頗能自國，至是遣使獻樂工于唐，後遂無聞

己亥 十年（渤海宣王二年，唐憲宗元和十四年） 秋七月，唐鄆州節度使李師道叛，唐憲宗將討之，徵兵於我，王命順天軍將軍金雄元，率甲兵三萬助之

壬寅 十三年（渤海宣王五年，唐穆宗長慶二年） 春正月，王無嗣，以母弟秀宗爲儲君，居月池宮，時上大等忠恭，坐政事堂，注擬內外官，退公感疾，召國醫診脈，曰病在心臟，須服龍齒湯，遂杜門不見賓客，執事郞祿眞請見，門者三復，乃見，祿眞曰，伏聞寶體不調，得非早朝晚罷，蒙犯風露，以傷榮衛之和乎，忠恭曰，未至是也，但昏昏默默，精神不快耳，祿眞曰，公之病，不須藥石，[illegible]，曰可得聞乎，祿眞曰，彼梓人之爲

政也，才巨者置之高位，小者授之薄任，朝無闕位，位無非人，然後王政成焉，今則
不然，徇私而滅公，爲人而擇官，愛之則雖不才擬送於雲霄，憎之則雖有能圖陷
於溝壑，取舍混其心，是非亂其志，則不獨國事溷濁，而爲之者亦勞且病矣，若其
當官淸白，莅事恪恭，杜貨賂之門，遠請托之累，黜陟只以幽明，予奪不以愛憎，如
衡焉不可枉以輕重，如繩焉不可欺以曲直，如是則刑政允穆，國家和平，雖日開
孫弘之閤，置曹參之酒，與朋友故舊談笑自樂可也，又何必區區於服餌之間，徒
自費日廢事爲哉，忠恭於是謝遣醫官，命駕朝王，王曰謂卿剋日服藥，何以來朝，
對曰臣聞祿眞言，同於藥石，豈止飮能齒湯而已哉，因爲王陳之，王曰寡人爲君，
卿爲相，而有人如此，何喜如焉，不可使儲君不知，宜往月池宮，儲君聞之入賀曰
嘗聞君明則臣直，此亦國家之美事也○初元聖王之立也，侍中周元退居溟州
王因封爲溟州郡王，其子憲昌累官爲熊川州都督，憲昌恨父不得立，二月據熊
川叛，國號長安，建元慶雲，脅降武珍·完山等州，以爲己屬，王出師征之，伊飡均貞
一吉飡張雄·匝飡衛恭等，分擊賊兵於星山等處，克之，遂會于熊津，與賊大戰，斬
獲無算，進圍其城，憲昌知不免自縊死，論功行賞，阿飡祿眞授大阿飡，辭不受○
自遣聰俊子弟入唐學以來，支給銀貨去來相踵，至是有金雲卿者，始登唐(唐穆宗初)
賓貢科(年條未詳故姑附於此)
甲辰十五年(渤海宣王七年唐穆宗長慶四年)春二月，渤海王遣大叡等五人朝唐，請備宿衛
丙午十七年(渤海宣王九年唐敬宗寶曆二年)秋七月，命牛岑(今金川)太守白永，發漢山北諸州郡人
一萬，築浿江長城三百里，蓋以備渤海也○冬十月，憲德王昇遐，母弟秀宗立，改
名景徽，是爲興德王○十二月，妃章和夫人昇遐，追封定穆王后，昭聖王女也，王
悲思不已，羣臣請納妃，不從，亦不近女侍
　興德王名秀宗，後改景徽，憲德王同母弟，在位十年
戊申興德王二年(渤海宣王十一年唐文宗太和二年)張保皐者，一名弓福，嘗入唐徐州，爲軍中小將，
歸謁王曰，遍中國，以吾人爲奴婢，願得鎭淸海(今莞島)，使賊不得掠人西去，王然之
夏四月，以保皐爲淸海鎭大使，與卒萬人鎭之，是後海上無侵掠者○漢山州瓢
川縣妖人，自言有速富之術，衆頗惑之，王曰執左道惑衆者，刑之，先王之法也，投

之遠島○冬十二月入唐廻使大廉持茶種來王使植地理山茶自善德王時有
之至是而盛焉○是歲以金陽爲固城郡太守尋拜中原(卽國原)大尹轉武州都督
陽生而英傑所臨有政譽太宗王之九歲孫而周元之曾孫也
(庚戌)四年(渤海王彝震元年唐文宗太和四年)渤海王大仁秀死諡曰宣王王天姿英武有高王之風
數用兵討伐海北諸部以廣其地大建宮闕遂分其境內改置五京十五府上京
曰龍泉府(丁云虎兒河東及寧古塔隔水也卽忽汗州柳云在寧古塔西南境)領龍湖渤三州其南爲中京曰顯德
府(丁云在上京南三百里柳云在吉林烏喇城東南)領盧顯鐵湯榮與六州東京曰龍原府亦曰柵城府
(丁云疑在今鏡城北柳云今鏡城北)領慶鹽穆賀四州南京曰南海府(丁柳并云今咸興)領沃睛椒三州西
京曰鴨綠府(丁云在今廢四慈城北昭水之地柳云在今江界東北二百里)領神桓豐正四州曰長嶺府(丁云今淸興京東界柳云當在吉林地方)
領瑕河二州曰夫餘府(丁柳並云今開原縣)常屯勁兵捍契丹領扶仙二州曰
鄚頡府(丁云在夫餘西北柳云在今開原縣北)領鄚高二州曰定理府(丁柳并云今淸盛京地)領定瀋二州曰
安邊府(丁云當在淸興京西北柳云當在奉天府地方)領安瓊二州曰率賓府(丁云在淸興京西南柳云今三水甲山等地)領
華益建三州曰東平府(丁云當在烏喇東寧古塔西南柳云當在黑龍江地方)領伊蒙沱黑比五州曰鐵利府

(丁云疑今黑龍江北地柳云當在黑龍江地方)領廣汾蒲海義歸六州曰懷遠府(丁云今寧古塔北地柳云當在黑龍江地方)
領達越懷紀富美福邪芝九州曰安遠府(丁云未詳柳云當在黑龍江地方)領寧郿慕常四州又
有郢銅涑三州爲獨奏州(謂不隷相府自州直達也)又渤海之俗始甚荒陋氏稱王曰可毒
夫官名亦多不雅王欽遣諸生入唐學習識古今制度略仿行之君曰聖王曰基
下其命曰敎王父曰老王母曰太妃妻曰貴妃長子曰副王諸子曰王子其文職
宣詔省左相左平章事侍中左常侍諫議居之中臺省右相右平章事內史詔誥
舍人居之政堂省大內相一人居左右相上左右司政各一人居左右平章事之
下以比僕射左右允比二丞左六司忠仁義部各一卿居司政下支司爵倉膳部
部有郞中員外右六司智禮信部支司戎計水部卿郞準左以比六官中正臺大
中正一比御史大夫居司政下少正一殿中寺宗屬寺有令文籍院有監令監皆
有少太常寺司賓寺大農寺有卿司藏寺司膳寺有令丞胄子監有監長巷伯局
有常侍武職有左右猛賁熊衛羆衛南左右衛北左右衛各大將軍一將軍一品服
三秩以上紫衣牙笏金魚五秩以上緋衣牙笏銀魚六秩七秩淺緋衣木笏八秩

綠衣木笏唐人王宗禹嘗使渤海歸言設官之制仍畵圖以進焉其前後遣使于唐者凡二十四子新德早卒孫彝震立改元咸和

按渤海地理載遼史者極爲惑亂蓋以契丹(遼之舊號)既滅渤海虜其部落多徙遼東遂取渤海州縣之名冒之於遼東諸邑故也柳冷齋丁茶山二氏之所以極力辨誤者有以哉又按唐書曰濊貊故地爲東京扶餘故地爲扶餘府夫濊貊扶餘本非二處而分而言之者何耶若曰濊貊是東濊今江陵地則又與柵城府地勢不合要之唐書所錄非也然而丁柳氏辨誤之際獨不及此故今特論之又按渤海考曰鴨綠府所統神桓豐正四州桓州之爲今江界府神州之爲今廢四郡等地既引唐志(詳見本考)而其豐正二州沿革亦有可證者高句麗殺馮弘於北豐諡曰昭成皇帝今雲山郡有皇帝塚世傳爲馮弘所葬則雲山卽句麗之北豊而渤海之豐州也遼志云正州本沸流王故都可明成川府之爲渤海正州其說信辨矣然獨沸流以丁氏說考之在鴨綠江北而近接卒本則其曰成川府者豈非爲輿地勝覽所誤也耶○又按渤海所遣日本使臣又有曰高南容者與高多弗同往其還也與其使臣宿彌東人俱來多弗脫留越前國日主置之越中國給食使習語生等從學渤海語曰王孝廉者大使與副使高景秀判官高莫善王昇基同往日主授孝廉從三位景秀正四位莫善昇基正五位又賜錄事以下祿曰王文矩者其使日本也日主御豐樂殿宴五位以上文矩爲擊毬日主賜綿二百屯曰貞泰者大使與副使璋璿以契丹大猲猘子各二口獻于日主曰烏孝愼楊成矩裴頲裴文裴璆皆嘗使日本文見日人簡亟相詩歎賞曰似白香山凡自南容至裴璆合十四人之使跡在宜王以後而莫詳其年條故今姑附于此

壬子 六年(渤海王彝震三年唐文宗太和六年) 渤海王遣諸王子明俊等朝唐

癸丑 七年(渤海王彝震四年唐文宗太和七年) 春正月渤海王遣同中書右平章事高賓英入唐謝冊命因遣學生三人請入太學待學成歸國唐帝許之二月又遣諸王子先晟等六人于唐其還也唐詩人溫庭筠爲詩贈之

甲寅 八年(渤海王彝震五年唐文宗太和八年) 王以國人衣服奢華踰制更定其制自眞骨至平民男

女、有差

乙卯九年渤海王彝震六年唐文宗太和九年春二月、追封金庾信爲興武大王○牟梁里人孫順、父鶴山沒、家貧、與妻傭作人家、以養母、順有小兒、每奪母食、順難之、謂妻曰、兒奪母食、兒可得、母難再求、乃負兒歸醉山北郊、掘地欲埋、忽得石鍾、甚奇、妻曰得異物殆兒之福、不可埋也、順以爲然、將兒與鍾、還家懸鍾於樑、撞之、聲聞王宮、王聞之謂左右曰、西郊有鍾聲、清遠異常、此何爲也、卽令尋得之、曰昔郭巨埋子天賜金釜、今孫順埋兒地出石鍾、乃賜順家一區、歲給米五十石

丙辰十年渤海王彝震七年唐文宗開成元年冬十二月、興德王昇遐無嗣、堂弟均貞及堂弟之子悌隆、爭立、武州都督金陽、與均貞之子祐徵、均貞妹婿伊飡禮徵、奉均貞爲王入積板宮、以族兵宿衛、悌隆之黨侍中金明、阿飡利弘等、來圍陽、陳兵宮門、拒之曰、新君在此、爾等何敢、悌隆黨裵萱、射陽中股、均貞謂陽曰、彼衆我寡、勢不可遏、公其佯退以爲後圖、於是陽突圍而出、均貞爲亂兵所害、明等遂立悌隆爲王、是爲僖康王、妃文穆夫人葛文王忠恭之女也

僖康王、名悌隆、元聖王孫伊飡憲貞子、在位二年

丁巳僖康王元年渤海王彝震八年唐文宗開成二年春正月、以金明爲上大等、利弘爲侍中、明、元聖王之曾孫大阿飡忠恭之子也○夏五月、祐徵懼禍、收餘兵、與妻子入清海鎭、結張保皐、謀報讎、禮徵與阿飡良順、亡投焉

戊午二年渤海王彝震九年唐文宗開成三年春正月、金明與利弘等興兵作亂、害王左右、王知不免縊於宮中、明遂簒位、祐徵聞之、謂張保皐曰、明弑君自立、利弘枉殺吾父、不可共戴天也、願仗將軍之兵、以報此讎、保皐曰諾、初保皐有友曰鄭年、能行海底五十里不噎、與保皐角勇、保皐差不及也、然年以兄呼保皐、保皐以齒、年以藝、常齟齬不相下、二人俱如唐、爲武寧軍小將、騎而用槍、無能敵者、後保皐還國、得鎭清海年失職、飢寒、寓泗之漣水縣中國地一日言於戍將馮元規曰、我欲東歸就食於保皐、元規曰、若與保皐、不相能、奈何往就死乎、年曰飢寒死、不如兵死快、况死故鄕耶、遂歸謁保皐、皐之飮、極懽飮未卒、而聞王弑、遂分兵五千付年、執手泣曰、非子不能平禍亂○祐徵、均貞之敗也、金陽號泣誓心、潛藏山野、以待時、及聞祐徵入

淸海募集謀士兵卒、主是聞金明簒立、遂見祐徵與謀舉事、三月陽以兵五千襲
降武州、進遇明兵於南原、克之、以兵勢還淸海休息、冬十二月陽自號平東將軍
引兵復出、祐徵遣鄭年及駱金李順行等六將軍助之、軍容甚盛、鼓行至武州、明
遣兵逆之、金順行以馬兵突擊、殺之殆盡

神武王名祐徵、元聖王之孫上大等均貞之子在位一年

己未 神武王元年（渤海王彝震十年 唐文宗開成四年）春閏正月金陽等進兵至大邱、金明令伊飡大
昕等將兵拒之、陽一戰大克、明勢窘奔入月遊宅、兵士尋而斬之、羣臣禮葬、謚曰
閔哀、陽下令撫百姓、召萱伯曰爾當時爲爾主射我、義士也、我不與校、毋恐、衆聞
之曰萱伯如此、其他何憂、無不感悅、夏四月迎立祐徵爲王、王旣立、追尊祖考兩
世、封妻貞繼夫人爲妃（史失姓系）封張保皐爲感義軍使、食實封二千戶、利弘棄妻子
走、追獲誅之○秋七月王昇遐、謚曰神武、太子慶膺立、遣張保皐爲鎭海將軍、追
錄金陽功爲侍中兼兵部令

文聖王名慶膺神武王太子在位十九年

壬戌 三年（渤海王彝震十三年 唐武宗會昌二年）春三月納伊飡魏昕女爲妃
丙寅 七年（渤海王彝震十七年 唐武宗會昌六年）先是王欲納張保皐女爲次妃、旣而以海島人、止之
保皐頗懷怏怏、春、人有告保皐叛、王遣壯士閻長、入淸海以計殺之、後又罷淸海
鎭
丁丑 十八年（渤海王彝震二十八年 唐宣宗大中十一年）秋八月侍中金陽卒、王哀慟、追贈舒發翰、其贈
賻斂葬一依金庾信舊例○九月王昇遐、謚曰文聖、神武王弟誼靖立

憲安王名誼靖神武王異母弟在位四年

戊寅 憲安王元年（唐宣宗大中十二年 以下渤海紀年未詳）春二月渤海王大彝震殂、終王之世、遣使入
唐者凡十六、弟虔晃立、尋殂、其子玄錫立、唐懿宗咸通之中、遣使者三焉、彝震玄
錫兩世之間、國益富盛、天下號爲海東盛國、然自彝震以後、史失其謚、玄錫以後
史失其世

按渤海考日本貞觀元年、渤海王以徐昂之宣明曆、送于日、淸和天皇頒行
國中、所謂貞觀元年者、卽唐宣宗大中十三年己卯、而於渤海爲虔晃時耶

友錫時耶、

庚辰 三年 唐懿宗咸通元年 秋九月王會羣臣於臨海殿王族膺廉年十五與焉王欲試其志問曰汝遊學有日得無見善人者乎對曰臣嘗見三人者一高門子弟其與人也不自先而處於下一家富於財而被服不侈一勢榮而驕氣不形王聞之默然與王后耳語曰朕閱人多矣無如膺廉者遂以長女妻之是爲寧花夫人後封文懿王妃

辛巳 四年 唐懿宗咸通二年 春正月王昇遐謚曰憲安羣臣以遺詔奉王婿膺廉爲王王僖康王子阿飡啓明之子也

景文王名膺廉僖康王孫阿飡啓明子在位十四年

癸未 景文王二年 唐懿宗咸通四年 春二月王幸國學令博士已下講論經義賜物有差

丙戌 五年 唐懿宗咸通七年 春正月王追尊考爲懿恭大王

己丑 八年 唐懿宗咸通十年 秋七月遣王子蘇判金胤等聘唐令學生李同等三人隨入唐肄業仍給買書銀三百兩

辛卯 十年 唐懿宗咸通十二年 春正月改造黃龍塔凡三年而成九層高二十二丈

乙未 十四年 唐僖宗乾符二年 秋七月王昇遐謚曰景文太子晸立是爲憲康王妃懿明夫人

憲康王名晸景文王太子在位十一年

己亥 憲康王四年 唐僖宗乾符六年 春二月王幸國學命博士已下講論○三月王出遊鶴城 今蔚山 還有異人處容者奇形詭服詣王前歌舞從王入京王賜爵級于時又有四神人形容可駭歌於駕前其歌有智理多逃都破都破等語蓋謂以智理國者多逃而都邑將破云

庚子 五年 唐僖宗廣明元年 秋九月王與左右登月上樓見都下屋廡櫛比歌吹沸騰顧謂侍中敏恭曰孤比聞民間覆屋以瓦不以茅炊飯以炭不以薪有諸敏恭對曰臣亦嘗聞之自上臨御以來陰陽和風雨順歲登民足邊境寧謐市井歡樂此皆聖德所致王欣然曰實賴卿等輔佐之力朕何德焉

乙巳 十年 唐僖宗光啓元年 崔致遠沙梁部人美[illegible]年十[illegible]海舶入唐求學

其父謂曰十年不第非吾子也致遠至唐尋師力學十八(景文王十三年甲午唐僖宗乾符元年)登第調宣州溧水縣尉遷侍御史內供奉賜紫金魚袋黃巢反高駢爲兵馬都統以討之辟致遠爲從事委以書記之任表狀書啓多出其手其檄黃巢有不惟天下之人皆思顯戮抑亦地中之鬼已議陰誅之句巢見之不覺下牀由是名振天下至是年二十八有歸寧之志春三月將唐詔書而還王留爲侍讀兼翰林學士守兵部侍郞知瑞書監事

丙午十一年(唐僖宗光啓二年)秋七月憲康王昇遐王性聰敏愛看書目所一覽皆誦於口弟晃立是爲定康王

李建初日今淸州龍頭寺鐵幢有新羅翰林學士金遠之銘而年號記以峻豐字據長興迦葉山寶林寺有金遠所書碑而事在憲康王甲辰豈峻豐是憲康王所暫稱之年號而不見於史歟

定康王名晃憲康王弟在位一年

丁未定康王元年(唐僖宗光啓三年)春正月設百座於黃龍寺親幸聽講○秋七月定康王昇遐無嗣女弟曼立是爲眞聖主

眞聖主名曼定康王女弟在位十年

戊申眞聖主元年(唐僖宗文德元年)主素與角干魏弘通及卽位弘常入內用事主命與僧大矩修集鄕歌亡何弘死諡曰惠成大王是後潛引美少年二三人淫亂仍授其人以要職委以國政由是佞倖肆志貨賂公行賞罰不公綱紀解弛時有人譏謗時政榜於朝路或告主曰此必文人不得志者所爲殆是大耶州隱者巨仁(卽王巨仁)耶主命拘巨仁京獄將刑之巨仁憤怨書於獄壁曰于公痛哭三年旱鄒衍含悲五月霜今我幽愁還似古皇天無語但蒼蒼是夕忽雷震雨雹主懼而釋之

按王巨仁卽唐賓貢進士而此云隱者者豈巨仁在此時尙隱居未遇也耶

是歲日本主(宇多日皇元年)始委政于其臣基經號曰關白自是以後與我邦交涉者皆關白主之也

己酉二年(唐昭宗龍紀元年)時國內州郡不輸貢賦府庫虛竭國用窮乏主發使督之所在盜賊蜂起於是元宗哀奴等據尙州叛主命奈麻令奇捕之令奇望賊畏不能

進村主祐連、力戰死之、主勅斬令奇

辛亥四年(唐昭宗大順二年)冬十月北原(今原州)賊帥梁吉、遣其佐弓裔、領百餘騎襲北原東部落及溟州管內酒泉(今寧越)等十餘郡、皆降之、弓裔、憲安王庶子以五月五日生、生而有齒、日官曰是將不利於國家、王勅中使抵其家殺之、使者取於襁褓中投之樓下、乳婢竊捧之、誤以手觸、眇一目、抱逃以養之、年十餘遊戲不止、婢告之曰子之生見棄於國、予不忍、竊養以至今日、子之狂如此若爲人所知予與子俱不免、爲之奈何、弓裔泣曰若然、吾逝矣、無爲母憂、祝髮爲僧、號善宗、及壯不拘僧律、軒輊有膽氣、嘗持鉢赴齋有烏銜牙籤落鉢中、視之有王字、秘不言頗自負、見國家衰亂民散盜起、謂乘亂聚衆可以得志、投竹州賊魁箕萱、侮慢不禮、弓裔鬱悒不自安、乃往見吉、吉與語奇之、委之以事

壬子五年(後百濟甄萱元年唐昭宗景福元年)甄萱反據武珍州爲王、萱尙州加恩縣人本姓李、始生父阿慈介、耕于野、母餉之、置萱於林下、有虎來乳之、鄕黨異之、及長體貌雄奇志氣倜儻、多智略、從軍入京積勞爲裨將、至是見盜賊羣起、潛懷異志、嘯聚亡命、旬月間衆至五千、遂襲武珍州、自立爲王、遙授北原賊梁吉、裨將

甲寅七年(後百濟甄萱三年唐昭宗乾寧元年)初崔致遠還國、自以西學多所得、欲展所蘊、而衰季多疑忌、不能容、出爲太山(今泰仁)富城(今瑞山)等郡太守、春二月進時務十餘條、王嘉納之、以爲阿飡、致遠自傷遭値亂世、不復仕進、自放於山水之間、惟以嘯咏爲事○冬十月弓裔自北原入溟州、有衆三千五百人、分爲十二隊、與士卒同甘苦、予奪不私、衆心畏愛、推爲將軍、於是擊破鐵圓(今鐵原)金城等十餘郡、軍聲甚盛、浿西諸賊來降者衆

乙卯八年(後百濟甄萱四年唐昭宗乾寧二年)弓裔以王建爲鐵圓郡太守、建漢州松岳郡人、父隆有大志、與妻韓氏家松岳南、僧道詵來視之、謂隆曰此出聖地也、公明年必得貴子、及期果生建、龍顔日角、器度雄深寬厚、有濟世之量、年十七、道詵復至、請見曰足下値百六之會、三季蒼生待公弘濟、因告以出師置陣地利天時之法、望秩山川感通保佑之理、至是建往投弓裔、弓裔見而奇之、授是職○道詵者靈巖人、姓金氏、或云太宗王庶裔、年十五爲僧、不閱歲通大藏、號爲神聰、憲康王嘗迎留禁中

未幾還智理山、遇道人於南海汀邊(今求禮沙圖村)聚沙爲山川順逆之勢示之、訖自是
妙通陰陽五行之術、評論山水多有神驗、遂爲我邦堪輿數術之祖、或曰詵入唐
傳一行禪師地理法、後三年戊午死、主命瑞石學士朴仁範爲碑文以表之
丙辰九年(後百濟甄萱五年唐昭宗乾寧三年)弓裔攻取僧嶺(今朔寧)臨江(今長湍地)兩縣、時王隆爲松岳郡
沙粲、以郡歸附弓裔、弓裔大喜以爲金城太守、隆說之曰公若欲王朝鮮肅愼卞
韓之地、莫如先城松岳、以吾長子建爲其主、弓裔從之使建築勃禦塹城(今在開城)仍
爲城主、建時年二十
丁巳十年(後百濟甄萱六年唐昭宗乾寧四年)夏六月主謂左右曰近年以來民窮盜起、此孤之不德
也、可不避賢、乃禪位于太子嶢、嶢憲康王庶子、妃伊飡乂謙之女也○秋七月遣
使如唐、時渤海國使者大封裔、自以國大兵强、坐女宜在羅使之上、言于唐禮部
唐帝不從、竟從舊儀、王令崔致遠作表以謝唐○冬十二月眞聖主昇遐眞聖主
時(或曰定康王時)有韓岐部民連權女子知恩、性至孝、少喪父獨養其母、年三十二猶不
從人、定省不離左右、而貧無以爲養、或傭作或行乞以奉之、日久不勝困憊、就富

家賣身爲婢、窮日役於其家、暮則作食歸養之、如是者三四日、母曰向食麤而甘
今則食雖好味不如昔、而肝心若以刀刃刺之、是何耶、女以實告、母曰以我故、使
爾爲婢、不如死之速也、乃大哭、女亦哭、耶徒孝宗、出遊見之、與之粟百石、又償買
主以從良、耶徒幾千人各出粟一石爲贈、主聞之亦賜租五百石家一區、旌其里
曰孝養坊、復除征役、又嘉孝宗以兄憲康王之女妻之○弓裔擊破孔巖(今陽川)穴
口(今江華)等城、時梁吉猶在北原、取國原等三十餘城有之、聞弓裔地廣民衆、大怒
欲以勁兵襲之、弓裔潛認、先擊大敗之、後吉又進軍非惱城、潰走

孝恭　王名嶢憲康王庶子在位十五年

戊午孝恭王元年(後百濟甄萱七年唐昭宗光化元年)秋七月弓裔取浿西道及漢山州管內三十餘
城、移都松岳郡、其冬作八關會
按新羅之界止於浿南、渤海之界止於鴨綠、至是弓裔始取浿水以西地、然
平壤城主之降在後七年、則此所取當是平壤傍郡縣耳
阿飡崔致遠聞王建作興、知非常人必受命開國、致書問、有鷄林黃葉鵠嶺青松

之句(後人名其地爲上書庄在今慶州金鼇山北) 王聞而惡之，致遠即挈家隱伽倻山海印寺，與母兄浮屠賢俊及定玄禪師，結爲道友，棲遲以老，不知所終，所著文集三十卷行于世

唐藝文志又載其四六集一卷桂苑筆耕二十卷

庚申 三年(後百濟甄萱九年唐昭宗光化三年) 冬十月弓裔遣王建伐廣州忠州唐城(今南陽)槐壤(今槐山)等郡平之，賞功授阿飡○甄萱西至完山州，民迎勞之，萱自以爲得人心，謂左右曰吾原三國之始，馬韓先起，赫居後興，辰卞從之，百濟開國，傳世六百，唐與新羅合攻滅之，今予雖不德，欲雪義慈宿憤，遂都完山，定國號曰後百濟，設官分職，遣使吳越(錢氏國) 吳越王報聘，授檢校太保

辛酉 四年(後百濟甄萱十年泰封弓裔元年唐昭宗天復元年) 弓裔自稱王，謂人曰往者新羅請兵於唐，以破高句麗平壤舊都，鞠爲茂草，吾必報其讐，嘗南行至興州，見寺壁畫前王像，拔劒擊之，盖怨其生時見棄也

癸亥 六年(後百濟甄萱十二年泰封弓裔三年唐昭宗天復三年) 弓裔以錦城，西海要衝，恐爲甄萱所取，以王建爲精騎大監，率舟師攻錦城等十餘郡，次之，仍改錦城爲羅州，建分軍戍之而還

甲子 七年(後百濟甄萱十三年泰封弓裔四年唐昭宗天祐元年) 弓裔立國號曰摩震，紀元武泰，設百官，依新羅制，置廣評省備員曰匡治奈(侍中) 曰徐事(侍郎) 曰外書(員外郎) 又置兵部大龍部(倉部) 壽春部(禮部) 奉賓部(禮賓省) 義刑臺(刑部) 納貨寺(大府寺) 調位府(三司) 內奉省(都省) 禁書省(秘書省) 南廂壇(將作監) 水壇(水部) 元鳳省(翰林院) 飛龍省(太僕寺) 物藏省(少府監) 又置史臺(掌習諸譯語) 植貨府(掌栽植果樹) 障繕府(掌修理城隍) 珠淘省(掌造成器物) 又設正匡，元輔，大相，元尹，佐尹，正朝，甫尹，軍尹，中尹等品職，秋七月定都于鐵圓，移青州千戶實之○弓裔來攻尙州等三十餘邑取之，將軍弘奇以公州降，浿江道十餘邑亦降

乙丑 八年(後百濟甄萱十四年泰封弓裔五年唐昭宗天祐三年) 秋七月弓裔移都鐵圓，修宮闕樓臺，窮極奢侈，改元聖冊，分定浿西十三鎭，平壤城主黔用及甑城(今甑山) 赤衣黃衣賊等相繼降

按高句麗亡後，平壤以西鴨綠以東，不屬渤海，不屬新羅，別爲一墟，則所謂平壤城主，非句麗之餘孽，則是羅人之逋逃作賊者耳，清志所云平壤陷於

渤海者不過是影響之說也○柳氏曰是時大諲譔、與契丹相拒故鴨綠府
南界爲弓裔所奪
八月弓裔侵寇至竹嶺東北、王力不能禦、命諸城堅守勿戰、時弓裔欲并新羅、令
國人呼新羅爲滅都
丁卯十年 後百濟甄萱十六年泰封弓裔七年後梁太祖開平元年 甄萱入寇、取一善以南十餘郡○渤海王諲
譔遣子聘梁、後又遣使者三焉
己巳十二年 後百濟甄萱十八年泰封弓裔九年後梁太祖開平三年 弓裔旣得志日以驕虐、王建意不自安思
出外圖全、會弓裔以羅州爲憂、令建往鎭之、建修戰船擊光州珍島等郡拔之、推
誠撫士威惠并行、士卒畏愛咸思奮勇、敵境讋服、甄萱怒羅州投弓裔、以步騎三
千圍之、建急擊大破之、萱以小舸遁歸、弓裔錄建功爲大阿飡將軍
辛未十四年 後百濟甄萱二十年泰封弓裔十一年後梁太祖乾化元年 王嬖賤妾不恤政事、大臣殷影諫、不從
影執其妾殺之○弓裔改國號泰封、改元水德萬歲、自稱彌勒佛、頭戴金幘身被
方袍出入梵唄隨後、又自述經二十餘卷、其言皆妖妄時或正坐講說、僧釋聰謂

曰是豈可爲訓乎弓裔怒以鐵椎打殺之
壬申十五年 後百濟甄萱二十一年泰封弓裔十二年後梁太祖乾化二年 夏四月王昇遐謚曰孝恭無嗣國人立
赫居世苗裔大阿飡朴乂兼之子景暉爲王五月王追尊考爲宣聖王封妃金氏
爲義成王后后憲康王之女也
神德王名景暉姓朴氏赫居世後裔大阿飡乂兼之子在位五年
癸酉神德王元年 後百濟甄萱二十二年泰封弓裔十三年後梁末帝乾化三年 弓裔以王建屢著邊功、累堦爲波
珍粲兼侍中以召之、使其副將金言等代領水軍務而征討之事稟建行之、於是
建位冠百僚、然畏讒不樂居位、未幾復自求往羅州
乙亥三年 後百濟甄萱二十四年泰封弓裔十五年後梁末帝貞明元年 弓裔妻康氏以弓裔多行非法、正色諫之
弓裔惡之曰汝與他人奸、何耶妻曰安有此事裔曰我以神通觀之、以烈火燒鐵
杵撞其陰殺之、並其兩兒時弓裔誣構叛罪日殺數百將相遇害者十有八九、常
自言我得彌勒觀心法、能知婦人淫私、遂鍛造三尺鐵杵、有欲殺者燒之以撞其
陰烟出口鼻死、由是士女股栗怨憤日甚一日急召王建入內、怒目熟視曰聊昨

夜聚衆謀叛何耶、建笑而辨之、弓裔曰卿莫紿我、我能觀心、所以知也、我將入定而合眼負手、仰天良久、掌奏崔凝、佯墜筆、下庭取之、因趨過建、微語曰不服則危、建乃悟曰臣實、謀叛罪當死、弓裔大笑曰卿可謂直也、即以金銀粧鞍轡賜之、遂使領軍往羅州、是歲南方饑饉、建盡心救恤、人賴以活

丁丑五年（後百濟甄萱二十六年泰封弓裔十七年後梁末帝貞明三年）秋七月王昇遐諡神德太子昇英立是爲景明王

景明王名昇英姓朴氏神德王太子在位七年

戊寅景明王元年（後百濟甄萱二十七年泰封弓裔十八年是歲亡高麗太祖天授元年後梁末帝貞明四年）春二月渤海遣使如契丹（契丹太祖神冊三年）○夏六月泰封將軍洪儒、裵玄慶、申崇謙、卜智謙等立侍中王建爲王、國號高麗（或曰取山高水麗之義）建元天授、時弓裔凶虐日肆、臣僚震懼莫知所措遠近人心皆屬建、儒等四人密謀推戴、夜詣建第言曰今主上淫刑以逞、殺妻戮子、誅夷臣僚、蒼生塗炭不自聊生、自古廢昏立明天下之大義也、請公行湯武之事、建作色拒之曰吾以忠純自許、今雖暴亂敢有二心、諸將曰時難遭而易失、天與不取反受其咎、豈可違天、死於獨夫之手乎、建拒之甚堅夫 柳氏從帳中竊聽、遽出謂建曰舉義伐虐自古而然、今聞諸將議、妾猶奮發、況大丈夫乎、提甲領以被之、於是諸將扶擁而出、黎明坐於積穀之上、行君臣之禮、令人馳且呼曰王公已舉義旗矣、百姓來赴者衆、先至宮門鼓噪以待者亦萬餘人、遂即位於布政殿、弓裔聞變驚駭曰王公得之、吾事已矣、以微服出北門亡去、遁于巖谷、信宿飢甚、偷截麥穗而食、尋爲斧壤（今平康）民所害、弓裔起兵二十八年在王位凡十八年而滅、麗王策推戴功以儒等四人爲一等、其餘二千人餘人賞賜有差柳氏神惠王后也○高麗馬軍將軍桓宣吉以翊戴功爲麗王所信、率精銳備宿衛、其妻謂曰子才力過人豈可爲人下乎、宣吉心然之、遂陰結兵士伺隙、一日麗王坐殿上與學士數人議國政、宣吉與其黨五十人持兵突入、麗王策杖而立、厲聲叱曰朕雖以汝輩之力至此、豈非天乎、天命已定汝敢爾耶、宣吉見王辭色自若、疑有伏甲、與衆走出、衛士追殺之○海州人朴儒、性質直淹通經史、初仕弓裔爲東宮記室、見其政亂遯於山谷、至是來見高麗王、王曰卿之來如得傳巖渭濱之士、賜

之冠帶令叅斷國政賜姓王氏○高麗誅蘇判宗侃內將軍狄鈇二人皆諂事弓裔譖害善良者也○秋八月高麗分遣使于新羅後百濟以結和好亡何麗熊今公州運今洪州等十餘州反附于白濟麗王命前侍中金行濤爲東南道招討使以備之○高麗王以弓裔徵歛無藝改定租稅征賦其租稅用什一通法田一負取租三升

按田結字見崔孤雲文集則負束二字亦皆新羅時所已有者歟

冬十一月高麗用新羅故事設八關會於闕庭自此歲爲恒式○甄萱遣使于吳越國

己卯二年後百濟甄萱二十八年高麗太祖天授二年後梁末帝貞明五年春正月高麗移都松岳郡陞郡爲開州改鐵圓爲東州○高麗置六衛軍一曰左右衛二曰神虎衛三曰興威衛四曰金吾衛五曰千牛衛六曰監門衛後增置鷹揚龍虎二軍有戰伐則作五軍而其號有神騎神步梗弓精弩石投大角鐵水剛弩跳盪射弓發火等十一班大抵麗世兵制倣唐府兵而八衛四十二領之兵摠十二萬矣○二十契丹契丹主神冊四年修遼陽故城爲東平郡掠渤海戶以實之○三月高麗創法王王輪等十寺于都內叅謀崔凝諫曰王者雖當軍旅之時必修文德未聞依浮屠陰陽以成大業麗王以兵革未息宜順民俗求陰助不從○高麗追王三代以曾祖考爲元德大王廟號國祖祖考爲景康大王廟號懿祖考爲威武大王廟號世祖○初高麗王元年以平壤荒廢已久蕃人遊獵其間侵掠邊邑分黃今黃州鳳今鳳山海今海州白今白川鹽今延安諸州人戶居之爲大都護遣堂弟式廉守之冬十月仍築城號曰西京置官僚

按羅麗之際稱蕃稱胡者皆指渤海邊鄙人而言蓋當時東北西北兩邊只有渤海一國而已則渤海之外更無所謂蕃與胡者矣

庚辰三年後百濟甄萱二十九年高麗太祖天授三年後梁末帝貞明六年春正月王遣使聘高麗○秋九月甄萱遣使高麗獻孔雀扇智異山竹箭○冬十月甄萱率步騎一萬攻陷大良即大耶之變稱仇史二城至于進禮郡王遣阿粲金律求援於高麗麗遣兵救之萱引退始與麗有隙○初弓裔將尹瑄善騎鈴見弓裔縱虐走入北界聚衆至二千餘人居鶻巖城引黑水蕃種久爲邊患及高麗王即位瑄率衆來投麗王以北界數爲狄人所

侵反覆可虞親幸鎭撫之

按麗初所稱北界者皆指今平安西北地而言又按渤海或稱粟末靺鞨或稱黑水靺鞨則此所稱黑水蕃恐是指渤海而狄又蕃之變稱耳

辛巳四年（後百濟甄萱三十年高麗太祖天授四年後梁末帝龍德元年）春二月北胡別部達姑狄來侵路由登州（今安邊）高麗將軍堅權邀擊大破之匹馬無還者王聞之喜遣使謝麗既而麗王巡北界靺鞨黑水酋高子羅率衆投降○冬十月高麗創大興寺于五冠山（在今開城）迎入僧利言師事之

壬午五年（後百濟甄萱三十一年高麗太祖天授五年後梁末帝龍德二年）春二月契丹（契丹主天贊元年）遣使聘高麗○秋七月溟州將軍順式叛降于高麗麗王賜姓王氏自是眞寶城下枝縣（山名在今豐）安東命旨城碧珍郡等亦第附麗者甚衆○冬十一月高麗王幸西京自是每歲末巡幸以爲常

癸未六年（後百濟甄萱三十二年高麗太祖天授六年後唐莊宗同光元年）夏六月吳越國文士朴巖投高麗○秋七月高麗遣倉部侍郞金樂聘後唐

甲申七年（後百濟甄萱三十三年高麗太祖天授七年後唐莊宗同光二年）春正月渤海侵契丹○夏五月契丹（契丹主天贊三年）太祖阿保機徙薊州民實遼州地渤海又攻遼州殺其刺史張秀實仍掠民以歸時東北諸部皆服屬契丹而渤海獨否阿保機謀入唐恐渤海掎其後乃先擧兵攻其西鄙不克而還○六月甄萱遣子須彌康良劍等攻高麗曹物郡不克而歸○王昇遐母弟魏膺立是爲景哀王○是歲渤海王諲譔遣其姪學堂親衛元兼入後唐試國子監時渤海文士登中國進士第者十數人

按渤海王諲譔時有高元固者以賓貢入唐嘗訪唐進士徐寅於閩中爲道本國人以金書寅所作斬蛇劍等三賦列爲屛障寅喜而贈詩亦一古蹟也故附之于此

景哀王名魏膺姓朴氏景明王母弟在位三年

乙酉景哀王元年（後百濟甄萱三十四年高麗太祖天授八年後唐莊宗同光三年）春三月高麗城東有蚯蚓出長七十尺○渤海王遣政堂省守和部少卿賜紫金魚袋裴璆朝後唐唐授璆贊善大夫○秋九月渤海將軍申德與其屬五百人奔高麗

按申德之外是年九月渤海臣禮部卿大和均司政大元均工部卿大福謩左右衛將軍大審理等率民一百戶奔高麗十二月渤海左首衛小將冒豆干檢校開國男朴漁二人亦率民一千戶奔麗豈皆其知國之將亡而逃之者歟

冬十月高鬱府(或曰今蔚山)將軍能文率士卒投高麗麗王以其城近王都勞慰還之○高麗以大匡庾黔弼爲征西大將軍攻百濟黔弼至燕山鎭(今文義)殺將軍吉奐又攻任存郡殺獲三千餘人麗王親帥師繼之至曹勿郡遇甄萱與戰萱兵銳甚未決勝負麗王欲相持以老其師黔弼引兵來會兵勢大振萱懼乞和以外甥眞虎爲質麗王亦以堂弟信交質王聞之遣使告曰甄萱反覆多詐不可和親麗王然之○十一月耽羅納貢于高麗○十二月甄萱取居昌等二十餘城遣使如唐稱藩唐策授檢校太尉兼侍中判百濟軍事○契丹主(契丹主天贊四年)大舉伐渤海圍月國夫餘府

丙戌二年(後百濟甄萱三十五年高麗太祖天授九年後唐明宗天成元年)春正月契丹(契丹主天顯元年)陷渤海夫餘城守將死之契丹又別攻東平府破之渤海王諲譔使老相統兵三萬禦之敗降契丹太子倍與斜涅赤等進圍忽汗城王請降契丹主駐軍城南居三日王素服藁索牽羊率臣僚三百餘人出降契丹主禮而遣之既而王復城守斜涅赤等復攻破之契丹主入城王請罪馬前契丹主以兵衞王及王族以出於是安邊鄚頡南海定理四府節度使皆降于契丹契丹主乃改渤海國爲東丹忽汗城爲天福冊太子倍爲人皇王以主之以皇弟迭剌爲左大相老相爲右大相渤海降臣司徒大素賢爲左次相耶律羽之爲右次相以佐之後羽之言素賢貪墨黜之三月安邊鄚頡定理三府復城守契丹遣將安端攻定三府安邊將二人死之契丹主遂班師以王擧族行渤海自太祖至諲譔凡歷年二百二十八年而國破焉渤海雜有高句麗契丹之俗土地肥饒其水陸珍奇之產有柵城之豉夫餘之鹿鄚頡之豕率賓之馬顯州(即顯德府)之布沃州之綿龍泉之紬位城之鐵盧城之稻湄沱湖之鯽太白山之菟南海之昆布其果則有丸都之李樂游之梨皆曾見稱於當時

淵泉洪氏渤海世家曰高句麗之既亡也新羅之地北限泥水福渤海之疆

僅踰鴨綠當是之時淸川以南大同之北曠然無人跡者累數百里而兩國之疆理不一及焉此其可疑者一也三國之際交爭無虛日高句麗百濟雖亡而新羅與渤海相接兩國之民交股而立其勢非以玉帛日交則以干戈日相尋矣然而東國之史絕無與渤海相往來者此其可疑者二也當新羅之未亡而王氏之未興契丹猶未橫渤海猶無恙也而弓裔之兵遽及於浿水以西十數鎭渤海之人拱手而讓千里之地曾不聞以一鏃相支吾此其可疑者三也愚按此論甚好而其第二段絕無往來云者偶失考覈爾

夏四月後百濟質子眞虎病死於高麗麗王送其喪甄萱謂麗殺之遂殺王信進軍熊津麗王命諸城堅壁不出王遣使于麗曰甄萱違盟擧兵天必不佑若大王奮一鼓之威萱有不敗乎麗王謂使者曰吾非畏萱俟其惡盈而自僵耳先是萱遣絕影島驄馬一匹于麗後聞讖云絕影名馬至百濟亡乃悔之使人請還其馬麗王笑而許之○五月渤海南海定理二府復城守契丹大元帥堯骨擊平之秋七月渤海鐵州刺史衞均亦據城抗契丹堯骨又攻拔之○契丹主衞送渤海降王大諲譔于臨潢遼地築城以居之賜王名曰烏魯古王后名曰阿里只烏魯古阿里只者契丹主及皇后受王降時所乘馬名也因以其馬賜王及后未幾丹主死渤海人復立王弟爲王攻圍夫餘城不克○渤海旣破獨長嶺府堅守久不下八月契丹將康默記等攻下之○渤海王諲譔時有烏光贊者入唐登第名在新羅人崔彥撝下光贊父宰相烏炤度時以使在唐見之表請云臣昔年入朝登第名在李同之上今臣子光贊宜居彥撝上唐朝以彥撝才學優贍不許○渤海人有高模翰者一名松有膂力善騎射好讀兵忽汗城破避地高麗麗王妻以女後因罪亡之遼屢立戰功官至中臺省左相

渤海考曰按唐藝文志有張建章渤海國記三卷宋史太祖問趙普拜禮何以男子跪而婦人不跪普問禮官不能對王沔孫貽孫以鎭遼稱曰自唐武后朝婦人始拜而不跪太和中幽州從事張建章著渤海國記備言其事普大稱之其書今不傳然其西遊中國東使日本而奔高麗散見於諸史者苟多三百年文獻猶有可徵者所以稱海東盛國也

丁亥三年(後百濟甄萱三十六年高麗太祖天授十年後唐明宗天成二年)春正月高麗王自將伐後百濟,王出兵助之,擊龍州(今龍宮)降之○三月渤海工部卿吳興與其屬五十人奔高麗,又有僧戴雄者,亦以其徒六十人奔于麗,自是以後渤海人歸麗者殆無虛歲矣○秋八月高麗王又徇康州(今晉州)下之,於是百濟諸城歸麗者多矣○九月甄萱攻高麗近品城(今尙州地)燒之,進逼郊畿,王遣使告急于麗,麗王使侍中公萱等將兵一萬赴之,未至,萱以輕兵猝入都城,時王出遊鮑石亭置酒娛樂,忽聞兵至,倉卒不知所爲,走匿城南離宮,萱遂入處王宮,索王置軍中,逼令自盡,强辱王妃,縱其下亂其嬪妾,立王表弟文聖王裔孫伊飡金孝宗之子傅爲王,盡取子女百工兵仗珍寶以歸,麗王聞之,遣使吊祭,親率精騎五千,邀萱於公山(今大丘)桐藪,戰不利,萱兵圍麗王甚急,麗大將申崇謙,貌類麗王,進曰臣請誑敵,乃使麗王匿於藪中,代乘其車,與將軍金樂力戰死之,諸軍敗北,麗王僅以身免,崇謙(光海州今春川)人,長大勇猛,常從麗王征伐有功,後諡壯節,配享麗王廟庭

敬順王名傅,姓金氏,文聖王裔孫,伊飡孝宗子,在位八年

戊子敬順王元年(後百濟甄萱三十七年高麗太祖天授十一年後唐明宗天成三年)先是吳越王聞甄萱與高麗搆兵,遣班尙書勸萱與麗釋憾,萱使崔承祐製書,道其意以送于麗,辭頗倨傲,春正月麗王答書諭以禍福○秋七月渤海人隱繼宗等投高麗,麗王引見於天德殿,繼宗等三拜,人謂失禮,大相含弘曰失土人三拜,古之禮也

己丑二年(後百濟甄萱三十八年高麗太祖天授十二年後唐明宗天成四年)夏六月天竺僧三藏至高麗,麗王備儀迎之

庚寅三年(後百濟甄萱三十九年高麗太祖天授十三年後唐明宗長興元年)甄萱自公山捷後,數侵高麗,麗兵多敗,去年十二月萱以兵圍麗古昌郡(今安東),麗王自將救之,春正月次禮安,與諸將議曰戰而不利,將如之何,大相公萱、洪儒等曰脫或不利,不可從竹嶺還,宜預修間道,黔弼曰今臨敵不戰,先慮折北,何也,若不急救,以古昌三千餘衆拱手與敵,豈不痛哉,臣願進軍急擊,麗王從之,進次古昌之甁山,萱軍石山(在甁山南)相去五百步許,麗王遂與萱戰,日暮,黔弼引輕兵自猪首峯奮擊,萱兵大潰,死者八千人,萱僅身走,麗王入城謂黔弼曰今日之捷,卿之功也,以古昌郡城主金宣

平爲大匡、權幸張吉爲大相、幸本姓金、以其達權歸順、賜姓權、於是松生(今靑松)河曲(在今安東)等三十餘郡縣、東邊沿海溟州等百十餘城、相繼降于麗、麗以捷告、王遣使報聘○秋八月、芋陵島(卽于山國)遣使貢方物于高麗○冬十二月、高麗王幸西京命秀才廷鶚留、爲書學博士、別創學院、聚六部生徒以敎授之、兼置醫卜二業、賜綵帛與穀以勸之

辛卯四年(後百濟甄萱四十年高麗太祖天授十四年後唐明宗長興二年)先是王遣使請高麗王相見、麗王許之春二月以五十騎至、王宴于臨海殿、酒酣、王曰小國不天、爲甄萱摽喪、何痛如之泫然泣下、麗王亦流涕慰藉之、因留數旬而還、麗王之初至肅隊而行、秋毫不犯都人士女擧手相慶曰昔甄氏之來也如逢豺虎、今王公之至也如見父母○高麗王置安北府(今安州)及剛德鎭(今成川)以元尹平奐爲鎭頭、謂有司曰北蕃、人面獸心、飢來飽去、見利忘恥、今雖服事、向背無常、宜於所過州鎭、築館城外待之

壬辰五年(後百濟甄萱四十一年高麗太祖天授十五年後唐明宗長興三年)夏四月高麗西京民家雌鷄化爲雄○冬十一月高麗前內奉卿崔凝卒、凝黃州土山人通五經善屬文曉達吏事、時譽洽然、及卒年三十五、麗王慟悼、累贈太子太保、謚熙愷、後配享麗王廟廷○高麗遣使聘後唐

癸巳六年(後百濟甄萱四十二年高麗太祖十六年後唐明宗長興四年)春三月唐遣使至高麗○高麗停年號○夏五月高麗王聞後百濟刼掠阿弗鎭(今蔚山)等處、慮侵及新羅國都、命庾黔弼往救之、黔弼選壯士八十人赴之、旣涉槎灘、遇百濟王子神劒等、濟軍見黔弼部伍精銳、不戰自潰、黔弼至王都、老幼迎拜泣曰、微大匡、吾其爲魚肉乎、黔弼留七日而還、遇神劒於子道、與戰大克、擒其將七人、殺獲甚多、凱還、麗王下殿執手勞之、先是黔弼遇讒流鵠島、及百濟侵大牛島、麗戰不利、黔弼自島上書曰臣雖負罪在貶、願選本島丁壯以禦賊、麗王見書泣曰信讒逐賢、予不明也、卽召爲征南大將軍、守義城府、至是立功

甲午七年(後百濟甄萱四十三年高麗太祖十七年後唐潞王淸泰元年)秋七月故渤海國世子大光顯率衆數萬投高麗、麗王賜光顯姓名曰王繼、附之宗籍、特授元甫(官名)守白州(今白川)以奉其祀仍賜僚佐爵、軍士田宅、有差、于是渤海之地或入契丹或入女眞(見下)高麗亦頗得

其南境而其舊部之遠於契丹者往往復興而稱王矣

高麗史太祖十一年三月渤海人金神率六十戶來投七月渤海人大儒範率民來附十二年六月渤海人洪見以船二十艘載人物來附九月渤海人正近等三百餘人來投十七年十二月渤海人陳林率一百六十人來附二十一年渤海人朴昇率三千餘戶來投○丁氏曰按此世子未必是諲譔之子或是諲譔之弟權立爲王至是又敗而其世子來奔也又曰按此渤海人來投其宗室卿大夫朝官來者皆自其上京忽汗城來則從我北道來也其餘或自鴨水來也然此時高麗疆土北不過咸興西不過薩水其外猶是渤海故疆其來附之後安插之地不可詳也渤海之跡既亡既沉而東女眞西女眞東蕃西蕃之名興焉

九月高麗王自將伐後百濟屯運州甄萱簡甲士五千至曰兩軍相鬪勢不俱全宜結和親各保封境麗王會諸將議之右將軍庾黔弼曰今日之勢不容不戰願王觀臣等破敵勿憂也遂乘萱未陣以勁騎數千突擊之斬獲三千餘級百濟能津以北三十餘城聞風自降

乙未八年(是歲新羅亡後百濟甄萱四十四年高麗太祖十八年後唐潞王淸泰二年)初甄萱有子十餘人第四子金剛身長多智萱特愛之欲傳位其兄神劍良劍龍劍等相與憂悶伊飡能奐知之欲因而圖利時良劍爲康州都督龍劍爲武州都督獨神劍在萱側乃使人往二州與良劍等陰謀春三月與波珍飡英順等勸神劍幽萱於金山佛寺(在今金溝)遣人殺金剛於是神劍自稱王赦境內頒敎夏六月萱飲醉守卒與季男能乂等奔羅州遣人請見於高麗王麗王喜遣庾黔弼等迎之及至待以厚禮以萱十年之長尊爲尙父授館南宮位百僚上賜楊州爲食邑○冬十月王以四方土地盡爲他有國勢孤弱乃與羣下謀降于高麗王子(失其名)諫曰國之存亡自有天命當與忠臣義士收合人心以死自守力盡而後已豈宜以一千年社稷一朝輕以與人王曰既不能强又不能弱使無辜之民肝腦塗地吾所不忍也乃使侍郎金封休賫書請降於麗王子哭泣辭王徑入皆骨山(今金剛山)倚巖爲屋麻衣草食以終其身麗王受書以報十一月王率百僚發王都香車寶馬連亘三十餘里至麗麗王出郊迎

勞館于柳花宮以長女樂浪公主妻之拜爲樂浪王政丞位在太子之上歲給祿一千石除新羅國爲慶州仍爲其食邑新羅五十五王朴氏十王昔氏八王金氏三十七王共九百九十二年而亡朴氏金氏至今爲顯族○自金雲卿登唐賓貢科其後唐季多恩授至于末年登科者凡五十八人五代梁唐之際亦至三十二人其表表知名者如崔利貞金叔貞朴季業金允夫金立之朴亮之李同金可紀崔贇金茂先楊穎崔渙崔匡裕崔致遠崔承祐崔彥撝金紹遊朴仁範金渥金文蔚元傑王巨仁金垂訓等或以禮學稱或以文章鳴而致遠彥撝承祐其尤著者也

按三國之地據丁洪二家之說而參以已見今京畿之南曰忠淸又其西南曰全羅皆古馬韓地也其東南曰慶尙古辰韓弁韓地也其西北曰黃海平安與京畿皆古樂浪臨屯地也其東曰江原蓋亦臨屯地而濊貊多焉其東曰咸鏡古玄菟地也新羅有辰韓弁韓地西北至馬韓東境(今礪恩等地)東北至濊貊百濟有馬韓地西北跨臨屯至樂浪南境(今新溪等地)高句麗據樂浪臨屯玄菟夫餘之地西北至于遼東東南侵過漢水(今漢南諸郡及淸州等地)極于竹嶺龐峴此其大略也姑錄之以備初學之便覽

附新羅屬國(已見於本紀者不錄)

昌寧駒令二國并今安東地召羅國亦安東地或曰今黃澗是三國見於輿地書而其事無傳

歷史輯略卷五終

歷史輯略卷六

花開金澤榮于霖撰

高麗紀

太祖神聖王姓王氏名建字若天漢州松嶽郡人金城太守隆之長子在位二十六年統一爲八年壽六十七

丙申 高麗太祖十九年（後百濟神劍元年是歲亡後晉高祖天福元年）夏六月甄萱請於王曰老臣遠涉滄海來投聖化願仗威靈以誅賊子王憐而從之先遣正胤（太子之稱）武將軍朴述熙領步騎一萬趣天安府秋九月自將三軍繼至天安合兵進次一善（今善山）郡神劍以兵逆之王分部諸將令甄萱述熙及大相堅權等領騎兵大將軍能達奇言等領步軍爲左綱大相金鐵洪儒朴守卿等領騎兵大將軍王順俊良等領步軍爲右綱溟州大匡王順式大相兢俊等領騎兵大相庾黔弼領黑水鐵勒諸蕃勁騎大將貞順哀珍宗熙等領步軍爲中軍又使大相公萱等領步騎爲援四軍合七萬八千餘人鼓行而前百濟將士望風而降王知神劍在中軍令公萱直擣之三

軍齊進奮擊、斬首五千七百餘級、乘勝逐北、至黃山炭嶺(今在連山郡)神劍與其弟良劍
龍劍及能奐等文武官僚來降、王乃數能奐罪誅之、流良劍龍劍于眞州(今鎭岑)尋
殺之、以神劍爲人所脅、罪輕二弟、且又歸命、特免死賜官、於是萱憂懣發疽、數日
卒于黃山佛舍、後百濟自甄萱僭號、凡四十五年而亡、王還都、御威鳳樓受文武
官及百姓朝賀、製政誡頒中外

按密陽誌云、密城人孫兢訓佐高麗太祖討平神劍、以勳封三重大匡司徒
壁上功臣廣理君、至今郡人塑祀于推火山、而其佐討之本末不可詳

冬十二月、大匡裴玄慶卒、玄慶慶州人、膽力過人、起於行伍、王之東征西討也、功
居多焉、疾篤、王親臨問疾、及卒賜諡武烈、後配享太祖廟庭○創廣興彌勒開泰
等寺、先是崔凝請除佛法、王曰、新羅之季、佛氏之說、入人骨髓、以爲死生禍福皆
佛所爲、今三韓甫一、人心未定、若遽除佛法、必生反側矣

丁酉 二十年(後晋高祖天福二年) 夏五月、政丞金傅獻新羅眞平王玉帶、命藏于物藏○遣王
規如後晋賀登極

戊戌 二十一年(後晋高祖天福三年) 春三月、西天竺僧弘梵來、王備法駕迎之○新羅末有李
忩言者、保碧珍郡、安集人民、遣使請降、王厚遇之、授本郡將軍、忩言感激、鍊兵峙
糧、以孤城介於羅濟必爭之地、屹然爲東南聲援、秋七月卒○築西京羅城○冬
十二月、毛羅國世子末老來朝、賜星主王子等爵號

己亥 二十二年(後晋高祖天福四年) 後晋遣使來、自是往來以爲常

庚子 二十三年(後晋高祖天福五年) 春三月、改州府郡縣號○是歲初定役分田法、自朝臣王
軍士、視人性行功勞、給之有差

辛丑 二十四年(後晋高祖天福六年) 夏四月、大匡庾黔弼卒、黔弼有將略、得士卒心、每出征受
命即行、不宿於家、所至有功、終始寵遇、諸將莫及、諡忠節、後配享太祖廟庭

壬寅 二十五年(後晋高祖天福七年) 冬十月、契丹(契丹主會同五年)遣使送橐駝五十匹、王以契丹嘗
與渤海連和、忽生疑貳、背盟殄滅、此甚無道、不可遠結爲隣、遂絶交聘、流其使三
十人于海島、繫橐駝萬夫橋下、皆餓死

癸卯 二十六年(後晋高祖天福八年) 夏四月、王親述訓要十條、一國家大業、必資諸佛護衛之

力二諸寺院、自道詵占定外、不得妄有創造、三國家大統、凡元子不肖與次子、次
子不肖與兄弟中衆下推戴者、四道唐禮樂文物、勿效契丹、五西京水德調順、宜
當四仲巡駐、以致安寧、六燈以事佛、八關以事天靈山川龍神、不可加減、七從諫
遠讒、使民以時、輕徭薄賦、知稼穡之艱難、八車峴以南地勢背逆、人心亦然、不宜
使其人在位用事、九祿有功、養兵卒、十周公無逸一篇、宜當圖揭、出入觀省、召大
匡朴述熙親授之、使後嗣後王、傳以爲寶○五月王疾大漸、命學士草遺詔、文成
王不復語、左右失聲大哭、王笑曰浮生自古然矣、言訖有頃而昇遐、太子武卽位
上諡曰神聖、廟號太祖、葬顯陵、以遺命喪葬園陵制度、依漢文帝故事、悉從儉約
武莊和王后吳氏出也、初太祖之出鎭羅州也、過木浦(今在務安)幸吳生武、後欲立武
爲嗣、以其母側微、恐不得立、乃以故笥盛柘黃袍、賜吳、吳以示大匡朴述熙、述熙
揣知太祖意、請之、遂立武爲嗣、后義和王后林氏、大匡曦之女也
惠宗義恭王名武字承乾太祖長子在位二年壽三十四
甲辰 惠宗元年(後晉出帝開運元年) 冬十二月翰林院令平章事崔彥撝卒、彥撝初名愼之、在

新羅時年十八入唐登科、四十二還國、及太祖開國、來歸焉、太祖命爲太子師傅、
委以文翰之任、一時貴遊皆師事之
乙巳 二年(後晉出帝開運二年) 初太祖納大匡王規女、生廣州院君、于是規以王無子、圖立院
君爲嗣、忌王弟堯昭二人、譖於王將殺之、王知其誣、乃以太祖女長公主、妻昭用
强其勢、公主從母姓、稱皇甫氏、後凡娶同姓者、皆諱稱外家之姓○秋九月王昇
遐、諡曰義恭、廟號惠宗、葬順陵、弟堯卽位、后大匡朴英規女也、是爲文恭王后、惠
宗之昇遐也、王規矯王命、殺朴述熙、將作亂、會西京大匡王式廉引兵至、執規竄
甲串(今在江華)追斬之、蓋王知規將反、預與式廉謀應變也
定宗文明王名堯字義天太祖第二子母神明王后劉氏在位四年壽二
十七
丙午 定宗元年(後晉出帝開運三年) 王奉安佛舍利于開國寺、步行十里所、又以穀七萬石、納
諸寺院、各置佛經、以勸學法者
丁未 二年(後晉出帝開運四年) 先是崔彥撝子光胤、遊學入晉、爲契丹所虜、以才見用、至是知

契丹將侵我爲書以報王命有司選軍三十萬號光軍司以備之○是歲契丹改國號曰遼

戊申三年(後漢高祖乾祐元年)秋九月東女眞蘇無盖等來獻馬七百匹及方物女眞者渤海之種也渤海之亡其民始去靺鞨之名稱爲女眞契丹慮爲後患徙其豪右數千家於遼陽而著籍焉使不得與本國相通號熟女眞卽我所稱西女眞也其在本國不籍契丹者號生女眞卽我所稱東女眞也大抵生女眞之地在長嶺(白頭山大幹)之東豆滿江之南北熟女眞之地在長嶺之西鴨綠江之北然其在西而不籍於契丹者西亦生也自太祖以來每以二邊爲憂防禦甚備至是東女眞始來輸款而其族之降叛無常矣

按女眞世或稱黑水靺鞨之種然以麗史考之吉州迤北昌城迤西所謂東西北面之地皆女眞巢窟而其地卽古渤海國南東西京之地也此何涉於黑水乎蓋女眞以渤海遺民始起吾土漫及黑水而後人遂或認爲黑水歟

○柳氏曰渤海亡高麗興西北以安北府爲界東北以都連浦爲界(下幷見)而其外皆爲女眞之區成宗時始逐西女眞收鴨綠江以南地置州鎭都連浦以北女眞依舊盤據稱曷懶甸金之所起也元初置合蘭府進據和州之雙城號爲高麗女眞界首及其季世雙城爲高麗所破而我 國家龍興太祖大王恢拓疆宇 世宗大王撻伐野人布置六鎭以豆滿江爲界然後渤海之龍原南海率賓府等地皆入於版圖

己酉四年(後漢隱帝仍稱乾祐二年)春三月王昇遐諡曰文明廟號定宗葬安陵先是王信圖讖將移都西京發丁營宮闕及昇遐役夫聞而喜躍母弟昭卽位后皇甫氏太祖女也是爲大穆王后

光宗大成王名昭字日華定宗母弟在位二十六年壽五十一

庚戌光宗光德元年(後漢隱帝乾祐三年)春正月大風拔木王問禳災之術司天奏曰莫如修德王自是常讀貞觀政要○建元光德

辛亥二年(後周太祖廣順元年)刱奉恩寺于城南爲太祖願堂○冬十二月停年號

壬子三年(後周太祖廣順二年)春遣使聘周

癸丑 四年 後周太祖廣順三年 春周遣使來自是往來以爲常

甲寅 五年 後周世宗顯德元年 渤海人崔烏斯與其屬三十二人投于周崔烏斯亦名烏斯羅

丙辰 七年 後周世宗顯德三年 周遣使來仍勸我百官衣冠從中國制○初箕子設禁令民相盜者沒入爲其家奴婢我邦奴婢之法盖始於此士族之家世傳而使者曰私奴婢官衙州郡所使者曰公奴婢太祖剏業之初將士本無奴婢者或從軍得俘或貨財買之太祖嘗欲放俘爲良而慮動功臣之意許從便宜至是始令按驗奴婢辨其是非功臣等莫不嗟怨王后切諫不聽

戊午 九年 後周世宗顯德五年 夏五月始行科擧法命翰林學士雙冀知貢擧冀本仕周爲大理評事隨周使東來引對稱旨王愛其才請於周留而擢用至是用其議置科擧而仍令主之以詩賦頌及時務策取進士兼取明經醫卜等業賜崔暹等及第自是文風始興

己未 十年 後周世宗顯德六年 遣使臣王兢如周冬兢還雙冀之父哲時爲淸州守聞冀有寵於王隨兢而來王拜爲佐丞自冀用事以來王厚待投化漢人 日本國語指中國曰漢或曰唐 前

後擇取臣僚第宅及女子與之者甚多內議令徐弼奏曰臣居第稍寬願以獻焉王問其故對曰今投化之人擇官而仕擇屋而處世臣故家反多失所臣愚誠爲子孫計宰相居第非其有也及臣之存請取之臣以祿俸之餘更營小第庶無後悔王怒然卒感悟不復奪臣僚第宅

庚申 十一年 宋太祖建隆元年 定百官公服元尹以上紫衫中壇卿以上丹衫都航卿以上緋衫主簿以上綠衫○改開京爲皇都西京爲西都○評農書史權信譖大相俊弘佐丞王同等謀逆王信之貶二人自是讒佞得志誣陷忠良人人畏懼莫敢偶語

辛酉 十二年 宋太祖建隆二年 修宮闕極壯麗時王奢縱無度一歲所用十倍於太祖之世

壬戌 十三年 宋太祖建隆三年 冬遣使聘宋

癸亥 十四年 宋太祖乾德元年 冬十二月宋遣使來自是往來以爲常

甲子 十五年 宋太祖乾德二年 秋八月司徒朴守卿卒守卿性勇烈多權智爲太祖將屢以奇計敗甄萱及定宗卽平內難功又居多至是三子被讒下獄憂恚而卒

乙丑 十六年 宋太祖乾德三年 秋七月內議令徐弼卒弼利川人性通敏以吏事進王嘗賜
弼臣王威敏皇甫光謙及弼金酒器弼獨不受曰臣謬居宰輔已叨寵恩又賜金
器愈懼踰分且服用明等褒奢儉關理亂臣用金器君將何用後因進見言曰願
上莫賞無功無忘有功王嘿然翌日遣近臣問有功無功者爲誰弼對曰有功者
元甫式會是也無功者若藂是也其譽謂如此諡貞敏後配享光宗廟庭
戊辰 十九年 宋太祖開寶元年 創弘化遊巖三歸等寺以僧惠居爲國師坦文爲王師王信
讒多殺內懷疑懼欲消罪惡廣設齋會無賴之徒詐爲出家以求飽飫者不可勝
數列置放生所禁斷屠殺至於內膳亦買市廛以進
庚午 二十一年 宋太祖開寶三年 渤海遺族定安王烈萬華因女眞使上表獻裘于宋
乙亥 二十六年 宋太祖開寶八年 夏五月王昇遐諡曰大成廟號光宗葬憲陵太子伷卽位
后金氏傳之女也是爲獻肅王后○冬十月加政丞金傅爵爲尙父○加上六代
尊號

景宗獻和王名伷字長民光宗長子在位六年壽二十七

丙子 景宗元年 宋太宗太平興國元年 王嘗許先朝被讒人子孫復讐冬十一月執政王詵以
私怨矯殺太祖子天安府院郞君王乃放詵于外仍禁擅殺復讐○始定職散官
田柴科因太祖舊制以人品定之紫衫以上作十八品文武丹衫以上作十品餘
皆有品隨品以給田柴身沒并納之於公惟府兵年滿二十始受六十而還明年
又置功蔭田柴自五十結至二十結
戊寅 三年 宋太宗太平興國三年 夏四月政丞新羅降王金傅卒諡敬順傅子孫貴盛當時罕
比
己卯 四年 宋太宗太平興國四年 宋太宗自將伐遼平晉陽移兵幽州渤海人大鸞河率小校
李勣等十六人部族三百騎投降太宗以爲渤海都指揮使○渤海人數萬來投
辛巳 六年 宋太宗太平興國六年 秋七月王疾彌留召太祖第七子旭之第二子開寧君治內
禪遺詔服紀依漢制以日易月越二日昇遐諡曰獻和廟號景宗葬榮陵開寧君
卽位后劉氏光宗女是爲文德王后○渤海遺族有琰府王者國於烏舍城淸渝
府時宋太宗將大擧伐遼 遼主乾亨三年 遣使賜王詔令發兵以應曰王若助狄滅遼朔

漢之外富溢與土又議定安國王烏玄明使一時同舉爲犄角之勢玄明亦恐遼侵伐不已欲依宋師以攄宿忿會冬十月女眞使朝宋泛海由沙門島而路經定安(柳云常在今興京縣風城等處)玄明乃托其使付表于宋自言臣本以高麗舊壤渤海遺黎保據方隅涉歷星紀頃歲契丹入寇境土臣祖考受命不降與衆避地僅存生聚以迄于今而又夫餘府昨背契丹幷歸本國災禍將至無大於此所宜受天朝之密畫率勝兵而致討必欲報敵不敢違命太宗優詔答之

定安王表曰定安國王臣烏玄明言伏遇聖主洽天地之恩撫夷貊之俗臣玄明誠喜誠抃頓首頓首臣本以高麗舊壤渤海遺黎保據方隅涉歷星紀仰雨露鴻均之德蒙浸漬無外之澤各得其所以遂本性而頃歲契丹恃其强暴入寇境土攻破城砦俘略人民臣祖考守節不降與衆避地僅存生聚以迄于今而又夫餘府昨背契丹幷歸本國災禍將至無大於此所宜受天朝之密畫率勝兵而致討必欲報敵不敢違命臣玄明誠懇誠願頓首頓首元興(恐是定安年號)六年十月日定安國王臣玄明表上聖皇帝前

十一月追尊考旭爲王祔太廟號戴宗○王以八關雜技不經且煩擾悉罷之

成宗文懿王名治字溫古太祖第七子旭之第二子在位十六年壽三十八

壬午成宗元年(宋太宗太平興國七年)初太祖開國因新羅泰封之制其官號或雜方言旣而略倣唐制立三省六尙書九寺等官春三月大加更改以內議省爲內史門下廣評省爲御史部省其餘諸官司多有刱定內有省部臺院寺司館局外有牧府州縣官有常守位有定員於是一代之制始備矣○夏六月制曰朕新摠萬幾恐有闕政其京官五品以上各上封事論時政得失上柱國崔承老上二十六條其一曰我國家統三以來四十七年士卒未得安枕粮餉未免糜費者以西北隣於戎狄而防戍之所多也願聖上以此爲念夫以馬歇灘(疑今淸川江)爲界者太祖之志也鴨江邊石城爲界者契丹之所定也乞將此兩處斷於宸衷擇要害以定疆埸選土人能射御者充其防戍又選其中二三褊將以統領之則京軍免更戍之勞芻粟省飛輓之費矣其一曰竊聞聖上爲設功德齋或親碾茶或親磨麥臣愚深惜

聖體之勤勞、此弊始於光宗、崇信讒邪、多殺無辜、惑於浮屠報果之說、欲除罪業、
浚民膏血、多作佛事、供僧施丐、放生禁殺、御廚肉膳、市買以獻、至令大小臣民擔
負米穀柴炭、施與中外道路者、不可勝紀、然而旣信讒慝、視人如草莽、誅殺者堆
積如山、當是時、子背父母、奴婢叛主、諸犯罪者、變形爲僧、赴齋者雖多、有何利益、
今聖上在位、所行之事、與彼不同、但此數事、只勞聖體、無所得利、願正君王之體、
不爲無益之事、其一曰我朝侍衛軍卒、在太祖時、但充宿衛宮城、其數不多、及光
宗信讒、誅責將相、自生疑惑、增益軍數、簡選州郡有風彩者、入侍、皆食內廚、時議
以爲繁而無益、至景宗時、雖稍減削、其數尙多、伏望遵太祖之法、但留驍勇、餘悉
罷遣、則人無怨嗟、國有儲積、其一曰凡佛寶錢穀、諸寺僧人、各於州郡、差人句當、
逐年取息、勞擾百姓、請皆禁之、以其錢穀、移置寺院、則民弊稍減矣、其一曰王者
之理民、非家至而日見之、故分遣守令、往察百姓利害、我聖祖統合之後、欲置外
官、蓋因草創、事煩未遑、今竊見鄕豪、每假公務、侵暴百姓、民不堪命、請置外官、雖
不得一時盡遣、先於十數州郡、并置一官、官各設兩三員、以委撫字、其一曰伏見

聖上遣使、迎僧如哲、入內、臣愚以爲哲果能福人者、其所居水土、亦是聖上之有、
朝夕飮食、亦是聖上之賜、必有圖報之心、每以祝釐爲事、何煩迎致、然後施福耶、
曩者有善會者、規避徭役、出家居山、光宗致敬盡禮、卒之善會暴死道傍、如彼庸
僧、身且取禍、何暇福人、請放哲還山、免致善會之譏、其一曰新羅之時、公卿百僚
庶人衣服、各有品色、庶人不得服文彩、所以別貴賤、辨尊卑也、由是公襴雖非土
產、百僚自是用之、自太祖以來、勿論貴賤、任意服着、夫我國文彩之物、皆非土產、
而人人得服、則恐於他國使臣迎接之時、百僚禮服、不得如法、以取耻焉、乞令百
官朝會、一依新羅之制、庶人不得着文彩紗縠、其一曰臣聞僧人往來郡縣、止宿
舘驛、鞭撻吏民、責其供億、吏民疑其銜命、畏不敢言、弊莫大焉、自今禁僧徒止宿
舘驛、以除其弊、其一曰華夏之制、不可不遵、然四方習俗、各隨土性、似難盡變、其
禮樂詩書之敎、君臣父子之道、宜法中華、以革卑陋、其餘車馬衣服制度、可因土
風、不必苟同、其一曰諸島居民、以其先世之罪、生長海中、土無所食、活計甚難、光
祿寺徵求無時、日至窮困、請從州郡之例、平其貢役、其一曰我國春設燃燈、冬開

八關、廣徵人衆、勞役甚煩、願加減省、其一日易曰聖人感人心而天下和平、語曰無爲而治者其舜也歟、夫何爲哉、恭己正南面而已、聖人所以感動天人者、以其有純一之德無私之心也、若聖上執心撝謙、常存敬畏、禮遇臣下、則孰不竭心力、進告謨猷、退思匡贊乎、此所謂君使臣以禮、臣事君以忠者也、願聖上日愼一日、不自驕滿、接下思恭、倘或有罪者、輕重并論如法、則太平之業可立待也、其一日昔晋德衰而欒郤、胥原、狐續、慶伯、降在皂隸、我三韓功臣子孫、每有旨必云褒錄、而未有受爵者、混於皂隸、光宗末年誅戮廷臣、世家子孫未得承家、請隨其功臣等第、錄其子孫、量授階職、則寃屈得伸矣、其一日崇信佛法雖非不善、然帝王士庶之爲功德、事實不同、若庶民所勞者自身之力、所費者自己之財、害不及他、帝王則勞民之力、費民之財、昔梁武帝以天子之尊修匹夫之善、人以爲非者以此、臣聞人之禍福貴賤、皆稟於有生之初、當順受之、況佛敎者只種來生之因果、鮮有益於見報、理國之要恐不在此、且三敎各有所業、而行之者不可混而一之也、行釋敎者修身之本、行儒敎者理國之源、修身是來生之資、理國乃今日之務、

今日至近、來生至遠、舍近求遠、不亦謬乎、人君惟當一心無私、普濟萬物、何用役不願之人、費倉庫之財、以求必無之利乎、其他皆峻直明切、王善之、多所採用○冬十月制民間貸債出息者、子母相侔、更勿取息○十二月以王生日爲千春節

癸未二年（宋太宗太平興國八年）春正月王祈穀于圜丘、配以太祖、躬耕籍田、祀神農○以崔承老爲門下侍郎平章事、承老奏言宜置十二牧、以備外官、從之○夏六月始定公廨田柴○是歲王幸西京、欲微行永明寺、兵官御事徐熙上書諫、乃止、賜鞍馬以賞之○是歲遼復國號契丹（遼主統和元年）

甲申三年（宋太宗雍熙元年）春宋太宗宴大明殿、召大鸞河慰撫久之、詔殿前都校劉延翰曰鸞河渤海豪帥、束身歸我、嘉其忠順、夫夷落之俗以馳騁爲樂、俟高秋戒候、當與駿馬數十匹、令出郊遊獵以遂其性、因以緡錢十萬并酒賜之○夏五月命刑官御事李謙宜領軍城鴨綠江岸、女眞以兵遏之、虜謙宜而去、軍潰不克城、還者僅三之一

乙酉四年（宋太宗雍熙二年）冬十月禁捨家爲寺○新定五服給暇式、斬衰齊衰三年、給百

日齊衰期年給三十日大功九月給二十日小功五月給十五日緦麻三月給七
日
丙戌五年宋太宗雍熙三年去年夏宋太宗欲伐契丹收復燕薊以我與契丹接壤遣使請
同力淸平王許之契丹聞而畏之春正月契丹主統和四年遣使請和三月始改詔稱
敎然自後或稱敎或稱詔稱制無常矣○初太祖置黑倉以賑貸窮民秋七月王
以生齒漸繁而所儲未廣益米一萬石改名義倉又令諸州各置義倉有司點檢
州府人戶多少倉穀數目以聞○王下敎曰寡人素懷薄德尙切崇儒欲興周孔
之風冀致唐虞之理庠序以養之科目以取之今諸州所上學生慮有思鄕之人
皆令從便去留其歸寧學生二百七人可賜布一千四百匹留京者五十三人亦
賜幞頭一百六枚米二百六十五石○九月遣崔罕王琳如宋入學後皆登制科
丁亥六年宋太宗雍熙四年春三月內史令崔知夢卒知夢初名聰進博涉經史尤精於天
文卜筮年十八太祖聞其名召使占夢知夢曰吉必將統御三韓太祖喜改名知
夢授供奉職常從征伐不離左右惠定之世屢言乾象以定內亂及卒王聞之慟

惜賜賻甚厚諡敏休後配享光宗廟庭○王以放良奴婢年代漸遠則必輕侮本
主秋七月下敎定法凡放良奴婢或罵本主及與本主親族相抗者還賤役使○
八月王念前年許還學生無師敎授選通明經學醫學者爲博士於十二牧各遣
一人敎行敎誨而州縣長吏百姓有子可敎者并令訓戒若有俊秀可用者錄貢
京師以爲恒式○冬十月命停兩京八關會○十一月改慶州爲東京置留守○
是歲收郡縣兵鑄農器
戊子七年宋太宗端拱元年冬十二月定災免法凡水旱虫霜爲災田損四分以上免租六
分免租布七分租布役俱免○依浮屠法以正五九月爲三長月禁屠殺○以崔
承老爲門下守侍中
己丑八年宋太宗端拱二年夏五月侍中崔承老卒承老慶州人性聰敏好學善屬文年十
二太祖見而嘉之隸元鳳省學生王卽位拜相封淸河侯將大用之至是卒王慟
悼下敎褒其勳德諡文貞後配享成宗廟庭○是歲始置東西北面兵馬使東北
西北二面各一人階三品親授鈇鉞專制知兵馬使一人亦三品副使二人四品

○定安王子因女眞使、獻馬雕羽鳴鏑于宋
庚寅 九年(宋太宗淳化元年) 秋九月、遣使六道、訪求孝子順孫義夫節婦、旌其閭○冬十二月置修書院于西京、令諸生抄書史籍藏之
辛卯 十年(宋太宗淳化二年) 春閏二月始立社稷○去年遣兵官侍郞韓彥恭聘宋、夏四月彥恭還、請依宋制置樞密院、凡軍國重事、與省府叅決從之○時女眞據有鴨綠江內外、出沒搶掠、冬十月遣兵逐女眞、出白頭山外居之○是歲宋太宗以渤海不朝、詔女眞攻之○定安王子太元因女眞使上表于宋
壬辰 十一年(宋太宗淳化三年) 夏五月敎京官五品以上、各擧德行才能者一人、凡有文才武略者、聽詣闕自擧○初景宗妃皇甫氏、戴宗女也、景宗昇遐、遷居私第、太祖第八子郁烝之有身、王知之、秋七月流郁于泗水縣(今泗川) 時妃宿郁家、慙恨哭泣而還至第、胎動、攀門前柳免身而卒、兒卽詢也、後封大良君○冬十一月改州府郡縣及關驛江浦號○十二月刱國子監、又令有司廣營學舍、量給田庄、以充學粮
凡麗世學校國子之外、又有大學四門、皆倣唐制而設者也○先是四年王始定五廟仍營太廟、至是成、遂定昭穆位次、行祫禮○是歲制公田租、四分取一、水田上等一結、租三石一斗二升五合五勺、旱田上等一結租一石十二斗一升二合二勺、中下等、以次遞減
癸巳 十二年(宋太宗淳化四年) 春二月置常平倉于兩京十二牧、米合六萬四千石、以五千石委上京京市署、糶糴、五萬九千石分西京及諸州郡、以濟貧窮、倉凡十有五○冬十月契丹(契丹主統和十一年) 蕭遜寧侵北鄙、王以侍中朴良柔爲上軍使、內史侍郞徐熙爲中軍使、門下侍郞崔亮爲下軍使、往禦之、閏月王幸安北府(今安州) 聞丹兵攻蓬山郡、不得進、還于西京、遜寧聲言大朝旣有高句麗舊地、今爾國侵奪疆界、是用征討、且曰八十萬兵至矣、王會羣臣議之、或言割西京以北與之、自黃州至岊嶺(今慈悲嶺) 畫爲封疆、可也、王將從之、開西京倉、任百姓取米、餘者尙多、王恐爲敵所資、令投之大同江、熙曰食足則城可守、戰可勝、況食者民之命也、寧爲敵所資、不可虛棄、王然而止、熙又曰割地萬世之恥、願駕還都城、使臣等一戰然後議之未晩也、前民官御史李知白亦極言不可議、遂寢、會丹兵攻安戎鎭(在今安州) 郞將大道

秀擊敗之。遜寧不敢復進。遣人促降。王問羣臣曰。誰能爲朕往丹營以口舌却兵
者乎。左右莫有應者。熙獨奏曰臣雖不敏請往。王出餞江頭。執手慰藉而送之。熙
至丹營。遜寧欲令熙拜。熙以義折之。分庭抗禮。旣坐遜寧語熙曰高句麗之地。我
所有也。而汝國侵蝕之。又與我連壤而越海親宋。是以來討。今若割地修聘。可無
事矣。熙曰非也。我國卽高句麗之舊也。故號高麗。都平壤。若論地界。大國之東京
皆在我境。何得謂之侵蝕乎。且鴨江內外。亦我境內。女眞盜據其間。道途梗澁。聘
使之不通。女眞之故也。若能逐女眞。還我舊地。築城堡通道路。則敢不修聘。辭氣
忼慨。遜寧知不可强。乃許講和。設宴慰之。遂具聞其主。旋師。熙還。王大喜出迎于
江上

甲午十三年（宋太宗淳化五年 契丹主統和十二年）春二月契丹東京留守蕭遜寧致書。傳其主命。言
將於鴨江西。築五城。請王亦於鴨江東。量地築城。同時擧役。以通交聘之路。王患
之。夏四月遣使如契丹。徐熙曰臣與遜寧約盪平女眞修復舊地。然後聘使可通
今纔收江內（鴨江內）請俟得江外。然後修聘未晚。王曰久不修聘。恐有後患。遂遣之

六月遣使如宋乞師。以報契丹。宋以北鄙甫寧。不宜輕動。但優禮遣還。自是遂與
宋絕○契丹遣使來報聘○命平章事徐熙率兵攻逐女眞。城長興歸化二鎭及
郭（今郭山）龜（今龜城）二州

乙未十四年（宋太宗至道元年）夏四月內史侍郞崔亮卒。亮慶州人。性寬厚能屬文。光宗朝
爲博士。王在潛邸。引爲師友。及卽位。遂加擢用。甚倚人望。至是卒。王贈賻甚厚。謚
匡彬。後配享成宗廟庭○秋七月改開州爲開城府。定國內爲十道。曰關內道（今畿內）
曰中原道（今忠州）曰河南道（今公州）曰嶺南道（今尙州）曰嶺東道（今慶州等地）曰江南道（今全州）
曰山南道（今晉州等地）曰海陽道（今羅州等地）曰朔方道（今春川江陵安邊等地）曰浿西道（今平壤以西）
道各置節度使。後顯宗廢節度使。置都護。自是以後更爲五道兩界。曰楊廣。曰慶
尙。曰全羅。曰交州。曰西海。曰東界。曰北界。總京四牧八府十五郡一百二十九縣
三百三十五鎭二十九○九月遣使如契丹（契丹主統和十三年）致方物。選童子十人隨往
留習丹語。又請婚。丹以東京留守駙馬蕭恒德女許嫁○命徐熙逐女眞。熙率兵
深入逐之。城安義興化二鎭

丙申十五年(宋太宗至道二年) 春三月契丹(契丹主統和十四年)遣使來○夏四月始鑄鐵錢不行○
是歲徐熙城宣猛二州

疆域考曰徐熙所築八城朱史則六城而已然遼史及麗史他篇皆稱六城
皆以六城爲正也又曰今之孟山在渭東本非女眞所據此云宣猛幷在薩
(清川江)西宣則今宣川猛未詳

丁酉十六年(宋太宗至道三年) 冬十月王疾大漸召姪開寧君誦傳位移御內天王寺平章
事王融請頒赦王曰死生在天何至釋有罪枉求延命乎且繼我者何以布新恩
不許尋昇遐諡曰文懿廟號成宗葬康陵開寧君即位后劉氏宗室弘德院君圭
女也是爲宣正王后

穆宗宣讓王名誦字孝伸景宗長子在位十二年壽三十

戊戌穆宗元年(宋眞宗咸平元年) 秋七月太保內使令徐熙卒熙弼之子也性嚴恪年十八
擢甲科成宗時嘗從幸海州成宗幸熙幕欲入熙曰臣之幕非至尊所當臨命進
酒熙曰臣之酒不堪獻也成宗乃坐幕外進御酒共飮而罷供賓令鄭又玄上書

忤旨宰相以又玄越職言事請罪之熙曰古者諫無官越職何罪臣居宰輔事多
可言而不能言是臣可罪而又玄可賞也成宗感悟擢又玄監察御史賞熙鞍馬
酒果至是卒年五十七諡章威後配享成宗廟庭○改西京爲鎬京○冬十二月
王以田柴科人品難別改定其制專用官階第一科田一百結柴七十結第二科
田九十五結柴六十五結其下以次遞減凡十八科名曰文武兩班軍人田柴科
不及此限者皆給田十七結以爲常式

己亥二年(宋眞宗咸平二年) 冬十月幸西京○遣使復通宋

庚子三年(宋眞宗咸平三年) 冬十月親策擧人明經十擧不第者許脫麻科擧之有恩例始
此

壬寅五年(宋眞宗咸平五年) 夏五月作六衛軍營以衛士勞於臺池佛舍之役命除雜役○
六月耽羅山開四孔赤水湧出五日而止其水皆成瓦石○初成宗用錢禁用麤
布民甚苦之秋七月王用門下侍中韓彦恭之言下敎令百姓諸店茶酒食味等
交易依前用錢其餘私相換買者任用土宜

癸卯 六年(宋眞宗咸平六年) 太后皇甫氏與金致陽通、生子、謀爲王、忌大良君詢、逼令爲僧出居三角山、以致陽爲僕射、致陽者、后之外族也、自成宗之世、詐祝髮、出入千秋宮、有醜聲、成宗認之、杖配遠地、及王卽位、召用驟遷、百官予奪皆出其手、臺榭園池窮極美麗、日夜與太后遊嬉、無所忌、王不能禁

乙巳 八年(宋眞宗景德二年) 春正月東女眞寇登州(今安邊) 遣將禦之○以周佇爲拾遺、佇宋溫州人、爲人謙恭、工文翰、隨商舶東來、蔡忠順知其才、密奏留之、授禮賓主簿至是遷是職、遂掌制誥、一時交聘辭命多出其手

丁未 十年(宋眞宗景德四年) 創鎭觀寺九層塔○秋御史臺奏慶州人融大、賂宮人金氏及平章事韓藺卿吏部侍郞金諾、以爲援、認良民五百口爲奴婢、王怒、流藺卿于楊州諾于海島、金氏罰銅一百斤、聞者賀之○有山湧于耽羅海中、高可百餘丈、周圍可四十餘里、無草木、煙氣冪其上、望之如石硫黃、王使人圖形以進、謂之瑞山

己酉 十二年(宋眞宗大中祥符二年) 春正月王有疾不接羣臣、時右僕射金致陽謀殺大良君仍欲作亂、王知之急召樞密副使蔡忠順、泣謂曰予無子而繼嗣未定、衆心搖動是吾過也、太祖之孫惟大良君在、卿與崔沆盡心匡扶、使社稷不屬異姓、遣皇甫兪義召大良君於三角山、仍徵西北面巡檢使康兆引兵入衞、兆至洞州(今瑞興) 有細人譏從正等、恐朝廷欲構亂、紿兆曰王已大漸、命在頃刻、太后與致陽謀奪社稷、以公在外手握重兵、恐或不從、矯命徵召、公當速還本道、大義擧兵保國全身時不可失、兆聞之以爲王已昇遐、朝廷悉被致陽詿誤、遂歸本營、與副使李鉉雲領甲卒五千赴京、至平州(今平山) 知從正言詐、喪氣垂頭良久、諸將曰業已來矣、豈可中止、兆遂決意廢立、乃遣分司監察金應仁等、往迎大良君、蓋不知王之已迎也、翌日率兵入迎秋門、請王出御歸法寺、王與太后號泣而去、俄而兪義應仁等奉大良君至、兆遂廢王爲讓國公、立大良君、遣兵殺致陽父子及嬖臣庾行簡等仍放前王及太后于忠州、前王行至積城、兆遣人弑之、太后遂遜于黃州、前王之昇遐也、以兆譏火葬于積城縣(古七重城) 南陵曰恭陵、諡宣靈、廟號愍宗、後三年移葬城東、改陵曰義陵、諡曰宣讓、廟號曰穆宗○以康兆爲中臺使、李鉉雲副之、蔡忠順爲中樞使、兆爲吏部尙書參知政事○夏四月追尊父郁爲孝穆大王、廟

號安宗母皇甫氏爲孝肅太后五月納成宗女金氏爲妃是爲元貞王后

顯宗元文王名詢字安世孝穆王子在位二十二年壽四十

庚戌顯宗元年(宋眞宗大中祥符三年)春閏二月復燃燈會尋又復八關○先是尙書郞中河拱辰擊東女眞敗績和州(今永興)防禦郞中柳宗恨之會女眞人來朝至和州宗盡殺之女眞訴于契丹秋七月丹主(契丹主統和二十八年)遣使來問前王之故王知丹構釁以康兆爲都統使領將軍李鉉雲崔士威等率軍三十萬軍于通州(今宣川)以備之冬十一月丹主自將步騎四十萬渡鴨綠江先送書聲兆弑君之罪進至通州兆以劍車排陣丹兵入則劍車合攻之無不摧靡丹兵屢退兆遂有輕敵之心與人彈碁丹將耶律盆奴等擊破三水砦薄之兆驚起欲救之恍惚若見穆宗立于其後叱曰汝奴休矣天伐詎可逃耶兆即脫鍪長跪曰死罪死罪言未訖丹兵已至縛兆矣我軍大亂丹兵追奔數十里斬首三萬餘級鉉雲等皆被執降御史中丞盧顗司宰丞徐崧等死之丹人以氈裹兆歸其營丹主解兆欲服之不肯遂剮殺之引兵長驅而前初丹兵渡鴨綠先圍興化鎭(今宣川)巡檢使楊規與鎭使鄭成等嬰城固守丹人不能下解而東至是詐爲兆書諭降規曰我受王命非受兆命不降丹人又使降將盧戩等至通州諭降中郞將崔質防禦使李元龜等亦閉門固守○十二月丹兵陷郭州(卽郭山)至西京遣降將盧顗諭降副留守元宗奭與其僚佐議已修降表時中郞將智蔡文自和州援西京道聞其事馳入西京殺顗取其表焚之出屯城南會東北界巡檢使卓思政引兵而至遂與思政及僧法言率兵九千擊丹兵斬三千餘級法言戰死旣而丹兵復進圍思政懼而夜遁將軍大道秀降諸將皆潰城中洶懼鎭將姜民瞻等推統軍使趙元爲兵馬使收散卒閉城固守丹主攻之不克遂解圍而東蔡文奔還京師奏西京敗軍之狀羣臣議降禮部侍郞姜邯贊獨曰今日之事罪在康兆非所恤也但衆寡不敵當避其鋒徐圖興復耳遂勸王南幸王夜與后妃及蔡忠順智蔡文等出都門去

辛亥二年(宋眞宗大中祥符四年)王之南行也河拱辰奏曰契丹本以討賊爲名今已得康兆若遣使請和彼必班師王遂遣拱辰及中軍判官高英起奉書如丹營未至春正月朔丹主(契丹主統和二十九年)陷京都焚燒太廟宮闕民屋皆盡拱辰等至丹營丹主見

書許班師引兵西還、王遂自羅州還、丹兵還至龜州、別將金叔興出兵邀擊、斬萬
餘級、楊規擊其敗兵於無老、斬五千餘級、俄而丹主大軍奄至、規與叔興終日苦
戰、兵盡矢窮、皆死之、二人既死、諸將乘丹兵之敝、抄擊之、丹主趣渡鴨綠江而去
鎮使鄭成及其半渡、尾擊之、丹兵溺死者甚衆、諸降城皆復于我〇二月王還京
公州以節度使金殷傳有扈從功、納其長女爲妃、是生德宗靖宗、後殷傳更納其
第二第三女爲妃、第二妃生文宗〇夏四月遣使如契丹謝班師〇六月以姜邯
贊爲翰林學士〇冬十二月河拱辰遇害于契丹、初拱辰至丹營被留、內圖還國
外示忠勤、丹主甚加寵遇、妻以良家女、拱辰多市駿馬列置東路以爲歸計、會有
洩其謀者、丹主鞫之、拱辰以實對、且曰臣於本國不敢有二心、丹主義而原之、諭
令改節效忠、拱辰辭益厲不遜、遂見殺

壬子三年（宋眞宗大中祥符五年） 夏五月東女眞來寇淸河迎日（今延日）等縣、遣都部署文演姜
民瞻等發州郡兵擊走之〇六月令中外停生辰賀、止置祝壽道場〇冬十月宋
楚人陸世寧等來獻土物

癸丑四年（宋眞宗大中祥符六年） 制文武兩班諸宮院田、受三十結以上、一結例收稅五升
甲寅五年（宋眞宗大中祥符七年） 春二月鐵利（今豆滿江北）國主那沙、使女眞來獻馬及貂鼠皮〇
先是契丹主既班師、責王入朝、王以病爲辭、丹主怒索興化等六城、使者相望、又
竟不從、冬十月丹主（契丹主開泰三年）遣蕭敵烈將兵侵通州、將軍鄭神勇邀擊大敗之
〇自用兵以來增置軍額、由是百官祿俸不足、中樞院使張延祐等建議、奪京軍
永業田以充祿俸、武官頗不平、上將軍崔質以邊功累拜武職、而不得文官、居常
怏怏、十一月遂與上將軍金訓激衆怒、誘諸衛士鼓譟入禁中、縛延祐等、楚撻垂
死、詣閤中面訴奪田、王重違衆志、流配延祐等于遠地、訓等又請罷御史臺、置金
吾臺、罷三司置都正署、令武官常參以上皆兼文職、從之〇是歲契丹置保州（一名抱州、即今義州）於鴨江東治來遠縣
乙卯六年（宋眞宗大中祥符八年） 春正月契丹作橋於鴨江、夾橋築東西城、遣將攻之不克〇
自武夫用事、政出多門、朝綱紊亂、和州防禦使王可道秩滿還京、謂日直金猛曰
王何不效漢高雲夢之遊乎、猛喩其意、密奏王、王然之、權授可道西京判官、使先

往設備三月遂幸西京宴羣臣於長樂殿乘金訓崔質等醉以兵襲殺之盡罷武臣所建官號○冬十一月遣民官侍郞郭元如宋告契丹連歲來侵請出師救之宋帝畏契丹不許但曰貴國與彼連境結好息民是遠圖云

丁巳八年(宋眞宗天禧元年)春正月復禁人捨家爲寺婦女爲尼○冬十二月敎高句麗新羅百濟王陵墓並令所在州縣修治禁樵採過者下馬

戊午九年(宋眞宗天禧二年)夏四月西女眞酋長木史木開等二百戶來投○五月飯僧十萬自是以爲恒規○以姜邯贊爲西京留守內史侍郞平章事王手書告身後日庚戌年中有虜塵干戈深入漢江濱當時不用姜公策擧國皆爲左衽人世多榮之○先是契丹與我戰於郭州興化等地互有勝負冬十二月丹(契丹主開泰七年)將蕭遜寧以二十萬兵來侵王以姜邯贊爲上元帥姜民瞻副之帥二十萬八千餘人禦之至興化邯贊選奇兵萬餘人伏山谷中又以大繩貫牛皮塞城東大川以待之敵至決塞伏發奮擊大敗之遜寧引兵直趣京城民瞻追及於慈州(今慈山)又敗之侍郞趙元與戰於馬灘(恐郞水灘)斬獲萬餘級○是歲契丹聖宗親伐渤海

按宋太宗淳化二年以渤海不通朝貢詔女眞攻之而今遼主又親伐之則渤海之有國有王可知爾

己未十年(宋眞宗天禧三年)蕭遜寧之趣京城也姜邯贊遣兵馬判官金宗鉉領兵一萬倍道入衛京城亦淸野以待之遜寧度難得志春正月(契丹主開泰八年)回軍而去至龜州邯贊等邀戰於東郊勝負未決會宗鉉引兵來赴當是時風雨南來旌旗北靡邯贊等乘勢奮擊丹兵大潰僵尸蔽野遜寧遁去生還者僅數千人凱還王親迎于郊宴賜將士以金花八枝親插邯贊頭右執觴左執手慰歎不已旣而邯贊上表請老不允賜几杖令三日一朝尋加太尉門下侍郞同內史門下平章事天水縣開國男食邑三百戶賜推忠協謀安國功臣號

庚申十一年(宋眞宗天禧四年)春正月黑水靺鞨來朝自是貢獻不絶○二月遣使聘契丹(契丹主開泰九年)遣使報聘自是使价不絶○三月以姜民瞻爲兵部尙書○夏五月弗奈國(渤海混同部時)來貢○秋八月以新羅侍郞崔致遠有密贊祖業功配享先聖廟追封文昌侯

辛酉十二年宋眞宗天禧五年 春二月五冠山崩○夏五月遣使迎慶州佛骨入置內殿○秋八月以崔士威爲太師崔沆爲太傅庾方爲太保蔡忠順爲尹徵古爲太尉士威以淸直名徵古樹州今富平人美風儀沆重嚴毅累爲臺官裁決平允○冬十一月兵部尙書姜民瞻卒民瞻晋州人起自書生射御非其所長然志氣剛果屢立戰功

壬戌十三年宋眞宗乾興元年 春正月贈新羅翰林薛聰弘儒侯從祀先聖廟○二月耽羅獻方物

癸亥十四年宋仁宗天聖元年 秋閏九月制凡諸州縣義倉之法用都田丁數收斂一科公田一結租三斗二科及宮寺院兩班田租二斗三科及軍其人戶丁租一斗已有成規如遇歲歉以此救急至秋還納其人者諸州吏留京聽候者之名也

甲子十五年宋仁宗天聖二年 自春至夏五月旱甚王輟膳齋沐焚香立殿庭仰天祝曰寡人有過請卽降罰萬民有過寡人亦當之乞垂膏澤以救元元是日大雨○六月門下侍郞平章事崔沆卒沆性聰悟沈訥寡言善斷淸儉持身家無儋石之儲與

蔡忠順同受穆宗顧命一心協贊王業賴安惟酷信浮屠至捨家爲寺謚節義後配享顯宗廟庭○秋七月大食國來獻土物國在西域○冬十二月定諸州選擧法令千丁以上歲貢三人五百丁以上歲貢二人以下各貢一人令界首官試製述明經依例送國子監更試入格者許赴擧餘幷還本土

丙寅十七年宋仁宗天聖四年 夏四月以智蔡文爲右僕射尋卒

丁卯十八年宋仁宗天聖五年 秋七月靈光郡獻珊瑚樹高八尺枝八十一

戊辰十九年宋仁宗天聖六年 春正月骨夫部落五百戶來附○秋七月女眞噲拔部落三百餘戶來投自是來附者連歲不絕

己巳二十年宋仁宗天聖七年 先是姜邯贊以京都無城郭請築羅城今開城外城 命尙書王可道發卒築之秋八月城始成凡二十一年而工畢可道本姓李後賜姓王○初契丹滅渤海徙其名帳族也 于內地遼陽等地 置渤海軍詳穩若都指揮等官屬遼陽路以控制高麗女眞有事則徵發凡行師對敵渤海軍常居前最强又置渤海帳司其官屬有渤海宰相渤海太保渤海近侍詳穩司等名仍置東京渤海承奉官以

統之王是契丹[契丹主太平九年]東京[今遼陽城]舍利軍詳穩大延琳叛因留守駙馬都尉蕭孝先遂立爲王國號興遼改元天慶於是諸部豪傑吼山等響應而南北女眞皆附之延琳遂遣大府丞高吉德于我告以建國延琳祚榮七世孫也冬十月契丹以南京留守蕭孝穆爲都統以擊之延琳敗走入城固守孝穆築重城以圍之○十一月契丹以東京叛遣使請兵參知政事郭元密奏乘機取鴨江東畔[契丹所侵地]崔士威等上書言其不可元固執遣兵攻之不克元慚恚發疽卒○十二月興遼太師大延定因東北女眞與契丹相攻遣使請兵王用蔡忠順言不許

疆域考曰大延琳不自立爲渤海國王者渤海自有王故別建國號歟不然遼聖宗親征之年[宋祥符十一年]渤海再亡也

庚午 二十一年[宋仁宗天聖八年] 春正月興遼國遣水部員外郎高吉德上表請師不許其後行營都部署劉忠定遣寧州刺史大慶翰乞援于我亦不許○夏五月加姜邯贊門下侍中後進檢校太師侍中○秋八月大延琳勢窮又遣郢州刺史李匡祿來告急時其將楊詳世密送款于遼夜開門納遼師遼遂擒延琳遣使來報匡祿

聞國亡遂留不返于時吼山等亦皆尋滅獨南海城帥堅守經年始降

按渤海考興遼人來奔高麗者在德宗卽位七月有監門軍大道行郞諸軍判官高眞祥孔目王光祿三人在德宗元年正月有沙志明童等二十九人二月有史通等十七人五月有薩五德等十五人六月有于音若己等十二人及所乙史等十七人七月有高城等二十人十月有押司官李南松等十二人二年四月有首乙分等十八人及可守等三人五月有監門隊奇叱火等十九人六月有先宋等七人十二月有奇叱火[姓名重出可疑]等十一人文宗四年四月有開好等雖其事至細而删之可惜故附于此

辛未 二十二年[宋仁宗天聖九年] 春正月親耕籍田○夏五月王疾篤召太子欽屬後事俄而昇遐王自幼聰悟仁惠及長敏學工書凡耳目所經不復遺亡太子卽位上諡曰文元廟號顯宗葬宣陵○秋八月侍中致仕姜邯贊卒邯贊衿川[今始興]人少好學多奇略及長淸儉不營產業體貌矮陋衣裳垢弊不踰中人而正色立朝臨大事決大策屹然爲邦家柱石旣老致仕歸城南別墅著書自娛至是卒年八十四

諡仁憲、後配享顯宗廟庭○冬閏十月、始設國子監試、試以詩賦、賜出身、卽進士
試也、後或稱成均試、或稱南省試
德宗敬康王名欽字元良、顯宗長子、在位三年、壽十九
壬申 德宗元年（宋仁宗明道元年）先是遣金行恭赴契丹會葬、附書請毁鴨綠城橋、丹主不
從、內史侍郎徐訥等曰彼既不從我言、宜勿通好、春正月丹（契丹主重熙元年）使至、不納
自是與丹絕矣、訥熙之子也○夏六月、王如奉恩寺、以太祖諱日也、自後以爲常
例
癸酉 二年（宋仁宗明道二年）秋八月、命平章事柳韶築長城、起鴨綠江入海處、經寧遠等十
四城、抵和州等三城、東傳于都連浦（在咸興府南海口一名道鱗浦）、延袤千里、以石爲之、高厚各
二十五尺、備東北西北兩界之女眞
丁茶山西北路沿革續曰、句麗既滅、唐司（九都督府）漸遠、浿西之地、淪爲賊藪二
百餘年、惟鴨水之沿、爲渤海所得、渤海之亡、變爲女眞、弓裔始克平壤、分定
浿西十三鎭、高麗之初、姑以薩水（謂馬歎灘）爲界、定宗以後、稍收薩北之地（指定宗築）

（城事）契丹呑噬女眞、交構爭覇之患、百年未息、蕭遜寧之兵、徐熙緩之、轉禍爲
福、得拓地數百里（指徐熙六城事）、顯宗初立、契丹攻我六城、討康兆、自是以來索還
六城、鴨江作橋、遜寧之再來也、姜邯贊敗之、大局既決、邊警少息、遼置保州
亦在於顯宗元年（麗史無紀）、遼有內亂、高麗乘時圖盟鴨江之城、德宗之初爰築
長城、長城之後二十餘年、遼人又於鴨水之東設弓口門、遼滅金興、始取保
州改稱義州、始以鴨綠水爲界、蒙古滅金、侵擾我疆、林衍廢王、崔坦叛附（附蒙）
右 王位雖復、岊嶺以北遂沒于元、元遂置東寧府於平壤、二十餘年幸而還
我、大明御宇、議絕北元、得以其時、內展疆土（指恭愍王麗江界泥城事）、渭原楚山至我
聖朝始克建置、而江防乃完（言泥城渭原等本皆女眞所居而至是始經理也）
甲戌 三年（宋仁宗景祐元年）春二月、納妹金氏爲后、是爲敬成王后○秋九月王昇遐、諡敬
康廟號德宗、葬肅陵、弟平壤君亨卽位
靖宗容惠王名亨字申炤、德宗母弟、在位十四年、壽三十二
乙亥 靖宗元年（宋仁宗景祐二年）春三月、冊妃延興宮主韓氏、侍中祚之女、爲惡妃、後諡容

信王后○秋九月築長城於松嶺迤東在義州東以扼女眞之衝又城梓田徙民實之號昌州今昌城

丙子二年宋仁宗景祐三年 夏四月門下侍郎平章事蔡忠順卒○秋七月中樞院奏伏審制旨令進人蔘三百斤近來所進十斤足以供用乞勿令復進王不悅門下省繳奏古之帝王節嗜欲去奢侈所以養民庶致太平也今災變屢作所宜齊心責躬豈可以無益之費損民之膏血乎從之○冬十二月王將祔德宗於太廟問昭穆之禮於輔臣禮部尙書黃周亮等以爲顯宗之祔也以兄弟同昭穆之惠定光戴同班爲昭景成爲穆穆宗爲昭而顯宗祔於穆廟則二昭二穆與太祖之廟而爲五今祔德宗數過五廟請遷惠定光三宗主藏于太祖廟西壁戴宗追王之主遷祭於其陵可也賓客劉徵弼言太祖在曾祖行親未盡則惠定光三宗不必遷惟遷戴宗於陵而祔德宗於太室可矣周亮等駁言臣聞前典云親過高祖則毁由是觀之自禰祖曾高而上論親盡未盡也非以傍親論也惠定光在從祖行不可比於親祖也王謂一時而遷四主義所未安欲從徵弼言周亮復言若以五廟派系次第論之顯宗於穆宗爲叔若先卽位可與景成同一行然繼穆宗而立故顯宗祔於穆宗之下第二穆位今祔德宗則惠定光戴四主在所當遷徵弼惟論四廟遷毁之難不論昭穆之變宗廟之禮國之大事胡可臆斷若以德宗爲昭則三昭二穆與太祖之廟爲六廟非古制也若論派系次第以顯宗爲第一穆次于景成而降穆宗於其下則公羊所謂僖閔逆祀也徐誥曰周亮之奏合於古制然魯以諸侯昭穆之外有文世室武世室惠定光三宗亦不可遷毁王從之誥官至內史令卒諡簡敬配享靖宗廟庭

丁丑三年宋仁宗景祐四年 冬十二月遣使修好于契丹以丹有責言也契丹主重熙六年 自是往來以爲常

戊寅四年宋仁宗寶元元年 冬十一月內史門下省奏東池白鶴鵝鴨山羊之類日飼稻粱爲費甚多乞放海島從之

辛巳七年宋仁宗慶曆元年 秋九月兵部奏選軍別監選取文武官七品以上員子弟除業文赴擧外並充軍伍此雖安不忘危之意然彼皆累世勛舊子孫故祖宗以來不

與于役請勿充隊伍從之
甲申十年 宋仁宗慶曆四年 是時東女眞酋長冬弗老等率化外女眞八十人來朝言自今
每候鄰寇 並府以北部落 定平 動靜以報冬十一月命金令器王寵之等城定州 今定平 及長
元州興鎭 定平在并 右史耶中金元鼎等率兵屯要路以備賊賊來侵元鼎與戰有功
令器還奏請加褒賞從之元鼎敬順王之後也官至門下侍中卒
丙戌十二年 宋仁宗慶曆六年 春正月制凡人民依律文立嗣以嫡嫡子有故立嫡孫無嫡
孫立同母弟無母弟立庶孫無男孫者亦許女孫○三月命侍中崔齊顔分京城
街衢爲三道以彩樓子擔般若經前行僧徒具法服步行讀誦監押官亦以公服
步從遍行街衢爲民祈福名曰經行自是歲以爲常○夏五月王昇遐遺詔山陵
制度悉從儉約謚曰恭惠廟號靖宗葬周陵弟樂浪君徽卽位后金氏顯宗女也
是爲仁平王后○秋八月御宣政殿召侍中崔齊顔平章事崔冲等論時政得失
○冬十二月追褒楊規金叔興姜民瞻等破契丹之功圖形於功臣閣
文宗仁孝王名徽字燭幽顯宗第三子在位三十七年壽六十五

丁亥文宗元年 宋仁宗慶曆七年 春正月王以諸州逐年盛設輪經會外吏邀此聚歛制令
禁斷○初顯宗設口分田以給軍人無子身沒者之妻二月王推其制令六品以
下七品以上無連立子孫者之妻受田八結八品以下戰亡軍人通給妻田五結
五品以上戶夫妻皆死無男而有未嫁女子者給田八結女子嫁後還官○夏六
月王以所行律令或多謬外罪失輕重命侍中崔冲集諸律官重加詳校
戊子二年 宋仁宗慶曆八年 夏四月制各司已初赴衙酉初罷衙雖有成規四時晷刻長短
亦不同自今日永辰初日短巳初赴衙○王幸外帝釋院聽說經故事王幸山林
駕還必駐是院命僧乘風爵講法以爲常式○冬十二月制諸道館驛公須田租
大路一百石中路五十石小路三十石儲峙以支應給餘租輸州倉
己丑三年 宋仁宗皇祐元年 春三月饗年八十以上國老庶老男女及孝順義節鰥寡孤獨
人于毬庭 樓在儀鳳門 賜物有差
辛卯五年 宋仁宗皇祐三年 先是邊臣奏東蕃 東女眞 酋長等內附以來久承恩賞背我投丹
罪莫大焉請拘執其酋長將訊端山王從其言後拘酋長之來朝者蕃人恐之數

人鎭溟(古泉井今德源)烈山(今[illegible])等地剽掠人物秋九月又來侵兵馬副使金化榮擊敗
之○是歲立有蔭奇光策選文武七品以上之子五品之孫京職太常以上之子
充之
壬辰六年(宋仁宗皇祐四年)春二月冊延德宮主李氏爲妃妃子淵之女也生十子順宣肅
三宗皆其出也後王又納子淵第二第三女皆爲妃○三月命太史金成澤李仁
顯等分撰十精七曜等曆○先是築社稷壇於城內秋八月制曰社壇配以句龍
其題主及祝文不宜稱名自今改句龍爲后土氏
癸巳七年(宋仁宗皇祐五年)夏六月三司奏舊制稅米一石收耗米一升今十二倉米輸納
京倉經水陸欠耗實多輸者苦被徵償請一斛增收耗米七升制可
甲午八年(宋仁宗至和元年)春三月制凡田品不易之地爲上一易之地爲中再易之地爲
下其不易山田一結准平田一結一易田二結准平田一結再易田三結准平田
一結○契丹(契丹主重熙二十三年)設弓口門欄于保州
丙申十年(宋仁宗嘉祐元年)先是王以灾異屢見庶憑佛力福利邦家命有司擇地刱寺門
下省執之不省春二月遂創興王寺于德水縣(今德[illegible])以爲願堂知中樞院事崔惟
善引太祖遺訓勿增修願刹之語固爭之且曰今殿下承祖宗積累之功宜持盈
守成以傳於聖嗣奈何斃民力以供不急之務耶王優答之竟不從其言他日惟
善入侍王從容慰獎曰諫諍是忠從好佞惟善卽對曰刱垂猶易守成難惟善冲
之子也○冬十月日本國(日本後冷泉十一年)來聘是後貢獻不絶○是歲作長源亭於西
江(疑今成江)餅岳之南以道詵山水記有就此創構國脉延長之語也
丁酉十一年(宋仁宗嘉祐二年)秋八月以慶鼎相直翰林院中書省言鼎相鐵匠之裔不宜
清要請罷之王曰采葑采菲無以下體蓋貢其可用者耳鼎相才識有可採用豈
宜論其世系不允
戊戌十二年(宋仁宗嘉祐三年)秋八月遣使將通宋門下省奏言如非永絶契丹不宜通使
宋朝從之
己亥十三年(宋仁宗嘉祐四年)秋八月制兩京及東南州府郡縣一家有三子者許一子年
十五剃髮爲僧

辛丑十五年(宋仁宗嘉祐六年)遼春二月王下制曰刑政王化所先朕遹追訓誥篤愼典刑每慮臣庶吏酷不得其中秋部員吏精擇委任使無冤獄自今定制必備三員乃訊鞫囚徒○夏六月王如奉恩寺遂詣國子監謂侍臣曰仲尼百王之師敢不致敬遂再拜○以宋進士陳渭爲秘書耶時宋人有蕭鼎蕭遷葉成蕭宗明等俱以才藝得補淸選

壬寅十六年(宋仁宗嘉祐七年)嘉春三月以國子司業黃抗之考試甚濫始行封彌法以防奸從鄭惟產之言也○是歲制僧人之子仕路禁錮至孫方許通久後其禁始稍弛

癸卯十七年(宋仁宗嘉祐八年)嘉春三月契丹(契丹主淸寧九年)淸遣使送大藏經○秋八月制國子監儒生九年無成者並令屛黜

乙巳十九年(宋英宗治平二年)治夏五月祝子煦髮爲僧煦聰慧嗜學通曉五敎傍涉儒敎莫不精識後王又使煦弟竀爲僧一時名門大族爭慕效之

丙午二十年(宋英宗治平三年)治春三月契丹復改國號曰遼(契丹主咸雍二年)咸遣使賀之

丁未二十一年(宋英宗治平四年)治春正月興王寺成凡二千八百間十二年而畢王將設齋落之諸方緇流坌集命擇有戒行者一千赴會仍令常住持設燃燈大會五晝夜勅令百司及安西都護(今海州)開城府廣州(今廣州)水原(今水原)楊州(今楊州)東州(今鐵原)樹州(今富平)五州江華長湍二縣自闕庭至寺門結綵棚櫛比相屬輦路左右又作燈山火樹光照如晝是日王率百官行香納財佛事之盛曠古未有又造金塔凡用金一百四十四斤銀四百二十七斤

戊申二十二年(宋神宗熙寧元年)熙春正月禁有子孫而收養異姓者○秋九月太師中書令致仕崔沖卒沖海州人風姿瓌偉操性堅貞少好學善屬文歷事五朝時望甚重顯宗以後干戈纔息未遑文敎沖收召後進敎誨不倦學徒坌集塡溢街巷遂分九齋(在今開城府北)曰樂聖大中誠明敬業造道率性進德大和待聘謂之侍中崔公徒凡應擧子弟先隸徒中學焉每歲暑月借僧房爲夏課擇徒中先進學優者爲敎導授以經史間或先進來過刻燭賦詩榜其次第唱名以入因設小酌童冠列左右奉樽俎進退有儀長幼有序相與酬唱而罷觀者莫不嘉歎及卒謚文憲後凡赴擧者亦皆隸名九齋籍中謂之文憲公徒時又有儒臣立徒者十一侍中鄭倍

傑稱弘文公徒，叅政盧旦稱匡憲公徒，祭酒金尙稱南山徒，其餘僕射金無滯、侍
郎殷鼎、平章金義珍、黃瑩、柳監、侍中文正、侍郎徐碩等各有徒，名世稱十二徒，而
沖徒最盛。東方學校之興，蓋由沖始，時謂海東孔子，後配享靖宗廟庭，子孫以文
行登宰輔者數十人。○是歲，創新宮于南京。今皇城

己酉二十三年宋神宗熙寧二年定量田步數法，田一結方三十三步，二結方四十七步，以
下皆折步計結。

辛亥二十五年宋神宗熙寧四年先是，宋神宗召江淮兩浙制置使羅極，謂曰：高麗古稱君
子之國，自祖宗之世，輸款甚勤，其後阻絶久矣。今聞其國主，賢王也，可遣人諭之。
於是，極奏遣黃愼來致慇懃。春三月，遣民官侍郎金悌，由登州聘宋。又以宋使船
泊不便，置安興亭於洪州以待之。

癸丑二十七年宋神宗熙寧六年春二月，東女眞十五州酋長率衆內附，請爲郡縣，許之，各
授將軍。未幾，西女眞亦請依東蕃內附，不敢與契丹交通。

乙卯二十九年宋神宗熙寧八年遼道宗大康元年秋七月，遼東京移牒，請治鴨綠以東疆場，遣中樞
使柳洪，同遼使審定，未定而還。先是，朝廷屢言于遼，請毁鴨江城橋，不聽，至是復
請之，承宣朴寅亮撰書辭，甚婉切，遼主覽而感之，遂其事。寅亮文辭雅麗，凡南北
交聘文字，皆出其手，官至叅知政事，卒諡文烈。

丙辰三十年宋神宗熙寧九年改官制，雖有增損，大抵皆襲成宗之舊。○減兩班田柴之給，
第一科田一百結，柴五十結，第二科田九十結，柴四十五結，以次遞減，至十八科
武散階田三十五結，柴八結以下，別賜田四十結，柴十結以下。

戊午三十二年宋神宗元豐元年夏六月，宋遣諫議大夫安燾、起居舍人陳睦來聘，予王衣
帶、綵緞、樂器、金銀器等物甚多。自是兩國使价連歲往來。時宋帝以本國尙文，每
送詔書，必選詞臣善撰而擇其善者，所遣使者，亦必召赴中書試文，然後遣之。

己未三十三年宋神宗元豐二年先是，宋使之歸，王以風痺請醫藥。秋七月，宋遣翰林醫官
邢慥等，來診病，兼致藥物數百種。

庚申三十四年宋神宗元豐三年秋九月，薩摩州遣使來貢。薩摩州，日本別部也。日皇後三條十二年
○冬十二月，東蕃賊作亂，王命中書侍郎文正、兵馬使崔奭等，將步騎三萬出屯

定州正等兵夜分道直趣賊巢遲明乃至鼓譟從地賊大驚遂奮擊斬三百九十餘人又與時三十九人破部落十餘所得牛馬器械不可勝數捷奏行賞有差

壬戌三十六年宋神宗元豐五年冬十一月日本對馬島遣使來貢日皇後三條十四年

癸亥三十七年宋神宗元豐六年秋七月王昇遐王幼而聰哲及長好學善射志略宏遠寬仁容衆凡所聽斷不復遺忘諡曰仁孝廟號文宗葬景陵太子勳卽位后顯宗子平壤公基之女也是爲貞懿王后

順宗宣惠王名勳文宗太子在位四月壽三十七

冬十月王昇遐王少有疾居廬哀毁疾益篤終于喪次諡曰宣惠廟號順宗葬成陵母弟國原公運卽位后李氏工部尙書碩之女是爲思肅太后○詔進士以下諸業自今三年一試取之

宣宗思孝王名運字繼天順宗母弟在位十一年壽四十六

甲子宣宗元年宋神宗元豐七年春正月僧貞雙等奏九門山叅學僧徒請依進士例三年一選從之

丙寅三年宋哲宗元祐元年春二月以王妹積慶公主適王弟扶餘侯燧時燧兄金官侯丕與弟悟倫等上書諫不可娶同姓王不從○初王弟釋煦欲入宋求法文宗不許及王卽位潛隨商舶入宋宋帝引見待以客禮煦請遊方問法宋帝使楊傑爲館伴遊覽至吳中諸寺王遣使請送還宋帝許之夏六月煦還獻釋典及經書一千卷又奏請購書於遼宋日本至四千卷悉皆刊行

戊辰五年宋哲宗元祐三年以魏繼廷爲御史中丞時王爲嬖妾萬春起第壯麗繼廷奏萬春誑惑上意勞役百姓請毁之不報後內宴酒酣王命繼廷起舞辭曰自有伶人何用臣舞王不得强乃止其遇事敢諫不撓類此

己巳六年宋哲宗元祐四年冬十月講仁王經于會慶殿三日飯僧三萬仍置新鑄十三層黃金塔于殿設慶讚會○創國淸寺

庚午七年宋哲宗元祐五年春二月以柳洪爲門下侍郞崔思齊爲中書侍郞并同平章事洪武人精於左氏傳及兵家秘訣每國有處疑難察精思引古決策多有中者思齊惟善子也

辛未 八年 宋哲宗元祐六年 元 秋九月禮部奏請圖七十二賢像於國子壁上從之

壬申 九年 宋哲宗元祐七年 元 秋七月叅知政事崔思諒卒思諒冲之孫也儀表端雅沈靜寡言秉國鈞主文柄名重一時

癸酉 十年 宋哲宗元祐八年 元 秋七月遣使如宋謝予古今書籍數千卷

甲戌 十一年 宋哲宗紹聖元年 紹 夏五月王昇遐王聽慧恭儉博覽經史然遊幸無度多創寺塔諡曰思惠廟號宣宗葬仁陵太子昱卽位后元信宮主李氏平章事頲之女也

獻宗恭殤王名昱宣宗太子在位一年壽十四

乙亥 獻宗元年 宋哲宗紹聖二年 紹 秋七月李資義伏誅資義子淵之孫也其妹入宣宗後宮生子昀王是資義以王幼弱謀欲立昀聚兵禁中宣宗母弟鷄林公熙密知其事謂平章事邵台輔曰國之安危係宰相今事急矣公其圖之台輔乃使上將軍王國髦率兵入衛國髦令壯士高義和斬資義於宣政門內遂誅其黨閤門祗候張仲等十七人以台輔判吏部事國髦判兵部事〇冬十月王禪位于鷄林公熙熙卽位后柳氏侍中洪之女是爲明懿太后

肅宗明孝王名顒字天常初名熙宣宗母弟在位十年壽五十二

丁丑 二年 宋哲宗紹聖四年 紹 春閏正月前王昇遐諡曰恭殤廟號獻宗葬隱陵〇夏四月賜林元通等三十三人及第金富轍中第五名富轍兄富弼富佾富軾並先登科舊制三子登科歲給母太倉米三十石至是制加十石〇冬十二月王欲行錢法設官鑄之從平章事尹瓘之言也叅知政事郭尙力言不可不從

戊寅 三年 宋哲宗元符元年 元 冬十月刑部奏獄空宰相邵台輔等表賀

己卯 四年 宋哲宗元符二年 元 先是衛尉丞金謂磾上書請遷都南京曰道詵記云高麗之地有三京松嶽爲中京木覓今南山皇城壤爲南京平壤爲西京十一十二正二月住中京三四五六月住南京七八九十月住西京則三十六國朝天又云開國後百六十餘年都木覓壤臣謂今時正是巡駐新京之期王納之令日官等議建南京秋九月幸三角山仍至楊州恐非文宗二十二年所創新宮之地相地明年置都監創之

辛巳 六年 宋徽宗建中靖國元年 中 夏四月以六十一子二十一賢從祀于文宣王廟兩廡從國子監之奏也〇秋八月都兵馬使奏遼乾統元年東京移文請罷靜州關內軍營頃

者遼欲於鴨綠江置亭子及權埸、我朝遣使請罷、遼帝從之、今亦宜從其請、制可

壬午七年(宋徽宗崇寧元年)春二月、平章事金先錫上表請老、國制年滿七十者、例不得在官從政、年雖未滿、上表請老則多得聞退○夏四月、東女眞酋長盈歌遣使來朝、盈歌之始祖函普、自我邦入生女眞、居于完顏部僕幹水之涯(今吉州以北地)因以完顏爲姓、六世至烏古迺、能服屬諸部、遼主召授生女眞部族節度使、是生三子、曰劾里鉢曰頗剌淑曰盈歌、兄弟以次相傳而盈歌最雄傑、得衆心、部族日强

按金史盈歌長兄劾里鉢、有三子曰烏雅束曰阿骨打曰吳乞買、盈歌之死也、烏雅束襲位、既而部衆推立阿骨打爲皇帝、國號金、是爲太祖、約宋滅遼、阿骨打死、吳乞買立、伐宋執徽欽二帝北歸、九世至哀宗守緖、元與宋夾攻滅之、又按金史稱、始祖函普、初從高麗來、年已六十餘、兄阿古迺好佛不肯從、仍留高麗、獨與弟保活里俱、而吾東舊說乃稱平州(今永興)僧今俊、遁入生女眞生子、後爲金帝、不知其何所據、然以好佛之文推之、阿古迺者明是僧也、豈卽所謂今俊者而誤認爲函普歟、又一說平州僧金幸之子克守、娶女眞女、生古乙太師、是爲金之始祖、要之從金史者爲是○茶山丁氏北路沿革續考略曰、北有摩天大嶺、其南爲東沃沮、其北爲北沃沮、皆句麗所轄、句麗之亡爲渤海所統、渤海之亡、其民始去靺鞨之名、漸揚女眞之號、南北沃沮之地遂稱女眞、非有女眞自邊外而來據之也、高麗不能乘釁以得尺寸之地、仍以咸興之都連浦爲界、又曰完顏金主發祥之地、卽我北路、非起於肅愼故地(靺鞨故國)乃金史叙其世德、謬指爲黑水靺鞨之遺種、又曰金太祖阿骨打、既帝既厎、北路疆域仍無改革、金既滅遼、盡定疆域、吉州以南至于咸州爲曷懶路、古渤海之率賓府東南踰鴨綠水以至今三水甲山之地、爲恤品路、未幾曷懶路總管府移置于恤品路、名稱易亂、今之虎兒哈河東南之徼以至我吉州以北、爲胡里改(今慶源河北)路、宋二帝之拘囚於五國頭、卽今之我會寧府也、金人之衰、萬奴叛主自號東眞、我之北路又陷於東眞、蒙古之初惟今摩天以北入於鎭撫、下至憲宗蒙哥之時、永興以北又沒於蒙古、元之垂亡、高麗攻破雙城(今永興)又取尹瓘所拓之地置咸吉等州、於是今之南

關始入版圖明洪武之際議劃今鐵嶺以北立鐵嶺衛高麗陳乞得寢麗末三水甲山始入版圖而北關之地猶未疆理 聖朝龍興撻伐北方六鎮一府次第置郡北沃沮故地爰始還我幅員乃完其後六鎮之地又置一府三甲之路又設二府

五月宰相邵台輔等以國學養士糜費不貲請罷之不報○冬十月求箕子墳塋立祠以祭從禮部請也

甲申九年宋徽宗崇寧三年先是有本國醫者居東女眞完顏部治疾歸言于王曰女眞居黑水者部族日强兵益精悍王乃始通使自是往來不阻盈歌旣破蕭海里報捷于我王復使人賀之盈歌遣其族弟斜葛報聘王待之甚厚亡何盈歌死兄子烏雅束繼立頗得衆心其勢益橫邀功者往往獻議請伐王不納春二月烏雅束發兵攻其別部其騎兵來屯定州關外乃以林幹判東北面兵馬事授鈇鉞往備之幹以不敎之兵遽與賊戰敗績死者太半惟樞密院別駕拓俊京入賊陣斬賊將而還女眞遂乘虛闖入定州宣德關在興南城殺掠無筭有司劾幹坐罷王以尹瓘爲東北面行營兵馬都統使親授鈇鉞遣之三月瓘與女眞戰死傷者過半軍勢不振遂卑辭講和而還○夏五月南京宮闕成其地東至大峯南至沙里西至岐峯北至面嶽或曰白岳今崔思諏任懿等之所審定也○秋七月左僕射柳伸卒伸狀貌不踰中人而有膽量以淸謹名國家欲移都南京宰執皆以爲可伸獨言其不可凡論國事悉主忠義時論多之諡忠愼○先是始鑄錢人多不便旣而鑄錢都監奏國人始知用錢之利皆以爲便乞告宗廟王從之又以銀瓶爲貨其制以銀一斤爲之像本國地形俗名闊口行之數年猶尙壅遏王患之至是幸南京交峯城縣今坡州出官錢一萬五千貫分賜宰樞文武下至軍人令於京城街衢兩傍勿論尊卑各置店鋪以興使錢之利又懼民貧不能興用令州縣出米穀開酒食店許民貿易使知錢利○冬十月王還自南京○十二月以門下侍郞平章事崔思諏爲守太保思諏以老三上表乞致仕魏繼廷曰崔公在官吾輩仰如山斗軍國大事一從其言今若告老奈國政何

乙酉十年宋徽宗崇寧四年春正月王如奉恩寺觀燃燈○冬十月王昇遐太子俁卽位上

謚明孝廟號肅宗葬英陵○十一月以魏繼廷爲門下侍中崔弘嗣李頫并門下侍郞同平章事尹瓘爲中書侍郞同平章事初瓘還自東邊奏曰臣之所以敗者彼騎我步勢不敵也於是建議立別武班自文武散官吏胥至于商賈僕隷及州府郡縣凡有馬者爲神騎無馬者爲神步跳蕩梗弓精弩發火等軍年二十以上男子非擧子皆屬神步四時訓練又選僧徒爲降魔軍鍊兵蓄穀以圖再擧會肅宗昇遐遂不果至是瓘拜相復有征伐之議盖僧人之屬軍自國初然矣○時奸猾之流不畏法禁或以沙土和米銅鐵交銀以眩惑愚民王下敎痛禁之○十二月政堂文學鄭文卒文宰相倍傑之側室子也爲人恭儉朴訥不事生產環堵蕭然典刑曹十餘年未嘗妄出入人罪謚貞簡○始文宗禁大功親所生者仕路至肅宗時申禁及小功然自是以往通塞亦多端矣

睿宗文孝王名俁字世民肅宗太子在位十七年壽四十五

丙戌 睿宗元年 宋徽宗崇寧五年 夏六月王納李氏爲后后宣宗之女也是爲敬和王后

丁亥 二年 宋徽宗大觀元年 冬十月邊臣報女眞侵突邊城其酋長以一葫蘆懸雉尾轉示諸部以議事其計叵測王聞之乃以尹瓘爲元帥吳延寵副之發兵十七萬以伐之瓘分爲四軍由西京進攻左軍至石城敵乘城拒戰矢下如雨諸軍不能前瓘謂兵馬錄事拓俊京曰日晩事急奈何俊京曰僕嘗犯罪公謂我壯士請于朝宥之今日是俊京殺身報效之秋也遂至石城 以是幽雲嶺 擐甲持盾突擊殺酋長數人於是瓘與左軍兵馬使金德珍合擊大破之四軍凡斬首四千八百餘級俘虜亦數千人遣使告捷王大喜賜詔獎諭瓘又分遣諸將畫定地界東至火串嶺北至弓漢伊嶺西至蒙羅骨嶺築英州 在蒙羅骨嶺下今屬吉州 雄州 在火串嶺下屬吉州 福州 今端川 吉州等四城中書舍人朴景仁寄書于瓘曰武功已成國威已振宜戢師旅以圖萬全勿更深入賊地列置城池今雖已成後恐難守瓘不能用景仁寅亮之子也

戊子 三年 宋徽宗大觀二年 春正月納李氏爲妃妃給事中資謙之女子淵之曾孫也是爲文敬太后○二月女眞圍雄州不克移攻英州國尹瓘等甚急拓俊京大呼突陣救之旣又與賊戰連敗之賊走去瓘又築咸州 今咸興 公嶮鎭 當在吉州西南 等城立碑於公嶮以爲界繼又築宜州 今德源 通泰 當在吉州南 平戎 今吉州地 三城徙南界民六萬八千

餘戶以實之，行營兵馬使金漢忠執不可曰，如外城未畢而猝有緩急，內無完城，民將何保，瓘不從，凱旋，王賜瓘及吳延寵功臣號，旣而女眞侵擾不止，迭遣瓘延寵擊却之

己丑四年（宋徽宗大觀三年）女眞圍吉州累月，城幾陷，兵馬使李冠珍等訓勵軍卒，更築重城，且守且戰，吳延寵引兵將救之，賊遮路掩擊，官軍大敗，死傷者不可勝計，延寵具狀自劾，王遣尹瓘救之，夏六月，瓘與延寵引兵赴吉州，至那卜其村（地名），聞女眞公兄褒弗史顯等來請和，邀入定州以聞，且使人謂女眞將曰，講和非兵馬使所得擅，宜遣公兄等入奏天庭，褒弗等遂入朝言曰，昔我太師盈歌嘗言我祖宗出自大邦，至于子孫，義合歸附，今太師烏雅束亦以大邦爲父母之國，今若許還九城，使安生業，則我等敢不恪修世貢，王始得請和之報，召羣臣議之，諫議大夫金仁存獨力言，以爲若不還地，彼必與遼生釁，王然之，及聞褒弗言，又引羣臣議之，皆如仁存言，王遂許還九城，褒弗等感泣拜謝，王乃詔瓘等，使還九城于女眞，撤我民入于內地，後宰相崔弘嗣，諫官金緣等，執論瓘等敗軍之罪不已，王不得已免其官，削功臣號，旣又以瓘守太保門下侍中，延寵爲中書侍郎平章事，瓘等上表辭讓，王下詔褒前日之勳勞，以比孟明曹沫，使之就職

按輿地勝覽，會寧府古跡云，自高嶺鎭渡豆滿江，至蘇下江，江濱有公嶮鎭古基，又高麗史地理志，公嶮鎭註一云孔州（今慶興），一云匡州（今慶源），一云在先春嶺東南白頭山東北，一云在蘇下江邊，茶山丁氏駁之曰，今詳高麗史金史諸文，尹瓘之跡未嘗踰吉州一步，況於慶源，況於先春嶺下松花江（蘇下江一名）上乎，據林彥記（彥記一作英州記），女眞地不過三百里，南自咸興，北至吉州，限界分明，何獨公嶮一城，遠在二千里之外，而參爲九城乎，承宣王字之自公嶮鎭前往英州，中路遇賊，而拓俊京自雄州急救之，吳延寵引兵救吉州，行至公嶮鎭遇賊大敗，則公嶮鎭在吉州西南，與英雄二城不過數十里之地，何可遠求，其說甚覈，今從之

置國學七齋，易曰麗澤，書曰待聘，詩曰經德，周禮曰求仁，戴禮曰服膺，春秋曰養正，武學曰講藝，取士分處之

辛卯六年(宋徽宗政和元年)夏五月門下侍中尹瓘卒瓘坡平縣人少登科好學手不釋卷
及爲將相雖在軍中常以五經自隨好賢樂善冠於一時諡文肅○秋八月以胡
宗旦爲右拾遺宗旦宋福州人隨商舶而來性聰敏博學能文兼通雜藝王寵渥
優厚驟登淸要然頗進壓勝之術王不能無惑焉時宋人又有劉䎘安愼之等并
以文學藝能擢拜顯職

癸巳八年(宋徽宗政和三年)時王頗好遊樂數幸長源賞春等亭曲宴娛樂宦寺競以奢侈
媚王○春二月初置二花園于宮之南西崇侈臺榭括民家花草移栽其中猶以
爲不足又購於宋旣而以物議廢之○夏閏四月女眞烏羅骨實顯等來謝還九
城獻馬及金○五月叅知政事柳仁著卒仁著洪之子也以太后之弟門戶貴顯
而乃與諸生遊學不以富貴驕人有儒者風諡貞簡

甲午九年(宋徽宗政和四年)夏六月叅知政事致仕庾祿崇卒祿崇以儒術進性正直在官
四十餘年以公忠自許未嘗屈己從人○冬十月女眞完顏阿骨打舉兵叛遼遼
將伐之移牒于我令發兵防其地界毋得走避阿骨打者烏雅束之弟也(遼天慶四年)

乙未十年(宋徽宗政和五年)春正月生女眞完顏阿骨打稱皇帝國號金(金太祖收國元年)○二月
中書令致仕崔思諏卒思諏沖之孫也女適李資謙生王妃以故王待之特厚然
思諏勤謹公廉不以門地驕人爲相論議務存大體諡忠景配享肅宗廟庭○渤
海舊國(疑忽汗城)聞遼饒州渤海古欲等叛遼自稱大王亦立大氏爲王金人伐之軍
未至其貴族高氏棄家投降言其虛實金人進陷其城○秋八月遼(遼天慶五年)將伐
金遣使請兵王會羣臣議之皆以爲可惟拓俊京金富佾金富軾韓沖閔修等以
爲國家自丁亥戊子用兵之後軍民僅得息肩今爲他國出師自生釁端恐將來
利害難測王問至再三卒無定議

丙申十一年(宋徽宗政和六年)春正月遼東京惡少年作亂殺留守蕭保先保先裨將高永
昌乘亂自立爲渤海皇帝國號大元建元隆基遼遣蕭韓家奴張琳等擊之○二
月叅知政事致仕高令臣卒令臣少力學論議慷慨無所屈撓平生以淸儉自守
及卒家無餘財諡貞敬○夏四月王幸西京泛舟大同江與諸臣賦詩知制誥崔
瀹上書曰帝王當好經術日與儒雅討論經史咨諏善道安事雕虫數與輕薄詞

臣吟風咏月以喪天與耶王優納之、有一詞臣乘間進曰、論所謂儒雅、除臣等別有何人耶、論短於詩、故有此言、王怒貶論爲春州(今春川)府使、後聞其能詩、乃召還論、惟善之孫也○郭輿尙之子也、少力學登第、爲禮部郞、歸隱金州(今金海)王自在東宮已識之、至是召之、親賜酒食、與之酬唱、稱爲先生、使止宿禁中、以烏巾鶴氅常侍左右、時人謂之金門羽客、後輿固請退居、賜城東若頭山一峯、搆室以居、號東山處士、王多臨幸執手唱和、有時微行以訪之、其見寵遇如此○改定官制、雖略有增損、大抵皆襲舊制○遼蕭韓家奴等攻高永昌、爲其所敗、五月金人攻下遼瀋州、進陷東京、掠永昌以去○秋八月作淸讌閣於禁中、置學士、朝夕講論經籍、又以學士出入禁中爲難、傍置一閣、號曰寶文、加置待制、其被選者皆一時豪傑、以洪灌鄭克恭尹諧等爲之○冬十月閱大晟樂、因用于太廟、樂、宋所送也○十二月宴諸學士于淸讌閣、王曰朕嘗覽貞觀政要、太宗曰但使天下太平家給人足、雖無祥瑞、可比德於堯舜、若百姓不足、夷狄內侵、雖有芝草鳳凰、何異於桀紂、斯言至矣、庶幾景行、遂命金仁存朴景仁等與諸學士、註解政要以進

丁酉十二年(宋徽宗政和七年)春二月、以遼金交兵、遣平章事金緣、措置北邊兵馬○先是金人侵遼、盡下東邊諸城、惟保州來遠縣二城、固守、以財減價貿穀于我、邊吏禁民互市、翰林學士金黃元疏言、幸灾不仁、怒隣不義、請糶二城、兼許貿易、王不報、旣而金將撒喝、攻二城幾陷、遼統軍耶律寧、欲率衆而逃、王遣韓皦如、招諭寧、不應、乃遣使如金、請曰保州本吾舊地、願以見還、金主謂使者曰、爾其自取、春三月(遼主天慶七年 金主天輔元年)金兵襲來遠城、寧將泛海而遁、移牒于寧德鎭(今鐵山)以二城歸于我、我兵入其城、收其兵仗錢穀甚多、金緣具狀馳奏、王大悅、改保州爲義州、以鴨綠江爲界、置關防、黃元文詞警敏、性淸勁不附勢、官至簽書樞密院事卒○金主遣使寄書於我曰、兄大女眞金國皇帝致書于弟高麗國王、自在祖考、介在一方、謂契丹爲大國、高麗爲父母之邦、小心事之、契丹無道侵轢我疆、屢興無名之師、我蒙天之佑、獲殄滅之、惟王許我和親、結爲兄弟、以成萬世之好、書至、大臣極言和親不可、監察御史金富儀上疏駁之、以爲成宗禦遼失策、以速遼寇、誠爲可鑑、請許之、不報○時高麗兵旣據保州城、而金人入守之、夏四月王遣使如金請還

地不聽○李資玄子淵之孫也性聰敏、登第爲大樂署丞忽棄官入淸平山今在春川布衣蔬食嗜禪悅道王累詔徵之資玄、上表辭曰以鳥養鳥庶無鍾鼓之憂觀魚知魚俾遂江湖之性王覽表知不可致、秋八月特幸南京遣其弟資德以手書徵之、資玄赴召王曰道德之老嚮風久矣、不宜以臣禮見命上殿拜、賜坐因問養性之要對曰莫善於寡慾遂進心要一篇、王歎賞不已、旣而資玄固請還山、乃賜道服以寵其行

戊戌十三年宋徽宗重和元年 夏四月重修安和寺成、王親設齋五日落之、仍求扁額于宋宋帝親書以送之○冬十二月以金尙磾判閤門事、李惟寅爲太府卿、二人淸直自守所至有聲績而未嘗干謁權貴、年高未達、禮部尙書韓安仁上箚請加擢用以勵貝臣故有是命

己亥十四年宋徽宗宣和元年 秋七月王銳意儒術、立養賢庫於國學、增置、儒武學員選名儒爲學官以敎導之文風稍振○東堂試始用經義

庚子十五年宋徽宗宣和二年 時王頗好樂妓玲瓏遏雲等、擧人高孝冲作詩以諷之、王不悅夏五月孝冲赴制擧、王命黜之、且下獄胡宗旦救釋之明年孝冲卒擢魁科出入臺閣有直臣風

壬寅十七年宋徽宗宣和四年 春二月門下侍郞致仕、崔弘嗣卒、弘嗣起自寒微、性貞介寡慾、朝無黨與、人有餽遺雖蔬果不受、謚貞敬○夏四月王昇遐太子卽位、上謚文孝廟號睿宗葬裕陵○冬十月冊守太師中書令李資謙爲漢陽公詔曰資謙於朕爲外祖、班次禮數不可與百官同、令羣臣會議、學士鄭克永議傳云、天子有不臣者三、后之父母居其一、今資謙宜上表不稱臣、君臣宴會、不與百官庭賀、樂議雷同中書舍人金富軾獨曰漢高祖初定天下、五日一朝太公、太公家令說太公曰皇帝雖子、人主也、太公雖父、人臣也、奈何令人主拜人臣高祖善其言、上太公尊號曰太上皇以此論之雖天子之父若無尊號、不可令人主拜也宜令上表稱臣在王庭則行君臣之禮、宮闈之內則以家人禮相見、如此則公義私恩兩相順矣王從之

歷史輯略卷六終

歷史輯略卷七

花開金澤榮于霖撰

高麗紀

仁宗孝恭王名楷字仁表初名構睿宗長子在位二十四年壽三十八

甲辰仁宗二年(宋徽宗宣和六年)秋七月封李資謙爲朝鮮公時資謙以母喪去位王諭令釋衰赴朝

乙巳三年(宋徽宗宣和七年)夏四月金人(金主天會三年)滅遼(遼主保大五年)先是阿骨打之伐遼也宋遣使通金約共分遼地出師助之遼勢日蹙嘗遣使于我告以同仇戎蹕之義不報其後念其舊誼遣使如遼自龍州(今龍川)泛海不達而還〇五月遣司宰少卿陳淑如金金以國書非表又不稱臣不納

丙午四年(宋欽宗靖康元年)春正月白虹貫日〇二月李資謙擧兵犯闕王之初立也資謙尊貴用事中書侍郎韓安仁勸王冊資謙爲上公下令視事陽尊而陰奪之仍與同僚文公美等謀欲圖之資謙知而惡之羅織其罪流安仁于甘物島(在今靈巖)沉殺

之流公美于忠州一時名流連坐者甚多自此內外大權皆歸資謙而拓俊京俊臣兄弟爲其羽翼焉資謙恐他姓爲王妃權寵有所分强納第三女爲妃是爲延德宮主其後又納其第四女爲妃王皆不得已而從之於是資謙益無顧忌廣樹黨與布列顯要賣官鬻爵賄遺輻湊又欲知軍國事請王幸其第授策勒定時日事雖未就王頗惡之內侍金粲安甫鱗揣知王意乃與同知樞密院事智祿延謀誅資謙糾上將軍崔卓等夜率兵入宮殺俊臣資謙戰恐召百寮議事俊京曰事急矣率衆入朱雀門呼譟祿延等謂外兵大至懼不能出平明俊京等益聚其黨進圍昇平門日向晚俊京恐入夜有變乘風縱火須臾延及內寢王步出山呼亭以避之資謙乃請王出御南宮分遣其黨執甫鱗等十餘人皆殺之流祿延粲于遠地道殺祿延方亂作也左僕射洪灌直宿都省聞變歎曰主辱臣死吾敢自安乃入侍王側從王出西華門爲俊京等所害密直金璵在直廬義不死賊手閉戶自焚死○三月李資謙刼王移御其第王去仗衛從間道至旣升堂資謙與其妻拊地大哭曰王奈何信賊臣欲害骨肉乎於是王動止飮食皆不自由宰相朴昇中許報等詔附賊黨百寮備員而已○夏四月遣使聘金時百官皆以親金爲不可獨李資謙拓俊京二人力主之○五月王移御延慶宮時李資謙權勢日盛王密與內醫崔思全謀之思全曰資謙所以跋扈者惟恃拓俊京若得俊京則兵權內屬資謙特一夫耳因往說俊京使効力王室俊京心然之王乃拜俊京門下侍郞判兵部事會資謙奴與俊京奴相鬩數俊京罪俊京大怒遂與資謙有隙資謙因十八子之讖欲圖不軌置毒餅中進王李妃密白王以餅投烏烏即斃妃資謙第四女也王乃賜手書俊京言資謙反曰卿其圖之俊京遂與尙書金珦率衆執資謙囚于八關寶王乃流資謙于靈光郡分配其支黨于遠地以俊京爲太師門下侍郞平章事○六月出二妃李氏納殿中內給事任元厚之女爲妃是爲恭睿太后○秋七月宋遣使求救時金人攻宋汴京甚急欽宗受徽宗內禪與金講和然度金人必復生事欲待秋凉興師討伐而有是請也王以力緜辭之○九月金人以保州歸于我先是高麗以保州與金相持者久矣至是金主遣使來聘曰高麗凡遣使往來悉循遼舊則卽以保州予之王從其言答書辭之故始得復保州

○冬十月召金粲還爲殿中內給事賜洪灌金璵智祿延子婿爵一級粲後改名安○十二月李資謙死於貶所

丁未五年（宋高宗建炎元年）春正月金遣使來賀生辰自是兩國往來不絕○三月流拓俊京于嵓墮島（今智島）俊京恃功跋扈左正言鄭知常知王忌俊京疏言曰俊京丙午五月之事萬世之罪也二月之事一時之功也陛下豈以一時之功掩萬世之罪乎故有是命後念其功量移于谷州○夏四月召文公美爲吏部尙書於是當時得罪者韓安中文公裕鄭克永韓沖林存崔巨鱗李禪倚諸人皆得復職○秋九月金遣使告俘宋帝父子及冊亡宋太宰張邦昌爲大楚皇帝等事王遣使賀之初睿宗十二年遣李資諒使宋宋徽宗謂資諒曰聞高麗與女眞接壤異日可招諭數人并來資諒曰女眞人面獸心不可通宋倖臣聞之曰女眞地多產珍奇高麗素與互市不欲分利於我故沮之今不必借高麗可遣一介使以招致之徽宗然之後竟與交通以致靖康之禍○冬十二月門下侍中金緣卒緣亦名仁存宰相上琦之子聰敏好學老不釋卷其在臺省所陳皆經國遠猷一時制誥皆出其手李資謙之用事也以平章事懇辭罷歸王嘗遣內侍問曰欲奪資謙權當何如對曰彼黨與滿朝不可輕動請俟其間王不能用竟速大亂至是卒謚文成○是歲翰林學士鄭克永卒克永明敏好學工文詞有諫臣風名重一時

戊申六年（宋高宗建炎二年）春二月南京宮闕災○夏六月宋以二帝所在（今會寧府五國城）與本國相近欲自本國取路通問遣刑部尙書楊應誠爲金國信使來請假道應誠至館移書甚懇朝廷以金將猜疑本國答之應誠猶往復不已乃答書曰大國先是令小國往論女眞來朝小國竊慮女眞不可使窺中國富庶不敢奉命大國不以爲然遂多方招諭厚賜金帛彼旣知中國虛實窺心一動長驅深入今使節由此而往則彼必由此復禮且其東濱大海尤善水戰彼托以復禮審知淮浙形勢萬一具戰艦浮海而下襲其不意竊恐北苦陸戰南苦水戰首尾受敵爲患必鉅事至於此雖悔可追小國所以不敢奉命者天地洞鑒不敢飾辭應誠曰貴國君臣以爲有害而不從只欲使人還歸是終不許也遂不納禮幣而去遣侍郞尹彥頤如宋謝之○初妖僧妙淸與日者白壽翰言上京基業宮闕燒盡西京有王氣宜

移御爲上京鄭知常西京人深信其說附而和之遂與內侍金安等奏妙淸聖人也白壽翰亦其次也凡其所陳請無不容受則政成事遂而國家可保也乃歷請諸官署名平章事金富軾叅知政事任元厚承宣李之氐獨不署書奏王頗傾信之於是妙淸等上書言西京林原驛地是術家所謂大花勢也若立宮闕御之則天下可并金國自降秋八月王幸西京命宰樞與妙淸等相之旣還命創新宮翰林學士金富儀上疏極言不可王不從富儀富軾之弟也

己酉七年(宋高宗建炎三年) 春二月西京新宮成王幸而御之妙淸之徒上表請稱帝建元或請約劉齊(宋劉豫)挾攻滅金喋喋不已王不聽旣而用妙淸言置八聖堂于宮城內祀諸佛及國內名山之神令鄭知常撰文以祭之

庚戌八年(宋高宗建炎四年) 夏六月國學奏近年以來明經寢衰宜選三十人以下入學養育兼差教導官以勸學從之

壬子十年(宋高宗紹興二年) 春二月王幸西京妙淸等密作大餠空其中穿一孔盛熟油沉于大同江油漸出浮水面望之若五色妙淸等因言神龍吐涎此嘉瑞也請百官表賀王遣人審視有善泅者索之果得餠於是知樞密院事任元厚請誅妙淸壽翰等惟誕誑惑之罪不報

癸丑十一年(宋高宗紹興一年) 春正月以武學齋生有名無實且與文學人角立不和罷之○冬十一月直門下省李仲侍御史文公裕等上疏言曰妙淸白壽翰皆妖人也其言惟誕不可信近臣金安鄭知常李仲孚宦者庾開結爲腹心屢相論薦指爲聖人又有大臣從而信之是以主上不以爲疑正人直士皆疾之如讎願速斥遠言甚切直不報仲等退而待罪仲官至平章事卒

甲寅十二年(宋高宗紹興四年) 春正月白虹貫日○夏四月隕霜○五月王以天變異常下詔求言國子司業林完上疏請誅妙淸曰傳曰應天以實不以文所謂實者德也所謂文者若今之道場齋醮之類是也人君修德以應天不與禍期而禍自至若不修德而徒事虛文則非徒無益適足以黷天而已臣觀妙淸惟事姦詐欺君罔上與宋朝林靈素無異也靈素挾左道眩惑上皇以速禍亂此陛下之所親聞也陛下寵信妙淸左右近習以至大臣交相薦譽以爲聖人根深蔕固牢不可拔自

起六花之役今已七八年而無一休祥災變疊至天必以此警悟陛下耳陛下豈可惜一姦臣而違天意乎願陛下斬妙淸之首以答天戒以慰民心不報完朱人也

乙卯十三年(宋高宗紹興五年) 先是妙淸陰懷逆謀乘災異屢見請王西幸避災欲因以圖之平章事金富軾諫止之春正月妙淸與西京分司侍郞趙匡兵部尙書柳旵等據西京叛國號大爲建元天開王乃以金富軾爲元帥將中軍金正純尹彦頤高唐愈等佐之金富儀將左軍金旦李愈尹彦旼等佐之李周衍將右軍陳淑梁祐忠陳景甫等佐之各領兵進討富軾將出師與諸相議曰西京之叛鄭知常金安白壽翰與謀今不去是人西都不可得平乃召三人至使勇士曳出斬於宮門外然後奏之行至寶山驛(今在平山)集將佐問計皆言宜卷甲倍道掩賊不備富軾曰不然西京謀反已五六年其設計必周今欲掩其不備不已晩乎且我軍有輕敵心器仗未整猝遇伏兵竊發一可危也頓兵堅城之下天寒地凍壁壘未就忽爲賊所乘二可危也又聞賊矯制徵兵兩界列城狐疑莫辨眞僞萬一有奸人應之表裏相結道路梗塞禍無大於此矣莫若引兵從間道繞出賊背取諸城軍資以餉大軍告諭順逆使與賊絶然後益兵休士飛檄城中徐以大兵臨之此萬全之計也遂引兵徑趣成州馳檄諸城諭以奉辭討賊之意人心乃定富軾又遣人諭賊王七八匡等知不可抗意欲出降自以罪大猶豫未決會平州官賚諭詔入城匡遂斬妙淸昌等首使分司太府卿尹瞻等請罪于朝富軾亦遣人以聞又移書兩府請厚待瞻等以開自新之路宰臣崔濡等忌富軾功不從請下瞻等獄王不許命瞻等入見賜酒食勞慰未幾竟下獄匡等聞瞻等被囚謂必不免復叛富軾以西京險固難於猝拔欲爲坐困之計築五城於其城下峙兵積穀或攻或撫小民稍稍歸順時有朝臣獻議言興師數萬彌年不決若隣敵乘釁而動加以盜賊不虞之患何以制之請遣他將不計死傷刻日破賊王以示富軾富軾曰北邊之警盜賊之患誠如所議然臣觀西都地險備嚴今使五軍傳城而攻不出數日驍將銳卒盡斃於矢石之下矣故臣欲以全策勝之不傷士卒不挫國威耳願以討賊付老臣使得便宜從事必破賊以報王以爲然排群議而委之富軾與諸軍攻城

累月、多方以撓之、冬十月賊粮盡、戰卒往往出降、富軾知有可取之勢、乃起土山
抵城西南隅、高八丈長七十餘丈、屯軍其上、賊驚駭屢出戰、官軍皆擊敗之
十四年（丙辰 宋高宗紹興六年）春二月西京賊以官軍起土山逼之、欲於城內築重城、富軾
夜勒諸軍、三道進攻翌日昧爽入其城、縱火燒城屋、賊以土山未就不設大備、驚
而潰官軍乘勝斬馘、富軾下令禁之、整軍而進、匡闔家自焚死、餘黨皆自殺、富軾
慰撫遺民遣人告捷、王遣近臣慰諭將士、賞賜有差進富軾守太尉門下侍中○
冬十一月樞密院知奏事鄭沆卒沆穎悟好學臨事善斷、及卒家無擔石之儲、王
聞之歎曰三十年近侍、十一年承制、其貧如是可嘉也御筆特謚文安
十六年（戊午 宋高宗紹興八年）春二月詔曰帝王之德謙遜爲先、故漢光武詔上書不得言
聖、今後凡上章疏及公行案牘、毋得稱神聖帝王
十八年（庚申 宋高宗紹興十年）春二月門下侍中致仕金若溫卒若溫 侍中良鑑之子也、性
恭儉廉正、歷仕中外、所至人便之、李資謙之當國也喜利者爭附之、若溫與資謙
爲外兄弟而絕不相比、世多其守正、謚思靖○宰臣金富軾任元厚等、與省郞崔
梓鄭襲明等、上疏論時弊十條、伏閤三日皆不報梓等乞罷不出、秋七月王從其
言、罷執奏官、減內侍別監及內侍院別庫、於是梓等出視事、獨襲明以所言不盡
從不起
十九年（辛酉 宋高宗紹興十一年）冬十月設百高座道場于禁中三日、飯僧三萬、自王卽位以
來設醮飯僧不可勝計○初渤海舊國之陷於金也其民五千餘戶勝兵可三萬
金太祖慮其難制、頻年轉戍山東、每徙不過數百家、至是歲（金熙宗皇統元年）金人盡驅
以行、其人大怨蓋自渤海之初滅至卒亡、凡二百十有六年
　外史云渤海舊國富室安居踰二百年往往爲園池植牧丹多至二三百本
　有數十幹叢生者
二十二年（甲子 宋高宗紹興十四年）春正月親祀于圓丘又親耕耤田○復授拓俊京官戶部
尙書、俊京尋疽發背死
二十三年（乙丑 宋高宗紹興十五年）冬十二月門下侍中致仕金富軾上所撰新羅高句麗百
濟三國史、王遣內侍就第獎諭、賜花酒優厚、始三國遺史荒蕪疎略富軾承王命

修撰旁採諸家記錄衆撰中國歷代之史久而始成我邦之史於是乎始作

按以金氏三國史及其進三國史記表考之其所考据採摭於本邦文籍者有曰新羅古事者有曰古史者有曰古記者有曰新羅傳記者此蓋兼擧其國史野乘而所謂高句麗留記百濟書記及東國遺事東事古記之類槩皆萃于其中耶將留記以下諸書至麗時多有亡失耶惜乎三國史不著引用之書目今無以知其撰述之境界矣

丙寅二十四年宋高宗紹興十六年春二月王昇遐諡恭孝廟號仁宗葬長陵太子卽位后金氏宗室江陵公溫之女是爲莊敬王后

毅宗莊孝王名晛字日升初名徹仁宗長子在位二十四年壽四十七

丁卯毅宗元年宋高宗紹興十七年夏四月幸外帝釋院自是遊幸寺院不可勝紀○冬十二月以崔惟淸爲御史大夫知樞密院事惟淸昌原人少登第旣又杜門讀書有薦者辟以學未就後被薦直翰林院爲李資謙所斥資謙敗召還歷試州郡所至有聲績至是知貢擧出納惟允○禁堂姑從姉妹堂姪女兄孫女相婚其禁前相婚

所生子孫勿令禁錮○是歲設升補試取生員凡進士生員兩試皆略倣唐制而取士無定額矣

戊辰二年宋高宗紹興十八年初有李深智之用者與宋人張喆同謀深變名稱東方昕通書宋太師秦檜曰若以伐金爲名假道高麗我爲內應則高麗可圖也之用以其書及高麗地圖附宋商彭寅以獻檜秋閏八月宋都綱商頭領林大有得書及圖來告王命捕喆等鞫之皆服深之用死獄中喆伏誅之用祿延之子也

己巳三年宋高宗紹興十九年春二月選驍騎十八人擊毬于後庭親臨觀之王善擊毬人莫有及者○秋七月宴諸學士于淸讌閣脫略君臣之禮盡醉而罷自是以爲常規○八月改五軍爲三軍○初金太祖虜遼東京渤海軍强勇難制旣破遼兵于境上使梁福斡招誘之曰女眞渤海本同一家其後以渤海軍置八猛安又置東京路渤海萬戶以相統攝至熙宗皇統五年以國勢寢盛罷猛安之制漸移兵柄歸于內族金人也至是又從宰臣之議徙遼陽渤海之民於燕南自玆以後渤海之種遂絕無聞矣

辛未 五年 宋高宗紹興二十一年 春二月門下侍中致仕金富軾卒富軾慶州人豐貌碩體自少以文章名世仁宗時宋使徐兢之來被選爲館伴兢樂其爲人著高麗圖經載其家世又圖形以歸奏于宋帝鏤板以傳由是名振天下有文集二十卷行世其文豐贍典雅有西漢風諡文烈後配享仁宗廟庭○三月樞密院知奏事鄭襲明卒襲明倜儻奇偉力學能文及王卽位自以先朝顧托知無不言多所匡救王甚憚之宦者鄭諴王之乳媼夫也有寵於王與嬖臣金存中日夜譖毁襲明會襲明告病王以存中權代其職襲明揣知王意仰藥而死自是王益縱恣逸遊無度矣○夏四月以宦者鄭諴權知閤門祗候臺官以宦者叅朝官非古制爭之不已王不得已罷之

壬申 六年 宋高宗紹興二十二年 先是內侍尹彥文等於壽昌宮北園聚怪石築假山搆小亭號萬壽被壁以黃綾窮極奢侈夏四月王就而宴之侵曉乃罷宴將罷假山頹圮鷄鳴

乙亥 九年 宋高宗紹興二十五年 秋八月召平章事崔子英起居舍人崔褒伯論時政得失褒伯水原吏胥裔之子也年十五父爲虎所攫褒伯荷斧跡虎直前斫之取父骸以葬盛虎肉於器埋之俟服闋盡食之○冬十二月門下侍郞平章事庾弼卒王之拜鄭諴爲祗候也弼論執不署告身王再三諭之竟不從故終弼之世諴不得拜其剛正類此諡恭肅

丙子 十年 宋高宗紹興二十六年 春三月以金存中爲太子少保存中與鄭諴相結用事賣官鬻爵財累鉅萬兄弟親戚怙勢縱恣未幾背疽死○秋九月定安公任元厚卒元厚初名元敳器宇宏深風彩嚴重博通經史爲宰相勤儉淸白其判吏部銓注甚公人稱之曰古之山濤

丁丑 十一年 宋高宗紹興二十七年 春正月朔日有風自乾方來太史奏國當有憂王懼卜者榮儀因進禳禬之說王命於靈通敬天等五寺終歲作佛事禳之○王素信圖讖不友諸弟二月密諭諫臣劾大寧侯暻流之又恐太后救之先遷太后于普濟寺○夏四月闕東離宮成宮曰壽德殿曰天寧又以侍中王沖等五人第作五宮毁民家五十餘區作太平等亭名花異果奇麗珍玩之物布列左右聚怪石爲仙山

引澗水爲飛泉窮極侈麗民甚苦之○秋七月宋商獻鸚鵡孔雀

戊寅十二年(宋高宗紹興二十八年) 春二月以仁宗忌飯僧於太平亭時王好作佛事緇徒盈滿宮庭怙恃恩寵假託宦官侵擾百姓○夏六月復以鄭誠權知閤門祗候知門下省事申淑疏請削誠職凡黨誠者亦皆降爲庶人言甚切直王怒還其疏淑又上疏力爭之曰若臣言不是請先誅臣王不得已削誠職旣而復之

庚辰十四年(宋高宗紹興三十年) 參知政事致仕申淑卒先是王以淑數直諫不已左遷守司空淑乃棄官歸鄕以山水自樂召拜參知政事致仕至是卒淑高靈人博覽書史以淸儉忠直著名當世

壬午十六年(宋高宗紹興三十二年) 春三月宋明州移牒告大破金師獲金主亮(金主大定二年)圖形云○王患用度不足誅求貨財名曰別貢使宦者監領宦者因緣營私怨聲載路諫官請罷之不從○秋七月平章事致仕朴純沖卒純沖由胥吏登宰相以勤儉自持○八月門下侍郞平章事崔允儀卒允儀沖之玄孫有學行論事明白慷慨典銓選注擬平允嘗奉詔撰古今詳定禮五十卷

癸未十七年(宋孝宗隆興元年) 秋八月左正言文克謙上疏言宦者白善淵與宮人無比爲醜行專擅威福術士榮儀執左道以媚于上知樞密事崔褒稱貪黷無厭請斬善淵無比黜榮儀罷褒稱以謝一國王怒焚其疏貶爲黃州判官克謙公裕之子也

乙酉十九年(宋孝宗乾道元年) 內侍侍郞金敦中富軾之子也以詞華有寵於王以王好遊宴修觀瀾寺遍植花卉築壇爲御室飾以金碧夏四月設宴享王王與羣臣酬飮盡歡而罷是時以勝致名者又有奉恩寺衆美亭延福亭萬春亭壽樂堂鮮碧齋玉竿亭錦花橋之屬不可殫記皆由近習輩慫恿媚悅爭奇鬪巧窮極奢侈數年而告成王每從詞臣賦詩酬飮殆無虛日或一日之中移徙再三其作衆美亭也財用匱乏役卒私賫糧有一卒貧不自給一日其妻來餉卒曰何以辦將私於人而得乎妻曰貌醜誰與私但剪髮買來耳因示其首卒嗚咽不能食聞者悲之

丁亥二十一年(宋孝宗乾道三年) 秋七月王幸歸法寺馳馬至獺嶺茶院從臣皆莫及王獨倚院柱謂侍者曰鄭襲明若在吾豈得至此

戊子二十二年(宋孝宗乾道四年) 冬十一月以崔陟卿復爲耽羅令陟卿前在耽羅興利革

弊民萬安之、其後宮吏多行不法、耽羅人苦之、相與謀叛、逐守宰、乃曰若得陟卿
爲令、當釋兵、王聞之、卽遣陟卿、陟卿入境、耽羅人輕舸迎之、投戈羅拜
己丑二十三年宋孝宗乾道五年春二月設三界醮、是時醮齋之費罔有紀極、府庫罄竭、官
僚徵求諸道、轉輸絡繹、怨咨盈路○秋七月金金主大定九年遣使送羊二千、有一羊四
角、樞密使李公升以爲瑞獸、表賀、時人嘲爲四角承宣
庚寅二十四年宋孝宗乾道六年春正月王自製賀表、宣示羣臣、百官乃表賀之○王如靈
通寺觀燃燈、及還命管絃坊、大樂署、陳百戲迎駕、皆飾以金銀珠玉錦繡羅綺珊
瑚玳瑁、奇巧奢侈前古無比○二月狼星見于南極、西海道按廉使朴純嘏以爲
老人星、馳驛以聞、王大喜親、醮于內殿、百官表賀○秋八月上將軍鄭仲夫等作
亂大殺文臣、時王幸和平齋與文臣觴詠忘返、扈從將士飢甚、牽龍散員李義方
李高等、謂仲夫曰文臣醉飽武臣飢困是可忍乎、先是仁宗時金敦中登科屬內
侍、宮庭儺夕、以燭燃仲夫鬚、仲夫深憾之、至是與義方等密謀除文臣、會王自興
王寺將幸普賢院、召侍臣飲、知武臣缺望、使爲手搏戲、欲因以厚賜、以慰其心、大

將軍李紹膺、與一人搏、不勝而走、文臣韓賴遽前批其頰、墜堦下、李復基林宗植
等從而罵之、仲夫厲聲詰賴曰紹膺雖武夫官爲三品何辱之甚、王慰解之、駕近
普賢院、高及義方先行矯旨、集巡檢軍、王纔入門、高等手殺宗植復基于門、賴走
匿御床下、挽御衣、高拔劍脅出斬之、於是大殺扈從文官、積屍如山、因選驍勇直
走京城入闕中、殺樞密副使梁純精等十餘人、又殺太子宮僚、使人呼於道曰凡
戴文冠者雖胥吏殺無遺種、卒伍乘時蜂起搜殺平章事崔褒稱、知樞密徐醇、大
司成李知深等五十餘人、遂以兵脅王還宮、宦者王光就謀討仲夫、事泄、仲夫又
索隨駕宦官十人殺之、遹遷王于軍器監、太子于迎恩館、方亂之作、凡文臣雖免
殺戮、多被拘辱、而惟前平章事崔惟淸、徐恭雅爲武臣所敬重故得免於禍、敦中
亡匿紺岳山在今積城仲夫購捕竟殺之、恭熙之後也○九月鄭仲夫等逼王遜于巨
濟、放太子于珍島、迎廢王母弟翼陽公晧卽位、后金氏宗室江陵公溫之女、是爲
光靖太后○用李義方等言、釋文克謙命書批目、以任克忠爲中書侍郞平章事
鄭仲夫叅知政事、李俊儀爲左承宣、克謙爲右承宣、義方爲大將軍、其他武臣如

李紹膺李高蔡元等超資越序布列顯職者不可勝紀克謙以女嫁義方之故得免於禍而又諳練故事爲武臣所倚重以是文臣如李公升之類多賴以全○冬十月遣工部侍郎庾應圭如金(金大定十年)告前王讓位及新王攝位請命之故應圭弼之子也

明宗光孝王名晧字之旦初名昕毅宗母弟在位二十七年壽七十二

辛卯明宗元年(宋孝宗乾道七年)李高有非望之志陰結惡少及僧修惠等謀逆春正月太子加元服王將宴于麗正宮高密招惡少于法雲寺饗之使各袖刃隱墻屏間將作亂蔡元知其謀以告李義方義方素惡高逼已乃與元候高等至宮門外以鐵椎擊殺之分捕其黨與皆誅之○夏五月庾應圭還自金初應圭至金金主覽國書曰高麗廢兄簒位可誅也不肯回答應圭曰答書不出是臣辱命也具衣冠立庭晝夜不移凡七日水漿不入口氣息將絕金主憐其忠授回答慰而送之○秋九月諫官金莘尹金甫當崔讜等疏言承宣王之喉舌但出納惟允可也今李俊儀文克謙職兼臺省居中用事請解兼官王召俊儀慰解因諫官于城隍既而皆

左遷之俊儀克謙亦移拜他職讜惟清之子也○冬十月宮闕災府衛軍及諸寺僧詣闕將救火鄭仲夫李俊儀李義方等恐有變閉宮門不納於是殿宇焚盡王出山呼亭痛哭而已庾應圭詣景靈殿抱祖宗眞以出又至中書省出國印

癸巳三年(宋孝宗乾道九年)春正月王幸奉恩寺觀燃燈醮齋祈禱之煩髣髴前朝○秋八月東北面兵馬使金甫當與錄事李敬直張純錫等起兵討鄭仲夫等將復立前王東北面知兵馬事韓彦國亦擧兵應之純錫等至巨濟奉前王居慶州九月李義方遣兵捕彦國殺之甫當勢遂孤安北府執甫當送京師義方等鞫殺之甫當臨死奮言曰凡今文臣孰不與謀於是仲夫等疑文臣圖己一切誅戮或投江水旬日之間文士殆盡郞將金富謂仲夫等曰天意未可知人心不可測恃力棄義蔑彌衣冠世寧少金甫當乎吾輩有子女者通婚文吏以安其心可久之道也仲夫等然而從之由是禍稍止○冬十月李義旼弑前王于慶州初鄭仲夫等聞前王出居慶州遣義旼朴存威等領兵趣南路圖之義旼者慶州人多膂力在諸武將中最爲凶殘至慶州有人還說曰前王來此非州人意遂入州誅諸衆夜以兵

圍殺純錫等數百人幽前王于客舍迎義旼等入城義旼引前王至坤元寺北淵上手拉脊骨而弑之壽四十七義旼還自以爲功遂擢拜大將軍

甲午四年宋孝宗淳熙元年 春正月重光歸法等寺僧二千餘人謀誅李義方集城東門義方發府兵逐之斬僧百餘因焚諸寺取其器皿義方兄俊儀罵之曰汝有三大惡放君弑之一也奪奸太后女弟二也專擅國政三也義方怒拔劒欲殺之俊儀走免○三月李義方納其女爲太子妃自此益專恣○秋九月西京留守趙位寵內懷異志移檄兩界諸城曰聞上京重房大將所會以北界諸城率多桀驁宜往攻討大兵已發其可坐取屠戮於是岊嶺以北四十餘城皆應之位寵遂據西京起兵以討仲夫等爲名冬十月遣平章事尹鱗瞻率三軍以擊位寵又遣內侍禮部郎中崔均爲東北路都指揮使往諭諸城鱗瞻至岊嶺驛會大風雪西兵出不意急擊官軍潰鱗瞻遂收軍而還○崔均歷抵登和等數十城回至寶龍驛王遣使拜兵馬副使與兵馬使合擊西兵均聞命即入和州是夜敵兵來攻郎將李琚開門納之均被執罵不絕口死之均才學出衆吏幹亦優未及大用而死人皆惜之○初

趙位寵之移檄諸城也延州今寧邊亦響應州人玄德秀獨曰位寵包藏禍心奈何信之遂以忠義激州將閉城固守位寵聞之遣兵購斬德秀德秀出擊敗之十一月位寵又以兵來圍數重德秀屢戰皆克之位寵解圍而去○先是西兵旣克官軍來屯西京李義方以兵擊敗之遂奔至大同江至是復爲西兵所敗而還王復命尹鱗瞻爲元帥率三軍復攻西京十二月鱗瞻與上將軍鄭筠等治兵西郊僧徒亦從軍義方偶出宣義門外筠密誘僧宗旵等掩斬義方分捕其兄弟及其黨與皆殺之○時西北諸城皆附趙位寵宣州都貢進士房瑞鸞謂其兄孝珍得齡曰今位寵之志不止於討賊盍先倡義去逆效順遂徧告州人州人皆服惟位寵所署將軍義儒獨不肯孝珍射斃之遣人告義州義州人亦殺僞署將吏賫首報行營西北諸城聞之皆罷兵○以鄭仲夫爲門下侍中

乙未五年宋孝宗淳熙二年 夏五月始發前王喪百官素服三日葬禧陵謚莊孝廟號毅宗時趙位寵以逆臣弑君不葬爲辭故有是舉○是歲工部侍郎庾應圭卒應圭性頴悟美風儀善屬文持論端方臨事果決居官淸簡一介不以取於人

丙申六年宋孝宗淳熙三年 先是尹鱗瞻圍漣州後軍摠管杜景升力攻拔之遂移師圍西京乃於城東北築土山而戍之位寵食盡至啗人屍縋城出降者甚衆位寵計窮潛遣人入金請以慈悲嶺以西四十餘城內附乞兵救援金主不從春三月位寵出城與官軍戰佯敗而還官軍逐之位寵回軍擊之官軍死者甚多夏六月鱗瞻與景升急擊破城門入擒位寵斬之梟首于市方官軍之攻西京也踰城降者千餘人及城陷城中丁壯皆逃匿其後降者以逃者爲賊掠取婦女攘奪財貨其逃者金旦等五百餘人作亂殺西京官吏朝廷遣兵討之數歲始平

戊戌八年宋孝宗淳熙五年 春正月遣工部郞中崔詵等分使諸道問民疾苦黜陟官吏及奉使者限十年以前追論殿最於是坐贓落職者爲八百餘人後其人共力出銀大賂權貴求去其籍王下詔原之○冬十一月以閔令謨爲門下侍郞宋有仁爲中書侍郞并同平章事時令謨先爲中書侍郞王以有仁武臣使氣又爲仲夫婿心憚之以有仁爲門下侍郞班令謨上有仁固讓故有是擧有仁嘗請壽德宮居之棟宇壯麗擬於王室

己亥九年宋孝宗淳熙六年 夏五月左僕射洪仲方卒仲方起行伍庚寅之亂拜大將軍性謇直不阿好面折人過時武散官欲奪東班權務官仲方曰吾寧死不從議遂寢時又有參知政事陳俊者起自行伍爲人質直庚癸之後文臣賴以全活者甚多後俊孫皆貴顯而湋以文章名世○秋七月左遷樞密院使文克謙爲尙書左僕射樞密院副使韓文俊判司宰寺事二人皆王所深重者宋有仁嫉之劾文俊爲一卒求官有虧公輔望克謙在服不從法駕失近臣之體王重違其奏不得已下制貶之○九月將軍慶大升誅鄭仲夫宋有仁等先是仲夫年七十法當致仕乃諷禮官奏請依漢孔光故事賜几杖國事皆關決久後始致仕家僮門客怙勢貪縱中外苦之其子知都省事筠潛圖尙公主王患之大升素憤仲夫跋扈銳意討之畏有仁未得間及有仁斥文克謙韓文俊二人大失人心上下側目大升謂所善牽龍許升曰我欲去凶徒汝能從乎升曰諾大升曰藏經會畢之夜宿衛士必皆困睡吾伏死士於和義門外汝先殺鄭筠然後以嘯聲爲約則我發伏應之至其夜四鼓升殺筠於直房卽長嘯大升率死士踰宮墻而入殺將軍李景伯等遂

請王發禁軍分捕仲夫有仁等斬之旣而武臣或宣言以大升爲非大升懼招致死士百餘人留養門下號都房爲長枕大被令輪日直宿未幾辭職家居然國有大事必關決焉文俊官至平章事卒

庚子 十年 宋孝宗淳熙七年 春二月重營宮闕○是時權勢家及姦黠吏民侵占京外兩班軍人家田永業田三月下制禁之

辛丑 十一年 宋孝宗淳熙八年 夏四月直翰林院李元牧製進祈雨疏多言時政之失王召元牧言曰諺曰春旱與糞田同間或有雨澤則天心之仁愛蓋未可知汝何引我過舉以飾辭乎即命改撰

癸卯 十三年 宋孝宗淳熙十年 夏四月省東班官職從重房請也○秋七月將軍慶大升卒大升膂力絶人早有大志不事家產自去鄭宋爲王所優寵人多歸附然非有學識勇略者輒拒之武官皆畏不敢縱至是卒年止三十○冬十一月太后任氏昇遐太后之寢疾也王親自調藥夜不解衣者累日病革王涕泣目盡瘇及昇遐朝夕哭臨哀甚宰相請抑哀不聽○冬十二月以文克謙爲中書侍郞平章事

甲辰 十四年 宋孝宗淳熙十一年 冬十二月以鄭允當爲吏部員外郞允當年少無知其父世祐以兵馬使厚斂獻內府故有是拜時王之用人惟與近習議親署叅官以上封付政曹名曰下批由是奔競成風賄賂公行○先是鄭仲夫之誅也李義旼畏慶大升稱疾歸鄉屢召不至至是王懼其爲亂遣中使敎諭而至引見便殿中外皆惜王之柔懦

乙巳 十五年 宋孝宗淳熙十二年 春三月命文臣製瀟湘八景詩倣其詩意摹寫爲畵王精於圖畵與畵工高惟訪李光弼等繪畵物像終日忘倦尤工山水軍國萬機不以介懷光弼父寧少以畵知名仁宗時隨李資德入宋宋徽宗勅寧畵本國禮成江圖圖成而進徽宗亟稱妙手賜酒食錦絹○冬十一月工部尙書咸有一卒有一本胥吏以廉幹進力排巫覡焚毁淫祠平生不事生產其妻請爲子孫計答曰予早孤無援淸苦守節以立門戶兒輩當正直節儉以俟命耳何戚戚於貧窶乎

丙午 十六年 宋孝宗淳熙十三年 冬十二月上將軍崔世輔自爲同修國史時有人訴重房曰修國史文克謙直書毅宗被弑事宜令武臣衆之使不得直書克謙聞之懼密奏

於王王重違武臣意然惡其非舊制乃授世輔同修國事世輔擅改事字爲史由
是毅宗實錄脫略多不實克謙嘗戱世輔曰儒官之爲上將軍忝自我始武官之
同修國史亦自公始時有一醫自稱玉堂人人問其故醫以詩答之曰戰將今爲
修國史不妨醫作玉堂人聞者齒冷
丁未十七年宋孝宗淳熙十四年工部尙書曹元正本賤裔助鄭仲夫之亂遂至貴顯貪暴特
甚宰中書省公廨田租文克謙請治其罪章五上乃左遷其子英植等元正怨克
謙欲去之秋七月與李義方客上將軍石隣謀夜遣其黨踰垣入宮格殺樞密使
梁翼京等爲承宣權節平所逐出朝廷遂捕鞫之誅元正等○冬十一月以文克
謙判吏部事
戊申十八年宋孝宗淳熙十五年秋七月東北路大水漂民屋無筭又有黃虫黃鼠隨雨而下
損傷禾稼○冬十月大閱于東郊自庚寅以來國家多故且懼有變久廢不行至
是而復
庚戌二十年宋光宗紹熙元年冬十二月以崔世輔守太師杜景升守太尉李義旼同中書

門下平章事朴純弼爲中書侍郎平章事先是省宰無過數三人至是增至八員
諸武臣目不知書每省院會坐相詬罵如兩虎咆哮或自矜勇力以拳撞壁景升
嘗與義旼議事相失義旼奮拳擊柱曰爾有何功位在吾上景升笑而不答
辛亥二十一年宋光宗紹熙二年春正月政堂文學李知命卒知命博覽羣書工草隸居官
廉直賑活飢民爲相有古大臣風再掌禮闈世以得人稱之謚文平
壬子二十二年宋光宗紹熙三年冬十月政堂文學廉信若卒信若峯城人聰警善屬文高
文大冊多出其手分符仗節所至有聲績其居親喪廬墓三年謚孝文
癸丑二十三年宋光宗紹熙四年春三月平章事致仕林民庇卒民庇以門蔭進居官廉勤
及爲相挺然有古風好善周急確實無華故武夫悍卒亦知景仰○時南方盜起
金沙彌據雲門在今淸道孝心據草田嘯聚亡命剽掠州縣秋七月王命大將軍全存
傑率將軍李至純盧植等往討之至純義旼子也時義旼以十八子之讖頗懷非
望自以籍出慶州潛有興復新羅之志與沙彌孝心等通至純亦利賊賄遺陰與
交通故官軍動輒衄以至屢敗存傑忿恚曰若我以法治至純則其父必害我

否則賊益熾罪將誰歸仰藥而死復遣兵馬使崔仁等討賊平之○冬十月平章事崔世輔死世輔久典銓選專事賄賂大營第宅爲子孫計未幾其子爲崔忠獻所流家門盡滅

甲寅二十四年(宋光宗紹熙五年) 是歲賜李義旼功臣號兩府文武皆就其第賀之義旼擅銓注政以賄成支黨連結廷臣莫敢誰何多占民居大起第宅奪人土田肆其貪虐諸子亦倚父橫肆而至榮至光尤甚世謂之雙刀子至榮嘗遍淫王嬖姬王不得罪之朝野痛惋

乙卯二十五年(宋寧宗慶元元年) 冬十一月仁宗出妃福昌院主李氏薨妃資謙季女也雖被廢出而仁宗念其功賜田宅奴婢王亦奉事甚篤及薨葬以后禮

丙辰二十六年(宋寧宗慶元二年) 夏四月將軍崔忠獻與其弟東部錄事忠粹誅李義旼大殺朝臣忠獻牛峰人以勇敢選補別抄都領以勞遷至將軍忠粹亦猜險勇悍嘗謂忠獻曰李義旼四父子實爲國賊我欲誅之何如忠獻然之王是王幸普濟寺義旼稱疾不扈從潛往彌陁山別墅忠獻與忠粹及其甥隊正朴晉材等袖刃至

別墅候其還斬之王聞變促駕還宮忠獻兄弟馳馬露刃至十字街義旼子至純至光等與戰不敵皆遁去忠獻等詣宮門告誅賊臣仍閉城門分捕支黨時至榮在安西府遣人捕斬之方其捕支黨也人有告平章事權節平孫碩上將軍吉仁等謀擧兵忠獻即捕節平碩等殺之吉仁在壽昌宮聞變率衆出宮門向市街忠獻等勒兵迎戰仁衆大潰仁等馳入壽昌宮拒守忠獻等圍而攻之仁懼踰垣而遁王使人開門召忠獻忠獻等疑仁在內率兵闖入隨遇輒殺僵屍狼藉仁走北山墮崖死忠獻又執叅知政事李仁成等三十六人皆殺之乃上疏陳十條王皆納之拜忠獻左承宣尋知御史臺事並賜忠粹晉材等功臣號○五月崔忠獻恐已權有所分奏內侍李芬等冒勢干進不應在近密地黜之凡五十人又以王子僧小君輩在內干政奏還本寺○秋八月王移御延慶宮先是重修宮闕極其壯麗而以陰陽拘忌久不臨御至是從崔忠獻議始御之

丁巳二十七年(宋寧宗慶元三年) 秋八月熒惑入太微○崔忠獻有跋扈之志會忠粹與朴晉材以廢立之事謀焉忠獻大以爲然九月勒兵屯于四街閉諸城門流杜景升

等十二人及諸小君洪機等十餘人于海島、遣人入闕逼王、以單騎出、幽于昌樂宮以兵守之、放太子于江華、迎王弟平涼公旼卽位改名晫、后金氏宗室江陵公溫之女、是爲宣靖太后○以崔忠獻爲上將軍、忠粹爲大將軍、朴晋材爲刑部侍郞、趙永仁判吏部事、永仁橫川(今橫城)人、有宰相器度、官至門下侍中○冬十月崔忠獻殺其弟忠粹、初太子娶昌化伯祐女爲妃、至是忠粹欲以女配太子、固請于王、王不得已黜太子妃、忠粹遂定期將納女、忠獻聞之携酒饋忠粹、譬曉之曰今我兄弟雖勢傾一國、然系本寒微、若以女配東宮得無譏乎、且太子配耦有年、一朝離之、於人情何、忠粹然之、既而改圖、其母復以忠獻之言止之、忠粹怒曰非婦人所知、以手推之仆地、忠獻聞之曰此不可以言語開諭、當令吾衆候廣化門拒其女不納、人以告忠粹、忠粹亦曰兄之欲制我者恃其衆耶、吾當掃除、遂相與戰於興國寺南、忠粹大敗、斬關東走、忠獻黨追斬之、自此大權一歸忠獻矣○十一月前中書令杜景升卒于紫燕島(今在仁川)、景升質直寬厚、少文有勇力、在諸武臣中多所匡救、久掌吏銓、雖內寵權貴莫敢撓之、至是憂憤嘔血死○明宗時有尉貂者、本契丹人、仕爲散員同正、父永成患惡疾、醫云用子肉可治、貂卽割股肉饋之、病稍間、王聞之旌其里門

神宗靖孝王名晫、初名旼、字至華、明宗母弟、在位七年、壽六十一

己未 神宗二年(宋寧宗慶元五年) 夏六月以崔讜爲門下侍郞平章事致仕、時兩府宰臣于述儒等、凡不請而勒令致仕者二十人、而讜居其一、讜少聰悟、耆屬文、歷事四朝、薦賢進能、及是年未衰而退、扁其齋曰雙明、與弟詵及太僕卿張自牧等、爲耆老會、逍遙自適、時人謂之地上仙、及卒諡靖安、詵亦以文學名世、恬淡寡言、不以門地自負、禮賢下士、官至門下侍郞平章事、先讜卒、諡文懿

庚申 三年(宋寧宗慶元六年) 冬十二月以任濡守太傅門下侍郞平章事、濡元厚子也、恬淡慈和、不以勢位驕人、雖臧獲賤隸未嘗詬罵、歷仕五朝、居官勤恪、處決明允、四關文闈、所擧皆當時名士、及卒、配享熙宗廟庭

辛酉 四年(宋寧宗嘉泰元年) 冬十一月刑部尙書閔湜卒、湜令謨之子也、性豁達放曠、有大度、明宗時諸小君輩用事、朝士爭附、而湜獨不往、雖貴顯、視故舊無貴賤一如平

日人以此多之○以奇洪壽爲門下侍郎同中書門下平章事車若松守司空叅知政事崔忠獻爲樞密院使吏兵部尙書御史大夫忠獻出入禁闥以兵自衛常在私第與吏兵郎官注擬文武官以奏王但頷之二部判事檢閱而已若松嘗與洪壽同入中書省問於洪壽曰孔雀好在否答曰食魚鯁咽而死問養牧丹之術若松具道之聞者曰宰相之職在於論道經邦但論花鳥何以儀表百寮

壬戌五年（宋寧宗嘉泰二年）冬十一月前王昇遐于昌樂宮王欲葬以王禮崔忠獻執不可遂用降等之禮諡光孝廟號明宗葬智陵○以崔忠獻守太傅叅知政事

甲子七年（宋寧宗嘉泰四年）春正月王昇遐諡曰靖孝廟號神宗葬陽陵太子卽位后任氏宗室寧仁侯稹之女是爲成平王后○冬十二月以崔忠獻爲太師門下侍郎同中書門下平章事王以忠獻有擁立功待以殊禮常呼爲恩門相國○時有韓惟漢者世居京都不樂仕進見崔忠獻擅政曰難將作矣遂挈妻子隱於智異山淸修苦節不與外人交徵大悲院錄事不就移居深谷終身不返未幾果有契丹蒙古之亂

熙宗成孝王名韺字不陂初名悳神宗長子在位七年壽五十七

乙丑熙宗元年（宋寧宗開禧元年）冬十二月以崔忠獻爲門下侍中晉康郡開國侯

丙寅二年（宋寧宗開禧二年）春三月王遣使加册崔忠獻爲晉康侯立府曰興寧置官僚以興德宮賜之諸王皆詣其第賀忠獻宴之花果絲竹之盛三韓以來人臣之家所未有也自是忠獻出入宮門便張蓋侍從門客殆三千人

丁卯三年（宋寧宗開禧三年）春三月三角山中峰崩先是國望峰崩至是又崩○夏四月以崔忠獻爲中書令晉康公忠獻以爲公者五等之首中書令人臣之極辭不受○大將軍朴晉材以門客除官者少怨忠獻欲圖之忠獻知之召至前曰汝何欲害我命左右縛之斷其脚筋流于白翎鎭（在今長淵）尋死

戊辰四年（宋寧宗嘉定元年）春二月王用術士言避正殿移御于崔忠獻子瑀之第忠獻迎駕獻壽于闘洞（在今城東部）之私第諸王子宰樞皆侍錦繡彩棚胡漢雜戲窮極侈異不可言狀瑀一名怡

庚午六年（宋寧宗嘉定三年）崔忠獻旣擅朝政威振中外人有違忤卽見誅戮故皆鉗口莫

敢誰何有盧仁祐者以姻戚昵比佯狂屢陳直言忠獻惡之黜爲仁州守秩滿還朝時忠獻毁人家百餘營第多藏金玉錢穀謂左右曰除府庫所藏外金銀珍寶欲獻王府以助國用何如衆皆曰善仁祐曰未若留爲經費更不歛民之爲愈也忠獻爲之赧然

辛未七年宋寧宗嘉定四年 夏五月遣將軍金良器使于金時金人金主大安元年與蒙古蒙古太祖六年搆兵良器至通州遇蒙兵中矢而死金人收骨以送○冬十二月崔忠獻以銓注入壽昌宮即今開城龍報司有頃王入內中官曰有旨賜酒食乃引入廊廡間俄有僧徒十餘人持兵突至擊從者忠獻倉皇匿知奏事房崔瑀男知奏鄭叔贍在重房聞變卽入扶忠獻以出忠獻捕中官鞫之乃內侍侍郞王濬明爲謀主而參政于承慶樞密使史弘績將軍王翊等皆知其謀忠獻怨王廢遷于江華尋移紫燕島奉漢南公貞卽位改名祦流濬明等四人于外王明宗太子后卽李義方女是爲思平王后

康宗元孝王名祦字大華初名貞明宗太子在位二年壽六十二

壬申康宗元年宋寧宗嘉定五年 春正月制改崔忠獻興寧府爲晉康府○冬十二月以鄭克溫守司空判三司事克溫溫仁愿謹所莅威惠得宜

癸酉二年宋寧宗嘉定六年 夏六月王受菩薩戒於內殿以僧王謙爲王師○秋八月王昇遐謚曰元孝廟號康宗葬厚陵太子卽位后柳氏熙宗之女是爲安惠太后

麗史輯略卷七終

歷史輯略卷八

花開金澤榮于霖撰

高麗紀

高宗安孝王名皞字大明初名瞋康宗長子在位四十六年壽六十八

甲戌 高宗元年(宋寧宗嘉定七年) 秋九月封崔忠獻妻任氏王氏爲宅主

乙亥 高宗二年(宋寧宗嘉定八年) 夏四月崔忠獻移入別第劍戟兵衞彌滿數里朝士追隨者甚衆簽書樞密院使琴儀等亦從之儀少力學善屬文而諂卑如此時議薄之○秋八月崔忠獻使將軍李光裕遷前王於喬桐光裕還言供頓闕乏忠獻厲聲曰非我仁恕王父子得保首領以至今日乎追思濬明事至今使我毛髮毳竪

丙子 三年(宋寧宗嘉定九年) 秋七月金人(金主貞祐四年)移牒乞借軍粮戰馬朝廷不應時金國爲蒙古所困宣撫使蒲鮮萬奴據遼東叛僭稱天王國號大眞是爲東眞金人將擧兵攻之故有是請焉○時契丹遺種金山王子金始王子爲河朔之民自稱大遼收國王建元天成爲蒙兵所逐擧族而東八月使其將鵝兒乞奴先引兵數萬渡

鴨綠江、攻掠朔州等鎭、皆以妻子自隨、彌滿山野、居月餘食盡移人雲中道(今雲山)朔州分道將軍盧仁綏棄城走、乃以上將軍盧元純爲中軍兵馬使、上將軍吳應夫爲右軍兵馬使、大將軍金就礪爲後軍兵馬使、率十三領軍及神騎諸衛兵往擊之、賊得我國楊水尺爲鄕導、楊水尺者、太祖攻百濟時所難制遺種也、本無貫籍賦役、逐水草遷徙無常、惟事田獵、至是爲崔忠獻所侵暴、迎降于賊、故山川險要、無不詳知、所在豕突、號稱難敵、三軍進戰連利、至開平驛(在寧邊)中軍受敵少却就礪拔劍策馬、與將軍奇存靖奮擊潰之、又與賊大戰於墨匠之野、三合三捷、丹兵奔入香山(即妙香山)於是、諸軍乘勝追擊之、斬獲九千餘級、賊遂踰淸塞鎭(今熙川)道去、或言香山之戰、鵝兒乞奴戰死云、既而、契丹後兵大入昌州、冬十月、王以叅知政事鄭叔瞻爲行營中軍元帥、樞密副使趙冲爲副、往助三軍、兵額不足、括京都人屬部伍、太祖苗裔文科出身及僧徒亦令充軍、共得數萬人、叔瞻等點兵於順天館、驍勇者悉爲忠獻父子門客所占、而官軍皆老弱、十二月、冲等進至興義驛聞賊已過西京、屠黃州、至鹽州、退屯于國淸寺(在開城西)京城戒嚴

丁丑 四年(宋寧宗嘉定十年)春正月、與王景禑等諸寺僧人之從軍者、謀殺崔忠獻、伴若爲丹兵所敗、鼓譟入宣義門、向忠獻家、忠獻遣家兵擊斬之、遂大索僧人殺之、前後所殺幾八百人、忠獻之鞫僧黨也、辭連鄭叔瞻、乃罷叔瞻官、流之、以知門下省事鄭邦輔代之○趙冲等躡兵于墻州、賊乃回兵北歸、時盧元純奏請濟師、王命車倜爲前軍兵馬使、宋臣卿爲左軍兵馬使、並前三軍爲五軍、三月、冲等進與五軍合、追賊于安州、行至太祖灘、遇雨留止、置酒宴樂、不設備、賊大軍掩至、我軍大潰諸將奔還京師、皆坐免官、於是、賊乘勝入京師、焚黃橋(在開城西五里)而東、乃以吳應夫爲中軍兵馬使、崔元世將前軍、貢大源將左軍、吳仁永將右軍、柳敎植將後軍以禦之、夏五月、賊陷東州、崔忠獻謂五軍逗遛不進、徒費糧餉、遂罷應夫、以元世代之、以金就礪爲前軍兵馬使、始太祖灘之敗、就礪奮劍獨戰、槍矢交貫于身、創尙未合、力疾受命、與賊連戰、皆克、賊奔陷原州(古北原)又以將軍任輔爲東南道加發兵馬使、還城中公私奴隸充部伍以送之、秋七月、元世就礪追賊于忠原兩州之間、至朴達峴(在今堤川)輔亦引兵來會、元世用就礪計、先據嶺上、明日賊數萬騎分登

左右欲爭要害元世等分軍爲左右翼下壓之賊大潰遂入北關與女眞合○起
趙冲爲西北面兵馬使當是時東眞萬奴遣兵破大夫營蓋遼地女眞黃旗子軍擊
克之遂自婆速府在鴨江西渡鴨水侵邊郡冬十月冲進與黃旗子軍戰于麟州破之
斬五百餘級賊遂遁去
　蓋是時女眞分爲三部一曰金國二曰東眞三曰黃旗子軍
戊寅五年宋寧宗嘉定十一年先是丹人旣得女眞兵軍勢復振會金就礪以病召還丹兵連
敗官軍進逼楊州秋七月以趙冲爲西北面元帥金就礪爲兵馬使鄭通寶李霖
吳壽祺申宣冑等分將前後左右軍王親授鈇鉞以送之生徒未入仕板者皆令
從軍冲深耻前敗銳意討賊號令明肅諸將莫敢以書生易之進與賊遇於禿山
在今博川等處連敗之賊退保江東城○冬十二月西北面兵馬使金君綏率諸城軍
擊丹兵之在肅川者斬四百餘級君綏敦中之子也以文學名世○時蒙古主太祖十三年
鐵木眞欲窮剿契丹遣其元帥哈眞等率兵一萬與東眞萬奴所遣完顏子
淵兵二萬合聲言討丹賊來攻我猛今孟山順今順川等城破之引兵直至江東城會

天寒大雪餉道不繼哈眞移牒請兵糧朝廷以精兵一千米一千石應之趙冲乃
令中軍判官金仁鏡領往以調之哈眞等見仁鏡宴慰極歡時蒙眞雖以破丹救
我爲名然蒙素號凶悍且未嘗與我有舊好人心震駭獨冲不疑相聞不已哈眞
責添兵諸將皆憚於行金就礪曰國家利害正在今日遂與知兵馬事韓光衍領
十將軍及神騎大角內廂精卒往焉就礪狀貌魁偉言辭慷慨哈眞見而重之引
與同坐約爲兄弟曰吾征伐六國所見貴人多矣未有如兄者居數日冲亦引兵
來哈眞引坐上座亦兄事之冲等置酒作樂以答情欵遂與共圍江東城仁鏡者
慶州人天資淸婉有文武吏才兼工詩翰○是歲崔忠獻以年滿七十陽欲告老
王知其意命有司備禮儀賜几杖令出視事忠獻又令子瑀及其腹心廣抄私兵
不論僧徒奴隷並許爲屬卒於是中外大擾家家杜門至有不得樵牧者
己卯六年宋寧宗嘉定十二年春正月契丹魁噉捨王子被圍勢窘自縊死其將卒五萬餘人
開門出降哈眞斬其僞丞相以下百餘人餘悉寬其死謂冲等曰我等來自萬里
與貴國合力破賊千載之幸也因與同盟曰兩國永爲兄弟萬世子孫無相忘也

歸所虜男女七百口○哈眞遣蒲里岱完等十人賫蒙主(太祖十四年)書來講和王引
見于大觀殿蒙使皆毛衣冠佩弓矢直前出懷中書執王手授之王色變侍臣金
先且泣曰豈可使醜虜近至尊耶設有荊軻之變必不及矣遂請出蒙使更服我
國衣冠入殿行私禮○二月哈眞引兵北歸沖等送至義州哈眞執沖手泣別完
顔子淵亦奇沖之爲人曰趙元帥奇偉非常人高麗有此人殆天賜也沖等凱還
崔忠獻忌其功將士皆不賞惟沖進拜政堂文學尋加太尉中書門下平章事○
三月賜崔忠獻姓王氏○秋九月崔忠獻有疾上表辭職又請還賜姓未幾死百
官縞素會葬儀物擬於王者其子瑀前已拜樞密副使忠獻之將死也密敎瑀陰
爲國東以備非常故人不敢動而內外大權復一歸於瑀矣○時邊城倅臣搥剝
日甚冬十月義州別將韓恂多智等因民不堪遂作亂殺官吏投附東眞潛引其
元帥亏哥下來屯義州以爲聲援西北諸城皆響應王遣樞密副使李克偦等往
勳之明年知中軍兵馬使金君綏貽書亏哥下諭以禍福亏哥下悟擒恂智等斬
之

庚辰七年(宋寧宗嘉定十三年)秋九月太尉門下侍郞平章事趙沖卒沖橫川人平章事永仁
之子也爲人風姿魁偉外莊內和平時未嘗露稜角世徒知其爲寬厚長者及持
大兵臨大事然後乃知其磊落不凡之器及卒年五十諡文正後配享高宗廟庭
辛巳八年(宋寧宗嘉定十四年)秋八月蒙古(太祖十六年)使著古與等以其皇太弟命來索土物甚
繁怒館待不滿意張弓持杖或射或擊館伴以下奔走避之著古與未還蒙使遣
可又奉其女大王之命來督國贐王忠之遣將軍金希磾儐之希磾謂遣可等曰
君在都護府手射一人死生未可知若生則君之福也死則君之一行必見拘留
遣可等慚服○冬十二月以李延壽爲門下侍郞同中書門下平章事金義元爲
中書侍郞平章事崔瑀叅知政事吏兵部尙書金就礪爲樞密院使瑀以忠獻所
占奪公私田民各還其主且多拔寒士以收時望
壬午九年(宋寧宗嘉定十五年)春正月城宜州和州鐵關(今鐵嶺)
癸未十年(宋寧宗嘉定十六年)春正月設帝釋道場於修文殿○夏五月日本(日皇後堀河二年)侵金
州○東眞國遣使來○六月擢守宮丞僉升旦爲禮部侍郞升旦仁同人沉訥謙

遜博聞强記經史奧旨無不洞曉尙書朴仁碩常稱之以比照夜珠王在幼冲嘗受學焉卽位之後恩眷甚厚至是擢拜是職遂號師傅

甲申 十一年 宋寧宗嘉定十七年 蒙太祖十九年 春正月蒙使扎古也等來時東眞國遣使牒告蒙帝師老絶域不知存亡宰樞會崔瑀第議接蒙眞兩國使之禮竟厚接蒙使蒙使盡棄紬布但持獺皮而去○秋七月大將軍李克仁上將軍崔愈恭等謀誅崔瑀事覺瑀殺克仁愈恭等流其黨五十餘人辭連樞密使金仲龜等亦皆流之遠島○冬十二月右副承宣李公老卒公老文詞富贍尤工四六以禮部郞中充趙冲幕獻擒賊之策多有中者及卒家無甔石

乙酉 十二年 宋寧宗嘉定十八年 蒙太祖二十年 蒙自結好之後使价往來不絶春正月蒙使著古與等還渡鴨綠中道爲盜所殺蒙疑我國所爲遂與之絶○舊制吏曹掌文銓兵部掌武選第其年月分其勞逸標其功過論其才否具載于書謂之政案中書擬斥黜以奏之門下承制勅以行之自崔忠獻擅權置府與僚佐私取政案注擬除授以其黨與爲承宣謂之政色承宣僚佐之任此者三品謂之政色尙書四品以下謂之政色少卿持筆札從事於其間者謂之政色書題其所會之處謂之政房夏六月瑀置之私第擬百官銓注書批目以進王但下之而已○秋九月樞密院使李勣卒勣砥平人於丹寇之難戰功甚多爲人平易溫柔喜怒不見平時似無膽氣及臨陣賈勇人莫能及性又儉素雖貴顯常處陋室

丙戌 十三年 宋理宗寶慶二年 先是韓恂多智餘黨復叛引東眞入寇邊兵擊敗之其後東眞屢寇邊義州分道將軍金希磾請往擊之朝廷不許春正月東眞元帥于哥下遣兵侵義州 即義州 靜 今屬義州 等州希磾與判官孫襲卿等選步騎萬餘人往攻東眞石城于哥下遣兵救之希磾等與戰大敗之城主率兵出降希磾崔瑀之門客也始發兵密以書告瑀有司欲劾其擅興師旅之罪旣而聞瑀知之遂寢之然功賞不行

丁亥 十四年 宋理宗寶慶三年 春三月崔瑀遷前王于喬桐先是有術士周演之密語瑀曰公王侯之相也瑀以語金希磾希磾洩其語瑀已不平之會有人告瑀言希磾將與其黨害公奉前王復位瑀信之遂遷王沉演之希磾于海○冬十一月以金仲

龜爲西京留守、仲龜公忠節儉、所至有聲績而久爲崔瑀所廢、命下朝野皆喜○
日本屢侵邊、國家患之、遣及第朴寅聘于日本、諭以歷世和好、不宜來侵之意、日
主將推檢其賊誅之、由是邊患稍息（日主後堀河六年）
戊子十五年（宋理宗紹定元年）冬十二月以金就礪爲守太尉中書侍郞平章事
己丑十六年（宋理宗紹定二年）春二月東眞請和許之○秋八月尙書左僕射致仕庾資諒
卒、資諒應圭之弟也、莊重寡言、諳練吏治、擿發如神、歷任內外、所至有聲績○冬
十一月崔瑀占奪隣舍數百餘區、築毬場、東西數百步、平坦如棋局、日聚都房馬
別抄、令擊毬或弄槊騎射、或至五六日、能者立加爵賞、於是都房馴抄、鞍馬衣服
弓矢皆效蒙古風俗、競以美麗相誇、且分五軍習戰、人馬多顚仆死傷者
庚寅十七年（宋理宗紹定三年）秋七月大倉災、八廩地庫皆焚、崔瑀恐有變、與其婿金若先
皆擁家兵自衛、無一人往救者、火徹夜不滅○初崔忠獻之將死也、將軍柳松節
等謀去瑀、奉其少子珦、瑀覺之、分配松節等于遠島、流珦于洪州、珦勇而猜暴、自
見流放心常怏怏、八月聚羣不逞、作亂殺州官、馳書召松節等于配所、傳檄傍郡

發兵爲援、瑀聞變、遣兵執珦囚獄斃之、因大殺其黨
辛卯十八年（宋理宗紹定四年）秋七月崔瑀妻鄭氏死、王命用順德王后例葬之、三殿及諸
王宰樞以下爭設祭、日至六七奠、務爲侈美、市價爲之踊貴○八月蒙古（蒙太宗三年）
遣元帥撒禮塔來侵咸新鎭（今義州）、守臣趙叔昌等懼而降、撒禮塔進至鐵州、先是
東眞人之侵鐵州也、使其兵變着蒙服、撒禮塔使所虜郞將文大呼謂鐵州人曰
眞蒙也、可速降、文大乃呼曰假蒙也、勿降、蒙人怒殺之、攻之愈急、城將陷、判官李
希勣聚城中婦女小兒納倉中火之、率丁壯自刎而死、蒙人遂屠其城、叔昌冲之
子也○九月以蔡松年爲北界兵馬使、將三軍以禦蒙○初蒙兵旣屠鐵州、西北
面兵馬使朴犀與朔州分道將軍金仲溫、靜州分道將軍金慶孫及渭（今寧邊）、泰（今泰泰）
川等州諸守令率兵會龜州、犀部署諸將、分守四面、旣而蒙兵大至攻南門、慶孫
率敢死士十二人出戰、手射賊多所殺傷、流矢中慶孫臂、血淋漓、手鼓不止、戰四
五合、蒙兵却走、慶孫整陣吟雙小笒以還、犀迎拜相對而泣、於是以守城事一委
慶孫、蒙兵圍城數重、日夜攻南北門、城中兵突出擊走之、蒙人擒渭州副使朴文

昌令入城諭降犀斬之蒙人又抽精銳攻北門犀擊却之蒙人用車積草木轉而
進攻慶孫以砲車鎔鐵液瀉之燒其積草蒙人更造樓車及木床裹以牛革中藏
兵薄城底以穿地道犀穴城注鐵液以燒樓車地且陷蒙兵壓死者三十餘人又
爇朽茨以焚木床蒙人錯愕而散蒙人又以大砲車攻城南甚急犀亦築臺城上
發砲車飛石以却之蒙人漬薪人膏縱火攻城犀令灌水其火愈熾乃取泥土和
水投之即滅慶孫據胡床督戰有砲過頂後擊碎人首慶孫終不移動神色自若
蒙兵圍城三旬百計攻之二人輒乘機應變蒙人終不能克乃退而南○蔡松年
等行至洞仙驛(在嵐山)日暮解鞍而息猝遇蒙兵三軍驚潰上將軍李子晟等殊死
戰三軍始集擊蒙兵走之○冬十月蒙兵復攻龜州破城廊踰城而入朴犀等又
力戰大破之○三軍進至安北城與蒙兵戰敗績將軍李彦文等死之○十一月
蒙人又驅北界諸城兵至龜州列砲車攻破城廊五十間朴犀隨毁隨葺鎖以鐵
絚蒙兵不敢復攻犀等因出戰大敗之○加發五軍兵馬以禦蒙○先是蒙將遣
人持牒至平州諭降州人囚之蒙將聞而怒至是攻平州屠之進屯宣義門外京

城洶洶崔瑀以家兵自衛其守城者皆老弱男女而已十二月遣御史閔曦及淮
安公侹等往安北兒撒禮塔請和○蒙人期欲拔龜州復以大砲車來攻朴犀亦
發砲車飛石擊殺無筭蒙兵退屯樹柵以守撒禮塔遣通事持淮安公牒諭降犀
不聽再三諭之犀守益固蒙兵造雲梯將攻城犀以大于浦(大刃大兵也)迎擊之無不
破碎梯不得近蒙有一老將環視城壘器械歎曰吾自結髮從軍歷視天下城池
未嘗見被攻如此而終不降者城中諸將他日必皆爲將相矣○蒙使偕趙叔昌
來問殺使臣著古與之故仍索土物及使還厚遺國贐仍遣叔昌于蒙辨殺使事
壬辰十九年(宋理宗紹定五年蒙太宗四年)春正月三軍就蒙營降蒙帥乃還遣首宰金就礪等
慰送之○朝廷遣閔曦等與蒙人到龜州城外諭降曰國家遣淮安公講和三軍
已降汝州亦宜罷戰出降諭之數四朴犀不從曦悶然欲拔劍自剌犀等重違王
命乃降後蒙使至以犀固守不降欲殺之崔瑀謂犀曰卿於國家忠節無比然蒙
之言亦可畏也卿其圖之犀乃歸其鄉竹州後拜平章事以卒○夏四月遣使稅
慈州副使崔椿命旣而釋之初蒙之攻慈州也椿命固守不下至是撒禮塔與淮

安公謀避太集成到城下諭降椿命不聽命左右射之集成深銜而返謂崔瑀曰不殺椿命如蒙怒何瑀然之使內侍李白全押椿命至西京將斬之椿命辭色不變蒙官人問此是何人白全曰慈州守也蒙人曰此人於我雖逆命在爾爲忠臣我且不可殺況爾乎固請釋之○六月崔瑀迎前王於紫燕島○天狗墮地有聲如雷○時崔瑀會宰樞議禦蒙皆曰城守拒敵便惟鄭畝太集成等曰宜徙都以避之於是瑀決意遷都江華時昇平既久京都戶至十萬金碧相望人皆重遷然畏瑀無敢言者兪升旦獨曰以小事大理也待之以禮交之以信彼亦何名而重困我哉棄城郭捐宗廟竄伏海島苟延歲月使邊陲之丁壯盡於鋒鏑老弱係爲奴虜非爲國之長計也別抄指諭金世冲排門而入詰瑀曰松京自太祖以來近三百年城堅而兵食足固當戮力以衞社稷去此欲安之乎集成以世冲沮議請斬以徇瑀遂斬世冲請王幸江華王依違未決瑀奪祿轉車百餘兩輸家財于江華令有司刻日發送五部人戶榜示城中曰有敢遷延者以軍法論發二領軍營宮闕于江華秋七月王發開京人民號哭相闘王至江華御于客館○王之將遷都也以金仁鏡爲王京留守兵馬使領八領軍鎭守既而御史臺皂隷李通乘虛嘯聚畿甸草賊及城中奴隷以反逐仁鏡掠取公私錢穀王遣樞密使趙廉卿等將兵討之廉卿使別將李甫等夜到王京城門佯爲賊兵紿守門者曰我等已破官軍而回可速開門門者納之甫等遂入城捕通斬之悉誅其黨與○八月叅知政事兪升旦卒升旦以文行名重一時時人謂之人倫龜鑑嘗自言曰吾欲終身行之惟不欺二字諡文安○先是朝廷既與蒙人講和蒙遣達魯花赤四人至龍岡宣州等地達魯花赤者掌印官也遣內侍尹復昌奪其弓矢達魯花赤射殺之九月蒙以我國拘辱達魯花赤復遣撒禮塔大舉來侵撒禮塔以江都地險不敢犯但移牒數罪朝廷答書解之撒禮塔不從所在屠掠雖老弱婦女皆殺之冬十二月進攻處仁(今龍仁)城有一僧避兵在城中射撒禮塔斃之蒙兵遂潰王以僧爲功授上將軍僧固讓不受後還俗名金允侯

癸巳二十年(宋理宗紹定六年)春正月遣使如金(金主天興二年)路梗未達而還○夏四月蒙主(蒙太宗五年)遣使數五罪其一責竄海不入朝云○五月西京人畢賢甫洪福源等以西

京反、殺宣諭使鄭晛。冬十二月崔瑀發家兵三千與北界兵馬使閔曦討克之、獲賢甫送京師腰斬。福源逃入蒙、福源舊名福良、撒禮塔之來、迎降爲其腹心、及入蒙爲東京摠管、領本國降附四十餘城之民、讒搆本國無所不至、蒙之侵伐徵責皆福源導之也、時人謂之吠主犬○蒙撤兵○以李奎報知門下省事、奎報九歲能屬文號奇童、稍長經史百家佛老之書一覽輒記、爲文章不事蹈襲、橫驚別驅登第十年不調、宰相禁省交薦之、久司兩制、一時高文大冊皆出其手、官至平章事致仕卒、謚文順、然以營媚崔忠獻得叅官、爲世所譏、時又有李仁老吳世才趙通林椿咸淳等并有文名、而世才椿皆窮阨而死

甲午二十一年宋理宗端平元年春正月徵諸道兵營宮闕○二月王幸奉恩寺觀燃燈、寺故叅政車倜家也、時雖遷都草創、然凡宮殿寺社等一依松都舊式○夏五月門下侍中金就礪卒、就礪彥陽人、爲人節儉正直、忠義自守、持軍嚴整、士卒不敢犯秋毫、有酒卽用一巵與士卒、最下者均飮、故能得其死力、臨陣制敵、多出奇計、以成大功、然未嘗自矜、爲相正色率下、人不敢欺、謚威烈、後配享高宗廟庭○冬十月論崔瑀遷都功、封爲晉陽侯、立府、後進封晉陽公

丙申二十三年宋理宗端平三年蒙人自去年復侵我西鄙、縱掠列邑、過京城而南、秋九月至于竹州、今竹山防護別監宋文冑出兵擊走之、蒙兵復以砲攻城、四面所觸無不摧破、文冑亦以砲逆擊之、蒙兵不敢近、蒙人又作松炬塗以人膏、縱火焚之、文冑用泥水滅之、仍開門出戰、擊殺無筭、蒙兵百計攻之、十五日終不能克、乃焚攻具而去、文冑曾在龜州城中、習見朴犀禦蒙之事、故蒙人所計、畫無不先料、輒告於衆曰今日敵必設某機械、我當以某事應之、卽令備待、旣而果如其言、城中皆謂之神明

丁酉二十四年宋理宗嘉熙元年春草賊李延年等嘯聚潭陽諸郡無賴之徒、攻破列邑、聞指揮使金慶孫在羅州、進兵圍之、城中危懼、慶孫開門出戰、將士皆殊死戰、擊斬延年、乘勝逐之、賊徒大潰、一方復定、初賊素服慶孫威名、必欲生致以爲主將、不用弓矢、只以短兵接戰、故慶孫得不傷○秋八月前王昇遐、謚曰成孝、廟號熙宗葬碩陵○築江都外城、時蒙兵遍掠域中、而上下偷安海島、莫敢攘遏

己亥二十六年(宋理宗嘉熙三年)去年冬遣將軍金寶鼎御史宋彦琦等如蒙乞罷兵夏四月蒙兵還彦琦有文辭屢使蒙皆以辭令感動蒙主遂思稍息及卒人皆惜之

辛丑二十八年(宋理宗淳和三年)夏四月以宗室永寧公綧爲親王子率衣冠子弟十八人入質于蒙謂之禿魯花

癸卯三十年(宋理宗淳和三年)春二月以孫襲卿爲全羅道巡問使襲卿性剛毅長於吏事剖決如流嘗按慶尙人有弟姊相訟者弟曰既爲同產何姊獨得父母之財弟無其分耶姊曰父臨絶擧家產付我汝所得者緇衣冠各一緉鞋一兩紙一卷而已文契具存胡可違也訟之積年未決襲卿召二人至前問曰若父歿時母安在曰先亡若等於時年各幾何曰姊已有家弟方髫齔襲卿因論之曰父母之心於兒女均也夫豈厚於長年有家之女而薄於無母髫齔之兒耶顧兒所賴者姊也若遺財與姊等恐其愛之或不至養之或不全耳兒既長則用此紙作狀服緇衣冠履緉鞋以告於官將有能辨之者其獨遺四物意蓋如此其姊聞而感泣襲卿遂中分與之襲卿後改名抃官至司空左僕射卒○冬十二月遣使如蒙(蒙女后二年)是

時蒙太宗已殂女后臨朝兵患稍息兩國使价往來不絶或一歲而四五焉○庾碩廉圭之孫也爲人剛直淸白所至有聲績及爲安東都護副使吏民愛之如父母時巡問使移牒令碩與判官申著同修山城著素貪汚碩恥與共事一以事委之獨與儒士嘯咏而已著讒之崔瑀瑀遂流之巖墮島將行老幼遮道號哭攀轅不忍捨碩妻携子女以行至有徒步者邑人出羸騎以護送辭曰家公流配妻子皆罪人也何煩邑人固請竟不許邑人歎曰非夫人豈得配我公

丙午三十三年(宋理宗淳和六年)夏五月雨毒虫其虫身裹細綱剖之如斫白毛隨飮食入人腹中或噉人肌膚人輒死時號食人虫塗以葱汁便死○秋七月晉州副使王諧卒諧少登第爲御史守法不撓以激濁揚淸爲己任居晉州吏畏民懷及還東都留守老幼涕泣請留遂仍舊任時又有金之錫者高宗末爲濟州副使政淸如水吏民懷服先是有慶世封者守濟亦以淸白稱州人爲之語曰前有世封後有之錫

戊申三十五年(宋理宗淳和八年)先是蒙兵入北界(今平安道)託言捕獺所至侵掠春三月(蒙定宗三

年命北界兵馬使徙民入海島安北府有葦島海潮出入不得耕種兵馬判官金方慶使民築堰墾闢其中使之種稗民頗怨之及秋大稔而蒙兵連歲不退島人得無饑乏島中又無井泉方慶築堤貯水爲大澤夏則汲引冬則鑿冰人利其用始服其智○以崔沆爲樞密院知奏事沆瑀之子也甞與其弟爲僧名萬全聚無賴門徒惟以殖貨爲事金帛鉅萬計所蓄米至五十餘萬石貸民取息侵擾州邑至是瑀令萬全歸俗改名旋拜是職方沆之侵擾也全羅道按察使金之佾捕其門徒數罪投之江沆深憾之然以之佾廉謹少過竟不能害之佾淸道人後至平章事卒

己酉三十六年宋理宗淳祐九年春正月崔沆享王○先是東眞人移牒托稱刷逃戶入邊地侵暴朝廷復牒令禁斷其弊秋九月東眞兵入寇東州境遣指諭朴天府領別抄兵與戰于高城杆城皆破之自是東眞來侵不已○冬十一月崔瑀死子沆服喪二日而除及葬杜門不出烝父諸妾王拜沆爲樞密副使吏兵尙書尋兼東西北面兵馬使沆旣用事忌樞密副使金慶孫素得衆心流之白翎島○以庾碩知刑部事先是碩自巖墮島起爲東北面兵馬使後又以事忤崔瑀流蓮花島至是崔沆欲收人望薦拜是職然卒忌其剛正貶安北都護副使數月而卒

庚戌三十七年宋理宗淳祐十年春正月營宮闕于昇天府今豐德地時蒙女后二年責以都海島不出陸故營新闕以示出陸之意○三月北界以蒙兵連歲來侵請入內地許之遂徙之西京畿內及西海道○秋八月樞密副使崔椿命卒椿命沖之後也○築江華中城○冬十二月以崔沆爲門下侍中

辛亥三十八年宋理宗淳祐十一年春三月崔沆流其繼母大氏于海島尋弑之又殺前樞密副使金慶孫初崔瑀外孫金敉與沆圖相傾奪大氏常助敉而不右沆沆深怨之至是沆捕大氏前夫子將軍吳承績投之江流大氏尋殺之又遣其腹心于白翎沉慶孫于海以承績姻親之故也慶孫平章事台瑞之子爲人莊重裕和智勇絕人屢立大功朝野倚重其死人皆痛惜○冬閏十月門下平章事李子晟卒子晟牛峯人性剛烈有膂力嘗擊忠州東京諸賊皆平之旣而恐爲權貴所忌謝病杜門人稱知幾諡義烈

壬子三十九年(宋理宗淳祐十二年)西京自畢賢甫之亂、廢爲丘墟、冬十月復置留守官○設
華嚴神衆道場、禳兵也
癸丑四十年(宋理宗寶祐元年)先是蒙使多可等來、責王出迎于陸、王不應、多可怒而去、秋
七月蒙主(蒙憲宗三年)遣其弟松柱等率兵一萬、由東眞國入東界、責如前、王從崔沆
言不出迎、令諸道民入保山城海島、習水戰于甲串江以備之、蒙兵遂陷列邑、九
月圍春州累日、樹柵二重、坑塹丈餘、城中井泉皆渴、至刺牛馬飮血、士卒困甚、文
學曹孝立知城不守、與妻赴火死○冬十一月遣永安伯僖等致書于蒙將也窟
請解兵、也窟許之、領兵北歸、遣蒙古大等十人、以示和好之意、王出見于昇天新
闕、蒙古大喜、遂酣飮而去○十二月盜發厚睿二陵
甲寅四十一年(宋理宗寶祐二年)先是樞密院副使李峴奉使如蒙、蒙怒王不出陸、拘峴、峴
被留二年、說也窟曰我國都在海島、貢賦皆出州郡、大軍若於秋前奄入、都人必
困、因導也窟而來、諭降諸城、恣意貪掠、及蒙兵還、仍留本國、春三月朝廷議以叛
逆棄市、籍其家、峴嘗爲選軍別監、多受賄賂、人號銀尙書、及誅、有人蹴其口曰喫

盡幾人銀帛耶○秋七月蒙(蒙憲宗四年)主以王雖出陸而侍中崔沆尙書柳沆等尙
不出、遣其將車羅大將兵來侵、自鴨江過忠州尙州至陝州(今陝川)丹溪(今丹城)冬十
二月始還、是歲蒙人所掠本國男女無慮二十萬六千八百餘人、殺戮者不可勝
計、自有蒙亂未有甚於此也
乙卯四十二年(宋理宗寶祐三年)春三月以蒙兵已歸、令民入保山海者悉出陸地○秋九
月蒙(蒙憲宗七年)兵復大至蹈忠州大院嶺、州人出精銳擊殺千餘人○冬十一月太
廟成、兵興以來未遑營建、至是始成○十二月以崔滋爲中書令
丙辰四十三年(宋理宗寶祐四年)春二月雨水銀○三月蒙(蒙憲宗六年)兵入南界攻笠巖山城
將軍宋君斐奮擊敗之、殺傷甚多、擒其將四人○秋八月遣將軍宋吉儒從淸州
民入保海島、民有不從者、吉儒輒撲殺之、或以長繩編頸曳投水中、幾死乃出、奪
人貨物不可勝數、吉儒崔沆之腹心也○永寧公綧洪福源等與車羅大還屯甲
串江外、規取江都、有耶將蔡取和者初從綧質元、私曰吾等捐妻子從公絶域者
欲安國家耳、今公無一毫利國意、與反臣無異、遂逃還、綧聞之遣人追殺之○九

月蒙師還○門下侍郞平章事崔璘卒、璘讜之孫也、器局宏深、不拘細行、屢使蒙
有專對才、謚文景○冬十月以崔滋爲中書平章事、滋冲之後也、文名亞於李奎
報而吏幹亦優
丁巳四十四年宋理宗寶祐五年夏閏四月崔沆死、以其子竩爲將軍、初沆之爲僧也、通于
宋憘之婢、生竩而嫡妾皆無子、故以竩爲嗣、竩美容儀、性沉默多詼諧、旣秉政、發
倉賑飢、以收人心○五月蒙兵復至○秋七月以崔竩爲右副承宣○九月蒙師
還蒙憲宗七年
戊午四十五年宋理宗寶祐六年春正月按廉使宋庠劾奏宋吉儒逡剝狀、崔竩流之楸子
島方庠之劾也、其黨金仁俊等與柳璥欲寢其奏營救、竩聞而責之、仁俊等遂與
竩疑貳○二月崔竩以家奴李公柱爲郞將、舊制奴隷雖有大功、不得拜官、拜叅
官始此○三月大司成柳璥別將金仁俊等誅崔竩、竩信讒多忌、黷貨無厭、由是
大失人望、仁俊者忠獻之奴也、狀貌魁岸、性寬好施、瑀及沆皆寵信之、璥久在政
房亦爲沆所厚、及竩秉政皆踈之、二人不平、宋吉儒之貶、二人益與竩交惡、遂與

郞將朴松庇朴希實李延紹李公柱林衍及仁俊弟承俊等密謀誅竩聚三別抄
于射廳、使人周走而呼曰令公死矣、令公卽指竩也、於是聞者皆集、仁俊曰如此
大事不可無主者、可推大臣有威望者以領衆、卽召樞密使崔昷等率兵攔入竩
家、竩走匿屋溝中、索出斬之、盡殺其黨與昷惟淸之後也、璥仁俊昷等詣闕告誅
賊臣、復政于王、王謂璥等曰卿等爲寡人立非常之功、因潸然泣下、羣臣請削去
忠獻瑀壁上圖形、王從之、遂以璥爲樞密院右副承宣、松庇仁俊爲大將軍、賜衛
社功臣號、其餘賜爵有差、發竩家倉、賑中外官民○夏四月蒙蒙憲宗八年兵復至、凡
前後蒙兵之來、皆責我出陸修好也○秋八月洪福源死于蒙、時永寧公綧以福
源陰事告蒙主、福源怒罵辱綧、綧之妻蒙宗室女也、訴于蒙主、蒙主使人蹴殺福
源、械其子茶丘君祥等以歸、茶丘由此謀陷本國、無所不至矣○冬十一月以柳
璥爲簽書樞密院事、璥旣誅崔竩、奏置政房于便殿、專掌銓注、金仁俊敬重之、每
事咨焉、仁俊弟承俊自以功高位卑、怨璥與林衍等、共譖于仁俊、仁俊遂諷王罷
璥承宣移拜是職、蓋奪其政柄也、自此內外大權一歸于仁俊矣○十二月擢崔

允愷爲左副承宣、允愷性廉平、方崔竩之用事也、羣胡趨附而獨不至其門○先
是蒙將車羅大來屯舊京而遊兵出沒楊廣之間、至是蒙散吉大王又領兵來屯
古和州、於是東西北三面盡爲蒙人營壘○先是東北界高(今高原)和(今永興)定(今定平)
長(古長州今定平)宜(今德源)文(今文川)等十五州人入保猪島(在永興海中)兵馬使愼執平以猪
島城大難守、遷其人于竹島(在德源海中)島狹隘無井泉、人皆不欲、逃散過半、守備疎
虞、至是龍津(德源地)人趙暉與定州人卓靑及諸城叛人合謀引蒙人乘虛入島、殺
執平及和州副使金宣甫等、遂進攻高城殺掠人民以和州迤北附于蒙、蒙置雙
城(今永興)摠管府於和州、以暉爲摠管、靑爲千戶、暉等出沒寇抄日甚、國家自是遂
失東北之地矣
己未四十六年(宋理宗開慶元年)春二月幸奉恩寺觀燃燈宴羣臣、當宴王再擧手以示羣
臣曰凡在宴者皆拍手以助予、樂羣臣拍手踊躍汗流被體○蒙人修西京古城
開屯田爲久留計○宰臣崔滋金寶鼎等皆力主出降之議、王從之、夏四月遣太
子倎奉書如蒙、參知政事李世材等從、百官各出銀布以充國贐、凡三百駄○六

月王昇遐太孫諶監國、上諡曰安孝廟號高宗葬洪陵○冬十一月蒙(蒙憲宗九年)使
於散帶李世材來、審我出陸之狀、於是發軍創宮闕於舊京○初渤海世子大光
顯子道秀事顯宗、爲將軍、至高宗時、其後孫金就又以將伐蒙古有功封永順君
子孫遂變爲永順太氏、至今在閭巷中
元宗順孝王名禃字日新初名倎高宗長子在位十五年壽五十六
庚申元年(宋理宗景定元年)春正月以濟州爲宋商日寇所往來、特置防護使、令濟州副使
羅得璜兼之、前守以貪贓坐免而得璜浚剝尤甚、州人爲之語曰昔遇小盜、今逢
大盜○二月太子還自蒙、初太子行至六槃山、聞蒙憲宗殂、其弟阿里孛哥阻兵
朔北、人心危疑、莫知所適、時憲宗太弟忽必烈觀兵于宋、太子遂南轅至梁楚之
郊、忽必烈適自襄陽班師、太子迎于道左、眉目如畵周旋可則、忽必烈見而大喜
遂與俱北至京北府、太子始聞王凶報服喪三日而除、忽必烈乃命康和尙等護
送太子還國○三月蒙撤兵、時忽必烈(蒙世祖中統元年)已卽位矣○太子至江都、夏四
月卽位于康安殿○六月以金俊爲樞密副使、襄陽郡開國伯、初策誅崔竩功、以

柳璥爲第一、于是改策仁俊爲第一、改名俊○初王娶慶州金氏莊翼公若先之
女爲妃、是爲順敬太后、后生忠烈王而昇遐、秋八月冊宗室新安公佺之女爲后
號慶昌宮主○先是遣永安公僖如蒙賀世祖卽位、至是僖還、蒙主迻勅三道、其
第二言衣冠從本國之俗皆不改易、古京之還、遲速量力、屯戍之撤、秋以爲期、所
設達魯花赤等、俱勅西還云○冬十一月幸法王寺設八關會、時當國恤、奏還宮
樂議者譏之
癸亥四年(宋理宗景定四年) 春二月日本(日皇龜山四年)侵金州、掠州縣貢船、夏四月遣太官署丞
洪泞等如日責詰、日人窮推之、乃對馬島寇也、泞等遂推徵其所掠米布而還○
冬十二月以金方慶知御史臺事、方慶守法不撓、風節凜然
甲子五年(宋理宗景定五年) 秋八月王如蒙、使金俊輔太子監國、平章事李藏用等從行、蒙
丞相見藏用問高麗州郡戶口幾何、藏用曰不知、曰子爲國相、何爲不知、藏用指
窓櫺曰丞相以爲凡幾箇、丞相曰不知、藏用曰小國戶口之數有司存、雖宰相焉
能盡知、丞相默然、藏用文辭有餘、應對精詳、蒙人甚重之、至有寫眞以禮者○冬

十二月王還自蒙(蒙主至元元年)
乙丑六年(宋度宗咸淳元年) 春正月以金俊爲侍中、尋進封海陽侯、俊擅弄國政、黜陟任意
法令苛峻、民多怨之
戊辰九年(宋度宗咸淳四年) 冬十一月誅金俊、俊縱恣日甚、子承宜饋嘗私奪進供內膳、二
猜、王由是銜恨俊、初俊與樞密副使林衍共誅崔竩、甚相善、既而有隙、衍遂潛結
王倖臣康允紹言於王曰諸功臣皆與俊善、惟林衍不附、王遂以衍爲眞忠臣也
乃使宦者崔璁金鏡等潛與衍來往通謀、衍遂劃大鋌納諸膳物櫃預伏宮中、約
日舉事、會王出餞蒙使、俊黨皆不從駕、王恐事泄、終夜不寐、宣言有疾、分遣中使
禱祀、以王命召俊赴朝、俊至朝堂、璁等引入政房遂斬之、又引俊弟承俊入內殿
斬之、衍等分遣別抄兵捕俊諸子及其黨皆殺之、承俊頗清介自守、見俊父子所
爲、常切責俊、俊憚之、至是臨刑歎曰予無所知、人皆惜之
己巳十年(宋度宗咸淳五年) 先是蒙主遣使臣黑的要我誘日本人偕來、王遣知門下省事
申思佺借黑的如日本三月思佺等至對馬島執日人二人以還致于蒙主、蒙主

歷史輯略卷八　麗元宗　二十九

(蒙世祖至元六年)大喜厚賞思佺詔日人曰朕欲爾國之來朝非以逼汝也欲垂名於後
耳遂令縱觀城闕佛刹留四五月遣還之(日皇龜山十年)方黑的之來也李藏用私以書
遺黑的曰日本阻海萬里雖或與中國相通未嘗歲修職貢故中國亦不以爲意
來則撫之去則絕之以爲得之無益於王化棄之無損於皇威也今聖明在上日
月所照盡爲臣妾蠢爾小夷敢有不服然蜂蠆之毒豈可無慮國書之降亦甚未
宜隋文帝時日本上書云日生處天子致書于日沒處天子其驕傲不識名分如
此安知遺風不存乎國書旣入脫有驕傲之答不敬之辭欲捨之則爲大朝之累
欲取之則風濤艱險非王師萬全之地也且彼豈不聞大朝功德之盛哉旣聞之
計當入朝然而不朝蓋恃其海遠耳然則期以歲月徐觀其爲至則獎其內附否
則置之度外任其蚩蚩自活於相忘之域實聖人天覆無私之至德也藏用蓋度
日本竟不至將累本國故密諭黑的欲令轉聞以寢其事王以其不先告疑有二
心流于靈興島黑的聞知之乃還藏用書且曰我若歸奏此書幸而聽乎則天下
之福也如其不聽高麗亦有何罪固請止之由是藏用獲免○夏四月流平章事

柳璥侍郎朱悅等于遠島璥與大司成金坵將軍金珽及悅素相善林衍之誅金
俊也璥謂坵曰頃聞有衛社者今見其人皆羣小也又論古史言及當世宦官之
弊宦官金鏡等聞而銜之譖璥等怨望有二心王召坵切責然以其掌辭命不之
罪只流璥于黑山島籍其家又流珽悅二人璥有才略智數而家甚富人謂璥之
敗富所致也○世子謁如蒙○林衍忌崔𤪹等權勢逼己六月私遣別抄兵斬𤪹
及金鏡梟首于市大集三別抄六番都房兵于毬庭與宰相議曰我爲王室除權
臣而王乃欲與𤪹鏡等殺我不可坐而受戮我欲行大事不爾則竄之海島何如
宰樞莫敢對衍歷問之門下侍中李藏用度不能止欲以綏禍乃以遜位爲言衍
遂率兵奉安慶公淐詣闕卽位使人逼王出宮居金暟第淐遂以衍爲校定別
監尊王爲太上王時世子還至婆娑府(在鴨江西)聞其變還入蒙言於蒙主請兵討衍
衍聞世子北還丁夜憂懼遣藏用充節日使如蒙欲令彌縫廢立之事說世子而
東還藏用至則具陳衍廢立之狀○冬十月西北面兵馬使營吏崔坦韓愼等與
校尉李延齡郎將桂文庇等以誅林衍爲名嘯聚龍岡咸從人殺西京留守崔年

等、遂以西北諸城叛附于蒙、蒙主乃以西京爲東寧府、畫慈悲嶺[在瑞興]爲界、賜坦
愼等銀牌、爲摠管○十一月蒙主遣黑的、令壬與淐及林衍等偕來、陳情實、且言
將遣將率兵壓境、衍不得已奉王復位、廢淐還私第、十二月王如蒙、使順安侯悰
監國
庚午十一年[宋度宗咸淳六年 蒙世祖至元七年] 時蒙主責林衍入朝、衍益急、衍欲拒之、分遣別抄兵
于諸道、督民入居諸島、春二月憂懣疽發背死、順安侯悰以其子惟茂、襲拜校定
別監、惟茂遂以兵自衞、仍執國命○三月王自蒙還未至、先遣人諭國中臣僚、出
都舊京、林惟茂不從、分遣水路防禦使及山城別監、保聚人民以拒命、其姊夫御
史中丞洪文系見惟茂所爲、心常憤惋、會王論文系圖惟茂、文系遂與知門下省
事宋松禮謀集三別抄兵、諭以大義、突擊惟茂斬之、流其黨李應烈宋君斐等、遣
使告王、遂復政王室、盡罷都房兵、朝野大悅、旣而王至開京、遂都之、白官無官廨
皆張幕以居焉、都房兵者、自慶大升以來、武臣倣效增益、用以自衞、遂至難制、所
謂家兵者也○初崔瑀患國中多盜、聚勇士每夜巡行禁暴、因名夜別抄、及盜起

諸道、分遣別抄兵以捕之、其數漸多、遂分爲左右軍、又以國人之自蒙逃還者爲
一部、號神義、是爲三別抄、自是權臣執國、以爲爪牙、厚其祿俸、優施私惠、故頤指
氣使、爭先效力、前後諸臣之誅逆、皆藉其力焉、時朝廷懲武臣跋扈、旣去都房兵
而猶以別抄爲慮、王乃遣使敎諭于江華、仍遣將軍金之跋罷其軍、取名籍還軍
情危疑莫知所適、夏六月將軍裵仲孫盧永禧等、遂以其兵叛、逼承化侯溫爲王
掠公私財貨及子女、浮海而南、李承休進計於王曰、待賊半渡宮梁、遣精銳橫斷
賊艫、堅守江都、則賊進退失據、可破也、王不能從、方江都之亂也、直學鄭文鑑爲
賊所得欲用之、文鑑曰與其富貴於賊、無寧潔身於泉下、遂投水、其妻邊氏從而
死之○以柳璥爲平章事判兵部事、先是璥宥還在江都、爲賊所得、王恐璥爲賊
謀主、至是璥以計得脫、徒步謁王、王大喜厚奬之○以金方慶爲逆賊追討使同
蒙古宋萬戶等軍、追討三別抄、至海中望見賊船、方慶欲擊之、宋萬戶懼止之、賊
乃遁、秋八月遣世子如元賀節、且告賊狀、時賊入據珍島、侵掠州郡、全羅討賊使
申思佺至羅州、聞賊至、懼而奔還、賊遂日熾、州郡望風迎降、九月蒙潰元帥阿海

以兵一千至、方慶遂與阿海屯三堅院、與賊相持○冬十二月世子還自蒙○金
方慶與阿海至珍島、賊皆乘船、盛張旗幟鉦鼓沸海、阿海恇怯下船、方慶獨以所
部進戰不利、賊圍方慶甚急、士卒瘡病不能起、矢石俱盡、賊有登方慶舟者、方慶
義不死賊手、欲投海、於是瘡病者見之皆復起、殊死戰、賊乃解去、方慶由此得免
辛未十二年（宋度宗咸淳七年）是時私田兼並之弊興而田柴之法日紊、宰相食祿三百六
十餘石者不過三十石、春二月都兵馬使言近因兵興、倉庫虛竭、百官俸祿不給
請於京畿八縣、隨品設祿科田、權倖皆不便、多方沮撓、承宣許珙力 請之、王乃從
之、罷兩班祖業田、更置祿科田、隨科折給、久後、祿科之法亦日敝而 盡入于私田
矣
按兩班祖業田卽功蔭田也、蓋此時田柴變而爲祿科而非田柴之 外、別立
祿科也
以洪子藩爲右副承宣、子藩奏曰比來不親聽政、有司章奏、悉委宦竪出納、中外
缺望、請親攬庶政、以慰輿望、時士大夫皆緘默自保、而子藩獨持讜議、時論多之

子藩灌之後也○三月雙城賊趙暉入寇襄州（疑今襄陽）殺掠 知州及吏民一千餘人
而去○蒙主（蒙世祖至元八年）以阿海畏縮不戰、遣忻都伐之、夏五月又遣洪茶 丘領兵
助之、金方慶等聚兵萬餘人、與忻都將中軍入自碧波亭、（在珍島南）王雍王熙等及茶
丘將左軍入自獐項、將軍金錫等將右軍入自東面、賊聚碧波亭欲拒中軍、茶丘
先登、縱火挾攻、賊驚潰、方慶等奮擊大破之、斬承化侯溫、賊將金通精等以其餘
黨竄入耽羅○六月遣世子謝質于蒙○先是五年、蒙達魯花赤脫朶兒以事東
來、爲人沉重寬厚、撫恤人民、聽斷明白、未嘗枉法、冬十月卒、方疾作、國醫進藥、脫
朶兒却之曰我若飮此而死則讒構貴國者必曰高麗毒之、遂不飮而死、國人惜
之○十一月以金方慶守太尉中書侍郞平章事○十二月蒙建國號曰大元、遣
使來告、王亦遣使賀之
壬申十三年（宋度宗咸淳八年）春正月前門下侍中李藏用卒、藏用子淵之後也、性聰明、美
風儀、恭儉沉重、博覽經史、以至陰陽醫藥律呂、無所不通、文章淸警優贍、又通於
浮屠學、遺命火葬、諡文貞○世子久留于元、從者皆愁思東歸、或勸世子以征日

本事請還世子從之請於元主元主許之二月世子自元還遂置戰艦兵粮都監方世子之歸也國人見世子辮髮胡服無不歎息涕泣○秋八月太府告罄官吏雖殫私財以供之亦不免譴責府官姜渭贊等不勝其苦祝髮而逃時內藏亦空御供闕一夕○初洪文系以誅林惟茂功拜承宣既而見國事日非同僚皆阿意容恥與同列辭職冬十月移拜樞密副使文系又辭不就時年未四十後改名奎葑○十二月世子如元(元世祖至元九年)

癸酉十四年(宋度宗咸淳九年) 三別抄賊既入耽羅築內外城數出寇掠王乃以金方慶爲中軍兵馬元帥邊胤副之將兵萬餘人討之(元世祖至元十年)亦令忻都洪茶丘等合兵助之夏四月方慶與忻都等以戰艦次楸子島候風至耽羅中軍入自咸德浦賊伏兵岩石間以拒之隊正高世和突入賊陣士卒乘勢爭赴賊奔入子城官軍乘勝踰外城火矢四發烟焰漲天賊兵大亂賊魁金通精率其徒入山中自縊死方慶斬其渠魁金允敍等六人執降衆一千三百餘人而還忻都留兵以鎭之王賞功以方慶爲侍中胤判樞密事

甲戌十五年(宋度宗咸淳十年) 夏四月虎書入都城○六月王昇遐百官上諡曰順孝廟號元宗秋八月世子至自元即位葬韶陵○先是元遣趙良弼諭日本日拒不納元主(元世祖至元十一年)決意伐之督本國具船粮等物至是(日皇龜山十五年)發兵二萬五千使元帥忽敦副元帥洪茶丘領之而來冬十月王使金方慶金侁金文庇等分將三軍一萬五千餘人與忽敦等發合浦至一歧島我軍連敗日兵斬千餘級捨舟三郞浦分路而進日兵突至方慶立不動厲聲大喝日兵辟易而退中軍將朴之亮金忻等又力戰大敗之伏屍如麻忽敦歎曰蒙人雖善戰何以及此方慶欲復戰忽敦止之遂引還會大風雨戰船多敗諸軍溺死者一萬三千五百餘人忻方慶子也○先是王在元娶元主女忽都魯揭迷失是爲齊國大長公主至是公主來王親迎之責羣臣開剃獨與開剃者將軍朴球等先行會公主于肅州(今肅川)十一月公主至國清寺南從者先入張穹廬祓以白羊膏王遂戎服與公主同輦入城於是宰樞宋松禮鄭子璵等開剃而朝百官多效之惟抄奴所由(吏隸名)皂吏皆仍舊○降封前妃王氏爲貞和宮主

歷史輯略卷八終

歷史輯略卷九

花開金澤榮于霖 撰

高麗紀

忠烈王名昛初名諶元宗長子在位三十四年壽七十三

乙亥元年宋恭宗德祐元年春正月冊公主爲元成公主宮曰敬成殿曰元成府曰膺善置官屬以安東京山今星州府爲湯沐邑○二月太府卿朴褕上疏言我國男少女多而尊卑止於一妻其無子者亦不敢蓄妾異國人來娶妻無定限臣恐人物皆將北流宜令臣僚許娶庶妻隨品降殺庶人亦得娶一妻一妾其庶妻所生皆比嫡子得仕于朝怨曠以消戶口日增矣疏上宰相有畏其妻者遂寢其議○三月王及公主幸北山洛山寺自是屢幸寺院王於田獵遊觀公主無不與焉○夏四月以帑藏匱竭令文武百官以至編戶各出銀布有差以充國用自是凡國家有事以爲常例○時王好田獵爲置鷹坊以諸嬖倖管之五月鷹坊使吳淑富等往全羅恃勢侵暴全羅按察使安戩長興府使辛宣佐疾之不禮淑富譖罷之○六月

太史局言東方屬木色當尙靑而國俗尙白此木制於金之象也請禁白衣從之○秋九月元子諱生貞和宮主宴賀觴于公主王顧眄目之公主大怒曰何白眼相視豈以宮主跪於我乎遂罷宴下殿大哭促駕欲還公主乳母曰公主若出老婢必死于此公主乃止○冬十月改官制凡擬中國者悉改之罷三公之官併中書門下兩省爲僉議府侍中爲中贊侍郞爲贊成樞密爲密直政堂文學爲參文學合吏禮部爲典理司戶部爲版圖刑部爲典法兵部爲軍簿司尙書曰判書侍郞曰摠郞司憲爲監察司御史大夫曰提憲合藝文春秋兩館曰文翰署其餘或改或革者不可勝數宰樞以上玉帶六品以上犀帶七品以下黑帶○十二月置盤纏色斂銀自諸王以至權務尉正

丙子 二年 宋端宗景炎元年 夏五月知僉議府事張鎰卒鎰昌寧人溫恭正直前後八使元國不辱君命諡章簡○王與公主幸興王寺公主取寺中金塔入內將毁用之王禁之不得涕泣而已公主又多奪人臧獲嘗以松子人參送江南獲厚利後分遣宦官求之雖不產之地無不徵納民甚苦之○置通文館令禁內學館參外文臣習漢語

丁丑 三年 宋端宗景炎二年 秋七月王暴得疾宰樞請停土木繕廳鷂還金塔以祈命公主皆從之○太妃慶昌宮主元宗之繼妃也元宗之將立王爲太子也妃有譏言王知而惡之九月內竪告太妃與其子順安公琮謀咀呪王王乃廢太妃爲庶人流琮于海島

戊寅 四年 宋帝昺祥興元年 春二月令國內皆着元衣冠初元宗之世將軍印公秀勸王效蒙服元宗曰吾未忍遽變祖宗家風我死之後卿等自爲之至是始令效之百官無不開剃惟禁內學館不剃王令承宣朴恒呼執事官開諭於是學生皆剃頭○先是大將軍韋得儒中郞將盧進義等與金方慶有隙譖於元忻都以爲方慶謀去王公主入據江華以叛忻都告于元與王及洪茶丘同鞫方慶流大靑島在今長淵夏四月王公主如元元主令方慶得儒等從王入朝使之對辨王至元辨得儒等誣罔元主知方慶寃會得儒等亦先後病死無可對訟於是遂赦方慶○秋九月王及公主至自元王之在元也從行都監金周鼎上書元主請罷本國達魯花赤

及王京留鎭等數事元主皆從之周鼎光州人○參文學事金坵卒坵扶寧人性倜儻無華寡言語王論國事切直無所避時元徵詰殆無虛歲坵久掌詞命因事措辭皆中於理以此多獲免元學士王鶚每見其表必稱美之以不見其面爲恨謚文貞○冬十月承旨金周鼎建議今宰樞甚多謀政無主宜别置必闍赤委以機務又內僚不可皆令啓事請擇人爲中間色餘皆罷之王從其議遂置必闍赤以周鼎及朴恒薛公儉鄭可臣廉承益李尊庇李之氐等爲之常會禁中叅决庶政時號别廳宰樞必闍赤者蒙語書生也

燕巖朴氏曰蒙古譯言必闍赤者書生也八合識者師傳也

己卯五年(宋帝昺祥興二年是歲亡)春三月王以事元以來事多倉猝改都兵馬使爲都評議使司令僉議密直與之合坐商議凡罷官制省不過五樞不過七宰相之職舉而百司各供其職及其弊也省宰增至七八至是商議之名又起而與國政者至六七十人於是百司渙散無統而政事不復修舉矣○夏六月罷左司議權㫜以㫜前按慶尙折減貢絲價故也○冬十一月命選州郡娼妓充敎坊王旣狎昵羣小承旨吳祁內侍金元祥等務以聲色容悅於王請敎坊才人不足請分遣倖臣選諸道娼妓有色藝者又選京都巫女及官婢善歌舞者籍置宮中飾以新緌敎以淫詞艶曲日夜歌舞褻狎慢昵無復君臣之禮供億賜與之費不可勝紀當是時尹秀李貞等以鷹犬寵吳祁石天補等以聲色寵王惟紹宋邦英等以諂佞寵林貞杞朱印遠等以賄賂寵印侯張舜龍等以公主私屬寵嬖倖多門羣小雜進而王心益蕩矣○十二月牛疫屠者爛手而死○監察侍丞崔有渰上疏直言時事王怒流之大靑島承旨趙仁規言有渰勵節奉上不可輕棄固請再三王怒稍解召還有渰滋之子也○是歲慶源公祚卒祚熙宗子也明習典故世稱知禮

庚辰六年(元世祖至元十七年)春三月宰相以鷹坊弊甚請罷之不從○監察侍史沈諹與雜端陳倜侍史文應等上書極言時事因及上將軍尹秀侍宴不恭及大禪師祖英淫穢宮禁之事王初甚虛受已而秀及祖英相與譖之王大怒鞫諹于祭文館問首發議者諹碎瓦毆問令人踏其上血流迸地諹終不言遂囚于巡馬所行路者指木索血痕曰臺官血也翌日流倜應于海島詞臣白文節等固請赦諹王意稍

悟乃釋之、尋并放倜應等、文節有文學、爲一時所推、然不以才自負、官至寶文閣
學士卒
辛巳七年元世祖至元十八年先是二年、元遣使招諭日本、日人執使殺之、元帝怒欲伐之、令
本國修造戰艦、且置征東省于本國、使王管之、春三月日皇後宇多七年金方慶等先往
合浦、元將忻都洪茶丘等繼而至、戰艦千餘艘、我軍二萬七千餘人、忻都等所將
蒙漢軍亦四五萬人、元將范文虎自江南將蠻軍十萬、期會於一歧島、夏五月諸
軍擧帆而東、方慶與金周鼎朴球朴之亮等擊日兵于太宰府、斬三百餘級、既而
日兵突至、諸軍潰、翌日復戰敗績、忻都等議以累戰不利、船腐粮盡、文虎又過期
不至、欲回軍、方慶曰今一月粮尙在、請俟南軍合攻、諸將不敢復言、既而文虎以
蠻軍至、戰船合九千艘、會大風起海中、蠻軍皆沒、我兵死者亦幾八千人、諸軍遂
還、其後蠻人自日本逃還者、言元兵十餘萬遭風船敗、同棲一山、日人來攻、諸軍
飢不能戰皆降、日人擇留工匠及知田者、餘皆殺之云○秋八月贊成事朴恆卒
恆春州今春川人、性聰慧寬厚、有孝行、能文章、孜孜奉公、長於吏治、時用兵累年、軍

費浩大、公私赤立、而供億之策、皆自恒出、謚文懿○以昇平今順天府使崔碩爲秘
書郞、昇平舊俗、邑守遞還、必贈以八馬、惟其所擇、及碩還、邑人例持馬請擇、碩笑
曰馬能至京足矣、何擇焉、至家以馬歸之、吏不受、碩曰吾守汝州、吾有牝馬生駒
今帶以來、是我之貪也、汝之不受、豈非知我之貪而以我爲貌辭耶、并其駒授之
自是其弊遂絶、州人頌德立石、號八馬碑
壬午八年元世祖至元十九年春正月元罷征東行中書省
癸未九年元世祖至元二十年冬十月王及公主獵于南京、時尹秀朴義等導王無所不至、世
子謜年九歲、忽泣下曰今玆百姓窮困、父王何爲遠獵、顧謂義曰每以鷹犬縱臾
吾君者、此老狗也○十二月中贊上洛公金方慶致仕、賜食邑一千戶、食實封三
百戶、加判典理司事、國有大議必咨之
丙戌十二年元世祖至元二十三年春二月王欲以叅官除一內竪、左承旨安戩執不可、王强
之、戩竟不奉旨、言甚剴切、王怒起入內、戩隨之啓曰臣明當見代、其內竪叅官之
命乞俟後日、王已踰閫、顧而厲聲曰可、左右皆懼、戩退徐曰殿下許臣矣、遂們去

除目時人名曰鐵簆○十二月以印侯爲副知密直司事侯本蒙人忽刺歹也以公主私屬來仕本國與大將軍印公秀相善遂冒其姓貴寵用事數年之間驟登宰輔貪暴縱恣其徒張舜龍車信等亦貴寵用事競以奢侈第宅相尙

十三年(丁亥 元世祖至元二十四年)春正月副知密直司事廉承益享王時上自宰相下至嬖倖近習爭享王矣○冬十一月知都僉議府事致仕朱悅卒悅綾城縣人優於文學歷任州府皆有聲績國有大事擇使命則必首擧性剛直嚴重嫉惡如讐嘗以事至相府宰相與言悅坐聽貌甚傲宰相使吏語曰宰相有言宜伏地聽悅曰宰相之言伏地聽則君上之言將掘地聽乎終不屈悅貌醜公主始至宴羣臣殿上悅起而爲壽公主驚曰何遽令老醜鬼近前耶王曰此老貌醜如鬼心淸如水謚文節○十二月以許珙爲僉議中贊洪子藩韓康爲僉議贊成事趙仁規廉承益並知都僉議司事康慈仁尙佛仁規以譯語進有才局承益無他才行惟以祈禱左敎得倖於兩宮

十四年(戊子 元世祖至元二十五年)春正月以安珦爲左副承旨珦好儒學歷典內外聲稱赫

然○知都僉議司事廉承益免以印侯代之趙仁規爲贊成事時洪子藩爲首相仁規承益爲亞相承益得幸於王及公主常居禁中稀至都堂一日子藩先出仁規語承益曰國人謂洪公爲眞宰相謂我爲老譯謂公爲老呪我等旣不與眞宰相之目惟當勤朝衙夕直耳承益卽日辭職○秋七月流宦者崔世延耶將陶成器于海島世延初附成器以進王是縱恣日甚多奪人臧獲貨財嘗侵辱貞和宮主世子聞之大怒白王曰世延多行不義流毒一國請竄逐以懲其惡世延常父事印侯侯言於王救之世子叱侯曰宰相腹大如甕皆世延酒肉充之耳汝與世延同惡相濟當伏一鑕公主聞之亦大怒杖流世延并流成器未幾召還○冬十月副知密直司事林貞杞暴死公主聞其死有悽愴色有一尼在側曰貞杞之死不足恠也以血成身其死宜速謂浚民血以立其身也公主勃然變色

十五年(己丑 元世祖至元二十六年)春二月元以遼東饑請糴于我遣監察侍丞呂文就等運米六萬四千石于蓋州又遣使三南徵督軍粮米以繼之○冬閏十一月中贊致仕柳璥卒璥文化縣人政堂文學公權之孫也體貌肥短而人望之儼然天姿明

敏、器度雄深、能斷大事、有人倫風鑑、元傅許珙金坵皆其薦也、諡文正○王及公
主世子如元
庚寅十六年元世祖至元二十七年春三月王及公主世子至自元○先是、國家旣失西京以
北、屢請復舊于元、元不肯從、崔坦韓愼等蟠據中路、謀害本國、無所不至、至是元
始罷東寧府、悉歸我西北諸城、王乃拜韓愼桂文庇爲大將軍○先是元乃顏大
王叛元、尋討平之、乃顏餘黨哈丹等復叛于北鄙、今咸鏡道將侵我東鄙江原東北地春遣
中軍鄭守琪屯交州、今淮陽朴之亮屯伊川、韓希愈屯雙城、金忻屯象猳今入高城羅裕
屯通川以備之、仍請援于元、冬十月哈丹引兵數萬由海陽今吉州界入雙城、元平
章事闊梨帖木兒以兵來助討○十一月遣世子如元、政堂文學鄭可臣禮賓尹
閔漬等從行、元帝聞二人皆儒者、待之甚敬、冠而後見、嘗令與公卿議征交趾、二
人議曰交趾遠夷、勞師致討、不如遣使招來、如執迷不服、聲罪征之、一擧可以萬
全、元帝善之、授可臣翰林學士、漬直學士○十二月王避兵于江華
辛卯十七年元世祖至元二十八年春正月哈丹兵將至鐵嶺、鄭守琪望風遁還、時賊飢甚、得

守琪所棄資粮、大饗數日、遂踰嶺入交州、金忻羅裕等亦皆不守而走、賊乃進陷
楊根屯于原州、摽掠人馬、別抄鄕貢進士元沖甲率死士屢擊逐之、旣而賊大至
圍城數重、以書誘降、沖甲斬其使、繫其書於頸擲之、賊遂益修攻具、百計攻之、矢
下如雨城幾陷、興元倉判官曹愼出城與戰、沖甲與別將康伯等分出東西峯合
擊之、愼援枹以鼓、矢貫右肱、鼓音不衰、賊前徒少北、後陣驚潰、州兵因奮擊之、斬
賊將都剌闊等六十八人、射殺幾半、賊銳遂挫、引而南、○夏四月命印侯韓希愈
金忻等分將中左右三軍以討賊、是時元將薛闍干以兵一萬三千來助討、五月
我軍與薛闍干至燕歧、薄賊陣、腹背攻之、賊散入林木間、以射我軍、忻督兵先登
大軍乘之、賊勢窮奔潰、追至公州河今錦江伏屍三十餘里、賊精騎千餘渡河而遁
居七日、賊復整兵來、賊有勇士一人、射我軍每發輒倒、希愈持槍馳馬突入賊陣
扼勇士而出、斬其首揭槍竿以示之、賊皆褫氣、大軍繼擊又大敗之、哈丹與其子
老的潰圍而遁、諸軍遂還、旣而老的引兵趍平壤、郎將李茂戮於獨山殲之、賊遂
悉平○秋八月僉議中贊許珙卒、珙孔岩縣人、性恭儉不事生產、雖至達官食不

過一器其少也常率一僕掩骼埋胔殆無虛日見棄屍自負瘞之嘗月夜彈琴有處女踰墻而奔珙不敢近喩以禮義其女慙悔而返謚文敏○許珙與洪子藩同在相府珙恭謹子藩剛峻每論事輿之相抗至形於辭色人謂不相能及珙卒子藩歎曰公謹正直知無不言世豈復有如許公者哉人始知二人之所爭者公也

壬辰十八年(元世祖至元二十九年)春正月復都開京○夏閏六月以韓希愈知僉議府事柳陞崔有渰並知密直司事陞璥之子也容止可觀事親孝居官以勤於聲色貨利淡如也時禮文散失陞撰新儀甚詳時人遵用後至僉議參理卒謚貞愼○秋九月元使洪君祥來君祥茶丘之弟也茶丘恐本國常欲搆禍君祥以爲寧恐永寧公不敢負國凡爲本國興利除害無不盡力是時元欲復伐日本令本國造戰艦君祥曰軍事至大請先問高麗然後行之元遂遣君祥來議王乃使太僕尹金有成直文翰署郭麟往日本爲元遊說開陳禍福令朝於元日人憾往歲之役皆留之二人竟死於日

甲午二十年(元世祖三十一年)去年王及公主如元春正月元帝崩王如上都(沙漠地)迎元太子卽位○夏五月王請歸耽羅于元元許之乃改號濟州時元牧馬於耽羅雖歸其境土而馬賁則依舊不廢矣○秋八月王及公主至自元○冬十一月賜濟州王子文昌裕星主高仁旦等章服

乙未二十一年(元成宗元貞元年)秋八月以世子判都僉議密直監察司兼判中軍事○王嘉洪君祥寢征東議拜都僉議中贊修文殿大學士監修國史國制非出身科第不得爲文翰官崔瑀擅政自爲監修國史猶不得兼修文殿而君祥時爲元朝集賢大學士故得拜焉○賜金方慶爵上洛郡開國公○冬十二月世子如元

丙申二十二年(元成宗元貞二年)夏五月以洪子藩爲右中贊趙仁規爲左中贊時官制皆尙右也子藩條陳十八事一請於中外設置義倉斂米穀以時收積以備凶歉一國用漸乏請令除官者隨品納稅以資國用一請禁州縣剝民封送一請禁豪勢之家送人州郡將其幣貨强市民間一請禁各司謀利之人防納貢物受價於民一請國贐勿用牛馬且禁以牛馬出境和賣者一言太府國贐等庫凡有所須之物卽於京市求之雖云和買實爲强奪請禁之一言諸州之吏留京聽候者謂

之其入外方多故其人或闕計其年月以徵其傭所以州縣日漸殘敝請量減之一言各邑守令迎送之費實爲民害今後請只令公衙屬人迎送其餘亦皆切中時弊王嘉納之○先是世子納宗室西原侯瑛之女爲妃後又納洪奎趙仁規女冬十一月改娶元晉王甘麻剌之女寶塔實憐是爲薊國大長公主幣用白馬八十匹

丁酉二十三年（元成宗大德元年）夏五月公主昇遐世子自元奔喪初宮人無比有寵於王連結宦寺縱暴中外世子疾之至是白王曰殿下知公主所以致疾乎因鉤無比呪咀狀斬之○冬十月以鄭可臣爲僉議中贊判典理司可臣爲人正直端嚴處事精審在政房諳練典故題品銓注皆當物議及爲冢宰人皆想望風采○世子如元

戊戌二十四年（元成宗大德二年）春正月世子與寶塔實憐公主至自元王以年老傳位于世子退居于德慈宮世子卽位上尊號曰光文宣德太上王○二月以前司諫李承休爲諫議大夫承休久處散地王素聞其名至是下書徵之承休至王與語大悅因問民間利害時政得失從容聽納承休進言曰殿下所以召老臣者非謂出奇計立大功但以直言無隱耳臣豈惜殘生以孤上恩因勸王修省旣而屢遷知資政院事就職十數日復上書以老病乞退甚切王不得已許之○夏五月改官制改密直司爲光政院置左右僕射於僉議府其餘改革者不可勝數○賜詞林學士朴全之吳漢卿侍讀學士李瑱侍講學士權永等紅鞓王常屛左右幸詞林院與西學士商確政理手賜酒食從容盡日或至夜分賜宮燭送至其家○初王自娶公主以來頗欠夫婦之道趙妃專寵公主恨妬之作畏吾兒（畏兀兒轉聲）字以訴于元太后至是有人貼匿名書於宮門言趙仁規妻事神巫咀呪使王不愛公主而愛其女公主遂下仁規及其妻子于獄遣使告于元元遣人執趙妃及仁規以歸杖流仁規于安西後七年釋還

燕巖朴氏熱河日記曰按唐書回紇一名回鶻元史有畏兀兒部畏兀卽回鶻也回回卽回鶻之轉聲也高麗史元使麗人敎習畏吾兒語畏吾兒又畏兀之轉聲也

秋八月元遣使徵王及公主入朝王將行使者取王印授上王於是上王復位前王既至元元丞相召從臣安珦傳元帝旨曰汝王何不近公主乎珦對曰閨閤之間非外臣所知今日以是爲問豈足於聽聞丞相以奏元帝曰此人可謂知大體不復問○冬十二月下左司諫秋適于獄時閹人黃石良賓緣用事陞其鄕合德部曲爲縣適不肯署其案石良乘間譖適王怒親枷適囚巡馬所押者謂適曰可由徑行適不肯曰凡有罪者皆歸于有司未有枷鎖于王所者吾當行官道使國人見之何必效兒女子掩面委巷乎時有李仁挺蔡藕等并以執法不撓得罪

己亥二十五年元成宗大德三年 初印侯與韓希愈有宿怨謀欲傾軋之春正月會有僧日英者告希愈及將軍李英柱等謀不軌侯衆之遂與金忻等擅發兵執希愈英柱等告元行省曰希愈等將挾王竄海島鞫八日希愈終不服惟英柱等誣服侯忻與其黨將訴于元王使承旨金深留之侯等不奉命竟入訴元遣人執希愈等以歸既而知其寃釋之○冬十月元以王不能鎭服其衆遣闊里吉思爲征東行中書省平章事耶律希逸爲佐丞

庚子二十六年元成宗大德四年 秋八月上洛公金方慶卒方慶安東人新羅敬順王之遠孫性忠直信厚嚴毅寡言器宇寬弘不拘小節多識典故斷事無差雖致仕閑居憂國如家年八十九無疾而逝謚忠烈○時闊里吉思欲革本國奴婢之法冬十月王遣使上表于元曰我國始祖垂戒後嗣凡此賤流其種有別若許從良必通仕路謀亂國家由是小邦之法八世不干賤流然後乃得筮仕請仍舊制元從之闊里吉思擅權納賄元以吉思不能和戢人民罷行省平章事徵還

辛丑二十七年元成宗大德五年 秋九月以慶尙道按廉朱印遠兼勸農使印遠悅之子也至慶尙督民貢二十升黃麻布王令左右爭取之以爲戲宰相奏言印遠厚歛於民詔事左右當罷王不省時有一內僚言於王曰宰相朱悅無子天道無知王曰不有印遠乎對曰悅淸直絕倫印遠貪邪無比故曰無子王笑之

壬寅二十八年元成宗大德六年 春二月僉議中贊致仕薛公儉卒公儉性廉勤好禮有造謁者無貴賤倒屣出迎嘗臥疾蔡洪哲入臥內診視布被莞席蕭然若僧居出而嘆曰自吾輩而望公所謂壤虫之與黃鵠謚文良後配享忠烈廟庭

癸卯二十九年(元成宗大德七年)時奸臣吳祈石天補王惟紹宋璘及其從姪邦英等交構前王於王、以離間父子、人皆切齒、畏禍、莫敢言、會有人訴于元曰石天補等慮、前王害己、謀奉國王將遷海島、秋七月元遣使執天補以歸、宰相洪子藩元冲甲等隨執祈送于元、於是邦英惟紹等勸王以公主改嫁于瑞興侯琠、因以琠爲嗣王然之、必欲得請於元、贊成事崔有渰諫曰瑞興侯若立、追祔其祖禰則殿下親廟主不容不遷、殿下千年後、寧能信其不爾耶、高宗元宗、臣及事之臣誠不忍見一朝忽不祀、王爲之慘然動容、琠神宗之後也、時入元留居已有年、貌美爲公主所屬意、故諸人因以間之也、冬十一月元遣人諭王曰彼小人知自利而已、寧肯爲王國家地耶、王泣謝、請還前王而邦英等又多方沮之、元執邦英等歸、既而釋之

甲辰三十年(元成宗大德八年)春正月僉議贊成事致仕伍允孚卒、允孚世爲太史局官、精於天文、遂得大用、性切直以國事爲己憂、每因災異、入諫不聽、涕泣固爭、嘗告朔于奉恩寺太祖眞殿、旣奠、且拜且泣曰太祖太祖君之國事日非矣、因嗚咽不自勝、其誠懇類此○夏五月贊成事安珦憂學校日衰、議兩府曰宰相之職莫先於敎育人才、今養賢庫殫竭、無以資敎養、請令百官出銀布有差、存本取息、爲贍學錢、王亦出內庫財以助之、密直高世自以武人不肯出錢、珦謂諸相曰夫子之道垂憲萬世、臣忠於君、子孝於父、是誰敎耶、若曰我武人、何苦出錢、以養生徒則是無孔子也、而可乎、世聞之慚、卽出錢、珦又以餘貲送中國、畫先聖及七十子之像、購祭器樂器六經諸子史以來、且薦李㦃李瑱等爲經史敎授、使李晟秋適崔元冲等爲敎授、於是七管十二徒諸生橫經受業者、以數百計、珦謂諸生曰吾視諸生猶子孫、諸生何不體老夫意、於是諸生相謂曰安公之待我以誠如此、若不化服非人也、晟潭陽人少力學、手不釋卷、所至、學者雲集時人謂之五經笥、性恬澹不求仕進、弱冠登第、年至六十、拜左補闕、棄官歸田、後忠宣王屢除官、皆不久辭去○是時改稱國子監爲國學、後忠宣王改成均館、又其後恭愍王復稱國子監俄復稱成均館、此高麗一代之學制也

按高麗史學校沿革不詳而中京誌留守李芮所作成均館義財記云成宗置國子監忠烈王改國學、忠宣王改成均館、恭愍王復稱國子監、俄復稱成均館

雖不能歷指某年某月而興廢本末昭昭可見,足以補史家之缺,盖芮是我國初人,得見成均館故事,故詳言及此歟,又按本誌記國子監遷徙之跡而至成均館則註明云恭愍王十六年移于此云云,此亦攙史之所不見者則芮之所據可知矣,噫,體失而求於野,豈不信哉

乙巳三十一年(元成宗大德九年)秋七月以僉台鉉知都僉議司事,台鉉光州人,時奸臣分黨,離間王父子,情不相通,而台鉉周旋其間,一以至公,人無間言○冬十一月王如元,韓希愈,王惟紹,宋邦英等從行,時前王恐王·宋之徒恣其凶謀,乃請於元曰當使洪子藩,崔有渰,柳庇,金深,金延壽從王以來,由是五人亦從行,庇後改名淸臣○是歲贊成事致仕金咺卒,咺義城人,爲人淸介,疾惡如讎,所至人憚之

丙午三十二年(元成宗大德十年)秋九月僉議中贊致仕安珦卒,珦初名裕,興州人(今順興)少好學,三別抄之亂,以計得脫,性莊重安詳,人皆敬畏,其在相府,能謀善斷,以興學養賢爲己任,雖謝事家居而未嘗忘于懷,文辭淸勁有鑑識,言人貴賤壽夭皆驗,晩年嘗掛朱晦菴畵像,以致景慕,遂自號晦軒,及葬,七管十二徒諸生皆素服祭

於路,謚文成○初王至元,館于前王邸,一日偶仆地折齒,王惟紹等因勸王移于公主邸,遂因公主譖前王於元皇后曰,前王素失子道,且與公主不諧,故我王疾之,欲以瑞興侯琠爲後者非一日,前王誠宜改過自新,而日昨我王舍於其邸,不謹奉侍,至使折齒,我王欲勿怒得乎,洪子藩等聞之,詣元中書省,極言惟紹等逆理亂常之罪,省官遂執惟紹等囚之,金文衍謂王與前王東還,王曰我聞前王遣人中路要我,渡河而沈之,我雖老,獨不畏死耶,遂留于元○前僉議中贊慶興君洪子藩卒于元,子藩灌之後也,爲人魁梧俊偉,材幹絶人,事母孝,雖迫公務不廢定省,每夜必正衣冠拜天,三爲首相,論議持正有大臣風度,每堂吏白事,不敢辨詰,旣署則退,嘗曰洪公已領矣,餘可易與耳,謚忠正

丁未三十三年(元成宗大德十一年)春正月王在元○時元成宗崩,元丞相阿忽台等謀亂,前王與皇姪愛育黎拔力八達(元仁宗)執阿忽台等誅之,立懷寧王海山,是爲元武宗,前王旣定策用事于元,三月遷王於慶壽寺,誅瑞興侯琠王惟紹宋邦英宋璘宋均韓愼等,凡王左右任使者悉罷之,以其從臣權漢功等主選法,除拜所親信者

於是國政盡歸於前王。王拱手行印而已○五月王至自元○秋八月典法判書李瑱上書于前王曰名器至重不可濫授賜給土田除有功者一切收之官冗員多糜費廩祿請加減省比年旱荒民皆艱食宜罷不急之役前王嘉納超拜政堂文學瑱慶州人少好學博通經史爲人體貌魁梧局量寬洪後至僉議政丞卒然其在廟堂無所建白奪人臧獲頗多人以此短之

戊申 三十四年 元武宗至大元年 春二月元詔加封孔子大成至聖文宣王○夏五月前王復改官制以中贊爲政丞其餘變更者甚多○秋七月王昇遐壽七十三八月前王自元奔喪卽位上號曰純誠守正葬慶陵旣葬遂釋服○始王之殺宮人無比也以進士崔文妻金氏早寡有姿色進于忠烈以慰解之金氏就彌之孫文衍之妹也忠烈幸之封淑昌院妃冬十月王祭殯殿遂幸文衍家與妃相對移時人始訝之未幾移御文衍家通焉進封淑妃監察糾正禹倬白衣持斧荷藁席詣闕上疏直斥其非近臣展疏不敢讀倬厲聲曰卿爲近侍未能格非而逢惡至此卿知其罪耶左右震慄王有慚色○冬十一月始禁宗親兩班同姓之婚○王如元以齊安公淑權署國事

忠宣王名璋字仲昂初名謜蒙古名益智禮普化忠烈王長子在位五年壽五十一

己酉 元年 元武宗至大二年 春正月王在元○二月王以諸宮院寺社及權勢之家皆私置壚盆以專其利使國用不贍乃立榷壚法令諸公私壚盆盡入官估價以銀布折價凡欲用鹽者皆赴義鹽倉和買郡縣人皆從本管官司納布受壚若有私置壚盆及私相貿易者罪之於是始令郡縣發民爲壚戶又令營置壚倉民甚苦之凡諸道歲入壚價布四萬匹○夏四月以崔有渰守僉議政丞印侯金深柳淸臣竝爲贊成事侯譖以事忤忠烈久留元不還至是乃歸復相深以其女得幸於元帝挾勢自大識者譏之淸臣起自賤吏有膽氣習蒙語屢使于元善應對由是爲忠烈及王所寵幸遂得大用○崔有渰等上箋于王請還本國王不從時元太后及帝待王甚優故王不樂東歸

庚戌 二年 元武宗至大三年 春正月王在元○先是王娶蒙古也速眞之女是爲懿妃生子

鑑及燾及即位、封鑑爲世子、欲傳位、爲從臣所沮乃止、夏五月殺之○秋七月元
封公主爲韓國長公主○八月改諸司及諸州郡號○舊制、宦者不用腐刑、取其
幼時爲狗所啗者、故其本系非賤則賤隷也、但備宮闈永巷之任而已、毅宗始以
鄭誠等爲祗候至齊國公主嘗獻閹寺數人於元世祖、頗得近幸、至有來使本國
而復其家官其族者、於是殘忍之徒、轉相歆慕、父宮其子、兄宮其弟、或有强暴自
割者、數十年間其徒甚多而國家交涉元朝、必賴其力、故忠烈之世、已有封君者
王久留于元出入三宮、與此輩相親狎、九月擇其尤近幸元朝者李大順方臣祐
等十六人、同日封君、於是舊典盡壞而反吠搆譖之禍亦自此萌矣○冬十一月
中贊致仕金之淑卒、之淑性廉潔剛正、三別抄之亂、陷賊投海、賊鉤出將斬以徇
僞王溫救免之、之淑密以賊狀再達于官軍、賊敗得脫、遂大用至宰相、然二女以
家貧未嫁爲尼

辛亥三年(元武宗至大四年) 春正月王在元○夏四月復置選軍、祖宗選軍之制非一、如光
軍司別武班等皆厚給田食、以爲國用、自毅明以後、權臣執命、驍軍銳卒盡屬三
別抄而舊制寢廢、王是始復

按麗世選軍、蓋府兵十二萬原額之外所別設者而其制今不可詳

秋九月平陽君印侯死、侯憑藉勢力、多受賄賂、奪人土田臧獲、無有紀極、及死、王
有相賀者○冬十二月僉議贊成事權㫜卒、㫜安東人、淸儉謙遜耿介不苟合、歷
典內外以廉明稱、惟酷信浮屠、斷葷肉四十年、旣老、一夕遁入禪社剃髮、子溥馳
往大哭、㫜曰將復鬒髮我耶、此予素志也

壬子四年(元仁宗皇慶二年) 春正月王在元○秋七月齊安大君淑卒、高麗宗支不繁而惟
文宗母弟平壤公基子孫繁衍、永寧公綧帶方公徵等皆其後也、淑徵之兄、爲人
廉正、諳練典故、時稱宗室儀表

癸丑五年(元仁宗皇慶二年) 春正月王在元○三月以吳祈爲密直使、祈始以譖間得罪、王
是乃被寵擢論者知王之好惡不明也、祈後改名潛○時元欲王歸國、王無以爲
辭、請于元主、傳位于子江陵大君燾、燾卽位于燕邸、尊王爲上王、於是上王自號
瀋陽王、以兄子暠爲瀋世子○夏四月王奉上王及公主至自元、時上王遜位欲

留而元終不聽故不得已遂行○秋八月王納洪奎女爲妃是爲明德太后后聽慧端恪動遵禮法後生忠惠王○上王嘗願飯百八萬僧點百八萬燈冬十月於延慶宮日飯僧點燈各二千五日而畢謂之萬僧會○高麗之曆自太祖以來皆承用唐宣明曆至忠宣王時始改用元授時曆

忠肅王名燾字宜孝忠宣王第二子在位前後二十五年壽四十六

甲寅元年元仁宗延祐元年春正月以洪奎爲南陽府院君白頤正爲僉議評理頤正文節之子也時程朱之學始行中國未及於東方頤正在元得以傳之東還李齊賢朴忠佐首先師受齊賢瑱之子也○上王如元構萬卷堂于燕邸召本國文士李齊賢等充府中迎致元大儒閻復姚燧趙孟頫虞集諸人日與從遊以考究書史爲娛復等見齊賢述作咸稱歎不置○二月以蔡洪哲爲五道巡訪計定使量田制賦盖以上王欲計定田民聞于元也洪哲巡訪一年田籍粗畢然新舊貢賦多不均又多取民田以營私民怨之○夏六月遣博士柳衍等往元國江南購書一萬八百卷而還○彥陽君金文衍卒文衍以淑妃之故見寵於忠烈王及上王貴顯無比然性豁達無迂曲每見淑妃左右汰侈抑止之至是卒諡榮信○冬十二月以尹莘傑爲右副代言莘傑通經術性嚴重訥言久典銓選不以私輕重之時稱長者

丙辰三年元仁宗延祐三年春正月王如元○三月上王傳瀋陽王位於世子暠自稱太尉王時上王爲元太尉故也○夏六月南陽府院君洪奎卒奎爲人恬淡寡欲儉不羈自四十閑退之後屢有除拜一不受命二女配人主而未嘗有挾○秋七月王聘元營王也先帖木兒之女亦憐眞八剌是爲濮國長公主○冬十月王及公主至自元

丁巳四年元仁宗延祐四年春二月王畋于西海道自是遊獵無時又數微行娼妓家○先是王令政丞閔漬等撰本朝史夏四月漬進本朝編年綱目上起國初下訖高宗凡四十二卷○秋八月始行九齋朔試時監試廢已久故以朔試代之後三年改朔試爲擧子試

戊午五年元仁宗延祐五年初濟州副使張允和大護軍張公允貪暴甚春二月州民金成

等叛、嘯聚徒黨逐星主王子、流言曰若得李伯謙宋英來撫、吾豈敢叛乎、二人蓋莅濟有遺愛者也、王遣英撫之、賊黨斬其魁來降、乃以英爲牧使、流允和公允于海島○國初設事審官、本爲宗主人民、甄別流品、均平賦役、表正風俗、令民擧望其鄕賢之仕朝有名望者爲之、至是名存實亡、有害無補、夏四月王命盡罷之、未幾權豪復自爲之、害甚於前

己未六年元仁宗延祐六年 夏六月以文成公安珦從祀文宣王廟、時議者以爲珦雖建議置贍學錢、有養育人才之功、豈可以此而從祀乎、珦之門生撼耶辛蕆力請、故有是命

庚申七年元仁宗延祐七年 夏四月以權溥爲僉議政丞、金利用爲贊成事、溥性忠孝惇族親睦僚友、嗜讀書老不懈、嘗請刊朱子四書集註、以廣性理之學、然爲人無圭角久典銓衡、頗開賂門、時人以爲觀其父呾之淸白、相懸也、子準皐煦謙僧宗頂及女婿李齊賢宗室璹珣皆封君、世號一家九封、忠穆王初年八十五終、諡文正○秋七月以金怡爲僉議贊成事、怡福州今安東人、始爲長興倅、哈丹來侵、朝廷令州縣據險自保、禁民出耕、怡謂按廉姜就曰、耕種不可失時、請出耕、就不許、怡歎曰從令不耕則餓死者衆、不從而耕則惟我受罪、遂令民出耕、其後賊果至燕岐沔敗、他郡皆未穫、惟長興大熟、遠近賴之○九月塑文宣王像、王出銀瓶三十以助其費、宰樞皆出幣助之、從蠻人王三錫請也○以李齊賢朴孝修知貢擧、齊賢等以詩賦無實、只用策問取士○冬十二月元流上王于吐蕃、初元有宦者伯顔禿古思者、本國尙書朱冕家奴也、自宮爲閹、事元仁宗於藩邸、佞險多不法、上王深嫉之、告元太后刷其所奪人田土臧獲、及仁宗崩、太后退居別宮、禿古思百計誣譖上王、知時事將變、欲避患、請降香江南、行至潤州金山寺、元帝遣使擁還以北令祝髮居吐蕃撒思結之地、去元京萬五千里、上王旣至其地、禿古思讒搆不已禍幾不測、賴元丞相拜住營救得免、時有李凌幹者從上王在元、及上王之流也密以金附驛吏獻之王及從臣、賴以不乏○復置政房、以安珪林仲沇等主之、二人皆倖臣也

辛酉八年元英宗至治元年 夏四月以嬖人李仁吉妾父爲郎將、右補闕李倩左補闕王伯

不署告身、王怒杖流二人于海島○王如元時瀋王暠有寵於元、窺覦本國、選部典書曹頔、見忤於王、逃入元、與內豎朴仁平等誘引羣小、陰附於暠、遂以國家陰事、搆王於元、元帝徵王入朝、先是暠臣有白應丘者、逃還本國、暠言於元、勅王送應丘、王不時奉行、至是暠譖云王手裂勅書、元帝怒詰責之、遂收王印綬、留之京師

壬戌九年（元英宗至治二年）春正月王在元○先是權漢功蔡洪哲等從上王于元邸、招權納賂、王頗懷不平、及上王之流也、杖二人等流之海島、洪哲庶子河中與曹頔附於暠、自元來詐言元赦漢功洪哲、由是二人得釋、二人旣還、怨王之流已也、乃邀永陽君李朔等議、請立暠爲王、秋八月會百官于慈雲寺、督署呈元書、於是患得之徒爭趍焉、監察執義尹宣佐曰吾不知君之非、臣而訴君、狗彘不如、唾之而去、彥陽君金倫等亦抗言立異、却不肯署、九月漢功等遂使議郞趙延壽書如元呈中、書省不受

癸亥十年（元英宗至治三年）春正月王在元○驪興君閔漬鷄洛君許有全興寧君金晅如元請召還上王、有全年八十一、其妻亦老病欲止之、荅曰人皆有死、一死難免、豈以妻病身老、恡吾君而自逸乎、屬其子榮侍疾、遂永訣而去、人皆歎之○時李齊賢在元、與崔誠之貽書元丞相拜住曰、小國下官、敢以隨言、仰瀆尊聽、其爲狂僭大矣、然而江河之量、無所不容、芻蕘之言、必有可取、伏望哀其迫切之意、先寬其罪而少加憐察、孟子曰禹思天下有溺者、如己溺之、稷思天下有飢者、如己飢之也、天下之溺與飢者、非禹手拯之而稷遐其哺也、何其心斷然自以爲責而不辭歟、天之降任于大人、本欲使之濟斯人也、苟觀其困窮無告者而恬不爲感、豈天之降任意耶、此所以忘胼胝之苦、親播植之勞、宅九土粒蒸民、左右堯舜而澤及後世者也、設有一人焉、不幸而陷濤瀨轉溝壑、禹稷而見之、將圖其須臾之活而已耶、吾知其必爲之計、使之不復憂饑患溺然後已也、恭惟丞相執事光輔聖天子、不動聲色、措天下於泰山之安、玉燭淸明年穀屢登、戴白之叟以爲復覩中統至元之治、人之生於此時、亦可謂幸矣、如此而有一人焉、困窮之勢甚於饑溺、孰事其何以濟之、徒幾我老瀋王遭天震怒、措躬無所、孰不哀而憐之、生死肉骨於

雷霆之下得從輕典流竄遠方再造之恩有踰父母然其地瘴且僻語音不通
風氣絕異盜賊之不虞飢渴之相逼支體羸瘠頭髮盡白卒皆之態言之可爲流
涕語其親則世祖之親甥也語其功則先帝之功臣也又其祖考受自聖武龍興
之際慕義先服世著勤王之效傳所謂猶將十世宥之者也竄謫以來已及四年
革心悔過亦已多矣伏惟執事既嘗力救於始無忘終惠於後申奏天聽導宣睿
渥俾還本國以終天年其爲感幸豈止陷濟灑者履坦途轉溝壑者飫美食而已
哉若謂時未可也姑徐爲之日延月引而爲賓且有力者所先天下之士將謂執
事見事獨遲小國之人將謂執事爲德不竟竊爲執事惜之拜住見書感歎八奏
元帝從之二月移上王于朶思麻之地齊賢往謁上王謳吟道中忠憤藹然秋九
月元英宗崩泰定帝即位赦上王召還誅充古思○先是吳潛柳淸臣等謀立瀋
王暠會元帝崩未遂其謀心懷憤怒乃聯名上書于元請立省本國比內地元帝
納通事舍人王觀言不從之然潛等謀猶不已冬十一月上王自土蕃還元都聞
之謂贊成事金怡曰以二三奸臣之謀而墜我祖業可乎卿宜盡力怡乃與崔誠

之令李齊賢作書呈于都堂辭極懇切於是立省之議遂寢焉
甲子十一年元泰定帝元年春正月王在元元還王印章勅還國曹頔等又搆訴以沮之○
二月以崔有渰金深並爲守僉議政丞權準金怡並爲贊成事李齊賢爲密直使
王之與瀋王相持也羣不逞多附瀋王而準守義不變故事定之後得擢拜焉○
杖流三司使金元祥前贊成事趙琳于海島以其貳於瀋王也其餘凡署名呈省
書者皆罷官○夏五月僉議贊成事閔宗儒卒宗儒令謨之玄孫也明識典故優
於吏幹權漢功之謀立瀋暠也遣人探意宗儒叱曰臣爲君隱直在其中吾雖老
不爲若賈其人慚而退謚忠順子頔忠事忠宣於燕邸好賢禮士名重一時官至
密直事
乙丑十二年元泰定帝二年春正月王在元○時濮國公主已昇遐王繼娶魏王阿木哥之
女是爲曹國長公主夏五月王及公主至自元後數歲公主昇遐○上王昇遐于
燕邸謚曰忠宣葬德陵○秋七月贊成事朴全之卒全之竹州人溫和慈仁通經
史有鑑識誨人不倦與人交不立厓岸權漢功之逼署名也全之奮然罵曰狗奴

敢汚我耶遂遣子瑷聞于王王拜瑷爲右副代言起全之視事全之以老固辭至
是卒謚文匡○時王三錫見寵於王置官獄三錫妻兄張世奪人之馬持平金
開物等捕擊之詣闕請罪三錫從中格之以杖擊開物擅釋世開物復與同僚詣
闕論之王不省於是憲司閉門不視事王遣近臣諭之曰待德陵事畢當治三錫
之罪卿等宜視事開物竟移病不出未幾病卒開物爲人剛正詩文字畫皆有名
於世○以李齊賢爲政堂文學賜功臣號尋封金海君
丁卯十四年元泰定帝四年冬十一月王思留元時輔佐諸臣之功賜政丞尹碩以下金深
韓渥元忠全英甫李恭孫琦李兆年數十人等功臣之號
戊辰十五年元文宗天曆元年秋七月元使平章事買驢等來先是元使來類皆求索財物
淹留累月及買驢之歸王餽之金銀段布皆不受○胡僧指空說戒於延福亭士
女奔走以聽初指空之來也持貝葉經牛頭香在今長湍華藏寺而至至今僧徒以爲寶
○八月王敗于西海道
己巳十六年元文宗天曆二年春正月王在平州時至於天神山搆屋以居招集虞人拜官

厚賞支費浩繁○夏五月禁中外釀酒以旱故也國制凡有旱蝗例禁酒○六月
柳淸臣死于元淸臣與吳祁附於瀋王謀萬端及王復位懼不敢還留燕九年
而死○秋九月元使舍人完者來傳元帝卽位詔王欲官完者族人在本國者使
金之鏡掌銓注內臣申時用至政房罵之鏡曰今日除授爲使臣也爾輩奚獨鬻
爵而不官吾子孫也又顧在庭喪職者曰若等無錢又誰怨也於是求官者雲集
之鏡等不能支夜匿村舍注擬既成密直李仁吉擅改于其第及批目下用事者
爭相塗抹竄定朱墨至不可辨時人謂之黑冊政事
庚午十七年元文宗至順元年先是王欲傳位于世子請於元元主許之時世子在元春二
月元冊世子爲王遣使收國王印以政丞致仕金台鉉權征東行省事○王聘元
鎭西王焦八之女亦憐眞班是爲德寧公主○秋七月上王如元王及公主至自
元○冬十月檢校政丞金台鉉卒台鉉風儀端雅少有操行性廉直言動循禮晝
不臥暑不袒歷事三朝進退以義處煩劇裁決精敏諳練典故每國有大疑必咨
決焉謚文正

忠惠王名禎忠肅王長子在位前後六年壽三十

辛未 忠惠王元年 [元文宗至順二年] 夏四月王幸延福亭觀水戲擊毬時王淫戲遊畋無度月○始用小銀瓶一當五綜布十五匹禁用舊瓶○秋七月僉議中贊大寧府院君崔有渰卒有渰少恬退不求名數以忠直得罪後竟大用凡歷事四朝爲國元老朝野倚重卒時年九十三諡忠憲

忠肅王

壬申 忠肅王後元年 [元文宗至順三年] 時有流言於元者曰高麗王謀叛春正月元令上王復位仍徵前王入朝○二月以蔡洪哲林仲沇爲贊成事曹頔閔祥正知密直事洪哲爲人貪婪而才性精細文章技藝皆盡其能構活人堂施藥國人賴之作堂於紫霞洞號中和邀國老八人爲耆英會製紫霞曲傳於樂府祥正漬之子也以剛烈聞○流前王倖臣金天祐盧英瑞等于海島

癸酉 二年 [元順帝元統元年] 春正月王在元○先是王娶元伯顏忽都之女是爲慶華公主閏三月王及公主至自元瀋王暠從王還

乙亥 四年 [元順帝至元元年] 夏四月以姜融爲僉議左政丞蔡河中爲贊成事曹莘卿等掌銓注融本官奴莘卿嘗爲僧以風水之術因嬖倖得進與河中表裏用事除拜任意而王不之覺臺官申君平不署三人告身坐罷

丙子 五年 [元順帝至元二年] 冬十月王如元○前王在元與少年輩飲酒爲謔元丞相伯顏言於元帝曰王禎無行恐累宿衛十二月遂遣還國

丁丑 六年 [元順帝至元三年] 冬十二月王至自元

戊寅 七年 [元順帝至元四年] 秋七月元遣使求童女時典儀副令李穀在元言於御史臺請罷其事因代作疏奏之辭意懇明元帝納而止之○閏八月以曹頔爲僉議左政丞洪彬爲贊成事彬當王之與瀋王暠相持也爲王出死力由是得大用

己卯 八年 [元順帝至元五年] 春三月王昇遐諡曰忠肅葬毅陵前王即位○夏六月瀋王暠復如元留平壤陰與曹頔謀王疑之遣應坊忽赤六十餘騎於平壤欲止暠不及而還○先是王烝其庶母壽妃權氏又淫其舅三司使洪戎妻秋八月宴慶華公主于永安宮公主亦邀王宴酒罷王佯醉不出暮入公主臥內公主驚起王使惡

少宋明理等扶擁逼烝焉公主耻之召曹頔具道見暴狀時宰相上書于元請王還位元不從頔陰爲瀋王地遂與宰相洪彬等十餘人點軍千餘人夜襲王宮王率倖臣數騎出射頔黨射王中臂已而頔爲王卒所敗走入公主殿王卒追入射殺之下其黨于巡軍獨宥彬旣而頔黨訴于元冬十一月元遣人執王及彬等以歸彬至元爲王力辨之○忠肅王時有孝子黃守者世居平壤府爲本府雜材署丞父母年俱七十餘有弟曰贇曰仲連曰季連又有姊妹二人同爨而食日三時具甘旨先奉父母退而共食二十餘年子孫服習無少怠贊成姜融親訪其第垂涕歎曰今世士大夫間亦所罕聞令府人具狀以聞麗世又有孝子文忠者未詳世系及時代事母至孝居五冠山靈通寺之洞去京都三十里爲養祿仕朝出夕返告面定省不少衰歎其母老作木鷄棲壁上爲之作歌後人名之曰五冠山曲

忠惠王

庚辰　忠惠王後元年（元順帝至元六年）春正月王在元○三月元納其臣脫脫言釋王復位夏四月王至自元○大司成崔瀣致遠之後也登第之後又擢元朝制科才奇志高讀書爲文辭不喜師友超然自得不惑異端不溺俗習而務合於古人不喜伺候恃才傲物放蕩敢言異己者益不悅而排之故卒不大用自號拙翁著猊山隱者傳以自見其志六月病卒家貧朋友致賻以葬之

辛巳　二年（元順帝至正元年）春二月以嬖者高龍普爲三重大匡完山君龍普本國人入元有寵爲資政院使故王封君以寵之○三月王聞權漢功貳室康氏美使護軍朴伊刺赤納之宮中伊刺赤先私焉事覺王怒皆撲殺之時王耽于酒色荒淫無度聞人妻妾之美無親疎貴賤皆納之後宮幾至百餘人或與惡少宋明理康允忠等橫行閭巷搜奪人妻妾處女或不稱意至於撲殺○夏五月江陵大君祺如元祺王母弟也有令聞時人屬望○秋九月以李凌幹爲僉議政丞凌幹於曹頔之亂與尹碩金永旽金倫等有功焉○冬十二月星山君李兆年致仕還鄕時王淫縱日甚一日王步自北宮彈雀于松岡兆年徑進跪曰殿下寧忘明夷之時乎今惡少假威掠婦女攘財貨民不安其生臣恐禍在朝夕此而不恤顧玩細娛乎殿下用老臣言去便佞用賢良勵精圖治不復慢遊則老臣雖死瞑目於地下矣且

日臣過蒙國恩位至政堂於臣足矣惟上所裁王盛怒不納旣而温言謝遣之兆年歸第歎日王年方强而肆欲吾旣老矣又無援助不去必及於禍且數諫而不納責有所歸今兆年旣不能順其美適足以增其惡非臣所以愛主也不如去明日匹馬還鄕不交人間後兆年弟子延慶見王王曰爾叔辱我延慶以耄狂對王乃喜賜之米布

壬午三年元順帝至正二年 先是幸州人摠郞奇子敖之女以宮人選入于元生太子元封爲第二皇后夏六月元遣高龍普追封子敖爲榮安王賜與不可勝紀奇后兄弟轅轍輔輪等依勢縱恣服御之盛東韓以來所未有也○王幸洪法寺見僧爲仙因問長生訣爲仙對曰人命有限無過分之理但不爲惡以促之○秋八月戊戌夜松岳鳴王恠而問之嬖人陳無作金名三字對曰無傷也古詩有嵩岳三呼繞殿靑之句王悅授郞將○是歲成均祭酒禹倬卒倬丹山今丹陽人初登科調寧海司錄郡有淫祠名八鈴民惑靈恠奉祀甚瀆倬至卽碎而沉于海自忤忠宣之後退老禮安縣忠肅嘉其忠義再召不起倬通經史尤深於易學卜筮無不中程傳初來東方無能知者倬閉門月餘參究乃解敎授生徒義理之學始行世稱易東先生卒時年八十一

癸未四年元順帝至正三年 春三月王幸東郊以彈丸射人爲戲行路者皆遁○王用嬖人甯夫金言遣人往諸道徵職稅布六品以上百五十疋七品以下百疋散職十五疋人聞令下或挈家登山或乘舟遠遁至有縊死者又徵船稅雖無船者亦被其害○剏新宮于三峴王張旗執皷親自督役懸榜曰宰相以下輸財不及期者徵布五百疋分配海島殿宇門戶皆飾鍮銅歛諸道銅鐵鑄鼎鑊錡釜以用之○夏五月前政堂文學星山君致仕李兆年卒兆年星山人短小精悍力學能文志堅確敢言以嚴見憚每入朝王聞履聲曰兆年來矣屛左右整容以俟諡文烈○冬十月僉議評理致仕尹宣佐卒宣佐瓘之七世孫也七歲能屬文早擢魁科立朝正直平生不治產業愼交遊重然諾閑居常若對賓惟以經史自娛有質疑者必據經以對詞翰亦淸便學者宗之○先是曹益淸奇轍李芸等呈書于元極言王貪淫不道因請立省於本國以安百姓十一月元遣使乃住朶赤等執王以歸令

高龍普整治國事奇轍洪彬等權征東省事龍普捕王近習孛小朴良衍林信崔安義閔渙等十餘人囚之宋明理等與龍普善故得免○十二月宰相金倫欲訟王于元令金海君李齊賢草書書既成倫老多不署名事竟未就及王至元元遂以檻車流于揭陽

甲申五年（元順帝至正四年）春正月王乘傳車疾驅未至揭陽丙子昇遐于岳陽或云遇鴆國人聞之莫有悲者小民至欣躍相慶初德寧公主生子昕于元時年八歲遂即位下教戒國內臣僚一革弊政盡逐先王之倖臣○夏四月以蔡河中韓宗愈爲政丞李齊賢判三司事金倫權謙朴忠佐並爲贊成事是月王至自元○五月判三司事李齊賢上書都堂略曰今我國王以古者元子入學之年紹祖宗重業而當前王顚覆之後可不小心翼翼以敬以愼敬愼之實莫如修德修德之要莫如講學今祭酒田淑蒙已名爲師更擇賢儒二人與淑蒙講孝經語孟大學中庸以習格物致知誠意正心之道而選衣冠子弟正直謹厚好學愛禮者十輩爲侍學左右輔導四書既熟六經以次講明驕奢淫泆聲色狗馬不使接于耳目習與性成德造罔覺此當務之莫急者也君臣義同一體元首股肱不親附可乎今宰相非宴會不相接非特召不得進此何理乎當請日坐便殿每與宰相論議政事或可分日進對雖無事不廢此禮不然則大臣日疎宦寺日親生民休戚宗社安危恐莫得而上聞也政房之名起于權臣非古制也當革政房歸之典理軍簿置考功司標其功過論其才否每年六月十二月受都目考政案用以黜陟永爲恒規則可以絕請謁之徒杜僥倖之門今若因循不復古制深恐將來梁將祖倫朴仁蔣高謙之輩蜂起而黑冊之誘不可遏也鷹坊內乘毒民之尤甚者前已下令革罷後復遷延中外失望至使龍普馳出見責可不愧于心乎德寧寶興等庫凡非古制者一切蠲革庶永不負聖旨勤恤之意刺史守令得其人則民受其福不得其人則民遭其害官高而降爲者偃肆不遵法年邁而求得者昏懦不任事或以諂諛起壟畝垂金魚者又不足言也請如古制朝士之未入叅者必經監務縣令至于四品例爲守牧而監察司按廉使必行褒貶爲之賞罰所爲官高者年邁者用諂諛起壟畝者如不得已寧授京官勿與親民之任行之二十年流亡不復貢

賦不足未之有也金玉銅鑞不産我國前輩公卿只用素段若細布器皿只用鍮
銅瓷瓦器陵作一衣冑直則重蠻而不爲殺陵嘗貢前王遺金之衣插羽之笠非
吾祖舊法有以見國家四百餘年能保社稷徒以儉德也近來風俗窮極奢侈民
生困而國用匱竭此而已請寧相今後不以銅鑞爲服金玉爲器又不使紋服乘
馬者擬其後各務儉約飄上而和下風俗可以歸厚也前者迫徵暴斂之布便合
歸於納者然恐官吏貪緣爲奸細民未蒙實惠宜分付諸司以充來歲雜貢令其
得免先納借貸之弊京畿土田除祖業口分餘皆折給爲祿科田行之近五十年
選者權豪之門奪占略盡中間屢議釐革輒以危言脅欺上聽卒莫能行此大臣
不固執之所致也果能釐革悅者甚衆不悅者權豪數十輩而已何憚而不果爲
哉其餘如罷食邑鑄錢久顯賣口之類並皆明詳懇惻切中時務朝廷多所採行
○罷政房應坊發新宮所附盡歸公用○六月置書筵以蔡河中韓宗愈李齊賢
朴忠佐金倫裴佺盧永瑞李楷辛蕃李仁復等四十八人分四番更日侍讀王嘗
欲觀李杜詩宗愈曰補荒貴對白無益於治道竟不進時以爲得體○秋八月葬忠

惠王于永陵○改科舉法初場試六經義四書疑中場試古賦終場試策問○冬
十二月瀋王暠還自元

歷史輯略卷九終

花開金澤榮于霖 撰

高麗紀

忠穆王名昕忠惠王長子在位四年壽十二

乙酉 忠穆王元年(元順帝至正五年) 春正月復置政房以朴忠佐金永煦辛裔爲提調官時雖去北殿孽小而裔與康允忠等復進用事不數月間姻親故舊布列卿相時人目之曰辛王初王之東還也李穀在元貽書于執政大臣曰今本國之俗以有財爲有能有勢爲有智王以朝衣朝冠爲倡優雜劇之戲直言正論爲閭里狂妄之談宜乎國之不國矣比聞諸公所以輔政更化者與前日甚不相遠名雖尙老而少者實執其柄名雖尙廉而貪者實主其權既斥惡少而大者不悛其惡既改舊臣而新者反附其舊知人不難用人甚易似非國王委任之意得無不可乎執政不能用○二月定安府院君許悰卒悰宰相珙之孫也尙忠宣女壽春翁主少長富貴能守禮好施○僉議參理崔文度誠之之子也性溫良人未嘗見其猝怒

逮喜事親以孝好讀濂洛性理之書夏六月病卒○秋七月瀋王暠卒葬以公主
禮○冬十二月罷政丞王煦以金永煦印承旦爲政丞李穀爲密直事煦爲相銳
意革弊時權貴奪京畿所在官吏祿科田幾盡諸領府尤受其害煦下令復之由
是爲奸貪所惡而罷時人缺望承旦侯庶子也
丙戌 二年 元順帝至正六年 冬十月王以閔漬所撰編年綱目多闕漏命李齊賢安軸李穀
安震李仁復等更撰以進○十一月王觀八關會
丁亥 三年 元順帝至正七年 春三月置整治都監元主以高麗羣小尙未盡去弊政多所未
革送密旨令王復以王煦爲政丞政丞盧頙知之稱疾不出於是復置整治都監
以煦及金永旽安軸金光轍等三十餘人爲屬官分遣使臣于諸道整理弊政時
元奇后族弟三萬倚勢奪人田土恣行不法都監捕杖死獄中元征東行省理問
所囚都監官田祿生徐浩等訊問之會元使來以元主命問整理幾何理問所聞
之放祿生等○冬十一月以王煦領都僉議司事未幾復爲政丞時中外大饑煦
發倉賑濟所全活甚衆

戊子 四年 元順帝至正八年 春二月前僉議政丞彥陽府院君金倫卒倫就礪之曾孫也有
吏才在官發奸擿伏人不敢欺其鎭合浦也卒乘精鍊號令嚴明仁於宗族信於
故舊尤多識典故應答如響○夏六月贊成事安軸卒軸處心公正持家勤儉遇
事慷慨嘗曰吾平生無可稱四爲士師凡民之屈抑爲奴者必理而良之諡文貞
○冬十一月平壤君趙瑋卒瑋仁規之子也爲相務存大體發言侃侃人服其公
○十二月王昇遐諡曰忠穆葬明陵

忠定王名㫝忠惠王庶子母禧妃尹氏在位三年壽十五

己丑 忠定王元年 元順帝至正九年 初忠惠王後宮禧妃尹氏生子曰㫝封慶昌府院君春
二月元徵㫝入朝夏五月立以爲王時年十二王命鐵城君李君侅聽斷國政君
侅後改名嵒○秋七月僉議政丞府院君王煦卒煦本權溥之子忠宣愛之以爲
假子賜之宗姓剛正莊重平生不妄語讀書通大義好賢禮士再爲相以興利除
害爲己任是時如元定新君還至昌義縣卒驛吏呼泣祭之如父母諡正獻○貶
前密直李承老代言尹澤等流密直使金敬直于海島初忠肅奇澤之爲人密托

江陵君祺于澤前後厯言之澤感激自許忠穆之昇遐民望盡歸於江陵君於是澤倡議與承老等呈書于元中書省言本國兄弟叔姪相繼之故少主不堪保釐之狀辭甚愷切王銜之逐貶承老爲宣州句當澤爲光陽監務澤譜之孫也敬直倫之子亦有忤言於王故流之○王至自元○閏月咸陽府院君朴忠佐卒忠佐溫厚儉約雖爲卿相居室衣服如布衣時好讀易老而不輟○八月罷整治都監○立王母禧妃府○醴泉府院君權漢功死○冬十月政丞盧頙免以李岩爲左政丞廉悌臣許伯爲贊成事頙性貪婪好奪人土田悌臣承益之孫自少仕于元以淸白爲元丞相所薦將大用之以母老力辭東還王是拜是職○是歲江陵大君祺聘元魏王之女寶塔失里是爲徽懿魯國大長公主

庚寅二年元順帝至正十年 春二月日本日皇後村上十二年來侵固城巨濟等地合浦千戶崔禪摯破之斬獲三百餘級日本之患自此始○三月雲南遣使來聘○夏六月崔濡奔于元濡忠肅嬖倖臣安道之子也橫恣不法自以有定策功而爵賞不稱怏怏有怨言閔思平叱之曰汝賤人之後六宰於汝極矣何不知足耶濡怒歐思平王聞

而怒將治之濡遂與其弟源叛入于元謀害本國無所不至思平頙之子也有文行官至贊成事

辛卯三年元順帝至正十一年 春正月僉議贊成事李穀卒穀韓山人爲人端嚴剛直少好讀書登第未幾又擢元朝制科授翰林國史院檢閱與元文士交遊講磨所造益深或仕元或還本國至是卒謚文孝所著有稼亭集○王性輕佻嗜戲謔而江陵大君在元有令望國人幾盡歸心旣尙公主尤有力於元冬十月元冊爲王遣使收國璽以歸於是王遜于江華惟朴思愼韓修李岡申德隣等數人從之○以李齊賢權斷征東省事尋進僉議政丞曹益淸金允臧爲贊成事趙日新趙瑜爲參理於是李公遂李衍宗金敬直尹澤等皆得進用焉衍宗行儉之子也齊賢治奸臣之罪下裴佺朴守明于行省獄流貶其黨尹時遇鄭天起等時國內空虛數月而齊賢措置得宜人賴以安○十二月王及公主至自元

恭愍王名顓初名祺忠惠王弟在位二十四年壽四十五

壬辰恭愍王元年元順帝至正十二年 春正月以贊成事柳濯爲全羅道萬戶以備日本濯有

膽略善武藝持軍嚴整與士卒同甘苦日人嘗入萬德社剽掠而去濯以輕騎追捕悉還其俘終濯在鎭日不敢復犯濯淸臣之孫也○王用元制辮髮胡服坐殿上監察御史李衍宗辟左右進言曰辮髮胡服非先王之制願殿下勿效王悅即解辮髮賜衣及褥○二月罷政房復歸銓注於典理軍簿司○率化人鄭云敬歷典州縣政績殊異能斷疑獄及爲典法摠郞與左郞徐浩同守法不爲權貴所撓王嘉之召二人賜酒○三月前王遇酖昇遐于江華壽十四計至都人莫不流涕謚曰忠定葬聰陵○夏四月密直提學尹澤上書建白王不允澤遂致仕去後澤見王深味釋教諫曰殿下上奉宗廟下保生靈奈何欲效匹夫廢倫絕理之事乎臣以爲非孔子之道不可學願加聖意焉澤自以先朝顧托雖致仕知無不言言或切直王亦優容之洪彦博歎其戇直自以爲不能及○五月召僧普虛入內問法封爲王師立府置官屬出入內佛堂儀衛僭擬鹵簿多占田園牧馬滿野擅除僧職僧人競趍○秋八月開書筵令李淩幹李齊賢韓宗愈金永煦等諸宰臣更日侍讀講學之餘使言時政得失民間利害時朝廷置辨正都監頗擾民間永煦請罷之王曰予欲聞嘉言設書筵卿等所言實乖予心遂稱疾入內○初趙日新有燕邸隨從之功王賜功臣號以寵之日新弄權自恣忌李齊賢等居己之右惡諸奇及王左右親幸遂謀作亂九月與其黨鄭天起崔和尙等募閭里惡少執奇轅斬之圍王宮殺判密直崔德林等衛士駭散日新脅王開御寶自除爲右政丞天起爲左政丞分遣巡軍大索諸奇之黨遂繫滿獄既而欲歸罪其黨以自免誘斬和尙於直所天起于獄王不得已進日新爲僉議政丞日新遂挾威勢號令中外朝臣洶懼噤無一言王密召李仁復問之曰事已至此爲之奈何仁復曰人臣倡亂邦有常刑何疑之有王乃幸行省命金添壽執日新引出門外斬之收其黨數十人斬貶之以李齊賢曹益淸爲僉議政丞洪彦博金承澤爲贊成事仁復兆年之孫承澤方慶之孫也○冬十二月成均生員李穡上書言事一曰正經界二曰禦倭寇三曰修武備四曰崇學校五曰抑異端辭皆明辯王不省穡穀之子也年十四擢成均試已有聲名至是居父喪論事

癸巳二年（元順帝至正十三年）春正月永山君張沆卒沆爲人廉正王以沆遂禮學命修正太

廟禮樂器服。及卒。王曰方今宰相寧有盡心宗廟如張訥齋(沈號也)者乎。諡文顯○秋八月元遣[illegible][illegible]太子等來。宴榮安夫人李氏于延慶宮。王及公主與焉。李氏卽奇皇后母也。是宴剪布作花。凡五千一百四十四。他物稱是。窮極奢侈。國用磬竭物價騰踴。禁公私用油蜜果。自是元連歲來錫宴○秋九月虫食松岳松葉。自是無歲不食

甲午三年(元順帝至正十四年)夏六月前僉議政丞漢陽府院君韓宗愈卒。宗愈漢陽人。爲人厚重。處事接物。皆有餘裕。歷事四朝。屢涉危難。而精忠苦節。終始皦然。諡文節○時元失政。天下大亂。劉福通韓山童等起兵河南。以紅巾爲號。分據河南山東。與其黨沙劉關先生等橫行侵掠。張士誠等亦據有江淮。所在響應。元命丞相脫脫征之。請兵於我。秋七月王以柳濯廉悌臣權謙元顥羅英傑印璫金鏞李權康允忠鄭世雲崔瑩李芳實安祐等自募軍以行。八月會于燕京。脫脫領軍八十萬。攻高郵。濯等赴征將士及國人在燕京者摠二萬三千人。爲前鋒。攻高郵城垂陷。韃靼知院老長忌我國人專功。下令曰今日已暮。明日乃取。麾軍而退。是夜賊堅壁

設備。明日攻之不克。會脫脫被譖流淮安。自後南賊日盛。我軍攻拔六合城。又移防淮安路。前後數十戰。李權等六人戰死。崔瑩力戰身被數創。殺獲甚多。明年乃還○是歲始添設軍職。謂之實軍政

乙未四年(元順帝至正十五年)夏五月以安輔爲政堂文學。輔軸之弟也。擢元朝制科。有才名。久在近密。自謂遇知。知無不言。旣而王以爲闊於事情。不復聽用。輔亦以母老乞歸。數歲卒。輔剛直廉潔。不事生產。及歿家無甔石之儲○命兩府擧才堪守令者。後有全以道者言於王曰舊制監務縣令。皆用登科文士。近世以諸司胥吏爲之。貪汚虐民。且秩卑人微。豪强輕之。恣行不法。鄕邑益敝。王納其言。以五六品爲安集(官名也)欲革舊弊。然安集非出於批目。皆用時宰所擧。以白牒之任。其後軍功添設之官。與工商之賤。皆得爲之○金鏞自元東還。得幸於王。與鄭世雲洪彥博金普等爭權。會晉丁母憂。鏞密諭人上書。請令百官行三年喪。鏞等矯旨下其書。遍令施行。王悉知其狀。冬十二月流鏞于濟州。遂罷三年喪○我

桓祖大王自雙城來朝。 桓祖姓李氏。諱(子春)系出全州新羅

司空諱(翰)之後也、三世祖曰
穆祖大王諱(安社)、嘗知宜州(今德源)有惠政、與全州知州有隙、知州謀害之、穆祖乃
徙居三陟縣、三陟其外鄕也、全之民從徙者百七十餘家、後仇人以按廉使來、
穆祖懼挈家浮海、至宜州赤田社居焉、百七十餘家又皆從之、旣而歸于元、移居
斡東、(今慶興)爲五千戶所達魯花赤、 穆祖有勇略善騎射、東北之人咸歸心焉、每
田獵至女眞千戶部、諸千戶皆畏之、必宰牛馬饗宴屢日、 穆祖昇遐於斡東、子
翼祖大王諱(行里)、襲其職、諸千戶忌其得衆、欲害之、潛往鄰部請兵、 翼祖知之
避居赤島、(在慶興)旣又還居宜州、所之、斡東人歸從者衆、後又自宜州遷于咸州、
翼祖旣南還、元改授雙城千戶、遂以世襲、忠烈王時、元伐日本、天下兵船會于我
邦、 翼祖亦以元主命來會、見忠烈、謝曰先臣奔北、實脫虎狼之口耳、非敢背君
父也、忠烈曰卿本仕族、豈忘本乎、 翼祖子曰
度祖大王諱(椿) 忠肅王時來朝、忠肅錫賚甚豐、 度祖生 桓祖、桓祖善騎射、士
卒樂附、于是又來朝焉、王曰乃祖乃父、身雖在外、乃心王室、我祖考實寵之、今卿

無忝祖考、予將玉汝於成矣、雙城地頗饒沃、我東南民無恒產者多歸焉、朝廷嘗
遣行省郞中李壽山、與元中書遼陽二省官會、區別新舊籍民、謂之三省照勘戶
計、其後撫綏失宜、稍稍流徙、王命 桓祖主之、民由是得安
按 穆朝事、散見於 我朝璿譜及鄭麟趾龍飛御天歌、今參合二說書之
如右又按高宗四十五年、卓靑等以和州迤北附于蒙、其後元之疆理亦嘗
浸及宜州等地而 穆祖之時則宜州尙屬于麗耳
丙申五年(元順帝至正十六年)夏五月奇轍權謙盧頙等謀反伏誅、時諸奇縱暴日甚、元授轍
遼陽省平章大司徒、轍自遼陽來覲母、不稱臣於王、王不平、謙頙亦俱納女於元
帝、及太子有寵、三人聲勢相倚、至是見天下亂、度難自全、相與期會將擧事、王先
知之、托以曲宴、令宰樞皆會宮庭、遣人召轍謙頙及三人諸子、轍謙先至、餘未及
到、密直慶復興黃石奇等密白王、請先殺二人、王從之、卽令密直姜仲卿大護軍
睦仁吉等椎殺轍謙、於是奇權麾下狼狽四散、遂捕盧頙及諸奇孽子、無少長皆
殺之、謙子弟或斬或流、流其黨金普等數十人○罷元征東行省理問所○王旣

誅奇轍、因欲收復舊疆、乃以評理印璫、密直姜仲卿爲西北面兵馬使、辛珣崔瑩兪洪等副之、使攻鴨江以西八站、以密直柳仁雨爲東北面兵馬使、貢天甫金元鳳等副之、使收復雙城、六月璫引兵渡鴨綠、攻婆娑府等三站克之○初忠惠王幸宮人林氏、生子釋器、忠定令祝髮、置萬德社、至是王聞護軍林仲甫等欲奉釋器圖不軌、囚訊之、辭連前政丞孫守卿等十餘人、於是斬守卿仲甫等、安置釋器于濟州、至海中使人擠之水、釋器不死亡匿、後李仁任捕殺之○秋七月復舊官制、以洪彦博尹桓爲門下侍中、柳濯爲門下侍郞平章事○東北面兵馬使柳仁雨攻雙城拔之、初趙暉爲元雙城摠管、子孫世襲、暉之孫暾入仕于朝、爲忠肅所寵、忠肅昇遐、還雙城、至是仁雨等率兵過鐵嶺、摠管趙小生者暾之從子也、將擧兵爲拒守計、以暾嘗仕本朝、拘留之江陵、存撫使李仁任使仁雨爲書諭暾、暾得書遂率其子仁璧仁沃等奔仁雨軍、仁雨用暾計、遣仁璧招諭之、北人相率來降、初王聞仁雨逗遛、遣兵馬判官丁臣桂諭我
桓祖大王內應　桓祖聞命、即銜枚就行、與仁雨合兵、攻破雙城、趙小生卓都卿逃入伊板嶺(今摩天嶺)北、於是盡復和(今永興)登(今安邊)定長(二邑今定平)文(今文川)宜(今德源)等舊地、國家失東北面凡九十九年而復、元人聞之、聲言發八十萬兵來討、又遣使詰狀、王歸罪印璫、斬之以謝、尙恐元擧兵來、九月拜廉悌臣爲西北面兵馬使往備之、始仁雨之至也、端州(古福州)以北千數百里靡然南向、仁雨貪財好殺、北人歸附之心遂沮

繹史云柳仁雨所復八州五鎭(和登等地)並在都連浦以南(此九十九年始復之地)、又所復咸(今咸興)吉(今吉州)福(今端川)青(今北青)、即尹瓘所拓九城之地、一周而還于金、金亡而沒於元、共二百四十餘年、至是收復、以伊板爲界、伊板者今之磨天嶺

以我
桓祖大王爲太僕卿、賜宅一區○冬十月元遣使來言曰雙城之事、王宜悔之、王乃遣政堂文學李仁復、陳雙城本末、請復舊疆、元不從

丁酉六年(元順帝至正十七年)夏五月侍中李齊賢致仕○秋九月遣摠鐵別監于諸道、諫官李穡田祿生李寶林鄭樞等上書極言其弊、宰相廉悌臣以爲不可中止、乃遣之○閏月司天監于必興上書言我國始于白頭、終于智異、其勢水根木幹之地、以

黑爲父母以青爲身宜改冠服色文武百官黑衣青笠僧黑巾女黑羅以順風上從之○冬十月諫官李穡請行三年喪從之先是穡登元制科仕爲翰林院權經歷見天下亂棄官東歸上書論時政八事擢吏部侍郎兼兵部郎中王是轉授諫職

戊戌七年（元順帝至正十八年）春三月修京都外城從李齊賢等議也○夏五月方國珍遣使來聘時國珍起兵據台州○秋七月張士誠遣使來獻珍玩王修書謝之○是歲以李穡爲樞密院右副承宣時穡等言事忤權貴一時諫官皆補外穡亦擬尙州王特拜是職謂宰相曰李穡才德出衆非他人比用舍不如是無以服人自是穡常掌機密

己亥八年（元順帝至正十九年）夏六月賜南陽侯洪彦博等功臣號以平諸奇也柳淑謂諸功臣曰此功券卽罪案也願諸公相勉同心以奉王室毋復私黨○時紅巾賊魁關先生破頭潘等陷元上都冬十一月轉渡鴨綠剽竊而去朝廷以慶復興爲西北面元帥安祐爲副徃備之十二月賊衆號四萬復渡鴨綠連陷諸州郡吏以侍中

李岩爲西北面都元帥復興副之金得培爲指揮使李春富爲西京尹李仁雨爲存撫使進禦之賊至淸川祐與裨將李芳實迎擊大破之未幾爲賊所敗岩至西京欲俟諸軍畢集退屯黃州賊遂進陷西京京城洶洶人皆荷擔而立朝廷以岩懦不能軍罷之遣門下侍郎平章事李承慶以代之

庚子九年（元順帝至正二十年）春正月以鄭世雲爲西北面都巡察使○諸軍攻西京拔之賊退屯龍岡咸從等地二月安祐等進兵咸從斬賊二萬級虜僞元帥沈刺黃志善等餘賊退走祐與李芳實追殲之賊三百餘人渡鴨綠而去師還賜李承慶等功臣號既而賊復以舟師侵豐州（今豐川）安岳等地芳實擊于豐州破之賊乃遁王賜芳實玉纓帶以寵之公主曰何不惜至寶輕以與人王曰使我宗社不爲丘墟百姓不爲魚肉皆此人功也雖剖肥膚以與之尙不能報況此物乎○自忠定以來日本來侵無虛歲夏五月日賊（日皇後村上二十二年）自全羅道進侵楊廣道焚掠列邑乃以柳濯爲京畿兵馬都統使李春富及我

桓祖大王爲東西江兵馬使以禦之賊掠江華而去○先是王納僧普虛言欲遷

都南京修葺宮闕民甚苦之旣而以卜兆不吉而止秋七月又幸白岳相地刱宮闕白岳在臨津縣北○八月以四方兵興用人爲急除三年喪前此雖許行三年喪然但辭官不仕百日衰絰而已○以偰遜爲高昌伯遜本回鶻人仕元爲翰林學士紅賊之亂避兵東來王之在元曾與相知故待之甚厚卒後有文集行于世○冬十一月白岳新宮成王移御之

辛丑十年 元順帝至正二十一年 春正月以崔瑩爲西北面都巡察使時瘡痍未復餓莩相望瑩廣置賑濟場給粮種勸耕農收瘞戰亡骸骨○二月以我

桓祖大王爲東北面兵馬使臺官上疏以爲李諱東北面人而父本界千戶也不可使爲鎭帥王不允賜宴慰行尋加戶部尙書○王至自白岳○夏四月我

桓祖大王昇遐于東北面訃聞王震悼遣使弔賻士大夫咸驚曰東北面無人矣○五月上洛侯金永煦卒永煦性嚴重其孫士安士衡年皆踰冠或曰盍爲之求官曰子弟果賢國家自用之苟不賢雖求而得之其可保乎永煦方慶之後也○六月京城大井黃沸○先是遼藩道路梗塞久與元不相往來至是道稍通秋九月遣戶部尙書朱思忠朝元仍復點征東省官○禿魯江 江界 萬戶朴儀叛冬十月遣我

太祖高皇帝誅之 高皇帝

桓祖大王第二子也以忠肅王後四年乙亥誕降于永興私邸隆準龍顏奇偉絕倫八歲就學于謫客成姓人夜讀書晝出射曰邊方待變之地文武并習長久之術也成大奇之及長寬仁大度有濟世安民之才略李達衷素有識鑒嘗爲東北面兵馬使比還 桓祖餞于野 高皇帝侍立 桓祖後 桓祖行酒達衷立飮及 高皇帝行酒乃跪飮 桓祖怪問之曰此人異人非公所及公之家業此人必能大之因以子孫屬焉至是以金吾衛上將軍爲東北面上萬戶會儀作亂朝廷遣刑部尙書金璉討之璉請濟師王乃命 高皇帝援之 高皇帝以親兵一千五百赴之儀已率黨逃入江界 高皇帝窮追捕誅之○紅頭賊僞平章潘誠沙劉關先生朱元帥等率兵十餘萬渡鴨綠侵朔州等地王以李芳實爲西北都指揮使知樞密李餘慶屯岊嶺仍以安祐爲上元帥金得培爲都兵馬使鄭暉

爲東北面都指揮使。十一月賊進至撫州祐等出兵擊敵少利進屯安州以獻捷
王拜祐爲都元帥統諸軍旣而賊襲破安州移書趣降乃以參知政事鄭世雲爲
西北面軍容體覆使又以金鏞爲摠兵官柳淵爲兵馬使皆進守岊嶺賊伏兵萬
餘於嶺傍攻破柵門諸軍大潰京師震動王知事急決策南幸與公主奉太后而
行洪彥博李岩鄭世雲金鏞等數十人隨之王至臨津顧瞻山河謂元松壽李穡
曰如此風景卿等政宜聯句云王旣南幸賊陷京城留屯之殺牛馬張皮爲城灌
水成冰人不得緣上又屠炙男女或燔孕婦乳食之恣其殘虐十二月王至福州
(今安東)用世雲言下哀痛之敎以慰民遣使督諸道兵討賊遂以世雲爲摠兵官統
諸軍進討世雲詣都堂憤然揚言曰如吾者亦爲相國家宜亂遂行
壬寅十一年(元順帝至正二十二年)春正月王在福州○安祐李芳實金得培李餘慶黃裳韓
方信崔瑩安遇慶李龜壽等諸將率兵二十萬屯京城東郊鄭世雲督諸將進圍
京城自以兵退屯兜率院時天方雨雪賊弛備餘慶當崇仁門麾下權僖諷探賊
勢曰賊之精銳皆聚於此若出其不意攻之可克遂率數十騎突擊賊衆驚駭我

高皇帝以麾下親兵二千人先登大破之日晡時斬賊魁沙劉關先生等賊徒自
相蹈藉僵屍滿城斬首十餘萬級獲元玉璽金寶等物諸將咸曰窮寇不可盡也
乃開崇仁炭峴二門餘黨破頭潘等十餘萬奔渡鴨綠而走到遼陽遼陽省邀擊
殺之方攻城之日我軍圍賊餘兵於城中至夜賊潰圍出東門 高皇帝馳逐之
我軍與賊爭門雜沓不可出有賊在 高皇帝後以槍注 高皇帝甚急 高皇
帝拔劒斫前七八人躍馬踰城馬不跌人皆神之○金鏞以佞幸得寵於王素與
鄭世雲不相能又恐安祐李芳實等成大功爲王所寵欲使祐等殺世雲因以爲
罪而盡殺祐等乃詐爲王密書遣其侄尙書金琳密諭祐等曰世雲素忌卿等破
賊之後必不免禍盍先圖之祐芳實得書就金得培牙帳謂曰今畏賊不進鏞書
如此不可不從得培曰今甫平賊豈宜自相剪滅必不得已執致闕下聽上區處
可也祐等力爭曰不奉君命如後患何置酒邀世雲擊殺之王聞變將調兵討之
已而諸將論世雲書至王乃悅促令凱還二月王發福州至尙州祐先至詣行宮
上謁鏞令門者捽其首祐三指所佩囊大呼曰幸少緩願至上前獻囊書就戮囊

書郞鏞所送密書也樞者更璽殺之鏞恐琳泄其謀斬之因言於王宣旨梟祐等擅殺世雲之罪遣人斬芳實于龍宮得培至基州(今豐基)聞變而逃追捕斬之并梟首于尙州得培門生翰林鄭夢周請於王收其屍爲文以祭之聞者義之後芳實祐之子年甫十餘遊於市街人爭饋以物曰今我輩獲安寢食皆三元帥之功也王有泣下者夢周襲明之後也○三月以京城丘墟白骨成邱命平章事李公遂等守之且命李仁復收拾國史○復改官制以柳濯代李岩爲左政丞柳淑知都僉議司事淑自王在燕邸隨從功勞最多及安祐等殺鄭世雲王以淑在左右每出奇計頗忌畏之淑知之請於王出爲東京留守以避之未幾召拜是職○時元朝政亂有胡人納哈出者據有瀋陽等地稱行省丞相雙城賊趙小生卓都卿等旣失雙城潛恐本國是歲春引納哈出入寇東北邊王以我
高皇帝爲東北面兵馬使禦之秋七月納哈出領兵數萬與小生都卿等屯于洪原賊有驍將一人揮槊突進無敢敵者 高皇帝與戰陽北走其人追 高皇帝注槊甚急 高皇帝翻身着馬韉其人失中隨槊而倒 高皇帝還據鞍射殪之

賊張狽奔北 高皇帝追擊至賊屯日暮而還納哈出之妻謂納哈出曰公周行天下久復有如此將軍乎宜避速歸納哈出不從後數日 高皇帝蹴咸關嶺至韃靼洞(在洪原) 納哈出置陣相當大戰良久互有勝負日且暮 高皇帝麾軍而退遇一賊將甲胄帶面具又別作頤甲以便開口周護甚固無隙可射 高皇帝故射其馬馬警躍其人用力引轡口乃開 高皇帝射中其口賊氣奪大奔 高皇帝以鐵騎蹂之賊自相蹂藉殺獲甚多 高皇帝還屯定州留數日休士卒先設左右伏於城串(今在咸興) 都連浦自將中軍當松原(在咸興) 與納哈出遇於咸興坪單騎先進引賊入伏內夾擊大破之納哈出收散卒遁去其後納哈出遣人通好獻馬於王又獻馬於 高皇帝以致禮意蓋心服之也○八月王自福州至淸州○耽羅牧胡古禿不花等以星主高福壽叛附于元元置萬戶官以領之○以調度不給增斂米豆名曰無端米○初元后奇氏怨王誅奇轍等必欲報仇崔濡在元承望后旨且恃金鏞爲內應搆王於元冬十一月元廢王立德興君塔思帖木兒爲高麗王奇三寶奴爲元子金鏞判三司事濡自爲左政丞凡國人之在元者咸署

僞官塔思帖木兒本國名謜忠宣之子也

癸卯十二年元順帝至正二十三年 春二月王自淸州還京遂幸興王寺○王聞元將納德興君以李仁任爲西北面巡問使兼平壤尹調兵粮以備之又遣贊成事李公遂往說元后公遂奇后之內兄也見后言曰丙申之禍實我家不戒盛滿之致也不知反咎逞私憾廢公義他日必爲天下笑后雖感其言怒猶未已令公遂奉德興東歸公遂曰老臣縱不能以頸血濺德興之轅其忍從耶托疾請留及德興之到遼陽崔濡忌公遂之在燕譖於元必欲得公遂公遂知之謂其介林樸曰吾無父母爵位已極當祝髮入山決不從彼也會元主不從濡復請令樸從德興樸亦曰我若從德興何異婦人之背其夫也元主許其任意元朝識者莫不嗟賞忠節公遂行儉之子也○三司使金光載卒光載台鉉子也事忠定甚見委任及王即位杜門不出事母至孝母沒廬墓終制王嘉之表其坊曰孝子里居家不治生產左右琴書淡如也謚文簡○閏月金鏞陰懷不軌之心密遣其黨金守曹連等五十餘人夜襲興王寺行宮斬門者徑至寢殿王入太后密室避之宦者安都赤貌類王

欲以身代王遂臥寢內賊認爲王而殺之踊躍呼萬歲又至右政丞洪彥博所舍曰出迎帝命彥博整衣冠將出子及妻覺其詐勸避之彥博曰安有爲首相而逃死者乎出曰爾乃賊也何稱帝旨賊遂擊殺之既而賊審知王尙在陽言於衆曰愼勿驚動乘輿分其黨監宮內諸務欲使王不疑而出又分遣黨趣京城殺留都宰相密直使崔瑩副使禹磾上護軍金長壽等率兵赴亂長壽毀門拔劒而入爲賊所害瑩等勒兵捕賊盡殺之方諸宰之赴亂也鏞謂柳濯等曰諸公領兵先詣行宮予將繼進濯揣鏞有異志留以觀變鏞與門客華之元等相目凡賊被執而來者不訊輒殺以滅口亂定論功鏞亦策一等旣而國言藉藉皆以興王之變歸之於鏞王姑從末減流鏞密城郡今密陽并流其黨數人初彥博以勳戚爲上相鏞雖秉權不得自逞故先殺之彥博有重望旣死時人惜之○夏四月張士誠遣使來聘賀平紅賊也○右政丞廉悌臣罷以柳濯代之遂授李公遂爲左政丞悌臣當紅巾之亂棄母率妻子而去故臺官論罷之○金鏞旣流羣情之憤未已王遣護軍林堅味移繫鏞於鷄林府與按廉李寶林鞫之鏞曰予豈有犯上之心但欲

去洪侍中耳堅昧等詰云何以殺安都赤乎鏞無以對遂支解鏞傳首京師鏞既誅王追念不已爲之泣下歎曰誰可恃者人知王之惑甚也○五月王聞元將以兵納德興君與宰樞議防禦之策以慶復興爲西北面都元帥屯安州安遇慶李龜壽等諸將分屯要害時宰相有勸王南行避亂者王頗然之判書吳仁澤曰德興非紅賊比大駕一南都城以北誰從殿下者今日之策親征爲上議遂寢冬十二月崔濡以元兵進屯遼東候騎到鴨綠朝野震懼

甲辰十三年元順帝至正二十四年春正月崔濡以元兵一萬渡鴨綠江安遇慶擊却之既而賊兵奄至我軍大敗賊遂入據宣州人情洶洶王遂以崔瑩爲都巡慰使將兵急趣安州又命我

高皇帝自東北面率精騎一千赴之官軍稍振於是崔瑩將中軍安遇慶李龜壽羅世爲左翼李珣禹磾朴椿及我 高皇帝爲右翼行至定州 高皇帝見諸將退北言其怯懦不力戰諸將忌之時賊屯隨州今屬平安道定州之達川諸將謂 高皇帝曰明日之戰公獨當之明日賊分爲三隊 高皇帝居中以手下老將二人爲左右各當其一隊奮戰大破之濡搭思帖木兒等僅以身免渡江而走及至燕京軍還者纔十七時李公遂在元與洪淳李子松金子庾黃大豆張溫林樸等爲書納竹杖中潛遣人從間道報崔濡復謀起大兵而東朝廷始知公遂等不屈之狀○初北人金方卦娶我

度祖大王女生三善及三介二人生長女眞膂力過人聚惡少橫行北邊畏我

高皇帝不敢肆及 高皇帝赴西師三善三介乘其虛誘致女眞進陷咸州守將全以道等棄軍走都指揮使韓方信等進兵和州亦潰退保鐵嶺於是和州以北皆沒二月 高皇帝自西北面引軍還至鐵嶺人心皆喜將士膽氣自倍 高皇帝遂與方信等三面進攻大破之悉復咸和等州三善三介逃入女眞終不返○以慶復興爲左侍中我

高皇帝爲樞密副使自是王倚賴 高皇帝益重○夏五月日本日皇後村上二十六年賊三千餘人來侵鎭海慶尙道巡問使金續命率兵急擊之賊蒼黃不暇乘船乃登縣之北山斫木爲柵自守續命復進擊大破之○遣使報聘于張士誠○崔濡既

敗還。又謀大擧再犯。元監察御史紐憐等極陳濡賣國搆釁之罪。元主然之。秋九月械濡送之。王下濡于巡軍獄誅之。○冬十月李公遂還自元。王拜爲領都僉議。公遂之東還也。忠義聞天下。出燕京齊化門。令蒼頭吹笛曰天下之樂復有加於此乎。行至闆山站無人粟積于野。從者取粟飼馬。公遂問粟一束直布幾尺。如其言書布兩端置粟積中。從者曰人必取去何益。曰吾固知之。然必如是吾心得安。

乙巳十四年(元順帝至正二十五年)春二月魯國公主昇遐。王悲慟甚。爲之大張佛事。每七日令羣僧梵唄隨魂輿。自殯殿至寺門幡幢蔽路。鐃鼓喧天。或以錦繡蒙其佛宇。金錦綵帛羅列左右。觀者眩目。及葬正陵。儀衛制度窮奢極侈。王手寫公主眞。日夜對食悲泣。三年不進肉膳。令朝臣除拜及出使者皆詣陵下。如闔門行禮。○夏五月以妖僧遍照爲師傅。遍照本玉川寺婢之子也。先是王嘗夢人拔劍刺已。有僧救得免。王志之。會金元命以遍照見。其貌惟肖。王異之。與之語頗聰慧辯給。自謂得道。詭爲大言輒中旨。王大悅。屢召入內。遍照目不知書。嘗遊京都勸緣。誑誘諸寡婦售其奸淫。自見王。務矯飾枯槁。李承慶見之曰亂國家者必此髡也。鄭世雲

亦以爲妖人欲殺之。王密令避之。照長髮爲頭陀。至是復來謁王。始入內用事。言無不聽。人多附之。○以金普李春富爲都僉議贊成事。任君輔金蘭朴曦爲密直副使。皆遍照所善也。先是照主蘭家。蘭以二處女與照。崔瑩見蘭責之。照聞而嫉之。讒瑩貶鷄林尹。既而削職遠流。其外贊成事李仁復。侍中李公遂。判三司事李壽山。政堂文學元松壽等。照或惡其忤己。或忌其爲人望。并譖罷之。○時舉朝趑附遍照。而瑞寧君柳淑獨不往。照深銜之。且忌淑忠直。讒毀百端。王稍信之。秋八月淑遂乞退。王許之。將相大臣門生故吏咸餞于郊。車馬塞路。觀者咨嗟。○冬十月方國珍遣使來聘。○十二月以遍照爲守正履順論道燮理保世功臣壁上三韓三重大匡領都僉議使司事判監察司事鷲城府院君提調僧錄司事兼判書雲觀事。始稱姓辛。改名旽。時王信旽日深。每請旽屈行救世。旽陽不肯以堅王意。王強之。旽曰王欲福利世間。願勿信讒。王乃手寫盟書曰師救我我救師。死生以之。無惑人言。佛天證明。於是旽與議國政。大行威福。領都僉議久虛其位。至是自領之。始出禁中。寓奇顯家。王居恒謂廷臣類皆黨比矯飾不足用。思得離世獨立

之人以革其因循之弊及見旽以爲得道寡慾且出於賤微更無親比故授之以
國政而不疑也

丙午十五年元順帝至正二十六年 時元河南王擴廓帖木兒爲天下元帥摠兵官春三月遣
密直田祿生佐郞金齊顔等聘于帖木兒至燕京元惡其私通不許其往祿生遂
還齊顔稱疾留燕單騎走河南竟致國書而還○夏四月大雨雹○貶左司議大
夫鄭樞爲東萊縣令右正言李存吾爲長沙今茂長監務時辛旽當國陵僭不法無
敢言者存吾奮不顧身將論之袖疏赴省示同列曰妖物誤國不可不去同僚畏
縮無敢應獨樞從之遂上疏曰臣等伏値三月十八日於殿內設文殊會領都僉
議辛旽不坐宰相之列敢與殿下並坐間不數尺國人驚駭罔不洶洶夫禮所以
辨上下定民志也苟無禮焉何以爲君臣何以爲父子何以爲國家乎聖人制禮
嚴上下之分謀深而慮遠也竊見旽過蒙上恩專國政而有無君之心當初領都
僉議判監察命下之日法當朝服進謝而半月不出及進闕庭膝不少屈常騎馬
出入紅門與殿下并據胡床其在家宰相拜庭下皆坐待之雖崔沆金仁俊林衍

之所爲亦未有如此者昔爲沙門當置之度外不必責其無禮今爲宰相名位已
定而敢失禮毁常若此原究其由必托以師傅之名然僉升且高王之師鄭可臣
德陵之傅臣等未聞彼二人者敢若此也李資謙仁王之外祖仁王謙讓欲以祖
孫之禮相見畏公論而不敢蓋君臣之分素定故也是禮也自有君臣以來亘萬
古而不易非旽與殿下之所得私也旽是何人敢自尊若此乎洪範曰惟辟作福
惟辟作威惟辟玉食臣而有作福作威玉食必害于家凶于國人用側頗僻民用
僭忒是謂臣而僭上之權則有位者皆不安其分小民化之亦踰越其常也旽作
福作威又與殿下抗禮是國有兩君也陵僭之至驕慢成習則有位者不安其分
小民踰越其常可不懼哉殿下必敬此人而民無災禍則髡其頭緇其服削其官
置之寺院而敬之必用此人而國家平康則裁抑其權嚴上下之禮以使之然後
民志定而國難紓矣且殿下以旽爲賢自旽用事以來陰陽失時冬月而雷黃霧
四塞彌旬日黑子夜赤祲天狗墮地木氷太甚淸明之後雨雹寒風乾文屢變山
禽野獸白日飛走於城中旽之論道燮理功臣之號果合於天地祖宗之意乎臣

等職在諫院、惜殿下相非其人、將取笑於四方、見譏於萬世、故不得嘿嘿、庶免不
言之責、疏上王大怒命焚之、召樞存吾面責之、時旽與王對床、存吾目旽叱之曰
老僧何得無禮如此、責惶駭不覺下床、王愈怒下巡軍獄、命李春富金蘭李穡等
鞫之、問樞所誘者、樞不服、又問存吾曰爾乳臭童子、何能自爲、必有陰嗾者、存吾
曰國家不以童子無知、置之言地、敢不言以負國耶、存吾時年二十五、旽黨必欲
殺存吾等、穡謂春富曰二人狂妄固可罪、然自太祖以來五百年、未嘗殺一諫官
今因令公殺諫官、恐惡聲遠播不如白令公勿殺、春富等然之得免、自是言路遂
塞而旽之桀驁愈甚矣○初鄭習仁知榮州今榮川視事、吏以故事請詣消灾浮屠
習仁曰人臣不蹈非義、灾何由生、若其無妄、順受而已、命吏撤去、州有佛塔、名爲
無信、習仁曰異哉、惡木不息、盜泉不飮、惡其名也、烏有巍然其形、爲一邑所瞻視
而以無信表之者乎、命州吏刻日移之、辛旽聞而怒、繫習仁獄將殺之、廷臣多爲
王白者、乃得免廢爲庶人、令就州復搆其塔○五月前僉議侍中李公遂卒、公遂
精明謹愼、一毫不妄取予、臨事剛毅、不爲形勢所屈、及病人勸其妻金禱佛、金曰

公平生未嘗佞佛、安敢背其道以欺耶、謚文忠○日本人日皇後村上二十八年侵喬桐居
之、留屯不去、京城大震、王命安遇慶池龍壽李珣等將兵屯東西江以備、時日人
來侵無虛歲、沿海列邑、爲之蕩然、國家倉廩虛竭、兵械亦盡、諸軍索然望賊不敢
進、判典農寺事偰長壽上書曰臣竊念倭寇防戍、最爲緊急、竊計賊船出沒、無有
定時、民庶安危、朝夕靡測而沿海防戍、雖有其名、無益於事、一有寇至、望風奔潰
雖使頗牧爲將、亦不能號令之也、其防戍之處、遠者相去五六十里、近者不下二
三十里、賊可由此入寇而濱海村落之民、或疎或密、四散而居、彼賊多則虛張聲
勢、指西向東、俟我兵勢互分、潛爲襲擣、或棄防戍而直趍居民、或捨居民而先襲
防戍、少則預遣間諜、伺其富實之家、潛爲剽刼、比官兵得知而追逐、賊已飽載而
遁逭、於是加發民丁則民已殘而盜已去、及其放遣則民纔去而盜復來、故民無
得息之時、兵無可用之勢、至若淸野之策、其弊尤滋、大抵濱海之地、頗多膏腴而
小民各懷其土、本欲利之、反以爲害之、且滋遠之處、田亦有限而土着之民、恃以
爲生、若使養客戶則、彼亦凋弊、臣愚以爲沿海百里之間刷已徙及見在之民、方

三十里或五十里膏腴可耕之地擇形勢平易有薪水處計戶數衆寡築城堡以二三百家爲率設官守以居之俾接屋連墻僅容其衆凡城塹高深上置樓櫓其餘守具隨宜布置嚴更皷謹烽烟及耕耘之時則遠者不過二十餘里晨出暮入禾熟則隨刈隨輸無使稽緩設有賊至則少壯登城老弱供食分方面以堅拒守之志通烽燧以招鄰救之兵鄰城有急而不相赴者罪及所統之官夫賊之往來恃潮水爲期非欲攻城略地以謀久長旣無所得勢必還退於是乘釁以襲之多方以誤之使其剽無所施衆無所用掠則靡獲攻則不能進有腹背受敵之憂退有首尾交衝之患以我之逸待彼之勞則不戰而屈人兵盜可制而民可息矣若因循故弊徒設虛文則所謂揖讓救焚從容拯溺無益於事取侮於人也書下都堂議竟不行長壽遜之子也○秋八月辛旽以前贊成事李龜壽評理金貴密直朴椿等三人不附己遣人沈之海於是朝臣側目覰旽如狠虎○諸奇之誅也奇后欲立瀋王暠子脫朶篤兒脫朶篤兒固辭不受乃以德興君爲王王聞而嘉之至是脫朶篤兒遣使來王甚厚遇之○設文殊會于宮中凡七日執事者八千餘

人窮極奢靡時王以無嗣爲憂故辛旽以是勸之○辛旽貪淫日甚賄賂輻湊居家飮酒食肉恣意聲色及其見王則淸談齕菜果密直提學李達衷嘗於廣坐謂旽曰人言公酒色過度旽不悅罷之

丁未十六年元順帝至正二十七年 春二月元使高大悲來自濟州時元主欲避亂於濟輸御府金帛仍以濟復屬於我○夏四月遣典校令林樸宣撫濟州先是奉使本州者率皆貪暴民甚苦之故牧胡因誘以數叛樸行至羅州取水盛甕而去本州之物雖茶湯不入口民大悅相謂曰聖人來也王官皆如林宣撫我輩何至叛乎○五月以李穡爲成均大司成穡增置生員以經術之士鄭夢周金九容朴尙衷朴宜中李崇仁等皆以他官兼敎官每日坐明倫堂分經授業講畢相與論難於是學徒坌集程朱性理之學始興焉時學者所習經書自中國至者惟朱子集註而夢周講說多新意聞者頗疑及得胡炳文四書通無不脗合穡亟稱之曰達可論理橫說竪說無非當理推爲東方理學之祖達可夢周字也

按今開城府東所在成均館卽是年所移建之遺也說已見上

秋七月前僉議政丞鷄林府院君李齊賢卒、齊賢天資厚重、輔以學術、發於議論事業者、皆燁然可觀、平生無疾言遽色、人有片善、惟恐不聞、自號益齋、自少至老無貴賤皆稱益齋、其見重於世如此、所著益齋亂藁十卷行於世、麗世作者大抵以館閣之體相尙、至齊賢始唱古文、一變其陋、傑然爲宗、諡文忠、後配享恭愍廟庭○八月以僧千禧爲國師、禪顯爲王師、二僧皆辛旽所善者也、王邀禪顯於康安殿、王九拜、禪顯立受、百官朝服就班、旽獨戎服立殿上、顧謂史官尹紹宗曰無妄書國事、吾將取觀之○冬十月王幸辛旽家、時旽新搆第宏敞滾邃、王爲置酒落成、自是數幸、或王步幸、旽又於北園作別室、惟許奇顯妻及二婢出入、凡訴冤者求官者、必遣妻妾先賂顯妻內謁、顯妻謂其人曰別室甚狹、不可着表衣率從者、輒令以短衫賫賂獨入、旽獨與相對、蹤跡隱秘、醜聲流聞○前侍中慶復興知僉議吳仁澤等與前評理睦仁吉三司使安遇慶金元命密直趙希古韓暉等密議曰辛旽姦險陰狡、斥逐勳舊、殺戮無辜、黨與日盛、道詵記所謂非僧非俗亂政亡國者、必是此人、宜白王早除之、判書辛貴以告旽、旽入告王、捕復興等幷杖流南裔、元命初附於旽、旣而圖旽、旽愈惡之、遣人杖殺之、其後金精金齊顏等亦謀誅旽、事泄見殺○有玄風人郭儀者、每過俗節、備酒饌往靈山、奠辛旽父墳、旽素不相識、聞之驚喜、召拜正言

戊申十七年(明太祖洪武元年) 先是二年、王爲魯國公主、大起影殿於王輪寺東南、旣而以佛宇狹小、不能容僧三千、改營于馬巖、大興工役、秋八月僉議侍中柳濯謂密直安克仁鄭思道曰馬巖之役、勞民傷財、吾等食君之祿、豈可腹非而成君上之過、貽譏後世耶、遂共上書極諫、王大怒、下濯思道于巡軍獄、克仁以定妃之父、勒歸私第、太后使人謂王曰今因濯等、秖以彰君之過而見宰相之賢也、請釋之、王不聽、命三司左使李穡等鞫濯等、將殺之、使穡製諭衆文、穡請濯罪名、王曰久爲首相、致天大旱、一也、奪演福寺田、二也、公主之喪三日闕祭、三也、其輦降用永和公主例、四也、不忠不義孰大於此、穡曰濯等請寢影殿之役、雖以四事歸罪、人誰信之、且此四事皆非可殺之罪、願王更思之、王大怒趣之、穡曰臣寧得罪、不敢奉命、且曰濯等上書之事、辛旽亦與知之、王乃命穡封御寶曰以予不德、不從予言、持

此去求有德者事之予避位矣乃移御定妃宮不許進膳旽欲辭王怒啓王下稽于獄令李春富等鞫之稽陳辨明切且泣曰臣非畏死恐王以無罪殺大臣王聞之稍悟遂盡釋之○九月明(朱元璋)兵拔燕京元主北走沙漠王聞之令百官議絕元交明○辛旽殺前僉議贊成事瑞寧君柳淑淑既退旽恐王復用摘淑所作詩語譖之曰淑以句踐比上以范蠡自比若效蠡乘舟而去則必向燕都謀立德興君不如早除以絕後患王乃命杖流之旽遂遣人縊殺之淑忠義有餘臨大事決大疑未嘗猶豫及死顏色如平時人爲之流涕謚文僖○金文鉉弑其父達祥文鉉登第爲成均祭酒恣行淫悖奸其兄君鼎妾達祥恐爲法司所按治謂辛旽曰文鉉不肖請寘于外旽問其罪達祥不忍斥言但曰狂惑文鉉聞而怨之言於旽曰吾父兄談公不德曰必將亡國旽信之譖王黜達祥君鼎遂擅殺之文鉉遂爲旽門客○冬十月遣使如北元路梗而還○十一月遣禮儀判書張子溫如明

(己酉)十八年(明太祖洪武二年)夏四月明太祖遣使告定天下五月遣禮部尙書洪尙載等如明賀之○六月改官制○先是日人多投化誓不侵寇朝廷分處巨濟南海等處秋七月叛歸其國(日皇長慶二年)復行侵掠

(庚戌)十九年(明太祖洪武三年)先是元既還西京于我移設東寧府于遼地去年秋王欲取東寧府以絕北元先於東西北要害處(今江界泥城等地)多置萬戶千戶仍以我 高皇帝爲東北面元帥池龍壽爲西北面元帥春正月 高皇帝率步騎一萬五千自東北面渡鴨綠江東寧府同知李兀吾帖木兒聞 高皇帝來移保兀剌山城(即尉那巖城)據險以拒 高皇帝用片箭射之七十餘發皆正中人面城中奪氣其酋高安慰縋城夜遁餘兵遂降諸山城皆望風歸款○夏五月明帝遣使偰斯來○去年遣摠部尙書成准得如明賀節至是准得還明帝予王冠服樂器及大統曆凡高麗之樂朝廟用宋明樂又雜用唐樂及三國與當時俗樂矣○明遣侍儀舍人卜謙來帝科舉程式時有金濤者入明赴舉首中制科○六月辛旽等請罷馬巖影殿之役王從之復修王輪寺影殿既而以規模狹隘撤而改營民甚苦之○秋九月僉議贊成事致仕尹澤卒澤早孤力學常誦范仲淹先天下之憂而憂後天下之樂而樂之語以自期晚而顯達旋即致仕饔飧或缺而晏如也及死戒

子孫治喪勿用浮屠法、謚文貞○冬十一月我
高皇帝與池龍壽等襲攻遼城拔之、初奇轍之子賽因帖木兒仕元爲平章、元亡
與分司遼瀋官吏平章金伯顔等招集遺衆、割據東寧府、憾其父之誅、窺我北鄙
欲以報仇、 高皇帝旣克兀剌城、王仍命 高皇帝與龍壽協力擊東寧、諸軍進
至遼城、敵驍將處明恃勇拒戰、 高皇帝故射其兜鍪又射其脚、諭曰不降將射
面、處明下馬叩頭而降、敵氣奪、遂進攻拔之、賽因帖木兒遁、虜伯顔張榜諭納哈
出等使之來降、時我師拔城、火其倉廩殆盡、軍中乏食遂班師、 高皇帝恐有追
兵、由間道還、野宿令士卒各作溷廁馬廐、納哈出果以兵躡後、行二日曰作廁與
廐、師行整齊、不可襲也、乃還、時中國人曰攻城必取未有如高麗者也
辛亥 二十年 明太祖洪武四年 春三月女眞千戶李豆蘭來投、豆蘭本姓佟、初我
高皇帝年十七爲价江 北道地 亭長、得豆蘭於价江山中、與之偕來、至是來投化○
夏五月前長沙監務李存吾卒、存吾慶州人、性孝友簡重、早孤力學、年十九登第
與鄭夢周李崇仁金九容等相友善、自坐貶之後、退居公州石灘、見辛旽勢益熾

憂憤成疾、疾革令左右扶起曰旽尙熾乎、左右曰然、還臥曰旽亡吾乃亡、反席未
安而卒、年三十一、及旽誅、王思其忠、贈大司成、時又有李集者有文學氣節、嘗忤
旽、旽欲殺之、集乃逃于永州、旽誅乃還、官至判典校、後居驪州以終、鄭夢周爲詩
悼之○秋七月辛旽伏誅、旽恣行威福日滋、王亦不自安、王性素猜忌、雖腹心大
臣、及其權盛、必忌而誅之、旽自知鴟張太甚、恐王圖己、遂謀不軌、與其黨將刻日
擧事、其門客侍郞李靭爲匿名書、記旽凶謀、夜投宰相金續命家、續命進其書、王
乃命巡衛府先捕其黨奇顯崔思遠等鞫誅之、後二日流旽于水原府、仍遣察訪
使林樸誅之、初王與旽相盟、至是以盟書授樸示旽而數其罪曰爾嘗謂近婦女
所以導引養氣、非敢私之、今聞至生兒息、是在盟書者歟、城中造甲第七所、是在
盟書者歟、如是者凡數事、遂梟其首於京城、支解徇諸道、並斬其二歲兒、凡爲旽
所貶逐如慶復興李珣崔瑩安遇慶等、悉皆召還○以尹桓爲門下侍中、韓方信
爲贊成事、李穡爲政堂文學、我
高皇帝知門下府事、王謂近臣曰近日物議何如、對曰皆言國家得人、王曰文武

皆用第一流以爲辛相誰敢議之蓋指穡及　高皇帝也○憲司論前侍中柳濯於公主喪葬用薄禮又黨附辛旽知謀不告請置典刑王遂命縊殺之太后請赦不從時議以爲濯禍萌於影殿也濯以武功進而有膽略持重美風儀動止可觀及死國人有爲之流涕者○臺諫請誅辛旽黨王允之於是誅李春富金蘭李云牧白紉辛純辛貴林熙藏奇叔倫奇仲齊崔津等九人餘皆流配○冬十一月遣使如明時使臣由水路行多爲風濤所阻或至渰沒故移啓于明中書省請自今取路遼東不從

壬子二十一年明太祖洪武五年　夏六月納壽陵于正陵之側令百官以秩出役夫輸石○復改官制○冬十月置子弟衛選年少美貌者屬焉以代言金興慶摠之於是洪倫韓安權瑨盧瑄等俱以寵幸常侍臥內王自喪公主日夜悲思遂成心疾常自粉黛爲婦人狀引倫等恣意淫褻或使强辱諸妃王嘗幸益妃王氏宮使倫等通妃妃拒之王拔劍欲擊妃妃懼而從自是倫等數矯旨往來妃遂不拒又多選美壯者常侍禁中號東古赤與子弟衛并有寵

癸丑二十二年明太祖洪武六年　春二月北元遣使來王恐明有責欲遣人殺之既而以羣臣言止之○先是辛旽之流也王謂侍臣曰予嘗幸辛旽家幸其婢生子曰牟尼奴毋令驚動善保護之旽既誅召牟尼奴納之太子殿謂侍中李仁任曰元子在吾無憂矣秋七月改牟尼奴名曰禑封爲江寧府院大君命儒臣白文寶田祿生鄭樞等傅之文寶稷山人廉潔正直立朝多所建白官至政堂文學

甲寅二十三年明太祖洪武七年　去年王患日寇不息以贊成事崔瑩爲六道都巡察使瑩造戰艦六千艘欲令諸道民捕倭民皆厭苦破家逃散者十之五六春正月中郎將李禧上書請習水戰王慨然曰禧草野之臣尙獻策如此百僚中曾無一人如禧者耶衛士柳爰廷言郎將鄭地草平寇策王取覽大悅乃拜禧爲楊廣道安撫使地爲全羅道安撫使地等又再三上疏大槪以爲平陸之民不閑舟楫難以禦賊但簽生長海島及自募者令臣等將之期以五歲可淸海道若都巡問使則徒費軍餉擾民生宜罷之王從之○二月以李茂方爲政堂文學茂方光陽人性淸直歷仕內外聲稱奕然王稱之曰政堂國耳忘家不畏權勢雖古人無以過之○

三月檢校侍中李仁復卒仁復剛直有守聞人善雖小必喜一事失當必怒形于色然不發於口嘗惡兩弟仁任仁敏之爲人曰敗國亡宗者必二弟也後果如其言臨沒以朝服加身而卒諡文忠○夏五月禁剃頭○先是贊成事韓方信監影殿役六月暴雨影殿有漏處王大怒以方信不能董役下獄杖之時影殿役久至用錐驗墻垣之堅否糜費不貲役夫死者相望於道○秋七月三角山中峰崩○時明遣使蔡斌來求耽羅馬二千匹王遣評理韓邦彥取之元人哈赤石迭里等曰吾等安敢以元世祖放畜之馬獻諸明只送三百匹王乃以崔瑩爲楊廣(今京畿)全羅慶尙等道都統使與諸將帥兵二萬餘人擊之八月至濟州石迭里等以三千餘騎拒於明月浦(在濟州西)瑩進戰大破之斬石迭里因盡殺餘黨濟州悉平○九月明使蔡斌還王遣密直副使金義領馬三百匹護送定遼衛斌酗酒每欲殺義義不能堪遂殺斌以馬二百匹奔北元義本胡人也○宦者崔萬生幸臣洪倫等弑王初王心疾愈甚使倫等汚穢宮掖冀其有子時益妃王氏有身萬生以告王喜曰誰與合者萬生曰妃言洪倫也王曰明日謁昌陵殺倫等以滅口汝亦當不免萬生懼與倫及洪寬盧瑄韓安權瑨等謀是夜入寢殿乘王大醉手劍擊弑之太后秘不發喪以王命召侍中慶復興李仁任等密議擬萬生倫斬安瑨寬瑄等遂立江寧大君禑諡王曰恭愍葬玄陵○恭愍王時有民兄弟偕行弟得黃金二錠以其一與兄至陽川江弟忽投金於水兄怪而問之答曰吾平日愛兄甚今而分金忽萌忌心此乃不祥之物也不若投諸江而忘之兄曰汝之言誠是矣亦投於水時同舟者皆愚民故無有問其姓名邑里云

歷史輯略卷十終

花開金澤榮于霖 撰

高麗紀

廢王禑小字牟尼奴辛吨[sic]婢出在位十四年

乙巳 廢王禑元年(明太祖洪武八年) 春正月遣判宗簿寺事崔源如明辨殺使之故○置書筵以田祿生李茂爲師傅○夏四月李仁任與百官聯名爲書將呈北元中書省左代言林樸典校令朴尙衷典儀令鄭道傳以爲先王決策親南今不當親北并不署名旣而北元使來責親明於是仁任及慶復興池奫等欲迎之道傳與三司左尹金九容典理摠郞李崇仁藝文應敎權近等上書都堂以爲若迎元使他日何面目見先王於地下仁任等却不受令道傳往迎之道傳詣復興第謂曰我當斬使首而來不然則縛送于明辭頗不遜仁任等怒乃流道傳于會津(見上)繼而鄭夢周朴尙衷等上疏極論迎元使之害獻納李詹全伯英等亦上書請誅仁任仁任遂下詹伯英于獄使崔瑩池奫鞫之辭連尙衷及田祿生等皆杖流之仁任又

奏流夢周九容祟仁及鄭思道李成林等、尙衷祿生之下獄也、推官希仁任意拷掠其慘、由是二人皆道死、尙衷羅州人、博該經史、平居言不及產業、視人不義富貴、蔑如也、祿生亦有時望、論者惜之○六月三角山崩○冬十月以河允源爲司憲府大司憲、允源書知非諫斷皇天降罰八字於柱、每赴臺必先掛壁上

(丙辰)二年(明太祖洪武九年)初恭愍王以禑爲故宮人韓氏出、及禑卽位、諡韓氏爲順靜王后、春二月辛旽妾般若、夜潛入太后宮啼號曰我實生主上、何母韓氏耶、太后黜之、李仁任下般若于獄鞫之、竟投臨津、般若之被鞫也、指中門新建者曰天若知吾冤、此門必自頹、俄而門自頹、人頗異之○夏四月有僧懶翁者、設文殊會於楊州檜岩寺、中外士女奔波都堂禁之不得、乃放懶翁于慶尙道密城郡、行至驪州神勒寺死○秋七月日寇(日皇後龜山四年)昭公州等城、楊廣道元帥朴仁桂迎戰、墮馬被殺、賊勢益熾、仁桂素得人心、時稱良將、及死中外喪膽、崔瑩聞之請自行、與日寇戰於鴻山、瑩身先士卒、賊矢中唇血淋漓、神色自若、遂奮擊大破之、俘斬殆盡由是威名大振○禑之初立也、北元納哈出等謂恭愍無嗣、立瀋王暠子脫脫不

花爲高麗王、遣使來問、朝廷拒之、冬十月元擴廓帖木兒貽書於我、要共協力攻明曰王子誠能改圖、以副上命則朝廷必有處也、百官答書、但請將亂統生事之徒、發還本國究理、時納哈出亦遣使來、禑遣開城尹黃淑卿報之、納哈出謂淑卿曰我本非與高麗戰、伯顏帖木兒王(恭愍王)遣年少李將軍擊我幾不免、李將軍無恙乎、年少而用兵如神、眞天才也、將任大事於爾國矣、李將軍指我高皇帝也○先是池奫與林樸有隙、十一月奫黨執義金承得承奫意、上書言樸不署吾元書、必有迎立瀋王之志、是可罪也、於是杖流務安、中道蹋殺之○十二月以池奫爲門下贊成事、尹邦彦爲密直提學、是日除官宰樞至五十九人、自李仁任池奫以下各植其黨、臺諫將帥守令皆出其門、市井工匠寅緣除拜、時人謂之烟戶政、又權臣弄權、隱政批累日而下、時謂之隱批○三司右使金續命淸直敢言、人皆畏憚、嘗稱病在第、慶復興李仁任池奫問疾、續命曰古制兩府省五樞七、今一日所除宰樞至五十餘人、如物議何、池李聞而深銜之、初般若之被鞫也

續命歎曰天下未辨其父者容或有之未辨其母者我未聞也池李遂嗾臺官許
時金濤劾續命於般若之獄發口不可道之言不敬莫甚宜鞫治之太后力救乃
流文義縣時議惜之
丁巳三年(明太祖洪武十年) 春二月北元遣使來○池奫與李仁任權勢相逼積不相能三
月奫與其客金允升等謀去仁任仁任知其狀搆言于禑遂誅奫及允升奫起自
行伍驟登宰輔通禑乳媼寅緣有寵貪淫謟詐賣官鬻獄及誅人皆快之○日本
人(日皇後龜山五年)入寇梁焚戰船轉掠江華京城大震禑遣都統使崔瑩禦之又以黃
裳爲西江都元帥我
高皇帝及楊伯淵邊安烈等副之旣而日寇又大入慶尙道元帥禹仁烈與戰敗
績夏五月 高皇帝與三司右使金得齊等往擊之未至仁烈飛報繼至 高皇
帝並日而行與賊遇於智異山下相去二百餘步有一賊背立誇勇示無畏 高
皇帝用片箭射之一矢而倒賊驚懼氣奪卽大破之賊衆狼狽登山臨絶崖露刃
垂槊如蝟毛官軍不得上 高皇帝策馬先登將士隨之賊墜崖死者過半遂擊

其餘衆殲之○時日寇自江華攻陷楊廣道濱海州郡秋八月轉入西海道元帥
梁伯益羅世巡問使沈德符等擊之敗績於是禑遣我
高皇帝及林堅味邊安烈柳曼殊爲助戰元帥赴之 高皇帝與諸元帥擊賊於
海州安烈等奔潰 高皇帝以大羽箭射賊十七發皆中左目皆斃之遂縱兵乘
之大破之餘賊阻險積柴自固 高皇帝下馬坐胡床張樂進酒使士卒焚柴烟
熖漲天賊勢窮冒死突圍矢中座前瓶 高皇帝安坐不起令諸軍擊之幾殲○
先是禑遣判典校寺事羅興儒于日本請禁海賊日遣僧良柔報聘其國僧周佐
致書曰惟我西海一路九州亂臣割據不納貢賦且二十餘年西邊海道頑民觀
釁出寇非我所爲是故本國遣將征討日以相戰庶幾克復九州則誓天指日約
禁海寇其後賊猶侵掠不已禑又遣使申前請日使僧信弘來言云草竊之寇不
遵號令未易禁秋九月禑將遣使報聘人皆厭避權臣嗛鄭夢周前事使夢周往
焉興儒前至覇家臺也爲其主將所拘囚幾餓死僅得生還故人皆爲夢周危之
夢周略無難色旣至極陳古今交鄰利害主將敬服館待甚厚僧徒求詩坌集日

擠肩興導觀奇勝及還日本九州節度使遣差人周孟仁偕來刷還我被俘人數
百且禁三島侵掠日人稱慕夢周久而不已及聞其卒莫不嗟惋王有齋僧薦福
者

按周佐此書余始疑其詐及讀日人近藤瓶城所撰日本史則日本擕兵我
邦之跡在三國時屢書不已在麗時則不一見焉於是知雲峰咸興諸戰皆
出於其西海道頑民之所爲而非政府之決策耳

冬十月開城大井赤沸○崔瑩以京都外城闊大難守建議修築內城以備不虞
戊午四年(明太祖洪武十一年 日皇後龜山六年)是春日本人連寇水原南陽等州夏四月大集窄梁(今豐
德)入昇天府中外大震禑分遣諸軍屯東西江判三司事崔瑩督諸軍軍于海豐
贊成事楊伯淵副之賊覘知之以爲得破瑩軍則京城可圖乃捨諸營不戰趍
海豐直向中軍瑩曰社稷存亡決此一戰遂與伯淵進擊之賊逼瑩瑩稍却我
高皇帝率精騎直進與伯淵合擊大破之瑩見賊披靡率麾下從旁擊之賊殆盡
餘黨夜遁○六月日本九州節度使源了俊遣信弘率其徒六十餘人來捕賊黨

連戰互有勝負未幾信弘引兵歸○秋八月日兵出沒海西禑還羅世沈德符領
戰艦大索賊于諸島二人追賊至鎭浦(在韓山)用火砲燒賊船焚溺死者甚衆遣使
告捷○高家奴者本元平章也在遼瀋之間或附明或歸于元冬十二月以其兵
四萬來投于江界○初辛旽之誅也諫官李寶林等言金文鉉黨附逆旽譖殺父
兄天地所不容請加典刑恭愍王不允諫官復爭之文鉉逃至是典法司又言之
禑杖流全義後竟縊殺之寶林齊賢之孫也
己未五年(明太祖洪武十二年)夏四月禑納判開城府事李琳之女冊爲謹妃置府曰厚德封
琳爲鐵城府院君○初贊成事楊伯淵恃功驕恣李仁任林堅味等惡之嗾憲司
劾伯淵帷薄之罪削職流陜川仁任等又與贊成事洪仲宣有隙亦嗾言官劾流
之秋七月人有告伯淵謀害兩侍中欲自爲相者兩侍中指仁任及慶復興也崔
瑩請於禑治其黨辭連仲宣遂殺伯淵仲宣于流所仲宣臨死仰天誓曰余若無
罪天必動威及死天果大雷風密直提學金濤亦辭連被逮不勝刑誣服殺之梟
首于市諸門生十餘人護其尸有李悰者抱尸入川洗其血衅衣衣之再拜而去

時人義之。禁斷此獄刑戮過重。時人非之○冬十一月禑獵于南京 時禑漸荒淫日以聲色遊畋爲事

庚申 六年 明太祖洪武十三年 春正月太后洪氏昇遐壽八十三后少有賢行臨沒戒禑咨訪大臣勿事遊觀諡恭元○秋八月禑獵于城南時禑數出遊獵身自馳騁蹂躪稼禾又與羣小驅馳閭巷中無晝無夜射人家鷄犬劫行路婦女以爲樂○九月我高皇帝大破日兵 日皇後龜山八年 於雲峯日賊自鎭浦之敗益潰憤肆毒攻陷州縣三道沿海之地蕩然一空禑以 高皇帝爲楊廣全羅慶尙道都巡察使遂安烈副之往擊之時賊攻南原不克退焚雲峯縣屯引月驛 在雲峯東 聲言穀馬北上中外大震 高皇帝與安烈等引兵踰雲峯距敵陣數十里至荒山西北登鼎山峯 高皇帝見道右險徑曰賊必出此襲我後矣令諸將由大道以進而身自入險徑果遇賊奇銳 高皇帝射賊五十餘皆正中其面三戰殲之賊大軍據山自固 高皇帝仰攻之賊流矢中 高皇帝左脚 高皇帝抽矢氣益壯戰益力將士感勵人人殊死戰賊有阿只拔都者年纔十五六驍勇無比舞槊馳突所向披靡 高皇帝見其被堅甲帶銅面無隙可射謂偏將李豆蘭曰我射兜牟頂子落汝便射之遂躍馬射落兜牟頂子豆蘭便射殺之於是賊挫氣 高皇帝挺身奮擊諸軍乘勝馳上四面崩之遂大破之斬級山積川流盡赤至六七日色不變凱還崔瑩率百官迎于天壽寺前與 高皇帝相再拜執手流涕曰三韓再造在此一擧禑賜 高皇帝及文安烈金五十兩其餘將士賜金有差自是 高皇帝威名益著日人畏不敢近每虜我人必問李萬戶今何在○是歲流門下侍中慶復興于清州尋卒復興初名千興爲人淸直見李仁任等專權貪饕知不可救日以醉酒爲事仁任等忌之遂訴以嗜酒不視事流之○有烈女郎將李東郊妻裴氏者京山府八莒縣人三司左尹仲善女也是歲日寇逼京山東郊時赴合浦幕未還賊騎突入其里裴負其兒至所耶江江水方漲度不能脫投水賊至岸持滿注矢曰而來可免死裴顧罵賊曰我乃書生女豈不聞烈女不更二夫乎賊射之中其兒引滿又語如前竟不出遇害事聞表閭

辛酉 七年 明太祖洪武十四年 春二月以李仁任崔瑩爲門下侍中仁任縱肆貪饕瘠公肥已

而好行小惡以釣虛名
壬戌八年(明太祖洪武十五年)春二月天雨穀有似黑黍小豆蕎麥者○時明帝以歲幣不滿定額屢却不受二月置盤纏色令大小文武官吏出馬及布有差以備歲幣○閏月禑畋于南郊崔瑩泣諫曰忠惠王好色然必以夜不令人見忠肅王好遊然必以時不令民怨今殿下遊戲無度墮馬傷體臣備位宰相不能匡救何面目見人乎禑不能改○夏六月以趙浚爲慶尙道體覆使時日寇充斥嶺南民皆逃竄浚至召都巡問使李居仁數其玩寇之罪斬兵馬使兪益桓諸將股栗曰寧死敵莫犯趙公威始皆力戰一道賴安浚仁規之後也○秋七月政堂文學鄭公權卒公權性恭儉謹厚居官以正時家廟制廢公權以祭器藏於別室當祭之日必手自滌之凡物務極蠲潔疾權奸用事常懷憤惋遂患背疽而卒○八月禑以變恠屢見遷都漢陽諫官上疏止之不允命侍中李子松留守開京○有靈山孝女辛氏者郎將斯蕆女也是歲日本賊五十餘騎寇靈山斯蕆挈家避亂至篋浦賊追及殺斯蕆有一賊執辛氏下船辛不肯賊露刃擬之辛大罵曰賊奴殺則殺汝既殺

吾父吾之讎也寧死不汝從遂抵賊吭蹴而倒之賊怒遂害之時年十六體覆使趙浚上其事遂立石以旌
癸亥九年(明太祖洪武十六年)春正月元納哈出遣使來聘請尋舊好○二月禑還開京○三月以曹敏修爲門下侍中林堅昧守侍中故事侍中掌銓注及敏修爲侍中不得與焉堅昧專權故也○夏五月日本人大入南海海道元帥鄭地邀戰至朴頭洋(今觀音浦)賊以大船二十艘艘置百四十人爲先鋒地進攻大敗之焚其船十七艘浮尸蔽海地謂將佐曰吾嘗汗馬破賊多矣未有如今日之快者也○秋八月以趙仁壁爲東北面都體覆使金用輝爲西北面都巡察使時明責我修貢不誠屢侵邊境故備之○禑如定妃殿妃盛年寡居禑數如妃所或一日兩三至或侵夜而至妃多拒而不見妃恭愍王妃安氏也○先是女眞人胡拔都侵掠東北諸城禑以我
高皇帝世管其道軍務威信素著拜門下贊成事東北面都指揮使使往撫之于兎胡拔都寇端州(今端川)等地萬戶陸麗等屢戰皆敗 高皇帝進與胡拔都遇於

吉州射其馬墜之遂縱擊大破之拔都僅以身遁去　高皇帝因獻安邊之策曰北界與女眞遂達遼瀋之境相連實爲我國要害之地今其居民每與彼俗互市日相親狎至結婚姻而其族屬在彼誘引而去又爲鄉導入寇不已唇亡齒寒非東北一面之虞也且兵之勝負在於地利之得失彼兵所據近我西北捨而不圖乃以重利啗我草甲海陽之民以誘致之今又突入端州禿魯兀（今未詳）之地驅掠人物以此觀之我之要害地利彼固知之矣臣受任方面不可坐視謹籌邊策以聞禦寇之方在於鍊兵齊擧今也以不敎之兵散處遠地及寇之至倉皇招集比其至也寇已虜掠而退雖及與戰其如不熟旗鼓不習擊刺何願自今鍊兵訓卒嚴立約束待變而作無失事機師旅之命係於糧餉雖百萬之師有一日之糧方爲一日之師是不可一日無食此道之兵昔運慶尙江陵交州之穀以給之今以道內地稅代之比因水旱公私俱竭加以遊手之僧托爲佛事干謁州郡借民斗米尺布斂以飯石尋丈號曰反同徵如逋債又諸衛門諸元帥所遣之人輩行傳食剝膚椎髓民不忍苦失所流亡十常八九軍之糧餉無從而出乞皆禁斷以安

百姓軍民非有統屬緩急難以相保是以先王丙申之敎以三家爲一戶統以百戶統主隷於師營無事則三家番上有事則俱出事急則悉發家丁誠爲良法近來法弊無所維繫每至徵發散居之民逃竄山谷難以招集今又旱饑民心益離彼用錢穀餌以招納潛師以來虜掠而歸一界窮民旣無恒心又皆雜類彼此觀望惟利之從實爲難保乞依丙申之敎更定軍戶使有統屬固結其心民之休戚係於守令軍之勇怯在於將帥今之爲郡縣者出於權幸之門恃其勢力不謹其職軍缺其須民失其業乞自今公選廉勤正直者俾之臨民字撫鰥寡又擇堪爲將帥者俾之捴戎捍禦國家

甲子十年（明太祖洪武十七年）去年朝廷遣贊成事金庾等如明賀節明以後期流之秋七月將又遣使人皆憚行賂權貴謀避最後林堅味擧政堂文學鄭夢周禑召見面諭之夢周曰君父之命敢避乎遂行陳對明詳明帝優待之遂放還庾等〇九月以宦者金實爲門下贊成事宦者拜相前此未有

乙丑十一年（明太祖洪武十八年）春三月設成均試代言尹就掌試皆取勢家乳臭之童時人

譏之以爲紅粉榜以兒童好着紅衣故也○秋七月日本人(日皇後小松三年)寇端州東
北面上元帥沈德符與戰敗績九月禑以我
高皇帝爲東北面都元帥出屯于郊時日賊百五十艘侵咸州洪原等地殺虜人
民殆盡德符及洪徵安柱等與戰于洪原之大門嶺又大敗賊勢益張 高皇帝
自請往擊至咸州部署諸將營中有松在七十步許 高皇帝召軍士謂曰我射
第幾枝第幾箇松子汝等觀之卽以柳葉箭射之七發七中皆如所命軍中皆踊
舞歡呼明日直至賊所屯兎兒洞伏兵於洞之左右 高皇帝行軍時獨用螺賊
聞螺聲知 高皇帝兵至皆大驚 高皇帝率護軍李豆蘭高呂趙英珪等百餘
騎按轡徐行直過賊屯賊莫測所爲不敢擊 高皇帝下馬坐胡床令軍士解鞍
息馬使能日語者呼賊謂之曰今主將節李萬戶汝其速降否則悔無及矣賊酋
曰諾方與其下議降未定 高皇帝曰當因其怠而擊之遂上馬使豆蘭等誘賊
賊先鋒數百追之 高皇帝陽北退入伏中回兵擊之伏兵亦起於是 高皇帝
身先士卒單騎出入賊陣者數四手斃賊無筭所射洞徹重甲或有一矢而人馬

俱徹者賊奔崩官軍乘之呼聲動天地賊僵尸蔽野無一人得脫者○冬十月封
李仁任婢鳳加伊爲肅寧翁主妓七點仙爲寧善翁主後累封鳳加伊爲妃又封
妓小梅香燕雙飛等皆爲翁主○是歲判三司事李穡上書乞退禑不聽尋拜檢
校門下侍中
丙寅十二年(明太祖洪武十九年)春正月判德昌府事權玄龍卒玄龍膂力絶倫屢擊日寇有
功時稱萬人敵○夏四月隕霜○秋七月以明求耽羅馬且島人屢叛遣典醫正
李行等入耽羅招諭之行至耽羅明年率星主高臣傑子鳳禮以還耽羅歸順始
此
丁卯十三年(明太祖洪武二十年)春二月遣知密直事偰長壽如明夏六月長壽服明帝所予
紗帽團領而來於是鄭夢周李崇仁河崙姜淮伯等請革胡服襲明制自一品以
下皆服紗帽團領其品帶亦有差惟禑與宦者近幸獨不服之○秋八月侍中李
仁任免以李成林潘益淳爲左右侍中潘福海爲贊成事福海濟州人禑絶幸之
賜姓王氏以爲己子福海恃恩用事權傾一時益淳卽其父也其他如王興申雅

崔天倫盧龜山等皆以女寵進用而朝廷益亂矣
戊辰十四年(明太祖洪武二十一年)春正月誅林堅味廉興邦都吉敷李成林潘福海等安置
李仁任于京山府仁任久竊國柄以堅味爲腹心又引興邦等四人布列樞要恣
行貪饕賣官鬻爵奪人土田奴婢不可勝數中外切齒會興邦奴奪密直使趙胖
之田胖不勝憤捕其奴斬之興邦大怒誣胖謀叛鞫之胖終不服後數日禑如崔
瑩第密議遂釋胖誅堅味興邦等仁任以功可掩過得免死安置○以崔瑩爲門
下侍中我
高皇帝守侍中李穡判三司事禹玄寶尹珍安宗源爲門下贊成事瑩與　高皇
帝入政房欲盡出林廉所用　高皇帝曰林廉執政日久凡士大夫皆其所擧今
但問才之賢否耳烏咎其既往瑩不聽宗源軸之子淸謹安詳有名當世○二月
明帝以鐵嶺迤北本屬于元并令歸之遼東立鐵嶺衞禑遣密直提學朴宜中奉
國書如明陳雙城反復曲折請勿立衞○三月封侍中崔瑩女爲寧妃判事申雅
女爲正妃其納瑩女也瑩不可曰臣女卑陋不足配王尊殿下必欲納之老臣剃

髮入山矣涕泣固拒禑竟不聽是外封妃者又有盧毅妃崔淑妃姜安妃趙德妃
王善妃安賢妃趙憲妃之屬自李謹妃以下凡九妃三翁主諸宮供上之物甚夥
倉庫俱竭乃預取三年貢物猶不給足更加徵斂○崔瑩以鐵嶺衞之故勸禑攻
遼公山府院君李子松詣瑩第力言不可瑩托以黨附林廉擬杖流遠道尋殺之
子松淸廉國人注意復相及聞其死莫不悲之○時明遼東官吏入江界將立鐵
嶺衞自遼至鐵嶺置七十站禑遂決策攻遼徵八道兵托以田獵如西海道寧妃
及崔瑩從行命禹玄寶留守京城仍命兩界(東北西北界)　凡遼東官吏入本國者或殺
或拘令子昌及諸妃避居于重興城未幾以日寇漸逼復令子昌等還于舊京當
是時全羅慶尙二道爲日賊巢窟京畿楊廣交州三道困於修城西海平壤二道
迎候畋獵加以徵兵八路騷然民失農業中外怨苦矣○初禑獨與崔瑩謀攻遼
未敢顯言夏四月至鳳州(今鳳山)召瑩及我
高皇帝曰寡人欲攻遼陽卿等宜盡力　高皇帝曰今者出師有四不可以小逆
大一不可夏月發兵二不可擧國遠征倭乘其虛三不可時方暑雨弓弩膠解大

軍疾疫、四不可、禑頗然之、既而納瑩言、召 高皇帝謂曰、業已興師、不可中止、
高皇帝復極言不可、禑終不聽、 高皇帝退而涕泣曰、生民之禍、自此始矣、禑次
平壤、督徵兵、作浮橋於鴨江、加崔瑩八道都統使、以曹敏修爲左軍統使、沈德符
李茂王安德李承源朴葳等諸元帥屬焉、 高皇帝爲右軍都統使、鄭地池湧奇
裵克廉朴永忠李豆蘭等諸元帥屬焉、左右軍共三萬八千八百餘人、壬戌發平
壤、號十萬、瑩與禑留平壤、遙授節制、復令國人胡服、是時明遣藍玉、擊北元滅之
而我不知也○五月日寇乘南方空虛、侵掠四十餘縣、如蹈無人之境、遣元帥趙
浚等禦之○左右軍渡鴨綠屯威化島、今在義州亡卒絡繹於道、禑令所在斬之、不能
禁、泥城元帥洪仁桂等先入遼東境、殺掠而還、禑喜、賜金帛有差○大同江水赤
濁○時我
高皇帝與曹敏修上言於禑、極陳攻遼不便狀、禑不聽、貽書崔瑩、又極言利害、瑩
亦不以爲意、 高皇帝遂諭諸將曰、今若犯遼、生民之禍立至也、而王不省予言
瑩又老耄不聽、盍與公等見上、親陳禍福、除君側之惡、以安生靈乎、諸將皆曰、敢

不惟命、於是回軍渡鴨江、 高皇帝乘白馬執彤弓白羽箭、立於岸、遲軍畢渡、軍
中望見相謂曰、古今來世、安有如此人乎、時童謠有木子得國之說、軍中無老少
歌之、漕轉使崔有慶以還軍狀奔告禑、禑自成州疾馳還京、六月朔諸軍來屯近郊
爲書數瑩罪、請去之、禑不從、諸軍進屯都門外、禑乃徵諸道兵入援、聚車塞巷口
削敏修等官、以瑩及禹玄寶爲左右侍中、宋光美爲贊成事、左軍入自宣義門、瑩
逆戰却之、 高皇帝由崇仁門入、與左軍犄角而進、都人男女、爭持酒漿、迎勞軍
士、曳車以開路、瑩知勢窮、奔還花園、花園、禑所在也、 高皇帝登男山北嶺、使吹
螺一通、於是軍圍花園數百重、大呼請出瑩、禑執瑩手泣別、瑩出、 高皇帝謂曰
若此事變、非吾本心、然攻遼之擧、民怨至天、故不得已焉、好去好去、相對而泣、遂
流瑩高峯縣今高陽 光美等逃匿、兩都統及三十六元帥詣闕拜謝、還軍門外、時明
聞禑攻遼、將擧兵伐之、及聞還軍乃止○禁胡服○侍中禹玄寶罷、以曹敏修及
我
高皇帝爲左右侍中、其餘回軍諸將、皆得復職、諸將遂會議、與國寺罷諸道築城

改徵兵是夜禑與宦竪八十餘人擐甲馳至　高皇帝及敏修第以皆屯軍門外
不在家不得害而還○典校副令尹紹宗因鄭地求見我　高皇帝懷霍光傳以
獻　高皇帝令趙仁沃讀而聽之仁沃因極言今王非王氏乃辛旽之子宜復立
王氏　高皇帝然之於是諸元帥領兵守闕請禑如江華禑不得已乃出執鞭據
鞍曰今日已暮矣左右俯伏泣下無應之者遂與寧妃及燕雙飛向江華百官奉
傳國寶置定妃殿曹敏修始與　高皇帝同議立王氏旣而改圖欲立禑子昌恐
諸將違己以李穡爲時名儒欲藉其言密問之穡亦欲立昌乃曰當立前王之子
敏修等遂以定妃敎立昌時年九歲昌尊母謹妃李氏爲王大妃凡禑所幸諸妃
諸翁主皆歸之私第流諸妃之父申雅趙英吉等○曹敏修感李仁任薦拔之恩
白昌召仁任時仁任已死矣敏修因請禮葬仁任弔誄追贈典儀難之謝病不出
副令孔俯慨然曰吾而不謚廣平則誰敢爲之獨至典儀議謚曰荒繆廣平仁任
所封也○以曹敏修爲楊廣全羅慶尙等道都統使我
高皇帝爲東北面都統使○朴宜中還自明明帝許勿立鐵嶺衛先是奉使中國

者多賫金銀市輕貨中國人唱鄙之林廉用事其弊尤甚宜中之行不賫一物遂
東譏送官徐顯索布宜中傾橐示之解所着紵衣與之顯歎其淸白以告禮部明
帝引見待之有加遂寢立衛之議○秋七月大司憲趙浚等上書曰國祚之長短
出於民生之苦樂而民生之苦樂在於田制之均否新羅之末田不均而賦稅重
盜賊羣起太祖龍興卽位三十有四日迎見羣臣慨然歎曰近世暴斂一頃之租
收至六石民不聊生予甚憫之自今宜用什一以田一負出租三升遂放民間三
年租當是時三國鼎峙羣雄角逐財用方急而我太祖後戰功先恤民卽天地生
物之心而堯舜文武之仁政也三韓旣一乃定田制分給臣民百官則視其品而
給之身沒則收之府兵則二十而受六十而還凡士大夫受田者有罪則收之人
人自重不敢犯法禮義興而風俗美府衛之兵州郡津驛之吏各食其田土著安
業國以富强雖以遼金虎視天下而與我接壤不敢呑噬自是以來閑人功蔭投
化入鎭加給補給登科別賜之名代有增益奸猾乘間欺蔽無窮已仕已嫁者尙
食閑人之田不踐行伍者冒食軍田父匿挾而私授其子子隱盜而不還於公旣

食役分、又食閑人、又食軍田、祖宗授田收田之法、既壞而兼并之門一開、爲宰相
而當受田三百結者、曾無立錐之可資、爲宰相而當受祿三百六十石者、尙不滿
二十石、兵者所以衞王室備邊虞者也、國家割膏腴之地、以祿四十二都府甲士
十餘萬人、其衣粮器械、皆從田出、故國無養兵之費、即三代藏兵於農之遺意也
今也兵與田俱亡、每至倉卒則驅農民以補兵、故兵弱而餌敵、劃農食以養兵、故
戶削而邑亡、以祖宗至公分授之田、爲一家父子之所私、不一出門而仕朝行、不
一擧足而蹈軍門者、錦衣玉食、坐享其利、而雖以開國功臣之後、夙夜侍衞之臣
百戰勤勞之士、反不得一畝之食立錐之地、以養其父母妻子、其何以勸忠義而
責事功、勵戰功而禦外侮哉、內而版圖典法、外而守令廉使、廢其本職、日聽田訟
不避寒暑揮汗呵筆、忘寢廢食、剖决不給者、以私田爲爭端而訟煩也、子之於父
母、一畝之求或不如意則反生怨恨、而況兄弟乎、是以私田而陷人倫於禽獸也
朝廷士大夫、貌相好而心相猜、至於陰中傷之、此以私田而爲檻穽也、至於近年
兼并尤甚、奸匈之黨、跨州包郡、山川爲標、皆指爲祖業之田而相攘相奪、一畝之

主、過於五六、一年之租、收至八九、哀我無告、流離四散、塡于溝壑、此以私田、爲亂
之首也、兼并之家、收租之徒、從者數十人、騎馬數十匹、凌轢守令、摧折廉使、縱暴
侵掠、倍於盜賊、及其入佃戶則人厭酒食、馬厭穀粟、新米先納、綿麻榛栗棗脩抑
賣之斂、十倍其租、履畝之際、負結高下、隨其意出、以一結之田、爲三四結、以大斗
而收租、一石之收、以二石而充其數、祖宗之取民、止於什一而已、今私家之取民
至於十千、田以養民、反以害民、豈不悲哉、民之出私田之租也、稱貸於人而不能
充也、其所貸者、賣妻鬻子而不能償也、寃呼之聲、上徹于天、感傷和氣、召致水旱
戶口由是而一空、倭寇以之而深入、社稷宗廟危於累卵、臣等願遵聖祖至公分
授之法、革後人私授兼并之弊、非十、非軍非執國役者、毋得授田、令終其身、不得
私相授受、嚴立禁限、與民更始、浚性亢嶮、器宇不凡、我
高皇帝與論事大悅、一見待之如舊、及回軍擧爲知密直兼大司憲、事無大小、悉
咨之、浚亦以經濟自任、知無不言、時 高皇帝以兼并弊甚、與浚及鄭道傳議革
私田、故浚極論至此、舊家世族、交相謗毁、李穡難之、以爲不可輕改舊法、於是李

琳禹玄寶邊安烈權近等從穡議鄭道傳尹紹宗等從浚議鄭夢周依違兩間昌
乃令各司議革復利害議者五十三人欲革者十八九其不欲者皆巨室子弟也
浚又上疏爭之 高皇帝力行浚議○初曹敏修當林廉之誅恐禍及己凡攘奪
民田悉還其主旣得志稍稍還奪復肆貪婪沮革私田趙浚劾之流昌寧縣未幾
放歸田里○八月以李穡爲門下侍中我
高皇帝守侍中○開書筵以李穡領書筵事鄭夢周權近鄭道傳等爲侍讀官更
日入侍近溥之後也以我
高皇帝都摠中外諸軍事○時日人寇楊廣全羅慶尙等道自夏至秋屠燒州郡
三道都指揮使鄭地領諸將戰于南原大破之賊夜遁人謂非此戰則三道民幾
盡矣○敎私田之租一皆公收則朝臣必患艱食姑令半收其租以充國用○九
月都堂遣使享禑自江華遷驪興以其郡兵宿衛收稅供奉○冬十月遣門下侍
中李穡簽書密直司事李崇仁如明賀節請王官監國時明帝每徵執政大臣入
朝皆畏懼不敢行穡自請入朝以我

高皇帝威德日盛中外歸心恐其未還有變請一子從行 高皇帝以我太宗大
王諱芳果爲書狀官穡至金陵明帝素聞穡名禮遇甚厚穡還語人曰今皇帝心
無所主之主也我意帝必問此事則帝不之問帝之所問皆非我意也○崔瑩旣
流竄移合浦旣而執致巡軍獄鞫之復遠流于忠州冬十二月典法判書趙仁沃
等交章請正瑩罪昌從之遂就流所斬之時年七十三瑩宰相廉之子惟淸五世
孫也性剛直忠淸膂力過人每臨陣對敵神氣安閑矢石交於前略無懼色戰士
却一步必斬之以故大小百戰未嘗一敗少時父戒瑩曰汝當見金如石瑩佩服
終身不事生産居第湫陋服食儉素雖身都將相久典兵權而關節不到務持大
體不究細理終身掌兵麾下軍士所識面者不過數十每赴都堂正色直言不少
隱諱然性少戇無學術事皆斷以己意喜殺立威臨刑辭色不變死之日都人罷
市遠近聞者皆爲流涕謚武愍初瑩之流也自歎曰李仁任之言誠是矣蓋仁任
嘗謂瑩言 李判三司事當爲國主 李判三司事指我
高皇帝也

後廢王昌禑之子在位一年

恭讓王名瑤神宗七世孫在位四年

己巳後廢王昌元年(十一月以下繫恭讓王 明太祖洪武二十五年)春二月慶尙道元帥朴葳以戰艦百艘至對馬島燒其船三百艘及傍岸廬舍殆盡元帥金宗衍崔七夕等繼至搜被擄男女百餘人以還(日皇後小松七年)○秋八月琉球國中山王察度奉表稱臣獻方物遣使報聘○趙浚以左司議文益漸沮革私田不叅同列之疏劾罷之益漸嘗奉使如元得木綿種歸屬其舅鄭天益種遂大蕃衍其取子車繅絲車皆天益創之○九月昌命李穡李琳及我

高皇帝劍履上殿贊拜不名從鄭夢周請也◉鄭夢周成石磷等以中外飢荒請置義倉從之○以趙云佐知密直事云佐爲人奇古跌宕魁偉徑情直行不肯俯仰於時俗○冬十月諫官吳思忠等論藝文提學李崇仁服喪爲試員密直司事權近上書訟崇仁曰崇仁之父既老且病欲及其生得見其子掌試之榮若崇仁固辭則是崇仁知有死母而不知有生父也故崇仁內不自安黽勉就職所謂觀

過知仁也今之仕者或父母俱沒三年之內踐華要出憲府刑人殺人不以爲愧不審此人爲誰榮乎爲父忘母猶爲不孝則爲自已忘父母者得爲眞孝乎因極陳崇仁之才以救解時大司憲趙浚起復在官謂近疏論已譏彈之於是思忠承浚意又劾近黨附崇仁流崇仁于京山府流近于寧海府崇仁京山人天資英銳文辭典雅李穡亟稱其文章中國所罕比○十一月定昌君瑤立王位時前大護軍金佇前副令鄭得厚潛往驪興謁禑佇崔瑩甥也得厚亦族黨禑泣謂曰不堪鬱鬱居此但得一力士害　李侍中吾志可濟也因授一劍使遺所信判書郭忠輔圖之忠輔洩于我

高皇帝高皇帝預備之佇得厚夜往　高皇帝第爲門客所執得厚自刎因佇巡軍獄鞫之辭連邊安烈李琳禹玄寶禹仁烈王安德禑洪壽等禑因此又遷于江陵先是權近之使明還也明禮部移咨曰高麗自王氏被弑絕嗣之後雖假王氏以異姓[illegible]亦非三韓世守之良法於是　高皇帝與判三司事沈德符贊成事池湧奇鄭夢周政堂文學偰長壽評理成石磷知門下府事趙浚判慈惠府事朴

藏密直副使鄭道傳等議曰禑昌本非王氏不可奉宗祀當廢假立眞神宗七世孫定昌君瑤於族屬最近當立浚曰定昌君生長富貴但知治財不知治國石磏曰立君當擇賢不必論其族屬於是書宗室數人名遣德符詣啓明殿探籌果得定昌君名遂白定妃放昌于江華迎定昌君立之時年四十五后盧氏昌城君稙之女也是日降禑昌爲庶人流李琳等于遠地遣王弟定陽君瑀帥師鎭長湍以備非常王憂懼方夜不寐謂左右曰余平生衣食使令皆足今乃負荷如此其重不知所爲遂泣○以李穡判門下府事邊安烈領三司事沈德符爲門下侍中我高皇帝守門下侍中鄭道傳爲三司右使○金佇縊死獄中斬尸于市於是門下評理鄭地前判厚德府事李乙珍等皆以與佇謀流于遠地○十二月諫官吳思忠等上疏論曹敏修李穡等右袒禑昌之罪於是流李穡李崇仁河崙等于外徙敏修于三陟遂遣使誅禑昌父子寧妃崔氏天哭曰妾之至此吾父之過也十餘日不食日夜哭泣得粒輒精舂供奠時人悲之○時私田革議已定而百官之受田京圻數未滿者欲以外方田充給之於是憲府上疏言曰上天悔禍孽凶已滅

辛氏已除一革私田此其機也世臣巨室相與流言煽動人心欲復私田而殿下中興遠述成周圭田采地之法近遵文廟開廣之制京圻則給居京侍衛者之田以優士族即文王仕者世祿之美意也諸道則止給軍田以恤軍士即祖宗選軍給田之良法也乃使中外之經界截然不得相亂杜兼并之門塞爭訟之路誠聖制也然受田於京圻而數未滿者欲於外方給之是殿下復開兼并之門臣等甚爲殿下中興之盛惜之也不先正田制而欲致中興之理非臣等所敢知也今六道觀察使所報墾田之數不滿五十萬結矣而供上不可不豐也故以十萬而屬右倉以三萬而屬四庫祿俸不可不厚也故以十萬而屬左倉朝士不可不優也故以京畿十萬而折給之其餘止十七萬而已凡六道之軍士津院驛寺之田鄕吏使客衙祿廩給之用尙且不足而軍須之出則無地矣而今又欲給私田於外方未審供上祿俸之費津院驛寺諸位之田何從而出乎方鎭之兵海道之軍何以供億乎萬一有三四年水旱之災何以賑之有千萬軍饋餉之費何以供之願殿下凡居京者只給圻內田不許外方給之定爲成憲與民更始以足國用以厚

民生以優朝士以贍軍食○改官制○以我
高皇帝爲奮忠定難匡復變理佐命功臣和寧郡開國忠義伯沈德符鄭夢周以
下并以次授爵時稱九功臣
庚午二年 明太祖洪武二十三年 春正月禮官建議請依漢光武故事追封四代考妣立園置
祠於是刱積慶園追封四代爲國公國妣使弟瑀主祀○始開經筵以沈德符及
我
高皇帝領經筵事鄭夢周鄭道傳朴宜中金士衡等知經筵事一日王在經筵夢
周進言曰儒者之道皆日用平常之事飮食男女人所同也至理存焉堯舜之道
亦不外此動靜語默之得其正卽是堯舜之道初非高遠難行彼佛氏之敎則不
然辭親戚絶男女獨坐巖穴草衣木食以觀空寂滅爲宗豈是平常之道哉時王
欲迎僧粲英爲師故夢周語及此然王方惑佛不納○以我
高皇帝領八道軍馬置軍營分番更宿應以軍資○初金佇獄起辭逮原川府院
君邊安烈問佇不服刀裂足掌熨以火隨問皆服遂成獄詞耶舍尹紹宗李詹等

疏論安烈之罪請正典刑王不允流之漢陽時有盜刼人於城門外紹宗等引吳
元濟遣人殺武元衡之事以爲刼盜之發實由安烈輩王令憲司就貶所勿更鞫
誅之○以王康爲慶尙道營田鹽鐵等使康以利國爲己任務盡墾鐵之利國家
賴其用然侵牟海道民多怨咨以安興梁 在今泰安 波濤險峻漕轉艱阻建議穿渠於
瑞州 今瑞山 泰安之間以避其患功竟不成康嘗薦前牧使呂稱爲副使將代己任
時人以劉晏之徒目之○置仁王佛於內殿用幸臣申元䂼之言也王酷信浮屠
每朝夕禮拜凡有災異輒行祈禳○先是恭愍王旣添設軍職自後用兵頻數帑
藏虛竭有功者皆賞以官判密直事吳仁澤等因建議添設文武官銓注遂濫賄
賂公行廢王禑時其弊尤甚至是王納鄭道傳言罷之代置宮城宿衛府以處秩
高者○二月諫官又上疏請置李穡曹敏修等極刑王乃削穡職徙敏修邊地仍
遣司議吳思忠等鞫穡于長湍穡不服曰倡立辛昌非穡所知請與敏修對辨又
曰去年朝京師 明都 到禮部尙書李原明曰汝國逐父立子天下安有是理王與
崔瑩皆被拘囚是何義耶及還謂 李侍中曰原明之言耳可得聞口不可道罷

與地遠迎置近地可免放君之名但此語而已固無迎立之議思忠等取辭乃還
後臺諫復交章論之如前王以敏修旣已罪之論臺諫更勿論執遂徙穡于咸昌
○三月以洪永通領三司事禹玄寶判三司事玄寶孫成範王之婿也故玄寶雖
辭連金佇之獄爲言官所論而王每曲庇之○夏四月太白晝見○錄回軍功臣
四十五人功○閏月賜敎書于九功臣賞賜優厚加賜我
高皇帝及沈德符金帶一腰仍慰宴于內殿○尊定妃安氏爲王大妃○五月雨
雪于松岳○初密直趙胖之如明也明禮部官謂胖曰高麗有坡平君尹彝中郞
將李初者來訴于帝曰高麗
李侍中與其姻親王瑤謀動兵將犯上國宰相李穡等以爲不可卽將李穡曹敏
修李琳邊安烈李崇仁等十餘人殺害將禹玄寶禹仁烈鄭地金宗衍尹有麟等
九人遠流其在貶宰相潛遣我來告仍請親王動兵東來云乃出示彝初所記穡
等姓名王是胖等還自明啓之於是臺諫請鞫彝初之黨疏留中不下會宗衍亡
命由是大獄遂起先遠玄寶有麟有麟不食死穡仁烈等繫淸州獄六月淸州有

大水之異王以灾變荐見悉放之遣政堂文學鄭道傳等如明辨彝初誣妄明帝
乃流彝初于遠地始彝初獄起左司議金震陽語同僚曰彝初之事三歲小童亦
知其誣憲司劾震陽輕論大逆以沮正論請重罪之王只罷其職震陽鷄林人性
慷慨不羣所至有聲績自號草屋子○禮成江水赤沸三日○日人日皇後小松八年侵
楊廣道淡入安城竹州等處我
定宗大王諱芳遠與諸將擊敗之斬獲甚多○秋七月鄭夢周以彝初獄蔓延太
甚請王因積慶園追崇之慶行大赦王從之於是臺官論夢周右逆黨夢周再上
疏求去王不允○九月太白經天是歲太白自四月晝見或經天或貫月至于是
月不止○焚公私田籍火數日不滅王歎息流涕曰祖宗私田之法至寡人而遽
革惜哉○徙都漢陽時書雲觀以道詵密記地理衰旺之說進故有是擧○冬十
一月以我
高皇帝領三司事鄭夢周守門下侍中池湧奇判三司事裴克廉偰長壽趙浚并
爲門下贊成事浚旣知遇於我 高皇帝致仕通顯前後所論列數十條多益時

救弊、　高皇帝威德之日孚於民、浚之功也○初西京千戶尹龜澤密告我
高皇帝曰金宗衍逃至西京、將與沈德符池湧奇等謀害公、又曰趙裕言沈侍中
將功　李侍中、裕卽德符姪也、　高皇帝以其言告德符、德符下裕獄、并收宗衍
妻及其族朴可興鞫之、可興遂服、　高皇帝啓曰臣與德符、同心奉國、本無猜貳
請勿問趙裕、王命釋裕、至是憲府執論之、乃命鞫裕、裕伏其情、絞殺之、遂流德符
湧奇等于外、尋又獲宗衍、支解以徇○善山人吉再少淸苦力學、負笈尋師、不憚
險遠、登第爲門下注書、是歲再見國家將亡、辭以母老、棄官歸鄕
辛未三年明太祖洪武二十四年　自高宗時、三軍復變而爲五軍、春正月省五軍爲三軍都摠
制府、以我
高皇帝爲三軍都摠制使、裵克廉趙浚鄭道傳分爲中左右軍摠制使、盡罷諸元
帥之名、收其印章○三月定陽君瑀、告中郞將王益富者、池湧奇之妻族也、出入
湧奇家、自稱忠宣孼曾孫、遂逮益富絞之、并及子孫十三人、湧奇杖流遠邊○王
還都舊京、從刑曹判書安瑗之言也○夏五月都評議使司上書請定給科田法

從之、其法略依文宗時所定隨品折給、第一科、自大君至門下侍中百五十結、以
次遞減、至十八科而田租每水田一結、糙米三十斗、旱田一結、雜穀三十斗○以
安州生爲西北面察訪別監、自遼東市馬之路開、於是商賈爭將牛馬及雜貨潛
往遼瀋買賣、國家雖禁之、未有著令、邊吏又不嚴禁往來興販者、絡繹於道、州生
往斬其魁十餘人、餘皆杖配水軍、且杖其官之不能禁遏者、於是邊境肅然、無復
有犯禁者○是時李穡禹玄寶等或量移或放還、鄭道傳上書都堂、請誅二人、六
月臺官又相繼論之、王乃流穡于咸昌、玄寶于鐵原○秋七月侍中鄭夢周率諸
宰相上書請令省憲刑曹、議定立昌迎禑宗衍彝初益富之黨五罪、以端朝著、王
從之、於是穡未減、籍曹敏修邊安烈家、李乙珍按律斷罪、池湧奇朴可興仍舊付
處、禹仁烈王安德朴葳外方從便、餘皆京外從便、夢周啓王著令曰今後復有論
劾者、以誣告論○暹羅國遣使奈工等八人、來進方物、其人或袒或跣、尊者用白
布韜髮、其僕從見尊長、脫衣露體、三譯而達其意、國在中國南海中○都評議使
司奏本國行貨之法不便、銅錢銀瓶、既多奬端、五綜布日漸麤疎、至不可用請令

有司,參酌古今,依倣會子寶鈔之法,置高麗通行楮貨,印造流布,與五綜布相兼
行,以資國用,事竟不行○八月日本(日皇後小松九年)九州節度使源了俊,遣使來朝,獻
方物,歸被擄人,王遣使報聘○九月以我
高皇帝判門下府事,沈德符爲門下侍中○遣世子奭如明○時省憲刑曹上疏
劾鄭道傳內懷奸惡,外施忠直,請置極刑,王以功臣宥之,放歸其鄕奉化縣,冬十
月,臺省官交章復論道傳家風不正,派系未明,濫受大爵,混淆朝廷,請收功券,明
正其罪,王收其錄券,移配羅州,尋量移于奉化,密直南誾力不能救,亦稱疾免,初
道傳外祖禹延,玄寶之族人也,娶金戩女,生道傳母,戩女卽戩私其奴妻所生者
云○十一月以權仲和成石璘爲三司左右使,安翊判開城府事,全五倫,金震陽
爲左右散騎常侍,仲和等與鄭地,坐彝初事得罪,至是皆復職,蓋欲官禹氏之漸
也○十二月以李穡爲韓山府院君,禹玄寶爲丹山(今丹陽)府院君,姜淮伯爲政堂
文學,兼大司憲,於是前後坐流者,皆得疏釋,而趙浚等反處散職矣○是歲宜州
大枯樹復生,時人以爲我

高皇帝開國之兆
壬申四年(明太祖洪武二十五年)春正月以權仲和爲門下贊成事,李崇仁知密直司事○二
月,守侍中鄭夢周進新定律,以舊律及元明律,參酌删定者也,王命知申事李詹
進講六日,屢歎其美,始高麗一代之制,大抵皆倣乎唐,至於刑法,亦採唐律,參酌
時宜,總七十一條,行之旣久,其法漸敝,緩刑數赦,奸凶之徒,脫網自恣,莫之禁制
及其季世,其弊尤甚,故夢周欲以救之,而國勢已傾,無及矣○慧星見天○三月
世子王自明○夏四月判典客寺事趙英珪,殺守侍中鄭夢周,初夢周爲我
高皇帝所器重,每分閫,必與之偕,屢加薦擢,夢周亦滋推 高皇帝功業,形於歌
咏,自戊辰廢立之後,夢周始有圖 高皇帝之志,乃隱忍周旋,酌定五罪,鉗抑彈
駁,引進舊人,布列朝廷,日伺其便,會世子之還也, 高皇帝迎之,因敗于海州,墜
馬病篤,夢周聞之有喜色,與李穡禹玄寶李崇仁等謀,欲先除其羽翼,使諫官金
震陽李擴李來等上疏,論三司左使趙浚,前政堂文學鄭道傳,前密直副使南誾
前判書尹紹宗,前判事南在,淸州牧趙璞等,曰道傳起身賤地,竊位堂司,欲掩賤

根謀去本主無由獨舉織成萋斐之罪連坐衆多之人又浚亦於一二卿相間偶起嫌隙與道傳同心相扇變亂實弄權勢誘脅諸人於是患失乾沒之輩希旨生事之徒響應而作其中閭在等爲扇亂之羽翼紹宗璞等爲造言之喉舌唱和而起廣張罪網施刑於不可刑之人求罪於本無罪之地衆心危懼咸怨咨嗟一以傷天地生物之和一以傷殿下好生之德請鞫其罪明正典刑疏上留中明日震陽等伏閤更請王召侍中沈德符及鄭夢周議遂流浚道傳閭在紹宗璞等于遠地以憲府言流吳思忠既而憲府官姜淮伯鄭熙金畝徐甄等又疏請誅浚道傳等時 高皇帝還至碧瀾渡我
太宗大王馳告曰夢周必陷我家 高皇帝力疾夜還于邸夢周知事不濟詣
高皇帝邸欲觀變及還 太宗大王遣英珪等四五人要於路擊殺之夢周天分至高豪邁絕倫有忠孝大節少好學不倦邃有得於性命之奧時國家多故機務浩繁夢周在廟堂處大事決大疑不動聲色而左酬右應咸適其當時稱王佐之才時俗喪祭專尙桑門法夢周始令士庶倣朱子家禮立廟奉祀又內建五部學堂外設鄉校以興儒術其他如嚴守令之選用謹金穀之出納革胡服襲華制立義倉賑窮乏設水站便漕運皆其所畫也方國事之日非也嘗有一山僧踵門獻詩(詩云江南萬里野花發何處春風無好山)以諷去夢周執詩流涕曰嗚呼晚矣蓋以身爲大臣無去義爾至是竟以身殉國年五十八學者稱圃隱先生有遺集行于世詩文豪放峻潔○鄭夢周既死王命裵克廉收金震陽等鞫之辭連李穡及其子種學種善禹玄寶李崇仁趙瑚乃流震陽崇仁種學種善徐甄李擴等于外姜淮伯以王婿姜淮季之兄得不坐召還趙浚等既又廢崇仁種學種善震陽擴爲庶人震陽尋卒於貶所崇仁與鄭道傳同遊稽門而才名過之道傳內忌之至是崇仁流嶺南道傳嗾其私人體覆使黃居正殺之甄熙之後也○以裵克廉守門下侍中趙浚爲贊成事李豆蘭知門下府事○王使謂李穡曰卿之二子已得罪於朝卿其去矣穡憮然曰臣顧無田宅果安歸乎遂貶衿川尋徙驪興子種學流長沙(今茂長)鄭道傳使人縊殺之○以沈德符判門下府事我
高皇帝爲門下侍中李元紘爲政堂文學我

太宗大王爲密直提學 高皇帝上箋累辭不允○六月流禹玄寶及其子洪壽
洪富等五人宗親南平君和等七人門下贊成安翊等十餘人于遠地召鄭道傳
南誾還既而憲府請誅玄寶不從玄寶居官有淸白聲與鄭夢周同奬王室及夢
周死尸棄道傍人不敢近玄寶密斂一山僧收瘞之聞者義之○以趙浚爲京畿
左右道節制使南誾爲慶尙道節制使分掌其道兵馬尋進浚判三司事誾同知
密直司事於是權仲和成石璘尹虎金士衡金稱李行等皆除拜有差○有獺入
孝思殿○虫食太廟松虫之食松有年而太廟松未嘗食至是食之既○寒風大
作天氣如九十月白穀草木盡枯死○秋七月隕霜○王召我
太宗大王及司藝趙庸曰予將與
李侍中盟卿等詣侍中言草盟書來庸曰列國同盟則古有之矣君臣同盟無經
籍可據王曰第草之庸言於我
高皇帝退草以進後七日王將幸 高皇帝第同盟儀衞已列侍中裴克廉等白
王大妃曰今王昏暗不可爲社稷生靈主請廢之大妃下敎廢王遣同知密直南

聞養敎至王所讀敎訖下庭讀之曉諭百官遂送王于原州妃及世子從行大妃命
高皇帝監錄國事高麗三十二王二廢主共四百七十五年而亡(壇君至此共三千七百四十五
年)王既徙原州尋移杆城封恭讓君

三國紀補遺

己巳(新羅脫解王十二年高句麗太祖王十六年百濟多婁王四十一年東漢明帝永平十二年)樂浪人王景字仲通閎之子也
少人漢學易遂廣窺衆書深沈多技藝辟漢司徒伏恭府時有薦景能理水者明
帝詔與謁者王吳共修作浚儀渠永平十二年又修汴渠水皆不復爲害景由是
知名遷侍御史盧江太守後有日王波者亦樂浪人仕前燕慕容氏爲太宰王氏
蓋樂浪之郡望也(王波六世孫女爲周明德皇后)
丙子(新羅沾解王九年高句麗中川王八年百濟古尒王二十二年蜀漢後帝延熙十九年)魏玄菟郡吏民叛殺其長鄭熙郡
民王簡負擔熙喪晨夜星行致本郡夏四月魏高貴鄕公嘉其節特拜簡爲忠義
都尉以旌之

新羅紀補遺

元聖王十三年金生事未嘗有曰羅世、又有姚克一者、仕至侍中兼侍書學士、筆力遒勁、得唐歐陽詢法、雖不及生、亦奇品也

歷史輯略卷十一終

歷史輯略跋

右學部委員金大夫滄江子所編歷史輯略一部凡十有一卷是書本名東史輯略刊行于世已有年所去年不佞之主編務也滄江子適得洽齋柳氏四郡志渤海考二種以之修潤不佞以其書可備中學校以上之教科取付印工且謂滄江子曰今夫地球之轉無東無西則謂我邦爲東者局論也吾欲於是書之名易東爲歷何如滄江子爽然諾之既印之後滄江子又得鮮于氏先王遺事記將追補之以其一二取舍議及於不佞然後筆之盖滄江子之於是書用心甚苦而不佞之從傍參證亦不勝其苦譬如人嚼梅子而傍人之口自然出津噫文字之難不其信哉印既訖書諗于學者曰今是史瑣瑣乎不過十一卷也然要之爲我邦四千年以來最備之本而一字一句亦莫不有精義焉學者其可不慥慥從事考鏡古今近而善一身遠而及一國以不負作者之苦心也哉

光武九年九月十一日鷄林李鍾泰跋

滄江先生輯東史之略閱歲而剞劂甫竣書凡十一編夫史之爲書巨細殊體隱顯有義浮於夸虛者易失其典則優於纖悉者易遺其肯綮雖片言隻字不宜率爾而下是故史取三長才也學也識也無是三者則其何以議於史哉睠玆東域肇檀迄麗拓疆瓜分歷世綿久榛狉變爲爽塏然尙且文獻不足頗多湮晦前人之述無慮爲十數家而渾璞之點璺彩禽之零翮恐未免後評之摘疵誠可慨也已今觀夫輯略一部折衷羣言採摭衆長體制簡明剪裁精切至於舊史所漏先王遺事紀渤海史日本史諸種之可補苴者亦靡不蒐羅使覧者開卷瞭然如登高山而林莽墳衍溪澗岑麓皆可一俯而管領洵爲四千年史家之袖珍豈不盛哉余因三復而喟曰先生之於是編眞才之美學之高而識之博者余雖不足以盡知其底蘊而若其一知半解之自喜者則敢不與世之學者共之也是爲跋

光武九年九月十一日安東金相天題

歷史輯略正誤

引用書目東史古記之史當作事
一卷一板檀君紀沒字下當添入妃非西岬之女也七字
二卷五板六行註周武王下當書姬發二字以下中國歷代君王皆當倣此
二卷十五板二行康自爲攝政太伯之康字衍
二卷十七板十行璧字當作壁
三卷四十五板三行新羅高句麗百濟紀當低四字
三卷五十一板四行藏氷庫三字當刪
三卷六十三板六行下當去焉字而補書此三國以來通中國之始也十一字
三卷六十八板四行先祖之祖當作朝
三卷七十五板十一行崩字當作殂
四卷百三十九板十二行當補書新羅改元大昌六字
五卷一板四行文武王當低三字下皆倣此

五卷十一板五行注日主之主當作皇

五卷五十五板十行事字下落弓字十三行一日下落弓裔二字

六卷八十五板九行當改書曰定安國者本西馬韓也依於高句麗麗亡依於渤海王是其王烈萬華因女眞使上表獻裘于宋

六卷五十五板十行二年上肅宗二字落

八卷百十三板八行二年上高宗二字衍

八卷百四十二板五行上元宗二字落以下九卷忠烈王元年忠宣王元年忠肅王元年上廟號三字皆落

보통교과 동국역사

(普通教科 東國歷史)

卷1·2·3·4·5

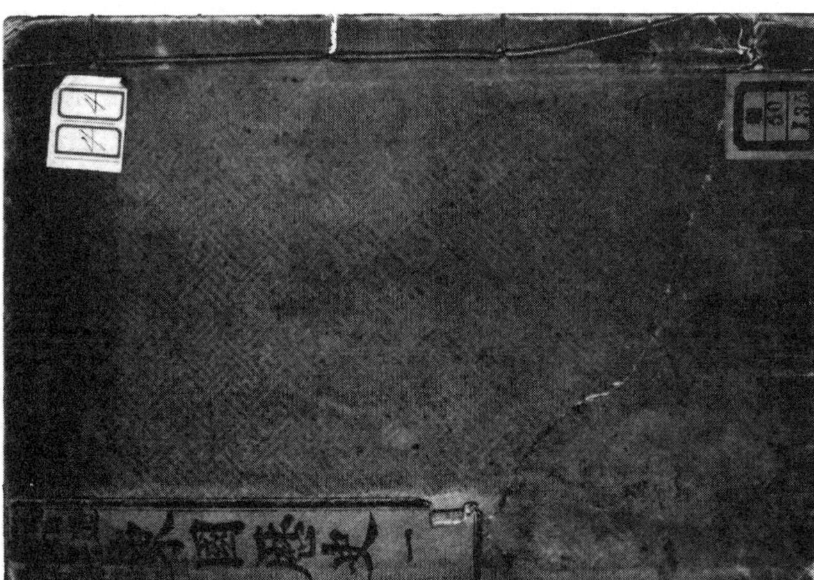

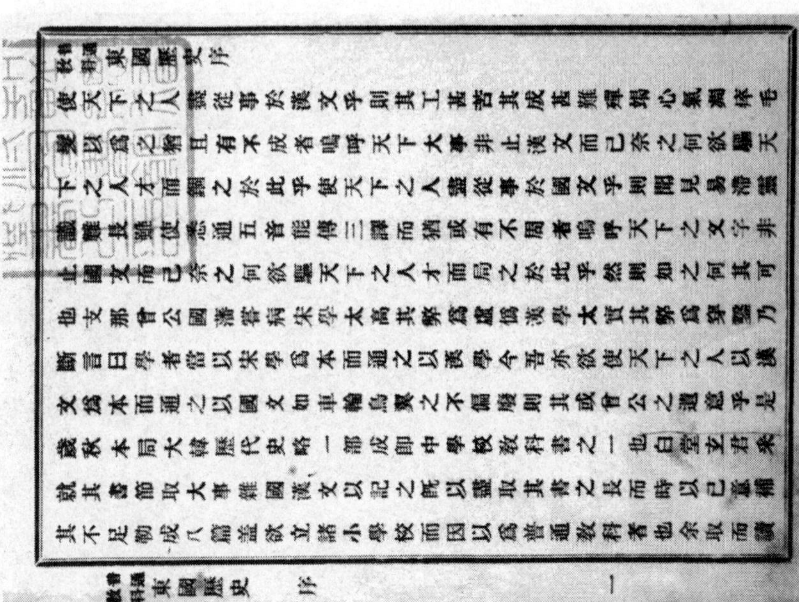

普通敎科 東國歷史序

使天下之人盡從事於漢文乎則其工甚苦其成甚難殫竭心氣凋瘁毛髮以爲之猶且有不成者嗚呼天下大事非止漢文而已奈之何欲驅天下之人才而錮之於此乎使天下之人盡從事於國文乎則聞見易滯靈識難長雖使悉通五音能傳三譯而猶或有不周者嗚呼天下之文字非止國文而已奈之何欲驅天下之人才而局之於此乎然則如之何其可也支那曾公國藩嘗病宋學太高其弊爲虛僞漢學太實其弊爲穿鑿乃斷言曰學者當以宋學爲本而通之以漢學今吾亦欲使天下之人以漢文爲本而通之以國文如車輪鳥翼之不偏廢則其或曾公之遺意乎是歲秋本局大韓歷代史略一部成卽中學校敎科書之一也白堂玄君釆就其書節取大事雜國漢文以記之旣以釐取其書之長而時以己意補其不足勒成八篇盖欲立諸小學校而因以爲普通敎科者也余取而讀

普通敎科 東國歷史 序 一

之其辭繹其理暢如善歌者能使人笑且泣也雖氓隸婦孺苟能知字者皆可一閱而通其意有以知東方四千餘年治亂興廢長短得失如在目中其功豈淺淺哉嗚呼天下之人才惟在善導之而已今以我國三千里疆域之大五百年培養之深曷嘗有乏才之歎而出於世界各國下哉白堂本慷慨士博覽時務之書深察大局之勢蓋嘗歎我國人才之偏於文藝一事而不周於他務故今爲是書欲使人人易讀油然理順發其神識然後進而放于天下之遠略以盡其才龍驤鳳翥成就尊君愛國之大事業而播令譽於萬國者將沛乎其莫之禦也其意尤豈不可感哉余亦嘉日時艱者也故竊不勝奮憤而爲之言

光武三年九月七日學部編輯局長李圭桓序

歷代一覽 此는本史와或不同혼處가有혼나今에俗本을姑從혼노라

朝鮮

王號	姓氏	名字	父及輩行	母	在位年數	年齡	后妃
檀君	桓	王儉或曰王險	桓雄子				非西岬女
朝鮮							
箕子	子	胥餘	武乙子理子		四十	九十三	
新羅							
赫居世	朴		蘇伐公養子		六十	七十三	閼英夫人
南解			赫居世子	閼英夫人	二十		雲帝夫人
儒理			南解太子	雲帝夫人	三十三		
脫解	昔		多婆那國王子		二十三	八十五	阿孝夫人南解長女

婆娑	朴		儒理二子		三十二		史省夫人金氏許婁葛文王女
祗摩			婆娑嫡子	史省夫人金氏	二十三		愛禮夫人金氏葛文王摩帝女
逸聖			儒理長子		二十		朴氏支所禮王女
阿達羅			逸聖長子	朴氏	三十		內禮夫人朴氏祗摩女
伐休	昔		仇鄒(脫解子)	只珍內禮夫人金氏	十二		
奈解			伊買(伐休二子)	內禮夫人	三十四		昔氏骨正女
助賁			骨正長子(伐休太子)	玉帽夫人金氏仇道葛文王女	十七		阿爾兮夫人昔氏奈解女
沾解			骨正二子	同上	十五		
味鄒	金		仇道(金閼智五世孫)	朴氏葛文王伊柒女	二十三		光明夫人昔氏助賁女

儒禮	昔		助賁長子	朴氏葛文王奈音女	十四		
基臨			乞淑(助賁子)子		十二		
訖解			于老(奈解子)子	命元夫人助賁女	四十六		
奈勿	金		末仇(味鄒弟)子	休禮夫人金氏	四十六		金氏味鄒女
實聖			大西知(金閼智裔孫)子	伊利夫人昔氏阿干登保女	十五		金氏味鄒女
訥祗			奈勿	保反夫人金氏(味鄒女)	四十一		金氏實聖女
慈悲			訥祗長子	金氏實聖女	二十一		金氏舒弗邯未斯欣女
炤智			慈悲長子	金氏	二十一		善兮夫人伊伐飡乃宿女
智證		智大路	習寶(奈勿曾孫)子	鳥生夫人金氏(訥祗女)	十四	七十九	延帝夫人朴氏伊飡登欣女
法興		原宗	智證王長子	延帝夫人朴氏	二十六		保刀夫人朴氏

眞興		彡麥宗	立宗(法興王弟)	夫人金氏法興王女	三十六	四十三	思道夫人朴氏
眞智		金輪	眞興王次子	思道夫人	三		知道夫人
眞平		伯淨	銅輪(眞興王子)	萬呼夫人金氏(立宗女)	五十三		摩耶夫人金氏葛文王福勝女
善德主女		德曼	眞平王長女	摩耶夫人金氏	十五		
眞德主女		勝曼	國飯(眞平王母弟)	月明夫人朴氏	七		
太宗		春秋	文興王(眞智王子)	文貞太后金氏眞平王女	七	五十九	文明王后金氏角飡舒玄女
文武		法敏	太宗元子	文明王后金氏	二十		慈儀王后波珍飡善品女
神文		政明 字日炤	文武王太子	慈義王后	十一		金氏一吉飡欽運女
孝昭		理洪	神文王元子	神穆王后金氏	十	十六	
聖德		隆基 後改興光	神文王次子	同上	三十五		金氏蘇判元泰女

孝成		承慶	聖德王二子	炤德王后	五		朴氏
景德		憲英	聖德王三子	同上	二十四		伊飡順貞女
惠恭		乾運	景德王嫡子	滿月夫人金氏舒弗邯義忠女	十五	二十二	新寶王后伊飡維誠女
宣德		良相	開聖王孝芳(奈勿九世孫)	貞懿太后金氏聖德王女	五		具足夫人角干良品女
元聖		敬信	明德大王孝讓(奈勿十一世孫)	昭文太后朴氏	十四		金氏角干神述女
昭聖		俊邕	惠忠大王仁謙(元聖王太子)	聖穆王后金氏 稱申氏	一		桂花夫人金氏稱叔氏大阿飡叔明女
哀莊		重熙	昭聖王	桂花夫人金氏	九	二十二	朴氏

憲德		彦昇	仁謙	聖穆王后金氏	十七		貴勝夫人貞氏角干禮英女
興德		景徽	仁謙	同上	十		章和夫人金氏昭聖王女
僖康		悌隆	翼成大王憲貞	順成太后朴氏	二		文穆夫人葛文王忠恭女
			(元聖王孫)				
閔哀		明	宣康大王忠恭	宣懿太后朴氏	一		九容王后
			(元聖王孫)				
神武		祐徵	成德大王均貞	憲穆太后朴氏	七月		
			(元聖王孫)				
文聖		慶膺	神武王太子	貞繼夫人	十八		朴氏
憲安		誼靖	均貞	昭明夫人宣康王女	四		
景文		膺廉 膺一作凝	懿恭大王啓明	光懿王太后朴氏	十四		文懿王妃金氏安憲王女

			(信康王子)				
憲康		晸	景文王太子	文懿王后金氏	十一		懿明夫人
定康		晃	景文王二子		一		
眞聖女主		曼	景文王		十		
孝恭		嶢	憲康王庶子	義明王太后金氏	十五		伊飡乂謙女
神德	朴	景暉	宣聖大王乂謙	貞和王后	五		義成王后金氏憲康王女
			(阿達羅遠孫)				
景明		昇英	神德王太子	義成王后金氏	七		
景哀		魏膺	神德王	同上	三		
敬順	金	傅	神興大王孝宗	桂娥太后	九		
			(文聖王裔孫)				

高句麗

東明王	高	朱蒙	扶餘王金蛙	柳花	十八	四十	卒本扶餘王女
琉璃		類利	東明王元子	禮氏扶餘人	三十六		松氏多勿侯松讓女
太武		無恤	琉璃王三子	松氏	二十六	四十一	
閔中		解邑朱	琉璃王		四		
慕本		解憂	太武神王元子		五		扶餘人
太祖		宮	再思(琉璃王子)	扶餘人	九十三	百十九	
次大		遂成	再思	同上	十九	九十五	
新大		伯固	再思		十四	九十一	
故國川		男武	新大王二子		十八		于氏提那部素女
山上		延優	新大王		三十		前后于氏

東川		憂位居	山上王太子	小后后女 酒桶村女	二十一		
中川		然弗	東川王太子		二十二		椽氏
西川		藥盧	中川王二子		二十二		于氏西部大使者漱女
烽上		相夫	西川王太子		八		
美川		乙弗	咄固(烽上王弟)		三十一		
故國原		釗	美川王太子	周氏	四十		
小獸林		丘夫	故國原王		十三		
故國壤		伊連	故國原王		八		
廣開土		談德	故國壤王元子		二十二		
長壽		巨連	廣開土王元子		七十八	九十八	
文咨		羅雲	助多(長壽王子)		二十八		

安藏		興安	文咨王長子	十二
安原		實延	文咨王	十四
陽原		平成	安原王長子	十四
平原		陽成	陽原王長子	三十一
嬰陽		元	平原王長子	二十八
榮留		建武	平原王	二十四
寶藏		臧	大陽(榮留王弟)	二十七
	百濟			
溫祚王	扶餘		朱蒙王二子 卒本扶餘王女	四十四
多婁			溫祚王元子	四十九
已婁			多婁王元子	五十一

蓋婁			已婁王	三十八	
肖古			蓋婁王	四十八	
仇首			肖古王元子	二十	
古爾			蓋婁王次子	五十二	
責稽			古爾王	十二	夫人寶菓帶方王女
汾西			責稽王長子	六	
比流			仇首王二子	四十	
契王			汾西王長子	二	
近肖古			比流王二子	二十九	
近仇首			近肖古王太子	九	
枕流			近仇首王元子 阿亦夫人	一	

辰斯			近仇首王仲子		七		
阿花			枕流王元子		十三		
直支		暎	阿花王元子		十五		八須夫人
久爾辛			直支王長子	八須夫人	七		
毗有			久爾辛長子		二十八		
蓋鹵		慶司 改餘慶	毗有王長子		二十		
文周			毗有王次子		二		
三斤			文周王長子		二	十五	
東城		牟大	昆支二子		二十二		新羅伊伐飡比智女
武寧		斯摩	蓋鹵王		二十二		
聖王	明	穠	武寧王		三十一		

威德		昌	聖王元子		四十四		
惠王		季明	威德王二子		一		
法王		宣	惠王長子		一		
武王		璋	法王子		四十一		
義慈			武王元子		二十		
高麗							
太祖	王	建 字若天	金城太守隆長子	威肅王后韓氏	二十六(新羅亡後九)	六十七	神惠王后柳氏三重大匡天弓女
惠宗		武 字承乾	太祖長子	莊和王后吳氏名憐君女	二	三十四	義和王后林氏大匡曦女
定宗		堯 字天義	太祖二子	神明王后劉氏兢達女	四	二十七	文恭王后朴氏三重大匡英規女
光宗		昭 字日華	太祖三子	上同	二十六	五十一	大穆王后皇甫氏太祖女

景宗	伷 字長民	光宗長子	大穆王后皇甫氏	六	二十七	獻肅王后金氏新羅敬順王女
成宗	治 字溫古	戴宗旭(太祖七子)二子	宣義王后柳氏	十六	三十八	文德王后劉氏光宗女
穆宗	誦 字孝伸	景宗長子	獻哀王后皇甫氏戴宗女	十二	三十	宣正王后劉氏宗室弘德院君圭女
顯宗	詢 字安世	安宗郁(太祖子)子	孝肅王后皇甫氏	二十二	四十	元貞王后金氏成宗女
德宗	欽 字元良	顯宗長子	元成太后金氏	三	十九	敬成王后金氏顯宗女
靖宗	亨 字中炤	顯宗次子	同上	十二	三十二	容信王后韓氏贈門下侍中祚女
文宗	徽 字燭幽	顯宗三子	元惠太后金氏侍中殷傅女	三十七	六十五	仁平王后金氏顯宗女
順宗	勳 字義恭	文宗長子	仁睿太后李氏中書令子淵女	四月	三十七	貞懿王后王氏宗室平壤公基女

宣宗	運 字繼天	文宗次子	同上	十一	四十六	思肅太后李氏工部尙書碩女
獻宗	昱	宣宗元子	思肅太后李氏	一	十四	
肅宗	顒 字天常	文宗三子	仁睿太后李氏	十	五十四	明懿太后柳氏門下侍中洪女
睿宗	俁 字世民	肅宗長子	明懿太后柳氏	十七	四十五	敬和王后李氏宣宗女
仁宗	楷 字仁表	睿宗長子	順德王后李氏朝鮮國公資謙女	二十四	三十八	恭睿太后任氏中書令元厚女
毅宗	晛 字日升	仁宗長子	恭睿太后任氏	二十四	四十七	莊敬王后金氏宗室江陵公溫女
明宗	晧 字之旦	仁宗三子	同上	二十七	七十二	光靖太后金氏同上
神宗	晫 字至華	仁宗五子	同上	七	六十一	宣靖太后金氏同上
熙宗	韺 字不陂	神宗長子	宣靖太后金氏	七	五十七	成平王后任氏宗室寧仁侯稹女
康宗	祦 字大華	明宗長子	光靖太后金氏	二	六十二	思平王后李氏義方女

高宗		瞮 字大明	康宗長子	元德太后柳氏宗室信安侯瑊女	四十六	六十八	安惠太后柳氏熙宗女
元宗		禃 字日新	高宗長子	安惠太后柳氏	十五	五十六	順敬太后金氏莊翼公若先女
忠烈		昛	元宗長子	順敬太后金氏	三十四	七十三	齊國大長公主名忽都魯揭里迷失元世祖女
忠宣		璋 字仲昂	忠烈王長子	齊國大長公主	五	五十一	薊國大長公主寶塔實憐元晉王甘麻剌女
忠肅		燾 小字宜孝	忠宣王二子	懿妃也速眞蒙古女	十七	四十六	濮國長公主亦憐眞八剌元營王也先帖木兒女
					復位八		
忠惠		禎	忠肅王長子	明德太后洪氏府院君奎女	一	三十	德寧公主亦憐眞班元鎭西武靖王焦八女
					復位五		
忠穆		昕	忠惠王長子	德寧公主	四	十二	
忠定		眡	忠惠王庶子	禧妃尹氏	三	十五	

恭愍		顓	忠肅王次子	明德太后洪氏	二十三	四十五	徽懿魯國大長公主寶塔失里元宗室魏王女
禑	辛	小字牟尼奴	辛旽子	般若	十四	二十五	謹妃李氏判開城府事琳女
昌			辛禑子	謹妃李氏	一	十	
恭讓	王	瑤	定原府院君鈞	福寧宮主李氏	三	五十	順妃盧氏昌城君禛女
	本朝						
太祖	李氏	旦 初諱成桂 字君晉 號松軒	桓祖二子	懿惠王后崔氏籍永興	在上七 王位十年	七十四	神懿王后韓氏籍安邊安川府院君卿女 神德王后康氏籍谷山象山府院君允成女
定宗		曔 初諱芳果 字光遠	太祖次子	神懿王后韓氏	在上二 王位十九年	六十三	定安王后金氏籍慶州左侍中天瑞女
太宗		芳遠 字遺德	太祖五子	神懿王后韓氏	在上十八 王位四年	五十六	元敬王后閔氏籍驪興驪興府院君文度公霽女

世宗		祹 字元正	太宗三子	元敬王后閔氏	三十二	五十四	昭憲王后沈氏籍青松青川府院君安孝公溫女
文宗		珦 字輝之	世宗長子	昭憲王后沈氏	二	三十九	顯德王后權氏籍安東花山府院君景惠公專女
端宗		弘暐	文宗子	顯德王后權氏	三 在上	十七	定順王后宋氏籍礪山礪良府院君玹壽女
					王位 二年		
世祖		瑈 字粹之	世宗次子	昭憲王后沈氏	十三	五十二	貞熹王后尹氏籍坡平坡平府院君貞靖公璠女
德宗		暲 初諱崇	世祖長子	貞熹大后尹氏	成宗二年	二十	昭惠王后韓氏籍淸州西原府院君襄節公確女
		字原明			辛卯追尊		
睿宗		晄 字明照	世祖次子	貞熹王后尹氏	一	二十	章順王后韓氏籍淸州上黨府院君忠成公明澮女
		甫 初字平					安順王后韓氏籍淸州淸川府院君襄惠公伯倫女
成宗		娎	德宗次子	昭惠王后韓氏	二十五	三十八	恭惠王后韓氏籍淸州上黨府院君忠成公明澮女
				淵女			貞顯王后尹氏籍坡平鈴原府院君平靖公壕女

燕山君		㦕	成宗長子	廢妃尹氏	十一		夫人居昌愼氏領議政承善女
中宗		懌 字樂天	成宗次子	貞顯王后尹氏	三十九	五十七	端敬王后愼氏籍居昌益昌府院君信度公守勤女
							章敬王后尹氏籍坡平坡原府院君靖憲公汝弼女
							文定王后尹氏籍坡平坡山府院君靖平公之任女
仁宗		峼	中宗長子	章敬王后尹氏	一	三十一	仁聖王后朴氏籍羅州錦城府院君墉女
明宗		峘 字對陽	中宗次子	文定王后尹氏	二十二	三十四	仁順王后沈氏籍青松青陵府院君翼孝公鋼女
宣祖		昖 初諱鈞	德興大院君岧子	河東府大夫人鄭氏	四十一	五十七	懿仁王后朴氏籍羅州潘城府院君應順女
			（中宗七子三子	贈領議政世虎女			仁穆王后金氏籍延安延興府院君懿愍公悌男女
光海君		琿	宣祖二子	恭嬪金氏	十四		夫人文化柳氏判尹自新女
元宗		琈	宣祖五子	儲慶宮仁嬪金氏籍水原	仁祖十年	四十	仁獻王后具氏籍綾城綾安府院君文懿公思孟女
				贈領議政漢祐女	壬申追尊		

仁祖	倧 字和伯 號松窓	元宗長子	仁獻王后具氏	二十七	五十五	仁烈王后韓氏籍淸州西平府院君文翼公浚謙女 莊烈王后趙氏籍楊州漢原府院君惠穆公昌遠女
孝宗	淏 字靜淵 號竹梧	仁祖次子	仁烈王后韓氏	十	四十一	仁宣王后張氏籍德水新豐府院君文貞公維女
顯宗	棩 字景直	孝宗子	仁宣王后張氏	十五	三十四	明聖王后金氏籍淸風淸風府院君忠翼公佑明女
肅宗	焞 字明普	顯宗子	明聖王后金氏	四十六	六十	仁敬王后金氏籍光州光城府院君文忠公萬基女 仁顯王后閔氏籍驪興驪陽府院君文貞公維重女 仁元王后金氏籍慶州慶恩府院君孝簡公柱臣女
景宗	昀 字輝瑞	肅宗長子	大嬪宮大嬪張氏籍玉山贈領議政烔女	四	三十七	端懿王后沈氏籍靑松靑恩府院君浩女 宣懿王后魚氏籍咸從咸原府院君有龜女
英祖	昑 字光叔 號養性軒	肅宗四子	毓祥宮淑嬪崔氏籍海州贈領議政孝元女	五十二	八十三	貞聖王后徐氏籍達城達城府院君孝僖公宗悌女 貞純王后金氏籍慶州鰲興府院君忠憲公漢耉女

眞宗	緈 字聖敬	英祖長子	延祜宮靖嬪李氏籍咸陽贈左贊成後哲女	正宗追尊	十	孝純王后趙氏籍豐壤豐陵府院君文忠公文命女
莊宗	愃 字允寬	英祖二子	延禧宮暎嬪李氏	光武三年追尊	二十八	獻敬王后洪氏籍豐山領議政翼靖公鳳漢女
正宗	祘 字亨運 號弘齋	莊宗二子	獻敬王后洪氏	二十四	四十九	孝懿王后金氏籍淸風淸原府院君靖翼公時默女
純祖	玜 字公寶 號純齋	正宗二子	嘉順宮綏嬪朴氏籍潘南忠獻公準源女	三十四	四十五	純元王后金氏籍安東永安府院君忠文公祖淳女
翼宗	旲 字德寅 號敬軒	純祖長子	純元王后金氏	憲宗追尊	二十二	神貞王后趙氏籍豐壤豐恩府院君忠敬公萬永女

憲宗	奐 字文應	翼宗子 神貞王后趙氏	十五 / 二十三	孝顯王后金氏籍安東永興府院君 孝簡公祖根女 明憲太后洪氏籍南陽益豐府院君 翼獻公在龍女
哲宗	昇 字道升 號大勇齋	全溪大院君璜(莊宗孫)三子 龍城府大夫人廉氏籍龍潭 贈領議政成化女	十四 / 三十三	哲仁王后金氏籍安東永恩府院君 忠純公汶根女
今皇上	熙 初諱載晃 字聖臨 號誠軒	興宣大院君昰應(莊宗曾孫)次子 驪興府大夫人閔氏籍驪興 廣州府留守致久女		明成皇后閔氏籍驪興驪城府院君 致祿女

此는本史와歧異處가多ᄒᆞ나今에俗本을姑從ᄒᆞ노라

建都年代	都名	今名	年數
朝鮮箕子	平壤 又王儉	平安道平壤府	九百餘
朝鮮衛滿	同		八十七
高句麗東明王 元	卒本扶餘	平安道成川府	三十九
瑠璃王 廿二	國內尉那巖	義州	二百六
山上王 十三	丸都 又安寸忽	寧遠郡劍山	三十八
東川王 廿一	平壤		九十一
故國原王 十二	丸都		一
同 十三	平壤東黃城	平壤木覓山	八十四
長壽王 十五	平壤		百五十九
平原王 廿八	長安		八十三

同	平壤		
			合計七百五
百濟溫祚王 元	河南慰禮	忠淸道稷山郡	十三
同 十四	漢山	廣州	三百七十五
近肖古王 廿六	北漢山	楊州	百四
文周王 元	熊津	公州	六十三
聖王 十六	泗沘 又稱扶餘	扶餘	百二十三
			合計六百七十八
新羅朴赫居世 元	辰韓	慶尙道慶州	九百九十二
高麗太祖 十九	開州	京畿道開城府	二百九十六
高宗 十九	江華	江華府	三十七
元宗 十一	開城		二十

忠烈王 十六	江華		二
同 十八	開京	開城府	九十
辛禑 八	漢陽	漢城府	一
同 九	松京	開城府	七
恭讓王 二	漢陽		一
同 三	松京		一
			合計四百五十六
本朝太祖 三	漢陽		

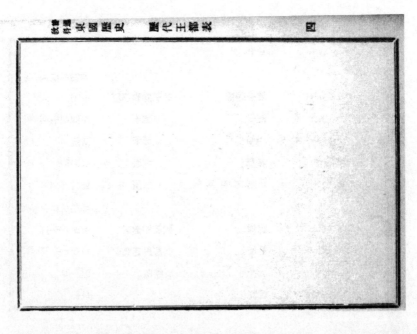

檀君朝鮮記

東方이初에君長이無ᄒᆞ야人民이草衣木食ᄒᆞ며夏巢冬穴ᄒᆞ더니神人이太白山(今寧邊府妙香山)檀木下에降ᄒᆞ야聖德이有ᄒᆞ거ᄂᆞᆯ國人이推尊ᄒᆞ야王을삼고號ᄒᆞ야曰檀君이라ᄒᆞ니此ᄂᆞᆫ唐堯二十五年戊辰이오我大韓의開國紀元前三千七百三十四年이라歷世의文獻이無徵ᄒᆞ야不可考러라

箕子朝鮮記

箕子ᄂᆞᆫ子姓이오名은胥餘니子爵으로箕에封ᄒᆞᆫ고로箕子라稱ᄒᆞ니殷王成湯의苗裔오紂의諸父라紂의太師되엿다가紂의無道홈을見ᄒᆞ고披髮佯狂ᄒᆞ야奴가되시니紂ㅣ囚之ᄒᆞ더라旣而오周武王이天下ᄅᆞᆯ得ᄒᆞ미其囚ᄅᆞᆯ釋ᄒᆞ고因ᄒᆞ야道ᄅᆞᆯ訪ᄒᆞ거ᄂᆞᆯ箕子ㅣ이에洪範九

嚕를 陳ᄒᆞ시고 男女五千人을 率ᄒᆞ고 朝鮮에 避入ᄒᆞ샤 平壤에 都ᄒᆞ시니라

箕子ㅣ 이에 禮義와 田蠶과 織作으로 ᄡᅥ 其民을 敎ᄒᆞ시고 八條의 禁을 設ᄒᆞ야 殺人者ᄂᆞᆫ 死로 ᄡᅥ 償ᄒᆞ고 相傷者ᄂᆞᆫ 穀으로 ᄡᅥ 償ᄒᆞ고 相盜者ᄂᆞᆫ 男女가 其家에 沒入ᄒᆞ야 奴婢가 되고 그 自贖고져 ᄒᆞᄂᆞᆫ 者ᄂᆞᆫ 人一名에 五十萬이오 비록 免ᄒᆞ야 良民이 될지라도 俗이 오히려 羞恥라 ᄒᆞ야 嫁娶가 難ᄒᆞ니 이럼으로 盜賊이 無ᄒᆞ야 門戶를 不閉ᄒᆞ고 婦人이 貞信不淫ᄒᆞ며 田野ㅣ 闢ᄒᆞ고 飮食을 籩豆로 ᄡᅥ 用ᄒᆞ니 仁賢의 化ㅣ 著ᄒᆞ더라

其子孫이 國境을 漸拓ᄒᆞ야 西으로 遼河를 過ᄒᆞ고 南으로 漢水以北 春川에 至ᄒᆞ며 東으로 咸興江陵ᄭᆞ지 隸屬ᄒᆞ엿더니 其後에 子孫이 驕虐ᄒᆞ거ᄂᆞᆯ 燕이 秦開를 遣ᄒᆞ야 其西方二千餘里地를 攻取ᄒᆞ고 滿潘汗(遼東三縣名)으로 爲界ᄒᆞ니 朝鮮이 遂弱ᄒᆞ니라 밋 秦始皇이 蒙恬을 遣ᄒᆞ야 長城을 築ᄒᆞ야 遼東에 至ᄒᆞ니 箕子四十一代孫否ㅣ 畏ᄒᆞ야 秦에 屬ᄒᆞ엿다가 否ㅣ 死ᄒᆞ고 其子準이 立ᄒᆞᆫ지 二十餘年에 漢初에 至ᄒᆞ야 燕王盧綰으로 더브러 浿水(猪灘河)로 ᄡᅥ 定界ᄒᆞ더니 밋 綰이 漢을 叛ᄒᆞ고 匈奴에 入ᄒᆞ미 燕人衛滿이 衆을 率ᄒᆞ고 東으로 浿水를 渡ᄒᆞ야 西界에 居코자 ᄒᆞ거ᄂᆞᆯ 準이 博士를 拜ᄒᆞ고 百里를 封ᄒᆞ야 西鄙를 守ᄒᆞ라 ᄒᆞ얏더니 滿이 亡命黨을 誘聚ᄒᆞ고 準의게 詐告曰 漢兵이 十道로 來侵ᄒᆞ니 請컨ᄃᆡ 宿衛ᄒᆞ리라 ᄒᆞ고 드듸여 準을 襲ᄒᆞ거ᄂᆞᆯ 準이 抵敵지 못ᄒᆞ고 浮海南奔ᄒᆞ야 金馬郡(今益山郡)에 至ᄒᆞ야 馬韓을 攻襲ᄒᆞ고 自稱馬韓이라 ᄒᆞ니라

衛滿朝鮮紀 附四郡 二府

衛滿은 燕人이라 漢高祖十二年에 燕王盧綰의 亂을 因ᄒᆞ야 朝鮮에 入ᄒᆞ야 箕準을 逐ᄒᆞ고 平壤에 都ᄒᆞ야 其傍諸邑을 役屬ᄒᆞ며 眞番臨屯이 다 來服ᄒᆞ야 地方이 數千里라 其孫右渠에 至ᄒᆞ야 漢武帝의 使臣涉何

를殺ᄒᆞ니武帝ㅣ樓船將軍楊僕과左將軍荀彘를遣ᄒᆞ야攻ᄒᆞ거ᄂᆞᆯ右渠ㅣ發兵相拒ᄒᆞ야久而不決ᄒᆞ더니漢이다시公孫遂를遣ᄒᆞ야攻ᄒᆞᆯᄉᆡ明年에右渠의臣韓陶等이右渠를殺ᄒᆞ야漢에降ᄒᆞ니衛氏ㅣ三世에遂亡ᄒᆞ고其歷年이八十七年이러라

漢이이믜右渠를破ᄒᆞ미樂浪과臨屯과玄菟와眞蕃四郡을置ᄒᆞ엿더니漢昭帝始元五年에四郡을改ᄒᆞ야二府를置ᄒᆞᆯᄉᆡ眞蕃과玄菟로ᄡᅥ平州都尉府를合ᄒᆞ고臨屯과樂浪으로ᄡᅥ東部都尉府를合ᄒᆞ고官吏를遣ᄒᆞ야守ᄒᆞ니此時에人民이漢의法令을不從ᄒᆞ고君長을自立ᄒᆞ며또高勾麗가西北에起ᄒᆞ야玄菟樂浪舊地를據有ᄒᆞ니漢이그地遠難制ᄒᆞᆷ을知ᄒᆞ고都尉府를罷ᄒᆞ며漢靈帝ᄂᆞᆫ玄菟樂浪遼東等太守를置ᄒᆞ야如此히魏ᄭᆞ지至ᄒᆞ다가高朱蒙의後孫이漸漸强大ᄒᆞ야慕容氏가亡ᄒᆞᆫ後에四郡의地를全히奪還ᄒᆞ니衛滿으로브터朱蒙元年ᄭᆞ지凡一百五十八年이러라

樂浪은平壤府와밋春川이오臨屯은京畿西郊와黃海東道오玄菟ᄂᆞᆫ咸興府오眞蕃은遼東이라

馬韓紀

馬韓王箕準이金馬郡에居ᄒᆞ야韓王이라稱ᄒᆞ더니밋薨ᄒᆞ미謚曰武康王이라箕子가東來ᄒᆞ신後凡一千一百三十一年에國이絕ᄒᆞ고今에鮮于氏韓氏奇氏ᄂᆞᆫ다箕子의遺裔러라

蓋馬韓의統率ᄒᆞᆫ國이凡五十餘니大國은萬餘家오小國은數千家라摠히十餘萬戶오其民이種植을務ᄒᆞ며蠶桑을喜ᄒᆞ고居處ㅣ儉朴ᄒᆞ며金銀을輕視ᄒᆞ고珠玉으로ᄡᅥ髮을飾ᄒᆞ며男子ᄂᆞᆫ帛袍를衣ᄒᆞ고草屨를履ᄒᆞ며性이剪悍ᄒᆞ야弓楯矛櫓를善用ᄒᆞ고箕準의後孫이馬韓總王으로世世自守ᄒᆞ다가밋百濟王溫祚ㅣ漢南에都ᄒᆞ미漢南百里

地를割與ᄒᆞ고三韓의覇權을獨占ᄒᆞ더니百濟溫祚王二十六年에討滅ᄒᆞᆫ비되니라

箕氏年譜에曰箕子ㅣ東來ᄒᆞ신後에國人이推尊ᄒᆞ야文聖王이라ᄒᆞ고其後莊惠王松과敬老王洵과恭貞王伯과文武王椿과太原王孔과景昌王莊과興平王捉과哲威王調와宣惠王索과誼讓王師와文惠王炎과盛德王越과悼懷王職과文烈王優와昌國王睦과武成王平과貞敬王闕과樂成王懷와孝宗王存과天老王孝와修道王襄과徽襄王邇와奉日王參과德昌王僅과壽聖王朔과英傑王藝와逸聖王岡과濟世王混과靖國王璧과導國王澄과赫聖王隲과和羅王諧과說文王賀와慶順王華와嘉德王詡와三老王煜과顯文王釋과章平王潤과宗統王否를經ᄒᆞ고哀王準에至ᄒᆞ야馬韓에避居ᄒᆞ니箕子己卯로브터箕準丁未ᄭᆞ지合九百二十九年이오哀王後에武康王卓과安王龕과惠王寔과明王武와孝王亨과襄王燮과元王勳과稽王貞을經ᄒᆞ고王學에至ᄒᆞ야百濟의게滅ᄒᆞᆫ비되니歷年이二百二年이라ᄒᆞ더라

辰韓紀

辰韓은馬韓國東方에在ᄒᆞ니北은濊貊을接ᄒᆞ고南은弁韓을隣ᄒᆞ야十二國(其中斯盧國은卽新羅라)을有ᄒᆞ니今慶尙北道오其始ᄂᆞᆫ秦人이라秦의苛政을避ᄒᆞ야馬韓에入ᄒᆞ거ᄂᆞᆯ馬韓이東界를割與ᄒᆞ야處케ᄒᆞ니此ᄂᆞᆫ十二國中의一이오秦人이라ᄒᆞ야又曰秦韓이라ᄒᆞ고또馬韓의게見制ᄒᆞ야自立지못ᄒᆞ고其繼位ᄒᆞᄂᆞᆫ王이다馬韓人이러니漢宣帝五鳳元年에梁山村人赫居世ㅣ立ᄒᆞ야君長이되니此ᄂᆞᆫ辰韓攄王이라其地ᄂᆞᆫ五穀이宜ᄒᆞ고人民이蠶桑을務ᄒᆞ며織作이善ᄒᆞ고嫁娶가有禮ᄒᆞ고男女가有別ᄒᆞ며三韓中에智識이더욱開發ᄒᆞ고鐵貨를造ᄒᆞ야諸

와馬韓과밋日本에貿易ᄒᆞ며또寶玉名鏡刀槍等이有名ᄒᆞ더라

弁韓紀

弁韓은辰韓의南에在ᄒᆞ니辰韓과雜居ᄒᆞ야馬韓으로더브러三韓이라並稱ᄒᆞ니此國도辰韓과갓치十二國을統轄ᄒᆞ야合二十四國에大國은四五千家오小國은六七百家니摠히四五萬戶러니後에辰韓은新羅ㅣ倂呑ᄒᆞ고弁韓은駕洛國始祖金首露王의占領ᄒᆞᆫ비되니라

三國紀　新羅　高句麗　百濟

甲子（朝鮮開國一千二百三十八年○新羅赫居世元年○漢宣帝五鳳元年○日本崇神四十一年○西曆紀元前五十七年）夏四月丙辰에新羅太祖朴赫居世ㅣ立ᄒᆞ다先是에朝鮮遺民이慶州六部에分居ᄒᆞ더니此ᄂᆞᆫ곳辰韓의始라君長이無ᄒᆞ더니赫居世ㅣ生ᄒᆞᄆᆡ爲人이英俊ᄒᆞ거ᄂᆞᆯ六部ㅣ推立ᄒᆞ야君을삼으니年이十三이라國號ᄅᆞᆯ徐羅伐이라ᄒᆞ고辰韓地에都ᄒᆞ며朴으로써姓을稱ᄒᆞ니그始生時에瓠中에서出ᄒᆞ엿다ᄒᆞᄂᆞᆫ딕瓠ᄂᆞᆫ俗言에朴인고로謂ᄒᆞᆷ이오赫居世ᄂᆞᆫ王이라ᄒᆞᆷ이러라

東史에曰新羅建國時에號曰徐羅伐又曰斯羅曰斯盧曰新羅曰鷄林이라ᄒᆞ더니智證王時에至ᄒᆞ야新羅라確定ᄒᆞ며辰韓은今慶州郡이라

戊辰

馬韓開國一百四十二年○新羅赫居世五年○漢宣帝甘露元年○日皇崇神四十五年○西歷紀元前五十三年 春正月에新羅ㅣ閼英을立ᄒᆞ야妃를封ᄒᆞ다初에龍이閼英井에見ᄒᆞ야右脇으로女를生ᄒᆞ거늘老嫗ㅣ곳收養ᄒᆞ고因ᄒᆞ야井으로ᄡᅥ名ᄒᆞ엿더니밋長成ᄒᆞᄆᆡ才德이俱有ᄒᆞ거늘赫居世ㅣ納ᄒᆞ야妃를삼으니妃가賢行이有ᄒᆞ야能히內輔ᄒᆞ는지라時人이二聖이라謂ᄒᆞ더라

辛未

馬韓開國一百四十五年○新羅赫居世八年○漢宣帝甘露四年○日皇崇神四十八年○西歷紀元前五十年 倭國이新羅邊境을侵ᄒᆞ다가王의神德이有ᄒᆞᆷ을聞ᄒᆞ고乃還ᄒᆞ더라

倭는即今日本이라其國이我國東南에在ᄒᆞ야三島를合ᄒᆞ야成ᄒᆞ고至今二千五百五十餘年에一姓이相傳ᄒᆞ며其始祖는神武天皇이오崇神天皇에至ᄒᆞ야비로소我邦에通ᄒᆞ며其後垂仁天皇時에新羅脫解王과交聘ᄒᆞ고百濟近肖古王時에王仁을遣ᄒᆞ야論語와千字文을傳授ᄒᆞ니其國의文字가有ᄒᆞᆷ이自此로始ᄒᆞ며百濟聖王이金銅佛과밋佛經을送ᄒᆞ니此는또佛法이日本에入ᄒᆞᆫ始初오또百濟가天文曆法과醫博士와樂人과陶匠瓦匠과鞍工과釀酒人과縫衣工等을遣ᄒᆞ니日本이다此法을仿行ᄒᆞ야其國의學術技藝가自此로發達ᄒᆞ며新羅文武王時에天武天皇이비로소孔子ᄭᅴ祀ᄒᆞ고新羅眞聖女主時에宇多天皇이關白의게委政ᄒᆞ니高麗季世로부터　本朝宣祖時ᄭᆞ지干戈를屢搆ᄒᆞᆫ者ㅣ다關白의所使오至今睦仁皇帝는泰西諸國의富强을慕ᄒᆞ야關白을廢ᄒᆞ고政治를改革ᄒᆞ며疆土를益拓ᄒᆞ니大抵政權을關白이執ᄒᆞᆫ지凡六百六十年이러라

甲申

馬韓開國一百五十八年○新羅赫居世二十一年○高句麗高朱蒙元年○漢元帝建昭二年○日皇崇神六十一年○西歷紀元前三十七年 新羅ㅣ京城을築ᄒᆞ고號曰金城慶州郡東이라ᄒᆞ다○高句麗始祖高朱蒙이立ᄒᆞ니朱蒙은北扶餘玄菟屬開原縣東明聖王後漢書及魏書에幷云ᄒᆞ디北扶餘始祖의名은東明이

다 외子라 骨表가英偉ᄒᆞ고年이七歲에弓矢를自作ᄒᆞ야百發百中ᄒᆞᄂᆞᆫ지라後에其異母兄弟七人이朱蒙의才能을忌ᄒᆞ야殺코ᄌᆞᄒᆞ거ᄂᆞᆯ朱蒙이逃難ᄒᆞ야卒本扶餘(國名이니在今寧古塔南이오俗本에成川이라)에至ᄒᆞ니扶餘王이無子ᄒᆞ야朱蒙을見ᄒᆞ고女로ᄡᅧ妻ᄒᆞ엿다가扶餘王이崩ᄒᆞ고朱蒙이嗣位ᄒᆞ야卒本에始都ᄒᆞ고子琉璃王二十二年에國內城(今楚山北隔水之地오鴨綠婆猪兩水가來會ᄒᆞᆫ處라)에移都ᄒᆞ고漢의高句麗縣을襲取ᄒᆞ야國號를高句麗라ᄒᆞ고因ᄒᆞ야高로ᄡᅧ姓ᄒᆞ고國境을廣拓ᄒᆞ야北은扶餘地와眞蕃玄菟故地오南은淸南과漢北을占踞ᄒᆞ고山上王十三年에丸都城(今在滿洲堡北片이라)에移居ᄒᆞ고東川王二十一年에平壤에移都ᄒᆞ니其地ᄂᆞᆫ五穀이宜ᄒᆞ고良馬貂豽美珠가有ᄒᆞ며其人은强勇ᄒᆞ고會同揖讓의體가有ᄒᆞ며衣服은白色을崇尙ᄒᆞ더라

丁亥 (馬韓開國一百六十一年○新羅赫居世二十四年○高句麗高朱蒙四年○漢元帝建昭五年○日皇崇神六十四年○西曆紀元前三十四年)

秋七月에高句麗ㅣ卒本에城郭을築ᄒᆞ고宮室을營ᄒᆞ다

癸巳 (馬韓開國一百六十七年○新羅赫居世三十年○高句麗高朱蒙十年○漢成帝河平元年○日皇垂仁二年○西曆紀元前二十八年) 夏에樂浪人이新羅를侵ᄒᆞ다가邊界에至ᄒᆞ야夜戶가不扃ᄒᆞ고露積이被野홈을見ᄒᆞ고相謂曰人民이相盜치아니ᄒᆞ니可謂有道ᄒᆞᆫ國이라吾儕가掩襲홈이不可ᄒᆞ다ᄒᆞ고引還ᄒᆞ더라

甲午 (馬韓開國一百六十八年○新羅赫居世三十一年○高句麗高朱蒙十一年○漢成帝河平二年○日皇垂仁三年○西曆紀元前二十七年) 冬十一月에高勾麗ㅣ北沃沮(今咸鏡北道)를滅ᄒᆞ다北沃沮ᄂᆞᆫ北으로挹婁를接ᄒᆞ미挹婁의寇掠을畏懼ᄒᆞ야恒常巖穴에避居ᄒᆞ다가冬時에王ᄒᆞ야挹婁의不來홈을見ᄒᆞ고바야흐로下居ᄒᆞ더니맛ᄎᆞᆷ내麗의게滅ᄒᆞᆫ비되고挹婁ᄂᆞᆫ肅愼氏니卽靺鞨이러라

辛丑 (馬韓開國一百七十五年○新羅赫居世三十八年○高句麗高朱蒙二十八年○漢成帝鴻嘉元年○日皇垂仁十年○西曆紀元前二十年) 春二月에新羅ㅣ瓠公을遣ᄒᆞ야馬韓에聘ᄒᆞ니馬韓王이讓責ᄒᆞ야曰辰

下二韓은我의屬國이어늘近年에職貢을不輸ᄒᆞ니事大ᄒᆞᄂᆞᆫ禮가如
此乎아ᄒᆞ거늘對曰我國이二聖(二聖은赫居世及閼英)이肇興ᄒᆞᆷ으로브터國
內가大治ᄒᆞ고辰下二邦과樂浪과日本이다畏懷ᄒᆞ나吾王이謙虛ᄒᆞ
ᄂᆞᆫ心으로貴國에修聘ᄒᆞ니可謂禮에過ᄒᆞ다ᄒᆞ겟거늘今에王이도로
혀怒ᄒᆞᆷ은何故오ᄒᆞᆫ듸馬韓王이益怒ᄒᆞ야殺코자ᄒᆞ니左右ㅣ諫止ᄒᆞ
야이에許還ᄒᆞ니라先是에秦人이始皇의苛政을苦ᄒᆞ야馬韓에來居
ᄒᆞ다가至是ᄒᆞ야다시新羅의게依附ᄒᆞᄂᆞᆫ고로馬韓이忌嫉ᄒᆞ더라

壬寅

(馬韓開國一百七十六年○新羅赫居世三十九年○高句麗高朱蒙十九年○漢成帝鴻嘉二年○日本垂仁十一年○西曆紀元前十九年)
春에馬韓王이崩ᄒᆞ거늘或이新羅王을勸ᄒᆞ야曰韓王이前日에我의
使臣을辱ᄒᆞ엿스니今에맛당히其喪을乘ᄒᆞ야伐ᄒᆞ자ᄒᆞᆫ듸王曰人의
災를幸ᄒᆞᆷ이不仁이라ᄒᆞ고遣使弔慰ᄒᆞ니라○高句麗王이崩ᄒᆞ고子
琉璃ㅣ類利ㅣ立ᄒᆞ다初에朱蒙이北扶餘에在ᄒᆞᆯ時에禮氏를先娶ᄒᆞ
야類利가生ᄒᆞ미息信이遂絶ᄒᆞ다가其後에類利ㅣ王의所遺ᄒᆞᆫ斷劍
을得ᄒᆞ야王ᄭᅴ進呈ᄒᆞ고父子ㅣ비로소相聚ᄒᆞ야太子ㅣ되엿더니王
是ᄒᆞ야立ᄒᆞ니라

癸卯

(○馬韓開國一百七十七年○新羅赫居世四十年○高句麗琉璃王元年○百濟溫祚王元年○漢成帝鴻嘉三年○日本垂仁十二年○西曆紀元前十八年)
春에百濟始祖高溫祚ㅣ立ᄒᆞ니此ᄂᆞᆫ곳溫祚王이라初에高句
麗王高朱蒙이卒本扶餘에逃難ᄒᆞ엿다가卒本扶餘主의第二女를娶
ᄒᆞ고또其王의位를繼ᄒᆞ야二子를生ᄒᆞ니長曰沸流오次曰溫祚라밋
禮氏의生ᄒᆞᆫ類利가高句麗太子ㅣ되미沸流兄弟가太子ㅣ不容ᄒᆞᆯ가
恐ᄒᆞ야烏干馬黎等十人으로더브러南遁ᄒᆞ야漢山에至ᄒᆞ야慰禮城
을築ᄒᆞ고居ᄒᆞ더니其後十三年에沸流ᄂᆞᆫ其民을海濱彌鄒(今仁川府)에居
케ᄒᆞ고溫祚ᄂᆞᆫ河南慰禮城(今廣州古邑)에定都ᄒᆞ야十臣으로ᄡᅥ輔相을삼
고國號를十濟라ᄒᆞ더니其後에沸流ㅣ彌鄒의地方이土濕水鹹ᄒᆞ야

安居치못ᄒᆞ고慰禮城에來ᄒᆞ야人民이安泰ᄒᆞ고都邑이既定ᄒᆞᆷ을見ᄒᆞ고慙恚ᄒᆞ야死ᄒᆞ니이에其民이다慰禮에歸ᄒᆞᄂᆞᆫ지라다시國號ᄅᆞᆯ定ᄒᆞ야百濟라ᄒᆞ고ᄯᅩ疆域을定ᄒᆞᆯ셰北은浿河(今谷山能成江이니即浿江上流라)에至ᄒᆞ고南은熊川(今公州)이오西ᄂᆞᆫ大海오東은走壤(今春川)에至ᄒᆞ더라.

壬子 (馬韓開國一百八十六年○新羅赫居世四十九年○高句麗琉璃王十年○百濟溫祚王十年○漢成帝元延四年○日皇垂仁二十一年○西歷元紀前九年) 夏四月에高句麗王이羣臣다려謂ᄒᆞ야曰鮮卑가(今俄屬西伯里亞)其險固ᄅᆞᆯ恃ᄒᆞ고我國을屢侵ᄒᆞ니이제此患을能制ᄒᆞᆯ者ㅣ有ᄒᆞ면重賞을與ᄒᆞ리라ᄒᆞᆫᄃᆡ扶芬奴ㅣ獻策曰鮮卑ᄂᆞᆫ勇悍ᄒᆞ고ᄯᅩ愚蠢ᄒᆞ니力鬪치못ᄒᆞᆯ지라今에反間을設ᄒᆞ야我의國少兵弱ᄒᆞᆷ을示ᄒᆞ면彼가應當設備치아니ᄒᆞ리니臣이其隙을俟ᄒᆞ야間道로精兵을進ᄒᆞ고王은佯敗ᄒᆞ야彼로ᄒᆞ여곰空城來追케ᄒᆞ야臣은其城에入ᄒᆞ고王은回軍返擊ᄒᆞ면鮮卑ᄅᆞᆯ可克ᄒᆞ리이다ᄒᆞ거ᄂᆞᆯ王이其計ᄅᆞᆯ從ᄒᆞ엿더니鮮卑가

果然來追ᄒᆞ거ᄂᆞᆯ扶芬奴ㅣ其城에入ᄒᆞ야前後夾攻ᄒᆞ니鮮卑ㅣ計窮力盡ᄒᆞ야降服ᄒᆞᄂᆞᆫ지라王이扶芬奴ᄅᆞᆯ賞ᄒᆞ야食邑을予ᄒᆞᆫᄃᆡ扶芬奴ㅣ辭曰此ᄂᆞᆫ王의德이라臣이何功이有ᄒᆞ리오ᄒᆞ고不受ᄒᆞ거ᄂᆞᆯ王이이에黃金三十斤과良馬十匹을賜ᄒᆞ다

辛酉 (馬韓開國一百九十五年○新羅赫居世五十八年○高句麗琉璃王十九年○百濟溫祚王十九年○漢平帝元始元年○日皇垂仁三十年○西歷紀元元年)

癸亥 (馬韓開國一百九十七年○新羅赫居世六十年○高句麗琉璃王二十一年○百濟溫祚王二十一年○漢平帝元始三年○日皇垂仁三十二年○西歷紀元後三年) 三月에高句麗ㅣ國內城(今楚山北隔水淸國地라)에移都ᄒᆞ고尉那岩城을築ᄒᆞ다

甲子 (馬韓開國一百九十八年○新羅赫居世六十一年○高句麗琉璃王二十二年○百濟溫祚王二十二年○漢平帝元始四年○日皇垂仁三十三年○西歷紀元後四年) 三月에新羅王赫居世ㅣ崩ᄒᆞ고其後七日에王妃閼英이ᄯᅩᄒᆞᆫ崩ᄒᆞ거ᄂᆞᆯ子南解王南解ㅣ立ᄒᆞ야赫居世ᄅᆞᆯ蛇陵에葬ᄒᆞ다

戊辰

馬韓開國二百二十六年○新羅南解王四年○高句麗琉璃王二十六年○百濟溫祚王二十六年○漢孺子嬰初始元年○日皇垂仁三十七年○西曆紀元後八年 春正月에新羅王이長女로써昔脫解의게妻ᄒᆞ다脫解의身
長이九尺이오風神이秀朗ᄒᆞ고才識이過人ᄒᆞ더라○秋七月에百濟
王이諸將과議論ᄒᆞ야曰馬韓이漸漸疲弱ᄒᆞ야上下ㅣ離心ᄒᆞ니萬一
他人의并呑ᄒᆞᆫ비되면唇亡齒寒이라後悔莫及ᄒᆞ리니我ㅣ先取ᄒᆞᆷ이
可타ᄒᆞ고冬十月에出獵ᄒᆞᆫ다稱ᄒᆞ고潛師掩襲ᄒᆞ야其國을遂并ᄒᆞ니
오작圓山과錦峴(在今羅州郡)二城이固守不下ᄒᆞ다가翌年己巳에降ᄒᆞ거
ᄂᆞᆯ百濟ㅣ其民을漢山에移送ᄒᆞ니馬韓이亡ᄒᆞ다其後八年을經ᄒᆞ야
馬韓舊將周勤이箕氏의故國을興復고ᄌᆞᄒᆞ야起兵ᄒᆞ야百濟十谷城
(今谷山)을據ᄒᆞ거ᄂᆞᆯ百濟王이軍士五千을率ᄒᆞ고來攻ᄒᆞ니勤이力盡自
殺ᄒᆞ더라

戊寅

新羅南解王十四年○高句麗琉璃王三十六年○百濟溫祚王三十六年○漢王莽簒位十年○日皇垂仁四十七年○西曆紀元後十八年

夏에高句麗의屬ᄒᆞᆫ七國이新羅에投降ᄒᆞ다○冬十月에高句麗王이
崩ᄒᆞ고子大武神王無恤이立ᄒᆞ다

甲申

新羅南解王二十年○高句麗大武神王六年○百濟溫祚王四十二年○漢更始二年○日皇垂仁五十三年○西曆紀元後二十四年 秋
에新羅王이崩ᄒᆞ고子儒理王儒理ㅣ立ᄒᆞ다初에王이崩ᄒᆞᆯ時에儒理
와밋昔脫解의게遺言ᄒᆞ야曰我ㅣ死後에朴昔兩姓이年長으로써嗣
位ᄒᆞ라ᄒᆞ더니밋王이崩ᄒᆞ매儒理ㅣ脫解의게讓位ᄒᆞᆫ뒤脫解曰神器
ᄂᆞᆫ庸人의堪任ᄒᆞᆯ비아니라ᄒᆞ고固辭ᄒᆞ거ᄂᆞᆯ이에儒理王이即位ᄒᆞ다

戊子

新羅儒理王四年○高句麗大武神王十年○百濟溫祚王四十六年○東漢光武建武四年○日皇垂仁五十七年○西曆紀元後二十八年

二月에百濟始祖高溫祚ㅣ崩ᄒᆞ고子多婁王多婁ㅣ立ᄒᆞ다○秋七月
에漢이遼東兵을發ᄒᆞ야高句麗丸都(在今滿洲北鴨江ㅅ地)를攻ᄒᆞ거ᄂᆞᆯ麗人이
守城ᄒᆞᆫ지數旬에漢圍가不解ᄒᆞᄂᆞᆫ지라左輔(大官)乙豆智ㅣ獻策ᄒᆞ야曰
漢이我城中에無水ᄒᆞ다ᄒᆞ야久圍ᄒᆞᆷ이니맛당히池魚를水草로써包

壬辰

裏ᄒᆞ이漢軍을犒饋ᄒᆞ소서ᄒᆞ거ᄂᆞᆯ王이其計ᄅᆞᆯ從ᄒᆞ야漢軍에貽書ᄒᆞ야曰寡人이愚昧ᄒᆞᆷ으로貴國에開罪ᄒᆞ야將軍으로ᄒᆞ야곰百萬의師ᄅᆞᆯ弊境에暴露ᄒᆞ니今에厚意ᄅᆞᆯ答키難ᄒᆞ야敢히薄物로ᄡᅧ左右에供ᄒᆞ노라ᄒᆞᆫᄃᆡ於是에漢將이城內에有水ᄒᆞᆷ을知ᄒᆞ고猝拔키難ᄒᆞ다ᄒᆞ고引還ᄒᆞ니라○冬十一月에新羅王이國內ᄅᆞᆯ巡行ᄒᆞ다가老嫗가凍餒ᄒᆞᆷ을見ᄒᆞ고曰予ㅣ菲德으로ᄡᅧ民上에忝居ᄒᆞ야老幼로ᄒᆞ여곰此에至케ᄒᆞ엿다ᄒᆞ고因ᄒᆞ야有司ᄅᆞᆯ命ᄒᆞ야鰥寡孤獨을存問ᄒᆞ고또老病ᄒᆞ야自活키難ᄒᆞᆫ者ᄅᆞᆯ賑給ᄒᆞ니鄰國百姓이來者ㅣ甚衆ᄒᆞ더라

新羅儒理王八年○高句麗大武神王十四年○百濟多婁王四年○東漢光武建武八年○日皇垂仁六十一年○西曆紀元後三十二年○

夏四月에高句麗ㅣ樂浪을襲擊ᄒᆞ야受降ᄒᆞ다先是에王子好童이南沃沮에遊ᄒᆞᆯᄉᆡ樂浪王崔理ㅣ好童을愛ᄒᆞ야謂曰君의相貌ᄅᆞᆯ見ᄒᆞ니常人이아니라ᄒᆞ고드ᄃᆡ여其女로ᄡᅧ妻ᄒᆞ니時에樂浪에鼓角이有ᄒᆞ야

癸巳

만일敵兵이有ᄒᆞ면自鳴ᄒᆞᄂᆞᆫ지라好童이將還ᄒᆞᆯᄉᆡ其女ᄃᆞ려潛謂曰汝가武庫에入ᄒᆞ야鼓角을割破ᄒᆞ면我ㅣ汝ᄅᆞᆯ禮聘ᄒᆞ리라ᄒᆞᆫᄃᆡ女ㅣ곳武庫의鼓面과角口ᄅᆞᆯ裂割ᄒᆞ고好童의게報ᄒᆞ거ᄂᆞᆯ好童이歸ᄒᆞ야王을勸ᄒᆞ야樂浪을襲取ᄒᆞ니崔理ㅣ鼓角이不鳴ᄒᆞᆷ을見ᄒᆞ고設備치아니ᄒᆞ엿다가麗兵이城下에奄至ᄒᆞ거ᄂᆞᆯ그제야鼓角이皆破ᄒᆞᆷ을知ᄒᆞ고드ᄃᆡ여其女ᄅᆞᆯ殺ᄒᆞ고出降ᄒᆞ니라○十一月에高句麗王子好童이自殺ᄒᆞ다好童이容貌가甚美ᄒᆞ고王의게有寵ᄒᆞ더니至是ᄒᆞ야王의元妃가奪嫡ᄒᆞᆯ가恐ᄒᆞ야讒訴ᄒᆞ야曰好童이妾의게無禮코자ᄒᆞᆫ다ᄒᆞ니王이懷疑ᄒᆞᄂᆞᆫ지라或이好童을勸ᄒᆞ야自白ᄒᆞ라ᄒᆞᆫᄃᆡ好童曰此ᄂᆞᆫ母惡을顯ᄒᆞ고父憂ᄅᆞᆯ貽ᄒᆞᆷ이라ᄒᆞ고드ᄃᆡ여自殺ᄒᆞ니라

新羅儒理王九年○高句麗大武神王十五年○百濟多婁王五年○東漢光武建武九年○日皇垂仁六十二年○西曆紀元後三十三年○

二月에百濟王이國南州郡을命ᄒᆞ야비로소稻田을作ᄒᆞ다

壬寅

(新羅儒理王十八年○高句麗大武神王二十四年○百濟多婁王十四年○東漢光武建武十八年○日皇垂仁七十一年○西曆紀元後四十二年) 春三月에 駕洛國始祖金首露ㅣ立ᄒ다 初에 駕洛의 部落이 九가 有ᄒ야 各其酋長을 立ᄒ고 山野에 居ᄒ야 君臣位號가 無ᄒ더니 男子兄弟六人이 有ᄒ야 다 英偉ᄒ고 長은 曰首露니 首露ㅣ 其地에 開國ᄒ고 號曰伽耶(今金海郡이오 加耶는 駕洛의 同音을 異譯홈이라)라ᄒ고 其弟五人이 또 五伽耶主ㅣ되니 曰阿羅伽耶(今咸安郡) 曰古寧伽耶(今咸昌郡) 曰星山伽耶(今星州郡) 曰大伽耶(今高靈郡이니 日本이 謂之任那ㅣ라) 曰小伽耶(今固城郡)니 其地가 新羅西南에 在ᄒ야 總稱駕洛國이러라 首露ㅣ 城郭을 築ᄒ고 宮室을 營ᄒ며 許氏를 納ᄒ야 九子를 生ᄒ미 二子가 母姓을 從ᄒ니 今에 金海金氏와 밋 許氏가 다 其苗裔러라

駕洛國記에 曰 東漢建武二十四年에 駕洛의 許皇后ㅣ 阿踰陀國(今印度國)으로브터 渡海ᄒᆯ신 緋帆과 茜旗가 北指ᄒᄂᆞᆫ지라 首露王이 宮西에 幔殿을 設ᄒ고 迎候ᄒ다가 밋 后ㅣ 至ᄒ미 同輦入闕ᄒ야 后를 封ᄒ엿다ᄒ고 輿地勝覽에 曰 許皇后ᄂᆞᆫ 南天竺國王의 女라 大抵首露王이 몬져 印度로브터 駕洛에 來住ᄒ고 其夫人이 또ᄒᆞᆫ 繼至ᄒ엿다ᄒ나 荒誕ᄒ야 不可信이러라

其後에 王이 崩ᄒ니 年이 一百五十八歲오 其子居登이 立ᄒ야 新羅救援을 請ᄒ야 外寇를 防禦ᄒ고 其子를 送質ᄒ더니 居登이 卒ᄒ고 麻品과 居叱彌와 伊尸品을 歷ᄒ야 坐知가 立ᄒ미 女色을 貪ᄒ고 또 其黨을 寵任ᄒ야 國勢가 大亂ᄒ다가 其臣朴元道의 諫을 從ᄒ야 其女를 擯斥ᄒ니 此時에 新羅ㅣ 攻伐코ᄌᆞᄒ다가 王의 悔改홈을 見ᄒ고 其謀가 遂止ᄒ며 其後에 또 吹希와 銍知와 鉗知를 歷ᄒ고 仇衡에 至ᄒ야 新羅와 失和ᄒ야 其北境을 屢次見侵ᄒ야 能히 自主치 못ᄒ고 新羅法興王十八年에 畢竟新羅에 降ᄒ거ᄂᆞᆯ 羅王이 客禮로ᄡᅥ 待ᄒ고 其國을 賜ᄒ야

食邑을삼으니駕洛國이凡十世에歷年이四百九十一年이러라

甲辰 新羅儒理王二十年○高句麗大武神王二十六年○百濟多婁王十六年○東漢光武建武二十年○日皇垂仁七十三年○西歷紀元後四十四年

秋九月에漢이樂浪을取하야郡縣을作하니薩水今安州淸川江以北이다漢에屬하더라○冬十月에高句麗王이崩하고太子解憂ㅣ年幼하거늘國人이王의弟閔中王解邑朱를立하다

戊申 新羅儒理王二十四年○高句麗閔中王四年○百濟多婁王二十年○東漢光武建武二十四年○日皇垂仁七十七年○西歷紀元後四十八年

春에高句麗王이崩하고其侄慕本王解憂ㅣ立하다○高句麗ㅣ漢의北平漁陽上谷太原等地를襲取하엿다가既而오漢으로더브러和親하다

癸丑 新羅儒理王二十九年○高句麗慕本王五年○百濟多婁王二十五年○東漢光武建武二十九年○日皇垂仁八十二年○西歷紀元後五十三年

高句麗王이暴虐無道하야坐하면人을藉하고臥하면枕하다가人이或動搖하면곳殺하며群臣의諫하는者는射殺하더니其後에其臣杜魯ㅣ王을侍하엿다가見殺할가恐하야王을弑하거늘國人이琉璃王의曾孫太祖王宮을立하니年이七歲라太后ㅣ垂簾聽政하니라

丁巳 新羅儒理王三十三年○高句麗太祖王四年○百濟多婁王二十九年○東漢光武中元二年○日皇垂仁八十六年○西歷紀元後五十七年

冬十月에新羅王이崩하고南解王의婿脫解王昔脫解ㅣ立하다先是에王이不豫하샤臣僚를囑하야曰脫解는國戚이오功名을歷著하야朕의二子가其才를不逮하고또先君의命이有하시니朕이死한後에大位에即케하라하더라

乙丑 新羅脫解王八年○高句麗太祖王十二年○百濟多婁王三十七年○東漢明帝永平八年○日皇垂仁九十四年○西歷紀元後六十五年

春三月에新羅王이小兒閼智로써太子를삼다先是에王이夜坐하엿다가金城西偏始林間에鷄聲이有함을聞하고大輔官名瓠公을遣하야視하니金櫝이樹梢에掛하고白鷄가其下에서鳴하거늘其櫝을開하니小兒ㅣ有하야姿貌가奇偉한지라王이喜曰此는天이子를與하심

이라ᄒᆞ고名ᄒᆞ야曰閼智라ᄒᆞ니閼智ᄂᆞᆫ方言에小兒오其金櫝에서出ᄒᆞ엿다ᄒᆞ야姓은金이오鷄鳴의祥이有ᄒᆞᆷ으로ᄡᅥ始林을改ᄒᆞ야鷄林이라ᄒᆞ고因ᄒᆞ야國號ᄅᆞᆯ稱ᄒᆞ다

丙子 新羅脫解王十九年○高句麗太祖王二十三年○百濟多婁王四十八年○東漢章帝建初元年○日皇景行六年○西曆紀元後七十六年

九月에百濟王이崩ᄒᆞ고子己婁王己婁ㅣ立ᄒᆞ다

庚辰 新羅脫解王二十三年○高句麗太祖王二十七年○百濟己婁王四年○東漢章帝建初五年○日皇景行十年○西曆紀元後八十年

秋八月에新羅王이崩ᄒᆞ고儒理王의第二子婆娑王婆娑ㅣ立ᄒᆞ다

辛丑 新羅婆娑王二十一年○高句麗太祖王四十八年○百濟己婁王二十五年○東漢和帝永元十三年○日皇景行三十一年○西曆紀元後百一年

春二月에新羅ㅣ城을金城東南에築ᄒᆞ고號曰月城慶州郡東이라ᄒᆞ니周가一千二十三步라秋七月에王이移居ᄒᆞ다

壬子 新羅婆娑王三十二年○高句麗太祖王五十九年○百濟己婁王三十六年○東漢安帝永初六年○日皇景行四十二年○西曆紀元後百十二年

冬十月에新羅王이崩ᄒᆞ고子祗摩王祗摩ㅣ立ᄒᆞ다

戊午 新羅祗摩王六年○高句麗太祖王六十五年○百濟己婁王四十八年○東漢安帝元初五年○日皇景行四十八年○西曆紀元後百十八年

夏六月에高句麗王이濊貊으로더브러漢玄菟ᄅᆞᆯ襲ᄒᆞ야華麗城을攻ᄒᆞ다濊貊은朝鮮의地라南北은辰韓과沃沮ᄅᆞᆯ接ᄒᆞ고東은大海오西ᄂᆞᆫ樂浪이라漢武帝元朔五年에濊君南閭ㅣ朝鮮을畔ᄒᆞ야其民을率ᄒᆞ고遼東에降ᄒᆞ거ᄂᆞᆯ漢이其地로ᄡᅥ滄海郡을삼고建武中에其渠帥ᄅᆞᆯ封ᄒᆞ야縣侯ᄅᆞᆯ拜ᄒᆞ고朝貢케ᄒᆞ엿더니王是ᄒᆞ야玄菟ᄅᆞᆯ襲取ᄒᆞ니漢忠州刺史馬㷔과玄菟太守姚光과遼東太守蔡諷等이高句麗ᄅᆞᆯ侵略ᄒᆞ고濊貊의將帥ᄅᆞᆯ擊殺ᄒᆞ고兵仗과財物을盡奪ᄒᆞᄂᆞᆫ지라麗王이이에其弟遂成으로ᄒᆞ여곰軍士二千餘人을率ᄒᆞ야漢軍을邀擊ᄒᆞ고가만이奇兵을遣ᄒᆞ야西玄菟와遼東의二郡을焚ᄒᆞ고翌年에ᄯᅩ馬韓과밋濊貊人으로더브러遼東을伐ᄒᆞ다

丁卯 新羅祗摩王十五年○高句麗太祖王七十四年○百濟己婁王五十一年○東漢順帝永建二年○日皇景行五十七年○西曆紀元後百二十

甲戌 七年 百濟王이崩ᄒᆞ고子蓋婁王蓋婁ㅣ立ᄒᆞ다

新羅逸聖王二十一年○高句麗太祖王八十一年○百濟蓋婁王七年 東漢順帝陽嘉三年○日皇成務四年○西曆紀元後百三十四年

秋八月에新羅王이崩ᄒᆞ고無子ᄒᆞ거ᄂᆞᆯ儒理王太子逸聖王逸聖이立ᄒᆞ다

丙戌 ○新羅逸聖王十二年○高句麗太祖王九十三年○百濟蓋婁王十九年 ○東漢質帝本初元年○日皇成務十六年○西曆紀元後百四十六年

高句麗王이其弟遂成의게傳位ᄒᆞ니此ᄂᆞᆫ次大王이라先是에左輔高福章이太祖王을勸ᄒᆞ야曰遂成이反意가有ᄒᆞ야大王의子孫을害ᄒᆞ리니請컨ᄃᆡ誅ᄒᆞ소셔ᄒᆞᆫᄃᆡ王이不聽ᄒᆞ더니밋遂成이受禪ᄒᆞᄆᆡ高福章을殺ᄒᆞ고또太祖王의元子莫根을殺ᄒᆞ니其弟莫德이其手에死ᄒᆞᆯ가恐ᄒᆞ야自經ᄒᆞ니라

甲午 新羅逸聖王二十年○高句麗次大王八年○百濟蓋婁王二十七年 東漢桓帝永興二年○日皇成務二十四年○西曆紀元後百五十四年

春二月에新羅王이崩ᄒᆞ다王이在位時에政事堂을置ᄒᆞ고隄防을修ᄒᆞ야田野를闢ᄒᆞ고또民을命ᄒᆞ야金銀珠를不用케ᄒᆞ더라子阿達羅王阿達羅ㅣ立ᄒᆞ다

乙巳 新羅阿達羅王十一年○高句麗次大王十九年○百濟蓋婁王三十八年 ○東漢桓帝延熹八年○日皇成務三十五年○西曆紀元後百六十五年

高句麗前王이崩ᄒᆞ니年이百十九歲러라○高句麗王遂成이無道ᄒᆞ거ᄂᆞᆯ明臨答夫ㅣ弒ᄒᆞ고王의弟伯固를立ᄒᆞ니此ᄂᆞᆫ新大王이라先是에伯固ㅣ禍가及ᄒᆞᆯ가恐ᄒᆞ야山谷에遁ᄒᆞ엿다가至是ᄒᆞ야羣臣이迎立ᄒᆞ거ᄂᆞᆯ王이明臨答夫로ᄡᅥ國相을拜ᄒᆞ고前王太子鄒安으로讓國君을封ᄒᆞ다

丙午 ○新羅阿達羅王十二年○高句麗新大王元年○百濟蓋婁王三十九年 ○東漢桓帝延熹九年○日皇成務三十六年○西曆紀元後百六十六年

百濟王이崩ᄒᆞ고子肖古王肖古ㅣ立ᄒᆞ다先是에蓋婁王이其臣都彌의妻가艶美ᄒᆞᆷ을聞ᄒᆞ고몬져近臣으로ᄒᆞ여곰거짓王의衣裝을飾ᄒᆞ고都彌의妻를私코자ᄒᆞ니妻ㅣ更衣ᄒᆞᆫ다稱ᄒᆞ고一婢를假裝ᄒᆞ야

蒿枕ᄒᆞ거ᄂᆞᆯ王이見欺ᄒᆞᆷ을怒ᄒᆞ야都彌ᄅᆞᆯ罪로뻐譴ᄒᆞ야兩目을矐ᄒᆞ고小船에置ᄒᆞ야河水에泛ᄒᆞ고다시其妻ᄅᆞᆯ亂코자ᄒᆞ니妻ㅣ曰今에良人이已逝ᄒᆞ엿스니妾이맛당히大王을事ᄒᆞᆯ지라然이나今에月事가有ᄒᆞ니請컨ᄃᆡ他日을竢ᄒᆞ소셔ᄒᆞ거ᄂᆞᆯ王이許諾ᄒᆞ엿더니妻ㅣ江口에逃至ᄒᆞ야其夫ᄅᆞᆯ遇ᄒᆞ야드ᄃᆡ여高句麗에同奔ᄒᆞ니라

壬子

新羅阿達羅王十八年○高句麗新大王七年○百濟肖古王六年○東漢靈帝熹平元年○日皇成務四十二年○西歷紀元後百七十二年

冬十一月에漢玄菟太守耿臨이大兵을率ᄒᆞ고高句麗ᄅᆞᆯ攻ᄒᆞ거ᄂᆞᆯ明臨答夫ㅣ嬰城固守ᄒᆞ다가그引還ᄒᆞᆷ을乘ᄒᆞ야追戰大破ᄒᆞ니耿臨이匹馬로不返ᄒᆞ니라

己未

新羅阿達羅王二十五年○高句麗新大王十四年○百濟肖古王十三年○東漢靈帝光和二年○日皇成務四十九年○西歷紀元後百七十九年

高句麗王이崩ᄒᆞ고太子男武ㅣ立ᄒᆞ니此ᄂᆞᆫ故國川王이라王의姿表가雄偉ᄒᆞ고事ᄅᆞᆯ臨ᄒᆞ야寬猛이得中ᄒᆞ며于氏ᄅᆞᆯ立ᄒᆞ야后ᄅᆞᆯ삼다

甲子

新羅阿達羅王三十一年○高句麗故國川王五年○百濟肖古王十八年○東漢靈帝中平元年○日皇成務五十四年○西歷紀元後百八十四年

春三月에新羅王이崩ᄒᆞ고無嗣ᄒᆞ거ᄂᆞᆯ國人이脫解王의孫伐休王伐休ᄅᆞᆯ立ᄒᆞ다王이風雲을占ᄒᆞ야水旱과豐儉을預知ᄒᆞ며또能히人의邪正을知ᄒᆞᄂᆞᆫ지라世人이聖王이라稱ᄒᆞ더라

辛未

新羅伐休王七年○高句麗故國川王十二年○百濟肖古王二十五年○東漢獻帝初平二年○日皇成務六十一年○西歷紀元後百九十一年

高句麗處士乙巴素ㅣ鴨綠谷에隱居ᄒᆞ야性質이剛毅ᄒᆞ고智慮가淵深ᄒᆞ거ᄂᆞᆯ麗臣晏留ㅣ王ᄭᅴ薦ᄒᆞᆫᄃᆡ王이卑辭重禮로뻐聘請ᄒᆞ야國相을拜ᄒᆞ엿더니貴戚大臣이다忌嫉ᄒᆞᄂᆞᆫ지라王曰國相을不從ᄒᆞᄂᆞᆫ者ᄂᆞᆫ貴賤을毋論ᄒᆞ고다族誅ᄒᆞ리라ᄒᆞᆫᄃᆡ巴素ㅣ그知遇ᄅᆞᆯ感激ᄒᆞ야政敎ᄅᆞᆯ明ᄒᆞ고賞罰을愼ᄒᆞ니人民이安業ᄒᆞ고內外가無事ᄒᆞ거ᄂᆞᆯ王이이에晏留ᄅᆞᆯ厚賞ᄒᆞ다

甲戌

新羅伐休王十年○高句麗故國川王十五年○百濟肖古王二十八年○東漢獻帝興平元年○日皇仲哀三年○西歷紀元後百九十四年

冬十月에高句麗ㅣ처음으로賑貸法을立ᄒᆞ다先是에麗王이出獵ᄒᆞ다가哭者를見ᄒᆞ고問ᄒᆞᆫᄃᆡ對曰臣이貧窮ᄒᆞ야傭力養母ᄒᆞ더니今年이歲가不登ᄒᆞ야養母키難ᄒᆞ다ᄒᆞ거ᄂᆞᆯ王曰此ᄂᆞᆫ朕의罪라ᄒᆞ고곳下令ᄒᆞ야每歲三月로브터七月ᄭᆞ지官穀을出ᄒᆞ야百姓의게賑貸ᄒᆞ엿다가冬月歲熟後에輪還케ᄒᆞ야恒式을定ᄒᆞ니百姓이大悅ᄒᆞ더라

丙子 新羅伐休王十二年○高句麗故國川王十七年○百濟肖古王三十年○東漢獻帝建安元年○日皇仲哀五年○西歷紀元後百九十六年

夏四月에新羅王이崩ᄒᆞ고王의第二子伊買의子奈解王奈解ㅣ立ᄒᆞ다○五月에高句麗王이崩ᄒᆞ고無嗣ᄒᆞ거ᄂᆞᆯ王后于氏ㅣ遺命을矯ᄒᆞ야王의弟延優를立ᄒᆞ니此ᄂᆞᆫ山上王이라初에王이崩ᄒᆞ거ᄂᆞᆯ后ㅣ發喪치아니ᄒᆞ고夜에王弟發岐의게往ᄒᆞ야謂曰王이無後ᄒᆞ니子ㅣ嗣立ᄒᆞ라ᄒᆞ거ᄂᆞᆯ發岐ㅣ責曰婦人의夜行이禮乎아ᄒᆞᆫᄃᆡ后ㅣ慚ᄒᆞ야다시延優의第에至ᄒᆞ니延優ㅣ迎入ᄒᆞ야禮待가極厚ᄒᆞ거ᄂᆞᆯ后ㅣ곳延優의게手로引ᄒᆞ고入宮ᄒᆞ야翌日에立ᄒᆞ니發岐ㅣ곳遼東太守公孫度의게請兵ᄒᆞ야延優를攻ᄒᆞ다가不克ᄒᆞ고死ᄒᆞ거ᄂᆞᆯ延優ㅣ이에于氏로立ᄒᆞ야后를삼더라

己丑 新羅奈解王十三年○高句麗山上王三年○百濟肖古王四十三年○東漢獻帝建安十四年○日后攝政九年○西歷紀元後二百九年

冬十月에高句麗ㅣ丸都滿浦北地에移都ᄒᆞ다

甲午 新羅奈解王十八年○高句麗山上王十八年○百濟肖古王四十八年○東漢獻帝建安十九年○日后攝政十四年○西歷紀元後二百十四年

年秋九月에百濟王이崩ᄒᆞ고子仇首王仇首ㅣ立ᄒᆞ다

丁未 新羅奈解王三十二年○高句麗山上王三十一年○百濟仇首王十三○蜀漢後帝建興五年○日后攝政二十七年○西歷紀元後二百二十七年

夏五月에高句麗王이崩ᄒᆞ고太子憂位居ㅣ立ᄒᆞ니此ᄂᆞᆫ東川王이라性이寬仁ᄒᆞ거ᄂᆞᆯ王后ㅣ其心을試코자ᄒᆞ야王이出遊ᄒᆞᆯ時에人으로ᄒᆞ여곰路馬의鬣을截ᄒᆞᆫᄃᆡ王이還宮ᄒᆞ야曰馬가鬣이無ᄒᆞ니可憐ᄒᆞ다ᄒᆞ고ᄯᅩ侍者로ᄒᆞ여곰進食ᄒᆞᆯ時에거짓羹을衣上에覆ᄒᆞᆫᄃᆡ王

이또혼不怒ᄒᆞ더라

庚戌 新羅奈解王三十四年○高句麗東川王三年○百濟仇首王十六年○蜀漢後帝建興八年○日后攝政三十年○西歷紀元後二百三十年○

春三月에新羅王이崩ᄒᆞ고遺命으로其婿助賁王助賁이立ᄒᆞ니助賁은伐休王에孫이러라

癸丑 新羅助賁王三年○高句麗東川王六年○百濟仇首王十九年○蜀漢後帝建興十一年○日后攝政三十三年○西歷紀元後二百三十三年

夏五月에日人이新羅를侵犯ᄒᆞ거ᄂᆞᆯ伊飡于老ㅣ迎戰ᄒᆞ다가風을乘ᄒᆞ야縱火ᄒᆞ니日兵이赴水ᄒᆞ야盡死ᄒᆞ더라

甲寅 新羅助賁王四年○高句麗東川王七年○百濟仇首王二十年○蜀漢後帝建興十二年○日后攝政三十四年○西歷紀元後二百三十四年

魏主曹叡ㅣ使臣을遣ᄒᆞ야高句麗에來ᄒᆞ다○秋九月에百濟王이崩ᄒᆞ거ᄂᆞᆯ國人이肖古王母弟古爾王古爾를立ᄒᆞ다

丙辰 新羅助賁王六年○高句麗東川王九年○百濟古爾王二年○蜀漢後帝建興十四年○日后攝政三十六年○西歷紀元後二百三十六年

吳主孫權이胡衛를遣ᄒᆞ야高句麗와通和코ᄌᆞᄒᆞ거ᄂᆞᆯ王이其使를斬ᄒᆞ야首를魏에傳ᄒᆞ고翌年秋에魏에遣使ᄒᆞ야改元을賀ᄒᆞ고後에또其臣大加로ᄒᆞ여곰軍士千人을率ᄒᆞ고魏를助ᄒᆞ야公孫淵을伐ᄒᆞ다

壬戌 新羅助賁王十二年○高句麗東川王十五年○百濟古爾王八年○蜀漢後帝延熙五年○日后攝政四十二年○西歷紀元後二百四十二年

高句麗王이遂東과西安平을襲破ᄒᆞ엿더니其後二年에魏ㅣ幽州刺史毋丘儉을遣ᄒᆞ야高句麗丸都城을攻陷ᄒᆞ거ᄂᆞᆯ麗王이出奔ᄒᆞ엿더니東部人紐由ㅣ魏營에詐降ᄒᆞ야魏將을刺殺ᄒᆞ고드듸여俱死ᄒᆞ니魏軍이大亂ᄒᆞᄂᆞᆫ지라王이이에三道進兵ᄒᆞ야魏軍을大破ᄒᆞ고다시還都ᄒᆞ더라

丁卯 新羅助賁王十七年○高句麗東川王二十年○百濟古爾王十三年○蜀漢後帝延熙十七年○日后攝政四十七年○西歷紀元後二百四十七年

春二月에高句麗ㅣ平壤城을築ᄒᆞ고移都ᄒᆞ다○夏五月에新羅王이崩ᄒᆞ고母弟沾解王沾解ㅣ立ᄒᆞ다

戊辰 新羅沾解王元年○高句麗東川王二十一年○百濟古爾王十四年○蜀漢後帝延熙十一年○日后攝政四十八年○西歷紀元後二百四十

八年 秋九月에高句麗王이崩ᄒᆞ고子中川王然弗이立ᄒᆞ야前王을東川
에葬ᄒᆞ니國人이莫不哀傷ᄒᆞ야至於自殺ᄒᆞᄂᆞᆫ者ㅣ有ᄒᆞ더라

己卯 新羅沾解王十二年○高句麗中川王十一年○百濟古爾王二十五年○蜀漢後帝景耀二年○日后攝政五十九年○西歷紀元後二百五十
九年 冬十二月에高句麗王이杜訥谷에敗ᄒᆞᆯ시魏將尉遲楷ㅣ襲擊ᄒᆞ거
ᄂᆞᆯ王이精騎五千을發ᄒᆞ야魏兵을大破ᄒᆞ고八千餘級을斬ᄒᆞ다

辛巳 新羅沾解王十四年○高句麗中川王十三年○百濟古爾王二十七年○蜀漢後帝景耀四年○日后攝政六十一年○西歷紀元後二百六十
一年 新羅王이崩ᄒᆞ고無嗣ᄒᆞ거ᄂᆞᆯ國人이助賁王의婿味鄒王金味鄒를
立ᄒᆞ니곳閼智의七世孫이러라○百濟ㅣ犯贓法을立ᄒᆞ야官人의受
財와밋貪盜ᄒᆞᄂᆞᆫ者ᄂᆞᆫ其贓을三倍徵出ᄒᆞ고禁錮終身ᄒᆞ다

庚寅 新羅味鄒王九年○高句麗中川王二十二年○百濟古爾王三十六年○晋武帝泰始六年○日皇應神元年○西歷紀元後二百七十年 冬
十月에高句麗王이崩ᄒᆞ고子西川王藥盧ㅣ立ᄒᆞ야爲人이聰明仁慈
ᄒᆞ니國人이愛戴ᄒᆞ더라○新羅臣寮ㅣ宮室을改築코ᄌᆞᄒᆞ거ᄂᆞᆯ王이

民力의勞苦를念ᄒᆞ야不聽ᄒᆞ다

甲辰 新羅味鄒王二十三年○高句麗西川王十四年○百濟古爾王五十一○晋武帝太康五年○日皇應神十五年○西歷紀元後二百八十四年
冬十月에新羅王이崩ᄒᆞ고儒禮王昔儒禮ㅣ立ᄒᆞ니此ᄂᆞᆫ助賁王의長
子러라

丙午 新羅儒禮王二年○高句麗西川王十六年○百濟古爾王五十二年○晋武帝太康七年○日皇應神十七年○西歷紀元後二百八十六年
冬十一月에百濟王이崩ᄒᆞ고子責稽王責稽ㅣ立ᄒᆞ다○高句麗ㅣ帶
方今黃海道東오京畿西라이을伐ᄒᆞ니帶方이百濟의게求救ᄒᆞ거ᄂᆞᆯ百濟王이出
師救援ᄒᆞ다

壬子 新羅儒禮王八年○高句麗西川王二十二年○百濟責稽王六年○晋惠帝元康二年○日皇應神二十三年○西歷紀元後二百九十二年
春에高句麗王이崩ᄒᆞ고子烽上王相夫ㅣ立ᄒᆞ다王이卽位後에其叔
父安國君達賈와밋其弟咄固를忌嫉ᄒᆞ야罪로ᄡᅥ誣殺ᄒᆞ다先是에肅
愼國이來侵ᄒᆞ거ᄂᆞᆯ達賈ㅣ掩擊大破ᄒᆞ고檀盧城을進拔ᄒᆞ야酋長을

殺ᄒᆞ고其民六百餘戶ᄅᆞᆯ扶餘에遷ᄒᆞ고또梁貊(梁貊은貊의一種이니라)을破ᄒᆞ니自後로國人이크게倚望ᄒᆞ더니이에無罪被殺ᄒᆞᆷ을見ᄒᆞ고다哀傷ᄒᆞ야曰肅愼梁貊의役에安國君이아니면吾等이엇지免禍ᄒᆞ리오ᄒᆞ고流涕相吊치아니ᄒᆞᄂᆞᆫ者ㅣ無ᄒᆞ더라○燕慕容廆ㅣ高句麗ᄅᆞᆯ侵犯ᄒᆞ야西川王의塚을發掘ᄒᆞ다가壙內에樂聲이出ᄒᆞ거ᄂᆞᆯ神靈이有ᄒᆞ다ᄒᆞ고大懼ᄒᆞ야引退ᄒᆞ니라

戊午 (新羅儒禮王十四年○高句麗烽上王六年○百濟責稽王十二年○晉惠帝元康八年○日皇應神二十九年○西歷紀元後二百九十八年)

秋에貊人이百濟ᄅᆞᆯ攻ᄒᆞ거ᄂᆞᆯ王이親히禦敵ᄒᆞ다가見殺ᄒᆞ고子汾西王汾西ㅣ立ᄒᆞ다○高句麗王이宮室을增築ᄒᆞᆷ셔窮極奢侈ᄒᆞ야百姓이困悴ᄒᆞ며羣臣이諫爭ᄒᆞ야도不聽ᄒᆞ더니其後國相倉助利ㅣ다시極諫ᄒᆞᆫᄃᆡ王이怒曰國相이寡人을謗ᄒᆞ야百姓의게要譽ᄒᆞᆷ이라ᄒᆞ거ᄂᆞᆯ助利ㅣ王의不悛ᄒᆞᆷ을知ᄒᆞ고國人을糾合ᄒᆞ야王을別宮에幽ᄒᆞ니王이自殺ᄒᆞᄂᆞᆫ지라助利ㅣ이에乙弗을立ᄒᆞ야王을삼으니此ᄂᆞᆫ美川王이오西川王의孫이라初에烽上王이乙弗의父咄固ㅣ異心이有ᄒᆞ다ᄒᆞ고賜死ᄒᆞ거ᄂᆞᆯ乙弗이野에遁ᄒᆞ야人家傭作이되얏다가또鹽買가되야艱苦ᄅᆞᆯ備嘗ᄒᆞ더니今에迎立ᄒᆞ니라○冬十二月에新羅王이崩ᄒᆞ고其侄基臨王基臨이立ᄒᆞ야日本으로더부러交聘ᄒᆞ다

甲子 (新羅基臨王六年○高句麗美川王四年○百濟汾西王六年○晉惠帝永興元年○日皇應神三十五年○西歷紀元後三百四年)

春二月에百濟ㅣ樂浪의西縣을襲破ᄒᆞ엿더니冬十月에樂浪太守ㅣ刺客을遣ᄒᆞ야百濟王을殺ᄒᆞ거ᄂᆞᆯ國人이仇首王의子比流王比流ᄅᆞᆯ立ᄒᆞ다

庚午 (新羅基臨王十二年○高句麗美川王十年○百濟比流王六年○晉懷帝永嘉四年○日皇應神四十一年○西歷紀元後三百十年)

夏五月에新羅王이崩ᄒᆞ고無嗣ᄒᆞ거ᄂᆞᆯ羣臣이角干(官名)의子訖解ᄅᆞᆯ立ᄒᆞ야王을삼으니此ᄂᆞᆫ訖解王이라越三年에日本이請婚ᄒᆞ거ᄂᆞᆯ王이阿飡

(官名) 急利의女로ᄡᅥ許ᄒᆞ다

辛卯 (新羅訖解王二十一年○高句麗美川王三十一年○百濟比流王二十七年○東晉成帝咸和六年○日皇仁德十九年○西曆紀元後三百三十一年) 春二月에高句麗王이崩ᄒᆞ고子故國原王斯由ㅣ立ᄒᆞ다

壬寅 (新羅訖解王三十二年○高句麗故國原王十一年○百濟比流王三十八年○東晉成帝咸康八年○日皇仁德三十年○西曆紀元後三百四十二年) 秋八月에高句麗ㅣ丸都城을修葺ᄒᆞ고移居ᄒᆞ다가또東黃城(平壤府東山)에遷都ᄒᆞ다○先是에高句麗ㅣ遼東을攻ᄒᆞ엿더니至是ᄒᆞ야燕王慕容皝이高句麗ᄅᆞᆯ攻陷ᄒᆞ고王太后와밋王妃ᄅᆞᆯ擄ᄒᆞ고前王의墓ᄅᆞᆯ發ᄒᆞ야屍ᄂᆞᆯ載歸ᄒᆞ거ᄂᆞᆯ翌年에高句麗ㅣ其弟ᄅᆞᆯ燕國에遣ᄒᆞ야和親을請ᄒᆞ고年貢을輸ᄒᆞ니燕이其屍ᄅᆞᆯ還ᄒᆞ고太后ᄂᆞᆫ留質ᄒᆞ엿다가其後七年에遣還ᄒᆞ니라

甲辰 (新羅訖解王三十四年○高句麗故國原王十三年○百濟比流王四十年○東晉康帝建元二年○日皇仁德三十二年○西曆紀元後三百四十四年) 春二月에日本이新羅에遣使ᄒᆞ야請婚ᄒᆞ거ᄂᆞᆯ不答ᄒᆞ엿더니其後에日本이移書絕交ᄒᆞ더라○冬十月에百濟王이崩ᄒᆞ고汾西王長子契王契ㅣ立ᄒᆞ다

丙午 (新羅訖解王三十六年○高句麗故國原王十五年○百濟契王二年○東晉穆帝永和二年○日皇仁德三十四年○西曆紀元後三百四十六年) 秋九月에百濟王이崩ᄒᆞ고比流王第二子近肖古王近肖古ㅣ立ᄒᆞ다○日本이新羅金城(在今慶州)을來圍ᄒᆞ거ᄂᆞᆯ王이閉門不出ᄒᆞ니日兵이食盡ᄒᆞ야撤退ᄒᆞᄂᆞᆫ지라王이康世로ᄒᆞ여곰勁騎ᄅᆞᆯ發ᄒᆞ야擊敗ᄒᆞ다

丙辰 (新羅訖解王四十六年○高句麗故國原王二十五年○百濟近肖古王十年○東晉穆帝永和十二年○日皇仁德四十四年○西曆紀元後三百五十六年) 夏四月에新羅王이崩ᄒᆞ고無嗣ᄒᆞ거ᄂᆞᆯ國人이味鄒王의姪奈勿王奈勿을立ᄒᆞ니自此로昔氏의祀ㅣ遂絕ᄒᆞ다

甲子 (新羅奈勿王八年○高句麗故國原王三十三年○百濟近肖古王十八年○東晉哀帝興寧二年○日皇仁德五十二年○西曆紀元後三百六十四年) 夏四月에日本이新羅ᄅᆞᆯ侵犯ᄒᆞ거ᄂᆞᆯ王이草偶人으로ᄡᅥ兵器ᄅᆞᆯ執ᄒᆞ고吐含山(在慶州東)下에羅列ᄒᆞ야疑兵을삼고勇士ᄅᆞᆯ斧峴東原에埋

伏ᄒᆞ엿더니日兵이恃勇輕進ᄒᆞ다가伏兵이出其不意ᄒᆞ야擊殺殆盡ᄒᆞ다

己巳 新羅奈勿王十三年○高句麗故國原王三十八年○百濟近肖古王二十三年○東晉帝奕太和四年○日皇仁德五十七年○西歷紀元後三百六十九年 秋九月에高句麗王이步騎二萬을率ᄒᆞ고百濟를伐ᄒᆞ니百濟ㅣ其太子로ᄒᆞ여곰迎戰ᄒᆞ야麗兵五千餘級을獲ᄒᆞ고越二年에百濟ㅣ高句麗平壤城을攻ᄒᆞ거ᄂᆞᆯ麗王이拒戰ᄒᆞ다가流矢를中ᄒᆞ야崩ᄒᆞ고子小獸林王丘夫ㅣ立ᄒᆞ다○百濟ㅣ漢山城今漢陽에移都ᄒᆞ다

壬申 新羅奈勿王十六年○高句麗小獸林王元年○百濟近肖古王二十六年○東晉簡文帝咸安二年○日皇仁德六十年○西歷紀元後三百七十二年 夏六月에秦王符堅이高句麗에遣使ᄒᆞ야浮屠順道와밋佛像佛經을送ᄒᆞ니東方의佛法이自此로始ᄒᆞ니라○高句麗ㅣ太學을立ᄒᆞ야子弟를敎ᄒᆞ다

癸酉 新羅奈勿王十七年○高句麗小獸林王二年○百濟近肖古王二十七年○東晉孝武帝寧康元年○日皇仁德六十一年○西歷紀元後三百七十三年 春에百濟禿山城在水原南主ㅣ人民三百餘로ᄡᅥ新羅에來附ᄒᆞ거ᄂᆞᆯ王이六部에分居케ᄒᆞ엿더니百濟王이致書ᄒᆞ야責讓曰我兩國이和好ᄒᆞ야兄弟를結ᄒᆞ엿거ᄂᆞᆯ今에王이我의叛民을納ᄒᆞ니此ᄂᆞᆫ和誼를不顧ᄒᆞᆷ이라請컨ᄃᆡ其民을遣還ᄒᆞ라ᄒᆞ거ᄂᆞᆯ王이答曰民은常心이無ᄒᆞ야君이愛懷ᄒᆞ면來ᄒᆞ고殘虐ᄒᆞ면去ᄒᆞᆷ이곳常理라王은百姓을不恤ᄒᆞ고다만寡人을責ᄒᆞᆷ이可乎아ᄒᆞᆫᄃᆡ百濟王이다시敢言치못ᄒᆞ더라○高句麗ㅣ비로소律令을頒行ᄒᆞ다○百濟ㅣ高興으로ᄡᅥ博士를拜ᄒᆞ니百濟ㅣ開國以來로文字가未有ᄒᆞ다가至是ᄒᆞ야비로소書記를置ᄒᆞ니라

乙亥 新羅奈勿王十九年○高句麗小獸林王四年○百濟近肖古王二十九年○東晉孝武帝寧康三年○日皇仁德六十三年○西歷紀元後三百七十五年 秋七月에高句麗ㅣ百濟十谷城今谷山을攻ᄒᆞ거ᄂᆞᆯ百濟ㅣ遣將拒戰ᄒᆞ다○冬十一月에百濟王이崩ᄒᆞ고子近仇首王近仇首ㅣ立ᄒᆞ다

戊寅

(○新羅奈勿王二十二年○高句麗小獸林王七年○百濟近仇首王三年○東晉孝武帝太元三年○日皇仁德六十六年○西歷紀元後三百七十八年)秋九月에契丹이高句麗를犯ᄒᆞ야北邊八部落을陷ᄒᆞ다○新羅ㅣ秦에遣使ᄒᆞ다

甲申

(新羅奈勿王二十八年○高句麗小獸林王十三年○百濟近仇首王九年○東晉孝武帝太元九年○日皇仁德七十二年○西歷紀元後三百八十四年)夏四月에百濟王이崩ᄒᆞ고子枕流王枕流ㅣ立ᄒᆞ다○秋七月에百濟ㅣ使臣을晉에遣ᄒᆞ다○九月에胡僧摩難羅陀ㅣ晉으로브터百濟에至ᄒᆞ거ᄂᆞᆯ王이禮로ᄡᅥ迎接ᄒᆞ다○冬十一月에高句麗王이崩ᄒᆞ고母弟故國讓王伊連이立ᄒᆞ야翌年에軍士四萬을發ᄒᆞ야遼東玄菟를攻陷ᄒᆞ고男女一萬을擄還ᄒᆞ다○百濟王이崩ᄒᆞ고弟辰斯王辰斯ㅣ立ᄒᆞ다

壬辰

(新羅奈勿王三十六年○高句麗故國讓王八年○百濟辰斯王八年○東晉孝武帝太元十七年○日皇仁德八十年○西歷紀元後三百九十二年)春에高句麗王이崩ᄒᆞ고子廣開土王談德이立ᄒᆞ다○百濟王이崩

ᄒᆞ고枕流王의子阿莘王阿莘이立ᄒᆞ다○夏五月에日本이新羅金城을來圍ᄒᆞ거ᄂᆞᆯ將士ㅣ다出戰코자ᄒᆞᆫ디王曰今에賊이捨舟深入ᄒᆞ야死戰코자ᄒᆞ니其鋒을不可當이라ᄒᆞ고이에閉城固守ᄒᆞ더니밋日兵이退ᄒᆞ거ᄂᆞᆯ王이몬저勇騎二百을遣ᄒᆞ야其歸路를遮截ᄒᆞ고ᄯᅩ步卒一千으로ᄡᅥ禿山(在慶郡東)州에追至ᄒᆞ야夾擊大破ᄒᆞ야殺獲이甚衆ᄒᆞ다

壬寅

(○新羅奈勿王四十六年○高句麗廣開土王十年○百濟阿莘王十年○東晉安帝元興元年○日皇履仲三年○西歷紀元後四百二年)春二月에新羅王이崩ᄒᆞ고太子ㅣ年幼ᄒᆞ거ᄂᆞᆯ國人이實聖王實聖을立ᄒᆞ니實聖은金閼智의孫이러라○先是燕王慕容盛이軍士三萬을率ᄒᆞ고驃騎大將軍慕容熙로ᄡᅥ前鋒을삼고高句麗를來侵ᄒᆞ야新城南蘇(並在遼東)二城을拔ᄒᆞ고土地七百餘里를開拓ᄒᆞ고五千餘戶를徙去ᄒᆞ거ᄂᆞᆯ至是ᄒᆞ야高句麗ㅣ燕의平州를伐ᄒᆞ니刺史慕容歸ㅣ城을棄ᄒᆞ고走ᄒᆞ더니其後二年에慕容熙ㅣ燕王이되야다시遼東城을來攻ᄒᆞ

다가敗還ᄒᆞ니라

乙巳

新羅實聖王三年○高句麗廣開土王十三年○百濟阿莘王十三年○東晉安帝義熙元年○日皇履仲六年○西歷紀元後四百五年 秋九月에百濟王이崩ᄒᆞ고子典支王典支ㅣ立ᄒᆞ다先是에百濟ㅣ日本과結和ᄒᆞ고典支로爲質ᄒᆞ엿더니至是ᄒᆞ야王의訃音을接ᄒᆞ고痛哭請歸ᄒᆞᆫ디日本이兵士百人으로ᄡᅧ護送ᄒᆞᆯᄉᆡ時에典支의弟碟禮ㅣ自立ᄒᆞ거ᄂᆞᆯ國人이碟禮ᄅᆞᆯ殺ᄒᆞ고典支ᄅᆞᆯ迎立ᄒᆞ다

戊申

新羅實聖王六年○高句麗廣開土王十六年○百濟典支王三年○東晉安帝義熙四年○日皇反正三年○西歷紀元後四百八年 春二月에日本이軍營을對馬島에置ᄒᆞ고鍊兵儲糧ᄒᆞ야新羅ᄅᆞᆯ掩襲코ᄌᆞᄒᆞ거ᄂᆞᆯ新羅王이聞ᄒᆞ고發兵先攻코ᄌᆞᄒᆞ니其臣未斯品이諫止ᄒᆞ다

○三月에高句麗ㅣ北燕에遣使ᄒᆞ고ᄯᅩ宗族의誼ᄅᆞᆯ叙ᄒᆞ니北燕王雲이李拔을遣ᄒᆞ야報聘ᄒᆞ다雲은本高句麗의支庶라燕國에仕ᄒᆞ야公爵을封ᄒᆞ엿더니燕王熙가死ᄒᆞ미馮跋의推戴ᄒᆞᆫ비되야北燕王이되

니라

癸丑

新羅實聖王十二年○高句麗廣開土王二十一年○百濟典支王八年○東晉安帝義熙九年○日皇允恭二年○西歷紀元後四百十三年 冬十月에高句麗王이崩ᄒᆞ고子長壽王巨璉이立ᄒᆞ다

丁巳

新羅實聖王十五年○高句麗長壽王四年○百濟典支王十二年○東晉安帝義熙十三年○日皇允恭六年○西歷紀元後四百十七年○ 夏五月에新羅訥祗ㅣ實聖王을弑ᄒᆞ고自立ᄒᆞ니此ᄂᆞᆫ訥祗王이니奈勿王의子라初에奈勿王이實聖을高句麗에遣質ᄒᆞ엿더니實聖이因ᄒᆞ야訥祗ᄅᆞᆯ怨恨ᄒᆞ다가今에訥祗ᄅᆞᆯ殺코ᄌᆞᄒᆞ거ᄂᆞᆯ訥祗ㅣ곳王을弑ᄒᆞ니라

戊午

新羅訥祗王元年○高句麗長壽王五年○百濟典支王十三年○東晉安帝義熙十四年○日皇允恭七年○西歷紀元後四百十八年○ 秋에新羅朴堤上이日本에至ᄒᆞ야見殺ᄒᆞ다初에羅王이二弟가有ᄒᆞ니曰卜好曰未斯欣이라卜好ᄂᆞᆫ高句麗에遣質ᄒᆞ고未斯欣은日本에爲質ᄒᆞ엿더니王이二弟ᄅᆞᆯ見코ᄌᆞᄒᆞ야몬져堤上으로ᄒᆞ여곰高句麗ᄅᆞᆯ

往說ᄒᆞ야卜好ᄅᆞᆯ回國케ᄒᆞ고旣而오王이또未斯欣을思ᄒᆞ야堤上다려謂曰我의二弟ᄂᆞᆫ곳左右臂라今의一臂만只得ᄒᆞ니奈何오堤上이對曰臣이이믜以身許國ᄒᆞ엿스니엇지微勞ᄅᆞᆯ敢辭ᄒᆞ리오然이나高句麗ᄂᆞᆫ其王이賢ᄒᆞ니臣이能히一言으로相悟케ᄒᆞ엿거니와至於日本ᄒᆞ야ᄂᆞᆫ맛당히謀計로ᄡᅥ紿ᄒᆞᆯ지라今에臣이去ᄒᆞ거든王은곳臣과밋未斯欣의家屬을拘囚ᄒᆞ야臣이大王ᄭᅴ得罪ᄒᆞᆷ과如케ᄒᆞ시면臣이計策을出ᄒᆞ야未斯欣을送回ᄒᆞ리이다ᄒᆞ거ᄂᆞᆯ王이其計ᄅᆞᆯ用ᄒᆞ엿더니堤上이日本에至ᄒᆞ니日主ㅣ果然疑訝ᄒᆞ다가밋其家屬의被囚ᄒᆞᆷ을聞ᄒᆞ고이에堤上이新羅ᄅᆞᆯ叛ᄒᆞ엿다ᄒᆞ야곳命將出師ᄒᆞ야新羅ᄅᆞᆯ將襲ᄒᆞᆯ시堤上과未斯欣으로ᄡᅥ鄕導ᄅᆞᆯ삼거ᄂᆞᆯ海島에至ᄒᆞ야堤上이未斯欣을勸ᄒᆞ야潛還ᄒᆞ라ᄒᆞ니未斯欣이曰我ㅣ엇지君을捨ᄒᆞ고獨行ᄒᆞ리오堤上曰만일公子ᄅᆞᆯ救出ᄒᆞ야大王의情을慰安ᄒᆞᆯ진ᄃᆡ我ㅣ엇지一命을愛ᄒᆞ리오ᄒᆞ니未斯欣이泣辭遁還ᄒᆞ다旣而오日本이未斯欣의逃亡ᄒᆞᆷ을聞ᄒᆞ고探軍을派ᄒᆞ야四追ᄒᆞᆯ시烟霧가晦暝ᄒᆞ야不獲ᄒᆞ더라이에日主ㅣ堤上을鞫問ᄒᆞ거ᄂᆞᆯ堤上曰我ᄂᆞᆫ鷄林의臣이라吾君의志ᄅᆞᆯ成코ᄌᆞᄒᆞᆷ이니何必多問ᄒᆞ리오ᄒᆞᆫᄃᆡ日主ㅣ怒曰汝ㅣ이믜我臣이되엿거ᄂᆞᆯ今에鷄林의臣이라ᄒᆞᆷ은何故오汝ㅣ만일日本의臣이되면重祿을賞賜ᄒᆞ리라ᄒᆞ거ᄂᆞᆯ堤上이曰吾ㅣ차라리鷄林의犬豕가될지언졍日本의臣子되기ᄂᆞᆫ不願이오鷄林의箠楚ᄅᆞᆯ受ᄒᆞᆯ지언졍日本의爵祿은不受ᄒᆞ리라ᄒᆞᆫᄃᆡ日主ㅣ더욱怒ᄒᆞ야堤上의脚을剝ᄒᆞ고兼葭ᄅᆞᆯ刈ᄒᆞ야其上에趍ᄒᆞ라ᄒᆞ고또熱鐵上에扶立ᄒᆞ고鞫問ᄒᆞ거ᄂᆞᆯ答曰鷄林의臣이로라ᄒᆞᆫᄃᆡ日主ㅣ其不可屈ᄒᆞᆷ을知ᄒᆞ고이에燒殺ᄒᆞ니라新羅王이其死ᄒᆞᆷ을聞ᄒᆞ고哀慟이殊甚ᄒᆞ며곳大阿飡(官名)을追贈ᄒᆞ고其家ᄅᆞᆯ厚給ᄒᆞ고未斯欣으로ᄒᆞ여곰其第二女ᄅᆞᆯ娶케ᄒᆞ다

先是未斯欣이來ᄒᆞᆯ時에王이六部를命ᄒᆞ야郊迎ᄒᆞ고밋見ᄒᆞ미握手
涕泣ᄒᆞ며置酒極歡ᄒᆞ고憂息曲을作ᄒᆞ야慰勞ᄒᆞ다堤上의妻ㅣ三女
를率ᄒᆞ고鵄述嶺(在慶州)에上ᄒᆞ야日本을望ᄒᆞ고痛哭ᄒᆞ다가死ᄒᆞ니堤
上은婆娑王의五世孫이러라

庚申 (新羅訥祇王三年○高句麗長壽王七年○百濟典支王十五年○宋武帝永初元年是歲劉宋武帝簒晋○日皇允恭九年○西歷紀元後四百二十年)

丙寅 春三月에百濟王이崩ᄒᆞ고子久爾辛王久爾辛이立ᄒᆞ다
(新羅訥祇王九年○高句麗長壽王十三年○百濟久爾辛王六年○宋文帝元嘉三年○日皇允恭十五年○西歷紀元後四百二十六年)

冬十二月에百濟王이崩ᄒᆞ고子比有王比有ㅣ立ᄒᆞ다

乙亥 (新羅訥祇王十八年○高句麗長壽王二十二年○百濟比有王九年○宋文帝元嘉十二年○日皇允恭二十四年○西歷紀元後四百三十五年)
春에高句麗ㅣ歷代의園陵을修葺ᄒᆞ다○燕王馮弘이尙書陽伊를高
句麗에遣ᄒᆞ야來投ᄒᆞᆷ을預約ᄒᆞ니此ᄂᆞᆫ魏가數伐ᄒᆞᆷ을苦ᄒᆞᆷ이러라翌
年에魏ㅣ燕을伐ᄒᆞᆯᄉᆡ麗에遣使ᄒᆞ야燕을勿助ᄒᆞ라ᄒᆞ거ᄂᆞᆯ王이不聽

ᄒᆞ고葛盧와孟光을命ᄒᆞ야軍士數萬을率ᄒᆞ고燕使陽伊를隨ᄒᆞ야燕
王弘을迎至ᄒᆞ엿더니其後三年에燕王弘이麗王이不禮ᄒᆞᆫ다ᄒᆞ고宋
帝의게往依코ᄌᆞᄒᆞ거ᄂᆞᆯ麗王이怒ᄒᆞ야殺ᄒᆞ니라

乙未 (新羅訥祇王三十八年○高句麗長壽王四十二年○百濟比有王二十九年○宋孝武帝孝建二年○日皇安康二年○西歷紀元後四百五十五年)
秋에百濟王이崩ᄒᆞ고子蓋鹵王餘慶이立ᄒᆞ다○冬十月에高句麗
ㅣ百濟를侵攻ᄒᆞ거ᄂᆞᆯ新羅ㅣ遣兵救援ᄒᆞ다○高句麗ㅣ宋에遣使ᄒᆞ
다○百濟ㅣ魏에遣使ᄒᆞ다

戊戌 (新羅訥祇王四十一年○高句麗長壽王四十五年○百濟蓋鹵王三年○宋孝武帝大明二年○日皇雄略二年○西歷紀元後四百五十八年)
秋에新羅王이崩ᄒᆞ고子慈悲王慈悲ㅣ立ᄒᆞ다

乙卯 (新羅慈悲王十七年○高句麗長壽王六十二年○百濟蓋鹵王二十年○宋後廢帝元徽三年○日皇雄略十九年○西歷紀元後四百七十五年)
春正月에新羅王이月城에移居ᄒᆞ다○秋九月에高句麗王이百濟
를攻ᄒᆞ야其王을殺ᄒᆞ니王의太子文周王文周ㅣ立ᄒᆞ다初에浮屠道

琳이麗王의密旨를受ᄒᆞ고거즛麗王ᄭᅴ得罪ᄒᆞ엿다ᄒᆞ고亡命ᄒᆞ야百濟에入ᄒᆞ니時에濟王이奕棊를嗜ᄒᆞᄂᆞᆫ지라道琳이이에棊術로進ᄒᆞ야甚히親昵ᄒᆞ거ᄂᆞᆯ이에濟王ᄭᅦ勸ᄒᆞ야城郭을廣ᄒᆞ고宮室을崇ᄒᆞ야國威를壯케ᄒᆞ라ᄒᆞ니王이其言을惑ᄒᆞ야聽從ᄒᆞ더니自此로倉庾가虛竭ᄒᆞ고人民이困窮ᄒᆞ거ᄂᆞᆯ道琳이逃還ᄒᆞ야麗王의게告ᄒᆞᆫ되王이이에軍士三萬을率ᄒᆞ고百濟의漢城을圍ᄒᆞ야七日에拔ᄒᆞ니濟王이數十騎를率ᄒᆞ고出城西走ᄒᆞ다가麗將桀婁의게被害ᄒᆞ다時에太子文周ㅣ新羅의게求救ᄒᆞ야軍士一萬을得ᄒᆞ엿더니밋還來ᄒᆞ미王은死ᄒᆞ고麗兵이已退ᄒᆞ엿더라

丙辰

新羅慈悲王十八年○高句麗長壽王六十三年○百濟文周王元年○ 宋後廢帝元徽四年○日皇雄略二十年○西歷紀元後四百七十六年○

夏四月에耽羅ㅣ今濟州方物을百濟의게獻ᄒᆞ다耽羅ᄂᆞᆫ或曰耽牟羅라南海中에在ᄒᆞ야古昔에ᄂᆞᆫ人物이無ᄒᆞ더니三人이有ᄒᆞ야地로좃ᄎᆞ湧出ᄒᆞ니長曰良乙那오次曰高乙那오三曰夫乙那라이에荒地에游獵ᄒᆞ야衣皮食肉ᄒᆞ더니一日은紫泥로封ᄒᆞᆫ木函이海濱에浮來ᄒᆞ거ᄂᆞᆯ開見ᄒᆞ니內에石函이有ᄒᆞ고一紅帶紫衣使者ㅣ隨來ᄒᆞ고函內에靑衣處女三과諸駒犢과五穀의種子가有ᄒᆞ고使者ㅣ曰我ᄂᆞᆫ日本使臣이라吾王이此三女를生ᄒᆞ고言ᄒᆞ되西海中岳에神子三人이將且開國코ᄌᆞᄒᆞ되配匹이無ᄒᆞ다ᄒᆞ고臣을命ᄒᆞ야三女를送來ᄒᆞ엿스니맛당히配耦를作ᄒᆞ야大業을成ᄒᆞ라ᄒᆞ고곳乘雲忽去ᄒᆞ거ᄂᆞᆯ三人이이에分娶ᄒᆞ고各其泉甘土肥處를擇ᄒᆞ야居ᄒᆞᆯᄉᆡ良乙那所居ᄂᆞᆫ第一都라ᄒᆞ고高乙那所居ᄂᆞᆫ第二都라ᄒᆞ고夫乙那所居ᄂᆞᆫ第三都라ᄒᆞ고五穀을播ᄒᆞ며駒犢을牧ᄒᆞ야漸漸富盛ᄒᆞ더라○六月에日本이新羅東邊을侵攻ᄒᆞ거ᄂᆞᆯ王이將軍德智를命ᄒᆞ야擊敗ᄒᆞ다○冬十月에百濟ㅣ熊津今公州에移都ᄒᆞ다

丁巳 新羅慈悲王十九年○高句麗長壽王六十四年○百濟文周王二年○宋順帝昇明元年○日皇雄略二十一年○西歷紀元後四百七十七年○

夏에百濟의解仇ㅣ其君을弑ᄒᆞ고太子三斤王三斤을立ᄒᆞ니三斤王이解仇를誅ᄒᆞ다

己未 新羅慈悲王二十一年○高句麗長壽王六十六年○百濟三斤王二年○齊高帝建元元年是歲齊高帝簒宋爲帝○日皇雄略二十三年○西歷紀元後四百七十九年

春二月에新羅王이崩ᄒᆞ고子炤智王炤智ㅣ立ᄒᆞ다○百濟王이崩ᄒᆞ고文周王母弟昆支의子牟大ㅣ立ᄒᆞ니此ᄂᆞᆫ東城王이러라

丁卯 新羅炤智王八年○高句麗長壽王七十四年○百濟東城王八年○齊武帝永明五年○日皇顯宗三年○西歷紀元後四百八十七年○

春에新羅ㅣ四方郵驛을置ᄒᆞ다

庚午 新羅炤智王十一年○高句麗長壽王七十七年○百濟東城王十一年○齊武帝永明八年○日皇仁賢三年○西歷紀元後四百九十年

春에新羅ㅣ市肆를初置ᄒᆞ야四方의貨를通ᄒᆞ다

辛未 新羅炤智王十二年○高句麗長壽王七十八年○百濟東城王十二年○齊武帝永明九年○日皇仁賢四年○西歷紀元後四百九十一年

冬十二月에高句麗王이崩ᄒᆞ고太孫文咨王羅雲이立ᄒᆞ다

庚辰 新羅炤智王二十一年○高句麗文咨王九年○百濟東城王二十一年○齊東昏侯永元二年○日皇武烈二年○西歷紀元後五百年

春에百濟ㅣ臨流閣을建ᄒᆞ니高가五丈이오ᄯᅩ酒池를穿ᄒᆞ고奇禽과異卉를養ᄒᆞ거ᄂᆞᆯ群臣이諫諍ᄒᆞ되不聽ᄒᆞ고諫者가更有ᄒᆞᆯ가恐ᄒᆞ야宮門을閉ᄒᆞ더라○冬十一月에新羅王이崩ᄒᆞ고無嗣ᄒᆞ거ᄂᆞᆯ王의從祖弟智大路ㅣ立ᄒᆞ니此ᄂᆞᆫ智證王이러라

辛巳 新羅智證王元年○高句麗文咨王十年○百濟東城王二十二年○齊和帝中興元年○日皇武烈三年○西歷紀元後五百一年

百濟苩加ㅣ其君을弑ᄒᆞ다初에王이苩加로ᄡᅥ加林城(今林川)을鎭撫ᄒᆞ라ᄒᆞᆫ되苩加ㅣ稱疾不往ᄒᆞ거ᄂᆞᆯ王이益勸ᄒᆞᄂᆞᆫ지라苩加ㅣ怨恨ᄒᆞ다가王이畋獵을乘ᄒᆞ야刺殺ᄒᆞ거ᄂᆞᆯ太子餘隆이立ᄒᆞ니此ᄂᆞᆫ武寧王이라翌年에苩加ㅣᄯᅩ加林城을據ᄒᆞ야叛ᄒᆞ거ᄂᆞᆯ王이扞率(官名)解明으로ᄒᆞ여곰往討ᄒᆞ야苩加를執ᄒᆞ야白江(今白馬江이라)에投ᄒᆞ다○二月에

新羅ㅣ殉葬을禁ᄒᆞ다先是에ᄂᆞᆫ王이崩ᄒᆞ면殉葬者가男女各五人이러라○三月에新羅ㅣ各州郡을命ᄒᆞ야勸農ᄒᆞᆯᄉᆡ비로소牛로ᄡᅥ耕田케ᄒᆞ다

癸未

(新羅智證王三年○高句麗文咨王十二年○百濟武寧王二年○梁武帝天監二年○日皇武烈五年○西曆紀元後五百三年)秋九月에靺鞨이百濟高木城(在喬桐)을攻ᄒᆞ거ᄂᆞᆯ濟王이遣兵擊退ᄒᆞ다○新羅ㅣ비로소國號를定ᄒᆞ고王을稱ᄒᆞ며二十二世를追尊ᄒᆞ야王이라ᄒᆞ고翌年에ᄯᅩ喪服法을制定ᄒᆞ다

乙酉

(新羅智證王五年○高句麗文咨王十四年○百濟武寧王四年○梁武帝天監四年○日皇武烈七年○西曆紀元後五百五年)冬十一月에新羅ㅣ비로소有司를命ᄒᆞ야氷을藏케ᄒᆞ고舟楫의制를定ᄒᆞ다

壬辰

(新羅智證王十二年○高句麗文咨王二十一年○百濟武寧王十一年○梁武帝天監十一年○日皇繼體六年○西曆紀元後五百十二年)春三月에高句麗ㅣ梁에遣使ᄒᆞ다○夏四月에百濟ㅣ梁에遣使ᄒᆞ다○六月에于山國이新羅에降ᄒᆞ다于山은東海中小島라一名은鬱陵

이니地方이百里오其險阻를恃ᄒᆞ고不服ᄒᆞ거ᄂᆞᆯ伊飡(官名)異斯夫ㅣ木으로ᄡᅥ獅子를製ᄒᆞ야戰船에載ᄒᆞ고其島에抵ᄒᆞ야誑嚇ᄒᆞ야曰汝ㅣ만일不降ᄒᆞ면곳此獸를放ᄒᆞ야踏殺ᄒᆞ리라ᄒᆞ니國人이懼ᄒᆞ야降ᄒᆞ니라

甲午

(新羅智證王十四年○高句麗文咨王二十三年○百濟武寧王十三年○梁武帝天監十三年○日皇繼體八年○西曆紀元後五百十四年)秋七月에新羅王이崩ᄒᆞ거ᄂᆞᆯ諡ᄒᆞ야曰智證이라ᄒᆞ니新羅의諡法이自此로始ᄒᆞ고子法興王原宗이立ᄒᆞ다

己亥

(新羅法興王五年○高句麗文咨王二十八年○百濟武寧王十八年○梁武帝天監十八年○日皇繼體十三年○西曆紀元後五百十九年○)高句麗王이崩ᄒᆞ고子安藏王興安이立ᄒᆞ다

癸卯

(新羅法興王九年○高句麗安藏王四年○百濟武寧王二十二年○梁武帝普通四年○日皇繼體十七年○西曆紀元後五百二十三年○)夏五月에百濟王이崩ᄒᆞ고諡曰武寧이라ᄒᆞ니百濟의諡法이ᄯᅩᄒᆞᆫ自此로始ᄒᆞ고太子聖王明穠이立ᄒᆞ다○新羅ㅣ官制와服色을定ᄒᆞ다

戊申 新羅法興王十四年○高句麗安臧王九年○百濟聖王五年○梁武帝大通二年○日皇繼體二十二年○西歷紀元後五百二十八年

新羅ㅣ비로소佛敎ᄅᆞᆯ行ᄒᆞ다先是訥祇王時에沙門墨胡子ㅣ高句麗로브터來ᄒᆞᆯ시時에王의女ㅣ病亟ᄒᆞ거ᄂᆞᆯ胡子ㅣ焚香祝禱ᄒᆞ니病이곳愈ᄒᆞᄂᆞᆫ지라王이奇喜ᄒᆞ야이에佛敎ᄅᆞᆯ大興ᄒᆞᆯ시羣臣이諫止ᄒᆞ거ᄂᆞᆯ. 近臣異次頓이曰佛法이深奧ᄒᆞ니不可不崇奉ᄒᆞᆯ지라請컨ᄃᆡ臣의頭ᄅᆞᆯ斬ᄒᆞ야衆議ᄅᆞᆯ定ᄒᆞ소셔ᄒᆞ거ᄂᆞᆯ王曰佛道ᄅᆞᆯ興코ᄌᆞᄒᆞ고不辜ᄅᆞᆯ先殺ᄒᆞᆷ이可乎아ᄒᆞᆫᄃᆡ對曰만일道가行ᄒᆞ면비록死ᄒᆞ야도無憾이로소이다ᄒᆞ거ᄂᆞᆯ王이다시羣臣과會議ᄒᆞ고異次頓을殺ᄒᆞᆯ시異次頓이臨死에曰我ㅣ佛을爲ᄒᆞ야就刑ᄒᆞ니佛이有靈ᄒᆞ면我ㅣ死後에異祥이有ᄒᆞ리라ᄒᆞ더니밋斬ᄒᆞᄆᆡ乳와如ᄒᆞᆫ白血이湧出ᄒᆞ거ᄂᆞᆯ衆이다시佛法을毁謗치못ᄒᆞ더라

辛亥 新羅法興王十七年○高句麗安臧王十二年○百濟聖王八年○梁武帝中大通三年○日皇繼體二十五年○西歷紀元後五百三十一年

夏五月에高句麗王이崩ᄒᆞ고弟安原王寶延이立ᄒᆞ다

丙辰 新羅法興王二十二年○高句麗安原王五年○百濟聖王十三年○梁武帝大同二年○日皇宣化元年○西歷紀元後五百三十六年

秋에高句麗ㅣ東魏에遣使ᄒᆞ다○新羅ㅣ비로소年號ᄅᆞᆯ建ᄒᆞᆯ시建元元年이라ᄒᆞ다

戊午 新羅法興王二十四年○高句麗安原王七年○百濟聖王十五年○梁武帝大同四年○日皇宣化三年○西歷紀元後五百三十八年

百濟ㅣ泗沘(今扶餘郡)에移都ᄒᆞ고國號ᄅᆞᆯ南扶餘라ᄒᆞ다

庚申 新羅法興王二十六年○高句麗安原王九年○百濟聖王十七年○梁武帝大同六年○日皇欽明元年○西歷紀元後五百四十年

新羅王이崩ᄒᆞ고姪眞興王彡麥宗이立ᄒᆞ다

辛酉 新羅眞興王元年○高句麗安原王十年○百濟聖王十八年○梁武帝大同七年○日皇欽明二年○西歷紀元後五百四十一年

百濟ㅣ梁에遣使ᄒᆞ야毛詩博士와涅槃經義와工匠과畵師等을請來ᄒᆞ다

乙丑 新羅眞興王五年○高句麗安原王十四年○百濟聖王二十二年○梁武帝大同十一年○日皇欽明六年○西歷紀元後五百四十五年

高句麗王이崩ᄒᆞ고子陽原王平成이立ᄒᆞ다○秋七月에新羅ㅣ國史ᄅᆞᆯ

修撰ᄒᆞᆯ싀伊飡(官名)異斯夫ㅣ請ᄒᆞ야曰國史ᄂᆞᆫ君臣의善惡을記ᄒᆞ야褒貶을後代에示ᄒᆞᄂᆞ니만일修撰치아니면後代가何를監戒ᄒᆞ리오ᄒᆞ거ᄂᆞᆯ王이곳大阿飡金居柒夫等을命ᄒᆞ야文士를集ᄒᆞ야撰輯ᄒᆞ다

己巳 (新羅眞興王九年○高句麗陽原王四年○百濟聖王二十六年○梁武帝大淸三年○日皇欽明十年○西歷紀元後五百四十九年○)梁이佛의舍利를新羅에送ᄒᆞ거ᄂᆞᆯ王이百官으로ᄒᆞ여곰奉迎ᄒᆞ다

辛未 (新羅法興王十一年○高句麗陽原王六年○百濟聖王二十八年○梁簡文帝太寶二年○日皇欽明十二年○西歷紀元後五百五十一年○)新羅ㅣ改元ᄒᆞ야開國이라ᄒᆞ다○秋九月에突厥(今土耳其部落이니其時에今俄屬西比利亞에屬ᄒᆞ고一名은鮮卑라)이高句麗城을圍ᄒᆞ다가敗歸ᄒᆞ다○新羅ㅣ將軍金居柒夫를遣ᄒᆞ야高句麗의十郡을攻取ᄒᆞ다初에柒夫ㅣ僧裝을被ᄒᆞ고高句麗의强弱을覘ᄒᆞᆯ싀其境에入ᄒᆞ니法師惠亮이란者ㅣ有ᄒᆞ야居柒夫다려謂ᄒᆞ야曰此國이雖小ᄒᆞ나無人타謂치못ᄒᆞᆯ지라恐컨ᄃᆡ子ㅣ見執ᄒᆞ리니速反ᄒᆞ라ᄒᆞ더니至是ᄒᆞ야居柒夫ㅣ戰勝ᄒᆞ고惠亮을携歸ᄒᆞ거ᄂᆞᆯ王이ᄲᅧ僧統을삼고비로소百座講會와밋八關의法을置ᄒᆞ다

壬申 (新羅眞興王十二年○高句麗陽原王七年○百濟聖王二十九年○梁元帝承聖元年○日皇欽明十三年○西歷紀元後五百五十二年○)初에伽耶國王嘉悉이唐樂部의箏을效法ᄒᆞ야十二絃琴을製ᄒᆞ고樂師于勒을命ᄒᆞ야十二曲을造ᄒᆞ엿더니後에于勒이國이作亂ᄒᆞᆷ을知ᄒᆞ고樂器를携ᄒᆞ고新羅에來ᄒᆞ거ᄂᆞᆯ羅王이召見ᄒᆞ야奏樂케ᄒᆞ고다시法知와階古와萬德等을命ᄒᆞ야勒의게樂을學ᄒᆞ라ᄒᆞ니勒이其材를隨ᄒᆞ야教ᄒᆞᆯ싀階古ᄂᆞᆫ琴을學ᄒᆞ고法知ᄂᆞᆫ歌를學ᄒᆞ고萬德은舞를學ᄒᆞ야三人이十二曲을學得ᄒᆞ고相謂曰此樂이繁淫ᄒᆞ야古雅치못ᄒᆞ다ᄒᆞ고이에五曲을製就ᄒᆞ니于勒이聞ᄒᆞ고怒ᄒᆞ다가밋其曲을聽ᄒᆞ고歎曰此ᄂᆞᆫ正聲이라드ᄃᆡ여王ᄭᅴ奏ᄒᆞ니王이大悅ᄒᆞ야其琴을名ᄒᆞ야曰伽耶라ᄒᆞ고ᄯᅩ玄琴이有ᄒᆞ니此ᄂᆞᆫ國相王山岳이晉人의送ᄒᆞᆫ바

七絃琴을仿ᄒᆞ야製ᄒᆞᆫ者라奏ᄒᆞᆯ時에玄鶴이來舞ᄒᆞ거ᄂᆞᆯ因ᄒᆞ야名曰
玄鶴琴이라ᄒᆞ더니後에다시玄琴이라稱ᄒᆞ고또王寶高란者ㅣ智異
山에入ᄒᆞ야學琴ᄒᆞᆫ지五十年에三十曲을自製ᄒᆞ야續命得의게傳ᄒᆞ
고續命得은貴金의게傳ᄒᆞ니貴金이또ᄒᆞᆫ智異山에入ᄒᆞ야不出ᄒᆞ거
ᄂᆞᆯ王이琴道가不傳ᄒᆞᆯ가恐ᄒᆞ야伊飡允興으로ᄒᆞ여곰親往ᄒᆞ야其秘
ᄅᆞᆯ傳ᄒᆞ고또琵琶가有ᄒᆞ야唐制로더브러大同小異ᄒᆞ고其音이三調
가有ᄒᆞ니一은宮調오二ᄂᆞᆫ七賢調오三은鳳凰調ㅣ러라

甲戌 新羅眞興王十五年〇高句麗陽原王九年〇百濟聖王三十一年〇梁元帝承聖三年〇日皇欽明十五年〇西歷紀元後五百五十四年〇秋
에百濟王이新羅ᄅᆞᆯ侵ᄒᆞ거ᄂᆞᆯ羅將金武力이逆戰ᄒᆞ야濟王을殺ᄒᆞ니
濟太子威德王昌이立ᄒᆞ다

己卯 新羅眞興王十九年〇高句麗陽原王十四年〇百濟威德王五年〇陳武帝永定三年〇日皇欽明二十年〇西歷紀元後五百五十九年〇春
三月에高句麗王이崩ᄒᆞ고子平原王陽城이立ᄒᆞ다

甲午 新羅眞興王三十五年〇高句麗平原王十六年〇百濟威德王二十年〇梁宣帝大建六年〇日皇敏達三年〇西歷紀元後五百七十四年
春에新羅ㅣ新宮을捨ᄒᆞ야皇龍寺ᄅᆞᆯ삼고丈六佛像을鑄造ᄒᆞ니銅이
三萬五千七斤이오鍍ᄒᆞᆫ金이百二兩重이러라畫工率居ㅣ老松을寺
壁에畫ᄒᆞ니鳥雀이往往이飛入ᄒᆞ다가蹭蹬ᄒᆞ야落ᄒᆞ더니後에畫色
이漫漶ᄒᆞ거ᄂᆞᆯ寺僧이다시補畫ᄒᆞ엿더니自後론鳥雀이不來ᄒᆞ더라

丙申 新羅眞興王三十六年〇高句麗平原王十七年〇百濟威德王二十二年〇梁宣帝大建八年〇日皇敏達五年〇西歷紀元後五百七十六年
新羅王이崩ᄒᆞ다王이鴻濟라改元ᄒᆞ고末年에佛을好ᄒᆞ야剃髮ᄒᆞ고
僧衣ᄅᆞᆯ披ᄒᆞ며自號曰法雲이라ᄒᆞ고王妃도또ᄒᆞᆫ尼가되더니至是ᄒᆞ
야王의次子眞智王金輪이立ᄒᆞ다

己亥 新羅眞智王三年〇高句麗平原王二十年〇百濟威德王二十五年〇梁宣帝大建十一年〇日皇敏達八年〇西歷紀元後五百七十九年
秋七月에新羅王이崩ᄒᆞ고眞興王太子銅輪의子伯淨이立ᄒᆞ니此ᄂᆞᆫ
眞平王이러라〇新羅ㅣ伊飡金后稷으로ᄡᅥ兵部令을拜ᄒᆞ다羅王이

畋獵을好ᄒᆞ야后稷이切諫ᄒᆞ되不聽ᄒᆞ더니后稷이將死에其子다려
謂曰吾ㅣ人臣이되야能히君의惡을匡救치못ᄒᆞ니恐컨되王이遊畋
不已ᄒᆞ다가畢竟國을亡ᄒᆞᆯ지니此ᄂᆞᆫ吾의憂라吾ㅣ雖死ᄒᆞ야도王에
意ᄅᆞᆯ悟케ᄒᆞ리니我ㅣ死後에我ᄅᆞᆯ王의遊畋ᄒᆞᄂᆞᆫ路側에葬ᄒᆞ라其子
ㅣ從ᄒᆞ엿더니他日에王이出獵ᄒᆞᆯ시中路에聲이有ᄒᆞ야曰王은毋去
ᄒᆞ라ᄒᆞᄂᆞᆫ지라王이驚怪ᄒᆞ야問ᄒᆞ니左右ㅣ曰聲이后稷墓에셔出ᄒᆞᆫ
다ᄒᆞ고드듸여后稷의遺言을陳ᄒᆞᆫ되王이潸然流涕ᄒᆞ야曰夫子ㅣ生
時에忠諫ᄒᆞ더니今에死ᄒᆞ야도不忘ᄒᆞ니其愛我ᄒᆞᆷ이甚ᄒᆞ다ᄒᆞ고自
此로終身토록出獵지아니ᄒᆞ니라〇新羅ㅣ改元ᄒᆞ야建福이라ᄒᆞ고
調府令을置ᄒᆞ야貢賦ᄅᆞᆯ掌ᄒᆞ고乘府令을置ᄒᆞ야車乘을掌ᄒᆞ다〇高
句麗ㅣ長安城(平壤南城)에移都ᄒᆞ다〇新羅ㅣ大水ᄒᆞ야民家三萬三百六
十戶가漂沒ᄒᆞ거ᄂᆞᆯ使者ᄅᆞᆯ發ᄒᆞ야賑給ᄒᆞ다

庚戌 (新羅眞平王十一年○高句麗平原王三十一年○百濟威德王三十六年○隋文帝開皇十年○日皇崇峻三年○西曆紀元後五百九十年)
冬十月에高句麗王이崩ᄒᆞ고子嬰陽王元이立ᄒᆞ야翌年에遣使ᄒᆞ야
隋國에至ᄒᆞ다〇新羅ㅣ明活城(慶州月城東)을改築ᄒᆞ고또西元山城을築
ᄒᆞ다

戊午 (新羅眞平王十九年○高句麗嬰陽王八年○百濟威德王四十四年○隋文帝開皇十八年○日皇推古六年○西曆紀元後五百九十八年)
春에高句麗王이靺鞨兵을率ᄒᆞ고遼西ᄅᆞᆯ侵伐ᄒᆞᆫ되隋主ㅣ怒ᄒᆞ야楡
關에出兵ᄒᆞ엿다가乏食ᄒᆞ야還ᄒᆞ거ᄂᆞᆯ麗王이또ᄒᆞᆫ遣使和親ᄒᆞ다〇
冬十二月에百濟王이崩ᄒᆞ고弟二子惠王季明이立ᄒᆞ다

己未 (新羅眞平王二十年○高句麗嬰陽王九年○百濟惠王元年○隋文帝開皇十九年○日皇推古七年○西曆紀元後五百九十九年)
百濟王이崩ᄒᆞ고子法王宣이立ᄒᆞ야下令ᄒᆞ야殺生을禁ᄒᆞ고民家의鷹鸇
ᄅᆞᆯ放케ᄒᆞ고또漁獵의具ᄅᆞᆯ焚ᄒᆞ다

庚申 (新羅眞平王二十一年○高句麗嬰陽王十年○百濟法王元年○隋文帝開皇二十年○日皇推古八年○西曆紀元後六百年)
春에高

句麗ㅣ太學博士李文眞을命ᄒᆞ야國史를修撰ᄒᆞ다先是에國史記事一百卷이有ᄒᆞ더니至是ᄒᆞ야新集五卷이更成ᄒᆞ니라○夏五月에百濟王이崩ᄒᆞ고子武王璋이立ᄒᆞ다

辛未 (新羅眞平王三十二年○高句麗嬰陽王二十一年○百濟武王十一年○隋煬帝大業七年○日皇推古十九年○西歷紀元後六百十一年)

冬十月에百濟ㅣ新羅椵岑城을攻陷ᄒᆞ니縣令讚德이死ᄒᆞ다讚德이固守ᄒᆞᆫ지百餘日에糧盡水渴ᄒᆞ되오히려力戰不息ᄒᆞ다가城이將陷ᄒᆞ거ᄂᆞᆯ讚德이仰天大呼曰吾王이一城으로ᄡᅥ我의게委任ᄒᆞ엿거ᄂᆞᆯ我ㅣ此를能保치못ᄒᆞ니我ㅣ雖死ᄒᆞᆯ지라도厲鬼가되야百濟人을殲ᄒᆞ리라ᄒᆞ고드ᄃᆡ여攘臂瞋目ᄒᆞ고槐樹에觸頭ᄒᆞ야死ᄒᆞ니新羅ㅣ其子奚論으로ᄡᅥ奈麻(官名)를拜ᄒᆞ다

壬申 (新羅眞平王三十三年○高句麗嬰陽王二十二年○百濟武王十二年○隋煬帝大業八年○日皇推古二十年○西歷紀元後六百十二年)

春正月에隋帝楊廣이親히大兵을擧ᄒᆞ야高句麗를攻ᄒᆞ거ᄂᆞᆯ麗將乙支文德이迎擊大破ᄒᆞ다先是에裴矩ㅣ隋帝를勸ᄒᆞ야高句麗를脅降ᄒᆞ라ᄒᆞ니隋帝ㅣ其言을從ᄒᆞ야麗王에게諭ᄒᆞ거ᄂᆞᆯ麗王이不聽ᄒᆞ엿더니隋帝ㅣ이에天下兵一百十三萬三千八百人을發ᄒᆞ야號曰二百萬이라ᄒᆞ고九道로出ᄒᆞ야平壤에總集코자ᄒᆞᆯ식宇文述來護兒等이先鋒이되고旌旗가九百六十里를亘ᄒᆞ며首尾ㅣ相繼ᄒᆞ고鼓角이相聞ᄒᆞ더라二月에隋帝가遼水에至ᄒᆞ거ᄂᆞᆯ麗王이文德으로ᄒᆞ여곰僞敵ᄒᆞ라ᄒᆞ니文德이述軍의飢色이有ᄒᆞᆷ을見ᄒᆞ고疲弊코자ᄒᆞ야거즛七戰七走ᄒᆞᆫᄃᆡ述等이驟勝ᄒᆞᆷ을恃ᄒᆞ고드ᄃᆡ여薩水(安州淸川江)를渡ᄒᆞ야平壤城과相距ᄒᆞᆫ三十里地에依山ᄒᆞ야軍營을設ᄒᆞ거ᄂᆞᆯ文德이遣使詐降ᄒᆞ고述의게請ᄒᆞ야曰公等이萬一返師ᄒᆞ면我ㅣ降服ᄒᆞ리라ᄒᆞᆫᄃᆡ述이自軍이疲弊ᄒᆞ야復戰키難ᄒᆞᆷ을知ᄒᆞ고또平壤은城池가險固難拔ᄒᆞ다ᄒᆞ야이에許諾ᄒᆞ거ᄂᆞᆯ文德이곳出兵ᄒᆞ야四面鈔擊ᄒᆞᆯ식且

戰且行ᄒᆞ다가秋七月에薩水에至ᄒᆞ니隋軍이半渡ᄒᆞᆫ지라이에尾擊大破ᄒᆞ니隋將辛世雄이戰死ᄒᆞ고諸軍이다潰散ᄒᆞ야將士ㅣ奔遁ᄒᆞᆯ시一日一夜에鴨綠江에至ᄒᆞ니凡四百五十里라來護兒ㅣ또ᄒᆞᆫ引還ᄒᆞ더라初에隋의九軍이遼東을度ᄒᆞᆫ者ㅣ凡三十萬五千이러니밋遼東에還至ᄒᆞ니오작二千七百人이오資儲器械가失亡殆盡이러라文德의爲人이沉鷙ᄒᆞ고智數가有ᄒᆞ며兼ᄒᆞ야屬文을善ᄒᆞ야隋軍과相持ᄒᆞᆯ시隋將于仲文의게贈詩ᄒᆞ야曰神策은究天文이오妙筭은窮地理라戰勝功旣高ᄒᆞ니知足願云止어다ᄒᆞ니東方의五言詩가自此倡始ᄒᆞ엿더라

癸酉

○新羅眞平王三十四年○高句麗嬰陽王二十三年○百濟武王十三年○隋煬帝大業九年○日皇推古二十一年○西曆紀元後六百十三年

夏四月에隋帝ㅣ또大軍을親率ᄒᆞ고高句麗遼東城을攻ᄒᆞᆯ시圍城ᄒᆞᆫ지二十餘日에不拔ᄒᆞ더니맛ᄎᆞᆷ楊玄感의反書가至ᄒᆞ거ᄂᆞᆯ隋帝ㅣ大懼ᄒᆞ야回軍ᄒᆞ고其後에다시來攻코자ᄒᆞ야涿郡에親至ᄒᆞ야戎服을御ᄒᆞ고懷遠鎭ᄭᆞ지至ᄒᆞ거ᄂᆞᆯ高句麗ㅣ비로소其不敵ᄒᆞᆷ을知ᄒᆞ고遣使請和ᄒᆞ고斛斯政을送ᄒᆞᆫ틱隋帝ㅣ大悅ᄒᆞ야班師ᄒᆞ니斛斯政은楊玄感과相善ᄒᆞ다가來奔ᄒᆞᆫ人이러라

戊寅

○新羅眞平王三十九年○高句麗嬰陽王二十八年○百濟武王十八年○唐高祖武德元年是歲唐高祖滅隋即帝位○日皇推古二十六年○西曆紀元後六百十八年

秋九月에高句麗王이崩ᄒᆞ고異母弟榮留王建武ㅣ立ᄒᆞ다○唐이高句麗에遣使ᄒᆞ야麗人이隋軍의게被擄ᄒᆞᆫ者ᄅᆞᆯ送還ᄒᆞ거ᄂᆞᆯ高句麗ㅣ또ᄒᆞᆫ隋人의未還ᄒᆞᆫ者數萬人을刷還ᄒᆞ다

乙酉

新羅眞平王四十六年○高句麗榮留王七年○百濟武王二十五年○唐高祖武德八年○日皇推古三十三年○西曆紀元後六百二十五年

百濟ㅣ唐에遣使ᄒᆞ다○高句麗ㅣ唐에遣使ᄒᆞ야佛老法을學ᄒᆞ다○新羅ㅣ唐에遣使ᄒᆞ다

己丑

○新羅眞平王五十年○高句麗榮留王十一年○百濟武王二十九年○唐太宗貞觀三年○日皇舒明元年○西曆紀元後六百二十九年

秋

八月에新羅金庾信이高句麗娘臂城(今淸州)을攻拔ᄒᆞ다庾信은首露王後裔오舒玄의子라羅王이舒玄을遣ᄒᆞ야娘臂城을攻ᄒᆞᆯ서麗人이逆戰ᄒᆞ야羅軍이失利ᄒᆞᆫ지라時에庾信이中幢主(官名)가되야其父의게告曰庾信이平生에忠孝로自期ᄒᆞ엿스니今에臨陣ᄒᆞ야不可不勇戰ᄒᆞ겟다ᄒᆞ고이에跨馬突陣ᄒᆞ야麗將을斬ᄒᆞ고其首를提來ᄒᆞ니諸軍이곳乘勝奮擊ᄒᆞ야드듸여其城을拔ᄒᆞ다初에舒玄이新羅宗室의女萬明을潛通ᄒᆞ야有娠ᄒᆞᆫ지二十朔에庾信을生ᄒᆞ니背上에七星文이有ᄒᆞ고밋長成ᄒᆞᆷ이麗濟와靺鞨이新羅를侵軼ᄒᆞᆷ을見ᄒᆞ고慨然히削平ᄒᆞᆯ志가有ᄒᆞ야獨히中嶽(慶州斷石山)石窟에入ᄒᆞ야劍을鍊ᄒᆞ고作誓告天ᄒᆞ엿더니忽然이老人이來ᄒᆞ야秘訣을傳ᄒᆞ미自後로智畧이益廣ᄒᆞ더라

壬辰 ○新羅眞平王五十三年○高句麗榮留王十四年○百濟武王三十二年○唐太宗貞觀六年○日皇舒明四年○西歷紀元後六百三十二年

新羅王이崩ᄒᆞ고無嗣ᄒᆞ거ᄂᆞᆯ國人이王의女德曼을立ᄒᆞ니此ᄂᆞᆫ善德女主라初에唐帝ㅣ牧丹花圖와밋其花種을贈ᄒᆞ거ᄂᆞᆯ眞平王이德曼을示ᄒᆞ니德曼이曰此花가반다시香氣가無ᄒᆞ리이다ᄒᆞ거ᄂᆞᆯ王이笑曰爾가何以知之오ᄒᆞᆫ듸對曰花가絶艶ᄒᆞ나其畫에蜂蝶이無ᄒᆞ니此ᄂᆞᆫ無香ᄒᆞᆫ花라ᄒᆞ더니種之ᄒᆞ니果然이오東國의牡丹이自此始盛ᄒᆞ더라

甲午 ○新羅善德主二年○高句麗榮留王十六年○百濟武王三十四年○唐太宗貞觀八年○日皇舒明六年○西歷紀元後六百三十四年

○春正月에新羅ㅣ改元ᄒᆞ야仁平이라ᄒᆞ다○三月에百濟王이池를宮南에鑿ᄒᆞ고二十餘里를引水ᄒᆞ야池中에注ᄒᆞ고島嶼를築ᄒᆞ야海上仙山이라ᄒᆞ고또臨水ᄒᆞ야王興寺를創建ᄒᆞᆯ서窮極히壯麗ᄒᆞ고미양親詣行香ᄒᆞ더라○新羅宮西玉門池에蝦蟆ㅣ大集ᄒᆞ거ᄂᆞᆯ羅主ㅣ曰蝦蟆ㅣ怒目ᄒᆞ니此ᄂᆞᆫ兵象이라意者컨듸西方玉門谷에隣兵이至ᄒᆞ엿

다ᄒᆞ고이에將軍閼川을遣ᄒᆞ야搜探ᄒᆞ라ᄒᆞ엿더니果然百濟의甲士五百이解鞍休息ᄒᆞ거ᄂᆞᆯ곳掩擊盡殺ᄒᆞ니羅主ㅣ喜ᄒᆞ야閼川을賞賜ᄒᆞ다

庚子 (新羅善德主八年○高句麗榮留王二十二年○百濟武王四十年○唐太宗貞觀十四年○日皇舒明十二年○西歷紀元後六百四十年○) 夏五月에新羅高句麗百濟ㅣ다唐國에遣子ᄒᆞ야入學ᄒᆞ다

辛丑 (新羅善德主九年○高句麗榮留王二十三年○百濟武王四十一年○唐太宗貞觀十五年○日皇舒明十三年○西歷紀元後六百四十一年○) 春三月에百濟王이崩ᄒᆞ고子義慈王義慈ㅣ立ᄒᆞ다

壬寅 (新羅善德主十年○高句麗榮留王二十四年○百濟義慈王元年○唐太宗貞觀十六年○日皇皇極元年○西歷紀元後六百四十二年○) 先是에高句麗太子桓權이唐에至ᄒᆞ니唐帝ㅣ耶中陳大德等을遣ᄒᆞ야報聘ᄒᆞᆯ식大德이山水ᄅᆞᆯ遊覽ᄒᆞ다稱ᄒᆞ고山川道里의險易ᄅᆞᆯ다探悉ᄒᆞ고밋還國ᄒᆞ미高句麗의虛實을備陳ᄒᆞ니唐帝ㅣ이에東伐ᄒᆞᆯ志가有ᄒᆞ더라○冬十月에高句麗泉蓋蘇文이其君建武ᄅᆞᆯ弑ᄒᆞ고王의姪臧을立ᄒᆞ니此ᄂᆞᆫ寶藏王이러라蘇文의狀貌ㅣ雄偉ᄒᆞ고意氣가驁悍ᄒᆞ며其父ᄅᆞᆯ嗣ᄒᆞ야東部大人이되니諸大人이其凶殘ᄒᆞᆷ을憎惡ᄒᆞ야王으로더브러謀誅코자ᄒᆞ다가事泄ᄒᆞ거ᄂᆞᆯ蘇文이部兵을埋伏ᄒᆞ고諸大人百餘ᄅᆞᆯ召宴ᄒᆞ야盡殺ᄒᆞ고드ᄃᆡ여入宮ᄒᆞ야王을弑ᄒᆞ고自己ᄂᆞᆫ莫離支(官名이니即兵部尙書라)가되야國事ᄅᆞᆯ專擅ᄒᆞ고恒常五刀ᄅᆞᆯ佩ᄒᆞ며出入時에ᄂᆞᆫ반ᄃᆞ시貴人武將으로ᄒᆞ여곰伏地케ᄒᆞ고足으로ᄡᅥ踏ᄒᆞ야馬ᄅᆞᆯ乘ᄒᆞ고下馬時에도亦然ᄒᆞ더라○十一月에新羅ㅣ伊飡金春秋ᄅᆞᆯ遣ᄒᆞ야高句麗에乞師ᄒᆞ다先是에百濟ㅣ新羅西方獼猴等四十城을取ᄒᆞ고또百濟將軍允忠이新羅大耶城(今陜川)을攻陷ᄒᆞ야新羅都督金品釋이戰死ᄒᆞ엿더니至是ᄒᆞ야春秋ㅣ百濟ᄅᆞᆯ滅ᄒᆞᆯ志가有ᄒᆞ야將行ᄒᆞᆯ식金庾信으로더부러歸期ᄅᆞᆯ六旬爲限ᄒᆞ고드ᄃᆡ여麗王을往說ᄒᆞ야曰今에百濟ㅣ無道ᄒᆞ야我의疆埸을侵軼ᄒᆞ니願컨ᄃᆡ大王의威ᄅᆞᆯ

仗ᄒᆞ야雪恥코자ᄒᆞ노이다ᄒᆞᆫᄃᆡ麗王曰麻峴과竹嶺(今丹陽郡地)은元來我國의土地라만일還送ᄒᆞ면곳出兵相助ᄒᆞ리라ᄒᆞ거ᄂᆞᆯ春秋ㅣ對曰臣이君命을奉ᄒᆞ고乞師ᄒᆞᆷ이어ᄂᆞᆯ今에大王이卹難救隣을不思ᄒᆞ고도로혀土地를歸ᄒᆞ라ᄒᆞ시니臣이死ᄒᆞᆯ지언뎡奉命치못ᄒᆞ리라ᄒᆞᆫᄃᆡ麗王이怒ᄒᆞ야囚執ᄒᆞ거ᄂᆞᆯ春秋ㅣ靑布로ᄡᅥ麗王의寵臣을賂遺ᄒᆞ고또麗王의게移書曰麻峴과竹嶺은本是貴國의地라今에臣이返國ᄒᆞ야此地를不還ᄒᆞ면곳天日이在上ᄒᆞ니顧컨ᄃᆡ王은勿疑ᄒᆞ소셔ᄒᆞ더라

此時에金庾信이春秋의不返ᄒᆞᆷ을見ᄒᆞ고王ᄭᅴ請ᄒᆞ야兵士三千을召募ᄒᆞ야高句麗를將伐ᄒᆞᆯ새漢江을渡ᄒᆞ니麗王이新羅ㅣ起兵ᄒᆞᆷ을聞ᄒᆞ고이에春秋를厚禮遣歸ᄒᆞ거ᄂᆞᆯ春秋ㅣ境外에出ᄒᆞ야送者다려謂ᄒᆞ야曰國家疆土ᄂᆞᆫ使臣의敢專ᄒᆞᆯ비아니라ᄒᆞ고歸ᄒᆞ니라

癸卯 新羅善德王十一年○高句麗寶藏王元年○百濟義慈王二年○唐太宗貞觀十七年○日皇皇極二年○西歷紀元後六百四十三年

高句麗ㅣ唐에遣使ᄒᆞ야道敎를求ᄒᆞᆫᄃᆡ唐帝가道士叔達等八人을遣ᄒᆞ고兼ᄒᆞ야老子道德經을送ᄒᆞ더라○冬十一月에百濟ㅣ高句麗와合兵ᄒᆞ야新羅党項城을攻破ᄒᆞ야唐國에入ᄒᆞᄂᆞᆫ路를塞ᄒᆞ거ᄂᆞᆯ新羅ㅣ唐에求救ᄒᆞ니二國이聞知ᄒᆞ고乃還ᄒᆞ니라

甲辰 新羅善德王十二年○高句麗寶藏王二年○百濟義慈王三年○唐太宗貞觀十八年○日皇皇極三年○西歷紀元後六百四十四年

冬十一月에唐太宗李世民이大軍을親率ᄒᆞ야高句麗를攻ᄒᆞᆯ새先是에唐帝ㅣ蔣儼을遣ᄒᆞ야麗王의게送書ᄒᆞ야新羅의來路를毋遏ᄒᆞ고또百濟로더브러各其戢兵ᄒᆞ라不然이면곳發兵攻擊ᄒᆞ리라ᄒᆞ거ᄂᆞᆯ泉蓋蘇文이曰往者에隋兵이伐我ᄒᆞᆯ새新羅ㅣ乘隙ᄒᆞ야我地五百里를奪ᄒᆞ엿스니今에其地를不返ᄒᆞ면兵事를未弭ᄒᆞ리라ᄒᆞ고곳蔣儼을窟室中에囚ᄒᆞ엿더니唐帝ㅣ怒ᄒᆞ야軍士十萬三千을發ᄒᆞ야水陸並進ᄒᆞᆯ새張亮으로ᄡᅥ平壤道行軍大摠管을拜ᄒᆞ고李世勣으로遼東道

行軍大摠管을拜ᄒᆞ야諸軍을分領ᄒᆞ고因ᄒᆞ야新羅百濟奚契丹으로
ᄒᆞ여곰分道來擊ᄒᆞ더라

乙巳

新羅善德王十三年○高句麗寶藏王三年○百濟義慈王四年○唐太宗貞觀十九年○日皇孝德元年○西歷紀元後六百四十五年

正月에百濟ㅣ新羅를侵ᄒᆞ다가敗還ᄒᆞ다時에金庾信이百濟의七城을取ᄒᆞ고還都ᄒᆞᆯ셰濟軍이買利浦城을來攻ᄒᆞ거ᄂᆞᆯ羅王ㅣ또庾信으로ᄒᆞ야곰拒敵ᄒᆞ라ᄒᆞ니庾信이聞命ᄒᆞ고妻子를不見ᄒᆞ고다시濟軍을逆擊ᄒᆞ야二千餘級을斬ᄒᆞ고回軍ᄒᆞᆯ셰濟軍이또大擧ᄒᆞᄂᆞᆫ지라羅主ㅣ庾信다려謂曰國의存亡이公一身에繫ᄒᆞ니不可不公을請ᄒᆞ야再往케ᄒᆞ노라ᄒᆞ거ᄂᆞᆯ庾信이또歸家치못ᄒᆞ고遂行ᄒᆞ니衆이曰大將軍도오히려如此ᄒᆞ거든況我輩乎아ᄒᆞ고踴躍爭先ᄒᆞ야敵陣을向ᄒᆞ니濟軍이望風退去ᄒᆞ더라○夏五月에唐帝ㅣ高句麗安市城(在遼東)을攻ᄒᆞ다가無功而還ᄒᆞ다初에唐帝ㅣ定州(遼東)에至ᄒᆞ야侍臣다려謂

曰遼東은元來中國의地오隋氏ㅣ四次出師ᄒᆞ되다大敗ᄒᆞ엿스니朕이今에中國子弟를爲ᄒᆞ야其讐를報雪ᄒᆞ리라ᄒᆞ고親히弓矢를佩ᄒᆞ고雨衣를鞍後에結ᄒᆞ고遼水의歸橋를斷ᄒᆞ야必死ᄒᆞᆯ心을示ᄒᆞ고遼東城을圍ᄒᆞᆯ셰其下에至ᄒᆞ야親히土를負ᄒᆞ야塹을塡ᄒᆞ고圍城ᄒᆞᆫ지十三日에鼓譟ᄒᆞᄂᆞᆫ聲이天地를振動ᄒᆞ니此戰에麗兵이死者ㅣ萬餘人이러라또白巖城을下ᄒᆞ고安市城을進攻ᄒᆞ니麗將高延壽ㅣ靺鞨兵十五萬을合ᄒᆞ야來救ᄒᆞᆯ셰陣勢가四十里를連亘ᄒᆞ거ᄂᆞᆯ唐帝ㅣ望見ᄒᆞ고大懼ᄒᆞ야敢히迎戰치못ᄒᆞ고이에詭計로延壽를紿ᄒᆞ야曰吾의來ᄒᆞᆷ은泉蓋蘇文의弑君ᄒᆞᆫ罪를討ᄒᆞᆷ이오他意가無ᄒᆞ다ᄒᆞᆫ대延壽ㅣ其言을信ᄒᆞ고設備치아니ᄒᆞ거ᄂᆞᆯ唐帝ㅣ世勣을命ᄒᆞ야西嶺에埋伏ᄒᆞ고다시小軍을出ᄒᆞ야延壽를誘引ᄒᆞ니延壽ㅣ果然來追ᄒᆞ거ᄂᆞᆯ唐將薛仁貴ㅣ大呼陷陣ᄒᆞ야所向無敵이라이에麗軍이大敗ᄒᆞ야死

者ㅣ二萬餘人이오延壽等이降ᄒᆞ거ᄂᆞᆯ唐帝ㅣ또進軍ᄒᆞ야安市城을攻圍ᄒᆞ니城主梁萬春이死守不下ᄒᆞ고時에唐帝ㅣ臨陣ᄒᆞ엿다가流矢에目이傷ᄒᆞ고또遼東이早寒ᄒᆞ며粮食이且盡ᄒᆞᆫ지라이에班師ᄒᆞᆯ식麗軍과唐兵의死者ㅣ甚衆ᄒᆞ거ᄂᆞᆯ唐帝ㅣ成功치못ᄒᆞᆷ을深悔ᄒᆞ야歎曰魏徵이若在ᄒᆞ면吾ㅣ엇지此行이有ᄒᆞ리오ᄒᆞ고其國에還ᄒᆞ야李靖다려謂曰吾ㅣ天下의衆으로뼈高句麗微城의게困ᄒᆞ엿다ᄒᆞ더라延壽ㅣ唐의게降ᄒᆞᆫ後로브터憤歎을不勝ᄒᆞ야맛ᄎᆞᆷ내憂死ᄒᆞ니라薛仁貴ᄂᆞᆫ本遼東人이라驍勇으로世上에聞ᄒᆞ더니및麗人이門地로뼈用人ᄒᆞ미仁貴ㅣ見用치못ᄒᆞᆷ을忿恨ᄒᆞ야唐國에入ᄒᆞ야太宗의信任ᄒᆞᆫ비되엿다가至是ᄒᆞ야麗軍을破ᄒᆞ니라時에新羅人薛罽頭ㅣ또ᄒᆞᆫ唐兵을隨ᄒᆞ야高句麗ᄅᆞᆯ伐ᄒᆞ다先是에罽頭ㅣ常曰我國의用人ᄒᆞᆷ이骨品을論ᄒᆞ야其族이아니면비록鴻才傑功이有ᄒᆞ야도能히振發

치못ᄒᆞᄂᆞ니我ㅣ中原에遊ᄒᆞ야不世의雄略을奮ᄒᆞ고非常ᄒᆞᆫ功業을立ᄒᆞ리라ᄒᆞ더니至是ᄒᆞ야唐帝의게自薦ᄒᆞ야臨陣先鬪ᄒᆞ다가死ᄒᆞ거ᄂᆞᆯ唐帝ㅣ泫然流涕ᄒᆞ고御衣ᄅᆞᆯ脫ᄒᆞ야其身을覆ᄒᆞ고大將軍을追贈ᄒᆞ니라○新羅主ㅣ改元ᄒᆞ야太和라ᄒᆞ다

丁未

(新羅善德主十五年○高句麗寶藏王五年○百濟義慈王六年○唐太宗貞觀二十一年○日皇孝德三年○西歷紀元後六百四十七年)新羅女主ㅣ崩ᄒᆞ다主ㅣ平日에死期ᄅᆞᆯ預言ᄒᆞ더니其日에至ᄒᆞ야崩ᄒᆞ고眞平王母弟國飯의女勝曼이立ᄒᆞ니此ᄂᆞᆫ眞德女主ㅣ러라

戊申

(新羅眞德主元年○高句麗寶藏王六年○百濟義慈王七年○唐太宗貞觀二十二年○日皇孝德四年○西歷紀元後六百四十八年)春正月에唐帝ㅣ大將軍薛萬徹을命ᄒᆞ야軍士三萬餘人과樓船과戰艦을率ᄒᆞ고萊州로브터泛海ᄒᆞ야高句麗ᄅᆞᆯ攻ᄒᆞ더라○冬에新羅ㅣ金庾信으로ᄒᆞ여곰百濟ᄅᆞᆯ攻ᄒᆞ야大耶城(今陜川)을進攻ᄒᆞ니百濟ㅣ逆戰ᄒᆞ거ᄂᆞᆯ庾信이佯敗ᄒᆞ야玉門關에設伏ᄒᆞ엿다가掩擊大破ᄒᆞ고드듸

여乘勝大進ᄒᆞ야十二城을拔ᄒᆞ고또九城을屠ᄒᆞ며二萬餘級을斬ᄒᆞ고九千餘人을虜ᄒᆞ거ᄂᆞᆯ羅主ㅣ論功行賞ᄒᆞᆯ시庾信으로ᄡᅥ行軍大摠管을拜ᄒᆞ다○時에唐帝ㅣ蘇定方을命ᄒᆞ야軍士二十萬을帥ᄒᆞ고百濟ᄅᆞᆯ攻ᄒᆞ다가旣而오唐帝ㅣ崩ᄒᆞᆷ의遺詔로罷兵ᄒᆞ니라

辛亥

新羅眞德主四年○高句麗寶藏王九年○百濟義慈王十一年○唐高宗永徽二年○日本孝德七年○西曆紀元後六百五十一年○新羅ㅣ珍飡官名金仁問을唐에遣ᄒᆞ니仁問은春秋의第二子라幼時에羣書ᄅᆞᆯ博覽ᄒᆞ고兼ᄒᆞ야莊老와浮屠의說을涉獵ᄒᆞ고射御ᄅᆞᆯ善ᄒᆞ며音律을曉通ᄒᆞ고識量이宏遠ᄒᆞ거ᄂᆞᆯ唐帝ㅣ寵愛ᄒᆞ야特히左領軍衛將軍을拜ᄒᆞ니時年이二十三이라先時에羅主ㅣ金春秋ᄅᆞᆯ唐에遣ᄒᆞ니唐太宗이春秋의儀表가英偉ᄒᆞᆷ을見ᄒᆞ고厚待ᄒᆞ고또國學에送ᄒᆞ야釋奠을觀케ᄒᆞ거ᄂᆞᆯ春秋ㅣ이에唐兵을請ᄒᆞ야百濟ᄅᆞᆯ伐코자ᄒᆞᆫᄃᆡ太宗이곳蘇定方으로ᄒᆞ여곰百濟ᄅᆞᆯ伐ᄒᆞ라ᄒᆞ거ᄂᆞᆯ春秋ㅣ곳海上에還至ᄒᆞ다가高句麗의邏卒ᄅᆞᆯ遇ᄒᆞ니從者溫君이春秋ᄅᆞᆯ代ᄒᆞ야高冠大衣로船上에坐ᄒᆞᆫᄃᆡ邏兵이春秋라ᄒᆞ야곳殺ᄒᆞ니라

甲寅

新羅眞德主七年○高句麗寶藏王十三年○唐高宗永徽五年○日本孝德十年○西曆紀元後六百五十四年○春三月에新羅女主ㅣ崩ᄒᆞ거ᄂᆞᆯ羣臣이金春秋ᄅᆞᆯ奉ᄒᆞ야王位에陞ᄒᆞ니此ᄂᆞᆫ太宗武烈王이오眞智王後孫龍春의子ㅣ러라○夏四月에新羅王이其考ᄅᆞᆯ追尊ᄒᆞ야文興王이라ᄒᆞ고其妃ᄂᆞᆫ王太后라ᄒᆞ고律令을參酌ᄒᆞ야六十餘條ᄅᆞᆯ定ᄒᆞ다

乙卯

○新羅太宗武烈王元年○高句麗寶藏王十四年○唐高宗永徽六年○日本齊明元年○西曆紀元後六百五十五年

春에高句麗ㅣ百濟와靺鞨로더브러連兵ᄒᆞ야新羅北境의三十三城을取ᄒᆞ거ᄂᆞᆯ羅王이唐에遣使ᄒᆞ야救援을請ᄒᆞ다○百濟王이諫臣成忠을殺ᄒᆞ다先是에王이望海亭을建ᄒᆞ고宮女ᄅᆞᆯ率ᄒᆞ야淫酗耽樂ᄒᆞ거ᄂᆞᆯ成忠이極諫ᄒᆞᆫᄃᆡ王이怒ᄒᆞ야賜死ᄒᆞᄂᆞᆫ지라成忠이臨死에上書

日忠臣은死不忘君ᄒᆞᄂᆞ니願컨ᄃᆡ一言을歎ᄒᆞ노이다臣이時變을察ᄒᆞ니반다시兵革이有ᄒᆞᆯ지라만일敵兵이來ᄒᆞ거든陸地에ᄂᆞᆫ炭峴(今在公州)을不過케ᄒᆞ고水路에ᄂᆞᆫ白江(今扶餘白馬江)을不入케ᄒᆞ고險阻ᄅᆞᆯ據ᄒᆞ야敵을禦ᄒᆞ소서ᄒᆞᆫᄃᆡ王이不省ᄒᆞᄂᆞᆫ지라自後로다시敢言ᄒᆞᄂᆞᆫ者가無ᄒᆞ더라○秋九月에新羅金庾信이百濟刀比川城을攻拔ᄒᆞ다先是에汲湌(官名)未坤이百濟에被擄ᄒᆞ야人의奴ㅣ되엿다가後에逃歸ᄒᆞ야庾信을見ᄒᆞ고百濟의事勢ᄅᆞᆯ悉言ᄒᆞ거ᄂᆞᆯ自是로庾信이百濟ᄅᆞᆯ併呑ᄒᆞᆯ謀가益急ᄒᆞ더라

庚申(新羅太宗武烈王六年○高句麗寶藏王十八年○百濟義慈王十九年是歲亡○唐高宗顯慶五年○日皇齊明六年○西歷紀元後六百六十年)春三月에唐帝ㅣ蘇定方으로ᄡᅥ神丘道行軍大摠管을拜ᄒᆞ고金仁問으로ᄡᅥ副摠管을拜ᄒᆞ야水陸兵十三萬을率ᄒᆞ고百濟ᄅᆞᆯ攻ᄒᆞᆯᄉᆡ德物島(在今仁川西即德積鎭)에至ᄒᆞ거ᄂᆞᆯ羅王이庾信等을遣ᄒᆞ야軍士五萬으로ᄡᅥ會ᄒᆞ다先是에百濟에灾異가多ᄒᆞ야鬼가宮中에서大呼曰百濟가亡ᄒᆞᆫ다百濟가亡ᄒᆞᆫ다ᄒᆞ고곳地中에入ᄒᆞ거ᄂᆞᆯ王이掘見ᄒᆞ니龜가有ᄒᆞ고其背에文이有ᄒᆞ야曰百濟ᄂᆞᆫ月輪과同ᄒᆞ고新羅ᄂᆞᆫ月新과如ᄒᆞ다ᄒᆞ엿거ᄂᆞᆯ王이巫者의게問ᄒᆞᆫᄃᆡ曰同月輪은滿也니滿ᄒᆞ면虧ᄒᆞ고如月新은未滿이니未滿ᄒᆞ면盈이라ᄒᆞ거ᄂᆞᆯ王이怒ᄒᆞ야殺ᄒᆞ니或이諂ᄒᆞ야曰月輪은盛ᄒᆞᆷ이오月新은微ᄒᆞᆷ이니意者컨ᄃᆡ國家ᄂᆞᆫ盛ᄒᆞ고新羅ᄂᆞᆫ微ᄒᆞᆯ가ᄒᆞ노이다ᄒᆞᆫᄃᆡ王이悅ᄒᆞ더니至是ᄒᆞ야佐平(官名)興首의게問計ᄒᆞ거ᄂᆞᆯ興首ㅣ對曰勇士ᄅᆞᆯ簡選ᄒᆞ야白江(白馬江上流)과炭峴(在今公州)을扼守ᄒᆞ야羅唐兩軍을拒遏ᄒᆞ고我ᄂᆞᆫ深閉固守ᄒᆞ엿다가其兵疲食盡ᄒᆞ기ᄅᆞᆯ俟ᄒᆞ야奮擊ᄒᆞ면必破ᄒᆞ리이다ᄒᆞᆫᄃᆡ王이能用치못ᄒᆞ더라○秋七月에庾信等이黃山(今連山)에進軍ᄒᆞ니百濟ㅣ階伯을遣ᄒᆞ야死士五千을率ᄒᆞ고抑戰ᄒᆞᆯᄉᆡ階伯이曰一國偏師로兩國兵을當코자ᄒᆞ니存亡을不可知오또妻子의累ㅣ되리니그生ᄒᆞ야辱될진ᄃᆡ死ᄒᆞᆷ이

오히려快ᄒᆞ다ᄒᆞ고드듸여家屬을盡殺ᄒᆞ고黃山에至ᄒᆞ다가猝然이羅兵을遇ᄒᆞ야死之ᄒᆞ니라○羅兵이唐兵으로더브러百濟都城을攻拔ᄒᆞ다時에定方等이濟軍을熊津(公州錦江)에서大破ᄒᆞᆯ시庾信이唐營에至ᄒᆞ니定方이庾信의麾下士를執ᄒᆞ고軍期를遲誤ᄒᆞ엿다ᄒᆞ고斬코자ᄒᆞ거ᄂᆞᆯ庾信이大怒曰將軍이黃山의戰捷ᄒᆞᆷ을不知ᄒᆞ고다만違期로ᄡᅥ歸罪ᄒᆞ니吾ㅣ엇지無罪受辱ᄒᆞ리오今에몬져唐兵과決戰ᄒᆞᆫ然後에百濟를破ᄒᆞ리라ᄒᆞ고이에鈇鉞을仗ᄒᆞ고軍門에立ᄒᆞ니怒髮은上指ᄒᆞ고腰間의寶劍이自躍ᄒᆞ야鞘에出ᄒᆞ미庾信의威風과劍光의閃爍ᄒᆞᆷ이人으로ᄒᆞ야곰懼怕ᄒᆞᆯ지라定方이大驚ᄒᆞ야庾信의게謝罪ᄒᆞ고곳合兵ᄒᆞ야百濟都城을進圍ᄒᆞ니濟王이不免ᄒᆞᆷ을知ᄒᆞ고嘆息曰吾ㅣ成忠의言을不聽ᄒᆞ야至此ᄒᆞ도다ᄒᆞ고太子孝를率ᄒᆞ고逃亡ᄒᆞ야熊津을保守ᄒᆞ고次子泰가自立ᄒᆞ야城을守ᄒᆞ거ᄂᆞᆯ定方이兵士로ᄒᆞ여곰城堞에登ᄒᆞ야唐國의旗幟를立ᄒᆞ니於是에泰가開門出降ᄒᆞ고濟王義慈도ᄯᅩᄒᆞᆫ來降ᄒᆞ야百濟가遂亡ᄒᆞ다百濟ㅣ溫祚王으로브터義慈王ᄭᅡ지三十世에共六百七十八年이러라八月에庾信이大讌을排設ᄒᆞ고定方을饗ᄒᆞᆯ시義慈로ᄒᆞ여곰堂下에坐ᄒᆞ야行酒케ᄒᆞ니百濟群臣이다嗚咽流涕ᄒᆞ더라定方이드듸여濟王義慈와밋其子孝泰隆演等과大臣將士八十八人과百姓一萬二千八百七人을擄ᄒᆞ야唐國으로還ᄒᆞ더니冬十一月에義慈ㅣ唐에서病卒ᄒᆞ거ᄂᆞᆯ唐帝ㅣ尉衛卿을贈ᄒᆞ고陳叔寶墓側에葬ᄒᆞ니라

辛酉 新羅太宗武烈王七年○高句麗寶藏王十九年○唐高宗龍朔元年○日皇齊明七年○西曆紀元後六百六十一年 夏五月에高句麗ㅣ靺鞨과連兵ᄒᆞ야新羅北漢山城(今漢陽)을攻ᄒᆞ다가不克ᄒᆞ고還ᄒᆞ다○故百濟王義慈의子豐이周留城을據ᄒᆞ고王이라稱ᄒᆞ거ᄂᆞᆯ新羅ㅣ遣將ᄒᆞ야豐을伐ᄒᆞ니豐이高句麗로奔ᄒᆞ니라初에豐이日本에

壬戌

爲質ᄒᆞ더니百濟가亡ᄒᆞᆫ後에其宗室福信等이迎立ᄒᆞ야王을삼고周留城을據ᄒᆞ니西北部ㅣ다響應ᄒᆞ거ᄂᆞᆯ豐이諸軍을率ᄒᆞ고唐將劉仁願을熊津城(公州)에圍ᄒᆞᄂᆞᆫ지라新羅王이金欽純을遣ᄒᆞ야擊敗ᄒᆞ니豐은高句麗에奔ᄒᆞ고餘衆이皆降ᄒᆞ니라○六月에新羅王이崩ᄒᆞ거ᄂᆞᆯ廟號를太宗이라ᄒᆞ고子文武王法敏이立ᄒᆞ다太宗이在位時에時和歲豐ᄒᆞ야聖代라稱ᄒᆞ고其后ᄂᆞᆫ金庾信의妹러라

(新羅文武王元年○高句麗寶藏王二十年○唐高宗龍朔二年○日皇齊明八年○西曆紀元後六百六十二年)春正月에新羅王이唐으로더브러合兵ᄒᆞ야高句麗를伐ᄒᆞ다時에唐帝가太宗이安市城에서敗還ᄒᆞᆫ恥를雪코자ᄒᆞ야任雅相과契苾何力과蘇定方等을遣ᄒᆞ야高句麗를擊ᄒᆞᆯ시定方이몬져馬邑山(在平壤西南)을奪ᄒᆞ고平壤을進圍ᄒᆞ거ᄂᆞᆯ於是에羅王ㅣ金庾信等九將軍을命ᄒᆞ야助援케ᄒᆞ엿더니旣而오定方이食盡ᄒᆞ야班師ᄒᆞ니庾信이ᄯᅩᄒᆞᆫ退還ᄒᆞ다○耽羅ㅣ

戊辰

新羅에來朝ᄒᆞ다初에高厚高淸等이新羅에來朝ᄒᆞᆯ시時에客星이南方에見ᄒᆞ거ᄂᆞᆯ太史ㅣ奏ᄒᆞ되異國人이來朝ᄒᆞ리라ᄒᆞ더니旣而오高厚等을見ᄒᆞ고其來ᄒᆞᆷ을嘉尙ᄒᆞ야長子를稱ᄒᆞ야曰星主라ᄒᆞ니그星象을動ᄒᆞ엿다ᄒᆞᆷ이러라

(新羅文武王七年○高句麗寶藏王二十六年是歲高句麗亡○唐高宗總章元年○日皇天智元年○西曆紀元後六百六十八年)秋九月에新羅王이唐兵과合ᄒᆞ야高句麗平壤城을攻拔ᄒᆞ다先是에唐이李勣으로ᄡᅥ遼東行軍大摠管을拜ᄒᆞ고諸將을督率ᄒᆞ야高句麗의大谷漢城等二郡을拔ᄒᆞ고新羅에遣使ᄒᆞ야發兵을請ᄒᆞ거ᄂᆞᆯ羅王이其弟仁問과밋金庾信의弟金欽純으로ᄡᅥ率軍助戰ᄒᆞ니時에庾信은老病ᄒᆞ야在家ᄒᆞ거ᄂᆞᆯ欽純等이庾信의게問計ᄒᆞ고即行ᄒᆞ야李勣等으로더브러合圍ᄒᆞ엿더니月餘에麗王이泉男生(蘇文子)을遣ᄒᆞ야首領九十八人을率ᄒᆞ고白旗를竪ᄒᆞ고來降ᄒᆞ거ᄂᆞᆯ勣이麗王臧과밋其二子

福男德男과大臣男建等二十餘萬을擄ᄒᆞ고回軍ᄒᆞ니高句麗ㅣ亡ᄒᆞ다唐이安東都護府ᄅᆞᆯ平壤에置ᄒᆞ고薛仁貴로ᄡᅥ都護ᄅᆞᆯ拜ᄒᆞ야鎭撫ᄒᆞ니高句麗ㅣ朱蒙으로브터寶藏王ᄭᆞ지至ᄒᆞ기凡二十八世에歷年이七百五年이러라其後에唐帝ㅣ寶藏王을遼東에送還ᄒᆞ엿더니王이靺鞨과潛謀ᄒᆞ야故國을恢復고자ᄒᆞ거ᄂᆞᆯ唐帝ㅣ王을召還ᄒᆞ야未至ᄒᆞ고中道에셔死ᄒᆞ니唐帝ㅣ頡利墓側에葬ᄒᆞ다

普通教科 東國歷史卷二

新羅紀

文武王의諱는法敏이오在位二十年이라(統一前七年은三國記에見ᄒᆞ다)

己巳 新羅文武王八年(唐高宗總章二年○日皇天智二年○西歷紀元後六百六十九年)

庚午 九年(唐高宗咸亨元年○日皇天智三年○西歷紀元後六百七十年)이라時에高勾麗劍牟岑이故國을興復고ᄌᆞᄒᆞ야唐의官長을殺ᄒᆞ고故王外孫安勝을漢城에迎立ᄒᆞ고新羅에遣使ᄒᆞ야內附ᄒᆞ기ᄅᆞᆯ請ᄒᆞ거ᄂᆞᆯ王이高勾麗王을冊封ᄒᆞ고西方金馬渚(今益山郡)에處케ᄒᆞ엿더니唐帝ㅣ遣將ᄒᆞ야安勝을攻코ᄌᆞᄒᆞ니安勝이恐ᄒᆞ야其地ᄅᆞᆯ棄ᄒᆞ고來歸ᄒᆞᄂᆞᆫ지라羅王이다시報德王을封ᄒᆞ고外妹로ᄡᅥ妻ᄒᆞ다

辛未 十年(唐高宗咸亨二年○日皇天智四年○西歷紀元後六百七十一年)이라初에王이百濟의土地ᄅᆞᆯ取ᄒᆞᆫᄃᆡ唐總管薛仁貴ㅣ來攻코ᄌᆞᄒᆞ야新羅虛實을偵探ᄒᆞ거ᄂᆞᆯ王이ᄯᅩ

普通教科 東國歷史卷二 新羅紀 二

癸酉

諸將을分遣ᄒᆞ야百濟의諸城을擊破ᄒᆞ엿더니薛仁貴ㅣ遣兵救援ᄒᆞ
ᄂᆞᆫ지라이에王이將軍竹旨等을命ᄒᆞ야唐兵과石城에서戰ᄒᆞ야五千
三百餘級을斬ᄒᆞ고百濟의將軍二人을獲ᄒᆞ니自此로百濟餘衆이悉
平ᄒᆞ니라既而오唐將高侃等이軍士四萬을率ᄒᆞ고高句麗餘衆을襲
擊ᄒᆞ야諸城을連克ᄒᆞ고平壤에至ᄒᆞ거ᄂᆞᆯ王이將軍義福等으로ᄒᆞ여
곰麗兵과合ᄒᆞ야逆戰ᄒᆞ다가敗ᄒᆞ야太監阿珍舍ㅣ死之ᄒᆞ다
十二年(唐高宗咸亨四年○日皇天武元年○西曆紀元後六百七十三年)이라太大舒發翰(官名)金庾信이
卒ᄒᆞ니年이七十九라王이크게震悼ᄒᆞ고有司로命ᄒᆞ야立碑記功ᄒᆞ
다初에庾信이疾篤ᄒᆞ거ᄂᆞᆯ王이親臨存問ᄒᆞ고泣曰公이만일不諱ᄒᆞ
면人民과社稷에奈何오ᄒᆞᆫᄃᆡ對曰今에三韓이統一ᄒᆞ고百姓이異心
이無ᄒᆞ니可謂少康이라ᄒᆞᆯ지라然이나繼統ᄒᆞᄂᆞᆫ人君이ᄆᆡ양守成ᄒᆞᆫ
者ㅣ鮮ᄒᆞ니願컨ᄃᆡ大王은君子ᄅᆞᆯ親ᄒᆞ고小人을遠ᄒᆞ야朝廷과人民

이相安ᄒᆞ면臣이死ᄒᆞᆯ지라도無憾이로소이다ᄒᆞ더라妻金氏ᄂᆞᆫ太宗
王의女라子五人이有ᄒᆞ더니次子元述이向者平壤之役에軍敗ᄒᆞ야
自殺코ᄌᆞᄒᆞ다가其佐淡凌의言을聽ᄒᆞ고不死ᄒᆞ거ᄂᆞᆯ庾信이ᄡᅥᄒᆞ되
家訓을負ᄒᆞ엿다ᄒᆞ고곳王ᄭᅴ奏ᄒᆞ야斬코ᄌᆞᄒᆞ니元述이慚懼ᄒᆞ야野
에遁ᄒᆞ엿다가至是ᄒᆞ야其父의卒ᄒᆞᆷ을聞ᄒᆞ고奔喪ᄒᆞ야母ᄅᆞᆯ求見ᄒᆞᆫ
ᄃᆡ母ㅣ曰爾가先君의게得罪ᄒᆞ엿스니我ㅣ엇지相見ᄒᆞ리오ᄒᆞᄂᆞᆫ지
라元述이이에歎息曰吾ㅣ淡凌의誤ᄒᆞᆫ비되엿다ᄒᆞ고太白山에逃隱
ᄒᆞ다가後에唐兵이買蘇川城을攻ᄒᆞ거ᄂᆞᆯ元述이前恥ᄅᆞᆯ雪코ᄌᆞᄒᆞ야
赴敵力戰ᄒᆞ야功勳을建ᄒᆞ나其父母의게不容ᄒᆞᆷ으로ᄡᅥ終身不仕ᄒᆞ
고庾信의妻ᄂᆞᆫ其後에尼가되거ᄂᆞᆯ聖德王이夫人을封ᄒᆞ고每歲에租
一千石을賜ᄒᆞ다○新曆을用ᄒᆞ다初에奈麻德이唐에入ᄒᆞ야曆術을
學ᄒᆞ고至是ᄒᆞ야回國ᄒᆞ거ᄂᆞᆯ王이其法을用ᄒᆞ다○王이宮內에池ᄅᆞᆯ

普通教科 東國歷史卷二 新羅紀 三

丙子

穿ᄒᆞ고山을造ᄒᆞ야花卉를植ᄒᆞ고珍禽奇獸를養ᄒᆞ더라○王이靈廟寺前에서閱兵ᄒᆞᆯ시阿飡(官名)薛秀眞이六陣兵法을進ᄒᆞ다○銅印을新鑄ᄒᆞ야百司와밋州郡에頒給ᄒᆞ다

十五年(唐高宗儀鳳元年○日皇天武四年○西歷紀元後六百七十六年)이라冬十一月에沙飡(官名)施得이唐將薛仁貴로所夫里州(今扶餘)에서戰克ᄒᆞ다先是에王이高句麗의餘衆을納ᄒᆞ고또百濟故地를據ᄒᆞ엿더니唐帝ㅣ大怒ᄒᆞ야王의弟仁問으로ᄡᅥ鷄林大都督을拜ᄒᆞ고劉仁軌로ᄡᅥ鷄林道大摠管을拜ᄒᆞ야新羅를攻ᄒᆞ라ᄒᆞᆯ시時에仁問이唐에在ᄒᆞ더니唐帝ㅣ仁問을命ᄒᆞ야歸國ᄒᆞ라ᄒᆞ고仁軌ㅣ몬져七重城(今積城)을進拔ᄒᆞ거ᄂᆞᆯ王이遣使請和ᄒᆞᆫ디唐이곳罷兵ᄒᆞ고仁問을召還ᄒᆞ야臨海郡公을拜ᄒᆞ니라然이나王은더욱百濟故地를取ᄒᆞ고高句麗南境ᄭᆞ지州郡을置ᄒᆞ니唐兵이契丹과靺鞨을合ᄒᆞ야屢次侵犯ᄒᆞ되王이다勝捷ᄒᆞ더니至是ᄒᆞ야施得이또仁貴로더부러二十餘戰에다勝捷ᄒᆞ고四千餘級을斬ᄒᆞ니自此로唐兵이敢히復至치못ᄒᆞ더라○靺鞨이阿達城을寇ᄒᆞ거ᄂᆞᆯ城主素那ㅣ戰死ᄒᆞ다素那ᄂᆞᆫ白城(今安城)人이니其父沈那ㅣ膂力이過人ᄒᆞ야百濟人이飛將軍이라指目ᄒᆞ더니素那ㅣ또ᄒᆞᆫ雄豪ᄒᆞ야父風이有ᄒᆞ거ᄂᆞᆯ王이素那를遣ᄒᆞ야阿達城을守ᄒᆞ라ᄒᆞ엿더니至是ᄒᆞ야靺鞨이猝然히入城ᄒᆞ거ᄂᆞᆯ素那ㅣ奮劍大呼ᄒᆞ야敵陣을突擊ᄒᆞ다가衆矢가叢集ᄒᆞ야死ᄒᆞᆫ지라友人이其妻의게吊ᄒᆞᆫ디妻ㅣ哭曰亡人이常言ᄒᆞ되大丈夫ㅣ王事에死ᄒᆞᆷ이맛당ᄒᆞ다ᄒᆞ더니今에其志를成ᄒᆞᆷ이라ᄒᆞ거ᄂᆞᆯ王이聞ᄒᆞ고流涕ᄒᆞ더라○僧信惠와義安으로ᄡᅥ政官大書省을拜ᄒᆞ고또僧義相을命ᄒᆞ야浮石寺를太白山(今榮川地)에創建ᄒᆞ다

辛巳

二十年(唐高宗開耀元年○日皇天武九年○西歷紀元後六百八十一年)이라秋七月에王이崩ᄒᆞ고太子政明이立ᄒᆞ야遺詔로ᄡᅥ東海口大石上에葬ᄒᆞ다

神文王의諱ᄂᆞᆫ政明이오字ᄂᆞᆫ日炤니在位十一年이라

甲申 三年(唐中宗嗣聖元年○日皇天武十二年○西歷紀元後六百八十四年)이라報德王安勝의族子將軍大文이金馬渚(今益山)로據ᄒᆞ야故國을恢復고ᄌᆞᄒᆞ거ᄂᆞᆯ王이곳討平ᄒᆞ고其地로ᄡᅥ金馬郡을삼다○薛聰을擢ᄒᆞ야高秩官을拜ᄒᆞ다聰의字ᄂᆞᆫ聰智니父元曉ㅣ일즉이沙門이되엿다가旣而오退俗ᄒᆞ야瑤石宮寡夫人을娶ᄒᆞ야聰을生ᄒᆞ니聰이明銳博學ᄒᆞ고能히方言으로ᄡᅥ九經意義ᄅᆞᆯ解ᄒᆞ야後生을訓導ᄒᆞ며ᄯᅩ俚語로ᄡᅥ吏讀ᄅᆞᆯ製ᄒᆞ야官府文書에行ᄒᆞ니라○秋七月에王이崩ᄒᆞ고太子理洪이立ᄒᆞ다

孝昭王의諱ᄂᆞᆫ理洪이니在位十年이라

壬寅 十年(唐中宗嗣聖十九年○日皇文武六年○西歷紀元後七百二年)이라秋七月에王이崩ᄒᆞ고無嗣ᄒᆞ거ᄂᆞᆯ國人이王의母弟隆基ᄅᆞᆯ立ᄒᆞ다

聖德王의諱ᄂᆞᆫ隆基니後에改名ᄒᆞ야興光이라ᄒᆞ고在位三十五年이라

丁巳 十五年(唐玄宗開元五年○日皇元正三年○西歷紀元後七百十七年)이라秋九月에太監守忠이唐으로좃ᄎᆞ回國ᄒᆞ야文宣王과밋十哲과七十二弟子의畵像을上ᄒᆞ거ᄂᆞᆯ命ᄒᆞ야太學에置ᄒᆞ다

辛未 二十九年(唐玄宗開元十九年○日皇聖武八年○西歷紀元後七百三十一年)이라日本이兵船三百艘ᄅᆞᆯ遣ᄒᆞ야東邊을侵伐ᄒᆞ거ᄂᆞᆯ王이發兵擊破ᄒᆞ다

癸酉 三十一年(唐玄宗開元二十一年○日皇聖武十年○西歷紀元後七百三十三年)이라王이金允中을遣ᄒᆞ야渤海國을伐ᄒᆞ다가不克ᄒᆞ고還ᄒᆞ니渤海ᄂᆞᆫ本粟末靺鞨이오高句麗의別種이라高句麗ㅣ이믜滅ᄒᆞ매大祚榮이自立ᄒᆞ야震國王이되다先是唐武后時에乞乞仲象이靺鞨酋長乞四比羽와밋高句麗遺種으로더브러東奔ᄒᆞ야太白山東北奧婁河ᄅᆞᆯ據有ᄒᆞ니武后ㅣ仲象을封ᄒᆞ야震國公을삼앗더니仲象이死ᄒᆞ고子大祚榮이自立爲王ᄒᆞ거

늘唐玄宗開元元年에冊立ᄒᆞ야渤海郡王을숨다이에北扶餘沃沮等地를盡得ᄒᆞ고王이된지十二年에祚榮이唐의封爵을受ᄒᆞ야渤海國境을開拓ᄒᆞ더니至是ᄒᆞ야祚榮이死ᄒᆞ고子武藝ㅣ立ᄒᆞ야더옥其地를拓大ᄒᆞ고唐의登州를侵伐ᄒᆞᄂᆞᆫ지라唐帝ㅣ이에新羅王의게傳檄ᄒᆞ야其南鄙를擊ᄒᆞ라ᄒᆞ거ᄂᆞᆯ王이允中等四將으로ᄒᆞ여곰唐軍을會合ᄒᆞ야往攻ᄒᆞᆯ시會에大雪이下ᄒᆞ야山路가阻隘ᄒᆞ고士卒의死者ㅣ過半이라이에引還ᄒᆞ다渤海王祚榮이開國ᄒᆞᆫ以來로六王을歷ᄒᆞ야宣王野勃이立ᄒᆞ니卽祚榮의弟오年이七十이러라諸生을唐에遣ᄒᆞ야古今制度를學習ᄒᆞ고其地에五京十五府六十二州를寘ᄒᆞᆯ시肅愼故地로ᄡᅥ上京을숨으니此ᄂᆞᆫ곳龍井府오卽大祚榮의樹柵處니白頭山東南東牟山下에在ᄒᆞ고其南은中京이니日顯德府오穢貊의故地ᄂᆞᆫ東京이니日龍原府오沃沮故地ᄂᆞᆫ南京이니日南海府오高句麗故地ᄂᆞᆫ西京이니日鴨綠府라府가各其州를領ᄒᆞ야新羅로더브러浿江과鐵嶺으로ᄡᅥ地界를劃ᄒᆞ야海東의盛國이되니라

乙亥 三十三年(唐玄宗開元二十三年○日皇聖武十二年○西歷紀元後七百三十五年)이라春에遣使ᄒᆞ야唐에如ᄒᆞ더니밋使者ㅣ還ᄒᆞᆯ시唐帝가浿江以南의地를賜ᄒᆞ니此ᄂᆞᆫ薩水以北과遼東以南은渤海가中間에踞ᄒᆞ야唐이浿南地를羈制가不便ᄒᆞᆷ이러라

丁丑 三十五年(唐玄宗開元二十五年○日皇聖武十四年○西歷紀元後七百三十七年)이라春二月에王이崩ᄒᆞ고太子承慶이立ᄒᆞ다

孝成王의諱ᄂᆞᆫ承慶이니在位五年이라

壬午 五年(唐玄宗天寶元年○日皇聖武十九年○西歷紀元後七百四十二年)이라夏五月에王이崩ᄒᆞ고太弟憲英이立ᄒᆞ야遺命으로ᄡᅥ其柩를法流寺에燒ᄒᆞ고其骨을東海에散ᄒᆞ니라

景德王의諱ᄂᆞᆫ憲英이니在位二十三年이라

乙巳 二十三年(唐代宗永泰元年○日皇孝謙元年○西歷紀元後七百六十五年)이라夏六月에王이崩ᄒᆞ고
太子乾運이立ᄒᆞ니年이八歲라母后ㅣ攝政ᄒᆞ다

惠恭王의諱ᄂᆞᆫ乾運이니在位十五年이라

己未 十四年(唐代宗大曆十四年○日皇光仁十年○西歷紀元後七百七十九年)이라金巖을遣ᄒᆞ야日本에聘ᄒᆞ다巖은庾信의曾孫이니爲人이聰敏ᄒᆞ고唐에入ᄒᆞ야陰陽家의術業을學ᄒᆞ고遁甲法을自述ᄒᆞ더니밋還國ᄒᆞ매執事侍郞이되야浿江을鎭守ᄒᆞᆯ서農隙에六陣兵法을敎ᄒᆞ고至是ᄒᆞ야日本에往聘ᄒᆞ니日主ㅣ其賢ᄒᆞᆷ을知ᄒᆞ고留코자ᄒᆞ다가맛ᄎᆞᆷ唐使ㅣ來ᄒᆞ야同還ᄒᆞ다

庚申 十五年(唐德宗建中元年○日皇光仁十一年○西歷紀元後七百八十年)夏四月이라時에王이聲色에沈惑ᄒᆞ야戱謔이無度ᄒᆞ고綱紀가紊亂ᄒᆞ야人心이離叛ᄒᆞ니金志貞이聚衆作亂ᄒᆞ야王과밋后妃가亂兵의害ᄒᆞᆫ비되거ᄂᆞᆯ金良相이志貞을誅ᄒᆞ고自立ᄒᆞ야王이되니라

宣德王의諱ᄂᆞᆫ良相이니沙飡(官名)孝芳의子오奈勿王의九世孫이오在位五年이라

乙丑 五年(唐德宗貞元元年○日皇桓武四年○西歷紀元後七百八十五年)이라王이崩ᄒᆞ다王이在位時에社稷壇을立ᄒᆞ고또祀典을修ᄒᆞ니라至是ᄒᆞ야國人이一吉飡(官名)孝讓의子上大等敬信을立ᄒᆞ야王을삼다

元聖王의諱ᄂᆞᆫ敬信이니奈勿王의十一世孫이오在位十四年이라

戊辰 三年(唐德宗貞元四年○日皇桓武七年○西歷紀元後七百八十八年)이라讀書出身科를始定ᄒᆞ다先是에ᄂᆞᆫ다만射로ᄡᅥ選人ᄒᆞ더니至是ᄒᆞ야春秋左傳禮記文選論語孝經을能通ᄒᆞᄂᆞᆫ者를選ᄒᆞ야優等科를予ᄒᆞ고其外에五經三史諸子百家를博通ᄒᆞᄂᆞᆫ者ᄂᆞᆫ곳擢用ᄒᆞ다○時에金生이라ᄒᆞᄂᆞᆫ者ㅣ有ᄒᆞ야自

幼로能書ᄒᆞ야平生에他藝ᄅᆞᆯ不攻ᄒᆞ고또佛法을好ᄒᆞ야隱居不仕ᄒᆞ더니年이八十에오히려操筆不休ᄒᆞ며隷行草가다入神ᄒᆞ니學者ㅣ寶藏ᄒᆞ더라

己卯 十四年(唐德宗貞元十五年○日皇桓武十八年○西曆紀元後七百九十九年)이라王이崩ᄒᆞ고太子俊邕이立ᄒᆞ야遺命으로ᄡᅥ靈柩ᄅᆞᆯ奉德寺南에燒ᄒᆞ다

昭聖王의諱ᄂᆞᆫ俊邕이니在位一年이라

庚辰 元年(唐德宗貞元十六年○日皇桓武十九年○西曆紀元後八百年)이라王이崩ᄒᆞ고太子淸明이立ᄒᆞ니年이十三이라叔父兵部令彦昇이攝政ᄒᆞ다

哀莊王의諱ᄂᆞᆫ淸明이니後에重熙라改ᄒᆞ고在位九年이라

己丑 九年(唐憲宗元和四年○日皇平城四年○西曆紀元後八百九年)이라秋에彦昇이其弟悌邕으로더브러作亂ᄒᆞ야王을弑ᄒᆞ고또王의弟體明을殺ᄒᆞ고自立ᄒᆞ야王이되다

憲德王의諱ᄂᆞᆫ彦昇이니昭聖王의母弟오在位十七年이라

己亥 十年(唐憲宗元和十四年○日皇嵯峨十年○西曆紀元後八百十九年)이라秋七月에唐鄆州節度使李師道ㅣ叛ᄒᆞ거ᄂᆞᆯ唐帝ㅣ장차討伐ᄒᆞᆯ시使臣을遣ᄒᆞ야請兵ᄒᆞ거ᄂᆞᆯ王이金雄元으로ᄒᆞ여곰軍士三萬을率ᄒᆞ야助戰ᄒᆞ다○伽倻山에海印寺(今陜川)ᄅᆞᆯ創建ᄒᆞ다

壬寅 十三年(唐穆宗長慶二年○日皇嵯峨十三年○西曆紀元後八百二十二年)이라春正月에王이無嗣ᄒᆞ야母弟秀宗으로ᄡᅥ太弟ᄅᆞᆯ삼다時에上大等忠恭이內外官職을擬注ᄒᆞᆯ시請托이坌至ᄒᆞᄂᆞᆫ지라忠恭이能決치못ᄒᆞ고憂疑成疾ᄒᆞ엿더니執事侍郞祿眞이請見ᄒᆞ야曰公의病은砭石을不須ᄒᆞ고오작一言으로ᄡᅥ醫病코ᄌᆞᄒᆞ노라大抵宰相의爲政ᄒᆞᆷ은當官莅事ᄒᆞ야淸白恪恭ᄒᆞ며貨賂의門을杜ᄒᆞ고請托의路ᄅᆞᆯ絕ᄒᆞ야黜陟과予奪을必正必公ᄒᆞ면國家가自然太平ᄒᆞ리니엇지區區히成疾廢事ᄒᆞ리오ᄒᆞ거ᄂᆞᆯ忠

恭이大悅ᄒᆞ야王ᄭᅴ入陳ᄒᆞᆫᄃᆡ王曰如此ᄒᆞᆫ賢人이有ᄒᆞ니吾弟로ᄒᆞ여곰不可不聞知케ᄒᆞ리라ᄒᆞ고太弟의게往告ᄒᆞ니太弟ㅣ入賀ᄒᆞ야曰臣은聞ᄒᆞ니君明ᄒᆞ면臣直이라ᄒᆞ니此ᄂᆞᆫ國家의美事로소이다ᄒᆞ더라

丙午 十七年(唐敬宗寶曆二年○日皇淳和三年○西曆紀元後八百二十六年)이라秋七月에牛岑(今金川)太守白永을命ᄒᆞ야漢山(今漢陽)以北諸郡人一萬을發ᄒᆞ야浿江長城三百里ᄅᆞᆯ築ᄒᆞ다○冬十二月에王이崩ᄒᆞ고太弟秀宗이立ᄒᆞ다

興德王의諱ᄂᆞᆫ秀宗이니後에景徽라改ᄒᆞ고在位十年이라

丙辰 十年(唐文宗開成元年○日皇仁明三年○西曆紀元後八百三十六年)이라冬十二月에王이崩ᄒᆞ고無嗣ᄒᆞ야堂弟의子悌隆이立ᄒᆞ다○金太廉이唐으로브터還ᄒᆞᆯ셰茶種을得來ᄒᆞ야智異山에種ᄒᆞ다

僖康王의諱ᄂᆞᆫ悌隆이니元聖王의孫이오伊飡憲貞의子오在位二年이라

戊午 二年(唐文宗開成三年○日皇仁明五年○西曆紀元後八百三十八年)이라春正月에金明이王을弑ᄒᆞ고自立ᄒᆞ다明은元聖王曾孫이오阿飡忠恭의子라初에王이立ᄒᆞᆯ셰興德王의堂弟均貞이爭立ᄒᆞ거ᄂᆞᆯ武州都督金陽이均貞의子祐徵으로더브러均貞을立ᄒᆞ고ᄌᆞᄒᆞ더니時에明이王의羽翼이되야均貞을殺ᄒᆞ니祐徵이懼ᄒᆞ야淸海鎭大使張保皐의게往依ᄒᆞ거ᄂᆞᆯ陽이募兵往從ᄒᆞ더니至是ᄒᆞ야金明이侍中利弘等으로더브러作亂ᄒᆞ야王은縊死ᄒᆞ고明이自立ᄒᆞ야王이되거ᄂᆞᆯ陽이이에祐徵을奉ᄒᆞ야明을討ᄒᆞᆯ셰保皐ㅣ分兵助戰ᄒᆞ니라

神武王의諱ᄂᆞᆫ祐徵이니元聖王의孫이오上大等均貞의子오在位四月이라

己未 元年(唐文宗開成四年○日皇仁明六年○西曆紀元後八百三十九年)이라春正月에金陽이進兵ᄒᆞ야

丁丑

金明을討ᄒᆞ니金明이逃亡ᄒᆞ거ᄂᆞᆯ陽이追斬ᄒᆞ고곳下令曰我의本意ᄂᆞᆫ報讐코ᄌᆞ홈이러니今에渠魁가就戮ᄒᆞ엿스니百姓은其業을各安ᄒᆞ라ᄒᆞ니人心이大悅ᄒᆞ더라○夏四月에金陽이祐徵을迎入ᄒᆞ야即位ᄒᆞ니王이張保皐를拜ᄒᆞ야感義軍使를삼고食邑二千戶를封ᄒᆞ다

○秋七月에王이崩ᄒᆞ고太子慶膺이立ᄒᆞ다

文聖王의諱ᄂᆞᆫ慶膺이오在位十八年이라

十八年(唐宣宗大中十一年○日皇文德七年○西歷紀元後八百五十七年)이라秋八月에侍中金陽이卒ᄒᆞ다陽은太宗王의九世孫이오周元의曾孫이라爲人이英傑ᄒᆞ고所至에政聲가有ᄒᆞ며時에危亂을値ᄒᆞ야國事를匡濟ᄒᆞᆯ셰精忠大節이屹然이柱石이되더니至是에卒ᄒᆞ니王이哀慟ᄒᆞ고贈職과賻葬이金庾信舊例를一依ᄒᆞ다○秋九月에王이崩ᄒᆞ고神武王의弟誼靖이立ᄒᆞ다

辛巳

憲安王의諱ᄂᆞᆫ誼靖이니在位四年이라

四年(唐懿宗咸通二年○日皇淸和三年○西歷紀元後八百六十一年)이라正月에王이寢疾ᄒᆞ야左右를囑ᄒᆞ야曰寡人이不幸히無子有女ᄒᆞ니我國故事에비록眞德善德二女主가有ᄒᆞ엿스나此ᄂᆞᆫ良法이아니라今에外甥膺廉이年紀ㅣ雖少ᄒᆞ나老成ᄒᆞᆫ德이有ᄒᆞ니卿等은奉立ᄒᆞ라반다시祖宗의業을不墜ᄒᆞ리니寡人이死ᄒᆞ야도不朽ᄒᆞ리라ᄒᆞ더니밋王이崩ᄒᆞ미膺廉이立ᄒᆞ다先是에王族啓明의子膺廉이王을臨海殿에셔侍宴ᄒᆞᆯ셰時年이十五라王이其器識을試코ᄌᆞᄒᆞ야問曰汝가游學ᄒᆞᆫ지久矣라善人을得見乎아ᄒᆞᆫ디對曰臣이일즉三人을見ᄒᆞ오니一은勳閥子弟가能히讓人自下ᄒᆞ고一은家가富ᄒᆞ야도被服이不侈ᄒᆞ고一은勢가榮ᄒᆞ야도驕氣가無ᄒᆞ니此等人은可謂善人이라ᄒᆞᄂᆞ이다ᄒᆞ거ᄂᆞᆯ王이大悅ᄒᆞ야王后를顧謂曰朕이閔人이多ᄒᆞ되膺廉과如ᄒᆞᆫ者ㅣ無ᄒᆞ다ᄒᆞ고

長女로뼈妻ᄒᆞ니此ᄂᆞᆫ寧花夫人이러라

景文王의諱ᄂᆞᆫ膺廉이니啓明의子오僖康王의曾孫이오在位十四年이라

乙未 十四年(唐僖宗乾符二年○日皇清和十七年○西歷紀元後八百七十五年)이라秋七月에王이崩ᄒᆞ고太子晸이立ᄒᆞ다

憲康王의諱ᄂᆞᆫ晸이오在位十一年이라

乙巳 十年(唐僖宗光啓元年○日皇光孝元年○西歷紀元後八百八十五年)이라春三月에崔致遠이唐으로브터還ᄒᆞ다致遠의號ᄂᆞᆫ孤雲이오沙梁部人이니十二歲에唐에入ᄒᆞ야力學能文ᄒᆞ고十八에登第ᄒᆞ야侍御史內供奉이되엿더니時에黃巢ㅣ叛ᄒᆞ거ᄂᆞᆯ兵馬都統高駢의從事가되야書記ᄅᆞᆯ任ᄒᆞᆯ시黃巢ᄅᆞᆯ討ᄒᆞᄂᆞᆫ檄文이嚴正痛快ᄒᆞ야크게人心을感動ᄒᆞ니其檄文에曰不惟天下之人이皆思顯戮이라抑亦地中之鬼가已欲陰誅라ᄒᆞ니巢ㅣ其檄을見ᄒᆞ고大驚下床ᄒᆞᄂᆞᆫ지라自此로文名이天下에振動ᄒᆞ고王是ᄒᆞ야還國ᄒᆞ니年이二十八이라王이侍讀兼翰林學士守兵部侍郞知瑞書監事ᄅᆞᆯ拜ᄒᆞ거ᄂᆞᆯ致遠이自己의蘊奧ᄅᆞᆯ施展코ᄌᆞᄒᆞ다가衰世ᄅᆞᆯ當ᄒᆞ야疑忌가多ᄒᆞᆫ지라이에見容치못ᄒᆞ고太山郡(今泰仁云瑞山)又太守ᄅᆞᆯ出補ᄒᆞ엿더니後에世亂을値ᄒᆞ야다시仕進치아니ᄒᆞ고山水間에放浪ᄒᆞ니今慶州南山과智異山雙溪寺와伽耶山等이다其游氣ᄒᆞ든處이오文集이有ᄒᆞ야後世에傳ᄒᆞ니卽桂苑筆畊이러라

丙午 十一年(唐僖宗光啓二年○日皇光孝二年○西歷紀元後八百八十六年)이라秋八月에王이崩ᄒᆞ고弟晃이立ᄒᆞ다

定康王의諱ᄂᆞᆫ晃이니在位一年이라

丁未 元年(唐僖宗光啓三年○日皇光孝三年○西歷紀元後八百八十七年)이라秋七月에王이崩ᄒᆞ고女弟曼이立ᄒᆞ다

眞聖王의諱ᄂᆞᆫ曼이니在位十年이라

己酉 二年唐昭宗龍紀元年○日皇宇多二年○西歷紀元後八百八十九年이라元宗哀奴等이叛ᄒᆞ다時에主ㅣ淫穢瀆亂ᄒᆞ야少年美丈夫를潛通ᄒᆞ고因ᄒᆞ야要職을授ᄒᆞ니自此로佞幸이肆志ᄒᆞ고紀綱이大壞ᄒᆞ며또國內州郡이貢賦를不輸ᄒᆞ야府庫ㅣ虛竭ᄒᆞ거ᄂᆞᆯ主ㅣ使者를四遣ᄒᆞ야督刷ᄒᆞ니이에盜賊이蜂起ᄒᆞ고元宗哀奴等은沙伐州今尙州를據ᄒᆞ야叛ᄒᆞᄂᆞᆫ지라主ㅣ奈麻令奇로ᄒᆞ여곰往捕ᄒᆞ라ᄒᆞ니令奇ㅣ賊壘를望見ᄒᆞ고畏懼ᄒᆞ야敢進치못ᄒᆞ거ᄂᆞᆯ主ㅣ令奇를斬ᄒᆞ니라

辛亥 四年唐昭宗大順二年○日皇宇多四年○西歷紀元後八百九十一年이라冬十月에弓裔ㅣ叛ᄒᆞ야北原今原州을據ᄒᆞ다裔ᄂᆞᆫ憲安王의庶子ㅣ니五月五日에生ᄒᆞ고곳齒가生ᄒᆞᆫ지라日者ㅣ言ᄒᆞ되國家에不利ᄒᆞ다ᄒᆞ거ᄂᆞᆯ王이樓下에擲棄ᄒᆞ엿더니乳婢가가만히捧ᄒᆞ다가手로써誤觸ᄒᆞ야一目을眇ᄒᆞ고十餘

歲에祝髮ᄒᆞ야僧이되고밋長成ᄒᆞ미膽氣로써自負ᄒᆞ더니國家ㅣ衰亂ᄒᆞᆷ을見ᄒᆞ고聚衆ᄒᆞ야北原賊梁吉에게往投ᄒᆞ니吉이곳軍士를分ᄒᆞ야東으로略地케ᄒᆞ더라

壬子 五年後百濟甄萱元年○唐昭宗景福元年○日皇宇多五年○西歷紀元後八百九十二年이라甄萱이叛ᄒᆞ야完山今全州을據ᄒᆞ다萱은尙州人이오本姓은李라幼時에父阿慈介ㅣ野에耕ᄒᆞᆯ시母ㅣ往餉ᄒᆞ다가萱을林下에置ᄒᆞ얏더니虎가來乳ᄒᆞ더라萱의體貌가雄奇ᄒᆞ고志氣가倜儻ᄒᆞ며智略이大有ᄒᆞ야戰功으로써裨將이되엿다가時에朝綱이紊亂ᄒᆞ고盜賊이並起ᄒᆞ거ᄂᆞᆯ萱이異志를潛懷ᄒᆞ고亡命을嘯聚ᄒᆞ야旬月에衆이五千이라武珍州今光州를襲取ᄒᆞ고自立ᄒᆞ야王이되고遂히北原賊梁吉로써裨將을삼더라○弓裔ㅣ北原으로브터何瑟羅夫餘를寇ᄒᆞᆯ서衆이六百이라將軍이라自稱ᄒᆞ고士卒과甘苦를同ᄒᆞ고予奪ᄒᆞᆷ이無私ᄒᆞ니衆이愛畏ᄒᆞ더라

乙卯

八年(後百濟甄萱四年○唐昭宗乾寧二年○日皇宇多八年○西曆紀元後八百九十五年)이라秋八月에弓裔ㅣ
漢州와鐵圓(今鐵原)等十餘郡을破ᄒᆞ고松岳郡에都ᄒᆞ엿다가다시鐵圓
에還都ᄒᆞ고國號를泰封이라ᄒᆞ니라弓裔ㅣ恒常前王의見棄홈을怨
恨ᄒᆞ야其畵像을見ᄒᆞ고劍으로써擊ᄒᆞ더라○弓裔ㅣ王建으로써鐵
圓太守를拜ᄒᆞ다建은漢州松嶽郡人이라初에父隆이韓氏를娶ᄒᆞ고
松岳山南에築室ᄒᆞ엿더니異僧道詵이來觀ᄒᆞ고謂曰此는聖人이出
홀地라明年에公이貴子를必得ᄒᆞ리라ᄒᆞ더니及期ᄒᆞ야果然建을生
ᄒᆞ니龍顔日角이오器度가雄深ᄒᆞ고語音이洪大ᄒᆞ며濟世홀大志가
有ᄒᆞ더라年이十七에道詵이다시至ᄒᆞ야請見曰足下ㅣ百六의會를
値ᄒᆞ야三國蒼生이公의弘濟를待ᄒᆞ다ᄒᆞ고因ᄒᆞ야出師置陣과天時
地利의法을傳授ᄒᆞ더니至是ᄒᆞ야弓裔의게往投ᄒᆞ니라

丁巳

十年(後百濟甄萱六年○唐昭宗乾寧四年○日皇宇多十年○西曆紀元後八百九十七年)이라夏六月에主ㅣ太

子嶢의게禪位ᄒᆞ니嶢는憲康王의庶子러라○冬十二月에主ㅣ崩ᄒᆞ
다○梁吉이國原(今忠州)等三十餘城을取ᄒᆞ고弓裔의地廣民衆홈을怒
ᄒᆞ야襲擊코ᄌᆞᄒᆞ거늘弓裔ㅣ몬져往攻大破ᄒᆞ니라

孝恭王의諱는嶢니在位十五年이라

庚申

三年(後百濟甄萱九年○唐昭宗光化三年○日皇醍醐三年○西曆紀元後九百年)○이라冬十月에弓裔ㅣ王
建을遣ᄒᆞ야廣州忠州唐城(今南陽)靑州(今淸州)槐壤(今槐山)等을破ᄒᆞ다○甄
萱이西으로完山에至ᄒᆞ니百姓이迎勞ᄒᆞ거ᄂᆞᆯ萱이左右ᄃᆞ려顧謂曰
吾ㅣ三國의事를見ᄒᆞ니馬韓이先起ᄒᆞ고赫居世가後興ᄒᆞ며또百濟
는開國ᄒᆞ야傳世가六百이어ᄂᆞᆯ新羅ㅣ無故히唐으로더브러攻滅ᄒᆞ
엿스니今에予ㅣ비록不德ᄒᆞ나義慈王의宿憤을雪코ᄌᆞᄒᆞ노라ᄒᆞ고
드ᄃᆡ여完山에定都ᄒᆞ고國號는後百濟라ᄒᆞ고官職을設ᄒᆞ고吳越에
遣使ᄒᆞ야請好ᄒᆞ더라

乙丑 八年(後百濟甄萱十四年○泰封弓裔五年○唐昭宗天祐二年○日本醍醐八年○西曆紀元後九百五年)이라弓裔ㅣ紀元ᄒᆞ야曰武泰라ᄒᆞ더니다시改ᄒᆞ야元聖이라ᄒᆞ고王建을命ᄒᆞ야甄萱을尙州에셔破ᄒᆞ니이에土地가益廣ᄒᆞ고士馬가漸强ᄒᆞᆫ지라더욱新羅ᄅᆞᆯ倂呑코ᄌᆞᄒᆞ더라時에王建이弓裔의驕奢가日甚ᄒᆞᆷ을見ᄒᆞ고心內에不安ᄒᆞ더니맛ᄎᆞᆷ弓裔ㅣ羅州ᄅᆞᆯ往鎭ᄒᆞ라ᄒᆞ거ᄂᆞᆯ建이舟師로ᄡᅥ몬져光州鹽海縣(在今靈光郡)에至ᄒᆞ야甄萱의使者ㅣ吳越에往ᄒᆞᆷ을見ᄒᆞ고其艦을奪ᄒᆞ니弓裔ㅣ大喜ᄒᆞ야또光州珍島郡을往伐ᄒᆞ라ᄒᆞ거ᄂᆞᆯ建이또攻破ᄒᆞ다時에建이士卒을撫愛ᄒᆞ야威惠가并行ᄒᆞ고敵境이讋服ᄒᆞ더라

壬申 十五年(後百濟甄萱二十一年○泰封弓裔十二年○後梁太祖乾化二年○日本醍醐十五年○西曆紀元後九百十二年)이라

夏四月에王이崩ᄒᆞ고朴景暉ㅣ立ᄒᆞ다

神德王의姓은朴이오諱ᄂᆞᆫ景暉니阿達羅王의遠孫이오在位五年이라

癸酉 元年(後百濟甄萱二十二年○泰封弓裔十三年○後梁末帝仍稱乾化三年○日本醍醐十六年○西曆紀元後九百十三年)이라

弓裔ㅣ王建이邊功을歷著ᄒᆞ엿다ᄒᆞ야侍中을拜ᄒᆞ니이에建의位가百僚의上이되고大事ᄅᆞᆯ다自決ᄒᆞ나禍가及ᄒᆞᆯ가恐ᄒᆞ야外補ᄒᆞ기ᄅᆞᆯ求ᄒᆞ니弓裔ㅣ다시建으로ᄡᅥ百船將軍을拜ᄒᆞ야水軍을領率ᄒᆞ고羅州ᄅᆞᆯ鎭撫ᄒᆞ라ᄒᆞ니甄萱과밋海上諸賊이다慴伏ᄒᆞ야動치못ᄒᆞ더라

○弓裔ㅣ其妻康氏ᄅᆞᆯ殺ᄒᆞ다康氏ㅣ弓裔의無道ᄒᆞᆷ을見ᄒᆞ고嚴諫ᄒᆞᆫᄃᆡ裔ㅣ不答ᄒᆞ고但曰汝ㅣ他人과通奸ᄒᆞᆷ은何也오我ㅣ彌勒佛의觀心法으로汝의行爲ᄅᆞᆯ觀ᄒᆞᆫ다ᄒᆞ고烈火로ᄡᅥ鐵杵ᄅᆞᆯ燒赤ᄒᆞ야撞殺ᄒᆞ고并히其兩兒ᄅᆞᆯ殺ᄒᆞ고또其下ᄅᆞᆯ誣搆ᄒᆞ야數百人을日殺ᄒᆞ니將相의遇害ᄒᆞᄂᆞᆫ者ㅣ十에八九러라

丁丑 五年(後百濟甄萱二十六年○泰封弓裔十七年○後梁末帝貞明三年○日本醍醐二十年○西曆紀元後九百十七年)이라秋

七月에王이崩ᄒᆞ고太子昇英이立ᄒᆞ다

景明王의諱ᄂᆞᆫ昇英이니在位七年이라

戊寅

元年(後百濟甄萱二十七年○泰封弓裔十八年是歲亡○高麗太祖元年○後梁末帝貞明四年○日本醍醐二十一年○西曆紀元後九百十八年)이라夏六月丙辰에泰封諸將이王建을推戴ᄒᆞ야王을삼고國號ᄂᆞᆫ高麗오建元ᄒᆞ야曰天授라ᄒᆞ고弓裔ᄂᆞᆫ避走ᄒᆞ다가死ᄒᆞ니泰封이亡ᄒᆞ니라先是에將軍洪儒와裴玄慶과申崇謙과卜智謙等이王建宅에至ᄒᆞ야建다려謂ᄒᆞ야曰今에王의暴虐이日甚ᄒᆞ니桀紂와惡이라도過치아닐지라大抵廢昏立明ᄒᆞᆷ은天下大義니請컨ᄃᆡ公은殷周故事ᄅᆞᆯ行ᄒᆞ소셔ᄒᆞ거ᄂᆞᆯ建이作色曰吾ㅣ忠義로明自許ᄒᆞ니王이비록暴亂ᄒᆞ나엇지二心을有ᄒᆞ리오ᄒᆞᆫᄃᆡ諸將曰時ᄂᆞᆫ難遭오易失이라天與不取ᄒᆞ면其殃을反受ᄒᆞ리니엇지天命을違ᄒᆞ고獨夫의게死ᄒᆞ리오ᄒᆞ거ᄂᆞᆯ建이오히려力拒ᄒᆞ엿더니其夫人柳氏ㅣ帳中에셔竊聽ᄒᆞ다가出ᄒᆞ야建다려謂曰義ᄅᆞᆯ擧ᄒᆞ야虐夫ᄅᆞᆯ伐ᄒᆞᆷ은自古皆然이라今에諸將의言을聞ᄒᆞ니妾도오히려奮發ᄒᆞ거든況大丈夫乎잇가ᄒᆞ고親히甲領을提ᄒᆞ야建의게被ᄒᆞ거ᄂᆞᆯ이에諸將이建을擁出ᄒᆞ야君臣의禮ᄅᆞᆯ行ᄒᆞ고人으로ᄒᆞ여곰馳呼曰王公이이의義旗ᄅᆞᆯ擧ᄒᆞ엿다ᄒᆞ니百姓이此ᄅᆞᆯ聞ᄒᆞ고몬셔宮內에至ᄒᆞ야鼓譟ᄒᆞ고建을待ᄒᆞᆫ者ㅣ이의萬餘人이라드ᄃᆡ여布政殿에셔卽位ᄒᆞ니弓裔ㅣ聞變ᄒᆞ고驚駭ᄒᆞ야曰王公이天下ᄅᆞᆯ得ᄒᆞ니吾事가已矣라ᄒᆞ고微服으로北門을出ᄒᆞ야巖谷間에셔信宿ᄒᆞ고飢餓가甚ᄒᆞ야麥穗ᄅᆞᆯ截食ᄒᆞ다가맛참ᄂᆡ斧壤(今平康)中百姓의게遇害ᄒᆞ다○高麗ㅣ비로소官制ᄅᆞᆯ定ᄒᆞᆯ셰下詔ᄒᆞ야曰往者에泰封主ㅣ新羅의官職과郡邑의名號ᄅᆞᆯ多改ᄒᆞ엿스나今에그便易可曉ᄒᆞᆯ者ᄅᆞᆯ參酌施行ᄒᆞ라ᄒᆞ다○秋七月에高麗王이또下詔曰泰封主ㅣ其慾을從ᄒᆞ야오작聚斂을日事ᄒᆞ고至於一頃田에六碩

租稅를收ᄒᆞ야百姓으로ᄒᆞ야곰撤耕廢職ᄒᆞ야流亡이相繼ᄒᆞ니엇지人民의父母된本意리오自今으로天下의通法을遵ᄒᆞ야恒例를定ᄒᆞ라ᄒᆞ니라○高麗王이論功行賞ᄒᆞᆯ식洪儒等二千餘人을各其金銀과錦繡와米穀을賜ᄒᆞ다○甄萱이一吉粲閔郃을高麗에遣ᄒᆞ야即位를賀ᄒᆞ거ᄂᆞᆯ王이厚禮ᄒᆞ다○高麗의熊州(今公州) 運州(今洪州)等十餘州縣이叛ᄒᆞ야後百濟의게降ᄒᆞ거ᄂᆞᆯ麗王이金行濤로ᄡᅥ東南招討使를拜ᄒᆞ야防備ᄒᆞ다○高麗王이松岳에移都ᄒᆞ고鐵圓으로ᄡᅥ東州라ᄒᆞ니곳今의鐵原郡이러라○甄萱이吳越에遣使ᄒᆞ다○十一月에高麗有司ㅣ上言ᄒᆞ되前王時에每歲仲冬에八關會를大設ᄒᆞ야福佑를祈ᄒᆞ엿스니請컨ᄃᆡ其制를遵行ᄒᆞ소셔ᄒᆞ거ᄂᆞᆯ王이이에法王王輪等十寺를都內에創立ᄒᆞ고八關會를仍設ᄒᆞ니八關은即八戒라不殺生과不偸盜와不淫佚과不忘語와不飮酒와不坐高大床과不著香華와不自樂觀聽이오闔者ᄂᆞᆫ곳閉禁ᄒᆞᆫ다ᄂᆞᆫ意ㅣ니八罪를犯치아니ᄒᆞᆫ다ᄒᆞᆷ이러라

甲申 七年(後百濟甄萱三十三年○高麗太祖七年○後唐莊宗同光二年○日皇醍醐二十七年○西歷紀元後九百二十四年)이라王이崩ᄒᆞ고母弟魏膺이立ᄒᆞ야高麗와聘好ᄒᆞ다

景哀王의諱ᄂᆞᆫ魏膺이니在位三年이라

乙酉 元年(後百濟甄萱三十四年○高麗太祖八年○後唐莊宗同光三年○日皇醍醐二十八年○西歷紀元後九百二十五年)이라高麗ㅣ征西大將軍庾黔弼로ᄒᆞ여곰後百濟의燕山鎭을攻ᄒᆞ야將軍吉奐을殺ᄒᆞ고또任存郡(今大興)에서三千餘人을殺獲ᄒᆞ니甄萱이懼ᄒᆞ야乞和ᄒᆞ더라

丁亥 三年(後百濟甄萱三十六年○高麗太祖十年○後唐明宗天成二年○日皇醍醐三十年○西歷紀元後九百二十七年)이라冬十月에甄萱이京都를攻入ᄒᆞ야王을弑ᄒᆞ고王의表弟金傅를立ᄒᆞ거ᄂᆞᆯ麗王이親히萱을討擊ᄒᆞ다가敗績ᄒᆞ다先是에萱이新羅의郊畿를進逼ᄒᆞ거ᄂᆞᆯ王이高麗의게告急ᄒᆞᆫᄃᆡ麗王이遣援ᄒᆞ야未至에萱이猝

然히 王都에 入ᄒᆞ니 時에 王은 鮑石亭에 出遊ᄒᆞ야 置酒歡樂ᄒᆞ다가 萱兵의 至ᄒᆞᆷ을 聞ᄒᆞ고 大驚ᄒᆞ야 곳 夫人으로더브러 城南離宮에 走匿ᄒᆞ니 萱이 王을 索ᄒᆞ야 弑ᄒᆞ고 王妃를 强辱ᄒᆞ며 子女와 珍寶를 盡取ᄒᆞ야 歸ᄒᆞ거ᄂᆞᆯ 麗王이 新羅에 遣使ᄒᆞ야 吊祭ᄒᆞ고 親히 精騎五千을 率ᄒᆞ고 甄萱을 公山(今大丘)에셔 邀擊ᄒᆞ다가 萱兵의게 被圍ᄒᆞᆷ이 甚急ᄒᆞ더니 大將申崇謙이 貌가 麗王과 類ᄒᆞᆫ지라 王ᄭᅴ 奏曰 臣이 請컨ᄃᆡ 敵人을 誑ᄒᆞ리니다 ᄒᆞ고 이에 王을 林藪中에 匿ᄒᆞ고 自己가 其車를 代乘ᄒᆞ고 將軍金樂으로더브러 力戰ᄒᆞ다가 死ᄒᆞ니 王이 此時를 乘ᄒᆞ야 得脫ᄒᆞ고 旣歸에 寺를 建ᄒᆞ야 二人의 忠誠을 報ᄒᆞ고 申崇謙의 謚는 壯節이라 ᄒᆞ다

敬順王의 姓은 金이오 諱는 傅니 伊飡孝宗의 子오 文聖王의 後孫이오 在位八年이라

己丑 二年(後百濟甄萱三十八年○高麗太祖十二年○後唐明宗天成四年○日皇醍醐三十二年○西歷紀元後九百二十九年)이라

先是에 甄萱이 甲卒五千을 率ᄒᆞ고 高麗를 攻ᄒᆞ야 將軍洪術을 殺ᄒᆞ거ᄂᆞᆯ 至是ᄒᆞ야 春正月에 麗王이 古昌郡에셔(今安東) 甄萱과 大戰ᄒᆞ야 八千餘人을 殺獲ᄒᆞ니 於是에 永安河曲(安東近縣)等三十餘城이 다 高麗에 降ᄒᆞ다 ○冬十二月에 麗王이 西京에 至ᄒᆞ야 學校를 創設ᄒᆞ고 六部生徒를 聚集ᄒᆞ야 敎授ᄒᆞ고 兼ᄒᆞ야 醫卜二業을 置ᄒᆞ다

辛卯 四年(後百濟甄萱四十年○高麗太祖十四年○後唐明宗長興二年○日皇朱雀元年○西歷紀元後九百三十一年)이라 春二月에 王이 高麗王과 國都에셔 會ᄒᆞ다 先是에 王이 高麗에 遣使ᄒᆞ야 相見ᄒᆞ기를 請ᄒᆞ거ᄂᆞᆯ 麗王이 곳 五十騎를 率ᄒᆞ고 至ᄒᆞ니 王이 臨海殿에셔 設宴ᄒᆞᆯ시 酒酣에 王曰 小國이 天祐를 未獲ᄒᆞ야 甄萱의 掾喪ᄒᆞᆫ 비되니 엇지 痛忿치 아니ᄒᆞ리오 ᄒᆞ고 因ᄒᆞ야 泫然流涕ᄒᆞᄂᆞᆫ지라 麗王이 또ᄒᆞᆫ 泣下ᄒᆞ고 數旬을 留ᄒᆞ다가 還ᄒᆞ다 麗王이 初至ᄒᆞᆯ 時에 隊伍가 整肅ᄒᆞ고 秋毫를 不犯ᄒᆞ니 都中士女ㅣ 擧手相慶ᄒᆞ야 曰 昔者甄氏가 來ᄒᆞᆯ

時ᄂᆞᆫ猜狠을逢ᄒᆞᆫ듯ᄒᆞ더니今에王公의來ᄒᆞᆷ은곳父母ᄅᆞᆯ見ᄒᆞᆷ과如ᄒᆞ
다ᄒᆞ더라

甲午 七年(後百濟甄萱四十三年○高麗太祖十七年○後唐閔帝應順元年○日皇朱雀四年○西曆紀元後九百三十四年)이라高
麗王이運州(今洪州)ᄅᆞᆯ伐ᄒᆞ니甄萱이甲士五千을率ᄒᆞ고迎戰ᄒᆞ다가和
親을請ᄒᆞ거ᄂᆞᆯ右將軍庾黔弼이不可ᄒᆞ야曰今日事勢ᄂᆞᆫ罷戰치못ᄒᆞ
리라ᄒᆞ고곳勁騎數千으로ᄡᅥ甄萱을突擊ᄒᆞ야三千餘級을斬獲ᄒᆞ니
自是로熊津(今公州)以北三十餘城이다聞風自降ᄒᆞ니라

乙未 八年(是歲新羅亡○後百濟甄萱四十四年○高麗太祖十八年○後唐閔帝應順二年○日皇朱雀五年○西曆紀元後九百三十五年)
이라春에甄萱의子神劍이其父ᄅᆞᆯ金山佛寺(金溝金山寺)에幽ᄒᆞ고其弟金
剛을殺ᄒᆞ고自立ᄒᆞ다○甄萱이高麗에來奔ᄒᆞ다萱이金山寺에在ᄒᆞᆫ
지三月에守卒을飲醉ᄒᆞ고季子能乂와밋其女와嬖妾等을率ᄒᆞ고羅
州에至ᄒᆞ야高麗王을請見ᄒᆞ거ᄂᆞᆯ王이遣使迎接ᄒᆞ고南宮을予ᄒᆞ야

厚禮로ᄡᅥ待ᄒᆞ며位ᄅᆞᆯ百僚上에置ᄒᆞ고楊州ᄅᆞᆯ賜ᄒᆞ야食邑을삼다○
冬十月에王이高麗의게降ᄒᆞ니新羅ㅣ亡ᄒᆞ다時에王이土地가日削
ᄒᆞᆷ을見ᄒᆞ고이에羣臣으로더브러高麗에降코ᄌᆞᄒᆞᆫᄃᆡ王子某ㅣ諫ᄒᆞ
야曰國家存亡은天命이自在ᄒᆞ니맛당히忠臣義士ᄅᆞᆯ合ᄒᆞ야死守ᄒᆞ
다가力盡ᄒᆞᆫ後에已ᄒᆞᆯ지라엇지一千年社稷을一朝에他人을輕予ᄒᆞ
리오王曰孤危가如此ᄒᆞ니吾ㅣ無辜ᄒᆞᆫ人民으로ᄒᆞ여곰肝腦塗地ᄒᆞᆷ
을不忍ᄒᆞᆫ다ᄒᆞ고ᄃᆞ듸여高麗에請降ᄒᆞ거ᄂᆞᆯ王子ㅣ泣辭ᄒᆞ고皆骨山
(金剛山)에入ᄒᆞ야麻衣草食으로其身을終ᄒᆞ니라王이高麗에至ᄒᆞ니麗
王이郊外에出ᄒᆞ야迎勞ᄒᆞ고柳花宮을賜ᄒᆞ고長女樂浪公主로ᄡᅥ妻
ᄒᆞ고또政丞을拜ᄒᆞ야位가太子의上에在케ᄒᆞ고其故都로ᄡᅥ慶州라
ᄒᆞ고因ᄒᆞ야其食邑을삼다新羅繼統이朴氏가十王이오昔氏가八王
이오金氏가三十七王이니合五十五王이오歷年이共九百九十二年

이러라

高麗紀

太祖神聖王의姓은王氏오諱는建이오字는若天이니漢州松岳郡人이오金城太守隆의長子라在位二十六年에統一ᄒᆞᆫ後가八年이오壽는六十七이라

高麗太祖十九年(是歲後百濟亡○後晋高祖天福元年○日皇朱雀六年○西歷紀元後九百三十六年)이라秋九月에神劒이降ᄒᆞ고後百濟ㅣ亡ᄒᆞ다先是에甄萱이王께請ᄒᆞ야曰大王의威靈으로ᄡᅥ賊子를誅ᄒᆞ쇼셔ᄒᆞ거ᄂᆞᆯ王이其言을憐憫ᄒᆞ야곳發兵親討ᄒᆞ엿더니神劒이歸命乞罪ᄒᆞᄂᆞᆫ지라王이其奸臣을殺ᄒᆞ고神劒을特赦ᄒᆞ니萱이憤懣ᄒᆞᆷ不勝ᄒᆞ야疽發ᄒᆞ야死ᄒᆞ니라○王이後百濟로브터回軍ᄒᆞ야威鳳樓에御ᄒᆞ고文武百官과밋百姓의朝賀를受ᄒᆞ고政誡를製ᄒᆞ야中外에頒示ᄒᆞ다○冬十二月에大匡裴玄慶이卒

ᄒᆞ다 玄慶은慶州人이니膽力이過人ᄒᆞ고行伍中에셔發身ᄒᆞ야戰功이多ᄒᆞ더니至是ᄒᆞ야卒ᄒᆞ니諡曰武烈이라ᄒᆞ다○政丞金傅ㅣ玉帶를獻ᄒᆞ니長이十圍오銙가六十二니곳新羅眞平王의御ᄒᆞ든비라世人이稱ᄒᆞ야曰聖帶라ᄒᆞ더라

辛丑 二十四年(後晋高祖天福六年○日皇朱雀十一年○西歷紀元後九百四十一年)이라契丹이遣使ᄒᆞ야橐駝五十匹을送ᄒᆞ거ᄂᆞᆯ王이ᄡᅥᄒᆞ되契丹이渤海와連和ᄒᆞ엿다가一朝에殄滅ᄒᆞ니此ᄂᆞᆫ無道ᄒᆞᆫ國이라ᄒᆞ고其使를海島에流ᄒᆞ고橐駝ᄂᆞᆫ萬夫橋(在今松都南門外)下에繫ᄒᆞ야다餓死케ᄒᆞ다

癸卯 二十六年(後晋高祖天福八年○日皇朱雀十三年○西歷紀元後九百四十三年)이라五月에王이有疾ᄒᆞ야學士를命ᄒᆞ야遺詔를草ᄒᆞᆯ시文이成ᄒᆞᄆᆡ다시能語치못ᄒᆞ니左右ㅣ失聲大哭ᄒᆞᄂᆞᆫ지라王이笑曰浮生이自古皆然ᄒᆞ다ᄒᆞ고言訖에崩ᄒᆞ거ᄂᆞᆯ太子武ㅣ卽位ᄒᆞ야諡曰神聖이오廟號ᄂᆞᆫ太祖라ᄒᆞ고顯陵에葬ᄒᆞ고遺命으로ᄡᅥ喪葬과園陵制度를다漢文帝故事를依ᄒᆞ야儉約을從케ᄒᆞ니自後로王이崩ᄒᆞ면二十七日에葬ᄒᆞ더라

惠宗義恭王의諱ᄂᆞᆫ武오字ᄂᆞᆫ承乾이니在位二年이오壽가三十四라

乙巳 二年(後晋出帝開運二年○日皇朱雀十五年○西歷紀元後九百四十五年)이라長公主로ᄡᅥ王의弟昭의게妻ᄒᆞ다初에太祖ㅣ大匡王規의女를納ᄒᆞ야廣州院君을生ᄒᆞ엿더니至是ᄒᆞ야規ㅣ王의弟堯와밋昭를害코ᄌᆞᄒᆞ야王ᄭᅴ譖ᄒᆞ거ᄂᆞᆯ王이其謀를知ᄒᆞ고이에太祖의女長公主로ᄡᅥ昭에게嫁ᄒᆞ야其勢를强케ᄒᆞᆯ시公主ㅣ母姓을從ᄒᆞ야皇甫氏라ᄒᆞ고後에同姓을娶ᄒᆞᆯ時ᄂᆞᆫ다外家의姓을從ᄒᆞ더라○秋九月에王이崩ᄒᆞ거ᄂᆞᆯ羣臣이王의弟堯를奉ᄒᆞ야卽位ᄒᆞ고諡ᄒᆞ야曰義恭이라ᄒᆞ고廟號ᄂᆞᆫ惠宗이오順陵에葬ᄒᆞ다○王規ㅣ伏誅ᄒᆞ다規ㅣ惠宗의喪을乘ᄒᆞ야矯命으로大將軍朴述

熙를殺ᄒᆞ고作亂코ᄌᆞᄒᆞ더니西京大匡王式廉이引兵入衛ᄒᆞ니規ㅣ
甲串(江華甲串津)으로逃竄ᄒᆞ거ᄂᆞᆯ式廉이追斬ᄒᆞ다

定宗文明王의諱ᄂᆞᆫ堯오字ᄂᆞᆫ義天이니在位四年이오壽가二十
七이라

丁未

二年(後晋出帝開運四年○日皇村上元年○西曆紀元後九百四十七年○是歲後晋爲契丹所滅後漢高帝稱帝)이라秋에
光軍司를置ᄒᆞ다初에崔彦撝의子光胤이晉에游學ᄒᆞ다가契丹의게
被虜ᄒᆞ야才識으로ᄡᅥ見用ᄒᆞᆯ시契丹이高麗를侵犯코ᄌᆞᄒᆞᆷ을知ᄒᆞ고
致書ᄒᆞ야朝廷에聞ᄒᆞ거ᄂᆞᆯ於是에有司를命ᄒᆞ야軍士三十萬을選ᄒᆞ
야號曰光軍이라ᄒᆞ다

戊申

三年(後漢高祖乾祐元年○日皇村上二年○西曆紀元後九百四十八年)이라秋九月에東女眞이馬七
百匹과밋方物을來獻ᄒᆞ다東女眞은本靺鞨遺種이니其種이北道(今咸鏡道南北)에占居ᄒᆞ야部落이甚盛ᄒᆞᆫ지라長嶺(白頭大幹을謂之長嶺이라)의東豆滿
江南北에在ᄒᆞᆫ者ᄂᆞᆫ東女眞이니亦曰生女眞이오長嶺西鴨綠江北에
在ᄒᆞᆫ者ᄂᆞᆫ西女眞이니亦曰熟女眞이라

東女眞은卽古肅愼氏의地라新羅奈勿王時에ᄂᆞᆫ挹婁라稱ᄒᆞ고
實聖王時에ᄂᆞᆫ勿吉이오眞平王時에ᄂᆞᆫ靺鞨이라ᄒᆞ야其國이黑
水(黑龍江)와粟末兩種에分ᄒᆞ고黑水의渠長이비로소唐에朝貢ᄒᆞ
고景德王時에唐이其地로ᄡᅥ燕州를삼고黑水部를置ᄒᆞ더니其
後에粟末이强盛ᄒᆞ야號를渤海國이라ᄒᆞ고黑水를臣服ᄒᆞ다가
밋高麗太祖時에渤海ᄂᆞᆫ契丹의滅ᄒᆞᆫ비되고黑水가其地를復擅
ᄒᆞ야攻號曰女眞이라ᄒᆞ고其國이東西兩種에分ᄒᆞ야西種은契
丹에繫籍ᄒᆞ니라

己酉

四年(後漢隱帝仍稱乾祐二年○日皇村上三年○西曆紀元後九百四十九年)이라三月에王이疾篤ᄒᆞ야
母弟昭의게禪位ᄒᆞ고帝釋院에移御ᄒᆞ엿다가崩ᄒᆞ거ᄂᆞᆯ諡ᄒᆞ야曰文

庚戌 丙辰

明이라ᄒᆞ고廟號ᄂᆞᆫ定宗이오安陵에葬ᄒᆞ다

光宗大成王의諱ᄂᆞᆫ昭오字ᄂᆞᆫ日華니在位二十六年이오壽가五十一이라

元年(後漢隱帝乾祐三年○日皇村上四年○西曆紀元後九百五十年)이라建元ᄒᆞ야曰光德이라ᄒᆞ다

七年(後周世宗顯德三年○日皇村上十年○西曆紀元後九百五十六年)이라周大理評事雙冀ㅣ周使를從ᄒᆞ야來ᄒᆞ거ᄂᆞᆯ王이其才를愛ᄒᆞ야翰林學士를拜ᄒᆞ고文任을專委ᄒᆞ야詩賦頌과밋時務策으로士子를試取ᄒᆞ니自此로文風이大興ᄒᆞ더라其父哲이冀의寵幸홈을聞ᄒᆞ고또東來ᄒᆞ다○奴婢按檢法을立ᄒᆞ다初에箕子ㅣ八條의敎를設ᄒᆞ샤爲盜ᄒᆞᆫ者를其家에沒入ᄒᆞ야奴婢가되니自此로奴婢法이漸盛ᄒᆞ야士族家奴婢ᄂᆞᆫ世傳ᄒᆞ야曰私奴婢라ᄒᆞ고官衙州郡의奴婢ᄂᆞᆫ公奴婢라ᄒᆞ더니밋太祖創業初에將士가奴婢를置ᄒᆞ샤此ᄂᆞᆫ다俘虜人과밋貨財로ᄡᅥ買ᄒᆞᆫ者라太祖ㅣ恒

乙丑

常賤良코ᄌᆞᄒᆞ나功臣의意를難拂ᄒᆞ야不果ᄒᆞ엿더니至是ᄒᆞ야其奴婢를按驗ᄒᆞ야眞假를分辨케ᄒᆞ니於是에賤隷가비로소得志ᄒᆞ더라

十六年(宋太祖乾德三年○日皇村上十九年○西曆紀元後九百六十五年)이라秋九月에內議令徐弼이卒ᄒᆞ다弼은利川人이라性이通敏ᄒᆞ고또能히直諫ᄒᆞ야王이일쯕金酒器로ᄡᅥ各宰臣을賜ᄒᆞ샤弼이獨히不受ᄒᆞ야曰臣이宰輔에居ᄒᆞ야濫分을已懼ᄒᆞ엿거ᄂᆞᆯ今에또金器를賜ᄒᆞ시니臣이더욱惶懼ᄒᆞ오며大抵服用은等分을明ᄒᆞ고奢儉은治亂에關ᄒᆞᄂᆞ니臣이萬一金器를用ᄒᆞ면陛下ᄂᆞᆫ將且何器를用ᄒᆞ리오ᄒᆞ고又曰陛下ᄂᆞᆫ無功을勿賞ᄒᆞ고有功을勿忘ᄒᆞ소셔ᄒᆞ니王이嘉納ᄒᆞ더라時에王이歸化ᄒᆞᆫ唐人을禮重ᄒᆞ야미양臣僚의第宅을奪予ᄒᆞ거ᄂᆞᆯ弼이請ᄒᆞ야曰臣의第宅이稍寬ᄒᆞ니願獻ᄒᆞ노이다ᄒᆞᆫ대王이其故를問ᄒᆞ니對曰今에歸化唐人은擇官ᄒᆞ야仕ᄒᆞ고擇屋ᄒᆞ야處ᄒᆞ며世臣과故家ᄂᆞᆫ도로혀失所ᄒᆞᆫ

乙亥

者ㅣ多ᄒᆞ니臣愚ᄂᆞᆫ몬져子孫計ᄅᆞᆯ爲ᄒᆞ야臣이生存時에第宅을獻ᄒᆞ고다시小第ᄅᆞᆯ營ᄒᆞ야臣의子孫이見奪ᄒᆞᄂᆞᆫ弊가無케ᄒᆞᆯ노이다ᄒᆞᆫ되王이怒ᄒᆞ다가後에感悟ᄒᆞ고다시臣僚第宅을奪치아니ᄒᆞ니其謇諤ᄒᆞᆫ類가如此ᄒᆞ더라諡ᄒᆞ야曰貞敬이라ᄒᆞ다

二十六年(宋太祖開寶八年○日皇冷泉八年○西曆紀元後九百七十五年)이라王이崩ᄒᆞ고太子伷ㅣ即位ᄒᆞ야諡ᄒᆞ야曰大成이오廟號ᄂᆞᆫ光宗이라ᄒᆞ고憲陵에葬ᄒᆞ다光宗이在位時에信讒多殺ᄒᆞ고心中에疑懼ᄒᆞ야罪惡을欲消ᄒᆞᆫ다ᄒᆞ고齋會ᄅᆞᆯ廣設ᄒᆞ며또屠殺을禁ᄒᆞ고佛法을專奉ᄒᆞ야ᄡᅥᄒᆞ되目前의無事ᄒᆞᆷ이佛力의所佑라ᄒᆞ고前非ᄅᆞᆯ悛改치아니ᄒᆞ고奢侈가無節ᄒᆞ더라

景宗獻和王의諱ᄂᆞᆫ伷오字ᄂᆞᆫ長民이니在位六年이오壽가二十七이라

丙子

元年(宋太宗太平興國元年○日皇冷泉九年○西曆紀元後九百七十六年)이라遣使ᄒᆞ야宋에如ᄒᆞ다高麗ㅣ太祖時로브터宋에遣使ᄒᆞ더니至是ᄒᆞ야또宋太宗의即位ᄒᆞᆷ을慶賀ᄒᆞ다○비로소各品田柴科ᄅᆞᆯ定ᄒᆞ다初에太子ㅣ唐制ᄅᆞᆯ仿ᄒᆞ야田의數와밋其膏瘠을分ᄒᆞ야文武百官과밋府兵閑人ᄭᆞ지授與ᄒᆞ고또樵採地ᄅᆞᆯ給ᄒᆞ니此ᄂᆞᆫ謂之田柴科라身沒ᄒᆞ면다公家에納ᄒᆞ고오즉府兵은年滿二十ᄒᆞ여야비로소授ᄒᆞ엿다가六十에還納ᄒᆞ되子孫과親戚이有ᄒᆞ면遞給ᄒᆞ고田丁이無ᄒᆞ면監門衛에籍入ᄒᆞ더니至是ᄒᆞ야諸職散官各品의田柴科ᄅᆞᆯ定ᄒᆞ야官品의高低ᄅᆞᆯ不論ᄒᆞ고다만人品을隨ᄒᆞ야定ᄒᆞᆯ서紫衫以上은十八品에分作ᄒᆞ고丹衫以上은十品을作ᄒᆞ고緋衫以上은六品을作ᄒᆞ고綠衫以上은十品을作ᄒᆞ고散職武職은本官品內에셔品等을分ᄒᆞ고至於雜吏ᄒᆞ야ᄂᆞᆫ各其人品高下로ᄡᅥ支給ᄒᆞ야分等이有ᄒᆞ더라○金行成을遣ᄒᆞ야宋國太學에入

ᄒᆞ다
戊寅 三年(宋太宗太平興國三年○日皇冷泉 一年○西歷紀元後九百七十八年)十이라夏四月에政丞新羅降
王金傅ㅣ卒ᄒᆞ니諡曰敬順이라ᄒᆞ다時에傅의子孫이冠冕이赫赫ᄒᆞ
야當時에罕比ᄒᆞ더라
辛巳 六年(宋太宗太平興國六年○日皇冷泉 四年○西歷紀元後九百八十一年)十이라秋七月에王이有疾ᄒᆞ
야堂弟開寧君治의게禪位ᄒᆞ고崩ᄒᆞ거ᄂᆞᆯ諡ᄒᆞ야曰獻和오廟號ᄂᆞᆫ景
宗이라ᄒᆞ고榮陵에葬ᄒᆞ다○冬十一月에考를追尊ᄒᆞ야宣慶이오廟
號ᄂᆞᆫ戴宗이라ᄒᆞ다○王이八關會ᄂᆞᆫ不經ᄒᆞ고ᄯᅩ煩擾ᄒᆞ다ᄒᆞ야革罷
ᄒᆞ다

成宗文懿王의諱ᄂᆞᆫ治오字ᄂᆞᆫ溫古니太祖第七子旭의第二子오
在位十六年이오壽가三十八이라
壬午 元年(宋太宗太平興國七年○日皇冷泉 五年○西歷紀元後九百八十二年)十이라夏六月에詔ᄒᆞ야曰朕

이謨猷를新德ᄒᆞ며闕政이應多ᄒᆞᆯ지라其京官五品以上은各其時政
得失을論ᄒᆞ라ᄒᆞᆫ디上柱國崔承老ㅣ二十六條를上ᄒᆞ니其佛事를論
斥ᄒᆞᆫ者ㅣ三分의一이라다峻切明直ᄒᆞ야先王의弊政을指斥ᄒᆞ고隱
諱가少無ᄒᆞ거ᄂᆞᆯ王이嘉納ᄒᆞ고門下侍郎平章事를拜ᄒᆞ다○王의生
日로ᄲᅥ千秋節이라ᄒᆞ니節日의名이自此로始ᄒᆞ니라○王이西京(今平
壤)에幸ᄒᆞ야永明寺에微行코ᄌᆞᄒᆞ다가御史徐熙ㅣ極諫ᄒᆞ거ᄂᆞᆯ이에
止ᄒᆞ고鞍馬를賞賜ᄒᆞ다○是歲에遼ㅣ國號를改ᄒᆞ야曰契丹이라ᄒᆞ
다○五服의給暇ᄒᆞᄂᆞᆫ法을定ᄒᆞᆯ시父母喪에ᄂᆞᆫ百日을給暇ᄒᆞ야期滿
ᄒᆞ면곳起復出仕ᄒᆞ되다만公會宴樂에不參ᄒᆞ고朞年服에ᄂᆞᆫ三十日
이오大功은二十日이오小功은十五日이오緦麻ᄂᆞᆫ七日을給暇ᄒᆞ다
丙戌 五年(宋太宗雍熙三年○日皇花山二 年○西歷紀元後九百八十六年)이라春正月에契丹이厥烈을遣
ᄒᆞ야請和ᄒᆞ다先是에宋이契丹을伐ᄒᆞ야燕薊를收復고ᄌᆞᄒᆞᆯ시使臣

을遣ᄒᆞ야協力討平ᄒᆞ기ᄅᆞᆯ請ᄒᆞ거ᄂᆞᆯ王이許ᄒᆞ엿더니契丹이聞ᄒᆞ고懼ᄒᆞ야請和ᄒᆞ더라○慶州ᄅᆞᆯ改ᄒᆞ야東京이라ᄒᆞ고留守ᄅᆞᆯ置ᄒᆞ다○六道에遣使ᄒᆞ야孝子順孫과義夫節婦ᄅᆞᆯ訪求ᄒᆞ다○書院을西京에置ᄒᆞ고諸生으로ᄒᆞ여곰史籍을抄藏ᄒᆞ다○鴨綠江外에在ᄒᆞᆫ女眞을、白頭山外에逐出ᄒᆞ다先是新羅末에三國이分爭ᄒᆞ야北界가邱墟ᄅᆞᆯ成ᄒᆞ니女眞이乘間ᄒᆞ야鴨綠江內外에出沒ᄒᆞ야邊民을搶掠ᄒᆞ거ᄂᆞᆯ至是ᄒᆞ야逐出ᄒᆞ다○宋이大藏經을送ᄒᆞ거ᄂᆞᆯ遣使致謝ᄒᆞ다○樞密院을置ᄒᆞ다韓彥恭이宋으로부터還ᄒᆞ야宋制ᄅᆞᆯ依倣코ᄌᆞᄒᆞ거ᄂᆞᆯ이에樞密院을置ᄒᆞ야軍國重事ᄅᆞᆯ省府로더브러參決케ᄒᆞ다○郁을泗水縣(今泗川)에流ᄒᆞ다郁은太祖第八子라景宗의妃皇甫氏ᄅᆞᆯ烝ᄒᆞ야有娠ᄒᆞ거ᄂᆞᆯ王이聞ᄒᆞ고이에郁을流ᄒᆞ니妃가倉皇이還第ᄒᆞ다가胎가動ᄒᆞ야門前柳枝ᄅᆞᆯ攀ᄒᆞ고免身ᄒᆞᆫ後에卒ᄒᆞ니兒ᄂᆞᆫ곳大良君詢이오

郁은泗水縣에서死ᄒᆞ다

癸巳

十二年(宋太宗淳化四年○日皇一條七年○西曆紀元後九百九十三年)이라春에常平倉을兩京과十二牧에置ᄒᆞ다○冬十月에契丹蕭遜寧이西鄙ᄅᆞᆯ犯ᄒᆞ거ᄂᆞᆯ王이朴良柔로ᄡᅥ上軍使ᄅᆞᆯ삼고徐熙로ᄡᅥ中軍使ᄅᆞᆯ삼고崔亮으로ᄡᅥ下軍使ᄅᆞᆯ삼아西界에出ᄒᆞ야禦敵ᄒᆞ다○閏月에王이安北府(今安州)에進次ᄒᆞ엿다가先鋒使陳庶顔이契丹의게被擒ᄒᆞᆷ을聞ᄒᆞ고西京에還ᄒᆞ다○使臣을契丹營에遣ᄒᆞ야請和ᄒᆞ니契丹이移書ᄒᆞ야降服을督促ᄒᆞ니라是時에徐熙ㅣ引兵前進ᄒᆞᆯ시遜寧이聲言ᄒᆞ야曰高句麗舊地ᄂᆞᆫ다契丹國土地어ᄂᆞᆯ今에高麗ㅣ疆界ᄅᆞᆯ侵奪ᄒᆞ니이럼으로動兵ᄒᆞ엿다ᄒᆞ고또移書ᄒᆞ야速降ᄒᆞ라ᄒᆞ거ᄂᆞᆯ熙ㅣ其書ᄅᆞᆯ見ᄒᆞ고王ᄭᅴ還奏ᄒᆞ되可和ᄒᆞᆯ狀이有ᄒᆞ다ᄒᆞᄂᆞᆫ지라王이이에司憲李蒙戩을丹營에遣ᄒᆞ야請和ᄒᆞᆫ듸遜寧이또移書曰今에我大軍八十萬이至此ᄒᆞ니만일出江來

降치아니ᄒᆞ면맛당히殄滅ᄒᆞ리라ᄒᆞ거ᄂᆞᆯ蒙戩이還白ᄒᆞᆫ듸王이羣臣을會議ᄒᆞ니或은言ᄒᆞ되車駕ᄂᆞᆫ京師에還ᄒᆞ고重臣을別遣ᄒᆞ야乞降ᄒᆞᆷ이可ᄒᆞ다ᄒᆞ며或은曰西京以北을割與ᄒᆞ고黃州로브터岊嶺(即慈悲嶺)(在今黃州瑞興界)ᄭᆞ지疆界를畫ᄒᆞᆷ이可타ᄒᆞ거ᄂᆞᆯ王이將且割地의議를從코ᄌᆞᄒᆞᆫ듸徐熙ㅣ曰今에契丹東京(在遼東)으로브터我國安北府에至ᄒᆞ기ᄭᆞ지數百里間이다生女眞(即東女眞)의所據어ᄂᆞᆯ光宗이取ᄒᆞ야嘉州(今嘉山)松城等城을築ᄒᆞ엿스니今에丹兵의來ᄒᆞᆷ은其志가不過二城을取코ᄌᆞᄒᆞᆷ이오그高句麗舊地를盡取ᄒᆞᆫ다ᄒᆞᆷ은其實이我를恐嚇ᄒᆞᆷ이어ᄂᆞᆯ今에其兵勢의盛大ᄒᆞᆷ을見ᄒᆞ고곳西京以北을割與ᄒᆞ면此ᄂᆞᆫ得策이아니오ᄯᅩ三角山以北도ᄯᅩᄒᆞᆫ高句麗舊地니彼가만일溪壑의慾으로誅求가無厭ᄒᆞ면此地를다可히盡與ᄒᆞ며ᄯᅩ割地ᄒᆞᆷ은萬世의羞恥니願컨듸車駕ᄂᆞᆫ都城에還ᄒᆞ시고臣等으로ᄒᆞ여곰一戰ᄒᆞᆫ後에再議ᄒᆞᆷ이未晩이로소이다ᄒᆞ며御史李知日이亦曰聖祖ㅣ創業垂統ᄒᆞ야今日에至ᄒᆞ엿스니엇지土地로ᄡᅥ敵國을輕與ᄒᆞ리오ᄒᆞ거ᄂᆞᆯ이에割地의議가遂寢ᄒᆞ다○蕭遜寧이李蒙戩의回報가無ᄒᆞᆷ을見ᄒᆞ고安戎鎭(在今安州)을攻ᄒᆞ거ᄂᆞᆯ中郞將文道秀ㅣ郞將庾方으로더브러迎戰大破ᄒᆞ다○徐熙를丹營에遣ᄒᆞ야請和ᄒᆞ니契丹이罷兵ᄒᆞ다此時에遜寧이安戎鎭에셔旣敗ᄒᆞ민敢히進兵치못ᄒᆞ고다만降服을催促ᄒᆞ거ᄂᆞᆯ王이羣臣을會議ᄒᆞ야願往ᄒᆞᆯ人을問ᄒᆞ니敢應者ㅣ無ᄒᆞᄂᆞᆫ지라徐熙ㅣ進曰臣이비록愚鹵ᄒᆞ나願往ᄒᆞ노이다ᄒᆞ거ᄂᆞᆯ王이드듸여江頭에出餞ᄒᆞ야慰藉送別ᄒᆞ더라熙ㅣ丹營에至ᄒᆞ야譯人으로ᄒᆞ여곰相見ᄒᆞᄂᆞᆫ禮를問ᄒᆞᆫ듸遜寧이曰我ᄂᆞᆫ大朝의貴人이라庭에셔拜ᄒᆞ라ᄒᆞ거ᄂᆞᆯ熙ㅣ曰臣子가君의게下拜ᄒᆞᆷ은禮어니와今에兩國大臣이相見ᄒᆞ거ᄂᆞᆯ엇지如此慢視ᄒᆞᄂᆞᆫ고ᄒᆞ고往復再三에遜寧이不許ᄒᆞᄂᆞᆫ지라熙ㅣ

館所에至ᄒᆞ야堅臥不起ᄒᆞ니遜寧이이에升堂行禮ᄒᆞᆷ을許ᄒᆞ거ᄂᆞᆯ熙ㅣ丹營에至ᄒᆞ야遜寧으로더브러相揖行禮ᄒᆞᆫ後에東西對坐ᄒᆞ니遜寧이熙의抗禮不屈ᄒᆞᆷ을見ᄒᆞ고心中에奇異ᄒᆞ야熙다려謂曰高麗와新羅高句麗의地ᄂᆞᆫ다我國의舊地어ᄂᆞᆯ今에高麗가侵蝕ᄒᆞ고또我와壤地가相接ᄒᆞ거ᄂᆞᆯ我를捨ᄒᆞ고도로혀越海ᄒᆞ야宋國과和親ᄒᆞᆷ은何也오이럼으로我國이來攻ᄒᆞᆷ이니만일割地修聘ᄒᆞ면可히無事ᄒᆞ리라ᄒᆞ거ᄂᆞᆯ熙ㅣ曰我國은곳高句麗의舊라故로國號를高麗라ᄒᆞ엿고만일地界로論ᄒᆞ면貴國의東京(在今遼東)이다我境內에在ᄒᆞ니엇지侵蝕ᄒᆞ엿다謂ᄒᆞ며또鴨綠江內外가다我의境域이어ᄂᆞᆯ今에女眞이其間을盜據ᄒᆞ야頑黠變詐ᄒᆞ야道塗의梗塞ᄒᆞᆷ이涉海ᄒᆞ니보다오히려難ᄒᆞ니聘使의不通ᄒᆞᆷ은곳女眞의故라今에女眞을逐ᄒᆞ고我의舊地를還歸ᄒᆞ야城堡를築ᄒᆞ고道路를通케ᄒᆞ면엇지修聘치아니ᄒᆞ리오ᄒᆞ

고辭氣가慷慨ᄒᆞ며言語가明達ᄒᆞᆫ지라遜寧이其不可屈ᄒᆞᆷ을知ᄒᆞ고이에和親을許ᄒᆞ고因ᄒᆞ야宴慰코ᄌᆞᄒᆞ거ᄂᆞᆯ熙ㅣ曰今에我國이비록無故受兵ᄒᆞ나貴國이이믜勞師遠來ᄒᆞ야上下가皇皇ᄒᆞ고操戈執鋭ᄒᆞᆫ士가沙場에暴露ᄒᆞ거ᄂᆞᆯ엇지宴樂을忍爲ᄒᆞ리오ᄒᆞᆫᄃᆡ遜寧이曰兩國大臣이相見ᄒᆞ니歡好의禮가無치못ᄒᆞ다ᄒᆞ고固請ᄒᆞᄂᆞᆫ지라이에許諾ᄒᆞ고極歡ᄒᆞ다가罷ᄒᆞ다遜寧이드ᄃᆡ여契丹主의게聞ᄒᆞ니契丹主ㅣ곳命ᄒᆞ야罷兵ᄒᆞ니라熙ㅣ丹營에留ᄒᆞᆫ지七日에還ᄒᆞ니王이大喜ᄒᆞ야江上에出迎ᄒᆞ다翌年에遜寧이다시致書ᄒᆞ야鴨江西에五城을築ᄒᆞ고王도또ᄒᆞᆫ鴨江東에地界를定ᄒᆞ야築城ᄒᆞ라ᄒᆞ거ᄂᆞᆯ이에始役ᄒᆞ야車馬를交通ᄒᆞ다○侍中朴良柔를遣ᄒᆞ야契丹에至ᄒᆞ니俘口를索還ᄒᆞᆷ이라徐熙曰臣이遜寧으로더브러女眞을討平ᄒᆞ고舊地를恢復ᄒᆞᆫ後에聘使를通ᄒᆞᆫ다ᄒᆞ엿거ᄂᆞᆯ今에江內를繕復ᄒᆞ엿스니請건

되江外를收復ᄒᆞᆫ後修聘홈이未晚이로소이다ᄒᆞ거늘王曰修聘이太久ᄒᆞ면後患이有ᄒᆞ리라ᄒᆞ고드듸여遣去ᄒᆞ다○元郁을宋에遣ᄒᆞ야乞師ᄒᆞ다王이契丹을報復고ᄌᆞᄒᆞ야宋에遣使ᄒᆞ엿더니宋이答ᄒᆞ되北鄙가甫寧ᄒᆞ엿스미輕動키難ᄒᆞ다ᄒᆞ고다만使臣을優禮遣還ᄒᆞ거늘自是로宋國과相絕ᄒᆞ다○平章事徐熙를遣ᄒᆞ야女眞을逐ᄒᆞ다熙ㅣ女眞을逐ᄒᆞ고長興歸化二鎭(並在今襄州)과밋郭(今郭山)龜(今龜城)二州에築城ᄒᆞ다○國內를分ᄒᆞ야十道로定ᄒᆞ니曰關內道(今畿內)曰中原道(今忠州)曰河南道(今公州)曰嶺南道(今尙州)曰嶺東道(今慶州等地)曰江南道(今全州等地)曰山南道(今晉州等地)曰海陽道(今羅州等地)曰朔方道(今春川江陵安邊等地)曰浿西道(今平壤以西)라節度使等官을各置ᄒᆞ다○童子十人을契丹에遣ᄒᆞ야其國語를習ᄒᆞ고또契丹의게求婚ᄒᆞ야駙馬蕭恆德의女로뼈遣嫁ᄒᆞ다○鐵錢을始鑄ᄒᆞ다

丁酉

十六年(宋太宗至道三年○日皇一條十一年○西歷紀元後九百九十七年)이라冬十月에王이不豫ᄒᆞ야開寧君誦에게傳位ᄒᆞ고天王寺에移御ᄒᆞ엿더니平章事王融이大赦ᄒᆞ기를請ᄒᆞ거늘王이不許曰死生이在天ᄒᆞ니엇지有罪를赦ᄒᆞ야延命을求ᄒᆞ리오ᄒᆞ고이윽고崩ᄒᆞ다王의天姿ㅣ嚴正ᄒᆞ고器宇ㅣ寬弘ᄒᆞ며宗社를立ᄒᆞ고節義를崇ᄒᆞ며賢人을求ᄒᆞ고百姓을撫䘏ᄒᆞ야移風易俗홈으로要務를삼더라謚曰文懿라ᄒᆞ고廟號는成宗이오康陵에葬ᄒᆞ다

穆宗宣讓王의諱는誦이오字는孝伸이니景宗의長子오在位十二年이오壽가三十이라

戊戌

元年(宋眞宗咸平元年○日皇一條十二年○西歷紀元後九百九十八年)이라王의生日로뼈長寧節이라ᄒᆞ다○秋七月에太保內史令徐熙ㅣ卒ᄒᆞ다熙의性이嚴恪ᄒᆞ고威儀가有ᄒᆞ며일즉이契丹의役에大功을成ᄒᆞ고또成宗을從ᄒᆞ야海州

에王ᄒᆞ시成宗이熙의幕次에至ᄒᆞ야入고자ᄒᆞ엿더니熙ㅣ曰臣의幕은至尊의臨御ᄒᆞᆯ비아니로소이다ᄒᆞ고ᄯᅩ酒ᄅᆞᆯ進ᄒᆞ라ᄒᆞᆫᄃᆡ曰臣의酒ᄂᆞᆫ堪獻치못ᄒᆞᆯ노이다ᄒᆞ거ᄂᆞᆯ成宗이이에幕外에坐ᄒᆞ고御酒ᄅᆞᆯ進ᄒᆞ야共飮ᄒᆞ더라至是ᄒᆞ야卒ᄒᆞ니謚曰章威라ᄒᆞ다○宋에遣使ᄒᆞ야다시通好ᄒᆞ다

癸卯

六年(宋眞宗咸平六年○日皇一條七年○西歷紀元後一千三年)十이라太后皇甫氏ㅣ大良君詢을逼ᄒᆞ야僧이되게ᄒᆞ고金致陽으로ᄡᅧ僕射ᄅᆞᆯ拜ᄒᆞ다先是에王이卽位ᄒᆞᆯ시年이尙少ᄒᆞ야太后ㅣ攝政ᄒᆞ더니旣而오太后ㅣ金致陽과私通ᄒᆞ야子ᄅᆞᆯ生ᄒᆞ고王의後嗣ᄅᆞᆯ삼고자ᄒᆞᆯ시大良君詢을忌嫉ᄒᆞ야僧이되게ᄒᆞ고因ᄒᆞ야詢을害코자ᄒᆞ야가만이詢의在ᄒᆞᆫ三角山神穴寺에遣人ᄒᆞ야謀害ᄒᆞ거ᄂᆞᆯ老僧이其謀ᄅᆞᆯ知ᄒᆞ고地ᄅᆞᆯ穴ᄒᆞ야詢을匿ᄒᆞ고臥榻을其上에置ᄒᆞ야不測을防ᄒᆞ다○山이耽羅海中에湧出ᄒᆞ니高가百餘丈이오周圍가四十餘里오草木이無ᄒᆞ고煙氣가其上에羃ᄒᆞ야望見ᄒᆞ니石硫黃과如ᄒᆞ더라

己酉

十二年(宋眞宗大中祥符二年○日皇一條二十三年○西歷紀元後一千九年)이라二月에三角山神穴寺에遣使ᄒᆞ야大良君詢을召ᄒᆞ다先是에太后ㅣ金致陽으로더브러詢을謀殺ᄒᆞ다가不成ᄒᆞ더니至是ᄒᆞ야王이寢疾ᄒᆞ시中樞副使蔡忠順을密召ᄒᆞ야曰外間이朕의寢疾ᄒᆞᆷ을聞ᄒᆞ고覬覦ᄒᆞᄂᆞᆫ者ㅣ有ᄒᆞ다ᄒᆞ니卿이知乎아ᄒᆞ고因ᄒᆞ야一書ᄅᆞᆯ與ᄒᆞ니곳宦官劉熙昌의上ᄒᆞᆫ비라其書에曰金致陽이將且作亂ᄒᆞᆫ다ᄒᆞ고ᄯᅩ一封書ᄅᆞᆯ出ᄒᆞ니其書ᄂᆞᆫ大良君詢의書라奸黨이臣을圍逼ᄒᆞ니願건ᄃᆡ憐救ᄒᆞ소셔ᄒᆞᆷ이라王이다시忠順을囑付曰朕의疾病이漸篤ᄒᆞ야朝夕入地ᄒᆞᆯ거시오太祖의孫子ᄂᆞᆫ오작大良君뿐이라卿은崔沆으로더브러社稷을誠心保全ᄒᆞ라ᄒᆞ거ᄂᆞᆯ忠順이이에崔沆劉忠正으로더브러定謀ᄒᆞ고神穴寺에遣

人ᄒᆞ야詢을迎ᄒᆞ니○西北面都巡檢使康兆를召ᄒᆞ야甲兵入衛ᄒᆞ라
ᄒᆞ니兆ㅣ곳引兵犯闕ᄒᆞ야王을廢ᄒᆞ야讓國公을삼고大良君詢을立
ᄒᆞ다兆ㅣ引兵ᄒᆞ고洞州(今祥原)에至ᄒᆞ니奸人魏從正等이構亂코ᄌᆞᄒᆞ
야兆를紿ᄒᆞ야曰主上이大漸ᄒᆞ시ᄆᆡ命이頃刻에在ᄒᆞᆫ지라太后ㅣ致陽
으로더브러社稷을謀奪ᄒᆞᆯ새公의兵威를恐ᄒᆞ야矯命徵召ᄒᆞᆷ이니公
은本道에速還ᄒᆞ야大義를擧ᄒᆞ라ᄒᆞ니兆ㅣ其言을從ᄒᆞ야곳本營에
歸ᄒᆞ거ᄂᆞᆯ此時太后ㅣ果然兆를忌憚ᄒᆞ야岊嶺을塩守ᄒᆞᄂᆞᆫ지라兆ㅣ
이에王이已崩ᄒᆞ엿다ᄒᆞ고드ᄃᆡ여副使李鉉雲等으로더브러甲卒五
千을率ᄒᆞ고平州(今平山)에至ᄒᆞ야王이未崩ᄒᆞᆷ을知ᄒᆞ고이에矯命ᄒᆞᆫ罪
를討ᄒᆞᆯ가恐ᄒᆞ야大驚ᄒᆞ더니諸將이曰事勢가이믜至此ᄒᆞ니中止치
못ᄒᆞ리라ᄒᆞ거ᄂᆞᆯ兆ㅣ드ᄃᆡ여迎秋門을攻入ᄒᆞ야王을廢ᄒᆞ야讓國公
이라ᄒᆞ고大良君詢을迎ᄒᆞ야即位ᄒᆞ고金致陽父子와밋庾行簡等七

人을殺ᄒᆞ고太后親屬周楨等三十餘人을海島에流竄ᄒᆞ다○康兆ㅣ
前王을積城에서弑ᄒᆞ고太后ᄂᆞᆫ黃州에遷居ᄒᆞ다先是에王이歸法寺
에避至ᄒᆞ엿더니既而오兆ㅣ王과太后를忠州에放ᄒᆞ거ᄂᆞᆯ王이兆의
게馬를請ᄒᆞ니兆ㅣ다만二匹을具ᄒᆞᄂᆞᆫ지라이에行ᄒᆞᆯ새太后ㅣ欲食
ᄒᆞ면王이盤盂를親奉ᄒᆞ고太后ㅣ欲行ᄒᆞ면王이馬鞚을親執ᄒᆞ고積
城에至ᄒᆞ니兆ㅣ尙藥直長金光甫로ᄒᆞ여곰進毒ᄒᆞ야王을弑ᄒᆞ니年
이三十이라門扇으로棺을삼고旅館에厝ᄒᆞ엿다가月餘에其縣南에
火葬ᄒᆞ고陵曰恭陵이오謚ᄂᆞᆫ宣靈이오廟號ᄂᆞᆫ愍宗이라ᄒᆞ니다康兆
의擅定이라臣民이此를聞ᄒᆞ고크게痛悔ᄒᆞ나新王은不知ᄒᆞ더니其
後에契丹이問罪ᄒᆞ거ᄂᆞᆯ王이비로소知ᄒᆞ고城東에移葬ᄒᆞ고陵號를
改ᄒᆞ야曰義오謚曰宣讓이오廟號ᄂᆞᆫ穆宗이라ᄒᆞ다穆宗의性이沈毅
ᄒᆞ고人君의度量이有ᄒᆞ나嗜酒好獵ᄒᆞ고嬖倖을信用ᄒᆞ다가禍에及

ᄒᆞ니라太后ㅣ드듸여黃州에遜居ᄒᆞ다○康兆로뻐吏部尙書를拜ᄒᆞ고蔡忠順으로直中臺를삼다○金氏를立ᄒᆞ야妃를삼으니妃ᄂᆞᆫ成宗의女러라

顯宗元文王의諱ᄂᆞᆫ詢이오字ᄂᆞᆫ安世니太祖第八子郁의子오在位二十二年이오壽가四十이라

庚戌

元年(宋眞宗大中祥符三年○日皇一條二十四年○西曆紀元後一千十年)이다秋七月에契丹主ㅣ遣使ᄒᆞ야前王의事를詰問ᄒᆞ고步騎四十萬을親率ᄒᆞ고鴨綠江을渡ᄒᆞ야傳檄曰今에高麗逆臣康兆ㅣ弑君立幼ᄒᆞ니朕이興師問罪ᄒᆞ노라ᄒᆞ거ᄂᆞᆯ兆ㅣ出禦ᄒᆞᆯ셰通州(今宣川)에至ᄒᆞ야隔水設陣ᄒᆞ엿더니丹兵이三水砦을進破ᄒᆞ거ᄂᆞᆯ時에兆ㅣ兵强을自恃ᄒᆞ고閒坐彈碁ᄒᆞ다가丹兵이驟至ᄒᆞᆷ을聞ᄒᆞ고驚起ᄒᆞᆯ셰恍惚間에穆宗이大叱曰汝奴아休ᄒᆞ라天罰을엇지逃亡ᄒᆞ리오ᄒᆞᄂᆞᆫ지라兆ㅣ곳脫鍪長跪ᄒᆞ야曰死罪死罪라ᄒᆞ더니言未訖에丹兵의게被縛ᄒᆞ야丹營에至ᄒᆞ야斬ᄒᆞ니라○十二月에契丹이京都를犯ᄒᆞ니羣臣이降服ᄒᆞ기를議ᄒᆞᆯ셰禮部侍郞姜邯贊이獨曰今日事ᄂᆞᆫ罪가康兆一人의게在ᄒᆞ고他憂ᄂᆞᆫ無ᄒᆞᆯ지라然이나衆寡가不敵ᄒᆞ니맛당히其鋒을暫避ᄒᆞ야興復을徐圖ᄒᆞᆷ이可ᄒᆞ다ᄒᆞ고王을勸ᄒᆞ야南幸ᄒᆞ니王이이에后妃와밋蔡忠順等을率ᄒᆞ고都門을出ᄒᆞ야羅州에至ᄒᆞ다

辛亥

二年(宋眞宗大中祥符四年○日皇一條二十五年○西曆紀元後一千十一年)이라春正月에契丹主ㅣ京城을陷ᄒᆞ고이윽고退去ᄒᆞ거ᄂᆞᆯ王이全州에還至ᄒᆞ야河拱辰을丹營에遣ᄒᆞ야班師ᄒᆞ기를請ᄒᆞ니丹主ㅣ挽留不遣ᄒᆞ더라是時에龜州別將金叔興이契丹을邀擊大破ᄒᆞ야萬餘級을斬ᄒᆞ고巡檢使楊規도또ᄒᆞᆫ丹兵四千五百餘人을殺ᄒᆞ고被虜ᄒᆞᆫ男女三萬餘人을奪還ᄒᆞ엿더니이윽고契丹主의大軍이掩至ᄒᆞ야規와叔興이終日苦戰ᄒᆞ다가다

死之ᄒ다二人이旣死ᄒ믹諸將이丹兵의疲弊홈을乘ᄒ야自後抄擊ᄒ니丹主ㅣ急遁ᄒ야鴨綠江을促渡ᄒ거놀鎭使鄭成이ᄯ其半渡홈을尾擊ᄒ니丹兵의溺死ᄒ者ㅣ甚衆ᄒ고諸降城이다收復ᄒ니라○中臺省을罷ᄒ고中樞院을設ᄒ다○王이京都에還至ᄒ야論功行賞ᄒ고迎賓會仙二館을置ᄒ야諸國使臣을接待케ᄒ다○契丹에還使講和ᄒ다○冬十二月에丹主ㅣ河拱辰을殺ᄒ다拱辰이被留ᄒ믹丹主ㅣ禮待가甚厚ᄒ거놀拱辰이忠勤을外示ᄒ고還國코ᄌᄒ야駿馬롤多市ᄒ야歸計롤作ᄒ엿더니맛참其謀가泄ᄒ야丹主ㅣ鞠問ᄒ거놀拱辰이實狀으로ᄡ對ᄒ고且日臣이本國에二心이無ᄒ야願歸ᄒ노라ᄒ디丹主ㅣ其義롤感動ᄒ야赦ᄒ고ᄯ改節ᄒ라强喩ᄒ거놀拱辰이더욱不屈ᄒ고言辭가激厲ᄒ야맛참니見殺ᄒ다○契丹主ㅣ遣使ᄒ야興化(今屬義州又云在殷山之下) 通州(今宣川) 龍州(今龍川) 鐵州(今鐵山) 郭州(今郭山) 龜州(今龜城) 等六城을來索ᄒ거놀不答ᄒ다○女眞이契丹兵을引ᄒ야鴨綠江을渡코ᄌᄒ거놀大將軍金承渭ㅣ擊退ᄒ다○契丹이六城을連索ᄒ다가其國舅詳穩蕭敵烈이通州롤來侵ᄒ거놀興化鎭將軍鄭神通이迎戰ᄒ야七百餘級을斬ᄒ니丹兵이退去ᄒ더라○上將軍金訓崔質等이作亂ᄒ야中樞院使張延祐와日直皇甫兪義롤流配ᄒ다年前用兵ᄒ後로브터軍額을增設ᄒ야餉需가浩大ᄒ니由是로百官俸祿이不足ᄒ거놀兪義等이京軍의永業田을奪ᄒ야祿俸을充作ᄒ엿더니武官이甚히怨恨ᄒ다가至是ᄒ야崔質이邊功이有ᄒ거놀政府ㅣ다만武職을累拜ᄒ되文職은不許ᄒᄂ지라質이더욱怏怏ᄒ야이에金順等으로더브러諸衛士롤率ᄒ고禁中에入ᄒ야兪義等을痛捶ᄒ고ᄯ王ᄭ面訴ᄒ야治罪ᄒ기롤請ᄒ거놀王이不得已ᄒ야兪義等을遠地에流配ᄒ고ᄯ訓等의言을從ᄒ야文職의御史臺와三司롤罷

ᄒᆞ고金吾臺와都正署ᄅᆞᆯ置ᄒᆞ야武官으로ᄒᆞ여곰兼帶케ᄒᆞ엿다가明
年에王이王可道의計ᄅᆞᆯ用ᄒᆞ야訓賓等을誅ᄒᆞ다
九年(宋眞宗天禧二年○日皇後一條二年○西歷紀元後一千十八年)이라諸道按撫使ᄅᆞᆯ罷ᄒᆞ고四都
護와八牧과밋知州郡事五十六과鎭將二十八과縣令二十을置ᄒᆞ다
○五月에僧十萬을施飯ᄒᆞ고自是로歲以爲常ᄒᆞ더라○秋九月에契
丹大將蕭遜寧이甲士十萬을率ᄒᆞ고來侵ᄒᆞ거ᄂᆞᆯ姜邯贊으로上元帥
ᄅᆞᆯ拜ᄒᆞ고姜民瞻으로副元帥ᄅᆞᆯ拜ᄒᆞ야軍士二十萬八千人을率ᄒᆞ고
禦敵ᄒᆞᆯ시興化鎭(今義州屬)에至ᄒᆞ야山中에設伏ᄒᆞ고ᄯᅩ大繩으로ᄡᅧ牛皮
ᄅᆞᆯ貫ᄒᆞ야大川을塞ᄒᆞ엿더니既而오敵이至ᄒᆞ거ᄂᆞᆯ곳塞을決ᄒᆞ고伏
兵이ᄯᅩ發ᄒᆞ야遜寧을大破ᄒᆞ니遜寧이敢히迎戰치못ᄒᆞ고곳間道로
京城을直趨ᄒᆞ거ᄂᆞᆯ翌年春正月에邯贊이遣兵入援ᄒᆞ고京師에서ᄯᅩ
ᄒᆞᆫ嚴備以待ᄒᆞ니遜寧이可攻치못ᄒᆞᆷ을知ᄒᆞ고回軍ᄒᆞ야龜州에至ᄒᆞ

거ᄂᆞᆯ邯贊等이ᄯᅩ邀戰ᄒᆞᆯ시風雨의勢ᄅᆞᆯ乘ᄒᆞ야奮擊大破ᄒᆞ니이에殭
尸가遍野ᄒᆞ고人口와馬駝甲冑兵仗을俘獲이不可勝計오遜寧이遁
去ᄒᆞ니生還ᄒᆞᆫ者ㅣ겨우數千人이러라邯贊이凱還ᄒᆞ니王이親히郊
迎賜宴ᄒᆞᆯ시金花八枝로ᄡᅧ邯贊頭上에插ᄒᆞ고右手로執觴ᄒᆞ고左手
로邯贊의手ᄅᆞᆯ執ᄒᆞ고慰勞不已ᄒᆞ더니既而오邯贊이請老ᄒᆞ거ᄂᆞᆯ几
杖을賜ᄒᆞ고三日一朝ᄒᆞ라ᄒᆞ며ᄯᅩ門下侍郎同內史門下平章事天水
縣開國男을拜ᄒᆞ고食邑이三百戶러라
二十年(宋仁宗天聖七年○日皇後一條十三年○西歷紀元後一千二十九年)이라宋江南人李文通等이
來ᄒᆞ야書冊五百九十七卷을獻ᄒᆞ다○秋八月에開京에羅城을築ᄒᆞ
다平章事姜邯贊이京都에城郭이無ᄒᆞ다ᄒᆞ야築造ᄒᆞ기ᄅᆞᆯ請ᄒᆞ거ᄂᆞᆯ
이에其地ᄅᆞᆯ定ᄒᆞᆯ시周가一萬六百六十步오高가二十七尺이오郭屋
이四千九百一十間이니凡二十一年에畢役ᄒᆞ니라○冬十二月에興

辛未

遼國이東女眞을引ᄒᆞ야契丹과相攻ᄒᆞ다가遣使乞援ᄒᆞ거늘王이不許ᄒᆞ니興遼ᄂᆞᆫ곳渤海遺種이라大祚榮의七世孫延琳이契丹의게仕ᄒᆞ야東京將軍이되엿다가至是ᄒᆞ야契丹을叛ᄒᆞ고建國紀元ᄒᆞ더니이윽고契丹의게滅ᄒᆞᆫ빈되니라

二十二年(宋仁宗天聖九年○西歷紀元後一千三十一年)이라夏五月에王이疾篤ᄒᆞ야太子欽의게後事를囑ᄒᆞ고崩ᄒᆞ다王이自幼로聰悟仁惠ᄒᆞ며밋長成ᄒᆞ미敏學工書ᄒᆞ고耳目의所經ᄒᆞᆫ者ᄂᆞᆫ遺忘치아니ᄒᆞ더라太子ㅣ卽位ᄒᆞ야謚曰文元이라ᄒᆞ고廟號ᄂᆞᆫ顯宗이오宣陵에葬ᄒᆞ다○秋八月에姜邯贊이卒ᄒᆞ다邯贊은衿川(今始興)人이라性이淸儉ᄒᆞ야產業을不營ᄒᆞ고好學不倦ᄒᆞ며奇略이多ᄒᆞ고形體가矮陋ᄒᆞ며衣裳이垢弊ᄒᆞ야外貌가中人을不踰ᄒᆞ나正色立朝ᄒᆞ야大事와大策을決ᄒᆞᆯ時에ᄂᆞᆫ矻然이邦家柱石이되더니밋致仕ᄒᆞ고城南에歸臥ᄒᆞ엿다가至是ᄒᆞ야卒ᄒᆞ니年이八十四오謚曰仁憲이라ᄒᆞ다○冬十月에國子監試를設ᄒᆞ야詩賦로ᄡᅥ試取ᄒᆞ니監試法이自此始ᄒᆞ니라

壬申

德宗敬康王의諱ᄂᆞᆫ欽이오字ᄂᆞᆫ元良이니在位三年이오壽가十九라

元年(宋仁宗明道元年○西歷紀元後一千三十二年)이라春正月에契丹使者를不納ᄒᆞ다先是에金行恭이契丹에至ᄒᆞ야鴨綠江에契丹의築ᄒᆞᆫ바城橋를毁코쟈ᄒᆞᆫᄃᆡ丹主ㅣ不從ᄒᆞᄂᆞᆫ지라王이甚히恐恨ᄒᆞ다가至是ᄒᆞ야王可道와李端等이契丹의可伐ᄒᆞᆯ狀을言ᄒᆞ거늘이에其計를從ᄒᆞ야出兵코쟈ᄒᆞᄂᆞᆫ고로契丹과絶好ᄒᆞᆷ이러라○柳韶를命ᄒᆞ야西北界의關城을創置ᄒᆞᆯ시義州麟山堡로브터起ᄒᆞ야威興都連浦에至ᄒᆞ니延袤가千里라高厚가各二十五尺이오石으로ᄡᅥ築ᄒᆞ다

甲戌

三年(宋仁宗景祐元年○西歷紀元後一千三十四年)이라秋九月에王이寢疾ᄒᆞ야

母弟平壤君亨의게傳位ᄒᆞ고崩ᄒᆞ거ᄂᆞᆯ是日에平壤君이卽位ᄒᆞ야諡曰敬康이라ᄒᆞ고廟號ᄂᆞᆫ德宗이오肅陵에葬ᄒᆞ다

靖宗容惠王의諱ᄂᆞᆫ亨이오字ᄂᆞᆫ申炤니在位十二年이오壽가三十二라

乙酉 十一年(宋仁宗慶曆五年○日後朱雀九年○西歷紀元後一千四十五年)이라絞斬二罪를減ᄒᆞ다詔曰朕이好生ᄒᆞᄂᆞᆫ德을施ᄒᆞ야恤民의意를示ᄒᆞ노니그絞斬二罪를犯ᄒᆞᄂᆞᆫ者ᄂᆞᆫ無人島에流配ᄒᆞ고其中에ᄯᅩ情勢가可矜ᄒᆞᆫ者ᄂᆞᆫ有人島에流配ᄒᆞ라ᄒᆞ니於是에一時免死者ㅣ百十六人이러라○東池의所養ᄒᆞᆫ白鶴鵝鴨山羊의類를放ᄒᆞ니玩好로ᄡᅥ物性을傷ᄒᆞᆯ가恐ᄒᆞᆷ이러라

○東女眞이來朝ᄒᆞ고馬를獻ᄒᆞ다

丙戌 十二年(宋仁宗慶曆六年○日後冷泉元年○西歷紀元後一千四十六年)이라夏五月에王이崩ᄒᆞ거ᄂᆞᆯ弟樂浪君徽ㅣ立ᄒᆞ야諡ᄒᆞ야曰容惠라ᄒᆞ고廟號ᄂᆞᆫ靖宗이오周陵에葬ᄒᆞᆯ시遺命을遵ᄒᆞ야制度를다儉約케ᄒᆞ다○楊規金叔興姜民瞻等의契丹破ᄒᆞᆫ功을追褒ᄒᆞ야功臣閣에圖形ᄒᆞ다

文宗仁孝王의諱ᄂᆞᆫ徽오字ᄂᆞᆫ燭幽니顯宗의第三子오在位三十七年이오壽가六十五라

丁酉 十一年(宋仁宗嘉祐二年○日後冷泉十二年○西歷紀元後一千五十七年)이라秋八月에慶鼎相으로判翰林을拜ᄒᆞ엿더니中書省이言ᄒᆞ되鼎相은鐵匠의後裔라淸要가濫分ᄒᆞ니請컨ᄃᆡ削職ᄒᆞ소셔ᄒᆞ거ᄂᆞᆯ王曰古語에云ᄒᆞ되采葑采菲ᄂᆞᆫ無以下體라ᄒᆞ엿스니그可用ᄒᆞᆷ을貴라ᄒᆞᆷ이라鼎相의才識이可採ᄒᆞᆯ者ㅣ有ᄒᆞ니엇지世系를論ᄒᆞ리오ᄒᆞ고其請을不允ᄒᆞ다○兩京과밋東州(今鐵原)의諸郡을命ᄒᆞ야一家에三子가有ᄒᆞᆫ者ᄂᆞᆫ一子를許ᄒᆞ야僧이되게ᄒᆞ다○王이奉恩寺에幸ᄒᆞ엿다가드듸여國子監에至ᄒᆞ야侍臣다려謂ᄒᆞ야曰仲尼ᄂᆞᆫ百王의師라엇지致敬치아니리오ᄒᆞ고再拜

ᄒᆞ니라
二十一年(宋英宗治平四年○日本後冷泉二十二年○西紀元後一千六十七年)丁未이라契丹에遣使ᄒᆞ다
時에契丹이國號를復ᄒᆞ야遼라ᄒᆞᄂᆞᆫ고로致賀ᄒᆞᆷ이러라○興王寺(今在豐德郡)가成ᄒᆞ니凡二千八百間이라十二年에工이訖ᄒᆞ다王이落成ᄒᆞᆷ
ᄉᆡ五晝夜燃燈大會를設ᄒᆞ고ᄯᅩ勅令ᄒᆞ야百司와安西都護府와開城府와廣(今廣州)水(今水原)楊(今楊州)東(今鐵原)樹(今富平)五州와밋江華長湍二縣으로ᄒᆞ여곰闕庭으로브터寺門에至ᄒᆞ기ᄭᆞ지彩棚을結ᄒᆞ야鱗次連亙ᄒᆞ고輦路左右에燈山과火樹를作ᄒᆞ니明光이晝와如ᄒᆞ고王이百官을率ᄒᆞ고行香納財ᄒᆞᆯᄉᆡ佛事의盛ᄒᆞᆷ이曠古未有ᄒᆞ더라ᄯᅩ金塔을造ᄒᆞ니金이一百四十四斤이오銀이四百二十七斤이오燃燈會를罷ᄒᆞᆫ後에大赦ᄒᆞ다○太師中書令致仕崔冲이卒ᄒᆞ니諡曰文憲이라冲은海州人이니風姿ㅣ魁偉ᄒᆞ고操性이堅貞好學ᄒᆞ며ᄯᅩ屬文을善ᄒᆞ고

五朝를歷事ᄒᆞ야時望이甚重ᄒᆞ더라顯宗以後로干戈가纔息ᄒᆞ미文教를未遑ᄒᆞ더니冲이後進을收召ᄒᆞ야教誨를不倦ᄒᆞ니自是로學徒가坌集ᄒᆞ야街巷이塡溢ᄒᆞ거ᄂᆞᆯ드듸여九齋를分ᄒᆞ야教授ᄒᆞ니時人이謂曰侍中崔公의學徒라凡應擧ᄒᆞᄂᆞᆫ子弟가몬져此學에隷屬ᄒᆞ며夏時에ᄂᆞᆫ僧房에住ᄒᆞ야夏課를做ᄒᆞᆯᄉᆡ其學이優ᄒᆞᆫ者ᄂᆞᆫ教師가되야經史를傳授ᄒᆞ며或刻燭賦詩ᄒᆞ야次第를牓ᄒᆞ며冠童이分列ᄒᆞ야樽俎와進退가다儀節이有ᄒᆞ니觀者ㅣ다嘉歎ᄒᆞ더라時에ᄯᅩ儒臣鄭倍傑等이各其學校를設立ᄒᆞᆫ者ㅣ凡十二라然이나其盛ᄒᆞᆷ이다冲을不及ᄒᆞ고東方學校의興ᄒᆞᆷ이冲으로브터始ᄒᆞ니世上이海東孔子라稱ᄒᆞ고其子孫이文行으로ᄡᅥ宰輔에列ᄒᆞᆫ者數十人이러라○新宮을漢陽에創建ᄒᆞ고名ᄒᆞ야曰南京이라ᄒᆞ다○量田步數法을定ᄒᆞᆯᄉᆡ田一結은方이三十三步오二結은四十七步오以下ᄂᆞᆫ다步數를折ᄒᆞ야結

을許作ᄒᆞ다◯東女眞의十五州酋長이內附ᄒᆞ야郡縣되기를請ᄒᆞ거ᄂᆞᆯ許諾ᄒᆞ고各其將軍職을授ᄒᆞ엿더니未幾에西女眞이ᄯᅩᄒᆞᆫ內附ᄒᆞ더라◯日本人이土物을來獻ᄒᆞ고自是로來往이絡繹ᄒᆞ더라◯宋諫議大夫安燾와起居舍人陳睦이來ᄒᆞ야宋帝의命으로衣帶絲緞樂器金銀器物等을獻ᄒᆞ고自是로兩國使价가連歲來往ᄒᆞ더라時에宋帝ㅣ本國이文章을崇尙ᄒᆞᆫ다ᄒᆞ야미양遣使ᄒᆞᆯ時에반다시詞臣의尤ᄒᆞᆫ者로ᄒᆞ여곰國書를修撰ᄒᆞ고其使者ᄂᆞᆫ中書省에召赴ᄒᆞ야文詞를試ᄒᆞᆫ後에遣ᄒᆞ더라◯冬十月에遼ㅣ遣使來聘ᄒᆞ다◯薩摩州ㅣ來貢ᄒᆞ니薩摩州ᄂᆞᆫ日本의別府오我國과不遠ᄒᆞᆫ地라自是로往來가不絶ᄒᆞ더라

癸亥

三十七年(宋神宗元豐六年○日皇後三條十五年○西曆紀元後一千八十三年)이라秋七月에王이崩ᄒᆞ고太子ㅣ卽位ᄒᆞ다王이不豫ᄒᆞ야太子勳의게傳位ᄒᆞ고崩ᄒᆞ거ᄂᆞᆯ諡

曰仁孝라ᄒᆞ고廟號ᄂᆞᆫ文宗이오景陵에葬ᄒᆞ다王이自幼로聰慧ᄒᆞ고밋長成ᄒᆞ미好學善射ᄒᆞ며志略이宏遠ᄒᆞ야寬仁大度가能히衆人을容納ᄒᆞ더라

順宗宣惠王의諱ᄂᆞᆫ勳이니在位四月이오壽가三十七이라

冬十月에王이崩ᄒᆞ다王이自素有疾ᄒᆞ더니밋居廬ᄒᆞ미哀毁가過度ᄒᆞ야喪次에서崩ᄒᆞ고母弟國原公運이卽位ᄒᆞ야諡ᄒᆞ야曰宣惠오廟號ᄂᆞᆫ順宗이오成陵에葬ᄒᆞ다

宣宗思孝王의諱ᄂᆞᆫ運이오字ᄂᆞᆫ繼天이니在位十一年이오壽가四十六이라

丙寅

三年(宋哲宗元祐元年○日皇後三條十八年○西曆紀元後一千八十六年)이라王이其妹積慶公主로ᄡᅥ王弟扶餘侯燧의게嫁ᄒᆞ다◯僧貞雙等이奏請ᄒᆞ되九門山에叅學ᄒᆞᄂᆞᆫ僧徒를進士貺例와갓치三年一選ᄒᆞᄌᆞ ᄒᆞ거ᄂᆞᆯ王이從ᄒᆞ다◯王弟

釋(釋ᄂᆞᆫ 僧이라)煦ㅣ宋으로브터還ᄒᆞ다先是文宗時에煦ㅣ入宋ᄒᆞ야佛法을求코ᄌᆞᄒᆞ거ᄂᆞᆯ不許ᄒᆞ엿더니밋王이即位ᄒᆞᄆᆡ商船을潜乘ᄒᆞ고宋에至ᄒᆞ니宋帝ㅣ客禮로ᄡᅥ待ᄒᆞ고員外郞楊傑로ᄒᆞ여곰館伴을삼거ᄂᆞᆯ이에各地山川을游覽ᄒᆞ다가밋還國ᄒᆞᆯᄉᆡ釋典과經書一千卷을持來ᄒᆞ고또奏請ᄒᆞ야遼宋과밋日本에購書ᄒᆞ니合四千卷이라다刊行ᄒᆞ다

己巳 六年(宋哲宗元祐四年○日皇堀河三年○西曆紀元後一千八十九年)이라冬十月에仁王經을會慶殿에서講ᄒᆞ고僧三萬을施飯ᄒᆞ다○新鑄ᄒᆞᆫ十三層黃金塔을會慶殿에置ᄒᆞ고慶讚會ᄅᆞᆯ設ᄒᆞ다○國淸寺ᄅᆞᆯ建ᄒᆞ니太后의所創이러라○魏繼廷으로ᄡᅥ御史中丞을拜ᄒᆞ다時에王이嬖妾萬春의第宅을營建ᄒᆞᆯᄉᆡ極히壯麗ᄒᆞᆫ지라繼廷이奏曰萬春이上意ᄅᆞᆯ誑惑ᄒᆞ야百姓을勞役ᄒᆞ니請컨ᄃᆡ毁撤ᄒᆞ소셔ᄒᆞ고또內宴을侍ᄒᆞ다가酒酣에繼廷으로ᄒᆞ여곰起舞ᄒᆞ라ᄒᆞᆫᄃᆡ辭曰伶人이自有ᄒᆞ니엇지臣舞ᄅᆞᆯ用ᄒᆞ리오ᄒᆞ니其容諤ᄒᆞᆷ이類此ᄒᆞ더라○七十二賢의像을國子壁上에圖ᄒᆞ다

甲戌 十一年(宋哲宗紹聖元年○日皇堀河八年○西曆紀元後一千九十四年)이라夏五月에王이崩ᄒᆞ다王이聰明恭儉ᄒᆞ고經史ᄅᆞᆯ博覽ᄒᆞ되游幸이無度ᄒᆞ고寺塔을多創ᄒᆞ야天怒人怨ᄒᆞ고災異가屢興ᄒᆞ더라太子昱이即位ᄒᆞ야諡曰思惠라ᄒᆞ고廟號ᄂᆞᆫ宣宗이오仁陵에葬ᄒᆞ다

獻宗恭殤王의諱ᄂᆞᆫ昱이니在位一年이오壽가十四라

乙亥 元年(宋哲宗紹聖二年○日皇堀河九年○西曆紀元後一千九十五年)·이라秋七月에李資義ㅣ伏誅ᄒᆞ다資義ᄂᆞᆫ子淵의孫이라其妹가宣宗後宮이되야子昀ᄅᆞᆯ生ᄒᆞ더니更是ᄒᆞ야王의幼弱ᄒᆞᆷ을見ᄒᆞ고昀ᄅᆞᆯ立코ᄌᆞᄒᆞ야禁中에聚兵ᄒᆞ거ᄂᆞᆯ王의叔父鷄林公熙ㅣ平章事邵台輔로더브러資義ᄅᆞᆯ誅ᄒᆞ다○冬十月에王이鷄林公熙의게禪位ᄒᆞ다

肅宗明孝王의諱ᄂᆞᆫ顒이오字ᄂᆞᆫ天常이오初諱ᄂᆞᆫ熙니宣宗母弟오在位十年이오壽가五十二라

丁丑 二年(宋哲宗紹聖四年○日皇堀河十一年○西曆紀元後一千九十七年)이라春正月에前王이崩ᄒᆞ니諡曰莽殤이오廟號ᄂᆞᆫ獻宗이오隱陵에葬ᄒᆞ다

己卯 四年(宋哲宗元符二年○日皇堀河十三年○西曆紀元後一千九十九年)이라秋九月에王이王妃와太子와밋羣僚ᄅᆞᆯ率ᄒᆞ고楊州에至ᄒᆞ야宅都ᄒᆞᆯ地ᄅᆞᆯ相ᄒᆞ다先是에衛尉丞金謂磾ㅣ上書ᄒᆞ야南京에遷都ᄒᆞᆷ을請ᄒᆞ니其略에曰道詵記에云ᄒᆞ되高麗地가三京이有ᄒᆞ야松岳은中京이오木覓壤(即漢陽京內)은南京이오平壤은西京이니十一月로브터二月ᄭᆞ지中京에住ᄒᆞ고三月로브터六月ᄭᆞ지南京에住ᄒᆞ고七月로브터十月ᄭᆞ지西京에住ᄒᆞ면三十六國이來朝ᄒᆞᆫ다ᄒᆞ며又云ᄒᆞ되開國後百六十餘年에木覓壤에都ᄒᆞᆫ다ᄒᆞ엿스니臣은ᄡᅧᄒᆞ되今時에正히新京을巡住ᄒᆞᆯ期오또國家가

中西兩京은有ᄒᆞ되南京이闕ᄒᆞ니願컨ᄃᆡ三角南과木覓北에都城을建立ᄒᆞ야隨時巡住ᄒᆞ소셔ᄒᆞ며日者等이또從和ᄒᆞᄂᆞᆫ지라王이이에三角山에幸行ᄒᆞ엿다가楊州에至ᄒᆞ야宅都ᄒᆞᆯ地ᄅᆞᆯ相ᄒᆞ고其後二年에또崔思諏에言을從ᄒᆞ야三角山面岳(即鎭兒嶽)외南을擇ᄒᆞ야建都ᄒᆞᆯ界地ᄅᆞᆯ定ᄒᆞ다○先是에王이尹瓘의言을用ᄒᆞ야錢貨ᄅᆞᆯ鑄造ᄒᆞ엿더니至是ᄒᆞ야鑄錢都監이奏ᄒᆞ되國人이비로소用錢의便利ᄒᆞᆷ을知ᄒᆞ니請컨ᄃᆡ宗廟에告ᄒᆞ소셔ᄒᆞ거ᄂᆞᆯ王이從ᄒᆞ고또銀瓶을用케ᄒᆞᆯ새其制가銀一斤으로ᄡᅥ本國地形을像ᄒᆞ니俗名은闊口러라○邵台輔ㅣ上言ᄒᆞ되國學이糜費가不貲ᄒᆞ니請컨ᄃᆡ罷ᄒᆞ소셔ᄒᆞ거ᄂᆞᆯ不報ᄒᆞ다○箕子墓ᄅᆞᆯ求ᄒᆞ야祠ᄅᆞᆯ建ᄒᆞ고祭ᄒᆞ다

乙酉 十年(宋徽宗崇寧四年○日皇堀河十九年○西曆紀元後一千一百五年)이라春正月에王이奉恩寺에至ᄒᆞ야燃燈을觀ᄒᆞ다○冬十月에王이崩ᄒᆞ고太子俁ㅣ即位ᄒᆞ야諡

ᄒᆞ야曰明孝라ᄒᆞ고廟號ᄂᆞᆫ肅宗이오英陵에葬ᄒᆞ다

睿宗文孝王의諱ᄂᆞᆫ俁오字ᄂᆞᆫ世民이니在位十七年이오壽가四十五라

丁亥

二年(宋徽宗大觀元年○日皇堀河二十一年○西歷紀元後一千一百七年)이라冬十二月에尹瓘等이東女眞을擊ᄒᆞ야大破ᄒᆞ고吉州等四城을築ᄒᆞ다時에邊臣이報稱ᄒᆞ되女眞이다시叛ᄒᆞ야邊城을侵突ᄒᆞᆯ새其酋長이一葫蘆로ᄡᅥ雉尾를懸ᄒᆞ고諸部에轉示ᄒᆞ야軍事를議論ᄒᆞ미其計가叵測ᄒᆞ다ᄒᆞ거ᄂᆞᆯ王이이에尹瓘으로ᄡᅥ元帥를拜ᄒᆞ고吳延寵으로ᄡᅥ副元帥를拜ᄒᆞ야軍士十七萬을率ᄒᆞ고進擊ᄒᆞᆯ새瓘等이其城下에至ᄒᆞ니敵이城上에서拒戰ᄒᆞ야矢下가如雨ᄒᆞᆫ지라諸軍이能히前進치못ᄒᆞ더니兵馬錄事拓俊京이突進ᄒᆞ야酋長數人을殺ᄒᆞ거ᄂᆞᆯ瓘等이이에左軍兵馬使金德珎으로더브러合擊大破ᄒᆞ야四千八百餘級을斬ᄒᆞ고因ᄒᆞ야地界를劃定ᄒᆞ고英州(在今吉州內)雄州(在今吉州內)福州(今端川)吉州等四城을築ᄒᆞ다○李氏를納ᄒᆞ야妃를封ᄒᆞ니妃ᄂᆞᆫ給事中資謙에女오子淵의曾孫이러라

己丑

四年(宋徽宗大觀三年○日皇鳥羽二年○西歷紀元後一千一百九年)이라秋七月에九城을撤ᄒᆞ고女眞舊地를還ᄒᆞ다先是에尹瓘이四城을築ᄒᆞ고또咸州(今咸興)와公嶮鎭(在今吉州)와宜州(今德源)와通泰州(在今吉州南)와平戎(在今吉州)五城을築ᄒᆞ고南界의六萬餘戶를徙居케ᄒᆞ고凱還ᄒᆞ엿더니旣而오女眞이자조侵擾ᄒᆞ야吳延寵을敗ᄒᆞ거ᄂᆞᆯ다시瓘等을遣ᄒᆞ야女眞과講和ᄒᆞ다時에年年이徵兵調餉ᄒᆞ미中外가騷擾ᄒᆞ고또饑饉疾疫이加ᄒᆞ며王도또ᄒᆞᆫ兵事를厭苦ᄒᆞ야九城을議還ᄒᆞᆯ새諫議大夫金仁存이力言ᄒᆞ되萬一還地치아니ᄒᆞ면彼가반다시遼와生釁ᄒᆞ리니請컨ᄃᆡ舊地를還ᄒᆞ소서ᄒᆞ거ᄂᆞᆯ드ᄃᆡ여許諾이니羣臣이瓘과延寵等의好功啓釁ᄒᆞᆫ罪를論ᄒᆞ거ᄂᆞᆯ

癸巳

王이不得已ᄒᆞ야免官ᄒᆞ다○尹瓘이卒ᄒᆞ다瓘은坡平縣人이니好學不倦ᄒᆞ더니밋將相이되미비록軍中이라도恒常五經으로ᄡᅥ自隨ᄒᆞ고好賢善樂홈이一時에冠ᄒᆞ더라謚曰文肅이라ᄒᆞ다

八年(宋徽宗政和三年○日皇鳥羽六年 西曆紀元後一千一百十三年)이라春二月에花園二處를罷ᄒᆞ다先是에王이長源賞春等亭에數出ᄒᆞ야曲宴娛樂ᄒᆞ며近侍가奢侈로王意를媚ᄒᆞ야花園을王宮南西에分設ᄒᆞ고臺榭를大建ᄒᆞ며民家花草를括取ᄒᆞ야移栽ᄒᆞ다가오히려不足ᄒᆞ야ᄯᅩ宋國에購來ᄒᆞ더니이윽고物議가紛紜ᄒᆞ야罷ᄒᆞ다○四月에女眞烏羅骨實顯等이來ᄒᆞ야九城還給홈을致謝ᄒᆞ고馬와밋金을獻ᄒᆞ다○女鎭完顏阿骨打ㅣ擧兵ᄒᆞ야遼를叛ᄒᆞ거ᄂᆞᆯ遼ㅣ將且攻伐홀ᄉᆡ我의게移牒ᄒᆞ야其地界를防守ᄒᆞ야走避치못ᄒᆞ게ᄒᆞ라ᄒᆞ더라○中書令致仕崔思諏ㅣ卒ᄒᆞ다思諏ᄂᆞᆫ冲의孫이라其女ㅣ李資謙의게適ᄒᆞ야王妃를生ᄒᆞᆫ고로

乙未

王이禮待가特厚ᄒᆞ나然이나思諏가勤謹公廉ᄒᆞ야門地로ᄡᅥ驕人치아니ᄒᆞ고爲政에大體를務存ᄒᆞ더라

十年(宋徽宗政和五年○日皇鳥羽八年 西曆紀元後一千一百十五年)이라春에女鎭完顏阿骨打ㅣ皇帝를稱ᄒᆞ고國號를金이라ᄒᆞ니八月에遼ㅣ將伐홀ᄉᆡ遣使請兵ᄒᆞ거ᄂᆞᆯ王이拓俊京과金富軾의言을用ᄒᆞ야不從ᄒᆞ다○王이西京에幸行ᄒᆞ야大同江에泛舟ᄒᆞ고諸臣으로더브러賦詩ᄒᆞ니知制誥崔瀹이言ᄒᆞ되帝王이맛당히經術을好ᄒᆞ야善道를咨諏홀지라엇지雕虫小技를事ᄒᆞ야天眞을喪ᄒᆞ리오ᄒᆞ거ᄂᆞᆯ王이優納ᄒᆞ엿더니一詞臣이譖ᄒᆞ야曰瀹이試才가短ᄒᆞᆫ고로此言이有ᄒᆞ다ᄒᆞ거ᄂᆞᆯ王이怒ᄒᆞ야瀹을罷黜ᄒᆞ더니後에其能詩홈을聞ᄒᆞ고召還ᄒᆞ니瀹은惟善의孫이러라○郭興ᄂᆞᆫ金州人이라自少力學ᄒᆞ고禮部에暫仕ᄒᆞ다가王是ᄒᆞ야歸隱ᄒᆞ거ᄂᆞᆯ王이召見ᄒᆞ고酒食을親賜ᄒᆞ며先生이라稱ᄒᆞ고烏巾鶴氅

으로左右에常侍ᄒᆞ니時人이金門羽客이라ᄒᆞ더라○金이遣使通好ᄒᆞ다

戊戌 十三年(宋徽宗重和元年○西歷紀元後一千一百十八年○日皇鳥羽十一年)이라夏四月에安和寺를重修ᄒᆞ고扁額을宋帝의게求ᄒᆞ니宋帝ㅣ親書送來ᄒᆞ더라

壬寅 十七年(宋徽宗宣和四年○西歷紀元後一千一百二十二年○日皇鳥羽十五年)이라夏四月에王이崩ᄒᆞ고太子楷ㅣ即位ᄒᆞ야諡ᄒᆞ야曰文孝라ᄒᆞ고廟號ᄂᆞᆫ睿宗이오裕陵에葬ᄒᆞ다○冬十月에守太師中書令李資謙으로ᄡᅥ漢陽公을拜ᄒᆞ더니이윽고다시朝鮮公을封ᄒᆞ다

仁宗榮孝王의諱ᄂᆞᆫ楷오字ᄂᆞᆫ仁表오初諱ᄂᆞᆫ構니在位二十四年이오壽가三十八이라

乙巳 三年(宋徽宗宣和七年○西歷紀元後一千一百二十五年○日皇崇德二年)이라夏四月에金人이遼를滅ᄒᆞ다先是阿骨打ㅣ伐遼ᄒᆞᆯ時에宋國이金과通謀ᄒᆞ야遼의土地를共分ᄒᆞ기를約ᄒᆞ고出師相助ᄒᆞ니遼의形勢가日蹙ᄒᆞ야我의게救援을請ᄒᆞ거ᄂᆞᆯ不報ᄒᆞ엿더니至是ᄒᆞ야遼에遣使ᄒᆞᆯ셰龍州(今龍川)에셔發ᄒᆞ야泛海前往ᄒᆞ다가不達ᄒᆞ고還ᄒᆞ다

丙午 四年(宋欽宗靖康元年○西歷紀元後一千一百二十六年○日皇崇德三年)이라李資謙이擧兵犯闕ᄒᆞ다初에資謙이外戚尊貴로ᄡᅥ用事ᄒᆞ거ᄂᆞᆯ中書侍郞韓安仁이王을勸ᄒᆞ야資謙을尊奉ᄒᆞ야致仕케ᄒᆞ고其無勢ᄒᆞᆷ을乘ᄒᆞ야文公美等으로더브러圖謀코ᄌᆞᄒᆞ엿더니資謙이其謀를知ᄒᆞ고곳罪를羅織ᄒᆞ야安仁을甘物島(今鎭巖)에流ᄒᆞ야곳沈殺ᄒᆞ고公美ᄂᆞᆫ忠州에流ᄒᆞ니一時名流가連坐ᄒᆞᆫ者ㅣ甚多ᄒᆞ며自此로內外大權이다資謙의게歸ᄒᆞ고拓俊京과밋其弟俊臣이其羽翼이되더라資謙이他姓이王妃가되면權寵이分ᄒᆞᆯ가恐ᄒᆞ야强히第三女를王씌納ᄒᆞ고其後에또其第四女를納ᄒᆞ야妃를삼으니王이다不得已聽從ᄒᆞᄂᆞᆫ지라이에資謙이더욱忌憚

이無ᄒ야黨與를廣樹ᄒ야顯要에布列ᄒ고賣官鬻爵ᄒ야賄遺가輻湊ᄒ고또軍國事를專管코ᄌᆞᄒ거ᄂᆞᆯ王이自此로憎惡ᄒ더니內侍官金粲과安甫鱗이王意를揣知ᄒ고이에同知樞密院事智祿延으로더브러資謙과俊京을殺코ᄌᆞᄒᆞᆯ식兵士를發ᄒ야俊臣을先殺ᄒ니資謙이恐懼ᄒ야百寮를召議코ᄌᆞᄒ거ᄂᆞᆯ俊京이曰事ㅣ急矣라ᄒ고禁中에入ᄒ야率衆鼓噪ᄒ니祿延等이敢出치못ᄒᄂᆞᆫ지라日이向晩에俊京이薪을積ᄒ야縱火ᄒ니王이避火ᄒ야山呼亭에步至ᄒ엿다가遇害ᄒᆞᆯ가恐ᄒ야資謙의게禪位코ᄌᆞᄒ니資謙이衆意가不合ᄒᆞᆷ을見ᄒ고敢히受禪치못ᄒ고이에王을請ᄒ야南宮에出御ᄒ고其黨을分遣ᄒ야甫鱗等十餘人을殺ᄒ고祿延과粲은遠地로流ᄒ다가祿延은中道에서殺ᄒ다亂이方作ᄒᆞᆯ식左僕射洪灌이聞變ᄒ고歎曰主辱ᄒ면臣死ᄒᄂᆞ니吾ㅣ엇지自安ᄒ리오ᄒ고이에王을從ᄒ야西華門에出

ᄒ다가俊京等의게被害ᄒ고密直金塡은義不死賊이라ᄒ고드듸여閉戶自焚ᄒ야死ᄒ다○三月에李資謙이王을劫迫ᄒ야其第에移御ᄒ다時에王이資謙第에至ᄒ니資謙이其妻로더브러拊地大哭曰王은奈何로賊臣을信ᄒ야骨肉을害코ᄌᆞᄒᄂᆞᆫ고ᄒ고自是로王의動止와飮食을다自由치못ᄒ게ᄒ며宰相朴昇中과許載等은賊黨을諂附ᄒ고百寮ᄂᆞᆫ備員而已러라○五月에王이延慶宮에移御ᄒ다○拓俊京이李資謙을因ᄒ다時에資謙의權勢가日盛ᄒ거ᄂᆞᆯ內醫崔思全이王ᄭᅴ奏曰資謙의跋扈ᄂᆞᆫ오작俊京을恃ᄒᆞᆷ이니萬一俊京을得ᄒ면兵權이內屬ᄒ야資謙을易除ᄒ리이다ᄒ고곳俊京을往說ᄒ야王室에効力ᄒ라ᄒ고또王의手詔를賜ᄒ니俊京이慨然應從ᄒ거ᄂᆞᆯ王이이에俊京으로ᄡᅥ判兵部事를拜ᄒ엿더니會에資謙家奴ㅣ俊京의奴와갓치相詰ᄒ다가因ᄒ야俊京의罪惡을數ᄒ거ᄂᆞᆯ俊京이大怒ᄒ야드

되여資謙으로더브러有隙ᄒᆞ고資謙이또十八子의讖을信ᄒᆞ고不軌ᄅᆞᆯ圖謀ᄒᆞ야餠中에置毒ᄒᆞ야王ᄭᅴ進ᄒᆞ거ᄂᆞᆯ王妃李氏ㅣ密白ᄒᆞᆫ지라王이이에餠으로ᄡᅥ烏의게投ᄒᆞ니烏가卽斃ᄒᆞ고또毒藥을進ᄒᆞ거ᄂᆞᆯ妃ㅣ奉椀ᄒᆞ다가佯히蹶地ᄒᆞ니妃ᄂᆞᆫ資謙의第四女러라王이이에,手書ᄅᆞᆯ俊京의게下ᄒᆞ야資謙을圖ᄒᆞ라ᄒᆞ니俊京이드ᄃᆡ여尙書金珦으로더브러資謙을執ᄒᆞ야八寶關에囚ᄒᆞ거ᄂᆞᆯ王이資謙을靈光郡에流ᄒᆞ고其支黨은遠地에分配ᄒᆞ고俊京으로ᄡᅥ太師門下侍郞平章事ᄅᆞᆯ拜ᄒᆞ다○二妃李氏ᄅᆞᆯ廢ᄒᆞ고任氏ᄅᆞᆯ納ᄒᆞ야妃ᄅᆞᆯ삼다諫官이上言ᄒᆞ되二妃가上의게從母行이니至尊을配키難ᄒᆞ다ᄒᆞ거ᄂᆞᆯ王이不得已ᄒᆞ야二妃ᄅᆞᆯ出ᄒᆞ나其救護ᄒᆞᆫ恩義ᄅᆞᆯ思ᄒᆞ야賜與가甚多ᄒᆞ고寵眷이極厚ᄒᆞ더라이에殿中內給事任元厚의女ᄅᆞᆯ納ᄒᆞ다○秋七月에宋이遣使ᄒᆞ야金人이侵逼ᄒᆞᆷ을告ᄒᆞ고또發兵來援ᄒᆞ기ᄅᆞᆯ請ᄒᆞ거ᄂᆞᆯ王

이國小兵弱ᄒᆞᆷ으로ᄡᅥ謝辭不從ᄒᆞ다○十二月에李資謙이貶所에서死ᄒᆞ다

丁未 五年(○宋高宗建炎元年○日皇崇德四年 西曆紀元後一千一百二十七年)이라拓俊京을巖墮島(前屬羅州今屬智島郡)에流配ᄒᆞ다俊京이恃功跋扈ᄒᆞ거ᄂᆞᆯ左正言鄭知常이上疏ᄒᆞ야俊京의亂逆ᄒᆞᆫ罪ᄅᆞᆯ陳ᄒᆞᆫᄃᆡ王이이에俊京을流ᄒᆞ고其黨與ᄅᆞᆯ鋤治ᄒᆞ다○九月에金이遣使ᄒᆞ야克宋ᄒᆞᆷ을告ᄒᆞ더라○宋이徽欽二帝의所在가本國과相近ᄒᆞ다ᄒᆞ야本國에假道ᄒᆞ야使臣을通코ᄌᆞᄒᆞ거ᄂᆞᆯ王이邊釁은生ᄒᆞᆯ가恐ᄒᆞ야不許ᄒᆞ고다시宋에遣使ᄒᆞ야其緣由ᄅᆞᆯ詳言ᄒᆞ다

壬子 十年(○宋高宗紹興二年○日皇崇德九年 西曆紀元後一千一百三十二年)이라春二月에王이西京에幸ᄒᆞ다先是에僧妙淸이白壽翰으로더브러陰陽之術로衆人을眩惑ᄒᆞ며王도또ᄒᆞᆫ信愛ᄒᆞ더니至是ᄒᆞ야가만이大餠게中을空케ᄒᆞ고熟油

乙卯

를盛ᄒᆞ야大同江에沈ᄒᆞ니油가水面에浮出ᄒᆞ야五色이玲瓏케ᄒᆞ고
뻐ᄒᆞ되神龍이吐涎ᄒᆞ엿다ᄒᆞ고王을愚弄ᄒᆞ거ᄂᆞᆯ王이善沼者로ᄒᆞ여
곰水中에入ᄒᆞ야餅을索得ᄒᆞ고其詐를始知ᄒᆞ니라
十三年○宋高宗紹興五年○日皇崇德十二年 西歷紀元後一千一百三十五年이라春正月에妙淸이西
京으로떠叛ᄒᆞ거ᄂᆞᆯ平章事金富軾을遣ᄒᆞ야討伐ᄒᆞ다先是에妙淸이西
逆謀를陰懷ᄒᆞ더니맛ᄎᆞᆷ災異가屢見ᄒᆞᄂᆞᆫ지라이에王을勸ᄒᆞ야西幸
ᄒᆞ야避災ᄒᆞ라ᄒᆞ고因ᄒᆞ야圖謀코ᄌᆞᄒᆞ거ᄂᆞᆯ金富軾이諫止ᄒᆞ엿더니
至是ᄒᆞ야妙淸이西京分司侍郞趙匡과밋兵部尙書柳旵等으로더브
러西京을據ᄒᆞ야叛ᄒᆞ고國號를大爲라ᄒᆞ며建元ᄒᆞ야曰天開라ᄒᆞ거
ᄂᆞᆯ王이富軾을命ᄒᆞ야金富儀와李周衍等諸將을領ᄒᆞ고進勦ᄒᆞ니富
軾이出師ᄒᆞᆯᄉᆡ諸將을召集ᄒᆞ야曰西京의叛ᄒᆞᆷ은鄭知常과金安과白
壽翰이與謀ᄒᆞᆷ이라今에此人을不除ᄒᆞ면西都를平치못ᄒᆞ리라ᄒᆞ고

이에三人을召ᄒᆞ야斬ᄒᆞᆫ後에王셰奏ᄒᆞ고引兵西行ᄒᆞᆯᄉᆡ諸城에馳檄
ᄒᆞ야奉詔討賊ᄒᆞᄂᆞᆫ意를曉諭ᄒᆞ고ᄯᅩ西京城中에遣人招諭ᄒᆞ니匡等
이그不赦ᄒᆞᆷ을知ᄒᆞ고出降코ᄌᆞᄒᆞ나스ᄉᆞ로罪重難容ᄒᆞᆯ가ᄒᆞ야猶豫
未決ᄒᆞ더니맛ᄎᆞᆷ平州今平山判官金淳夫ㅣ招諭詔를賚ᄒᆞ고入城ᄒᆞ니
西人이드듸여妙淸과旵等을斬ᄒᆞ고太府卿尹瞻으로ᄒᆞ여곰朝廷에
請罪ᄒᆞ거ᄂᆞᆯ是時에金富軾이ᄯᅩᄒᆞᆫ上言ᄒᆞ야尹瞻等을厚待ᄒᆞ야其自
新ᄒᆞᄂᆞᆫ路를開ᄒᆞ소셔ᄒᆞ고錄事白錄珎을遣ᄒᆞ야奏請ᄒᆞ엿더니밋京
師에至ᄒᆞ니宰相文公仁과崔濡等이錄珎다려謂ᄒᆞ야曰吾等이單价
를奏遣ᄒᆞ야賚詔諭降케ᄒᆞᆷ이오汝元帥의功이아니니汝가來ᄒᆞᆷ은何
事이며ᄯᅩ汝元帥가西京을直趣치아니ᄒᆞ고迂路로安北州今安을往赴
ᄒᆞ니此ᄂᆞᆫ何故오ᄒᆞ고곳尹瞻等을下獄ᄒᆞ고ᄯᅩ富軾을督促ᄒᆞ야進討
ᄒᆞ라ᄒᆞ니匡等이瞻이下獄ᄒᆞᆷ을聞ᄒᆞ고必然不免ᄒᆞ리라ᄒᆞ고다시叛

호거놀富軾이其險固難拔홈을知호고五城을其下에築호고積粟跱兵호야賊을久困케호엿더니賊이粮盡호야出降호는者ㅣ多호더라翌年春二月에富軾이西京을攻拔호니趙匡은焚死호고餘衆은다自殺호거놀이에富軾을進호야守太尉門下侍中을拜호다

乙丑
二十三年(○宋高宗紹興十五年日皇近衛四年西曆紀元後一千一百四十五年)이라冬十二月에門下致仕金富軾이所撰호新羅高句麗百濟三國史를上호거놀王이其第에遣官奬諭호고花酒를賜호다先是에는東國에史記가無호야오작中國記籍을憑準홀뿐이러니富軾이이에發忿著述호야一家를卓成호니라

丙寅
二十四年(○宋高宗紹興十六年日皇近衛五年西曆紀元後一千一百四十六年)이라春二月에王이太子晛의게傳位호고이윽고崩호거놀太子ㅣ卽位호야諡曰恭孝오廟號는仁宗이라호다

毅宗莊孝王의諱는晛이오字는日升이오初諱는徹이니在位二十四年이오壽가四十七이라

丁卯
元年(○宋高宗紹興十七年日皇近衛六年西曆紀元後一千一百四十七年)이라夏四月에王이外帝釋院에幸行호고自後로寺院에遊幸이不可勝記오또求嗣코자호야靈通寺에祈禱홀시華嚴經을誦홈이凡五十日이러라○陞補試를始置호고詩賦와經義로뻐取士호야國學을充호다○同姓婚娶와并히小功以上의通婚을禁호다

辛未
五年(○宋高宗紹興二十一年日皇近衛十一年西曆紀元後一千一百五十一年)이라春二月에門下侍中致仕金富軾이卒호니諡曰文烈이라호다富軾이體貌가豐碩호고自少로文章이名世호더니밋宋使徐兢이來홀時에館伴이되니兢이其爲人을忻慕호야高麗圖經을著호고其家世를載호며其像을圖歸호야宋帝씌獻호고또鏤板호야天下에傳호니自此로富軾의名이一世를

振動ᄒᆞ더라○王이萬壽亭에宴ᄒᆞ다先是에內侍官尹彦文等이怪石을聚ᄒᆞ야壽昌宮北園에高築ᄒᆞ고또其間에小亭을構ᄒᆞ야曰萬壽라ᄒᆞ고黃綾으로써壁을被ᄒᆞ며各般器物이다窮極奢侈ᄒᆞ더니至是에設宴ᄒᆞ야侵曉乃罷ᄒᆞ다

丁丑

十一年（宋高宗紹興二十七年○日皇後白河二年○西曆紀元後一千一百五十七年）二月이라王이圖讖을信ᄒᆞ야諸弟를憎惡ᄒᆞᆯ시諫臣을密論ᄒᆞ야其弟大寧侯暻을劾奏케ᄒᆞ고因ᄒᆞ야流配ᄒᆞ고太后ㅣ救ᄒᆞᆯ가恐ᄒᆞ야몬져太后를普濟寺에遷ᄒᆞ다○夏四月에王이闕東偏에離宮을建ᄒᆞ니曰壽德殿이오曰天寧殿이라또侍中王沖等五人의第宅을取ᄒᆞ야宮을삼고名花異果와奇麗珍玩을左右羅列ᄒᆞ고怪石으로써仙山을築ᄒᆞ고遠水를引ᄒᆞ야飛泉을作ᄒᆞ며奢侈를日事ᄒᆞ니百姓이怨苦ᄒᆞ더라○秋에宋商人이鸚鵡와孔雀을獻ᄒᆞ다○仁宗忌辰日에僧을太平亭에서施飯ᄒᆞ다時에王이佛事를喜ᄒᆞ야緇徒가宮庭에盈溢ᄒᆞ며恩寵을怙恃ᄒᆞ고宦官을結托ᄒᆞ야百姓을侵擾ᄒᆞ더라

壬午

十六年（宋高宗紹興三十二年○日皇二條四年○西曆紀元後一千一百六十二年）이라春三月에宋明州守ㅣ牒告ᄒᆞ되金師를大破ᄒᆞ고金主亮의圖像을得ᄒᆞ엿다ᄒᆞ더라○王이羣臣私第를多取ᄒᆞ야別宮을作ᄒᆞ고貨財를誅求ᄒᆞᆯ시名曰別貢이라ᄒᆞ고宦官으로ᄒᆞ여곰監領ᄒᆞ니이에宦官이私利를營ᄒᆞ야怨聲이載路ᄒᆞ거ᄂᆞᆯ諫官이請罷ᄒᆞ되不從ᄒᆞ더라

乙酉

十九年（宋孝宗隆興三年○日皇二條七年○西曆紀元後一千一百六十五年）이라夏四月에王이觀瀾寺에幸行ᄒᆞ다先是에承宣金敦中은富軾의子라詞華로써王의게有寵ᄒᆞ야此寺를修築ᄒᆞ고花草를遍植ᄒᆞ며壇을築ᄒᆞ야御室이라ᄒᆞ고金碧으로써飾ᄒᆞ고宴을設ᄒᆞ야王을享ᄒᆞ거ᄂᆞᆯ王이羣臣으로더브러酣飮盡歡ᄒᆞ더라是時에景勝으로써有名ᄒᆞᆫ者ㅣ또奉恩寺衆美亭延福

寶慶

亭萬春亭詩樂堂鮮碧齋玉竿亭錦花橋의類가不可殫記라王이詞臣을率ᄒᆞ고賦詩酬飮홈이虛日이殆無ᄒᆞ고또一日中에移徙ᄒᆞ기를再三에至ᄒᆞ더라其後에또三界醮祭를設ᄒᆞᆯᄉᆡ其費가巨萬이라府庫가罄竭ᄒᆞ거ᄂᆞᆯ이에諸道에徵求ᄒᆞ야轉輸가道路에絡繹ᄒᆞ더라

二十四年(宋孝宗乾道六年○西曆紀元後一千一百七十年○日皇高倉二年)이라春正月에王이賀表를自製ᄒᆞ야羣臣의게宣示ᄒᆞ니羣臣이이에不得已表賀ᄒᆞ다○王이奉恩寺에幸ᄒᆞ야燃燈戲를觀ᄒᆞ고還宮ᄒᆞᆯᄉᆡ彩棚을左右에結ᄒᆞ고百戲를陳ᄒᆞ야御駕를迎ᄒᆞ니다金銀珠玉과錦繡綺羅와珊瑚玳瑁로飾ᄒᆞ야그奇巧奢侈홈이亘古無比러라○二月에狼星이南極에現ᄒᆞ거ᄂᆞᆯ按廉使朴純嘏ㅣ老人星이라稱ᄒᆞ고馳驛以聞ᄒᆞ니王이大喜ᄒᆞ야內殿에서親醮ᄒᆞ고百官은表賀ᄒᆞ더라○秋八月에上將軍鄭仲夫等이作亂ᄒᆞ야文士를大殺ᄒᆞ다時에王이和平齋에幸行ᄒᆞᆯᄉᆡ文臣으로

더브러詩賦酬飮ᄒᆞ야樂而忘返ᄒᆞᄂᆞᆫ지라扈從ᄒᆞᄂᆞᆫ將士가다仇恨ᄒᆞ야怨言이有ᄒᆞ거ᄂᆞᆯ牽龍散員李義方과李高等이仲夫를激動ᄒᆞ야日文臣은醉飽ᄒᆞ고武臣은飢困ᄒᆞ니此를何堪ᄒᆞ리오ᄒᆞ더라先是에金敦中이仁宗時에登科ᄒᆞ야內侍官이되매年少氣銳ᄒᆞ야宮庭儺夕에燭으로ᄡᅥ仲夫의鬚를燃ᄒᆞ거ᄂᆞᆯ仲夫ㅣ怒ᄒᆞ야敦中을搏ᄒᆞ니敦中의父富軾이奏請ᄒᆞ야仲夫를拷治코자ᄒᆞ거ᄂᆞᆯ仁宗이仲夫를愛ᄒᆞ야가만이逃亡케ᄒᆞ니自此로仲夫ㅣ敦中을深啣ᄒᆞ더니至是ᄒᆞ야李義方으로더브러文臣을除去코자ᄒᆞ다가밋王이普賢院에如ᄒᆞᆯᄉᆡ仲夫ㅣ義方다려謂ᄒᆞ야日今에此機를勿失ᄒᆞ리라ᄒᆞ더니此時에王이武臣이怨望홈을知ᄒᆞ고이에武臣으로ᄒᆞ여곰手搏ᄒᆞᄂᆞᆫ戲를設ᄒᆞ고因ᄒᆞ야厚賜ᄒᆞ야其心을慰悅코자ᄒᆞ엿더니文臣韓賴等이武臣이見寵홈가忌嫉ᄒᆞ야大將軍李紹膺을批頰ᄒᆞ야侮辱ᄒᆞ며王은또侍臣으로더

브러從傍譏笑ᄒᆞᄂᆞᆫ지라仲夫ㅣ厲聲ᄒᆞ야曰紹膺이비록武夫나官階가三品이어ᄂᆞᆯ엇지凌侮가至此오ᄒᆞ거ᄂᆞᆯ王이慰解ᄒᆞ더니밋王이普賢院에至ᄒᆞ니李高와李義方이몬져矯命으로巡檢軍을聚集ᄒᆞ엿다가文臣李宗植李復基ᄅᆞᆯ殺ᄒᆞᄂᆞᆫ지라韓賴ㅣ驚走ᄒᆞ야御床에匿ᄒᆞ야王의衣ᄅᆞᆯ挽ᄒᆞ거ᄂᆞᆯ高ㅣ또執斬ᄒᆞ고이에文臣과宦官을大殺ᄒᆞ야積尸가山과如ᄒᆞ더라高와蔡力等이또京城에遣人ᄒᆞ야樞密使梁純精等十餘人과밋太子宮宮僚ᄅᆞᆯ殺ᄒᆞ고道路에서大呼ᄒᆞ야曰凡文冠을戴ᄒᆞᆫ者ᄂᆞᆫ비록胥吏라도다誅殺ᄒᆞ라ᄒᆞ니이에卒伍가乘時蜂起ᄒᆞ야平章事崔褒와知樞密使徐醇과大司成李知深等五十餘人을殺ᄒᆞ고드듸여王을脅迫ᄒᆞ야還宮ᄒᆞ더라九月에王이康安殿에入ᄒᆞ니宦官王光이仲夫ᄅᆞᆯ討코ᄌᆞᄒᆞ다가事泄ᄒᆞ거ᄂᆞᆯ仲夫ㅣ또宦官等數十人을大殺ᄒᆞ야當時의寵倖이斬戮殆盡ᄒᆞ더라然이나王은奏樂飲酒ᄒᆞ야

意氣가自若ᄒᆞ거ᄂᆞᆯ李高等이王을弒코ᄌᆞᄒᆞ다가이에中止ᄒᆞ고다시王을軍器監에遷ᄒᆞ고太子ᄂᆞᆫ延恩館에置ᄒᆞ니라亂이初作ᄒᆞᆯ時에凡文臣中에誅戮을免ᄒᆞᆫ者라도다拘辱을不免ᄒᆞ되오작平章事崔惟淸과徐恭等은元來武臣이敬重ᄒᆞᄂᆞᆫ人이라이에其第宅을環衛ᄒᆞ야侵暴ᄅᆞᆯ禁止ᄒᆞ고其二人의族屬도다免禍ᄒᆞ며殿中給事文克謙은聞變逃匿ᄒᆞ엿다가軍士의게彼獲ᄒᆞ니克謙이曰我ᄂᆞᆫ文克謙이라上이萬一我言을從ᄒᆞ엿스면엇지今日事가有ᄒᆞ리오願컨ᄃᆡ利劍으로ᄡᅥ自決ᄒᆞ리라ᄒᆞ니諸將이曰此人은吾輩가聞名이久矣라ᄒᆞ고不殺ᄒᆞ며金敎中은紺嶽山(在今積城)에亡匿ᄒᆞ거ᄂᆞᆯ仲夫ㅣ追殺ᄒᆞ더라時에仲夫等이또軍士ᄅᆞᆯ縱ᄒᆞ야所殺ᄒᆞᆫ文臣의家屋을撤毁ᄒᆞ니此後로武人이習以爲常ᄒᆞ야讐怨이有ᄒᆞᆫ者ᄂᆞᆫ其家ᄅᆞᆯ撤毁ᄒᆞ더라○九月에鄭仲夫等이王을逼ᄒᆞ야巨濟에遜位케ᄒᆞ고太子ᄂᆞᆫ珍島에放ᄒᆞ고王의母弟翼

陽公瞻를立ᄒᆞ야王을삼다

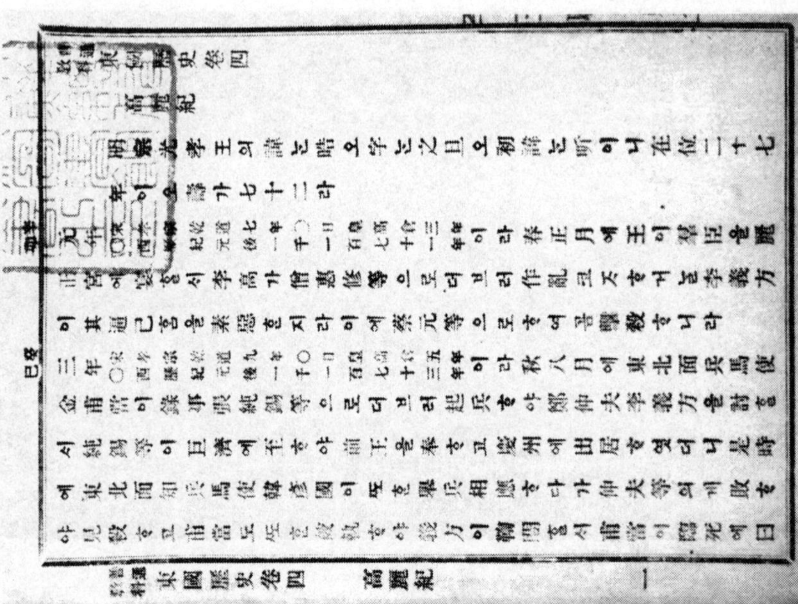

訂正東國歷史卷四

高麗紀

明宗光孝王의諱는晧오字는之旦오初諱는昕이니在位二十七年이오壽가七十二라

元年(辛卯 宋乾道七年 ○西紀一千一百七十一年)이라春正月에王이羣臣을讌宴ᄒᆞᆯᄉᆡ李高가僧惠修等으로더브러作亂코ᄌᆞᄒᆞ거ᄂᆞᆯ李義方이其謀ㅣ已홈을素惡ᄒᆞᆫ지라이에蔡元等으로ᄒᆞ여곰擊殺ᄒᆞ니라

三年(癸巳 宋乾道九年 ○西紀一千一百七十三年)이라秋八月에東北面兵馬使金甫當이錄事張純錫等으로더브러起兵ᄒᆞ야鄭仲夫李義方을討ᄒᆞᆯᄉᆡ純錫等이巨濟에至ᄒᆞ야前王을奉ᄒᆞ고慶州에出居ᄒᆞ엿더니是時에東北面知兵馬使韓彦國이ᄯᅩᄒᆞᆫ擧兵相應ᄒᆞ다가仲夫等의게敗ᄒᆞ야見殺ᄒᆞ고甫當도ᄯᅩᄒᆞᆫ被執ᄒᆞ야鞫問ᄒᆞᆯᄉᆡ甫當이臨死에曰

訂正東國歷史卷四　高麗紀　一

今番事에文臣이誰가與謀치아니ᄒᆞ리오ᄒᆞ니義方이이에仲夫로더브러文臣을誅殺ᄒᆞ야江水에投ᄒᆞ니旬日間에文士가殆盡ᄒᆞᄂᆞᆫ지라耶將金富ㅣ仲夫等다려謂曰天意를不可知오人心은不可測이라만일侍力乘義ᄒᆞ고衣冠을薙獮ᄒᆞ면世上에엇지ᄯᅩ金甫當과如ᄒᆞᆫ者ㅣ無ᄒᆞ리오吾輩의子女로ᄡᅥ文臣과通婚ᄒᆞ야其心을安케ᄒᆞ라ᄒᆞᆫ대仲夫等이其言을從ᄒᆞ야自是로禍가稍止ᄒᆞ니라○冬十月에鄭仲夫等이李義旼으로ᄒᆞ여곰前王을慶州에서弑ᄒᆞ다義旼은慶州人이라膂力이有ᄒᆞ고武將中에더욱兇殘ᄒᆞ더니至是ᄒᆞ야慶州에至ᄒᆞ야前王을坤元寺北淵上에引至ᄒᆞ야手로王의脊骨을拉ᄒᆞ야弑ᄒᆞ고屍를裹ᄒᆞ야兩釜를合ᄒᆞ야淵中에投ᄒᆞ얏더니後에戶長弼仁等이棺을具ᄒᆞ야水濱에葬ᄒᆞ고義旼은其功으로ᄡᅥ大將軍을擢拜ᄒᆞ니라

甲午

四年○(宋孝宗淳熙元年○日皇高倉六年 西曆紀元後一千一百七十四年)이라春正月에重元歸法等寺의僧徒數千이李義方을誅코ᄌᆞᄒᆞ거ᄂᆞᆯ義方이府兵을發ᄒᆞ야僧百餘을殺ᄒᆞ고諸寺를焚ᄒᆞ고器皿을盡取ᄒᆞ니義方의兄俊儀ㅣ責罵ᄒᆞ야曰汝가三大惡이有ᄒᆞ니弑君이一也오太后女弟를劫奸ᄒᆞᆷ이二也오國政을專擅ᄒᆞᆷ이三也ㅣ라ᄒᆞᆫ대義方이怒ᄒᆞ야劍으로ᄡᅥ擊ᄒᆞ거ᄂᆞᆯ俊儀ㅣ走免ᄒᆞ다○三月에李義方이其女로納ᄒᆞ야太子妃를삼고自此로더욱專恣ᄒᆞ더라○秋九月에西京留守趙位寵이異志를懷ᄒᆞ고西北兩界諸城에移檄曰聞ᄒᆞ니京師에서北方諸城이桀驁ᄒᆞ다ᄒᆞ야大兵을發ᄒᆞ야來討ᄒᆞᆫ다ᄒᆞ니엇지居戮을坐取ᄒᆞ리오ᄒᆞᆫ대於是에岊嶺(即慈悲嶺이오在今瑞興)이以北四十餘城이다響應ᄒᆞᄂᆞᆫ지라位寵이드듸여西京을據ᄒᆞ고仲夫等의弑君ᄒᆞᆫ罪를討ᄒᆞ거ᄂᆞᆯ朝廷이平章事尹鱗瞻을命ᄒᆞ야往擊ᄒᆞ다가敗還ᄒᆞ니位寵이京師를乘勝直向ᄒᆞᄂᆞᆫ지라義方이出兵突擊ᄒᆞ야大同江ᄭᆞ지追至ᄒᆞ야相持月餘에다시敗還ᄒᆞ니라○延

州(今遂安)人玄德秀ㅣ西京兵을擊敗ᄒᆞ다位寵의檄書가至ᄒᆞ니諸城이다響應ᄒᆞ거ᄂᆞᆯ德秀ㅣ州將다려謂ᄒᆞ야曰今에位寵이禍心을包藏ᄒᆞ야王命을拒逆ᄒᆞ니忠義를懷ᄒᆞᆫ者ㅣ엇지忍從ᄒᆞ리오ᄒᆞ고드듸여州將으로더브러閉城固守ᄒᆞ더라時에城中人心이恂恂ᄒᆞ거ᄂᆞᆯ德秀ㅣ孟州(今孟山)將吏의書를詐作ᄒᆞ야城外人으로ᄒᆞ야곰城中에投ᄒᆞ되京兵十萬이이믜鐵嶺(江原道淮陽과咸鏡道安邊과接境ᄒᆞᆫ大嶺이라)을踰ᄒᆞ야西京을將擣ᄒᆞ니各州鎭은堅守以待ᄒᆞ라ᄒᆞ니城中이이에貳心이無ᄒᆞ더라旣而오北面兵馬使車雲圭ㅣ雲州(今雲山)人의게見殺ᄒᆞ거ᄂᆞᆯ德秀ㅣ其弟利厚로더브러兵馬事를權行ᄒᆞ고西京兵의來擊ᄒᆞᄂᆞᆫ者를擊敗ᄒᆞ고位寵과밋西北諸城의勸降使者를다梟首示衆ᄒᆞ니라○李義方이伏誅ᄒᆞ다義方이兇恣가日甚ᄒᆞ야同列이被害ᄒᆞᄂᆞᆫ者ㅣ多ᄒᆞ거ᄂᆞᆯ鄭仲夫ㅣ禍가及己ᄒᆞᆯ가恐ᄒᆞ야杜門不出ᄒᆞ더니義方이仲夫第에至ᄒᆞ야父子되기를誓約ᄒᆞ니仲夫ㅣ이에心安ᄒᆞ더니이윽고尹鱗瞻이다시大將軍이되야西郊에서治兵ᄒᆞᆯ셰義方이宣義門에出ᄒᆞ거ᄂᆞᆯ仲夫의子筠이僧徒를密喩ᄒᆞ야求訴ᄒᆞᆯ事가有ᄒᆞ다ᄒᆞ고義方을掩斬ᄒᆞ고俊儀兄弟와밋其黨與를皆殺ᄒᆞ고또賊臣의女를東宮에配ᄒᆞᆷ이不可ᄒᆞ다ᄒᆞ야奏黜ᄒᆞ니라

乙未 五年○(宋淳熙二年西曆紀元後一千一百七十五年)이라夏五月에비로소前王을爲ᄒᆞ야發喪三日ᄒᆞ고禧陵에葬ᄒᆞ고諡曰莊孝오號ᄂᆞᆫ毅宗이니此ᄂᆞᆫ趙位寵이弑君不葬으로爲辭ᄒᆞᆷ이러라

丙申 六年○(宋淳熙三年西曆紀元後一千一百七十六年)이라夏六月에官軍이西京을拔ᄒᆞ고趙位寵을斬ᄒᆞ다先是에尹鱗瞻은連州(今价川)를圍ᄒᆞ고兵馬副使杜景升은別노히宜州(今德源)를拔ᄒᆞᆯ셰凡二十戰에皆捷ᄒᆞ니賊勢가稍挫ᄒᆞ거ᄂᆞᆯ王이이에庾應圭를遣ᄒᆞ야禍福으로써喩ᄒᆞ되位寵이上

丁酉

表請降ᄒᆞ다가이윽고後悔ᄒᆞ야漣州를救援ᄒᆞ거ᄂᆞᆯ景升이또進拔ᄒᆞ고드듸여西京을圍ᄒᆞᆫ지年餘에西京이食盡ᄒᆞ야出降ᄒᆞᆫ者ㅣ甚衆ᄒᆞ니位寵이計窮力盡ᄒᆞ야가만이金에遣人ᄒᆞ야西京과北方四十餘城으로써割與ᄒᆞ고救援을請ᄒᆞ거ᄂᆞᆯ金主ㅣ不從ᄒᆞ니位寵이憂懣ᄒᆞ야出兵決戰ᄒᆞ다가大敗還入ᄒᆞᄂᆞᆫ지라於是에鱗贍等이城門을破ᄒᆞ고位寵을擒斬ᄒᆞ야市街에梟首ᄒᆞ다此時에金主ㅣ다시建八將軍으로ᄒᆞ야곰義州關外에來屯ᄒᆞ엿다가位寵이誅홈을聞ᄒᆞ고乃還ᄒᆞ더라

七年（宋孝宗淳熙四年○日皇高倉九年○西歷紀元後一千一百七十七年）이라夏五月에西京人이作亂ᄒᆞ야副留守朴挺義를殺ᄒᆞ다初에王師가西京을攻홀ᄉᆡ踰城出降ᄒᆞᄂᆞᆫ者ㅣ千餘人이오밋城陷ᄒᆞ매城中壯丁이다逃匿ᄒᆞ더니其後降ᄒᆞᆫ者ㅣ逃匿者로써賊이라ᄒᆞ고婦女를刼掠ᄒᆞ고財貨를攘奪ᄒᆞᄂᆞᆫ지라이에逃者中에金旦等五百餘人이作亂ᄒᆞ야挺義와밋判官朴寧等을

己亥

殺ᄒᆞ거ᄂᆞᆯ朝廷이遣兵討伐ᄒᆞ니西北人이旦을斬送ᄒᆞ더니旣而오賊이復熾ᄒᆞ거ᄂᆞᆯ兵馬使李富ㅣ用計討平ᄒᆞ다○秋七月에南賊亡伊等이就擒ᄒᆞ다先是에公州鳴鶴所의民亡伊等이位寵의亂을乘ᄒᆞ야徒黨을嘯聚ᄒᆞ고自稱曰山行兵馬使라ᄒᆞ고公州를攻陷ᄒᆞ고所在에剽掠ᄒᆞᆫ지踰年이러니于是에兵馬使鄭世猷等이亡伊를捕ᄒᆞ니自是로南賊이稍平ᄒᆞ더라

九年（宋孝宗淳熙六年○日皇高倉十一年○西歷紀元後一千一百七十九年）이라將軍慶大升이鄭仲夫와宋有仁等을誅ᄒᆞ다先是에仲夫ㅣ年이七十이니舊例에ᄂᆞᆫ맛당히致仕홀지라이에禮官을諷喩ᄒᆞ야漢孔光故事를奏依ᄒᆞ야비록几杖을賜ᄒᆞ고致仕ᄒᆞ엿스나國事ᄂᆞᆫ다依然히關決ᄒᆞ며其婿宋有仁等은怙勢貪濫ᄒᆞ야中外가怨苦ᄒᆞ고其門客鄭筠은公主를尙코ᄌᆞᄒᆞ거ᄂᆞᆯ王이甚患홀ᄉᆡ時에大升이仲夫等을憤恨ᄒᆞ나有仁等을畏ᄒᆞ야敢發

癸卯

치못ᄒ더니밋有仁이文克謙과韓文俊을斥罷ᄒ야人心이沸騰ᄒ거ᄂᆞᆯ大升이牽龍(官名)許升으로ᄒ야곰鄭筠을殺ᄒ고大升은死士를率ᄒ고宮墻을踰入ᄒ야指諭文公呂等을殺ᄒ고드ᄃᆡ여王命으로仲夫와有仁等을斬ᄒ엿더니旣而오武臣이誹言이有ᄒ거ᄂᆞᆯ大升이懼ᄒ야壯士百餘人을門下에留養ᄒ고輪番直宿ᄒ더라

十三年(宋孝宗淳熙十年○日本安德三年○西曆紀元後一千一百八十三年)이라秋七月에慶大升이卒ᄒ다大升이鄭仲夫等을斬ᄒᆫ後로恒常畏懼ᄒ야人으로ᄒ야곰里巷에伺察ᄒ야飛語를偶聞ᄒ면곳拘囚鞫問ᄒ야用刑이甚酷ᄒ고또王이寵優ᄒᄂᆞᆫ고로歸附ᄒᄂᆞᆫ者ㅣ多ᄒ나學識과勇力이無ᄒᆫ者ᄂᆞᆫ몬득拒絕ᄒ니이럼으로武官이敢히放縱치못ᄒ더니至是ᄒ야卒ᄒ니年이겨우三十이러라○冬十一月에太后任氏ㅣ薨ᄒ다太后ㅣ寢疾ᄒᆷ시王이藥餌를親調ᄒ고夜不解衣ᄒᆫ者ㅣ屢日이러니밋疾革ᄒ매王이涕泣ᄒ야目이盡腫ᄒ고后ㅣ崩ᄒᆫ後에朝夕哭臨ᄒ야哀痛이殆甚ᄒ고宰相이節哀ᄒ기를請ᄒ되不聽ᄒ더라○冬十二月에鄭允當으로ᄡᅥ吏部員外郞을삼다允當이年少無知ᄒ거ᄂᆞᆯ其父世祐ㅣ厚歛ᄒ야王ᄭᅴ獻ᄒ고是官을得拜ᄒ니時에王의用人홈이오작近習으로ᄡᅥ브러政事를議論ᄒ고叅官以上은政曹에封付ᄒ야名曰下點이라由是로奔競이成風ᄒ야賄賂가公行ᄒ더라

丙午

十六年(宋孝宗淳熙十三年○日本後鳥羽元年○西曆紀元後一千一百八十六年)이라冬十二月에上將軍崔世輔를命ᄒ야國史를同修ᄒ다時에人이重房(今政府)에訴ᄒ야曰國史를修ᄒᆯ時에文克謙이毅宗의被弑ᄒᆫ事를直書ᄒ엿스니맛당히武臣으로ᄒ여곰兼官케ᄒ소서ᄒ거ᄂᆞᆯ克謙이懼ᄒ야王ᄭᅴ密白ᄒ니王이武臣의意를難違ᄒ나其舊制가아님을憎惡ᄒ야이에世輔로ᄒ여곰國史를同修ᄒ라ᄒ니由是로毅宗의實錄이脫略ᄒᆫ者ㅣ多ᄒ더라

○崔世輔로써守太師를拜ᄒᆞ고杜景升으로써守太尉를拜ᄒᆞ고李義旼으로써同中書門下平章事를拜ᄒᆞ고朴純弼로써中書侍郞平章事를拜ᄒᆞ다先是에ᄂᆞᆫ宰省이不過數三人이러니王是ᄒᆞ야八員에增至ᄒᆞᄒᆞ고諸臣이目不知書ᄒᆞ야미양省院에會坐ᄒᆞ면互相詬罵ᄒᆞᆷ이爾虎가咆哮ᄒᆞᆷ과如ᄒᆞ고或勇力을自矜ᄒᆞᆷ식拳으로써壁을撞ᄒᆞ야宰臣廳面이無ᄒᆞ더라義旼이일즉景升과議事相爭ᄒᆞ다가義旼이奮拳擊柱ᄒᆞ야日爾가何功으로吾上에居ᄒᆞᄂᆞ고ᄒᆞ고크게詬辱ᄒᆞ거ᄂᆞᆯ景升이笑而不荅ᄒᆞ더라

辛亥

二十一年○宋光宗紹熙二年○日皇後鳥羽六年 西曆紀元後一千一百九十一年이라政堂文學李知命이卒ᄒᆞ다知命은韓山人이니羣書를博學ᄒᆞ고詞賦와草隸를工ᄒᆞ며居官에廉直無私ᄒᆞ고飢民을賑活ᄒᆞ며宰相이되미古大臣風이有ᄒᆞ니世上이欽仰ᄒᆞ더라○政堂文學廉信若이卒ᄒᆞ다信若은峯城人이라爲人이體小膽大ᄒᆞ니世人이晏嬰에比ᄒᆞ며分符仗節ᄒᆞ미所至에聲績이有ᄒᆞ고性이孝友ᄒᆞ며또博覽强記ᄒᆞ야一時高文大冊이다其手에出ᄒᆞ더라

癸丑

二十三年○宋光宗紹熙四年○日皇後鳥羽八年 西曆紀元後一千一百九十三年이라秋七月에南方羣盜ㅣ起ᄒᆞᆯ식其尤劇ᄒᆞᆫ者ᄂᆞᆫ曰金沙彌오또雲門山에在ᄒᆞᆫ者ᄂᆞᆫ曰孝心이니草田을據有ᄒᆞ고亡命을嘯聚ᄒᆞ야州縣을剽掠ᄒᆞ거ᄂᆞᆯ王이大將軍全存傑로ᄒᆞ여곰將軍李至純盧植等을率ᄒᆞ고往討ᄒᆞ라ᄒᆞ니至純은義旼의子라初에義旼이十八子의讖을信ᄒᆞ고非望을懷ᄒᆞ야貪鄙ᄒᆞᆫ舊習을暫祛ᄒᆞ고名士를收用ᄒᆞ야虛譽를要求ᄒᆞ며또自己의本籍이慶州라ᄒᆞ야新羅를復興ᄒᆞᆫ다ᄒᆞ고沙彌孝心等으로더브러交通ᄒᆞ더니至純이또ᄒᆞᆫ賊의賄賂를受ᄒᆞ야官軍動靜을漏泄ᄒᆞ니이럼으로官軍이所至에輒敗ᄒᆞᄂᆞᆫ지라存傑은元來智勇으로名世ᄒᆞ더니이에

忿恚ᄒᆞ야曰만일我로ᄒᆞ여곰至純을治罪ᄒᆞ면其父가必然我를害ᄒᆞᆯ
거시오否則賊이益熾ᄒᆞ리니罪가誰의게歸ᄒᆞ리오ᄒᆞ고드듸여仰藥
而死ᄒᆞ더니既而오沙彌ㅣ降ᄒᆞ거놀斬ᄒᆞ다○冬十月에平章事崔世
輔ㅣ死ᄒᆞ다世輔ㅣ第宅을大營ᄒᆞ더니未幾에其子ㅣ崔忠獻의流ᄒᆞᆫ
비되고家門이盡滅ᄒᆞ더라○十一月이라太后忌辰齋를內殿에設ᄒᆞ
고公侯와兩府宰輔와近衛諸臣이各其殽饌을進ᄒᆞ니忌辰에進饌이
自此始러라○李義旼의게功臣號를賜ᄒᆞ고文武百官이다義旼第에
就ᄒᆞ야宴賀ᄒᆞ다義旼이政事를專擅ᄒᆞᆯ시賄賂가行公ᄒᆞ고支黨이連
結ᄒᆞ니廷臣이莫敢誰何오民居를占奪ᄒᆞ야第宅을大起ᄒᆞ고또民田
을攘取ᄒᆞ며諸子ㅣ其父를倚勢ᄒᆞ야肆橫이尤甚ᄒᆞ더라
丙辰 二十六年(宋寧宗慶元二年○日皇後鳥羽十一年○西曆紀元後一千一百九十六年)이라夏四月에將軍崔
忠獻이其弟東部錄事忠粹로ᄒᆞ야곰李義旼을誅ᄒᆞ고朝臣을大殺ᄒᆞ

다時에義旼이兇恣가日甚ᄒᆞ고其子至榮이王의嬖姬를逼淫ᄒᆞ니朝
野가痛惋ᄒᆞ며至榮이또일즉忠粹의家鵓鴿을奪ᄒᆞ니忠粹는牛峯(金川)
人이라兄忠獻으로더브러다猜險勇悍ᄒᆞ더니忠粹ㅣ忠獻다려謂ᄒᆞ
야曰義旼四父子는國賊이라我ㅣ誅코즈ᄒᆞ노라ᄒᆞᆫ듸忠獻이許諾ᄒᆞ
더니맛ᄎᆞᆷ王이普濟寺에幸ᄒᆞᆯ시義旼이稱疾不從ᄒᆞ고彌陀山別亭에
往ᄒᆞ거놀忠獻이忠粹와밋其甥朴晉材等으로더브러其還ᄒᆞᆷ을俟ᄒᆞ
야斬ᄒᆞ니王이聞變ᄒᆞ고促駕還宮ᄒᆞ거놀忠獻이곳王의게告ᄒᆞ고義旼
의子至純至光至榮을斬ᄒᆞ고또慶州에遣使ᄒᆞ야義旼의三族을滅ᄒᆞ
다忠獻이義旼의支黨을捕ᄒᆞᆯ시上將軍吉仁이將軍兪光과朴光襲等
으로더브러武庫兵仗을出ᄒᆞ야禁軍과宦官奴隷千餘人을分授ᄒᆞ고
忠獻과戰ᄒᆞ다가吉仁이敗ᄒᆞ야逃亡ᄒᆞ거놀王이忠獻을召入ᄒᆞᆫ듸忠
獻이吉仁이宮內에在ᄒᆞᆫ가疑慮ᄒᆞ야縱兵闌入ᄒᆞ야見人輒殺ᄒᆞ니僵

屍가 擬議ᄒᆞ고 命尤과 朴公戳은 다 自殺ᄒᆞ고 王의 左右ᄂᆞᆫ 오직 宮娥數
人이 侍側垂泣ᄒᆞᆯ ᄲᅮᆫ이오 吉仁은 北山으로 走ᄒᆞ야 墮崖而死ᄒᆞ더라 忠
獻이 또 叅知政事李仁成과 承宣文迪과 崔光裕와 大司成李純祐等三
十六人을 殺ᄒᆞ니 文迪의 妻崔氏ㅣ 積屍中에서 夫屍를 覓ᄒᆞ야 載去ᄒᆞ
ᄂᆞᆫ지라 忠獻이 其節을 嘉ᄒᆞ야 收葬ᄒᆞ라ᄒᆞ고 또 十條를 奏請ᄒᆞ거ᄂᆞᆯ 王
이 다 從ᄒᆞ고 忠獻을 拜ᄒᆞ야 左承宣을 삼앗다가 이윽고 御史臺事를 知
케ᄒᆞ고 忠粹晋材等은 功臣號를 賜ᄒᆞ다 ○崔忠獻이 自己權力이 分ᄒᆞᆯ
가 恐ᄒᆞ야 內侍李芬等五十餘人을 罷黜ᄒᆞ고 또 王子小君輩ᄂᆞᆫ 本寺에
還送ᄒᆞ더라

二十七年(宋寧宗慶元三年○西曆紀元後一千一百九十七年) 九月이라 崔忠獻이 跋
扈가 日甚ᄒᆞ야 崔忠粹와 朴晋材로 더브러 四衢에 屯兵ᄒᆞ고 杜景升과
밋 諸小君洪機等二十餘人을 海島에 流ᄒᆞ고 곳 王을 逼ᄒᆞ야 昌樂宮에
幽ᄒᆞ고 太子ᄂᆞᆫ 江華에 放ᄒᆞ고 王의 弟平凉公旼을 迎立ᄒᆞ거ᄂᆞᆯ 旼이 卽
位ᄒᆞ야 改名曰晫이라ᄒᆞ다 ○崔忠獻으로ᄡᅥ 上將軍을 拜ᄒᆞ고 崔忠粹
로 大將軍을 拜ᄒᆞ고 朴晋材ᄂᆞᆫ 刑部侍郞을 拜ᄒᆞ다 ○崔忠粹ㅣ 其女로
ᄡᅥ 太子妃를 삼고ᄌᆞ ᄒᆞᆯᄉᆡ 太子ㅣ 이의 娶ᄒᆞ얏ᄂᆞᆫ지라 王이 不聽ᄒᆞ엿더
니 忠粹ㅣ 脅迫ᄒᆞ야 太子妃를 黜ᄒᆞ고 其女를 納ᄒᆞᆯᄉᆡ 其母ㅣ 勸止ᄒᆞᆫ듸
忠粹ㅣ 怒曰 此ᄂᆞᆫ 婦人의 知ᄒᆞᆯ 배 아니라ᄒᆞ고 手로ᄡᅥ 推ᄒᆞ야 仆地ᄒᆞᄂᆞᆫ
지라 忠獻이 聞ᄒᆞ고 曰 此ᄂᆞᆫ 言語로 開諭치 못ᄒᆞ리니 吾ㅣ 맛당히 衆人
으로 ᄒᆞ여곰 廣化門에 候待ᄒᆞ엿다가 其女를 不納ᄒᆞᆷ이 可ᄒᆞ다ᄒᆞᆫ듸 忠
粹ㅣ 怒曰 兄이 我를 除코ᄌᆞ ᄒᆞᆷ은 其衆을 恃ᄒᆞᆷ이라ᄒᆞ고 드듸여 其徒千
餘人을 率ᄒᆞ고 忠獻과 興國寺에서 戰ᄒᆞ다가 忠粹ㅣ 大敗ᄒᆞ야 斬關東
走ᄒᆞ거ᄂᆞᆯ 忠獻의 黨이 追及ᄒᆞ야 斬ᄒᆞ니 自此로 大權이 다 忠獻의게 歸
ᄒᆞ니라

戊午

庚申

神宗靖孝王의諱ᄂᆞᆫ晫이오初諱ᄂᆞᆫ旼이오字ᄂᆞᆫ至華니明宗同母弟오在位七年이오壽가六十一이라

元年(宋寧宗慶元四年○日皇後鳥羽十三年○西曆紀元後一千一百九十八年)이라秋八月에私奴萬積等六人이北山에樵採ᄒᆞ다가公私奴隷ᄅᆞᆯ招集ᄒᆞ야謀曰國家ㅣ庚癸以來로朱紫가賤隷에서多起ᄒᆞ엿ᄉᆞ니將相이엇지種子가有ᄒᆞ리오ᄒᆞ고이에黃紙數千을剪ᄒᆞ야丁字로標識을作ᄒᆞ고甲寅日로興國寺에聚集ᄒᆞ야몬져崔忠獻等을誅ᄒᆞ고因ᄒᆞ야各其其主ᄅᆞᆯ格殺ᄒᆞ고賤籍을焚ᄒᆞᆫ다ᄒᆞ더니及期ᄒᆞ야奴順貞이其主韓忠愈의게告ᄒᆞ니忠愈ㅣ忠獻과謀ᄒᆞ야萬積等百餘人을江에投ᄒᆞ다○崔讜을門下侍郎平章事로致仕케ᄒᆞ니時에兩府宰臣을勒令致仕ᄒᆞᆫ者ㅣ二十人이러라

三年(宋寧宗慶元六年○日皇土御門二年○西曆紀元後一千二百年)이라夏五月에晉州州吏鄭方義等이作亂ᄒᆞ다初에方義ㅣ罪로ᄡᅥ被囚ᄒᆞ엿더니其弟昌大가獄中에

壬戌

突入ᄒᆞ야枷鎖ᄅᆞᆯ脫ᄒᆞ고모든不逞ᄒᆞᆫ徒ᄅᆞᆯ聚集ᄒᆞ야州里에橫行ᄒᆞ며仇怨者ᄅᆞᆯ殺ᄒᆞ니凡六千四百餘人이라牧使李淳中이懼ᄒᆞ야閉閤不出ᄒᆞ거ᄂᆞᆯ朝廷이少府卿趙通等을遣ᄒᆞ야鎭撫ᄒᆞ라ᄒᆞ니通이또ᄒᆞᆫ拱手畏避ᄒᆞᆯᄲᅮᆫ이러니明年에晉州人이方義ᄅᆞᆯ殺ᄒᆞ고其黨이散ᄒᆞ다○冬十二月에崔詵과任濡로ᄡᅥ門下侍郎同平章事ᄅᆞᆯ拜ᄒᆞ고崔忠獻은守太府上柱國을拜ᄒᆞ엿다가또吏兵部尙書御史大夫ᄅᆞᆯ兼任ᄒᆞ니忠獻이禁闥에出入ᄒᆞᆯ시兵士로自衛ᄒᆞ고私第에셔文武官을注擬ᄒᆞ야奏ᄒᆞ면王은다만領之ᄒᆞ고二部判事ᄂᆞᆫ檢閱ᄒᆞᆯᄲᅮᆫ이러라○時에奇洪壽와車若松이中書省의坐ᄒᆞ야孔雀과牧丹養ᄒᆞᄂᆞᆫ術을議論ᄒᆞᄂᆞᆫ지라聞者ㅣ歎曰宰相의職이論道經邦ᄒᆞᄂᆞᆫ데在ᄒᆞ거ᄂᆞᆯ今에다만花鳥ᄅᆞᆯ評品ᄒᆞ니엇지百寮ᄅᆞᆯ儀表ᄒᆞ리오ᄒᆞ더라

五年(宋寧宗嘉泰二年○日皇土御門四年○西曆紀元後一千二百二年)이라十一月에前王이昌樂宮

癸亥

에서崩ᄒ거ᄂᆞᆯ王이王殿로ᄡ葬코져ᄒ되忠獻이不從ᄒ야降等ᄒ體ᄅᆞᆯ用ᄒ고諡曰光孝오廟號ᄂᆞᆫ明宗이오智陵에葬ᄒ다○崔忠獻으로ᄡ守太傅叅知政事ᄅᆞᆯ拜ᄒ다

六年(宋寧宗嘉泰三年○西曆紀元後一千二百三年○日皇土御門五年)이라春二月에道塲을修文殿에設ᄒ니時에寇盜가數起ᄒᄂᆞᆫ고로祈禳ᄒᆷ이러라○冬十二月에招討兵馬使丁彦眞이南賊을討平ᄒ다先是에慶州別抄軍이永州(今永川)人으로더브러有隙ᄒ야雲門山(在淸道郡이니卽向者陰盜孝心의佔據地라)의賊을引ᄒ야永州ᄅᆞᆯ攻ᄒ고또慶州人李佐等이高麗王業이幾盡ᄒ니다시新羅ᄅᆞᆯ興復ᄒ다稱ᄒ고起兵ᄒ거ᄂᆞᆯ忠獻이大將軍金陟侯等을遣ᄒ야攻ᄒ니賊黨이益熾ᄒ야相持ᄒ지逾年에師老無功ᄒᄂᆞᆫ지라이에陟侯ᄅᆞᆯ罷ᄒ고彦眞을遣ᄒ니彦眞이方略을多設ᄒ야賊魁ᄅᆞᆯ連捕ᄒ고一千餘級을斬首ᄒ니於是에諸賊이略平ᄒ니라

甲子

七年(宋寧宗嘉泰四年○西曆紀元後一千二百四年○日皇土御門六年)이라春正月에王이不豫ᄒ야太子禑의게傳位ᄒ고德陽侯私第에移御ᄒ엿다가尋崩ᄒ니諡曰靖孝오廟號ᄂᆞᆫ神宗이오陽陵에葬ᄒ다先是에王이不豫ᄒ야崔忠獻의게內禪ᄒᆯ意ᄅᆞᆯ語ᄒ되忠獻이太子ᄭ告ᄒ니太子ㅣ涕泣固辭ᄒ더니至是에下詔ᄒ야太子의게傳位ᄒ니忠獻이太子ᄅᆞᆯ擁翼ᄒ고大觀殿에出御ᄒ야百官의賀ᄅᆞᆯ受ᄒᆯ서王이忠獻을扶起ᄒ야曰今日에朕의志願이畢矣라卿이朕의父子의게功德이不淺ᄒ다ᄒ더라○冬十二月에崔忠獻으로ᄡ太師門下侍郞同中書門下平章事ᄅᆞᆯ拜ᄒ다王이忠獻이擁立ᄒᆫ功이有ᄒ다ᄒ야殊禮로待ᄒ고呼曰恩門相國이라ᄒ더라○韓惟漢은京都人이라忠獻의專擅ᄒᆷ을見ᄒ고曰難이將作이라ᄒ고妻子ᄅᆞᆯ挈ᄒ고智異山에隱居ᄒ야外人을交接지아니ᄒ고除官ᄒ야도不起ᄒ며또深谷에移居ᄒ야終身不返ᄒ더니未幾에果然

丁卯

契丹과蒙古의亂이有ᄒ니라

熙宗成孝王에諱ᄂᆞᆫ韺이오字ᄂᆞᆫ不陂오初諱ᄂᆞᆫ悳이니在位七年이오壽가五十七이라

三年(宋寧宗開禧三年○西歷紀元後一千二百七年○日皇土御門九年)이라春正月에道場을重房에設ᄒ다前年에武官이多死ᄒᆞᆫ後로브터武官이怨ᄒ되文臣이呪咀ᄒ엿다ᄒ거ᄂᆞᆯ王이이에內侍로ᄒ여곰道場을重房과밋將軍房에設ᄒ야祈禳ᄒ다○先是에崔忠獻으로ᄡ門下侍中晋康郡開國侯를拜ᄒ엿다가다시晋康侯를加冊ᄒ고其府ᄂᆞᆫ崇寧이라ᄒ고官僚를置ᄒ고興德宮으로ᄡ賜ᄒ니王子宰輔以下가다其府에就ᄒ야讌賀ᄒᆞᆯ새花果와絲竹의盛ᄒᆞᆷ이三韓以來人臣家에初有ᄒ고侍從과門客이三千人이러니至是ᄒ야ᄯᅩ中書令晋康公을封ᄒ니忠獻이辭ᄒ되公爵은五等爵의首오中書令은人臣의極이라ᄒ야辭謝不受ᄒ더라○大將軍朴晋材ㅣ其門客의除官ᄒᆞᆫ者ㅣ少ᄒ다ᄒ고忠獻을怨望ᄒ야圖코자ᄒ거ᄂᆞᆯ忠獻이聞知ᄒ고招問曰汝ㅣ何故謀我오ᄒ고左右로ᄒ여곰其脚筋을斷截ᄒ고白翎島(在今長淵)에流配ᄒ니晋材ㅣ이윽고病死ᄒ다○王이術士의言을用ᄒ야忠獻子瑀의第에移御ᄒ니忠獻이迎駕獻壽ᄒ고諸王子와宰樞가皆侍ᄒ고錦繡彩棚과胡漢雜戲가窮極奢侈ᄒ더라○冬十月에王이國老를大饗ᄒ다王이親히酒食을侑ᄒ고因ᄒ야孝順節義와鰥寡孤獨廢疾人의게物饌을賜ᄒ고郡縣도亦然ᄒ니比來에國家가多難ᄒ야此禮를久廢ᄒ엿다가至是ᄒ야更行ᄒ다○青郊(在今松都)驛吏等이忠獻을謀殺ᄒ거ᄂᆞᆯ忠獻이鞫問ᄒᆞᆯ새右僕射韓琦의게辭連ᄒᄂᆞᆫ지라忠獻이琦와밋其三子를殺ᄒ다

己巳

五年(宋寧宗嘉定二年○西歷紀元後一千二百九年○日皇土御門十年)이라春三月에王이崔忠獻第에移御ᄒ니其第가闔洞里에在ᄒ야人家數百을毁ᄒ고壯麗雄傑ᄒᆞᆷ

이數里에延袤ᄒᆞ야禁掖과如ᄒᆞ더라冬에王이延慶宮에還御ᄒᆞ다時에忠獻이三第ᄅᆞᆯ新營ᄒᆞ고金玉錢穀을多藏ᄒᆞ고左右다려謂曰吾ㅣ金銀珍寶ᄅᆞᆯ王府에獻ᄒᆞ야國用을助ᄒᆞ리라ᄒᆞ니衆이다稱善ᄒᆞᄂᆞᆫ지라其姻戚盧仁祐ㅣ獨曰此ᄂᆞᆫ留儲ᄒᆞ야君의經費ᄅᆞᆯ作ᄒᆞ고다시民歛을不爲ᄒᆞᆷ이何如오ᄒᆞ니忠獻이赧然ᄒᆞ더라

辛未

七年(宋寧宗嘉定四年○日皇順德元年○西歷紀元後一千二百十一年)이라九月에門下侍郞平章事致仕崔讜이卒ᄒᆞ다讜이自少聰悟ᄒᆞ고屬文을善ᄒᆞ며所至에聲績이有ᄒᆞ고四朝ᄅᆞᆯ歷仕ᄒᆞ야一時에名重ᄒᆞ며賢人을薦ᄒᆞ고能者ᄅᆞᆯ進ᄒᆞ야宗社ᄅᆞᆯ奠安ᄒᆞ고年이未衰에休退ᄒᆞ더라○遣使ᄒᆞ야金에如ᄒᆞ다가不至ᄒᆞ고還ᄒᆞ다先是에朝廷이使臣金良器等을金에遣ᄒᆞᆯ시時에金이蒙古로더브러搆兵ᄒᆞ야良器ㅣ通州(北京近地)에서蒙兵의게死ᄒᆞ거ᄂᆞᆯ金人이其骨을取ᄒᆞ야送還ᄒᆞ더니至是에다시遣使ᄒᆞ다가路梗

不違ᄒᆞ다○冬十二月에王이壽昌宮에在ᄒᆞ야內侍郞中王濬明과參政于承慶과樞密使史弘績과將軍王翊等으로더브러忠獻을謀誅ᄒᆞᆯ시僧徒十餘人을宮內에伏伺ᄒᆞ야忠獻을擊殺코ᄌᆞᄒᆞ다가不果ᄒᆞ니忠獻이王濬明等을流配ᄒᆞ고드ᄃᆡ여王을廢ᄒᆞ야江華에遷ᄒᆞ엿다가다시紫鷰島(仁川今)에移居케ᄒᆞ고太子祉ᄂᆞᆫ仁州(仁川)에放ᄒᆞ고明宗의子漢南公貞을立ᄒᆞ니王이即位ᄒᆞ야改名曰禩라ᄒᆞ고忠獻을功臣號ᄅᆞᆯ賜ᄒᆞ고其弟崇寧府ᄅᆞᆯ改ᄒᆞ야晉康府라ᄒᆞ다

康宗元孝王의諱ᄂᆞᆫ禩오字ᄂᆞᆫ大華니明宗의太子오在位二年이오壽가六十二라

癸酉

二年(宋寧宗嘉定六年○日皇順德三年○西歷紀元後一千二百十三年)이라秋八月에王이不豫ᄒᆞ야太子瞰의게傳位ᄒᆞ고尋崩ᄒᆞ니諡曰元孝오廟號ᄂᆞᆫ康宗이오厚陵에葬ᄒᆞ다

高宗安孝王의諱ᄂᆞᆫ㬚이오字ᄂᆞᆫ大明이오初諱ᄂᆞᆫ瞋이니在位四十六年이오壽가六十八이라

乙亥

二年(宋寧宗嘉定八年○日皇順德五年○西歷紀元後一千二百十五年)이라秋八月에崔忠獻이將軍李光裕로ᄒᆞ여곰前王을喬桐에遷ᄒᆞᆯ시光裕ㅣ還ᄒᆞ야其供頓이闕乏ᄒᆞᆷ을言ᄒᆞᆫᄃᆡ忠獻이厲聲ᄒᆞ야曰我의仁恕가아니면王의父子가엇지首領을得保ᄒᆞ며濟明의事ᄅᆞᆯ追思ᄒᆞ면至今ᄭᆞ지我의毛髮이盡竪ᄒᆞ다ᄒᆞ더라先是에王이忠獻의妻任氏ᄅᆞᆯ封ᄒᆞ야綏成宅主ᄅᆞᆯ삼고ᄯᅩ王氏ᄂᆞᆫ靜和宅主ᄅᆞᆯ삼으니任氏ᄂᆞᆫ將軍孫江胤의妻라忠獻이江胤을殺ᄒᆞ고奪ᄒᆞ며王氏ᄂᆞᆫ即康宗의女러라忠獻이別第에移入ᄒᆞᆯ시鹵載과兵衛가數里에彌滿ᄒᆞ고朝士가追隨ᄒᆞᄂᆞᆫ者ㅣ甚衆ᄒᆞ더라樞密使琴儀ᄂᆞᆫ力學ᄒᆞ고屬文을善ᄒᆞ나忠獻을諂事ᄒᆞ야華要ᄅᆞᆯ歷敭ᄒᆞ더니至是에忠獻을隨ᄒᆞ야其後ᄅᆞᆯ從往ᄒᆞ니時人이鄙笑ᄒᆞ더라

丙子

三年(宋寧宗嘉定九年○日皇順德六年○西歷紀元後一千二百十六年)秋七月이라時에金國이蒙古의게被困ᄒᆞ니其宣撫使蒲鮮萬奴ㅣ遼東을叛據ᄒᆞ야天王이라稱ᄒᆞ고國號ᄂᆞᆫ大眞이라ᄒᆞ거ᄂᆞᆯ金人이將且舉兵ᄒᆞ야攻伐코ᄌᆞᄒᆞ야軍粮과戰馬ᄅᆞᆯ乞借ᄒᆞ니朝廷이不應ᄒᆞ다○八月에契丹이來侵ᄒᆞ거ᄂᆞᆯ上將軍盧元純等을遣ᄒᆞ야禦敵ᄒᆞ다時에契丹遺種의金山王子와金始王子ㅣ河朔人民을脅降ᄒᆞ고自稱曰大遼收國王이오建元ᄒᆞ야曰元成이라ᄒᆞ다가蒙兵의게被逐ᄒᆞ야其將鵝兒乞奴로ᄒᆞ여곰몬저數萬兵을率ᄒᆞ고渡江ᄒᆞ야會寧朔州等郡을侵犯ᄒᆞ야財穀과畜產을奪掠ᄒᆞ고雲中道(在今北關)에移入ᄒᆞ니朔州分道將軍盧仁綏ㅣ棄城ᄒᆞ고走ᄒᆞᄂᆞᆫ지라이에盧元純으로中軍兵馬使ᄅᆞᆯ삼고吳應夫로右軍兵馬使ᄅᆞᆯ삼고金就礪로後軍兵馬使ᄅᆞᆯ삼고十三領軍과밋神騎諸衛兵을率ᄒᆞ고往擊ᄒᆞᆯ시時에賊兵이이믜寧德城(在今義州)을屠ᄒᆞ고安(安州)義(義州)鐵(鐵山)宣(宣川)等

州를逃回ᄒᆞ고移書ᄒᆞ야降服을督促ᄒᆞᆯ서賊이我國人楊水尺을得ᄒᆞ야鄕導를삼으니楊水尺은太祖ㅣ百濟를攻ᄒᆞᆯ時에勇悍難制ᄒᆞ든遺種이라田獵을爲事ᄒᆞ더니忠獻의侵暴를不堪ᄒᆞ야賊을迎降ᄒᆞ고山川險要를다指示ᄒᆞ더라三軍이連州(今价川)에서迎戰ᄒᆞ야數千級을斬ᄒᆞ고또延州(在今寧邊)開平驛에서戰ᄒᆞᆯ서金就礪ㅣ丹兵을大破ᄒᆞ니丹兵이妙香山(在今寧邊)에入ᄒᆞ야淸塞鎭(在今熙川)을蹂ᄒᆞ야遁去ᄒᆞ니賊의前後死者ㅣ萬餘人이러라賊이旣退ᄒᆞ미三軍이延州로부터回軍ᄒᆞ다가博川에서丹賊을更遇ᄒᆞ야就礪ㅣ力戰却退ᄒᆞ다就礪ㅣ能히以少擊衆ᄒᆞ고奇計를出ᄒᆞ야每戰輒勝ᄒᆞ더라○冬十月에諸軍이丹兵과渭州(今嘉山)城外에서戰ᄒᆞ다가敗績ᄒᆞ니京城이大震ᄒᆞ고賊은西京에至ᄒᆞ야安定林原驛等을屠ᄒᆞ고大同江을渡ᄒᆞ야西海道(今黃海道)를入ᄒᆞ는지라이에鄭叔瞻으로써行營中軍元帥를拜ᄒᆞ고趙沖으로써副元帥를

丁丑

拜ᄒᆞ야往禦ᄒᆞᆯ서京都人을搜括ᄒᆞ야可히從軍ᄒᆞᆯ者는다部伍에屬ᄒᆞ니이에太祖苗裔와밋文科出身이다隸屬ᄒᆞ고또僧徒를抄選ᄒᆞ야數萬人을得ᄒᆞ엿더니밋叔瞻等이點軍ᄒᆞᆯ서驍勇者는다忠獻父子門客의私兵이되고官軍은오작老弱뿐이라十二月에興義驛에至ᄒᆞ야平州(今平山)의兵을見ᄒᆞ고賊이來ᄒᆞᆫ다ᄒᆞ야다奔潰ᄒᆞ고오작趙沖이部伍를整頓ᄒᆞ더니이윽고賊이黃州를屠ᄒᆞ고塘(延安)白(白川)二州에至ᄒᆞ거ᄂᆞᆯ叔瞻等이金郊(在今平山)에退屯ᄒᆞ엿다가數日에또國淸寺에退駐ᄒᆞ다

四年(○宋寧宗嘉定十年○日皇順德七年西歷紀元後一千二百十七年)이라春正月에興王景福等諸寺의僧人이忠獻을謀殺ᄒᆞᆯ서거짓丹兵의게敗ᄒᆞ엿다ᄒᆞ고曉夜에宜義門에至ᄒᆞ야急呼曰丹兵이至ᄒᆞ얏다ᄒᆞ고忠獻家를向ᄒᆞ니忠獻이家兵과巡檢軍을送ᄒᆞ야僧徒三百餘人을斬ᄒᆞ고또僧人을大索ᄒᆞ야入百人을殺ᄒᆞ니積屍가如山ᄒᆞ고流血이成川ᄒᆞ더라이에僧徒를鞠問

ᄒᆞᆫ서鄭叔瞻의게辭退ᄒᆞ거ᄂᆞᆯ곳叔瞻을罷ᄒᆞ고鄭邦輔로ᄡᅥ代ᄒᆞ다○
丹兵이退ᄒᆞ다王이承宣金仲龜로命ᄒᆞ야兩道軍으로賊을往擊ᄒᆞ라
ᄒᆞ고安西(今載寧)三登(今白川)都護兵이ᄯᅩᄒᆞᆫ賊首百餘級을斬ᄒᆞ고趙冲은盟
州(今安廷)에서耀兵ᄒᆞ니賊이이에回軍北歸ᄒᆞ다○秋七月에兵馬使崔
元世와金就礪等이丹兵을堤州(今堤川)에서大破ᄒᆞ다先是에丹兵이西
歸ᄒᆞ다가定州를焚ᄒᆞ고安州에駐屯ᄒᆞ거ᄂᆞᆯ官軍이往擊ᄒᆞᆯᄉᆡ太祖廟
에至ᄒᆞ니大雨가如注라곳屯ᄒᆞ야置酒宴樂ᄒᆞ고設備치아니ᄒᆞ엿
더니賊이大至ᄒᆞ니金就礪ㅣ逆戰ᄒᆞ다가槍과矢를翻受ᄒᆞ고其餘諸
將의死ᄒᆞᆫ者ㅣ不知其數오丹兵이長湍에至ᄒᆞ고ᄯᅩ金郊驛(在平山)에屯
ᄒᆞ거ᄂᆞᆯ다시吳應夫로ᄡᅥ中軍兵馬使를拜ᄒᆞ고崔元世로ᄡᅥ前軍을將
ᄒᆞ고黃大源은左軍을將ᄒᆞ고吳仁永은右軍을將ᄒᆞ고鄭敎植은後軍
을將ᄒᆞ야崇仁門을出ᄒᆞ야禦敵ᄒᆞ더니이윽고丹兵이ᄯᅩ東州(今鐵原)를

陷ᄒᆞ거ᄂᆞᆯ이에應夫를罷ᄒᆞ고崔元世로ᄡᅥ代ᄒᆞ고就礪ᄂᆞᆫ前軍을將ᄒᆞ
고賊兵을溢波渡에서擊却ᄒᆞ고ᄯᅩ豊壤(在楊州)에서戰ᄒᆞ야廬元驛(在楊州)
에追至ᄒᆞ야斬級이甚多ᄒᆞ니賊이다시楊州로부터原州에至ᄒᆞ엿더
가未幾에春川을陷ᄒᆞ야按廉使盧周翰을殺ᄒᆞ고ᄯᅩ原州를進攻ᄒᆞ거
ᄂᆞᆯ州人이拒持ᄒᆞ야凡九戰에食盡援絶ᄒᆞ야城이陷ᄒᆞ더니既而오官
軍이賊을忠州原州兩州에서大破ᄒᆞ야三百餘級을斬ᄒᆞ고堤州에追
至ᄒᆞ니賊屍가川流를蔽塞ᄒᆞ고ᄯᅩ朴達峴(在堤川)에追及ᄒᆞ야元世ㅣ就
礪로더브러嶺上을先據ᄒᆞ엿더니明日에賊騎가嶺을分登ᄒᆞ야
要害를爭ᄒᆞ거ᄂᆞᆯ元世等이곳大呼死戰ᄒᆞ니賊이大潰ᄒᆞ야男女兵仗
輜重을狼籍委棄ᄒᆞ고東走ᄒᆞ야溟州(今江陵)大關嶺을踰ᄒᆞ야遁去ᄒᆞ다
○冬十月이라時에女眞黃旗子軍이來侵ᄒᆞ거ᄂᆞᆯ西北兵馬使趙冲이
迎戰進破ᄒᆞ니賊이敗退ᄒᆞ더라

戊寅

五年(宋寧宗嘉定十一年○日本順德八年○西歷紀元後一千二百十八年)秋七月이라先是에丹兵이堤州에서敗還ᄒᆞ야女眞의게援兵을請ᄒᆞ니軍勢가復振ᄒᆞᄂᆞᆫ지라이에官軍을連破ᄒᆞ고楊州ᄅᆞᆯ進逼ᄒᆞ거ᄂᆞᆯ趙沖으로西北面元帥ᄅᆞᆯ拜ᄒᆞ고金就礪로兵馬使ᄅᆞᆯ拜ᄒᆞ고鄭通寶等으로더브러前後左右軍을分領ᄒᆞᆯᄉᆡ王이親히鈇鉞을授ᄒᆞ고生徒의入仕치아니ᄒᆞᆫ者ᄅᆞᆯ다從軍케ᄒᆞ다時에沖이前敗ᄅᆞᆯ深耻ᄒᆞ야銳意討賊ᄒᆞᆯᄉᆡ號令이明肅ᄒᆞ고賊을禿山(在今博川)에서連敗ᄒᆞ니賊이數萬騎ᄅᆞᆯ引ᄒᆞ고江東城을入保ᄒᆞ더라○冬十二月이라初에金君綏ㅣ趙沖을代ᄒᆞ야西北兵馬使가되엿다가至是에蕭州(今肅川)永清(今永柔)에在ᄒᆞᆫ賊을攻ᄒᆞ야四百餘級을斬ᄒᆞ다○蒙이其元帥哈眞과副帥孔刺ᄅᆞᆯ遣ᄒᆞ야軍士一萬을率ᄒᆞ고東女眞의遣ᄒᆞᆫ完顏子淵兵二萬을合ᄒᆞ야丹賊을攻ᄒᆞᆫ다稱ᄒᆞ고和(今中和)猛(今孟山)順(今順川)德(今德川)四城을破ᄒᆞ고江東城에至ᄒᆞ더라○趙沖이遣兵ᄒᆞ야

蒙兵을會合ᄒᆞ다時에蒙兵이이믜江東을向ᄒᆞᆯᄉᆡ天寒雪積ᄒᆞ야糧道가不繼ᄒᆞᄂᆞᆫ지라哈眞이元帥府에移牒ᄒᆞ야曰我皇帝ㅣ丹兵이貴國에逃在ᄒᆞᆫ지三年에掃滅치못ᄒᆞᆷ을見ᄒᆞ고遣兵來討ᄒᆞ니貴國은오작軍糧을是助ᄒᆞ라ᄒᆞ며且曰我皇帝ㅣ破賊ᄒᆞᆫ後에貴國과兄弟ᄅᆞᆯ結ᄒᆞᆫ다ᄒᆞ거ᄂᆞᆯ朝廷이使者ᄅᆞᆯ遣ᄒᆞ야虛實을詗察코ᄌᆞᄒᆞ되其人이難ᄒᆞ더니中軍判官金仁鏡이請行ᄒᆞ야曰我ㅣ聞ᄒᆞ니蒙兵의陣法이孫吳ᄅᆞᆯ師法ᄒᆞᆫ다ᄒᆞ니我ㅣ往見ᄒᆞ리이다ᄒᆞ거ᄂᆞᆯ이에仁鏡으로ᄒᆞ여금精兵一千을率ᄒᆞ고米一千石을往給ᄒᆞ니哈眞이大喜ᄒᆞ야宴慰極歡ᄒᆞ다가仁鏡이方陣을結ᄒᆞ고蒙將으로ᄒᆞ여금觀ᄒᆞᆯᄉᆡ軍容이凜凜ᄒᆞ고左右進退步伐이整齊ᄒᆞᄂᆞᆫ지라哈眞이稱歎不已ᄒᆞ더라○趙沖金就礪等이蒙兵과東女眞兵을會合ᄒᆞ야江東城을圍ᄒᆞ다時에蒙古와東女眞이비록救我ᄒᆞᆫ다稱ᄒᆞ나蒙古ᄂᆞᆫ가장兇悍ᄒᆞ고또本國과舊好가無

ᄒᆞᆫ지라이에中外人心이震駭ᄒᆞ되獨히沖은坦然不疑ᄒᆞ고隨事彌縫ᄒᆞ며哈眞이또添兵을屢督ᄒᆞ니諸將이다其行을憚ᄒᆞᄂᆞᆫ지라金就礪ㅣ曰國家利害가正히今日에在ᄒᆞ고또臨事ᄒᆞ야難을不辭ᄒᆞᆷ은臣子의職이라ᄒᆞ고自行ᄒᆞ기를請ᄒᆞ야知兵馬事韓光衍으로더브러十將과밋神騎大角과內廂精卒을領率ᄒᆞ고往會ᄒᆞ다就礪ㅣ身長이九尺,이오鬚髥이美ᄒᆞ거ᄂᆞᆯ哈眞이其狀貌의魁偉ᄒᆞᆷ을見ᄒᆞ고또其言論을大奇ᄒᆞ야兄弟를結ᄒᆞ고就礪다려謂曰我ㅣ六國을征伐ᄒᆞ야貴人을多見ᄒᆞ엿스나兄과如ᄒᆞᆫ者를未見ᄒᆞ엿다ᄒᆞ고禮待가甚厚ᄒᆞ더니數日에趙沖이亦至ᄒᆞ니哈眞이또ᄒᆞᆫ兄으로事之ᄒᆞ거ᄂᆞᆯ이에置酒作樂ᄒᆞ고情欵을吐露ᄒᆞ다詰朝에諸軍이江東城下에會ᄒᆞ야四面을合圍ᄒᆞ니丹兵이敢出치못ᄒᆞ더라○崔忠獻을几杖을賜ᄒᆞ다忠獻이年이七十이라거짓告老ᄒᆞ거ᄂᆞᆯ王이其意를知ᄒᆞ고有司로ᄒᆞ여곰禮儀를

備ᄒᆞ야几杖을賜ᄒᆞ고政事를出視ᄒᆞ라ᄒᆞ며忠獻이또其子瑀로ᄒᆞ여곰私兵을廣抄ᄒᆞᆯ시僧徒奴隷를勿論ᄒᆞ고다屬卒에勒入ᄒᆞ니이에中外가大擾ᄒᆞ야人民이杜門不出ᄒᆞ고甚至於樵採를廢ᄒᆞ더라○江東城을拔ᄒᆞ니丹寇ㅣ平ᄒᆞ다賊이이의被圍ᄒᆞ미形勢가益窘ᄒᆞ고賊魁感捨王子ㅣ縊死ᄒᆞ니其將卒男女五萬餘人이開門出降ᄒᆞ거ᄂᆞᆯ沖等이哈眞으로더브러王子의眷屬과밋僞丞相平章以下百餘人을斬ᄒᆞ고其餘ᄂᆞᆫ다赦ᄒᆞ다哈眞이이에沖等으로더부러同盟曰兩國이永히兄弟를結ᄒᆞ야萬世가되도록相忘치아니ᄒᆞ리라ᄒᆞ고二月에哈眞이引兵北歸ᄒᆞ니라沖이契丹의俘虜로써各道州縣에分送ᄒᆞ야閒曠ᄒᆞᆫ地를擇ᄒᆞ야聚居ᄒᆞ고土田을量給ᄒᆞ야農民이되게ᄒᆞ다時에東女眞兵이또ᄒᆞᆫ北歸ᄒᆞᆯ시其帥完顏子淵이沖의爲人을奇異ᄒᆞ야曰趙元帥ᄂᆞᆫ常人이아니라高麗에此人은天이賜ᄒᆞᆷ이라ᄒᆞ고甚히敬重ᄒᆞ더라

○崔忠獻을賜姓ᄒᆞ야王氏라ᄒᆞ다○崔忠獻이死ᄒᆞ다忠獻이有疾ᄒᆞ야上表辭職ᄒᆞ고또賜姓을還ᄒᆞ고內外囚徒를請放ᄒᆞ더니未幾에忠獻이死ᄒᆞ거ᄂᆞᆯ百官이縞素會葬ᄒᆞ고羽葆鼓吹가다王者를擬ᄒᆞ더라忠獻이將死에其子瑀로ᄒᆞ여곰非常을防備ᄒᆞ니이럼으로敢動ᄒᆞᄂᆞᆫ者ㅣ無ᄒᆞ고內外大權이다瑀의게歸ᄒᆞ다忠獻이兇暴殘虐ᄒᆞ고秉政ᄒᆞ지二十四年에威權이赫然ᄒᆞ야擧國이惴惴ᄒᆞ고人主ᄂᆞᆫ拱手聽命ᄒᆞᆯ뿐이러라

庚辰

七年(宋寧宗嘉定十三年○日皇順德十年○西曆紀元後一千二百二十年)이라秋九月에太尉門下侍郎平章事趙冲이卒ᄒᆞ다冲은橫川(今橫城)人이니平章事永仁의子라風姿가魁偉ᄒᆞ고外莊內和ᄒᆞ며出將入相에朝野ㅣ倚望ᄒᆞ고平時에圭稜을不露ᄒᆞ니世人이다만其寬厚豁達ᄒᆞᆫ長者라稱ᄒᆞ더니밋大兵을掌ᄒᆞ고大事를決ᄒᆞᆫ然後에야그磊落不凡ᄒᆞᆷ을知ᄒᆞ더라밋宰相이되매

獨樂園을東皐에開ᄒᆞ고公餘에賢士大夫를招引ᄒᆞ야琴酒自娛ᄒᆞ더니至是ᄒᆞ야卒ᄒᆞ니年이五十이오謚曰文正이라ᄒᆞ다

辛巳

八年(宋寧宗嘉定十四年○日皇順德十一年○西曆紀元後一千二百二十一年)이라秋八月에蒙使著古與等이其皇太弟의命으로土物을來索ᄒᆞᆯ새館待가不滿ᄒᆞ다ᄒᆞ야張弓持杖ᄒᆞ고或射或擊ᄒᆞ니館伴以下가다奔避倉皇ᄒᆞ며著古與等이未還에蒙使這可ㅣ또其女大王의命을稱ᄒᆞ고國贐(蒙古에게贈遺ᄒᆞᄂᆞᆫ財物이라)을來督ᄒᆞ거ᄂᆞᆯ王이將軍金希磾를遣ᄒᆞ야儐待ᄒᆞᆯ새這可ㅣ그迎接이遲緩ᄒᆞᆷ을責ᄒᆞ거ᄂᆞᆯ希磾ㅣ曰君이向者에我境에至ᄒᆞ야一人을手射ᄒᆞ매死生은不可知라만일生ᄒᆞ면君의福이오不然ᄒᆞ면君의一行이必然拘執이되리라ᄒᆞ니這可等이惝懼ᄒᆞ야自此로希磾의處分을一從ᄒᆞ니希磾ᄂᆞᆫ詩書를知ᄒᆞ고膽略이有ᄒᆞ며詞命이善ᄒᆞ더라○冬十二月에崔瑀로ᄡᅥ吏兵部尙書參知政事를拜ᄒᆞ다瑀ㅣ忠獻의所奪ᄒᆞᆫ公私

田民을各其其主의게還ᄒᆞ고또寒士를拔擢ᄒᆞ야時望을收攬ᄒᆞ며晉陽侯를封ᄒᆞ니固辭不受ᄒᆞ더라

乙酉

十二年(宋理宗寶慶元年〇日皇後堀河四年 西曆紀元後一千二百二十五年)이라春正月에盜ㅣ蒙使를殺ᄒᆞ다蒙이結好ᄒᆞᆫ後로使价가往來不絶ᄒᆞ더니至是ᄒᆞ야蒙使著古與等이鴨綠江을還渡ᄒᆞ다가中道에서盜의殺ᄒᆞᆫ비되니蒙이我國의所使라ᄒᆞ고드ᄃᆡ여相絶ᄒᆞ다〇冬十月에崔瑀ㅣ政房을私第에置ᄒᆞ다舊制에ᄂᆞᆫ吏曹ㅣ文銓을掌ᄒᆞ고兵部ㅣ武選을掌ᄒᆞ야年月을第次ᄒᆞ고勞逸을分等ᄒᆞ며功過를標題ᄒᆞ고才否를論議ᄒᆞ야다書에載ᄒᆞ니此ᄂᆞᆫ謂之政案이라中書省이其黜陟을擬ᄒᆞ야奏聞ᄒᆞ면門下ᄂᆞᆫ制勅을承ᄒᆞ야施行ᄒᆞ더니崔忠獻이擅權홈으로브터僚佐를置ᄒᆞ고政案을私取ᄒᆞ야注擬除授ᄒᆞ고僚佐等이會議ᄒᆞᆯ서其所會處를謂之政房이라至是ᄒᆞ야政房을瑀ㅣ私第에設置ᄒᆞ고百官을擬注ᄒᆞ야王씌上ᄒᆞ면王은오쟉拱手唯唯ᄒᆞᆯᄲᅮᆫ이러라

丁亥

十四年(宋理宗寶慶三年〇日皇後堀河六年 西曆紀元後一千二百二十七年)이라三月에崔瑀ㅣ前王을喬桐에遷ᄒᆞ고將軍金希磾等을殺ᄒᆞ다先是에術士ㅣ崔瑀의게密語曰王이맛당히失位ᄒᆞᆯ거시오公은王侯의相이有ᄒᆞ다ᄒᆞ니瑀ㅣ金希磾와相語ᄒᆞ엿더니希磾ㅣ其語를泄ᄒᆞᄂᆞᆫ지라瑀ㅣ이믜不平ᄒᆞ다가至是ᄒᆞ야人이告ᄒᆞ되希磾가將軍盧之正과琴輝로더브러公을謀害ᄒᆞ고前王을奉立고ᄌᆞᄒᆞᆫ다ᄒᆞᆫᄃᆡ瑀ㅣ이에前王을喬桐에遷ᄒᆞ고希磾와之正等을海에沈殺ᄒᆞ다希磾ᄂᆞᆫ琴山島人이라風儀가美ᄒᆞ고智勇이有ᄒᆞ더니至是ᄒᆞ야被讒見殺ᄒᆞ니時人이寃惜ᄒᆞ더라

庚寅

十七年(宋理宗紹定三年〇日皇後堀河九年 西曆紀元後一千二百三十年)이라崔瑀의弟珦이洪州에서作亂ᄒᆞ거ᄂᆞᆯ瑀ㅣ遣兵擒殺ᄒᆞ고또其黨與를大殺ᄒᆞ다初에忠獻이將死ᄒᆞᆯ서將軍池允深과柳松節等이崔瑀를去ᄒᆞ고忠獻의小子珦을

辛卯

奉코ᄌᆞᄒᆞ니瑺ㅣ聞ᄒᆞ고允深과松節을遠島에流配ᄒᆞ고珦은洪州에安置ᄒᆞ엿더니珦은元來猜暴ᄒᆞᆫ人이라見放ᄒᆞᆫ後로더옥不義를恣行ᄒᆞ야闔境이困苦ᄒᆞ더니至是ᄒᆞ야모든不逞의徒를聚集ᄒᆞ야州의副使柳文柜等을殺ᄒᆞ고松節等을召來ᄒᆞ고傍郡을傳檄發兵ᄒᆞ거ᄂᆞᆯ瑺ㅣ兵馬使蔡松年等을命ᄒᆞ야十領兵을將ᄒᆞ고往討ᄒᆞ니珦이兵潰ᄒᆞ야石窟에逃匿ᄒᆞ거ᄂᆞᆯ追執ᄒᆞ야松節等과갓치殺ᄒᆞ고餘黨을窮治ᄒᆞᆯ시禮山結城等七縣의監務와밋珦과來往ᄒᆞᆫ者ᄂᆞᆫ輕重을不問ᄒᆞ고다殺ᄒᆞ더라

十八年(宋理宗紹定四年○日皇後堀河十年 西歷紀元後一千二百三十一年)이라秋八月에蒙古ㅣ撒禮塔을遣ᄒᆞ야咸新鎭(今義州)을攻ᄒᆞ고鐵州(今鐵山)를屠ᄒᆞ니初에蒙古ㅣ殺使ᄒᆞᆷ을怨ᄒᆞ야元帥撒禮塔을遣ᄒᆞ야咸新鎭에至ᄒᆞ야耶將文大를虜ᄒᆞ고城下에至ᄒᆞ야文大를劫迫ᄒᆞ야鐵州人을喩降ᄒᆞ라ᄒᆞ거ᄂᆞᆯ文大ㅣ이에大呼曰假蒙이니勿降ᄒᆞ라ᄒᆞ니時에東女眞이蒙人衣服을着ᄒᆞ고邊民을抄掠ᄒᆞᄂᆞᆫ고로眞蒙假蒙의別이有ᄒᆞᆷ이라蒙人이斬코ᄌᆞᄒᆞ다가다시呼ᄒᆞ라ᄒᆞ거ᄂᆞᆯ文大ㅣ또前과갓치假蒙이라ᄒᆞᆫ뒤蒙人이殺ᄒᆞ고드ᄃᆡ여攻城愈急ᄒᆞ야城破ᄒᆞᆫ後곳屠戮ᄒᆞ더라○蔡松年으로뼈北界兵馬使를拜ᄒᆞ야蒙兵을防禦ᄒᆞ다○蒙兵이龜州(今龜城)를攻ᄒᆞ거ᄂᆞᆯ兵馬使朴犀와將軍金慶孫等이嬰城固守ᄒᆞ니蒙兵이攻之不克ᄒᆞ더라初에蒙兵이鐵州를屠ᄒᆞ거ᄂᆞᆯ朔州分道將軍金仲溫과靜州(今屬義州)分道將軍金慶孫과밋靜(靜州)朔(朔州)渭(渭原)泰(泰川)等州諸守令이다龜州에來會ᄒᆞ니時에朴犀ㅣ龜州에在ᄒᆞ야곳諸將을部署ᄒᆞ야四面을分守ᄒᆞ더니이윽고蒙兵이大至ᄒᆞ야南門을攻ᄒᆞ거ᄂᆞᆯ慶孫이死士十二人을率ᄒᆞ고出戰ᄒᆞ다가慶孫이流矢를中ᄒᆞ야臂血이淋漓ᄒᆞ되鼓를手擊不止ᄒᆞ고戰四五合에蒙兵이却走ᄒᆞᄂᆞᆫ지라慶孫이隊伍를整齊ᄒᆞ고凱歌를唱還ᄒᆞ니朴犀ㅣ道左에迎拜ᄒᆞ고

相對而泣ᄒᆞ더라이에守城事ᄅᆞᆯ다慶孫의게委任ᄒᆞ다時에蒙兵이圍城ᄒᆞ기數重이오日夜攻擊ᄒᆞᆯ새初에ᄂᆞᆫ車上에草ᄅᆞᆯ積ᄒᆞ야進攻ᄒᆞ거ᄂᆞᆯ慶孫이砲車로ᄡᅧ鐵液을溶ᄒᆞ야其積草에瀉焚ᄒᆞ니蒙人이다시樓車와밋大床을牛皮로ᄡᅧ裹ᄒᆞ고其中에軍士ᄅᆞᆯ藏ᄒᆞ야城底에至ᄒᆞ야地道ᄅᆞᆯ穿ᄒᆞ거ᄂᆞᆯ犀ㅣ곳城穴로鐵液을注下ᄒᆞ야樓車ᄅᆞᆯ燒ᄒᆞ고ᄯᅩ朽茨ᄅᆞᆯ爇ᄒᆞ야大床을焚ᄒᆞ니蒙人의死者ㅣ甚多ᄒᆞ고다辟易散去ᄒᆞ며蒙人이ᄯᅩ車上에草ᄅᆞᆯ爇ᄒᆞ야譙樓ᄅᆞᆯ攻ᄒᆞ거ᄂᆞᆯ犀ㅣ水ᄅᆞᆯ樓上에預儲ᄒᆞ야ᄡᅧ灌ᄒᆞ니火ㅣ곳熄ᄒᆞ더라此時에金慶孫은胡床에踞坐督戰ᄒᆞ다가飛砲가慶孫의頂後ᄅᆞᆯ過ᄒᆞ야傍人의首ᄅᆞᆯ擊碎ᄒᆞ거ᄂᆞᆯ慶孫이맛ᄎᆞᆷ내移動치아니ᄒᆞ고神色이自若ᄒᆞ더라蒙兵이圍城ᄒᆞᆫ지三旬에不克ᄒᆞ고引退ᄒᆞ다○蒙兵이宣(宣川)郭(郭山)二州ᄅᆞᆯ攻陷ᄒᆞ고ᄯᅩ龍州(今龍川)ᄅᆞᆯ圍ᄒᆞ야副使魏玿ᄅᆞᆯ虜ᄒᆞ고冬十月에平州(今平山)에移駐ᄒᆞ야曰我兵이

咸新鎭(今義州)에至ᄒᆞ야迎降ᄒᆞᆫ者ᄂᆞᆫ不殺ᄒᆞ엿스니汝國이만일不降ᄒᆞ면我ㅣ不歸ᄒᆞ고降ᄒᆞ면我ㅣ곳東女眞을向ᄒᆞ리라ᄒᆞ니自是로國家ㅣ비로소眞蒙임을知ᄒᆞ니라○蒙兵이다시龜州ᄅᆞᆯ攻ᄒᆞ거ᄂᆞᆯ朴犀ㅣ力戰破之ᄒᆞ다蒙兵이龜州城郭二百餘堞을破ᄒᆞ고城을越入ᄒᆞ거ᄂᆞᆯ犀等이ᄯᅩ大破ᄒᆞ다○三軍의師ㅣ安北府(今安州)에서蒙兵과戰ᄒᆞ다가潰ᄒᆞ니十一月에蒙兵이平州ᄅᆞᆯ屠ᄒᆞ고禮成江(松都西南江)에至ᄒᆞ야廬舍ᄅᆞᆯ焚燒ᄒᆞ고人民을殺掠ᄒᆞ니京城이恟恟ᄒᆞᄂᆞᆫ지라崔瑀ㅣ家兵으로ᄡᅧ自衛ᄒᆞ며守城兵은老弱男女뿐이러라○十二月에御史閔曦ᄅᆞᆯ蒙營에遣ᄒᆞ야請和ᄒᆞ다蒙兵이京城四門外에分屯ᄒᆞ고ᄯᅩ興王寺(在今豐德)ᄅᆞᆯ攻ᄒᆞᄂᆞᆫ지라이에曦와밋郎中宋國瞻을遣ᄒᆞ야蒙兵을犒勞ᄒᆞ고和好ᄅᆞᆯ請ᄒᆞ야蒙使二人과偕來ᄒᆞ거ᄂᆞᆯ宗室淮安公侹을安北府에遣ᄒᆞ야論降ᄒᆞ고撒禮塔의게土物을大贈ᄒᆞ다○蒙兵이다시龜州ᄅᆞᆯ攻ᄒᆞ

다가不克ᄒᆞ다蒙兵이또大砲車로ᄡᅥ龜州를攻ᄒᆞ거ᄂᆞᆯ朴犀ㅣ또ᄒᆞᆫ砲車를發ᄒᆞ야擊殺이無筭ᄒᆞ니蒙兵이淮安公의文牒을遣ᄒᆞ야諭降ᄒᆞᄂᆞᆫ지라犀ㅣ不聽ᄒᆞ고守城益固ᄒᆞ며蒙兵을大破ᄒᆞ니蒙軍中에一老將이城壘器械를環視ᄒᆞ고歎曰吾ㅣ天下를行ᄒᆞ엿스되被攻이如此ᄒᆞ고不降ᄒᆞᄂᆞᆫ者를不見ᄒᆞ엿다ᄒᆞ고又曰城中諸公은他日에다將相이되리라ᄒᆞ더라○趙叔昌이蒙使와偕來ᄒᆞ다叔昌은冲의子라其父ㅣ일즉蒙古哈眞과有舊ᄒᆞ더니至是에蒙使九人으로더브러蒙帝의牒文을持來ᄒᆞ야殺使ᄒᆞᆫ事를責ᄒᆞ고또金銀衣服二萬馱와紫羅一萬疋과獺皮二萬領과馬二萬匹과王孫宗室의童男女各一千과將領大官의童男女各一千을求ᄒᆞ며其餘需索이不可勝記오또軍士衣服一百萬襲을求ᄒᆞ더라○趙叔昌을拜ᄒᆞ야大將軍을삼고黃金七十斤과白金一千二百斤과襦衣一千領과馬百七十匹을蒙營에遣ᄒᆞ고또殺

壬辰

使等事를辨明ᄒᆞ고元帥以下將領의게船物을贈ᄒᆞᆯ시時에府庫ㅣ虛竭ᄒᆞ야百官으로ᄒᆞ여곰品級高下로衣服을出ᄒᆞ야其費를充用ᄒᆞ다

十九年(宋理宗紹定五年○日皇後堀河十一年○西歷紀元後一千二百三十二年)이라春三月에三軍이蒙營에往降ᄒᆞ니蒙師ㅣ乃還ᄒᆞ다○使臣을龜州에遣ᄒᆞ야蒙의게諭降ᄒᆞ다朝廷이崔林壽와閔曦等으로ᄒᆞ여곰蒙人을隨ᄒᆞ야龜州에至ᄒᆞ야諭降ᄒᆞ니朴犀ㅣ不從ᄒᆞᄂᆞᆫ지라閔曦ㅣ그不降ᄒᆞᆷ을悶然ᄒᆞ야拔劍自刎코ᄌᆞᄒᆞ니犀ㅣ이에不得已ᄒᆞ야降ᄒᆞ다後에蒙使ㅣ其固守ᄒᆞᆷ을憤恨ᄒᆞ야殺코ᄌᆞᄒᆞ거ᄂᆞᆯ崔瑀ㅣ朴犀다려謂曰卿이國家에ᄂᆞᆫ忠節이甚壯ᄒᆞ나蒙人의言이또ᄒᆞᆫ可畏니卿은其自處ᄒᆞ라ᄒᆞ거ᄂᆞᆯ犀ㅣ이에鄕里에退歸ᄒᆞ엿다가後에平章事를拜ᄒᆞ야ᄡᅥ卒ᄒᆞ다○慈州를諭ᄒᆞ야蒙人의게降ᄒᆞ라ᄒᆞ니守臣崔椿命이不從ᄒᆞ다初에蒙兵이慈州를攻ᄒᆞ거ᄂᆞᆯ副事崔椿命이固守ᄒᆞ야不降ᄒᆞ엿더니至是ᄒᆞ야撤禮塔이淮安

公侹으로더브러我官太集成과밋蒙古官人을城下에遣ᄒᆞ야諭降ᄒᆞᄂᆞᆫ지라椿命이不聽ᄒᆞ고左右ᄅᆞᆯ命ᄒᆞ야亂射ᄒᆞ니集成이懷恨而返ᄒᆞ다가至是에崔瑀ㅣ勸ᄒᆞ야曰椿命을不殺ᄒᆞ면蒙人에怒ᄅᆞᆯ難解ᄒᆞ리라ᄒᆞ니瑀ㅣ椿命을將斬ᄒᆞᆯ서椿命이臨刑에辭色이不變ᄒᆞ거ᄂᆞᆯ蒙人이聞ᄒᆞ고曰此人이我의게ᄂᆞᆫ不合ᄒᆞ나貴國에ᄂᆞᆫ忠臣이라ᄒᆞ고固請放釋ᄒᆞ더라○蒙古ㅣ達魯花赤七十人을京府州縣에分置ᄒᆞ야監國ᄒᆞ더라○六月에崔瑀ㅣ前王을紫燕島(在今仁川)에遷ᄒᆞ다○崔瑀ㅣ王을脅迫ᄒᆞ야江華에遷都ᄒᆞ고別抄指諭金世冲을殺ᄒᆞ다崔瑀ㅣ蒙患을避코ᄌᆞᄒᆞ야江華에遷都ᄒᆞ니時에昇平이旣久ᄒᆞ야城內에戶口ㅣ十萬이오金碧이相望ᄒᆞ야다遷移ᄒᆞ기ᄅᆞᆯ不願ᄒᆞᄂᆞᆫ지라別抄指諭金世冲이瑀ᄅᆞᆯ詰問ᄒᆞ야曰松京이城池가堅固ᄒᆞ고兵力이甚足ᄒᆞ니맛당히社稷을戮力保衛ᄒᆞᆯ지니此ᄅᆞᆯ捨ᄒᆞ고安徃乎아ᄒᆞᆫ듸瑀ㅣ世冲을

斬ᄒᆞ고王을脅迫ᄒᆞ야江華에幸行코ᄌᆞᄒᆞ니王이依違未決ᄒᆞᄂᆞᆫ지라瑀ㅣ이에몬져家財ᄅᆞᆯ江華에輸送ᄒᆞ고有司로ᄒᆞ여곰城內五部人戶ᄅᆞᆯ發送ᄒᆞ고또江華에宮闕을營造ᄒᆞ니秋七月에王이江華에至ᄒᆞ야客館을御ᄒᆞ다○諸都ᄅᆞᆯ命ᄒᆞ야民人으로ᄒᆞ여곰山城과海島에徙入케ᄒᆞ니時에國家ㅣ北界諸城에在ᄒᆞᆫ達魯花赤의弓矢ᄅᆞᆯ奪ᄒᆞ미蒙兵이復至ᄒᆞᆯ가恐ᄒᆞᆷ이러라○世祖(太祖의父隆이라)太祖二梓宮을江都에移葬ᄒᆞ다○九月에蒙古ㅣ다시大擧來侵ᄒᆞ다蒙人이맛ᄒᆞ되我國이達魯赤花等을拘辱ᄒᆞ고江華에遷都ᄒᆞ엿다ᄒᆞ야다시撒禮塔을遣ᄒᆞ야來攻ᄒᆞᆯ서所在에屠掠ᄒᆞ야비록婦人老弱이라도다殺ᄒᆞ고冬十二月에處仁城(在今龍仁)을進攻ᄒᆞ거ᄂᆞᆯ一僧이城內로좃차撒禮塔을射殺ᄒᆞ고俘獲이亦多ᄒᆞ니蒙兵이遂潰ᄒᆞ고其副將이回軍ᄒᆞ나餘衆이尙多ᄒᆞ야侵掠不已ᄒᆞ더라國家ㅣ其僧으로ᄡᅥ上將軍을授ᄒᆞ니僧이辭功固讓

癸巳

호고後에還俗호니名은金允侯러라

二十年○宋理宗紹定六年○日皇四條元年○西曆紀元後一千二百三十三年이라五月에西京人畢賢甫洪福源等이西京으로써反호거놀將軍鄭毅로써宣諭使를拜호야往喩홀식毅ㅣ大同江에至호니賊勢ㅣ甚盛호지라從者ㅣ遽入치아님을勸호되毅ㅣ奮然曰我ㅣ엇지王命을少稽호리오호고드듸여入호니賢甫等이毅를見호고大喜호야其主를삼고즈호다가不用홈을恨惡호야殺호거놀冬十二月에崔瑀ㅣ家兵三千을發호야北界兵馬使閔曦로더브러往討호야賢甫를斬호니福源은蒙古에逃去호다先是撒禮塔이侵我홀식福源이迎降호야其腹心이되엿다가至是호야反호니또흔蒙古를應홈이라福源이蒙古에在호야東京(今在遼東)摠管이되야本國을搆讒호니蒙古의徵索과侵伐이다福源의導誘러라○江都外城을築호다○金就礪ㅣ卒호다就礪는彥陽人이라爲人이節儉正

直호고忠義自守호며持軍홈이嚴整호야士卒이敢犯치못호나酒가有호면必士卒最下者로더브러同飮호고臨陣制敵에奇計를多出호야大功을成호더라○崔瑀의遷都혼功을論賞호야晉陽侯를封호고府를立호다

丁酉

二十四年○宋理宗嘉熙元年○日皇四條五年○西曆紀元後一千二百三十七年이라春에潭陽草賊李延年이無賴輩를嘯聚호야傍邑을攻破호고羅州를進圍호거놀指揮使金慶孫이延年을擊斬호니餘衆이遂潰호다初에賊이慶孫의盛名을聞호고生擒호야主將을삼고즈호는고로弓矢를不用호야慶孫이受傷치아니호니라○秋八月에前王이崩호니廟號는熙宗이오碩陵에葬호다

辛丑

二十八年○宋理宗淳祐元年○日皇四條九年○西曆紀元後一千二百四十一年이라時에蒙兵이境內에彌漫호지屢年이러니至是호야蒙에遣使호야罷兵호기를請호고宗

室永寧公綧으로ᄒᆞ여곰衣冠子弟十人을率ᄒᆞ고蒙에遣質ᄒᆞ다○冬十二月에崔瑀ᄅᆞᆯ進ᄒᆞ야晉陽公을封ᄒᆞ고食邑을加ᄒᆞ다○遣使ᄒᆞ야蒙에如ᄒᆞ다時에蒙太宗이殂ᄒᆞ고女后ㅣ臨朝ᄒᆞ야兵患이稍息ᄒᆞ고兩國使价가往來不絶ᄒᆞ야一歲에或四五次가되더라

戊申

三十五年(宋理宗淳和八年○日皇後深草二年○西歷紀元後一千二百四十八年)春三月이라時에蒙兵이北界에入ᄒᆞ야捕獺ᄒᆞ다稱ᄒᆞ고所在侵掠ᄒᆞᄂᆞᆫ지라兵馬使ᄅᆞᆯ命ᄒᆞ야人民을海島에入ᄒᆞᆯ시安北府(今安州)의葦島ᄂᆞᆫ海潮가出入ᄒᆞ야耕種이難ᄒᆞ거ᄂᆞᆯ兵馬判官金方慶이人民으로ᄒᆞ여곰堤堰을築ᄒᆞ고稗ᄅᆞᆯ種ᄒᆞ니人民이初에ᄂᆞᆫ怨苦ᄒᆞ다가秋에至ᄒᆞ야大稔ᄒᆞ니時에蒙兵이비록連歲不退ᄒᆞ나島人은饑乏이無ᄒᆞ고또島中에井泉이無ᄒᆞ거ᄂᆞᆯ方慶이大澤을堀ᄒᆞ야貯水ᄒᆞ엿다가夏에ᄂᆞᆫ汲引ᄒᆞ고冬에ᄂᆞᆫ鑿冰ᄒᆞ니人이비로소其智ᄅᆞᆯ服ᄒᆞ더라○崔沆으로ᄡᅥ樞密院知奏事ᄅᆞᆯ拜ᄒᆞ다沆은瑀의子라其弟로더브러僧이되니名曰萬全이라無賴門徒ᄅᆞᆯ聚集ᄒᆞ야殖貨로爲事ᄒᆞ고金帛이鉅萬計오所蓄ᄒᆞᆫ米가五十餘萬石이라貸民取息ᄒᆞ야州邑을侵擾ᄒᆞ더니至是ᄒᆞ야瑀ㅣ萬全으로ᄒᆞ여곰歸俗ᄒᆞ야改名ᄒᆞ고是職을拜ᄒᆞ다初에全羅道按察使金之岱ㅣ萬全의門徒ᄅᆞᆯ捕ᄒᆞ야數罪ᄒᆞ고江에投ᄒᆞ엿더니萬全이크게怨恨ᄒᆞ나之岱ㅣ廉謹ᄒᆞ야過失이無ᄒᆞ니沆이害치못ᄒᆞ더라

己酉

三十六年(宋理宗淳和九年○日皇後深草三年○西歷紀元後一千二百四十九年)이라冬十一月에崔瑀ㅣ死ᄒᆞ고其子沆으로ᄡᅥ樞密副使吏兵部尙書御史大夫ᄅᆞᆯ拜ᄒᆞ니沆이服喪ᄒᆞᆫ지二日에除喪ᄒᆞ다○崔沆이樞密副使金慶孫이衆心을得ᄒᆞ엿다ᄒᆞ야白翎島에流配ᄒᆞ다○北界人民이蒙兵이連歲來侵ᄒᆞᆷ을苦ᄒᆞ야內地에徙入ᄒᆞ기ᄅᆞᆯ請ᄒᆞ거ᄂᆞᆯ드듸여西京과및西海道에遷徙케ᄒᆞ다○崔椿命이卒ᄒᆞ다○崔沆으로ᄡᅥ門下侍中을拜ᄒᆞ다

辛亥 三十八年(宋理宗淳祐十一年○日皇後深草五年○西曆紀元後一千二百五十一年)이라 冬十月에 崔沆이 其母大氏를 弑ᄒᆞ고 前樞密副使金慶孫等을 殺ᄒᆞ다 初에 崔瑀의 外孫 金敉ㅣ 沆으로 더브러 互相傾奪ᄒᆞᆯ새 大氏ㅣ 미양 敉를 助ᄒᆞᄂᆞᆫ지라 沆이 깁히 怨恨ᄒᆞ다가 至是ᄒᆞ야 沆이 大氏前夫의 子將軍吳承績을 江에 投ᄒᆞ고 大氏ᄂᆞᆫ 毒殺ᄒᆞ고 또 白翎島에 遣人ᄒᆞ야 慶孫을 海에 沈ᄒᆞ니 此ᄂᆞᆫ 承績의 姻親이 됨이라 慶孫이 莊重裕和ᄒᆞ고 膽略이 有ᄒᆞ야 大功을 屢立ᄒᆞ고 朝野가 倚望ᄒᆞ더니 其死에 世人이 다 痛惜ᄒᆞ더라

丁巳 四十四年(宋理宗寶祐五年○日皇後深草十一年○西曆紀元後一千二百五十七年)이라 夏四月에 崔沆이 死ᄒᆞ거ᄂᆞᆯ 其子竩로ᄡᅥ 將軍을 拜ᄒᆞ다 初에 沆이 爲僧時에 宋愭의 婢를 通ᄒᆞ야 竩를 生ᄒᆞ고 嫡妾이 다 無子ᄒᆞ야 竩로ᄡᅥ 嗣를 삼으니 竩ᄂᆞᆫ 容儀가 甚美ᄒᆞ고 性이 沈默ᄒᆞ며 또 羞澁이 多ᄒᆞ더니 밋 秉政ᄒᆞ미 飢民을 賑給ᄒᆞ야 人心을 收拾ᄒᆞ더라 ○ 秋七月에 崔竩로ᄡᅥ 左副承宣을 삼다 ○ 崔竩ㅣ 家奴李公柱로ᄡᅥ 郎將을 삼다 舊制에 奴隷가 비록 大功이 有ᄒᆞ야도 官爵을 不拜ᄒᆞ더니 今에 奴隷의 拜官이 自此始러라

戊午 四十五年(宋理宗寶祐六年○日皇後深草十二年○西曆紀元後一千二百五十八年)이라 夏四月에 大司成柳璥과 別將金仁俊等이 崔竩를 誅ᄒᆞ다 竩가 讒言을 信ᄒᆞ야 忌嫉이 多ᄒᆞ고 贖貨가 無厭ᄒᆞ니 由是로 人望을 失ᄒᆞ고 時에 金仁俊은 忠獻의 家奴라 狀貌ㅣ 魁岸ᄒᆞ고 性이 寬厚好施ᄒᆞ야 瑀와 밋 沆이 다 寵信ᄒᆞ며 柳璥은 政房에 久在ᄒᆞ야 또ᄒᆞᆫ 沆의 親厚ᄒᆞᆫ 비 되더니 밋 竩가 執政ᄒᆞ미 다 疎遠ᄒᆞ니 二人이 不平ᄒᆞ고 또 宋吉儒ᄂᆞᆫ 金仁俊과 柳璥의 黨이라 貪虐이 甚ᄒᆞ거ᄂᆞᆯ 崔竩ㅣ 吉儒를 楸子島에 流配ᄒᆞ니 이럼으로 二人이 더옥 交惡ᄒᆞ더니 至是ᄒᆞ야 郎將朴松庇와 朴希實과 李延紹와 李公柱와 林衍과 밋 仁俊의 弟承俊等으로 더브러 密謀ᄒᆞ야 竩를 誅ᄒᆞᆯ새 別抄三隊를 射廳에 聚集ᄒᆞ고 樞密使崔昷을 推ᄒᆞ야 主將을 삼고 兵士를 率ᄒᆞ고

竩家에入ᄒᆞ니竩ㅣ屋溝中에走匿ᄒᆞ거ᄂᆞᆯ索出ᄒᆞ야斬ᄒᆞ고其黨을盡殺ᄒᆞ고政事ᄅᆞᆯ王ᄭᅴ歸ᄒᆞ고因ᄒᆞ야忠獻과瑀의壁上圖形을請削ᄒᆞ거ᄂᆞᆯ王이從ᄒᆞ고璥으로ᄡᅥ樞密院右副承宣을拜ᄒᆞ고松庇와仁俊은大將軍을拜ᄒᆞ고衛社功臣號ᄅᆞᆯ賜ᄒᆞ고其餘ᄂᆞᆫ賜爵이有差ᄒᆞ고竩의家倉을發ᄒᆞ야中外官民을賑給ᄒᆞ다○冬十一月에柳璥으로ᄡᅥ簽書樞密院事ᄅᆞᆯ拜ᄒᆞ다璥이崔竩ᄅᆞᆯ旣誅ᄒᆞᄆᆡ政房을便殿에奏置ᄒᆞ야銓注ᄅᆞᆯ專掌ᄒᆞ니金仁俊이甚히敬重ᄒᆞ야每事ᄅᆞᆯ諮詢ᄒᆞ더라然이나仁俊의弟承俊이스ᄉᆞ로功高位卑ᄒᆞ다ᄒᆞ야怨恨을懷ᄒᆞ고林衍等으로더브러璥을仁俊의게譖ᄒᆞ야承宣을罷ᄒᆞ고是職을拜ᄒᆞ니其政柄을奪ᄒᆞᆷ이라自此로內外權이다仁俊의게歸ᄒᆞ다○漢陽龍津人趙暉ㅣ定州人卓靑으로더브러蒙兵을引ᄒᆞ야猪島(今在永興)에入ᄒᆞ야東北面兵馬使愼執平을殺ᄒᆞ고和州(今永興)以北으로ᄡᅥ蒙古의게降ᄒᆞ니蒙이雙城

戊辰

九年(宋度宗咸淳四年○日皇龜山九年○西歷紀元後一千二百六十八年)이라先是에王이金俊으로ᄡᅥ侍中을拜ᄒᆞ엿다가이윽고海陽侯ᄅᆞᆯ進封ᄒᆞ니俊이國政을擅弄ᄒᆞ고黜陟을任意ᄒᆞ며法令이苛峻ᄒᆞ니百姓이怨苦ᄒᆞ더라○冬十二月에金俊을誅ᄒᆞ다王이俊의縱恣ᄒᆞᆷ을惡ᄒᆞ야除코ᄌᆞ ᄒᆞᆯ시林衍과有隙ᄒᆞᆷ을知ᄒᆞ고衍의게謀ᄒᆞ니衍이드ᄃᆡ여王이有疾ᄒᆞ다稱ᄒᆞ고俊을朝堂에召至ᄒᆞ야斬ᄒᆞ고幷히其弟承俊을殺ᄒᆞ고別抄兵을分遣ᄒᆞ야俊의諸子와밋其黨與ᄅᆞᆯ殺ᄒᆞ더니이윽고林衍이王을逼迫ᄒᆞ야別宮에幽ᄒᆞ고安慶公淐을立ᄒᆞ고王을尊ᄒᆞ야太上王이라ᄒᆞ거ᄂᆞᆯ時에太子諶이蒙古에在ᄒᆞ엿다가廢立事ᄅᆞᆯ訴ᄒᆞ니蒙主ㅣ遣使詰問ᄒᆞ거ᄂᆞᆯ衍이懼ᄒᆞ야王을復位ᄒᆞ더라

庚午

十一年(宋度宗咸淳六年○日皇龜山十一年○西歷紀元後一千二百七十年)이라春二月에王이蒙古京都에至ᄒᆞ야蒙古公主로ᄡᅥ太子의게遣嫁ᄒᆞᆷ을請ᄒᆞ고또本國에達舊

花赤을請宣ᄒᆞ니蒙主ㅣ許諾ᄒᆞ더라○先是에蒙古ㅣ廢立事로詰問ᄒᆞ거ᄂᆞᆯ安慶公淐이金方慶을遣ᄒᆞ야陳辨ᄒᆞᆯ시時에西京兵馬營吏崔坦等이徒黨을嘯聚ᄒᆞ야林衍을誅ᄒᆞᆫ다稱ᄒᆞ고蒙古의게三千兵을請ᄒᆞ야西京을來鎭ᄒᆞ라ᄒᆞ니蒙主ㅣ蒙哥篤을遣ᄒᆞ야將兵ᄒᆞ고方慶으로더브러西京에偕至ᄒᆞ니坦等이蒙兵을藉勢ᄒᆞ고橫亂코ᄌᆞᄒᆞ거ᄂᆞᆯ方慶이盡心彌縫ᄒᆞ야ᄃᆞ듸여無事ᄒᆞ니라○蒙이林衍의廢立事로遣責ᄒᆞ니衍이憂懣成疾ᄒᆞ야死ᄒᆞ고其子惟茂ㅣ教定別監을襲拜ᄒᆞ다○夏五月에蒙이行省을我國에置ᄒᆞ고脫朶兒로ᄡᅥ達魯花赤을삼고東方事를領ᄒᆞ더라○時에王이蒙에在ᄒᆞ야國中臣僚를諭ᄒᆞ야舊京에出都ᄒᆞ라ᄒᆞ니林惟茂ㅣ拒命不從ᄒᆞ거ᄂᆞᆯ御史中丞洪文系와知門下省宋松禮等이別抄兵을率ᄒᆞ고惟茂를誅ᄒᆞ야政事를王室에歸ᄒᆞ더니既而오王이至ᄒᆞ야開京에還都ᄒᆞ다○冬十二月에金方慶이三

摠管府를和州에置ᄒᆞ고暉로ᄡᅥ摠管을拜ᄒᆞ고靑으로ᄡᅥ千戶를삼으니暉等이出沒抄掠ᄒᆞ야國家ㅣ自此로東北諸城을失ᄒᆞ다

己未 四十六年(宋理宗開慶元年○日皇後深草十三年○西曆紀元後一千二百五十九年)이라六月에王이薨ᄒᆞ거ᄂᆞᆯ時에太子倎이蒙古에如ᄒᆞ야未還ᄒᆞᆫ지라이에太孫諶이監國ᄒᆞ야諡曰安孝오廟號ᄂᆞᆫ高宗이라ᄒᆞ고洪陵에葬ᄒᆞ다○冬十一月에宮闕을舊京에創建ᄒᆞ니將且出陸還都코ᄌᆞᄒᆞᆷ이러라

元宗順孝王의諱ᄂᆞᆫ倎이오字ᄂᆞᆫ日新이니在位十五年이오壽가五十六이라

庚申 元年(宋理宗景定元年○日皇龜山元年○西曆紀元後一千二百六十年)이라三月에太子ㅣ蒙으로브터還ᄒᆞ다時에蒙古憲宗이殂ᄒᆞ고其弟忽必烈이宋에觀兵ᄒᆞᆯ시맛ᄎᆞᆷ太子ㅣ梁楚間에至ᄒᆞ니忽必烈이襄陽으로브터班師ᄒᆞ거ᄂᆞᆯ太子ㅣ道上에서迎見ᄒᆞᆯ새眉目이如畵ᄒᆞ고周旋이中禮ᄒᆞᄂᆞᆫ지라忽必烈이

大喜曰高麗ᄂᆞᆫ萬里之國이라唐太宗으로브터攻伐ᄒᆞ되降服지못ᄒᆞ
더니今에太子ㅣ自來ᄒᆞ니此ᄂᆞᆫ天意라ᄒᆞ고드듸여京北府에俱至ᄒᆞ
니太ㅣ子비로소王의訃音을聞ᄒᆞ거ᄂᆞᆯ忽必烈이이에康和尙으로ᄒᆞ
여곰太子ᄅᆞᆯ護送還國ᄒᆞ야夏四月에太子ㅣ即位ᄒᆞ니太孫이百官을
率ᄒᆞ고上表行禮ᄒᆞ다○五月에金俊으로써樞密副使翼陽君開國伯
을拜ᄒᆞ다先是에崔竩誅ᄒᆞᆫ功을叙ᄒᆞᆯ시柳璥으로써第一을삼더니王
是ᄒᆞ야仁俊을改策ᄒᆞ야第一을삼으니仁俊은即金俊이舊名이러라
○八月에蒙古主ㅣ達魯花赤을召還ᄒᆞ다

癸亥

四年○宋理宗景定四年○日皇龜山四年○西歷紀元後一千二百六十三年이라春二月에日本이金州今金海ᄅᆞᆯ侵攻ᄒᆞ야州縣의貢船을掠取ᄒᆞ거ᄂᆞᆯ夏四月에太官署丞洪泞等을日本에遣ᄒᆞ야侵掠ᄒᆞᆫ緣故ᄅᆞᆯ詰責ᄒᆞᆫ듸日本이其事ᄅᆞᆯ嚴推ᄒᆞ니곳對馬島의水寇라其所掠ᄒᆞᆫ米布ᄅᆞᆯ徵還ᄒᆞ다

別抄兵을珍島에서擊ᄒᆞ다가不利ᄒᆞ다初에崔瑀ㅣ國中에多盜ᄒᆞᆷ을患ᄒᆞ야勇士로ᄒᆞ여곰每夜巡行ᄒᆞᆯ시名曰夜別抄라ᄒᆞ더니밋諸道에盜起ᄒᆞ거ᄂᆞᆯ別抄軍을分遣戢捕ᄒᆞᆯ시其數가甚多ᄒᆞ야드듸여左右軍을分設ᄒᆞ고또國人의蒙古로逃還ᄒᆞᆫ者로써一部ᄅᆞᆯ別置ᄒᆞ니此ᄂᆞᆫ곳三別抄라自此로權臣이執國ᄒᆞ야爪牙ᄅᆞᆯ삼ᄂᆞᆫ고로此輩가狂悍難制ᄒᆞ더니王이舊京에還都ᄒᆞ야곳革罷ᄒᆞ니軍情이危疑ᄒᆞ야所適을莫知ᄒᆞᄂᆞᆫ지라將軍裴仲孫等이드듸여其兵으로써叛ᄒᆞ야承化侯溫을逼ᄒᆞ야王을삼고公私財貨와밋子女ᄅᆞᆯ掠取ᄒᆞ고浮海南去ᄒᆞ야珍島ᄅᆞᆯ入據ᄒᆞ고州縣을侵掠ᄒᆞ거ᄂᆞᆯ追討使申思佺이奔還ᄒᆞᄂᆞᆫ지라이에方慶으로써軍士六千餘人을率ᄒᆞ고蒙古元帥阿海와合兵往勦ᄒᆞᆯ시海中에서賊을遇ᄒᆞ야方慶이突擊ᄒᆞ다가被圍가甚急ᄒᆞᆫ지라方慶이義不死賊이라ᄒᆞ고海上에欲投ᄒᆞ더니其士卒이爭救得脫ᄒᆞ다

辛未

十二年(宋度宗咸淳七年○日皇龜山二年 西曆紀元後一千二百七十一年)이라 夏五月에 金方慶等이 珍島를 大破ᄒᆞ다 先是에 蒙主ㅣ 阿海가 畏縮不前ᄒᆞᆫ다ᄒᆞ야 忻都와 밋 洪茶丘로ᄡᅥ 領兵相助ᄒᆞ거ᄂᆞᆯ 方慶이 이에 忻都茶丘等으로더브러 左右軍을 分率ᄒᆞ고 賊을 碧波亭(珍島南江)에서 大破ᄒᆞ고 僞王溫을 斬ᄒᆞ니 餘衆이 耽羅에 竄入ᄒᆞ더라 ○十二月에 蒙古達魯花赤脫朶兒ㅣ 卒ᄒᆞ다 脫朶兒ㅣ 沈重寬厚ᄒᆞ야 人民을 撫恤ᄒᆞ고 聽斷이 明白ᄒᆞ야 枉法이 無ᄒᆞ더니 밋 疾作에 國醫가 進藥ᄒᆞ니 脫朶兒ㅣ 謝却ᄒᆞ야 曰我ㅣ 만일 飮此而死ᄒᆞ면 貴國을 譏搆ᄒᆞᄂᆞᆫ 者ㅣ 必曰高麗ㅣ 毒殺ᄒᆞ엿다ᄒᆞ리라ᄒᆞ고 不飮ᄒᆞ고 卒ᄒᆞ니 國人이 歎惜ᄒᆞ더라 ○金方慶으로ᄡᅥ 守太尉中書門下平章事를 拜ᄒᆞ다 ○冬十月에 蒙이 國號를 建ᄒᆞ야 曰大元이라ᄒᆞ고 遣使來告ᄒᆞ거ᄂᆞᆯ 王이 또ᄒᆞᆫ 遣使致賀ᄒᆞ다 ○太府에 貲財가 告罄ᄒᆞ거ᄂᆞᆯ 府官姜習贊이 其苦를 不勝ᄒᆞ야 祝髮逃去ᄒᆞ고 時에 內藏이 또

ᄒᆞᆫ 空竭ᄒᆞ야 御供이 一夕을 闕ᄒᆞ다 ○初에 洪文系ㅣ 林惟茂를 誅ᄒᆞᆫ 功으로ᄡᅥ 承宣을 拜ᄒᆞ엿다가 國事가 日非ᄒᆞᆷ을 見ᄒᆞ고 辭職ᄒᆞ더니 至是ᄒᆞ야 樞密府事를 移拜ᄒᆞ되 또 不就ᄒᆞ니 時年이 未滿四十이러라 ○三別抄賊이 耽羅에 入ᄒᆞ야 內外城을 築ᄒᆞ고 數出抄掠ᄒᆞ거ᄂᆞᆯ 王이 金方慶으로ᄡᅥ 元帥를 拜ᄒᆞ고 軍士萬餘를 率ᄒᆞ고 忻都茶丘等으로더브러 進討ᄒᆞ야 克ᄒᆞ니 賊魁金通精이 自縊死ᄒᆞ고 餘衆이 皆降ᄒᆞ거ᄂᆞᆯ 方慶을 進ᄒᆞ야 侍中을 拜ᄒᆞ다 ○元이 遣使ᄒᆞ야 南方에 採金ᄒᆞ다

甲戌

十五年(宋度宗咸淳十年○日皇龜山十五年 西曆紀元後一千二百七十四年)이라 夏六月에 王이 崩ᄒᆞ니 時에 世子(時에元이稱呼를詰責ᄒᆞ야 自此로世子라稱ᄒᆞ다)ㅣ 元에 在ᄒᆞ거ᄂᆞᆯ 百官이 太子를 遙尊ᄒᆞ야 王을 삼고 前王을 謚ᄒᆞ야 曰順孝오 廟號ᄂᆞᆫ 元宗이오 秋八月에 世子ㅣ 回國ᄒᆞ야 卽位ᄒᆞ고 韶陵에 葬ᄒᆞ다 ○冬十月에 金方慶等이 日本兵을 大破ᄒᆞ다 先是에 元主ㅣ 日本을 致降코ᄌᆞᄒᆞᆯ식 我國이 日本

과通好ᄒᆞ엿다ᄒᆞ야其使黑的等을遣ᄒᆞ야我使로더브러日本에如ᄒᆞ야來朝ᄒᆞ기를勸ᄒᆞ라ᄒᆞ니日本이不從ᄒᆞ거ᄂᆞᆯ元主ㅣ怒ᄒᆞ야欲伐ᄒᆞᆯ새本國에遣使ᄒᆞ야戰艦을督造ᄒᆞ고至是에軍士二萬五千을發ᄒᆞ야忽敦과洪茶丘로ᄒᆞ여곰領率ᄒᆞ고來ᄒᆞ거ᄂᆞᆯ王이方慶과밋朴之亮金忻等을遣ᄒᆞ야助戰ᄒᆞᆯ새對馬島로브터壹岐島에至ᄒᆞ야連戰皆克ᄒᆞ고千餘級을斬ᄒᆞ고三郞浦에登陸ᄒᆞ야分路進兵ᄒᆞ엿더니日兵이突至ᄒᆞᄂᆞᆫ지라方慶이屹立不動ᄒᆞ고厲聲大喝ᄒᆞ니日兵이辟易退去ᄒᆞ거ᄂᆞᆯ忻과之亮等이또力戰大破ᄒᆞ니伏屍가麻와如ᄒᆞᆫ지라蒙人이歎曰蒙人이비록善戰ᄒᆞ나엇지及此ᄒᆞ리오ᄒᆞ더라方慶이復戰코ᄌᆞᄒᆞ니忽敦이勸止ᄒᆞ고드듸여引還ᄒᆞ더니맛ᄎᆞᆷ大風雨가作ᄒᆞ야戰船이多破ᄒᆞ고諸軍의溺死者ㅣ또ᄒᆞᆫ萬餘人이러라○先是에王이元에在ᄒᆞ야元主의女를娶ᄒᆞ니曰忽都魯揭迷失公主라至是ᄒᆞ야公主가來ᄒᆞ거ᄂᆞᆯ王이逆入ᄒᆞᆯ새從臣으로ᄒᆞ여곰頭髮을剃ᄒᆞ고隨從ᄒᆞ엿다가十二月에公主로더브러肅州(今肅川)에會ᄒᆞ야胡服으로同輦入京ᄒᆞ고前妃王氏를降封ᄒᆞ야貞和宮主를삼다

忠烈王의諱ᄂᆞᆫ昛오初諱ᄂᆞᆫ諶이니在位三十四年이오壽가七十三이라

乙亥 元年(宋恭宗德祐元年 日本後宇多元年 西曆紀元後一千二百七十五年)이라春三月에王이公主로더브러北山洛山寺에幸行ᄒᆞ고自後로寺院에歷幸ᄒᆞ며至於田獵遊觀에公主ㅣ다叅往ᄒᆞ더라○時에帑藏이匱竭ᄒᆞ야文武百官으로브터編戶ᄭᆞ지各其銀布를出ᄒᆞ야國用을以充ᄒᆞ더니自是로國家가有事ᄒᆞ면곳前例를作ᄒᆞ야收斂ᄒᆞ더라○秋九月에公主ㅣ元子謜을生ᄒᆞ니宮中이宴賀ᄒᆞᆯ새貞和宮主ㅣ行酒ᄒᆞ거ᄂᆞᆯ王이公主를顧見ᄒᆞ니公主ㅣ大怒曰엇지我를白眼相視ᄒᆞᄂᆞ고貞和宮主ㅣ我의게跪拜ᄒᆞᆯ

을不喜홈이라ᄒᆞ고드듸여大哭ᄒᆞ고促駕欲還ᄒᆞ다가旣而오勸止ᄒᆞ
다○冬十月에國中婚嫁ᄅᆞᆯ禁ᄒᆞ니元이處女ᄅᆞᆯ求홈이러라○王이公
主로더브러興王寺에幸行홀ᄉᆡ公主ㅣ寺中金塔을取ᄒᆞ야入內코ᄌᆞ
ᄒᆞ거ᄂᆞᆯ王이禁止不得ᄒᆞ야涕泣홀ᄲᅮᆫ이오公主ㅣ또松子와人蔘을江
南에送ᄒᆞ야厚利ᄅᆞᆯ獲ᄒᆞ고自後로宦官을分遣ᄒᆞ야搜索홀ᄉᆡ비록不
産ᄒᆞᄂᆞᆫ地라도다徵納ᄒᆞ니人民이怨苦ᄒᆞ더라○時에人이匿名書ᄅᆞᆯ
投ᄒᆞ야言ᄒᆞ되貞和宮主ㅣ呪咀ᄒᆞ고金方慶은不軌ᄅᆞᆯ謀ᄒᆞᆫ다ᄒᆞ거ᄂᆞᆯ
이에宮主와方慶等을囚ᄒᆞ고鞫問ᄒᆞ더니柳璥이力辨乃釋ᄒᆞ다○都
兵馬使ㅣ言ᄒᆞ되國用이殫竭ᄒᆞ니無功人과밋不次로求官ᄒᆞᄂᆞᆫ者ᄂᆞᆫ
銀을科斂ᄒᆞ야國贐(蒙古에贈遺ᄒᆞᄂᆞᆫ稱號ㅣ라)都監에納ᄒᆞ자ᄒᆞ거ᄂᆞᆯ王이從ᄒᆞ다○
先是에王이田獵을好ᄒᆞ고또鷹鷂ᄅᆞᆯ元에送ᄒᆞᄂᆞᆫ고로鷹坊을置ᄒᆞ고
諸嬖人으로刱掌ᄒᆞ니嬖人이因ᄒᆞ야徵斂이苛虐ᄒᆞ야百姓이困苦ᄒᆞ

己卯

며또材木을諸道에廣求ᄒᆞ야宮闕을營造ᄒᆞ더니至是ᄒᆞ야王이猝然
이得疾ᄒᆞ거ᄂᆞᆯ宰樞ㅣ土木을停ᄒᆞ고鷹鷂ᄅᆞᆯ放ᄒᆞ며金塔을還ᄒᆞ야命
을祈ᄒᆞ소셔ᄒᆞᆫ대公主ㅣ다從ᄒᆞ더라
五年(宋帝昺祥興二年○是歲宋亡○日皇後宇多五年○西曆紀元後一千二百七十九年)이라春二月에國內ᄅᆞᆯ
令ᄒᆞ야다元服을着ᄒᆞ다初에元宗時에將軍印公秀ㅣ王을勸ᄒᆞ야元
服을效ᄒᆞ라ᄒᆞ거ᄂᆞᆯ元宗이曰吾ㅣ祖宗家風을遽變키難ᄒᆞ니我ㅣ死
後에卿等이自爲ᄒᆞ라ᄒᆞ더니밋王이公主ᄅᆞᆯ逆홀時에宰臣宋松禮等
이風旨ᄅᆞᆯ承ᄒᆞ야剃髮造朝ᄒᆞ나幾人에無ᄒᆞ더니及是ᄒᆞ야百官以下
와禁內와學館을命ᄒᆞ야다開剃ᄒᆞ고오작百姓과奴隸ᄂᆞᆫ仍舊ᄒᆞ더라
○夏四月에中贊金方慶을大靑島(在今長淵)에流ᄒᆞ다先是에將軍韋得儒
等이方慶과有隙ᄒᆞ야元國忻都의게讒曰方慶이其子婿와밋將軍羅
裕等四百餘人으로더브러王과公主와밋達魯花赤을謀去ᄒᆞ고다시

江華에入ᄒᆞ야叛코ᄌᆞᄒᆞᆫ다ᄒᆞ거ᄂᆞᆯ忻都ㅣ곳京城에入ᄒᆞ야達魯花赤石抹天衢로더브러王과밋公主의게告ᄒᆞ고方慶等을鞠問ᄒᆞ니事가다無實ᄒᆞ거ᄂᆞᆯ王이赦遣ᄒᆞ엿더니先是에元의洪茶丘ㅣ本國을怨ᄒᆞ야伺釁嫁禍코ᄌᆞᄒᆞ다가至是ᄒᆞ야元主ㅣ忻都와茶丘ᄅᆞᆯ命ᄒᆞ야同鞫ᄒᆞ라ᄒᆞ니於是에茶丘ㅣ鐵索으로方慶의首ᄅᆞᆯ圈ᄒᆞ고杖者로ᄒᆞ여곰其頭ᄅᆞᆯ擊ᄒᆞ며終日을裸立ᄒᆞ니時에天이極寒ᄒᆞ야肌膚가凍ᄒᆞ야潑墨과如ᄒᆞ거ᄂᆞᆯ王이茶丘다려謂曰向者忻都ㅣ已鞠ᄒᆞ엿스니何必更問ᄒᆞ리오ᄒᆞᆫ더茶丘ㅣ不從ᄒᆞ고慘毒을益加ᄒᆞ야昏絶ᄒᆞ다가復甦ᄒᆞ야도方慶이맛ᄎᆞᆷ내不服ᄒᆞ니王이方慶이死ᄒᆞᆯ가恐ᄒᆞ야方慶의게密喩ᄒᆞ야아직誣服ᄒᆞ야追後申理ᄒᆞ라ᄒᆞ거ᄂᆞᆯ方慶이曰臣이肝腦塗地ᄒᆞᆯ지라도엇지誣服ᄒᆞ야社稷을負ᄒᆞ리오ᄒᆞ고茶丘ᄅᆞᆯ顧謂曰欲殺ᄒᆞ거든便殺ᄒᆞᆯ지라我ㅣ엇지不義에屈ᄒᆞ리오ᄒᆞ더니맛ᄎᆞᆷ내大靑島에

城ᄒᆞ고江華에奔入ᄒᆞ며賊이楊根城을進陷ᄒᆞ니州縣이望風奔潰ᄒᆞ고賊이鐵嶺을踰ᄒᆞ야原州ᄅᆞᆯ犯ᄒᆞ거ᄂᆞᆯ別抄鄕貢進士元冲甲이迎擊ᄒᆞ야十戰皆捷ᄒᆞ니賊勢가稍挫ᄒᆞᄂᆞᆫ지라時에元의薛闍干이來援ᄒᆞ야木川에셔合軍ᄒᆞ야燕岐山下에進至ᄒᆞ니賊이林木間에隱伏ᄒᆞ야我軍을射ᄒᆞ거ᄂᆞᆯ右軍萬戶金忻이步卒五百을率ᄒᆞ고先登ᄒᆞ야破ᄒᆞ고諸軍이繼進ᄒᆞ니賊이勢窮奔潰ᄒᆞ거ᄂᆞᆯ公州에追至ᄒᆞ니伏屍가三十里라旣而오賊의餘衆이다시來犯ᄒᆞ거ᄂᆞᆯ左軍萬戶韓希愈ㅣ其陣에馳入ᄒᆞ야勇士ᄅᆞᆯ斬ᄒᆞ야竿에揭ᄒᆞ고出ᄒᆞ니賊이다奪氣ᄒᆞ거ᄂᆞᆯ이에奮擊大破ᄒᆞ니哈丹이潰圍遁去ᄒᆞ더라○耽羅王子의게紅鞓과牙笏帽蓋靴ᄅᆞᆯ賜ᄒᆞ다先是에元이耽羅ᄅᆞᆯ取ᄒᆞ야屬地ᄅᆞᆯ삼더니至是ᄒᆞ야王이其地ᄅᆞᆯ索還ᄒᆞᆫ고로是賜가有ᄒᆞ고明年에耽羅ᄅᆞᆯ다시濟州라改稱ᄒᆞ다然이나元이耽羅의馬ᄂᆞᆫ오히려取索이不絶ᄒᆞ더라(金方

慶爵을賜ᄒᆞ야上洛郡開國公을拜ᄒᆞ다○十一月에王이公主로더브러元에如ᄒᆞᆯ시時에世子ㅣ元에在ᄒᆞ야白馬八十匹로ᄡᅥ納幣ᄒᆞ고晉王甘麻剌의女寶塔實憐公主를娶ᄒᆞ다

丁酉 二十三年(元成宗大德元年○日皇伏見十年○西曆紀元後一千二百九十七年)이라夏五月에王이公主ㅣ로더브러還國ᄒᆞ다時에壽寧宮에芍藥이盛開ᄒᆞ거ᄂᆞᆯ公主ㅣ一枝를摘ᄒᆞ야把玩ᄒᆞ다가良久에感泣ᄒᆞ더니因ᄒᆞ야不豫ᄒᆞᆫ지十餘日에賢聖寺에서崩ᄒᆞ거ᄂᆞᆯ世子ㅣ元으로브터奔喪ᄒᆞ다○秋七月이라時에宮人無比ㅣ王의게有寵ᄒᆞ미世子ㅣ憎惡ᄒᆞ더니밋奔喪ᄒᆞ야王ᄭᅴ奏曰公主의疾은無比의呪咀니請컨ᄃᆡ鞫問ᄒᆞ노이다ᄒᆞ거ᄂᆞᆯ王이不聽ᄒᆞ엿더니世子ㅣ奉命치아니ᄒᆞ고左右로ᄒᆞ여곰無比와及其黨數十人을斬ᄒᆞ니王이禁치못ᄒᆞ고國人은震慴ᄒᆞ더라其後에世子ㅣ進士崔文의妻金氏를王ᄭᅴ納ᄒᆞ니金氏ᄂᆞᆫ姿色이有ᄒᆞᆫ지라無比가誅ᄒᆞᆫ後流配ᄒᆞ다○秋七月이라先是에王이元에如ᄒᆞ엿다가還ᄒᆞᆯ시從行都監金周鼎이元主의게請ᄒᆞ야本國에達魯花赤과밋王京에留鎭等數事를罷ᄒᆞ자ᄒᆞ니元主ㅣ다從ᄒᆞ고金方慶을赦ᄒᆞ다○王이聲色에沉湎ᄒᆞ야敎坊才人을增設ᄒᆞᆯ시倖臣을諸道에分遣ᄒᆞ야娼妓를選ᄒᆞ야宮中에置ᄒᆞ고新樣을飾ᄒᆞ야淫詞艶曲을敎ᄒᆞ고日夜로歌舞狎褻ᄒᆞ며供億과賜與의費가不可勝紀라時에尹秀와李貞等은鷹犬으로寵ᄒᆞ고吳祁石天補等은聲色으로進ᄒᆞ고其餘宋邦英等은다諂諛賄賂로ᄡᅥ羣少가雜進ᄒᆞ고王心은益蕩ᄒᆞ더라

辛巳 七年(元世祖至元十八年○日皇後宇多七年○西曆紀元後一千二百八十一年)이라夏六月에我師ㅣ元兵과合ᄒᆞ야日本을攻ᄒᆞ다가敗績ᄒᆞ다先是에元主ㅣ日本에遣使ᄒᆞ야入朝ᄒᆞ라ᄒᆞ니日本이使者를殺ᄒᆞ거ᄂᆞᆯ元主ㅣ怒ᄒᆞ야다시伐코ᄌᆞᄒᆞᆯ시征東中書省을本國에置ᄒᆞ고本國으로ᄒᆞ여곰戰船과軍糧을準備

ᄒᆞ라ᄒᆞ거ᄂᆞᆯ王이金方慶으로ᄡᅥ高麗軍都元帥ᄅᆞᆯ拜ᄒᆞ야元의征東元帥忻都와洪茶丘等을會ᄒᆞ라ᄒᆞ니元이ᄯᅩ范文虎로ᄒᆞ야곰蠻軍十萬을率ᄒᆞ고日本壹岐島에赴ᄒᆞᆯᄉᆡ予是에方慶이進軍ᄒᆞ야日本太宰府에셔合戰ᄒᆞ야斬殺이頗多ᄒᆞ더니이윽고日兵이突至ᄒᆞ야軍이遂潰ᄒᆞᄒᆞ니忻都等은欲還ᄒᆞ고方慶은南軍을俟ᄒᆞ야合攻코ᄌᆞᄒᆞ더니맛ᄎᆞᆷ文虎ㅣ蠻軍을携至ᄒᆞ니戰船이合九千艘라이윽고大風이起ᄒᆞ야蠻軍이海中에皆沒ᄒᆞ고諸軍이還ᄒᆞ니明年에元이征東省을罷ᄒᆞ다

辛卯

十七年(元世祖至元二十八年○西曆紀元後一千二百九十一年○日皇伏見四年)이라王이哈丹의兵을避ᄒᆞ야江華에入ᄒᆞ다先是前年十二月에哈丹(元叛賊)兵數萬이和(三和)登(三登)二州ᄅᆞᆯ陷ᄒᆞ고人을殺ᄒᆞ야粮食을삼거ᄂᆞᆯ元이平章事薛闍干과闊帖木兒와右丞塔出等을遣ᄒᆞ야步騎一萬三千을率ᄒᆞ고求援ᄒᆞᆯᄉᆡ時에王이避兵ᄒᆞ야江都에遷ᄒᆞ니王京留守宋珍과西京留守鄭仁卿은棄

로王의心을慰安코ᄌᆞᄒᆞᆷ이오後에淑昌院妃ᄅᆞᆯ封ᄒᆞ다○冬十月에世子ㅣ元에如ᄒᆞ다

戊戌

二十四年(元成宗大德二年○西曆紀元後一千二百九十八年○日皇伏見十一年)이라春正月에世子ㅣ寶塔實憐公主로더브러還國ᄒᆞ거ᄂᆞᆯ王이世子의게傳位ᄒᆞ고慈德宮에退居ᄒᆞ니世子ㅣ即位ᄒᆞ야王을尊ᄒᆞ야上王이라ᄒᆞ다○夏四月에公主ㅣ王妃趙氏가專寵ᄒᆞᆷ을妬ᄒᆞ야元太后의게告訴ᄒᆞ야日趙妃가呪咀ᄒᆞ야王으로ᄒᆞ여곰不愛케ᄒᆞᆫ다ᄒᆞ니元主ㅣ趙妃ᄅᆞᆯ執去ᄒᆞ고妃의父趙仁規와밋其妻ᄅᆞᆯ搆掠ᄒᆞ야鞫供ᄒᆞ고仁規ᄅᆞᆯ安西(在今延安近地等郡)에流ᄒᆞ다○秋八月에元이王과밋公主ᄅᆞᆯ徵召ᄒᆞ고上王이復位ᄒᆞ다元이李魯兀等을遣ᄒᆞ야王과公主ᄅᆞᆯ趣召ᄒᆞ거ᄂᆞᆯ王이登程ᄒᆞᆯᄉᆡ上王이金郊(在今平山)에餞送ᄒᆞ야酒酣에李魯兀이元主의命으로王의印을取ᄒᆞ야上王의게授ᄒᆞ니上王이復位ᄒᆞ다

庚子 二十六年(元成宗大德四年○日皇後伏見二年○西曆紀元後一千三百年)이라秋八月에上洛公金方慶이卒하다方慶은安東人이오新羅敬順王의遠孫이라性이忠直信厚하고嚴毅寡言하며器字가寬弘하야少節을不拘하며臨事明斷하고비록致仕閒居하나憂國如家하고國家에大事가有하면반다시諮詢하더라年이八十九에頭髮이不白하고無疾而逝하니諡曰忠烈이라하다○內外官을倂省할식其官名이元과同한者는다改革하다○元이趙仁規를放하고王妃趙氏는回國하다

甲辰 三十年(元成宗大德八年○日皇後二條三年○西曆紀元後一千三百四年)이라夏五月에國學敎授를置하다初에贊成事安裕(後改名珦이라)ㅣ兵革後에學校가圮毁하고儒風이日衰하며또養賢庫가殫竭하야敎養이無資하다하고兩府에建議하야六品以上은各其銀一斤을出하고七品以下는布를出하야養賢庫에歸屬하야存本取息케하거늘王이內庫의錢穀을出하야補助하니

裕ㅣ國學을葺治하고또江南에遣人하야先聖과밋七十子의像을畵하고祭器樂器와밋六經과諸子史를購來하고李㦃李瑱을薦하야經史敎授都監使를拜하고李晟秋適崔元冲等으로敎授를삼고每一經에敎授兩人을置하고禁學과內侍官과三部監五庫의士와밋七館十二徒諸生으로하여곰從하야聽習케하다六月에國學大成殿이成하니王이先聖을謁하고密直使李混을命하야入學頌을作하야諸生을示하다

丙午 三十二年(元成宗大德十年○日皇後二條五年○西曆紀元後一千三百六年)이라九月에僉議中贊致仕安裕ㅣ卒하다裕는興州(今順興)人이라爲人이莊重安詳하고能謀善斷하며人材를養育하고斯文을興復함으로己任을作하더니밋葬하미七館十二徒ㅣ다素服하고路에서祭하더라諡曰文成이라하다

戊申 三十四年(元武宗至大元年○日皇花園元年○西曆紀元後一千三百八年)이라秋七月에王이崩하거

ᄂᆞᆫ前王이元으로브터奔喪ᄒᆞ야謚ᄒᆞ야曰忠烈이오慶陵에葬ᄒᆞ다○冬十月에王이淑昌院妃(卽進士崔文의妻니玉이世子時에無比를殺ᄒᆞ고前王의게進ᄒᆞᆫ女ㅣ라)를烝ᄒᆞ거ᄂᆞᆯ監察糾正禹倬이白衣로持斧席藁ᄒᆞ고詣闕上疏ᄒᆞᆫᄃᆡ近臣이展閱ᄒᆞ고敢讀지못ᄒᆞᄂᆞᆫ지라倬이厲聲曰卿等이近臣이되야君의非를格지못ᄒᆞ고養惡ᄒᆞᆷ이至此ᄒᆞ나ᄒᆞᆫᄃᆡ左右ㅣ震慴ᄒᆞ고王은慚色이有ᄒᆞ더니未幾에淑妃를進封ᄒᆞ더라○十一月에王이元에如ᄒᆞ다

高麗紀

忠宣王의 諱는 璋이오 字는 仲昂이오 初諱는 謜이니 在位五年이오 壽가 五十一이라

己酉

元年(元武宗至大二年○日皇花園二年○西曆紀元後一千三百九年)이라 春正月에 王이 元에 在ᄒᆞ다

○三月에 延慶宮을 重修ᄒᆞᆯᄉᆡ 元의 制度를 倣ᄒᆞ다○王이 元에 遣命ᄒᆞ야 僧一萬을 壽寧宮에서 施飯ᄒᆞ고 其宮을 捨ᄒᆞ야 寺를 삼으니 母后의 冥福을 祈홈이러라 王이 恒常 閉戶焚香ᄒᆞ고 浮屠를 酷嗜ᄒᆞ야 番僧으로ᄒᆞ여곰 佛經을 繙譯ᄒᆞ고 佛戒를 受ᄒᆞ다

癸丑

五年(元仁宗皇慶二年○日皇花園六年○西曆紀元後一千三百十三年)이라 時에 元이 王을 歸國ᄒᆞ라ᄒᆞ거늘 王이 辭謝키 難ᄒᆞ야 子 江陵大君 燾의게 傳位ᄒᆞ니 燾ㅣ 燕京에셔 即位ᄒᆞ야 王을 尊ᄒᆞ야 上王이라ᄒᆞ고 上王은 自稱瀋陽王이오 兄의

子暠으로써瀋世子삼다ᄅᆞ○夏六月에王이上王과밋公主ᄅᆞᆯ奉ᄒᆞ고回國ᄒᆞ다時에上王이避位ᄒᆞ고留燕코ᄌᆞᄒᆞ나元이不聽ᄒᆞᄂᆞᆫ고로不得已還國ᄒᆞ다

忠肅王의諱ᄂᆞᆫ燾오字ᄂᆞᆫ宜孝니忠宣王의第二子오在位가前後凡二十五年이오壽ㅣ四十六이라

甲寅

元年(元仁宗延祐元年○日皇花園七年○西曆紀元後一千三百十四年)이라春正月에白頤正으로써許理ᄅᆞᆯ拜ᄒᆞ다頤正은文節의子라時에程朱의學이東方에未及ᄒᆞ엿더니頤正이元에在ᄒᆞ야其學을得ᄒᆞ고東還ᄒᆞ니李齊賢朴忠佐ㅣ몬져師受ᄒᆞ니라○楊廣(今京畿道)忠淸兩道ᄅᆞᆯ合ᄒᆞ야楊廣道ᄅᆞᆯ삼고慶尙晉安道ᄅᆞᆯ改ᄒᆞ야慶尙道라ᄒᆞ고交州道(今春川金化等)로써淮陽道ᄅᆞᆯ삼다○上王이元에如ᄒᆞ다上王이萬卷堂을燕京에置ᄒᆞ고李齊賢으로ᄒᆞ여곰元의大儒閻復과姚燧와趙孟頫와虞集等을迎致ᄒᆞ야書史ᄅᆞᆯ考究ᄒᆞᆯ시復等이齊賢의著述을見ᄒᆞ고다稱歎不置ᄒᆞ더라○夏六月에博士柳衍等을江南에遣ᄒᆞ야經籍一萬八百卷을購來ᄒᆞ다

丙辰

三年(元仁宗延祐三年○日皇花園九年○西曆紀元後一千三百十六年)이라春正月에王이元에如ᄒᆞ다○三月에上王이瀋陽王位ᄅᆞᆯ世子暠의게傳ᄒᆞ고太尉王이라自稱ᄒᆞ다○秋七月에王이元의營王女亦憐眞八剌公主ᄅᆞᆯ聘ᄒᆞ야妃ᄅᆞᆯ삼고冬十月에公主ᄅᆞᆯ더브러回國ᄒᆞ다○口傳으로李皎을拜ᄒᆞ야堂后官을삼으니口傳授職이自此始러라

庚申

七年(元仁宗延祐七年○日皇後醍醐二年○西曆紀元後一千三百二十年)이라夏六月에士子ᄅᆞᆯ試取ᄒᆞᆯ시李齊賢과朴孝修가試官이되야詩賦法을罷ᄒᆞ고策問을用ᄒᆞ다○冬十二月에元이上王을吐蕃에流ᄒᆞ다先是元國에伯顔禿古思라ᄒᆞᄂᆞᆫ者ㅣ有ᄒᆞ니곳本國人朱冕의家奴라其身을自宮ᄒᆞ고元仁宗을潘邸에事ᄒᆞ야佞險不法이多ᄒᆞ거ᄂᆞᆯ上王이크게嫉恨ᄒᆞ야元太后의게

告ᄒᆞ고그人의게奪ᄒᆞᆫ田土와臧獲을索還ᄒᆞ엿더니밋仁宗이崩ᄒᆞ고
太后ㅣ別宮에退居ᄒᆞ미禿古思ㅣ百計誣譖ᄒᆞ거ᄂᆞᆯ上王이避禍코ᄌᆞ
ᄒᆞ야元主의게請ᄒᆞ야江南에降香ᄒᆞᆯᄉᆡ潤州金山寺에至ᄒᆞ니元主ㅣ
使者ᄅᆞᆯ遣ᄒᆞ야上王을執還ᄒᆞ야刑部에下ᄒᆞ엿다가旣而오ᄯᅩ吐蕃에
流ᄒᆞ니元京과相距가萬五千里라上王이流所에至ᄒᆞ미禿古思ㅣᄯᅩ
讒搆不已ᄒᆞ야禍가거의不測ᄒᆞ더니元丞相拜住ㅣ營救ᄒᆞ야得免ᄒᆞ
다時에王의隨從宰臣等은다逃匿ᄒᆞ고오쟉直寶文閣朴仁幹과大護
軍張元祉等이從行ᄒᆞ며李凌幹은金을驛吏의게附與ᄒᆞ야從臣이乏
絶ᄒᆞᆫ患이無ᄒᆞ고朴景亮은上王이不免ᄒᆞᆯ가恐ᄒᆞ야自殺ᄒᆞ다○權漢
功과蔡洪哲等을遠島에流ᄒᆞ다初에漢功等이元에在ᄒᆞ야怙勢納賂
ᄒᆞ거ᄂᆞᆯ王이憎惡ᄒᆞ다가밋上王이吐蕃에去ᄒᆞ미王이漢功等을流ᄒᆞ
니漢功等이配所에往치아니ᄒᆞ고洪州界에聚集ᄒᆞ야民間을侵擾ᄒᆞ

더라

辛酉

八年(元英宗至治元年○西曆紀元後一千三百二十一年○日皇後醍醐三年)이라五月에王이被召ᄒᆞ야
元에如ᄒᆞ다時에瀋陽王暠이元에有寵ᄒᆞ야本國을窺覦ᄒᆞ야元主의
게譖曰王이元의詔書ᄅᆞᆯ手裂ᄒᆞ엿다ᄒᆞ니元主ㅣ怒ᄒᆞ야王을京師에
執留ᄒᆞ니이에王의從臣柳淸臣吳祁等이王을叛ᄒᆞ고도로혀暠의게
附ᄒᆞ야詭謀가日出ᄒᆞ고權漢功等도ᄯᅩᄒᆞᆫ暠의黨이라至是에赦還ᄒᆞ
야其親信ᄒᆞᆫ人等으로더브러百官을會集ᄒᆞ고장ᄎᆞ元에請ᄒᆞ야瀋王
을立코ᄌᆞᄒᆞ거ᄂᆞᆯ執義尹宣佐ㅣ曰臣子가되야君上을誣訴ᄒᆞᆷ은狗彘
도不爲ᄒᆞᆯ겟다ᄒᆞ고其面에唾ᄒᆞ고去ᄒᆞ니이에臺諫이다不從ᄒᆞ거ᄂᆞᆯ
漢功이다시百官을勸逼署名ᄒᆞ야元에送ᄒᆞ더니元이ᄯᅩᄒᆞᆫ不納ᄒᆞ니
宣佐ᄂᆞᆫ瓘의七世孫이러라

癸亥

十年(元英宗至治三年○西曆紀元後一千三百二十三年○日皇後醍醐五年)이라春二月에元이上王을

朶思麻에量移ᄒᆞ다時에李齊賢이元에在ᄒᆞ야元丞相府에移書ᄒᆞ야本國이累世로歸附ᄒᆞᄂᆞᆫ勳을歷序ᄒᆞ고且曰我老瀋王은卽元世祖의親甥이라其姻親이甚近且舊ᄒᆞ거ᄂᆞᆯ今에吐蕃에遠竄ᄒᆞ야顚崖絶險에十步九折ᄒᆞ고層冰積雪과嵐瘴이薰蒸ᄒᆞᆫ處에革船으로渡河ᄒᆞ고牛箱으로夜宿ᄒᆞ다가間關ᄒᆞᆫ지半年에其域에方至ᄒᆞ야麥飯土屋에辛苦가萬狀ᄒᆞ니此ᄂᆞᆫ行路가聞ᄒᆞ야도오히려於悒ᄒᆞᆯ지라其臣下된者ㅣ何如ᄒᆞ리오此ᄂᆞᆫ僕이當食忘味ᄒᆞ고已臥復起ᄒᆞ며淚盡血繼ᄒᆞᆷ이니伏願丞相은此狀을深察ᄒᆞ라ᄒᆞ고또元丞相拜住의게致書ᄒᆞ니屢千百言이라다惻怛誠懇ᄒᆞ니拜住ㅣ크게感歎ᄒᆞ야곳元主의게言ᄒᆞ야量移ᄒᆞ거ᄂᆞᆯ齊賢이上王을往謁ᄒᆞ고還ᄒᆞ다旣而오元英宗이崩ᄒᆞ고泰定帝가卽位ᄒᆞ야大赦ᄒᆞᆯ새上王을召還ᄒᆞ거ᄂᆞᆯ淑妃ㅣ이에嬖臣으로ᄒᆞ여곰禿古思ᄅᆞᆯ元의게言ᄒᆞ야誅ᄒᆞ다○冬十一月이라柳淸

臣吳潛等이이믜暠을立고ᄌᆞᄒᆞ다가不成ᄒᆞ고元의게告訴ᄒᆞ야本國國號ᄅᆞᆯ罷ᄒᆞ고行省을立ᄒᆞ야內地ᄅᆞᆯ作ᄒᆞ라ᄒᆞ거ᄂᆞᆯ上王이元京에至ᄒᆞ야李齊賢으로ᄒᆞ여곰元政府에致書ᄒᆞ야其不可ᄒᆞᆷ을極言ᄒᆞ니이에事가寢息ᄒᆞ다

乙丑 十二年(元泰定帝二年○日皇後醍醐七年○西歷紀元後一千三百二十五年)이라夏五月에王이公主로더브러還國ᄒᆞ다○上王이燕京에서崩ᄒᆞ니謚曰忠宣이오德陵에葬ᄒᆞ다○冬十一月에李齊賢으로써政堂文學을拜ᄒᆞ고功臣號ᄅᆞᆯ賜ᄒᆞ다

庚午 十七年(元文宗至順元年○日皇後醍醐十二年○西歷紀元後一千三百三十年)이라春二月에王이世子禎의게傳位ᄒᆞ니時에世子ㅣ元에在ᄒᆞ야燕京에서卽位ᄒᆞ고王을進尊ᄒᆞ야太上王이라ᄒᆞ다○三月에王이元闊西王焦八의女德寧公主ᄅᆞᆯ聘ᄒᆞ야妃ᄅᆞᆯ삼다秋七月에上王은元에如ᄒᆞ고王과公主ᄂᆞᆫ還國ᄒᆞ

다○擧子를令ᄒᆞ야律詩四韻百首와小學(即字學이니漢時에謂之小學이라)五聲字韻을誦ᄒᆞᆫ後에야赴試를許ᄒᆞ다

忠惠王의諱는禎이오在位가前後凡六年이오壽가三十이라

辛未 元年(元文宗至順二年○日皇後醍醐十三年○西曆紀元後一千四百三十年)이라夏四月에王이延福亭에幸行ᄒᆞ야水戲와擊毬를觀ᄒᆞ고淫佚游畋ᄒᆞ야虛月이無ᄒᆞ더라○秋七月에僉議中贊大寧府院君崔有渰이卒ᄒᆞ다有渰은沖의後라爲人이恬退ᄒᆞ야名利를不求ᄒᆞ고忠直홈으로써得罪ᄒᆞ다가後에大用ᄒᆞ야四朝를歷事ᄒᆞ고國家元老가되야朝野ㅣ倚望ᄒᆞ더니卒ᄒᆞ니年이九十三이오諡曰忠憲이라ᄒᆞ다○八月이라畿內에給田光祿ᄒᆞᄂᆞᆫ科를罷ᄒᆞ다

忠肅王

壬申 後元年(元文宗至順三年○日皇後醍醐十四年○西曆紀元後一千三百三十二年)이라春二月에王이游戲無度ᄒᆞ다ᄒᆞ야王을召去ᄒᆞ고上王이燕京에서復位ᄒᆞ다

癸酉 二年(元順帝元統元年○日皇後醍醐十五年○西曆紀元後一千三百三十三年)이라夏六月에王이公主로더브러回國홀시瀋王暠이從還ᄒᆞ다○冬十一月에王이夢兆로써卍(音萬)은이라改名ᄒᆞ고榜을貼ᄒᆞ야人民을知喩ᄒᆞ다

丙子 五年(元順帝至元二年○日皇後醍醐十八年○西曆紀元後一千三百三十六年)이라冬十月에王이元에如ᄒᆞ다○十二月에元이廢王을遣ᄒᆞ야還國ᄒᆞ다○贊成事元忠이卒ᄒᆞ다忠의爲人이誠慤不撓ᄒᆞ야王이元에被留홀時에侍從大臣이라携貳ᄒᆞ되忠은終始가一節이러라

戊寅 七年(元順帝至元四年○日皇後醍醐二十年○西曆紀元後一千三百三十八年)이라王이禪國ᄒᆞ다○元이遣使ᄒᆞ야宦者와童女를求ᄒᆞ거ᄂᆞᆯ時에典衣副令李穀이元에在ᄒᆞ야御史臺에言ᄒᆞ야其事를請罷ᄒᆞ고또元主의게上書ᄒᆞ야辭意가懇明ᄒᆞ니元主ㅣ聽納ᄒᆞ더라

乙卯

八年（元順帝至元五年○日皇後村上元年○一千三百三十九年）이라春三月에王이崩ᄒᆞ니謚曰忠肅이오毅陵에葬ᄒᆞ고廢王이即位ᄒᆞ다○夏六月이라王이荒淫無度ᄒᆞ야其庶母壽妃權氏를烝ᄒᆞ고또忠肅王妃慶華公主를逼淫ᄒᆞ며左右諸臣妻妾의姿色이有ᄒᆞᆫ者를다奪取ᄒᆞ거ᄂᆞᆯ政丞曹頔이廢ᄒᆞ立코ᄌᆞᄒᆞ야瀋陽王暠을元에遣入ᄒᆞ야元의力을借ᄒᆞ라ᄒᆞ고드듸여兵士로ᄡᅥ王宮을圍ᄒᆞ야王의肩을射中ᄒᆞ더니이윽고頔이被執ᄒᆞ야見殺ᄒᆞ고暠은其後에元에서死ᄒᆞ다

忠惠王

庚辰

後元年（元順帝至元六年○日皇後村上二年○一千三百四十年）이라順天君蔡洪哲이死ᄒᆞ다洪哲의爲人이貪鄙ᄒᆞ나才性이精巧ᄒᆞ야詞章技藝가다其能을各盡ᄒᆞ고活人堂을搆ᄒᆞ야藥物을施ᄒᆞ며權溥以下國老八人을邀請ᄒᆞ야耆英會를作ᄒᆞ고紫霞洞의歌曲을製ᄒᆞ야樂府에傳ᄒᆞ더라○星山君李兆年이致仕ᄒᆞ다時에王이淫縱이日甚ᄒᆞᆷ서松嶽에步出ᄒᆞ야雀을彈ᄒᆞ거ᄂᆞᆯ兆年이跪諫ᄒᆞᆫ디王이不聽ᄒᆞᄂᆞᆫ지라兆年이歎曰君惡을匡救치못ᄒᆞ니事君ᄒᆞᄂᆞᆫ道가아니라ᄒᆞ고明日에西馬還鄕ᄒᆞ다○成均祭酒禹倬이卒ᄒᆞ다倬은丹山人（今丹陽）이라經史를通ᄒᆞ며易學이深奧ᄒᆞ고忠宣의게上書極諫ᄒᆞᆫ後에禮安縣에退老ᄒᆞ거ᄂᆞᆯ忠肅王이其忠義를嘉ᄒᆞ야再召ᄒᆞ되不起ᄒᆞ더라

癸未

四年（元順帝至正三年○日皇後村上五年○一千三百四十三年）이라春三月에王이東郊에幸ᄒᆞ야彈丸으로ᄡᅥ人을射ᄒᆞ니行路가다避走ᄒᆞ더라○夏五月에星山君李兆年이卒ᄒᆞ다兆年이自少力學ᄒᆞ고밋立朝ᄒᆞ미堅確敢言ᄒᆞ야미양王을入見ᄒᆞ면王이其履聲을聞ᄒᆞ고必曰兆年이來ᄒᆞᆫ다ᄒᆞ고左右를屏ᄒᆞ고整容以竢ᄒᆞ니其見憚이如此러라謚曰文烈이라ᄒᆞ다○冬十一月에元이王의狂虐이愈甚ᄒᆞᆷ을見ᄒᆞ고王을執去ᄒᆞ야揭陽

縣에流ᄒᆞ다

甲申 五年(元順帝至正四年○西曆紀元後一千三百四十四年○日皇後村上六年)이라春正月에王이揭陽縣에徃ᄒᆞ다가未至ᄒᆞ고岳陽縣에서崩ᄒᆞ니謚曰忠惠오永陵에葬ᄒᆞ다○二月에世子昕이元에在ᄒᆞ다가歸國ᄒᆞ야卽位ᄒᆞ니年이八歲러라○李齊賢이建議ᄒᆞ야先朝弊政을革罷ᄒᆞᆯᄉᆡ內乘鷹坊과밋寶興德寧二庫에屬ᄒᆞᆫ土田奴婢ᄅᆞᆯ査核ᄒᆞ야本主의게還ᄒᆞ다○六月에書筵을置ᄒᆞ고蔡河中과韓宗愈와李齊賢과朴忠佐와金倫과裴佺과盧永瑞와李侍과辛裔와李仁復等四十八人으로ᄡᅥ四番을分ᄒᆞ야更日侍讀ᄒᆞᆯᄉᆡ王이일즉李杜詩ᄅᆞᆯ觀코자ᄒᆞᆫ듸宗愈ㅣ曰古人의詩句ᄂᆞᆫ治道에無益ᄒᆞ다ᄒᆞ고맛참ᄂᆡ進納지아니ᄒᆞ더라

忠穆王의諱ᄂᆞᆫ昕이니在位四年이오壽가十二라

戊子 四年(元順帝至正八年○西曆紀元後一千三百四十八年○日皇後村上十年)이라十二月에王이崩ᄒᆞ니謚曰忠穆이오明陵에葬ᄒᆞ다王이無嗣ᄒᆞ거ᄂᆞᆯ忠惠王의妃德寧公主ㅣ奇轍과王煦로ᄡᅥ國事ᄅᆞᆯ權任ᄒᆞ다

忠定王의諱ᄂᆞᆫ眂니在位三年이오壽가十五라

己丑 元年(元順帝至正九年○西曆紀元後一千三百四十九年○日皇後村上十一年)이라夏四月에忠穆王의庶弟慶昌院君眂ㅣ立ᄒᆞ니時年이十二라鐵城君李君侅ᄅᆞᆯ命ᄒᆞ야國政을聽斷ᄒᆞ다○冬十月에江陵大君祺ㅣ元의魏王女魯國公主ᄅᆞᆯ聘ᄒᆞ니祺ᄂᆞᆫ忠惠王의母弟러라

庚寅 二年(元順帝至正十年○西曆紀元後一千三百五十年○日皇後村上十二年)이라春二月에日本이南邊을侵ᄒᆞ다日本이元의攻ᄒᆞᆷ을忿恨ᄒᆞ야恒常我의게釋憾코자ᄒᆞ나元을畏ᄒᆞ야敢發치못ᄒᆞ더니至是ᄒᆞ야元의政事가衰弱ᄒᆞᆷ을見ᄒᆞ고固城等處ᄅᆞᆯ來侵ᄒᆞ거ᄂᆞᆯ合浦(在今昌原)千戶崔禪이擊破ᄒᆞ니自此로日患이不絕ᄒᆞ더라

辛卯

三年(元順帝至正十一年○日皇後村上十三年○西歷紀元後一千三百五十一年)이라冬十月에江陵君祺ㅣ王位에卽ᄒᆞ니元의力을藉홈이오王은遜位ᄒᆞ야江華에居ᄒᆞ다

恭愍王의諱ᄂᆞᆫ顓이오初諱ᄂᆞᆫ祺니在位二十三年이오壽가四十五라

壬辰

元年(元順帝至正十二年○日皇後村上十四年○西歷紀元後一千三百五十二年)이라春正月에贊成事柳濯으로ᄡᅥ全羅道萬戶를拜ᄒᆞ야日本을防備ᄒᆞ라ᄒᆞ니濯이持軍이嚴整ᄒᆞ고士卒로더브러甘苦를同ᄒᆞ며日本이萬德社에入ᄒᆞ야剽掠ᄒᆞ거ᄂᆞᆯ濯이輕騎로ᄡᅥ追捕ᄒᆞ야其俘를索還ᄒᆞ니自此로日本이다시敢犯치못ᄒᆞ더라○王이廢王을酖殺ᄒᆞ고謚曰忠定이라ᄒᆞ고聰陵에葬ᄒᆞ다○成均生員李穡이上書ᄒᆞ야時事를言ᄒᆞ니一曰經界를正ᄒᆞ고二曰日寇를禦ᄒᆞ고三曰武備를修ᄒᆞ고四曰學校를崇ᄒᆞ고五曰異端을抑홈이라王이다嘉納ᄒᆞ니穡은穀의子라先是穀이元에仕홀時에穡이元의國子生員이되야三年에學業이大進ᄒᆞ더라○夏五月에僧普虛를召ᄒᆞ야佛法을問ᄒᆞ고王師를拜ᄒᆞ니普虛ㅣ王을勸ᄒᆞ야敎化를修明ᄒᆞ고佛法을勿信ᄒᆞ라ᄒᆞ나其實은權勢를招攬홈이러라○冬十月에趙日新이伏誅ᄒᆞ다初에日新이燕京의隨從舊恩으로功臣號를賜ᄒᆞ엿더니日新이跋扈홀志가有ᄒᆞ야王宮의宿衛臣僚를殺ᄒᆞ고ᄉᆞᄉᆞ로右政丞이되거ᄂᆞᆯ王이金添壽를命ᄒᆞ야執斬ᄒᆞ다○李齊賢과曹益淸으로左右政丞을拜ᄒᆞ다

甲午

三年(元順帝至正十四年○日皇後村上十六年○西歷紀元後一千三百五十四年)이라秋七月에柳濯等을遣ᄒᆞ야軍士를率ᄒᆞ고元에赴ᄒᆞ다時에元의政事가陵夷ᄒᆞ야盜賊이蜂起ᄒᆞ고天下ㅣ大亂ᄒᆞ야我의게遣使ᄒᆞ야徵兵ᄒᆞ거ᄂᆞᆯ王이이에軍士二萬餘人을發ᄒᆞ야濯等으로ᄒᆞ여곰元丞相脫脫을往會ᄒᆞ야張士誠을高郵에伐ᄒᆞ다가不利ᄒᆞ고淮安을移防ᄒᆞ야前後數十戰에將軍

乙未

崔瑩이가장力戰ᄒᆞ다가數槍을被ᄒᆞ고殺獲이甚多ᄒᆞ며明年에師ㅣ還ᄒᆞ다

四年(元順帝至正十五年○日皇後村上十年○西歷紀元後一千三百五十五年)七이라冬十二月에我桓祖大王이雙城(今永興)으로브터來朝ᄒᆞ시다 桓祖의姓은李氏오諱ᄂᆞᆫ子春이오蒙古諱ᄂᆞᆫ吾魯思不花니系ᄂᆞᆫ全州오新羅司空諱(翰)의苗裔오三世祖ᄂᆞᆫ曰

穆祖大王이니諱ᄂᆞᆫ安社라全州로브터三陟에徙ᄒᆞ시고또三陟으로브터宜州(今德源)에徙ᄒᆞ시니朝廷이宜州防禦使를拜ᄒᆞ고高原에屯ᄒᆞ야元人을禦ᄒᆞ라ᄒᆞ실ᄉᆡ時에元人이雙城에來屯ᄒᆞ야 穆祖를請ᄒᆞ야協力ᄒᆞ고ᄌᆞᄒᆞ거ᄂᆞᆯ 穆祖ㅣ不得已ᄒᆞ야蒙의게歸ᄒᆞ시고또斡東(今慶興地)에徙ᄒᆞ시니蒙이南京五千戶所達魯花赤을拜ᄒᆞ니此ᄂᆞᆫ高宗四十一年이오 穆祖의子ᄂᆞᆫ曰

翼祖大王이니諱ᄂᆞᆫ行里오元의五千戶所達魯花赤을襲封ᄒᆞ시더니忠烈王時에元이日本을伐ᄒᆞ거ᄂᆞᆯ 翼祖ㅣ元主의命으로忠烈을來見ᄒᆞ실ᄉᆡ因謝ᄒᆞ사曰先臣이北去ᄒᆞᆷ은實노虎狼의口를脫ᄒᆞᆷ이오國恩을背ᄒᆞᆷ이아니로소이다ᄒᆞ신ᄃᆡ忠烈이曰卿은可謂不忘本이라ᄒᆞ더라 翼祖의子ᄂᆞᆫ曰

度祖大王이니諱ᄂᆞᆫ椿이라忠肅王時에來朝ᄒᆞ시고 度祖ㅣ桓祖를生ᄒᆞ시니 桓祖ㅣ騎射를善ᄒᆞ고士卒이樂附ᄒᆞ며于是에또來朝ᄒᆞ시다初에雙城의地가沃饒ᄒᆞ야東南人民이歸附ᄒᆞᄂᆞᆫ者ㅣ多ᄒᆞ거ᄂᆞᆯ朝廷이行省郞李壽山을遣ᄒᆞ야元의中書遼陽二省官員으로더브러民의新舊籍을區分ᄒᆞ야三省이라稱ᄒᆞ더니其後에撫綏가失宜ᄒᆞ야稍稍히流徙ᄒᆞᄂᆞᆫ지라王이 桓祖를命ᄒᆞ야主管ᄒᆞ라ᄒᆞ니民人이이에其業을安ᄒᆞ더라

丙申

五年（元順帝至正十六年○日皇後村上十八年○西歷紀元一千三百五十六年）이라夏五月에奇轍權謙
盧頙等이伏誅ᄒᆞ다初에轍의妹弟ㅣ元에選入ᄒᆞ야元帝의第三皇后
ㅣ되야太子愛猷識理達을生ᄒᆞ거늘元이이에奇氏三世를封ᄒᆞ야王
을삼으니轍이自此로驕橫ᄒᆞ야王의게稱臣치아니ᄒᆞ고또謙과頙은
元帝와밋元太子의게女를納ᄒᆞ고三人이聲勢相倚ᄒᆞ더니至是ᄒᆞ야
天下ㅣ亂홈을見ᄒᆞ고自全키難홀가恐ᄒᆞ야서로期會ᄒᆞ야大逆을圖
謀ᄒᆞ거늘王이密直姜仲卿等을命ᄒᆞ야甲士로ᄒᆞ여곰擊殺ᄒᆞ다○元
이征東行中書省理問所를罷ᄒᆞ다○王이舊疆을收復고져ᄒᆞ야印璫
과柳仁雨等을命ᄒᆞ야鴨江以西八站과밋雙城等諸城을取ᄒᆞ다○秋
七月에舊日官制를復ᄒᆞ시文宗舊制를多取ᄒᆞ다○九月에 桓祖로
써太僕卿을拜ᄒᆞ고第宅一區를賜ᄒᆞ거늘 桓祖ㅣ因ᄒᆞ야開京에留
居ᄒᆞ시다○冬十月에元이遣使ᄒᆞ야來ᄒᆞ니是時天下에兵亂이大起

丁酉

ᄒᆞ야元이故地收復홈을暇치못홈이러라○冬十一月에李齊賢으로
써侍中을拜ᄒᆞ다○李穡으로써吏部侍郞兼兵部郞中을拜ᄒᆞ다時에
穡이時政八事를陳ᄒᆞ시其一은吏兵部의選擧를復홈이라王이嘉納
ᄒᆞ야是職을授ᄒᆞ다○十二月에僧普虛ㅣ道詵의讖說로써王을說ᄒᆞ
야曰漢陽에都ᄒᆞ면三十六國이來朝ᄒᆞ다ᄒᆞ거늘王이其言을惑ᄒᆞ야
漢陽宮을修葺ᄒᆞ고遷都코져ᄒᆞ다가不果ᄒᆞ다
六年（元順帝至正十七年○日皇後村上十九年○西歷紀元一千三百五十七年）이라九月에政堂文學安
輔ㅣ卒ᄒᆞ다輔ㅣ剛直廉潔ᄒᆞ고臨事에大體를務存ᄒᆞ고依違顧望이
無ᄒᆞ며밋卒ᄒᆞ미家에擔石의儲가無ᄒᆞ더라諡曰文敬이라ᄒᆞ다○冠
과服色을改ᄒᆞ시文武百官은黑衣靑笠이오僧은黑巾이오女는黑羅
러라○忠烈王以上의게尊號를加上ᄒᆞ다○冬十月에비로소三年喪
을行ᄒᆞ니諫官李穡의言을從홈이러라

戊戌

七年(元順帝至正十八年○日皇後村上二十年○西曆紀元後一千三百五十八年)이라夏五月에方國珍이遣使來聘ᄒᆞ니時에國珍이中原의亂을因ᄒᆞ야台州를據ᄒᆞ더라○六月에張士誠이遣使ᄒᆞ야沈香과水晶과玉帶等物을獻ᄒᆞ니時에士誠이杭州를據ᄒᆞ야太尉라自稱ᄒᆞ더라○秋八月에西江에城을築ᄒᆞ야日本을防禦ᄒᆞ다○李氏를納ᄒᆞ야惠妃를封ᄒᆞ니妃ᄂᆞᆫ齊賢의女러라○時에紅巾賊이有ᄒᆞ야天下에遍滿ᄒᆞ고其魁關先生等이元의上都(元故都ㅣ니長城以外라)를陷ᄒᆞ고ᄯᅩ鴨綠을渡ᄒᆞ야剽竊ᄒᆞ거ᄂᆞᆯ慶千興으로ᄡᅥ西北面元帥를拜ᄒᆞ고安祐로ᄡᅥ副元帥를拜ᄒᆞ야往討ᄒᆞᆯ시時에賊衆이四萬이라鴨綠을渡ᄒᆞ야義(義州)靜(今在義州)等州를連陷ᄒᆞ거ᄂᆞᆯ다시李嵒으로ᄡᅥ西北面都元帥를拜ᄒᆞ야千興과祐와밋崔瑩金得培李春富等으로더브러防禦ᄒᆞ더니이윽고嵒이賊을畏ᄒᆞ야進兵치못ᄒᆞ거ᄂᆞᆯ李承慶으로ᄡᅥ代ᄒᆞ다

庚子

九年(元順帝至正二十年○日皇後村上二十二年○西曆紀元後一千三百六十年)이라春二月에安祐ㅣ上將軍李芳實로더브러紅巾賊을咸從에서大破ᄒᆞ니賊이遁去ᄒᆞ다是役에祐等이九戰皆捷ᄒᆞ고三月에班師ᄒᆞ다○夏五月이라忠定以來로日本이來侵ᄒᆞ야虛日이無ᄒᆞ더니于是에全羅道로브터楊廣道(今京畿忠淸兩道)를進侵ᄒᆞ야列邑을焚掠ᄒᆞ거ᄂᆞᆯ이에柳濯으로ᄡᅥ兵馬都統使를拜ᄒᆞ고李春富와밋 桓祖로ᄡᅥ東西江兵馬使를拜ᄒᆞ야防禦ᄒᆞᆯ시日本이江華를侵掠ᄒᆞ고去ᄒᆞ더라○八月에三年喪制를除ᄒᆞ니時에四方에兵興ᄒᆞ야用人이爲急ᄒᆞᆷ이러라

辛丑

十年(元順帝至正二十一年○日皇後村上二十三年○西曆紀元後一千三百六十一年)이라春二月에 桓祖로ᄡᅥ東北面兵馬使를拜ᄒᆞ엿다가다시戶部尙書를加ᄒᆞ다○我 桓祖ㅣ卒ᄒᆞ시니王이遣使ᄒᆞ야吊慰致賻ᄒᆞ고士大夫ㅣ다驚歎ᄒᆞ야曰東北面이無人ᄒᆞ다ᄒᆞ더라○秋九月에禿魯江(今在江界)萬戶朴儀ㅣ叛ᄒᆞ

거늘我
太祖大王을遣ᄒᆞ야執誅ᄒᆞ다　太祖ᄂᆞᆫ　桓祖의子라諱ᄂᆞᆫ旦오字ᄂᆞᆫ
君晉이니初諱ᄂᆞᆫ成桂오字ᄂᆞᆫ仲潔이라忠肅王後四年乙亥에永興黑
石里私邸에서誕降ᄒᆞ시니隆準龍顔이오奇偉絶倫ᄒᆞ시더니밋長ᄒᆞ
시ᄆᆡ寬仁大度오濟世安民ᄒᆞᆯ才略이有ᄒᆞ시더라先是에李達衷이東
北面兵馬使가되엿다가還朝ᄒᆞ거ᄂᆞᆯ　桓祖ㅣ餞送ᄒᆞ실ᄉᆡ　太祖ㅣ
侍立ᄒᆞ시다가行酒ᄒᆞ시니達衷이恭敬이跪飮ᄒᆞᄂᆞᆫ지라　桓祖ㅣ惟
異ᄒᆞ야問ᄒᆞ신ᄃᆡ答曰此人은異人이라公의及ᄒᆞᆯ비아니오公의家業
을此人이能히大興ᄒᆞ리라ᄒᆞ고因ᄒᆞ야子孫으로ᄡᅧ付屬ᄒᆞ니達衷은
元來識鑑이有ᄒᆞᆫ人이러라至是ᄒᆞ야　太祖ㅣ金吾衛上將軍으로東
北面上萬戶가되시더니會에朴儀ㅣ作亂ᄒᆞ거ᄂᆞᆯ　太祖ㅣ親兵一千
五百으로往討ᄒᆞ시니儀ㅣ江界에逃入ᄒᆞᄂᆞᆫ지라　太祖ㅣ窮追ᄒᆞ야

盡誅ᄒᆞ시다○冬十月에紅巾賊魁首潘誠沙와關先生等이또軍士數
十萬을率ᄒᆞ고鴨綠을渡ᄒᆞ야安州를襲ᄒᆞ니官軍이敗績ᄒᆞᄂᆞᆫ지라王
이다시平章事金鏞과衆知政事鄭世雲等을遣ᄒᆞ야岊嶺(在今瑞興一名慈悲嶺)
을守備ᄒᆞ다가또賊의襲擊을被ᄒᆞ야軍士가大潰ᄒᆞ고京師ㅣ震動ᄒᆞ
거ᄂᆞᆯ王이이에太后를奉ᄒᆞ야南幸ᄒᆞ니賊이곳京城을陷ᄒᆞ다十二月
에王이福州(今安東)에至ᄒᆞ야世雲으로ᄡᅧ摠兵官을拜ᄒᆞ야諸軍을督率
ᄒᆞ야紅賊을擊ᄒᆞ라ᄒᆞ니世雲이承命ᄒᆞ고慷慨憂忿ᄒᆞ야討賊興復ᄒᆞᆷ
으로ᄡᅧ已任을삼더라

壬寅

十一年(元順帝至正二十二年○日本後村上二十四年○西曆紀元後一千三百六十二年)이라春正月에摠兵
官鄭世雲과都元帥安祐等이紅賊을大破ᄒᆞ고京城을收復ᄒᆞ다賊이
이믜京城에入ᄒᆞ거ᄂᆞᆯ安祐崔瑩等이軍士二十萬을率ᄒᆞ야東郊에屯
ᄒᆞ고世雲은諸軍을督ᄒᆞ야進圍ᄒᆞᆯᄉᆡ寧海人朴强이守門ᄒᆞᆫ賊을斫殺

ᄒᆞ고諸將이繼入ᄒᆞᄂᆞᆫ지라 太祖ㅣ麾下親兵二千人을率ᄒᆞ시고先登大破ᄒᆞ야賊十餘萬을斬ᄒᆞ시니賊魁沙劉와關先生等이다死ᄒᆞ고餘黨破頭潘等十餘萬이鴨綠을渡ᄒᆞ야遁ᄒᆞ더라○金鏞이依幸으로ᄡᅥ王의게得寵ᄒᆞ야鄭世雲을忌嫉ᄒᆞ고ᄯᅩ安祐金得培李芳實等의成功ᄒᆞᆷ을惡ᄒᆞ야主旨를矯ᄒᆞ야祐等으로ᄒᆞ여곰世雲을殺케ᄒᆞ고ᄯᅩ謀泄ᄒᆞᆯ가恐ᄒᆞ야드듸여王의게告曰祐等이主將을擅殺ᄒᆞ니此ᄂᆞᆫ君上을慢視ᄒᆞᆷ이라ᄒᆞ고ᄯᅩ祐等을盡殺ᄒᆞ다時에祐와芳實의子ㅣ年이다十餘歲라市街에遊ᄒᆞᆯᄉᆡ人民이食物을爭饋ᄒᆞ야日今에我輩가獲安ᄒᆞᆷ은다三元帥의功이라ᄒᆞ고泣下ᄒᆞᄂᆞᆫ者ㅣ有ᄒᆞ더라○秋七月에
太祖ㅣ元丞相納哈出을咸興洪原等地에서大破ᄒᆞ시다 納哈出이中原의亂을因ᄒᆞ야瀋陽等地를擁在ᄒᆞᆯᄉᆡ時에雙城叛民賊趙小生과卓都卿等이雙城을旣失ᄒᆞᄆᆡ本國을深怨ᄒᆞ야納哈出을引ᄒᆞ야東北邊을入寇ᄒᆞ거ᄂᆞᆯ王이 太祖로ᄡᅥ東北面兵馬使를拜ᄒᆞ야出禦ᄒᆞ라ᄒᆞᆯ시時에納哈出이兵士數萬을率ᄒᆞ고小生과都卿等으로더브러洪原에屯ᄒᆞ고賊의驍將一人이鐵甲을被ᄒᆞ고槊을揮ᄒᆞ니衆이對敵ᄒᆞᆯ者ㅣ無ᄒᆞ거ᄂᆞᆯ 太祖ㅣ與戰ᄒᆞ시다가거짓敗走ᄒᆞ시니其人이奮前ᄒᆞ야槊을注ᄒᆞᆷ이甚急ᄒᆞ거ᄂᆞᆯ 太祖ㅣ側身ᄒᆞ사馬韉에偃着ᄒᆞ시니其人이 太祖를擊지못ᄒᆞ고槊을隨ᄒᆞ야倒ᄒᆞ거ᄂᆞᆯ 太祖ㅣ곳射殺ᄒᆞ시니賊이大敗奔北ᄒᆞᄂᆞᆫ지라 太祖ㅣ進擊ᄒᆞ야日暮ᄒᆞᆫ後還ᄒᆞ시다時에納哈出의妻ㅣ納哈出다려謂曰公이天下를周行ᄒᆞ엿스나如此ᄒᆞᆫ將軍을엇지見ᄒᆞ엿스리오맛당히速避ᄒᆞ라ᄒᆞᆫ듸納哈出이不從ᄒᆞ고角戰不已ᄒᆞ거ᄂᆞᆯ 太祖ㅣᄯᅩ其將을屢殺ᄒᆞ시고奇兵을伏ᄒᆞ야大破ᄒᆞ시니納哈出이不可敵ᄒᆞᆷ을知ᄒᆞ고散卒을收拾ᄒᆞ야遁去ᄒᆞ니於是에東北鄙가悉平ᄒᆞ다○八月에王이淸州에至ᄒᆞ다○晩羅敎胡古

禿不花等이星主高韜壽로ᄡᅥ叛ᄒᆞ야元에依附ᄒᆞ다○冬十月이라初에元后奇氏ㅣ奇轍等을爲ᄒᆞ야報仇코ᄌᆞᄒᆞ고崔濡ᄂᆞᆫ元에在ᄒᆞ야后의旨를承望ᄒᆞ야王을元主의게構讒ᄒᆞ니元主ㅣ이에德興君譓로ᄡᅥ高麗王을삼으니譓ᄂᆞᆫ忠宣王의子라於是에濡ㅣ左政丞이되고國人의在元ᄒᆞᆫ者ᄂᆞᆫ다僞官을署ᄒᆞ더라

癸卯 十二年(元順帝至正二十三年○日皇後村上二十五年○西曆紀元後一千三百六十三年)이라二月에王이京師에還ᄒᆞ다○閏三月에金鏞이德興君의內應이되야王을害코ᄌᆞᄒᆞᆯ시其黨五十餘人을密遣ᄒᆞ야宮門을斬ᄒᆞ고寢殿에徑入ᄒᆞ거ᄂᆞᆯ宦官安都赤의貌가王과類ᄒᆞᆫ지라王을代ᄒᆞ야寢內에臥ᄒᆞ니賊이王이라ᄒᆞ야殺ᄒᆞ고其黨을分遣ᄒᆞ야右政丞洪彦博等을殺ᄒᆞ더니既而오事敗ᄒᆞ야鏞을密城郡(今密陽)에流ᄒᆞ엿다가다시殺ᄒᆞ야京師에傳首ᄒᆞ다時에王은오히려鏞을不忘ᄒᆞ고泣下曰誰를可恃ᄒᆞᆯ고ᄒᆞ더라時에彦博이動戚으로ᄡᅥ上相이되야鏞이비록秉權ᄒᆞ나能히逞志치못ᄒᆞᄂᆞᆫ고로몬저殺ᄒᆞ니彦博은重望이有ᄒᆞᆫ人이라밋死ᄒᆞᄆᆡ時人이歎惜ᄒᆞ더라諡曰文正이라ᄒᆞ다

甲辰 十三年(元順帝至正二十四年○日皇後村上二十六年○西曆紀元後一千三百六十四年)이라春正月에我太祖ㅣ崔濡를擊破ᄒᆞ시다先是에元이德興君譓를我國에納코ᄌᆞᄒᆞ거ᄂᆞᆯ王이慶復興으로ᄡᅥ西北面都元帥를拜ᄒᆞ야安遇慶等諸將을領ᄒᆞ고往禦ᄒᆞᆯ시至是ᄒᆞ야濡ㅣ元兵一萬으로ᄡᅥ鴨綠江을渡ᄒᆞ거ᄂᆞᆯ遇慶이擊却ᄒᆞ엿더니이윽고賊兵이奄至ᄒᆞ니我軍이大敗ᄒᆞ고賊은宣州(今宣川)를入據ᄒᆞ니人情이더옥恂懼ᄒᆞᄂᆞᆫ지라王이崔瑩으로ᄡᅥ都巡慰使를拜ᄒᆞ야安州를急趣ᄒᆞ고 또太祖를命ᄒᆞ야精騎一千을率ᄒᆞ시고赴援케ᄒᆞ니軍勢가稍振ᄒᆞ더라時에賊이隨州(今定州)達川에來屯ᄒᆞ거ᄂᆞᆯ翌日에 太祖ㅣ手下老將二人으로ᄡᅥ左右翼을삼고奮擊大

乙巳

敢ᄒᆞ시니濡와밋譓가겨우免ᄒᆞ야渡江遁去ᄒᆞ니라初에德興君譓가僞立ᄒᆞᆯ時에王이贊成事李公遂ᄅᆞᆯ元에遣ᄒᆞ야陳情ᄒᆞᆯ서公遂ㅣ元에至ᄒᆞ니譓ㅣ僞官을授코ᄌᆞᄒᆞ거ᄂᆞᆯ公遂ㅣ不受ᄒᆞ엿더니奇后ㅣ强命ᄒᆞᄂᆞᆫ지라公遂ㅣ慷慨히言ᄒᆞ야曰臣이비록頸血로ᄡᅥ德興의轅을不濺ᄒᆞ나엇지此ᄅᆞᆯ忍從ᄒᆞ리오ᄒᆞ더니至是에公遂ㅣ書ᄅᆞᆯ竹杖中에納ᄒᆞ고가만이遣人ᄒᆞ야濡의起兵ᄒᆞᆷ을報ᄒᆞ니朝廷이비로소公遂의不屈ᄒᆞᆷ을知ᄒᆞ더라○夏五月에日賊三千餘人이鎭海ᄅᆞᆯ來侵ᄒᆞ거ᄂᆞᆯ慶尙道巡問使金續命이進擊殲殺ᄒᆞ다○冬十月이라先是에崔濡ㅣ敗還ᄒᆞ야다시大擧코ᄌᆞᄒᆞᆯ서元監察御史紐憐等이濡의賣國搆釁ᄒᆞᆫ罪ᄅᆞᆯ陳述ᄒᆞ니元主ㅣ곳濡ᄅᆞᆯ械送ᄒᆞ거ᄂᆞᆯ王이誅ᄒᆞ다○李公遂ㅣ元으로브터還ᄒᆞ다

十四年(元順帝至正二十五年○日皇後村上二十七年○西曆紀元後一千三百六十五年)이라春二月에魯國公主ㅣ崩ᄒᆞ니王이크게悲慟ᄒᆞ야佛事ᄅᆞᆯ大張ᄒᆞ고밋正陵에葬ᄒᆞᆯ서儀衛制度가窮極奢侈ᄒᆞ더라○五月에妖僧遍照로ᄡᅥ師傅ᄅᆞᆯ삼다遍照ᄂᆞᆫ本玉川寺婢의子라先是에王이夢中에人이劍으로ᄡᅥ己ᄅᆞᆯ刺ᄒᆞ거ᄂᆞᆯ僧이有ᄒᆞ야救免ᄒᆞ더니밋遍照ᄅᆞᆯ見ᄒᆞ니其貌와如ᄒᆞᆫ지라王이奇異ᄒᆞ야與語ᄒᆞ니ᄯᅩᄒᆞᆫ辯給ᄒᆞ고自謂ᄒᆞ되得道ᄒᆞ엿다ᄒᆞ거ᄂᆞᆯ王이大悅ᄒᆞ야屢次召見ᄒᆞ고其後에遍照ㅣ長髮ᄒᆞ야頭陀가되고改名ᄒᆞ야辛旽이라ᄒᆞ거ᄂᆞᆯ王이師傅ᄅᆞᆯ拜ᄒᆞ고國政으로ᄡᅥ訪問ᄒᆞ야所言을다聽從ᄒᆞ며士大夫의妻妾은神僧이라ᄒᆞ야聽法求福ᄒᆞᆫ다ᄒᆞ고來ᄒᆞ면此이믄득私通ᄒᆞᄂᆞᆫ지라李齊賢이上言ᄒᆞ되旽의骨格이古昔兇人과如ᄒᆞ야後患을必貽ᄒᆞ리니王은勿近ᄒᆞ소서ᄒᆞᆫᄃᆡ王이不聽ᄒᆞ더라○秋八月에瑞興君柳淑이致仕ᄒᆞ다時에辛旽이用事ᄒᆞᆯ서金蘭과李春富로ᄡᅥ羽翼을삼고李仁復과崔瑩과元松壽等諸名流ᄅᆞᆯ讒逐ᄒᆞ니

淑이自己의忠直이旽의所忌됨을知ᄒᆞ고骸骨을乞ᄒᆞ야田里에歸ᄒᆞ니將相以下가다郊外에餞送ᄒᆞ며行路가咨嗟ᄒᆞ더라○冬十二月이라時에王이미양辛旽을謂ᄒᆞ야屈己救世ᄒᆞ라ᄒᆞ니旽이거짓不肯ᄒᆞ야王의意를堅케ᄒᆞ고다시王을勸ᄒᆞ야曰王이世間福利를求코ᄌᆞᄒᆞᆫ진ᄃᆡᆫ願컨ᄃᆡ讒言을無信ᄒᆞ소서ᄒᆞ니王이이에盟書를手寫ᄒᆞ야天神에證明ᄒᆞ니旽이自此로더욱顧忌가無ᄒᆞ야威福을大行ᄒᆞ더라이윽고王이守正論道燮理功臣號를賜ᄒᆞ고都僉議를領ᄒᆞ고鷲城府院君을進封ᄒᆞ다

丙午 十五年 (元順帝至正二十六年○日皇後村上二十八年○西歷紀元後一千三百六十六年)이라夏四月에司議大夫鄭樞를貶ᄒᆞ야東萊縣令을삼고左正言李存吾ᄂᆞᆫ長沙(今茂長郡)監務를삼다時에辛旽이當國ᄒᆞ야不法을行肆ᄒᆞ되敢히斥言ᄒᆞᄂᆞᆫ者ㅣ無ᄒᆞ지라李存吾ㅣ忿怒ᄒᆞ야上疏코ᄌᆞᄒᆞᆯᄉᆡ몬져疏本을同列의게示ᄒᆞ

야曰妖物이誤國ᄒᆞ니不可不屛逐ᄒᆞ리라ᄒᆞ니同僚가다畏縮ᄒᆞ야敢應ᄒᆞᄂᆞᆫ者ㅣ無ᄒᆞ고오작鄭樞ㅣ從ᄒᆞ야上疏曰臣等이伏見ᄒᆞ오니向日殿內에서辛旽이敢히殿下와幷坐ᄒᆞ니大抵禮ᄂᆞᆫ上下를分辨ᄒᆞ고民志를明定ᄒᆞᆷ이라만일此禮가無ᄒᆞ면엇지君臣父子와밋國家ㅣ有ᄒᆞ리오今에旽이上恩을過蒙ᄒᆞ야國政을專擅ᄒᆞ고無君ᄒᆞᆫ心을懷ᄒᆞ야君上의前에屈膝치아니ᄒᆞ며그在家時에ᄂᆞᆫ宰相이庭下에拜ᄒᆞ니此ᄂᆞᆫ비록崔沆金仁俊林衍等도如此ᄒᆞᆫ者ㅣ無ᄒᆞ엿고至於李資謙ᄒᆞ야ᄂᆞᆫ仁宗의外祖라然이나公論을畏ᄒᆞ야祖孫의私禮를不行ᄒᆞ엿스니此ᄂᆞᆫ君臣의分이素定ᄒᆞ야萬古不易ᄒᆞᆯ憲法이니殿下가能히變易치못ᄒᆞᆯ빈오또殿下ㅣ旽을賢ᄒᆞ다ᄒᆞ야大用ᄒᆞ시나旽이用事ᄒᆞᆫ後로政令이紊亂ᄒᆞ야百姓이怨咨ᄒᆞ니臣等이諫院에處ᄒᆞ야可惜ᄒᆞᆫ者ᄂᆞᆫ殿下ㅣ將且四方에取笑ᄒᆞ고萬世에見譏ᄒᆞᆷ이로소이다ᄒᆞ되王이大

怒ᄒᆞ야其疏ᄅᆞᆯ焚ᄒᆞ고存吾와樞ᄅᆞᆯ叱責ᄒᆞᆯ시時에旽이王으로더브러對床ᄒᆞ야坐ᄒᆞ거ᄂᆞᆯ存吾ㅣ大叱曰老僧이엇지無禮홈이如此ᄒᆞ뇨ᄒᆞ니旽이惶駭ᄒᆞ야곳下床ᄒᆞᄂᆞᆫ지라王이더욱怒ᄒᆞ야存吾와樞ᄅᆞᆯ下獄ᄒᆞ고李春富와金蘭과李穡等을命ᄒᆞ야鞫問ᄒᆞ라ᄒᆞ거ᄂᆞᆯ春富等이王意ᄅᆞᆯ承ᄒᆞ야存吾ᄅᆞᆯ欲殺ᄒᆞ니李穡이ᄆᆡ양救護ᄒᆞ야其職을僅貶ᄒᆞ니時에存吾의年이二十五러라○秋七月에文殊會ᄅᆞᆯ宮中에設ᄒᆞ다時에王이無嗣ᄒᆞ거ᄂᆞᆯ旽이此會ᄅᆞᆯ勸設ᄒᆞ야祈子홈이러라○五月에前僉議侍中李公遂ㅣ卒ᄒᆞ다公遂ᄂᆞᆫ益州人이라性이精明謹愼ᄒᆞ야一毫도取予가不妄ᄒᆞ며臨事에剛毅ᄒᆞ야形勢의屈ᄒᆞᆫ비되지아니ᄒᆞ더라謚曰文忠이라ᄒᆞ다○다시王氏ᄅᆞᆯ立ᄒᆞ야妃ᄅᆞᆯ封ᄒᆞ니妃ᄂᆞᆫ宗室德豐君의女러라○冬十二月에密直提學李達衷이罷ᄒᆞ다達衷이일즉廣坐中에서辛旽을責ᄒᆞ야曰人이言ᄒᆞ되公의酒色이過度ᄒᆞ다ᄒᆞ니

何故오ᄒᆞᆫᄃᆡ旽이不悅ᄒᆞ야罷官ᄒᆞ다

丁未

十六年(元順帝至正二十七年○日皇後村上二十九年○西曆紀元後一千三百六十七年)이라春二月에元이高大悲ᄅᆞᆯ遣來ᄒᆞ다時에元主ㅣ濟州에避亂코ᄌᆞᄒᆞ야御府의金帛을輸送ᄒᆞ고濟州로ᄡᅥ다시我의게屬ᄒᆞ다○僧禪顯으로ᄡᅥ王師ᄅᆞᆯ삼으니禪顯은旽의昵比ᄒᆞᄂᆞᆫ비라王이康安殿에서邀見ᄒᆞᆯ시王이九拜ᄒᆞ니禪顯이立受ᄒᆞ고百官은朝服致賀ᄒᆞ며旽은獨히戎服으로殿上에立ᄒᆞ더라○秋七月에前僉議政丞鷄林府院君李齊賢이卒ᄒᆞ다齊賢이天資ㅣ重厚ᄒᆞ고ᄯᅩ學術이深達ᄒᆞ야議論과事業에發ᄒᆞᄂᆞᆫ者ㅣ다燁然可觀이오平生에疾言遽色이無ᄒᆞ고ᄯᅩ虛衷下人ᄒᆞ야他人의事ᄂᆞᆫ비록片善이라도不聞ᄒᆞᆯ가惟恐ᄒᆞ며自號曰益齋라國人이景仰ᄒᆞ야老少貴賤을無論ᄒᆞ고다益齋先生이라稱ᄒᆞ더라所著ᄒᆞᆫ益齋亂藁十卷이有ᄒᆞ니高麗以來로金富軾李奎報等이다文名이大著ᄒᆞ나齊

賢으로써第一을삼더라諡曰文忠이라ᄒᆞ다○冬十月에前侍中慶復
興과知僉議吳仁澤과三司使安遇慶等이辛旽을謀除ᄒᆞ다가事覺ᄒᆞ
야다南裔에杖流ᄒᆞ다○十二月에李穡으로써成均大司成을拜ᄒᆞ고
鄭夢周로써博士를삼다穡이生員을增置ᄒᆞᆯᄉᆡ夢周와金九容과朴尙
衷과朴宜中과李崇仁等을擇ᄒᆞ야다他官으로敎官을兼授ᄒᆞ고每日
明倫堂에坐ᄒᆞ야經業을分授ᄒᆞ고講을畢ᄒᆞᆫ後에셔로論難ᄒᆞ니於是
에學徒가坌集ᄒᆞ야程朱性理學이始興ᄒᆞ더라時에學者의所習ᄒᆞᄂᆞᆫ
經書가中國으로브터至ᄒᆞᄂᆞᆫ者ㅣ오작朱子集註라夢周ㅣ講說이新
意를自出ᄒᆞᆷ이多ᄒᆞ니聞者ㅣ자못疑訝ᄒᆞ더니밋胡炳文의四書通을
見ᄒᆞ니意義가다脗合ᄒᆞᄂᆞᆫ지라穡이亟稱ᄒᆞ야曰達可(夢周의字)의論議
가竪說堅說이다理致에不當ᄒᆞᆷ이無ᄒᆞ다ᄒᆞ더라○辛旽이前僉議贊
成事瑞寧君柳淑을殺ᄒᆞ다時에旽이淑이비록退仕ᄒᆞ엿스나王이復

用ᄒᆞᆯ가恐ᄒᆞ야王의게譖ᄒᆞ야曰淑이미양勾踐으로써上께比ᄒᆞ고范蠡
로써自比ᄒᆞ니淑이만일蠡의乘舟를効ᄒᆞ면반다시燕京을向ᄒᆞ야德
興君을謀立ᄒᆞ리니早除ᄒᆞ야後患을以絕ᄒᆞ소셔ᄒᆞᆫᄃᆡ王이命ᄒᆞ야杖
流ᄒᆞ라ᄒᆞ거ᄂᆞᆯ旽이곳遣人執殺ᄒᆞ다淑이忠義大節이有ᄒᆞ고臨事決
策에識見이卓絕ᄒᆞ더니밋臨死에顔色이平時와如ᄒᆞ더라諡曰文僖
라ᄒᆞ다○成均祭酒金文鉉이其父達祥을弑ᄒᆞ다文鉉이淫悖無度ᄒᆞ
야其兄의妾을私通ᄒᆞ거ᄂᆞᆯ達祥이法司가按治ᄒᆞᆯ가恐ᄒᆞ야辛旽의게
請曰文鉉이不肖ᄒᆞ니置外ᄒᆞ라ᄒᆞᆫᄃᆡ旽이其罪를問ᄒᆞ거ᄂᆞᆯ達祥이斥
言키難ᄒᆞ야但曰狂惑이라ᄒᆞ엿더니文鉉이聞ᄒᆞ고怨恨ᄒᆞ야旽의게
言曰吾父ㅣ公의不德을議論ᄒᆞ야曰반다시亡國ᄒᆞ리라ᄒᆞᆫ다ᄒᆞ니旽
이怒ᄒᆞ야達祥을遠地에流ᄒᆞ엿다가다시殺ᄒᆞ고文鉉은旽의門客이
되더라○明兵이燕京을拔ᄒᆞ니元主ㅣ北으로沙漠에走ᄒᆞ다

己酉

十八年(明太祖洪武二年○日皇長慶二年 西曆紀元後一千三百六十九年)이라 夏四月에 明太祖ㅣ 遣使ᄒᆞ야 天下定ᄒᆞᆷ을 告ᄒᆞ더라 ○禮部尙書洪尙載를 遣ᄒᆞ야 明에 如ᄒᆞ고 自是로 歲以爲常ᄒᆞ다 ○六月에 官制를 改ᄒᆞ다 ○秋七月이라 先是에 日人이 投化ᄒᆞᄂᆞᆫ 者ㅣ 多ᄒᆞ야 朝廷이 巨濟와 南海等處에 分居케ᄒᆞ엿더니 至是ᄒᆞ야 다시 諸郡을 侵掠ᄒᆞ더라

庚戌

十九年(明太祖洪武三年○日皇長慶三年 西曆紀元後一千三百七十年)이라 我 太祖ㅣ 元의 東寧府(在江西)兀剌城을 攻拔ᄒᆞ시다 時에 王이 東寧府를 擊ᄒᆞ야 元을 絶코자 ᄒᆞᆯ시 太祖를 拜ᄒᆞ야 東北面元帥를 삼고 池龍壽로 西北面元帥를 拜ᄒᆞ야 往勦ᄒᆞ라 ᄒᆞ거ᄂᆞᆯ 太祖ㅣ 步騎萬餘를 率ᄒᆞ시고 鴨綠江을 渡ᄒᆞ야 兀剌城에 至ᄒᆞ시니 其酋高安慰ㅣ 險要를 據ᄒᆞ야 不降ᄒᆞ거ᄂᆞᆯ 太祖ㅣ 片箭으로 ᄲᅧ 射ᄒᆞ시니 凡七十餘發에 다 敵人의 面을 中ᄒᆞ시ᄂᆞᆫ지라 城中이 奪氣ᄒᆞ고 安慰ᄂᆞᆫ 夜遁ᄒᆞ고 諸山城이 望風歸欵ᄒᆞ니 於是에 東은 皇城(古女眞皇帝城)과 北은 東寧府와 西ᄂᆞᆫ 海에 至ᄒᆞ고 南은 鴨綠ᄭᆞ지 다 遁逃一空ᄒᆞ더라 ○冬十一月에 我 太祖ㅣ 池龍壽로 더브러 遼城을 攻拔ᄒᆞ시다 初에 奇轍의 子賽因帖木兒ㅣ 元에 仕ᄒᆞ야 平章事가 되엿다가 元이 亡ᄒᆞ매 平章事金伯顔으로 더브러 遺衆을 招集ᄒᆞ야 東寧府를 據有ᄒᆞ고 其父의 仇를 報코ᄌᆞ ᄒᆞ야 我의 北鄙를 來寇ᄒᆞ거ᄂᆞᆯ 王이 太祖와 밋 龍壽를 命ᄒᆞ야 擊ᄒᆞ라 ᄒᆞ니 太祖ㅣ 遼城에 進軍ᄒᆞ실ᄉᆡ 驍將處明이 特勇拒戰ᄒᆞᄂᆞᆫ지라 太祖ㅣ 몬저 兜鍪를 射ᄒᆞ시고 또 其脚을 射ᄒᆞ야 日 不降ᄒᆞ면 장ᄎᆞ 汝의 面을 射ᄒᆞ리라 ᄒᆞ시니 處明이 下馬叩頭ᄒᆞ고 降ᄒᆞ니 敵이 氣奪ᄒᆞ더라 드ᄃᆡ여 其城을 進拔ᄒᆞ니 賽因帖木兒ᄂᆞᆫ 遁去ᄒᆞ고 伯顔을 虜ᄒᆞ시고 元의 丞相納哈出과 밋 其餘敵將은 招降ᄒᆞ시고 班師ᄒᆞ시다(後에 處明이 太祖의 恩을 感ᄒᆞ야 矢瘢을 見ᄒᆞ면 嗚咽流涕ᄒᆞ더니 雲峯戰爭의 力戰立功ᄒᆞ더라)

辛亥

二十年(明太祖洪武四年○日皇長慶四年 西曆紀元後一千三百七十一年)이라 春二月에 女眞千戶李

豆蘭이歸化ᄒᆞ니豆蘭의本姓은佟이러라○夏五月에前長沙(今長興)監
務李存吾ㅣ卒ᄒᆞ다存吾ᄂᆞᆫ慶州人이라性이孝友簡重ᄒᆞ고早孤力學
ᄒᆞᆯ새鄭夢周李崇仁等으로더브러友善ᄒᆞ더니坐貶ᄒᆞᆫ後로브터公州
石灘에寓居ᄒᆞ야旽의勢가益熾ᄒᆞᆷ을見ᄒᆞ고憂憤成疾ᄒᆞ다가밋疾篤
ᄒᆞ미左右로ᄒᆞ여곰扶起曰旽이尙熾乎아ᄒᆞ니左右ㅣ曰然ᄒᆞ다ᄒᆞᆫ대
還臥ᄒᆞ야曰旽이亡ᄒᆞ여야吾ㅣ亡ᄒᆞ리라ᄒᆞ고反席ᄒᆞ다가卒ᄒᆞ니年
이三十一이라밋旽이誅ᄒᆞ미王이其忠을思ᄒᆞ야大司成을贈職ᄒᆞ다
○秋七月에辛旽이伏誅ᄒᆞ다時에旽이威福을恣行ᄒᆞ니王도또ᄒᆞᆫ自
安치못ᄒᆞ더라王의性이猜忌ᄒᆞ야비록腹心大臣이라도밋權勢가盛
ᄒᆞ면반다시誅ᄒᆞ거ᄂᆞᆯ旽이見誅ᄒᆞᆯ가恐ᄒᆞ야드듸여不軌를謀ᄒᆞᆯ새其
黨으로더브러刻日擧事ᄒᆞ거ᄂᆞᆯ其客侍郞李韌이王ᄭᅴ告ᄒᆞᆫ대王이이
에其黨奇顯과崔思遠等을誅ᄒᆞ고旽을水原府에流ᄒᆞ엿다가誅ᄒᆞ야

京師에梟示ᄒᆞ고其二歲兒를幷殺ᄒᆞ고慶復興等을召還ᄒᆞ다○李穡
으로政堂文學을拜ᄒᆞ고近臣다려謂曰文武兩大官이다第一流라ᄒᆞ
니穡과밋我 太祖를指ᄒᆞᆷ이러라○子弟衛를置ᄒᆞ고年少美貌者를
選ᄒᆞ야屬ᄒᆞ고代言金慶興으로ᄡᅥ管理케ᄒᆞ니於是에洪倫과韓安과
權瑨과盧瑄等이다寵幸ᄒᆞ야臥內에常侍ᄒᆞ고또美壯ᄒᆞᆫ者를多選ᄒᆞ
야禁中에常置ᄒᆞ고號曰東古赤이라ᄒᆞ고子弟衛로더브러幷히有寵
ᄒᆞ더라○禑를封ᄒᆞ야江陵府院大君을삼다先是에辛旽이流ᄒᆞᆯ셔王
이侍臣다려謂ᄒᆞ야曰予가일즉辛旽家에셔一婢를幸ᄒᆞ야子를生ᄒᆞ
니名은牟尼奴라善히保護ᄒᆞ라ᄒᆞ더니이윽고太后殿에召入ᄒᆞ야養
育ᄒᆞ고侍中李仁任을顧謂曰元子ㅣ在ᄒᆞ니吾ㅣ無憂ᄒᆞ다ᄒᆞ더니王
是ᄒᆞ야禑라改名ᄒᆞ고儒臣白文寶와田祿生과鄭樞等으로ᄡᅥ師傅를
拜ᄒᆞ다

甲寅

二十三年(明太祖洪武七年○日本後龜山二年○西曆紀元後一千三百七十四年)이라 秋七月에 崔瑩으
로써 楊廣(今京畿忠淸道)等道都統使를 拜하고 諸軍을 領率하고 濟州를 伐
하다 先是에 明國이 耽羅의 馬二千匹을 徵索하거늘 王이 評理韓方彥
을 命하야 往取할새 濟州에 在한 元人石迭里等이 不聽曰吾ㅣ 엇지 元
世祖의 放畜한 馬를 明國에 送하리오 하고 다만 三百匹을 給하는지라
王이 明國의 意를 難違하야 瑩等으로 하여곰 軍士二萬餘人을 率하고
往攻하니 石迭里等이 三千餘騎로써 明月浦(在濟州)에서 拒戰하거늘 瑩
이 進擊大破하고 石迭里를 斬하고 餘黨을 盡殺하니 濟州가 이에 平하
다 ○ 九月에 明의 徵馬使ㅣ 還하거늘 王이 密直副使金義를 遣하야 護
送할새 明使ㅣ 酗酒하야 미양 義를 殺코ᄌ 하거늘 義ㅣ 드듸여 明使를
殺하고 其馬三百匹을 奪하야 北元에 奔하니 義는 本來元人이러라 ○
王이 江陵府院君禑의 母가 賤하다 하야 故宮人韓氏의 所出이라 稱하

乙卯

고 韓氏의 三世를 追贈하다 ○ 宦者崔萬生과 幸臣洪倫等이 王을 弑하
다 初에 王이 倫等으로 하여곰 宮掖을 汚穢하야 生子하기를 冀하더니
時에 益妃王氏ㅣ 有身하거늘 萬生이 王께 告한대 王이 喜曰誰와 與合
한고 하거늘 萬生이 對曰益妃가 言하되 洪倫이라 하더이다 한대 王曰
吾ㅣ 맛당히 倫을 殺하야 滅口할거시오 汝도 또한 不免하리라 하니 萬
生이 大懼하야 是夜에 倫等으로 더브러 寢殿에 入하야 王을 擊弑하거
늘 太后ㅣ 發喪치 아니하고 慶復興과 李仁任等을 召하야 萬生等을 誅
하고 仁任의 議를 從하야 江陵府院君禑를 立하다 王의 性이 本來嚴重
하고 動容이 禮節에 中하더니 晩年에 心疾을 得하야 猜暴忌克하고 荒
惑이 滋甚하다가 此禍를 及하다 謚曰恭愍이오 玄陵에 葬하다

前廢王禑의 小字는 牟尼奴니 在位十四年이라

元年(明太祖洪武八年○日本後龜山三年○西曆紀元後一千三百七十五年)이라 春正月에 判宗簿寺崔

源을明에遣ᄒᆞ야殺使ᄒᆞᆫ事를剖辨ᄒᆞ다○都城의五部戶數를改定ᄒᆞᆯ시屋의間架가二十以上은一戶가되아軍丁一名을出ᄒᆞ고架가少ᄒᆞ면或四五家를倂ᄒᆞ야一戶를삼다

丙辰

二年(明太祖洪武九年○日皇後龜山四年 西歷紀元後一千三百七十六年)이라春三月에廢王禑의母般若(音般耶)를臨津에投ᄒᆞ다般若ㅣ太后宮에入ᄒᆞ야啼曰吾ㅣ實노主上을生ᄒᆞ얏거ᄂᆞᆯ엇지韓氏를母ᄒᆞᄂᆞ고ᄒᆞᄂᆞᆫ지라時에仁任이王을推立ᄒᆞᆫ後로朝政을專擅ᄒᆞᆫ시곳般若를捕ᄒᆞ야下獄ᄒᆞ엿다가맛ᄎᆞᆷ니臨津江에投ᄒᆞ다般若ㅣ被鞫ᄒᆞᆯ時에新創ᄒᆞᆫ中門을指ᄒᆞ야曰天이吾寃을若知ᄒᆞ면此門이必然自頹ᄒᆞ리라ᄒᆞ더니이윽고門이自頹ᄒᆞ니世人이크게惟訝ᄒᆞ더라○秋七月에日本이公州等城을陷ᄒᆞ니楊廣道元帥朴仁桂ㅣ敗死ᄒᆞ거ᄂᆞᆯ崔瑩이自請出戰ᄒᆞ야日兵으로더브러鴻山에서戰ᄒᆞᆯ시身先士卒ᄒᆞ며賊의矢가脣을中ᄒᆞ야流血이淋漓ᄒᆞ되神

色이自若ᄒᆞ고드듸여奮擊大破ᄒᆞ니由是로威名이大振ᄒᆞ더라

丁巳

三年(明太祖洪武十年○日皇後龜山五年 西歷紀元後一千三百七十七年)이라春三月에日本이寧梁에入ᄒᆞ야戰船을燒ᄒᆞ고또江華를寇ᄒᆞ니京城이大震ᄒᆞᄂᆞᆫ지라禑ㅣ恐ᄒᆞ야鐵原에遷都코ᄌᆞᄒᆞ거ᄂᆞᆯ崔瑩이力諫ᄒᆞ야乃止ᄒᆞ고이윽고賊이또西江(松都西江)을進逼ᄒᆞ거ᄂᆞᆯ瑩이邊安烈로더브러擊却ᄒᆞ다○夏五月이라時에日寇ㅣ慶尙道에充斥ᄒᆞ니元帥禹仁烈이濟師ᄒᆞ기를亟請ᄒᆞᄂᆞᆫ지라禑ㅣ我 太祖와金得齊等을拜ᄒᆞ야助戰元帥를삼고往援ᄒᆞ라ᄒᆞ거ᄂᆞᆯ 太祖ㅣ幷日直行ᄒᆞ시다가智異山에셔賊을大破ᄒᆞ시다○秋八月에日賊이西海道(今黃海道)를寇ᄒᆞ니元帥羅世巡等이敗績ᄒᆞ거ᄂᆞᆯ 太祖ㅣ곳進擊ᄒᆞ야賊을海州에셔大破ᄒᆞ시니餘賊이據險積柴ᄒᆞ야自固코ᄌᆞᄒᆞᄂᆞᆫ지라 太祖ㅣ胡床에踞坐ᄒᆞ사張樂進酒ᄒᆞ시고士卒로ᄒᆞ여곰柴를焚ᄒᆞ니烟焰이漲天ᄒᆞ고賊이勢窮ᄒᆞ야冒死

戊午

突開ᄒ다가矢가 太祖의座前酒瓶을中ᄒ거늘 太祖ㅣ安坐不起ᄒ시고諸軍을令ᄒ사擊殲幾盡ᄒ다○內城을築ᄒ다崔瑩이建議ᄒ되京都外城이闊大ᄒ야守禦키難ᄒ니內城을築ᄒ야不虞를備ᄒ쟈ᄒᆷ이러라

四年(明太祖洪武十一年○日皇後龜山六年○西曆紀元後一千三百七十八年)夏四月이라時에日賊이水原南陽等州를連寇ᄒ고또寧梁에大集ᄒ야昇天府(今豐德)를入ᄒ니京師ㅣ大震ᄒ는지라禑ㅣ崔瑩과밋贊成使楊伯淵과我 太祖를遣ᄒ야防禦ᄒᆯᄉᆡ賊이ᄡᅥᄒ되瑩의軍을破ᄒ면京師를可圖라ᄒ고곳瑩軍을急擣ᄒ니瑩이拒敵지못ᄒ고奔ᄒ거늘 太祖ㅣ精騎를率ᄒ시고伯淵으로더브러合擊大破ᄒ시니瑩이또ᄒᆫ從傍衝擊ᄒ야賊을盡殲ᄒ다○六月에日本의九州節度使源了俊이僧信弘을遣來ᄒ야日賊을捕ᄒ다先是에禑ㅣ判典校事羅興儒를日本에遣ᄒ야海賊을禁ᄒ

庚申

라ᄒ니日本이報稱ᄒ되貴國을侵犯ᄒ는者는我西海道의九州頑民이라本國이바야흐로遣將征討ᄒ야海寇를禁戢ᄒ리라ᄒ더니其後에賊이오히려寇掠이不已ᄒ거늘또鄭夢周를遣ᄒ야交隣利害를極陳ᄒ니日人이敬服ᄒ더니至是ᄒ야了俊이信弘으로ᄒ여곰軍士를率ᄒ고賊黨을來捕ᄒᆯᄉᆡ屢次爭鬪ᄒ다가信弘이引兵歸國ᄒ고翌年夏五月에日本이다시朴居士等을遣ᄒ야海寇를來討ᄒ더라○禑ㅣ南京(漢陽)에出獵ᄒ다時에禑ㅣ淫荒無度ᄒ야聲色游畋으로ᄡᅥ爲事ᄒ더라

六年(明太祖洪武十三年○日皇後龜山八年○西曆紀元後一千三百八十年)이라春正月에太后洪氏ㅣ崩ᄒ니壽가八十三이라后ㅣ賢行이有ᄒ더니臨歿에禑를戒ᄒ야大臣을咨訪ᄒ고游觀을勿事ᄒ라ᄒ더라○秋八月에禑ㅣ城南에出獵ᄒᆯᄉᆡ禾稼를蹂踐ᄒ고또羣少로더브러閭巷에馳驟ᄒ야人家鷄犬을

射ᄒ고行路婦人을刼掠ᄒ더라○九月에我 太祖ㅣ日賊을雲峯에셔大破ᄒ시다先是에羅世와沈德符等이日賊을鎭浦(今在韓山)에셔破ᄒ엿더니賊이懷憤肆毒ᄒ야州縣을連陷ᄒ니三道沿海地가다蕩然一空ᄒ고또元帥裴克廉鄭地等이沙斤驛(今在咸陽)에셔敗績ᄒ니於是에賊이雲峯縣을焚ᄒ고引月驛(今在雲峯)에進屯ᄒ야北上ᄒ다聲言ᄒ니中外가大震ᄒ는지라禑ㅣ 太祖로ᄡ楊廣(今京畿忠淸道)全羅慶尙三道都巡察使를拜ᄒ고邊安烈로ᄡ副使를拜ᄒ야往勦ᄒ라ᄒ거놀 太祖ㅣ安烈等으로더브러引兵南下ᄒ야賊陣數十里를隔ᄒ야 太祖ㅣ道左의險徑을見ᄒ시고曰賊이必然此道를由ᄒ야我를掩襲ᄒ리라ᄒ시고諸將을令ᄒ야大路를進ᄒ고 太祖ㅣ親히其險徑에入ᄒ시더니賊兵이果然其地에埋伏ᄒ엿거놀 太祖ㅣ賊五十餘人을射殺ᄒ시고三戰皆捷ᄒ시니賊이據險自固ᄒ는지라 太祖ㅣ諸軍을麾

督ᄒ야仰攻ᄒ실ᄉᆡ流矢가 太祖의左脚을中ᄒ거놀 太祖ㅣ矢를抽ᄒ시고意氣가益壯ᄒ시니將士ㅣ感勵ᄒ고人人이死戰ᄒ더라賊中에阿只拔都라ᄒ는者는年이겨우十五六이라驍勇이無比ᄒ고舞槊馳突ᄒ야所向에披靡ᄒ거놀 太祖ㅣ그堅甲과銅面을被ᄒ미可射ᄒᆯ隙이無ᄒᆷ을見ᄒ시고偏將李豆蘭다려謂ᄒ사曰我ㅣ其兜를射ᄒ야項子가落ᄒ거놀汝ㅣ곳射ᄒ라ᄒ시고躍馬ᄒ야阿只拔都의兜를射中ᄒ시니項子가落ᄒ는지라豆蘭이곳射殺ᄒ니賊이氣挫ᄒ거놀因ᄒ야奮擊大破ᄒ시니殭屍가遍野ᄒ고川流가盡赤ᄒ며餘賊은智異山으로奔去ᄒ더라凱還ᄒ시니崔瑩이百官을率ᄒ고天壽寺前에셔迎接ᄒᆯᄉᆡ 太祖로더브러再拜ᄒ고執手流涕曰三韓의再造ᄒᆷ이在此一擧라ᄒ더라日本이自此로 太祖를畏ᄒ야敢近치못ᄒ고미양我人을虜ᄒ면반다시問曰李萬戶가今에何在오ᄒ더라

壬戌

八年(明太祖洪武十五年○日皇後龜山十年○西歷紀元後一千三百八十二年)이라 春二月에 禑ㅣ 南郊에 出獵ᄒᆞ거ᄂᆞᆯ 崔瑩이 泣諫曰 忠惠王은 好色ᄒᆞ되 반다시 夜로ᄡᅥ ᄒᆞ고 忠肅王은 好遊ᄒᆞ되 다 時ᄅᆞᆯ 失치 아니ᄒᆞ야 民怨이 無ᄒᆞ더니 今에 主上은 游戱가 無度ᄒᆞ야 墮馬傷體ᄒᆞ거ᄂᆞᆯ 臣이 宰相에 備位ᄒᆞ야 匡救치 못ᄒᆞ니 何面目으로 見人乎잇가 ᄒᆞᆫᄃᆡ 禑ㅣ 不悛ᄒᆞ더라 ○ 日賊이 竹嶺(在今豐基)을 踰ᄒᆞ야 丹陽(丹陽地)을 寇ᄒᆞ거ᄂᆞᆯ 元帥 邊安烈이 韓方彦으로 더브러 擊敗ᄒᆞ다 ○ 秋九月에 禑ㅣ 漢陽에 遷都ᄒᆞ다 先是에 書雲觀이 言ᄒᆞ되 變怪가 屢見ᄒᆞ니 請컨ᄃᆡ 遷都避災ᄒᆞᄌᆞ ᄒᆞ더니 至是에 崔瑩이 또 言ᄒᆞ거ᄂᆞᆯ 이에 遷都ᄒᆞ고 侍中 李子松으로 ᄒᆞ여곰 開京을 留守ᄒᆞ다 ○ 趙浚으로ᄡᅥ 慶尙道體覆使ᄅᆞᆯ 拜ᄒᆞ다 時에 日寇가 嶺南에 充斥ᄒᆞ야 人民이 다 逃竄ᄒᆞ거ᄂᆞᆯ 崔瑩이 浚을 薦擧ᄒᆞ니 浚이 至ᄒᆞ야 都巡問使 李居仁의 玩寇ᄒᆞᆫ 罪ᄅᆞᆯ 責ᄒᆞ고 兵馬使 兪益桓을 斬ᄒᆞ니 諸將이 다 股慄力戰ᄒᆞ야 一

癸亥

道가 賴安ᄒᆞ니 浚은 宰相 仁規의 後오 大志가 有ᄒᆞ더라

九年(明太祖洪武十六年○日皇後小松元年○西歷紀元後一千三百八十三年)이라 秋八月에 我 太祖ㅣ 女眞人 胡拔都ᄅᆞᆯ 吉州에셔 大破ᄒᆞ시다 先是에 胡拔都ㅣ 東北諸城을 侵掠ᄒᆞ거ᄂᆞᆯ 禑ㅣ 太祖의 威信이 素著ᄒᆞ시다 ᄒᆞ야 門下贊成事 東北面都指揮使ᄅᆞᆯ 拜ᄒᆞ고 往撫ᄒᆞ라 ᄒᆞ거ᄂᆞᆯ 時에 胡拔都ㅣ 端州(今端川) 等地ᄅᆞᆯ 寇ᄒᆞ니 萬戶 陸麗 等이 屢戰皆敗ᄒᆞᄂᆞᆫ지라 太祖ㅣ 胡拔都ᄅᆞᆯ 吉州에셔 遇ᄒᆞ야 李豆蘭으로 ᄒᆞ여곰 몬져 進戰케 ᄒᆞ섯더니 豆蘭이 大敗ᄒᆞ니 胡拔都ㅣ 太祖ᄅᆞᆯ 輕視ᄒᆞ고 單騎로 來戰ᄒᆞ거ᄂᆞᆯ 太祖ㅣ 其馬ᄅᆞᆯ 射ᄒᆞ시니 馬ㅣ 倒ᄒᆞᄂᆞᆫ지라 太祖ㅣ 因ᄒᆞ야 縱擊大破ᄒᆞ시니 拔都ㅣ 겨우 遁去ᄒᆞ더라 太祖ㅣ 安邊策ᄅᆞᆯ 禑에게 陳ᄒᆞ시다

甲子

十年(明太祖洪武十七年○日皇後小松二年○西歷紀元後一千三百八十四年)이라 政堂文學 鄭夢周ᄅᆞᆯ 明國에 遣ᄒᆞ다 時에 明이 朝廷과 有釁ᄒᆞ야 我使 金庾와 洪尙載 等을 流竄

호니人이다憚行호고權貴를賂遺호야規避호거놀이에夢周를遣호시禑ㅣ召見面論호되夢周ㅣ曰君父의命을敢避乎잇가호고遂行호야明帝를進見호고陳對가詳明호니明帝ㅣ優待호고드듸여庾와尙載等을放還호더라○九月에宦官金實로뻐門下贊成事를拜호니宦官의拜相은前此未有러라○先是에德宗이國子試를設호엿다가恭愍王에至호야廢止호고王是에다시成均館을復設호시代言尹就가掌試호야다勢家乳臭童子를取호니時人이譏弄호야曰紅粉榜이라호니其兒童이紅衣를喜着호고面에傳粉홈이러라○冬十月에北元(北元은卽元이北方에遁호後稱謂라)이遣使호야來호거놀不納호다

乙丑十一年(明太祖洪武十八年○日皇後小松三年○西歷紀元後一千三百八十五年)이라秋九月에我 太祖ㅣ日兵을咸州(今咸興)에서大破호시다先是에日兵이端州咸州等을連寇호거놀元帥沈德符等이拒戰호다가皆敗호니賊勢가益張호는지라 太祖ㅣ自請往擊호사咸州에至호시니賊이螺聲을聞호고大驚曰李萬戶가至호엿다호더라 太祖ㅣ護軍李豆蘭等百餘騎를率호시고徐行호야賊陣에至호시니賊이大驚錯愕호거놀 太祖ㅣ胡床에坐호사譯人으로호여곰賊을呼謂曰今에主將은李萬戶라汝가速降호라호니賊酋ㅣ曰諾다호고바야흐로議降호다가未定에 太祖ㅣ曰맛당히其怠를因호야擊호리라호시고몬져伏兵을設호야豆蘭等으로호여곰賊을誘入호고 太祖는單騎로뻐衝突호야賊을大殺호시고伏兵이또起호니呼聲이天地를震動호더라이에賊徒가大潰호야僵屍가川渠를蔽塞호고一人도得脫혼者ㅣ無호니라○冬十二月에李仁任의婢鳳加伊를封호야肅寧翁主를삼고妓七點仙으로寧善翁主를封호엿다가後에다시鳳加伊를封호야德妃를삼고또妓少梅香과鸞雙飛를封호야다翁主를삼고미양出遊홀時에幷騎馳騁호

丁卯

더라先是에仁任婢의婿趙英吉이有女ᄒᆞ니曰鳳加伊라稱ㅣ仁任第
에王ᄒᆞ야寵幸ᄒᆞ고自是로其第에日往ᄒᆞ야仁任을稱ᄒᆞ야曰父라ᄒᆞ
고仁任의妻朴氏ᄂᆞᆫ母라ᄒᆞ니仁任의權勢가더옥盛ᄒᆞ더라○李穡으
로ᄡᅥ門下侍中을拜ᄒᆞ고師傅禮로待ᄒᆞ다
十三年(明太祖洪武二十年○日皇後小松五年○西曆紀元後一千三百八十七年)이라夏六月에百官의官
服制ᄅᆞᆯ改定ᄒᆞ다先是에本國이元의服制ᄅᆞᆯ用ᄒᆞ더니至是ᄒᆞ야鄭夢
周와李崇仁과河崙과姜淮伯等이變制ᄒᆞ기ᄅᆞᆯ請ᄒᆞ야明國의紗帽團
領等을倣用ᄒᆞᆯ식一品以下ᄂᆞᆫ다紗帽團領을服ᄒᆞ고其品帶도ᄯᅩᄒᆞᆫ差
別이有ᄒᆞ며오자禑와宦官近幸이不用ᄒᆞ더라

戊辰

十四年(明太祖洪武二十一年○日皇後小松六年○西曆紀元後一千三百八十八年)이라春正月에林堅味
와廉興邦과都吉敷와李成林과潘福海等을誅ᄒᆞ고李仁任은京山府
에安置ᄒᆞ다仁任이國柄을久竊ᄒᆞ미堅味로ᄡᅥ腹心을삼고ᄯᅩ興州(今星)

邦等四人을引用ᄒᆞ야樞要에布列ᄒᆞ고賣官鬻爵ᄒᆞ며人의土田奴婢
ᄅᆞᆯ占奪ᄒᆞ니中外가切齒ᄒᆞ더니會에興邦이ᄯᅩ密直使趙胖의田을奪
ᄒᆞ거ᄂᆞᆯ胖이憤怒ᄒᆞ야其奴ᄅᆞᆯ捕殺ᄒᆞ니興邦이大怒ᄒᆞ야胖을謀叛ᄒᆞᆫ
다誣ᄒᆞ고鞫問ᄒᆞᄂᆞᆫ지라崔瑩이곳禑ᄅᆞᆯ勸ᄒᆞ야胖을釋ᄒᆞ고堅味興邦
等을誅ᄒᆞ고仁任은有功ᄒᆞ다ᄒᆞ야免死安置ᄒᆞ다○崔瑩으로ᄡᅥ門下
侍中을拜ᄒᆞ고我　太祖ᄂᆞᆫ守侍中을拜ᄒᆞ고李穡은判三司事ᄅᆞᆯ拜ᄒᆞ
다時에瑩이林堅味의廉興邦의所用ᄒᆞᆫ人을盡黜코져ᄒᆞ거ᄂᆞᆯ　太祖
ㅣ曰林廉이執政ᄒᆞᆫ지日久ᄒᆞ미士大夫가다其擧薦이니今에다만才
能賢否만問ᄒᆞᆯ지라엇지既往을咎ᄒᆞ리오ᄒᆞ신ᄃᆡ瑩이不聽ᄒᆞ더라○
二月에明帝ㅣ鐵嶺以北은本來元國에屬ᄒᆞᆫ地니다遼東에歸屬ᄒᆞ라
ᄒᆞ고鐵嶺衛ᄅᆞᆯ遼東에立ᄒᆞ다○三月에侍中崔瑩의女로ᄡᅥ寧妃ᄅᆞᆯ封
ᄒᆞ고判事中雅의女로ᄡᅥ正妃ᄅᆞᆯ封ᄒᆞ다初에王이瑩의女ᄅᆞᆯ納ᄒᆞᆯ시瑩

이辭謝曰臣女ㅣ卑陋ᄒᆞ니王尊을奉配치못ᄒᆞᆯ지라主上이必納코ᄌᆞ
ᄒᆞ실진ᄃᆡ老臣이맛당히剃髮入山ᄒᆞ리이다ᄒᆞ고涕泣으로ᄡᅥ繼ᄒᆞ되
禑ㅣ不聽ᄒᆞ더라○夏四月에禑ㅣ平壤에次ᄒᆞ야遼東을攻ᄒᆞ다初에
禑ㅣ明國이鐵嶺以北을佔奪ᄒᆞᆷ을怒ᄒᆞ야崔瑩으로더브러密議ᄒᆞ야
明을攻ᄒᆞ고元과續好코ᄌᆞᄒᆞᆯᄉᆡ西海道(今黃海道)에如ᄒᆞ야諸道兵을徵集
ᄒᆞ고我 太祖ᄅᆞᆯ召ᄒᆞ야曰寡人이遼陽을欲攻ᄒᆞ노니卿等은盡力ᄒᆞ
라ᄒᆞ거ᄂᆞᆯ 太祖ㅣ曰今에出師ᄒᆞᆷ이四不可가有ᄒᆞ니以小攻大가一
不可오夏月發兵이二不可오擧國遠征ᄒᆞ면日本이我虛ᄅᆞᆯ乘ᄒᆞ리니
三不可오今에暑雨ᄅᆞᆯ當ᄒᆞ야弓弩ㅣ膠가解ᄒᆞ고大軍이疾疫ᄒᆞ리니
四不可ㅣ니이다ᄒᆞ신ᄃᆡ禑ㅣ不聽ᄒᆞ야曰이믜興師ᄒᆞ엿스니中止치
못ᄒᆞ리라ᄒᆞ거ᄂᆞᆯ 太祖ㅣ退ᄒᆞ사涕泣曰生民의禍가自此로始ᄒᆞ엿
다ᄒᆞ시더라禑ㅣ平壤에至ᄒᆞ야徵兵을督責ᄒᆞ야浮橋ᄅᆞᆯ鴨江에作ᄒᆞ

고崔瑩을加ᄒᆞ야八道都統使ᄅᆞᆯ拜ᄒᆞ고曹敏修로左軍都統使ᄅᆞᆯ拜ᄒᆞ
고 太祖로右軍都統使ᄅᆞᆯ拜ᄒᆞ야各其諸將을率ᄒᆞ고進發ᄒᆞ니左右
軍이合三萬八千六百餘人이라號曰十萬이라ᄒᆞ고禑ㅣ瑩으로더브
러平壤에留駐ᄒᆞ고節制ᄅᆞᆯ遙授ᄒᆞᆯᄉᆡ다시國人으로ᄒᆞ여곰胡服ᄒᆞ야
元의舊制ᄅᆞᆯ從ᄒᆞ니時에明國이藍玉을遣ᄒᆞ야北元을擊滅ᄒᆞ거ᄂᆞᆯ朝
廷은不知ᄒᆞ더라五月에左右軍이威化島(在今義州西江)에進屯ᄒᆞ고元帥
洪仁桂ㅣ몬져遼境에入ᄒᆞ야殺掠ᄒᆞ고還ᄒᆞ니禑ㅣ喜ᄒᆞ야金帛을賞
賜ᄒᆞ더라○六月에我 太祖ㅣ諸軍으로ᄡᅥ京城에還入ᄒᆞ사崔瑩을
執ᄒᆞ야流ᄒᆞ시다時에 太祖ㅣ曹敏修로더브러禑의게上言ᄒᆞ사攻
遼가不便ᄒᆞᆫ狀을極陳ᄒᆞ신ᄃᆡ禑ㅣ不納ᄒᆞ거ᄂᆞᆯ또崔瑩의게貽書ᄒᆞ야
利害ᄅᆞᆯ極言ᄒᆞ시니瑩이또ᄒᆞᆫ不聽ᄒᆞᄂᆞᆫ지라 太祖ㅣ드ᄃᆡ여諸將을
論ᄒᆞ사曰今에만일遼東을攻ᄒᆞ면生民의禍ㅣ立至ᄒᆞ갯거ᄂᆞᆯ王이不

省ᄒᆞ고瑩도또ᄒᆞᆫ老耋ᄒᆞ야國家存亡을不恤ᄒᆞ니今에公等과갓치上
을入見ᄒᆞ야禍福을親陳ᄒᆞ고君側의惡을除ᄒᆞ야生靈을奠安케ᄒᆞᆷ이
何如오ᄒᆞᆫ신ᄃᆡ諸將이皆曰敢히公에命을不從ᄒᆞ리오ᄒᆞ거ᄂᆞᆯ이에回
軍ᄒᆞ야鴨綠江을渡ᄒᆞ실ᄉᆡ 太祖ㅣ白馬에彤弓白羽箭을執ᄒᆞ시고
岸上에立ᄒᆞ야軍士의畢渡ᄅᆞᆯ遲待ᄒᆞ시니軍中이望見ᄒᆞ고相謂曰古
今來에如此人이安有ᄒᆞ리오ᄒᆞ더라時에童謠가有ᄒᆞ야木子가得國
ᄒᆞᆫ다ᄒᆞ고軍民老少가다歌誦ᄒᆞᄂᆞᆫ지라漕運使崔有慶이 太祖의還
軍ᄒᆞ심을禑에게奔告ᄒᆞ니禑ㅣ瑩으로더브러京師에馳還ᄒᆞ야拒戰
코ᄌᆞᄒᆞ거ᄂᆞᆯ左右軍이곳入京ᄒᆞᆯᄉᆡ敏修ㅣ瑩軍의게敗ᄒᆞ더니이윽고
太祖ㅣ黃龍大旗ᄅᆞᆯ建ᄒᆞ시고花園을八圍ᄒᆞ시니花園은禑의所在
ᄒᆞᆫ處라諸軍이大呼ᄒᆞ야瑩을出ᄒᆞᆷ을請ᄒᆞ니禑ㅣ瑩의手ᄅᆞᆯ執ᄒᆞ고泣
別ᄒᆞ더라瑩이出ᄒᆞ믹 太祖ㅣ謂ᄒᆞ사曰如此事變은我의本心이아

니라然이나攻逐ᄒᆞᄂᆞᆫ事ᄂᆞᆫ國家興亡이係ᄒᆞ고로不得已至此ᄒᆞᆷ이니
好去好去ᄒᆞ라ᄒᆞ시고相對泣下ᄒᆞ시다가드ᄃᆡ여瑩을高峯縣今高陽에
流ᄒᆞ시니時에明이擧兵코ᄌᆞᄒᆞ다가還軍ᄒᆞᆷ을聞ᄒᆞ고乃止ᄒᆞ더라○
禑ㅣ廢ᄒᆞ고禑의子昌이立ᄒᆞ다初에我 太祖ㅣ還軍ᄒᆞ실ᄉᆡ典校副
令尹紹宗이軍前에詣ᄒᆞ야霍光傳을獻ᄒᆞ거ᄂᆞᆯ 太祖ㅣ趙仁沃으로
ᄒᆞ여곰讀케ᄒᆞ시니仁沃이因ᄒᆞ야極言ᄒᆞ되今王은王氏가아니오辛
旽의子라맛당히王氏ᄅᆞᆯ復立ᄒᆞᆷ이可라ᄒᆞ거ᄂᆞᆯ 太祖ㅣ心然之ᄒᆞ시
니이에諸將이禑ᄅᆞᆯ請ᄒᆞ야江華에如ᄒᆞ니禑ㅣ寧妃와및燕雙飛로더
브러下殿ᄒᆞ야去ᄒᆞ더라이윽고曹敏修ㅣ力議ᄒᆞ야昌을立코ᄌᆞᄒᆞᆯᄉᆡ
李穡은名儒라ᄒᆞ야其言을欲藉ᄒᆞ야就問ᄒᆞᆫᄃᆡ穡曰맛당히前王의子
ᄅᆞᆯ立ᄒᆞ라ᄒᆞ거ᄂᆞᆯ敏修等이드ᄃᆡ여定妃恭愍王妃安氏의敎로ᄡᅥ昌을立ᄒᆞ니
時年이九歲러라○明이鐵嶺衛ᄅᆞᆯ罷ᄒᆞ다○八月에李穡으로ᄡᅥ門下

侍中을拜ᄒ고我　太祖로ᄡ守侍中을拜ᄒ다時에昌이書筵을開ᄒ고穡을命ᄒ야書筵事를領ᄒ고鄭夢周鄭道傳으로侍讀을拜ᄒ야更日入侍ᄒ다○大司憲趙浚이建議ᄒ되田柴科가廢ᄒ야私田이됨으로브터兼并ᄒᄂᆫ弊가甚ᄒ니請컨ᄃᆡ革罷ᄒ소셔ᄒ니我　太祖ㅣ奏行ᄒ시다○楊廣等道都指揮使鄭地ㅣ日寇를大破ᄒ다時에日賊이楊廣全羅慶尙三道를入寇ᄒ야州郡을屠燒ᄒ거늘地ㅣ諸將을領ᄒ고南原에셔戰ᄒ야大破ᄒ니人이謂ᄒ되此戰이아니면三道民이盡ᄒ리라ᄒ더라○我　太祖로ᄡ中外諸軍事를都督ᄒ다○九月에廢王禑를驪興에遷ᄒ다○冬十一月에金文鉉이伏誅ᄒ다廢王禑의時에言官이文鉉의弑父ᄒᆫ罪를正코ᄌᆞᄒ거늘禑ㅣ不聽ᄒ고全義에杖流ᄒ엿더니至是ᄒ야遣人縊殺ᄒ다○十二月에前侍中崔瑩을殺ᄒ다瑩이이의流ᄒ미다시鞫問ᄒ시於是에典法判書趙仁沃等이瑩의罪를請正ᄒ거늘昌이ᄃᆡ디여瑩을斬ᄒ니瑩은惟淸의五世孫이라爲人이戇直ᄒ고學術이少ᄒ나忠淸剛正ᄒ고膂力이過人ᄒ며臨陣對敵에神氣가安閒ᄒ고矢石이交前ᄒ되懼色이略無ᄒ고戰士가一步를却退ᄒ면곳斬徇ᄒᄂᆫ고로大小百餘戰에一次도敗衄치아니ᄒ고平常에生産을不事ᄒ야居第가甚히陋醜ᄒ되處홈이怡然ᄒ며비록將相을兼任ᄒ야兵權을久典ᄒᄂ關節이不到ᄒ더라至是에死ᄒ니年이七十三이라臨刑에辭色이不變ᄒ고首가已斷ᄒ되오히려移時토록植立ᄒ고死ᄒᆫ日에都人이罷市ᄒ고遠近이다流涕ᄒ더라後에賜諡曰武愍이라ᄒ다

後廢王昌在位一年이라

己巳

元年（明太祖洪武二十二年○日皇後小松七年○西曆紀元後一千三百八十九年）이라春二月에慶尙道元帥朴葳ㅣ日本對馬島를擊破ᄒ다葳ㅣ日本을擊ᄒ야戰功을屢立ᄒ

더니至是에戰艦百隻을率ᄒᆞ고對馬島에至ᄒᆞ야日艦三百艘와밋傍岸의廬舍를焚燒殆盡ᄒᆞ다○秋七月에李穡으로判門下府事를拜ᄒᆞ고李琳으로門下侍中을拜ᄒᆞ고또鄭夢周의言을用ᄒᆞ야穡과琳과밋我 太祖를命ᄒᆞ야劍履로上殿ᄒᆞ고贊拜에不名ᄒᆞ니琳은昌의外祖러라○八月에琉球國이遣使ᄒᆞ야方物을獻ᄒᆞ거ᄂᆞᆯ昌이典客令金允厚로ᄒᆞ야곰報聘ᄒᆞ다○昌이廢ᄒᆞ고定昌府院君瑤ㅣ立ᄒᆞ다時에崔瑩의甥前護軍金佇ㅣ驪興에潛往ᄒᆞ야禑를見ᄒᆞ니禑ㅣ泣曰엇지靜爵히居此ᄒᆞ리오다만一力士를得ᄒᆞ야李侍中을害ᄒᆞ면吾志를可濟라ᄒᆞ고因ᄒᆞ야一劍을授ᄒᆞ야親信ᄒᆞᄂᆞᆫ判書郭忠輔로ᄒᆞ야곰圖謀ᄒᆞ라ᄒᆞ거ᄂᆞᆯ忠輔ㅣ我 太祖께告ᄒᆞ야佇를鞫問ᄒᆞ고 太祖ㅣ鄭夢周와趙浚과鄭道傳等으로더브러定議ᄒᆞ시되禑昌이다王氏가아니니宗祀를奉키難ᄒᆞ니맛당히廢假立眞ᄒᆞ리라ᄒᆞ시고드듸여定妃께白

ᄒᆞ야昌을江華에放ᄒᆞ고神宗七世孫瑤를迎立ᄒᆞ니時年이四十五라王이卽位ᄒᆞ매禑昌을降ᄒᆞ야庶人을삼고李琳과밋其子貴生等을流ᄒᆞ고李穡으로ᄡᅥ判門下府事를拜ᄒᆞ고邊安烈로ᄡᅥ領三司事를拜ᄒᆞ고沈德符로ᄡᅥ門下侍中을拜ᄒᆞ고我 太祖로ᄡᅥ守門下侍中을拜ᄒᆞ고鄭道傳으로ᄡᅥ三司使를拜ᄒᆞ다王의爲人이昏弱ᄒᆞ야即位ᄒᆞᆫ日에所爲를莫措ᄒᆞ고오직泣歎ᄒᆞᆯᄲᅮᆫ이러라

恭讓王의諱ᄂᆞᆫ瑤ㅣ니在位四年이라

元年(明太祖洪武二十二年○日皇後小松七年○西曆紀元後一千三百八十九年)이라十二月에臺官이上言ᄒᆞ야李穡曹敏修李崇仁等의禑昌을右袒ᄒᆞᆫ罪를論ᄒᆞ거ᄂᆞᆯ이에敏修를廢ᄒᆞ야庶人을삼고穡과崇仁을流ᄒᆞ고遣使ᄒᆞ야禑昌父子를誅ᄒᆞ니禑의妻崔氏ㅣ大哭曰妾의至此ᄒᆞᆷ은吾父의過라ᄒᆞ고日夜哭泣ᄒᆞ야十餘日不食ᄒᆞ고夜에ᄂᆞᆫ禑의屍를抱宿ᄒᆞ며粒米를得ᄒᆞ면곳精

庚午

春供叅ᄒᆞ니時人이哀憐ᄒᆞ더라○官制ᄅᆞᆯ改ᄒᆞ다○功臣을錄ᄒᆞᆯ시我 太祖로ᄡᅥ奮忠定難匡復燮理佐命功臣和寧郡開國忠義伯을封ᄒᆞ고沈德符鄭夢周以下ᄂᆞᆫ다以次授爵ᄒᆞ니時에九功臣이라稱ᄒᆞ더라

二年(明太祖洪武二十三年○日皇後小松八年○西曆紀元後一千三百九十年)이라春正月에我 太祖로ᄡᅥ八道軍馬ᄅᆞᆯ領ᄒᆞ고軍營을置ᄒᆞ야分番更宿ᄒᆞ다○三月에門下注書吉再ㅣ棄官ᄒᆞ고歸ᄒᆞ다再ᄂᆞᆫ海平(今善山)人이라理學을攻ᄒᆞ야鄭夢周ᄅᆞᆯ師事ᄒᆞ고廢王禑時에注書가되엿다가至是ᄒᆞ야國家ㅣ將亡ᄒᆞᆯ을知ᄒᆞ고母老로ᄡᅥ辭官ᄒᆞ고善山에歸ᄒᆞ다○李穡等을遠地에流ᄒᆞ다初에曹敏修ㅣ昌寧에謫在ᄒᆞ거ᄂᆞᆯ糾正田時等을遣ᄒᆞ야立昌ᄒᆞᆫ事ᄅᆞᆯ鞫問ᄒᆞ고또時ᄅᆞᆯ長湍에遣ᄒᆞ야穡을鞫問ᄒᆞᆯ새獄卒로ᄒᆞ여곰左右에執杖ᄒᆞ야晝夜逼迫ᄒᆞ고또敏修의獄詞ᄅᆞᆯ示ᄒᆞ니穡이認服ᄒᆞ야曰立昌ᄒᆞᆯ時에敏修ㅣ主將이된고로穡이敢違치못ᄒᆞ엿스나擅立을首勸ᄒᆞᆷ은穡의情이아니라ᄒᆞ더니至是ᄒᆞ야臺官이다시二人을論劾ᄒᆞ고또李琳과李貴生과李乙珍과鄭地와禹仁烈과李庚道와王安德과禹洪壽와元庠이黨禑ᄒᆞᆫ罪ᄅᆞᆯ請ᄒᆞ거ᄂᆞᆯ王이我 太祖와밋沈德符ᄅᆞᆯ命ᄒᆞ야曰敏修ᄅᆞᆯ已罪ᄒᆞ엿스니卿等이臺諫을論ᄒᆞ야다시論執지말라ᄒᆞ고드ᄃᆡ여穡을咸昌에流ᄒᆞ고琳과貴生等九人도다科罪流配ᄒᆞ다○閏三月에知申事李行을淸州에流ᄒᆞ다初에臺諫이李穡의罪ᄅᆞᆯ論ᄒᆞ니行이啓曰臺諫의論劾이엇지功臣의意가아니리오ᄒᆞ거ᄂᆞᆯ我 太祖와밋功臣等이上書辨白ᄒᆞ고因ᄒᆞ야避位弭謗ᄒᆞᆷ을請ᄒᆞ니王이視事ᄒᆞ라命ᄒᆞ고行을流ᄒᆞ다○鄭道傳으로ᄡᅥ政堂文學을拜ᄒᆞ고金士衡으로ᄡᅥ密直使ᄅᆞᆯ拜ᄒᆞ고我 太宗으로ᄡᅥ右副代言을拜ᄒᆞ니 太宗은我 太祖의第五子라英睿가絕人ᄒᆞ시고高麗의政亂民離ᄒᆞᆷ을憫迫ᄒᆞ사慨然히濟世ᄒᆞᆯ志가有ᄒᆞ시더라○漢陽에徙都ᄒᆞ다時

恭讓

에書雲觀이道詵秘記에地理衰旺의書를進ᄒᆞ야是事가有ᄒᆞ니라○冬十一月에 我太祖로ᄡᅥ領三司事를拜ᄒᆞ고鄭夢周로ᄡᅥ守門下侍中을拜ᄒᆞ고池湧奇로ᄡᅥ判三司事를拜ᄒᆞ다○西京千戶尹龜澤이我太祖ᄭᅴ告ᄒᆞ야曰金宗衍이沈德符와池湧奇와朴蕨諸人으로더브러公을謀害ᄒᆞᆯ시德符ㅣ趙裕로ᄒᆞ야곰勒兵ᄒᆞ엿다ᄒᆞ거ᄂᆞᆯ 太祖ㅣ德符의게告ᄒᆞ시니德符ㅣ裕를下獄ᄒᆞ야對辨코ᄌᆞᄒᆞ거ᄂᆞᆯ 太祖ㅣ王ᄭᅴ白ᄒᆞ사曰德符ㅣ臣으로더브러猜貳가無ᄒᆞ니請컨ᄃᆡ勿問ᄒᆞ소서ᄒᆞ야이에裕를釋ᄒᆞ엿더니於是에憲府ㅣ疏爭ᄒᆞ야맛ᄎᆞᆷ내裕를杖殺ᄒᆞ고德符等을流ᄒᆞ고宗衍은支解ᄒᆞ다

三年(明太祖洪武二十四年○日本後小松九年○西曆紀元後一千三百九十一年)이라春正月에我 太祖로ᄡᅥ三軍都摠制使를拜ᄒᆞ고裴克廉趙浚鄭道傳은中左右軍摠制使를拜ᄒᆞ다○二月에라王益富라ᄒᆞᄂᆞᆫ者ㅣ有ᄒᆞ니池湧奇妻族이라湧奇家에出入ᄒᆞ야自謂ᄒᆞ되忠宣王의曾孫이라ᄒᆞ거ᄂᆞᆯ捕鞫杖殺ᄒᆞ고并히湧奇를流ᄒᆞ다○王이還都ᄒᆞ니刑曹判書安瑗의言을從ᄒᆞᆷ이러라○私田을革罷ᄒᆞ고給田法을定ᄒᆞᆯ시文宗舊制를依ᄒᆞ야科田을京畿에置ᄒᆞ고各各其科를隨ᄒᆞ야受케ᄒᆞ니第一科ᄂᆞᆫ大君으로브터門下侍中ᄭᆞ지百五十結을給ᄒᆞ고其下ᄂᆞᆫ次次로遞減ᄒᆞ야十八科에至ᄒᆞ니凡田租가미양水田一結에ᄂᆞᆫ糙米가三十斗오旱田一結에ᄂᆞᆫ雜穀이三十斗오此外에橫歛ᄒᆞᄂᆞᆫ者ᄂᆞᆫ贓으로ᄡᅥ論ᄒᆞ다(結字ᄂᆞᆫ麗時에創用ᄒᆞᆫ니即古昔一頃이라)○秋七月에暹羅國이遣使來聘ᄒᆞ다暹羅ㅣ中國南海中에在ᄒᆞ야我로더브러相通치아니ᄒᆞ더니至是에其王이奈工等八人을遣ᄒᆞ야致書ᄒᆞ고方物을獻ᄒᆞᆯ시其人이或袒或跣ᄒᆞ고尊者ᄂᆞᆫ白布로ᄡᅥ髮을韜ᄒᆞ고傔從이尊者를見ᄒᆞ면脫衣露體ᄒᆞ며三譯ᄒᆞᆫ後에其意를達ᄒᆞ더라○侍中鄭夢周ㅣ上言ᄒᆞ되臺官이다만彈劾을專事ᄒᆞ야禍

가非辜에及ᄒᆞ다ᄒᆞ고곳裴克廉等으로더브러立昌迎禑等五罪의輕重을分定ᄒᆞ고ᄯᅩ啓ᄒᆞ야曰今後에다시論劾ᄒᆞᄂᆞᆫ者ㅣ有ᄒᆞ면誣告로論ᄒᆞ소셔ᄒᆞ더라○八月에日本源了俊이遣使ᄒᆞ야方物을獻ᄒᆞ고被擄人을歸ᄒᆞ다○九月에我　太祖로ᄡᅥ判門下府事를拜ᄒᆞ고沈德符로ᄡᅥ門下侍中을拜ᄒᆞ다○省憲과刑曹ㅣ上書ᄒᆞ되鄭道傳이奸聰을內懷ᄒᆞ고忠直을外施ᄒᆞ야國政을染汚ᄒᆞ니極刑에置ᄒᆞ소셔ᄒᆞ거ᄂᆞᆯ王이功臣이라ᄒᆞ야宥ᄒᆞ고鄕里에放歸ᄒᆞ다○都評議司使ㅣ上言ᄒᆞ되銀銅이本來我國國産이아니니銀瓶의貨가復行키難ᄒᆞᆫ지라맛당히古今을參酌ᄒᆞ고本國에通行ᄒᆞᆯ楮貨를置ᄒᆞ야印造ᄒᆞᆫ後流布ᄒᆞ야五綜布와갓치兼行ᄒᆞ소셔ᄒᆞ더라○李穡과李崇仁을召還ᄒᆞ다

壬申

四年(明太祖洪武二十五年是歲高麗亡○日皇後小松十年○西歷紀元後一千三百九十二年)이라夏四月에趙英珪ㅣ守侍中鄭夢周를殺ᄒᆞ다初에夢周ㅣ我　太祖의器重ᄒᆞᆫ비되야薦擢ᄒᆞ시고夢周도ᄯᅩᄒᆞᆫ　太祖의功業을深推ᄒᆞ야歌咏에形ᄒᆞ더니戊辰廢立ᄒᆞᆫ後로브터夢周ㅣ비로소　太祖를圖ᄒᆞᆯ志가有ᄒᆞ야迎禑立昌等五罪를定ᄒᆞ야彈駁을抑制ᄒᆞ고王으로ᄒᆞ여곰舊人을召用ᄒᆞ라ᄒᆞ며ᄯᅩ金震陽等을引薦ᄒᆞ야諫職에布列ᄒᆞ더니맛ᄎᆞᆷ　太祖ㅣ海州에셔畋ᄒᆞ시다가墜馬病篤ᄒᆞ시니夢周ㅣ聞ᄒᆞ고喜色이有ᄒᆞ야震陽等으로ᄒᆞ여곰몬져其羽翼을除ᄒᆞ라ᄒᆞ니於是에震陽이右常侍李擴等으로더브러上疏ᄒᆞ야三司左使趙浚과前政堂文學鄭道傳과前密直副使南誾과前判書尹紹宗과前判事南在와淸州牧趙璞等을論劾ᄒᆞ니王이이에浚等六人을遠地에流ᄒᆞ고ᄯᅩ金龜聯李皤等을其貶所에分遣ᄒᆞ야장찻鞫殺ᄒᆞᆯ셔時에　太祖ㅣ碧瀾渡(在今松都)에還至ᄒᆞ시니　太宗이馳迎ᄒᆞ시고本邸에急歸ᄒᆞ사夢周를謀去ᄒᆞ실셔　太祖兄의婿卞仲良이夢周의게告ᄒᆞᆫ대夢周ㅣ事가不濟ᄒᆞᆷ을知ᄒᆞ고　太

祖邸에王ᄒᆞ야問疾을稱ᄒᆞ고觀變ᄒᆞᆫ거ᄂᆞᆯ　太祖ㅣ接待가如初ᄒᆞ시더라이에趙英珪等이夢周의還ᄒᆞᆷ을伺ᄒᆞ야路上에셔擊殺ᄒᆞ다夢周의爲人이豪邁絶倫ᄒᆞ고忠孝大節이有ᄒᆞ며自少로好學不倦ᄒᆞ야깁히性命의奧理ᄅᆞᆯ透得ᄒᆞ고時에國家ㅣ多故ᄒᆞ야機務가浩繁ᄒᆞᆫ거ᄂᆞᆯ夢周ㅣ聲色을不動ᄒᆞ고左酬右應에다其當에適合ᄒᆞ니時人이王佐才라稱ᄒᆞ더니밋國事가益艱ᄒᆞ미慨然히扶持全安ᄒᆞᆯ志가有ᄒᆞ셔一山僧이踵門獻詩ᄒᆞ야其去ᄒᆞᆷ을諷喩ᄒᆞᆫ거ᄂᆞᆯ夢周ㅣ執詩流涕曰嗚呼晩矣라ᄒᆞ더니至是ᄒᆞ야맛ᄎᆞᆷ내國家에殉死ᄒᆞ니年이五十七이러라後에我朝ㅣ贈職賜謚ᄒᆞ고文廟에從祀ᄒᆞ다所著ᄒᆞᆫ詩文이豪放峻潔ᄒᆞ며圃隱集이有ᄒᆞ야世上에傳ᄒᆞ더라○鄭夢周ㅣ旣死ᄒᆞ미我　太宗이麗王의게啓ᄒᆞ사金震陽等을鞫問ᄒᆞᆯ새李穡禹玄寶李崇仁李種學趙瑚의게辭連ᄒᆞᆫ지라이에몬져震陽崇仁種學과밋徐甄權弘等을遠地에流ᄒᆞ다震陽의爲人이慷慨不羣ᄒᆞ고屬文이善ᄒᆞ며鄭道傳으로더브러李穡을師事ᄒᆞᆯ새才名이道傳에過ᄒᆞ니道傳이忌嫉ᄒᆞ다가至是에體覆使黃居正을賺ᄒᆞ야杖殺ᄒᆞ고種學은穡의次子라長沙(今茂長)에流ᄒᆞ더니또ᄒᆞᆫ道傳의縊殺ᄒᆞᆫ비되다○王이李穡을淸州에放ᄒᆞ다王이穡다려謂曰卿의子ㅣ이믜朝廷에得罪ᄒᆞ엿스니卿은去ᄒᆞ라然이나兩江畔外에ᄂᆞᆫ오작卿의意ᄅᆞᆯ從ᄒᆞ야適ᄒᆞ라ᄒᆞᆫ디穡이對曰臣이田宅이無ᄒᆞ니安歸乎잇가ᄒᆞ더라○沈德符로ᄡᅥ判門下府事ᄅᆞᆯ拜ᄒᆞ고　我太祖로ᄡᅥ門下侍中을拜ᄒᆞ다○六月에前判三司事禹玄寶와밋宗室南平君和와前節制使王承貴等을遠地에流ᄒᆞ고鄭道傳南誾等을召還ᄒᆞ다玄寶의爲人이忠厚ᄒᆞ고居官에淸白ᄒᆞ며子洪壽等五人이다登科ᄒᆞ고孫成範은王女ᄅᆞᆯ尙ᄒᆞ니尹紹宗等이其宗支가盛ᄒᆞᆷ을忌ᄒᆞ야去코ᄌᆞᄒᆞ더라玄寶ㅣ夢周等으로더브러王室을謀奬

ᄒᆞ더니밋夢周ㅣ死ᄒᆞ미屍가道傍에在ᄒᆞ야敢近ᄒᆞᄂᆞᆫ者ㅣ無ᄒᆞ거ᄂᆞᆯ玄賓ㅣ山僧을密敎ᄒᆞ야收瘞ᄒᆞ고麗가亡ᄒᆞ미中國에逃入ᄒᆞ엿다가다시歸國ᄒᆞ거ᄂᆞᆯ　我太祖ㅣ召見ᄒᆞ사功臣爵號ᄅᆞᆯ賜ᄒᆞ시니不受ᄒᆞ고卒ᄒᆞ니諡曰忠靖이오洪壽等은鄭道傳의微賤을侮ᄒᆞ야其告身에署名치아니ᄒᆞ니道傳이깁히挾憾ᄒᆞ다가革命時에搆捏私殺ᄒᆞ니라

○趙浚으로ᄡᅥ京畿左右道節制使ᄅᆞᆯ拜ᄒᆞ고南誾으로ᄡᅥ慶尙道節制使ᄅᆞᆯ拜ᄒᆞ야各各其道兵馬ᄅᆞᆯ掌ᄒᆞ다○秋七月에鄭道傳으로ᄡᅥ奉化郡忠義君을拜ᄒᆞ다○王이原州에遜位ᄒᆞ다時에　太祖威德이日盛ᄒᆞ시니衆心이推戴ᄒᆞ야稠人廣坐中에셔揚言曰天命과人心이이믜所屬이有ᄒᆞ니엇지勸進치아니ᄒᆞᄂᆞᆫ고ᄒᆞ더니十二日辛卯에右侍中裵克廉等이王大妃安氏ᄭᅴ白ᄒᆞ야曰今王이昏闇ᄒᆞ야生民의主가되지못ᄒᆞ리이다ᄒᆞ고드ᄃᆡ여妃의敎로王을廢ᄒᆞ야原州에放ᄒᆞ니高麗ㅣ太祖開國홈으로브터王에至ᄒᆞ기ᄭᆞ지凡三十四王이오歷年이四百七十五年에亡ᄒᆞ니　我太祖ᄭᅴ오셔即位ᄒᆞ신後에王을恭讓君으로降封ᄒᆞ셧다가後三年에君이崩ᄒᆞ거ᄂᆞᆯ王을追封ᄒᆞ시다

歷史編輯之始本欲自檀君以迄　本朝通爲八編故上三編先行之日作序述其意矣其後議論稍異編至高麗而止纔爲五篇願世之君子幸毋以前後矛盾而見恠焉　圭桓識

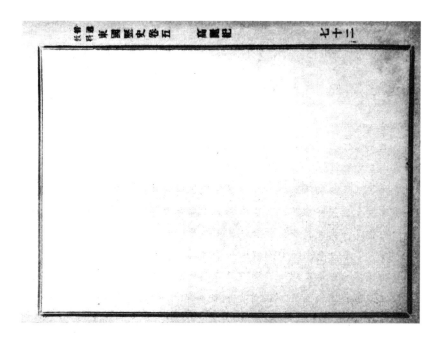

중등교과 동국사략

(中等教科 東國史略)

卷1·2·3·4

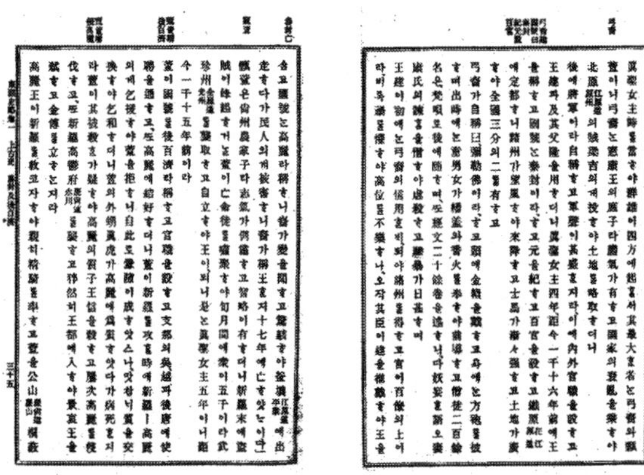

中等教科 東國史略自序

曩予備譯于學部、歷史之編輯爲數部、毋苦體制不立、使閱者臨卷迷茫悔惘孰甚、今日本人林泰輔史學家也、尤致力於我國、著有鮮朝史七冊自三國以至本朝、皆確有證據、又各分門別類、令人一讀瞭然、實不可以外人歧視之也、玆又譯之、嗚呼居其國而不能其史、至令他人代庖而不自羞、是固何哉、或曰日人多才有此精鑿、豈其然歟、此不知者之言也、向者羅麗濟時豈不曰日人野狉而我固文明者耶、迺自衣服車馬宮室、以至文章制度各般技藝、莫不師我則我、式至于今誇耀我者、行莫非我出耶、且以近世言之、壬辰之變、干戈滿地、八路盡陷、國勢危如一髮、尙有沙也可其人、以部下三千歸義於我、奔走疆埸八載、宣勞爲我藎臣沙也可日本將軍、壬辰亂、即以部下來降曰、處在東夷久、慕韓國文化、今秀吉妄動干戈、心竊非之、願以部下爲嚮人、俄賜姓名曰金忠善、到處討賊、大獲勝捷、有文集三卷行于世、皆悽慨悲憤、有古烈丈夫氣、李适亂、以老將亦率兵勤王、年八十卒、其後裔蕃衍、今居大邱者尤多當其時也、豈不知我疲弊衰微而然歟、實慕我文物典章、勝於彼故也、然則我固可曰文明勝、而未備者惟戰具耳、奈之何今則拚我文物而亦盡輸於人、無復舊日面目、乃令人謂我爲[illegible]

不及前時日本、而日本之文明則大勝於我之舊日、嗟乎嗟乎、是誠何哉、且夫日本則馳名天下、世人比之於英德等國、乃我則不免爲波蘭爲埃及爲印度、同居一洲同生一世、一則龍驤虎賁睥睨寰宇、一則龜縮雌伏羞見他人、其得其失其榮其辱、固何如哉、乃猶忮心尙存頑陋成習、頓不自悟、久而益迷、政治敗腐人民魚肉、紀綱頹弛國脉已喪、時事不可復言、乃惟學問一途、或可爲桑楡之望、而尙拘墟膠固動多忌諱、不但各國治亂興衰之蹟無以窺見、而乃至本國之史、亦令不敢出以示人、輒曰史者國亡然後方可下筆、有非其國人所敢言者、嗚呼若果然則、日本二千五百年來、一姓傳至神器不移、如以我規之、其國史竟無出世之日、非秪此已也、近年各國未來史迭出並擧(向年有日俄戰爭未來記、又有日美戰爭未來記、各國人又推測本邦及他各國事情編成未來記)莫不以聘其智洩其秘爲能事、照人肺腑傾人陰邪、懲前毖後以保其國家、至於我韓國事蹟、無論東洋之人知其梗槪、乃歐巴各史家莫不載諸藍本(西人以藍皮記事、比如東洋竹帛)以示國人、雖我極諱極微之事、莫不指的宣露、小不藏匿、皆以拾短取長爲事、乃我則自蔽其目自錮其心、幷其自國史而亦

不知、乃向他人而徵我譜系、恥孰甚焉辱亦何如、昔建文帝子髫齡被幽、五十年後赦出、鬢髮盡白而牛馬不辨、問其由、曰天日不見何況其他、至今五百載聞者皆悲(明燕王棣擧兵廢建文自立爲帝是爲永樂、幽建文之子時年三歲、其後閱三帝五十年而見釋)試敢問我諸君子、其與此帝子之不辨牛馬有異同耶、世界五洲知其名者幾國、五洲尙不知奚知其有邦國及强弱之殊勢、且無論外國之如何、乃祖國之現今成何地位、亦不一番推想、人民塗炭而不念矯捄、國權已墜而不念恢復、惟對人則尙以三四千年前陳腐古譚、作爲正論確義、又不知古聖之遺訓深意、輒曰不在其位不謀其政、燕雀處堂棟梁盡焚、魚鱉泣釜刀俎已設、嗟呼々々將何面目處此世界、向人作何語耶、自作孼誰復憐之、環顧國內滔々皆是、綱蘇難作(綱蘇丹、普國(今德國)宰相、距今百一年前、普國爲法皇拿破崙所敗、割半國予之、又法兵來戍者十萬、稱賴資具皆人皆支給、國幾亡矣、綱蘇丹乃任賢使能、修軍政、興學校、其後國民皆有敵愾之心、距今三十七年前庚午、大破法國、擒拿破崙第三帝、入其都城、得償金二十億)魯連已死、誰有其志、我安適歸、且所恨者人孰無子、黃髮未燥嘔々在抱者、來日便作何狀、我輩元是無良、雖曰應有今日、可忍令童稚無知驅入於黑暗網羅之中做人奴隷可乎、仰天一歎涕淚自橫而不能已也、茲告我國內諸

公之爲人父兄者曰、自今請將通鑑史略等古書東之高閣、使挾冊童子一讀我韓史然後、又讀萬國史以廣見聞而認情形、尤致力於兵刑農工等實踐事業、無怠無荒儘心做去則安知不幾年而我又不能復我舊日文化、儼然作獨立國面目耶、然後啞聾老年家、高臥北窓、聽其子孫如何、如又曰必待世革而後史作云爾、則所不敢荅而試問此時固何時

丙午五月十三日玄采自序于篩洞精舍

東國史略卷一目錄

太古史

檀君朝鮮

箕王歷代

上古史

東國史略卷一

玄 采 譯述

太古史

檀君朝鮮

檀君始建國

檀君의名은王儉이니我東方에처음으로國家를建立ᄒᆞ신王이라祖ᄂᆞᆫ桓因이오父雄이太白山(寧邊妙香山)檀木下에서王을誕生ᄒᆞ미聖德이有ᄒᆞᆫ지라國人이推戴ᄒᆞ야王을삼으니即今과相距가四千二百三十九年前(光武十年計下仿此)이오이다

國號朝鮮

國號를建ᄒᆞ야日朝鮮이라ᄒᆞ니此ᄂᆞᆫ國境이東方에在ᄒᆞ미朝日이出ᄒᆞ면萬物이鮮明ᄒᆞ다ᄒᆞᆷ이오平壤에立都ᄒᆞ고非西岬의女를立ᄒᆞ야后를封ᄒᆞ고國界를定ᄒᆞ니東은大海오西ᄂᆞᆫ支那盛京省과黃海를連ᄒᆞ고南은鳥嶺이오北은支那黑龍江省을接ᄒᆞ고人民으로ᄒᆞ야곰髮을編ᄒᆞ야首를盖ᄒᆞ며江華摩尼山에幸行ᄒᆞ야天

遷都九月山

ᄶᅦ祭ᄒᆞ고王子三人을命ᄒᆞ야城을築ᄒᆞ니、곳三郞城이오文化九月山에遷都ᄒᆞ고太子扶婁ᄅᆞᆯ支那의夏禹氏塗山會에遣ᄒᆞ야各國과玉帛으로相見ᄒᆞ고

其後에子孫이千餘年을傳ᄒᆞ다가箕子가東來ᄒᆞᆫ後、其位ᄅᆞᆯ遜ᄒᆞ고扶餘에遷都ᄒᆞ니檀君陵이卽今江東郡에在ᄒᆞ오이다

箕王歷代

太祖文聖王東來

太祖文聖王의姓은子오名은胥餘니支那商王紂의叔父라紂가無道ᄒᆞ야周武王의滅ᄒᆞᆫ빈、되거ᄂᆞᆯ王이我國에避來ᄒᆞ니從者가五千人이오詩、書、禮와醫、巫、陰陽、卜筮와百工技藝가ᄯᅡ從來ᄒᆞ거ᄂᆞᆯ國人이立ᄒᆞ야王을삼으니今을距ᄒᆞ기三千二十八年前이오이다

都平壤

平壤에都ᄒᆞ고八條敎ᄅᆞᆯ頒ᄒᆞ고王受兢으로、ᄡᅥ士師ᄅᆞᆯ拜ᄒᆞ니受兢은德行이有ᄒᆞᆫ人이라國人이其政治에化ᄒᆞ야風俗이純美ᄒᆞ더라井田制ᄅᆞᆯ定ᄒᆞ고王이在位ᄒᆞᆫ지四十年에崩ᄒᆞ니壽가九十三이오이다

其後莊惠王松과敬老王洵을經ᄒᆞ고恭貞王伯에至ᄒᆞ야ᄂᆞᆫ官制ᄅᆞᆯ改

官制改

ᄒᆞ고公服을定ᄒᆞ며文武王椿은律、度、衡을定ᄒᆞ고寅月로ᄡᅥ歲首ᄅᆞᆯ作

置衛軍

ᄒᆞ고侍衛軍을置ᄒᆞ니士卒이七千餘人이오

鑄子母錢

太原王孔과敬昌王莊을經ᄒᆞ야興平王捉은子母錢을鑄ᄒᆞ고哲威王調ᄂᆞᆫ馬ᄅᆞᆯ大畜ᄒᆞ고宣惠王索은親히農務ᄅᆞᆯ勸ᄒᆞ고民間聰俊을擇ᄒᆞ야六藝ᄅᆞᆯ習ᄒᆞ고直言을懸ᄒᆞ야寃枉을伸케ᄒᆞ고

誼讓王師ᄂᆞᆫ土木을大興ᄒᆞ야百姓이困苦ᄒᆞ고文惠王炎과盛德王越과悼懷王職과文烈王優와昌國王睦을經ᄒᆞ고武成王平은年幼ᄒᆞᆫ故로太后가政事ᄅᆞᆯ聽ᄒᆞ고水師ᄅᆞᆯ置ᄒᆞ고舟楫을造ᄒᆞ며

置水師

通商齊魯

貞敬王闕은商民을支那의齊、魯兩國에遣ᄒᆞ야魚、塩、銅、鐵로ᄡᅥ米穀을貿ᄒᆞ며樂成王懷ᄅᆞᆯ經ᄒᆞ고孝宗王存은鮮于益을齊國에遣ᄒᆞ야桓公姜小白의政治ᄅᆞᆯ觀ᄒᆞ고犯贓律을立ᄒᆞ며齊國使臣公孫恪을禮待ᄒᆞ고鮮卑西伯里의酋長、吉利都頭ᄅᆞᆯ賞賜ᄒᆞ고

惑方士

天老王孝ᄂᆞᆫ方士伯一淸의게惑ᄒᆞ야求仙臺ᄅᆞᆯ紇骨山成川에建ᄒᆞ고迎仙樂을奏ᄒᆞ고太淸觀을造ᄒᆞ고修道王襄은諫臣冉西赤을流ᄒᆞ고神

山을築ᄒᆞ고大船數十을鬱陵島에遣ᄒᆞ야神仙을求ᄒᆞ고
徽襄王退는伯一淸을誅ᄒᆞ니百姓이相賀ᄒᆞ고奉日王燾의時는公孫
康이王의幼弱홈을乘ᄒᆞ야王의叔父靜을殺ᄒᆞ더니後에ᄯᅩ王을別宮
에幽ᄒᆞ거ᄂᆞᆯ王이憂忿ᄒᆞ야崩ᄒᆞ니下大夫南宮齊成이德昌王勤을奉
立ᄒᆞ야公孫康을誅ᄒᆞ고賢良을進ᄒᆞ고奸邪를退ᄒᆞ니朝野가頌德ᄒᆞ
고

日本蝦夷人入貢

嘉聖王朔時에는日本蝦夷島人이入貢ᄒᆞ고英傑王蘇는守令의貪賂
ᄒᆞᆫ者를烹ᄒᆞ고支那西北界의東胡가入寇ᄒᆞ거ᄂᆞᆯ王이精兵三千을率

東胡入寇

ᄒᆞ고往伐ᄒᆞ야斬首가千餘에拓地가千里오
逸聖王岡을經ᄒᆞ고濟世王混은人民의潛商을禁ᄒᆞ야邊釁이不生ᄒᆞ
고靖國王壁을經ᄒᆞ고導國王澄은宇和冲이反ᄒᆞ야北鄙三十六郡을

王避入江華

陷ᄒᆞ거ᄂᆞᆯ王이江華에避入ᄒᆞ얏다가二年後에京城을收復ᄒᆞ고
赫聖王隲은州郡의吏民善惡을察ᄒᆞ고燕國과通好ᄒᆞ고和羅王謂을
經ᄒᆞ야說文王賀時에는燕國의秦介가遼西(其時에遼西는我의疆土라)를入寇ᄒᆞ거ᄂᆞᆯ

秦介入寇

衛文言으로ᄒᆞ야곰三萬兵을埋伏ᄒᆞ얏다가燕軍을大破ᄒᆞ고
慶順王華時에는北胡酋長厄尼車吉이馬二百四를來獻ᄒᆞ고伐燕ᄒᆞ
기를請ᄒᆞ거ᄂᆞᆯ一萬兵을發ᄒᆞ야燕의上谷城을攻拔ᄒᆞ더니其後에和
親ᄒᆞ고
嘉德王詡는燕王噲의無道홈을聞ᄒᆞ고往伐코자ᄒᆞ다가大夫禮의諫

遣使如周

을從ᄒᆞ야動兵치아니ᄒᆞ고三老王煜은王霖을周國에遣ᄒᆞ야問答이
如流ᄒᆞ고顯文王釋은賢良士二百餘人을選ᄒᆞ고檀君廟에祭ᄒᆞ고
章平王潤은北胡의不朝홈을怒ᄒᆞ야親征ᄒᆞ다가大敗ᄒᆞ야自此로北
胡의輕侮를受ᄒᆞ고宗統王否는法律이深刻ᄒᆞᆫ人을用ᄒᆞ야盜賊을捕
ᄒᆞ고
哀王準은役夫를秦에遣ᄒᆞ야長城을築ᄒᆞ니此는其强暴홈을畏홈이
오漢沛公의使臣이來ᄒᆞ야救援을請ᄒᆞ거ᄂᆞᆯ兵萬人을發ᄒᆞ야往赴ᄒᆞ

衛滿叛

고燕國降人衛滿으로ᄡᅥ西鄙를守ᄒᆞ얏더니滿이叛ᄒᆞ야京師를襲ᄒᆞ
ᄂᆞᆫ지라王이金馬郡(今益山)에出奔ᄒᆞ야國號를改ᄒᆞ야曰馬韓이라ᄒᆞ니

歷世가四十一이오歷年이九百二十九年이오距今二千百十年前이오이다

衛滿朝鮮 衛滿은平壤을竊據ᄒᆞ야其傍小邑을服屬ᄒᆞ더니其孫右渠에至ᄒᆞ야는支那漢武帝劉徹의게滅ᄒᆞᆫ빈되니歷年이八十七年이오이다

三韓의建國

朝鮮南部(漢江以南)에馬韓、辰韓、弁韓이有ᄒᆞ야此를謂ᄒᆞ되三韓이라稱ᄒᆞ니

馬韓 馬韓은西部에在ᄒᆞ니北은黃海에接ᄒᆞ고南은日本에臨ᄒᆞ고西는海에枕ᄒᆞ니凡五十餘國에大者는萬餘家오小者는數千家라據이十餘萬戶니今의京畿、忠淸、全羅三道의地오箕王準이數千人을率ᄒᆞ고來居ᄒᆞ더니

其子武康王卓브터統이相承ᄒᆞ기二百餘年이되니卽安王龕과惠王寔과明王武와孝王亨과襄王燮과元王勳과稽王貞을經ᄒᆞ고王學에至ᄒᆞ야百濟의滅ᄒᆞᆫ빈되얏ᄂᆞ이다

辰韓 辰韓은馬韓東에在ᄒᆞ니北은濊國(江原道)을接ᄒᆞ고南은弁韓과隣ᄒᆞ야十二國이有ᄒᆞ니今慶尙道오當時에支那人이秦의苦役을避ᄒᆞ야馬韓에來ᄒᆞ거ᄂᆞᆯ馬韓이東界의地를割予ᄒᆞ니、其十二國中의一이오因ᄒᆞ야、또名曰秦韓이라、ᄒᆞ고恒常馬韓의制服을受ᄒᆞ야自立지못ᄒᆞ고其王된者ᄂᆞᆫ다馬韓人이오三韓中에智識이더욱開發ᄒᆞ고鐵貨를造ᄒᆞ야濊國과馬韓及日本으로더브러貿易ᄒᆞ얏ᄂᆞ이다

弁韓 弁韓은辰韓南에在ᄒᆞ니、또ᄒᆞᆫ十二國이오今慶尙道의南邊이라辰韓과雜居ᄒᆞ얏ᄂᆞ이다

政治及風化

太古時에ᄂᆞᆫ朝鮮의境域이廣大치못ᄒᆞ나部落이各分ᄒᆞ야往來가不便ᄒᆞ더니箕王이東來ᄒᆞᆫ後로專혀支那의政治를依倣ᄒᆞ나高句麗以下ᄂᆞᆫ習俗을因襲ᄒᆞᆫ者가多ᄒᆞ얏ᄂᆞ이다

高句麗 高句麗地(卽今平安咸鏡道)ᄂᆞᆫ大山과深谷이多ᄒᆞᆫ故로田業이小ᄒᆞ고力作으로自資ᄒᆞ야飮食에節ᄒᆞ며風俗이潔淨을喜ᄒᆞ나暮夜에ᄂᆞᆫ男女가群聚ᄒᆞ

야.倡樂을爲ᄒᆞ고鬼神을好ᄒᆞ며

濊 濊(今江原道春川)ᄂᆞᆫ高句麗同種이라言語와法俗이相類ᄒᆞ고麻를種ᄒᆞ고蠶을養ᄒᆞ며山川에各其界限이有ᄒᆞ야干涉지아니ᄒᆞ고同姓이婚嫁치아니ᄒᆞ며忌諱가多ᄒᆞ야疾病死亡에家宅을徙ᄒᆞ며

東北沃沮 東北沃沮(今咸鏡道)ᄂᆞᆫ土地가肥美ᄒᆞ야五穀이宜ᄒᆞ며人民의性質이强勇ᄒᆞ야不屈ᄒᆞ며

馬韓風俗 馬韓人은田蠶을知ᄒᆞ고城郭이無ᄒᆞ며草屋土室에居ᄒᆞ고行者가路를讓ᄒᆞ고歌舞를喜ᄒᆞ며葬에ᄂᆞᆫ大鳥羽를用ᄒᆞ니其意가死者의神魂으로ᄒᆞ야곰飛揚ᄒᆞ라ᄒᆞᆷ이오

弁韓辰韓風俗 弁韓과辰韓人은風俗이槪同ᄒᆞ미城郭衣服이다同ᄒᆞ고言語와居處가相似ᄒᆞ며오작弁韓人은體格이長大ᄒᆞ고毛髮이美好ᄒᆞ고衣服이淸潔ᄒᆞ니

大抵古朝鮮의地ᄂᆞᆫ部落이多ᄒᆞ얏스나其後高句麗가더욱張大ᄒᆞ야高氏七百餘年社稷을立ᄒᆞ얏ᄂᆞ이다

上 古 史

三國의分立

支那의漢國이朝鮮의地를分ᄒᆞ야郡縣을作ᄒᆞ더니未幾에新羅,高句麗,百濟三國이並起ᄒᆞ야鼎足의勢를成ᄒᆞ니其中에先立ᄒᆞᆫ者ᄂᆞᆫ新羅라

新羅 新羅ᄂᆞᆫ古來辰韓地니朝鮮及秦漢의遺民이東海濱山谷中에分居ᄒᆞ니곳六部라其中高墟部의長蘇伐公이一嬰兒를養ᄒᆞ미爲人이聰睿ᄒᆞ거ᄂᆞᆯ六部人이推戴ᄒᆞ야王을삼으니即朴赫居世오新羅太祖라距今一千九百六十三年前이오이다

太祖朴赫居世 王이六部에巡行ᄒᆞ야農桑을勸督ᄒᆞ고城郭과宮室을築ᄒᆞ고弁韓國이來降ᄒᆞ고東沃沮ᄂᆞᆫ良馬를獻ᄒᆞ얏ᄂᆞ이다

王이崩ᄒᆞ고太子南解가立ᄒᆞ니,또ᄒᆞᆫ仁慈ᄒᆞ고長女로써昔脫解의게妻ᄒᆞ더니王이病篤時에太子儒理와其婿昔脫解의게謂曰,朕이死ᄒᆞᆫ後에朴,昔二姓이年齒의次序로嗣位ᄒᆞ라ᄒᆞ거ᄂᆞᆯ儒理가王의命을從ᄒᆞ야脫解의게位를讓ᄒᆞᆫ다가不得已ᄒᆞ야先立ᄒᆞ더니臨崩에臣僚를戒ᄒᆞ야曰,脫解ᄂᆞᆫ功名이素著ᄒᆞ야朕의二子가不及ᄒᆞᆯ지라諸公은脫

昔氏承王統

解를奉戴ᄒᆞ라ᄒᆞ니昔氏가비로소其統을承ᄒᆞ얏ᄂᆞ이다

儒理定官制國號鷄林

儒理王時에ᄂᆞᆫ六部의名과官制를定ᄒᆞ며國號를鷄林이라ᄒᆞ고婆娑王은兵革을鍊ᄒᆞ고城壘를繕ᄒᆞ며農業을勸ᄒᆞ고恭儉을尙ᄒᆞ니百濟等諸國이다畏服ᄒᆞ고

逸聖王은政事堂을置ᄒᆞ고金銀과珠玉을用치아니ᄒᆞ며先王의遺法을行ᄒᆞ니如此히賢君이相繼ᄒᆞ야國本이鞏固ᄒᆞ얏ᄂᆞ이다

高句麗東明聖王

新羅太祖가立ᄒᆞᆫ지二十一年에高句麗東明聖王高朱蒙이立ᄒᆞ니高句麗ᄂᆞᆫ古朝鮮의地라其北에扶餘國이有ᄒᆞ니朱蒙은扶餘王金蛙의子라骨表가奇偉ᄒᆞ더니朱蒙의諸兄이朱蒙을忌ᄒᆞ야殺코자ᄒᆞ거ᄂᆞᆯ

國號高句麗

朱蒙이恐ᄒᆞ야卒本扶餘(平安道成川)에至ᄒᆞ야沸流江上에國都를定ᄒᆞ고國號를高句麗라ᄒᆞ고高로ᄡᅥ氏를稱ᄒᆞ니距今一千九百四十三年前이오이다

朱蒙이立國ᄒᆞᆫ後에四方에來附者가多ᄒᆞ거ᄂᆞᆯ이에發兵ᄒᆞ야北沃沮를滅ᄒᆞ고琉璃王은鮮卑(西伯里)를降ᄒᆞ고漢의王莽을伐ᄒᆞ고太武神王은扶餘王을攻殺ᄒᆞ고漢의樂浪을取ᄒᆞ고疆域을開拓ᄒᆞ야威勢가더욱强盛ᄒᆞ고

慕本王은暴戾ᄒᆞ야國事를不恤ᄒᆞ고諫臣을殺ᄒᆞ다가其臣杜魯의弑ᄒᆞᆫ비되고琉璃王의孫宮을立ᄒᆞ니此ᄂᆞᆫ太祖王이라賢良을用ᄒᆞ고馬韓과鮮卑로더브러漢을伐ᄒᆞ더니其弟遂成의게傳位ᄒᆞ니王者의禪位가此에셔始ᄒᆞ얏ᄂᆞ이다

王者禪位之始

百濟

百濟王高溫祚ᄂᆞᆫ高句麗東明聖王高朱蒙의子라初에朱蒙이卒本扶餘에至ᄒᆞ야其王의女를娶ᄒᆞ야二子를生ᄒᆞ니長은沸流오次ᄂᆞᆫ溫祚라然이나朱蒙이北扶餘에在ᄒᆞᆯ時에所生ᄒᆞᆫ子類利로ᄡᅥ太子를숨으니二子가見害ᄒᆞᆯ가恐ᄒᆞ야烏干馬黎等十人으로더브러南行ᄒᆞᆯ새沸流ᄂᆞᆫ彌鄒忽(今仁川)에居ᄒᆞ고溫祚ᄂᆞᆫ河南慰禮城(忠淸道稷山又曰京畿道廣州南漢山城)에居ᄒᆞ야國號를十濟라稱ᄒᆞ거ᄂᆞᆯ馬韓王이其東北百里地를割予ᄒᆞ얏ᄂᆞ이다

溫祚居慰禮城

後에沸流가死ᄒᆞ고其臣이다慰禮로歸ᄒᆞ거ᄂᆞᆯ이에國號를百濟라ᄒᆞ

溫祚即王位

니其系가高句麗와同ᄒᆞ고扶餘에出ᄒᆞᆷ으로氏ᄅᆞᆯ扶餘라、ᄒᆞ고王位에即ᄒᆞ니高句麗보다後ᄒᆞ기二十年이오距今一千九百二十四年前이오이다

徙都漢山

時에樂浪과靺鞨(羅、麗、濟三國間에在ᄒᆞᆫ國이라)이屢次來侵ᄒᆞ거ᄂᆞᆯ、이에漢山(廣州南漢山城)에遷都ᄒᆞ야慰禮民을移殖ᄒᆞ고城闕을立ᄒᆞ고馬韓에遣使ᄒᆞ야疆域을定ᄒᆞ니北은浿水(黃海道平山猪灘)에至ᄒᆞ고南은熊川(忠淸道公州)에限ᄒᆞ고西ᄂᆞᆫ大海오東은走壤(春川)에極ᄒᆞ고政事에用力ᄒᆞ야王이即位ᄒᆞᆫ지二十七年에馬韓을滅ᄒᆞ얏ᄂᆞ이다

馬韓亡

其後多婁王과已婁王을歷ᄒᆞ고蓋婁王에至ᄒᆞ야ᄂᆞᆫ淫樂이甚ᄒᆞ고國內의飢民이高句麗에流亡ᄒᆞ며、또靺鞨과樂浪이侵寇ᄒᆞ야國勢가岌業ᄒᆞ고高句麗ᄂᆞᆫ、다시强盛ᄒᆞ야四隣을並呑ᄒᆞᆯ勢가有ᄒᆞ니

此時에三國은다創業ᄒᆞᆫ國이라各其疆土ᄅᆞᆯ開拓고자ᄒᆞ야互相侵奪ᄒᆞ다가畢竟疲弊ᄒᆞᄂᆞᆫ되至ᄒᆞ고、오작百濟ᄂᆞᆫ多婁王時에數次、新羅邊境을侵擾ᄒᆞᆯ뿐、이오이다

三國의中世

新羅

新羅ᄂᆞᆫ阿達羅王이崩ᄒᆞ고國人이脫解王의孫、伐休ᄅᆞᆯ立ᄒᆞ니王이聰明ᄒᆞ야人의邪正을知ᄒᆞᄂᆞᆫ지라世人이稱曰聖王이라、ᄒᆞ고助賁王에至ᄒᆞ야ᄂᆞᆫ骨伐國(慶尙道永川郡)王이來降ᄒᆞ고甘文國(慶尙道開寧)을討破ᄒᆞ야郡縣을、作ᄒᆞ고沾解王은河梁伐(慶尙道尙州)을滅ᄒᆞ고南堂에서聽政ᄒᆞ얏ᄂᆞ이다

金氏始嗣位

王이崩ᄒᆞ고國人이助賁王의壻金味鄒ᄅᆞᆯ立ᄒᆞ니新羅에金氏가、비로소王ᄒᆞ얏고自此로王統이久히金氏의게歸ᄒᆞ며王이親히政刑을視ᄒᆞ고貧窮을賑恤ᄒᆞ고臣民의勞ᄅᆞᆯ念ᄒᆞ야宮室을不建ᄒᆞ며

中世君王留心農事

儒禮王과基臨王은、다助賁의後裔로嗣位ᄒᆞ얏고奈解의孫、訖解가嗣位ᄒᆞ다가崩ᄒᆞ니自此로昔氏의統이絕ᄒᆞ고大抵新羅의中世ᄂᆞᆫ諸王이農事에留心ᄒᆞ야國力을養ᄒᆞ얏ᄂᆞ이다

百濟

古爾王定官職服色等制度

百濟ᄂᆞᆫ肖古王以後에或新羅의侵伐도有ᄒᆞ고、또靺鞨이來襲ᄒᆞ야專혀戰鬪에從事ᄒᆞ고古爾王은田獵을耽ᄒᆞ고、또官職과服色等을制定ᄒᆞ며責稽王은貊(今江原道春川)兵의게被害ᄒᆞ고汾西王은樂浪太守刺客의게

被殺ᄒᆞ고比流王時ᄂᆞᆫ飢饉이荐至ᄒᆞ야民生이困苦ᄒᆞ고契王과近肖古王은安靜ᄒᆞᆫ日이無ᄒᆞ얏ᄂᆞ이다

高句麗

高句麗ᄂᆞᆫ次大王遂成이右輔高福章과太祖王의子를盡殺ᄒᆞ거ᄂᆞᆯ明臨荅夫가王을弑ᄒᆞ고王의弟伯固를立ᄒᆞ니曰新大王이오

賑貸法

王의子、故國川王은處士乙巴素를聘用ᄒᆞᆯᄉᆡ大臣과宗戚의忌嫉을不顧ᄒᆞ고政事를委任ᄒᆞ야國政이修擧ᄒᆞ고、또田獵ᄒᆞ다가人民의衣食이困苦홈을見ᄒᆞ고賑貸法을立ᄒᆞ며

王이崩ᄒᆞ거ᄂᆞᆯ王后于氏가發喪치아니ᄒᆞ고王弟延優를立ᄒᆞ야山上王이되니此ᄂᆞᆫ后가延優로더브러有私홈이라王弟發岐가支那의遼東太守公孫度의게請兵ᄒᆞ야延優를伐ᄒᆞ다가死ᄒᆞ고王이于氏로立ᄒᆞ야后를삼으니時에乙巴素가비록相位에在ᄒᆞ나能히匡救치못ᄒᆞ고

東川王移都平壤

東川王은支那의魏國과戰ᄒᆞ다가大敗ᄒᆞ야城을平壤에築ᄒᆞ고移都ᄒᆞ니距今ᄒᆞ기一千六百五十年前이오王이如此히衰危ᄒᆞ얏스나崩時에國人이其德을追慕ᄒᆞ야哀傷ᄒᆞ고近臣은自殺ᄒᆞᆫ者도有ᄒᆞ며再傳ᄒᆞ야西川王時에ᄂᆞᆫ肅愼氏(滿洲吉林省)가來寇ᄒᆞ거ᄂᆞᆯ王이其弟達賈로ᄒᆞ야곰伐ᄒᆞ야酋長을殺ᄒᆞ니諸部가震懾ᄒᆞ고子、烽上王은叔父達固와弟咄固를殺ᄒᆞ며年穀이不登ᄒᆞ야黎民이失所ᄒᆞ되不顧ᄒᆞ고宮室을大修ᄒᆞ야人民이困苦ᄒᆞ거ᄂᆞᆯ國相倉助利가王을廢ᄒᆞ얏ᄂᆞ이다

初에王이咄固를殺ᄒᆞᆯ時에其子乙弗이逋逃ᄒᆞ더니至是에國人이迎立ᄒᆞ니此ᄂᆞᆫ美川王이오王이崩ᄒᆞ고故國原王이嗣位ᄒᆞ미邊境이더욱多事ᄒᆞ야爭亂이不息ᄒᆞ얏ᄂᆞ이다

三國爭亂과新羅興隆

高句麗始侵百濟

高句麗ᄂᆞᆫ故國原王末年에至ᄒᆞ야비로소百濟를侵伐ᄒᆞ니百濟近肖古王이、또ᄒᆞᆫ精兵을出ᄒᆞ야戰ᄒᆞᆯᄉᆡ故國原王이맛참ᄂᆡ流矢에中ᄒᆞ야崩ᄒᆞ니自此로兩國이仇怨을成ᄒᆞ야彼此攻伐ᄒᆞᆯᄉᆡ廣開土王은水軍을親率ᄒᆞ고百濟諸城을攻陷ᄒᆞ니百濟阿莘王이兵馬를大徵ᄒᆞ나應募者ㅣ少ᄒᆞ고新羅에奔ᄒᆞᄂᆞᆫ者가多ᄒᆞᆫ지라

百濟文周王徙都熊津

如此히兩國이相爭ᄒᆞ기五十餘年에不解ᄒᆞ야百濟蓋鹵王은魏에遣使ᄒᆞ야高句麗ᄅᆞᆯ共伐코자ᄒᆞ얏고高句麗長壽王은浮屠道琳으로ᄒᆞ야곰百濟王을勸ᄒᆞ야宮室과樓閣을壯麗케ᄒᆞ야國力이疲弊ᄒᆞᆫ지라長壽王이곳往伐ᄒᆞ야城을拔ᄒᆞ고百濟王을殺ᄒᆞ니王의太子文周王이熊津(公州)에遷都ᄒᆞ더니其臣解仇가政事ᄅᆞᆯ專擅ᄒᆞ다가王의出獵을乘ᄒᆞ야弑ᄒᆞ거ᄂᆞᆯ太子三斤이立ᄒᆞ야解仇ᄅᆞᆯ殺ᄒᆞ고東城王에至ᄒᆞ야ᄂᆞᆫ더욱微弱ᄒᆞ고高句麗와戰ᄒᆞᆫ後로브터文咨王이ᄯᅩ來侵ᄒᆞᄂᆞᆫ지라然이나王은臨流閣을起ᄒᆞ고ᄯᅩ池ᄅᆞᆯ穿ᄒᆞ고囿ᄅᆞᆯ置ᄒᆞ고宮門을閉ᄒᆞ야諫者ᄅᆞᆯ拒ᄒᆞ더니畢竟其臣苩加의게被弑ᄒᆞ니太子武寧王이立ᄒᆞ야苩加ᄅᆞᆯ誅ᄒᆞ고

自此로聖王時에至ᄒᆞ기ᄭᆞ지高句麗의文咨、安藏、陽原、諸王과戰ᄒᆞᆯ새聖王이新羅와合兵ᄒᆞ야高句麗ᄅᆞᆯ伐코자ᄒᆞ나新羅眞興王이不從ᄒᆞ고도로혀高句麗와通ᄒᆞ거ᄂᆞᆯ聖王이怒ᄒᆞ야新羅ᄅᆞᆯ伐ᄒᆞ다가大敗ᄒᆞ야匹馬도返者가無ᄒᆞ얏ᄂᆞ이다

新羅ᄂᆞᆫ脫解王時에屢次百濟多婁王의侵伐ᄒᆞᆫ비되고其後伐休王브터味鄒王時에至ᄒᆞ기ᄭᆞ지邊境의爭鬪이有ᄒᆞ나其高句麗에ᄂᆞᆫ大抵結好로爲主ᄒᆞ야奈勿王은質子實聖을送ᄒᆞ니故로高句麗廣開土王이日本兵을擊ᄒᆞ야新羅ᄅᆞᆯ救ᄒᆞ더니

其後實聖이回國ᄒᆞ야王이되미向者奈勿王이自己ᄅᆞᆯ外國에遣質ᄒᆞᆷ을怨ᄒᆞ야奈勿의子訥祗ᄅᆞᆯ殺코자ᄒᆞ다가도로혀訥祗의게被弑ᄒᆞ고訥祗가立ᄒᆞ니此時에新羅ᄂᆞᆫ高句麗의邊將을殺ᄒᆞ고ᄯᅩ百濟ᄅᆞᆯ救ᄒᆞᆫ故로彼此失和ᄒᆞ고

炤智王時에至ᄒᆞ야ᄂᆞᆫ高句麗의長壽王과文咨王이屢次北邊을侵ᄒᆞ거ᄂᆞᆯ新羅王이百濟와合ᄒᆞ야高句麗ᄅᆞᆯ破ᄒᆞ고ᄯᅩ百濟에高句麗가入寇ᄒᆞ면新羅가ᄯᅩᄒᆞᆫ救援ᄒᆞ나然ᄒᆞ나眞興王이百濟聖王의請을不從ᄒᆞᆫ後브터國交가絶ᄒᆞ야眞平王과善德王時에도戰爭이不息ᄒᆞ니

大抵當時三國이干戈ᄅᆞᆯ交ᄒᆞ야民命을傷ᄒᆞ고國力을費ᄒᆞ얏스나오작疆土ᄅᆞᆯ爭奪ᄒᆞᆯᄲᅮᆫ이오是非曲直이無ᄒᆞ얏ᄂᆞ이다

新羅文化適出二國 智證王時諡法 法興王建年號 眞興王三改年號 眞平王改元 女子承王統之始 善德改元 眞德改元

三國의爭亂이如此ᄒᆞ나新羅ᄂᆞᆫ專혀戰爭에用力지아니ᄒᆞ고內治에留心ᄒᆞ야文化의進步가二國보다適出ᄒᆞ고智證王時에비로소諡法이有ᄒᆞ얏고

法興王은律令을頒行ᄒᆞ고官制를定ᄒᆞ며年號를建ᄒᆞ야曰建元이라ᄒᆞ고眞興王은百般制度에可觀ᄒᆞᆯ者가多ᄒᆞ며年號를三次改ᄒᆞ니曰開國、鴻濟、大昌이오眞平王은改元曰建福이오官制가益備ᄒᆞ고紀綱이愈整ᄒᆞ더니王이崩ᄒᆞᆫ後에善德、眞德二女主가相繼ᄒᆞ니善德은眞平王의長女라此ᄂᆞᆫ女子가王統을承ᄒᆞᄂᆞᆫ始오改元曰仁平이오眞德王도또ᄒᆞᆫ眞平王의女弟國飯의女니改元曰太和오時에百濟의攻擊을屢遭ᄒᆞ나오히려挫折치아니ᄒᆞ고武烈王에至ᄒᆞ야ᄂᆞᆫ國運이더욱隆盛ᄒᆞ니大抵眞平王以來로支那의隋唐二國에遣使ᄒᆞ야其懽心을結ᄒᆞ야高句麗와百濟의侵凌을防禦코자ᄒᆞ니此가곳隋唐으로ᄒᆞ야곰二國에用兵ᄒᆞᄂᆞᆫ先導가되얏ᄂᆞ이다

隋唐의來寇

煬廣來寇

隋文帝楊堅時에高句麗嬰陽王이靺鞨兵을率ᄒᆞ고遼西(滿洲盛京省)를伐ᄒᆞ니此時遼水以東은高句麗의地라楊堅이大怒ᄒᆞ야漢王諒等으로ᄒᆞ야곰拒戰ᄒᆞ다가潦水가大至ᄒᆞ야還軍ᄒᆞ고王도또ᄒᆞᆫ兵連禍結ᄒᆞᆯ가慮ᄒᆞ야和親ᄒᆞ더니

堅의子煬帝廣이距今一千二百九十五年前에大兵一百三十萬을發ᄒᆞ야親히來寇ᄒᆞ야遼東城(滿洲盛京省遼陽州)을圍ᄒᆞ고諸軍을鴨綠水西에會ᄒᆞ거ᄂᆞᆯ嬰陽王이大臣乙支文德으로ᄒᆞ야곰詐降ᄒᆞ야虛實을探ᄒᆞ니大將于仲文이執고자ᄒᆞ다가不果ᄒᆞ고大將宇文述等으로더브러追來ᄒᆞᄂᆞᆫ지라文德이佯敗ᄒᆞ야薩水(今安州淸川江)에誘至ᄒᆞ니平壤과相距ㅣ三十里라

隋軍潰走

文德이다시詐降ᄒᆞ니文述等이平壤城의險固ᄒᆞᆷ을見ᄒᆞ고곳還軍ᄒᆞ거ᄂᆞᆯ文德이々에出軍ᄒᆞ야四面으로抄擊ᄒᆞ다가薩水에至ᄒᆞ야ᄂᆞᆫ其半渡를乘ᄒᆞ야尾擊ᄒᆞ니諸軍이다潰散ᄒᆞ야一日夜에鴨綠水에至ᄒᆞ니凡四百五十里라

先是에隋將來護兒는別로히江淮水軍을率ᄒᆞ고浿水를渡ᄒᆞ야平壤에至ᄒᆞ다가高句麗의敗ᄒᆞᆫ비되더니述等의敗ᄒᆞᆷ을聞ᄒᆞ고、또ᄒᆞᆫ班師ᄒᆞ니初에隋軍이遼에至ᄒᆞᆫ者ㅣ一百萬五千에生還者가僅히二千七百人이오資儲와器械가失亡蕩盡ᄒᆞ고明年에隋帝廣이、다시遼東城을攻ᄒᆞ다가力盡ᄒᆞ야拔치못ᄒᆞ더니楊玄感의叛ᄒᆞᆷ을聞ᄒᆞ고還軍ᄒᆞ얏ᄂᆞ니다

[隋帝廣再寇高句麗]

嬰陽王이崩ᄒᆞ고異母弟榮留王이立ᄒᆞ니時에隋가亡ᄒᆞ고唐이代ᄒᆞ거ᄂᆞᆯ王이使臣을遣ᄒᆞ야結和ᄒᆞ얏스나太宗李世民이陰히攻取ᄒᆞᆯ心이有ᄒᆞ다가會에泉蓋(音合)蘇文이王을弑ᄒᆞ고王의姪臧을立ᄒᆞ니此ᄂᆞᆫ寶藏王이라蓋蘇文이國事를專擅ᄒᆞ야唐의使臣이新羅에往ᄒᆞᄂᆞᆫ者를執囚ᄒᆞᆫ되唐帝世民이距今一千二百六十二年前에諸軍을自率ᄒᆞ고新羅、百濟와奚(內蒙古東南境)契丹(支那直隸省東境)으로、ᄒᆞ야곰高句麗를寇ᄒᆞ고大摠管李世勣等은遼水를渡ᄒᆞ고大摠管張亮等은舟師로海를渡ᄒᆞ야卑沙城(滿洲盛京省海城縣中에在ᄒᆞ다)을襲陷ᄒᆞ고

[唐帝世民寇高句麗]

世民이、또親히遼西、白巖(滿洲盛京省遼陽州)二城을拔ᄒᆞ고、또進ᄒᆞ야安平(盛京省蓋平州)을攻ᄒᆞ니高句麗北部의高延壽와南部의高惠眞이來救ᄒᆞᆯ서、또靺鞨의衆을合ᄒᆞ니陣勢가四十里에亘ᄒᆞᆫ지라世民이望見ᄒᆞ고大懼ᄒᆞ더니戰ᄒᆞᆫ지多月에高延壽等이敗ᄒᆞ얏ᄂᆞ니다

[世民敗於安市　世民班師]

然ᄒᆞ나安市城主楊萬春은守城ᄒᆞ기善ᄒᆞ니世民이力盡ᄒᆞ야맛참ᄂᆡ拔치못ᄒᆞ고、또世民의目을射中ᄒᆞ니世民이臥床에在ᄒᆞ야班師ᄒᆞᆯ서其初出時에ᄂᆞᆫ兵士가十萬이오馬가萬匹이러니其還軍ᄒᆞ야ᄂᆞᆫ僅히千餘人이오馬의死者가、또ᄒᆞᆫ十에七八이되얏ᄂᆞ니다

世民이敗歸ᄒᆞᆫ後로蓋蘇文이、더욱唐을傲視ᄒᆞ니唐이屢次偏師를遣ᄒᆞ야彊域을侵犯ᄒᆞ고、또大木을伐ᄒᆞ야船艦을造ᄒᆞ니此ᄂᆞᆫ前日陸軍이得志치못ᄒᆞ미水路로並攻코자ᄒᆞᆷ이라然이나世民이殂ᄒᆞ야其事가中止ᄒᆞ얏ᄂᆞ니다

百濟와高句麗의滅亡

百濟ᄂᆞᆫ威德王、惠王、法王이다德政으로人心을維持ᄒᆞ더니武王에至

ᄒᆞ야ᄂᆞᆫ 驕慢ᄒᆞ야 新羅를 侵伐ᄒᆞ기 虛日이 無ᄒᆞ거ᄂᆞᆯ 唐이 使臣을 遣ᄒᆞ야 戢兵ᄒᆞ라ᄒᆞ나 不從ᄒᆞ고 더욱 怠傲ᄒᆞ야 其慾을 逞ᄒᆞ며

百濟伐新羅無虛日

義慈王은 驕奢ᄒᆞ야 國事를 不恤ᄒᆞ고 또 新羅邊境을 侵擾ᄒᆞ며 또 高句麗를 結ᄒᆞ야 新羅의 去唐ᄒᆞᄂᆞᆫ 路를 絶ᄒᆞ니 新羅武烈王이 金仁問을 唐에 遣ᄒᆞ야 百濟를 共伐코자ᄒᆞ더니

唐帝李治攻百濟

義慈王二十年 距今一千二百四十七年前에 唐高宗李治가 蘇定方을 命ᄒᆞ야 水陸軍을 率ᄒᆞ고 萊州로브터 海를 濟ᄒᆞ야 來伐ᄒᆞ고 武烈王이 또 太子法敏과 大將金庾信等으로ᄒᆞ야곰 聲援이 되게ᄒᆞ니 百濟將軍階伯이 拒戰ᄒᆞ다가 不克ᄒᆞ야 死ᄒᆞᄂᆞᆫ지라 唐兵이 新羅兵과 合ᄒᆞ야 都城을 圍ᄒᆞ거ᄂᆞᆯ 百濟가 衆을 擧ᄒᆞ야 戰ᄒᆞ나 唐兵이 益進ᄒᆞᄂᆞᆫ지라 王이 이에 定方의게 降ᄒᆞ니 定方이 王의 以下八十餘人을 執ᄒᆞ야 其國에 送ᄒᆞ고 百濟가 亡ᄒᆞ니 凡五部 三十七郡 二百城에 七十六萬戶라

百濟亡

唐이 其地를 五都督府에 分置ᄒᆞ야 各州縣을 統轄ᄒᆞ고 百濟人을 擢ᄒᆞ야 都督 刺史 縣令을 拜ᄒᆞ고 劉仁願이 此를 專管ᄒᆞ니 百濟가 始祖王溫祚로브터 至是ᄒᆞ기 三十王 六百七十八年에 亡ᄒᆞ얏ᄂᆞ이다

福信等起兵迎王子于日本

其後에 宗室福信等이 浮屠道琛等과 謀ᄒᆞ야 周留城(全州西境)을 據ᄒᆞ야 起兵ᄒᆞ니 時에 王의 子扶餘豐이 日本에 爲質ᄒᆞ얏거ᄂᆞᆯ 迎入ᄒᆞ야 王을 ᄉᆞᆷ고 唐將劉仁軌를 熊津城(公州)에 圍ᄒᆞ더니 會에 豐이 福信을 惡ᄒᆞ야 斬ᄒᆞ고 高句麗와 日本에 請兵ᄒᆞ나 羅唐의 兵이 攻ᄒᆞ기 益急ᄒᆞᄂᆞᆫ지라 豐이 逃亡ᄒᆞ야 高句麗에 奔ᄒᆞ니 劉仁軌가 仁願을 代ᄒᆞ야 其地를 治ᄒᆞ고 唐이 新羅로 더브러 同盟ᄒᆞ야 和親을 講ᄒᆞ나 其地가 漸々新羅의 並呑ᄒᆞᆫ 빈 되고 百濟가 遂絶ᄒᆞ얏ᄂᆞ이다

唐帝李治攻高句麗

唐高宗李治가 이의 百濟를 滅ᄒᆞ고 高句麗寶藏王二十年에 또 契丹과 大將蘇定方等으로ᄒᆞ야곰 分道ᄒᆞ야 高句麗를 攻ᄒᆞ니 新羅ㅣ 또ᄒᆞᆫ 來會ᄒᆞ야 軍糧을 平壤城에 輸送ᄒᆞ더라 然이나 風雪이 寒冱ᄒᆞ거ᄂᆞᆯ 唐軍이 引還ᄒᆞ얏다가 後五年에 泉蓋蘇文이 死ᄒᆞ고 其子男生이 代位ᄒᆞ야 弟男建과 爭權ᄒᆞ더니

男生이 國內城(平安道義州)으로 ᄡᅥ 唐에 降ᄒᆞ니 唐이 鄕導官을 拜ᄒᆞ야 李世勣軍

을從케ᄒ고、또新羅兵과劉仁願等으로、ᄒ야곰勣의命을遵케ᄒ니勣이扶餘(今盛京省內)諸城을拔ᄒ고諸道兵이다鴨綠栅에會至ᄒ야麗兵을破ᄒ고平壤城을圍ᄒ지月餘에王이力盡ᄒ야降ᄒ니唐이이에王을赦ᄒ고安東都護府를平壤에置ᄒ고薛仁貴로、ᄒ야곰都護를拜ᄒ니仁貴ᄂ元來我國人이라朝廷의用人이不公ᄒᆫ故로唐에歸ᄒ얏ᄂ이다」

寶藏王降于唐

高句麗五部、百七十六城에六十九萬戶를分ᄒ야九都督府四十二州百縣을定ᄒ니高句麗가東明聖王브터至是ᄒ기凡二十八王、七百五年이오距今一千二百三十九年前이오이다

高句麗ᄂ國力이强盛ᄒ나然ᄒ나上下가一致ᄒᆫ時에ᄂ唐太宗世民의神武로도、오히려敗還ᄒ더니畢竟骨肉이相爭ᄒ고衆情이携貳ᄒ다가亡ᄒ니其原因은驕奢侮慢ᄒ야鄰國의好誼를失ᄒᆫ緣故오이다

駕洛과任那及耽羅

駕洛國號伽耶

三國이鼎立ᄒᆫ時、距今一千八百六十五年前에南方에一國이有ᄒ니日、駕洛이라其國에初王은金首露니國號ᄂ伽耶(今慶尙道金海)오後에金官이

五伽耶

라改ᄒ고其外五人이各其五伽耶의王이、되니、곳阿羅伽耶(慶尙道咸安)古寧伽耶(咸昌)星山伽耶(星州)大伽耶(高靈)小伽耶(固城)라其地가新羅西南에在ᄒ니總稱駕洛國이오

首露王이城郭을築ᄒ고宮室을營ᄒ며新羅의南方을襲ᄒ고王이、또事理에明透ᄒ야隣國의爭詰을一言에決ᄒ며其後王居登은新羅와和親ᄒ야其救援을賴ᄒ고

坐知王은傭女를娶ᄒ야其黨을寵任ᄒ다가國이大亂ᄒ거ᄂ이에其女를擯斥ᄒ니時에新羅가王을伐코자ᄒ다가其悔悟홈을見ᄒ고中止ᄒ며仇衡王은新羅와結婚ᄒ나新羅의怒를觸ᄒ야北境의患이不息ᄒ다가距今一千三百七十五年前에至ᄒ야新羅에降ᄒ니法興王이客禮로、써待ᄒ고其國으로、써金官國을삼으니駕洛이十王四百九十年에亡ᄒ얏ᄂ이다

駕洛降于新羅

大伽耶又曰任那

大伽耶ᄂ又曰任那니距今一千三百四十四年前에新羅眞興王이其地를滅ᄒ야大伽耶郡을置ᄒ니大伽耶가昔日에蘇那曷叱知를日本

耽羅

에遣ᄒᆞ야和親을結ᄒᆞ고、또王子阿羅斯等이日本에往ᄒᆞ고其國에南伽耶(小伽耶)等七國이屬ᄒᆞ니總稱任那라

大抵駕洛과任那ᄂᆞᆫ一部落이라國力이微弱ᄒᆞ야新羅、百濟及日本의牽制를受ᄒᆞ얏ᄂᆞ니이다

耽羅ᄂᆞᆫ南海中에在ᄒᆞ니今濟州島라相傳ᄒᆞ되良乙那、高乙那、夫乙那三神人이有ᄒᆞ야遊獵으로爲生ᄒᆞ더니日本國이女子三人과駒犢과五穀의種을送ᄒᆞ야三人이各其一女를娶ᄒᆞ고五穀을播ᄒᆞ고駒犢을牧ᄒᆞ야富庶에至ᄒᆞ얏다、ᄒᆞ고

百濟文周王時에方物을獻ᄒᆞ니王이喜ᄒᆞ야官爵을授ᄒᆞ더니百濟가亡ᄒᆞᆫ後에其主徒冬音律이新羅에降ᄒᆞ야屬國이되고高麗가新羅를代ᄒᆞᆫ後에、또服從ᄒᆞ다가其後에其版圖에入ᄒᆞ얏ᄂᆞ니이다

支那와日本의關係

高句麗ᄂᆞᆫ支那와關係가甚多ᄒᆞ야薩水以南은距今一千八百六十三年前、漢光武劉秀時에屬ᄒᆞ얏고高句麗가三面이다漢과諸城이相接ᄒᆞᆫ故로彼此相戰ᄒᆞ야勝敗도有ᄒᆞ얏고山上王時에ᄂᆞᆫ漢이亡ᄒᆞ야三國時가、되얏고東川王時에ᄂᆞᆫ魏의明帝曹丕가樂浪、帶方等을、다奪據ᄒᆞ더니王末年에至ᄒᆞ야魏帝曹芳이毌丘儉等으로、ᄒᆞ야곰來寇ᄒᆞ거ᄂᆞᆯ王이迎戰ᄒᆞ야丘儉을破ᄒᆞ다가、도로혀敗ᄒᆞ야南沃沮(滿洲盛京省海城縣)로奔ᄒᆞ더니時에東部人紐由ㅣ魏軍에詐降ᄒᆞ야其將의胸을刺ᄒᆞ니王이其時를乘ᄒᆞ야國을恢復ᄒᆞ얏ᄂᆞ니이다

然이나丸都城(平安道寧遠郡劒山)은喪亂을經ᄒᆞ야可居치、못ᄒᆞᆯ지라、다시平壤에城을築ᄒᆞ야遷都ᄒᆞ고其後樂浪、帶方等이、다시高句麗와百濟에屬ᄒᆞ고

高句麗之日本關係

또關係가有ᄒᆞᆫ國은日本이라距今一千五百年前頃、高句麗廣開土王時에ᄂᆞᆫ新羅와百濟를救코자ᄒᆞ야日本과戰ᄒᆞ얏고長壽王은日本에使臣을遣ᄒᆞ니國書가傲慢ᄒᆞ다ᄒᆞ야絶好ᄒᆞ더니後에、다시使聘을通ᄒᆞ고寶藏王은聘好가屢有ᄒᆞ니國境이北方에在ᄒᆞ야日本과相距가遠ᄒᆞᆫ故로關係도、또ᄒᆞᆫ少ᄒᆞ야百濟、新羅와不同ᄒᆞ얏ᄂᆞ니이다

百濟近肖古王始通日本

百濟ᄂᆞᆫ距今一千五百五十年前、近肖古王時브터日本과通好ᄒᆞ고阿莘王은太子腆支ᄅᆞᆯ遣ᄒᆞ더니王이崩ᄒᆞᆯ時에腆支가、오히려不還ᄒᆞᆫ지라太子의仲弟訓解가國政을攝ᄒᆞ야太子ᄅᆞᆯ待ᄒᆞ더니季弟碟禮가訓解ᄅᆞᆯ殺ᄒᆞ고自立ᄒᆞ거ᄂᆞᆯ腆支가其訃ᄅᆞᆯ聞ᄒᆞ고痛哭ᄒᆞ니日本이兵으로、써腆支ᄅᆞᆯ送ᄒᆞ야百濟에歸ᄒᆞ거ᄂᆞᆯ國人이碟禮ᄅᆞᆯ殺ᄒᆞ고腆支ᄅᆞᆯ迎立ᄒᆞ고

其後蓋鹵王은女ᄅᆞᆯ日本에送ᄒᆞ야婚娶ᄅᆞᆯ結ᄒᆞ고武寧王以後ᄂᆞᆫ諸博士ᄅᆞᆯ數遣ᄒᆞ고武王은其太子豐을日本에遣ᄒᆞ얏다가義慈王이唐의게被擄ᄒᆞᆫ後、福信等이豐을迎入ᄒᆞ야王을、삼앗고

日本使臣漂着耽羅

百濟가亡ᄒᆞᆫ後明年에日本使臣津守吉祥이唐으로、브터還ᄒᆞ다가暴風을遇ᄒᆞ야耽羅에漂着ᄒᆞ니耽羅王이悅ᄒᆞ야其子阿波岐ᄅᆞᆯ日本에遣ᄒᆞ고其後四十年間에屢次方物을送ᄒᆞ얏ᄂᆞ이다

耽羅方物于日本

新羅ᄂᆞᆫ建國ᄒᆞᆫ以來로日本과交通이開ᄒᆞ야彼此移住ᄒᆞ니距今一千八百八十年前에瓠公은日本人으로新羅의臣이되고迎烏細烏ᄂᆞᆫ新

日本神功后犯新羅

羅人으로日本의臣이되고、또邊郡의戰爭이多ᄒᆞ며其後日本神功后가來犯ᄒᆞ거ᄂᆞᆯ王이其弟未斯欣으로、써遣質ᄒᆞ더니後에使者朴堤上을送ᄒᆞ야未斯欣을脫還ᄒᆞ고

慈悲王은日本을拒코자ᄒᆞ야高句麗에救援을請ᄒᆞ다가旣而오疑ᄒᆞ야其兵을殺ᄒᆞ니高句麗長壽王이來伐ᄒᆞᄂᆞᆫ지라王이任那의게救援을請ᄒᆞ얏고眞興王은任那ᄅᆞᆯ滅ᄒᆞ야日本과釁端을開ᄒᆞ고眞德女主ᄂᆞᆫ金春秋ᄅᆞᆯ日本에遣ᄒᆞ며

新羅聘使于日本

時에新羅가强盛ᄒᆞ야唐兵으로、더브러百濟ᄅᆞᆯ並呑코자、ᄒᆞ거ᄂᆞᆯ日本이百濟ᄅᆞᆯ救ᄒᆞ야用兵ᄒᆞ다가畢竟和親ᄒᆞ고新羅가統一ᄒᆞᆫ後에使聘이常通ᄒᆞ며景德王과恭惠王時에ᄂᆞᆫ使節의來往이絶ᄒᆞ얏ᄂᆞ이다

新羅의統一

新羅가唐과併力ᄒᆞ야百濟高句麗ᄅᆞᆯ滅ᄒᆞᆫᄆᆡ唐이其地에都督等官을置ᄒᆞ더니旣而오新羅ㅣ漸々百濟의地ᄅᆞᆯ取ᄒᆞ고、또高句麗의叛衆을納ᄒᆞ니唐이屢次責ᄒᆞ나新羅ㅣ또ᄒᆞᆫ服從치、아니ᄒᆞ니

唐主가怒ᄒᆞ야劉仁軌로ᄒᆞ야곰來寇ᄒᆞ거ᄂᆞᆯ王이佯히謝過ᄒᆞ나然ᄒᆞ나맛ᄎᆞᆷᄂᆡ高句麗南境ᄭᆞ지州郡을置ᄒᆞ니此ᄂᆞᆫ武烈王과文武王時에金庾信의功이居多ᄒᆞ야畢竟統一의業을成ᄒᆞ얏ᄂᆞ이다

金庾信

高句麗와百濟가新羅보다先亡ᄒᆞᆷ은何故오此ᄂᆞᆫ無他오新羅ᄂᆞᆫ人和ᄅᆞᆯ得ᄒᆞᆷ이라君이仁ᄒᆞ야民을愛ᄒᆞ고臣은國事에盡忠ᄒᆞ며其法이戰死人을厚葬ᄒᆞᆯᄲᅮᆫ아니라爵賞이一族에及ᄒᆞᄂᆞᆫ故로人이다忠誠ᄒᆞ고節義ᄅᆞᆯ崇尙ᄒᆞ야臨戰에死로ᄡᅥ自期ᄒᆞ니麗濟人의能及ᄒᆞᆯ배아니오이다

人和

新羅의衰亡

金良相弑王自立

景德王이崩ᄒᆞ고子恭惠王이立ᄒᆞ니時에叛者가更起ᄒᆞᄂᆞᆫ지라上大等(官名)金良相等이叛賊을討ᄒᆞ고다시王을弑ᄒᆞ야自立ᄒᆞ니此ᄂᆞᆫ宣德王이오其後ᄂᆞᆫ金敬信이嗣立ᄒᆞ니此ᄂᆞᆫ元聖王이다時에蝗旱이太甚ᄒᆞ야人民이聊生키難ᄒᆞ고憲德王은哀莊王을弑ᄒᆞ고自立ᄒᆞ며後에興德王이繼立ᄒᆞ야窮民을恤ᄒᆞ고孝行을奬勵ᄒᆞ더니其崩ᄒᆞᆫ後에ᄂᆞᆫ堂弟均貞과憲貞의子悌隆이王位ᄅᆞᆯ爭ᄒᆞᆯ시金陽이均貞의子祐徵等으로더브러均貞을奉ᄒᆞ야王을삼앗더니悌隆의黨金明이均貞을殺ᄒᆞ고悌隆을立ᄒᆞ니此ᄂᆞᆫ僖康王이러라

金明弑王自立

이에祐徵이禍ᄅᆞᆯ懼ᄒᆞ야淸海鎭(全羅道莞島)大使張保皐의게依ᄒᆞ니金陽도ᄯᅩᄒᆞᆫ淸海鎭에入ᄒᆞ야祐徵과擧事코자ᄒᆞ다가旣而오金明이王을弑ᄒᆞ고自立ᄒᆞᄂᆞᆫ지라

陽이此事ᄅᆞᆯ聞ᄒᆞ고祐徵으로더브러淸海鎭에셔起兵ᄒᆞ니張保皐가兵五千을其友鄭年의게予ᄒᆞ야陽을助ᄒᆞ거ᄂᆞᆯ陽이晝夜兼行ᄒᆞ야達伐丘(慶尙道大丘)에至ᄒᆞ니金明이拒戰ᄒᆞ거ᄂᆞᆯ一戰에大克ᄒᆞ야明을斬ᄒᆞ니此ᄂᆞᆫ閔哀王이오祐徵을立ᄒᆞ니此ᄂᆞᆫ神武王이라國勢가危ᄒᆞ얏다가다시興ᄒᆞ고

文聖憲安景文憲康諸王時에ᄂᆞᆫ叛者가屢起ᄒᆞ거ᄂᆞᆯ다誅ᄒᆞ얏스나大抵當時의君臣은優游玩愒ᄒᆞ야琴瑟과詩賦로ᄡᅥ互相稱譽ᄒᆞ고戒懼가無ᄒᆞᆫ지라外面은晏然ᄒᆞ나內部ᄂᆞᆫ다腐敗ᄒᆞ얏고

新羅衰亂之極

定康王은女弟眞聖王의게傳位ᄒᆞ니眞聖이淫穢ᄒᆞᆫ行이有ᄒᆞ고佞幸이得志ᄒᆞ야紀綱이敗壞ᄒᆞ며誹議者ᄅᆞᆯ下獄ᄒᆞ야盜賊이蜂起ᄒᆞ고州郡은貢賦ᄅᆞᆯ不納ᄒᆞ니國用이窘絀ᄒᆞ야新羅의衰亂이此에極ᄒᆞ고孝恭王時에至ᄒᆞ야ᄂᆞᆫ疆埸이日蹙ᄒᆞ고景明王元年、距今九百八十九年前에ᄂᆞᆫ高麗의王建이弓裔ᄅᆞᆯ代ᄒᆞ야王位에卽ᄒᆞ니國勢가益盛ᄒᆞᄂᆞᆫ지라王이使臣을遣ᄒᆞ야聘問에對等禮ᄅᆞᆯ用ᄒᆞ고

王建卽位

甄萱弑景哀王立敬順王

景哀王時에ᄂᆞᆫ後百濟의甄萱이猝然이王都에入ᄒᆞ거ᄂᆞᆯ王이鮑石亭에서遊宴ᄒᆞ다가倉卒間에王이夫人으로、더브러城南離宮에避匿ᄒᆞ고侍從臣僚와宮人伶官이、다陷沒ᄒᆞ며萱이王을索出ᄒᆞ야强히自盡케ᄒᆞ고王后ᄅᆞᆯ淫辱ᄒᆞ고王의族弟金傅ᄅᆞᆯ立ᄒᆞ고王의弟孝廉과宰臣景英을擄ᄒᆞ고子女百工과兵仗珍寶ᄅᆞᆯ取ᄒᆞ야歸ᄒᆞ거ᄂᆞᆯ

高麗王이此ᄅᆞᆯ聞ᄒᆞ고使臣을遣ᄒᆞ야吊ᄒᆞ고金傅가卽位ᄒᆞ니此ᄂᆞᆫ敬順王이라王이四方의土地가盡削ᄒᆞ고國勢가微弱ᄒᆞ야自立지못ᄒᆞᆯ을見ᄒᆞ고高麗에降코자ᄒᆞ니王의子ㅣ獨히不可ᄒᆞ야曰、忠臣과義士ᄅᆞᆯ集合ᄒᆞ야死로、써守ᄒᆞ라、ᄒᆞ거ᄂᆞᆯ王이不聽ᄒᆞ고高麗의게書ᄅᆞᆯ送ᄒᆞ야請降ᄒᆞᆫᄃᆡ

敬順王降高麗新羅亡

高麗王이降書ᄅᆞᆯ受ᄒᆞ고使臣을遣ᄒᆞ거ᄂᆞᆯ王이百僚ᄅᆞᆯ率ᄒᆞ고王都에서發ᄒᆞ니香車와寶馬가三十里에連亘ᄒᆞ얏더라開京松都에入ᄒᆞ니高麗王이郊外에出迎ᄒᆞ고長女樂浪公主로、써妻ᄒᆞ고新羅國으로、써慶州郡을作ᄒᆞ고食邑을賜ᄒᆞ니新羅가太祖朴赫居世브터至此ᄒᆞ기朴氏ᄂᆞᆫ十王이오昔氏ᄂᆞᆫ八王이오金氏ᄂᆞᆫ三十八王이니合五十六王、凡九百九十二年에亡ᄒᆞ고

文武王時에高句麗와百濟ᄅᆞᆯ滅ᄒᆞ고統一ᄒᆞᆫ後가二百六十八年이오新羅에서其世代ᄅᆞᆯ三에分ᄒᆞ니太祖브터眞德女主ᄭᆞ지二十八王은上代라、ᄒᆞ고武烈王브터惠恭王ᄭᆞ지八王은中代라、ᄒᆞ고宣德王브터敬順王ᄭᆞ지二十王은下代라、ᄒᆞ니國運의昇降과政治의盛衰가大畧如此ᄒᆞ오이다

泰封及後百濟

弓裔

弓裔建國號曰泰封紀元設百官

眞聖女主時를當ᄒᆞ야群雄이四方에起ᄒᆞᆯ시其最大ᄒᆞᆫ者ᄂᆞᆫ弓裔와甄萱이니弓裔ᄂᆞᆫ憲康王의庶子라膽氣가有ᄒᆞ고國家의衰亂을乘ᄒᆞ야北原(江原道原州)의賊梁吉의게投ᄒᆞ야土地를略取ᄒᆞ더니後에將軍이라自稱ᄒᆞ고軍聲이甚盛ᄒᆞᆫ지라、이에內外官職을設ᄒᆞ고王建과及其父隆을用ᄒᆞ더니眞聖女主四年、距今一千十六年前에王을稱ᄒᆞ고國號ᄂᆞᆫ泰封이라、ᄒᆞ고元을紀ᄒᆞ고百官을設ᄒᆞ고鐵原(在江原道)에定都ᄒᆞ니諸州가望風ᄒᆞ야來降ᄒᆞ고士馬가漸々强ᄒᆞ고土地가廣ᄒᆞ야全國三分의二를有ᄒᆞ고

弓裔가自稱曰彌勒佛이라、ᄒᆞ고頭에金幘을戴ᄒᆞ고身에ᄂᆞᆫ方袍를披ᄒᆞ며出時에ᄂᆞᆫ童男女가幡蓋와香火를奉ᄒᆞ야前導ᄒᆞ고僧徒二百餘名은梵唄로後에隨ᄒᆞ며、또經文二十餘卷을述ᄒᆞ니、다妖妄ᄒᆞᆫ語오妻康氏의諫ᄒᆞᆷ을憎ᄒᆞ야虐殺ᄒᆞ고驕暴가日甚ᄒᆞ며

王建이初에ᄂᆞᆫ弓裔의信用ᄒᆞᆫ빈、되야諸州를得ᄒᆞ고官이百僚의上이라、비록禍를懼ᄒᆞ야高位를不樂ᄒᆞ나、오작其臣이建을推戴ᄒᆞ야王을

泰封亡

甄萱

甄萱稱後百濟

甄萱屢侵高麗

ᄉᆞᆷ고國號ᄂᆞᆫ高麗라稱ᄒᆞ니裔가變을聞ᄒᆞ고驚駭ᄒᆞ야釜壤(江原道平康)에出走ᄒᆞ다가民人의게被害ᄒᆞ니裔가稱王ᄒᆞᆫ지十七年에亡ᄒᆞ얏ᄂᆞ니라

甄萱은尙州農家子라志氣가倜儻ᄒᆞ고智略이有ᄒᆞ더니新羅末에盜賊이蜂起ᄒᆞ거ᄂᆞᆯ萱이亡命徒를嘯聚ᄒᆞ야旬月間에衆이五千이라武珍州(全羅道光州)를襲取ᄒᆞ고自立ᄒᆞ야王이、되니是ᄂᆞᆫ眞聖女主五年이니距今一千十五年前이라

萱이國號를後百濟라稱ᄒᆞ고官職을設ᄒᆞ고支那의吳、越과後唐에使聘을通ᄒᆞ고、또高麗에結好ᄒᆞ더니萱이新羅를攻ᄒᆞᆯ時에新羅ㅣ高麗의게乞援ᄒᆞ야萱을拒ᄒᆞ니自此로釁隙이成ᄒᆞ얏스나、맛참ᄂᆡ質을交換ᄒᆞ야乞和ᄒᆞ더니萱의外甥眞虎가高麗에爲質ᄒᆞ얏다가病死ᄒᆞᆫ지라萱이其被殺ᄒᆞᆫ가疑ᄒᆞ야高麗의質子王信을殺ᄒᆞ고屢次高麗를侵伐ᄒᆞ고、또新羅高鬱府(慶尙道永川)를襲ᄒᆞ고猝然히王都에入ᄒᆞ야景哀王을弑ᄒᆞ고金傅를立ᄒᆞᄂᆞᆫ지라

高麗王이新羅를救코자ᄒᆞ야親히精騎를率ᄒᆞ고萱을公山(慶尙道慶山)桐藪

에셔伐ᄒᆞ다가敗績ᄒᆞ야大將申崇謙과金樂이死ᄒᆞ더라其後에萱이書ᄅᆞᆯ送ᄒᆞ야請和ᄒᆞ거ᄂᆞᆯ麗王이回報ᄒᆞ야其背約홈과弑王ᄒᆞᆫ罪ᄅᆞᆯ責ᄒᆞ니萱이、또高麗ᄅᆞᆯ侵ᄒᆞᄂᆞᆫ지라高麗의將帥가或降或死ᄒᆞ더니其古昌郡(慶尙道安東)을圍ᄒᆞᆯ時에ᄂᆞᆫ麗王이庾黔弼의計ᄅᆞᆯ用ᄒᆞ야萱을大破ᄒᆞ니自此로郡縣이高麗에降ᄒᆞᄂᆞᆫ者ㅣ益多ᄒᆞ얏ᄂᆞ이다

後百濟亡

萱이初에第四子金剛을愛ᄒᆞ야位ᄅᆞᆯ傳ᄒᆞ니長子神劒이萱을金山寺(在全羅道金溝)에幽ᄒᆞ고金剛을殺ᄒᆞ고自立ᄒᆞ거ᄂᆞᆯ萱이潛逃ᄒᆞ야高麗에至ᄒᆞ니王이厚禮로待ᄒᆞ야號曰尙父라ᄒᆞ고食邑을賜ᄒᆞ니萱이屢次神劒을討伐ᄒᆞ라ᄒᆞᄂᆞᆫ지라王이이에大軍을發ᄒᆞ야進攻ᄒᆞᆯ새一善(慶尙道善山)에至ᄒᆞ야神劒을大破ᄒᆞ고其黨與ᄅᆞᆯ誅ᄒᆞ고神劒은歸命ᄒᆞᆫ故로不殺ᄒᆞ고後百濟가亡ᄒᆞ니甄萱이立國ᄒᆞᆫ지四十五年이오新羅가亡ᄒᆞᆫ後、一年이오이다

渤海

新羅가統一ᄒᆞᆫ後에北方에一國이有ᄒᆞ니曰渤海라渤海ᄂᆞᆫ本來粟末

大祚榮建國 王始稱渤海

靺鞨(靺鞨은粟末河에居ᄒᆞ니今松花江이라)이니高句麗의北에在ᄒᆞ야上古初브터屢次三國을侵伐ᄒᆞ더니高句麗가亡ᄒᆞᆫ後브터餘衆이稍々히歸附ᄒᆞ야其地ᄅᆞᆯ並ᄒᆞ고距今一千一百九十三年前에至ᄒᆞ야ᄂᆞᆫ其君長大祚榮이震國王이라稱ᄒᆞ고國勢가益盛ᄒᆞ다가

其後에祚榮이渤海王이、되니自此로靺鞨의號ᄅᆞᆯ去ᄒᆞ고專혀渤海라稱ᄒᆞ며其後王武藝와欽茂ᄂᆞᆫ境宇ᄅᆞᆯ益拓ᄒᆞ니其地가南은新羅와接ᄒᆞ고東은海에窮ᄒᆞ며西ᄂᆞᆫ契丹에隣ᄒᆞ야五京、十五府、六十二州가有ᄒᆞ니即今日의平安、咸鏡道西境과滿洲의盛京、吉林兩省을並有ᄒᆞ고」

渤海官制

諸生을支那唐國에遣ᄒᆞ야文物과制度ᄅᆞᆯ學ᄒᆞ며政府ᄂᆞᆫ大概唐制ᄅᆞᆯ依仿ᄒᆞ야宣詔省과中臺省과政堂省과左右相과左右平章等이有ᄒᆞ고武官은左右衛大將軍等이有ᄒᆞ고服章은紫緋와淺緋、綠緋及牙笏、金銀魚의制가有ᄒᆞ고

遣日本聘 契丹阿保機始興

武藝王은距今一千一百七十九年前에率遠將軍高仁義ᄅᆞᆯ日本에遣ᄒᆞ야彼此聘使가不絶ᄒᆞ더니時에契丹太祖阿保機가西北方(支那直隸省及蒙古東部)

渤海亡

에서興ᄒᆞ야自稱天皇王이라ᄒᆞ고新羅神德時에四方을並吞ᄒᆞᆯ시新羅景哀王時에ᄂᆞᆫ扶餘城을拔ᄒᆞ고忽汗城(滿洲吉林省)을圍ᄒᆞ거ᄂᆞᆯ渤海王大諲譔이降ᄒᆞ니阿保機가渤海를改ᄒᆞ야東丹國이라稱ᄒᆞ고其子突欲으로ᄡᅥ人皇王이라ᄒᆞ야此를鎭定ᄒᆞ니

大祚榮이稱王ᄒᆞᆫ지十四王、二百十四年에亡ᄒᆞ고其太子光大顯과將軍申德等이餘衆을率ᄒᆞ고高麗에奔ᄒᆞᆫ者ㅣ前後에數萬戶가되얏ᄂᆞ이다

制度

三國曾郡縣制 高句麗官制

政治ᄂᆞᆫ三國이다郡縣制오高句麗ᄂᆞᆫ琉璃王二十二年、距今一千九百二年前에大輔와左右輔等官이有ᄒᆞ야政事를掌ᄒᆞ더니太祖王은左右輔를改ᄒᆞ야國相이라稱ᄒᆞ고其後ᄂᆞᆫ、또莫離支라改稱ᄒᆞ니此等이、다國政을執ᄒᆞ얏고

國都ᄂᆞᆫ內、東、西、南、北五部를置ᄒᆞ니此ᄂᆞᆫ太古의制오州縣은六十에分ᄒᆞ고其大城에ᄂᆞᆫ傉佐가有ᄒᆞ야曹事를分掌ᄒᆞ며

百濟定官制

百濟ᄂᆞᆫ右輔와左將이有ᄒᆞ야兵事를掌ᄒᆞ더니古爾王二十七年、距今一千六百四十三年前에官制를大定ᄒᆞ고佐平六人을置ᄒᆞ야宣納과庫藏과禮儀와宿衛와刑獄과兵馬를掌ᄒᆞ고王이國內에巡行ᄒᆞᆯ時ᄂᆞᆫ王族이國政을任ᄒᆞ기ᄂᆞᆫ高句麗와百濟가皆同ᄒᆞ고

新羅設官十七等

新羅ᄂᆞᆫ儒理王九年、距今一千八百七十三年前에、비로소官制十七等을設ᄒᆞ야伊伐飡과伊尺飡、匝飡等이有ᄒᆞ더니後에、또太大角干과大角干과上大等의位를設ᄒᆞ고

職制ᄂᆞᆫ大輔가有ᄒᆞ야軍國政事를掌ᄒᆞ더니法興王과眞平王以後에分掌ᄒᆞᄂᆞᆫ制가漸備ᄒᆞ야兵部、調部、倉部、禮部等諸官을設ᄒᆞ얏고

地方政治

地方政治ᄂᆞᆫ州、郡、縣을分ᄒᆞ야州主(後改總管又曰都督)와軍主와縣令을置ᄒᆞ고王이國內에巡撫ᄒᆞ며、또使臣을遣ᄒᆞ야百姓疾苦를問ᄒᆞ고

統一ᄒᆞᆫ後에ᄂᆞᆫ其舊法을遵行ᄒᆞᄂᆞᆫ中더욱潤飾ᄒᆞ고景德王十五年、距今一千一百五十年前에、비로소九州를置ᄒᆞ고郡縣의名을改ᄒᆞ야郡에ᄂᆞᆫ太守가有ᄒᆞ고縣에ᄂᆞᆫ小守가有ᄒᆞ며、또浿江以南은九州에不入

官爵制限

花郞

始定讀書出身科

百官俸祿

兵馬政

호고執事와侍郞等을別置호야鎭撫홀셔此는政府의直轄이오

官爵을授호기는制限이有호야大阿飡以上은眞骨의게授호니卽王族이오州主,軍主等도宗戚을用호다가眞興王時는美男子를粧飾호야號曰花郞이라,호고其徒가道義로,써相磨호며或歌舞로相悅호야其人의譽望이多호者를擇用호되其骨品으로用人홈은依舊호지라故로才智人士가他國에奔호야功業을建호者가多호고其後에는射로,써人을選호며元聖王四年,距今一千一百十九年前에는비로소讀書로出身호는科를定호나然호나唐에遊學호者는,곳出身케,호고

百官俸祿은百濟,高句麗는勳勞로,써食邑을賜호고新羅는文武王이金庾信의게田五百結을賜호고其後에功의多少를因호야歲俸租等이有호고神文王時,距今一千二百二十年前에는文武官僚의게田을賜호고神武王時에는張保皐의食實封이二千戶오敬順王이高麗에降호時에는食邑이八千戶에歲祿이一千碩이오

內外兵馬는三國이다重視호야初에는一等官이掌호고王이或親臨

兵法

兵器

城柵

호야閱兵호고新羅는慈悲王이左右將軍을置호더니法興王이兵部를置호고眞平王이侍衛府를設호後에야制度가尤備호고

凡軍號는二十三이有호야此를統率호者는將軍과大監과弟監과少監,幢主等이오人民을徵集호야邊境을守호기는三年으로爲期호고萬一國家에多故호면代가無호야六年에歸호며

統一後에도兵備를不懈호야文武王時에는薛守眞이六陣法을進호고景恭王時에는金巖이浿口를鎭撫홀셔,또호此를致호고元聖王時에는武烏가兵法十五卷을獻호고

兵器는弓,箭,刀,劍,槊,槍,戟,鉞,砲,弩,楯,矢,砲車,拋石,金甲,雕斧,金森鎖,明光鎧,盾,的,鼓,吹,鐵蒺藜等이有호고

百濟는旗幟가黃色이오高句麗는黑旗或赤旗오新羅는衿色으로隊伍를分호니衿은徽織이오其形은半月을象호고三國이鼎立時에는城을築호고柵을立홀셔其中高句麗東川王은距今一千六百六十年前에平壤城을築호니周는二萬四千五百三十九尺에高가十三尺이

오外城은石築의周가八千二百尺이오土築은二萬二百尺이니並히高가三十二尺이오

또築留王은距今一千二百七十五年前에長城을築ᄒᆞᆯ식北은扶餘城東南으로브터起ᄒᆞ고西南은海에至ᄒᆞ기ᄭᆞ지千餘里라凡十六年에畢ᄒᆞ니其功의宏大ᄒᆞᆷ을可知오高句麗百濟가亡ᄒᆞ고新羅가統一ᄒᆞᆫ後에ᄂᆞᆫ敵國의患이少ᄒᆞᆫ故로功費가不多ᄒᆞ고、오직憲德王十七年、距今一千八十一年前에浿江의長城三百里를築ᄒᆞ고

高句麗律令頒行

刑制ᄂᆞᆫ高句麗小獸林王三年、距今一千五百三十三年前에、비로소律令을頒行ᄒᆞ니反逆者ᄂᆞᆫ火灼ᄒᆞᆫ後、斬首ᄒᆞ고家를籍沒ᄒᆞ며戰敗와殺人과行刼者를斬ᄒᆞ고盜物者ᄂᆞᆫ其十倍를償ᄒᆞ고身은沒入ᄒᆞ야奴婢가、되고

百濟ᄂᆞᆫ腰斬과妻子를殺ᄒᆞᄂᆞᆫ等刑이有ᄒᆞ나叛逆者ᄂᆞᆫ其家를籍沒ᄒᆞ고殺人者ᄂᆞᆫ奴婢되기三度오官人의受賄와、밋盜賊은其三倍를徵出ᄒᆞ야終身禁錮ᄒᆞ니其法이高句麗보다稍寬ᄒᆞ고

新羅始頒律令

新羅ᄂᆞᆫ法興王七年、距今一千三百八十六年前에、비로소律令을頒行ᄒᆞ고武烈王은此를參酌ᄒᆞ야理方府의格式六十餘條를定ᄒᆞ나然ᄒᆞ나或은九族을夷ᄒᆞ고遠方에謫ᄒᆞᄂᆞᆫ等刑이有ᄒᆞ며、오직王이囚徒를親錄ᄒᆞ야輕罪ᄂᆞᆫ原宥ᄒᆞᄂᆞᆫ者ㅣ屢次오、또太子를立ᄒᆞᆫ時와大祭가有ᄒᆞ면大赦ᄒᆞ고

設律令典博士

統一後에ᄂᆞᆫ孝昭王이律令典博士六人을置ᄒᆞ야法律이頗히發達ᄒᆞ얏고弓裔가稱王時ᄂᆞᆫ、더욱殘酷ᄒᆞ야鐵椎로打殺ᄒᆞᆷ과婦女ᄂᆞᆫ下處를燒殺ᄒᆞᄂᆞᆫ者도有ᄒᆞ고

租稅

租稅ᄂᆞᆫ高句麗에ᄂᆞᆫ每人의稅가布五疋、穀五石이오遊民은三年一次、稅를出ᄒᆞ되十人이共히細布一疋이오租ᄂᆞᆫ每戶一碩이오其次ᄂᆞᆫ七斗或五斗를出ᄒᆞ며

新羅ᄂᆞᆫ眞平王六年、距今一千三百二十二年前에調府令一員을置ᄒᆞ야貢賦를掌ᄒᆞ니其徵歛法이田一負(百尺이一負라)브터租三升을納ᄒᆞ고

弓裔泰封時에ᄂᆞᆫ田一頃(百畝가一頃이오一畝ᄂᆞᆫ百步오一步ᄂᆞᆫ六尺이라)브터租稅六碩을取ᄒᆞ고罷

驛戶브터絲三束을賦ᄒᆞ야百姓이耕織을廢ᄒᆞ고流亡이多ᄒᆞ니新羅制가此에比ᄒᆞ면稍寬ᄒᆞ고

此外宮室을修ᄒᆞ거나城郭을築ᄒᆞᄂᆞᆫ等事에ᄂᆞᆫ國內男女를徵發ᄒᆞ야使役ᄒᆞ기ᄂᆞᆫ三國이皆同ᄒᆞ고

高句麗尺諸種制度

度、量、衡의制ᄂᆞᆫ未詳ᄒᆞ나、오직高句麗尺은現今과槪同ᄒᆞ고其他新羅의慈悲王이京都의坊名을定ᄒᆞᆷ과炤智王이四方의郵驛을置ᄒᆞᆷ과官道를修ᄒᆞᆷ과法興王이外方官吏가家眷을挈ᄒᆞ고赴任ᄒᆞᆷ을許ᄒᆞᆷ과眞德女主가賀正禮를定ᄒᆞᆷ과文武王이百官과州郡에銅印을頒ᄒᆞᆷ과哀莊王이公式二十餘條를頒行ᄒᆞᆷ은、다政治에用力ᄒᆞ고國家制度를定ᄒᆞᆷ이오이다

敎法、文學과技藝等

儒敎傳于平壤

高句麗立大學

敎法은三國에儒敎、佛敎及道敎니儒敎ᄂᆞᆫ箕王이平壤에傳ᄒᆞ얏스나國內에頒布치、못ᄒᆞ고千年後、高句麗가비로소行ᄒᆞ야小獸林王二年、距今一千五百三十四年前에大學을立ᄒᆞ얏스나此年에支那의秦王

佛敎傳來始於高句麗

符堅이浮屠順道와佛像、佛經等을送來ᄒᆞ거ᄂᆞᆯ王이其書로、써子弟를敎ᄒᆞ니佛敎의傳來ᄒᆞᆷ이此에서始ᄒᆞ더니故國壤王은佛을崇奉ᄒᆞ야福을求ᄒᆞ다가其後에惠亮、惠灌等名僧이出ᄒᆞ미其敎가益行ᄒᆞ얏고、榮留王七年、距今一千二百八十二年前에唐高祖李淵이道士를命ᄒᆞ야天尊像과道法으로、써來ᄒᆞ야老子를講ᄒᆞ라、ᄒᆞ거ᄂᆞᆯ王이國人을率ᄒᆞ야此를聽ᄒᆞ고明年에唐에遣人ᄒᆞ야佛、老法을學ᄒᆞ고其後에子弟를遣ᄒᆞ야國學에入ᄒᆞ니、이에儒、佛、仙三敎가並行ᄒᆞᆫ지라

儒佛仙三敎並行

然이나道敎ᄂᆞᆫ二敎보다廣布치못ᄒᆞ더니淵蓋蘇文이道敎가不行ᄒᆞᆷ을憂ᄒᆞ야唐에遣使ᄒᆞ야道敎를求ᄒᆞ니此ᄂᆞᆫ三敎가鼎足갓치立케、ᄒᆞᆷ이라唐太宗李世民이道士叔達等八人을遣來ᄒᆞ야其敎를行ᄒᆞ얏고、

博士及論語千字文遣于日本

百濟의儒敎ᄂᆞᆫ近肖古王二十九年、距今一千五百三十二年前에高興으로、써博士를拜ᄒᆞ고其後에、또博士王仁으로、ᄒᆞ야곰論語와千字文(魏鍾繇撰)을齎ᄒᆞ고日本에遣ᄒᆞ니日本의文化가自此로始行ᄒᆞ고其後武寧王과聖王時、距今一千三百六十餘年前에ᄂᆞᆫ五經博士를置ᄒᆞ고枕

五經博士

佛像經論送于日本

新羅佛教

流王元年、距今一千五百三十二年前에と胡僧摩羅難陀가晋으로브터至ᄒᆞ니宮內에迎入ᄒᆞ야禮敬ᄒᆞ고明年에と漢山에寺를建ᄒᆞ고僧을度ᄒᆞ니佛法이此時에始ᄒᆞ얏고

또聖王은使臣을支那梁國에遣ᄒᆞ야涅槃經의義를請ᄒᆞ고、또釋迦佛의金銅像과幡蓋、經論을日本에送ᄒᆞ야曰、諸法中에、가쟝勝ᄒᆞ야周公과孔子도、오히려知치못ᄒᆞ얏다ᄒᆞ고威德王도、또ᄒᆞᆫ經像과禪師를日本에送ᄒᆞ기屢次오法王은殺生을禁ᄒᆞ고佛教를奬勵ᄒᆞ야儒教보다十倍가되고道教と僅히不絕ᄒᆞᆯ뿐이오

新羅と本來秦漢의流亡ᄒᆞᆫ人民이라儒教と自然傳ᄒᆞ얏거니와佛教と訥祗王時、距今一千四百八十餘年前에沙門墨胡子가高句麗로브터至ᄒᆞ야王女의病을爲ᄒᆞ야祈禱ᄒᆞ고炤智王時에と阿道라ᄒᆞと者ㅣ來ᄒᆞ야內殿에서焚修僧이有ᄒᆞ고法興王은크게此를闡明ᄒᆞ야羣臣의諫言을不聽ᄒᆞ고屠殺을禁ᄒᆞ며

眞興王初、距今一千三百六十餘年前에と高句麗를擊ᄒᆞ다가法師惠

八關法

眞興王后削髮亦爲尼

元曉義相道詵

世外教

新羅始立國學

亮으로、써歸ᄒᆞ야僧統을、숨고百座의講會와八關法(即不殺生、不偸盜、不淫泆、不妄語、不飮酒、不坐高大床、不着香華、不自樂觀聽、關은閑이니八罪를禁閑홈이라)을設ᄒᆞ며、또僧覺德을梁에遣ᄒᆞ야佛의舍利를求來ᄒᆞ니此後브터陳、隋에往ᄒᆞ야法을求ᄒᆞᆫ者가多ᄒᆞ고王이末年에と髮을削ᄒᆞ고僧衣를被ᄒᆞ고自號曰法雲이라ᄒᆞ고王后도尼가、되야永興寺에住ᄒᆞ니佛教의隆盛이日甚ᄒᆞ고

善德女王은、더욱此를奬勵ᄒᆞ고文武王은人이貨財와田土로、써佛寺에施ᄒᆞᆷ을不禁ᄒᆞ고

統一後에と國王이往々히此를尊信ᄒᆞ야元曉(新羅人이오薛聰의父)와義相(元曉同時人이오北漢山負兒岳下에義相臺가有ᄒᆞ다)과道詵(新羅末人이니距今一千年前)等名僧이有ᄒᆞ얏고

當時에佛教と世外教라ᄒᆞ야有志者と儒道를學ᄒᆞ다가神文王二年、距今一千二百二十三年前에비로소國學을立ᄒᆞ고後에孔子及諸弟子의像을唐國으로求來ᄒᆞ야安置ᄒᆞ고景德、景文二王은大學에來ᄒᆞ야講說을聽ᄒᆞ고、또子弟를唐에遣ᄒᆞ야留學ᄒᆞ니儒教가、또ᄒᆞᆫ盛ᄒᆞ고、오쟉道教と勢力이甚微ᄒᆞ얏ᄂᆞ이다

高句麗歷史大學博士

學術傳日本者多

高句麗의文學은小獸林王이大學을立ᄒᆞ야子弟를敎ᄒᆞ고、또律令이發達ᄒᆞ며歷史ᄂᆞᆫ國初브터文字를用ᄒᆞ야時事를記ᄒᆞ니凡一百卷이라留記라名ᄒᆞ더니嬰陽王十一年、距今一千三百五年前에大學博士李文眞으로、ᄒᆞ야곰新集五卷을刪修ᄒᆞ고、또廣開土王碑文과乙支文德이隋將의게遺ᄒᆞᆫ詩를見ᄒᆞ면當時의文과詩를可知ᄒᆞ겟고(文德詩에曰神策究天文이오妙算窮地理라戰勝功旣高ᄒᆞ니知足願云止라ᄒᆞ니東方詩文이此에서始ᄒᆞ다)

大抵高句麗ᄂᆞᆫ、비록常賤의家라도街衢에大屋을作ᄒᆞ야名曰局堂이라ᄒᆞ고子弟의未婚者를遣ᄒᆞ야讀書ᄒᆞ고射를習ᄒᆞ얏ᄂᆞ이다

百濟ᄂᆞᆫ古爾王時에文督이라、ᄒᆞᄂᆞᆫ官이有ᄒᆞ니此ᄂᆞᆫ文官이라然이나其初ᄂᆞᆫ文字로、써記事치아니ᄒᆞᆫ故로記錄이甚備치、못ᄒᆞ더니近肖古王二十九年以後、距今一千五百二十年前頃에學術이日本에傳ᄒᆞᆫ者가多ᄒᆞ고、또百濟記、百濟新撰、百濟本記等冊을著ᄒᆞ얏스나高句麗와百濟의文學이新羅에比ᄒᆞ면不及ᄒᆞᆫ者ㅣ多ᄒᆞ오이다

新羅ᄂᆞᆫ開國ᄒᆞᆫ後、三百年을經ᄒᆞ야沾解王時、距今一千六百年前에僅

新羅文學

薛聰作吏讀

崔致遠著書

히夫道라ᄒᆞᄂᆞᆫ人이書算에工ᄒᆞ고其後三百年을經ᄒᆞ고眞興王六年、距今一千三百六十年前에至ᄒᆞ야大阿飡金居柒夫等이國史를修ᄒᆞ니此時브터文學이蔚然이興ᄒᆞ야佛敎와共히隆盛ᄒᆞ고其後子弟가唐에往ᄒᆞᆫ後로風敎가復染ᄒᆞ야博覽多藝ᄒᆞᆫ士가多ᄒᆞ얏ᄂᆞ이다

大抵神文王이國學을立ᄒᆞ고景德王이諸博士를置ᄒᆞᆷ은、다一統ᄒᆞᆫ後오神文王時、距今一千二百十年前에ᄂᆞᆫ薛聰이博學으로屬文ᄒᆞ기善ᄒᆞ고方言으로文字를作ᄒᆞ야九經을解ᄒᆞ야後生을訓導ᄒᆞ니其文學의進步를助ᄒᆞ기甚大ᄒᆞ고또官府合牒에用ᄒᆞᄂᆞᆫ文字를作ᄒᆞ야後世에서此를名ᄒᆞ야曰吏讀(音두)라ᄒᆞ니此ᄂᆞᆫ專혀吏胥의用에供코자、ᄒᆞᆷ이오吏讀ᄂᆞᆫ漢字를假ᄒᆞ야本國聲音을寫ᄒᆞᆷ이니官府命令과人民의게告示等에此를揷入ᄒᆞ야用ᄒᆞ고

此外에任强首와崔致遠(新羅憲康王時人이니距今一千餘年前)은、다文學으로當世에聞ᄒᆞ서致遠은唐에留學ᄒᆞ야官이侍御史內供奉이、되미文名이天下에震動ᄒᆞ며唐人이其才學을稱師ᄒᆞ고其著述ᄒᆞᆫ書ᄂᆞᆫ帝王年代曆이有ᄒᆞ고、또

唐書藝文志에 致遠의 四六集 一卷과 桂苑筆畊 二十卷을 載ᄒᆞ니 其著書의 多홈이 곳 上古世에 第一이오이다

讀書身科

元聖王 三年, 距今 一千一百十八年 前에 讀書出身科를 定ᄒᆞ니 春秋左氏傳과 禮記, 文選을 讀ᄒᆞ며 兼히 論語, 孝經에 明ᄒᆞᆫ 者ᄂᆞᆫ 上이 되고 五經, 三史와 諸子等을 通ᄒᆞᆫ 者ᄂᆞᆫ 超擢ᄒᆞ야 大官을 拜ᄒᆞ니 當時 學者의 用力홈이 此等 典籍으로 爲主ᄒᆞ얏ᄂᆞ이다

天文曆法

新羅의 善德女王ᄂᆞᆫ 瞻星臺를 作ᄒᆞ고 百濟ᄂᆞᆫ 曆博士 王保孫과 天文, 曆法等 書를 日本에 送ᄒᆞ고 其後 新羅 末에ᄂᆞᆫ 天文博士(景德王八年, 距今一千一百五十七年前) 司天大博士(惠恭王十五年, 距今一千一百二十七年前)를 置ᄒᆞ얏ᄂᆞ이다

漏刻

新羅 聖德王 十七年, 距今 一千一百八十八年 前에 비로소 漏刻을 置ᄒᆞ고 景德王은 其官員을 增ᄒᆞ며

醫術醫博士

醫術은 新羅의 醫人 金波鎭, 漢紀武(實聖王時人이니 距今一千五百四十年前)와 高句麗의 毛治(寶藏王時人이니 距今一千二百五十年前)가 다 有名ᄒᆞᆫ 人으로 日本에 遣ᄒᆞ고, 또 百濟 聖王은 醫博士와 採藥師와 呪禁師等이 有ᄒᆞ니 此人等은 다 高官이라 當時 其術業을 尙홈을 可知오, 또 高句麗 西川王時에ᄂᆞᆫ 溫泉에 浴ᄒᆞ야 疾病을 療治ᄒᆞᄂᆞᆫ 法이 有ᄒᆞ얏ᄂᆞ이다

新羅歌樂之始

新羅가 統一ᄒᆞᆫ 後, 孝昭王 元年, 距今 一千二百十四年 前에 國內에 巡行ᄒᆞ야 鰥, 寡, 孤, 獨을 存問ᄒᆞ고 民俗이 歡樂홈으로, 써 兜率歌를 製ᄒᆞ니 此ᄂᆞᆫ 歌樂의 始오 其後에 會樂, 辛熱樂, 枝兒樂, 思內樂, 美知樂等이 有ᄒᆞ고 眞興王時, 距今 一千三百五十餘年 前에ᄂᆞᆫ 玉寶高라 ᄒᆞᄂᆞᆫ 人이 地理山 雲上院에 入ᄒᆞ야 琴을 學ᄒᆞ고 新調 三十曲을 製ᄒᆞ며 其弟子가 다 山에 入ᄒᆞ야 不出ᄒᆞ거ᄂᆞᆯ 王이 其道가 不傳ᄒᆞᆯ가 恐ᄒᆞ야 人을 遣ᄒᆞ야 其秘曲을 學ᄒᆞ더니 後에 琴業ᄒᆞᄂᆞᆫ 者ㅣ 製曲이 多ᄒᆞ야 音曲이 二調가 有ᄒᆞ니 一은 平調오 一은 羽調니 共히 一百八十七曲이오

伽倻琴

또 伽倻의 樂師 于勒과 尼文等은 國亂홈을 知ᄒᆞ고 樂器를 携ᄒᆞ고 山에 入ᄒᆞ거ᄂᆞᆯ 眞興王이 法知, 階古, 萬德 三人으로, ᄒᆞ야곰 其樂을 學ᄒᆞ니 三人이 이에 于勒의 十二曲을 傳ᄒᆞ고, 또 節略ᄒᆞ야 五曲이 되니 名曰 加耶琴이오

高句麗百濟樂

高句麗에서ᄂᆞᆫ支那晋國이七絃琴을送來ᄒᆞ얏스나(距今一千六百年前) 彈琴法을不知ᄒᆞ더니國相王山岳(眞興王時人이니距今一千三百五十年前)이其製를改ᄒᆞ고、또百餘曲을製ᄒᆞ야奏ᄒᆞᆯ時에玄鶴이來舞ᄒᆞᄂᆞᆫ지라、다시名曰、玄鶴琴이라ᄒᆞ고其後新羅에出軍ᄒᆞᆯ時에도歌舞ᄒᆞ야樂을興ᄒᆞ나日本에서도高句麗로브터傳ᄒᆞᆫ樂을奏ᄒᆞ고百濟도樂人을日本에遣ᄒᆞ얏고

樂器

樂器ᄂᆞᆫ玄琴、加耶琴、琵琶、大笒、中笒、小笒、拍板、大鼓(羅)五絃琴、箏、篥、簫鼓、銅鈸、鐘(麗)鼓角、箜篌、竽、箎、笛、瑟(濟)等이有ᄒᆞ고高句麗ᄂᆞᆫ蘆를吹ᄒᆞ야曲을和ᄒᆞᄂᆞᆫ者가有ᄒᆞ고

書法

書法은新羅僧金生(元聖王時人이니距今一千百餘年前)이第一이되니隷、行、草가다入神ᄒᆞ고其書ᄒᆞᆫ中、昌林寺碑ᄂᆞᆫ元國趙孟頫가評ᄒᆞ야曰、字畫이다典型이有ᄒᆞ야唐人名刻이라도遠過치못ᄒᆞᆫ다ᄒᆞ고

繪畫

繪畫ᄂᆞᆫ僧率居(眞興王時人이니距今一千三百餘年前)가老松과佛像을畫ᄒᆞ니世人이神畫라稱ᄒᆞ고百濟ᄂᆞᆫ使臣을梁國에遣ᄒᆞ야畫師를請ᄒᆞ고高句麗의僧曇徵等은日本에往ᄒᆞ야畫를敎授ᄒᆞ얏고

建築

城郭을築ᄒᆞ고佛寺를建ᄒᆞᄂᆞᆫ事에ᄂᆞᆫ三國이다用力ᄒᆞ나、오작百濟의辰斯王과蓋鹵王、東城王、武王은宮室과樓閣、臺榭를起ᄒᆞ기極히壯麗ᄒᆞ고新羅의眞德女主의瞻星臺ᄂᆞᆫ石을界ᄒᆞ야成ᄒᆞ미上은方ᄒᆞ고下가圓ᄒᆞ며高가數丈이오景文王(距今一千四十年前)의皇龍寺塔은九層이오高가二十二丈이니其術이、다極히工巧ᄒᆞ고。

陶器

陶器ᄂᆞᆫ太古時에新羅太子天日槍(未詳)이日本에往ᄒᆞᆯ時에陶人이有ᄒᆞ고百濟蓋鹵王時、距今一千四百五十年前에陶匠高貴가、또其法을日本人의게傳授ᄒᆞ얏스나、아직設彩法을不知ᄒᆞ니大抵日本古時墳墓로서掘出ᄒᆞᆫ朝鮮土器가、곳此오

鑄造

鑄造術은三國時에新羅眞興王이丈六佛像을皇龍寺에鑄ᄒᆞ니銅이三萬五千七斤이오鍍金이百二兩이오百濟의聖王、威德王은佛像과鑪工、盤工을日本에送ᄒᆞ니其術이極히發達ᄒᆞ고新羅ᄂᆞᆫ統一後에屢次大鐘을鑄ᄒᆞ니皇龍寺의鐘은長이一丈三寸에厚가九寸이라重은四十九萬七千五百八十一斤이오其他金銅佛像과鼎、鏡과鏤金器의

製作이有ᄒᆞ며

彫刻

新羅智證王은木으로써獅子形을造ᄒᆞ야戰船에載ᄒᆞ고百濟의威德王은佛工과寺工을日本에遣ᄒᆞ니다彫刻이奇妙ᄒᆞ고至於新羅가唐國에遣ᄒᆞᆫ萬佛山은沈檀과珠玉으로彫刻ᄒᆞᄆᆡ無數ᄒᆞᆫ佛像과樓閣臺殿等이有ᄒᆞ고、또紫金鍾閣이有ᄒᆞ니關捩를設ᄒᆞ야鍾을發ᄒᆞᄆᆡ더욱精巧ᄒᆞ고

機織

機織의業은絹帛、靑布、細布、綜布、金總布、綾羅錦紬、魚牙紬、朝霞紬、霞錦이다佳品이오、또新羅眞德女主가太平頌을自製ᄒᆞᄆᆡ錦을織ᄒᆞ야紋을成ᄒᆞ며

惠恭王時、距今一千一百六十年前에ᄂᆞᆫ五彩氍毹의方寸內에歌舞妓樂과列國山川이有ᄒᆞ니此等物은巧麗ᄒᆞ기一時에冠絶ᄒᆞ고

布帛

新羅의布帛은一尋으로써一匹이라、ᄒᆞ고文武王時、距今一千一百六十年前에ᄂᆞᆫ長이七步오廣이二尺을一匹이라、ᄒᆞ며

諸種工藝

또新羅의造船匠과高句麗의革工과百濟의冶工、造瓦工、鞍工等이다其法을日本에傳ᄒᆞ고、또百濟ᄂᆞᆫ漆을善用ᄒᆞ야其製作ᄒᆞᆫ金髹鎧가더욱著名ᄒᆞ며其他錦、綺、毛、麻、漆、鐵、鍮、瓦器、楊、皮等을董率ᄒᆞᄂᆞᆫ各官員이有ᄒᆞ야各事를掌ᄒᆞ고衣服에ᄂᆞᆫ罽繡、錦羅、草羅等에金銀珠玉을飾ᄒᆞ니其時各種工藝가盛ᄒᆞᆷ을可知ᄒᆞ겟ᄂᆞ이다

産業

農業

農業은三國政府가다勸奬ᄒᆞ나新羅ᄂᆞᆫ더욱留心ᄒᆞ야農事에有害ᄒᆞᆫ者ᄂᆞᆫ極히除祛ᄒᆞ며智證王二年、距今一千四百五年前에牛耕法을用ᄒᆞ고

稻田

百濟ᄂᆞᆫ多婁王六年、距今一千八百七十三年前에國南州郡에令ᄒᆞ야稻田을始作ᄒᆞ니此二國은水陸에다種植ᄒᆞᆷ셔

百濟ᄂᆞᆫ恒常水旱의患이有ᄒᆞ니此ᄂᆞᆫ地勢가使然ᄒᆞᆷ이오耕作法도、또ᄒᆞᆫ新羅를不及ᄒᆞ고高句麗ᄂᆞᆫ百濟보다또下가되며

紡績

麻를績ᄒᆞᆫ事ᄂᆞᆫ新羅儒理王十三年、距今一千八百七十年前에六部女子를二에分ᄒᆞ야、王女二人으로、ᄒᆞ야곰部內女子를率ᄒᆞ야績麻ᄒᆞᆫ功을考ᄒᆞ고

蠶桑 蠶桑은新羅와百濟가다勸獎ᄒᆞ야機織의業이稍히進步ᄒᆞ나其旺盛ᄒᆞᆷ은不至ᄒᆞ며

茶 茶ᄂᆞᆫ新羅善德女主時、距今一千二百六十年前에有ᄒᆞ얏고興德王三年、距今一千七十八年前에大廉을唐에遣ᄒᆞ야茶子ᄅᆞᆯ得來ᄒᆞ니王이智異山(慶尙道)에種ᄒᆞ야漸々行世ᄒᆞ고

畜牧 新羅의高貴ᄒᆞᆫ人은牛、馬、猪等을海島山中에畜牧ᄒᆞ야食ᄒᆞᆯ時에ᄂᆞᆫ射殺ᄒᆞ고其他에도牧畜을行ᄒᆞᆫ者가多ᄒᆞ며

田獵 高句麗、百濟의君王은田獵을耽ᄒᆞᆫ者ㅣ多ᄒᆞ니大抵古時브터田獵으로獸類ᄅᆞᆯ捕獲ᄒᆞ야肉을食ᄒᆞ고皮ᄅᆞᆯ衣ᄒᆞᆫ故로餘風이尙存ᄒᆞ나佛敎ᄅᆞᆯ行ᄒᆞᆫ後로ᄂᆞᆫ百濟의法王은殺生을禁ᄒᆞ고民家에養ᄒᆞᄂᆞᆫ鷹鷂ᄭᆞ지放遣ᄒᆞ며또漁獵의具ᄅᆞᆯ禁ᄒᆞ야此業이幾分이나衰ᄒᆞ얏고

商業 商業은新羅基臨王時、距今千六百年前에穀으로ᄡᅥ綿을買ᄒᆞᆫ者가有ᄒᆞ더니太宗王時、距今一千二百三十年前에ᄂᆞᆫ國內가太平ᄒᆞ고年歲가豐登ᄒᆞ야京城에서ᄂᆞᆫ布一疋의直가租三十碩或五十碩이되고泰

封弓裔時에ᄂᆞᆫ饑疫이大行ᄒᆞ야細布一疋에米五升과換ᄒᆞ얏고

貨幣 貨幣ᄂᆞᆫ太古時에辰韓은鐵貨ᄅᆞᆯ作ᄒᆞ야交易ᄒᆞ고中古에至ᄒᆞ기ᄭᆞ지專혀貨幣가無치아니ᄒᆞ나、오작流通이甚廣치아니ᄒᆞ얏고

新羅ᄂᆞᆫ炤智王時、距今一千四百年間에ᄂᆞᆫ市肆ᄅᆞᆯ置ᄒᆞ야四方의貨ᄅᆞᆯ通ᄒᆞ고智證王時、距今一千三百九十年間에ᄂᆞᆫ京都에東市ᄅᆞᆯ開ᄒᆞ고典監을置ᄒᆞ얏스나其賣販者ᄂᆞᆫ大部婦女가多ᄒᆞᆫ지라아직發達을不見ᄒᆞ얏ᄂᆞ이다

風俗

上世의風俗은三國이各々不同ᄒᆞᆫ處가有ᄒᆞ나大抵支那ᄅᆞᆯ倣ᄒᆞᆫ者가多ᄒᆞ니

父子兄弟關係 其俗이子가된者ᄂᆞᆫ父의命을必從ᄒᆞᆯ지라故로高句麗瑠璃王이太子解明의게劍을賜ᄒᆞ야自殺케ᄒᆞᆷ과太武神王의太子好童이王后의讒을被ᄒᆞ야伏劒ᄒᆞᆫ事가有ᄒᆞ얏고

또兄弟、叔姪間에猜忌爭奪ᄒᆞᄂᆞᆫ習이有ᄒᆞ야始祖東明聖王이扶餘ᄅᆞᆯ

爲父母割髀肉

去호時에兄弟의忌嫉호비되얏고太武神王은其從祖와祖父扶餘王帶素를殺호고次大王은其兄太祖王의禪을受호나오히려其子莫勤莫德을殺호고西川王은其弟逸友와勃素를殺호고烽上王은其叔父安國君을殺호고또其弟咄固를殺호니此는다猜忌의所致오
또淵蓋蘇文의子男生男建等兄弟가爭權호다가男建이其兄의子獻忠을殺호니其倫常의乖亂이또호極호얏고
新羅는孝悌를賞호고耆老를問호며鰥寡孤獨을撫恤호서景德王은向德이父母의飢홈을因호야髀肉을割食호故로租三百斛과宅一區를賞호며並히立石호야事를記호고文武王時에는沙飡如冬이嘗에震死홈을見호고人이謂호되其母를毆호罪라호니其事가正理는아니로되政府에서風化에用心홈을可知오
僖康王과神武王은叔姪이爭鬪호얏스나高句麗에至호야는君臣間에君을弑호者ㅣ不少호고節死호者도多호며三國中에新羅가此事ㅣ少호고

奴婢

罪가有호者는奴婢에沒홈은太古브터有호야三國時저지行호되高句麗에는守墓호人民은轉賣호는俗이有호거늘廣開土王이此를禁호고新羅에서도米穀을貸與호얏다가償還치못호者는奴婢로使役호니此를見호면罪人이아니라도奴婢가되얏고大抵奴婢는卑賤호야齊民에齒치못호며또人民이自賣호야奴婢가되는者는더욱羞恥가되는이다

高句麗婚姻

高句麗의婚姻은大抵男女가相悅호後에行호느니其禮가男家는猪酒를送홀뿐이오財聘을不用호고萬一財貨를受호면人이鄙視호야曰此는婢子를賣호다호며
國王은數嬪를並娶호야其初에는甚히差等이無호더니後에正后의次에小后와夫人이有호고또正夫人中夫人小夫人等의別이有호며或은王이民間의女를通호고또兄王의后를立호야王后된者도有호고
百濟도또호其王이臣下의妻를奪호며或은其孕婦를弟의게予호者

도有ᄒᆞ니其禮節이敗壞ᄒᆞ기如此ᄒᆞ며

第一骨不娶第二骨女

新羅ᄂᆞᆫ王族을第一骨이라ᄒᆞ고其次貴族은第二骨이라ᄒᆞ니第一骨은다其同族中에서兄弟의女와姑姨從姊妹ᄭᆞ지聘娶ᄒᆞ고第二骨의女ᄂᆞᆫ不娶ᄒᆞ며或娶ᄒᆞᆯ지라도妾媵에不過ᄒᆞ고大抵媒妁을俟ᄒᆞ야婚娶ᄒᆞᆷ은常例로되或男女가相悅ᄒᆞ야夫婦된者도有ᄒᆞ고

婚禮漸備

統一ᄒᆞᆫ後에ᄂᆞᆫ其禮가漸備ᄒᆞ야神文王이一吉飡金欽運의女를納ᄒᆞᆯ새몬져宰臣을遣ᄒᆞ야聘請ᄒᆞᆫ後또幣帛十五轝와米酒醬具百三十五轝와租百五十車를賜ᄒᆞ고또大臣을遣ᄒᆞ야金氏를册封ᄒᆞᆯ새大臣等이各其其妻와貴婦六十人을率ᄒᆞ야迎來ᄒᆞ니左右侍從이甚盛ᄒᆞ고

王后諱同姓

昭聖王과哀莊王은王后의立ᄒᆞᆷ을他國에頒告ᄒᆞᆯ새同姓됨을諱ᄒᆞ얏고景文王은憲安王의女를納ᄒᆞ야寧花夫人이라ᄒᆞ고其弟ᄂᆞᆫ次后라ᄒᆞ야姊妹를並納ᄒᆞ얏고

祭天及山川神

天과山川神에祭ᄒᆞᆷ은高句麗百濟가다古來브터行ᄒᆞ나高句麗ᄂᆞᆫ最盛ᄒᆞ야天ᄭᅴ郊祭ᄒᆞᆯ時에ᄂᆞᆫ豕를犧牲으로供ᄒᆞ고또國社及箕子神에

도祭ᄒᆞ고三月三日에樂浪丘에會獵ᄒᆞ야天과山川神에祭ᄒᆞ며

百濟의始祖ᄂᆞᆫ親히天地ᄭᅴ祭ᄒᆞ더니自此로每歲四仲朔에王이天과五帝의게祭ᄒᆞ고

新羅不祀天地

新羅ᄂᆞᆫ正月十五日에糯飯으로ᄡᅥ烏의게祭ᄒᆞ니此ᄂᆞᆫ炤智王時에烏가書를銜來ᄒᆞ며王이禍를免ᄒᆞᆫ지라(王后가僧과通ᄒᆞ야王을弑코자ᄒᆞ더니烏가書를見ᄒᆞ고僧을射殺ᄒᆞᆷ이라)故로祭ᄒᆞᆷ이오또鬼神을崇ᄒᆞ야凡山川大處에ᄂᆞᆫ祭ᄒᆞ야大中小祀의別이有ᄒᆞ고宣德王은社稷壇을立ᄒᆞ나然ᄒᆞ나百濟高句麗와갓치天地에祭ᄒᆞᆷ은無ᄒᆞ고

高句麗喪禮

高句麗의喪禮ᄂᆞᆫ死者를屋內에殯ᄒᆞ얏다가三年後에야吉日을擇ᄒᆞ야葬ᄒᆞᆯ새鼓舞樂을作ᄒᆞ고葬이訖ᄒᆞ면死者의服玩과車馬를墓側에置ᄒᆞ야會葬人이다取去ᄒᆞ고또殉死ᄒᆞᄂᆞᆫ風이行ᄒᆞ야東川王이崩ᄒᆞᆯ時에ᄂᆞᆫ墓에至ᄒᆞ야自殺ᄒᆞᆫ者가多ᄒᆞ며

殉死

廣開土王建碑

또國王과國相의墓에ᄂᆞᆫ守墓民家를置ᄒᆞ고墓上에石碑를建ᄒᆞ니此ᄂᆞᆫ初世에無ᄒᆞᆫ者오廣開土王時에비로소上祖와先王을爲ᄒᆞ야宏大

新羅時殉死 / 喪服法 / 新羅始行火葬 / 國王立廟 / 新羅五廟

ᄒᆞᆫ碑ᄅᆞᆯ建ᄒᆞ얏고

新羅ᄂᆞᆫ王이崩ᄒᆞ면男女各五人이殉死ᄒᆞ더니智證王時에禁ᄒᆞ고、또喪服法을制定ᄒᆞ니大抵다素服이오或哭泣、或歌舞도有ᄒᆞ며陵墓에守戶ᄅᆞᆯ置ᄒᆞ고碑ᄅᆞᆯ立ᄒᆞ기高句麗와無異ᄒᆞ고文武王은佛氏의說을從ᄒᆞ야遺詔로火葬ᄒᆞ니距今一千二百二十年前이오孝成王과宣德王은、다柩ᄅᆞᆯ燒ᄒᆞ고骨을東海에散ᄒᆞ니此ᄂᆞᆫ喪制가大變ᄒᆞᆷ이오

百濟ᄂᆞᆫ王者骸骨이라도或地上에露置ᄒᆞ더니蓋鹵王이高句麗의浮屠道琳의說을聞ᄒᆞ고石槨을造ᄒᆞ야父王의骨을葬ᄒᆞ고大抵百濟와新羅에서ᄂᆞᆫ死亡者ᄅᆞᆯ忌ᄒᆞ야父母、兄弟、夫婦라도臨視치、아니ᄒᆞ고他人으로、ᄒᆞ야곰臨葬ᄒᆞ며

三國의王이其父祖ᄅᆞᆯ爲ᄒᆞ야廟ᄅᆞᆯ立ᄒᆞ되高句麗王은往々히卒本에去ᄒᆞ야始祖에祀ᄒᆞ고新羅ᄂᆞᆫ王이即位後、二三年에太祖에祀ᄒᆞ야、곳舊例가되며炤智王은神宮을奈乙(太祖初生地)에置ᄒᆞ야恒常神宮에祀ᄒᆞ고惠恭王은비로소昧鄒王과武烈王과文武王을祀ᄒᆞ니大抵昧鄒王은金氏의始祖오武烈과文武ᄂᆞᆫ百濟와高句麗ᄅᆞᆯ平ᄒᆞᆫ大功德이有ᄒᆞᆫ故로不遷ᄒᆞᄂᆞᆫ位가、되고

衣服制度 / 新羅公服 / 新羅冠 / 新羅從唐制改冠服 / 高句麗衣制

衣服制度ᄂᆞᆫ百濟ᄂᆞᆫ古爾王時、距今一千六百四十年前에官制ᄅᆞᆯ定ᄒᆞ야六品以上은紫服이오十一品以上은緋服이오十六品以上은青服이오王은紫大袖袍와青錦袴와素皮帶、烏革履오庶人은緋、紫衣ᄅᆞᆯ服지、못ᄒᆞ고婦人의衣ᄂᆞᆫ袍와如ᄒᆞ나袖가微大ᄒᆞ고

新羅ᄂᆞᆫ法興王七年、距今一千三百八十六年前에百官의公服을制定ᄒᆞ야太大角干으로、브터大阿飡ᄭᆞ지ᄂᆞᆫ紫衣오阿飡브터級飡ᄭᆞ지ᄂᆞᆫ緋衣오大奈麻、奈麻ᄂᆞᆫ青衣오大舍브터先沮知ᄭᆞ지ᄂᆞᆫ黃衣ᄅᆞᆯ着ᄒᆞ고冠은伊飡、匝飡은錦冠이오其外ᄂᆞᆫ緋冠과組纓이니此ᄂᆞᆫ眞德女主時、距今一千二百五十七年前에唐制ᄅᆞᆯ從ᄒᆞ야冠服을改ᄒᆞ고其後婦人의衣服도改ᄒᆞ얏고

百濟ᄂᆞᆫ王은烏羅冠에金花로飾ᄒᆞ고六品以上은銀花로飾ᄒᆞ며

高句麗ᄂᆞᆫ筒袖에大口袴오白韋帶、黃革履오王은五彩ᄅᆞᆯ服ᄒᆞ고庶人

은褐衣오婦人은裙襦에襈을加ᄒᆞ고

(高句麗冠) 高句麗ᄂᆞᆫ王은白羅冠에金으로飾ᄒᆞ고貴人은紫羅를用ᄒᆞ고其次ᄂᆞᆫ緋羅를用ᄒᆞ고二鳥羽를揷ᄒᆞ고金銀을飾ᄒᆞ며庶人은弁을戴ᄒᆞ고婦人은首에巾幗을加ᄒᆞ며臂에釧을繫ᄒᆞ고

(婦人編髮) 百濟婦人은髮에編ᄒᆞ야首後에盤ᄒᆞ니未嫁에ᄂᆞᆫ一道를垂ᄒᆞ야飾ᄒᆞ고既嫁ᄒᆞᆫ者ᄂᆞᆫ兩道에分ᄒᆞ며新羅ᄂᆞᆫ粉黛를施치아니ᄒᆞ고또ᄒᆞᆫ辮髮로ᄡᅥ頭邊에繞ᄒᆞ고다시雜綵와珠로ᄡᅥ飾ᄒᆞ미其髮이甚히長美ᄒᆞ야四五尺에至ᄒᆞ니

以上은大抵三國時에行ᄒᆞ얏스나眞德女主以來에ᄂᆞᆫ面目을一變ᄒᆞ야眞骨브터平人ᄭᆞ지ᄂᆞᆫ幞巾、表衣、內衣、半臂、袴、腰帶、表裳、內裳이오男女와尊卑의等級을因ᄒᆞ야一樣이아니러니興德王時에異物과珍奇를崇尙ᄒᆞ고土產을嫌忌ᄒᆞ다가尊卑의差別이漸々壞ᄒᆞᄂᆞᆫ지라다시嚴禁ᄒᆞ고

(新羅車騎制度) 新羅人은道路에行ᄒᆞᆯ時에男子ᄂᆞᆫ車와馬를乘ᄒᆞ되婦人은專혀馬를

乘ᄒᆞ고眞骨브터平人ᄭᆞ지車材、褥子、坐子、前後幰、絡網(以上은車에用ᄒᆞᆫ者)과鞍橋、坐子、障泥、銜、鐙(以上은馬에用ᄒᆞᆫ者)等에男女尊卑의別을定ᄒᆞ고

(食物) 食物은大抵穀類니碓、杵、碾、磑로ᄡᅥ精鑿케ᄒᆞ고牛、馬、雞、猪、魚等을用ᄒᆞ며高句麗ᄂᆞᆫ善釀이多ᄒᆞ고百濟ᄂᆞᆫ釀酒工仁番을日本에遣ᄒᆞᆫ時도有ᄒᆞ고또蜂蜜과牛乳를用ᄒᆞ며

(新羅屋舍制度) 新羅ᄂᆞᆫ屋舍의制度가有ᄒᆞ야眞骨은室의長廣이二十四尺이오六品은二十一尺이오五品은十八尺이오四品브터百姓ᄭᆞ지ᄂᆞᆫ十五尺에毋過ᄒᆞ고唐瓦를覆ᄒᆞ며飛檐을施치못ᄒᆞ고金、銀、鍮石、白鑞等과並히五采를飾지못ᄒᆞ고階石을不磨ᄒᆞ며簾緣에錦罽繡綾을禁ᄒᆞ고其他垣墻門廐等ᄭᆞ지其大小精粗가다尊卑貴賤의秩序를從ᄒᆞ야犯치못ᄒᆞ니此ᄂᆞᆫ다統一ᄒᆞᆫ後事오

(雜技) 此時代에行ᄒᆞᄂᆞᆫ雜技ᄂᆞᆫ卜筮、觀相(濟)、圍碁、投壺(濟麗)、蹴鞠(麗羅)、樗蒲、握槊、弄珠(濟)等이有ᄒᆞ고其中卜筮、圍碁等이尤盛ᄒᆞ얏ᄂᆞ이다

物產略表

種類＼地名	動物類	植物類	礦物類	工藝類
京畿	牛皮、牛骨、	人參、	銀、鐵、	絲、茵、席、
忠淸	牛皮、牛骨、	人參、綿、	鐵、砂金、銀、	苧、吐紬、紙、
全羅	牛皮、牛骨、馬皮、鹿皮、蜂蜜、干鮑、	天草、甘海苔、米、麥、人參、	鐵、錫、砂金、銀、	木綿、苧、扇子、團扇、簾、磁器、紙
慶尙	牛皮、牛骨、豹皮、馬皮、鹿皮、蜂蜜、鱶鰭、	米、麥、甘海苔、天草、人參、綿	砂金、鐵、銅、水晶、	絲、紬、木綿、麻布、蓆、扇子、團扇、磁器
江原	牛皮、牛骨、虎豹皮、熊膽、獐麝香、蜂蜜	人參、綿、	砂金、鐵、硫黃、鉛、	
咸鏡	熊膽、豹皮、猫麝香、大口魚、明太、牛皮、牛骨、	昆布、人參、	砂金、銀、鐵、鉛、銅、	
平安	蜂蜜、麝香、牛皮、牛骨、羚羊、	人參、	銀、綠礬、	紬、絲、麻
黃海	牛皮、牛骨、蜂蜜、	人參、綿、	鐵、	絲、

歷代一覽

新羅

王號	姓氏	名字	父及行	母	在位年數	年齡	后妃
赫居世居西干	朴		蘇伐公養子		六十	七十三	閼英夫人
南解次次雄			赫居世嫡子	閼英夫人	二十		雲帝夫人
儒理尼師今			南解太子	雲帝夫人	三十三		日知葛文王女

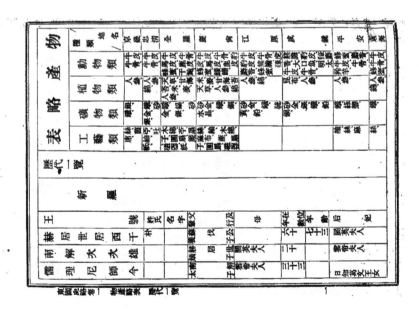

東國史略卷一　物產略表　歷代一覽

脫解尼師今 一云吐解	昔		多婆那國王	女國王女	二十三	八十五	南解長女阿孝夫人
婆娑尼師今	朴		儒理二子	史省夫人金氏 許婁葛文王女	三十三		史省夫人金氏
祇摩尼師今 一云祇味			婆娑嫡子	史省夫人金氏	二十三		愛禮夫人金氏 葛文王摩帝女
逸聖尼師今			儒理長子		二十		朴氏 支所禮王女
阿達羅尼師今			逸聖長子	朴氏	三十		內禮夫人朴氏 祇摩王女
伐休尼師今 一云發暉	昔		脫解子仇鄒	只珍內禮夫人金氏	十二		
奈解尼師今			伐休二子伊買	內禮夫人	三十四		昔氏 助賁王妹
助賁尼師今 一云諸賁			伐休太子骨正子	玉帽夫人金氏 仇道葛文王女	十七		阿爾兮夫人昔氏 奈解王女
沾解尼師今			助賁同母弟 骨正子	同上	十五		
味鄒尼師今 一云味照	金		仇道 金閼智五世孫	朴氏 葛文王伊柒女	二十二		光明夫人昔氏 助賁女
儒禮尼師今	昔		助賁長子	朴氏 葛文王奈音女	十四		
基臨尼師今 一云基立			助賁子乞淑		十二		
訖解尼師今			奈解孫 于老子	命元夫人 助賁女	四十六		
奈勿尼師今 一云那密	金		末仇 味鄒弟	休禮夫人金氏	四十六		保反夫人金氏 味鄒女
實聖尼師今			知大西 金閼智裔孫	伊利夫人昔氏 阿干昔登保女	十五		味鄒女 金氏

訥祇麻立干			奈勿	保反夫人金氏 味鄒女	四十一		實聖女 金氏
慈悲麻立干			訥祇長子	金氏 實聖女	二十一		舒弗邯未斯欣女 金氏
炤智麻立干 一云毗處			慈悲長子	金氏 舒弗邯未斯欣女	二十二		伊伐湌乃宿女 善兮夫人
智證王	金	年號 [illegible]	習寶 奈勿曾孫	鳥生夫人金氏 訥祇女	十四	七十九	伊湌登欣女 延帝夫人朴氏
法興王		建元	智證長子 原宗	延帝夫人朴氏	二十六		保刀夫人朴氏
眞興王		開國 大昌 鴻濟	立宗 法興弟	法興王女 夫人金氏	三十六	四十三	思道夫人朴氏
眞智王			眞興次子 舍輪 一云金輪	思道夫人	三		知道夫人
眞平王		建福	眞興太子銅輪子 白淨	萬呼夫人金氏 立宗葛文王女	五十三		摩耶夫人金氏 葛文王福勝女
善德女主		仁平	眞平長女 德曼	摩耶夫人金氏	十五		
眞德女主		太和	眞平母弟國飯 勝曼	月明夫人朴氏	七		
太宗武烈王		永徽	眞智孫 龍春子 春秋	眞平王女 天明夫人金氏	七	五十九	文明王后金氏 角湌舒玄女
文武王		法敏	太宗元子	文明王后金氏	二十一		慈儀王后 波珍湌善品女

神文王		政明 字日炤	文武王太子	慈儀王后	十一		金氏 一吉飡欽運女
孝昭王		理洪	神文王元子	神穆王后金氏	十	十六	
聖德王		隆基 後改興光	神文王次子	同上	三十五		金氏 蘇判元泰女
孝成王		承慶	聖德王二子	炤德王后	五		朴氏
景德王		憲英	聖德王三子	同上	二十四		伊飡順貞女
惠恭王		乾運	景德王嫡子	滿月夫人金氏 舒弗邯義忠女	十五	二十二	新寶王后 伊飡維誠女
宣德王		良相	開聖大王孝芳 (奈勿九世孫)	貞懿太后金氏 聖德王女	五		具足夫人 角干良品女
元聖王		敬信	明德大王孝讓 (奈勿十一世孫)	昭文太后朴氏	十四		金氏 角干神述女
昭聖王 一云昭成		俊邕	惠忠大王仁謙 (元聖王太子)	聖穆王后金氏 稱申氏	一		桂花夫人金氏 稱叔氏 大阿飡叔明女
哀莊王		重熙 初名淸明	昭聖王	桂花夫人金氏	九	二十二	朴氏
憲德王		彦昇	仁謙	聖穆王后金氏	十七		貴勝夫人 角干禮英女
興德王		景徽 初名秀宗	仁謙	同上	十		章和夫人金氏 昭聖王女

僖康王	金	悌隆 一云悌顒	翼成大王憲貞 (元聖王孫)	順成太后朴氏	二		文穆夫人 葛文王忠恭女
閔哀王		明	宣康大王忠恭 (元王王孫)	宣懿太后朴氏	一		允容王后
神武王		祐徵	成德大王均貞 (元聖王孫)	憲穆太后朴氏	七月		
文聖王		慶膺	神武王太子	貞繼夫人	十八		朴氏
憲安王		誼靖 一云祐靖	均貞	昭明夫人 宣康王女	四		
景文王	金	膺廉 一作凝廉	懿恭大王啓明 (僖康王子)	光懿王太后朴氏	十四		文懿王妃金氏 憲安王女
憲康王	金	晸	景文王太子	文懿王后金氏	十一		懿明夫人
定康王		晃	景文王二子		一		
眞聖女主		曼	景文王		十		
孝恭王		嶢	憲康王庶子	義明王太后金氏	十五		伊飡文謙女
神德王	朴	景暉	宣聖大王乂兼 (阿達羅遠孫)	貞和王后	五		義成王后金氏 憲康王女
景明王		昇英	神德王太子	義成王后金氏	七		

景哀王		魏膺	神德王	同上	三		
敬順王 一云孝哀	金	傅	神興大王孝宗〔文聖王裔孫〕	桂娥太后	九		
高句麗							
東明聖王	高	朱蒙 一云鄒牟	扶餘王金蛙	柳花	十八	四十	卒本扶餘王女
瑠璃明王		類利 或云孺留	東明王元子	禮氏 扶餘人	三十六		松氏 多勿侯松讓女
大武神王 或云大解朱留王		無恤	瑠璃王三子	松氏	二十六	四十一	
閔中王		解邑朱	瑠璃王		四		
慕本王		解憂 一云解愛婁	太武神王元子		五		扶餘人
太祖王 或云國祖王		宮 又於漱	再思〔瑠璃王子〕	扶餘人	九十三	百十九	
次大王		遂成	再思	同上	十九	九十五	
新大王		伯固 一作伯句	再思		十四	九十一	

故國川王 或云國襄		男武 或云伊夷謨	新大王二子		十八		于氏 提那部素女
山上王		延優 一云位宮	新大王		三十		前后于氏
東川王 或云東襄		憂位居 初名郊彘	山上王太子	小后 酒桶村女	二十一		
中川王 或云中壤		然弗	東川王太子		二十三		椽氏
西川王 或云西壤		藥盧	中川王二子		二十二		于氏 西部大使者漱女
烽上王 一云雉葛		相夫 或云歃矢婁	西川王太子		八		
美川王		乙弗 或云憂弗	咄固〔烽上王弟〕		三十一		
故國原王 一云國岡上王		釗 初名斯由	美川王太子	周氏	四十		
小獸林王 一云小解朱留王		丘夫	故國原王		十三		
故國壤王		伊連 或云於只支	故國原王		八		
廣開土王		談德	故國壤王元子		二十二		

長壽王		巨連	廣開土王元子		七十八	九十八	
文咨明王 一云明治好王		羅雲	助多(長壽王子)子		二十八		
安藏王		興安	文咨明王長子		十二		
安原王		寶延	文咨明王		十四		
陽原王 或云陽崗上好王		平成	安原王長子		十四		
平原王 或云平崗上好王		陽成	陽原王長子		三十一		
嬰陽王 一云平陽		元 一云大元	平原王長子		二十八		
榮留王		建武 一云成	平原王		二十四		
寶藏王		臧	大陽(榮留王弟)		二十七		
百濟							
溫祚王	扶餘		朱蒙二子	卒本扶餘王女	四十四		
多婁王			溫祚王元子		四十九		
已婁王			多婁王元子		五十一		
蓋婁王			已婁王子		三十八		

肖古王 一云素古			蓋婁王子		四十八		
仇首王 或云貴須			肖古王元子		二十		
古爾王			蓋婁王次子		五十二		
責稽王			古爾王子		十二		夫人寶菓帶方王女
汾西王			責稽王長子		六		
比流王			仇首王二子		四十		
契王			汾西王長子		二		
近肖古王			比流王二子		二十九		
近仇首王 一云須			近肖古王太子		九		
枕流王			近仇首王元子	阿亦夫人	一		
辰斯王			近仇首王仲子		七		
阿莘王 或作阿芳			枕流王元子		十三		
腆支王 或云直支		映	阿莘王元子		十五		八須夫人
久爾辛王			腆支王長子	八須夫人	七		

毗有王			久爾辛長子		二十八		
蓋鹵王 或云近蓋婁		慶司後改餘慶	毗有王長子		二十		
文周王 或作汶洲			毗有王次子		二		
三斤王 或云壬乞			文周王長子		二	十五	
東城王		牟大一云末多或作摩牟	昆支二子（昆有王子）		二十二		新羅伊伐飡比智女
武寧王		斯摩或云餘隆	蓋鹵王		二十二		
聖王		明穠	武寧王		三十一		
威德王		昌	聖王元子		四十四		
惠王		季明	威德王二子		一		
法王		宣或云孝順	惠王長子		一		
武王		璋	法王		四十一		
義慈王		義慈	武王元子		二十		

歷代王都表

建都年代	都名	今名	年數
○朝鮮箕子	平壤又王儉	平安道平壤府	九百餘
○朝鮮衛滿	同		八十七
○高句麗東明王元	卒本扶餘	平安道成川府	三十九
瑠璃王廿二	國內尉那巖	義州	二百六
山上王十三	丸都又安寸忽	寧遠郡劍山	三十八
東川王廿一	平壤		九十一
故國原王十二	丸都		一
同 十三	平壤東黃城	平壤木覓山	八十四
長壽王十五	平壤		百五十九
平原王廿八	長安		八十三
同	平壤		
			合計七百五
○百濟溫祚王元	河南慰禮	忠淸道稷山郡	十三
同 十四	漢山	廣州	三百七十五

近肖古王 廿六	北漢山	楊州	百四
文周王 元	熊津	公州	六十三
聖王 十六	泗泚又南扶餘	扶餘郡	百二十三
			計合六百七十八
○新羅朴赫居世 元	辰韓	慶尙道慶州	九百九十二

中等教科 **東國史略自序**

曩予僅譯乎學部歷史之編輯爲數部毋苦體制不立使閱者臨卷迷茫悔愧孰甚今日本人林泰輔史學家也尤致力於我國著有鮮朝史七册自三國以至本朝皆確有証據又各分門別類令人一讀瞭然實不可以外人歧視之也玆又譯之嗚呼居其國而不能其史至令他人代庖而不自羞是固何哉或曰日人多才有此精緊豈其然歟此不知者之言也向者羅麗濟時豈不曰日人野狉而我固文明者耶迺自衣服車馬宮室以至文章制度各般技藝莫不師我則我式至于今誇耀我者行莫非我出耶且以近世言之壬辰之變干戈滿地八路盡陷國勢危如一髮尙有沙也可其人以部下三千歸義於我奔走疆埸八載宜勞爲我盡臣（沙也可日本將軍壬辰亂卽以部下來降曰處在東夷久慕韓國文化今秀吉妄動干戈必歸非之願以部下爲聖人氓賜姓名曰金忠善到處討賊大獲勝捷有文集三卷行于世皆慷慨悲憤有古烈丈夫氣李适亂以老將亦率兵勳王年八十卒其後裔蕃衍今居大邱者尤多）當其時也豈不知我疲弊衰微而然歟實慕我文物典章勝於彼故也然則我固可曰文明勝而未備者惟戰具耳奈之何今則幷我文物而亦盡輸於人無復舊日面目乃令人謂我狉野[illegible]

不及前時日本、而日本之文明則大勝於我之舊日、嗟乎嗟乎是誠何哉、且夫日本則馳名天下、世人比之於英德等國、乃我則不免爲波蘭爲埃及爲印度、同居一洲同生一世、一則龍驤虎賁睥睨寰宇、一則龜縮雌伏羞見他人其得其失其榮其辱固何如哉、乃猶忮心尙存頑陋成習頓不自悟久而益迷、政治敗腐人民魚肉、紀綱頹弛國脉已喪、時事不可復言、乃惟學問一途或可爲桑榆之望而尙拘墟膠固動多忌諱、不但各國治亂興衰之蹟無以窺見而乃至本國之史乘亦令不敢出以示人、輒曰史者國亡然後方可下筆有非其國人所敢言者、嗚呼若果然則日本二千五百年來、一姓傳至神器不移、如以我規之、其國史竟無出世之日、非秪此已也、近年各國未來史迭出並擧（向年有日俄戰爭未來記又有日美戰爭未來記各國人又推測本邦及他各國事情編成未來記）莫不刱聘其智逞其秘爲能事、照人肺腑傾人陰邪、懲前毖後以保其國家、至於我韓國事蹟、無論東洋之人知其梗槪、乃歐巴各史家莫不載諸藍本（西人以藍皮記事比如東洋竹帛）以示國人、雖我極諱極微之事莫不指的宣露小不藏匿皆以拾短取長爲事、乃我則自蔽其目自錮其心、幷其自國史而亦

不知乃向他人而徵我譜系、恥孰甚焉辱亦何如、昔建文帝子瞥齡被幽、五十年後赦出、鬚髮盡白而牛馬不辨、問其由、曰天日不見何況其他、至今五百載聞者皆悲（明燕王棣擧兵廢建文自立爲帝是爲永樂幽建文之子時年三歲其後閱三帝五十年而見釋）試敢問我諸君子、其與此帝子之不辨牛馬有異同耶、世界五洲知其名者幾輩、五洲尙不知奚知其有邦國及强弱之殊勢、且無論外國之如何、乃祖國之現今成何地位、亦不一番推想、人民塗炭而不念矯捄、國權已墜而不念恢復、惟對人則尙以三四千年前陳腐古譚、作爲正論確義、又不知古聖之遺訓深意、輒曰不在其位不謀其政、燕雀處堂棟梁盡焚、魚鱉泣釜刀俎已設、嗟呼々々將何面目處此世界、向人作何語耶、自作孽誰復憐之、環顧國內滔々皆是、綳蘇難作（綳蘇丹、普國（今德國）宰相、距今百一年前、普國爲法皇拿破崙所敗割半國予之、又法兵來戍者十萬、糇糧資具皆人皆支給、國幾亡矣、綳蘇丹乃任賢使能、修軍政、興學校、其後國民皆有敢愾之心、距今三十七年前庚午大破法國擒拿破崙第三帝、入其都城得償金二十億）魯連已死、誰有其志我安適歸、且所恨者人孰無子、黃髮未燥呱々在抱者、來日便作何狀、我輩元是無良雖曰應有今日、可忍令童稚無知驅入於黑暗網羅之中做人奴隷可乎、仰天一歎涕淚自橫而不能已也、玆告我國內諸

公之爲人又見者曰、自今請將通鑑史略等古書束之高閣、使我兒童子一讀我韓史然後、又讀萬國史以廣見聞而習情形、尤致力於兵刑農工等實踐事業、無息無荒、盡心做去則安知不幾年而我又不能復我舊日文化、儼然作獨立國面目耶、然後呼壟老年家、高臥北窓、聽其子孫如何、如又曰必待世革而後史作云爾、則所不敢答而試問此時因何時

丙午五月十三日玄采自序于篩洞精舍

東國史略卷二目錄

中古史

高麗太祖創業及成宗政治

李資謙及妙淸變

崔氏專權

辛氏의 兇逆及繼位

北元及明의 關係

倭寇

高麗滅亡

制度

敎法

文學技藝

東國史略卷二

漢水 玄采 譯述

中古史

高麗太祖創業及成宗의政治

高麗太祖王建이弓裔의將이되야諸州를征伐ᄒᆞ고威德이日盛ᄒᆞ니人心이自然服從ᄒᆞ고裔ᄂᆞᆫ無道ᄒᆞ기日甚ᄒᆞᆫ지라이에新羅景明王元年距今九百八十九年前([illegible])에建의騎將洪儒裵玄慶申崇謙卜智謙等이建의私邸에詣ᄒᆞ야推戴ᄒᆞ고자ᄒᆞ거ᄂᆞᆯ建이不從ᄒᆞᆫᄃᆡ夫人柳氏가急히甲으로써建의身에被ᄒᆞ고諸將이擁出ᄒᆞ야王位에即ᄒᆞ고國號를高麗라ᄒᆞ고建元曰天授라ᄒᆞ고諸臣의功을論賞ᄒᆞ고明年에松岳(開城府北)에定都ᄒᆞ야宮闕을創ᄒᆞ고三省六官九寺를置ᄒᆞ고市廛을立ᄒᆞ고坊里를辨ᄒᆞ고五部로分ᄒᆞ고六衛를置ᄒᆞ고祖考를追諡ᄒᆞ니建國의基礎가略定ᄒᆞ얏ᄂᆞ니라

王建卽位 建元天授 國號曰高麗 定都於松岳

東國史略卷二　中古史　高麗太祖創業及成宗政治　一

甄萱降

時에弓裔ᄂᆞᆫ死ᄒᆞ고新羅도、더욱微弱ᄒᆞ야드ᄃᆡ여來降ᄒᆞ니此ᄂᆞᆫ太祖가即位ᄒᆞᆫ지十八年이오距今九百七十二年이라先是에後百濟甄萱이新羅京都에入ᄒᆞ야羅王을弑ᄒᆞ거ᄂᆞᆯ王이聞ᄒᆞ고萱을擊ᄒᆞ다가大敗ᄒᆞ더니其後屢戰ᄒᆞ야運州(今忠淸道洪州)에셔庾黔弼이萱을敗ᄒᆞ니自此로熊津以北諸城이歸附ᄒᆞ고萱도、또ᄒᆞᆫ來奔ᄒᆞ거ᄂᆞᆯ王이親히萱의子神劒이囚父ᄒᆞᆫ罪ᄅᆞᆯ討ᄒᆞ야此ᄅᆞᆯ平定ᄒᆞ니、이에海內에、다시王命을抗ᄒᆞᆯ者ㅣ無ᄒᆞ얏ᄂᆞ이다、

平後百濟

政誡及百僚誡

訓要

王이、이에臣子의게節義ᄅᆞᆯ勵ᄒᆞᆯ서政誡一卷과百僚誡八篇을製ᄒᆞ야中外에頒示ᄒᆞ고、또州와府의號ᄅᆞᆯ改ᄒᆞ고功臣閣을建ᄒᆞ야三韓功臣을東西壁에畵ᄒᆞ고、또大匡朴述熙의게訓要十篇을授ᄒᆞᆯ서書中에言ᄒᆞ되國을有ᄒᆞᆷ이佛力이라、ᄒᆞ야佛事ᄅᆞᆯ言ᄒᆞ기尤多ᄒᆞ니故로後世諸王의崇佛이곳此에셔啓ᄒᆞᆷ이오王의氣度가雄深寬厚ᄒᆞ야濟世ᄒᆞᆯᄂᆞᆫ局量이有ᄒᆞ니五百年基業을開ᄒᆞᆷ이偶然ᄒᆞᆫ事가아니오이다

子惠宗은大匡王規가誣告ᄒᆞ되王의二弟堯와昭가謀逆ᄒᆞᆫ다、ᄒᆞ거ᄂᆞᆯ王이其弟의寃枉을知ᄒᆞ고待遇ᄒᆞ기益篤ᄒᆞ며規가、또王을弑코자ᄒᆞ거ᄂᆞᆯ王이潛히移居ᄒᆞ야禍ᄅᆞᆯ免ᄒᆞ얏스나自此로疑忌心이多ᄒᆞ야中外가憂懼ᄒᆞ고

定宗은早히內亂을定ᄒᆞ야宗社가搖動치、아니ᄒᆞ고光宗은建元曰光德이라、ᄒᆞ고初政이可觀ᄒᆞᆯ者ㅣ有ᄒᆞ나科擧法을立ᄒᆞ야後生의競進ᄒᆞᄂᆞᆫ風氣ᄅᆞᆯ開ᄒᆞ고奢侈가漸行ᄒᆞ며其末年에ᄂᆞᆫ讒言을信ᄒᆞ야勳臣과宿將을誅鋤ᄒᆞ니

惠宗以後四世僅保成業

故로景宗이即位時에ᄂᆞᆫ舊臣의存者가僅히四十餘人이라、이에讒書ᄅᆞᆯ焚ᄒᆞ야無辜ᄅᆞᆯ放ᄒᆞ고淹滯ᄅᆞᆯ拔ᄒᆞ고租、調ᄅᆞᆯ減ᄒᆞ니中外가大悅ᄒᆞ나然ᄒᆞ나晩年에ᄂᆞᆫ耽樂으로爲事ᄒᆞ고莊士ᄅᆞᆯ遠ᄒᆞ고小人을近ᄒᆞ니政敎가、또ᄒᆞᆫ衰ᄒᆞᆫ지라大抵惠宗以後로至此凡四世에百事가草創ᄒᆞ고君王이、또往々히失德ᄒᆞ야僅히成業을保守ᄒᆞᆯ뿐이오이다

成宗政治

成宗은即位後에官制ᄅᆞᆯ定ᄒᆞ고言路ᄅᆞᆯ開ᄒᆞ며十二牧을置ᄒᆞ고三省六曹、七寺ᄅᆞᆯ定ᄒᆞ고孝子ᄅᆞᆯ旌ᄒᆞ고賢才ᄅᆞᆯ問ᄒᆞ고守令을勸ᄒᆞ며州縣

에ᄂᆞᆫ學舍ᄅᆞᆯ營ᄒᆞ고田莊을給ᄒᆞ야文學을奬勵ᄒᆞ고宗廟와社稷을立ᄒᆞ고十道ᄅᆞᆯ定ᄒᆞ고十二軍을置ᄒᆞ야百般의法度政治가蔚然히可觀ᄒᆞᆫ者ㅣ有ᄒᆞ니太祖의業이至是에完備ᄒᆞ얏고

崔承老上疏 徐熙斥割地論

또崔承老ᄂᆞᆫ上疏가數千言에祖宗의美惡과時君의得失을論ᄒᆞ기抗直剴切ᄒᆞ고徐熙ᄂᆞᆫ契丹이入寇時에割地ᄒᆞᄂᆞᆫ言을論斥ᄒᆞ고虜營에使ᄒᆞ야抗禮爭辯ᄒᆞ니다當時의賢人이오成宗의治ᄅᆞᆯ輔翼ᄒᆞ얏ᄂᆞ이다

康兆의亂及契丹關係

母后攝政

成宗이崩ᄒᆞ고穆宗이即位ᄒᆞ미母千秋太后가攝政ᄒᆞᆯ시后ㅣ其外族金致陽과通ᄒᆞ야閤門通事舍人을拜ᄒᆞ야國政을秉케ᄒᆞ고后ᄂᆞᆫ中間에用事ᄒᆞ야親黨이幷히執權ᄒᆞ니時에王은嗣子가無ᄒᆞ고太祖의諸孫은다亡ᄒᆞ며오직大良君詢이有ᄒᆞ거ᄂᆞᆯ后가此ᄅᆞᆯ忌ᄒᆞ야出家케ᄒᆞ고致陽의게私生子ᄅᆞᆯ立고자ᄒᆞ더니王의有疾ᄒᆞᆷ을見ᄒᆞ고其謀가益急ᄒᆞᄂᆞᆫ지라王이蔡忠順等을召ᄒᆞ야皇甫兪義로ᄒᆞ야곰詢을迎ᄒᆞ고

康兆徵

西北面都巡檢使康兆ᄅᆞᆯ徵召ᄒᆞ야入衛케ᄒᆞ니時에中外가洶々ᄒᆞ야王이已崩ᄒᆞ얏다ᄒᆞ거ᄂᆞᆯ兆가擧兵ᄒᆞ야國難을靖코자ᄒᆞᆯ시甲卒五千을率ᄒᆞ고平州(黃海道平山郡)에至ᄒᆞ얏다가王의未崩ᄒᆞᆷ을聞ᄒᆞ고大驚ᄒᆞ더라然이나其勢가中止키難ᄒᆞ야드ᄃᆡ여王을廢ᄒᆞ고大良君을迎入코자ᄒᆞᆯ시時에皇甫兪義가이믜大良君을奉至ᄒᆞ야即位ᄒᆞ니此ᄂᆞᆫ顯宗이라兆ㅣ곳穆宗을廢ᄒᆞ고致陽父子ᄅᆞᆯ斬ᄒᆞ고太后及其黨을流ᄒᆞ더니맛참ᄂᆡ穆宗을弑ᄒᆞ니臣民이痛忿ᄒᆞ나然ᄒᆞ나顯宗은此ᄅᆞᆯ不知ᄒᆞ고兆로써吏部尙書叅知政事ᄅᆞᆯ拜ᄒᆞ고오작燃燈八關會(八關은佛家八戒)에汲々ᄒᆞ더니契丹의聖宗이此事ᄅᆞᆯ聞ᄒᆞ고興兵來寇ᄒᆞ야問罪ᄒᆞ얏ᄂᆞ이다

康兆弑穆宗

契丹遣橐駝

契丹은太祖時에使臣을遣ᄒᆞ야結好ᄒᆞᆯ시橐駝五十疋을送ᄒᆞ거ᄂᆞᆯ太祖가謂ᄒᆞ되契丹이渤海ᄅᆞᆯ無故히滅ᄒᆞᆷ이無道ᄒᆞ다ᄒᆞ야其使ᄅᆞᆯ海島에流ᄒᆞ고橐駝ᄂᆞᆫ萬夫橋下에繫ᄒᆞ야餓死ᄒᆞ니自此로釁隙이開ᄒᆞ더니

契丹蕭遜寧來寇

成宗十二年距今九百十四年前에契丹東京(滿洲盛京省遼陽州瀋陽)留守蕭遜寧이來寇ᄒᆞ니此ᄂᆞᆫ高麗가其疆界ᄅᆞᆯ侵蝕ᄒᆞᆫ다ᄒᆞᆷ이라王이朴良柔徐熙崔亮等을遣ᄒᆞ야防禦ᄒᆞ고王이또親히西京(平安道平壤)에幸ᄒᆞ야將且安北府(平安道安州)에進次코자ᄒᆞᆯ셰時에遜寧의兵勢가盛ᄒᆞ야高麗의先鋒을獲ᄒᆞᄂᆞᆫ지라

西京以北欲割予契丹

朝廷이西京以北을割予코자ᄒᆞ거ᄂᆞᆯ熙가極諫ᄒᆞ고契丹營에至ᄒᆞ야遜寧과抗禮不屈ᄒᆞ고맛참ᄂᆡ和議ᄅᆞᆯ定ᄒᆞ고罷兵ᄒᆞ니當時에萬一熙가無ᄒᆞ면西京以北이高麗의有ᄒᆞᆫ비아니오이다

契丹問康兆罪

穆宗이康兆의게被弑ᄒᆞᆫ後顯宗元年距今八百九十七年前에契丹主聖宗이步騎四十萬을率ᄒᆞ고號曰義軍天兵이라康兆의罪ᄅᆞᆯ問ᄒᆞᆫ다稱ᄒᆞ고鴨綠江을渡ᄒᆞ야興化鎭(平安道義州鵬縣)을圍ᄒᆞ거ᄂᆞᆯ顯宗이康兆와安紹光을命ᄒᆞ야防禦ᄒᆞ라ᄒᆞ니康兆가通州(平安道宣川)에出兵ᄒᆞ다가丹兵의게被殺ᄒᆞ고丹兵이西京을進攻ᄒᆞ거ᄂᆞᆯ王이中郞將智蔡文을遣ᄒᆞ야救援ᄒᆞ라ᄒᆞ니

顯宗南奔

蔡文이至ᄒᆞ야降者ᄅᆞᆯ誅ᄒᆞ고門을閉ᄒᆞ고固守ᄒᆞ다가奔還ᄒᆞ야西京의敗報ᄅᆞᆯ奏ᄒᆞᄂᆞᆫ지라姜邯贊이王을勸ᄒᆞ야南幸ᄒᆞ니時에丹兵이西京을攻ᄒᆞ다가拔치못ᄒᆞ고他道로京城에進入ᄒᆞ야宮廟ᄅᆞᆯ燒ᄒᆞ고民屋을다蕩盡ᄒᆞᄂᆞᆫ지라王이河拱辰을丹營에遣ᄒᆞ야請和ᄒᆞ고드듸여羅州로奔ᄒᆞ니契丹主ㅣ其難追ᄒᆞᆷ을聞ᄒᆞ고또楊規等의게屢敗ᄒᆞᆫ지라이에鴨綠江을渡ᄒᆞ야回去ᄒᆞ고

契丹又入寇

王도또ᄒᆞᆫ還都ᄒᆞ야使臣을契丹에送ᄒᆞ야班師ᄒᆞᆫ厚意ᄅᆞᆯ謝ᄒᆞ니契丹이王의親朝ᄅᆞᆯ求ᄒᆞ거ᄂᆞᆯ王이不從ᄒᆞᆫᄃᆡ契丹이興化通州龍州(平安道龍川)鐵州(平安道鐵山)等六城을索ᄒᆞ고또通州等을攻ᄒᆞᄂᆞᆫ지라이에郭元을宋에遣ᄒᆞ야乞援ᄒᆞ더니後에契丹의蕭遜寧이또入寇ᄒᆞ거ᄂᆞᆯ姜邯贊과姜民瞻이出禦ᄒᆞ야興化鎭에셔其兵을大破ᄒᆞ고또龜州에셔其回軍을奮擊ᄒᆞ야駝馬甲仗을獲ᄒᆞ기無算이오契丹의回軍이僅히數千이되니

遣使請和

契丹과交戰ᄒᆞᆫ以來로如此히勝捷은無ᄒᆞ얏스나맛참ᄂᆡ對敵지못ᄒᆞᆷ을知ᄒᆞ고使臣을遣ᄒᆞ야請和ᄒᆞ얏ᄂᆞ이다

北境置關防

德宗時에ᄂᆞᆫ契丹에內亂이有ᄒᆞ거ᄂᆞᆯ和親을絕ᄒᆞ고北境에關防을置ᄒᆞᆯ서鴨綠江의入海處브터靜邊(咸鏡道高原)和州(咸鏡道永興)에至ᄒᆞ니延袤가千餘里오其制가石으로ᄡᅥ城ᄒᆞ니高厚가各二十五尺이라靖宗初에契丹이其築城ᄒᆞᆷ을責ᄒᆞ다가맛ᄎᆞᆷ내聘好가如舊ᄒᆞ얏ᄂᆞ이다

文宗留心政治

文宗은此ᄅᆞᆯ繼ᄒᆞ야政治에留心ᄒᆞ고節儉을崇ᄒᆞ며刑獄을審ᄒᆞ고崔齊顔、崔冲으로더브러時政得失을論ᄒᆞ고軍務ᄅᆞᆯ籌畫ᄒᆞ고官吏의勤慢을按驗ᄒᆞ고百姓의疾苦ᄅᆞᆯ問ᄒᆞ야國이富ᄒᆞ고時가太平ᄒᆞ며

與宋絕五十年

時에支那宋仁宗趙禎이當國ᄒᆞ미英賢이輩出ᄒᆞᄂᆞᆫ지라王이慕仰ᄒᆞ나然ᄒᆞ나顯宗時에契丹과和好ᄒᆞᆫ後브터宋과絕ᄒᆞᆫ지五十年이오及

契丹改國號爲遼

其契丹이國號ᄅᆞᆯ改ᄒᆞ야遼라稱ᄒᆞᆫ後에高麗가이에遼、宋間에다和好ᄒᆞ고其後에宋이女眞으로더브러遼ᄅᆞᆯ攻滅ᄒᆞ니女眞이더욱隆盛ᄒᆞ야北方에서稱雄ᄒᆞ얏ᄂᆞ이라

女眞의役

東女眞西女眞

女眞은高麗東北에在ᄒᆞ니今咸鏡道東北境及滿洲의吉林、黑龍二省地오、곳靺鞨의遺種이니其黑龍江東에居ᄒᆞᆫ者ᄂᆞᆫ東女眞이오其西에居ᄒᆞᆫ者ᄂᆞᆫ西女眞이라ᄒᆞ며成宗時距今九百二十年間以來로或方物을獻ᄒᆞ며或邊境을侵擾ᄒᆞ다가文宗時에ᄂᆞᆫ其部族이內附ᄒᆞᄂᆞᆫ者ㅣ多ᄒᆞ고

盈歌烏雅束

肅宗時、距今八百十年頃에ᄂᆞᆫ東女眞의酋長盈歌와烏雅束이相繼ᄒᆞ야最强ᄒᆞ나高麗ᄂᆞᆫ其祖宗의所出이라ᄒᆞ야臣屬ᄒᆞ기甚謹ᄒᆞ더니偶然히其內亂으로騎兵을發ᄒᆞ야定州(咸鏡道德源)關外에至ᄒᆞ거ᄂᆞᆯ邊吏가謀叛ᄒᆞᆫ다稱ᄒᆞ고朝廷에報ᄒᆞ니、이에林幹等으로、ᄒᆞ야곰伐ᄒᆞ다가大敗ᄒᆞ거ᄂᆞᆯ、또尹瓘을命ᄒᆞ야伐ᄒᆞ다가、또敗ᄒᆞᆫ지라王이忿怒ᄒᆞ야誓書ᄅᆞᆯ作ᄒᆞ고擧兵코자ᄒᆞ다가崩ᄒᆞ고

尹瓘延寵討女眞

睿宗이立ᄒᆞ야政治ᄅᆞᆯ勵ᄒᆞ고考課ᄅᆞᆯ行ᄒᆞ고直言을求ᄒᆞ며、또先王의遺志ᄅᆞᆯ紹ᄒᆞ야即位ᄒᆞᆫ지翌年、距今八百年前에尹瓘으로、ᄡᅥ元帥ᄅᆞᆯ拜ᄒᆞ고吳延寵으로ᄡᅥ副元帥ᄅᆞᆯ拜ᄒᆞ야兵十七萬을率ᄒᆞ고討伐大破ᄒᆞ니斬首ᄒᆞ기五千級이라、이에地界ᄅᆞᆯ畫定ᄒᆞ야英州(吉州)福州(端川)雄州(吉州內)吉州、咸州(咸興)、와밋公嶮鎭(會寧이니俱在咸鏡道內)에城ᄒᆞ고碑ᄅᆞᆯ公嶮에立ᄒᆞ고、또宜州

北界九城 / 九城還女眞 / 女眞阿骨打立改國號曰金 / 睿宗優武修文

德源及通泰와平戎에城ᄒᆞ고號曰北界九城이라南界民을徙ᄒᆞ야다高句麗舊地를復ᄒᆞ얏ᄂᆞ이다

女眞이其巢穴을失ᄒᆞ고報復고자ᄒᆞ야連年히來爭ᄒᆞ거ᄂᆞᆯ尹瓘、吳延寵이크게攻破ᄒᆞ고高麗兵도喪失이頗多ᄒᆞ며또九城이遙遠ᄒᆞ야屢次起兵ᄒᆞ미中外가騷然ᄒᆞ고女眞도또ᄒᆞᆫ兵事를厭苦ᄒᆞ야和親을請ᄒᆞ거ᄂᆞᆯ이에戰具와資粮을內地에輸入ᄒᆞ고其城을撤ᄒᆞ고九城으로써女眞의게還ᄒᆞ얏더니

其後女眞은烏雅束의弟阿骨打가立ᄒᆞ니沈勇ᄒᆞ고또兵事를曉ᄒᆞ야國勢가日强ᄒᆞ다가睿宗十年距今七百九十二年에國號를改ᄒᆞ야曰金이라ᄒᆞ고皇帝를稱ᄒᆞ나然ᄒᆞ나其志가遠大ᄒᆞ야高麗에求和ᄒᆞ거ᄂᆞᆯ高麗ㅣ金遼兩國에다修好ᄒᆞ야釁隙이不生ᄒᆞ고

王이初에ᄂᆞᆫ境域을開拓코자ᄒᆞ다가漸々用兵키難홈을知ᄒᆞ고武備를偃ᄒᆞ고文事를修ᄒᆞ며孤老를恤養ᄒᆞ고學校를建興ᄒᆞ고儒臣과六藝를講論ᄒᆞ야淸平의治를成ᄒᆞ니時에宋徽宗趙佶이王의게大晟樂

宋與金共滅遼 / 睿宗不從宋請 / 李資謙立仁宗

을送ᄒᆞ거ᄂᆞᆯ王이李資諒을遣ᄒᆞ야謝禮ᄒᆞ얏더니徽宗佶이金의主地가高麗와接홈으로써資諒을諭ᄒᆞ야招引ᄒᆞ라ᄒᆞᄂᆞᆫ지라資諒이金의强狡홈을言ᄒᆞ고還ᄒᆞ얏더니

會에또宋國醫師가高麗에來ᄒᆞ거ᄂᆞᆯ王이또金의可交치못홈을言ᄒᆞ나然ᄒᆞ나徽宗佶이不聽ᄒᆞ고海路로從ᄒᆞ야金과約ᄒᆞ야遼를攻滅ᄒᆞ다가後에ᄂᆞᆫ徽宗佶과欽宗桓이金의게被擄ᄒᆞ고金의國勢가日盛ᄒᆞᄂᆞᆫ지라宋이高麗를勸ᄒᆞ야興兵ᄒᆞ야金을伐ᄒᆞ라ᄒᆞ고또楊應誠을遣ᄒᆞ야徽欽二帝를迎코자ᄒᆞ거ᄂᆞᆯ高麗ㅣ다不從ᄒᆞ얏ᄂᆞ이다

李資謙及妙淸의變

睿宗이崩ᄒᆞᆫ後太子楷가年幼ᄒᆞᆫ지라王의諸弟가覬覦ᄒᆞ거ᄂᆞᆯ李資謙이太子를奉立ᄒᆞ니此ᄂᆞᆫ仁宗이오資謙은仁宗의外祖라睿宗末年距今七百八十餘年頃브터肆橫ᄒᆞ더니至是ᄒᆞ야中書令이되야더옥用事ᄒᆞᆯ서附己치아니ᄒᆞᄂᆞᆫ者ᄂᆞᆫ流竄ᄒᆞ야權勢가一國에震動ᄒᆞ고또其女를王끠納ᄒᆞ야族屬이다要職에居ᄒᆞ니一時의名臣도或傾心

諂附ᄒᆞ야其第에就ᄒᆞ야執事ᄒᆞᄂᆞᆫ者도有ᄒᆞ며資謙이또軍國事ᄅᆞᆯ知코자ᄒᆞ야王ᄭᅴ請ᄒᆞ되其第에幸ᄒᆞ야授冊ᄒᆞ라ᄒᆞ거ᄂᆞᆯ王이頗히憎厭ᄒᆞ더니

金粲等謀除資謙

會에內侍祗候金粲과錄事安甫鱗等이王의意ᄅᆞᆯ知ᄒᆞ고同知樞密院事智祿延과謀ᄒᆞ야資謙을除코자ᄒᆞᆯ셰時에拓俊京이資謙의게附ᄒᆞ야門下侍郞平章事가되고其弟俊臣이더옥用事ᄒᆞᄂᆞᆫ지라이에兵士ᄅᆞᆯ率ᄒᆞ고宮에入ᄒᆞ야俊臣을殺ᄒᆞ니

資謙과俊京等이大懼ᄒᆞ야宰樞와百僚ᄅᆞᆯ其第에會ᄒᆞ고俊京은軍卒을召集ᄒᆞ야宮門을破ᄒᆞ고火ᄅᆞᆯ縱ᄒᆞ니須臾에內寢에及ᄒᆞᄂᆞᆫ지라王이近臣十餘人을率ᄒᆞ고山呼亭에至ᄒᆞ야ᄂᆞᆫ被害ᄒᆞᆯ가恐ᄒᆞ야資謙의게禪位코자ᄒᆞᆫ되平章事李壽ㅣ大言으로折責ᄒᆞ야事止ᄒᆞ얏ᄂᆞ이단

資謙遷王于己第

資謙이이에王을已第에遷ᄒᆞ니左右가다其黨이라王은飮食과動靜을自由치못ᄒᆞ야鬱々無聊ᄒᆞ며資謙이또毒藥을進ᄒᆞ니王后가詐히地에蹶ᄒᆞ야其藥을覆ᄒᆞ야禍ᄅᆞᆯ免ᄒᆞ더니旣而오俊京이資謙과有隙ᄒᆞ거ᄂᆞᆯ王이內醫崔思全으로ᄒᆞ야곰俊京의게密諭ᄒᆞ야王室에効力ᄒᆞ라ᄒᆞ얏더니

資謙流于靈光

旣而오資謙이擧兵ᄒᆞ야犯闕ᄒᆞ거ᄂᆞᆯ俊京이王을奉出ᄒᆞ야資謙의黨을擊ᄒᆞ고資謙을靈光郡에流ᄒᆞ고其子孫과黨與ᄅᆞᆯ遠地에流配ᄒᆞ더니旣而오俊京이또ᄒᆞᆫ功을恃ᄒᆞ고漸々跋扈ᄒᆞ거ᄂᆞᆯ因ᄒᆞ야前罪ᄅᆞᆯ責ᄒᆞ야巖墮島(靈光郡)에流ᄒᆞ니이에李氏의亂이全히鎭靜ᄒᆞ나然ᄒᆞ나王이또妙清과白壽翰等의陰陽禍福說에惑ᄒᆞ야다시西京의變을致ᄒᆞ얏ᄂᆞ이다

流俊京

陰陽禍福說

陰陽禍福의說은新羅僧道詵이其端을開ᄒᆞ야肅宗이南京(卽漢陽)을建ᄒᆞ고睿宗이龍堰의新宮을創ᄒᆞ얏스나其害가오히려小ᄒᆞ더니妙清에至ᄒᆞ야ᄂᆞᆫ其禍가尤甚ᄒᆞ니

妙清白壽翰惑衆

妙清은西京僧이라日者白壽翰이妙清을師事ᄒᆞ야二人이陰陽秘術로ᄡᅥ衆을惑ᄒᆞ고鄭知常이또ᄒᆞᆫ其說을信ᄒᆞ더니妙清等이上言ᄒᆞ야日西京의林原驛은陰陽家의大華勢라此에建都ᄒᆞ면天下ᄅᆞᆯ幷呑ᄒᆞ

大華宮

야金國도來降ᄒᆞᆫ다ᄒᆞ거ᄂᆞᆯ
이에大華宮을林原에營ᄒᆞ고王이屢次西京에幸ᄒᆞ니妙淸、白壽翰等
이大餠中에熟油를盛ᄒᆞ야大同江에沈ᄒᆞ니油가漸出ᄒᆞ야水面에浮
ᄒᆞ미五色雲과如ᄒᆞᆫ지라、이에神龍이涎을吐ᄒᆞ얏다ᄒᆞ고百官의表賀
를請ᄒᆞ거ᄂᆞᆯ王이此를驗視ᄒᆞ야其詐를知ᄒᆞ나、오히려妙淸을信ᄒᆞᆷ이
不衰ᄒᆞ야任元凱와林完等이誅ᄒᆞ기를請ᄒᆞ되不許ᄒᆞ고

妙淸反據西京

妙淸이、또王의西幸을請ᄒᆞ야謀逆고자ᄒᆞ거ᄂᆞᆯ王이不聽ᄒᆞ더니十三
年、距今七百七十二年前에妙淸等이柳旵、趙匡等과西京을據ᄒᆞ야叛
ᄒᆞᆯ새留守의員僚及兵馬使를囚ᄒᆞ고兵으로써岊嶺黃海道鳳山의道를斷ᄒᆞ
고諸城兵을徵發ᄒᆞ고國號를天爲라ᄒᆞ고元을建ᄒᆞ거ᄂᆞᆯ

金富軾征西京

朝廷이이에平章事金富軾等을命ᄒᆞ야征伐ᄒᆞ라ᄒᆞ니富軾이發軍時
에近臣金安、鄭知常、白壽翰等을斬ᄒᆞ고成州平安道成川、漣州平安道价川를經ᄒᆞ야
安北府에抵ᄒᆞ고僚椽을西京에遣ᄒᆞ야曉諭ᄒᆞ니趙匡이이에妙淸과
柳旵을斬ᄒᆞ야尹瞻等으로、ᄒᆞ야곰朝廷에獻ᄒᆞ거ᄂᆞᆯ朝廷이도로혀瞻

西京平

等을下獄ᄒᆞ니匡이聞ᄒᆞ고、다시叛ᄒᆞᆫ지라富軾이力을盡ᄒᆞ야攻ᄒᆞᆫ
지彌年에破ᄒᆞ야匡等을殺ᄒᆞ니西京이始平ᄒᆞ얏ᄂᆞ이다
王의性이慈愛ᄒᆞ나優柔不斷ᄒᆞ야前에ᄂᆞᆫ李資謙의亂이有ᄒᆞ고後에
ᄂᆞᆫ妙淸의禍를招ᄒᆞ얏스되、오작學을好ᄒᆞ고師를禮ᄒᆞ며節儉을崇ᄒᆞ
고宴遊를節ᄒᆞ며官寺를減ᄒᆞ고宋、金兩國의交誼를不失ᄒᆞᆫ故로邊境
이久히無事ᄒᆞ얏ᄂᆞ이다

陰陽禍福說尙不湮滅

陰陽禍福의說을因ᄒᆞ야西京의變을經ᄒᆞ얏스나其說이、맛참ᄂᆡ湮滅
치아니ᄒᆞ야毅宗、高宗、恭愍王、恭讓王에至ᄒᆞ기ᄭᆞ지往々히術士를信
用ᄒᆞ니此ᄂᆞᆫ其人心에浸染ᄒᆞᆫ緣故오이다

鄭李의兇逆

仁宗末年、距今七百六十餘年頃에任后가次子를愛ᄒᆞ야太子를易코
자ᄒᆞ거ᄂᆞᆯ侍讀鄭襲明이盡心調護ᄒᆞ야太子晛이被廢치아니ᄒᆞ고位
를繼ᄒᆞ니此ᄂᆞᆫ毅宗이라時에襲明이承宣으로仁宗의顧托을受ᄒᆞ言
繼히匡救ᄒᆞ니王이初에ᄂᆞᆫ襲明을憚ᄒᆞ야放肆치못ᄒᆞ더니後에讒야

鄭襲明仰藥死
宦官拜朝官自此始
鄭仲夫作亂

을信ᄒᆞ야其職을罷ᄒᆞ니龔㫜이仰藥ᄒᆞ야死ᄒᆞᄂᆞᆫ지라
王이自此로荒淫을縱ᄒᆞ야臺省諫官의言을不聽ᄒᆞ고宦官鄭諴으로
權知閤門祗候를任ᄒᆞ야搢紳을鉗制ᄒᆞ니宦官의朝官됨이此에셔始
ᄒᆞ얏고
王이、또大內東에離宮을建ᄒᆞ야池臺와亭榭를構ᄒᆞ고名花怪石을聚
ᄒᆞ야侈麗ᄒᆞ기極ᄒᆞ고嬖幸諸臣과詩賦을唱和ᄒᆞ야日夜로酣歌流連
ᄒᆞ고、또道敎와佛敎를崇奉ᄒᆞ야齋醮와遊幸의費가甚多ᄒᆞᆫ지라佞幸
이人民을剝割ᄒᆞ야此를供給ᄒᆞ되廷臣이諫ᄒᆞᄂᆞᆫ者ㅣ無ᄒᆞ고群臣이
每物을見ᄒᆞ면祥瑞라稱ᄒᆞ고正朝에ᄂᆞᆫ王이親히臣僚의賀表를代作
ᄒᆞ고
林宗植、韓賴의徒가、또文藻詞華로써諂佞ᄒᆞ야人을傲視ᄒᆞ고武士를
凌虐ᄒᆞᆷ시王이幸行時에飮食을不予ᄒᆞ야往々히凍死者가有ᄒᆞ더니
毅宗二十四年、距今七百三十七年前에大將軍鄭仲夫等이不軌를懷
ᄒᆞ야王이普賢院에幸行時를當ᄒᆞ야散員李義方、李高等으로、더브러

者戴殺皆文冠
金甫當起兵
李義旼弑毅宗
庚癸亂

作亂ᄒᆞᆷ시、몬져林宗植과李復基韓賴等을殺ᄒᆞ고凡文冠을戴ᄒᆞᆫ者ᄂᆞᆫ
老幼를無論ᄒᆞ고、다殺ᄒᆞ니屍積ᄒᆞ기山과如ᄒᆞ거ᄂᆞᆯ王이懼ᄒᆞ야仲夫
를召ᄒᆞ야亂을戢ᄒᆞ라ᄒᆞᆫ티仲夫ㅣ不答ᄒᆞ고王으로、ᄡᅥ宮에還ᄒᆞ얏다
가、다시巨濟(慶尙道)에放ᄒᆞ고
王의弟晧를迎立ᄒᆞ니此ᄂᆞᆫ明宗이라金國에遣使ᄒᆞ야前王이疾로ᄡᅥ
讓位ᄒᆞᆷ을報ᄒᆞᆫ티金世宗이其簒立ᄒᆞᆷ을疑ᄒᆞ야詢問使를遣來ᄒᆞ야詰
問ᄒᆞ더라時에東北面兵馬使金甫當이起兵ᄒᆞ야仲夫와義方을討ᄒᆞ
야前王을復位코다、ᄒᆞ고張純錫、柳寅俊은南路兵馬使라巨濟에至ᄒᆞ
야前王을奉ᄒᆞ야慶州에出居ᄒᆞ더니安北都護府에서甫當이被執ᄒᆞ
야鞫殺ᄒᆞᆷ시甫當이臨死에曰文臣이、다其謀에與ᄒᆞ얏다、ᄒᆞ거ᄂᆞᆯ이에
크게朝臣을殺ᄒᆞ니前日에冤禍ᄒᆞᆫ者ㅣ至是ᄒᆞ야皆死ᄒᆞ고
또將軍李義旼은仲夫의命을受ᄒᆞ고慶州에如ᄒᆞ야王의脊骨을拉弑
ᄒᆞ야坤元寺北淵中에投ᄒᆞ니大抵仲夫의亂이庚寅에作ᄒᆞ고甫當의
兵은癸巳에起ᄒᆞᆫ故로此를謂ᄒᆞ되庚癸亂이오文臣의厄이此와如ᄒᆞᆫ

者ㅣ末有ᄒᆞ고其後三京、四都護、八牧으로브터郡縣舘驛ᄭᆞ지幷히武人을用ᄒᆞ니大抵毅宗이奢侈를喜ᄒᆞ야美術의發達이此時로써第一이라稱ᄒᆞ나然ᄒᆞ나其末路의悲慘ᄒᆞᆫ禍가如此ᄒᆞ얏ᄂᆞ이다

趙位寵起兵

其後ᄯᅩ西京留守趙位寵이起兵ᄒᆞ야仲夫와義方을討코자ᄒᆞᆯ시東北西界에傳檄ᄒᆞ니岊嶺以北四十餘城이다應ᄒᆞ거ᄂᆞᆯ平章事尹鱗瞻으로써三軍을率ᄒᆞ고西京을往攻ᄒᆞ니鱗瞻이岊嶺에至ᄒᆞ야敗還ᄒᆞ고西兵이京都를向ᄒᆞᄂᆞᆫ지라義方이怒ᄒᆞ야進兵擊破ᄒᆞ고乘時ᄒᆞ야大同江에至ᄒᆞ다가도로혀西兵의게敗ᄒᆞ고다시鱗瞻으로ᄒᆞ야곰西京을攻圍ᄒᆞᆫ지彌年에位寵이食盡ᄒᆞ야金에遣使ᄒᆞ야岊嶺北四十餘城으로內屬ᄒᆞ다稱ᄒᆞ고幷히救援을請ᄒᆞ니金主가不許ᄒᆞ고使臣을執送ᄒᆞ거ᄂᆞᆯ鱗瞻等이드듸여西京을攻破ᄒᆞ야位寵을斬ᄒᆞ얏ᄂᆞ이다

尹鱗瞻斬位寵

先是에義方은鄭仲夫子筠의게被殺ᄒᆞ고仲夫ᄂᆞᆫ門下侍中이되야더욱跋扈ᄒᆞ고家僮과門客이다勢力을依ᄒᆞ야恣橫ᄒᆞ고筠과宋有仁等이表裏로用事ᄒᆞ야凶惡無道ᄒᆞᆫ지라將軍慶大升이討코자ᄒᆞ나力弱

ᄒᆞ야發치못ᄒᆞ더니會에筠이公主를尙코자ᄒᆞ니王이憂ᄒᆞᄂᆞᆫ지라大升이夜에入宮ᄒᆞ야筠을直廬에서斬ᄒᆞ고ᄯᅩ仲夫와有仁等을捕殺ᄒᆞ얏ᄂᆞ이다

武臣同修國史

然이나王은柔弱ᄒᆞ야燕安을喜ᄒᆞ고遊戲를事ᄒᆞ야政事에留意치아니ᄒᆞ고奔競이成風ᄒᆞ야賄賂가公行ᄒᆞ며宦官이威福을擅弄ᄒᆞ야朝廷을濁亂ᄒᆞ기毅宗時보다尤甚ᄒᆞ고ᄯᅩ武臣의意를從ᄒᆞ야上將軍崔世輔로ᄡᅥ國史를同修케ᄒᆞ야弑逆ᄒᆞᆫ罪를掩ᄒᆞ고ᄯᅩ李義旼이作亂ᄒᆞᆯ가恐ᄒᆞ야重權을故予ᄒᆞ니義旼이더욱貪虐ᄒᆞ고其諸子도ᄯᅩ橫暴ᄒᆞᄂᆞᆫ지라이에將軍崔忠獻이義旼을殺ᄒᆞ야三族을滅ᄒᆞ고其奴隸와黨附者를盡誅ᄒᆞ니自此로崔氏의威權이日盛ᄒᆞ고王室은益衰ᄒᆞ얏ᄂᆞ이다

崔忠獻殺義旼

崔氏의專權

崔忠獻幽明宗

崔忠獻이李義旼을誅ᄒᆞᆫ後에杜景升等을流ᄒᆞ며明宗을昌樂宮에幽ᄒᆞ고其弟旼을迎立ᄒᆞ니此ᄂᆞᆫ神宗이오距今七百九年前이라忠獻의

弟忠粹가또훈橫恣ㅎ야其女로써太子의게配코자ㅎ거놀忠獻이勸止ㅎ다가드듸여治兵相攻ㅎ야忠粹를殺ㅎ고忠獻이三重大匡守太尉上柱國이되고

忠獻이이믜怨家가多ㅎ미變이有홀가恐ㅎ야文武士와밋軍卒中의勇力者로ㅎ야곰家에直宿ㅎ니號曰都房이오出入時에合番擁衛ㅎ기戰陣에赴홈과如ㅎ며政柄을專執ㅎ야賄賂를招納ㅎ고官爵을鬻賣ㅎ니一時의名流李儀李奎報李公老崔滋等이다靡然히從ㅎ고

都房

神宗이崩ㅎ고子熙宗이立ㅎ야는忠獻으로써守太師門下侍郞同中書門下平章事를拜ㅎ니其擁立훈功을賞홈이오臣禮로待치아니ㅎ고號曰恩門相國이라ㅎ고晋康侯를封ㅎ니忠獻이冊使及諸臣을其第에宴홀ᄉᆡ帷幕花果聲伎의盛홈이三韓以來人臣家에未有ㅎ깃고王이忠獻을因ㅎ야立ㅎ미其制禦를受ㅎ야虛位를擁홀ᄲᅮᆫ이라外面은禮遇가甚重ㅎ나其實은堪耐치못ㅎ거놀內侍王濬明等이王을爲ㅎ야僧兵으로써忠獻을殺코자ㅎ다가事가敗ㅎ니忠獻이王을廢ㅎ야江華(京畿道)에廢黜ㅎ고太子는仁川(京畿道)에放ㅎ고明宗의子貞을迎立ㅎ니此는康宗이오未幾에康宗이崩ㅎ거놀忠獻이高宗을迎立ㅎ얏느이다

崔忠獻立四王廢二王

時에忠獻이專國훈지久ㅎ미荒淫不道ㅎ야國事를不恤ㅎ고契丹兵이至ㅎ나侮玩ㅎ야設備치아니ㅎ는지라故로賊勢가益盛ㅎ고忠獻이初에軍伍出身으로國權을執ㅎ야朝紳을磔戮ㅎ고生靈을毒痛ㅎ기鄭仲夫李義方보다甚훈지라곳擁立훈王이四人이오廢王ㅎ기二次라然이나康兆와仲夫와如케弑君은無ㅎ고

忠獻이死훈後에其子瑀가繼位ㅎ야忠獻의占奪훈公私田土를各其其主의게還ㅎ고寒士를拔擢ㅎ야人望을收ㅎ며드듸여叅知政事兵部尙書가되야또政房을私第에置ㅎ고文士를選ㅎ야此에屬ㅎ니號曰必闍赤(蒙古官名이니高麗에서도用홈이라)이오

蒙古來寇

先是에高麗ㅣ蒙古와結好ㅎ더니其後蒙古ㅣ大擧來寇ㅎ거놀瑀ㅣ王을江華에徙遷ㅎ니時에昇平훈지久훈지라人情이本土를樂ㅎ야

遷徙키로不喜ᄒᆞ나瑀를畏ᄒᆞ야言者가無ᄒᆞ거ᄂᆞᆯ獨히夜別抄指諭金世冲이瑀를責ᄒᆞᆫ디瑀ㅣ世冲을斬ᄒᆞ고時에國家ㅣ多難ᄒᆞ거ᄂᆞᆯ瑀ᄂᆞᆫ오자燕樂을恣ᄒᆞ야王과宰樞를宴ᄒᆞᆯ시器皿饌饍과絃歌鼓吹가極盛ᄒᆞ고

瑀의子沆이此를繼ᄒᆞ야樞密院副使가되얏다가다시門下侍中에進ᄒᆞ야또ᄒᆞᆫ生殺을專ᄒᆞᆯ시私憾이有ᄒᆞᆫ者ᄂᆞᆫ亂黨이라誣告ᄒᆞ며蒙古가遣使ᄒᆞ야王을京都에迎還ᄒᆞ라ᄒᆞ나沆이不聽ᄒᆞ니人이沆의誤國ᄒᆞᆷ을憂ᄒᆞ더니蒙古가果然來寇ᄒᆞ야州郡이거의屠滅ᄒᆞ고

誅崔竩

沆이臨死에其子竩를宣仁烈과柳能의게屬ᄒᆞ야家業을承케ᄒᆞ니竩가年少暗劣ᄒᆞ야賢士를禮遇치아니ᄒᆞ고庸隷와輕躁ᄒᆞᆫ徒를親信ᄒᆞ며또大司成柳璥과別將金仁俊等과相惡ᄒᆞ더니璥과仁俊이都領郞將林衍等과謀ᄒᆞ야竩를誅ᄒᆞ고政을王ᄭᅴ還ᄒᆞ니大抵王이在位ᄒᆞᆫ지久ᄒᆞ나權臣의制禦ᄒᆞᆫ빅되야自由치못ᄒᆞ다가至是ᄒᆞ야群臣을宴ᄒᆞᆯ시極히懽喜ᄒᆞ얏ᄂᆞ이다

與蒙古修好

任用金仁俊

先是에崔氏가專權ᄒᆞ야王이還都치못케ᄒᆞ고또講和치아니ᄒᆞᆫ故로蒙古兵이屢次來寇ᄒᆞ다가竩가誅ᄒᆞᆫ後에야비로소修好ᄒᆞ고王이崩ᄒᆞ미太子倎이蒙古로브터還ᄒᆞ야即位ᄒᆞ니此ᄂᆞᆫ元宗이오이다

이에崔氏의四世盤踞ᄒᆞ든禍가息ᄒᆞ고金仁俊은有功ᄒᆞ야侍中을拜ᄒᆞ고海陽侯를封ᄒᆞ니自此로其家臣과諸子가聚歛을事ᄒᆞ고怙勢橫恣ᄒᆞ더니時에林衍이仁俊과有隙ᄒᆞ고또王이仁俊을惡ᄒᆞ야衍으로ᄒᆞ야곰仁俊을殺ᄒᆞ고其諸子와黨與를다斬ᄒᆞ얏ᄂᆞ이다

殺金仁俊

林衍廢立

林衍이仁俊을誅ᄒᆞ고勢力이朝野에傾ᄒᆞ나오히려宦官金鏡崔瑶等이其害己ᄒᆞᆯ가懼ᄒᆞ야斬ᄒᆞ고侍中李藏用을逼迫ᄒᆞ야强히王의弟安慶公淐를立ᄒᆞ고王을逼ᄒᆞ야別宮에遷ᄒᆞ니時에太子諶이蒙古로브터還ᄒᆞ다가聞變ᄒᆞ고다시蒙古로還ᄒᆞ니蒙古ㅣ黑的을遣ᄒᆞ야廢立ᄒᆞᆫ事를責ᄒᆞ거ᄂᆞᆯ衍이懼ᄒᆞ야所答을不知ᄒᆞ더니既而오王이蒙古에如ᄒᆞ니衍이其廢立事를泄ᄒᆞᆯ가恐ᄒᆞ야其子惟幹으로ᄒᆞ야곰從ᄒᆞ나然이나蒙古가다其實을知ᄒᆞᄂᆞᆫ지라衍이憂悶ᄒᆞ야背에疽發ᄒᆞ야死ᄒᆞ고

三別抄

및王이還國ᄒᆞ시몬져上將軍鄭子璵ᄅᆞᆯ遣ᄒᆞ야國人의게喩ᄒᆞ야舊京에都ᄒᆞ라ᄒᆞ니衍의子惟茂ㅣ不聽ᄒᆞᄂᆞᆫ지라洪文系等이三別抄(左右別抄及神義軍)로더브러惟茂ᄅᆞᆯ斬ᄒᆞ니國人이大悅ᄒᆞ고舊京에復都ᄒᆞ니三別抄ᄂᆞᆫ元來城內에巡行ᄒᆞ야亂暴ᄅᆞᆯ禁ᄒᆞᄂᆞᆫ者라然이나崔瑀時브터權臣의爪牙가되야金俊이崔竩ᄅᆞᆯ誅ᄒᆞᆯ時와林衍이金俊을誅ᄒᆞᆷ과洪文系가林惟茂ᄅᆞᆯ誅ᄒᆞᆯ時에다其力을賴ᄒᆞ더니

至是ᄒᆞ야將軍裵仲孫、盧永禧等이、ᄯᅩ三別抄ᄅᆞᆯ率ᄒᆞ고江都(江華)ᄅᆞᆯ據ᄒᆞ야叛ᄒᆞ거ᄂᆞᆯ樞密院副使金方慶이往討ᄒᆞ니賊이珍島(全羅道)에逃入ᄒᆞ야形勢가甚盛ᄒᆞᄂᆞᆫ지라方慶이다시蒙古元帥忻都等으로、더브러倂力ᄒᆞ야賊을大破ᄒᆞ니賊將金通精이餘黨을率ᄒᆞ고耽羅에竄入ᄒᆞ야險阻ᄅᆞᆯ恃ᄒᆞ고、더욱猖獗ᄒᆞ야屢次濱海地ᄅᆞᆯ寇ᄒᆞ거ᄂᆞᆯ方慶이、맛참ᄂᆡ討平ᄒᆞ니、이에崔忠獻이擅權ᄒᆞᆫ以來凡八十年間에國王은、ᄒᆞᆫ갓虛位ᄅᆞᆯ擁ᄒᆞ다가、이에비로소王權이復古ᄒᆞ얏ᄂᆞ이다

大抵鄭、李의兇逆과崔氏及金、林二氏의橫恣ᄒᆞᆷ이、다武臣跋扈의所致오ᄂᆞᆯ에此禍ᄅᆞᆯ除ᄒᆞᆷ이、ᄯᅩᄒᆞᆫ蒙古의力이라、이에內憂가僅弭ᄒᆞ나外患이益熾ᄒᆞ야王室이其權을不保ᄒᆞ고、맛참ᄂᆡ蒙古의專制ᄅᆞᆯ受ᄒᆞ얏ᄂᆞ이다

蒙古의入寇及日本의役

成吉思汗卽帝位　金山金始二王子稱大遼　二王子來寇

蒙古ᄂᆞᆫ支那北部에셔起ᄒᆞ니熙宗二年、距今七百一年前에太祖鐵木眞이斡難河(外蒙古北境)上에셔帝位에卽ᄒᆞ니號曰成吉思汗이라勢力이四方에伸張ᄒᆞ더니高宗三年、距今六百九十一年前에契丹의殘孽、金山、金始二王子가舊遼ᄅᆞᆯ恢復ᄒᆞ고자、ᄒᆞ야河朔民을脅ᄒᆞ야大遼라稱ᄒᆞ거ᄂᆞᆯ蒙古ㅣ往伐ᄒᆞ니二王子가、이에東으로向ᄒᆞ야兵九萬을領ᄒᆞ고鴨綠江을渡ᄒᆞ야義州、朔州等을破ᄒᆞ고西京에至ᄒᆞ야大同江을濟ᄒᆞ고、다시西海道로、브터進ᄒᆞ야長湍、原州、忠州、溟州(江原道江陵)ᄅᆞᆯ侵ᄒᆞ고、ᄯᅩ轉ᄒᆞ야咸州(咸鏡道咸興)에入ᄒᆞ야女眞地에至ᄒᆞ니兵勢가復振ᄒᆞᄂᆞᆫ지라、다시長驅ᄒᆞ야高州(咸鏡道高原)和州(咸鏡道永興)ᄅᆞᆯ寇ᄒᆞ고豫州(咸鏡道德源)ᄅᆞᆯ陷ᄒᆞ니其初에ᄂᆞᆫ兵馬使金就礪等이此ᄅᆞᆯ破ᄒᆞ얏스나當時에驍勇ᄒᆞᆫ兵士ᄂᆞᆫ崔忠

蒙古來援

與蒙古講和

蒙使被害於金人

撤禮塔入寇

獻父子가占有ᄒᆞ고官軍이다羸老ᄒᆞ야戰爭에不堪ᄒᆞ니賊勢가益熾ᄒᆞ더니五年에至ᄒᆞ야蒙古元帥哈眞이東眞(時에金의蒲鮮萬奴가遼東을據ᄒᆞ야號曰東眞이라)과合ᄒᆞ야來援ᄒᆞ거ᄂᆞᆯ元帥趙冲、金就礪ㅣ蒙古、東眞兵을合ᄒᆞ야此를討平ᄒᆞ고自此로蒙古와講好ᄒᆞ야其使臣이來ᄒᆞ면곳國贐이라稱ᄒᆞ고物貨를予ᄒᆞ더니

其後蒙使著古與가還國ᄒᆞᆯ時에金人의게被害ᄒᆞ거ᄂᆞᆯ蒙古人이謂ᄒᆞ되高麗가使臣을殺ᄒᆞ얏다ᄒᆞ고撤禮塔으로ᄒᆞ야곰入寇ᄒᆞ야鐵州를屠ᄒᆞ고龜州를圍ᄒᆞᄂᆞᆫ지라兵馬使朴犀와分道將軍金慶孫이此를討破ᄒᆞ고蒙古ㅣ또平州(平山)로브터京城에至ᄒᆞ고다시忠州、淸州를向ᄒᆞ니所過에다殘滅ᄒᆞᄂᆞᆫ지라이에厚히土物을贈予ᄒᆞ고또使臣을遣ᄒᆞ야其無他ᄒᆞᆷ을辨明ᄒᆞ나然ᄒᆞ나崔瑀ᄂᆞᆫ王을江華에脅遷ᄒᆞ야其亂을避ᄒᆞ니蒙古가더옥來侵ᄒᆞᄂᆞᆫ지라이에族子永寧公綧으로써王子라稱ᄒᆞ고蒙古에遣質ᄒᆞ고

其後蒙古가또遣兵ᄒᆞ야王의還都ᄒᆞᆷ을逼迫ᄒᆞ나瑀의子沆과竩가相

雙城摠管

蒙古忽必烈立

繼ᄒᆞ야執權ᄒᆞ며出陸키를不肯ᄒᆞ야蒙古元帥也窟과車羅大等이屢次迫脅ᄒᆞ나畢竟다不聽ᄒᆞ니이에人民이被殺ᄒᆞᆫ者ㅣ勝計키難ᄒᆞᆫ지라

趙暉等이드듸여和州(永興)以北의地로써蒙古에附ᄒᆞ니蒙古ㅣ和州에雙城摠管을置ᄒᆞ더니밋竩가誅ᄒᆞ매太子倎을蒙古에遣ᄒᆞ야朝見ᄒᆞ고江華城을壞ᄒᆞ더니高宗이崩ᄒᆞᆫ後에太子ㅣ還ᄒᆞ야卽位ᄒᆞ니此ᄂᆞᆫ元宗이라是歲距今六百四十七年前에蒙古世祖忽必烈이立ᄒᆞ니自後로蒙古의壓制를受ᄒᆞ고憸邪ᄒᆞᆫ徒가또ᄒᆞᆫ其間에往來ᄒᆞ야蒙古의命으로土物을徵索ᄒᆞ야已欲을逞ᄒᆞ며或蒙主를勸ᄒᆞ야日本을伐ᄒᆞ기를求ᄒᆞᆫ者도有ᄒᆞ고高麗ᄂᆞᆫ自此로蒙古의命을從ᄒᆞ야船을造ᄒᆞ고兵을調ᄒᆞ야日本役에頗히用力ᄒᆞ얏ᄂᆞ이다

日本은高麗初브터通商往來ᄒᆞᆯ뿐이오使聘이無ᄒᆞ더니高宗、元宗時에日本의邊民이州縣을侵掠ᄒᆞ거ᄂᆞᆯ이에使臣을遣ᄒᆞ야修好ᄒᆞ고邊寇를禁ᄒᆞ라ᄒᆞ나其患이오히려不已ᄒᆞᄂᆞᆫ지라元宗八年、距今六百四

蒙古遣使日本未達而還

十年前에蒙古ㅣ兵部侍郎黑的等으로國信使를拜ᄒᆞ야日本에遣ᄒᆞᆯ시王이樞密院副使宋君斐로ᄡᅥ嚮導官을拜ᄒᆞ니黑的이巨濟島에至ᄒᆞᄒᆞ다가風濤를畏ᄒᆞ야引還ᄒᆞᆯ시宋君斐ᄂᆞᆫ黑的을從ᄒᆞ야蒙古에至ᄒᆞ야海濤危險ᄒᆞᆫ事를言ᄒᆞ니蒙古ㅣ다시黑的을遣ᄒᆞ야王으로ᄒᆞ야곰日本을勸ᄒᆞ야入朝케ᄒᆞ라ᄒᆞ거ᄂᆞᆯ王이이에起居舍人潘阜로ᄒᆞ야곰蒙古의書와밋高麗의國書를齎ᄒᆞ고日本에遣ᄒᆞ나다其意를達치못ᄒᆞᆫ지라이에蒙古가高麗로ᄒᆞ야곰軍備를益修케ᄒᆞ더니既而오蒙古가國號를改ᄒᆞ야日元이라ᄒᆞ고國勢가日盛ᄒᆞ더니

潘阜使日本

蒙古改號元

忻都洪茶丘攻日本

元宗十五年에元이都元帥忻都와右副元帥洪茶丘等으로ᄒᆞ야곰日本을擊ᄒᆞ라ᄒᆞ고高麗ᄂᆞᆫ都督使金方慶樞密院副使金侁上將軍金文庇로ᄡᅥ助戰ᄒᆞ니蒙漢軍이二萬五千이오高麗兵이八千이오戰艦이九百이라合浦(昌原馬山浦)에서發ᄒᆞ야日本對馬島、壹岐及肥前、筑後의沿海를伐ᄒᆞ다가大風雨를遭ᄒᆞ야班師ᄒᆞ고金侁은溺死ᄒᆞ얏ᄂᆞ이다

時에元宗이崩ᄒᆞ고太子昛가立ᄒᆞ니此ᄂᆞᆫ忠烈王이라王이太子時브터元國에如ᄒᆞ야元의女를娶ᄒᆞ고其後屢次元國에往ᄒᆞ야其意를承迎ᄒᆞ며船을造ᄒᆞ고兵을發ᄒᆞ야日本을伐코자ᄒᆞ니時에元이、々믜宋을滅ᄒᆞ미乘勢ᄒᆞ야四方을幷呑코자ᄒᆞ야高麗地에征東行中書省을置ᄒᆞ고王으로ᄒᆞ야곰軍務를興ᄒᆞ며征東元帥忻都와右丞洪茶丘等을命ᄒᆞ야蒙、漢及高麗軍四萬과戰艦九百隻을率ᄒᆞ고合浦에서發ᄒᆞᆯ시高麗의僉議中贊金方慶이從ᄒᆞ고

征東行中書省

忻都洪茶丘等再伐日本

元의右丞范文虎ᄂᆞᆫ別로히江南兵十餘萬과戰艦五百艘를率ᄒᆞ고江南(支那江蘇省)에서發ᄒᆞ니全軍이十四萬餘人이라日本海에入ᄒᆞ야攻戰ᄒᆞ기甚力ᄒᆞ더니會에颶風이大起ᄒᆞ야戰艦이覆沒ᄒᆞ고餘軍이遁還ᄒᆞ니此ᄂᆞᆫ忠烈王七年、距今六百二十六年前이오이다

元室의專制

高宗、元宗時에ᄂᆞᆫ距今六百七十六年前브터六百三十六年前ᄭᆞ지凡四十年間에元이高麗를侵虐ᄒᆞ기尤甚ᄒᆞ니和州에ᄂᆞᆫ、이믜雙城總管을置ᄒᆞ고元宗時에崔坦이西京(平壤)으로ᄡᅥ元에附ᄒᆞ고其兵을請ᄒᆞ야

東寧府 / 高麗北部爲元有 / 哈丹來寇 / 忠烈王避入江都 / 吉思變舊俗

鎭撫ᄒᆞ라ᄒᆞ니元이ᄉᆞ에西京을內屬고자ᄒᆞ야號曰東寧府라ᄒᆞ고慈悲嶺(鐵嶺)을畫ᄒᆞ야界ᄒᆞ니自此로高麗北部가全혀元의게屬ᄒᆞ고元이또達魯花赤을高麗에遣ᄒᆞ야國政을聽斷ᄒᆞ야軍粮을徵索ᄒᆞ며婦女를求去ᄒᆞ기不已ᄒᆞ고忠烈王은屢次元에來往ᄒᆞ고또鷹坊을置ᄒᆞ야畋獵을事ᄒᆞ더니밋元의叛賊哈丹이來寇ᄒᆞᆯ새鐵嶺을踰ᄒᆞ야交州道楊根(京畿道)을陷ᄒᆞ거ᄂᆞᆯ王이江都(江華)에避入ᄒᆞ야元에乞師ᄒᆞ니元이那蠻歹大王과薛闍干等을遣ᄒᆞᆫ지라곳元과合力ᄒᆞ야哈丹을破ᄒᆞ고王이太子謜의게傳位ᄒᆞ니此ᄂᆞᆫ忠宣王이오忠宣王이即位ᄒᆞᆫ지未幾에元成宗鐵木耳가謂ᄒᆞ되忠宣이舊章을改ᄒᆞ얏다ᄒᆞ야忠烈王으로ᄒᆞ야곰復位ᄒᆞ니王이또群小를狎昵ᄒᆞ야宴樂을耽ᄒᆞ고政事를不恤ᄒᆞᄂᆞᆫ지라元이濶里吉思로ᄡᅥ征東行省平章政事를拜ᄒᆞ야麗政을觀케ᄒᆞ니吉思ㅣ舊俗을變ᄒᆞ다가人民과輯和치못ᄒᆞ야罷歸ᄒᆞ고

時에前王忠宣은元에在ᄒᆞᆫ지라吳祁石天補宋璘等이王의父子를交搆ᄒᆞ거ᄂᆞᆯ左中贊洪子藩等이吳祁를執ᄒᆞ야元에送ᄒᆞ나然ᄒᆞ나王은오히려前王의還國을沮ᄒᆞ며또薊國大長公主(忠宣后)로ᄡᅥ瑞興侯琠의게改嫁케ᄒᆞ고時에元成宗이殂ᄒᆞ거ᄂᆞᆯ前王이成宗의姪愛育黎拔力八達과謀ᄒᆞ야武宗海山을立ᄒᆞ고自此로愛育黎拔力八達의意를隨ᄒᆞ야王을慶壽寺에遷ᄒᆞ고王의親信을罷免ᄒᆞ고瑞興侯琠等을誅ᄒᆞ니王은拱手ᄒᆞᆯᄲᅮᆫ이오國政이前王의게盡歸ᄒᆞ더니旣而오王이崩ᄒᆞ고前王이元으로브터歸ᄒᆞ야即位ᄒᆞ니即忠宣王이라忠宣王이太子時브터元에在ᄒᆞ야朝事를叅預ᄒᆞ얏스나即位後本國에在ᄒᆞᆷ을不喜ᄒᆞ야數年後에곳忠肅王의게傳位ᄒᆞ고또延安君暠로ᄡᅥ其太子라ᄒᆞ고恒常燕京에淹留ᄒᆞ야名儒學士로더브러交遊ᄒᆞ더니

忠宣王流吐蕃

時에元仁宗愛育黎拔力八達이殂ᄒᆞ고英宗碩德八剌이立ᄒᆞᆫ後에忠宣王이宦官伯顔禿古思(高麗人이元에仕ᄒᆞᆫ者)의譖을被ᄒᆞ야吐蕃思吉(支那西藏)에流ᄒᆞᄂᆞᆫ지라崔誠之李齊賢等이百般請求ᄒᆞ야朶思麻(西藏)에量移ᄒᆞ니吐蕃에在ᄒᆞᆫ지四年이오泰定帝也孫鐵木兒가立ᄒᆞᆫ後燕邸에歸ᄒᆞ야崩ᄒᆞ얏ᄂᆞ이다

忠宣王이吐蕃에在ᄒᆞᆯ時에忠肅王이贊成事權漢功等이上王時브터貪橫、納賂ᄒᆞᆫ罪로元에告ᄒᆞ야漢功等을杖流ᄒᆞᆫ지라故로漢功等이王을怨ᄒᆞ야元에上書ᄒᆞ야王을廢ᄒᆞ고忠宣王太子暠로立코자ᄒᆞ고柳淸臣等은、또征東行省을立ᄒᆞ고國號를罷ᄒᆞ야內地와如키를請ᄒᆞ다가不果ᄒᆞ얏ᄂᆞ이다

然이나王은忽々不樂ᄒᆞ야太子禎의게傳位ᄒᆞ니此ᄂᆞᆫ忠惠王이오王이、또遊畋을好ᄒᆞᄂᆞᆫ지라元主가、또忠肅王으로、ᄒᆞ야곰復位케、ᄒᆞ나然ᄒᆞ나自是로王이政事에倦ᄒᆞ야郊外에出舍ᄒᆞ고嬖幸朴靑等의게國事를委任ᄒᆞ며忠惠王은向者元에至ᄒᆞ야丞相燕帖木兒와親ᄒᆞ더니時에太保伯顔이燕帖木兒의專權ᄒᆞᆷ을惡ᄒᆞ야王ᄭᆞ지薄待ᄒᆞ다가燕帖木兒가死ᄒᆞᆫ後忠肅王이崩ᄒᆞᆫ時에至ᄒᆞ야忠惠王이卽位코자ᄒᆞ나伯顔이沮止ᄒᆞ고忠宣王太子暠를立고자、ᄒᆞᄂᆞᆫ지라

暠가、이에政丞曹頔等과謀ᄒᆞ야王宮을襲ᄒᆞ다가敗ᄒᆞ야被殺ᄒᆞ니故로忠惠王이卽位ᄒᆞ더니王이、또荒淫無道ᄒᆞ야群少가逞志ᄒᆞ고忠直

忠惠王流揭陽縣崩

人士를斥逐ᄒᆞᄂᆞᆫ지라元이大卿朶赤으로、ᄒᆞ야곰王을縛歸ᄒᆞ야揭陽縣(支那廣東省潮州)에流ᄒᆞ니一人도從者ㅣ無ᄒᆞ고艱楚가萬狀이라岳陽縣(支那湖南省岳州)에至ᄒᆞ야崩ᄒᆞ나國人이悲哀ᄒᆞᄂᆞᆫ者ㅣ無ᄒᆞ얏ᄂᆞ이다

忠穆과忠定은、다幼冲에嗣位ᄒᆞ야國后가專政ᄒᆞ고康允忠、辛裔、田淑蒙、鄭思度等이用事ᄒᆞ며忠定이、또狂悖、無道ᄒᆞ거ᄂᆞᆯ此를廢ᄒᆞ고忠惠의母弟顓을立ᄒᆞ니此ᄂᆞᆫ恭愍王이라

元政亂豪傑四起

恭愍王이距今五百五十五年前에卽位ᄒᆞ야政事에留心ᄒᆞ고時에元의政治가衰亂ᄒᆞ야豪傑이四方에起ᄒᆞ거ᄂᆞᆯ丞相脫々이高郵를征ᄒᆞᆯ서王이丞相柳濯과廉悌臣으로、ᄒᆞ야곰軍士二千餘人을率ᄒᆞ야助戰ᄒᆞ나然ᄒᆞ나、王은元國에屈치、아니ᄒᆞ고時에奇轍、盧頙、權謙等이、다元室과連姻ᄒᆞ야聲勢가相應ᄒᆞ고本國을陵轢ᄒᆞ야叛逆을謀ᄒᆞ거ᄂᆞᆯ王이、다誅殺ᄒᆞ고征東行省理問所를罷ᄒᆞ고舊官制를復ᄒᆞ고

破婆娑府

印璫、姜仲卿으로、써西北面兵馬使를拜ᄒᆞ야西北界를討ᄒᆞ라、ᄒᆞ니璫이鴨綠江을渡ᄒᆞ야婆娑府(滿州盛京省奉天府)를攻破ᄒᆞ고柳仁雨ᄂᆞᆫ東北兵馬使

陷雙城收復咸州以北

로拜ᄒᆞ야雙城을陷ᄒᆞ고咸州以北諸鎭을收復ᄒᆞ니元이斷事官撒迪罕을送ᄒᆞ야責ᄒᆞ거ᄂᆞᆯ、이에印璫을斬ᄒᆞ야謝過ᄒᆞ니此ᄂᆞᆫ元의衰亂을乘ᄒᆞ야國權을恢復고자、ᄒᆞ다가不成ᄒᆞᆷ이오、또其衰亂의餘波가高麗의게毒害ᄒᆞᆷ이多ᄒᆞ오이다

紅頭軍入寇

紅頭軍(劉福通이起兵ᄒᆞᆯ시紅巾을頭에裹ᄒᆞᆫ故라)이元에셔起ᄒᆞᆯ時에兵勢가大振ᄒᆞ야、드ᄃᆡ여鴨綠江을渡ᄒᆞ야義、靜、麟(平安道義州에屬ᄒᆞᆫ諸州)諸州ᄅᆞᆯ陷ᄒᆞ거ᄂᆞᆯ西北面副元帥安祐와上將軍李芳實等이擊走ᄒᆞ얏더니其後軍師潘誠、沙劉、關先生等이十餘萬衆을率ᄒᆞ고、또朔州와泥城(平安道昌城)을寇ᄒᆞ고岊嶺의柵을破ᄒᆞᄂᆞᆫ지라王이太后ᄅᆞᆯ奉ᄒᆞ고南幸ᄒᆞ야福州(慶尙道安東)로、브터尙州에至ᄒᆞ니敵軍이、드ᄃᆡ여京城을陷ᄒᆞ거ᄂᆞᆯ摠兵官鄭世雲이安祐、李芳實、金得培等諸將을率ᄒᆞ고京城을圍ᄒᆞ야沙劉、關先生等을斬ᄒᆞ고京城을收復ᄒᆞ얏ᄂᆞ이다

恭愍王南幸鄭世雲等平紅賊

金鏞殺鄭世雲

然이나平章事金鏞이世雲을妬忌ᄒᆞ고、또安祐等이有功ᄒᆞ되寵이有ᄒᆞᆯ가恐ᄒᆞ야矯旨로安祐ᄅᆞᆯ命ᄒᆞ야世雲을殺ᄒᆞ라、ᄒᆞ고、또祐와芳實、得培ᄅᆞᆯ殺ᄒᆞ얏ᄂᆞ이다

時에國家의禍가邊境의侵擾ᄲᅮᆫ아니라元의納哈出이、또ᄒᆞᆫ瀋陽(滿洲盛京省奉天府)을據有ᄒᆞ고行省丞相이라稱ᄒᆞ고北邊을寇ᄒᆞᄂᆞᆫ지라我 太祖高皇帝ᄭᅴ셔此ᄅᆞᆯ擊破ᄒᆞ셧ᄂᆞ이다

先是에崔濡가本國에得罪ᄒᆞ고元에奔ᄒᆞ야丞相搠思監과宦官朴不花ᄅᆞᆯ諂事ᄒᆞ고金鏞으로內應을、삼아王을搆害ᄒᆞ고德興君塔思帖木兒(忠宣王庶子)ᄅᆞᆯ立고자、ᄒᆞ더니會에王이尙州로、브터歸ᄒᆞ야城南興王寺行宮에在ᄒᆞ거ᄂᆞᆯ金鏞이其黨을遣ᄒᆞ야行宮을圍ᄒᆞᄂᆞᆫ지라密直使崔瑩과副使禹磾와知都僉議安遇慶等이京城으로、브터行宮에詣ᄒᆞ야賊을討平ᄒᆞ고、鏞을誅ᄒᆞ얏ᄂᆞ이다

誅金鏞

然이나元은德興君으로、써王이라、ᄒᆞ고崔濡ㅣ兵一萬五千을率ᄒᆞ고來ᄒᆞ거ᄂᆞᆯ崔瑩、安遇慶等이、또擊破ᄒᆞ더니搠思監과朴不花가竄流ᄒᆞᆫ後에元이崔濡ᄅᆞᆯ執送ᄒᆞ거ᄂᆞᆯ、곳誅ᄒᆞ얏ᄂᆞ이다

元益衰關係漸小

後에元이益衰ᄒᆞ야高麗와關係가漸小ᄒᆞ고明太祖朱元璋이燕京에

入ᄒᆞ니元主ㅣ北走ᄒᆞ야高麗가自此로元의壓制를免ᄒᆞ니忠烈王으로브터元의羈絆되기百餘年이라國王은元의女를娶ᄒᆞ야往來가不絕ᄒᆞ고或은燕京에久留ᄒᆞ야一國의政敎、號令과王位廢立ᄭᆞ지、다其命을從ᄒᆞ고憸邪의徒가、ᄯᅩ其間에往來ᄒᆞ야子가其父를訴ᄒᆞ고臣이其君을譖ᄒᆞ야安靜ᄒᆞᆫ日이無ᄒᆞ니此를謂ᄒᆞ되元室專制時代라、ᄒᆞᄂᆞ이다

辛氏의兇逆及繼位

遍照爲師傅授國政

恭愍王이在位ᄒᆞᆫ지久ᄒᆞ매世臣、大家의欺蔽가多ᄒᆞᆷ을惡ᄒᆞ야僧遍照를擢用ᄒᆞ야師傅라稱ᄒᆞ니此ᄂᆞᆫ其爲人이聰慧辯給ᄒᆞᆷ이오國政으로ᄡᅥ委ᄒᆞ니遍照가用事ᄒᆞᆫ지三旬에勳舊大臣을讒毁ᄒᆞ야李公遂、慶千興等을罷ᄒᆞ고許猷、邊光秀、洪仁桂等을流ᄒᆞ며凡自己에不附ᄒᆞᄂᆞᆫ者ᄂᆞᆫ、다中傷ᄒᆞ야虐焰이甚熾ᄒᆞ고

遍照改姓名曰辛旽

遍照ㅣ、ᄯᅩ姓名을改ᄒᆞ야曰、辛旽이라、ᄒᆞ고三重大匡、領都僉議를拜ᄒᆞ거ᄂᆞᆯ諫官鄭樞와李存吾等이斥逐ᄒᆞ기를請ᄒᆞᆫ되王이大怒ᄒᆞ야樞、存吾를貶ᄒᆞ나自此로宰臣과臺諫이、다旽의게附ᄒᆞ야內外諸權이旽의게歸ᄒᆞ니旽이驕傲가日甚ᄒᆞ고王이其第에步往ᄒᆞ야旽과幷跪ᄒᆞ야君臣의禮가無ᄒᆞ며出入時에ᄂᆞᆫ儀衛가乘輿와同ᄒᆞ고

時에王이無嗣ᄒᆞ거ᄂᆞᆯ旽이王을說ᄒᆞ야文殊會를屢設ᄒᆞ야得子키를求ᄒᆞ더라旽이初時에ᄂᆞᆫ頭陀의行爲로王의信用이되더니後에ᄂᆞᆫ妾을多蓄ᄒᆞ야淫恣가日甚ᄒᆞ고、ᄯᅩ威福을行ᄒᆞ야恩讐를必報ᄒᆞ고世家大族을誅殺ᄒᆞ니黨與가朝廷에布滿ᄒᆞᆫ지라

誅辛旽

然이나王의性이猜忌ᄒᆞ야腹心大臣이라도其權이盛ᄒᆞ면、반다시殺ᄒᆞ거ᄂᆞᆯ旽이王의忌ᄒᆞᆷ을恐ᄒᆞ야王을弑코자、ᄒᆞ다가事가漏洩ᄒᆞ니王이、々에旽을水原에流ᄒᆞ다가旣而오誅ᄒᆞ고其黨을滅ᄒᆞ고慶千興等을召還ᄒᆞ얏ᄂᆞ이다.

先是에王이王后魯國公主가崩ᄒᆞᆫ後브터哀傷ᄒᆞ야疾病이、되고公主를爲ᄒᆞ야影殿을起ᄒᆞ니壯麗가無比오、ᄯᅩ少年韓安、洪倫等을寵愛ᄒᆞ며、ᄯᅩ倫等으로、ᄒᆞ야곰諸妃를汚ᄒᆞ야其生子ᄒᆞ기를冀ᄒᆞ더니、밋益妃

恭愍王被弑

가有娠ᄒᆞᆫ딕其私通者ᄅᆞᆯ殺ᄒᆞ야滅口코자ᄒᆞᆯ서宦官崔萬生의게漏洩ᄒᆞ다가도로혀萬生及倫等의게被弑ᄒᆞ얏ᄂᆞ이다

李仁任立禑

辛旽이誅ᄒᆞᆯ時에王이其子牟尼奴ᄅᆞᆯ取ᄒᆞ야宮中에入ᄒᆞ고守侍中李仁任의게屬ᄒᆞ고且曰朕이旽家에至ᄒᆞ얏다가其婢ᄅᆞᆯ幸ᄒᆞ야生ᄒᆞᆫ者라ᄒᆞ고賜名曰禑라ᄒᆞ고江寧府院大君을封ᄒᆞ고白文寶田祿生等으로ᄡᅥ師傅ᄅᆞᆯ삼더니밋王이遇弑ᄒᆞᆷᄋᆡ李仁任이百官을率ᄒᆞ고禑ᄅᆞᆯ立ᄒᆞ얏ᄂᆞ이다

王禑荒淫縱恣

禑가初時에ᄂᆞᆫ頗히向學ᄒᆞ더니稍長에遊戲ᄅᆞᆯ事ᄒᆞ야白君寧等이諫ᄒᆞ되不納ᄒᆞ고人의婦女ᄅᆞᆯ奪ᄒᆞ며出遊ᄒᆞ기無常이오畋獵에荒ᄒᆞ야狂恣이日甚ᄒᆞ니時에饑饉이荐至ᄒᆞ고倭寇가不絶ᄒᆞ거ᄂᆞᆯ오히려宴樂을恣ᄒᆞ야諸妃의供給이豐侈ᄒᆞᆫ지라倉庫가枯竭ᄒᆞ야三年貢物을豫收ᄒᆞ나오히려不足ᄒᆞ거ᄂᆞᆯ別로히徵斂을加ᄒᆞ야其荒淫縱恣가勝記키難ᄒᆞ얏ᄂᆞ이다

初에李仁任이禑ᄅᆞᆯ援立ᄒᆞᆫ後로親黨이中外에布列ᄒᆞ야威福을擅ᄒᆞ

明立鐵嶺衛

ᄂᆞᆫ지라崔瑩이我 太祖로더브러其所爲ᄅᆞᆯ憤怒ᄒᆞ야仁任을除ᄒᆞ고瑩은門下侍中이되고太祖ᄂᆞᆫ守門下侍中이되시더니밋明國이鐵嶺衛ᄅᆞᆯ立ᄒᆞᆯ時(鐵嶺以北을管ᄒᆞᆷ이니即盛京省鐵嶺縣이라)에禑ㅣ崔瑩의言을納ᄒᆞ야曹敏修와我太祖로ᄒᆞ야곰遼東을攻케ᄒᆞ야諸軍이々의鴨綠江을渡ᄒᆞ더니

流崔瑩放禑

我 太祖ᄭᅴ셔諸元帥로더브러京師에回軍ᄒᆞ사明國을攻伐ᄒᆞᆷ이不可ᄒᆞᆷ을論ᄒᆞ시고또崔瑩을黜ᄒᆞ라ᄒᆞ신ᄃᆡ禑ㅣ不納ᄒᆞᄂᆞᆫ지라이에城을圍ᄒᆞ고郭忠輔等이瑩을索出ᄒᆞ야高峯縣(京畿道交河)에流ᄒᆞ고既而오王禑ᄅᆞᆯ江華에放ᄒᆞ얏ᄂᆞ이다

이에 太祖ᄭᅴ셔曹敏修와議ᄒᆞ야王氏의後ᄅᆞᆯ立코자ᄒᆞ시더니敏修ㅣ李仁任의薦拔ᄒᆞᆫ恩을思ᄒᆞ야判三司事李穡과謀ᄒᆞ야禑의子昌을立ᄒᆞ니昌은仁任의族李氏의出이러라昌이即位後에諫官이上疏ᄒᆞ야曹敏修ᄅᆞᆯ流ᄒᆞ고李仁任의子孫을禁錮ᄒᆞ고崔瑩을斬ᄒᆞ얏ᄂᆞ이다

遷禑放昌

時에禑ᄂᆞᆫ廢居ᄒᆞ야陰히郭忠輔로ᄒᆞ야곰 太祖ᄅᆞᆯ害코자ᄒᆞ거ᄂᆞᆯ忠輔ㅣ도로혀 太祖ᄭᅴ告ᄒᆞᄂᆞᆫ지라이에禑ᄅᆞᆯ江陵(江原道)에遷ᄒᆞ고昌은

江華에放ᄒᆞ야庶人을삼으니王禑가即位時브터至是凡十四年이라辛氏가異姓으로王位를繼ᄒᆞ얏스나恭愍王이禑로써己子라ᄒᆞ야一時의臣民이다奉立ᄒᆞ니또ᄒᆞᆫ尋常篡竊과不同ᄒᆞ더라然이나荒淫縱恣ᄒᆞ야高麗國祚를墜케ᄒᆞᆷ은其罪가甚大ᄒᆞᆫ지라懿讓王이立ᄒᆞ야禑昌이다誅ᄒᆞ얏스니엇지當然ᄒᆞᆫ事가아니리오

北元及明의關係

元順宗北走

明太祖即帝位

絕北元

恭愍王十七年距今五百三十九年前에支那ᄂᆞᆫ元의順宗妥歡帖睦爾가北走ᄒᆞ야上都開平府(支那直隸省宣化府)에如ᄒᆞ고明太祖朱元璋이帝位를代ᄒᆞ고遣使ᄒᆞ야來告ᄒᆞ거ᄂᆞᆯ王이明에使臣을遣ᄒᆞ야登極을賀ᄒᆞ고또東寧府(元宗時에元이平壤을內屬ᄒᆞ야東寧府라ᄒᆞᆫ이라)를擊ᄒᆞ야北元을絕ᄒᆞ고明이또冠服樂器書籍을送來ᄒᆞ고幷히科擧의程式을遣ᄒᆞ거ᄂᆞᆯ高麗ㅣ服色을易ᄒᆞ고子弟를遣ᄒᆞ야入學ᄒᆞ고三年一聘의約을從ᄒᆞ더니

밋恭愍王이被弑ᄒᆞ고王禑가立ᄒᆞ미李仁任이專國ᄒᆞ야明을絕코자ᄒᆞ니此ᄂᆞᆫ明이先王의被弑ᄒᆞᆫ故를問ᄒᆞ면自己가被罪ᄒᆞᆯ가恐ᄒᆞᆷ이라

殺金義明使

이에北元과和親ᄒᆞ야其禍를緩코자ᄒᆞ야金義로ᄒᆞ야곰明使蔡斌等을途에서殺ᄒᆞ고義가北元에奔ᄒᆞ며

또北元에遣使ᄒᆞ야先王의喪을告ᄒᆞ고北元의使가來케ᄒᆞ야李仁任과池奫이迎迓ᄒᆞ거ᄂᆞᆯ金九容李崇仁鄭道傳鄭夢周等이極爭ᄒᆞ야其使를慰還ᄒᆞ얏ᄂᆞ이다

明索歲送

初에北元이恭愍王의崩ᄒᆞᆷ을聞ᄒᆞ고瀋陽王의孫脫々不花를納立코자ᄒᆞ다가禑가即位ᄒᆞ미使臣을元에遣ᄒᆞ야謝ᄒᆞ더니既而오國論이又變ᄒᆞ야明國에遣使ᄒᆞ니明이使者를殺ᄒᆞᆷ과또多詐ᄒᆞᆷ을責ᄒᆞ며每歲에金百斤銀萬兩良馬百匹細布一萬匹을徵索ᄒᆞᄂᆞᆫ지라이에使臣을遣ᄒᆞ야前日明使를殺ᄒᆞᆷ이本國의指使가아니라ᄒᆞ고또歲送物이數次로되其數가減少ᄒᆞᆷ을責ᄒᆞᄂᆞᆫ지라이에馬五千匹金五百斤銀五百兩布五萬疋을送ᄒᆞ고

明帝가또高麗ㅣ北元에附ᄒᆞᆷ을疑ᄒᆞ거ᄂᆞᆯ鄭夢周를遣ᄒᆞ야其怒를解ᄒᆞ고歲送物은良馬五十匹로定ᄒᆞ고또明이價銀을送來ᄒᆞ야馬를買

鐵嶺以北疆界紛議

去ᄒᆞ더니其後高麗의所送馬가驀下ᄒᆞ고、또鐵嶺以北은本來元에屬ᄒᆞᆫ故로此ᄅᆞᆯ遼東에屬ᄒᆞᆫ다ᄒᆞ거ᄂᆞᆯ

이에禑ㅣ崔瑩과議ᄒᆞ야、五道의城을修ᄒᆞ고諸元帥ᄅᆞᆯ西北에遣ᄒᆞ야防備ᄒᆞ고明에遣使ᄒᆞ야鐵嶺以北、公嶮鎭에至ᄒᆞ기ᄭᆞ지高麗의疆界ᄅᆞᆯ定코자ᄒᆞᆯ시時에遼東이鐵嶺衛ᄅᆞᆯ立ᄒᆞ거ᄂᆞᆯ、이에崔瑩이禑ᄅᆞᆯ勸ᄒᆞ야遼東을攻케ᄒᆞ니我 太祖ᄭᅴ서諫ᄒᆞ되不納ᄒᆞ고禑가平壤에進次ᄒᆞ야崔瑩으로、ᄡᅥ八道都統使ᄅᆞᆯ拜ᄒᆞ고曹敏修로左軍을將ᄒᆞ고我太祖ᄭᅴ서ᄂᆞᆫ右軍을將ᄒᆞ시니左右軍이三萬八千餘人이라平壤에서發ᄒᆞ야鴨綠江을渡ᄒᆞ고威化島(鴨綠江中)에至ᄒᆞ니大雨가滂沱ᄒᆞ야亡卒이多ᄒᆞ거ᄂᆞᆯ左右軍將이上書ᄒᆞ야班師키ᄅᆞᆯ請ᄒᆞ니禑가不聽ᄒᆞᄂᆞᆫ지라

攻遼

이에 太祖ᄭᅴ서諸元帥로더브러回軍ᄒᆞ시니禑ㅣ急히京城으로還ᄒᆞ거ᄂᆞᆯ 太祖ᄭᅴ서京城에至ᄒᆞ야禑ᄅᆞᆯ廢ᄒᆞ고昌을立ᄒᆞ며明은鐵嶺北疆界事가高麗의言이有理ᄒᆞ다、ᄒᆞ야鐵嶺衛ᄅᆞᆯ罷ᄒᆞ거ᄂᆞᆯ高麗ㅣ使臣을遣ᄒᆞ야禑가遜位ᄒᆞᆷ과、밋崔瑩의攻遼ᄒᆞᆫ罪로誅ᄒᆞᆷ을言ᄒᆞ얏더니

我太祖回軍

明誣廢辛

明이答ᄒᆞ되恭愍王이被弑後에異姓이繼位ᄒᆞ미三韓世守ᄒᆞᄂᆞᆫ良策가아니라、ᄒᆞᄂᆞᆫ지라、이에 太祖ᄭᅴ서、또昌을廢ᄒᆞ고恭讓王을立ᄒᆞ시더니後에尹彝와李初等이明에至ᄒᆞ야言ᄒᆞ되 太祖ᄭᅴ서其姻親을立ᄒᆞ고、또明을攻코자ᄒᆞᆫ다ᄒᆞ나然ᄒᆞ나明이其誣妄ᄒᆞᆷ을知ᄒᆞ고彝初等을罪ᄒᆞ얏ᄂᆞ니이다

倭寇

日本이蒙古役以來로交通이杜絶ᄒᆞ더니忠定王二年(距今五百五十七年前)에至ᄒᆞ야固城(慶尙道)竹林(在慶尙道巨濟)을寇ᄒᆞᆫ後로、브터屢次邊境을侵掠ᄒᆞ니此ᄂᆞᆫ日本海賊이라揔稱倭賊이오

日本無賴徒侵擾高麗及元濱海

此時日本은南北兩朝가幷立ᄒᆞ야戰爭이不已ᄒᆞ니故로日本鎭西郡의無賴徒가高麗及元의濱海ᄅᆞᆯ侵掠ᄒᆞ나其實은日廷이不知ᄒᆞᆷ이오、또能히禁止ᄒᆞᆯ力이無ᄒᆞ더라恭愍王初에內府少尹金暉南으로、ᄒᆞ야곰防禦케、ᄒᆞ니暉南이拒敵지、못ᄒᆞ고西江(松都禮成江)으로走來ᄒᆞ야、이에都城이戒嚴ᄒᆞ고人民이荷擔ᄒᆞ며自此로連年히其禍ᄅᆞᆯ被ᄒᆞᄂᆞᆫ지라諸

遣金逸于日本

將을命ᄒᆞ야拒禦ᄒᆞ라ᄒᆞ고王은오쟉土木을專事ᄒᆞ니이에庶政이廢弛ᄒᆞ고倉廩이空竭ᄒᆞ며兵甲이羸敗ᄒᆞ야戰守의備가無ᄒᆞ고諸軍은觀望ᄒᆞ야進拒ᄒᆞᄂᆞᆫ者ㅣ無ᄒᆞᆫ지라

恭愍王이々에金逸等을日本에遣ᄒᆞ야海賊을禁ᄒᆞ라ᄒᆞᆫᄃᆡ將軍足利義滿이答ᄒᆞ야曰日本에南北兩朝가幷立ᄒᆞ야紛亂이不止ᄒᆞ미此ᄅᆞᆯ禁止치못ᄒᆞᆫ다ᄒᆞ니王이또諸將의屢敗ᄒᆞᆷ을忿ᄒᆞ야親히五軍을率ᄒᆞ고出ᄒᆞ얏다가敗ᄒᆞ더니王禑初에判典客寺事羅興儒로ᄡᅥ通信使ᄅᆞᆯ拜ᄒᆞ야日本에遣ᄒᆞ야海寇ᄅᆞᆯ禁ᄒᆞ라ᄒᆞᆫᄃᆡ義滿이其陰謀가有ᄒᆞᆫ가疑ᄒᆞ야下獄ᄒᆞ더니會에高麗僧良柔가日本에在ᄒᆞ야其謀者가아님을證明ᄒᆞ니이에興儒가還ᄒᆞ얏ᄂᆞ이다

藤原經光居順天

時에日本人藤原經光이라ᄒᆞᄂᆞᆫ者ㅣ高麗에來ᄒᆞ야順天(全羅道)에居ᄒᆞ거ᄂᆞᆯ全羅道元帥金先致가殺코자ᄒᆞ니經光이其衆을率還ᄒᆞ고自此로더욱激怒ᄒᆞ야入寇ᄒᆞᆯ時에婦女와嬰孩ᄅᆞᆯ屠殺無遺ᄒᆞ니全羅와楊廣의濱海ᄒᆞᆫ州郡이蕭然히空虛ᄒᆞᄂᆞᆫ지라

遣鄭夢周于日本

王이趙思敏睦忠等諸將으로ᄒᆞ야곰往禦ᄒᆞ나其毒害가日甚ᄒᆞ고또江都ᄅᆞᆯ掠ᄒᆞ니京城이大震ᄒᆞ고崔瑩과我　太祖ᄭᅴ서屢次戰破ᄒᆞ시나其患이오히려不已ᄒᆞᄂᆞᆫ지라이에大司成鄭夢周ᄅᆞᆯ日本에遣ᄒᆞ야和親을成ᄒᆞ고海賊을禁ᄒᆞ라ᄒᆞᆯ서夢周ㅣ極히隣交의利害ᄅᆞᆯ說ᄒᆞ니鎭西探題(官名)今川貞世가夢周ᄅᆞᆯ厚待ᄒᆞ고其俘虜ᄅᆞᆯ還ᄒᆞ고僧信弘을遣ᄒᆞ야賊을捕ᄒᆞ나制禦ᄒᆞᆯ力이無ᄒᆞᆫ지라

然이나日本이當時에侵掠ᄒᆞᆫ處ᄂᆞᆫ오쟉西南境이오東北邊은被害處가少ᄒᆞ거ᄂᆞᆯ이에東江(京畿道豊德)西江에鎭을置ᄒᆞ고屯戍ᄅᆞᆯ設ᄒᆞ니西路捍禦가稍密ᄒᆞ거ᄂᆞᆯ倭賊이다시江陵洪川淮陽(江原道)境에서跳梁ᄒᆞ다가또進ᄒᆞ야咸州洪原北靑(咸鏡道)을屠ᄒᆞ니諸將이다戰敗ᄒᆞ고時에倭患이日甚ᄒᆞ나朝廷은方略이無ᄒᆞ고오쟉中外佛寺에鎭兵ᄒᆞᄂᆞᆫ法席을設ᄒᆞ다가및我　太祖ᄭᅴ서倭寇ᄅᆞᆯ大破ᄒᆞ신後에야賊勢가稍衰ᄒᆞ얏ᄂᆞ이다

然ᄒᆞ나其後慶尙道全羅道等地가倭寇의巢窟이되야侵犯ᄒᆞ기不已

ᄒᆞᄂᆞᆫ지라, 이에海道元帥鄭地가上書ᄒᆞ야壹岐와對馬兩島ᄅᆞᆯ滅ᄒᆞ야
永히邊患을除코자ᄒᆞ거ᄂᆞᆯ王昌時에至ᄒᆞ야慶尙道元帥朴葳로ᄒᆞ야
곰戰船一百隻을率ᄒᆞ고對馬島ᄅᆞᆯ伐ᄒᆞ니此ᄂᆞᆫ鄭地의策을用홈이오

朴葳討對馬島

大抵倭寇의及ᄒᆞᆫ處ᄂᆞᆫ南邊州縣이尤甚ᄒᆞ야人煙이斷絶ᄒᆞ고西ᄂᆞᆫ海
西、浿江브터東北은洪原、北靑境ᄭᆞ지其禍ᄅᆞᆯ被ᄒᆞ야殆히高麗全土ᄅᆞᆯ
蹂躪ᄒᆞ니高麗의衰亡原因을擧ᄒᆞ면倭寇가其一이되얏ᄂᆞ이다

高麗滅亡

王禑가荒淫狂妄ᄒᆞ야人君의德이無ᄒᆞ고倭寇ᄂᆞᆫ더욱强梁ᄒᆞ며國力
이疲斃ᄒᆞ야社稷이將亡ᄒᆞᆯ지라然이나、또遼東을征코자ᄒᆞ야大軍을
發ᄒᆞ다가我　太祖ᄭᅴ셔回軍ᄒᆞ신後로天下의人心이盡去ᄒᆞᆫ지라禑

社稷將亡

가、이에江華에廢居ᄒᆞ야　太祖ᄅᆞᆯ害코자ᄒᆞ거ᄂᆞᆯ　太祖ᄭᅴ셔沈德符、
池湧奇、鄭夢周、偰長壽、成石璘、趙浚、朴葳、鄭道傳等과議ᄒᆞ야禑ᄅᆞᆯ遷ᄒᆞ
고昌을廢ᄒᆞ고다시神宗의遠孫瑤ᄅᆞᆯ立ᄒᆞ니此ᄂᆞᆫ恭讓王이라國勢가
至此ᄒᆞ매다시恢復ᄒᆞᆯ道가無ᄒᆞ더니

九臣廢王昌立恭讓王

王이또儒柔ᄒᆞ야오직涕泣ᄒᆞᆯᄲᅮᆫ이오即位初에諫官의言으로曹敏修
ᄅᆞᆯ廢ᄒᆞ야庶人을삼고李崇仁等을流ᄒᆞ고禑、昌을誅ᄒᆞ니辛、王兩氏가
更迭ᄒᆞᆯ際에黨派가互分ᄒᆞ야羣臣이相爭ᄒᆞ고或時弊ᄅᆞᆯ論ᄒᆞ며政法
을議ᄒᆞ고彈劾이頻行ᄒᆞ야獄禍가蔓延ᄒᆞ야將相大臣을或流或殺ᄒᆞ
되王은、오작佛을奉ᄒᆞ야善行을修ᄒᆞ나難局에處ᄒᆞ기不易ᄒᆞ야府庫
가空ᄒᆞ고政事가紊ᄒᆞᆫ지라

黨派分彈劾行

이에三軍都摠制府ᄅᆞᆯ立ᄒᆞ야中外軍事ᄅᆞᆯ統케ᄒᆞ고我　太祖로ᄡᅥ都
摠制使ᄅᆞᆯ拜ᄒᆞ고裵克廉은中軍摠制使오趙浚은右軍摠制使오鄭道
傳은左軍摠制使라王이深히　太祖ᄭᅴ依賴ᄒᆞ거ᄂᆞᆯ　太祖ᄭᅴ셔疾로、
ᄡᅥ辭職ᄒᆞ시나文武大權이이믜　太祖ᄭᅴ歸ᄒᆞ야威望이日盛ᄒᆞ시ᄂᆞᆫ
지라

立三軍都摠制府

이에鄭道傳、南誾、趙浚、尹紹宗等이推戴ᄒᆞᆯ意가有ᄒᆞ나獨히鄭夢周가
忠義로ᄡᅥ自奮ᄒᆞ야丞相이된後에尹紹宗、南誾、鄭道傳等을黜ᄒᆞ고
太祖ᄅᆞᆯ害코자ᄒᆞ거ᄂᆞᆯ　太宗ᄭᅴ오셔趙英珪로ᄒᆞ야곰路에셔夢周ᄅᆞᆯ

趙英珪殺鄭夢周

高麗亡

擊殺ᄒᆞ고司憲府와都評議使司ㅣ또上疏ᄒᆞ야夢周의黨偰長壽、李茂、禹玄寶等數十人을流ᄒᆞ야王氏에志ᄒᆞ든者를盡去ᄒᆞ고、이에守門下侍中裴克廉等이王太后의敎로ᄡᅥ王을廢ᄒᆞ야原州에放ᄒᆞ고高麗가亡ᄒᆞ니大抵太祖가新羅敬順王의降을受ᄒᆞᆫ時브터至今ᄭᆞ지王氏가三十二王、四百四十二年이오禑、昌二世를合五야凡四百七十五年이오이다

大抵高麗士大夫間에辨論彈劾이盛行ᄒᆞ야進退黜陟이此時에甚ᄒᆞᆫ者가無ᄒᆞ니此ᄂᆞᆫ當時에宋學이行ᄒᆞ야學者ㅣ宋時風習에浸染ᄒᆞᆫ故오이다

制度

官制

六部

官制ᄂᆞᆫ太祖初에新羅와泰封의制를參用ᄒᆞ고、또三省、六官、九寺、六衛를置ᄒᆞ니此ᄂᆞᆫ唐制를仿ᄒᆞᆷ이오成宗은制作이一新ᄒᆞ야官에常守가有ᄒᆞ고位에定員이有ᄒᆞ야制度가大備ᄒᆞ니、곳內史門下省、御事都省、三司、中樞院、吏部、兵部、戶部、刑部、禮部、工部、御史臺、國子監等이라後에

文宗、睿宗이稍히增損ᄒᆞ나大抵成宗의舊制를循ᄒᆞ며[illegible]ᄒᆞ고勞能을叙ᄒᆞᄂᆞᆫ데ᄂᆞᆫ品、爵、勳、階四等이有ᄒᆞ야秩序가더욱整然ᄒᆞ얏ᄂᆞ이다

悉改官制之似元者

忠烈王時에官制ᄂᆞᆫ元과擬似ᄒᆞᆫ者를改ᄒᆞ고忠宣王은父子가紛更ᄒᆞ야官制가紊亂ᄒᆞ고僉議、密直等이都評議司에서國政을參與ᄒᆞᆫ者ㅣ六七十人이라六部ᄂᆞᆫ虛設이、되고政令이不擧ᄒᆞ고恭愍王은二十年間에官制를改ᄒᆞ기四次라舊制와新制의煩弊가極甚ᄒᆞ얏ᄂᆞ이다

地方政治

地方政治ᄂᆞᆫ太祖二十三年에、비로소諸州、府、郡、縣의名을改ᄒᆞ고成宗은十道로分ᄒᆞ야州、縣을定ᄒᆞ고十二州節度使를設ᄒᆞ고守令을置ᄒᆞ니當時組織은民政과軍務를二에分치、못ᄒᆞ얏ᄂᆞ이다

顯宗은節度使를廢ᄒᆞ고五都護와七十五道의按撫使를置ᄒᆞ얏다가既而오按撫使를廢ᄒᆞ고四都護와八牧을置ᄒᆞ고自後ᄂᆞᆫ摠히四京、八牧、十五府에一百二十九郡、三百三十五縣、二十九鎭이、되얏ᄂᆞ이다

文宗時에ᄂᆞᆫ西京、東京、南京留守、副留守等을置ᄒᆞ고大中都護府、大都

督府、諸牧、防禦鎭、知州郡에ᄂᆞᆫ使、副使等이有ᄒᆞ고諸縣에ᄂᆞᆫ縣令이오諸鎭에ᄂᆞᆫ鎭將이오其他兵馬使、按撫使、按廉使、勸農使等이有ᄒᆞ야軍務ᄅᆞᆯ治ᄒᆞ고人民疾苦와守令殿最ᄅᆞᆯ察ᄒᆞ나然ᄒᆞ나或京城에留ᄒᆞ야遙히領轄ᄒᆞ고或他官이兼任ᄒᆞ얏ᄂᆞ이다

鄕職

鄕職은戶長、副戶長、兵正、副兵正等官이有[illegible]顯宗時에其制가頗定ᄒᆞ얏고、또太祖가新羅의降을受ᄒᆞᆫ後、慶州에審官을置ᄒᆞ고副戶長以下官職을設ᄒᆞ얏더니忠肅王時에此輩가公田을廣占ᄒᆞ야民戶ᄅᆞᆯ匿ᄒᆞᄂᆞᆫ지라、이에此ᄅᆞᆯ罷ᄒᆞ고

兵制

六衛

兵制ᄂᆞᆫ六衛ᄅᆞᆯ置ᄒᆞ니衛에ᄂᆞᆫ上將軍、大將軍이有ᄒᆞ야諸領을統ᄒᆞ고領에ᄂᆞᆫ將軍이有ᄒᆞ야軍을統ᄒᆞ니一領에各千人이오都府ᄅᆞᆯ立ᄒᆞ고六衛ᄅᆞᆯ合ᄒᆞ니四十二都府、四萬二千人이되고、또鷹揚、龍虎二軍을置ᄒᆞ야各其上將軍、大將軍이有ᄒᆞ니六衛上에在ᄒᆞ야相統치아니ᄒᆞ고、또互相牽制ᄒᆞ야國家藩屛이되얏ᄂᆞ이다

肅宗時에女眞이寇擾ᄒᆞ거ᄂᆞᆯ因ᄒᆞ야鍊兵ᄒᆞᆯ식別武班을置ᄒᆞ야文武散官、吏胥、商賈、僕隷、僧徒ᄭᆞ지隷屬ᄒᆞ고凡馬가有ᄒᆞᆫ者ᄂᆞᆫ神騎라ᄒᆞ고無ᄒᆞᆫ者ᄂᆞᆫ神步、跳盪等軍이라稱ᄒᆞ더니

重房

毅宗時에ᄂᆞᆫ二軍及六衛의諸將軍이同會ᄒᆞ야議事ᄒᆞ니號曰重房이라向者相統치아니ᄒᆞᆫ者ᄅᆞᆯ合ᄒᆞ야權力이集一케ᄒᆞ니自此로武臣이强ᄒᆞ다가上將軍鄭仲夫、李義旼亂에重房의權이益重ᄒᆞ고

都房

崔忠獻이執柄時에ᄂᆞᆫ文武官吏와閑良軍人中에勇力이有ᄒᆞᆫ者ᄅᆞᆯ招致ᄒᆞ야其家에直宿ᄒᆞ니號曰都房이라獷勇ᄒᆞᆫ士가、다忠獻父子의占領ᄒᆞᆫ빈되야契丹入寇時에鄭叔瞻이五軍을率ᄒᆞ고出禦ᄒᆞᆫ다稱ᄒᆞ나其實은、다老羸뿐이오、또趙冲이契丹을破ᄒᆞᆯ時에도忠獻이忌嫉ᄒᆞ야其功을不錄ᄒᆞ니自此로六衛의士ㅣ漸々損ᄒᆞ고都房의兵力은益盛ᄒᆞ더니

六衛耗損 都房益盛

其後金仁俊、林衍이衆怒ᄅᆞᆯ因ᄒᆞ야崔氏ᄅᆞᆯ誅ᄒᆞ얏스나王室이自討치못ᄒᆞᆫ故로一權臣을除ᄒᆞ면、또一權臣이生ᄒᆞ다가、밋元宗이復位ᄒᆞᆯ時에元의兵力을藉ᄒᆞ야林衍을除ᄒᆞᆫ後에야權臣의禍가僅息ᄒᆞ얏스나

三別抄의亂이起ᄒ고、또屢次變亂을經ᄒ며府衛兵도더욱其額이未充ᄒ야王宮의護衛가、더욱薄ᄒ얏ᄂ이다

三軍都摠制府

恭愍王後에ᄂ諸道에、다元帥가有ᄒ고、또都元帥、上元帥、副元帥、知兵馬使、節度使等이有ᄒ야號令이多門에出ᄒ며軍政을統一치못ᄒ고王室도總攬權이無ᄒ나、오히려牽制ᄒᄂ비有ᄒ더니恭讓王에至ᄒ야三軍都摠制府를立ᄒ고諸元帥印章을收ᄒ야我 太祖로、써三軍都摠制使를拜ᄒ야自此로兵權이歸一ᄒ고六衛의名이廢ᄒ야、맛참니國家가亡ᄒ얏ᄂ이다

州縣軍

州、縣軍이各處에散在ᄒ者ᄂ兩界、六道의名稱이有ᄒ야錯雜ᄒ나、다六衛에屬ᄒ고

水軍

水軍은太祖時에整理ᄒ야諸島의利를收ᄒ고顯宗은戈船을造ᄒ야鎭溟口에泊ᄒ야東北海賊을禦ᄒ고元宗은戰艦兵粮都監을置ᄒ야蒙古가日本을伐ᄒ時에ᄂ其戰艦은高麗에서辦出ᄒ얏ᄂ이다

王禑ᄂ京畿左右道의軍人을簽ᄒ야騎船軍이라ᄒ야東西江에置ᄒ고

를防ᄒ고恭讓王은朴麟祐로、써楊廣左右道水軍都萬戶를拜ᄒ얏고、

屯田

屯田은顯宗時、距今八百九十年間에嘉州(平安道嘉山)에設ᄒ後、各道에倣行ᄒ더니恭愍王時에權家의占奪ᄒ비되야軍需에資用치못ᄒ얏ᄂ이다

武學

武學은甚히完全치못ᄒ야靖宗時에謂ᄒ되金海兵書ᄂ武略要訣이라ᄒ야各一本式、沿邊州鎭에賜ᄒ고睿宗時에ᄂ武學生十七人을置ᄒ더니仁宗은其有名無實홈으로罷ᄒ고

其後恭愍王初에李穡이武科를設코자ᄒ다가不行ᄒ고恭讓王時에、비로소武科를設ᄒ야兵書와武藝에精通ᄒ者를取ᄒ얏ᄂ히다

兵器

當時에兵器ᄂ弓、弩、刀、劍等이오朴元綽이라ᄒᄂ人이、더욱兵器에用心ᄒ고德宗時에ᄂ繡質弩를作ᄒ고、또八牛弩와二十四般兵器를邊城에置ᄒ기를請ᄒ고靖宗時에ᄂ繡質九弓弩를造ᄒ며極히神巧ᄒ지라此로東西邊鎭에置ᄒ얏ᄂ이다

後弓弩의用이益盛ᄒ야文宗時에도弩手箭六萬隻과車弩箭三萬

隻을西北路에送ᄒᆞ고、또屢次繡質九弓弩로、써射를習ᄒᆞ니其箭에ᄂᆞᆫ大羽箭、柳葉箭、片箭等이有ᄒᆞ고其中片箭이、더욱長技오이다

石砲 朴元綽이또德宗時에雷騰石砲를作ᄒᆞ얏스나此ᄂᆞᆫ上古制와如히機를用ᄒᆞ야石을發ᄒᆞ고仁宗時에金富軾이西京을攻ᄒᆞᆯ時에火具五百餘石을作ᄒᆞ고趙彦의製ᄒᆞᆫ石砲로、써投放ᄒᆞ미其焰이電과如ᄒᆞ고其火ᄂᆞᆫ輪과同ᄒᆞ야火氣가益盛ᄒᆞ얏ᄂᆞ이다

火砲 火藥을用ᄒᆞ기ᄂᆞᆫ王禑時에崔茂宣이元國焰焇匠李元의게學ᄒᆞ야火砲를造ᄒᆞᆷ셔火㷁都監을置ᄒᆞ니倭寇의船을焚ᄒᆞᆷ이自此로始ᄒᆞ얏ᄂᆞ이다

牧馬 牧馬ᄂᆞᆫ軍事에緊要ᄒᆞᆫ지라諸牧塲을龍𪊲、隴西以下十餘處에置ᄒᆞ고毅宗은畜馬料式을定ᄒᆞ야牧馬에用意ᄒᆞ다가後에、또馬를諸島에放ᄒᆞᆷ셔眈羅ᄂᆞᆫ、더욱蕃息ᄒᆞ더니

밋元이高麗를壓制ᄒᆞᆯ時에ᄂᆞᆫ眈羅가元에屬ᄒᆞ고、또國家가多故ᄒᆞ야馬畜이闕乏ᄒᆞ거ᄂᆞᆯ忠烈王이馬畜滋長別監을置ᄒᆞ얏스나、其蕃息이十分充滿치못ᄒᆞ야其後ᄂᆞᆫ百官及僧徒의게戰馬를出케ᄒᆞ얏ᄂᆞ이다

刑法 高麗의政治가大抵唐의制度를本ᄒᆞᆷ셔刑法은、더욱倣行ᄒᆞᆫ者가多ᄒᆞ야獄官令及名例衛禁以下十二律이有ᄒᆞ고其刑法은笞、杖、徒、流、死가有ᄒᆞ며此에附ᄒᆞᆫ者ᄂᆞᆫ、다減贖當免法이有ᄒᆞ고

凡刑律이唐律은五百條어ᄂᆞᆯ高麗ᄂᆞᆫ六十九條오此外에別로히獄官令二條를附ᄒᆞᆯ뿐이라其煩劇을删ᄒᆞ고簡易를取ᄒᆞ야時宜에斟酌ᄒᆞ얏스나其條目이未詳ᄒᆞ야取捨의當否를論斷키難ᄒᆞ니其流刑中二千里、三千里라云ᄒᆞᆷ은高麗地方이狹少ᄒᆞ니此ᄂᆞᆫ行치못ᄒᆞᆯ事라其虛文을可知오

鄭夢周撰新律 其後또法綱이漸弛ᄒᆞ야弊端이益甚ᄒᆞᆷ셔王禑時에ᄂᆞᆫ元國의至正條格을遵케、ᄒᆞ고典法司ᄂᆞᆫ、또明律及議刑易覽을斟酌更定코자、ᄒᆞ며鄭夢周가明律及至正條格과本朝法令을取ᄒᆞ야斟酌删定ᄒᆞ얏스나是年에社稷이亡ᄒᆞ야此를用치못ᄒᆞ얏ᄂᆞ이다

大抵高麗의法律이唐을倣ᄒᆞ얏스나太祖가佛敎를好ᄒᆞ야慈悲로、써

爲本ᄒᆞᄂᆞᆫ故로往々히惡을寬恕ᄒᆞ고暴를惠宥ᄒᆞ야紀綱이不振ᄒᆞ고武臣이跋扈ᄒᆞ야明宗,高宗以來에ᄂᆞᆫ權臣이繼起ᄒᆞ야被告ᄒᆞᆫ者를其罪를不問ᄒᆞ고,곳水中에投ᄒᆞ야刑政이大壞ᄒᆞ나然ᄒᆞ나當時에條目이甚히簡疎ᄒᆞ야人이自意로法을行ᄒᆞ야寬嚴이大異ᄒᆞ얏ᄂᆞ이다

民事訴訟 民事訴訟은大抵私田의爭과良賤의訟이라其守令及按廉使의게訴ᄒᆞ고或京官에越告ᄒᆞ며或有司에訴치아니ᄒᆞ고直히大內와都堂에達ᄒᆞᄂᆞᆫ者를禁ᄒᆞ얏ᄂᆞ이다

田地種類 租稅ᄂᆞᆫ當時에田地의種類를擧ᄒᆞ면功蔭田,口分田,公廨田,永業田,科田等名目이有ᄒᆞ니此를謂ᄒᆞ되田柴科라官人의게授ᄒᆞ얏다가身**公田** 歿ᄒᆞ면公에納ᄒᆞᄂᆞᆫ者를公田이라ᄒᆞ야租稅를官에不納ᄒᆞ고臣民의**私田** 私有ᄒᆞᆫ者ᄂᆞᆫ私田이라ᄒᆞᄂᆞ이다

量田步法 田地를量ᄒᆞᆷ은一丈을把라ᄒᆞ고十把를束이라ᄒᆞ고十束을負라ᄒᆞ고百負를結이라ᄒᆞ니此ᄂᆞᆫ新羅以來舊制오文宗二十三年,距今八百三十八年前에量田步法을定ᄒᆞ니

田一結은方三十三步오二結은方四十七步오三結은方五十七步三分이오四結은方六十五步오五結은方七十三步八分이오田六結은方八十步八分이오七結은方八十七步四分이오八結은方九十步七分이오九結은方九十九步오十結은方百四步三分이니

此時에六寸을一分이라ᄒᆞ고十分을一尺이라ᄒᆞ고六尺을一步라ᄒᆞ고百步를一結이라ᄒᆞ며(步와負ᄂᆞᆫ音이相同)然이나負束의稱이맛참ᄂᆡ廢치아니ᄒᆞ고明宗時에,또ᄒᆞᆫ其數를用ᄒᆞ며

田地等級 또田地의等級을定ᄒᆞᆯ서不易ᄒᆞᆫ地를上田이라ᄒᆞ고一易ᄒᆞᆫ地ᄂᆞᆫ中田이오再易ᄒᆞᆫ地ᄂᆞᆫ下田이라ᄒᆞ니不易ᄒᆞᆫ山田一結과一易田二結과再易田三結은幷히平田一結과相準ᄒᆞ고

米粟量法 米粟을量ᄒᆞᆷ은十勺이一合이오十合이一升이오十升이一斗오十五斗ᄂᆞᆫ小斛이오二十斗ᄂᆞᆫ大斛이라ᄒᆞ고靖宗時에ᄂᆞᆫ每年春秋에公私의秤,斛,斗,升에平木,長木으로ᄡᅥ平校ᄒᆞ고文宗七年,距今八百五十四

年前에官斛法을定ᄒᆞ니

米斛은一尺二寸이오稗租斛은一尺四寸五分이오末醬斛은一尺三寸九分이오大小豆斛은一尺九分이니此四種은長、廣、高가皆同ᄒᆞ고

恭愍王時에諸道鄕吏가收租ᄒᆞᆯ식私히大斗를作ᄒᆞ야剩量ᄒᆞᄂᆞᆫ지라이에州郡官으로ᄒᆞ야곰中外公私間에斗斛이同케ᄒᆞ얏ᄂᆞ이다

衡

衡은斤、兩、目、刀、錢、分等의稱이有ᄒᆞ고顯宗이權衡을定ᄒᆞ얏스나其制가不詳ᄒᆞ더니忠烈王이元의秤制를從ᄒᆞ고

租稅

租稅制ᄂᆞᆫ大略二種에別ᄒᆞ니太祖가泰封의苛政을除ᄒᆞ야新羅制를復ᄒᆞᆯ식田一負브터租三升을收ᄒᆞ고成宗은公田의租ᄂᆞᆫ四分에一을取ᄒᆞ고水旱田을因ᄒᆞ야等級이有ᄒᆞ더니

一般人民所收租稅

王禑時에趙浚의議로公私租를收ᄒᆞᆯ식一結에米二十斗로定ᄒᆞ야民生을厚케ᄒᆞ고恭讓王은水田一結에糙米三十斗오旱田에ᄂᆞᆫ雜穀三十斗오

貢賦

또貢賦라ᄒᆞᆷ은各種物品을貢ᄒᆞᆷ이라光宗時、距今九百四十年頃에其額을定ᄒᆞ얏스나其多少를不知ᄒᆞ더니其後牛皮、筋、骨、中布、緜布、緜紬等을平布로折ᄒᆞ야受ᄒᆞ고、또其多少를酌定ᄒᆞ나恒常橫歛이多ᄒᆞ더니宣宗時、距今八百十餘年前에ᄂᆞᆫ雜稅라云ᄒᆞᄂᆞᆫ者ㅣ有ᄒᆞ야栗栢에大木은三升이오中、小木은二升一升이오其他漆及麻田等에稅가有ᄒᆞ얏고忠惠王時에ᄂᆞᆫ山稅가有ᄒᆞ야松子를獻ᄒᆞ더니其後에山澤稅를收ᄒᆞ기漸重ᄒᆞ다가恭愍王이輕減ᄒᆞ얏ᄂᆞ이다

徭役

徭役은凡民이年十六을丁이라ᄒᆞ야國役에服ᄒᆞ다가六十에免役ᄒᆞ니此等은다州郡에서每年에戶口를計ᄒᆞᆯ식良民、賤民의生口、戶籍을分製ᄒᆞ야戶部에貢ᄒᆞᆫ後、其戶籍을依ᄒᆞ야使役ᄒᆞ되人口多少를分ᄒᆞ야九等으로賦役을定ᄒᆞ더니王禑時에外方民도京中法을從ᄒᆞ야大、中、小三等에分ᄒᆞ야中戶ᄂᆞᆫ二로써一이라ᄒᆞ고小戶ᄂᆞᆫ三으로써一이라ᄒᆞ니

以上租稅、貢賦、徭役은곳唐의租、庸、調의類니田地와人身과家屋으로

鹽稅

셔出ᄒᆞᆫ者오其他鹽稅等은國家用度에最大ᄒᆞᆫ者로되忠烈王時에비로소鹽稅別監을諸道에遣ᄒᆞ고忠宣王은政府에셔鹽倉을建置ᄒᆞ야人民으로ᄒᆞ야곰官司에來ᄒᆞ야布로ᄡᅥ鹽을換ᄒᆞ고私히販賣者ᄂᆞᆫ嚴罰ᄒᆞ니當時에諸道鹽價의歲入이布가四萬疋이오恭愍王時에ᄂᆞᆫ鹽戶가散亡ᄒᆞᆫ지라人民이租稅ᄅᆞᆯ納ᄒᆞᆯᄲᅮᆫ이오鹽을受치못ᄒᆞ기十年이되얏ᄂᆞ니이다

臨時科斂

高麗에셔大事가有ᄒᆞ야用度가不足ᄒᆞ면金、銀、布、帛、米、豆等을群臣과人民의게臨時科斂ᄒᆞ야費用을支辦ᄒᆞᆫ者가有ᄒᆞ니元의歷制ᄅᆞᆯ受ᄒᆞᆫ以來로國贐을助ᄒᆞ며軍粮을充ᄒᆞ기屢次에다民의게取ᄒᆞ기無已ᄒᆞ되오작即位와밋幸行時에水、旱、霜、蟲等을因ᄒᆞ야租稅ᄅᆞᆯ減ᄒᆞ고徭役을蠲ᄒᆞ기屢度라故로人民도息肩ᄒᆞᆫ日이有ᄒᆞ얏ᄂᆞ니이다

租稅減免

祿俸

祿俸은種々ᄒᆞᆫ制度가有ᄒᆞ야文武百官으로브터府兵、閑人ᄭᆞ지科ᄅᆞᆯ隨ᄒᆞ야墾田을授ᄒᆞ고、ᄯᅩ採樵地ᄅᆞᆯ給ᄒᆞ니此ᄅᆞᆯ謂ᄒᆞ되田柴科라太祖時에ᄂᆞᆫ田을分ᄒᆞᆯ셰官階ᄅᆞᆯ不論ᄒᆞ고人의性行善惡과功勞大小ᄅᆞᆯ隨

田柴科

ᄒᆞ야給予ᄒᆞ더니景宗은現職과散官各品의田柴科ᄅᆞᆯ立ᄒᆞ고、ᄯᅩ人品으로ᄡᅥ定ᄒᆞ다가

穆宗、文宗은十八科ᄅᆞᆯ定ᄒᆞ니制度가大備ᄒᆞ야其田柴ᄅᆞᆯ其身이殁ᄒᆞᆫ後、納官ᄒᆞ고、오작府兵은六十에還納ᄒᆞ고七十以後에ᄂᆞᆫ口分田五結을給ᄒᆞ고、ᄯᅩ軍人戰死者의妻와밋五品以上의遺女未嫁者ᄂᆞᆫ五結、或八結을給ᄒᆞ얏ᄂᆞ니이다

公蔭田柴

此外에、ᄯᅩ公蔭田柴ᄂᆞᆫ子孫及壻、姪、養子ᄭᆞ지傳ᄒᆞ고、ᄯᅩ公廨田柴ᄂᆞᆫ州、縣、府、郡、館、驛等의職分田이、되니

祿俸

以上은、다土地로、ᄡᅥ予ᄒᆞᆫ者오此外에米、粟으로、ᄡᅥ予ᄒᆞᆫᄂᆞᆫ者ㅣ有ᄒᆞ니此ᄂᆞᆫ、곳祿俸이라文宗時、距今八百五十年에其法이大備ᄒᆞ고仁宗이다시定ᄒᆞ니內에ᄂᆞᆫ后妃、公主、宗室、百官브터外에ᄂᆞᆫ三京、州、府、縣ᄭᆞ지、다祿이有ᄒᆞ야多者ᄂᆞᆫ三四百石브터小者ᄂᆞᆫ四五石에至ᄒᆞ고

國初田數

田柴科의制가太祖브터始ᄒᆞ야數世後에漸備ᄒᆞ니此ᄂᆞᆫ國初의田數가大約八十萬結이라此로、ᄡᅥ給ᄒᆞ더니其後에收授法이漸壞ᄒᆞ고擅

奪의風이大行ᄒᆞ야已仕와已嫁人도,오히려閑人의田을食ᄒᆞ며行伍에不入ᄒᆞᆫ者도軍田을冒食ᄒᆞ고父ᄂᆞᆫ其子의게私授ᄒᆞ야子가納官치아니ᄒᆞ니故로虛實이相蒙ᄒᆞ야或三百結을受ᄒᆞᆫ者ㅣ其實은立錐地가無ᄒᆞ더니

恭讓王初六道墾田數

恭讓王初에趙浚等이建議ᄒᆞ야私田을革ᄒᆞ고자ᄒᆞᆯᄉᆡ巨室과世族이,다不願ᄒᆞ니時에六道의墾田數가五十萬結뿐이라此로,써上供及祿俸軍料等을定ᄒᆞ더니既而오革命이,되야十分整頓치,못ᄒᆞ얏ᄂᆞ이다

祿俸은文宗時에歲入米,粟,麥이據히十三萬九千七百餘石이라科를隨ᄒᆞ야給ᄒᆞ고西京官祿은西京의大倉과西海道의稅粮으로,써給ᄒᆞ고外官祿은左倉及外邑으로서給ᄒᆞ더니高宗,元宗以後에ᄂᆞᆫ倉廩이虛竭ᄒᆞ야祿을頒키難ᄒᆞᆫ지라,드ᄃᆡ여畿縣에서祿科田을給ᄒᆞ야補充ᄒᆞ고恭愍王以後ᄂᆞᆫ倭寇를因ᄒᆞ야漕運을通치,못ᄒᆞ매宰相의俸도僅히數斛이오七品以下ᄂᆞᆫ,다만布를給ᄒᆞ얏ᄂᆞ이다

學制

學制ᄂᆞᆫ新羅가亡키前에太祖ㅣ西京에서學校를創置ᄒᆞ고廷鶚으로,써書學博士를拜ᄒᆞ고別로히學院을創ᄒᆞ고六部生徒를聚ᄒᆞ야敎授ᄒᆞ고兼히醫卜二業을置ᄒᆞ고成宗은經學,醫學博士各一員을二十牧에置ᄒᆞ고國子監을創ᄒᆞ야田庄을給ᄒᆞ고修書院(書籍을藏ᄒᆞ야今國書館과如ᄒᆞᆫ者라)을設ᄒᆞ야學問을奬勵ᄒᆞ나然ᄒᆞ나,오히려甚盛치,못ᄒᆞ더니文宗時에十二徒(下見)가興ᄒᆞᆫ後,私學이最盛ᄒᆞ고睿宗은國學에養賢庫를立ᄒᆞ야士子를養ᄒᆞᆯᄉᆡ學舍를廣設ᄒᆞ고儒學六十人과武學十七人을置ᄒᆞ고名儒를選ᄒᆞ야學官博士라,ᄒᆞ고仁宗에至ᄒᆞ야ᄂᆞᆫ學式을定ᄒᆞ니

國子學生三百人,大學生三百人,四門學生三百人이오凡雜路及工,商,樂名等賤事者와大小功親에犯嫁者와家道不正者와惡逆에犯ᄒᆞᆫ者와賤鄕部曲人等子孫及自身有罪者ᄂᆞᆫ入學을不許ᄒᆞ고

또國子學中에律學,書學,算學은八品以下子孫及庶人과七品以上子의情願者를許入ᄒᆞ고

國子學과大學과四門學에,다博士와助敎를置ᄒᆞ고經을分ᄒᆞ야敎授

ᄒᆞ고律書及算學은다만博士를置ᄒᆞ니凡經書ᄂᆞᆫ周易、書傳、周禮、儀禮、
禮記、毛詩、春秋、孝經、論語、等과算術及時務策을習ᄒᆞ고暇時ᄂᆞᆫ書를習
ᄒᆞ고

文學諸州

仁宗은또諸州에下詔ᄒᆞ야學을立ᄒᆞ야學生을置ᄒᆞ니此ᄂᆞᆫ成宗時에
博士를十二牧에置ᄒᆞ얏스나學校가未立ᄒᆞᆫ故오其後國學生徒가二
百人에不過ᄒᆞ니此ᄂᆞᆫ費用을省ᄒᆞᆷ이오元宗은東西學堂을置ᄒᆞ고各
其別監을差ᄒᆞ야敎導ᄒᆞ얏고

贍學錢

忠烈王은當時儒士가오작科文을習ᄒᆞ고經史를通ᄒᆞᆫ者ㅣ小ᄒᆞ다ᄒᆞ
야崔雍等七人으로ᄡᅥ經史敎授를拜ᄒᆞ고、또國學에大成殿을新建ᄒᆞ
니時에安裕가建議ᄒᆞ야國學의贍學錢(今의學校寄本金과同이라)을置ᄒᆞ고、또書籍을
支那國江南에購來ᄒᆞ야諸事가頗備ᄒᆞ고諸生이受業ᄒᆞᄂᆞᆫ者ㅣ數百
이오

忠宣王은또博士柳衍을江南에遣ᄒᆞ야經籍一萬八千卷을購來ᄒᆞ고
元이、또宋秘閣의所藏書籍四千三百七十一冊을送來ᄒᆞ고恭愍王時

에ᄂᆞᆫ國學과十二徒東西學堂을葺治ᄒᆞ고其他中外學校를修理ᄒᆞ고
李穡이大司成을兼ᄒᆞ니學徒가漸漸衆多ᄒᆞ고
恭讓王도、또ᄒᆞᆫ儒學敎授官을京中五部及各道에置ᄒᆞ야學業을奬勵
ᄒᆞ니大抵十二徒ᄂᆞᆫ本來私學이로되此時에ᄂᆞᆫ國學과東西學堂이幷
立ᄒᆞ야凡科擧를應ᄒᆞᄂᆞᆫ者ᄂᆞᆫ몬저徒中에隷ᄒᆞ야學ᄒᆞ미政府에셔此
를鄭重히待遇ᄒᆞ얏ᄂᆞ이다

科擧

科擧로、ᄡᅥ士子를選ᄒᆞᆷ은光宗九年、距今九百四十九年前에支那後周
人雙冀의言을用ᄒᆞ야始設ᄒᆞ얏스니其法이唐制를用ᄒᆞ야科目은製
述(即進士)明經의兩業이有ᄒᆞ고其他醫、卜、地理、律書、算、三禮、三傳이니各
其其業으로試取ᄒᆞ야出身을賜ᄒᆞ고、비록名卿大夫라도、다科目으로、
브터進ᄒᆞ니其法이親試、覆試、監試、封彌、殿試、覈試、等名이有ᄒᆞ니光宗
時브터恭讓王時ᄭᆞ지進士가大約六千人이오明經이四百四十人이
오醫、卜과明法、明書、算、三禮、三傳等은穆宗時ᄭᆞ지五六人、乃至二三十
人뿐이오

科擧外에 遺逸賢良의 薦이 有ᄒᆞ고, ᄯᅩ 門蔭, 南班, 雜路의 遷敍, 陞遷의 途가 有ᄒᆞ나 其初ᄂᆞᆫ 銓選法이 頗正ᄒᆞ더니 高宗時에 崔瑀가 政房을 私第에 置ᄒᆞᆫ 後브터 賄賂가 行ᄒᆞ야 銓選이 壞ᄒᆞ고 忠烈王以後에ᄂᆞᆫ 國用이 不足ᄒᆞ야 人이 銀과 粟을 納ᄒᆞ야 拜官케ᄒᆞᆯ시 所納의 多少를 隨ᄒᆞ야 次第를 定ᄒᆞ니 此ᄂᆞᆫ 衰季의 亂政이오

黑冊紅粉 ᄯᅩ 科目의 紊亂이 益甚ᄒᆞ야 黑冊과 粉紅의 誚이 有ᄒᆞ니 黑冊이라ᄒᆞᆷ은 忠肅王時에 批目이 下ᄒᆞᆯ時에 用事者가 塗抹撰改ᄒᆞ야 朱墨을 分辨키 難ᄒᆞᆫ지라 故로 曰, 黑冊政事라, ᄒᆞ니 黑冊은 即 兒童이 習字ᄒᆞᄂᆞᆫ 帖이오 粉紅이라, ᄒᆞᆷ은 王禑時에 勢家의 幼稚兒童이 登科ᄒᆞ민 時人이 謂曰, 粉紅이라, ᄒᆞ니 其兒童이 粉紅衣를 着ᄒᆞᆫ 故라 高麗의 業이 此에서 衰ᄒᆞ얏ᄂᆞ니라

職限 科擧로 人을 登庸ᄒᆞᆷ이 上文과 如ᄒᆞ나 其所取ᄂᆞᆫ, 더 士大夫의 子라 其身이 微賤ᄒᆞᆫ 者ᄂᆞᆫ 參與치, 못ᄒᆞ고, ᄯᅩ 官職에 限이 有ᄒᆞ야 電吏, 杖首, 門僕等의 子孫은 製述, 明經業에 登ᄒᆞᆫ 者ㅣ 五品을 爲限ᄒᆞ고 醫卜, 地理, 算術의 業은 七品이 爲限이오 或 大小功親에 嫁ᄒᆞ야 生ᄒᆞᆫ 子와 工商樂人의 子ᄂᆞᆫ 功이 有ᄒᆞ야도, 더만 物을 賜ᄒᆞ고 仕路에 禁ᄒᆞ니 其制가 時를 因ᄒᆞ야 不同ᄒᆞ나 然이나 寒微者ᄂᆞᆫ 榮達路가 壅塞ᄒᆞ얏ᄂᆞ니라

高麗五百年의 制度를 通觀ᄒᆞ면 其初에ᄂᆞᆫ 唐制를 仿ᄒᆞᆫ 者ㅣ 十에 七八이오 忠烈王以後ᄂᆞᆫ 或 元의 制度를 據ᄒᆞᆫ 者ㅣ 有ᄒᆞ니 其間에 得失利害가 不無ᄒᆞ나 然이나 高麗가 唐制를 依仿ᄒᆞᆫ 者ᄂᆞᆫ 大抵 舊法을 因襲ᄒᆞᆯ 뿐이오 이다

敎法

儒學 儒學이 其初에ᄂᆞᆫ 甚盛치, 아니ᄒᆞ더니 成宗十一年, 距今 九百十五年前에 至ᄒᆞ야 孜々히 周公, 孔子의 敎를 興ᄒᆞ고 父慈, 子孝, 兄友, 弟恭의 道理을 識코자ᄒᆞ야 經學博士를 十二牧에 置ᄒᆞ고 文宗時에ᄂᆞᆫ 崔冲이 九齋를 作ᄒᆞ야 諸生을 敎育ᄒᆞ니 其徒中에 隸ᄒᆞᆫ 者를 謂ᄒᆞ되 崔公徒라, ᄒᆞ고

十二徒 其他 儒臣이 徒를 立ᄒᆞᆫ 者ㅣ 凡 十一이라 世人이 謂ᄒᆞ되 十二徒라 稱ᄒᆞ고 其中 崔冲의 徒가 最盛ᄒᆞ야 謂ᄒᆞ되 海東孔子라, ᄒᆞ고 王이, ᄯᅩ 國子監

에詣ᄒᆞ야孔子像에再拜ᄒᆞ고稱曰百王師라ᄒᆞ고睿宗은學生을宋에遣ᄒᆞ고、또淸讌閣、寶文閣에셔學士로、더브러經籍을講論ᄒᆞ고學校를設ᄒᆞ고生員을置ᄒᆞ야禮樂으로、써風俗을成ᄒᆞ고

禁老莊學

仁宗은諸生의老、莊學을禁ᄒᆞ고戶部尙書로、ᄒᆞ야곰五典으로、써人民을敎ᄒᆞ고閭里童稚의게ᄂᆞᆫ論語와孝經을分賜ᄒᆞ고儒臣은經을講論ᄒᆞ니此ᄂᆞᆫ儒學이最盛ᄒᆞᆫ時오其後에ᄂᆞᆫ學問이不行ᄒᆞᆷ은아니로되、다詞賦와文章業에不過ᄒᆞ더니忠烈王時에安裕가忠君、孝親과兄友、弟恭의道를講ᄒᆞ고

忠烈王이、또大成殿을作ᄒᆞ야儒學이再興ᄒᆞ나然ᄒᆞ나程、朱를學ᄒᆞᄂᆞᆫ者ㅣ未有ᄒᆞ더니忠肅王時에白頤正이元에如ᄒᆞ야程、朱學을治ᄒᆞ고歸國ᄒᆞ거ᄂᆞᆯ李齊賢、朴忠佐ㅣ從學ᄒᆞ고、또權溥가建白ᄒᆞ야朱子의四書集註를刊行ᄒᆞ고禹倬은程氏易傳에明ᄒᆞ야生徒를敎授ᄒᆞ니性理學이始行ᄒᆞ고其後에李穡、尹澤、權近、李仁復의徒ㅣ輩出ᄒᆞ셔李穡은大司成으로生員을增置ᄒᆞ고、또金九容、鄭夢周、朴尙衷、朴宜中、李崇仁

性理學始行

等이學官을衆ᄒᆞ야學者ㅣ坌集ᄒᆞ미性理學이益盛ᄒᆞ고

其中에道德과學問이一代에冠冕되기ᄂᆞᆫ李穡、鄭夢周오夢周의理論이、더옥人意에超出ᄒᆞ니諸儒가歎服ᄒᆞ고

儒學著書

또其忠義大節이當時의風氣를勵ᄒᆞ기尤大ᄒᆞ고、오작可惜ᄒᆞᆫ者ᄂᆞᆫ當時에儒學으로著書가僅히尹彦頤의易解와權近의入學圖說、五經淺見錄에不過ᄒᆞ얏ᄂᆞ이다

釋奠

國學에셔ᄂᆞᆫ文宣王廟를立ᄒᆞ고每年春秋二仲朔、上丁日에釋奠을行ᄒᆞ고顔回以下七十二人과左丘明以下二十三人을配享ᄒᆞ고本國人中配享ᄒᆞᆫ者ᄂᆞᆫ、오작新羅의崔致遠、薛聰兩人뿐이오其儀節은國王이親祀ᄒᆞ고祭酒、司業、博士가獻官이、되고

諸州縣에도地方長官이主가、되야釋奠을行ᄒᆞ고儒學으로써國敎를作ᄒᆞ야尊崇ᄒᆞ얏ᄂᆞ이다

佛敎

佛敎ᄂᆞᆫ太祖가甚히信奉ᄒᆞ야即位初에天竺國法師摩睺羅와隆哩縛日羅ㅣ來ᄒᆞ거ᄂᆞᆯ王이儀節을備ᄒᆞ야迎接ᄒᆞ고또國을有ᄒᆞᆷ이佛氏力

이라ᄒᆞ야其訓要ᄅᆞᆯ述ᄒᆞᄂᆞᆫ데도佛事ᄅᆞᆯ頌ᄒᆞᆫ者ㅣ多ᄒᆞ고燃燈에八關說(八佛誠家)이有ᄒᆞ고成宗은僧徒로ᄡᅥ國師、王師라ᄒᆞ고德宗은菩薩戒ᄅᆞᆯ受ᄒᆞ고其後諸王도道塲을設ᄒᆞ고寺院에幸ᄒᆞᆷ과僧의게施飯ᄒᆞᄂᆞᆫ事가極多ᄒᆞ고、또仁宗은妙淸、白壽翰의言을聽ᄒᆞ야灌頂道塲을常安殿에設ᄒᆞ더니元宗이即位時에도灌頂禮ᄅᆞᆯ行ᄒᆞ고忠宣王은灌頂道塲을設ᄒᆞ고

禪宗之始

成宗은沙門三十餘人을宋杭州(支那浙江省)에遣ᄒᆞ야永明寺智覺禪師의게受學ᄒᆞ야宗鏡錄을領歸ᄒᆞ니此ᄂᆞᆫ禪宗의始오、또文宗이其子煦와鏡ᄅᆞᆯ祝髮ᄒᆞ야僧이되더니煦가聰慧ᄒᆞ야비로소華嚴을業ᄒᆞ고、또儒術을涉獵ᄒᆞ다가潛히宋에入ᄒᆞ야法을求ᄒᆞ더니、밋還國ᄒᆞ미釋典經書ᄅᆞᆯ遼東에購ᄒᆞ야刋行ᄒᆞ야天台宗을創ᄒᆞ고其歿에大覺國師ᄅᆞᆯ贈ᄒᆞ니、이에佛敎가더욱興隆ᄒᆞ고

創天台宗

分佛敎爲敎宗禪宗

其後王子의僧된者ㅣ歷代의恒例가되니當時에行ᄒᆞᄂᆞᆫ佛敎ᄂᆞᆫ敎宗天台宗 禪宗(慈恩宗、曹溪宗의別이有ᄒᆞ다)이有ᄒᆞ나敎宗은禪宗을不及ᄒᆞ고

高麗一代에ᄂᆞᆫ佛敎가尤盛ᄒᆞᆫ世러니恭讓王時距今五百十六七年頃에宋儒의程、朱學이盛行ᄒᆞ야士大夫間에往々히佛氏ᄅᆞᆯ排斥ᄒᆞᄂᆞᆫ者ㅣ踵起ᄒᆞ다가畢竟近世初(本朝初)에ᄂᆞᆫ佛敎ᄅᆞᆯ一掃ᄒᆞ얏ᄂᆞ이다

程朱學隆興影響

高麗末에佛敎가衰頹ᄒᆞᆯ뿐아니라朝廷士大夫의風習과喪祭禮ᄭᆞ지盡變ᄒᆞ야其影響의及ᄒᆞᆷ이極大ᄒᆞ얏ᄂᆞ이다

道敎

道敎ᄂᆞᆫ睿宗時、距今八百年前에元始天尊像을玉燭亭에置ᄒᆞ고每月에醮祭ᄒᆞ며毅宗은僧道數百人을集ᄒᆞ야恒常齋醮ᄒᆞ미靡費가極多ᄒᆞ니其道가大行치ᄂᆞᆫ아니ᄒᆞ나、또ᄒᆞᆫ甚盛ᄒᆞ얏ᄂᆞ이다

文學과技藝

文學

文學은光宗九年、距今九百四十九年前에雙冀의議ᄅᆞᆯ用ᄒᆞ야科擧로取士ᄒᆞᆫ後로文風이漸興ᄒᆞ나浮華가盛ᄒᆞ야實德이衰ᄒᆞ고成宗은學校ᄅᆞᆯ建ᄒᆞ고書院을置ᄒᆞ더니顯宗이南幸ᄒᆞᆫ後로大振치못ᄒᆞ고文宗時에崔沖이斯文을興起ᄒᆞ야其學이九經、三史에、또詩、禮ᄅᆞᆯ習ᄒᆞ야科擧ᄅᆞᆯ應ᄒᆞᄂᆞᆫ者ㅣ、다徒中에隸ᄒᆞ니、이에文學이蔚然히興ᄒᆞ고

文學蔚興

또仁宗、睿宗、毅宗은群臣會宴에詩롤賦ᄒᆞ고毅宗은其風이益盛ᄒᆞ야輕躁浮薄ᄒᆞᆫ金敦中、韓賴等과唱和酣飮ᄒᆞ다가武將의忿怒롤招ᄒᆞ야王을弑ᄒᆞ고文冠을戴ᄒᆞᆫ者ᄂᆞᆫ盡殺ᄒᆞ니文學浮華의弊가如此ᄒᆞ며곳文運의一大災厄이오

文運一大災厄

其後李奎報、琴儀、李公老、兪升旦等은詩롤善ᄒᆞ고文에工ᄒᆞᆫ者라然이나當時學者ᄂᆞᆫ大抵僧徒롤從ᄒᆞ야章句롤習ᄒᆞ니其風俗을可知오忠烈、忠宣은다文學을好ᄒᆞ시忠宣은燕京에서萬卷堂을搆ᄒᆞ고閻復、姚燧、趙孟頫、虞集等으로더브러書史롤考究ᄒᆞ며李齊賢이其間에서周旋ᄒᆞ서文名이最盛ᄒᆞ고

忠惠王은學子로ᄒᆞ야곰律詩一百首롤誦ᄒᆞ고小學五聲字韻을通ᄒᆞᆫ者로赴試케ᄒᆞ나然ᄒᆞ나忠穆王은李、杜詩롤觀코자ᄒᆞ다侍臣이其政治에無補ᄒᆞ다ᄒᆞ야進納지아니ᄒᆞ얏스니然則當時에詩賦롤鄙視ᄒᆞᆷ도可知오恭愍王以後ᄂᆞᆫ學士가相繼輩出ᄒᆞ며其中鄭道傳、尹紹宗、權近等은더욱錚錚ᄒᆞᆫ大家라文章과制作이可觀ᄒᆞᆫ者가甚多ᄒᆞ니其盛

歷史

ᄒᆞᆷ이中葉以前에及ᄒᆞᆯᄇᆡ、아니라

然이나高麗一代에著述에用心ᄒᆞ야一部書籍을完成ᄒᆞᆫ者ᄂᆞᆫ僅히數十種에不過ᄒᆞ야歷史에ᄂᆞᆫ金富軾의三國史記가著名ᄒᆞ나、오히려自國을貶侮ᄒᆞ야卑陋ᄒᆞᆫ譏롤難免이오

詩文

詩文은或温雅、或豪健ᄒᆞ야各其長短이有ᄒᆞ나李奎報、李崇仁、李穡、鄭夢周等의集이、더욱後世에行ᄒᆞ얏ᄂᆞ이다

書籍印行

藏經高麗本

書籍을印行ᄒᆞ기ᄂᆞᆫ成宗時、距今九百十餘年前에大藏經을刊刻ᄒᆞ서宋本及契丹本을求ᄒᆞ야校合ᄒᆞ니後世에서此롤高麗本이라稱ᄒᆞ며現今藏經刊本이此보다善ᄒᆞᆫ者가未有ᄒᆞ고其後靖宗時ᄂᆞᆫ崔顥等이兩漢及唐書롤刊行ᄒᆞ고、또秘書省에서禮記와毛詩의正義롤新刊ᄒᆞ얏스나盛行치못ᄒᆞ고

文宗時에ᄂᆞᆫ西京留守가言ᄒᆞ되進士、明經等의就業ᄒᆞᆯ書籍이、다傳寫ᄒᆞᆫ者라文字가乖錯ᄒᆞ다ᄒᆞ거ᄂᆞᆯ이에秘閣의九經、漢、晋、唐書와論語、孝經과子、史、諸家文集과醫、卜、地理、律、算等諸書롤印刷ᄒᆞ야各一本式、諸

學院에置ᄒᆞ고其後에ᄂᆞᆫ屢次諸州縣에서醫書、歷史等을雕印ᄒᆞ고、또宣宗時에ᄂᆞᆫ書籍四千卷을遼、宋과日本에購來ᄒᆞ야刊行ᄒᆞ얏스나此ᄂᆞᆫ、다官府에서出ᄒᆞᆫ者오民間에서ᄂᆞᆫ刊行ᄒᆞᆷ이無ᄒᆞ고、또支那書籍을飜刻ᄒᆞᆯ뿐이오明宗은崔惟淸의所撰、李翰林集注及柳文事實을覽ᄒᆞ고嘉賞ᄒᆞ야板에鏤ᄒᆞ니此가本國人이編輯ᄒᆞᆫ者를刊行ᄒᆞᄂᆞᆫ始初오

活字印板 活字印板은此보다稍後ᄒᆞ나恭讓王時、距今五百十六七年頃에書籍院을置ᄒᆞ고鑄字로、써書籍을印行ᄒᆞ얏고

天文曆象 天文曆象은賤技라、ᄒᆞ야學者ㅣ少ᄒᆞ더니元宗時에天文을知ᄒᆞᄂᆞᆫ者ㅣ大學博士를拜ᄒᆞ니人이、다嘲笑ᄒᆞᄂᆞᆫ지라故로其術이進步치、못ᄒᆞ고

曆法 曆法은唐의宣明曆을用ᄒᆞ야高麗初브터百年을逾ᄒᆞ매其術이已差ᄒᆞ얏고唐에서ᄂᆞᆫ屢次曆法을改ᄒᆞ얏거ᄂᆞᆯ高麗ᄂᆞᆫ其舊를循行ᄒᆞ다가文宗時에曆을撰ᄒᆞᄂᆞᆫ者ㅣ多ᄒᆞ니、곳十精曆(太史金成澤)과七曜曆(李仁顯)과見行曆(韓爲行)과遁甲曆(梁元虎)과太一曆(金正)이라其法이甚詳치、못ᄒᆞ나其大體에

ᄂᆞᆫ發明ᄒᆞᆫ者가多ᄒᆞ고

醫術 醫術은太祖初에西京에學校를創立ᄒᆞ야醫、卜二業을置ᄒᆞ고成宗은醫學博士各一人을十二牧에置ᄒᆞ야儒學과同히奬勵ᄒᆞ나然ᄒᆞ나當時에士庶人의病者ᄂᆞᆫ醫를不見ᄒᆞ고藥도、또ᄒᆞᆫ無ᄒᆞ야死者가多ᄒᆞ더니文宗時에醫藥을宋에求ᄒᆞ고肅宗時에宋이神醫普救方을遣來ᄒᆞ고、또宋醫官牟介等이醫生을敎訓ᄒᆞ고睿宗時에太子ㅣ宋에致書ᄒᆞ야大方脈、瘡種科等醫를求ᄒᆞ니宋이楊宗立等七人을送來ᄒᆞ야當時

醫術自宋傳來 醫術이、다宋으로서傳來ᄒᆞ얏고

仁宗은試選式을定ᄒᆞᆯ시醫業은素問經、甲乙經等을用ᄒᆞ야上古書籍과甚異치、아니ᄒᆞ고僅히二三種을增ᄒᆞ얏고忠烈王時、距今六百十餘年前에ᄂᆞᆫ元世祖忽必烈이醫官을求ᄒᆞ거ᄂᆞᆯ薛景成이往ᄒᆞ야効驗이有ᄒᆞᆫ지라賞賜가甚厚ᄒᆞ니其術의精ᄒᆞᆷ을可知오恭讓王末에ᄂᆞᆫ醫藥人의厚祿高官이多ᄒᆞ얏고

音樂雅樂 音樂은雅樂、唐樂、俗樂三種을雜用ᄒᆞ니成宗時ᄂᆞᆫ郊、社、宗廟에雅樂을

用ᄒᆞ고睿宗은宋徽宗이送ᄒᆞᆫ大晟樂을太廟에薦ᄒᆞ고九室登歌의樂章을新製ᄒᆞ더니明宗時에ᄂᆞᆫ樂工이逃竄ᄒᆞ야樂이錯亂ᄒᆞ고恭愍王은屢次樂章을制ᄒᆞ고明太祖가ᄯᅩ編鐘編磬을送ᄒᆞ니이에太常樂工을遣ᄒᆞ야習樂ᄒᆞ니大抵宋明으로셔來ᄒᆞᆫ者ᄅᆞᆯ다雅樂이라ᄒᆞ고

唐樂

唐樂은睿宗以前距今八百年前에支那로셔傳ᄒᆞᆫ者라然ᄒᆞ나本國에셔도改正ᄒᆞ얏고其中北暴東頭의詞가有ᄒᆞ니北은契丹이오東은日本을謂ᄒᆞᆷ이라其曲이史傳에見ᄒᆞᆫ者ᄂᆞᆫ獻仙桃, 壽延長, 五羊仙, 抛毬樂等이니凡四十餘曲이오

俗樂

俗樂은即本國樂이니其曲이動々, 西京, 大同江, 五冠山(松都在) 等二十四曲이오ᄯᅩ三國의俗樂도有ᄒᆞ니다俚語ᄅᆞᆯ用ᄒᆞ니高麗音樂을知코져ᄒᆞ면此三者에不外ᄒᆞ고

樂器

大抵唐樂과俗樂에ᄂᆞᆫ舞隊ᄂᆞᆫ白衫이오樂官은朱衣오妓ᄂᆞᆫ丹粧이오其樂器ᄂᆞᆫ雅樂에ᄂᆞᆫ編鐘, 編磬, 琴, 瑟, 簫, 笙, 鼓等을用ᄒᆞ고唐樂에ᄂᆞᆫ方響, 洞簫, 笛, 牙箏, 大箏, 敎坊鼓ᄅᆞᆯ用ᄒᆞ고俗樂에ᄂᆞᆫ玄琴, 伽倻琴, 大琴, 牙拍, 無导, 舞鼓, 嵆琴, 中笒을用ᄒᆞ고觱篥, 琵琶, 杖鼓, 拍等은唐樂, 俗樂에共用ᄒᆞ고

書法

書法에精ᄒᆞᆫ者ㅣ歷代에不乏ᄒᆞ나睿宗時에ᄂᆞᆫ洪灌이新羅金生의體ᄅᆞᆯ倣ᄒᆞ고高宗時에ᄂᆞᆫ郭預ᄂᆞᆫ書法이痩勁ᄒᆞ야一家ᄅᆞᆯ成ᄒᆞ미當世人이翕然히倣行ᄒᆞ얏고其他姚克一, 文公裕, 文克謙과僧坦然, 靈業과李知命, 奇洪壽, 韓脩, 柳公權은다一代名手오恭愍王은書畫가다入妙ᄒᆞ얏ᄂᆞ이다

圖畫

仁宗時에李寧이李俊異ᄅᆞᆯ從ᄒᆞ야畫法을學ᄒᆞ고宋에往ᄒᆞ니徽宗이王可訓, 陳德之, 田宗仁, 趙守宗으로ᄒᆞ야곰寧의畫法을學케ᄒᆞ니其妙手ᄅᆞᆯ可知ᄒᆞᆯ지라毅宗이寧으로ᄒᆞ야곰內閣의繪事ᄅᆞᆯ主掌ᄒᆞ고寧의子光弼이ᄯᅩᄒᆞᆫ名畫로明宗의寵愛ᄅᆞᆯ受ᄒᆞ고

明宗이ᄯᅩᄒᆞᆫ畫圖에精ᄒᆞ고더욱山水에妙ᄒᆞ며李光弼及高惟訪으로더브러繪畫ᄅᆞᆯ爲事ᄒᆞ고政務ᄅᆞᆯ不顧ᄒᆞ며ᄯᅩ謂曰光弼은三韓圖畫中絕筆이라國家에光榮이有ᄒᆞ다ᄒᆞ니其愛賞을可知오ᄯᅩ當時功臣은

堂을建ᄒᆞ야其形을壁上에圖ᄒᆞ고、또國學壁上及文宣王廟左右廊에七十二賢과二十三賢을畫ᄒᆞᆫ等事가有ᄒᆞ니繪畫의發ᄒᆞᆷ을可知오

毅宗時、距今七百五十年頃에亭閣을起ᄒᆞ니金碧이鮮明ᄒᆞ고恭愍王時에ᄂᆞᆫ元의梓人元世ᄅᆞᆯ濟州로셔召來ᄒᆞ야影殿을營建ᄒᆞ니、ᄃᆡ當時

[illegible] 建築中에、가쟝壯麗ᄒᆞᆫ者오、또金、銀、鍮、銅으로、써殿宇門戶ᄅᆞᆯ飾ᄒᆞ고、또器皿을作ᄒᆞ며

또紫霞盃와五色琉璃盞과金磁器가極히精好ᄒᆞ니紫霞盃ᄂᆞᆫ玉色玻璃라此ᄅᆞᆯ造ᄒᆞᆫ者ㅣ多ᄒᆞ고、또螺鈿器ᄂᆞᆫ文宗時브터有ᄒᆞ니元宗時에ᄂᆞᆫ鈿函造成都監을置ᄒᆞ고其他筆、墨、紙等은、더옥精良ᄒᆞ야外國人이稱賞ᄒᆞ얏ᄂᆞ이다

產業

農業 農學을勸奬ᄒᆞ기ᄂᆞᆫ太祖以來로、ᄃᆡ用力ᄒᆞᆷ이、或兵器ᄅᆞᆯ收ᄒᆞ야農器ᄅᆞᆯ作ᄒᆞ고兵亂及飢饉時에ᄂᆞᆫ種子及農糧을人民의게給予ᄒᆞ며或官牛ᄅᆞᆯ借ᄒᆞ야農耕을助ᄒᆞ니其初에ᄂᆞᆫ地方官으로、ᄒᆞ야곰勸農使ᄅᆞᆯ兼ᄒᆞ더니後에ᄂᆞᆫ轉運、勸農、農務都監等官을設ᄒᆞ고

墾田 또光宗時、距今九百四十年頃에ᄂᆞᆫ墾田式을定ᄒᆞ야陳田을耕墾ᄒᆞᆫ人은其私田에ᄂᆞᆫ初年秋收ᄂᆞᆫ全혀給予ᄒᆞ고二年에야비로소田主와分半ᄒᆞ며公田에ᄂᆞᆫ三年을全給ᄒᆞ고四年에야租稅ᄅᆞᆯ納ᄒᆞ고睿宗時에ᄂᆞᆫ三年以上陳田을耕墾ᄒᆞ야收租ᄒᆞᆫ것은兩年을佃主의게全給ᄒᆞ고三年에田主와分半ᄒᆞ며其他一年陳、二年陳이、다規法이有ᄒᆞ야勸奬으로爲主ᄒᆞ얏ᄂᆞ이다

水車 恭愍王時、距今五百五十年頃에白文寶가支那法을倣行ᄒᆞ야水車ᄅᆞᆯ造ᄒᆞ야灌漑에用ᄒᆞ니此亦農務上一進步오

蠶桑 蚕桑은顯宗時、距今八百八十年頃에諸道州縣으로、ᄒᆞ야곰每年에桑苗ᄅᆞᆯ分給ᄒᆞ니丁戶에ᄂᆞᆫ二十根이오白丁은十五根이라田頭에種케ᄒᆞ고仁宗、明宗、恭愍王은桑、栗、漆、楮、麻、栢、梨、棗、菓木等을栽케、ᄒᆞ고

木綿 木綿은王禑時、距今五百三十年頃에文益漸이元에使ᄒᆞ얏ᄃᆡ가木綿의種子ᄅᆞᆯ携歸ᄒᆞ니其舅鄭天益이此ᄅᆞᆯ種ᄒᆞ야後에漸々蕃殖ᄒᆞ고取

子車와繅絲車ᄂᆞᆫ다天益이創始ᄒᆞ고

商業 商業은穆宗時距今九百年頃에京市署가有ᄒᆞ야市廛을句檢ᄒᆞ고肅宗은鑄錢官을設ᄒᆞ야貨幣를通ᄒᆞ고또謂ᄒᆞ되四民의專業이邦本이어ᄂᆞᆯ西京은商業을不知ᄒᆞᆫ다ᄒᆞ야이에留守官으로ᄒᆞ야곰每日市肆를監視ᄒᆞ야商賈가懋遷의利를得케ᄒᆞ고

또京城에ᄂᆞᆫ左右監務를置ᄒᆞ고街衢兩傍에各店鋪를置ᄒᆞ며州縣에命ᄒᆞ야米穀을出ᄒᆞ고酒食店을開ᄒᆞ고貿易을許ᄒᆞ며王禑時에ᄂᆞᆫ京城의物價가騰貴ᄒᆞ야商賈가利를爭ᄒᆞ거ᄂᆞᆯ京市署로ᄒᆞ야곰物價를評定ᄒᆞᆫ셔印記를給ᄒᆞ야無ᄒᆞᆫ者ᄂᆞᆫ殺ᄒᆞ고恭讓王時에ᄂᆞᆫ紗羅綾緞綃子綿布等으로브터其長短輕重을隨ᄒᆞ야稅를徵ᄒᆞ고

貨幣沿革 또商業의盛衰ᄂᆞᆫ貨幣流通에驗ᄒᆞᆫ者라今에其沿革을考ᄒᆞ니高麗初에貨幣制가無ᄒᆞ고오작麁布를用ᄒᆞ다가成宗時距今九百二十年頃에비로소鐵錢을用ᄒᆞ고穆宗은麁布를禁ᄒᆞ야專혀錢을用케ᄒᆞ나當時人民은此가不便타ᄒᆞ야오작茶酒食味等飮食店에셔使用ᄒᆞᆫ바ㅣ아 沿用鐵錢

오其他交易은土物을用ᄒᆞ고肅宗은鑄錢官을立ᄒᆞ야錢貨(海東通寶)及銀瓶(銀一斤을造ᄒᆞᆫ서本國地形을像ᄒᆞ야俗云濶口라)을鑄ᄒᆞ고各處에店鋪를開ᄒᆞ야用錢ᄒᆞᄂᆞᆫ利益을知케ᄒᆞ고 鑄錢貨及銀瓶

忠烈王時에ᄂᆞᆫ碎銀을用ᄒᆞ고또元으로브터來ᄒᆞᆫ至元寶鈔와中統寶鈔를頒行ᄒᆞ고忠惠王은新小銀瓶을用ᄒᆞ야五綜布十五疋을當케ᄒᆞ고舊瓶을禁ᄒᆞ더니恭愍王時에ᄂᆞᆫ銀瓶도日變ᄒᆞ야銅이되고麻縷도日麁ᄒᆞ야布를成치못ᄒᆞ고其後에銅錢(三韓重寶三韓通寶東國通寶東國重寶等數種이라)이또行ᄒᆞ더니恭讓王時에ᄂᆞᆫ銅錢銀瓶이俱廢ᄒᆞ고오작五綜布를用ᄒᆞ니其布가益麤ᄒᆞ야甚히不便ᄒᆞᆫ지라議者ㅣ言ᄒᆞ되麁布를禁ᄒᆞ고楮幣를造ᄒᆞ야五綜布와兼行ᄒᆞ라ᄒᆞ다가畢竟不行ᄒᆞ얏ᄂᆞ이다

物價以米爲主 以上의歷代情狀을察ᄒᆞ니通貨의良要된者ㅣ貨幣와布縷에不在ᄒᆞ고米粟에在ᄒᆞᆫ지라故로當時物價라云ᄒᆞᄂᆞᆫ者ㅣ專혀米로써計ᄒᆞ야米의分合聚散에便利를爲主ᄒᆞ고布縷에關係가小ᄒᆞ며外國과貿易은甚微ᄒᆞ야一定ᄒᆞᆫ條規가無ᄒᆞ나오작國使來往에土物을齎ᄒᆞ야貿 外國貿易

易호기는宋、遼、金、元及日本이皆然호고商民의私相往來도亦有호얏는이다

風俗

當時에士民은階級이甚多호야士人은望族으로、써相高홀시、棵、崔、金、李四姓을貴族이라稱호고其微賤혼者는榮達치、못호며宦官과奴隸를輕視호야宦官은宮中에使役호고官職에叅치、못호더니毅宗時에、비로쇼用事홀시齊國公主ㅣ數人을元에送호야恩寵을受호니人々이歆慕호야父兄이子弟를宮호는者ㅣ有호고、또或忿怨호야自己의勢를割혼者도有호니伯顏禿古思와方臣祐、李大順、高龍普等은元에在호야威福을擅호고、도로혀其君을讒호야禍를搆혼者도有호고

宦官始用事

奴婢는年代를隨호야蕃盛호니士族家에서世々로使役호는者는私奴婢라、호고官衙州郡에서使役호는者는公奴婢라、호야奴婢가良人과通婚치、못호고八世中에奴婢가有혼者는筮仕치、못호야大功이有호야도綾帛을予홀뿐이오官爵은不授호더니高宗時에는崔沆이人

奴婢

必을收拾코자、호야家奴李公柱로、써別將을삼고[illegible]長[illegible]로써校尉를삼고崔竩는、또公柱로、써郞將을、삼으니奴隸의拜叅이自此로始혼지라然이나忠烈王時에는元國使臣이王을勸호야奴隸法을改革호되父母中、一人이良人이면許良호라、호거놀王이其不便홈을言호야事가中止호니其舊俗을變키難홈이如此혼지라

奴隸拜叅自此始

大抵奴婢中에種類가有호야投屬혼者와先王賜予혼者와人이買易혼者는財物과同호야賣買호더니成宗時에는其値가奴年十五브터六十以下는布百疋이오十五以下、六十以上은五十疋이오婢年十五以上、五十以下는百二十疋이오恭讓王時에는或牛馬와相換홀시奴婢二三口에馬一匹을當호고、또權家、或佛宇、神祠에施納호며其待遇가極히殘酷호야病이有호야도醫治치、아니호고死後에는或不葬호야群狗의食이、된者도有호며

奴隸價

光宗時에는奴婢를按檢호야其背主와凌上의風을禁호며神宗時에는奴婢가相聚호야各其々主를殺호고賤籍을焚코자、호니其束縛을

脫코자홈은人情에固然ᄒᆞᆫ비라然이나高麗史에曰東國에奴婢法이內外를嚴ᄒᆞ며貴賤을別ᄒᆞᆯ지라禮義가此에서由ᄒᆞᆫ다ᄒᆞ야古代브터習慣이되야學士大夫라도誹論ᄒᆞᄂᆞᆫ者ㅣ無ᄒᆞ얏이ᄂᆞ다

尊老恤疾

老者를尊ᄒᆞ고篤疾을恤홈을政府에서用意ᄒᆞ야男女年八十以上及篤疾者ᄂᆞᆫ酒食、茶菓、布帛等을賜ᄒᆞ고或毬庭에饗ᄒᆞ며或侍丁을給ᄒᆞ고或租를賜ᄒᆞ니此ᄂᆞᆫ다淳厚ᄒᆞᆫ風俗이오이다

繼嗣法

繼嗣法은靖宗時에人民이立嗣時를當ᄒᆞ야嫡子가無ᄒᆞ면嫡孫이오嫡孫이無ᄒᆞ면同母弟오同母弟가無ᄒᆞ면庶孫을立ᄒᆞ고、또萬一男孫이無ᄒᆞ면女孫을立ᄒᆞ며文宗時ᄂᆞᆫ人後가、된者ㅣ兄弟의子가無ᄒᆞ면他人의三歲前棄兒를收養케、ᄒᆞ되萬一、子孫及兄弟의子가有ᄒᆞᆫ者가異姓을收養ᄒᆞ거나、또伯叔及孫子行을養子ᄒᆞᄂᆞᆫ者를禁ᄒᆞ얏ᄂᆞ이다

國王配偶

國王의配偶ᄂᆞᆫ王后外에夫人、貴妃、淑妃等이有ᄒᆞ더니靖宗以後에ᄂᆞᆫ宮主、院主、翁主의稱呼가有ᄒᆞ고大抵王族은至貴ᄒᆞ니羣下와交配치못ᄒᆞᆫ다ᄒᆞ야王氏가自相通配ᄒᆞᆯ새其最甚ᄒᆞᆫ者ᄂᆞᆫ姑、姊妹의近屬이王后된者ㅣ有ᄒᆞ야光宗의大穆后와德宗의敬成后와文宗의仁平后ᄂᆞᆫ、다姊妹라然이나此를諱ᄒᆞ야外家姓을稱ᄒᆞ더니

姑姊妹近屬爲王后

元의壓制를受ᄒᆞᆫ後에ᄂᆞᆫ元室의女를娶ᄒᆞ고忠宣王은名族十五家를簡ᄒᆞ야王室과通婚키를定ᄒᆞ고宗親文武의同姓婚娶를禁ᄒᆞ고先是肅宗時에功親의婚嫁를禁ᄒᆞ고毅宗은堂姑、從姊妹、堂姪、女兄孫女의相婚을禁ᄒᆞ니同姓婚娶를禁홈이此에서始ᄒᆞ얏ᄂᆞ이다

禁娶同姓

國王外에ᄂᆞᆫ、다一夫一婦오子가無ᄒᆞ야도蓄妾ᄒᆞᄂᆞᆫ者ㅣ小ᄒᆞ며、또男子가無故히棄妻ᄒᆞᄂᆞᆫ者를罰ᄒᆞ고妻妾이擅히改嫁者ᄂᆞᆫ流罪或徒罪오士大夫家婦女ᄂᆞᆫ再嫁가甚少ᄒᆞ얏ᄂᆞ이다

國王外小蓄妾者

官妓

當時에官妓가頗衆ᄒᆞ미上流社會人이往々히此를寵ᄒᆞ고王禑時에ᄂᆞᆫ妓가翁主된者도有ᄒᆞ고、또忠惠王은庶母를烝ᄒᆞ고臣下의妻를通ᄒᆞ며恭愍王은近臣으로、ᄒᆞ야곰諸妃를淫汚ᄒᆞ고王禑ᄂᆞᆫ人의妻妾을奸ᄒᆞ야淫褻과非禮가忍言키難ᄒᆞ나然ᄒᆞ나中葉以來로外寇를當ᄒᆞ야婦女가身을殺ᄒᆞ야도不汚ᄒᆞᆫ者가衆ᄒᆞ니其守節貞正홈을可知오」

婚姻禮幣

婚姻禮는忠烈王時에太子謜이元의晉王女를娶홀시白馬八十一匹로納幣ᄒᆞ고元太后及晉王의게各白馬八十一匹을送ᄒᆞ고王禑가安淑老의女를娶홀時에는幣布가七千五百疋이오白金이一千五百兩이오他物이稱是ᄒᆞ니其隆盛을可知오

祭祀分大中小

國家祭祀는大、中、小의別이有ᄒᆞ야圜丘、方澤、社稷、太廟、別廟、景靈殿、諸陵을大祀라ᄒᆞ고先農、先蠶、文宣王廟는中祀라ᄒᆞ고風、雨、雷、星等을小祀라ᄒᆞ며

祀天地社稷

天、地、社稷의祀禮는成宗時에至ᄒᆞ야圜丘에서祭天ᄒᆞ야穀을祈ᄒᆞ고太祖로配ᄒᆞ며또社稷을立ᄒᆞ야其儀가詳密ᄒᆞ고顯宗은비로소地祇와方澤에祀ᄒᆞ고

其他國家故事는天、地、山、川을闕庭에서祭醮ᄒᆞ며文宗은親히球庭에서醮ᄒᆞ고其他祈雨、祈雪、禳災는歷代가다行ᄒᆞ고

王者喪禮

王者喪禮는唐의風俗을仿ᄒᆞ고一定ᄒᆞᆫ儀節이無ᄒᆞ야臨時行事ᄒᆞ고、오작太祖는園陵制度에漢、魏故事를從ᄒᆞ고

喪服

喪服은五服制度가有ᄒᆞ야三年喪을服ᄒᆞ더니景、順、肅、睿、仁諸王은다遺詔를下ᄒᆞ야日로써月을易ᄒᆞ고明宗이崩時에는宗室、百官及士庶人이다三日服喪ᄒᆞ고、오작葬禮都監이服ᄒᆞ기葬日ᄭᆞ지至ᄒᆞ고神宗崩時는二十六日을減ᄒᆞ야十四日로定ᄒᆞ고成宗은六品以下가父母喪에百日後에出仕케ᄒᆞ고忠烈王은士卒이遭喪ᄒᆞᆫ지五十日에從軍케ᄒᆞ더니

恭愍王六年、距今五百五十年前에李穡等이上請ᄒᆞ야三年喪을行케ᄒᆞ나大抵百官이百日에釋服ᄒᆞ기는如舊ᄒᆞ며恭讓王은服制를更定ᄒᆞᆯ시父母喪은二十八月에비로소吉服을着ᄒᆞ고三年內에娶婦와宴飮을不許ᄒᆞ고、오작軍官은三年喪을除ᄒᆞ얏ᄂᆞ이다

高麗一代의三年喪은其制를立ᄒᆞᆯ뿐이오喪禮의厚ᄒᆞᆷ은大臣喪에往々히官으로서其葬을治ᄒᆞ고諡號를賜ᄒᆞ며、또賻儀가多ᄒᆞ니、곳穆宗의內史令徐熙는布千疋、牟麥三百石、米五百石等이오高宗時崔瑀의妻는金、銀、錦、繡로써龕室을飾ᄒᆞ고王后王氏가崩時에는崔瑀가棺槨

을獻ᄒᆞᆯ서金箔으로飾ᄒᆞ니當時葬禮의奢侈를可知오

葬禮奢侈

仁宗時에ᄂᆞᆫ父母喪에遊蕩ᄒᆞ고遺骨을寺字에置ᄒᆞ얏다가屢年에始葬ᄒᆞ며恭讓王時ᄂᆞᆫ火葬이盛行ᄒᆞ니當時에佛敎가隆盛ᄒᆞᆫ所致오이다

衣服制

衣服은高麗初에新羅制를循行ᄒᆞ더니光宗時에비로소百官公服을定ᄒᆞ야尊卑上下의等威가明ᄒᆞ고毅宗은祖宗의憲章과唐制를采ᄒᆞ야古今禮를詳定ᄒᆞᆯ서王의冕服과百官冠服ᄭᆞ지盡備ᄒᆞ더니忠烈王은開剃辮髮로元俗을從ᄒᆞ야胡服을襲ᄒᆞ기거의百年이오明이興ᄒᆞᆫ後、恭愍王과王后及羣臣이冕服、章服을始定ᄒᆞ야衣冠文物이漸改ᄒᆞ고王禑에至ᄒᆞ야胡服을改革ᄒᆞ고

開剃辮髮從元俗

朝服

朝服은正朝及賀節日에國初에ᄂᆞᆫ王이柘黃袍를用ᄒᆞ더니毅宗은赭黃袍와梔黃衣를用ᄒᆞ고忠烈王이、다시黃袍를用ᄒᆞ며恭愍王時ᄂᆞᆫ象笏、紅鞓、皀鞓、綃羅를改ᄒᆞ야侍臣外、東西班五品以下ᄂᆞᆫ本笏、角帶、紬紵等朝服을用ᄒᆞ얏ᄂᆞ이다

公服

百官公服은光宗時에元尹以上은紫衫이오中壇卿以上은丹衫이오此外에緋衫、綠衫이오顯宗時에ᄂᆞᆫ紫、緋、綠、深靑、天碧五等에定ᄒᆞ고

婦人頭髮服飾

婦人은髻鬟을右肩에垂ᄒᆞ고其餘ᄂᆞᆫ下에被ᄒᆞᄂᆞᆫ絳羅로ᄡᅥ結ᄒᆞ고、其盛飾時에ᄂᆞᆫ袈裟ᄂᆞᆫ繒帛으로作ᄒᆞ야頭에蒙ᄒᆞ야面을掩ᄒᆞ고露衣와簷笠은士夫의妻ㅣ郊外服이되고

飮食

飮食은軟炊ᄒᆞᆫ白粒에魚鮮을割ᄒᆞ야羹을作ᄒᆞ니此ᄂᆞᆫ當時普通食物이오貧民은橡、栗等을食ᄒᆞ고

禁宰牛馬

牛馬肉은屢次禁ᄒᆞ야甚至於宰牛者ᄂᆞᆫ殺人과同ᄒᆞ고恭愍王時에ᄂᆞᆫ禁殺都監을置ᄒᆞ니此ᄂᆞᆫ牛、馬가農事에有關ᄒᆞᆫ故오

家屋

家屋은太祖時道詵의秘記에云ᄒᆞ되山小地에ᄂᆞᆫ高樓를起ᄒᆞ고山多地에ᄂᆞᆫ平屋을作ᄒᆞᆯ지라萬一高屋을建ᄒᆞ면衰損을招ᄒᆞᆫ다ᄒᆞ니、이에此說을據ᄒᆞ야宮闕及民家에다高屋을禁ᄒᆞ더니成宗時에ᄂᆞᆫ制限이無ᄒᆞ야財力이有ᄒᆞᆫ者ᄂᆞᆫ大屋을搆ᄒᆞ며忠烈王時ᄂᆞᆫ三層閣을作ᄒᆞ고忠惠王時에ᄂᆞᆫ申靑이라、ᄒᆞᄂᆞᆫ人이大樓를起ᄒᆞ니壁에金畵오楹은朱

椽를用ᄒᆞ고大抵庭中에ᄂᆞᆫ磚石을敷ᄒᆞ고堂上에ᄂᆞᆫ席을設ᄒᆞ야升時에履를脫ᄒᆞᆷ을禮라ᄒᆞ고

民屋은茅茨니瓦로覆ᄒᆞᆫ者ㅣ十에二三이오、또樺木皮를用ᄒᆞᆫ者도有ᄒᆞ고忠宣王時에ᄂᆞᆫ富人이宣義門內에瓦屋을造ᄒᆞ고、또五部民家ㅣ다瓦를用ᄒᆞ니其瓦屋의多ᄒᆞᆷ을可知오이다

歷代一覽

高麗

王號	姓氏	名字	父及行	母	在位年數	年齡	后妃
太祖	王	建 字若天	金城太守隆長子	威肅王后韓氏	二十六 新羅亡後九	六十七	神惠王后柳氏 三重大匡天弓女
惠宗		武 字承乾	太祖長子	莊和王后吳氏 多憐君女	二	三十四	義和王后林氏 大匡曦女
定宗		堯 字天義	太祖二子	神明王后劉氏 贈太師內史令兢達女	四	二十七	文恭王后朴氏 三重大匡英規女
光宗		昭 字日華	太祖三子	同上	二十六	五十一	大穆王后皇甫氏 太祖女
景宗		伷 字長民	光宗長子	大穆王后皇甫氏	六	二十七	獻肅王后金氏 新羅敬順王女
成宗		治 字溫古	戴宗(太祖七子)旭二子	宣義王后柳氏	十六	三十八	文德王后劉氏 光宗女
穆宗		誦 字孝伸	景宗長子	獻哀王后皇甫氏 戴宗女	十二	三十	宣正王后劉氏 宗室弘德院君圭女
顯宗		詢 字安世	安宗(太祖子)郁子	孝肅王后皇甫氏	二十二	四十	元貞王后金氏 成宗女
德宗		欽 字元良	顯宗長子	元成太后金氏	三	十九	敬成王后金氏 顯宗女
靖宗		亨 字申照	顯宗二子	同上	十二	三十二	容信王后韓氏 贈門下侍中祚女

文宗	徽初諱緒 字燭幽	顯宗三子	元惠太后金氏 侍中殷傅女	三十七	六十五	仁平王后金氏 顯宗女
順宗	勳初烋 字義恭	文宗長子	仁睿太后李氏 中書令子淵女	四月	三十七	貞懿王后王氏 宗室平壤公基女
宣宗	運初蒸 字繼天	文宗次子	同上	十一	四十六	思肅太后李氏 工部尙書碩女
獻宗	昱	宣宗元子	思肅太后李氏	一	十四	
肅宗	顒初熙 字天常	文宗三子	仁睿太后李氏	十	五十四	明懿太后柳氏 門下侍中洪女
睿宗	俁 字世民	肅宗長子	明懿太后柳氏	十七	四十五	敬和王后李氏 宣宗女
仁宗	楷初構 字仁表	睿宗長子	順德王后李氏 朝鮮國公資謙女	二十四	三十八	恭睿太后任氏 中書令元厚女
毅宗	晛初徹 字日升	仁宗長子	恭睿太后任氏	二十四	四十七	莊敬王后金氏 宗室江陵公溫女
明宗	晧初昕 字之旦	仁宗三子	同上	二十七	七十二	光靖太后金氏
神宗	晫初旼 字至華	仁宗五子	同上	七	六十一	宣靖太后金氏
熙宗	韺初悳 字不陂	神宗長子	宣靖太后金氏	七	五十七	成平王后任氏 宗室寧仁侯稹女
康宗	祦初貞 字大華	明宗長子	光靖太后金氏	二	六十二	思平王后李氏 義方女
高宗	皞初瞮 字大明又天佑	康宗長子	元德太后柳氏 宗室信安侯珹女	四十六	六十八	安惠太后柳氏 熙宗女
元宗	禃初倎 字日新	高宗長子	安惠太后柳氏	十五	五十六	順敬太后金氏 莊翼公若先女

忠烈王	昛初諶	元宗長子	順敬太后金氏	三十四	七十三	齊國大長公主 名忽都魯揭里迷失 元世祖女
忠宣王	璋初謜 字仲昂 蒙古諱益智禮普化	忠烈王長子	齊國大長公主	五	五十一	薊國大長公主寶塔實憐 元晉王甘麻剌女
忠肅王	燾 小字宜孝 蒙古諱阿剌訥忒失里	忠宣王二子	懿妃也速眞 蒙古女	十七 復位八	四十六	濮國長公主亦憐眞八剌 元營王也先帖木兒女
忠惠王	禎 蒙古諱普塔失里	忠肅王長子	明德太后洪氏 府院君奎女	一 復位五	三十	德寧公主亦憐眞班 元鎭西武靖王焦八女
忠穆王	昕 蒙古諱八思麻朶兒只	忠惠王長子	德寧公主	四	十二	
忠定王	眡 蒙古諱迷思監朶兒只	忠惠王庶子	禧妃尹氏	三	十五	
恭愍王	顓初祺 蒙古諱伯顏帖木兒	忠肅王次子	明德太后洪氏	二十三	四十五	徽懿魯國大長公主寶塔失里 元宗室魏王女
王禑	小字牟尼奴	恭愍王	般若	十四	二十五	謹妃李氏 判開城府事琳女
王昌		禑	謹妃李氏	一	十	
恭讓王	瑤	定原府院君鈞	福寧宮主李氏	三	五十	順妃盧氏 昌城君稹女

高麗王都表

建都年代	都名	今名	年數
○高麗太祖十九	開州	京畿道開城府	二百九十六
高宗十九	江都	江華府	三十七
元宗十一	開城		二十
忠烈王十六	江都		二
同十八	開京	開城府	九十
王禑八	漢陽	漢城府	一
同九	松京	開城府	七
恭讓王二	漢陽		一
同三	松京		一
			計合四百五十六

東國史略

中等教科 東國史略自序

曩予、傭譯于學部、歷史之編輯爲數部、毋苦體制不立、使閱者臨卷迷茫悔愧孰甚、今日本人林泰輔史學家也、尤致力於我國、著有鮮朝史七冊自三國以至本朝、皆確有証據、又各分門別類、令人一讀瞭然、實不可以外人歧視之也、玆又譯之、嗚呼居其國而不能其史、至令他人代庖而不自羞、是固何哉、或曰日人多才有此精鑿、豈其然歟、此不知者之言也、向者羅麗濟時豈不曰日人野狉而我固文明者耶、迺自衣服車馬宮室、以至文章制度各般技藝、莫不師我則我、式至于今誇耀我者、行莫非我出耶、且以近世言之、壬辰之變干戈滿地八路盡陷、國勢危如一髮、尙有沙也可其人、以部下三千歸義於我、奔走疆埸八載宜勞爲我藎臣(沙也可日本將軍、壬辰亂即以部下來降曰、處在東夷久慕韓國文化、今秀吉妄動干戈必竊非之、願以部下爲藎人、僕賜姓名曰金忠善、到處討賊大獲勝捷、有文集三卷行于世、皆慷慨悲憤有古烈丈夫氣、李适之亂以老將亦率兵勤王年八十卒、其後裔蕃衍今居大邱者尤多)當其時也、豈不知我疲弊衰微而然歟、實慕我文物典章、勝於彼故也、然則我固可曰文明勝、而未備者惟戰具耳、奈之何今則幷我文物而亦盡輸於人、無復舊日面目、乃令人謂我狉野、猶不及前時日本、而日本之文明則大勝於我之舊日、嗟乎嗟乎是誠何哉、且夫日本則馳名天下、世人比之於英德等國、乃我則不免爲波蘭爲埃及爲印度、同居一洲同生一世、一則龍驤虎賁睥睨寰宇、一則龜縮雌伏羞見他人、其得其失其榮其辱固何如哉、乃猶忮心尙存頑陋成習、頓不自悟久而益迷、政治敗腐人民魚肉、紀綱頹弛國脉已喪、時事不可復言、乃惟學問一途或可爲桑楡之望、而尙拘墟膠固動多忌諱、不但各國治亂興衰之蹟無以窺見、而乃至本國之史乘、亦令不敢出以示人、輒曰史者國亡然後方可下筆、有非其國人所敢言者、嗚呼若果然則日本二千五百年來、一姓傳至神器不移、如以我規之、其國史竟無出世之日、非秖此已也、近年各國未來史迭出並擧(向年有日俄戰爭未來記、又有日美戰爭未來記、各國人又推測本邦及他各國事情、編成未來記)莫不以騁其智洩其秘爲能事、照人肺腑傾人陰邪、懲前毖後以保其國家、至於我韓國事蹟、無論東洋之人知其梗槪、乃歐巴各史家莫不載諸藍本(西人以藍皮記事、比如東洋竹帛)以示國人、雖我極諱極微之事莫不指的宣露、小不藏匿、皆以拾短取長爲事、乃我則自蔽其目自錮其心、幷其自國史而亦

不知、乃向他人而徵我譜系、恥孰甚焉辱亦何如、昔建文帝子髫齡被幽、五十年後赦出、鬚髮盡白而牛馬不辨、問其由、曰天日不見何況其他、至今五百載聞者皆悲(明燕王棣擧兵廢建文自立爲帝、是爲永樂、幽建文之子時年三歲、其後歷三帝五十年而見釋)試敢問我諸君子、其與此帝子之不辨牛馬有異同耶、世界五洲知其名者幾輩、五洲尙不知奚知其有邦國及强弱之殊勢、且無論外國之如何、乃祖國之現今成何地位、亦不一番推思、人民塗炭而不念、國權已墜而不念恢復、惟對人則尙以三四千年前陳腐古譚、作爲正論確義、又不知古聖之遺訓深意、輒曰不在其位不謀其政、燕雀處堂棟梁盡焚、魚鱉泣釜刀俎已設、嗟呼々々將何面目處此世界、向人作何語耶、自作孼誰復憐之、環顧國內滔々皆是、綳蘇難作(綳蘇丹、普國(今德國)宰相、距今百一年前、普國爲法皇拿破崙所敗、割半國予之、又法兵來戍者十萬、糇糧資具皆人支給、國幾亡矣、綳蘇丹乃任賢使能、修軍政興學校、其後國民皆有敵愾之心、距今三十七年前庚午大破法國擒拿破崙第三帝入其都城得償金二十億)魯連已死、誰有其志我安適歸、且所恨者人孰無子、黃髮未燥呱々在抱者、來日便作何狀、我蠶元是無良雖曰應有今日、可忍令童稚無知驅入於黑暗網羅之中做人奴隸可乎、仰天一歎涕淚自橫而不能已也、玆告我國內諸

公之爲人父兄者曰、自今請將通鑑史略等古書東之高閣、使挾册童子一讀我韓史然後、又讀萬國史以廣見聞而認情形、尤致力於兵刑農工等實踐事業、無怠無荒盡心做去則安知不幾年而我又不能復我舊日文化、儼然作獨立國面目耶、然後啞聾老年家、高臥北窓、聽其子孫如何、如又曰必待世革而後史作云爾、則所不敢荅而試問此時固何時

丙午五月十三日玄采自序于籥洞精舍

東國史略卷三目錄

近世史

朝鮮記上

大典의制定

東國史略卷三

漢水玄采譯述

近世史

朝鮮記上

太祖高皇帝ᄭᅴ셔姓은李氏오諱ᄂᆞᆫ旦이오字ᄂᆞᆫ君晉이오初諱ᄂᆞᆫ成桂오字ᄂᆞᆫ仲潔이오號ᄂᆞᆫ松軒이니全州人이오 桓祖次子오高麗忠肅王後四年距今五百七十二年前乙亥에永興黑石里에셔誕降ᄒᆞ시고在位七年이오在上王位十年이오壽가七十四라

四祖世譜

穆祖의諱ᄂᆞᆫ安社니高麗에仕ᄒᆞ야知宜州가되시고

翼祖의諱ᄂᆞᆫ行里니德源東田社에셔誕降ᄒᆞ시고

度祖의諱ᄂᆞᆫ椿이니咸興松頭里에셔誕降ᄒᆞ시고

桓祖의諱ᄂᆞᆫ子春이니度祖의第二子오高麗에仕ᄒᆞ야榮祿大夫

太祖威靈

太祖破荒山倭

判將作監事、朔方道萬戶가되셧ᄂᆞ이다

太祖高皇帝ᄭᅴ셔天姿ㅣ奇偉ᄒᆞ고神采가英發ᄒᆞ시며더욱射術에長ᄒᆞ야威望이日著ᄒᆞ더니時에麗王禑가狂暴ㅣ日甚ᄒᆞ야人의婦女ᄅᆞᆯ奪ᄒᆞ며出遊ᄒᆞ기無常이오宴樂을耽ᄒᆞ고李仁任의黨林堅味、廉興邦等이威福을擅ᄒᆞ야內政이日亂ᄒᆞ고倭寇ᄂᆞᆫ强梁이益甚ᄒᆞ야八道가、다其禍ᄅᆞᆯ被ᄒᆞ니國勢가岌嶪ᄒᆞ거ᄂᆞᆯ　太祖ᄭᅴ셔楊廣、全羅、慶尙道都巡察使贊成事가、되사荒山(全羅道雲峯縣內)에셔倭寇ᄅᆞᆯ大破ᄒᆞ시니自此로國力이稍强ᄒᆞ고其後威化島에셔回軍ᄒᆞ사崔瑩을流ᄒᆞ얏ᄂᆞ이다

距今五百十五年前壬申、秋七月十六日丙申에上이裴克廉、趙浚、鄭道傳等諸臣의推戴ᄅᆞᆯ應ᄒᆞ야松都壽昌宮에셔寶位에登ᄒᆞ시니春秋가五十八이오國號ᄅᆞᆯ定ᄒᆞ야曰、朝鮮이라、ᄒᆞ고賢良과遺逸을擧ᄒᆞ야直言을求ᄒᆞ며科擧考課法을整頓ᄒᆞ고國都ᄅᆞᆯ漢陽에定ᄒᆞ야宗廟와社稷을建ᄒᆞ고都城을築ᄒᆞᆫ지五年에成ᄒᆞᆫ지라、곳移都ᄒᆞ사成均館과文廟ᄅᆞᆯ建ᄒᆞ고鄭道傳、河崙으로、ᄒᆞ야곰經國元典、續典을纂ᄒᆞ야開國規模ᄅᆞᆯ定ᄒᆞ고法度의制作을始ᄒᆞ나當時ᄂᆞᆫ草創ᄒᆞ야、오직端緒ᄅᆞᆯ開ᄒᆞᆷ뿐이오其實은數世後에百度가整頓ᄒᆞ얏ᄂᆞ이다

ᄯᅩ開國功臣、宗室益安大君芳毅(太祖第三子)와趙浚等三十九人을策ᄒᆞ고域內ᄅᆞᆯ八道에分ᄒᆞ니曰京畿、忠淸、全羅、慶尙、江原、黃海、平安、咸吉이라、ᄒᆞ얏ᄂᆞ이다

鄭道傳亂

太祖傳位定宗

罷功臣私兵定宗傳位太宗

時에芳蕃(太祖第七子)芳碩(太祖第八子)은神德王后康氏의出이라神懿王后韓氏가崩ᄒᆞ시고康氏가坤位에居ᄒᆞ시니鄭道傳과南誾等이芳碩의게附ᄒᆞ야諸王子ᄅᆞᆯ謀害코자、ᄒᆞ거ᄂᆞᆯ知安山郡事李叔蕃이率兵ᄒᆞ고來ᄒᆞ야道傳、誾等을殺ᄒᆞ고芳蕃、芳碩이、ᄯᅩᄒᆞᆫ遇害ᄒᆞ니此ᄂᆞᆫ其時　太宗ᄭᅴ오서開國大業을輔成ᄒᆞ신故로諸臣等이芳碩을惡ᄒᆞ야擧義ᄒᆞᆷ이라、이에　太祖ᄭᅴ셔　定宗ᄭᅴ傳位ᄒᆞ시고上王이、되셧ᄂᆞ이다

時에麗末의餘風을承ᄒᆞ야諸功臣이各其私兵을擁ᄒᆞ거ᄂᆞᆯ權近의議ᄅᆞᆯ從ᄒᆞ야、다罷ᄒᆞ고上이在位ᄒᆞ신지二年에太宗ᄭᅴ傳位ᄒᆞ시고上王ᄭᅴ셔ᄂᆞᆫ　太宗八年에崩ᄒᆞ시니上諡曰康獻이라、ᄒᆞ얏ᄂᆞ이다

上王崩 太宗治政

太宗께서ᄂᆞᆫ申聞鼓ᄅᆞᆯ設ᄒᆞ야下情을通ᄒᆞ고八道州郡을定ᄒᆞ고號牌ᄅᆞᆯ作ᄒᆞ야人民으로ᄒᆞ야곰出入에佩持ᄒᆞ니此ᄂᆞᆫ戶口ᄅᆞᆯ明코자ᄒᆞᆷ이오此法이高麗恭讓王時에暫行ᄒᆞ얏ᄂᆞ이다

設敎寧府　禁婦女再嫁

外戚封君을罷ᄒᆞ고敎寧府ᄅᆞᆯ設ᄒᆞ야　太祖後가아니면封君을不許ᄒᆞ며婦女再嫁ᄅᆞᆯ禁ᄒᆞ고庶孼子孫이顯職에不叙ᄒᆞᄂᆞᆫ制ᄅᆞᆯ立ᄒᆞ고滯獄을戒ᄒᆞ고武備ᄅᆞᆯ愼ᄒᆞ며農을勸ᄒᆞ고饑ᄅᆞᆯ賑ᄒᆞ야政治가漸々整頓ᄒᆞ얏ᄂᆞ이다

奬勵學問　設鑄字所 活字印行書籍

上이學問을奬勵ᄒᆞ사四學(中東南西)을置ᄒᆞ고親히文臣을試ᄒᆞ시고謁聖科ᄅᆞᆯ設ᄒᆞ고卞季良은文衡을掌ᄒᆞ고더욱後世에大業이되ᄂᆞᆫ者ᄂᆞᆫ典籍을廣傳ᄒᆞᆷ이라ᄒᆞ야三年距今五百四年前에鑄字所ᄅᆞᆯ置ᄒᆞ시고李稷朴錫命等으로ᄒᆞ야곰銅製活字數十萬을製ᄒᆞ야書籍을印行ᄒᆞ니此ᄂᆞᆫ全혀朝鮮人의創意오他人을摸倣ᄒᆞᆷ이아니오이다

焚讖書

ᄯᅩ上古브터圖讖을信ᄒᆞᄂᆞᆫ風俗이有ᄒᆞ야李氏創業도種々ᄒᆞᆫ讖言이有ᄒᆞ거ᄂᆞᆯ上이深惡ᄒᆞ사日此ᄂᆞᆫ衆을惑ᄒᆞᆷ이라ᄒᆞ야다焚ᄒᆞ시고僧巫의禱雨ᄒᆞᆷ을禁ᄒᆞ얏ᄂᆞ이다

太宗傳位世宗

上이東宮禔(太宗長子)가放縱ᄒᆞᆷ으로ᄡᅥ廣州에放ᄒᆞ야讓寧君이되고十八年에　世宗(太宗第三子)께傳位ᄒᆞ셧ᄂᆞ이다

世宗治蹟

世宗勵精文治

世宗께서ᄂᆞᆫ賢明ᄒᆞ사學을好ᄒᆞ고더욱文治에勵精ᄒᆞ사經筵을開ᄒᆞ야論思ᄅᆞᆯ容納ᄒᆞ시고卽位二年距今四百八十七年前에集賢殿을建ᄒᆞ야古今經籍을聚集ᄒᆞ고學者로ᄒᆞ야곰典故ᄅᆞᆯ討論ᄒᆞ야顧問을備ᄒᆞ시고大提學卞季良으로ᄒᆞ야곰年少文臣의才行이有ᄒᆞᆫ者의게長暇ᄅᆞᆯ予ᄒᆞ야讀書케ᄒᆞ셧ᄂᆞ이다

賜文臣長暇讀書

長暇로讀書ᄒᆞᆷ은　世祖時에罷ᄒᆞ얏다가　成宗이復設ᄒᆞ시고ᄯᅩ　世宗時에山寺에서讀書케ᄒᆞ시더니　成宗께서ᄂᆞᆫ다시龍山東湖勝地ᄅᆞᆯ擇ᄒᆞ야書堂을建ᄒᆞ니名曰湖堂이오文學士가往往히此에서出ᄒᆞ니時人이榮華로知ᄒᆞ얏ᄂᆞ이다

湖堂

建宗學定儀樂

宗學(宗親을敎ᄒᆞᆷ이라)을建ᄒᆞ고五禮儀ᄅᆞᆯ定ᄒᆞ며朴堧을命ᄒᆞ야定大業保太平

製天文諸器

發明等樂을作ᄒᆞ니朴堧의知樂홈은當世에無比오 上이 또深히天文에
用意ᄒᆞ샤天文曆象의學을用ᄒᆞ실ᄉᆡ鄭招와鄭麟趾等을命ᄒᆞ야大小簡
儀와渾儀와仰釜日晷와日星定時儀와自擊漏를製ᄒᆞ고 또銅으로ᄡᅥ
測雨器를製ᄒᆞ야諸道에頒ᄒᆞ야雨量을測ᄒᆞ고曆官을摩尼山(江華)과白
頭山과漢拏山(濟州)等에遣ᄒᆞ샤北極의高度를量ᄒᆞ얏ᄂᆞ이다

官撰書籍

其官撰ᄒᆞᆫ書籍은數十種이니即治平要覽等(明皇誡鑑、七政內外篇、龍飛御天歌、五禮儀、三綱行實、農事直說、[illegible])
(解、歷代兵要、[illegible]全集、七政算內外篇、歷象集、[illegible]、資治通鑑訓義、孝行錄)이有ᄒᆞ고高麗史ᄂᆞᆫ 世宗이崩ᄒᆞ신後明
年에成ᄒᆞ얏ᄉᆞ니其實은 世宗ᄭᅴ오셔鄭麟趾로ᄒᆞ야곰編輯ᄒᆞᆫ者니
共히百三十九卷이라高麗五百年事蹟을粗知ᄒᆞ겟ᄂᆞ이다
當時에文學과技術이如此히進步ᄒᆞᄆᆡ 이에文字를新製코쟈ᄒᆞ니大
抵朝鮮은新羅薛聰이作ᄒᆞᆫ吏讀(俗用)라ᄒᆞᄂᆞᆫ者ㅣ有ᄒᆞ니此ᄂᆞᆫ不過漢文
을依附ᄒᆞ야用ᄒᆞᆯ뿐이오 또古代의制作이라廣히當時用에適合지못

設禁中國文局

ᄒᆞ거ᄂᆞᆯ 世宗二十八年距今四百六十一年前에國文局을禁中에設
ᄒᆞ시고鄭麟趾、申叔舟、成三問等을命ᄒᆞ야子丑二十八字를作ᄒᆞ고初、
中、終三聲을合ᄒᆞ야字를作ᄒᆞ니即今時國文이라其後 中宗ᄯᅢ에([illegible])
브터 正宗(正音通釋을著ᄒᆞ신時)ᄭᆞ지ᄂᆞᆫ二十七字를用ᄒᆞ더니今世에ᄂᆞᆫ二十五字
를通用ᄒᆞ며時에明翰林學士黃瓚이遼東에謫在ᄒᆞ거ᄂᆞᆯ 世宗ᄭᅴ서
三問等을命ᄒᆞ사瓚을往見ᄒᆞ고音韻을質問ᄒᆞ기十三回가되니大抵
此國文은文字가巧妙ᄒᆞ야國家進步에크게有力ᄒᆞ니實로世界文字
上에無前ᄒᆞᆫ特筆이오이다

政治

恤刑事

政治上으로觀ᄒᆞ면비로소百官의輪對를設ᄒᆞ고節義를奬ᄒᆞ고孝悌
를敎ᄒᆞ고賢才를搜訪ᄒᆞ고 더욱刑獄을恤ᄒᆞ야拘寃이無케ᄒᆞ고笞背
法을除ᄒᆞ고崔致雲을命ᄒᆞ야無寃錄을注釋ᄒᆞ고律文을講解ᄒᆞ며其
中더욱盛德事ᄂᆞᆫ向時에ᄂᆞᆫ主人이奴婢를殺ᄒᆞ면是非를不問ᄒᆞ고 오
직主人만袒護ᄒᆞ더니 世宗ᄭᅴ서詔ᄒᆞ시되奴婢가비록賤ᄒᆞ나天民
되기ᄂᆞᆫ他人과無異ᄒᆞ니決코無辜를濫殺치못ᄒᆞ리라ᄒᆞ사深히此를戒
ᄒᆞ시니此ᄂᆞᆫ前古人君의不及ᄒᆞᆯ빈오이다

租稅

租稅ᄂᆞᆫ國初에其數를定ᄒᆞ얏ᄉᆞ나麗末紊亂ᄒᆞᆫ後를承ᄒᆞ야搾然히整

頓치못ᄒ더니 世宗十九年距今四百七十年前에諸臣으로ᄒ여브러
反復討論ᄒ야此를定ᄒ시니其法이慶尙全羅忠淸三道ᄂ上等이라
ᄒ고京畿江原黃海三道ᄂ中等이오咸吉(即咸鏡)平安二道ᄂ下等이되
고其三等道中에도또三等으로分ᄒ얏ᄂ이다

頒祿制式

上等道上田一結에ᄂ二十斗오中田은十八斗오下田은十六斗
오中等道上田一結에ᄂ十八斗오中田은十六斗오下田은十四
斗오下等道上田一結에ᄂ十六斗오中田은十四斗오下田은十
二斗오結은高麗時브터行ᄒ名稱이니一結은幅이五十八尺이
오長이三十五尺이니卽二千三十方尺(二畝廿四步餘)
二十六年에田制詳定所를置ᄒ고晋陽大君(即世祖)河演朴從愚鄭麟趾
로ᄒ야곰田을六等에分ᄒ고年도六等에分ᄒ야三十年에ᄂ八道田
品을改定ᄒ시大臣을遣ᄒ야觀察ᄒ고또勸農詔를下ᄒ고農事直說
을撰ᄒ야民政에用心ᄒ시고또頒祿式을制ᄒ니正一品브터從九品
ᄭ지十八科에分ᄒ야米豆麥紬布楮貨等으로써春夏秋冬四季에給

經濟大典基礎定

予ᄒ니此를謂ᄒ되祿科오또經國元典續典의後를承ᄒ야經濟六典
을撰成ᄒ야他日經濟大典의完成ᄒ基礎를定ᄒ얏ᄂ이다

明國關係

또他國과關係ᄂ明國太祖朱元璋以來로使節이往來ᄒ시馬一萬匹
을送ᄒ며또每歲에金銀器皿을遣ᄒ다가 世宗十一年에至ᄒ야ᄂ
其歲送을免ᄒ고

日本關係

日本에ᄂ麗末브터倭寇가邊境을侵擾ᄒ거ᄂᆯ 太祖ᄭ서海港要害
處에萬戶와水軍處置使를置ᄒ야自此로倭患이稍衰ᄒ더니六年에
朴敦之를遣ᄒ야修好ᄒ고 太宗時에ᄂ日本足利義滿이書를遣來
ᄒ야大藏經을求去ᄒ미自此로使節이往來ᄒ나邊海의流賊은抄掠
이全已치아니ᄒ얏ᄂ이다
또 太祖五年距今五百十一年前에日本의一岐와對馬島를討ᄒ고
定宗元年에도對馬島를討ᄒ얏고 世宗元年距今五百六年前에ᄂ
倭船이支那에向ᄒ다稱ᄒ고黃海道에來ᄒ야粮食을乞ᄒ니時에
太宗ᄭ서禪位ᄒ셧스나오히려兵權을執ᄒ신지라柳廷顯朴訔趙末

生、許稠等으로더브러對馬島를殄滅코자ᄒᆞ시나末生은兵曹判書라獨히此議를贊成ᄒᆞ야、이에柳廷顯、李從茂로ᄒᆞ야곰兵船二百七十七隻에軍士一萬七千餘人을發ᄒᆞ야對馬島를討ᄒᆞ니島人이不意에攻擊을當ᄒᆞ야敗ᄒᆞ다가後에對馬主宗貞盛과밋九州諸族이戮力拒戰ᄒᆞ야戰이遂止ᄒᆞ얏ᄂᆞ이다

討對馬島

然이나其後 世宗ᄭᅴ서媾和가得策이라、ᄒᆞ야二十五年에通信使卞仲文과書狀官申叔舟를遣ᄒᆞ시고、또李藝를對馬島에遣ᄒᆞ야宗貞盛과通交條約을定ᄒᆞ니其條約은慶尙道의三浦(熊川薺浦、東萊釜山浦、蔚山鹽浦)를開ᄒᆞ야宗貞盛이歲船五十隻을送來케ᄒᆞ고或有事ᄒᆞ면別로히特送船을遣來ᄒᆞ며此外日本各國諸侯ㅣ或一二船을遣來코자ᄒᆞ면、반다시宗氏의文引을受ᄒᆞᆫ後、朝鮮이接待ᄒᆞᆫ다、ᄒᆞ야自此로宗氏가世世로朝鮮往復事를掌ᄒᆞ고交際가復古ᄒᆞ얏ᄂᆞ이다

定對馬島條約

北邊野人의交涉은 世宗時에漸々頻繁ᄒᆞ니野人은女眞地의俗稱이오即明의建州衛、毛憐衛니建州衛ᄂᆞᆫ平安道에界ᄒᆞ고毛憐衛ᄂᆞᆫ咸吉道에接ᄒᆞᆫ셔初에建州衛의婆猪江(今興京佟家江)野人이遼東을侵伐ᄒᆞ다가逃亡ᄒᆞ야朝鮮境에入ᄒᆞ거ᄂᆞᆯ上이다捕ᄒᆞ야明國에送ᄒᆞ니自此로野人이忿怨ᄒᆞ야屢次邊境을寇ᄒᆞ더니十五年에野人李滿住ㅣ四百騎를率ᄒᆞ고入寇ᄒᆞ거ᄂᆞᆯ崔潤德으로ᄡᅥ平安道都節制使를拜ᄒᆞ고吳明義ᄂᆞᆫ先鋒이되야滿住를伐ᄒᆞ니明義ᄂᆞᆫ延寵의後孫이러라滿住를進擊ᄒᆞ야勝捷ᄒᆞ고潤德이其功으로ᄡᅥ右議政을拜ᄒᆞ고旣而오野人과和親ᄒᆞ더니十七年에、또屢次閭延을寇ᄒᆞ니閭延은咸吉道에屬ᄒᆞᆫ지라上이、다시此를平安道에屬ᄒᆞ고茂昌、虞芮、慈城과幷히四郡을鴨綠江南에置ᄒᆞ야西北邊을防備ᄒᆞ얏ᄂᆞ이다

北邊野人交涉

置四郡

咸吉道ᄂᆞᆫ高麗時에女眞을伐ᄒᆞ야北界九城을築ᄒᆞ더니其遙遠ᄒᆞ야難守홈으로、ᄡᅥ女眞의게還ᄒᆞ얏스나 太祖時에ᄂᆞᆫ豆滿江ᄭᆞ지奄有ᄒᆞ시고 太宗ᄭᅴ서ᄂᆞᆫ富寧以北을棄ᄒᆞ얏더니 世宗十六年에至ᄒᆞ야ᄂᆞᆫ羣議를排ᄒᆞ고金宗瑞를用ᄒᆞ야咸吉道觀察使를拜ᄒᆞ고北方의地를開拓ᄒᆞ야南方諸道民을移住케ᄒᆞ고十九年、距今四百七十年前에

設六鎭

六鎭(慶興、會寧、鍾城、穩城、慶源、富寧)을設ᄒᆞ야其地를盡復ᄒᆞ고豆滿江을沿ᄒᆞ야長城을築ᄒᆞ고江內의地가城外에在ᄒᆞᆫ者를野人의게予ᄒᆞ니自此로咸吉道가永히朝鮮의有ᄒᆞᆫ비되야北邊의經略이粗定ᄒᆞ얏ᄂᆞ이다

北邊經略粗定

上이內에ᄂᆞᆫ政治를整頓ᄒᆞ고學藝를興ᄒᆞ시며外에ᄂᆞᆫ明國을和親ᄒᆞ기益睦ᄒᆞ고日本에ᄂᆞᆫ一次討伐ᄒᆞ셧스나其後通交條約을定ᄒᆞ야和好를謀ᄒᆞ시고北邊에ᄂᆞᆫ地를開拓ᄒᆞ야防禦의策이定ᄒᆞ사在位三十二年間에成效가極多ᄒᆞ니世人이稱ᄒᆞ되海東堯舜이오其宰相은黃喜、許稠等이다上의大業을輔佐ᄒᆞ얏ᄂᆞ이다

世祖靖難

世宗崩文宗立

世宗이崩ᄒᆞ시고 文宗이立ᄒᆞ시니寬仁孝友ᄒᆞ시고學을好ᄒᆞ며士를愛ᄒᆞ고東宮에在ᄒᆞ신지二十餘年에先王을翊贊ᄒᆞᆫ者ㅣ不少ᄒᆞ고卽位ᄒᆞ사ᄂᆞᆫ言路를開ᄒᆞ고文武를愛養ᄒᆞ니臣民이다屬望ᄒᆞ더니在位ᄒᆞ신지僅히二年에崩ᄒᆞ시고 端宗이繼位ᄒᆞ시니年이十二오時에宗室이强盛ᄒᆞᆫ지라故로 文宗께서臨崩에特히領議政皇甫仁과

文宗崩端宗立

右議政金宗瑞로命ᄒᆞ야幼主를輔ᄒᆞ라ᄒᆞ시고成三問、朴彭年、河緯地、申叔舟、李塏、柳誠源等도또ᄒᆞᆫ付託을承ᄒᆞ야左右協贊ᄒᆞ얏ᄂᆞ이다

時에世祖와安平大君瑢이다 端宗의叔父의親으로賓客의歸附者가多ᄒᆞ나瑢의게ᄂᆞᆫ文人才士뿐이오 世祖께서ᄂᆞᆫ權擥과韓明澮를信任ᄒᆞ사擾亂ᄒᆞᆯ計畫이密勿ᄒᆞᆯ새金宗瑞를不殺ᄒᆞ면大事가不成ᄒᆞᆯ지라、이에宗瑞家에親至ᄒᆞ사洪允成으로、ᄒᆞ야곰椎殺ᄒᆞ시고、다시皇甫仁、趙克寬等數人을殺ᄒᆞ고、드듸여甫仁、宗瑞、瑢等의罪를告ᄒᆞ야左議政鄭麟趾의議로瑢을賜死ᄒᆞ고 世祖께서領議政이되사內外兵馬都統使로軍國重事를兼ᄒᆞ시니 端宗께서謂ᄒᆞ시되其功이周公과如ᄒᆞ다ᄒᆞ사詔書를下ᄒᆞ시고 世祖와鄭麟趾、韓明澮等三十六人의靖難功을錄ᄒᆞ시고 世祖께서威權이日盛ᄒᆞ야、맛참너 端宗三年、距今四百五十二年前에寶位에登ᄒᆞ시니大抵此事ᄂᆞᆫ權擥과鄭麟趾가贊成ᄒᆞᆷ이오이다

洪允成殺宗瑞

世祖拜領議政兼內外兵馬都統使

世祖登寶位

成三問等謀復

時에 ・端宗이上王이、되사壽康宮에處ᄒᆞ시니成三問이其父勝과朴

[上王位不成死之]
[降封魯山]
[錦城大君謀復上王位死之]
[魯山君崩]
[復魯山位廟號端宗]
[世祖遠有雄圖]

彭年、李塏、河緯地、柳誠源、金礩、兪應孚等으로、더브러上王을復位코자、ᄒᆞ다가計畫이未成ᄒᆞ고金礩의告變ᄒᆞᆫ비되야三問等六臣이被誅ᄒᆞ고三問의父勝이亦誅ᄒᆞ고其他連累ᄒᆞᆫ者ㅣ數十人이오이다

이에上王을降封ᄒᆞ야魯山君이라、ᄒᆞ고寧越(江原道)에處케、ᄒᆞ니時에錦城大君瑜(世宗第六子)가順興에謫居ᄒᆞ다가府使李甫欽과謀ᄒᆞ야魯山을迎入코자、ᄒᆞᆯ서畢竟謀洩ᄒᆞ야死ᄒᆞ고既而오魯山君이、또倏崩ᄒᆞ시더니其後二百餘年을經ᄒᆞ고　肅宗時에至ᄒᆞ야六臣의官爵을復ᄒᆞ고또魯山의位를復ᄒᆞ고廟號ᄂᆞᆫ端宗이오이다

世祖ᄭᅴ오서治國ᄒᆞ신事業은其北方四郡에人民이稀少ᄒᆞ미守備키難ᄒᆞᆷ을因ᄒᆞ야其民을撤ᄒᆞ고、또野人을撫恤ᄒᆞ야專혀和平으로爲主ᄒᆞ고上의天性이豪邁ᄒᆞ야經國雄圖가有ᄒᆞ시고、더옥射御에長ᄒᆞ며武學에用心ᄒᆞ야親히兵書(五衛陣法、兵將說、兵法大旨、論將篇)을撰ᄒᆞ고五衛都總府를立ᄒᆞ고專혀軍務를委ᄒᆞ야兵曹에隷屬치아니ᄒᆞ고文武臣의俊異ᄒᆞᆫ者ᄂᆞᆫ不次擢用ᄒᆞ시고申叔舟로、ᄡᅥ黃海、平安兩道體察使를拜ᄒᆞ야北征

[申叔舟征野人]
[李施愛叛]
[平李施愛]
[魚有沼等伐建州衛斬李滿住]

ᄒᆞᆯ準備를作ᄒᆞ더니五年에毛憐衛의浪卜兒哈이會寧에在ᄒᆞ야邊將과忿爭ᄒᆞ거ᄂᆞᆯ、이에誘殺ᄒᆞ고、또邊釁을開ᄒᆞ야叔舟로、ᄡᅥ江原、咸吉都體察使를拜ᄒᆞ야婆猪江의野人을征破ᄒᆞ얏ᄂᆞ이다

十二年에吉州人、前會寧府使李施愛가其弟施合으로、더브러叛ᄒᆞ니咸興以北의州郡이守令을殺ᄒᆞ고互相響應ᄒᆞ야聲勢가甚熾ᄒᆞ거ᄂᆞᆯ이에龜城君浚으로、ᄡᅥ四道(咸吉、江原、平安、黃海)都摠使를拜ᄒᆞ고許琮은節度使오康純、魚有沼、南怡等은大將이라數萬兵을率ᄒᆞ고進戰ᄒᆞ야洪原、北靑에서賊兵을大破ᄒᆞ니施愛가力盡ᄒᆞ야野人의게奔ᄒᆞ거ᄂᆞᆯ野人이縛獻ᄒᆞ야軍前에斬ᄒᆞ니、이에賊黨이平ᄒᆞ얏ᄂᆞ이다

時에明國建州衛李滿住가明을叛ᄒᆞ거ᄂᆞᆯ明이伐ᄒᆞ니朝鮮이、또夾擊ᄒᆞᆯ서魚有沼、南怡等이咸吉道로、브터直히建州衛를討ᄒᆞ야鴨綠江을渡ᄒᆞ야九獼府諸寨를破ᄒᆞ고李滿住及其子古納哈打肥剌等을斬ᄒᆞ니　世祖ᄭᅴ서如此히兵威를北邊에耀ᄒᆞ야　世宗의經略ᄒᆞ시든遺業을不墜ᄒᆞ얏ᄂᆞ이다

世祖文治

纂修經國大典

世祖傳位睿宗 經國大典成

睿宗崩 成宗立

大典의制定

世祖ᄭᅴ서雄武ᄒᆞ실ᄲᅮᆫ아니라、또크게文治에有意ᄒᆞ야民政을察ᄒᆞ고刑獄을愼ᄒᆞ며量田을行ᄒᆞ고官制를改ᄒᆞ며暇時에ᄂᆞᆫ學을講ᄒᆞ고道를論ᄒᆞ며、더옥易理를通ᄒᆞ야親히周易口訣을作ᄒᆞ야諸儒로、ᄒᆞ야곰論難케、ᄒᆞ고圖書를刊行ᄒᆞ고學問을奬勵ᄒᆞ며

또太祖、世宗以來로經國元典과續典의編輯이完全치못ᄒᆞᆫ지라、이에詳定局을開ᄒᆞ고崔恒、金國光、韓繼禧等으로、ᄒᆞ야곰會通을斟酌ᄒᆞ야萬世成法을作코자ᄒᆞ야、다시經國大典을纂修ᄒᆞ셧스나上이在位ᄒᆞ신지十三年에完成치、못ᄒᆞ고崩ᄒᆞ셧ᄂᆞ이다

世祖ᄭᅴ서臨崩에　睿宗ᄭᅴ傳位ᄒᆞ시니　睿宗元年에經國大典六卷이成ᄒᆞ고　睿宗이在位一年에崩ᄒᆞ실시時에兵曹判書南怡와領議政康純이柳子光의讒을被ᄒᆞ야誅死ᄒᆞ고吏曹正郎閔粹ᄂᆞᆫ　世祖實錄을修ᄒᆞᆯ시史草를改竄ᄒᆞᆷ으로、ᄡᅥ被罪ᄒᆞ고大典이發布키前에　睿宗이崩ᄒᆞ시ᄆᆡ嗣子가幼ᄒᆞᆫ지라貞熹王后(世祖后尹氏)ᄭᅴ서　成宗을立ᄒᆞ

頒經國大典于中外

頒大典續錄

五禮儀完成

吏典官制東班西班東班京職

시니　成宗은　世祖의孫이오　德宗의第二子라(德宗은成宗時追崇)年幼ᄒᆞ신故로王后ᄭᅴ서聽政ᄒᆞ시고七年에至ᄒᆞ야還政ᄒᆞ셧ᄂᆞ이다

成宗初에經國大典이告成ᄒᆞ얏스나疎漏處가多ᄒᆞ거ᄂᆞᆯ、다시崔恒等으로、ᄒᆞ야곰修正ᄒᆞ야中外에頒行ᄒᆞ니大典은即吏、戶、禮、兵、刑、工六典이오大抵唐의六典과明의會典等을倣ᄒᆞ야斟酌損益ᄒᆞ야國俗에合ᄒᆞ고자、ᄒᆞᆷ이라然이나、오히려未盡ᄒᆞᆫ지라李克增、魚世謙等을命ᄒᆞ야、다시大典續錄一卷을撰ᄒᆞ야二十四年에頒行ᄒᆞ얏고

또五禮儀ᄂᆞᆫ　世宗、世祖時에、이믜撰修ᄒᆞ얏스나未備處가多ᄒᆞᆫ지라申叔舟、姜希孟等을命ᄒᆞ야完成ᄒᆞ미朝鮮의制度文物이、이에大備ᄒᆞ니此ᄂᆞᆫ　太祖以來政法을集ᄒᆞ야大成ᄒᆞᆷ이라後世에서奉ᄒᆞ야圭臬을作ᄒᆞᆷ이오朝鮮五百年政治의骨髓가、되얏스니

吏典의官制ᄂᆞᆫ大體를分ᄒᆞ야東西兩班이、되니東班은文官이오西班은武職이라兩班에、또京官、外官의別이有ᄒᆞ니

東班의京官職은即中央政府의重要ᄒᆞᆫ者니其議政府ᄂᆞᆫ百官을總ᄒᆞ

고庶政을平ᄒᆞ며陰陽을理ᄒᆞ고邦國을經ᄒᆞᄂᆞᆫ者오
義禁府ᄂᆞᆫ王命을奉ᄒᆞ야推鞫을掌ᄒᆞ고其次吏曹(官吏의選叙와勳封을掌ᄒᆞ고) 戶
曹(戶口租稅及財政을掌ᄒᆞ고) 禮曹(禮樂과祭祀와宴享과朝聘과學校와科擧를掌ᄒᆞ고) 兵曹(兵務를掌ᄒᆞ고) 刑曹(法律과詞訟及奴婢를掌
ᄒᆞ고) 工曹(山澤과工匠과營繕과陶冶를掌ᄒᆞᆷ이라)의六曹가有ᄒᆞ야各其行政一部를分掌ᄒᆞ니即
高麗의六部오其他司憲府(時政을論ᄒᆞ고百官을糾察ᄒᆞ며風俗을正ᄒᆞ고冤抑을伸ᄒᆞ고濫僞를禁ᄒᆞᆷ이라) 承政院(王命을出納이라)
司諫院은다要職이오이다

東班外職 東班의外職은即地方官이니八道에州,府,郡,縣의別이有ᄒᆞ고道에觀
察使(監司)가有ᄒᆞ고州,府에府尹,牧使,都護府使가有ᄒᆞ고郡에ᄂᆞᆫ守오縣
에ᄂᆞᆫ令과監이有ᄒᆞ니觀察使ᄂᆞᆫ各道에一人뿐이오至於府尹以下ᄂᆞᆫ
地方區畫의多少를因ᄒᆞ야定數가無ᄒᆞᄂᆞ이다

西班京職 西班의京職은其最高者ᄂᆞᆫ中樞府니中樞府ᄂᆞᆫ,오작文武堂上官中에
實職이無ᄒᆞᆫ人이라實權이無ᄒᆞ며五衛都摠府ᄂᆞᆫ即五衛(義興,龍驤,虎賁,忠佐,忠武)
의軍務를掌ᄒᆞ야全國兵이,다此에分屬ᄒᆞ고其次에ᄂᆞᆫ內禁衛(宿衛階盛를掌ᄒᆞ고)

西班外職 訓鍊院(軍士의試才와習陣을掌ᄒᆞ고) 翊衛司(東宮陪衛를掌ᄒᆞᆷ이라)等이有ᄒᆞ고其外職은各道兵馬

使以下諸官이有ᄒᆞ며其定員도,또ᄒᆞᆫ一樣치아니ᄒᆞ오이다
東班과西班을同一케幷稱ᄒᆞ나西班의節度使以下ᄂᆞᆫ觀察使或牧使
等의兼任ᄒᆞᆫ者ㅣ多ᄒᆞ니其實은西班이東班을不及ᄒᆞᆷ이오이다

戶典 戶典에ᄂᆞᆫ戶籍,量田,祿科,諸田(官屯田,院田,津夫田類),職田,田宅,農桑,收稅等의規
定이有ᄒᆞ고

禮典 禮典에ᄂᆞᆫ科擧,儀章,學校(成均館,四學,司譯院),喪服,儀注,婚嫁,官府文
字의式이有ᄒᆞ고

兵典 兵典에ᄂᆞᆫ武官의配置와武科,兵船,軍器,廐牧等事가
有ᄒᆞ고

刑典 刑典에ᄂᆞᆫ二十三目(決獄日限,囚禁,推斷,禁刑,濫刑,僞造,恤囚,逃亡,白丁團聚,捕盜,贓盜,元惡鄕吏,銀錢代用,罪犯準計,告尊長,禁制,訴冤,停訟,賤妻妾子女,公賤,私賤,賤妻婢産) 六十九條가有ᄒᆞ니其初ᄂᆞᆫ大
明律을根本으로作ᄒᆞ고

工典 工典에ᄂᆞᆫ橋路,營繕,院宇,栽植,鐵埸이니凡官
府에屬ᄒᆞᆫ百工이,다此에載ᄒᆞ얏ᄉᆞ니以上은大典의槪畧이오當時의
制度가具備ᄒᆞ얏ᄂᆞ이다

成宗用心風化 ᄯᅩ 成宗께서天性이聰明ᄒᆞ시고學을好ᄒᆞ며,더욱風化에用心ᄒᆞ사
治民官吏를重視ᄒᆞ고臺諫을崇奬ᄒᆞ시며籍田을親耕ᄒᆞ시고王后가
親蠶ᄒᆞ시며太學에幸ᄒᆞ시고(太學에幸ᄒᆞᆷ은太宗以來로行ᄒᆞ셧ᄉᆞ나上에至ᄒᆞ야尤多ᄒᆞ고後世에成例가,됨이라) 養老

宴을宮中에開ᄒᆞ고外邑諸臣을命ᄒᆞ야羣老를宴케ᄒᆞ시고尊經閣을作ᄒᆞ고養賢庫를設ᄒᆞ고弘文館을開ᄒᆞ고湖堂을建ᄒᆞ고成均館과鄕學에田을賜ᄒᆞ고經史를印ᄒᆞ야諸道에頒行ᄒᆞ고學士를命ᄒᆞ야諸書(輿地勝覽、樂學軌範、東國通鑑、帝王明鑑、東文選、后妃明鑑)를編輯ᄒᆞ고學問을奬勵ᄒᆞ며ᄯᅩ賢俊을登庸ᄒᆞ야士氣를振作ᄒᆞ시니故로一時에人材가輩出ᄒᆞ얏ᄂᆞ이다

이에文化가蔚然ᄒᆞ야洋洋히太平氣像이隆盛ᄒᆞᆫ運에達ᄒᆞ얏스나國初以來로贓吏를嚴治ᄒᆞ야子孫을禁錮ᄒᆞ더니　成宗時에ᄂᆞᆫ政事가寬厚ᄒᆞ야賄賂가漸行ᄒᆞ고上이ᄯᅩ宗室과宴ᄒᆞ실ᄉᆡ妓樂을備ᄒᆞ야後來에燕山의荒淫ᄒᆞᄂᆞᆫ習을開ᄒᆞ얏스니　成宗의在位二十五年間은盛極將衰ᄒᆞᄂᆞᆫ時오이다

盛極將衰時

士林의禍及外交

成宗崩 燕山立

成宗께서崩ᄒᆞ시고燕山君이立ᄒᆞ니時ᄂᆞᆫ先王이人材를愛養ᄒᆞ고風節을激勵ᄒᆞᆫ後라英偉ᄒᆞᆫ士子ㅣ頗衆ᄒᆞ더니不幸히厄運을屢遭ᄒᆞ니其第一은卽戊午士禍오第二ᄂᆞᆫ甲子士禍오이다

戊午士禍

甲子士禍

戊午士禍ᄂᆞᆫ初에金馹孫이史官이될ᄉᆡ向者에李克墩이全羅監司時에先王喪을當ᄒᆞ야京師에進香ᄒᆞᆯᄉᆡ妓女를載行ᄒᆞᆷ과ᄯᅩ　世祖時事를記ᄒᆞ다가其師金宗直의弔義帝文을錄ᄒᆞ얏더니其後克墩이堂上官이되야史草를見ᄒᆞ고大怒ᄒᆞ야此를擠排코자ᄒᆞᆯᄉᆡ時에柳子光이姦才가有ᄒᆞ야甚히克墩과締結ᄒᆞ고ᄯᅩ尹弼商이力助ᄒᆞ야大獄을興ᄒᆞᆯᄉᆡ克墩等이誣ᄒᆞ되宗直의弔義帝文은　世祖를譏斥ᄒᆞ얏스니馹孫의惡은卽宗直의指誨라ᄒᆞ야宗直의門人及關係가有ᄒᆞᆫ者를一網打盡코자ᄒᆞ고時에燕山도ᄯᅩ自謂ᄒᆞ되每事에自由치못ᄒᆞᆷ은學士輩의所爲라ᄒᆞ야子光等의計策을從ᄒᆞᆯᄉᆡ宗直은已死ᄒᆞᆫ지라곳棺을剖ᄒᆞ야屍를斬ᄒᆞ고馹孫及權景裕를殺ᄒᆞ고李穆許磐等以下ᄂᆞᆫ다竄逐ᄒᆞ니知名人士가被罪ᄒᆞᆫ者ㅣ數十人(姜謙、表沿沫、洪瀚、鄭汝昌、茂豐副正摠、姜景叙、李守恭、鄭希良、鄭承祖、李宗準、崔溥、李黿、金宏弼、曺偉、朴漢柱、任熙載、康伯珍、柳廷秀、李繼孟、姜渾等)이니其事가燕山四年戊午、距今四百九年前이라故로戊午士禍라ᄒᆞ고

戊午後數年에ᄯᅩ甲子士禍가有ᄒᆞ니初에燕山의母尹氏(成宗后)가驕恣

剖棺斬屍

燕山淫虐

妬忌ᄒᆞ야不遜ᄒᆞᆫ事가多ᄒᆞᆫ지라 成宗ᄭᅴ서賜死ᄒᆞ시니燕山이母의非命으로死ᄒᆞᆷ을恨ᄒᆞ야十年(甲子)에追崇ᄒᆞ야王后라ᄒᆞ고또當時廢死時에叅論ᄒᆞᆫ人을罪ᄒᆞᆯᄉᆡ尹弼商、李克均、成浚、李世佐、權柱、金宏弼、李胄等數十人을殺ᄒᆞ고韓致亨、韓明澮、鄭昌孫、魚世謙、沈澮、李坡、鄭汝昌、南孝溫等은已死ᄒᆞᆫ지라棺을剖ᄒᆞ야屍를斬ᄒᆞ고子弟와同族은幷히竄流徒配ᄒᆞ미慘酷暴戾ᄒᆞᆷ이無所不至ᄒᆞᆫ지라此ᄂᆞᆫ戊午禍보다더욱激烈ᄒᆞ니大抵燕山의此事ᄂᆞᆫ다任士洪等이引導ᄒᆞᆷ이오이다.

燕山이淫虐ᄒᆞ야再次士禍를起ᄒᆞ미賢人君子가漸少ᄒᆞᆫ지라이에더욱驕恣ᄒᆞ야內官金子猿이機密을專掌ᄒᆞ고諸惡을慫慂ᄒᆞ야諸道에妓樂을設ᄒᆞ고號曰運平이라三百人을擇ᄒᆞ야闕內에入ᄒᆞ며地科興清(近入者)天科興清(經幸者)等名目이有ᄒᆞ고또採紅駿使、採青使를諸道에遣ᄒᆞ야美女와良馬를採ᄒᆞ고成均館은遊戲所가되고弘文館을罷ᄒᆞ고司諫院을革ᄒᆞ고經筵을廢ᄒᆞ고司僕寺와掌樂院을增ᄒᆞ고淫虐無道ᄒᆞ기日甚ᄒᆞ야宗社가將危ᄒᆞᆫ지라

燕山廢中宗立

革燕山弊政

이에十二年(距今四百一年前)에前吏曹叅判成希顔、知中樞朴元宗、吏曹判書柳順汀等이相謀ᄒᆞ고慈順太后尹氏(成宗繼后)의詔로王을廢ᄒᆞ야燕山君이라ᄒᆞ고喬桐에移ᄒᆞ고成宗次子晋城大君이即位ᄒᆞ시니即中宗이라이에朴元宗、柳順汀、成希顔、柳子光(光은罪人이라然이나反正時에有功ᄒᆞ야叅勳ᄒᆞᆷ이라)等百餘人이靖國功臣이되얏ᄂᆞ이다

中宗ᄭᅴ서燕山의弊政을革ᄒᆞ고儒術을尙ᄒᆞ시며文治에專意ᄒᆞ야遺逸을搜訪ᄒᆞ고風化를振作ᄒᆞ시며初에 中宗이即位時에夫人愼氏로ᄒᆞ야곰后를封ᄒᆞ셧더니向者其父守勤이權勢를憑藉ᄒᆞ고驕縱ᄒᆞᆫ지라朴元宗等이廢立時에守勤을殺ᄒᆞ고이에後慮가有ᄒᆞᆯ가恐ᄒᆞ야領相柳洵과右相金壽童等이上ᄭᅴ白ᄒᆞ고愼氏를廢ᄒᆞ야私第에遜位ᄒᆞ니愼氏가坤位에在ᄒᆞᆫ지八日이라다시章敬王后尹氏를立ᄒᆞ얏더니十年에尹氏가崩ᄒᆞ시거ᄂᆞᆯ金淨、朴祥等이上疏ᄒᆞ야廢后愼氏를復位ᄒᆞ야無辜히廢處ᄒᆞᆫ冤을伸ᄒᆞ쇼셔ᄒᆞ거ᄂᆞᆯ大司諫李荇과大司憲權敏手等이此를排斥ᄒᆞ야邪論이라ᄒᆞ고詔獄에致ᄒᆞ기를請ᄒᆞ다가領

金淨等請立愼氏后爭端漸開

議政柳洵과左議政鄭光弼等이救解ᄒᆞ나金淨等이맛참ᄂᆡ貶謫ᄒᆞ야
自此로廷議의爭端이開ᄒᆞ얏ᄂᆞ이다

大任趙光祖

時에 中宗이趙光祖ᄅᆞᆯ深히信任ᄒᆞ사至治의道ᄅᆞᆯ興ᄒᆞ야風俗을正
ᄒᆞ고賢良科ᄅᆞᆯ設ᄒᆞ고鄕約法을行ᄒᆞ고小學의敎ᄅᆞᆯ興ᄒᆞ며金湜、金淨、
李耔、金絿等諸賢을用ᄒᆞᆯ새光祖ᄂᆞᆫ副提學으로大司憲에至ᄒᆞ더니會
에前牧使金友曾이士林을誣毁ᄒᆞᆫ事로廷訊ᄒᆞᆯ새光祖ㅣ友曾을窮治
치아니코자ᄒᆞ얏더니矯激輕銳ᄒᆞᆫ徒가庶政을速改코자ᄒᆞ야光祖等
의依違因循ᄒᆞᆷ을彈劾ᄒᆞ얏ᄂᆞ이다

己卯士禍

時에禮判南袞과都總管沈貞等이淸議에不容ᄒᆞᆷ을怨ᄒᆞ야光祖等의
隙을伺ᄒᆞᆯ새光祖ㅣ、또上ᄭᅴ請ᄒᆞ야靖國功臣의冒濫ᄒᆞᆫ者七十餘人을
汰除코자ᄒᆞ니上이初에ᄂᆞᆫ不聽ᄒᆞ시나諸臣의强請으로不得已從ᄒᆞ
시니南袞等이이에種々ᄒᆞᆫ飛語로上心을動ᄒᆞ야曰朝權과人心이다
趙氏에歸ᄒᆞ얏다ᄒᆞ고又曰光祖等이互相朋比ᄒᆞ야國論이顚倒ᄒᆞ고
朝政이日非ᄒᆞ다ᄒᆞ고百方으로讒訴ᄒᆞ야光祖等을盡殺코자ᄒᆞ니領

南袞等讒殺趙光祖

相鄭光弼과左相安瑭等이極諫ᄒᆞ되不聽ᄒᆞ시고곳光祖等을詔獄에
下ᄒᆞ고光祖及金淨、金湜、金絿等數十人(尹自任、朴世熹、朴薰、奇遵、李長坤、金安國、金正國、韓忠、具壽福、金世弼、柳雲、柳庸謹、崔淑生、申鏛)을竄黜ᄒᆞᄂᆞᆫ지라이에館學諸生李若水、申命仁等一千餘人이上
疏ᄒᆞ야其寃을訴ᄒᆞ니由是로讒口가益熾ᄒᆞ야鄭光弼、安瑭도、또ᄒᆞᆫ罷
官ᄒᆞ고南袞、李惟淸이左右相이되고金銓은領相이되야賢良科ᄅᆞᆯ罷
ᄒᆞ고光祖ᄂᆞᆫ賜死ᄒᆞ고其餘ᄂᆞᆫ竄黜ᄒᆞ니此ᄂᆞᆫ已卯士禍오이다

殺趙光祖

自後로南袞、沈貞等이朝政을擅弄ᄒᆞᆯ새時에金安老ᄂᆞᆫ吏曹判書리政
事ᄅᆞᆯ亂ᄒᆞᆷ으로、ᄡᅥ豐德에配ᄒᆞ얏더니南袞이死ᄒᆞᆫ後에鄭光弼이代ᄒᆞ
야領相이되니時에沈貞、李沆、金克愊等이用事ᄒᆞ거ᄂᆞᆯ安老가再用ᄏᆡ
ᄅᆞᆯ謀ᄒᆞ야東宮(仁宗)을保護ᄒᆞᆫ다名ᄒᆞ고召還을圖得ᄒᆞᆫ後政事에叅預ᄒᆞ
야沈貞、李沆을殺ᄒᆞ고金克愊을斥ᄒᆞ니貞、沆、克愊은世人이稱ᄒᆞ되辛
卯三姦이라ᄒᆞ니此ᄂᆞᆫ 中宗二十六年辛卯이오이다

辛卯三姦

金安老가三姦을除ᄒᆞ얏스나爲人이奸邪狡猾ᄒᆞ고、또文墨才가有ᄒᆞ
야初에ᄂᆞᆫ李彦迪、朴紹等을逐ᄒᆞ고、또鄭光弼을竄ᄒᆞ고其黨을引ᄒᆞ야

朝廷에布滿ᄒᆞ니許沆、蔡無擇等이鷹犬이되야屢次大獄을興ᄒᆞ미宗親及公卿大臣을誅竄ᄒᆞ고生殺予奪을擅ᄒᆞ야勢焰이甚熾ᄒᆞᄂᆞᆫ지라叅判尹安仁(文定王后叔父)이文定王后(中宗繼后)ᄭᅴ告ᄒᆞ야上ᄭᅴ奏ᄒᆞ니上이이에安仁으로、ᄒᆞ야곰安老等을殺ᄒᆞ라、ᄒᆞ시니安仁이大司憲梁淵과議ᄒᆞ야安老及沆、無擇을賜死ᄒᆞ니時ᄂᆞᆫ　中宗三十二年丁酉라故로丁酉三凶이라、ᄒᆞᄂᆞ이다

(丁酉三凶)

其後　中宗ᄭᅴ셔、크게悔悟ᄒᆞ사流配人을收叙ᄒᆞ고、또遺逸數十人을擧ᄒᆞ얏스나政綱이、맛참ᄂᆡ振修치、못ᄒᆞ고在位三十九年에崩ᄒᆞ셧ᄂᆞ이다

(中宗崩)

中宗이崩ᄒᆞ신後에　仁宗이即位ᄒᆞ사八月에崩ᄒᆞ시고明宗이立ᄒᆞ시니時年이十二라母后文定王后尹氏ᄭᅴ셔聽政ᄒᆞ시고尹元衡이當國ᄒᆞ니元衡은文定王后의弟라向者　仁宗時에工曹叅判을擢拜ᄒᆞ거ᄂᆞᆯ大諫宋麟壽等이論劾ᄒᆞ야其官資를奪ᄒᆞ더니至是ᄒᆞ야다시國政을叅興ᄒᆞ얏ᄂᆞ이다

(仁宗崩明宗立母后聽政尹元衡當國)

初에　太宗ᄭᅴ셔外戚의用事홈을防ᄒᆞ셧더니其後　成宗이立ᄒᆞ셔時에貞熹王后ㅣ聽政ᄒᆞ셧스나外戚의權이不多ᄒᆞ다가　明宗이立ᄒᆞ야ᄂᆞᆫ母后와外戚의權이盛ᄒᆞ얏ᄂᆞ이다

(外戚專權始開)

元衡의兄元老ᄂᆞᆫ凶險ᄒᆞᆫ人이라左相柳灌等이奏ᄒᆞ야海南(全羅道)에竄ᄒᆞ니初에元衡과尹任(仁宗母后章敬王后의弟)이　中宗末年브터黨與를分ᄒᆞ야互相傾軋ᄒᆞ니時人이謂ᄒᆞ되大尹(尹元衡)小尹(尹任)이라、ᄒᆞ더니至是ᄒᆞ야禮曹叅判尹元衡이其黨鄭順朋(中樞知事)、李芑(兵判)、林百齡(戶判)、許磁(工判)等으로、더브러刑判尹任과柳灌、柳仁淑(吏判)等을殺코자、ᄒᆞ야忠順堂(文定王后宮)에譖告曰、尹任이元來異志가有ᄒᆞ야桂林君瑠(成宗第三子桂城君恂의養子)와鳳城君岏(中宗第八子)兩人中一人을立고자、ᄒᆞ고灌과仁淑도、또ᄒᆞᆫ形迹이有ᄒᆞ다ᄒᆞ니文定王后ㅣ、곳任等을賜死ᄒᆞ얏ᄂᆞ이다

(尹元衡尹任의軋轢)

(殺尹任等)

또金明胤의密啓를因ᄒᆞ야桂林君과鳳城君을殺ᄒᆞ고、또李德應을鞫問ᄒᆞ야李輝、羅淑을誣告ᄒᆞ니自此로羅織과搆陷이益甚ᄒᆞ야一時名士가或誅戮、或竄配ᄒᆞ니此가乙巳(仁宗元年)브터丁未(明宗二年)ᄭᆞ지、거의百人

(一時名士誅戮竄配)

이라(權撥、李彦迪、白仁傑、鄭希登、朴光佑、金䃴、宋希奎、柳希春、金鸞祥、李彦忱、閔起文、郭珣、李霖、李煇、鄭郁、李中悅、羅湜、羅淑、盧守愼等) 이에 元衡及李芑、鄭順朋、林百齡、金明胤等이、다錄勳ᄒᆞ니人心이忿恨ᄒᆞ나然ᄒᆞ나文定王后ᄅᆞᆯ畏ᄒᆞ야敢히言ᄒᆞᆯ者ㅣ無ᄒᆞ더니」時에　明宗ᄭᅴ서도元衡의威福을畏ᄒᆞ다가李樑을擢用ᄒᆞ야對敵게、ᄒᆞ시니樑이、또ᄒᆞᆫ權을貪ᄒᆞ야勢焰이盛ᄒᆞ며元衡을傾ᄒᆞ고士禍ᄅᆞᆯ起ᄒᆞ거ᄂᆞᆯ副提學奇大恒의言을從ᄒᆞ야樑을竄逐ᄒᆞ고元衡을進ᄒᆞ야相位에登ᄒᆞ며生殺予奪의權을秉ᄒᆞ기二十年이러니文宗王后가崩ᄒᆞ신後、其爵을削ᄒᆞ고田里에放歸ᄒᆞ야死ᄒᆞ얏ᄂᆞ이다

尹元衡秉權二十年

向者乙巳難時에李滉도、또ᄒᆞᆫ官爵을削奪ᄒᆞ니李芑의姪、元祿이芑의게力諫ᄒᆞ고林百齡도亦曰、李滉의謹愼은世人의共知ᄒᆞᄂᆞᆫ바라「此人을罪ᄒᆞ면前日被罪人도、다誣罔ᄒᆞ다謂ᄒᆞ리라、ᄒᆞ야、곳職牒을還授ᄒᆞ얏ᄂᆞ이다

削奪李滉官爵

李滉의字ᄂᆞᆫ景浩오號ᄂᆞᆫ退溪니慶尙道眞寶人이라深히性理學을修ᄒᆞ야躬行實踐ᄒᆞ야程、朱의神髓ᄅᆞᆯ得ᄒᆞ니、곳朝鮮五百年에第一儒宗

李滉學問

이라大抵程、朱學이高麗時브터行ᄒᆞ다가其末年에鄭夢周가道學과氣節로、써顯ᄒᆞ더니朝鮮에至ᄒᆞ야、더옥隆盛ᄒᆞᆯ싀其尤著ᄒᆞᆫ人은金宏弼(寒暄堂)·鄭汝昌(一蠹)·趙光祖(靜菴)·李彦迪(晦齋)·李珥(栗谷)·成渾(牛溪)等이오其中李滉은、더옥眞儒라稱ᄒᆞ며、이에場屋中人士가老、莊의語ᄅᆞᆯ用ᄒᆞ면斥黜ᄒᆞ고、또陸、王의言도不及ᄒᆞ야稍히程、朱意見과不同ᄒᆞ면、다排斥ᄒᆞ니此風은學問에極히狹隘ᄒᆞ나然ᄒᆞ나其學의隆盛이高麗時代에比ᄒᆞᆯ빈、아니오士禍도、또ᄒᆞᆫ此ᄅᆞᆯ因ᄒᆞ야屢起ᄒᆞ얏ᄂᆞ이다

道學隆盛

麗末브터儒敎興隆時에佛敎의排斥이甚ᄒᆞ더니朝鮮初에도其風이有ᄒᆞ나其中오히려　世宗은內佛堂을創建ᄒᆞ서고　世祖ᄂᆞᆫ大藏經을印刷ᄒᆞ야圓覺寺ᄅᆞᆯ建ᄒᆞ시더니　成宗은大典中에度僧法을嚴케、ᄒᆞ야寺刹이空虛ᄒᆞᆫ者ㅣ多ᄒᆞ니、이에佛敎가政府及學者의排斥을因ᄒᆞ야、더옥衰頹ᄒᆞ다가　明宗時에僧普雨가宮中의信任을恃ᄒᆞ고、크게佛敎ᄅᆞᆯ擴張ᄒᆞ야兩宗을立ᄒᆞ고禪科ᄅᆞᆯ設ᄒᆞ니館學儒生이上疏ᄒᆞ야普雨ᄅᆞᆯ誅코자、ᄒᆞ거ᄂᆞᆯ不聽ᄒᆞ얏더니諸生이館을空ᄒᆞ고去ᄒᆞᄂᆞᆫ지

排斥佛敎

라上이이에承旨와史官을遣ᄒᆞ야招諭ᄒᆞ고普雨를濟州에竄ᄒᆞ얏다가殺ᄒᆞ고、또兩宗禪科를罷ᄒᆞ니佛敎의衰頹ᄒᆞᆷ을可知ᄒᆞ겟ᄂᆞ이다

明宗崩

旣而오 明宗ᄭᅴ서元衡이死ᄒᆞᆫ後에乙巳諸臣의寃枉ᄒᆞᆷ을知ᄒᆞ고盧守愼、柳希春等을伸雪코자ᄒᆞ다가未幾에崩ᄒᆞ시니在位가二十二年이오上이病篤時에東宮은已薨ᄒᆞ야後嗣가不定ᄒᆞᆫ지라領相李浚慶이入侍ᄒᆞᆫᄃᆡ上이이믜言치못ᄒᆞ시거ᄂᆞᆯ仁順王后沈氏(明宗后)ᄭᅴ서上意를傳ᄒᆞ시ᄂᆞᆫ지라浚慶이이에德興君昭(中宗第七子)의第三子를迎ᄒᆞ야卽位ᄒᆞ니卽

宣祖立

宣祖라仁順王太后ᄭᅴ서同히聽政ᄒᆞ다가未幾에還政ᄒᆞ셧ᄂᆞ이다

朋黨之漸

後에李浚慶이卒ᄒᆞᆯ시遺疏를上ᄒᆞ야朝臣의朋黨의漸을言ᄒᆞᆫᄃᆡ上이其疏를群下의게示ᄒᆞ야曰誰가朋黨이뇨ᄒᆞ시니自此로外議가洶々ᄒᆞ되浚慶이士林을禍ᄒᆞᆫ다ᄒᆞ야官爵을追奪코자ᄒᆞ더니數年後에果然東西黨論이起ᄒᆞ야互相排擠ᄒᆞ다가後日巨害를開ᄒᆞ얏ᄂᆞ다

宣祖初政

宣祖ᄭᅴ서卽位ᄒᆞ신後에李滉과李珥等을登庸ᄒᆞ야學을講ᄒᆞ고治를論ᄒᆞ며南袞의官爵을追奪ᄒᆞ고、또乙巳以來의寃枉을伸ᄒᆞ야官爵을復ᄒᆞ고、또擢用ᄒᆞ며尹元衡、李芑、鄭順朋、林百齡等의勳籍을削ᄒᆞ니如此히數十年의寃鬱을開ᄒᆞ야人心을慰藉ᄒᆞ얏스나弊政이刷新치못ᄒᆞ니此ᄂᆞᆫ士禍가屢起ᄒᆞ며一時人才를殺戮ᄒᆞᆫ故오이다

北方關係

至於外交上에ᄂᆞᆫ顯著ᄒᆞᆫ功績을不見ᄒᆞ다가今에北方과關係가有ᄒᆞ니先是 成宗時에魚有沼로ᄡᅥ永安北道節度使를拜ᄒᆞ야防備ᄒᆞ다가 成宗十年、距今三百五十二年前에明國의言을從ᄒᆞ야建州衛野人을夾攻ᄒᆞᆯ시魚有沼ㅣ滿浦鎭(江界西鴨綠江岸)에至ᄒᆞ야氷解ᄒᆞᆷ으로渡치못ᄒᆞ고還ᄒᆞ거ᄂᆞᆯ上이有沼의罪를治ᄒᆞ고、다시左議政尹弼商으로、ᄒᆞ야곰野人을征ᄒᆞ야俘獲을明國에送ᄒᆞ고

征野人

二十二年에ᄂᆞᆫ野人이永安道를寇ᄒᆞ야鎭將을殺ᄒᆞ거ᄂᆞᆯ觀察使許琮으로ᄒᆞ야곰二萬兵을率ᄒᆞ고征討ᄒᆞ야大破ᄒᆞ고上이、또關防에留意ᄒᆞ야諸道城을築ᄒᆞ고兵을大閱ᄒᆞ야 世宗、世祖의遺型이存ᄒᆞ더니

中宗、明宗時에及ᄒᆞ야ᄂᆞᆫ野人이邊境에出沒ᄒᆞ니、곳發兵、驅逐ᄒᆞ얏스

野人入寇陷慶源府

나滿浦僉使沈思遜이野人을殺ᄒᆞᆯ時에ᄂᆞᆫ出師치못ᄒᆞ고　宣祖初에ᄂᆞᆫ野人의酋長尼湯介가六鎭에出沒ᄒᆞ거ᄂᆞᆯ上이官祿을予ᄒᆞ야接待가優厚ᄒᆞ더니十六年에至ᄒᆞ야ᄂᆞᆫ邊將의撫御가失宜ᄒᆞ니尼湯介ㅣ、드듸여鄰部의衆을率ᄒᆞ고入寇ᄒᆞ야慶源府(咸鏡道)를陷ᄒᆞᄂᆞᆫ지라、이에鄭彦信은都巡察使오李戩은南兵使라京畿以下五道兵을調發ᄒᆞ야往赴ᄒᆞ니時ᄂᆞᆫ昇平ᄒᆞᆫ지久ᄒᆞ다가猝然히此役이有ᄒᆞᄆᆡ里巷의哭聲이相聞ᄒᆞ더니旣而오穩城府使申砬이赴援ᄒᆞ야野人을大破ᄒᆞ고金義賢(富寧府使)申尙節(僉使)等으로、더브러豆滿江을渡ᄒᆞ야其部落을掩擊ᄒᆞ고還ᄒᆞ나然이나其後에도野人의患이不絶ᄒᆞ얏ᄂᆞ이다

日本關係

日本에ᄂᆞᆫ　成宗ᄯᅢ셔申叔舟의遺言을從ᄒᆞ야日本과失和치、아니ᄒᆞᆯ셰李亨元等을命ᄒᆞ야書幣를對馬島에遣ᄒᆞ얏ᄉᆞ나其後ᄂᆞᆫ遣使치、아니ᄒᆞ고、오작日本의使臣이至ᄒᆞ면接待ᄒᆞᆯᄲᅮᆫ、이러니中宗五年庚午、距今三百九十六年前에對馬島主宗義盛이朝鮮에셔其使臣、不受ᄒᆞᆷ을怒ᄒᆞ야宗盛弘으로、ᄒᆞ야곰兵三百을率ᄒᆞ고三浦居留日本民과合ᄒᆞ야釜山과薺浦를寇ᄒᆞ야釜山僉使李友曾을殺ᄒᆞ고薺浦僉使金世均을執ᄒᆞ고熊川、東萊를圍ᄒᆞ야熊川城을陷ᄒᆞ니事가倉卒에起ᄒᆞᆫ지라朝廷이大驚ᄒᆞ야安潤德으로、써都體察使를拜ᄒᆞ고黃衡、柳聃年은防禦使를拜ᄒᆞ야討平ᄒᆞ니此를謂ᄒᆞ되三浦亂이오又日庚午變이라、ᄒᆞ고自此로對馬의交가絶ᄒᆞ더니

三浦亂

中宗七年에、다시對馬島와和親ᄒᆞ고對馬島로셔歲遣船五十隻을減ᄒᆞ야二十五隻이、되고三浦에居留民을廢ᄒᆞ고、오작倭館을釜山에造ᄒᆞ야使臣接待所를作ᄒᆞ얏ᄉᆞ나　中宗末에ᄂᆞᆫ西南沿海地에侵掠이尤甚ᄒᆞ거ᄂᆞᆯ熊川海中에加德、天城等鎭을設ᄒᆞ고時에對馬人이蛇梁(慶尙道)을寇ᄒᆞ야交通이絶ᄒᆞ더니　明宗二年에約條를定ᄒᆞ얏ᄂᆞ이다

倭寇全羅道

然이나　明宗十年에ᄂᆞᆫ倭船七十餘隻이全羅道를寇ᄒᆞ야達梁을陷ᄒᆞ고兵使元績과長興府使韓蘊을殺ᄒᆞ고靈巖郡守李德堅을虜ᄒᆞ고殺掠이甚多ᄒᆞᄂᆞᆫ지라李浚慶으로、써都巡察使를拜ᄒᆞ고金景錫、南致

勤으로써防禦使를拜ᄒᆞ야討伐ᄒᆞᆯ셰全州府尹李潤慶이力戰ᄒᆞ야大破ᄒᆞ고是年에비로소備邊司又曰備局의制를定ᄒᆞ야中外軍國機務를摠領ᄒᆞ니此ᄂᆞᆫ邊警을防備홈이오이다

定備邊司制

備邊司의名은　中宗時브터始ᄒᆞ얏스나職權의重ᄒᆞ기ᄂᆞᆫ此時에始ᄒᆞ얏고後에專혀國政을掌ᄒᆞ야議政府實權을執ᄒᆞ얏ᄂᆞ이다

八幡船

當時에日本西南邊民이支那沿海를侵掠ᄒᆞ기不絕ᄒᆞ고其中八幡旗를樹ᄒᆞᆫ船이더욱强梁ᄒᆞ니全羅道의寇賊이다此徒오如此히種種ᄒᆞᆫ紛擾가有ᄒᆞ나朝鮮이足利氏와ᄂᆞᆫ交際가不絕ᄒᆞ고互相贈答ᄒᆞᄂᆞᆫ禮가有ᄒᆞ더니足利氏가衰ᄒᆞᆫ後에交通이亦絕ᄒᆞ야壬辰亂이有ᄒᆞ얏ᄂᆞ이다

壬辰亂

壬辰前內情

宣祖初에東人西人의論이始起ᄒᆞ야朋黨의風이行ᄒᆞᆯᄲᅮᆫ아니라紀綱이漸壞ᄒᆞ고武備가廢弛ᄒᆞ야人民이漸々怠惰ᄒᆞᄂᆞᆫ지라成渾李珥等이屢次上疏ᄒᆞ야時弊를論ᄒᆞ고珥ᄂᆞᆫ또兵十萬都城二萬諸道各一萬을養ᄒᆞ야緩急을備코자ᄒᆞ거ᄂᆞᆯ柳成龍이言ᄒᆞ되大平時에講學이先務오軍旅ᄂᆞᆫ不急ᄒᆞ다ᄒᆞ야其言을排斥ᄒᆞ니滿朝群僚가다附應ᄒᆞ야비록北邊의警報가時至ᄒᆞ나다目前에無事홈을昵ᄒᆞ야兵事에留意치아니ᄒᆞ고時에또忠直人士ㅣ退歸ᄒᆞ고仁嬪金氏가用事ᄒᆞᆯ셰領相李山海가其兄公諒으로더브러表裏相應ᄒᆞ니이에人心이大壞ᄒᆞ야遼東과日本에往投ᄒᆞᆫ者ㅣ多ᄒᆞ얏ᄂᆞ이다

豐臣秀吉遣宗義智欲假道伐明國

日本은豐臣秀吉이國內를掃蕩ᄒᆞ고覇權을握ᄒᆞᆫ지라이에朝鮮에假道ᄒᆞ야明國을攻코자ᄒᆞᆯ셰　宣祖二十二年距今三百十八年前에宗義智를遣來ᄒᆞ야其事를請ᄒᆞᆯ셰義智가報聘使를邀ᄒᆞ야日本에共往코자ᄒᆞ거ᄂᆞᆯ朝議가紛然ᄒᆞ다가맛참ᄂᆡ李德馨柳成龍의議를從ᄒᆞ야

黃允吉金誠一等聘日本

二十三年에黃允吉로써通信使를拜ᄒᆞ고金誠一로써副使를拜ᄒᆞ고許筬은書狀官을差ᄒᆞ야義智로더브러日本에聘ᄒᆞ니秀吉이答書中에我를脅迫ᄒᆞ야明을伐코자ᄒᆞ거ᄂᆞᆯ二十四年에允吉等이還ᄒᆞᆯ셰允吉과筬等은皆曰秀吉의眼光이炯々ᄒᆞ고膽智가有ᄒᆞ니必然大擧入

寇ᄒᆞᆫ다ᄒᆞ되誠一은獨曰彼가萬々코不來ᄒᆞ리니無慮ᄒᆞ다ᄒᆞ니議者ㅣ或은允吉을主ᄒᆞ고或은誠一을主ᄒᆞ나大抵誠一은東人이오允吉은西人이라故로各其々黨을護ᄒᆞᆷ이라上이誠一이善使ᄒᆞ얏다ᄒᆞ야官資를陞ᄒᆞ고漸々防備를罷ᄒᆞ니軍官黃進이誠一의欺罔ᄒᆞᆫ罪를論ᄒᆞ야斬ᄒᆞ기를請ᄒᆞ얏ᄂᆞ이다

通情狀于明

上이또此狀을明國에通코자ᄒᆞ니大司憲尹斗壽ᄂᆞᆫ曰此事가明國에係ᄒᆞ니速히通知ᄒᆞᆷ이可라ᄒᆞ고領相李山海ᄂᆞᆫ曰此를告ᄒᆞ면日本과私通ᄒᆞᆷ과如ᄒᆞ니後日을竢ᄒᆞᆷ이可타ᄒᆞ거ᄂᆞᆯ柳成龍과金睟等은山海의言과如ᄒᆞ고(成龍이後에允吉의言을從ᄒᆞ다) 黃廷彧(琳子)柳根朴東賢等은斗壽의言을從ᄒᆞᄂᆞᆫ지라上이이에韓應寅으로ᄒᆞ야곰明에通知ᄒᆞ얏ᄂᆞ이다

議防禦策

旣而오朝廷이日本의動兵ᄒᆞᆷ을聞ᄒᆞ고大驚ᄒᆞ야防禦策을議ᄒᆞᆯ식金睟李洸尹先覺으로ᄒᆞ야곰慶尙全羅忠淸監司를拜ᄒᆞ고李舜臣(井邑縣監)은左議政柳成龍의薦으로全羅左水使를拜ᄒᆞ야器械를備ᄒᆞ고城池를修ᄒᆞ며또申砬과李鎰은當時武將中에重名이有ᄒᆞᆫ人이라各地에分遣ᄒᆞ야邊備를巡視ᄒᆞ나然ᄒᆞ나中外가安逸에狃ᄒᆞ고人民은勞役을憚ᄒᆞ야怨聲이滿道ᄒᆞ고郡邑은擧皆文具로ᄡᅥ罪를避ᄒᆞᆯ뿐이오이다

明國內情

時에明神宗朱翊均이在位ᄒᆞ미初에ᄂᆞᆫ張居正戚繼光等이將相이되고邊事에極히留心ᄒᆞ더니後에漸々政事에怠ᄒᆞ고妃嬪을寵ᄒᆞ며宴遊를耽ᄒᆞ야君臣이否隔ᄒᆞ고紀綱이益壞ᄒᆞ더니會에明國人陳申은琉球에在ᄒᆞ고許儀後ᄂᆞᆫ日本薩摩에在ᄒᆞ야各其朝鮮事情을明에報ᄒᆞᆯ식이에明國이朝鮮을責ᄒᆞ되日本嚮導가되야來襲ᄒᆞᆫ다ᄒᆞ거ᄂᆞᆯ韓應寅을遣ᄒᆞ야其誣를辨明ᄒᆞ고兵患의急ᄒᆞᆷ을通ᄒᆞ니明이深慮치아니ᄒᆞ고오작沿海를命ᄒᆞ야守備를嚴케ᄒᆞ얏ᄂᆞ이다

行長淸正等率兵渡海

秀吉이朝鮮에셔其言을不聽ᄒᆞᆷ을怒ᄒᆞ야 宣祖二十五年壬辰距今三百十五年前에小西行長과加藤淸正과黑田長政과島津義弘과小早川隆景等으로ᄒᆞ야곰二十萬兵을率ᄒᆞ야海를渡ᄒᆞ고또別로히九鬼嘉隆과藤堂高虎等은水軍九千餘人과戰船으로ᄡᅥ海上應援을備ᄒᆞ고行長等이釜山에上陸ᄒᆞ야釜山을攻ᄒᆞ니僉使鄭撥이戰船을沈

鄭撥戰死

ᄒᆞ고兵民을率ᄒᆞ야城堞을守ᄒᆞᆯᄉᆡ賊이圍城ᄒᆞ기百匝이오砲發이雨와如ᄒᆞᆫ지라撥이拒戰ᄒᆞ다가矢盡ᄒᆞ고中丸ᄒᆞ야死ᄒᆞ고賊이東萊ᄅᆞᆯ犯ᄒᆞ거ᄂᆞᆯ府使宋象賢이境內兵民을驅ᄒᆞ야防守ᄒᆞ다가半日에城陷ᄒᆞᄂᆞᆫ지라象賢이朝服으로椅子에坐ᄒᆞ야不動ᄒᆞ니賊이生執고자ᄒᆞ거ᄂᆞᆯ象賢이靴尖으로拒踢ᄒᆞ다가드ᄃᆡ여遇害ᄒᆞ니賊이其義ᄅᆞᆯ感動ᄒᆞ야南門外에葬ᄒᆞ얏ᄂᆞ이다

宋象賢遇害

賊이釜山으로브터京城에至ᄒᆞᆯᄉᆡ凡三路라中路ᄂᆞᆫ釜山으로브터鳥嶺을踰ᄒᆞ야忠州ᄅᆞᆯ經ᄒᆞ고京城에達ᄒᆞ니此ᄂᆞᆫ普通線路오東路ᄂᆞᆫ機張蔚山으로브터竹嶺을踰ᄒᆞ야忠州에서中路軍과合ᄒᆞ고西路ᄂᆞᆫ金海로브터秋風嶺을踰ᄒᆞ야淸州竹山으로브터京城에達ᄒᆞᆯᄉᆡ行長은中路로進ᄒᆞ고淸正은東路로進ᄒᆞ고長政은西路로進軍ᄒᆞᄂᆞᆫ지라

行長淸正長政三路入寇

이에邊報가日至ᄒᆞ니朝廷이急히李鎰로ᄡᅥ巡邊使ᄅᆞᆯ拜ᄒᆞ야中路에下ᄒᆞ고成應吉은左防禦使니東路로下ᄒᆞ고趙儆은右防禦使니西路로下ᄒᆞ고劉克良과邊璣ᄂᆞᆫ助防將이라竹嶺과鳥嶺을守ᄒᆞ고柳成龍

三路防禦

은都體察使오金應南은副使라諸將을檢督ᄒᆞ더니旣而오急報가絡繹ᄒᆞ니都城이大震ᄒᆞᄂᆞᆫ지라이에申砬으로ᄡᅥ都巡邊使ᄅᆞᆯ拜ᄒᆞ고金汝岉은從事라重兵을引ᄒᆞ고鎰은其後에隨ᄒᆞ더니鎰이尙州에至ᄒᆞ야行長의게敗ᄒᆞ고忠州로還ᄒᆞ니時에申砬이忠州에至ᄒᆞ야鳥嶺을守코자ᄒᆞ다가鎰의敗報ᄅᆞᆯ聞ᄒᆞ고大懼ᄒᆞ야忠州로退ᄒᆞᆫ지라

時에賊將淸正은東路軍이라龍宮河ᄅᆞᆯ渡ᄒᆞ고行長은中路軍이니聞慶에서合ᄒᆞ야進兵ᄒᆞ거ᄂᆞᆯ申砬이鳥嶺에至ᄒᆞ야形勢ᄅᆞᆯ審ᄒᆞᆯᄉᆡ金汝岉이嶺을扼ᄒᆞ야賊을邀戰코자ᄒᆞᆫᄃᆡ砬이不可라ᄒᆞ야曰彼步我騎니廣野에서鐵騎로蹙ᄒᆞᆷ이可라ᄒᆞ고忠州에還入ᄒᆞ야背江ᄒᆞ고陣ᄒᆞ니此時賊은謂ᄒᆞ되鳥嶺이險峻ᄒᆞ니守兵이有ᄒᆞᆯ가恐ᄒᆞ야再三偵探ᄒᆞ다가兵이無ᄒᆞᆷ을知ᄒᆞ고忠州ᄅᆞᆯ進陷ᄒᆞ야死屍가蔽江ᄒᆞᄂᆞᆫ지라砬이汝岉으로더브러俱死ᄒᆞ고李鎰은走ᄒᆞ니大抵鳥嶺은天府의險阨이어ᄂᆞᆯ오히려守치아니ᄒᆞ야賊兵의跳梁이如此ᄒᆞ얏ᄂᆞ이다

忠州路申砬死李鎰走

上이諸道兵을徵ᄒᆞ야京城을入援ᄒᆞ라ᄒᆞ니臣僚中에或은勤王ᄒᆞᆫ다

分遣王子于諸道召勤王兵

宣祖播遷

上至開城

稱ᄒᆞ고兵을起ᄒᆞ야妻妾과同歸ᄒᆞᆫ者도有ᄒᆞ며或은成敗를觀望ᄒᆞ야京城에赴援치아니ᄒᆞᄂᆞᆫ지라都城人이오쟈申砬의捷報를俟ᄒᆞ다가砬의敗死ᄒᆞᆫ報가至ᄒᆞ고李鎰이또啓陳ᄒᆞ되賊이朝夕間入京ᄒᆞᆫ다ᄒᆞ거ᄂᆞᆯ上이急히宗室大臣을召議ᄒᆞ사고各道에王子를分遣ᄒᆞ야勤王兵을召ᄒᆞᆯ새臨海君珒長子을咸鏡道에遣ᄒᆞ고順和君玒第六子ᄂᆞᆫ江原道에遣ᄒᆞ고右相李陽元과都元帥金命元을留ᄒᆞ야京城을守케ᄒᆞ고上이光海君琿으로더브러宮門에出ᄒᆞ시니扈從臣僚ᄂᆞᆫ大臣李山海柳成龍尹斗壽와都承旨李恒福等以下百餘人이라時에陰雨가暗黑ᄒᆞ거ᄂᆞᆯ夜中에上途ᄒᆞᆯ새雨가大下ᄒᆞ야困難을名狀키難ᄒᆞ더라上이이믜出宮ᄒᆞ시매亂民이몬져掌隸院과刑曹를焚ᄒᆞ니此ᄂᆞᆫ公私奴婢文書가在ᄒᆞᆫ故오또宮省을焚ᄒᆞ고內帑庫를毁ᄒᆞ야金帛을掠取ᄒᆞ고宮室昌德昌慶景福을焚ᄒᆞ야歷代의寶器와文書가灰燼이되얏ᄂᆞ이다

上이開城에至ᄒᆞ시니大諫金瓚等이李山海와金公諒의罪를論ᄒᆞ야斬코쟈ᄒᆞ고또仁嬪金氏를言ᄒᆞ거ᄂᆞᆯ上이山海를竄ᄒᆞ고柳成龍으로써領相을拜ᄒᆞ고崔興源尹斗壽로左右相을拜ᄒᆞ시니臺諫이또成龍을劾ᄒᆞᄂᆞᆫ지라이에成龍을罷ᄒᆞ고因ᄒᆞ야哀痛詔를下ᄒᆞ야八道義兵을召募ᄒᆞ셧셔

時에金公諒이오히려府中에在ᄒᆞ거ᄂᆞᆯ士民이相集ᄒᆞ야大呼喧擾ᄒᆞ고或은石을投ᄒᆞᄂᆞᆫ者ㅣ有ᄒᆞ거ᄂᆞᆯ公諒이곳逃亡ᄒᆞ니當時人心의離散이如此ᄒᆞ얏ᄂᆞ이다

三路敵兵皆入京城

行長과清正等이忠州에서申砬을破ᄒᆞ고三路兵이다京城으로向ᄒᆞ거ᄂᆞᆯ李陽元金命元等이守城치못ᄒᆞᆷ을知ᄒᆞ고遁去ᄒᆞ니城中에一人도防禦ᄒᆞᆯ者ㅣ無ᄒᆞ고行長清正長政等이相繼ᄒᆞ야京城에入ᄒᆞᄂᆞᆫ지라

上至平壤

時에上이開城에在ᄒᆞ사兵을遣ᄒᆞ야臨津을守ᄒᆞ더니京城이陷ᄒᆞᆷ을聞ᄒᆞ고急히發ᄒᆞ야平壤에至ᄒᆞ시고諸臣을召議ᄒᆞ니大憲李恒福이明에請援코쟈ᄒᆞ되左相尹斗壽ㅣ曰今에臨津을守ᄒᆞ면三南과北道兵이또ᄒᆞᆫ來援ᄒᆞᆯ지라萬一明에請援ᄒᆞ얏다가其威力으로橫暴를加

ᄒᆞ면다시明兵의蹂躪을受ᄒᆞ리라ᄒᆞ더니畢竟恒福의議를從ᄒᆞ야明國에請援ᄒᆞ얏ᄂᆞ이다 (請援于明)

時에金命元이臨津에至ᄒᆞ니上이韓應寅으로ᄒᆞ야곰西界土兵을領ᄒᆞ야往會ᄒᆞ고ᄯᅩ申硈로ᄡᅥ大將을拜ᄒᆞ야臨津을守ᄒᆞ라ᄒᆞ얏더니會에命元이諸將을津灘上에欄布ᄒᆞ야防備가漸完ᄒᆞᆫ지라賊兵이南岸에至ᄒᆞ야渡치못ᄒᆞᆫ지九日에忽然히退遁狀을示ᄒᆞ야我를誘ᄒᆞ거ᄂᆞᆯ硈이追코자ᄒᆞ니副元帥劉克良이竹嶺으로브터來ᄒᆞ야輕擧치말나ᄒᆞᆫ되硈이軍心을沮ᄒᆞᆫ다ᄒᆞ고斬코자ᄒᆞᄂᆞᆫ지라克良이不得已ᄒᆞ야先渡ᄒᆞ니硈이大軍으로ᄡᅥ繼ᄒᆞ야軍渡가旣畢에賊의伏兵이發ᄒᆞ야硈을殺ᄒᆞ거ᄂᆞᆯ克良이事去홈을知ᄒᆞ고下馬ᄒᆞ야地에坐ᄒᆞ야曰此ᄂᆞᆫ吾의死所라ᄒᆞ고賊을射ᄒᆞ다가矢盡ᄒᆞ야死ᄒᆞ니賊이곳渡江ᄒᆞ야西ᄒᆞ얏ᄂᆞ이다 (劉克良戰死)

旣而오敵兵이ᄯᅩ大同江에進逼ᄒᆞ니鄭澈이平壤에出ᄒᆞᆯ議를主ᄒᆞ고諸臣도ᄯᅩᄒᆞᆫ北道로避往코자ᄒᆞ고尹斗壽柳成龍은平壤을守코자ᄒᆞ

다가드듸여北道로向ᄒᆞᆯᄉᆡ尹斗壽金命元李元翼으로ᄒᆞ야곰平壤을守ᄒᆞ고上이平壤에서發ᄒᆞ야肅川安州로브터寧邊에至ᄒᆞ시니時에敵兵은京城을陷ᄒᆞᆫ後分路ᄒᆞ야諸道를略ᄒᆞᆯᄉᆡ淸正이鐵嶺을踰ᄒᆞ야咸鏡道에入ᄒᆞ니上이其報를聞ᄒᆞ시고다시路를轉ᄒᆞ야博川으로브터義州로向ᄒᆞ시고平壤은斗壽와命元等이守ᄒᆞ더니行長等이王城灘의淺處로브터大同江을涉ᄒᆞᄂᆞᆫ지라斗壽等이軍器를池中에沈ᄒᆞ고逃亡ᄒᆞ니이에平壤도ᄯᅩᄒᆞᆫ失守ᄒᆞ얏ᄂᆞ이다 (上發平壤) (淸正入咸鏡道)

上이博川에至ᄒᆞ사軍國事를光海君의게委ᄒᆞ야權宜로處事케ᄒᆞ시더니旣而오平壤의敗報가至ᄒᆞ니光海君은寧邊으로向ᄒᆞ고上은龍川을過ᄒᆞ사義州龍灣館에至ᄒᆞ시니時에明의援軍이不至ᄒᆞᆫ지라屢次遼東에遣使ᄒᆞ야救援을請ᄒᆞ얏ᄂᆞ이다 (上至義州)

時에明의紀綱이懈弛ᄒᆞᆯᄲᅮᆫ아니라寧夏(甘肅省內)前副總兵哱拜가叛ᄒᆞ거ᄂᆞᆯ總兵官李如松이陝西軍을率ᄒᆞ고討伐ᄒᆞ니西北邊이多事ᄒᆞ더라

然이나朝鮮의請援이甚切ᄒᆞᆫ지라明廷諸臣의議論이不一ᄒᆞ다가獨

祖承訓率兵來援

히兵部尙書石星이救援을主張ᄒᆞ야副總兵祖承訓으로、ᄡᅥ遼東兵五千을率ᄒᆞ고郭夢徵、戴朝弁、史儒等과共히朝鮮을救ᄒᆞ라ᄒᆞ니、承訓은遼東의驍將이라北虜를伐ᄒᆞ야戰功이有ᄒᆞᆷ이甚히驕傲ᄒᆞ더니會에平壤에在ᄒᆞᆫ敵將行長이中和에往ᄒᆞ야築城ᄒᆞᆷ이平壤에兵이小ᄒᆞᆫ지라朝鮮斥候兵이承訓의게告ᄒᆞ니承訓이、이에平壤을進攻ᄒᆯᄉᆡ風雨가晦暝ᄒᆞᆫ지라戰ᄒᆞᆫ지良久에史儒와戴朝弁은死ᄒᆞ고承訓은遼東으로還ᄒᆞ얏ᄂᆞ이다

祖承訓還遼東

向者에勤王兵을召募코자、ᄒᆞ야臨海君은咸鏡道에往ᄒᆞ고順和君은江原道에在ᄒᆞ다가敵軍의來ᄒᆞᆷ을聞ᄒᆞ고北道로轉向ᄒᆞ더니會寧咸鏡道에至ᄒᆞ야二大君과從臣黃廷彧、黃赫等數十人이다淸正의게被執ᄒᆞ얏ᄂᆞ이다

二王子見執

如此히戰端이開ᄒᆞᆫ後브터此時ᄭᆞ지陸路兵은、다敗ᄒᆞ얏스나、오직全羅左水使李舜臣은元均慶尙右水使李億祺全羅右水使等으로、더브러巨濟洋中에在ᄒᆞ야魚泳潭光陽縣監은水路嚮導가、되고龜船으로ᄡᅥ敵水軍將脇

李舜臣大破敵軍

坂安治等을大破ᄒᆞ얏ᄂᆞ이다

時에賊兵이絡繹히海를渡ᄒᆞ니慶尙道左水使元均이舜臣의게請援ᄒᆞ거ᄂᆞᆯ舜臣이舟師로赴ᄒᆯᄉᆡ玉浦에至ᄒᆞ야賊船三十餘艘를大破ᄒᆞ고、ᄯᅩ露梁에서其船을燒ᄒᆞ니賊이、다溺死ᄒᆞ고是戰에舜臣이左肩에中丸ᄒᆞ나、오히려終日督戰ᄒᆞ다가戰罷에비로쇼刀尖으로其丸을挑出ᄒᆞ니軍中이始知ᄒᆞ얏ᄂᆞ이다

龜船

龜船은李舜臣의創造ᄒᆞᆫ者니其制가船上에板을鋪ᄒᆞ기龜背와如ᄒᆞ고上에十字細路가有ᄒᆞ야我人이通行케、ᄒᆞ고其餘ᄂᆞᆫ、다刀錐를列揷ᄒᆞ고前에ᄂᆞᆫ龍頭를作ᄒᆞ야其口가銃穴이、되고後ᄂᆞᆫ龜尾니尾下에銃穴이有ᄒᆞ고、ᄯᅩ左右에各其銃穴六處가有ᄒᆞ고人이其底에藏ᄒᆞ야四面으로發砲ᄒᆞ니進退縱橫에捷速ᄒᆞ기飛鳥와如ᄒᆞ고

ᄯᅩ李忠武公全書에記ᄒᆞᆫ바全羅左水營과統制營에存ᄒᆞᆫ二圖에云ᄒᆞ되保護甲板制가有ᄒᆞ니、곳鐵板으로、ᄡᅥ船을包ᄒᆞᆷ이라西曆一千八百八十三年距今二十四年에英國海軍記錄에曰高麗의戰船은鐵板으로、ᄡᅥ船

을包ᄒᆞ기龜甲과如ᄒᆞ야日本의木造兵船을破ᄒᆞ얏스니世界의最古鐵甲船은實로朝鮮人이創造ᄒᆞ얏다ᄒᆞᄂᆞ니이다

三道兵潰

時에全羅巡察使李洸과防禦使郭嶸과慶尙巡察使金睟와忠淸巡察使尹國馨等의兵이八萬이라龍仁에至ᄒᆞ야光敎山에서朝食ᄒᆞᆯ시賊兵이驟至ᄒᆞ니忠淸兵이先潰ᄒᆞ고餘衆이從ᄒᆞ니洸等이本道로還ᄒᆞ얏ᄂᆞ니이다

李舜臣이本營으로브터進兵ᄒᆞ야唐浦에至ᄒᆞ니一賊將이大艦을乘ᄒᆞ고至ᄒᆞ거ᄂᆞᆯ筒箭으로ᄡᅥ射殺ᄒᆞ고드ᄃᆡ여奮擊大破ᄒᆞ더니旣而오全羅右水使李億祺ㅣ舟師로ᄡᅥ來會ᄒᆞ야賊을唐項永登浦等地에서擊ᄒᆞ야다大捷ᄒᆞ니自此로軍聲이大振ᄒᆞ얏ᄂᆞ니이다

各地義兵

또李廷馣의延安(黃海道)役과權慄의梨峙(全羅道珍山郡)及幸州(京畿道高陽郡)의役은다朝鮮軍의大捷ᄒᆞᆫ處오또金時敏이晋州城을固守ᄒᆞ야敵將細川忠興과毛利秀元等을大破ᄒᆞ얏고其他各地에서義兵이起ᄒᆞ기ᄂᆞᆫ郭再佑趙憲鄭仁弘金千鎰高敬命鄭文孚以下가다一時名將이니高敬命

郭再祐

과金千鎰은湖南에서起兵ᄒᆞ고郭再祐鄭仁弘은嶺南에서起兵ᄒᆞ고趙憲은湖西에서起兵ᄒᆞ니再祐ᄂᆞᆫ賊이渡海ᄒᆞᆯ時에家財를盡散ᄒᆞ야材武를結ᄒᆞ고兵을得ᄒᆞ기數千이라賊이嶺右에入ᄒᆞ거ᄂᆞᆯ再祐ㅣ江上에往來ᄒᆞ야東西剿擊ᄒᆞᆯ시恒常小로ᄡᅥ衆을擊ᄒᆞ야應變이無窮이오紅衣를着ᄒᆞ고賊陣에出入ᄒᆞᆯ시閃忽ᄒᆞ기飛鳥와如ᄒᆞ야丸이中치못ᄒᆞ니賊이謂ᄒᆞ되天降紅衣將軍이라ᄒᆞ고相戒ᄒᆞ야犯치못ᄒᆞ니由是로農作이如故ᄒᆞ얏ᄂᆞ니이다

梨峴大捷

時에賊이錦山으로브터熊峙를踰ᄒᆞ야全州로入코자ᄒᆞ거ᄂᆞᆯ金堤郡守鄭湛이拒戰ᄒᆞ다가死ᄒᆞ니賊도또ᄒᆞᆫ小却ᄒᆞ더니旣而오賊이또大擧ᄒᆞ야梨峴을犯ᄒᆞᄂᆞᆫ지라全羅節制使權慄이督戰ᄒᆞᆯ시同福縣監黃進이樹를依ᄒᆞ고賊을射ᄒᆞ니百發百中이라戰ᄒᆞ기日昃에賊兵이大潰ᄒᆞ야伏尸가蔽野ᄒᆞ고流血이成川ᄒᆞ고是日에進이中丸ᄒᆞ야戰이小沮ᄒᆞ나慄이益兵ᄒᆞ야大捷ᄒᆞ니此를謂ᄒᆞ되梨峴大捷이라ᄒᆞᄂᆞ니이다

權慄이、또萬餘兵을率ᄒᆞ고陽川江을渡ᄒᆞ야高陽幸州에陣ᄒᆞ니倡義使金千鎰이江華로브터海岸에出陣ᄒᆞ고其他各軍이遙々히應援ᄒᆞ더니時에西北의賊이다京城에聚集ᄒᆞ야形勢가益熾ᄒᆞ고全羅道兵이來ᄒᆞᆷ을聞ᄒᆞ고賊이左右翼을分ᄒᆞ야進ᄒᆞ거ᄂᆞᆯ慄이諸將을會ᄒᆞ야曰、賊鋒이甚銳ᄒᆞ니勢가拒敵지못ᄒᆞᆯ지라、오작一死로報國ᄒᆞᆫ다、ᄒᆞ고我軍을督ᄒᆞ야死戰ᄒᆞᆯᄉᆡ慄이親히水漿을持ᄒᆞ고軍士의渴ᄒᆞᆫ者를就飮ᄒᆞ고卯時브터酉時ᄭᆞ지戰ᄒᆞᆯᄉᆡ賊이三戰에、다不利ᄒᆞᆫ지라葦蘆로、ᄡᅥ我의城柵을燒ᄒᆞ거ᄂᆞᆯ城中이水로、ᄡᅥ灌ᄒᆞ고慄이、또諸將을督ᄒᆞ야冒刃搏戰ᄒᆞ니賊이大敗ᄒᆞ야積屍가山積ᄒᆞ더라方戰ᄒᆞᆯ時에弓矢가盡ᄒᆞ더니忠淸水使丁傑이弓矢二船을送ᄒᆞ야軍中이賴用ᄒᆞ니此戰을謂ᄒᆞ되幸州大捷이오이다

幸州大捷

時에賊이크게舟師를發ᄒᆞ야湖南을向ᄒᆞ거ᄂᆞᆯ李舜臣이李億祺로더브러固城海로進ᄒᆞ다가賊을見乃梁에서遇ᄒᆞ니海港이淺隘ᄒᆞ야用武치못ᄒᆞᆯ지라大洋에誘至코자ᄒᆞᆯᄉᆡ諸將으로、ᄒᆞ야곰佯敗ᄒᆞ니賊이果然、乘勝來追ᄒᆞ야閑山島前洋에至ᄒᆞ거ᄂᆞᆯ舜臣이回軍ᄒᆞ야賊船七十餘艘를鏖殺ᄒᆞ니腥血이漲海ᄒᆞ고、또賊의援兵을安骨浦에서破ᄒᆞ야其船四十을燒ᄒᆞ니是日에賊兵의死者ㅣ九千人이오이다

閑山島前洋大捷 七兵鏖

賊이、々에敗衆을率ᄒᆞ고、錦山을退保ᄒᆞ거ᄂᆞᆯ招討使高敬命이其兵七千과防禦使郭嶸으로、더브러往擊ᄒᆞ다가不克ᄒᆞ야、다賊의게死ᄒᆞ고敬命의子從厚ㅣ、또赴死ᄒᆞ얏ᄂᆞ이다

趙憲及義僧靈圭百

義兵將趙憲이義僧靈圭로、더브러錦山의賊을攻ᄒᆞᆯᄉᆡ初에憲이募兵千六百人을得ᄒᆞ고靈圭ㅣ僧軍으로ᄡᅥ來會ᄒᆞ야淸州에進ᄒᆞ더니旣而오憲이錦山의賊이盛ᄒᆞᆷ을聞ᄒᆞ고急擊코자、ᄒᆞ니全羅監司許頊과忠淸監司權慄이、다勸止ᄒᆞ거ᄂᆞᆯ憲이怒ᄒᆞ야兵七百餘人을選ᄒᆞ야錦山으로向ᄒᆞ니靈圭ㅣ爭ᄒᆞ야曰、官軍이繼援ᄒᆞᆫ後에可入ᄒᆞ리라、ᄒᆞ거ᄂᆞᆯ憲이泣曰、君父가安在오主辱臣死가正히此時라成敗利鈍을知ᄒᆞᆯ비、아니라ᄒᆞ고鼓行ᄒᆞ야前ᄒᆞ니靈圭ㅣ曰、我公으로、ᄒᆞ야곰獨死치、못ᄒᆞᆯ다、ᄒᆞ고、곳陣을合ᄒᆞ야錦山城外에抵ᄒᆞ니賊이憲軍의無繼ᄒᆞᆷ을知

ᄒᆞ고兵을盡ᄒᆞ야出擊ᄒᆞ거ᄂᆞᆯ蕙이下令曰今日은오쟉一死뿐이라ᄒᆞ니將士가다諾ᄒᆞ더라戰ᄒᆞ기良久에矢가盡ᄒᆞ고賊이急擊ᄒᆞ거ᄂᆞᆯ蕙이幕中에坐ᄒᆞ야不動ᄒᆞ고鳴鼓督戰ᄒᆞ기如前ᄒᆞ니將士ㅣ空拳으로相搏ᄒᆞ야一人도離次ᄒᆞᄂᆞᆫ者ㅣ無ᄒᆞ고다蕙으로더브러死ᄒᆞ니時에賊이비록蕙을敗ᄒᆞ얏스나死傷이亦多ᄒᆞ고또官軍이繼至ᄒᆞᆯ가恐ᄒᆞ야傍邑屯兵을撤還ᄒᆞ니湖南이다시完全ᄒᆞ얏ᄂᆞ이다

朴晋飛擊震天雷

또慶尙兵馬節度使朴晋은安康縣에屯ᄒᆞ야慶州에在ᄒᆞᆫ賊을襲ᄒᆞᆯ셰晋이一砲ᄅᆞᆯ自製ᄒᆞ니名曰飛擊震天雷라夜에城外로從ᄒᆞ야賊陣에投入ᄒᆞ니賊이其制ᄅᆞᆯ不曉ᄒᆞ고聚觀ᄒᆞ더니既而오砲가中에셔發ᄒᆞ야聲이天地ᄅᆞᆯ動ᄒᆞ고鐵片이星碎ᄒᆞ야仆斃ᄒᆞᆫ者ㅣ二十餘人이라賊이驚懼ᄒᆞ야明日에城을棄ᄒᆞ고走ᄒᆞ거ᄂᆞᆯ晋이慶州에入ᄒᆞ야穀萬餘石을得ᄒᆞ니大抵鐵砲ᄂᆞᆫ高麗時브터有ᄒᆞ얏스나近世로言ᄒᆞ면此壬辰亂時에此砲가有ᄒᆞ니곳世界에首出ᄒᆞᆫ砲라李舜臣의龜船과同히千古에創有ᄒᆞᆫ바오이다

李廷馣固守延安

또賊將甲斐豐臣長政等이延安을攻ᄒᆞ거ᄂᆞᆯ招討使李廷馣이慷慨히衆의게誓ᄒᆞ고城을固守ᄒᆞᆯ셰賊이晝夜來攻ᄒᆞ야飛丸이雨와如ᄒᆞ거ᄂᆞᆯ廷馣이守陴者로ᄒᆞ야곰應戰치아니ᄒᆞ고賊의攀城ᄒᆞ기ᄅᆞᆯ竢ᄒᆞ야賊을射ᄒᆞ니百發百中이오賊이草柴로써塹을塡ᄒᆞ고登城코자ᄒᆞ거ᄂᆞᆯ炬火ᄅᆞᆯ擲ᄒᆞ야焚燒ᄒᆞ야相持ᄒᆞᆫ지四日에賊이百計로攻ᄒᆞ다가力盡ᄒᆞ야積屍ᄅᆞᆯ焚ᄒᆞ고退ᄒᆞᄂᆞᆫ지라廷馣이出兵追擊ᄒᆞ야斬獲이甚多ᄒᆞ니當時海西一道가다賊의게陷ᄒᆞ되獨히延安이保全ᄒᆞᆫ지라故로西으로ᄂᆞᆫ行在에達ᄒᆞ고南은湖西ᄅᆞᆯ通ᄒᆞ야聲聞이不絕ᄒᆞ얏ᄂᆞ이다

賊이또晋州ᄅᆞᆯ圍ᄒᆞᆯ셰兵이數萬이오城兵은僅히三千이라牧使金時敏이旗幟ᄅᆞᆯ多張ᄒᆞ야疑兵을作ᄒᆞ고火具弓弩砲石等으로拒戰ᄒᆞᆫ지五日에奇計로防禦ᄒᆞ니賊이解圍ᄒᆞ야去ᄒᆞ고

鄭文孚大破賊兵

北道評事鄭文孚ᄂᆞᆫ吉州에셔賊兵을大破ᄒᆞ다初에北人鞠世弼이鏡城에셔叛ᄒᆞ니北界諸城이響應ᄒᆞᄂᆞᆫ지라鏡城人이文孚ᄅᆞᆯ推ᄒᆞ야義兵將을삼거ᄂᆞᆯ文孚ㅣ이에姜文佑로더브러世弼을誘執ᄒᆞ고因ᄒᆞ야

世弼로、ᄒᆞ야곰領兵ᄒᆞ기如舊ᄒᆞ고南北州에傳檄ᄒᆞ야三千餘人을得ᄒᆞ더니至是ᄒᆞ야將且賊을進擊ᄒᆞᆯ시世弼을斬ᄒᆞ야諸軍의게徇ᄒᆞ고會寧人이、ᄯᅩᄒᆞᆫ鞠景仁을斬ᄒᆞ야自効ᄒᆞ니景仁은向者에二王子를執ᄒᆞ야賊의게降ᄒᆞᆫ者라、이에文孚ㅣ明川에進兵ᄒᆞ야其城을恢復ᄒᆞ니清正이吉州에서此를聞ᄒᆞ고出兵四掠ᄒᆞ거ᄂᆞᆯ文孚ㅣ其歸路를邀擊ᄒᆞ야六百級을斬ᄒᆞ고吉州를進圍ᄒᆞ니時에慶源府使吳應台가起兵ᄒᆞᆯ시會寧人吳允廸、吳遵禮、申世俊等이、다白衣로從軍ᄒᆞ얏ᄂᆞ이다

時에清正은鄭文孚의게困ᄒᆞᆫ빅、되야吉州를棄ᄒᆞ고遁去ᄒᆞ야平秀家로、더브러南下ᄒᆞ거ᄂᆞᆯ文孚ㅣ六鎭을循行ᄒᆞ야叛衆을招撫ᄒᆞ니北道가復完ᄒᆞ얏ᄂᆞ이다

晉州陷敗

賊이晉州를陷ᄒᆞ거ᄂᆞᆯ倡義使金千鎰等이戰死ᄒᆞ다初에千鎰이義兵數千을率ᄒᆞ고水原에進駐ᄒᆞ다가賊이海上에退屯ᄒᆞ거ᄂᆞᆯ千鎰等이、다시南下ᄒᆞ야晉州를守ᄒᆞ고拒戰ᄒᆞᆫ지九日에大小凡百餘合이라賊을殺ᄒᆞ기甚多ᄒᆞ더니畢竟衆寡가不敵ᄒᆞ야城이陷ᄒᆞᄂᆞᆫ지라千鎰이兵使崔慶會와黃進及復讐將高從厚等으로、더브러北向再拜ᄒᆞ고投江ᄒᆞ야死ᄒᆞ고金海府使李宗仁과巨濟縣令金俊民等이、ᄯᅩᄒᆞᆫ從死ᄒᆞ고城中士女가江에奔投ᄒᆞ야死者ㅣ七萬이라賊亂이起ᄒᆞᆫ以來에昭敗ᄒᆞᆫ慘酷이如此ᄒᆞᆫ者ㅣ未有ᄒᆞ며賊이晉州를據ᄒᆞ니時에官妓論介가賊將과矗石樓에遊宴ᄒᆞ다가賊將을抱ᄒᆞ고江中에投死ᄒᆞ얏ᄂᆞ이다

義兵理由

ᄯᅩ儒生金德齡은光州에서起兵ᄒᆞᆯ시德齡이神力이有ᄒᆞ야勇捷ᄒᆞ기飛鳥와如ᄒᆞ고兵亂以來에義兵數百屯이、다敗ᄒᆞᄂᆞᆫ지라德齡이壯士崔𪗷齡等으로、더브러五千餘人을募得ᄒᆞ야指揮部畫ᄒᆞ더니後에姦臣의게被誣ᄒᆞ야冤死ᄒᆞ니至今ᄭᅡ지世人이忿恨ᄒᆞᄂᆞ이다

大抵朝鮮이 太宗、世宗以來로敎育이行ᄒᆞ야人材가無ᄒᆞᆷ이、아니오、ᄯᅩ忠君、愛國ᄒᆞᄂᆞᆫ人士가無ᄒᆞᆷ도、아니라然이나、오작紀綱이頹廢ᄒᆞ고軍政이懈弛ᄒᆞ야人民이、다文弱에流ᄒᆞᆫ지라故로其初에敵兵이破竹ᄒᆞᄂᆞᆫ勢로平壤ᄭᅡ지至ᄒᆞ더니及其曠日持久ᄒᆞᆫ後에義兵이各處에서

蜂起ᄒᆞ나此ᄂᆞᆫ全혀儒生의唱導라軍事上의知識은乏ᄒᆞ되敵愾心은甚優ᄒᆞ오이다

祖承訓敗報至明廷大驚

向者에明國이祖承訓의敗報ᄅᆞᆯ聞ᄒᆞ고大驚ᄒᆞ야重賞을懸ᄒᆞ되朝鮮을恢復ᄒᆞᄂᆞᆫ者ㅣ有ᄒᆞ면銀一萬兩에伯爵을封ᄒᆞ야世襲케、ᄒᆞᆫ다、ᄒᆞ나應者가無ᄒᆞ고石星은初에救援을主ᄒᆞ다가至是ᄒᆞ야ᄂᆞᆫ計策이無ᄒᆞᆫ지라乃曰寧夏가未平ᄒᆞ미此ᄅᆞᆯ置ᄒᆞ고倭에專事ᄒᆞᆷ이完策이、아니라ᄒᆞ고、이에遊說로兵을緩ᄒᆞᆯ者ᄅᆞᆯ求ᄒᆞ거ᄂᆞᆯ沈惟敬이應募ᄒᆞ니惟敬은市井無賴輩오時에沈嘉旺이日本으로、브터逃歸ᄒᆞ야其情形을知ᄒᆞᄂᆞᆫ지라惟敬이、이에嘉旺의게就問ᄒᆞ고星을說ᄒᆞ니星이大喜ᄒᆞ야惟敬으로、써神機三營遊擊將軍을拜ᄒᆞ고平壤에來ᄒᆞ야行長을說케、ᄒᆞ얏ᄂᆞ이다

募遊說士沈惟敬應命

沈惟敬會行長議和

惟敬이、이에行長의게金幣ᄅᆞᆯ路遺ᄒᆞ고封貢의議와和好의便을言ᄒᆞ니行長曰萬一和好코자、ᄒᆞᆯ진ᄃᆞᆫ朝鮮의五道ᄅᆞᆯ割ᄒᆞ야日本에予ᄒᆞ고또明國이使者ᄅᆞᆯ日本에遣ᄒᆞ라、ᄒᆞ거ᄂᆞᆯ惟敬이、이에約ᄒᆞ되本國에歸ᄒᆞ야五十日內에定ᄒᆞᆫ다、ᄒᆞ고平壤西北에木標ᄅᆞᆯ立ᄒᆞ야日本人은外에出치、못ᄒᆞ고朝鮮人도內에入지、아니ᄒᆞᆫ다、ᄒᆞ얏ᄂᆞ이다

明이、비록惟敬을遣ᄒᆞ얏스나援兵을出ᄒᆞᆯ意가無ᄒᆞ고向者上이平壤을去ᄒᆞ실時에李德馨을遼東에遣ᄒᆞ야遊擊將軍史遊等이來ᄒᆞ더니上이義州에至ᄒᆞ사ᄂᆞᆫ、또鄭崑壽ᄅᆞᆯ明에遣ᄒᆞ야大兵을請ᄒᆞ얏더니崑壽ㅣ明에至ᄒᆞ야兵部에呈文ᄒᆞ고因ᄒᆞ야門外에서立哭ᄒᆞ기累日이라石星이感動、出涕ᄒᆞ야曰、秦庭七日의哭이此에逾치、못ᄒᆞ다、ᄒᆞ고明帝의게朝鮮이明을代ᄒᆞ야受兵ᄒᆞᆫ狀을言ᄒᆞ고、이에宋應昌으로、써經略을拜ᄒᆞ고時에寧夏가平ᄒᆞ미李如松이還ᄒᆞᆫ지라、다시如松으로東征提督을拜ᄒᆞ니如松은成樑의子오其先은朝鮮咸鏡道人이러라初에應昌이遼東에至ᄒᆞ미朝鮮이連次、告急ᄒᆞ나如松이不至ᄒᆞᆷ으로、써進軍치、아니、ᄒᆞ다가如松이至ᄒᆞᆫ後에其軍을分ᄒᆞ야三脇이、되고副總兵楊元、李如栢、張世爵은大將이라兵士四萬三千餘人으로鴨綠江을渡ᄒᆞ야

宋應昌拜經略

李如松拜東征提督

三脇軍渡鴨江

宣祖二十六年癸巳、距今三百十四年前에如松이平壤에進

軍ᄒᆞ니朝鮮의都元帥도兵을率ᄒᆞ고從ᄒᆞ얏ᄂᆞ이다

沈惟敬來往

先是에行長等이沈惟敬의違期홈을見ᄒᆞ고疑怪ᄒᆞ야攻城의具ᄅᆞᆯ大修ᄒᆞ더니既而오惟敬이至ᄒᆞ야明이和親을許홈과、또質子ᄅᆞᆯ遣혼다、ᄒᆞ고、또明으로브터使者ᄅᆞᆯ遣혼다、ᄒᆞ며惟敬이遂東에還至ᄒᆞ거ᄂᆞᆯ如松이惟敬을斬코자、ᄒᆞ니參軍李應軾이獻策ᄒᆞ야曰、惟敬을藉ᄒᆞ야倭ᄅᆞᆯ紿ᄒᆞ고因ᄒᆞ야倭ᄅᆞᆯ掩襲홈이可타、ᄒᆞᄂᆞᆫ지라이에惟敬을軍中에拘留ᄒᆞ니講和事가遂絶ᄒᆞ얏ᄂᆞ이다

李如松圍平壤

然이나行長이降人金順良等四十餘人으로、써間諜을作ᄒᆞ야各地情形을報ᄒᆞ더니兵事가宣露홀가慮ᄒᆞ야順良等을殺혼後로明軍이至ᄒᆞ야도不知ᄒᆞ고、오작和議ᄅᆞᆯ恃ᄒᆞ야明國使者가來혼다、ᄒᆞ고時에、또行長의軍은一萬五千뿐、이오明兵은此보다數倍라如松이、곳平壤을圍ᄒᆞ야攻擊이急ᄒᆞ니行長이外郭을棄ᄒᆞ고內城에入ᄒᆞ야死傷이益多ᄒᆞ고援軍도不至ᄒᆞᄂᆞᆫ지라行長等이抗拒치못ᄒᆞ고夜半에大同江을渡ᄒᆞ야京城으로遁ᄒᆞ얏ᄂᆞ이다

行長遁京城

李如松碧蹄館敗績

如松이이에平壤에入ᄒᆞ야自此로輕敵의心이有혼지라開城에至ᄒᆞ야南兵을留ᄒᆞ고親히碧蹄館(坡州南)에進ᄒᆞ야敵將小早川隆景과立花宗茂等으로、더브러戰ᄒᆞ다가大敗ᄒᆞ야退軍코자、ᄒᆞ거ᄂᆞᆯ柳成龍、俞泓等이論爭ᄒᆞ나如松이、맛참ᄂᆡ懼ᄒᆞ야開城에還ᄒᆞ고、또北退코자、ᄒᆞ더니會에流言이有ᄒᆞ야曰、淸正이咸鏡道로브터陽德孟山을踰ᄒᆞ야平壤을襲혼다、ᄒᆞ니如松이이에王必迪을留ᄒᆞ야開城을守ᄒᆞ고平壤으로回ᄒᆞ더니後에權慄의幸州大捷을聞ᄒᆞ고其回軍홈을悔ᄒᆞ얏ᄂᆞ이다

和議更興

初에宋應昌、李如松이講和ᄅᆞᆯ不喜ᄒᆞ야惟敬을斬코자、ᄒᆞ고平壤戰捷後에、더욱驕慢ᄒᆞ다가碧蹄館敗衂에、크게氣奪ᄒᆞ야惟敬으로、써議和코자、ᄒᆞ고賊兵은平壤에서敗혼後糧食이缺乏ᄒᆞ고軍氣가沮喪ᄒᆞ야講和說이更起ᄒᆞᄂᆞᆫ지라石田三成等이沈惟敬의言으로、써秀吉의게報ᄒᆞ니秀吉도、또혼糧乏홈을憂ᄒᆞ야和親코자、ᄒᆞᆯ서京城及各地에駐在혼諸將을命ᄒᆞ야急히慶尙道南邊으로退軍ᄒᆞ라、ᄒᆞ거ᄂᆞᆯ李如松이、

敵軍退走慶尙道

이에京城에直入ᄒᆞ니柳成龍이如松을勸ᄒᆞ야敵兵을追ᄒᆞ라ᄒᆞᆫ되如
松이追意가無ᄒᆞ다가,맛ᄎᆞᆷ日兵의遠去ᄒᆞᆷ을聞ᄒᆞ고,비로소聞慶ᄭᆞ지追
至ᄒᆞ다가還軍ᄒᆞ고賊兵은蔚山西生浦로,브터東萊,熊川,巨濟ᄭᆞ지凡
十八屯을設ᄒᆞ고城을築ᄒᆞ고塹을掘ᄒᆞ고朝鮮人民으로,ᄡᅥ其間에耕
種ᄒᆞ야久留ᄒᆞᆯ策으로還渡치아니,ᄒᆞ얏ᄂᆞ이다

約定七條

旣而오明의沈惟敬,徐一貫,謝用梓가講和使로日本의名護屋에至ᄒᆞ
니秀吉이三成,行長等으로,ᄒᆞ야곰和約條項七條ᄅᆞᆯ定ᄒᆞ야惟敬의게
付ᄒᆞ고內藤如安으로,ᄒᆞ야곰共히明國에如ᄒᆞ야其議ᄅᆞᆯ訂結케,ᄒᆞ고
朝鮮二王子及黃廷彧等을還ᄒᆞ얏ᄂᆞ이다

上不喜和議

時에上이京城의收復ᄒᆞᆷ을見ᄒᆞ시고平壤으로京城에還ᄒᆞ시니明이
薊遼總督顧養謙으로,ᄡᅥ朝鮮事ᄅᆞᆯ治理케,ᄒᆞ고宋應昌,李如松을召還
ᄒᆞ고,오작劉綎이兵萬餘ᄅᆞᆯ率ᄒᆞ고屯駐ᄒᆞ니,時에上이和議ᄅᆞᆯ不喜ᄒᆞ
야明에遣使ᄒᆞ야和議의可恃치,못ᄒᆞᆷ을言ᄒᆞᆫ되明이參將胡澤을遣來
ᄒᆞ야其事ᄅᆞᆯ辨明ᄒᆞᆯᄉᆡ李廷馣,成渾,柳成龍等은和議ᄅᆞᆯ主ᄒᆞ고柳永慶,

李爾瞻,鄭仁弘은此ᄅᆞᆯ排斥ᄒᆞ야互相爭論ᄒᆞ나然ᄒᆞ나和議가畢成ᄒᆞ
야明이李宗誠과楊方亨으로,ᄡᅥ正,副使ᄅᆞᆯ拜ᄒᆞ야惟敬과同히日本에
往ᄒᆞ니宗誠이恇怯ᄒᆞ야釜山에서遁回ᄒᆞᆫ지라明이,다시楊方亨으
로,ᄡᅥ正使ᄅᆞᆯ拜ᄒᆞ고惟敬은副使가,되니朝鮮은不得已ᄒᆞ야敎寧都正
黃愼으로,ᄡᅥ正使ᄅᆞᆯ拜ᄒᆞ야隨行ᄒᆞ니,이에淸正,行長等이先後,撤兵ᄒᆞ
얏ᄂᆞ이다

秀吉延見明使

秀吉이明使楊方亨等을大坂에서延見ᄒᆞᆯᄉᆡ明國誥命中에言ᄒᆞ되汝
秀,吉을封ᄒᆞ야日本國王을삼고,또地ᄅᆞᆯ割ᄒᆞ고女ᄅᆞᆯ納ᄒᆞ라,ᄒᆞ얏거ᄂᆞᆯ
秀吉이其前後가異ᄒᆞᆷ을怒ᄒᆞ고,또朝鮮은二王子가還ᄒᆞ얏거ᄂᆞᆯ王子
가來謝치,아니ᄒᆞ고卑官을遣ᄒᆞ얏다,ᄒᆞ야黃愼을責ᄒᆞ니和議가幾成

和議敗

ᄒᆞ다가復敗ᄒᆞᆫ지라大抵此事ᄂᆞᆫ惟敬과行長이苟且히成事코자,ᄒᆞ야
使節의往復이歲月을空費ᄒᆞᆫ지四年이라彼此詐情이齟齬ᄒᆞ야,맛ᄎᆞᆷ
ᄂᆡ和議가不成ᄒᆞ고時에上은黃愼의使命이不成ᄒᆞᆷ을喜ᄒᆞ셧ᄂᆞ이다
和議가旣敗ᄒᆞᄆᆡ,이에 宣祖三十年丁酉,距今三百十年前에日本이,

다시清正等으로、ᄒᆞ야곰軍士十四萬餘人을發ᄒᆞ야入寇ᄒᆞ거ᄂᆞᆯ上이急히明國에通知ᄒᆞ니明이邢玠로、ᄡᅥ總督을拜ᄒᆞ고楊鎬ᄂᆞᆫ經略이되고麻貴ᄂᆞᆫ總兵官이오楊元、吳惟忠、牛伯英、陳愚衷等을率ᄒᆞ고朝鮮에來援ᄒᆞ니時에朝鮮은復讐軍을創置ᄒᆞ고兵士를八道에募集ᄒᆞᆯ서成允門、權應銖ᄂᆞᆫ慶州에在ᄒᆞ고金應瑞ᄂᆞᆫ宜寧에在ᄒᆞ고元均은舟師를率ᄒᆞ고閑山島에屯ᄒᆞᆯ서元均이向者에李舜臣을讒陷ᄒᆞ고統制使를代任ᄒᆞ야舜臣의約束을變ᄒᆞ니軍卒이怨忿ᄒᆞ야號令이不行ᄒᆞ다가賊將藤堂高虎와脇坂安治等의게敗死ᄒᆞ얏ᄂᆞ이다

日本再入寇 / 明邢玠楊鎬救朝鮮 / 元均敗死

大抵此時에賊軍의進路ᄂᆞᆫ前役과大異ᄒᆞ야浮田秀家와毛利秀元은行長、清正으로、ᄡᅥ先鋒을、삼고路를分ᄒᆞ야慶尙道南邊으로、브터全羅道南原을圍ᄒᆞ야水陸兩軍이相合케、ᄒᆞ니南原은明의副總兵楊元과朝鮮의李福男(全羅兵使)吳應鼎(順天府使)任鉉(南原府使)金敬老(助防將)申浩(別將)等이防守ᄒᆞᄂᆞᆫ지라敵軍이進攻ᄒᆞ야城을陷ᄒᆞ니楊元은僅免ᄒᆞ고福男、應鼎等이皆死ᄒᆞ니時에陳愚衷은全州에在ᄒᆞ야楊元이告急ᄒᆞ되出援치아니、ᄒᆞ다가南原의敗ᄒᆞᆷ을聞ᄒᆞ고大懼ᄒᆞ야走ᄒᆞ니全州가亦陷ᄒᆞᆫ지라自此로京畿가大震ᄒᆞ야都民이分散ᄒᆞ고明軍은京城을退守ᄒᆞ야漢江의險을依ᄒᆞ니時에楊鎬ᄂᆞᆫ平壤에留ᄒᆞ야進兵치아니、ᄒᆞ다가至是ᄒᆞ야비로소京城에入ᄒᆞ야副總兵解生、牛伯英、楊登山等으로、ᄒᆞ야곰稷山(忠淸道)을守ᄒᆞ니黑田長政等이來攻ᄒᆞ다가素沙坪에서大敗ᄒᆞ얏ᄂᆞ이다

南原陷 / 全州亦陷 / 敵軍大敗於素沙坪

先是에秀吉이明兵의強ᄒᆞᆷ을畏ᄒᆞ고、또天氣가漸寒ᄒᆞᆫ지라、이에其兵으로、ᄒᆞ야곰慶尙道南邊으로退ᄒᆞᆯ서清正은蔚山에屯ᄒᆞ고行長은順天에屯ᄒᆞ고島津義弘은泗川에屯ᄒᆞ니首尾가六七百里海岸에沿ᄒᆞ얏더라、이에明兵이、더욱得勢ᄒᆞ야邢玠ᄂᆞᆫ京城에留ᄒᆞ고楊鎬、麻貴ᄂᆞᆫ三路兵四萬餘人을率ᄒᆞ고南行ᄒᆞᆯ서都元帥權慄이從ᄒᆞ야慶州에會ᄒᆞ고、드ᄃᆡ여蔚山을攻ᄒᆞ니時에蔚山은清正의屯駐ᄒᆞᆫ處라城中에糧食이乏ᄒᆞ야窮困이益甚ᄒᆞ더니翌年에黑田長政等이來援ᄒᆞ니楊鎬等이、이에解圍ᄒᆞ고京城으로還ᄒᆞ얏ᄂᆞ이다

敵兵退駐慶尙南邊 / 楊鎬還京城

楊鎬罷職

時에明國贊畫主事丁應泰가明帝의게劾奏ᄒᆞ야楊鎬의二十餘罪를論ᄒᆞ야楊鎬가罷職ᄒᆞ고應泰가또朝鮮이楊鎬를救홈을怒ᄒᆞ야明帝의게誣告ᄒᆞ되朝鮮이日本과交通ᄒᆞ얏다ᄒᆞ니上이屢次使臣을遣ᄒᆞ야其誣를辨明ᄒᆞ얏ᄂᆞ이다

萬世德分兵四路

楊鎬가罷ᄒᆞᆫ後에萬世德이代來ᄒᆞ니兵이十萬이라四路에分ᄒᆞ야麻貴ᄂᆞᆫ東路를主ᄒᆞ야淸正을當ᄒᆞ고董一元은中路를主ᄒᆞ야義弘을當ᄒᆞ고劉綎은西路를主ᄒᆞ야行長을當ᄒᆞ고陳璘은水路를主ᄒᆞ야應接을備ᄒᆞ고朝鮮의諸道防禦使ᄂᆞᆫ다明軍을從ᄒᆞ더니既而오麻貴ᄂᆞᆫ淸正을不克ᄒᆞ고劉綎은行長과僞和ᄒᆞ야行長을擒코자ᄒᆞ다가不成ᄒᆞ고董一元은泗川賊寨를攻ᄒᆞ다가義弘의게敗ᄒᆞ야晋州로奔還ᄒᆞ니自此로明人이義弘을忌憚ᄒᆞ야使臣을遣ᄒᆞ야和議를講ᄒᆞ얏ᄂᆞ이다

泗川敗績

秀吉死

然이나此時에秀吉이已死ᄒᆞ고其遺言으로回軍ᄒᆞ니이에賊軍이漸次로撤還홀ᄉᆡ明兵이泗川의敗홈을懲戒ᄒᆞ야出師치아니ᄒᆞ고오작陳璘은此를聞ᄒᆞ고害ᄒᆞ다가既而오和議가變ᄒᆞ거ᄂᆞᆯ李舜臣이鄧子龍으로더브러行長과義弘等의歸師를邀擊ᄒᆞ니大抵舜臣은向者元均의敗ᄒᆞᆫ後로다시統制使가되야珍島에서管正陰을殺ᄒᆞ고또能히寡로써衆을破ᄒᆞ더니此時에敵兵을露梁에서大破ᄒᆞ다가畢竟다戰死ᄒᆞ얏ᄂᆞ이다

李舜臣戰死

日本德川家康命班師

家康欲講和

其後에日本德川家康이賊의諸軍을命ᄒᆞ야班師ᄒᆞ고翼年브터宗義智로ᄒᆞ야곰講和홀ᄉᆡ家康이豊臣秀吉을代ᄒᆞ야覇府를開ᄒᆞᆫ時에ᄂᆞᆫ義智가求和ᄒᆞ기益切ᄒᆞ고又曰許和치아니ᄒᆞ면다시兵禍가有ᄒᆞᆫ다ᄒᆞ니 宣祖三十七年甲辰距今三百三年前에僧惟政을日本에遣ᄒᆞ야情狀을探홀ᄉᆡ唯政이被擄男女三千餘人을索還ᄒᆞ얏스나和議ᄂᆞᆫ오히려不諧ᄒᆞ더니밋柳永慶이領相이되야犯陵賊(壬辰에成宗中宗의陵을發掘홈이라)을送來ᄒᆞ야斬ᄒᆞᆫ後和議가始成ᄒᆞ야三十九年丙午距今三百一年前에僉知呂祐吉로써回答使(通信使를嫌ᄒᆞ야改稱홈이라)를拜ᄒᆞ야日本에遣ᄒᆞ야和議가始成ᄒᆞ고至於通商約은光海元年己酉距今二百九十八年前에至ᄒᆞ야始定ᄒᆞ니此를云ᄒᆞ되己酉約條라ᄒᆞᄂᆞ니이다

和議始成

己酉條約

時에朝鮮이日本에對ᄒᆞ야怨恨이旣甚ᄒᆞ며復讐ᄒᆞᆯ念이甚切ᄒᆞ나氣力이無ᄒᆞ야擧事치못ᄒᆞ고秀吉이壬辰年에入寇ᄒᆞᆫ故로壬辰亂이라ᄒᆞ고戰爭이起ᄒᆞᆫ지前後八年間에八道가其蹂躪을被ᄒᆞ니大抵朝鮮이開國以來로 成宗時ᄭᆞ지百年間은漸漸進步ᄒᆞ더니其後百年間은紀綱과風俗이次第로敗壞ᄒᆞ고또此大亂을當ᄒᆞ미饑饉과癘疫이行ᄒᆞ야餓莩가滿路ᄒᆞ니實로無前ᄒᆞᆫ大慘禍오明은數十萬兵을與ᄒᆞ고數百萬餉을費ᄒᆞ얏스나엇若비勝算이無ᄒᆞ고다만朝鮮을爲ᄒᆞ야勞力ᄒᆞᆷ이또ᄒᆞᆫ大ᄒᆞ다謂ᄒᆞᆯ지라自此로敵兵이撤回ᄒᆞᆫ後 宣祖三十三年ᄭᆞ지明軍이駐在ᄒᆞ야往往히威壓로加ᄒᆞ고또糧食을供給ᄒᆞᆷ에困難ᄒᆞ야頗히厭苦ᄒᆞ나然ᄒᆞ나壬辰救援의恩을感激ᄒᆞ야明이亡ᄒᆞᆫ後ᄭᆞ지不忘ᄒᆞ얏ᄂᆞ이다

大抵秀吉이無名ᄒᆞᆫ師를興ᄒᆞ야隣國을蹂躪ᄒᆞ야百年不解의寃讐를結ᄒᆞ고至於明國은朝鮮을救ᄒᆞ다가畢竟國民이俱困ᄒᆞ야不幾年에國이亡ᄒᆞ얏ᄂᆞ이다

本朝一覽

朝鮮

太祖高皇帝	李	諱旦 字君晋 號松軒 初諱成桂 字仲潔	桓祖三子	懿惠王后崔氏	七	七十四	神懿高皇后韓氏 安川府院君卿女 神德高皇后康氏 象山府院君允成女
定宗		諱芳果 初諱敬 字光遠	太祖次子	神懿高皇后	二	六十三	定安王后金氏 月城府院君天瑞女
太宗		諱芳遠 字遺德	太祖五子	同上	十八	五十六	元敬王后閔氏 驪興府院君霽女
世宗		諱祹 字元正	太宗三子	元敬王后閔氏	三十二	五十四	昭憲王后沈氏 靑川府院君溫女
文宗		諱珦 字輝之	世宗長子	昭憲王后沈氏	二	三十九	顯德王后權氏 花山府院君專女
端宗		諱弘暐	文宗子	顯德王后權氏	三	十七	定順王后宋氏 礪良府院君玹壽女
世祖		諱瑈 字粹之	世宗次子	昭憲王后沈氏	十三	五十二	貞熹王后尹氏 坡平府院君璠女
德宗		諱暲 初諱崇 字原明	世祖長子	貞熹王后尹氏		二十	昭惠王后韓氏 西原府院君確女
睿宗		諱晄 字明照 初字平甫	世祖次子	貞熹王后尹氏	一	二十	章順王后韓氏 上黨府院君明澮女 安順王后韓氏 淸川府院君伯倫女
成宗		諱娎	德宗次子	昭惠王后韓氏	二十五	三十八	恭惠王后韓氏 上黨府院君明澮女 貞顯王后尹氏 鈴原府院君壕女
燕山君		諱㦕	成宗長子	廢妃尹氏	十一		夫人愼氏 居昌府院君承善女

中宗	懌字樂天	成宗	貞顯王后尹氏	三十九	五十七	端敬王后愼氏益昌府院君守勤女 章敬王后尹氏坡原府院君汝弼女 文定王后尹氏坡山府院君之任女
仁宗	峼	中宗長子	章敬王后尹氏	一	三十一	仁聖王后朴氏錦城府院君墉女
明宗	峘字對陽	中宗次子	文定王后尹氏	二十二	三十四	仁順王后沈氏靑陽府院君鋼女
宣祖	昖初鈞	德興大院君(中宗子)三子	河東府大夫人鄭氏贈領議政正虎女	四十一	五十七	懿仁王后朴氏潘城府院君應順女 仁穆王后金氏延興府院君悌男女
光海君	琿	宣祖二子	恭嬪金氏	十四		夫人文化柳氏判尹自新女
元宗	琈	宣祖五子	仁嬪金氏		四十	仁獻王后具氏綾安府院君思孟女
仁祖	倧字和伯號松窓	元宗長子	仁獻王后具氏	二十七	五十五	仁烈王后韓氏西平府院君浚謙女 莊烈王后趙氏漢原府院君昌遠女
孝宗	淏字靜淵號竹梧	仁祖次子	仁烈王后韓氏	十	四十一	仁宣王后張氏新豐府院君維女
顯宗	棩字景直	孝宗	仁宣王后張氏	十五	三十四	明聖王后金氏淸風府院君佑明女
肅宗	焞字明普	顯宗	明聖王后金氏	四十六	六十	仁敬王后金氏光城府院君萬基女 仁顯王后閔氏驪陽府院君維重女 仁元王后金氏慶恩府院君柱臣女
景宗	昀字輝瑞	肅宗長子	大嬪張氏贈領議政烱女	四	三十七	端懿王后沈氏靑恩府院君浩女 宣懿王后魚氏咸原府院君有龜女

英祖	昑字光叔號養性軒	肅宗四子	淑嬪崔氏贈領議政孝元女	五十二	八十三	貞聖王后徐氏達城府院君宗悌女 貞純王后金氏鰲興府院君漢耉女
眞宗	緈字聖敬	英祖長子	靖嬪李氏		十	孝純王后趙氏豐陵府院君文命女
莊祖	愃字允寬號毅齋	英祖二子	暎嬪李氏		二十八	獻敬懿皇后洪氏永豐府院君鳳漢女
正祖	祘字亨運號弘齋	莊祖二子	獻敬懿皇后洪氏	二十四	四十九	孝懿宣皇后金氏淸原府院君時默女
純祖	玜字公寶號純齋	正祖二子	綏嬪朴氏忠獻公準源女	三十四	四十五	純元肅皇后金氏永安府院君祖淳女
文祖	旲字德寅號敬軒	純祖	純元肅皇后金氏		二十二	神貞翼皇后趙氏豐恩府院君萬永女
憲宗	奐字文應號元軒	文祖	神貞翼皇后趙氏	十五	二十三	孝顯王后金氏永興府院君祖根女 孝定王后洪氏益豐府院君在龍女
哲宗	昪字道升號大勇齋	全溪大院君壙(莊祖孫)三子	龍城府大夫人廉氏贈領議政成化女	十四	三十三	哲仁王后金氏永恩府院君汶根女
今上大皇帝	㷩初載晃字聖臨號誠軒	興宣大院君昰應(莊祖曾孫)二子	驪興府大夫人閔氏留守致久女			明成皇后閔氏驪城府院君致祿女

中等教科

東國史略自序

曩予、傭譯于學部、歷史之編輯爲數部、毋苦體制不立、使閱者臨卷迷茫悔愧孰甚、今日本人林泰輔史學家也、尤致力於我國、著有鮮朝史七冊自三國以至本朝、皆確有証據、又各分門別類、令人一讀瞭然、實不可以外人歧視之也茲又譯之、嗚呼居其國而不能其史、至令他人代庖而不自羞、是固何哉、或曰日人多才有此精覈、豈其然歟、此不知者之言也、向者羅麗濟時豈不曰日人野狉而我固文明者耶、迺自衣服車馬宮室、以至文章制度各般技藝、莫不師我則我、式至于今誇耀我者、行莫非我出耶且以近世言之、壬辰之變干戈滿地八路盡陷、國勢危如一髮、尙有沙也可其人、以部下三千歸義於我、奔走疆埸八載宣勞爲我藎臣(沙也可日本將軍壬辰亂即以部下來降曰慮在東夷久慕韓國文化今秀吉妄動干戈心竊非之願以部下爲聖人氓、賜姓名曰金忠善、到處討賊大獲勝捷、有文集三卷行于世、皆慷慨悲憤有古烈丈夫氣、李适亂、以老將亦率兵勳王年八十卒、其後裔蕃衍今居大邱者尤多)當其時也、豈不知我疲弊衰微而然歟、實慕我文物典章、勝於彼故也、然則我固可曰文明勝、而未備者惟戰具耳、奈之何今則幷我文物而亦盡輸於人、無復舊日面目、乃令人謂我狉野、猶不及前時日本、而日本之文明則大勝於我之舊日、嗟乎嗟乎是誠何哉、且夫日本則馳名天下、世人比之於英德等國、乃我則不免爲波蘭爲埃及爲印度、同居一洲同生一世、一則龍驤虎賁睥睨寰宇、一則龜縮雌伏羞見他人其得其失其榮其辱固何如哉、乃猶忮心尙存頑陋成習、頓不自悟久而益迷、政治敗腐人民魚肉、紀綱頹弛國脉已喪、時事不可復言、乃惟學問一途或可爲桑榆之望、而尙拘墟膠固動多忌諱、不但各國治亂興衰之蹟無以窺見、而乃至本國之史乘亦令不敢出以示人、輒曰史者國亡然後方可下筆有非其國人所敢言者、嗚呼若果然則、日本二千五百年來、一姓傳至神器不移、如以我規之、其國史竟無出世之日、非秪此已也、近年各國未來史迭出並擧(向年有日俄戰爭未來記、又有日美戰爭未來記各國人又推測本邦及他各國事情、編成未來記)莫不以騁其智洩其秘爲能事、照人肺腑傾人陰邪、懲前毖後以保其國家、至於我韓國事蹟、無論東洋之人知其梗槪、乃歐巴各史家莫不載諸藍本(西人以藍皮記事、比如東洋竹帛、)以示國人、雖我極諱極微之事莫不指的宣露小不藏匿、皆以捨短取長爲事、乃我則自蔽其目自錮其心、幷其自國史而亦

不知、乃向他人而徵我譜系、恥孰甚焉辱亦何如、昔建文帝子髫齡被幽、五十年後赦出、鬚髮盡白而牛馬不辨、問其由、曰天日不見何況其他、至今五百載聞者皆悲(明燕王棣擧兵廢建文自立爲帝是爲永樂、幽建文之子時年三歲、其後閱三帝五十年而見釋) 試敢問我諸君子、其與此帝子之不辨牛馬有異同耶、世界五洲知其名者幾輩、五洲尙不知奚知其有邦國及强弱之殊勢、且無論外國之如何、乃祖國之現今成何地位、亦不一番推思、人民塗炭而不念蟠捄、國權已墜而不念恢復、惟對人則尙以三四千年前陳腐古譚、作爲正論確義、又不知古聖之遺訓深意、輒曰不在其位不謀其政、燕雀處堂棟梁盡焚、魚鱉泣釜刀俎已設、嗟呼々々將何面目處此世界、向人作何語耶、自作孼誰復憐之、環顧國內滔々皆是、綢蘇難作(綢蘇丹、普國(今德國)宰相、距今百一年前、普國爲法皇拿破崙所敗割半國予之、又法兵來戍者十萬糧粮責具普人皆支給國幾亡矣、綢蘇丹乃任賢使能、修軍致興學校、其後國民皆有敵愾之心、距今三十七年前庚午大破法國擒拿破崙第三帝入其都城得償金二十億) 魯連已死、誰有其志我安適歸、且所恨者人孰無子、黃髮未燥呱々在抱者、來日便作何狀、我輩元是無良雖曰應有今日、可忍令童稚無知、驅入於黑暗網羅之中做人奴隷可乎、仰天一歎涕淚自橫而不能已也、玆告我國內諸

公之爲人父兄者曰、自今請將通鑑史略等古書東之高閣、使挾册童子一讀我韓史然後、又讀萬國史以廣見聞而認情形、尤致力於兵刑農工等實踐事業、無怠無荒儘心做去則安知不幾年而我又不能復我舊日文化、儼然作獨立國面目耶、然後啞聾老年家、高臥北窓、聽其子孫如何、如又曰必待世革而後史作云爾、則所不敢答而試問此時固何時

丙午五月十三日玄采自序于篩洞精舍

東國史略卷四目錄

近世史

朝鮮記下

滿洲入寇及講和

東國史略卷四

漢水玄采譯述

近世史

朝鮮記下

滿洲入寇及講和

宣祖崩 光海立

宣祖께서在位四十一年에崩ᄒᆞ시고第二子光海君琿이即位ᄒᆞ니此人은 宣祖께서도其善終치못ᄒᆞᆷ을知ᄒᆞ셧고時에 宣祖께서遺詔ᄅᆞᆯ下ᄒᆞ고자ᄒᆞ야大臣을召ᄒᆞ시니李元翼、李德馨、李恒福等이入ᄒᆞᆫᄃᆡ이믜崩ᄒᆞ셧고此時光海ᄂᆞᆫ東宮이되얏스나上이元來不喜ᄒᆞ시고、또晩年에永昌大君璜가生ᄒᆞᆫ故로柳永慶은此ᄅᆞᆯ援立코자ᄒᆞ고、또李爾瞻、鄭仁弘은已가擯斥됨으로 宣祖께挾憾ᄒᆞ다가李山海와謀ᄒᆞ야位ᄅᆞᆯ光海의게傳코자ᄒᆞ거ᄂᆞᆯ上이怒ᄒᆞ야곳竄逐ᄒᆞ셧더니既而오上이暴崩ᄒᆞ야爾瞻과仁弘이配所에往키前에赦ᄒᆞ니外間에言ᄒᆞ되上이

滿洲愛親覺羅氏

遇毒ᄒᆞ얏다ᄒᆞᄂᆞ이다

光海君時에滿洲의關係가益繁ᄒᆞ니先是滿洲에서愛親覺羅氏(一曰愛新覺羅)가興ᄒᆞ며太祖努爾哈赤等이漸漸强盛ᄒᆞ야諸部落을并呑ᄒᆞ고壬辰亂初에使臣을朝鮮에遣來ᄒᆞ야救援ᄒᆞᆯ意ᄅᆞᆯ告ᄒᆞ거ᄂᆞᆯ　宣祖ᄭᅴ셔其後害가有ᄒᆞᆯ가恐ᄒᆞ야柳成龍으로ᄒᆞ야곰邊將의게喩ᄒᆞ야婉辭로謝遣ᄒᆞ얏ᄂᆞ이다

明楊鎬伐滿洲

其後努爾哈赤이더옥强盛ᄒᆞ야光海八年、距今二百九十一年前에帝位에卽ᄒᆞ고漸漸明의邊境을犯ᄒᆞ거ᄂᆞᆯ十一年에明神宗이遼東經畧楊鎬로ᄒᆞ야곰兵士二十四萬을瀋陽(奉天省奉天府)에集ᄒᆞ고路ᄅᆞᆯ分ᄒᆞ야滿洲ᄅᆞᆯ伐ᄒᆞᆯ새朝鮮에請兵ᄒᆞ니光海가叅判姜弘立으로ᄡᅥ五道(平安、黃海、京畿、忠淸、全羅)都元帥ᄅᆞᆯ拜ᄒᆞ고平安兵使金景瑞ᄂᆞᆫ副元帥ᄅᆞᆯ拜ᄒᆞ야兵士二萬餘人을率ᄒᆞ고往援ᄒᆞ더니旣而오明北路軍이다敗績ᄒᆞ고寬甸으로브터進ᄒᆞ야明南路將劉綎、喬一琦와合ᄒᆞ고

姜弘立助明伐滿洲敗

弘立과景瑞等도ᄯᅩᄒᆞᆫ富察野(滿洲興京南)에서滿洲兵의게敗ᄒᆞ야劉綎、喬一琦及金應河(宣川郡守)吳稷(右先

姜弘立降滿洲

鋒)等은戰死ᄒᆞ고弘立과景瑞ᄂᆞᆫ滿洲에降ᄒᆞ니大抵此事ᄂᆞᆫ弘立이臨發時에光海의密旨로勢ᄅᆞᆯ觀ᄒᆞ야向背ᄅᆞᆯ定ᄒᆞᆫ故오이다

ᄯᅩ滿洲에서ᄂᆞᆫ屢次降將을我의게遣ᄒᆞ야和好ᄅᆞᆯ請ᄒᆞ니明이謂ᄒᆞ되朝鮮이滿洲ᄅᆞᆯ通ᄒᆞ얏다ᄒᆞᄂᆞᆫ지라이에使臣을遣ᄒᆞ야辨明ᄒᆞ고、ᄯᅩ滿洲에ᄂᆞᆫ全혀講和ᄒᆞᆷ은아니로ᄃᆡ其怒ᄅᆞᆯ觸ᄒᆞᆯ가恐ᄒᆞ야瀋陽과遼陽을攻陷時에도明을助치아니ᄒᆞ고、오작依違優柔ᄒᆞᆫ政策으로明國과滿洲間에立ᄒᆞ얏ᄂᆞ이다

光海失政失德

ᄯᅩ光海君은初에其兄臨海君珒을排擠ᄒᆞ고卽位ᄒᆞ니大抵珒은狂悖ᄒᆞᆫ故로廢ᄒᆞ얏스나光海도、ᄯᅩᄒᆞᆫ失政과失德이甚多ᄒᆞ얏ᄂᆞ이다

光海가卽位初에珒을殺코자ᄒᆞ야不軌ᄅᆞᆯ圖ᄒᆞᆫ다稱ᄒᆞ고喬桐에流ᄒᆞ니鄭仁弘、李爾瞻은珒을殺코자ᄒᆞ고李元翼、李恒福은全恩說을主張ᄒᆞ더니畢竟元翼等은護逆ᄒᆞᆫ다ᄒᆞ야被罪ᄒᆞ고珒은賜死ᄒᆞ며、ᄯᅩ李爾瞻은永昌大君璜가仁穆太后金氏(宣祖繼后오璜의母后)側에在ᄒᆞᆷ을忌ᄒᆞ야殺코자ᄒᆞᆯ새朴應犀로ᄒᆞ야곰告變ᄒᆞ야曰、延興府院君金悌男(仁穆后父)이永昌

殺永昌大君璘

大君을擁立코자ᄒᆞᆫ다ᄒᆞ니璘은 宣祖ᄭᅴ셔鍾愛ᄒᆞ신바오일즉七臣柳永慶、韓應寅、申欽、許筬、朴東亮、徐渻、韓浚謙의게托ᄒᆞ신지라이에光海가悌男을捕殺ᄒᆞ고璘은江華에放ᄒᆞ얏다가殺ᄒᆞ니時年이七歲오七臣以下에連累者가甚多ᄒᆞ얏ᄂᆞ이다

幽太后于西宮

李爾瞻이또仁穆太后를廢코자ᄒᆞ거ᄂᆞᆯ奇自獻領相李恒福、鄭弘翼等이極諫ᄒᆞᆫ지라이에爾瞻이羣臣과宗室一千餘人을誘ᄒᆞ야各其意見을陳ᄒᆞ라ᄒᆞ니諸人이爾瞻을畏ᄒᆞ야廢黜을主ᄒᆞ며或不從ᄒᆞᆫ者도有ᄒᆞᆫ지라이에奇自獻、李恒福等을遠竄ᄒᆞ고太后의尊號를削ᄒᆞ야西宮에幽ᄒᆞ고또害코자ᄒᆞ거ᄂᆞᆯ后ㅣ僅免ᄒᆞ고其他大獄을興ᄒᆞ기屢次오誅竄이日多ᄒᆞ며또風水의說을信ᄒᆞ야土木을興ᄒᆞ고官職을除拜ᄒᆞᆯ시銀의多少를視ᄒᆞ야高下官을予ᄒᆞ니이에賄賂가盛行ᄒᆞ고尙宮金氏가用事ᄒᆞ야宮禁이不嚴ᄒᆞ고僥倖의路를大開ᄒᆞ얏ᄂᆞ이다

朝廷日亂

時에李爾瞻이國權을竊弄ᄒᆞ고大北、小北二黨이相爭ᄒᆞ야朝政이日亂ᄒᆞ거ᄂᆞᆯ尹善道等이爾瞻을論劾ᄒᆞ나光海가不聽ᄒᆞ고더욱昏亂無道ᄒᆞ얏ᄂᆞ이다

李貴等擧義廢光海

이에李貴、申景禛、沈器遠、金自點等이相謀ᄒᆞ야金瑬로ᄡᅥ大將을삼고義兵을擧ᄒᆞᆯ시光海의弟定遠君元宗의子仁祖를推戴코자ᄒᆞ다가事가漏洩ᄒᆞ야告變ᄒᆞᄂᆞᆫ者ㅣ有ᄒᆞᆫ지라金自點이賄賂로ᄡᅥ金尙宮을結ᄒᆞ니光海가이에金尙宮의言을從ᄒᆞ야變報를不納ᄒᆞ거ᄂᆞᆯ곳義兵을擧ᄒᆞ야宮에入ᄒᆞ니光海ᄂᆞᆫ驚走ᄒᆞ고朝官과衛士도또ᄒᆞᆫ逃散ᄒᆞᄂᆞᆫ지라李貴等이光海를擁至ᄒᆞ야寶璽를仁穆太后ᄭᅴ納ᄒᆞ니后ㅣ其三十六罪를數ᄒᆞ야光海를殺코자ᄒᆞ다가不果ᄒᆞ고다시后의命으로 仁祖를立ᄒᆞ니時ᄂᆞᆫ光海十五年이오이다

仁祖立

仁祖ᄭᅴ셔卽位ᄒᆞ사光海를江華에放ᄒᆞ고前朝의冤枉을伸雪ᄒᆞ고李爾瞻、鄭仁弘等數十人을誅戮ᄒᆞ고其他竄逐과削黜이數百人이오이다

由廢立理

大抵光海가壬辰亂後를當ᄒᆞ야諸政을革新치아니ᄒᆞ고政事가腐敗ᄒᆞ야畢竟廢立에至ᄒᆞ얏고또西人은北人의隙을乘ᄒᆞ야勢을挽回ᄒᆞᆫ

시李貴等이初에ᄂᆞᆫ宗社를安ᄒᆞ고民生을救ᄒᆞᆫ다言ᄒᆞ다가功業이旣成ᄒᆞᆫ後에ᄂᆞᆫ罪人의家財와器服을籍沒ᄒᆞ야各其分給ᄒᆞ니此ㅣ엇지罪過가아니리오故로李潾ᄂᆞᆫ此義擧에與ᄒᆞ얏스나深히愧悔ᄒᆞ야終身自廢ᄒᆞ얏ᄂᆞ이다

錄靖社功

또擧義當時의部分과規畫은다李适의功이라然이나金瑬等五十人은靖社功臣에錄ᄒᆞ고金自點、沈器遠은一等이되거ᄂᆞᆯ오작李适은二等에入ᄒᆞ니适이自此로不平ᄒᆞ다가時에北邊의憂가有ᄒᆞᆫ지라이에張晩으로써都元帥를拜ᄒᆞ야府를平壤에開ᄒᆞ고李适은平安兵使兼副元帥로寧邊에屯케ᄒᆞ니适이더욱怏々ᄒᆞ야陰히異謀를蓄ᄒᆞ다가

李适反

仁祖二年甲子、距今二百八十三年前에드듸여部下兵一萬二千餘人과降倭一百三十人을率ᄒᆞ고南向ᄒᆞᆯ서韓明璉(龜城府使)等이從ᄒᆞ고張晩은비록元帥로되兵力이微弱ᄒᆞ야能히拒禦치못ᄒᆞ얏ᄂᆞ이다

仁祖播越公州

이에賊軍이益進ᄒᆞ야碧蹄(坡州南)에至ᄒᆞ니 仁祖ㅣ셔서公州(忠淸道)로播越ᄒᆞ시고适等이京城을據有ᄒᆞ더니旣而오張晩이鄭忠信(安州防禦使)李曙(京畿監司)等과協力ᄒᆞ야适兵을鞍峴(京北)에서大破ᄒᆞ니适과明璉等이逃ᄒᆞ야利川에至ᄒᆞ거ᄂᆞᆯ部將奇益獻等이适、明璉을殺ᄒᆞ야其首를行在에獻ᄒᆞ니이에上이京城에還ᄒᆞ시고明璉의子潤等은滿洲로逃亡ᄒᆞ얏ᄂᆞ이다

明璉等誅

上還京城

滿洲太宗立

滿洲ᄂᆞᆫ 仁祖四年에太祖愛親覺羅弩爾哈赤이殂ᄒᆞ고子皇太極이立ᄒᆞ니此ᄂᆞᆫ太宗이라太宗이韓潤의言을從ᄒᆞ야貝勒(宗室爵號)阿敏과濟爾哈朗等으로ᄒᆞ야곰朝鮮及毛文龍을圖謀ᄒᆞ라ᄒᆞ니文龍은明의總兵이라先是에鎭營을椵島(在平安道鐵山)에設ᄒᆞ고義州鐵山及身彌島(在平安道宣川)南에往來ᄒᆞ야朝鮮과犄角의勢를成ᄒᆞ야滿洲를牽制ᄒᆞ더니五年에

滿洲阿敏等來寇

阿敏等이兵三萬餘를率ᄒᆞ고鴨綠江을渡ᄒᆞ야義州府尹李莞을殺ᄒᆞ고、또分兵ᄒᆞ야鐵山을擣ᄒᆞ고毛文龍을椵島에逐ᄒᆞ고、또郭山、定州를攻ᄒᆞ야朴有健(郭山郡守)金搢(定州牧使)을擒ᄒᆞ고奇協(宣川府使)을斬ᄒᆞ고長驅ᄒᆞ야淸川江을渡ᄒᆞ야安州를圍ᄒᆞ니牧使金浚과兵使南以興以下의死者가甚多ᄒᆞ얏ᄂᆞ이다

上이張晩으로ᄡ都元帥를拜ᄒ야防禦ᄒ라ᄒ시니晩이平山에至ᄒ니平安監司尹暄이安州의陷城홈을聞ᄒ고平壤을棄ᄒ고遁ᄒᄂ지라이에滿朝가大震ᄒ거ᄂᆯ上이金尙容으로ᄡ留都大將을拜ᄒ야京城을守케ᄒ고領議政尹昉과右議政吳允謙等으로더브러廟社主를奉ᄒ고江華로播遷ᄒ셧ᄂ이다

上播越江華

平壤이失守ᄒ니城中官民이다逃亡ᄒᄂ지라阿敏이드듸여大同江을渡ᄒ야中和에屯ᄒ고七條를遞ᄒ야朝鮮이滿洲를害ᄒᆫ다責ᄒ더니時에京城은人民이潰散ᄒ고金尙容은御庫及諸倉庾에放火ᄒ고江華로遁ᄒ니阿敏이京城에入코자ᄒ다가諸貝勒이不從ᄒ야平山에駐屯ᄒ고副將劉興祚로ᄒ야곰江華에抵ᄒ야和議를言ᄒ니上이不得已ᄒ야宗室原昌令義信으로ᄡ御弟라稱ᄒ고興祚로더브러平山에至ᄒ야方物을賂ᄒ고和親을求ᄒ얏더니貝勒岳託이阿敏의게謂曰朝鮮王과盟誓ᄒᆫ後班師홈이可타ᄒ고이에原昌令을留ᄒ고劉興祚로ᄒ야곰다시江華에至ᄒ거ᄂᆯ上이이에壇을築ᄒ고白馬와黑牛를宰ᄒ야天의祭ᄒ고滿洲兄弟國이라盟ᄒ고滿洲軍이回홀새阿敏은自己가與盟치아니ᄒ얏다ᄒ야縱掠ᄒ고還ᄒ다가平壤에至ᄒ야또原昌令과同盟ᄒ고兵을義州及鎭江(滿洲九連城)에留ᄒ고其餘ᄂ回홀시朝鮮이原昌令으로ᄒ야곰阿敏을從ᄒ야滿洲에往ᄒ고上이비로소京城에還ᄒ셧ᄂ이다

與滿洲盟爲兄弟國

上還京城

後에上이使臣을滿洲에遣ᄒ야義州의鎭兵을撤ᄒ라ᄒ시니이에滿洲ㅣ其兵을撤ᄒ고義州를我의게還ᄒ니時에使臣金尙憲은北京에在ᄒ다가本國의難을聞ᄒ고救援을請ᄒ니明이遼東巡撫袁崇煥으로ᄒ야곰出兵ᄒ라ᄒ나事가不及ᄒ고既而오日本도德川家康이使臣을遣ᄒ야朝鮮을救ᄒᆫ다ᄒ거ᄂᆯ또ᄒᆫ辭謝不受ᄒ얏ᄂ이다

自此로朝鮮이滿洲의壓制를被ᄒ야滿洲가明國을伐홀時ᄂ兵船을徵ᄒ고또兄弟盟을變ᄒ야上下國의約을結코자ᄒ고歲幣를索ᄒ기多ᄒ니朝鮮이忿恨ᄒ야或滿洲를伐코자ᄒᄂ事가有ᄒ야平和가將破ᄒ얏ᄂ이다

滿洲蒙古諸貝勒欲上尊號於滿洲太宗皇太極

會에滿洲에서는滿洲、蒙古의諸貝勒이太宗을勸ᄒᆞ야尊號를稱ᄒᆞ라
ᄒᆞ고　仁祖十四年丙子、距今二百七十一年前에、또戶部承政瑪福塔(馬夫達)承政英俄爾岱(龍骨大)로、ᄒᆞ야곰王后韓氏喪에來吊ᄒᆞᆯᄉᆡ滿洲八和碩、貝勒과蒙古四十九貝勒이我의게致書ᄒᆞ야我를勸ᄒᆞ되皇太極의게尊號를勸進ᄒᆞ라ᄒᆞ거놀上이其使를不見ᄒᆞ시고、또貝勒의書를不納ᄒᆞ며掌令洪翼漢及館學儒生이上疏ᄒᆞ야其使를斬ᄒᆞ고其書를焚ᄒᆞ소서、ᄒᆞ니英俄爾岱가其形勢의危險ᄒᆞᆷ을見ᄒᆞ고急히民家馬를奪騎ᄒᆞ고遁去ᄒᆞ거놀上이人을追遣ᄒᆞ야答書를與ᄒᆞ고、또八道에下諭ᄒᆞ야滿洲를斥絶ᄒᆞ얏더니

拒絶滿洲使臣及其書

英俄爾岱가其下諭書를奪還ᄒᆞ야太宗皇太極의게獻ᄒᆞ니太宗이諸貝勒大臣과會議ᄒᆞᆫ덕衆이、다朝鮮의決意를知ᄒᆞ고朝鮮을攻코자、ᄒᆞ며時에太宗은寬溫仁聖皇帝尊號를受ᄒᆞ고國號는淸이라、ᄒᆞ고諸貝勒과大臣이三跪九叩頭禮를行ᄒᆞ더니會에朝鮮使臣羅德憲(春信使)李廓(回啓使)이瀋陽에在ᄒᆞ야賀班에不參ᄒᆞ얏더니淸人이德憲을萬毆으

滿洲太宗即帝位國號曰淸

로毆辱ᄒᆞ되畢竟、不從ᄒᆞ는지라太宗曰此는我로、ᄒᆞ아곰使臣을殺ᄒᆞ고盟誓를背ᄒᆞ얏다는名을負코자、ᄒᆞᆷ이라ᄒᆞ고、곳赦還ᄒᆞᆯᄉᆡ書를予ᄒᆞ야其不當ᄒᆞᆷ을責ᄒᆞ고且曰悔罪ᄒᆞ거든子弟를送質ᄒᆞ라不然ᄒᆞ면大軍을擧ᄒᆞ야刻日、臨境ᄒᆞᆫ다、ᄒᆞ는지라

然이나朝鮮이其言을不聽ᄒᆞᆯ뿐、아니라羅德憲、李廓等이滿洲의書를受還ᄒᆞ얏다、ᄒᆞ야竄配ᄒᆞ고獨히吏曹判書崔鳴吉이和議를唱ᄒᆞ니副校理吳達濟와校理尹集이上疏ᄒᆞ야其非를痛論ᄒᆞ야滿洲를排斥ᄒᆞ는氣焰이朝野에震動ᄒᆞ얏ᄂᆞ이다

淸太宗入寇

이에淸太宗이禮親王代善과睿親王多爾袞과豫親王多鐸과貝勒岳託과豪格杜度等을率ᄒᆞ고軍士十萬을發ᄒᆞ야來寇ᄒᆞᆯᄉᆡ豫親王多鐸을命ᄒᆞ야前鋒瑪福塔으로、ᄒᆞ야곰直히京城을擣ᄒᆞ라、ᄒᆞ니義州府尹林慶業이白馬山城을築ᄒᆞ야防守ᄒᆞ는지라瑪福塔이其有備ᄒᆞᆷ을知ᄒᆞ고他路로從ᄒᆞ야十餘日間에京城에逮ᄒᆞ니吏判崔鳴吉과同中樞李景稷이城外에出迎ᄒᆞ야興兵ᄒᆞᆫ故를問ᄒᆞ고宴을設ᄒᆞ야犒師ᄒᆞ니

仁祖幸南漢山城

此ᄂᆞᆫ、곳緩兵ᄒᆞᄂᆞᆫ計라上이其間을乘ᄒᆞ야尹昉、金尙容으로、ᄒᆞ야곰廟社主ᄅᆞᆯ奉ᄒᆞ고、ᄯᅩ嬪宮及王子(鳳林、麟坪)ᄅᆞᆯ護衛ᄒᆞ야江華로避入ᄒᆞ고

既而오上이、ᄯᅩᄒᆞᆫ江華로播遷코자、ᄒᆞ시다가淸의前鋒이已逼ᄒᆞᄂᆞᆫ지라、이에急히南漢山城(京畿道廣州)에入ᄒᆞ사諸道에下詔ᄒᆞ야勤王兵을募ᄒᆞ고、ᄯᅩ明國에告急ᄒᆞ고城을固守ᄒᆞ야外援을待코자、ᄒᆞᆯ시淸太宗이、곳先鋒의後ᄅᆞᆯ隨ᄒᆞ야大臣譚泰等으로、ᄒᆞ야곰京城에入ᄒᆞ니城兵이拒敵지、못ᄒᆞᄂᆞᆫ지라、드ᄃᆡ여漢江을渡ᄒᆞ야翼年丁丑、距今二百七十一年前에南漢山城을圍ᄒᆞ얏ᄂᆞ이다

淸兵圍南漢山城

諸道軍皆敗績

時에明國은流賊에困苦ᄒᆞ야朝鮮을救援ᄒᆞᆯ力이無ᄒᆞ고僅히登、萊總兵陳洪範으로、ᄒᆞ야곰舟師ᄅᆞᆯ率ᄒᆞ고來救ᄒᆞ나風勢가不利ᄒᆞ야發船치、못ᄒᆞ고諸道監司와兵使ᄂᆞᆫ坐視ᄒᆞ고其進ᄒᆞᄂᆞᆫ者ᄂᆞᆫ、ᄯᅩ敗ᄒᆞ야忠淸監司鄭世規ᄂᆞᆫ衿川(廣州)에서全軍이陷沒ᄒᆞ고慶尙左兵使許完과右兵使閔栐은雙嶺(廣州)에서敗死ᄒᆞ고全羅兵使金俊龍은光敎山(廣州西南)에서戰ᄒᆞ야淸將額駙揚古里ᄅᆞᆯ殺ᄒᆞ얏스나、ᄯᅩᄒᆞᆫ潰散ᄒᆞ고平安監司洪命耉ᄂᆞᆫ金化(江原道)에서戰死ᄒᆞ고副元帥申景禛은鐵瓮(平安道)에서被擒ᄒᆞ고時에南漢山城은粮食이缺乏ᄒᆞ고士卒이飢凍ᄒᆞ야重圍中에陷ᄒᆞᆫ지四十餘日이니其慘狀은忍言키難ᄒᆞᆫ지라

이에上이洪瑞鳳等을遣ᄒᆞ야和好ᄅᆞᆯ請ᄒᆞ니淸太宗이上의親히莅盟ᄒᆞ시기ᄅᆞᆯ求ᄒᆞ고、ᄯᅩ敗盟大臣二三人을縛送ᄒᆞ라、ᄒᆞ더라

江華城陷

先是江華에嬪宮과王子外에羣臣의妻子가避亂ᄒᆞᆫ者ㅣ多ᄒᆞ고判尹金慶徵은檢察使가、되고李敏求ᄂᆞᆫ副檢察이오留守張紳은舟師大將으로防守ᄒᆞ얏더니淸太宗이八旗軍으로、ᄒᆞ야곰小船八十隻을造ᄒᆞ야睿親王多爾袞을命ᄒᆞ야江華ᄅᆞᆯ攻ᄒᆞ니時에金慶徵은險阻ᄅᆞᆯ恃ᄒᆞ고設備치、아니ᄒᆞ며幷히酒에沈酗ᄒᆞ니淸兵이渡海時에軍이不戰ᄒᆞ고自潰ᄒᆞᄂᆞᆫ지라慶徵、敏求、紳等이、다小船을乘ᄒᆞ고逃亡ᄒᆞ니嬪宮及王子와群臣의妻子가俘獲된者ㅣ二百餘人이오大臣金尙容以下의死者가甚多ᄒᆞ얏ᄂᆞ이다

時에南漢城中에서ᄂᆞᆫ江華의陷城ᄒᆞᆷ을聞ᄒᆞ고、다喪膽ᄒᆞ며上이、ᄯᅩ大

仁祖講和

事가去홈을知ᄒ시고金瑬와崔鳴吉等의言을從ᄒ야漢江東岸三田渡에出ᄒ야淸太宗을見ᄒ고和親을成ᄒ니淸太宗이이에東宮及鳳林大君을留質ᄒ고江華의俘獲을盡還ᄒ고諸道兵을收ᄒ야瀋陽(今滿洲盛京省奉天府)으로班師ᄒ니上이京城에還ᄒ사張紳、金慶徵을誅ᄒ시고、또斥和首謀臣洪翼漢及尹集、吳達濟三人을瀋陽에送ᄒ니淸人이此三臣의不服홈을惡ᄒ야殺ᄒ니此ᄂᆞᆫ、곳我國에有名ᄒᆞᆫ三學士오時에都事吳邦彥은三學士와同히斥和ᄒ다가事去홈을見ᄒ고江에投死ᄒ니大抵邦彥의祖應鼎은壬辰亂에戰死ᄒ고父稷은滿洲戰에死ᄒ야一門三世가다國事에死ᄒ얏ᄂᆞ이다

送斥和臣于瀋陽

三學士

大抵滿洲의前後戰事가僅히三箇月에其事가結ᄒ니當時에朝鮮은壬辰亂後를承ᄒ고明國도、또ᄒᆞᆫ衰弱ᄒ야救援ᄒᆞᆯ力이無ᄒᆞᆯ뿐、아니라淸太宗의用兵홈이神速ᄒᆞᆫ故오이다

受淸曆制

朝鮮이自此로淸國曆制를受ᄒ야每歲에使臣을遣ᄒ고方物을送ᄒ셔其力이對敵키難ᄒ야外面은服從ᄒ나然이나淸國은胡夷라ᄒ야心內에悅從치、아니ᄒ고、또事勢에不得已ᄒ야淸을助ᄒ야明을伐ᄒ나大抵明은壬辰救援以來로其恩을感激ᄒᆞᆫ지라今에淸兵을從往ᄒ나其實은百方으로沮害ᄒ고初에淸太宗이還軍時에貝子碩託과明國降將孔有德、耿仲明等을命ᄒ야椴島를攻케、ᄒ고、또朝鮮에兵士를徵ᄒ니上이不得已ᄒ야平安兵使柳琳으로、써首將을拜ᄒ고義州府尹林慶業으로副將을拜ᄒ야戰船을率ᄒ고淸軍을助홀ᄉᆡ慶業이此事를將ᄒ야椴島都督沈世魁의게密報ᄒ니故로其城이陷ᄒ야도島中에免者가多ᄒ얏ᄂᆞ이다

不服淸國

助淸伐明

其後에淸이、또明의錦州衛를攻홀ᄉᆡ上이平安兵使林慶業으로、ᄒ야곰舟師上將을拜ᄒ고黃海兵使李浣은副將이되야戰船百二十隻과兵六千과貢米一萬包를運輸ᄒ고、또戰事를助ᄒ라、ᄒ니慶業等이石城島에至ᄒ야飄風ᄒ얏다稱ᄒ고密히三船을登州에送ᄒ야消息을明國에通ᄒ더니及其遼東灣에入ᄒ야ᄂᆞᆫ明船과遇ᄒᆞᆫ지라慶業이不得已ᄒ야矢에ᄂᆞᆫ鏃을去ᄒ고砲에ᄂᆞᆫ丸을不用ᄒ야兩軍의死傷이無

復助淸伐明

清太宗殂世祖立
清世祖遷都北京
仁祖崩孝宗立
孝宗欲伐

ᄒᆞ고明毅宗이密旨로褒勉ᄒᆞ얏ᄂᆞ이다

先是에朝鮮의海路가阻絶ᄒᆞ야明과不通ᄒᆞ더니領相崔鳴吉이林慶業과密謀ᄒᆞ야僧獨步로ᄒᆞ야곰明國에遣ᄒᆞ야其情悃을達ᄒᆞ얏더니淸人이其事를知ᄒᆞ고鳴吉과慶業을執送ᄒᆞ라ᄒᆞ거ᄂᆞᆯ이에鳴吉은瀋陽에往ᄒᆞ야被幽ᄒᆞ고慶業은中途에서逃亡ᄒᆞ야또明國으로往ᄒᆞ고其他黃一皓崔一孝等은다當時의朝鮮人士로國事를爲ᄒᆞ야盡力ᄒᆞ얏ᄂᆞ이다

然이나淸國은太宗이殂ᄒᆞ고世祖福臨이即位ᄒᆞ미勢力이益盛ᄒᆞ야北京을平定ᄒᆞ고其地에遷都ᄒᆞ거ᄂᆞᆯ上이使臣을遣ᄒᆞ야致賀ᄒᆞ니淸이이에東宮及鳳林大君과拘囚ᄒᆞᆫ大臣金尙憲李敬輿李明漢崔鳴吉等을放還ᄒᆞ더라然이나東宮은還來後에薨ᄒᆞ거ᄂᆞᆯ 孝宗이東宮이되시고上이在位二十七年에崩ᄒᆞ시니 孝宗이即位ᄒᆞ섯ᄂᆞ이다

孝宗ᄭᅴ서瀋陽에留質ᄒᆞ신지라淸國의屈辱됨을深耻ᄒᆞ사即位後에雪耻코자ᄒᆞ실ᄉᆡ日本의釁이有ᄒᆞ다稱ᄒᆞ사고城池를修ᄒᆞ고器械를

上深信宋時烈及李浣

整ᄒᆞ야密히計畫ᄒᆞ시더니金自點이淸國에漏洩ᄒᆞ니淸國이使臣을遣ᄒᆞ야詰責ᄒᆞ고領相李景奭을義州에竄ᄒᆞ나然ᄒᆞ나 孝宗ᄭᅴ서ᄂᆞᆫ志氣가挫折지아니ᄒᆞ시고宋時烈宋浚吉等이또ᄒᆞᆫ用兵ᄒᆞ기를勸ᄒᆞ거ᄂᆞᆯ上이深히時烈及李浣을信任ᄒᆞ야時烈의게ᄂᆞᆫ貂裘를賜ᄒᆞ고浣의게ᄂᆞᆫ御甲冑를賜ᄒᆞ야北伐時에供用케ᄒᆞ시고

또浣으로ᄡᅥ訓鍊大將을拜ᄒᆞ야軍士를大閱ᄒᆞ기屢次오戎服의衣袖가長濶ᄒᆞ다ᄒᆞ야狹少케ᄒᆞ고僧은米三石을出ᄒᆞ고公卿브터庶士의徭役이無ᄒᆞᆫ者ᄂᆞᆫ布一疋을出ᄒᆞ야養兵資를借ᄒᆞ고內廐에良馬를養ᄒᆞ니名曰伐大驄이오革射를改ᄒᆞ야騎射라ᄒᆞ고禁軍을增ᄒᆞ고百方으로淸國을伐코자ᄒᆞ서니士人中에도上의北伐코자ᄒᆞ심을聞ᄒᆞ고庄土를賣ᄒᆞ고戰馬를具ᄒᆞ고戎服을備ᄒᆞ야從軍코자ᄒᆞᄂᆞᆫ者가不少ᄒᆞ더니不幸히上이在位十年에崩ᄒᆞ사實行ᄒᆞ심을不見ᄒᆞ얏고또此時에淸國은世祖가在位ᄒᆞ며國勢가日盛ᄒᆞ니朝鮮의力으로復讎키難ᄒᆞᆯ지라然이나後世에서上의大志가未就ᄒᆞᆷ을痛惜ᄒᆞᄂᆞ이다

助淸伐羅禪

孝宗이如此히淸國의怨讐를報復고자ᄒᆞ시나、또ᄒᆞᆫ淸國의言을從ᄒᆞ야五年에虞候邊岌으로、ᄒᆞ야곰羅禪을黑龍江邊에서伐ᄒᆞ고九年에도、또ᄒᆞᆫ北虞候申瀏로、ᄒᆞ야곰羅禪을伐ᄒᆞ니羅禪은即露西亞라十數年前브터黑龍江에出沒ᄒᆞ거ᄂᆞᆯ今에兩次往伐ᄒᆞ야露將審道磐을殺ᄒᆞ니如此히淸國을爲ᄒᆞ야竭力ᄒᆞ나其實은、다外面ᄲᅮᆫ이오心服은、아니오이다

孝宗崩顯宗立　明國傾覆

孝宗이崩ᄒᆞ시고　顯宗이即位ᄒᆞ산지二年、距今二百三十一年前에永明王이被擒ᄒᆞ야明國社稷이全혀傾覆ᄒᆞ나然ᄒᆞ나朝鮮이明을慕ᄒᆞ고淸을惡ᄒᆞᄂᆞᆫ心이消滅치、아니ᄒᆞ야　顯宗ᄭᅴ서도恒常兵備에留意ᄒᆞ야　孝宗의遺緖를紹ᄒᆞ시나篤厚仁恕ᄒᆞ신性質로大爲치、못ᄒᆞ시고、밋吳三桂가雲南에서起兵ᄒᆞ야中原이騷擾ᄒᆞᆫ時에도羅碩佐ㅣ上䟽ᄒᆞ되義旅를驅ᄒᆞ야三桂로、더브러合ᄒᆞ야壬辰恩을報ᄒᆞ고丙子耻를雪ᄒᆞ소서ᄒᆞ나畢竟、不果ᄒᆞ얏ᄂᆞ이다

北伐議不行

肅宗ᄭᅴ서ᄂᆞᆫ即位初에尹鑴이北伐ᄒᆞᆫ議를唱ᄒᆞ나領相許積이後害를慮ᄒᆞ야不行ᄒᆞ고三十年甲申、距今二百三年前에ᄂᆞᆫ明毅宗의殉社稷ᄒᆞᆫ周甲이라、이에禁苑中에서祭ᄒᆞ고大報壇을設ᄒᆞ야神宗의게祀ᄒᆞ고時에饑饉이相繼ᄒᆞ고朋黨의爭鬩이日甚ᄒᆞ야外征의議가自止ᄒᆞ고其饑饉時에ᄂᆞᆫ淸國康熙帝玄曄이米數萬石을轉運ᄒᆞ야頗히恤隣ᄒᆞᄂᆞᆫ誼를示ᄒᆞ나　英祖、正祖時ᄭᆞ지도、오히려心服지、아니ᄒᆞ고、오작表面으로服從ᄒᆞ니朝鮮人이明、淸二代間에用心ᄒᆞᆷ을可知ᄒᆞᆯ것ᄂᆞ이다

淸國送米賑濟饑饉

文化及黨爭

黨爭起於書院

日本亂과滿洲戰이有ᄒᆞᆫ時에黨派分爭이漸盛ᄒᆞ니大抵黨派의爭은書院에서起ᄒᆞᆷ이오書院이라、ᄒᆞᆷ은先儒遺跡에就ᄒᆞ야祭ᄒᆞᆯ시其徒中名望이有ᄒᆞᆫ人士를選ᄒᆞ야其事를主ᄒᆞ고暇日에ᄂᆞᆫ經典을硏究ᄒᆞ고道義를講習ᄒᆞ더니後에、드듸여朝政을議論ᄒᆞ야凡政府의除拜가衆望에不合ᄒᆞ면、곳議論이沸騰ᄒᆞ니此를謂ᄒᆞ되淸議오大臣과宗戚도또ᄒᆞᆫ此淸議를畏ᄒᆞ야節操를磨勵ᄒᆞ더니後에ᄂᆞᆫ私怨으로、ᄡᅥ互相攻

擧ᄒᆞ야 黨派의 紛爭이 되얏ᄂᆞ이다

祠院講設書院

向者 中宗時에 豐基(慶尙道)郡守 周世鵬이 先儒 安裕(高麗人)故居에 白雲洞書院을 建ᄒᆞ더니 其後 漸々 衰替ᄒᆞᄂᆞᆫ지라 明宗五年(距今三百五十七年前)에 李滉이 監司 沈通源의게 言ᄒᆞ야 朝廷으로셔 扁額을 賜ᄒᆞ야 曰 紹修書院이라ᄒᆞ고 또 三大全等을 頒降ᄒᆞ니 此ᄂᆞᆫ 書院의 始오 其後 漸々 各道에 興ᄒᆞ더가 肅宗時에 至ᄒᆞ야ᄂᆞᆫ 더옥 衆多ᄒᆞ야 在位 四十六年間에 創立ᄒᆞᆫ 者ㅣ 百五十餘가 되니 곳 慶尙道에 在ᄒᆞᆫ 者ㅣ 七十餘라 孝宗 顯宗 肅宗 以來로 屢次 書院의 疊設ᄒᆞᆷ을 禁ᄒᆞ더가 英祖十七年(距今一百六十六年前)에ᄂᆞᆫ 祠院(鄕賢을 祠ᄒᆞᄂᆞᆫ 處ㅣ니 後에 至ᄒᆞ야 書院이 되니) 三百餘處를 毁撤ᄒᆞ니 然ᄒᆞ나 當時의 風氣가 全혀 抑壓지 아니ᄒᆞ고 其書院의 勃興을 隨ᄒᆞ야 學問과 議論이 共히 盛ᄒᆞ얏ᄂᆞ이다

許浚醫術

宣祖時에 許浚이 醫術에 有名ᄒᆞ야 其著ᄒᆞᆫ 바 東醫寶鑑이 支那及日本에셔도 다 飜刻ᄒᆞ니 곳 世上에 有益ᄒᆞᆫ 書오

韓濩書

韓濩(號石峯)의 書法은 明國 王世貞이 許ᄒᆞ야 曰 渴驥가 泉에 奔ᄒᆞ고 怒猊가 石을 抉ᄒᆞᆷ과 如ᄒᆞ다ᄒᆞ니 곳 五百年의 第一手오

曆法

鄭斗源進西洋書籍及器械

曆法은 世宗께셔 天文曆象의 學을 好ᄒᆞ사 舊法을 講習ᄒᆞ시고 仁祖時에ᄂᆞᆫ 鄭斗源이 明國으로셔 回ᄒᆞᆯᄉᆡ 西洋人 陸若翰(利瑪竇의 友人)의 贈予ᄒᆞᆫ 바 治曆緣起一卷 天文略一卷 利瑪竇天文書一卷과 幷히 自鳴鐘等을 進ᄒᆞ고 斗源이 또 此外에 西洋火砲及地圖 職方外記 西洋風俗記等 數卷을 携歸ᄒᆞ고 二十二年(距今二百六十三年前)에ᄂᆞᆫ 觀象監提調 金堉이 燕京에 使ᄒᆞ얏더가 西洋人 湯若望의 時憲曆이 前代보다 適出ᄒᆞᆷ을 聞ᄒᆞ고 其諸書를 購歸ᄒᆞ야 其法을 行코자ᄒᆞᆯᄉᆡ 觀象監官 金尙範等이 極力講究ᄒᆞ야 十年을 經ᄒᆞ고

時憲曆始行

孝宗四年(距今二百五十四年前)에 金堉의 議가 始行ᄒᆞ니 이에 歐洲天學이 始傳ᄒᆞ야 舊法이 漸變ᄒᆞ고 其後 肅宗 英祖間에 曆法을 改修ᄒᆞ더가 近世에 至ᄒᆞ야ᄂᆞᆫ 甚히 變更치 아니ᄒᆞ얏ᄂᆞ이다

貨幣

貨幣ᄂᆞᆫ 朝鮮初 太宗時에 楮貨를 作ᄒᆞ고 世祖時ᄂᆞᆫ 箭貨를 作ᄒᆞ나 甚히 通行치 못ᄒᆞ고 또 朝鮮通寶라ᄒᆞᄂᆞᆫ 錢貨ᄂᆞᆫ 其鑄造ᄒᆞᆫ 時代가 未詳

ᄒᆞ나李睟光의言을據ᄒᆞ니國初鑄造라云ᄒᆞ얏고大抵通貨의主要가、되기ᄂᆞᆫ粟、布에無過ᄒᆞ고 宣祖、光海時에鑄錢의議가起ᄒᆞ나不行ᄒᆞ고 仁祖十一年、距今二百七十四年前에戶判金起宗의言을從ᄒᆞ야

常平通寶

常平通寶ᄅᆞᆯ鑄ᄒᆞ얏스나異論이有ᄒᆞ야罷ᄒᆞ되常平通寶가實로此에서起源ᄒᆞ얏고

其後金堉이燕京으로、브터還ᄒᆞ야錢貨用키ᄅᆞᆯ請ᄒᆞ야 孝宗二年、距今二百五十六年前에訓鍊都監에서鑄錢ᄒᆞ야西路及其他地方에行ᄒᆞ다가七年에至ᄒᆞ야、또罷ᄒᆞ고、오직開城近方에行ᄒᆞ더니 肅宗四年、距今二百二十九年前에至ᄒᆞ야領相許積과左相權大運의議ᄅᆞᆯ從ᄒᆞ야平安道監營과兵營에서鑄錢ᄒᆞ고、또私鑄ᄅᆞᆯ嚴禁ᄒᆞ며自後로工曹、開城府、常平廳、訓鍊都監、摠戎廳等諸官廳에命ᄒᆞ야連續히鑄造ᄒᆞ

人民知錢之便利

고人民도、또ᄒᆞᆫ其便利ᄒᆞᆷ을知ᄒᆞ야四方에流通ᄒᆞ야今日ᄭᆞ지至ᄒᆞ얏ᄂᆞ이다

大抵鑄錢의原料ᄂᆞᆫ銅과錫을用ᄒᆞ미銅은日本에賖ᄒᆞ고錫은燕京에貿來ᄒᆞ나往々히不足ᄒᆞᆷ으로異論이屢起ᄒᆞᄂᆞᆫ지라、이에此ᄅᆞᆯ斷然히行치、못ᄒᆞ고、또貿易의制限을據ᄒᆞ야濫鑄의患이無케、ᄒᆞ얏ᄂᆞ이다

禁採掘礦山

世宗時에金銀은本國所産이、아니라、ᄒᆞ야明의徵索ᄒᆞᄂᆞᆫ弊ᄅᆞᆯ防塞ᄒᆞ고自此로內地에金銀採掘을禁ᄒᆞ더니其後光海時에銀을採ᄒᆞ되甚多치、아니ᄒᆞ고 英祖時에도、또ᄒᆞᆫ禁ᄒᆞ며、또吹鍊法이不精ᄒᆞ야、드듸여廢ᄒᆞ니大抵礦山을開ᄒᆞ면他國의覬覦ᄅᆞᆯ招ᄒᆞᆫ다、ᄒᆞ야恒常禁制ᄒᆞ얏고至於鑄錢의原料도、또ᄒᆞᆫ他國에資ᄒᆞ얏ᄂᆞ이다

朝鮮에書院이勃興ᄒᆞᄂᆞᆫ듸로人智가進步ᄒᆞ더니、이에嫉妬褊陋ᄒᆞᆫ性質이並起ᄒᆞ고黨派가分ᄒᆞ야互相爭鬨ᄒᆞ니此ᄂᆞᆫ自然ᄒᆞᆫ勢라

黨派之始東人西人

黨派의名目이分ᄒᆞ기ᄂᆞᆫ 宣祖八年乙亥、距今三百三十二年前에東人、西人의論이起ᄒᆞ니初에舍人沈義謙이進士金孝元의權門出入ᄒᆞᆷ을鄙視ᄒᆞ고、孝元은義謙이外戚(明宗后仁順王后弟)됨으로可用치、못ᄒᆞ리라、ᄒᆞ야自此로兩家의朋儕가互相排斥ᄒᆞ니大抵義謙은貞洞西에居ᄒᆞ고孝元은駱山下東에居ᄒᆞᆫ故로東人、西人이라云ᄒᆞᄂᆞᆫ지라李珥가兩間을

調劑ᄒᆞ야鎭定코자ᄒᆞᆯᄉᆡ上ᄭᅴ告ᄒᆞ야二人을外補ᄒᆞ얏스나時論이더욱不諧ᄒᆞ고珥도ᄯᅩᄒᆞᆫ鄕里에歸ᄒᆞ니이에士類가中分ᄒᆞ야東西指目中에不入ᄒᆞᆫ者ㅣ無ᄒᆞ얏ᄂᆞ이다

初에西人이勢力을得ᄒᆞ니即朴淳은領相이오李珥ᄂᆞᆫ兵判及吏判이라頗히中立을唱ᄒᆞ나其實은西人을助ᄒᆞ더니其終에ᄂᆞᆫ東人이最盛ᄒᆞ니時에鄭汝立은李珥를師事ᄒᆞ야西人이되다가後에東人에入ᄒᆞ야叛逆으로誅ᄒᆞ니東人의勢가稍减ᄒᆞ고其後東人이ᄯᅩ分ᄒᆞ야南人北人이되고互相軋轢ᄒᆞ다가壬辰亂이止ᄒᆞ고外患이漸弛ᄒᆞᆫ後에ᄂᆞᆫ紛爭이益甚ᄒᆞ더니柳成龍(南)이罷職ᄒᆞᆫ後에北人(大北小北)이愈盛ᄒᆞ다가ᄯᅩ分ᄒᆞ야大北小北이되고成渾(西)과鄭澈(西)은崔永慶(北)을寃殺ᄒᆞ얏다ᄒᆞ야其官爵을奪ᄒᆞᆫ지라이에謗言이大起ᄒᆞ고擧朝가紛紜ᄒᆞ며鄭仁弘(大北)柳永慶(小北)等이다시用事ᄒᆞ야私黨의紛爭이汲々ᄒᆞ얏ᄂᆞ이다

(南人北人)

(大北小北)

光海時에ᄂᆞᆫ李爾瞻이國柄을執ᄒᆞ야大北의巨魁로私黨을廣植ᄒᆞ고小北의黨朴承宗柳希奮等과相爭ᄒᆞ야大北을分ᄒᆞ야中北肉北骨北

(中北肉北骨北)

이되고小北을分ᄒᆞ야淸小北濁小北이되니大抵李珥가卒ᄒᆞᆫ後光海末ᄭᆞ지凡四十年間에多少變動이有ᄒᆞ나東人이勢力을占ᄒᆞᆫ時에도西人은 仁祖를助ᄒᆞ야反正ᄒᆞᆫ功으로비로소得志ᄒᆞ더니이에西人도分ᄒᆞ야淸西功西가되다가ᄯᅩ分ᄒᆞ야老西少西가되얏ᄂᆞ이다

(淸西功西老西少西)

孝宗後ᄂᆞᆫ西人과南人의紛爭이最盛ᄒᆞ더니 孝宗이崩ᄒᆞᆯ時에或은慈懿太后(仁祖繼后趙氏)服制와或은寧陵(孝宗)遷奉事에朝臣과儒生의議論이紛紜ᄒᆞ거不已ᄒᆞ니此ᄂᆞᆫ다南人이西人宋時烈等과反對ᄒᆞᆷ뿐이오이다

肅宗初에至ᄒᆞ야宋時烈을竄配ᄒᆞᆫ後에許積이領相이되더니既而오權大運許穆이左右相이되니南人이크게得志ᄒᆞ거ᄂᆞᆯ柳命天이論劾ᄒᆞ되李沃이時烈을諂事ᄒᆞ얏다ᄒᆞ야沃을竄配ᄒᆞᆫ後로브터角立互爭ᄒᆞ야드듸여淸南濁南의目이有ᄒᆞ니淸南이라ᄒᆞᆷ은左相權大運以下의議論이峻激ᄒᆞᆫ者오濁南이라ᄒᆞᆷ은領相許積以下의溫和說을主ᄒᆞᄂᆞᆫ者러니밋權大運等이時烈을殺코자ᄒᆞᆯ時에許積과閔熙等이不聽ᄒᆞ니이에淸南의徒許穆이許積을去ᄒᆞᆫ後에야其所欲을成ᄒᆞᆫ다ᄒᆞ고

(淸南濁南)

上疏ᄒᆞ야積의專權植黨ᄒᆞᆷ과貴戚을締結ᄒᆞ야誤國害民ᄒᆞᆫ罪를論ᄒᆞ
니上이謂ᄒᆞ되此ᄂᆞᆫ權李의指嗾ㅣ라ᄒᆞ야權大運李沃李鳳徵等을遠竄
ᄒᆞ고ᄯᅩ許積을優待ᄒᆞ시더니後에其專橫이甚ᄒᆞᆷ과黨與가熾盛ᄒᆞᆷ
을惡ᄒᆞ야積의辭職을許ᄒᆞ시고李元禎尹鑴閔宗道吳挺緯等을遠竄
ᄒᆞ고漸々西人을引用ᄒᆞ야金壽恒이領相이되니南人의勢力이비로
소衰ᄒᆞ얏ᄂᆞ이다

先是麟坪大君瀆(仁祖第三子)의子福昌君楨과福善君柟이南人을交結ᄒᆞ고
宮女를奸ᄒᆞ다가竄配ᄒᆞ더니未幾에放還ᄒᆞ니許積의子堅이ᄯᅩ楨柟
等을通ᄒᆞ야不軌를謀ᄒᆞ다가至是ᄒᆞ야事가漏洩ᄒᆞᆫ지라楨柟及堅等
을殺ᄒᆞ니이에許積尹鑴等도誅殺의禍를罹ᄒᆞ고金錫胄金益勳等數
人은保社勳을錄ᄒᆞ야西人이大用ᄒᆞ니閔鼎重金錫胄ᄂᆞᆫ左右相이되
(庚申大黜陟) 고淸南濁南은其身을容치못ᄒᆞ니此ᄂᆞᆫ　肅宗六年庚申距今二百二
十七年前의大黜陟이라云ᄒᆞᄂᆞ이다

西人이南人을代ᄒᆞᆫ後에宋時烈을竄謫中으로召入ᄒᆞ니名望이一世

를傾ᄒᆞ야實로國家大老ㅣ라然이나其讜論이衆心에不厭ᄒᆞ니年少輩
가漸々携貳ᄒᆞᄂᆞᆫ者ㅣ有ᄒᆞ고初에金益勳이右相金錫胄의意를承ᄒᆞ
야金煥으로ᄒᆞ야곰許璽許瑛의變을告ᄒᆞ미事가頗히疑訝ᄒᆞ더니趙
持謙韓泰東等이益勳의罪를請ᄒᆞ고宋時烈은益勳을伸救ᄒᆞ야持謙
泰東等과角立ᄒᆞᆫ지라이에金錫胄ㅣ持謙과泰東의職을罷ᄒᆞ고ᄯᅩ吳
道一과朴泰維를遠邑에遷ᄒᆞ니時에時烈은致仕ᄒᆞ야奉朝賀가되고
太祖끠上謚ᄒᆞᆯ議를上ᄒᆞᆯ시朴世采가是지反對ᄒᆞ니大抵世采와尹拯
은初에時烈門에遊ᄒᆞ다가拯의父宣擧ㅣ禮를論ᄒᆞᆯ시時烈이不從ᄒᆞᆫ
지라故로拯이世采와合ᄒᆞ야時烈을反對ᄒᆞ고時烈도ᄯᅩᄒᆞᆫ懷里에歸
(老論少論) ᄒᆞ니自此로朝論이分ᄒᆞ야時烈을主ᄒᆞᄂᆞᆫ者ᄂᆞᆫ老論이오尹拯朴世采
를主ᄒᆞᄂᆞᆫ者ᄂᆞᆫ少論이되얏ᄂᆞ이다

然이나要路에居ᄒᆞᆫ者ᄂᆞᆫ다西人이오　肅宗이閔后張氏를寵ᄒᆞ고ᄯᅩ
東平君杭(仁祖子崇善君徵의子)을愛ᄒᆞ시기過度ᄒᆞᆫ지라朴世采南九萬相臣呂聖齊
相臣等이諫ᄒᆞ다가九萬聖齊ᄂᆞᆫ遠竄ᄒᆞ고張氏가　景宗을生ᄒᆞ믹곳東

南人大用
殺金壽恒

宮을封ᄒᆞ니南龍翼(吏判)柳尙運(戶判)尹趾完(兵判)崔奎瑞(大諫)金壽興(領相)等이其早封ᄒᆞᆷ을諫ᄒᆞᆫᄃᆡ上이不聽ᄒᆞ시고張氏ᄂᆞᆫ禧嬪을封ᄒᆞ시ᄂᆞᆫ지라宋時烈이上疏ᄒᆞ야東宮封ᄒᆞᆷ을論ᄒᆞ니上이其名號가已定ᄒᆞᆫ後陳疏ᄒᆞᆷ을怒ᄒᆞ시거ᄂᆞᆯ李玄紀、南致薰、尹彬等이乘時ᄒᆞ야激勸ᄒᆞ니、이에時烈은濟州에竄ᄒᆞ고金壽興은罷職ᄒᆞ고睦來善、金德遠이左右相이、되야自此로南人이、다시大用ᄒᆞ고吳道一、洪致祥、李師命、李翊、金益勳、李頤命、金萬重、南龍翼、閔鼎重等이或罷或竄ᄒᆞ고金壽恒은謫所에賜死ᄒᆞ니、이에西人의勢力이盡去ᄒᆞ얏ᄂᆞ이다

肅宗ᄭᅴ서張氏ᄅᆞᆯ寵ᄒᆞ시고東宮을封ᄒᆞ신後、王后閔氏ᄅᆞᆯ廢ᄒᆞ니領相、權大運、睦來善、金德遠以下二十人이、다諫ᄒᆞ고李宇鼎、李萬元、姜銑、李混等은竄黜을被ᄒᆞ니時에西人은散地에處ᄒᆞ다가閔后의廢ᄒᆞᆷ을聞ᄒᆞ고吳斗寅、朴泰輔、李世華等八十餘人이上疏、諫諍ᄒᆞᆫᄃᆡ上이怒ᄒᆞ야斗寅、泰輔、世華等을親鞫ᄒᆞ실ᄉᆡ疏草ᄂᆞᆫ泰輔의所作이라鞫問을受ᄒᆞ나悲憤慷慨ᄒᆞ야、더옥不可ᄒᆞᆷ을陳ᄒᆞ니上이愈怒ᄒᆞ야刑訊이極嚴ᄒᆞ나泰輔가少、屈치아니、ᄒᆞᄂᆞᆫ지라斗寅과共히竄謫ᄒᆞ다가路에서死ᄒᆞ고其他、上疏ᄒᆞᆫ者ᄂᆞᆫ、다斥罷ᄒᆞ고上이閔氏ᄅᆞᆯ廢ᄒᆞ야庶人을、삼고張氏로ᄡᅥ后位에登ᄒᆞ얏ᄂᆞ이다

殺朴泰輔
殺宋時烈
南九萬爲領相

先是에宋時烈이上意ᄅᆞᆯ忤ᄒᆞᆫ後로、브터南人의攻擊이益甚ᄒᆞ야屢次殺ᄒᆞ기ᄅᆞᆯ請ᄒᆞ더니至是에賜死ᄒᆞ고閔黯、李壽徵、李玄紀及許積、吳挺昌等은官爵을復ᄒᆞ고金錫冑等의保社勳을削ᄒᆞ니大抵廢后와東宮을封ᄒᆞᆫ事에南人이被罪ᄒᆞᆫ者ㅣ不無ᄒᆞ나然ᄒᆞ나此ᄅᆞᆯ因ᄒᆞ야西人領袖ᄅᆞᆯ鋤ᄒᆞ고、크게勢力이伸張ᄒᆞ얏ᄂᆞ이다

自後五六年은南人이專혀國政을掌ᄒᆞ더니上이漸々廢后事ᄅᆞᆯ後悔ᄒᆞ야南人의擧動을不喜ᄒᆞ고會에西人金春澤、韓重爀等이廢后ᄅᆞᆯ復立코자、ᄒᆞ다가事洩ᄒᆞᆫ지라右相閔黯이大獄을興ᄒᆞ야反對徒ᄅᆞᆯ除코자、ᄒᆞ얏더니上이黯等을罷ᄒᆞ고南九萬(少論)으로、ᄡᅥ領相을拜ᄒᆞ고其他申汝哲、尹趾完、柳尙運等을任用ᄒᆞ고、드ᄃᆡ여廢后閔氏의位ᄅᆞᆯ復ᄒᆞ고張氏의璽綬ᄅᆞᆯ收ᄒᆞ야禧嬪舊爵을賜ᄒᆞ시고、또宋時烈、金壽恒의官爵

을追復ᄒᆞ고吳斗寅、朴泰輔의秩을贈ᄒᆞ고權大運、睦來善、金德遠等을竄黜ᄒᆞ고閔黯、李義徵을殺ᄒᆞ야南人의政을改ᄒᆞ얏ᄂᆞ이다

改南人政

時에禧嬪張氏의弟張希載가向日禧嬪의게書를通ᄒᆞᆯ셔其言에廢后閔氏ᄭᅴ干涉이有ᄒᆞ거ᄂᆞᆯ、이에鞫問ᄒᆞ니時論이다希載를殺코자ᄒᆞ거ᄂᆞᆯ南九萬、尹趾完이謂ᄒᆞ되禍가東宮에及ᄒᆞᆫ다ᄒᆞ야其罪를宥코자ᄒᆞ더니後에希載의奴ㅣ巫蠱事를告ᄒᆞ거ᄂᆞᆯ九萬이、또窮治치아니코자ᄒᆞ야希載를遠配ᄒᆞ얏더니其後王后閔氏가崩ᄒᆞ신後에禧嬪의巫蠱事가、또發覺ᄒᆞᄂᆞᆫ지라、이에上이禧嬪을賜死ᄒᆞ고、또希載와其他關係가有ᄒᆞᆫ宮人과巫女를誅ᄒᆞ고其族黨을遠竄ᄒᆞ시니時ᄂᆞᆫ老論이秉權ᄒᆞ얏ᄂᆞ이다

이에張氏를寬恕코자ᄒᆞᄂᆞᆫ人을罪ᄒᆞᆯ시領相崔錫鼎을斥退ᄒᆞ고南九萬、柳尙運等도攻擊을被ᄒᆞ야、맛참ᄂᆡ竄黜ᄒᆞ더니既而오林溥及李潛이上疏ᄒᆞ야東宮에不利ᄒᆞᆷ을言ᄒᆞ니此ᄂᆞᆫ老論을禍코자ᄒᆞᆷ이라、다鞫問ᄒᆞ야死ᄒᆞ나然ᄒᆞ나崔錫鼎은、다시入ᄒᆞ야領相이되야久히國政을執ᄒᆞ다가、맛참ᄂᆡ威權을弄ᄒᆞ고黨與를樹ᄒᆞ야彈劾을被ᄒᆞ고李畬가代ᄒᆞ야領相이、되고四十三年에ᄂᆞᆫ上이東宮으로、ᄒᆞ야곰政事를代理케、ᄒᆞ시니領樞尹趾完이力爭ᄒᆞ고、또左相李頤命의獨對ᄒᆞᆷ을論ᄒᆞ나上이、다不納ᄒᆞ시고尹趾完을斥罷ᄒᆞ고李頤命、趙泰采等을信任ᄒᆞ야其權이畢竟老論의게歸ᄒᆞ고上이在位四十六年에崩ᄒᆞ시니 景宗이嗣位ᄒᆞ셧ᄂᆞ이다

東宮代理

肅宗崩景宗立

肅宗ᄭᅴ셔政治에用心ᄒᆞ시나當時ᄂᆞᆫ禮儀의末節에拘泥ᄒᆞ야種々ᄒᆞᆫ議論이朝野에喧騰ᄒᆞ다가朋黨의爭이益甚ᄒᆞ야其初에ᄂᆞᆫ西人과南人이軋轢이最甚ᄒᆞ야、黨人이一次政權을握ᄒᆞ다가數年後에ᄂᆞᆫ、또反對黨이執柄ᄒᆞ야更迭이、더욱速ᄒᆞ더니南九萬이領相이、된後로、브터二十餘年間은西人이恒常要地에居ᄒᆞ야老少論의紛爭으로歲月을空過ᄒᆞ얏ᄂᆞ이다

景宗이卽位ᄒᆞ시니趙重遇等이上疏ᄒᆞ야禧嬪의名號를正코자ᄒᆞ고尹志述은李頤命의撰進ᄒᆞᆫ 肅宗誌文에闕漏가有ᄒᆞ다、ᄒᆞ고朝論이

延礽君封東宮聽政

壬寅獄

紛然ᄒᆞ더니時에上이有病ᄒᆞ야王子誕生키를望ᄒᆞ시더니正言李廷熽의上疏를因ᄒᆞ야領相金昌集左相李健命判中樞趙泰采等과議ᄒᆞ야御弟延礽君(英祖)으로東宮을封ᄒᆞ고또執義趙聖復의上疏를因ᄒᆞ야東宮으로ᄒᆞ야곰聽政케ᄒᆞ니이에少論黨이反對ᄒᆞᆯ시司直柳鳳輝가東宮封ᄒᆞᆷ을斥論ᄒᆞ고右相趙泰耉ᄂᆞᆫ代理를誹論ᄒᆞ며崔錫鼎(左參贊)趙泰億(戶參)李光佐(司直)朴泰恒(副司直)等도相繼論爭ᄒᆞ며至於承旨金一鏡은金昌集을論斥ᄒᆞ기最甚ᄒᆞ거ᄂᆞᆯ 景宗이드듸여金昌集李健命趙泰采李頤命(領中樞)等을遠竄ᄒᆞ고趙泰耉ᄂᆞᆫ領相을拜ᄒᆞ고崔奎瑞崔錫鼎은左右相을拜ᄒᆞ얏ᄂᆞ이다

時에宮人과宦官이東宮을謀害코자ᄒᆞ다가不果ᄒᆞ더니睦虎龍이또上變ᄒᆞ되李頤命을推戴ᄒᆞᆫ다ᄒᆞ거ᄂᆞᆯ이에李頤命金昌集李健命趙泰采가謀逆ᄒᆞ얏다ᄒᆞ야殺ᄒᆞ고白望鄭麟重金龍澤李天紀等數十人을誅竄ᄒᆞ고其他連累로被罪ᄒᆞᆫ者ㅣ甚多ᄒᆞ니此를謂ᄒᆞ되壬寅獄이오이에睦虎龍은扶社勳에錄ᄒᆞ고少論이要路에居ᄒᆞ야老論을攻擊ᄒᆞ야其黨을竄逐ᄒᆞ고其施設을改ᄒᆞ얏ᄂᆞ이다

景宗崩英祖立

用老論

李麟佐擧兵

景宗이在位四年에崩ᄒᆞ시고東宮이即位ᄒᆞ시니곳 英祖라即位初에柳鳳輝李光佐趙泰億으로政丞을拜ᄒᆞ셧더니幼學李義淵等이上疏ᄒᆞ야盛히少論을攻擊ᄒᆞ고少論은또老論을排斥ᄒᆞ나上이深히黨派의弊를察ᄒᆞ야李義淵及金一鏡은兩黨中에偏執이最甚ᄒᆞᆫ故로鞫問ᄒᆞᆯ시一鏡이睦虎龍과同情의迹이有ᄒᆞᆫ지라드듸여虎龍을鞫ᄒᆞ다가徑斃ᄒᆞ거ᄂᆞᆯ上이々에一鏡을刑ᄒᆞ고또其黨李天海尹就商李師尙을殺ᄒᆞ시고柳鳳輝李光佐趙泰億等을竄黜ᄒᆞ고金昌集李頤命李健命趙泰采의官을復ᄒᆞ고其他壬寅獄에寃死ᄒᆞᆫ人은爵秩을贈ᄒᆞ고鄭澔閔鎭遠李觀命을拜相ᄒᆞ야크게老論을用ᄒᆞ더니旣而오다시李光佐趙泰億을拜相ᄒᆞ고鄭澔閔鎭遠을黜ᄒᆞ시더니四年距今一百七十九年前에金一鏡의餘黨李麟佐가忠淸道에서擧兵ᄒᆞ야宗室密豊君坦을推戴ᄒᆞᆫ다ᄒᆞ고鄭希亮은慶尙道에서起兵ᄒᆞ야此를援ᄒᆞ고平安兵使李思晟과禁軍別將南泰徵等이表裏로應ᄒᆞᆯ시忠淸兵使李鳳祥

파薔將南延年을襲殺ᄒᆞ고北上ᄒᆞ야安城에至ᄒᆞ거ᄂᆞᆯ兵判吳命恒으로、써都巡撫使를拜ᄒᆞ야討平ᄒᆞ얏ᄂᆞ이다

後에東宮의巫蠱事를因ᄒᆞ야李麟佐의餘黨鄭思孝等을誅ᄒᆞ고、또李光佐를罷ᄒᆞ고趙泰耉、柳鳳輝等官爵을追奪ᄒᆞ고三十一年에ᄂᆞᆫ尹就商의子、尹志와李夏徵等이謀逆ᄒᆞ거ᄂᆞᆯ誅ᄒᆞ니凡 景宗以來數十年間에黨爭이連綿、不絕ᄒᆞ얏ᄂᆞ이다

禁士人論朝政及上疏

自此로士人이朝政을議論ᄒᆞᄂᆞᆫ者를禁ᄒᆞᆯ새風化에關ᄒᆞᆫ者와밋先師事에關係가아닌者를禁ᄒᆞ고、또老、少論의紛爭을調停ᄒᆞ나其實効가無ᄒᆞ고、오직政治와學問上에可觀ᄒᆞᆯ者ㅣ有ᄒᆞ얏ᄂᆞ이다

英祖政治

英祖ᄭᅴ서賢明ᄒᆞ사節儉을尙ᄒᆞ고奢侈를禁ᄒᆞ며農桑을勸ᄒᆞ고田租를減ᄒᆞ고松林濫伐을禁ᄒᆞ고均役法을行ᄒᆞ고奴婢의貢을罷ᄒᆞ고巫覡淫祠를禁ᄒᆞ고學問을勸ᄒᆞ고節義를勵ᄒᆞ고忠良科를設ᄒᆞ고、더욱刑獄에留心ᄒᆞ야壓膝과剪刀周牢、烙刑、刺字、亂杖、亂問等酷法을除ᄒᆞ고全家徙邊을放ᄒᆞ야杖、徙가되고申聞鼓法을復設ᄒᆞ야人民의寃枉이無케ᄒᆞ얏ᄂᆞ이다

法典纂輯

正祖ᄭᅴ서ᄂᆞᆫ英祖의孫으로卽位ᄒᆞ사農事를勸ᄒᆞ고饑荒을賑ᄒᆞ며忠臣子孫을錄用ᄒᆞ고、또欽恤典則을作ᄒᆞ야刑具制에、더욱留意ᄒᆞ시고、또經國大典은 世祖時에己定ᄒᆞ얏스나因革과損益이有ᄒᆞ고 成宗은續錄이有ᄒᆞ고 中宗은後續錄이有ᄒᆞ고 肅宗은受敎輯錄과典錄通考가有ᄒᆞ나、다各々一書가되야不便ᄒᆞᆫ지라、이에 英祖ᄭᅴ서ᄂᆞᆫ金在魯等을命ᄒᆞ야續大典等을撰ᄒᆞ더니、또原典과續典의篇帙이異ᄒᆞᆫ지라故로 正祖ᄭᅴ서다시金致仁等을命ᄒᆞ야統히一篇을作ᄒᆞ고、또增補ᄒᆞ야大典通編이되니自此로頗히面目이一變ᄒᆞ얏ᄂᆞ이다

大典通編

英祖正祖時纂輯書籍

英祖、正祖ᄭᅴ서、다學問을好ᄒᆞ사儒臣으로、ᄒᆞ야곰諸書를纂輯ᄒᆞ고 英祖ᄂᆞᆫ肅廟寶鑑、祖鑑、小學訓義、春官志、續兵將圖說、續五禮儀、續五禮儀補、喪禮補編、國朝樂章、勘亂錄、闡義昭鑑、同諺解、文獻備考、皇華集、續光國志慶錄等을纂ᄒᆞ시고 正祖ᄂᆞᆫ兵學通、明義錄、明義錄諺解、續明義錄、續明義錄諺解、國朝寶鑑、奎章閣志、秋官志、典律通編、日省錄、日得錄、奕塔錄、文苑黼黻、同文彙考、奎章全韻、鄕禮合編、決訟類抄、武藝圖譜通志、樂通、朱書百選、協吉通義等이有ᄒᆞ다 또自撰이甚多ᄒᆞ니大抵儒生과

朝鮮第二回振興

學士의編著가此時로써最盛ᄒᆞ다稱ᄒᆞ고또朝鮮의文化는 成宗時에至ᄒᆞ야極히發達ᄒᆞ고其後衰運에趨ᄒᆞ다가日本入寇及滿洲入寇ᄒᆞᆷ을被ᄒᆞᆫ後로더욱萎微不振ᄒᆞ더니 肅宗時에漸々回復ᄒᆞ고 英祖正祖時에至ᄒᆞ야다시隆盛ᄒᆞᆫ域에致ᄒᆞ니此는實로第二回振興이오이다

英祖封東宮

英祖ᄭᅴ서在位ᄒᆞ신지五十二年에崩ᄒᆞ시니李氏歷代以來로踐祚ᄒᆞ시기最長이오諸大君이다早卒ᄒᆞᆷ으로써 正祖ᄭᅴ서 莊祖皇帝(追崇 英祖子)의第二子로서東宮을封ᄒᆞ시니東宮이甚히聰明ᄒᆞ신지라英祖ᄭᅴ서甚히愛撫ᄒᆞ사謂ᄒᆞ야曰今日時勢는恰然히北宋時와如ᄒᆞ야熙豊의黨이伺隙ᄒᆞᄂᆞ니汝가警戒ᄒᆞ라ᄒᆞ시나然이나一面에는黨派의軋轢이甚ᄒᆞ고一面에는文化의進步가日盛ᄒᆞ야果然北宋과髣髴ᄒᆞᆫ지라然이나其黨派의紛爭으로慘酷殘虐ᄒᆞᆷ은宋보다尤甚ᄒᆞ얏ᄂᆞ이다

英祖ᄭᅴ서東宮으로ᄒᆞ야곰聽政케ᄒᆞ실ᄉᆡ左相洪麟漢이沮害ᄒᆞ니麟漢은鳳漢(東宮外祖)의弟라然이나貪暴無識ᄒᆞᆷ으로써東宮ᄭᅴ서鄙視ᄒᆞ얏더니故로東宮을怨望ᄒᆞᆯᄉᆡ時에鄭厚謙(英祖外孫이오日城尉致達의子)이宮中에在ᄒᆞ야威福을擅ᄒᆞ거ᄂᆞᆯ麟漢이厚謙을締結ᄒᆞ야東宮을傾危코자ᄒᆞ나謀가不行ᄒᆞ고東宮이聽政ᄒᆞ시니또沈翔雲이麟漢厚謙等의게附ᄒᆞ야東宮의羽翼을網打코자ᄒᆞ다가翔雲이竄逐을被ᄒᆞ고東宮이即位ᄒᆞ시니곳 正祖皇帝오이다

東宮聽政

正祖皇帝立

正祖ᄭᅴ서即位後에洪麟漢과鄭厚謙을殺ᄒᆞ시고其黨洪相簡洪啓能을誅竄ᄒᆞ시고또上이東宮에在ᄒᆞ실時에恐動과危逼이日甚ᄒᆞ거ᄂᆞᆯ宮僚洪國榮과李鎭衡等이百方으로保護ᄒᆞᆫ지라이에別로히宿衛所를設ᄒᆞ고洪國榮으로써大將을拜ᄒᆞ야禁旅를率ᄒᆞ고直宿케ᄒᆞ시며幷히政權을附予ᄒᆞ시니此는世道의始初오이다

洪國榮拜大將世道始初

大抵世道라ᄒᆞᆷ은我國俗語니곳政權을握ᄒᆞᆫ다ᄒᆞᆷ이오凡臣僚及民間情狀을聽ᄒᆞᆷ이니大抵人主가直히庶政을接ᄒᆞ면君權이凌夷ᄒᆞᆯ가恐ᄒᆞ야이에世道를置ᄒᆞ야申奏케ᄒᆞᆷ이라故로其人이卑官散職이라도

實權을執ᄒᆞ면宰相以下가、다其人의命을聽ᄒᆞ고軍國機務와百官狀奏도、다世道의게先咨ᄒᆞᆫ後、上께奏ᄒᆞ고上이、또ᄒᆞᆫ世道人의게諮問ᄒᆞ야決ᄒᆞᄂᆞᆫ故로其威福과與奪이此人의게在ᄒᆞ니、곳一國을擧ᄒᆞ야世道ᄅᆞᆯ奉事ᄒᆞ기神明과如ᄒᆞ더니洪國榮이世道ᄅᆞᆯ秉ᄒᆞᆫ後、權勢ᄅᆞᆯ擅ᄒᆞ기鄭厚謙보다甚ᄒᆞᆫ지라故로世人이大厚謙이라稱ᄒᆞ다가既而오國榮이廢黜ᄒᆞ고其後에ᄃᆞ되여外戚이世道ᄅᆞᆯ執ᄒᆞ얏ᄂᆞ이다

洪國榮廢黜

正祖時에ᄂᆞᆫ前朝餘風을承ᄒᆞ야老論이恒常勢力을得ᄒᆞ얏ᄉᆞ나其先賢을追崇ᄒᆞ고致祭及贈官ᄒᆞᆷ은黨派ᄅᆞᆯ不問ᄒᆞ니時에上이寢室에題ᄒᆞ시되蕩々平々室이라、ᄒᆞ시니此ᄂᆞᆫ人才ᄅᆞᆯ拔用ᄒᆞ며、또保合과調停을務ᄒᆞᆷ이라然이나其獘가、오히려不祛ᄒᆞ니大抵黨派의爭이　宣祖以來로斷絕치、아니ᄒᆞ고因ᄒᆞ야大臣의更迭이頻繁ᄒᆞᆫ故로政治實權이吏胥에在ᄒᆞ야操縱과伸縮이其手에出ᄒᆞ고賄賂盜竊이、또行ᄒᆞ야獘害가頗多ᄒᆞ더니外戚이世道ᄅᆞᆯ執ᄒᆞᆫ後로獘害가更加ᄒᆞ얏ᄂᆞ이다

政治實權常在吏胥

然이나時에、또書院과黨派의害가幷行ᄒᆞ더니、밋興宣大院君이執權時ᄅᆞᆯ當ᄒᆞ야ᄂᆞᆫ大北은已盡ᄒᆞ얏ᄉᆞ나、오히려老論、少論、南人、少北四黨이有ᄒᆞᆫ中에老論이最盛ᄒᆞ고其次ᄂᆞᆫ少論과南人이오小北은微弱ᄒᆞ더니大院君이書院을毁撤ᄒᆞ고儒生을逐ᄒᆞ며用人ᄒᆞ기黨派ᄅᆞᆯ不拘ᄒᆞ니自此로舊來黨派名目이太半이나滅ᄒᆞ얏ᄂᆞ이다

大院君用人不拘黨派

外戚及宗親의秉權

太宗ᄯᅢ셔深히外戚의患을慮ᄒᆞ야豫防이甚ᄒᆞ시더니其後　明宗이幼冲ᄒᆞ심으로母后가一次、聽政ᄒᆞ야外戚의秉權ᄒᆞᆫ者ㅣ有ᄒᆞ나其後에ᄂᆞᆫ鉅害가不多ᄒᆞ얏고　英祖晩年에戚臣의執權을警戒ᄒᆞ얏ᄉᆞ나當時에、오히려其漸이有ᄒᆞ고其後　正祖가在位ᄒᆞ신지二十四年에　正崩ᄒᆞ시고純祖ᄯᅢ셔即位ᄒᆞ시니年이十一이라知事金祖淳이祖의遺詔ᄅᆞᆯ受ᄒᆞ야幼主ᄅᆞᆯ輔ᄒᆞᆯ새貞純王后金氏(英祖后)ᄯᅢ셔聽政ᄒᆞ시더니既而오祖淳의女ㅣ王后가、되시고貞純王后ᄯᅢ셔ᄂᆞᆫ數年後에歸政ᄒᆞ셧ᄉᆞ나自此로外戚이漸々、用事ᄒᆞ얏ᄂᆞ이다

正祖崩純祖立

先是에　莊祖의子、恩彦君裀이金龜柱의誣毁ᄅᆞᆯ因ᄒᆞ야死ᄒᆞᆫ지라其

東宮代理

純祖崩 憲宗立

純元皇后聽政

憲宗崩

後龜柱ᄅᆞᆯ逆律로追施ᄒᆞ며徵討와誅殺이行ᄒᆞ고、또距今九十六年前에關西賊洪景來가黨을聚集ᄒᆞ야定州城을據ᄒᆞ고四面으로刼掠ᄒᆞ거ᄂᆞᆯ、이에李堯憲으로ᄡᅥ巡撫使ᄅᆞᆯ拜ᄒᆞ야征討ᄒᆞ니賊勢가甚히猖獗ᄒᆞ야逾年에僅히平定ᄒᆞ니此ᄂᆞᆫ다外戚朋黨의弊로由ᄒᆞᆷ이오이다

純祖二十七年에上이東宮을命ᄒᆞ야政事ᄅᆞᆯ代理케、ᄒᆞ시니東宮이仁明ᄒᆞ시고學을好ᄒᆞ야賢君이라稱ᄒᆞ더니四年에薨ᄒᆞ시거ᄂᆞᆯ上이不得已다시聽政ᄒᆞ시다가上이崩ᄒᆞ시니、이에 憲宗(純祖의孫이오東宮의子라)이卽位ᄒᆞ사東宮을追尊ᄒᆞ야 翼宗이라、ᄒᆞ시고母后趙氏ᄭᅴ서皇太后가、되시니時ᄂᆞᆫ純祖三十四年이오이다

憲宗ᄭᅴ서卽位時에年이八歲라純元王后金氏(純祖后)ᄭᅴ서、또ᄒᆞᆫ聽政ᄒᆞ신지六年에撤簾ᄒᆞ시나然이나政權이恒常母后와外戚에在ᄒᆞ고憲宗ᄭᅴ서在位十五年에崩ᄒᆞ시니壽가僅히二十三이라嗣續이無ᄒᆞ거ᄂᆞᆯ純元皇太后ᄭᅴ서大臣을會ᄒᆞ야繼統을議ᄒᆞ실ᄉᆡ領相鄭元容이全溪君壙(英祖의孫恩彥君裀의子)의第三子ᄅᆞᆯ迎立ᄒᆞ고자、ᄒᆞ고左相權敦仁은都正

哲宗立

金氏權傾內外

李夏銓을立ᄒᆞ고자ᄒᆞ야議論이不決ᄒᆞ더니旣而오元容이純元皇太后의內旨ᄅᆞᆯ奉ᄒᆞ야 哲宗을江華로서迎入ᄒᆞ야立ᄒᆞ니時에全溪君은已卒ᄒᆞ고家가甚貧ᄒᆞ야親히田을耕ᄒᆞ고屨ᄅᆞᆯ織ᄒᆞ다가元容이來迎ᄒᆞᆷ을見ᄒᆞ고擧家가驚懼ᄒᆞ야敢히上途치、못ᄒᆞ거ᄂᆞᆯ元容이皇太后의旨意ᄅᆞᆯ懇諭ᄒᆞ야迎入ᄒᆞ니此ᄂᆞᆫ 哲宗이오이다

哲宗이卽位ᄒᆞ사全溪君을追封ᄒᆞ야大院君이라、ᄒᆞ시고金汶根의女ㅣ后가、되시고汶根은永恩府院君이、되야大政을協贊ᄒᆞ고純元皇太后ᄭᅴ서聽政ᄒᆞ실ᄉᆡ萬機ᄅᆞᆯ汶根의게決ᄒᆞ니、이에汶根의姪炳國은訓鍊大將이오炳學은大提學이오炳冀ᄂᆞᆫ左贊成이오外姪南秉哲은承旨라金氏의權이內外ᄅᆞᆯ傾ᄒᆞ고南氏도、또ᄒᆞᆫ權이有ᄒᆞ더니旣而오炳冀가秉哲로ᄡᅥ全羅監司ᄅᆞᆯ拜ᄒᆞ니此ᄂᆞᆫ兩間에嫌惡가有ᄒᆞᆷ이라然이나秉哲이、다시入ᄒᆞ야直提學이、되미諸金氏와不和ᄒᆞ나、오직汶根이世道의主人이、된故로 哲宗ᄭᅴ世가終토록金氏가政權을執ᄒᆞ고秉哲도、또ᄒᆞᆫ榮位ᄅᆞᆯ不失ᄒᆞ얏ᄂᆞ이다

(諸金氏爭辨東宮未定)

哲宗ᄭᅴ서五男六女를生ᄒᆞ시나、다早卒ᄒᆞ고、오작一女ᄲᅮᆫ이라(朴泳孝의게嫁ᄒᆞ다)宗族中에賢者를擇ᄒᆞ야東宮을封코자ᄒᆞᆯ시諸金氏가爭辨ᄒᆞ야議論이不決ᄒᆞ더니會에人이謀反ᄒᆞᆫ다稱ᄒᆞᄂᆞᆫ者ㅣ有ᄒᆞ야其事가李夏銓의게連累ᄒᆞᆫ지라、이에首謀者ᄂᆞᆫ車裂ᄒᆞ고夏銓은賜死ᄒᆞ니大抵夏銓은向者權敦仁이迎立코자ᄒᆞᆫ故로事가蔓延ᄒᆞ야此에及ᄒᆞᆷ이오世人이冤枉ᄒᆞ다稱ᄒᆞᄂᆞ이다

(支那國難影響)

時에支那에서ᄂᆞᆫ英、佛이聯合ᄒᆞ야北京을攻ᄒᆞ니淸兵이大敗ᄒᆞ야文宗弈詝가熱河로逃亡ᄒᆞ니朝鮮이此事를聞ᄒᆞ고大驚ᄒᆞ야或은上疏ᄒᆞ되隣國의兵亂과西敎信徒의異圖와佛兵의來襲等이目下憂患이니速히此事를講究ᄒᆞᆷ이可라ᄒᆞ더니旣而오露國이滿洲東部數千里地를割取ᄒᆞ니、이에朝鮮으로、브터豆滿江을隔ᄒᆞ야境土가相接ᄒᆞᆫ지라自此로外戚大臣等이크게恐懼ᄒᆞ야、곳侵掠을被ᄒᆞᆯ가慮ᄒᆞ나然이나權勢의爭奪은依然ᄒᆞ얏ᄂᆞ이다

(哲宗崩)

哲宗이在位ᄒᆞ신지十四年에崩ᄒᆞ시고嗣子가無ᄒᆞᆫ지라、이에神貞翼皇后趙氏(文祖翼皇帝의后)ᄭᅴ서諸大臣과會議ᄒᆞ사興宣君(昰應)의第二子를迎立ᄒᆞ사翼祖의皇統을承케ᄒᆞ시니、곳今大皇帝陛下시라神貞翼皇后ᄭᅴ셔玉座後에垂簾ᄒᆞ시고國政을同聽ᄒᆞ시니上의時年이十二오距今四十四年前、癸亥오이다

(今上卽位承翼祖皇統)

(神貞皇后垂簾)

(待大院君以不臣禮)

上이卽位ᄒᆞ시니趙后(神貞翼皇后)ᄂᆞᆫ大王太后가되시고洪后ᄂᆞᆫ王太后가되시고金后ᄂᆞᆫ太后오、이에興宣君을封ᄒᆞ야大院君이라ᄒᆞ고母夫人閔氏ᄂᆞᆫ府大夫人이오興宣君邸ᄂᆞᆫ號曰雲峴宮이오翼皇后ᄭᅴ서下詔ᄒᆞ사大院君을不臣禮로待ᄒᆞ고上이每月初에一次雲峴宮에往觀ᄒᆞ신다ᄒᆞ니此ᄂᆞᆫ政事에干預치、아니케ᄒᆞᆷ이라旣而오趙斗淳이駁論ᄒᆞ야다시趙后詔命을下ᄒᆞ야曰、嗣王이年幼ᄒᆞ고國事가多艱ᄒᆞ니大院君이大政을協贊ᄒᆞ고其儀節은諸大臣과同ᄒᆞ나、오작上前에趨拜와稱名이無케、ᄒᆞ라ᄒᆞ고、또命ᄒᆞ야百官有司로、ᄒᆞ야곰大院君의指揮를聽ᄒᆞ라ᄒᆞ고、또三軍營의兵勇을選ᄒᆞ야護衛ᄒᆞ며籃輿를乘ᄒᆞ고闕門에入케ᄒᆞ니、이에政權이全혀大院君의게歸ᄒᆞ야金氏의權이漸替ᄒᆞ

(大院君協贊大政)

얏ᄂᆞ이다

許宗室赴科及干涉朝政

또朝鮮은古來브터宗室이科擧에赴치못ᄒᆞ고또朝政을干涉지못ᄒᆞᄂᆞᆫ지라然이나向者 世祖ᄭᅴ셔即位前에領議政이되셧고其後에ᄂᆞᆫ龜城君浚(世宗孫)이將相을兼ᄒᆞ얏스나浚이誅ᄒᆞᆫ後에防禁이益密ᄒᆞ더니大院君에至ᄒᆞ야實로破格이되얏ᄂᆞ이다

大行黜陟

大院君이政權을握ᄒᆞᄆᆡ大히朝官을變更ᄒᆞᆯ셰趙斗淳으로領議政을拜ᄒᆞ고金炳學은右議政이오李宜翼、鄭基世、金世均은吏、兵、戶(三曹)判書가되고李升輔ᄂᆞᆫ宣惠堂上이오李景夏ᄂᆞᆫ訓鍊大將이오李漳濂은禁衛大將이오李景宇ᄂᆞᆫ御營大將이오李邦鉉은總戎使오申命純은右捕盜大將이되얏ᄂᆞ이다

重建景福宮

大院君이新事業을立코자ᄒᆞ야景福宮을重建ᄒᆞ니景福宮은 太祖時에營建ᄒᆞᆫ者오壬辰亂에灰燼이되얏더니 憲宗이重建코자ᄒᆞ다가工費가巨大ᄒᆞᆫ지라이에內帑을私蓄ᄒᆞ야數百萬兩에及ᄒᆞ더니至是에大院君이其志를成코자ᄒᆞ야重修ᄒᆞᄂᆞᆫ令을下ᄒᆞ실셰田一結에錢一百文을歛ᄒᆞ니名曰結頭錢이오李景夏로營建都監提調를拜ᄒᆞ야其事를董ᄒᆞ나然ᄒᆞ나新宮이未成에財力이已乏ᄒᆞᆫ지라이에人民으로ᄒᆞ야곰錢을納ᄒᆞ니名曰願納이라ᄒᆞ고맛참ᄂᆡ新宮이成ᄒᆞ거ᄂᆞᆯ다시六曹衙門及諸官舍를修ᄒᆞ고 大皇帝ᄭᅴ셔即位ᄒᆞ신지四年에移

移御新宮

御ᄒᆞ셧ᄂᆞ이다

制度大改革

大院君이이에國政을一新코자ᄒᆞ야크게制度를改ᄒᆞᆯ셰備邊司를廢ᄒᆞ고三軍府를設ᄒᆞ야現任將相으로ᄒᆞ야곰兼任케ᄒᆞ고江華府를陞ᄒᆞ야鎭撫營이라ᄒᆞ고壯勇을募ᄒᆞ야別驍士라ᄒᆞ야其營에屬ᄒᆞ고咸鏡道北邊에茂山、厚州等四郡을置ᄒᆞ고人民을徙ᄒᆞ야開拓ᄒᆞ고、또武臣의乘轎를禁ᄒᆞ야公私出入에、다馬를乘ᄒᆞ며、또滿洲로셔馬匹을購來ᄒᆞ야富民으로、ᄒᆞ야곰一二匹式、畜케ᄒᆞ고大典會通을修ᄒᆞ야 正祖以來의敎式을補輯ᄒᆞ고春官通考千餘卷을校正ᄒᆞ야本朝故事를撰集ᄒᆞ고衣服의制를改ᄒᆞ고官妓娼妓의風俗을矯正ᄒᆞ얏ᄂᆞ이다

大院君이貧困中에셔長ᄒᆞ야閭巷事情을通ᄒᆞᄂᆞᆫ지라書院의弊가多

毁書院逐院儒

호고儒生이跋扈强梁호야人民을侵虐호거늘곳下令호야各道書院을毁호고院儒를逐홀식不從者는殺호다호니士族等이大驚호야闕門에詣호야呼籲호는者ㅣ數萬人이되고

旣而오、또諫호는者ㅣ有호야曰、先賢의祀를尊崇호야士氣를培養홀지라書院毁撤令을收回호라호딕大院君이大怒曰、民人의게害되는事는、비록先儒가復生호야도吾ㅣ容恕치아니호깃거든况書院은先儒를祀호다稱호고盜賊의淵藪가된者니、엇지容留호리오호고、드딕여刑曹及漢城府의兵卒을令호야闕門에集호儒生을江外에驅逐호고各道書院一千餘處를一時에毁撤호고、또密使를八道에發遣호야士族의虐民者는其身을罪호고其産을籍沒호니、이에士族과儒生의跋扈호는氣習이一變호고、또當時에老論、少論、南人、少北四黨이有호나大院君의用人홈이黨派를不拘호야四黨의名은有호되其實은舊習이太半이나變호얏느이다

用人不拘黨派

또其他、元來에忠勳人子孫의身布를免除호든法을廢호야、다納布케

호고、또八道監司를命호야士族의租稅欠缺을徵케호고地方官吏의賄賂를禁홀식其甚호者는蹖路에서決杖호니大抵大院君의行政이瑕와瑜가相參호야得失이居半이오其剛毅果決호故로嚴厲가亦甚호고顧忌가少無호지라故로令이行호고禁호면止홀식此는獨히內政에만然홀뿐、아니라外國에對호야도亦然호얏느이다

歐米及淸日의關係

天主敎傳來原因

朝鮮이歐米各國과關係가生호事를言호면其初에는天主敎의傳播라、이에其敎徒를殺戮호기屢次오至於歐米人과交戰홈도다大院君의決心이오이다

朝鮮의天主敎가其始는未詳호나大抵、支那明末에西人利瑪竇等이支那에入홀際에朝鮮使臣이支那로、브터還호야盛히西人의學術、工藝를稱道호야上疏호지라其根源이此에서起호얏느이다

其後 正祖時에李家煥、李承薰、丁若鍾等은다一時名儒로、다만其敎에染호얏다、호야坐死호고丁若鏞은若鍾의弟라被謫、不服호다가康

禁使臣購西書焚西書

鋤治西敎徒

佛國宣敎師始入京城

津에竄ᄒᆞ니若鏞은聰悟가絕人ᄒᆞ야九流百家에無所不通이오經濟學에尤深ᄒᆞ야本朝五百年來에第一名儒라ᄒᆞᄂᆞ이다

自此로西敎가漸行ᄒᆞ더니　正祖十年距今一百二十一年前에西敎의害를受ᄒᆞᆯ가恐ᄒᆞ야燕京에往ᄒᆞᄂᆞᆫ使臣을申飭ᄒᆞ야其書를不購케ᄒᆞ고十五年에ᄂᆞᆫ西書를焚ᄒᆞ고西敎를奉ᄒᆞᄂᆞᆫ者ᄂᆞᆫ或刑或喩ᄒᆞ야禁制ᄒᆞ얏고　純祖元年距今一百六年前에ᄂᆞᆫ其敎가크게滋蔓ᄒᆞᄂᆞᆫ지라이에盡力鋤治ᄒᆞ야諸道로ᄒᆞ야곰每月에登聞케ᄒᆞ시時에黃嗣永이라ᄒᆞᄂᆞᆫ人이其敎를深信ᄒᆞ야淸國蘇州人周文謨를邀入ᄒᆞ거ᄂᆞᆯ其外國力을假ᄒᆞ야謀逆ᄒᆞᆫ다稱ᄒᆞ고文謨를斬ᄒᆞ니大抵此等은다支那로브터再傳ᄒᆞ고歐洲宣敎師가朝鮮에入ᄒᆞᆷ은其後　憲宗時오이다

憲宗初距今七十二年前以來로佛國天主敎의僧侶三人이義州地方으로서京城에竊入ᄒᆞ야宣敎에從事ᄒᆞ고또朝鮮少年三人을支那澳門에遣ᄒᆞ야留學케ᄒᆞ니信徒가漸盛ᄒᆞᄂᆞᆫ지라朝廷이크게憎惡ᄒᆞ야五年距今六十八年前에佛國僧侶三人과信徒百五十餘人을殺ᄒᆞ나

大殺敎徒

大殺西敎徒數千人

佛寇繼來

然ᄒᆞ나其後에敎師等이오히려千辛萬苦를犯ᄒᆞ고來ᄒᆞ야傳敎ᄒᆞᆫ者ㅣ不絕ᄒᆞ고向者澳門에留學ᄒᆞ든崔某ᄂᆞᆫ　憲宗末에回來ᄒᆞ야國文으로써數種敎書를翻譯ᄒᆞ야印刷頒布ᄒᆞ고　哲宗時에ᄂᆞᆫ더욱增加ᄒᆞ야二萬人에達ᄒᆞ얏ᄂᆞ이다

今皇帝陛下時에ᄂᆞᆫ宮內乳母朴氏와承旨南鍾三과洪鳳周李身逵等이天主敎를尊信ᄒᆞ시鍾三은佛國敎師張敬一等을其家에延至ᄒᆞ더니會에露國軍艦一隻이元山에來ᄒᆞ야通商을求ᄒᆞ거ᄂᆞᆯ鍾三等이好機가至ᄒᆞ얏다ᄒᆞ고大院君ᄭᅴ言ᄒᆞ되英佛을結ᄒᆞ야露國을防禦ᄒᆞ소서ᄒᆞ니大院君이佯히許諾ᄒᆞ고心腹을遣ᄒᆞ야其情을探知ᄒᆞ다가外國人의藏匿ᄒᆞᆷ을知ᄒᆞ고곳左捕廳에命ᄒᆞ야鍾三鳳周身逵等과밋佛人을捕ᄒᆞ야虐殺ᄒᆞ고또國內信徒數千人을捕戮ᄒᆞ얏ᄂᆞ이다

距今四十二年前丙寅에佛國人(리데루)가逃難ᄒᆞ야忠淸道內浦로서英國船을乘ᄒᆞ고淸國芝罘를經ᄒᆞ야天津에在ᄒᆞᆫ佛國水師提督盧濟의게告ᄒᆞ니盧濟ㅣ이에支那에駐割ᄒᆞᆫ代理公使(패로네)의命으로軍

艦七隻에陸戰隊六百人을率ᄒᆞ고來犯ᄒᆞ야江華島를陷ᄒᆞ니留守李寅變와通津府使李公濂은棄城ᄒᆞ야走ᄒᆞ고前判書李是遠은飮藥ᄒᆞ야死ᄒᆞ니、이에朝野가大震ᄒᆞᄂᆞᆫ지라

大院君이八道에傳檄ᄒᆞ야兵勇을徵ᄒᆞ고李景夏로巡撫使를拜ᄒᆞ야府를京城에開ᄒᆞ고、몬져中軍李元熙와千摠梁憲洙等을遣ᄒᆞ야防禦ᄒᆞᆯ새時에佛軍이江都本營을據ᄒᆞ고每日遊兵을出ᄒᆞ야各地方을抄掠ᄒᆞ거ᄂᆞᆯ憲洙가江界精砲五千을率ᄒᆞ고鼎足山城(江華)에셔佛兵을奮擊大破ᄒᆞ니佛兵의死傷이過半이라佛將이大沮ᄒᆞ야、곳城을焚ᄒᆞ고支那로走ᄒᆞ얏ᄂᆞ이다

佛軍敗走

大院君이이에一石碑를鐘路에立ᄒᆞ야曰、洋夷가侵犯에非戰則和니主和면賣國이라、ᄒᆞ니此ᄂᆞᆫ永히洋人과勿和ᄒᆞᆯ意오、또壘工을命ᄒᆞ야壘面에以上十二字를印記ᄒᆞ고、더욱武備를修ᄒᆞ고巨砲를製ᄒᆞ고砲臺를沿海各處에築ᄒᆞ더니其後、壬午軍變後에毁撤ᄒᆞ얏ᄂᆞ이다

立斥和碑于鐘路

後에獨、佛、米三國人이共謀ᄒᆞ야牙山灣으로上陸ᄒᆞ야德山(忠淸道)의大院君先墓를發掘ᄒᆞ다가未果ᄒᆞ고去ᄒᆞ니自此로大院君이더욱西敎徒를憎惡ᄒᆞ야其徒를益殺ᄒᆞ고、또佛國이來寇ᄒᆞᆫ後二年戊辰에米國船一隻이平壤大同江에至ᄒᆞ거ᄂᆞᆯ土人이掩擊ᄒᆞ야其船을焚ᄒᆞ고船手를殺ᄒᆞ니時에米國은、이믜日本과條約을結ᄒᆞ얏고後에、또朝鮮을開化ᄒᆞᆫ다ᄂᆞᆫ議論이漸盛ᄒᆞ다가、드듸여支那駐箚公使魯와、밋亞細亞艦隊司令長官路子周로、ᄒᆞ야곰軍艦五隻을率ᄒᆞ고日本長崎(此時長崎ᄂᆞᆫ米艦隊根據地라)에셔發ᄒᆞ야江華에入ᄒᆞ야測量船이漢江에溯至ᄒᆞ니此ᄂᆞᆫ貿易條約을結코자、ᄒᆞᆷ이라大院君이鎭撫中軍魚在淵을命ᄒᆞ야廣城津에셔大破ᄒᆞ고、또其二艦을破ᄒᆞ얏스나畢竟美兵의襲擊을被ᄒᆞ야我軍이潰散ᄒᆞᄂᆞᆫ지라在淵이數十人을殺ᄒᆞ고死ᄒᆞ니時에美艦의兵力이微少ᄒᆞ야進犯치、못ᄒᆞᆫ지라條約을商議치、못ᄒᆞ고支那芝罘로班師ᄒᆞ니此ᄂᆞᆫ八年辛未距今三十六年前이오이다

米人發掘三國人墓所

砲擊米艦

大院君이再次佛、米二國軍艦을攘斥ᄒᆞ고自此로歐、米外國을侮ᄒᆞ기尤甚ᄒᆞ고、또西敎徒를殺ᄒᆞ니其政權을執ᄒᆞᆫ지十年間에西敎人의死

誅戮西敎徒爲二十萬餘人

者가二十餘萬人이라ᄒᆞᄂᆞ이다

閔氏爲后

大院君의勢力이內外에震動ᄒᆞᆫ지十年이되더니其後에閔氏와軋轢이生ᄒᆞ니初에 陛下即位三年、距今四十一年前에后를立코자ᄒᆞ실셰府大夫人의弟閔升鎬가其族閔(致祿)의게出繼ᄒᆞ니(致祿)의女ㅣ書史를通ᄒᆞ야聲譽가有ᄒᆞ시거ᄂᆞᆯ大院君이神貞皇后셔薦ᄒᆞ야閔氏를迎入ᄒᆞ니即明成皇后오父親을追封ᄒᆞ야驪興府院君이오其後、六七年에政事가紊亂ᄒᆞ야人民의怨이多ᄒᆞᆫ지라、이에閔升鎬趙寧夏等이

大院君失勢

上셰親政ᄒᆞ심을奏請ᄒᆞ더니會에崔益鉉等이大院君의失政ᄒᆞᆫ事를痛論ᄒᆞ거ᄂᆞᆯ大院君이怒ᄒᆞ야右議政朴珪壽와議論ᄒᆞ니珪壽ㅣ、또ᄒᆞᆫ還政ᄒᆞᆷ을勸ᄒᆞᄂᆞᆫ지라大院君이怒ᄒᆞ야德山에往居ᄒᆞ거ᄂᆞᆯ上이곳迎入ᄒᆞ시나政權은、이의閔氏의게歸ᄒᆞ야大院君의勢力이全去ᄒᆞ고、또日本關係도大院君의失勢ᄒᆞᆷ을因ᄒᆞ야、비로소條約을結ᄒᆞ얏ᄂᆞ이다

日本이距今三百年前에德川家康이執政初브터朝鮮과久히使聘을通ᄒᆞ더니、밋日本이歐米諸國과講和ᄒᆞᆫ後에ᄂᆞᆫ朝鮮이日本을疑ᄒᆞ야

交聘始絶

交聘의儀가始絶ᄒᆞ다가日本이維新初에宗重正으로、ᄒᆞ야곰國書를持ᄒᆞ고朝鮮에來ᄒᆞ야舊好를修코자ᄒᆞ거ᄂᆞᆯ時에大院君이其書辭와印章이前과不同ᄒᆞᆷ을責ᄒᆞ야不受ᄒᆞ고 (前時ᄂᆞᆫ關白이書契로ᄡᅥ我禮曹州書와往復ᄒᆞ더니今에ᄂᆞᆫ日本이言ᄒᆞ되王政이復古되얏다、ᄒᆞ고宗重正이持來ᄒᆞᆫ書中에日本皇帝及勅書等句가有ᄒᆞᆫ지라故로大院君이前日書契와갓치修來ᄒᆞ라ᄒᆞ야不受ᄒᆞᆷ이라) 其後에、또遣使ᄒᆞ야對馬島의貿易船을罷ᄒᆞ고官吏를釜山에駐箚ᄒᆞ더니大院君이又言ᄒᆞ되釜山에在ᄒᆞᆫ日本官吏의服裝이前과異ᄒᆞ니此ᄂᆞᆫ夷狄의게受制ᄒᆞᆷ이라、ᄒᆞ고 (時에日本官吏가洋服을着ᄒᆞᆷ이라) 다욱輕侮ᄒᆞ며、또八道에布告ᄒᆞ야日本을絶ᄒᆞᆫ다、ᄒᆞ니自後로日本이言ᄒᆞ되朝鮮에用兵치、아니ᄒᆞ면此事를分辨치못ᄒᆞ리라、ᄒᆞ야所謂征韓論이紛々ᄒᆞ다가畢竟出兵치못ᄒᆞ얏ᄂᆞ이다

大院君이、이믜失勢ᄒᆞ고閔奎鎬와閔泳翊이相繼ᄒᆞ야執政ᄒᆞ믜東萊府使로、ᄒᆞ야곰修好ᄒᆞᆯ意로日本에致ᄒᆞ더니旣而오慶尙、忠淸、全羅三道儒生의上疏를因ᄒᆞ야、다시大院君을請ᄒᆞ야執權케、ᄒᆞ나大院君의勢가不張ᄒᆞ야前日과、갓치日本을排斥지ᄂᆞᆫ、아니ᄒᆞ나此를因ᄒᆞ야條

約이未成ᄒᆞ얏ᄂᆞ이다

大皇帝十三年丙子、距今三十一年前에日本의軍艦雲揚號가支那로브터還ᄒᆞ다가漢江口에碇泊ᄒᆞ고艦長井上良馨이端艇을乘ᄒᆞ고漢江을溯上ᄒᆞ거ᄂᆞᆯ江華島의守兵이砲擊ᄒᆞ니日兵이應戰ᄒᆞ야永宗島砲臺ᄅᆞᆯ拔ᄒᆞ고其城을焚ᄒᆞ고還去ᄒᆞ더니、이에日本이黑田淸隆으로써全權大使ᄅᆞᆯ拜ᄒᆞ고井上馨은副使가되야我國에來ᄒᆞ야前日에國書ᄅᆞᆯ拒絶ᄒᆞᆷ과、또雲揚號砲擊事ᄅᆞᆯ詰問ᄒᆞ거ᄂᆞᆯ、이에判中樞府事申櫶과都總府副總管尹滋承으로、ᄒᆞ야곰此事ᄅᆞᆯ議ᄒᆞ라、ᄒᆞ니大院君이修好說을力斥ᄒᆞᆫ셔領議政李最應과左議政金炳國과知中樞府事洪淳穆等이다其言을從ᄒᆞ고獨히右議政朴珪壽와譯官吳慶錫二人이羣議ᄅᆞᆯ排斥ᄒᆞ고盛히通交의利益을言ᄒᆞᄂᆞᆫ지라、이에上이日本의要請을從ᄒᆞ야修好條規十二條ᄅᆞᆯ締結ᄒᆞ얏ᄂᆞ이다

砲擊日本兵艦

結日本修好條規十二條

朝鮮이久히淸國의壓制ᄅᆞᆯ受ᄒᆞ야頗히屬國禮ᄅᆞᆯ執ᄒᆞᄂᆞᆫ지라故로向者、佛國宣敎師ᄅᆞᆯ殺ᄒᆞᆫ時에佛國이淸國을向ᄒᆞ야詰責ᄒᆞ니時에淸國은屢亂이相繼ᄒᆞ야國步가艱難ᄒᆞᆫ지라、이에答ᄒᆞ되朝鮮은淸國屬國이아니라ᄒᆞ고其後、米國의軍艦을砲擊ᄒᆞᆫ時에도米國이、또ᄒᆞᆫ淸國에問罪ᄒᆞ니淸國이、또答ᄒᆞ되朝鮮의宣戰과媾和權은朝鮮이自行ᄒᆞᆫ다ᄒᆞ야、이에淸國이歐米各邦에對ᄒᆞ야朝鮮이淸國屬國아님을公言ᄒᆞ고其後淸國이日本에對ᄒᆞ야言ᄒᆞ기도、또ᄒᆞᆫ米國과如ᄒᆞ더니至是ᄒᆞ야日本이海外各國과修好條約을結ᄒᆞᆯ서朝鮮이獨立됨을世界에公言ᄒᆞ얏ᄂᆞ이다

支那公告列國謂朝鮮非其屬國

自後로條約을依ᄒᆞ야釜山外에(釜山은三百年前브터開港地) 元山、仁川二港을開ᄒᆞ고修信使金弘集을日本에遣ᄒᆞ야隣交ᄅᆞᆯ修ᄒᆞ니日本이花房義質로써公使ᄅᆞᆯ拜ᄒᆞ야來ᄒᆞ미交際가漸密ᄒᆞ고、또日本의陸軍中尉堀本禮造ᄅᆞᆯ聘來ᄒᆞ야衛兵으로、ᄒᆞ야곰訓練을受ᄒᆞ고金玉均、徐光範을日本에遣ᄒᆞ야其學藝와施政을觀察ᄒᆞ얏ᄂᆞ이다

開元山仁川港

遣金玉均徐光範于日本學其藝及施政

然이나在朝人士가日本을嫌忌ᄒᆞ야李萬孫、崔益鉉、洪在鶴等이、더욱痛論ᄒᆞ고、또大院君은失權ᄒᆞᆫ後에恒常開化黨을不喜ᄒᆞ더니會에外

戚의施政이貪暴혼지라人民이다시大院君의復政키를望호얏느이
다

壬午軍變

十九年、距今二十五年前壬午에兵卒의糧食을不給혼지屢月이라、이
에兵卒이作亂홀시李最應、閔謙鎬、金輔鉉等諸大官을殺호고、드듸여
宮闕을犯호야王后를弑호니王后께서、이믜變服호고忠州로播遷호

襲擊日本公使館

거놀亂兵이다시日本公使館을襲擊호니公使花房義質이仁川으로
逃亡호다가、또亂兵의襲擊을遇호고月尾島에出호야英國測量船을
乘호고長崎에往호니日本이兵艦數隻으로義質을護衛호야、다시朝
鮮에來호야詰問호거놀李裕元、金弘集으로、호야곰義質과談辦홀시
會에大院君이淸國에被執호고朝議가忽變호야畢竟規約六條와修
好續約二條를定호고償金十五萬元을出호고亂黨을誅호고修信使
朴泳孝를遣호야다시修好호니大抵、此亂에大院君이關係가有호다
혼故로淸國에護送호고此亂을謂호되壬午軍變이라、호느이다
亂初에大院君이軍國大小機務를決호야威權이復盛호더니時에魚

魚允中借淸兵

允中이淸國에在호다가其兵力을借호야內亂을靖호얏느이다
先是에淸國이朝鮮事에注目호다가亂興혼後로브터政權이、다시大

護送大院君

院君의게歸홈을見호고、곳馬建忠、丁汝昌、吳長慶等으로、호야곰率兵
호고朝鮮에至호야大院君을護送호야直隸保定府에安置호고、더욱
內治와外交를干涉호야朝鮮을壓制호니此는向日에朝鮮이自主國
이라홈을悔호야舊權을回復코자、홈이오이다
이에閔台鎬、閔泳翊等이當局호고統理衙門을新設호야內外가、되니
內衙門에는獨國人穆麟德으로、써顧問官을作호고外衙門에는淸人

聽李鴻章言

馬建常을聘호니此는、다李鴻章의言을聽홈이오吳長慶과袁世凱諸
將은兵士三千을率호、고京城內外에駐屯호더니後에、다其職을去호
니內政이稍히羈絆을脫호나兵權及外交는淸國이依然히執호얏느
이다

守舊黨獨立黨

壬午軍變後로國勢가、다시一變호야守舊黨과獨立黨二者가有호니
守舊黨은淸國에親附코자、호야滿朝人士가太半이나屬호고獨立黨

은日本과條約을締結코자홈이라、이에朴泳孝、金玉均、徐光範、洪英植等이日本에往호야文物의進步와世界의大勢를觀호고其淸國의干涉이過度홈을怒호야日本을賴호야朝鮮의獨立을鞏固코자홀시玉均과泳孝等이回國호야屢次時政을痛論호다가其言이不行호논지라

金玉均亂

이에徐光範、洪英植及徐載弼、邊燧、申福模等이二十一年甲申、距今二十三年前에郵政局의祝宴을因호야刺客으로호야곰守舊黨閔泳翊을刺傷호고亂이起호지라玉均泳孝가直히宮에入호야奏호되淸兵이起亂호야閔氏를殺혼다호고因호야日本公館에求救호니日使竹添進一郞이兵一中隊를率호고至호야上을逼호야景祐宮에播遷호고日兵이護衛호며또閔泳穆、閔台鎬、韓圭稷、尹泰駿、李祖淵、趙寧夏等을殺호니此논다守舊黨이라、이에官職의重要혼者논獨立黨이任호니大抵此黨의言은內治를修整호고獨立國體面을保有코자혼다稱호얏느이다

日兵來衛播遷景祐宮

然이나此時形勢가크게變호논지라、이에朴泳孝논江華에退호야日本에救援을求코자호고金玉均等은速히還宮호시기를請호야議論이不一호다가還宮호신後에淸國兵營軍司馬袁世凱가率兵호고宮中에入호니門內의朝鮮兵이크게響應호야共히日兵을攻擊호논지라日兵이抵當치못호야仁川으로逃亡호고朴泳教(泳孝兄)와洪英植은北門으로逃亡호다가淸兵의게被殺호니自此로領議政以下諸官이다시守舊黨이라、곳閔應植、閔泳煥、閔泳駿等이오玉均泳孝等은다日本에逃亡호니此를謂호되甲申金玉均亂이라호느이다

淸兵入宮

金玉均朴泳孝逃往日本

이에此亂이日本의教唆이라호야徐相雨로써全權大臣을拜호야日本에問罪코자홀시日本이이믜外務卿井上馨으로호야곰全權大使를拜호야來詰호거놀이에左議政金弘集으로호야곰談判호야償金十三萬兩을出호야和議를成호고修信使徐相雨와副使穆麟德을日本에遣호고日本이또謂호되淸兵이此亂에京城居留혼日本人民과婦女를殘害호얏다호야伊藤博文으로호야곰天津에往호야談辦호

日本和議成

天津條約成

고、맛참ᄂᆡ清、日兩國이京城의駐兵을撤回ᄒᆞ고將來朝鮮에有事ᄒᆞ야兩國中에出兵ᄒᆞ거든彼此行文ᄒᆞ야知照ᄒᆞᆫ다、ᄒᆞ니此ᄂᆞᆫ、곳天津條約이오即二十二年乙酉、距今二十二年前이오이다

自後로清國은兵士를撤還ᄒᆞ나袁世凱가朝鮮通商事務全權委員이되야京城에留ᄒᆞᆯ시陰히內治와外交를干涉ᄒᆞ기前日과無異ᄒᆞ고、또當時ᄂᆞᆫ兩次內亂의後오兼히凶歉과疾疫이相繼ᄒᆞ야盜賊이白晝橫行ᄒᆞ고亂民이四方에蜂起ᄒᆞ며政權은再次外戚에歸ᄒᆞ미彼此權勢를爭ᄒᆞ고私利를圖ᄒᆞ야國勢가、더욱不振ᄒᆞ얏ᄂᆞ이다

英占巨文島

此時를當ᄒᆞ야清、日兩國外에、또英、露各國外交上에種々ᄒᆞᆫ問題가有ᄒᆞ니英國은二十年癸未、距今二十四年前에、이의條約을結ᄒᆞ얏ᄉᆞ나其後、中央亞細亞境界事로紛議가出ᄒᆞᆫ後브터英、露兩國이將且干戈로相交ᄒᆞ더니二十二年乙酉、距今二十二年前에英國이露國에對ᄒᆞ야攻守上에關係가有ᄒᆞᆫ지라、이에突然히艦隊를派遣ᄒᆞ야巨文島를占領ᄒᆞ고砲臺를築ᄒᆞ니巨文島ᄂᆞᆫ、곳三山의島라三山이相抱ᄒᆞ고其

間에一港이有ᄒᆞ니全羅道興陽縣에屬ᄒᆞ고南海의要地오이다

英還巨文島

此時朝鮮은一言을不發ᄒᆞ고、오작露國이清國을向ᄒᆞ야其許可與否를問ᄒᆞ니清國이丁汝昌으로、ᄒᆞ야곰軍艦三隻을率ᄒᆞ고日本長崎에至ᄒᆞ야英國艦隊司令長官을見ᄒᆞ고其不法을詰責ᄒᆞ니英國이其言을從ᄒᆞ야其島를棄ᄒᆞ거ᄂᆞᆯ清國이、또露國을向ᄒᆞ야他日、巨文島를占領치、못ᄒᆞᆷ을約ᄒᆞ고誓約으로써英國에示ᄒᆞ고因ᄒᆞ야二十四年丁亥距今二十年前에英國이、맛참ᄂᆡ巨文島占領을罷ᄒᆞ야朝鮮에還ᄒᆞ얏ᄂᆞ이다

露國定約

露國은　哲宗十一年庚申、距今四十七年前에英、佛同盟軍이清國을逼迫ᄒᆞᆯ時를當ᄒᆞ야滿洲數千里地를清國에割取ᄒᆞ니自此로境土가朝鮮과相接ᄒᆞ더니其後에朝鮮에來ᄒᆞ야通商을求ᄒᆞ다가不成ᄒᆞ고맛清國李鴻章이穆麟德을薦ᄒᆞ야朝鮮顧問官이、될時에ᄂᆞᆫ穆麟德이露國을倚ᄒᆞ야用事코자ᄒᆞ니、이에露國이駐清公使韋貝로、써全權委員을拜ᄒᆞ야朝鮮에來ᄒᆞ야通商條約을定ᄒᆞ니此ᄂᆞᆫ二十一年甲申、距

朝露親議

今二十三年前이오,이에韋貝가駐韓公使로京城에來駐ᄒᆞ얏ᄂᆞ이다

金玉均亂後로政權이守舊黨의게歸ᄒᆞ얏스나外國에遊ᄒᆞ든者ㅣ議論ᄒᆞ야曰,淸國을依恃치,못ᄒᆞᆯ거시오日本은怨이有ᄒᆞ니露國과親好ᄒᆞᆷ이可타ᄒᆞ야,이에露國과結好코자,ᄒᆞ고二十二年乙酉에ᄂᆞᆫ大院君이淸國으로,브터還ᄒᆞ얏ᄂᆞ이다

定露國陸路通商條約

時에露國이漸々勢力을伸張ᄒᆞ야公使韋貝ᄂᆞᆫ陸路貿易을開코자,ᄒᆞ미穆麟德이,ᄯᅩᄒᆞᆫ幇助ᄒᆞ더니淸國李鴻章이其利害를論ᄒᆞ고,ᄯᅩ麟德을淸國에召還ᄒᆞ야其議가不成ᄒᆞ고,다시米人荼爾가來ᄒᆞ니此亦鴻章의薦擧라然이나此二人이淸國을爲ᄒᆞᆫ事가無ᄒᆞ고荼爾ᄂᆞᆫ京城에至ᄒᆞ야,곳淸,韓論을著ᄒᆞ야淸廷의施設과袁世凱의行爲를誹斥ᄒᆞ고ᄯᅩ朝鮮의獨立이露國을依ᄒᆞᆷ이可타,ᄒᆞ니韋貝가此機를乘ᄒᆞ야二十五年戊子,距今十九年前에露國과陸路通商條約을請ᄒᆞ야明年에慶興(咸鏡道)市를開ᄒᆞ얏ᄂᆞ이다

此外亞米利駕와獨逸과伊太利,佛蘭西等各國도,다漸次로條約을締結ᄒᆞ니

定米伊佛條約

如此히內外가多端ᄒᆞ나外戚이久히政權을執ᄒᆞ고時에朴泳孝,金玉均等은日本에在ᄒᆞ더니三十一年甲午,距今十三年前에刺客李逸稙洪鍾宇等이玉均等을殺코자ᄒᆞᆯ식泳孝ᄂᆞᆫ免ᄒᆞ고玉均은鍾宇의게被誘ᄒᆞ야上海에서見殺ᄒᆞ니,이에淸國이軍艦威遠號로써其屍를送還ᄒᆞ거ᄂᆞᆯ,곳支解ᄒᆞ야四方에梟示ᄒᆞ얏ᄂᆞ이다

東學黨亂起

此時를當ᄒᆞ야全羅道에東學黨의亂이起ᄒᆞ니東學黨은四十年前브터一派가團結ᄒᆞ더니今에至ᄒᆞ야ᄂᆞᆫ國政이日非ᄒᆞ고貪官汚吏가專橫ᄒᆞ며外勢가,ᄯᅩ侵入ᄒᆞᄂᆞᆫ지라,이에크게擧事코자,ᄒᆞ니亂民이附和ᄒᆞ야形勢가,더욱盛ᄒᆞ거ᄂᆞᆯ洪啓薰으로,ᄒᆞ야곰兩湖招討使를拜ᄒᆞ야

請援于淸國

討伐ᄒᆞ다가不克ᄒᆞ고全州가陷沒ᄒᆞᄂᆞᆫ지라,이에袁世凱와議ᄒᆞ야淸國援兵을求ᄒᆞ고,ᄯᅩ一面은,더욱發兵ᄒᆞ야巡邊使李元會로,ᄒᆞ야곰忠淸道에往ᄒᆞ야東學黨의北上을備케,ᄒᆞ더니時에李鴻章이世凱의請을從ᄒᆞ야

淸兵上陸牙山

提督葉志超聶士成으로,ᄒᆞ야곰率兵ᄒᆞ고牙山에上陸ᄒᆞ고

聲言ᄒᆞ야曰,屬國朝鮮에內亂이有ᄒᆞ미其請을從ᄒᆞ야動兵ᄒᆞᆫ다,ᄒᆞ고日本에此意ᄅᆞᆯ通知ᄒᆞ얏ᄂᆞ이다

日本亦出兵

이에日本이答ᄒᆞ되朝鮮이淸의屬國이아니라,ᄒᆞ고日本이또ᄒᆞᆫ朝鮮에出兵ᄒᆞ니時에東學黨이淸,日大兵의至ᄒᆞᆷ을聞ᄒᆞ고,크게恐懼ᄒᆞ야潰散ᄒᆞ고全州가回復ᄒᆞ얏스나大抵東學黨의起ᄒᆞᆷ은弊政의緣故라萬一其弊政을革新치아니ᄒᆞ면禍亂이不絶ᄒᆞᆯ지라,이에日本이淸國을勸ᄒᆞ야朝鮮의內政을改革코자,ᄒᆞ니淸國이不聽ᄒᆞ거ᄂᆞᆯ日本公使大鳥圭介가改革案五條ᄅᆞᆯ朝鮮에勸告ᄒᆞ니朝廷의議論이紛紜ᄒᆞ더니旣而오陛下ᄭᅴ서校正廳을宮中에設ᄒᆞ시고領議政沈舜澤과左議政趙秉世等으로,ᄡᅥ總裁ᄅᆞᆯ拜ᄒᆞ고堂上十數人을置ᄒᆞ고外戚諸臣을罷職ᄒᆞ야改革의端緖가始開ᄒᆞ더니然이나李鴻章,袁世凱가從中指示ᄒᆞᆷ을因ᄒᆞ야局面이猝變ᄒᆞ고日兵의撤回키ᄅᆞᆯ求ᄒᆞ니,이에日本이獨力으로扶持ᄒᆞᆯ策을決ᄒᆞ고直히兵力으로宮內에闖入ᄒᆞ고大鳥圭介가日本의本意ᄅᆞᆯ奏達ᄒᆞ니袁世凱가形勢의漸非ᄒᆞᆷ을知ᄒᆞ고本國으로逃回

日兵闖入宮中

設軍國機務所

ᄒᆞ고外戚도,다逃亡ᄒᆞ거ᄂᆞᆯ,이에大院君이內外政務ᄅᆞᆯ專管ᄒᆞ시軍國機務所ᄅᆞᆯ設ᄒᆞ고右議政金弘集은總裁가,되야弊政改革에從事ᄒᆞ고,또日本兵은牙山에在ᄒᆞᆫ淸兵을攻코자,ᄒᆞ야旅團長大島義昌이出兵ᄒᆞ얏ᄂᆞ이다

淸日兩國宣戰

時에淸國은軍艦을牙山에送ᄒᆞ야豐島附近에서日艦과開戰ᄒᆞ고兩國이共히宣戰書ᄅᆞᆯ公布ᄒᆞᆯ시淸國은이믜提督衛汝貴와左寶貴等으로,ᄒᆞ야곰北方에進兵ᄒᆞ야平壤을占,領ᄒᆞ고大同江의險要ᄅᆞᆯ扼ᄒᆞ야陣ᄒᆞ미防禦가嚴ᄒᆞ고,또牙山의敗將葉志超가來會ᄒᆞ며日本은山縣有朋이征淸第一軍司令官이,되야野津道貫과大島義昌等으로,ᄒᆞ야곰平壤을攻陷ᄒᆞ고,또日本艦隊ᄂᆞᆫ淸國艦隊ᄅᆞᆯ海洋島附近에서破ᄒᆞ야海陸이相應ᄒᆞᆯ시第一軍은鴨綠江을渡ᄒᆞ야九連,鳳凰等諸城을拔ᄒᆞ고大山巖은第二軍을率ᄒᆞ고遼東花園口에서上陸ᄒᆞ야旅順口ᄅᆞᆯ陷ᄒᆞ고兩軍이協力ᄒᆞ야牛莊,田庄臺ᄅᆞᆯ進取ᄒᆞ고,또別로히海陸으로幷히威海衛ᄅᆞᆯ攻陷ᄒᆞ야淸國北洋艦隊ᄅᆞᆯ殲滅ᄒᆞ고全軍이將且直隷

日兵陷平壤

淸日議和

定新官制

省을搗코자ᄒᆞ니이에淸國이李鴻章을日本에遣ᄒᆞ야議和ᄒᆞ얏ᄂᆞ이다

先是에朝鮮이軍國機務所를設ᄒᆞ고新官制를定ᄒᆞ야議政府以下에內務、外務、軍務、法務、農商務、學務、工務七衙門을設ᄒᆞ고金弘集은議政府總理大臣을任ᄒᆞ고、또日本에ᄂᆞᆫ淸國을對ᄒᆞ야攻守相助의盟을約ᄒᆞ얏스나平壤兵은이믜淸軍에屬ᄒᆞ고此外에、또淸兵과通款ᄒᆞᄂᆞᆫ者ㅣ多ᄒᆞ야淸、日兩國의平壤勝敗로向背를定코자ᄒᆞ야新官制가名만有ᄒᆞ고其實이無ᄒᆞ며時에東學黨이、다시蜂起ᄒᆞ야日兵을擯斥ᄒᆞᆫ다、ᄒᆞ고朝廷은平壤이陷落ᄒᆞᆫ後에도朋黨의軋轢과弊政이未革ᄒᆞ얏ᄂᆞ이다

罷大院君執政

이에日本이內務大臣井上馨으로써全權公使를拜ᄒᆞ야大鳥圭介를代ᄒᆞ니井上馨이京城에至ᄒᆞ야上께奏ᄒᆞ야大院君의執政ᄒᆞᆷ을罷ᄒᆞ고改革二十條를告ᄒᆞ니時에外戚이、오히려用事ᄒᆞ다가、다辭退ᄒᆞ고井上馨의言을從ᄒᆞ야冬至日에獨立基礎를建ᄒᆞᆷ과밋改革新政等事를宗廟에誓告ᄒᆞ시고朴泳孝ᄂᆞᆫ內務大臣으로總理大臣이되더니旣

淸日兩國定媾和條約定朝鮮獨立

而오朴泳孝와金弘集의兩派가有ᄒᆞ고、또前日外戚의紛爭이有ᄒᆞ야內政이擾攘ᄒᆞ미積年宿弊를容易히革除치못ᄒᆞ깃고時에淸、日兩國은、이믜媾和約條를定ᄒᆞ미其第一條가、곳淸國이朝鮮의獨立을確認ᄒᆞᆫ다、ᄒᆞ야自此로朝鮮이全혀淸國의羈絆을脫ᄒᆞ고獨立國이되니此ᄂᆞᆫ三十二年乙未、距今十二年前이오이다

附甲午後十年記事

日、淸戰爭은全혀韓國獨立을扶植코자ᄒᆞᆷ이라故로韓國이、또日本의義를感動ᄒᆞ더니意外에干涉이過度ᄒᆞ고勸告가刻厲ᄒᆞ야井上馨이政務干涉과其他制度法律等을一時幷行ᄒᆞ니此ᄂᆞᆫ韓人의憾情을招ᄒᆞᄂᆞᆫ者라이에排日黨이露公使韋貝와相通ᄒᆞ더니旣而오三浦梧樓가來ᄒᆞ야、또乙未八月의事變이有ᄒᆞᆫ지라自此로韓廷의怨이益甚ᄒᆞ고日本이一大汚辱을自取ᄒᆞ얏ᄂᆞ이다

이에排日黨領袖李範晋이露使韋貝와謀ᄒᆞ야上이露館에播遷ᄒᆞ시고誅戮을大行ᄒᆞᆫ後、一切權力이、다韋貝의게歸ᄒᆞ고日本이露國壓制

로破ᄒᆞ얏ᄂᆞ니라

其後,露新帝尼古剌第二(卽今俄皇)戴冠式에日本이山縣有朋을露都에遣ᄒᆞ야日,露協商이成ᄒᆞ니此ᄂᆞᆫ日本이戰爭을避코자ᄒᆞᆷ이오自此로露使가,몬져日本軍制ᄅᆞᆯ廢ᄒᆞ고英人柏卓安의財政顧問을解雇ᄒᆞ고財政經濟機關을掌握코자,ᄒᆞ더니既而오露國을憎惡ᄒᆞᄂᆞᆫ米國派가出ᄒᆞ고,ᄯᅩ獨立協會가生ᄒᆞ니此ᄂᆞᆫ自主獨立과愛國,忠君으로主義ᄅᆞᆯ定ᄒᆞ고法令,軍隊,財政을自國이管理ᄒᆞᆫ다ᄒᆞ야,가쟝中外의同情을惹起ᄒᆞ니,이에露國이,다시韓廷을迫脅치,못ᄒᆞ고馬之允이代來ᄒᆞ야全혀退步ᄅᆞᆯ爲主ᄒᆞ고別로히清國을向ᄒᆞ야方略을講求ᄒᆞᆷ셔

向者日,清戰爭에露國이遼東半島事에參預ᄒᆞᆫ後,旅順,大連灣을租借ᄒᆞ고東清鐵道ᄅᆞᆯ敷設ᄒᆞ더니,ᄯᅩ北清擾亂(清國團匪亂)을乘ᄒᆞ야滿洲諸要地에出兵,占據ᄒᆞ다가,ᄯᅩ露國이獨히清國과交涉ᄒᆞ야滿洲의鐵道,鑛山及土地獨占權을得코자,ᄒᆞᄂᆞᆫ지라,이에日,英,米三國과伊,奧,獨이,다清國에言ᄒᆞ야其約을破ᄒᆞ라,ᄒᆞ고日本은,ᄯᅩ戰鬪準備ᄅᆞᆯ調查ᄒᆞ니露國이恐ᄒᆞ야急히條約을撤回ᄒᆞᄂᆞᆫ지라

其後,壬寅에日,英兩國이同盟을成ᄒᆞ야時局이一變ᄒᆞ니其約은,곳清韓兩國의獨立을認ᄒᆞ야全然히侵略치,아니ᄒᆞᆫ다,ᄒᆞᆷ이오此ᄂᆞᆫ露國이滿洲에서自由妄動치못ᄒᆞ게,ᄒᆞᆷ이라然이나露國이佛國과同盟ᄒᆞ고清國을向ᄒᆞ야言ᄒᆞ되滿洲의露兵은十八個月間에撤退ᄒᆞᆫ다,ᄒᆞ더니其後,其兵을北韓境上에移住ᄒᆞ고旅順要塞을築造ᄒᆞ며,더욱滿,韓境上을威壓ᄒᆞ고,ᄯᅩ急히亞歷詩厚로ᄡᅥ露領東亞細亞太守ᄅᆞᆯ拜ᄒᆞ고極東의露國行政,外交와太平洋艦隊及其他軍隊總指揮權을予ᄒᆞ고,더욱滿,韓境上에增兵ᄒᆞ다가癸卯九月後ᄂᆞᆫ致히韓國主權을侵害ᄒᆞ야龍巖浦問題가起ᄒᆞ며鴨綠江上에警報가頻傳ᄒᆞᄂᆞᆫ지라,이에日,米兩國이韓廷을向ᄒᆞ야鴨綠江開放을要求ᄒᆞ고滿洲問題가漸大ᄒᆞ야日本公使栗野ᄂᆞᆫ露廷에提議ᄒᆞ야曰清,韓兩國獨立과領土ᄅᆞᆯ保全ᄒᆞ고清,韓兩國의各國商工業을均等케,ᄒᆞ고露國은日本이韓國에서優越ᄒᆞᆫ利益을承認ᄒᆞ고日本은露國이滿洲에서鐵道經營에特殊ᄒᆞᆫ利益

을承認ᄒᆞ고韓國의改革事로助言과助力은日本이專權ᄒᆞᆫ다ᄒᆞ얏더
니露廷이抗拒ᄒᆞ야曰滿洲沿岸은全혀日本과無關ᄒᆞ고韓國에서도
日本이軍略上으로使用치못ᄒᆞᆫ다ᄒᆞᄂᆞᆫ지라
時에日本이一方은露國과交涉ᄒᆞ고一方은淸國을向ᄒᆞ야滿洲開放
條約을定ᄒᆞ얏더니露國이太平洋艦隊로旅順口에서示威ᄒᆞ며陸軍
은南滿洲에集合ᄒᆞ야滿韓境上에서戰備를修ᄒᆞ니大抵此事가相持
ᄒᆞ기年餘에光武七年癸卯十二月十二日에至ᄒᆞ야ᄂᆞᆫ回答曰日本이滿
洲에ᄂᆞᆫ關係가無ᄒᆞ고日露協商은오직韓國에在ᄒᆞ다ᄒᆞ니此ᄂᆞᆫ其慾
이滿洲를倂呑ᄒᆞ야各國의權利와特權을奪ᄒᆞ고자ᄒᆞᆷ이라此에日本이
十二月末브터戰備를修ᄒᆞ고翌年二月五日에動兵令을傳ᄒᆞ고外相
小村壽太郞이露國公使詹齊人을謝絶ᄒᆞ야日露의國交가從此斷絶
ᄒᆞ니日本艦隊ᄂᆞᆫ二月八日에旅順口外에서露國艦隊를砲擊ᄒᆞ고二
月十日에日帝의宣戰書가發ᄒᆞ니大抵日露危局의大槪가如此ᄒᆞ얏
ᄂᆞ이라

乙巳新條約

大抵韓日兩國은脣齒의勢가有ᄒᆞ야韓國이亡ᄒᆞ면東亞大局이決裂
ᄒᆞᆯ지라故로日本이維新以來로常曰韓國의獨立을扶植ᄒᆞ고文明을
開發ᄒᆞᆫ다ᄒᆞ야向者獨立事로淸國과交戰ᄒᆞ야馬關條約이成ᄒᆞ고其
後又露國이韓國을并呑ᄒᆞᆯ가恐ᄒᆞ야日露戰爭이開ᄒᆞᆫ지라其開戰初
에韓國의男女老幼가日兵을歡迎ᄒᆞ야家人昆弟가相逢ᄒᆞᆷ과如ᄒᆞ니
此ᄂᆞᆫ韓民이惡政治下에困瘁ᄒᆞ고又俄人의兇焰을憎ᄒᆞ다가今에
日俄戰爭을見ᄒᆞ고皆曰此ᄂᆞᆫ天이日本에假手ᄒᆞ야我의惡政을改ᄒᆞ
고并히俄國을摧挫ᄒᆞ야韓國의百年大計가成ᄒᆞᆫ지라엇지慶幸치아
니리오ᄒᆞ니此ᄂᆞᆫ韓人만日本을深信不疑ᄒᆞᆷ이아니라并히在韓外國
人이다韓人을向ᄒᆞ야致賀ᄒᆞ더니旣而오日人이韓國에對ᄒᆞ야施設
이無ᄒᆞ고其引薦ᄒᆞᄂᆞᆫ者ᄂᆞᆫ오직舊日에諂諛姑息輩라韓民이其意向
을莫知ᄒᆞ고오히려相謂曰此ᄂᆞᆫ日本이大戰爭을起ᄒᆞ며韓國에用力
ᄒᆞᆯ暇이無ᄒᆞᆫ故니我等이幾個時月을挨ᄒᆞ야俄國을大勝ᄒᆞ기를祝ᄒᆞ

다、ᄒᆞ야擧國에日人을懷疑ᄒᆞᄂᆞᆫ者ㅣ無ᄒᆞ고至於數千里長途에軍糧器械를輸運ᄒᆞ며道路橋梁을修治ᄒᆞ고、또幾千元幾百元式捐輸ᄒᆞᄂᆞᆫ者ㅣ有ᄒᆞ더니既而오日人이漸々軍用地라稱ᄒᆞ고土地를占領ᄒᆞ며家屋을收取ᄒᆞ고國內利益을次第據有ᄒᆞ고一切權勢를管轄ᄒᆞ야諸般行動이甚히異常ᄒᆞᆫ지라此時를當ᄒᆞ야韓人이、또相謂曰、此ᄂᆞᆫ我政府가向者에日本의好意를不知ᄒᆞ고妨害ᄒᆞᆫ事가多ᄒᆞ야憾情이生ᄒᆞᆷ인가然이나我人民은元來、無罪ᄒᆞ니政府ᄂᆞᆫ變改ᄒᆞ려니와我人民의게必然儘心愛恤ᄒᆞ리라、ᄒᆞ더니既而오乙巳冬에至ᄒᆞ야伊藤博文이大使로來ᄒᆞ야新條約을倡ᄒᆞ니其條約은即韓國保護라光武九年乙巳十一月十七日에博文이林權助及長谷川好道等으로、더브러闕內에入ᄒᆞ야憲兵으로各門을把守ᄒᆞ고新約을議ᄒᆞᄂᆞᆫ지라此言이出ᄒᆞᆫ後에全國이振動ᄒᆞ야道路에셔痛哭ᄒᆞᄂᆞᆫ者와噓唏聽塞ᄒᆞ야彼此相吊ᄒᆞ야曰、五百年宗社가今日此에至ᄒᆞ니、엇지歎惜치아니리오、ᄒᆞ며基督教人은公同聯合會를結ᄒᆞ야上天씌祈禱ᄒᆞ며皇城新聞記者ᄂᆞᆫ皇帝

씌셔不許ᄒᆞ신勅語와日兵이宮闕에闖入ᄒᆞᆫ事와伊藤博文이恐喝ᄒᆞᆫ各般事와韓圭卨이捺章치아니ᄒᆞᆫ事와各大臣이溺職欺負ᄒᆞᆫ事와國權을喪失ᄒᆞᆫ事를揭載ᄒᆞ더니既而오日本巡査가來ᄒᆞ야該社를閉鎖ᄒᆞ고、또十三道儒生이伊藤博文과五大臣을䟽斥ᄒᆞ니大抵其約條을稱曰五條約이니

一은日韓兩國이盟約을比前親密ᄒᆞᆯ事　二ᄂᆞᆫ韓國外部를廢止ᄒᆞ고外交部를東京에置ᄒᆞ야一切外交權을日本에委託ᄒᆞᆯ事

三은京城에駐ᄒᆞᆫ公使를統監이라改稱ᄒᆞᆯ事　四ᄂᆞᆫ韓國各地에領事를理事라改稱ᄒᆞᆯ事　五ᄂᆞᆫ韓國皇室을尊嚴케保全ᄒᆞᆯ事

右條約을伊藤博文이上前에固請ᄒᆞ거ᄂᆞᆯ上曰、朕이貴皇帝宣載詔勅中에韓國獨立을扶植ᄒᆞᆫ句語及韓日議定書中、獨立保證이란說을確信ᄒᆞ다가大使가來ᄒᆞᆷ을見ᄒᆞ고、더욱歡喜ᄒᆞ얏더니今에此說은果是意外라、엇지平日期望ᄒᆞ든비리오、ᄒᆞ신ᄃᆡ博文이曰此ᄂᆞᆫ外臣의自意가、아니라本政府命令이오此事를認許ᄒᆞ시면東洋平和가永遠ᄒᆞ리

이다、ᄒᆞ거ᄂᆞᆯ
上曰朕이祖宗以來로大事가有ᄒᆞ면大小官吏와在外儒賢ᄭᆞ지諮詢決處ᄒᆞ고、ᄯᅩ國內紳士人民ᄭᆞ지採訪施行ᄒᆞᄂᆞ니故로朕이自意擅斷치못ᄒᆞᆯ다ᄒᆞ시니博文曰、人民橫議ᄂᆞᆫ兵力으로鎭壓ᄒᆞᆯ것시오、오작陛下ᄂᆞᆫ兩國交誼를念ᄒᆞ야處分을即賜ᄒᆞ쇼셔、ᄒᆞᄂᆞᆫ지라
上曰此條ᄂᆞᆫ、곳無國ᄒᆞᆷ과如ᄒᆞ니朕이聽치못ᄒᆞᆯ다、ᄒᆞ시니如此ᄒᆞ기四五時러라旣而오博文이御前會議를開ᄒᆞ라ᄒᆞ고諸大臣을從ᄒᆞ야闕內에入ᄒᆞ니日兵이從入ᄒᆞ고條約을又請ᄒᆞᄂᆞᆫ지라叅政韓圭卨이、ᄯᅩ不許ᄒᆞ얏더니博文이陛見을請ᄒᆞ거ᄂᆞᆯ上曰朕이有病ᄒᆞ니政府와議論ᄒᆞ라、ᄒᆞ신ᄃᆡ博文이다시諸臣을招ᄒᆞ야詰責ᄒᆞ거ᄂᆞᆯ圭卨은一向抗議ᄒᆞ고此外에外大朴齊純、學大李完用、內大李址鎔、軍大李根澤、農大權重顯은다可字를書ᄒᆞ야如此히約章에捺印ᄒᆞᆫ後、博文과長谷川好道及林權助等이散歸ᄒᆞ니是日은光武九年十一月十八日이오各大臣이歸家ᄒᆞᆯ시日兵數三十名이擁護ᄒᆞ고、ᄯᅩ其私第에戒嚴ᄒᆞᄂᆞᆫ지라

當日城內人民이此條約에調印됨을聞ᄒᆞ고紳士及人民이다忿奮激昂ᄒᆞ야曰、四千年國家가一朝에賣國賊의게亾ᄒᆞ얏다、ᄒᆞ고如狂如醉ᄒᆞᆫ者와長歌痛哭ᄒᆞᆫ者를枚擧키難ᄒᆞ고或은曰、此條約은叅政이捺印치아니、ᄒᆞ얏스니無効될거시오、ᄯᅩ我皇帝의裁可가無ᄒᆞ니空紙와無異ᄒᆞ다ᄒᆞ고議論이紛紜ᄒᆞ며遠近紳士가上䟽ᄒᆞ야時事를痛論ᄒᆞ고大臣을彈劾ᄒᆞᄂᆞᆫ者ㅣ多ᄒᆞ며前議政大臣趙秉世ᄂᆞᆫ百官을率ᄒᆞ고上奏ᄒᆞ되誤國ᄒᆞᆫ五大臣을正罪ᄒᆞ소셔ᄒᆞ고、ᄯᅩ駐京ᄒᆞᆫ各國公使의게致書ᄒᆞ야會同談判을請ᄒᆞ고幷히日本公使林權助의게致書ᄒᆞ야其無理ᄒᆞᆷ을責ᄒᆞ고屢日闕外에待罪ᄒᆞ고
前輔國閔泳煥은鄕第에往ᄒᆞ얏다가回來ᄒᆞ야百官으로、더브러伏闕上䟽ᄒᆞ야大勢를挽回코자、ᄒᆞ다가拘拿의命을承ᄒᆞ니時勢가可爲치、못ᄒᆞᆯ지라、이에自刎ᄒᆞ야死ᄒᆞᆯ시遺書로써韓國人民의게警告ᄒᆞ니其書에曰國恥民辱이此에至ᄒᆞ니我人民이將且生存競爭中에셔殄滅ᄒᆞᆯ지라大抵苟且히生을要ᄒᆞᄂᆞᆫ者ᄂᆞᆫ死ᄒᆞ고死를期ᄒᆞᄂᆞᆫ者ᄂᆞᆫ、도로혀

生ᄒᆞᄂᆞ니諸公은엇지此ᄅᆞᆯ不諒ᄒᆞᄂᆞ뇨泳煥은一死로皇恩을仰報ᄒᆞ고幷히我二千萬同胞兄弟의게謝ᄒᆞ노이다泳煥이비록死ᄒᆞ야도死치아니ᄒᆞ고諸君을九泉下에셔陰助ᄒᆞ리니我同胞ᄂᆞᆫ千萬奮勵ᄒᆞ야志氣ᄅᆞᆯ堅確ᄒᆞ며學問을益勉ᄒᆞ고結心戮力ᄒᆞ야我의自由獨立을回復ᄒᆞ면死者ㅣ冥々中에셔喜笑ᄒᆞ리이다ᄒᆞ고또各公舘에致書ᄒᆞ야曰泳煥이爲國홈이不善ᄒᆞ야國勢와民計가此에至ᄒᆞᆫ지라泳煥은徒히一死로써皇恩을報ᄒᆞ고我二千萬同胞의게謝ᄒᆞ노니死者ᄂᆞᆫ已矣어니와我二千萬人民이將且生存競爭中에셔殄滅ᄒᆞᆯ지라貴公使ᄂᆞᆫ엇지日本의行爲ᄅᆞᆯ不諒ᄒᆞᄂᆞ뇨貴公使ᄂᆞᆫ幸히天下公議로써貴政府及人民의게歸報ᄒᆞ야我人民의自由獨立을贊助ᄒᆞ소셔死者ㅣ冥々中에셔感喜ᄒᆞ리이다嗚呼라閣下ᄂᆞᆫ大韓을輕視ᄒᆞ고我人民의血心을誤解치말라ᄒᆞ얏더라泳煥이死ᄒᆞᆫ後에全國이振動ᄒᆞ야街巷에嗔咽ᄒᆞᆫ者ㅣ다痛哭ᄒᆞ니哀慘ᄒᆞᆫ景狀이天昏地暗ᄒᆞ고各公使及在韓外人이來弔ᄒᆞᄂᆞᆫ者ㅣ다流淚滂沱ᄒᆞ며日本公使林權助도또ᄒᆞᆫ甚히悲

痛ᄒᆞ니其忠義의感人홈이如此ᄒᆞ더라先是泳煥이平理院門前에셔待命ᄒᆞ다가鍾路旅人家에入ᄒᆞ야死코자ᄒᆞᆯ새挽救者가有ᄒᆞᆯ가恐ᄒᆞ야侍人을遠地에散遣ᄒᆞ고懷中小刀ᄅᆞᆯ出ᄒᆞ야頸을刺ᄒᆞ니刀尖이細少ᄒᆞ야傷ᄒᆞ기不深ᄒᆞᆫ지라이에咽喉ᄅᆞᆯ向ᄒᆞ야亂刺ᄒᆞ기數十次에비로소命이絕ᄒᆞᆫ지라其家人이晚後에入來ᄒᆞ야驚惶審視ᄒᆞ니刀痕이頸上에縱橫ᄒᆞ얏더라泳煥의母ᄂᆞᆫ年이七十餘라其報ᄅᆞᆯ聞ᄒᆞ고哭지아니ᄒᆞ야曰吾兒가國事에死ᄒᆞ니다시何恨이有ᄒᆞ리오ᄒᆞ더라泳煥의稚子가三人이라先是數日에泳煥이其母親께拜辭ᄒᆞ고또其妻ᄅᆞᆯ顧ᄒᆞ고稚子의背ᄅᆞᆯ撫ᄒᆞ야愴然히悲感ᄒᆞᆫ色이有ᄒᆞ니傍人이其心을莫知ᄒᆞ얏ᄉᆞ나此ᄂᆞᆫ其老母와弱妻稚子ᄅᆞᆯ難捨ᄒᆞ야然홈이러라

十一月三十日에趙秉世가또上疏ᄒᆞ다가蒙允치못ᄒᆞ고飮藥自殺ᄒᆞᆯ시各公使館에遺書ᄒᆞ야曰秉世가向者日本刼約事로閣下等의게知照ᄒᆞ얏ᄉᆞ니願컨ᄃᆡ僉閣下ᄂᆞᆫ隣誼ᄅᆞᆯ顧念ᄒᆞ야我獨立權을回復케ᄒᆞ면秉世가結草報恩ᄒᆞ리이다ᄒᆞ고또人民의게訣告ᄒᆞ야曰嗚呼라强

隣이渝盟ᄒᆞ고賊臣이賣國ᄒᆞ야二千萬生靈이人의奴隸가、될지니惟我同胞ᄂᆞᆫ各自奮發ᄒᆞ야我獨立基礎ᄅᆞᆯ鞏固케ᄒᆞ라、ᄒᆞ얏더라

時에、參判洪萬植과駐英公使李漢應과學部主事李相哲과兵丁金奉學은、다自殺ᄒᆞ고外國遊學生과京鄕學校가、다廢學ᄒᆞ고婦孺老、少가互相吊哀ᄒᆞ야失性ᄒᆞᆫ者와如ᄒᆞ며市肆가撤廢ᄒᆞ야滿目荒凉ᄒᆞ더니

既而오新條約의結果로駐日我韓公使趙民熙가撤還ᄒᆞ고

光武十年一月에日本이我京城에統監府ᄅᆞᆯ置ᄒᆞ야伊藤博文은統監이、되고其僚屬이先至ᄒᆞ니此ᄂᆞᆫ新約後에博文이其國에暫歸ᄒᆞᆷ이라外部의文簿ᄅᆞᆯ調査管轄ᄒᆞ니即各顧問合同과地段借租와礦山、森林과捕鯨、漁採와通信引繼와航海條約과韓日議定書等一切外交案件이러라此時政府ᄂᆞᆫ所事가無ᄒᆞ고、오작博文의來ᄒᆞ기ᄅᆞᆯ待ᄒᆞᆯ서長谷川好道가統監代理가되고三月에至ᄒᆞ야博文이來ᄒᆞ니大抵韓國이此境에至ᄒᆞᆷ은其歷史ᄅᆞᆯ論ᄒᆞᆯ진ᄃᆡ向者韓、俄가方密ᄒᆞᆯ時에日本人이常曰、俄國이韓國을并呑ᄒᆞᆫ다、ᄒᆞ더니及其俄國과開戰初에韓、俄成約을毁破ᄒᆞ고其交通을拒絶케、ᄒᆞ더니既而오日本이欝島及鴨綠江沿岸에土地森林權을占有ᄒᆞ고三面漁業과京義、京元、京釜鐵道와通信機關과河川航行等諸權을占ᄒᆞ고日人이且日韓國이反覆、無常ᄒᆞ니不得不、操制ᄒᆞᆫ다ᄒᆞ나其實은對韓經營에失策이多ᄒᆞᆫ지라向者、日淸戰役後에日本이萬一雍容勸告ᄒᆞ야開明에漸臻케、ᄒᆞ얏스면韓人이應當感服ᄒᆞ겟거ᄂᆞᆯ其做作이太急太苛ᄒᆞ다가乘輿가俄館에播遷ᄒᆞ얏스니大抵韓人의反覆은其素志가、아니라實로日本人이激成ᄒᆞᆷ이오、또韓人으로言ᄒᆞ면十數年來로政令을不修ᄒᆞ야生民이塗炭에陷ᄒᆞ고百度가俱廢ᄒᆞ야隣人으로、ᄒᆞ야곰唇亡齒寒의憂ᄅᆞᆯ成ᄒᆞ얏스니此ᄅᆞᆯ論ᄒᆞ면今日此境에至ᄒᆞᆷ도韓國政府의自取로다然이나扶危、恤隣ᄒᆞᄂᆞᆫ道ᄂᆞᆫ其政界ᄅᆞᆯ澄淸ᄒᆞ야人民을撫安ᄒᆞᆷ이可ᄒᆞ거ᄂᆞᆯ今에不然ᄒᆞ야愚人을利用ᄒᆞ야以暴易暴에蹊田奪牛가、엇지美事라謂ᄒᆞ리오此ᄂᆞᆫ韓人의不幸뿐、아니라東洋의不幸ᄒᆞᆫ事러라

時에日本이京城及各港口에領事ᄅᆞᆯ廢ᄒᆞ고理事廳을設置ᄒᆞ며各港

市에在ᄒᆞᆫ租界內地段과監理의外交事務를引繼ᄒᆞ고外部ᄂᆞᆫ廢ᄒᆞ야議政府에外事局을設ᄒᆞ고通商局을商務局이라稱ᄒᆞ야農商工部에屬ᄒᆞ고日公使林權助ᄂᆞᆫ歸國ᄒᆞ고三月四日에統監伊藤博文이入京ᄒᆞ더라

既而오日本興業會社에一千萬圓을借款ᄒᆞ니其利子ᄂᆞᆫ每百圓에六錢五厘오保證은海關稅納이니即手數料(居間口文)가百萬圓이오此ᄂᆞᆫ韓國農商業을發達ᄒᆞᆫ다ᄒᆞ더니其後에各官廳을改建ᄒᆞ며水道를敷設ᄒᆞ며道路를測量ᄒᆞ고日本人의俸給을增加ᄒᆞ며顧問補佐官巡查等을傭聘ᄒᆞ야來韓ᄒᆞᆫ者ㅣ數千人이라何時에韓國利益이發達ᄒᆞ야鉅款을償還ᄒᆞ리오此款이十年爲限ᄒᆞ얏스니十年後에何策으로報償ᄒᆞ리오이에漢城及各都會地에農工銀行을設立ᄒᆞ고銀行條例를發布ᄒᆞ며資本金은每銀行에十萬圓以上으로股金은二十圓이오此銀行이韓人의不動產典質로貸金方法을삼으니大抵韓國貨幣를着手ᄒᆞᆫ後로金融이涸渴ᄒᆞ야人民이蕩產ᄒᆞ고土地家屋이借金의擔保品에歸ᄒᆞ더라

또合郡問題가起ᄒᆞ니此ᄂᆞᆫ郡의大小가不均ᄒᆞ야地方行政上에不便이多ᄒᆞᆫ故라然이나此說이出ᄒᆞᆫ後로吏民이料廩을失ᄒᆞᆯ가恐ᄒᆞ야疑議가紛紜ᄒᆞ다가其中桀驁ᄒᆞᆫ者ᄂᆞᆫ舊日文書를燒火ᄒᆞ고逃亡ᄒᆞᄂᆞᆫ者도有ᄒᆞ고或各郡에通文ᄒᆞ야擾亂을釀ᄒᆞ며其官員된者ᄂᆞᆫ失職ᄒᆞᆯ가慮ᄒᆞ야百計로沮戲ᄒᆞ더니畢竟合郡이不成ᄒᆞ고韓國初學敎科書를日本國文으로編輯ᄒᆞ고또日語를讀習케ᄒᆞ야課程에揷入ᄒᆞ고京義鐵道를敷設ᄒᆞᆯ식平壤外城에人民家屋을毀撤ᄒᆞ며墳墓를掘破ᄒᆞ며軍兵은人民家屋을借住ᄒᆞ다가仍히占居ᄒᆞ니平壤人民이京鄕에紛訴ᄒᆞᄂᆞᆫ者ㅣ相屬ᄒᆞ고또伊藤博文이韓國에礦山及移民條例를設ᄒᆞ니自此로韓人의海外旅行이頗難ᄒᆞ더라

時에忠淸道一帶에人民이蜂起ᄒᆞ야義兵이라稱ᄒᆞ고日人을排斥ᄒᆞ니前參判閔宗植等이義兵將이되야洪州城을占據ᄒᆞ고日兵과交戰ᄒᆞ야宗植等이敗走ᄒᆞ니兵民의死傷이甚衆ᄒᆞ고日人이宗植及其黨

을逮捕ᄒᆞ고前贊政崔益鉉等은兵民을募集ᄒᆞ다가被執ᄒᆞ야對馬島에押送ᄒᆞ니益鉉이被囚ᄒᆞᆫ지多月에其弟子가衣粮을送ᄒᆞ더니旣而오粮乏ᄒᆞᆫ지라餓死ᄒᆞ야忠淸道本第로歸葬ᄒᆞ니道路에셔哭迎ᄒᆞᄂᆞᆫ者ㅣ屢萬이러라

時에日本政府가滿韓問題로廷議가紛々ᄒᆞ니此ᄂᆞᆫ日本이戰俄後에負債를淸償코자ᄒᆞᆯ진ᄃᆡ滿韓의利益을獨占ᄒᆞ여야可ᄒᆞᆯ지라然이나對强의猜忌가起ᄒᆞ겟고不然ᄒᆞ면國民의激論이日甚ᄒᆞ니大抵日本列韓策이三十年來로其始에ᄂᆞᆫ征韓論이오其次ᄂᆞᆫ大東聯合論이오又其次ᄂᆞᆫ曰幷呑、曰保護、曰帝國主義、曰殖民政策이라先是俄國과開戰初에韓人이日本을甚喜ᄒᆞ야俄의敗ᄒᆞ기를日望ᄒᆞ니此ᄂᆞᆫ韓、日이同種同文으로脣齒輔車의勢가有ᄒᆞᆯᄲᅮᆫ아니라、또日本은先進國이오隣邦을顧念ᄒᆞ리라、ᄒᆞ더니及其戰勝後에對韓政策이人心을怫ᄒᆞᄂᆞᆫ지라、이에韓人이或暴擧를起ᄒᆞ며或海外에奔走申訴ᄒᆞ더라

十三道觀察府에警務官一人과總巡四人을置ᄒᆞ며日人警務補佐와補佐官補와通譯官補와補助員等官을配置ᄒᆞ니凡五百餘人이오經費ᄂᆞᆫ十八萬餘圓이러라

駐美日本領事가美領布哇와桑港等地에在留ᄒᆞᆫ韓人을調査ᄒᆞᄂᆞᆫᄃᆡ布哇에在ᄒᆞᆫ韓人은日領事의保護를不受ᄒᆞ야戶口를調査치못ᄒᆞ고

日本이京釜鐵道를買收ᄒᆞ야鐵道局을設ᄒᆞ야統監府에隷屬ᄒᆞ고光武十年七月에ᄂᆞᆫ日本巡査와兵丁이闕內에入ᄒᆞ야各宮門을把守ᄒᆞ고近侍의出入을禁止ᄒᆞ니此ᄂᆞᆫ雜類가生事ᄒᆞᆯ가慮ᄒᆞᆷ이오時에閔泳煥家에綠竹이自生ᄒᆞ니竹生處ᄂᆞᆫ即泳煥의殉節時血衣를留藏ᄒᆞᆫ夾室이라遠近士女가雲集ᄒᆞ야觀光ᄒᆞᄂᆞᆫ者ㅣ熱鬧ᄒᆞ더라

先是豆滿江과鴨綠江沿岸森林을政府에셔俄人의게借與ᄒᆞ야俄人이龍巖浦에會社를開ᄒᆞ고採伐에着手ᄒᆞ더니日、俄戰爭後로韓、俄가隔絕ᄒᆞᆫ지라該地에駐屯ᄒᆞᆫ日兵이斫伐ᄒᆞ더니伊藤博文이韓日兩國間에會社를設立ᄒᆞ야共同事業으로森林을斫伐ᄒᆞ고

間島問題가起ᄒᆞ니間島ᄂᆞᆫ韓國極北에在ᄒᆞᆫ一廣大地段이라該土ᄂᆞᆫ

韓、清兩國이定界事로屢次交涉ᄒᆞ더니至是ᄒᆞ야日本政府가韓國一進會民으로、ᄒᆞ야곰該地方에自由政體를組織ᄒᆞ야殖民地를開創ᄒᆞᆫ다ᄒᆞ니大抵間島ᄂᆞᆫ將來에緊要地點이、될지라淸、俄가着手ᄒᆞ기前에日本이其勢力을擴張코자홈이러라、이에日本外務省에셔官吏를間島에派遣ᄒᆞ야實地를視察ᄒᆞ고淸國政府와交涉ᄒᆞ야互相持久ᄒᆞ야談辦이歸決치、못ᄒᆞ고

또日本이鎭海灣과永興灣은海軍에必要處라此兩灣을大韓軍港으로命名ᄒᆞ야世界에公佈ᄒᆞᆫ後에日本軍港으로借與ᄒᆞ얏다가韓國軍費가擴張ᄒᆞᆫ後에讓渡ᄒᆞᆯ事로契約ᄒᆞ니此兩灣은東南海岸의要衝이오日本이戰俄初브터此地에海軍防備隊를設置ᄒᆞ고砲臺를築ᄒᆞ며兵舍를建ᄒᆞ야經營에汲汲ᄒᆞ더라

時에通信院을廢止ᄒᆞ니此院은韓國이數十年來로電郵官吏를養成ᄒᆞ고通信事務를擴張ᄒᆞ니大抵我國이高麗時브터我朝開國五百二年ᄭᆞ지烽火의制가有ᄒᆞ고且新羅時브터郵驛을置ᄒᆞ야國事上通信을行ᄒᆞ나、다만古制를仍襲ᄒᆞ더니開國四百九十五年丁亥에、비로소電報局을設ᄒᆞ고自此로京釜間電線을架設ᄒᆞ고其後에次第擴張ᄒᆞ더니甲午에日本이京釜間에日本電線을設ᄒᆞ고淸國에架設ᄒᆞ얏던仁川、義州線도日本에歸ᄒᆞ얏다가丙申에日本이仁川、義州線을我國에還付ᄒᆞ고光武三年己亥에淸國電報局과協商ᄒᆞ야義州와安東縣間에電線을連接ᄒᆞ야外國通信을開通ᄒᆞ얏더니四年庚子에淸匪의絶斷ᄒᆞᆫ비、되야自此로外國通信은日本電線을不由ᄒᆞᄂᆞᆫ者ㅣ無ᄒᆞ고六年壬寅에ᄂᆞᆫ漢城內外에電話線이五處오郵遞ᄂᆞᆫ開國四百九十三年甲申에郵政局이有ᄒᆞ다가旋廢ᄒᆞ고乙未에郵遞司官制를設ᄒᆞ고京仁間事務를開始ᄒᆞ고其外區域을擴張ᄒᆞ며光武一年丁酉에委員을美國에送ᄒᆞ야萬國郵遞聯合會에合同ᄒᆞ고外國에通聯ᄒᆞᄂᆞᆫ郵遞를始ᄒᆞ얏스나日人이韓國內各要地에郵便局을設ᄒᆞ미韓國의郵司ᄂᆞᆫ自然勢力이讓退ᄒᆞ고先是에通信事務가農商工部에屬ᄒᆞ얏더니光武四年에通信院官制가擴張ᄒᆞ야國內에電報司가三十三處오電

話所가六處오(電線이約一萬韓里)郵遞司及領受所가五十八處오此外에臨時郵遞ᄂᆞᆫ各郡에皆在ᄒᆞᆫ지라然이나通信區域이、오히려未廣ᄒᆞ되此機關이設始ᄒᆞᆫ後로政府行政과人民營業上에多大ᄒᆞᆫ便宜를得ᄒᆞ더니至是ᄒᆞ야全國通信機關이日本에歸ᄒᆞ고通信院을廢止ᄒᆞ얏ᄂᆞ이다

時에合郡問題가變ᄒᆞ야地方制度調査問題가되니、이에調査所를內部에設ᄒᆞ고韓官과日人이事務에着手ᄒᆞᆯ시地方各郡이廣狹屈曲ᄒᆞ야平均치、못ᄒᆞᆫ面積即所謂飛來面과斗入地를互相割付ᄒᆞ고結戶稅文書를移屬ᄒᆞᆫ郡에越送ᄒᆞ며既而오各港市監理를改ᄒᆞ야府尹이라稱ᄒᆞ고港市所在郡은府尹이兼治케ᄒᆞ고、또十三道에收稅制度를變更ᄒᆞ야度支部에日人으로財政顧問官等과財務官을置ᄒᆞ며韓國에在ᄒᆞᆫ日本株式會社第一銀行으로金庫를、삼아稅金出納을專管케ᄒᆞ며觀察使ᄂᆞᆫ稅務監을兼任ᄒᆞ고稅務監下에稅務官等을選任ᄒᆞ야租稅를督納ᄒᆞ니蓋從來로地方郡守가結戶稅를管掌ᄒᆞ다가欠逋ᄒᆞᆫ者

ㅣ多ᄒᆞᆫ故로此를改良코자ᄒᆞᆷ이러라、또伊藤博文이國事犯等을赦還케ᄒᆞ니國事犯諸人은數十年來로腐敗ᄒᆞᆫ政治를一掃ᄒᆞ고獨立主權을鞏固코자、ᄒᆞ다가奸黨의擠斥ᄒᆞᆫ빈、되야日本에亾命ᄒᆞᆫ者라爾後奸細輩가國事犯을密捕ᄒᆞ다ᄒᆞ고官職을圖得ᄒᆞ며帑金을消耗ᄒᆞ더니至是ᄒᆞ야日本政府가其蕩滌ᄒᆞᆷ을言ᄒᆞ나然이나政府大臣이權位를失ᄒᆞᆯ가懼ᄒᆞ야極力反對ᄒᆞ고日本도、또ᄒᆞᆫ眞心이、아니라故로至今ᄭᆞ지延滯ᄒᆞ얏고時에李世稙等獄事가起ᄒᆞ니此ᄂᆞᆫ世稙이國書를將ᄒᆞ야外國과潛通ᄒᆞᆷ이러라

先是에日人이黃州郡에興業會社를設ᄒᆞ야黃州一境의良田沃土가該會社의佔有ᄒᆞᆫ빈、되고居民은流離渙散ᄒᆞ며京城과地方都會地에ᄂᆞᆫ曩者白銅貨交換以後로金融이枯渴ᄒᆞ야全國商民이擧皆蕩產ᄒᆞ니自此로商路가阻絶ᄒᆞ고、또義兵이라、ᄒᆞ야逮捕ᄒᆞᆫ者ㅣ多ᄒᆞ더라

先是에宮中奸細輩가外釁을開ᄒᆞᄂᆞᆫ지라、이에闕門을把守ᄒᆞ야宦官宮女의出入을禁ᄒᆞ더니至是에宮內官制를變更ᄒᆞ고主殿院으로、ᄒᆞ

야吾宮殿의門票를製ᄒᆞ야各部大臣及應히詣闕ᄒᆞᆯ者의게出給ᄒᆞ고其餘近侍及宮庭掖屬等의出入은日憲兵과巡査가一幷阻遏ᄒᆞ고政府에셔ᄂᆞᆫ國有不動産調査會를開ᄒᆞ고、또土地와家屋賣買、讓與、交換、典當等規則을頒布ᄒᆞ니、다日本法律에依據ᄒᆞᆷ이오十三道及各港裁判所에日人法務補佐官等을置ᄒᆞ야韓國法官을監督ᄒᆞ니時에司法과行政과財政과警察等權柄이、다日人의게歸ᄒᆞ야韓國官吏ᄂᆞᆫ拱手唯々ᄒᆞᆯ뿐이러라

時에日本에留學ᄒᆞᄂᆞᆫ韓國私費生二十一人이學費가乏絕ᄒᆞᆫ지라一齊히指를斷ᄒᆞ고同盟ᄒᆞ야曰學業을未成ᄒᆞ고、엇지回國ᄒᆞ리오、ᄒᆞ고其血로ᄡᅥ長書를作ᄒᆞ야留學監督部에呈ᄒᆞ거ᄂᆞᆯ監督韓致愈가此事를政府에報ᄒᆞ니國內紳士等이大驚ᄒᆞ야寄附金을募集ᄒᆞ고政府ᄂᆞᆫ此事를上奏ᄒᆞ니上이其情狀을矜惻ᄒᆞ야內帑金一萬圓을下賜ᄒᆞ시고

旣而오大邱에셔金光濟、徐相敦等이國債一千三百萬圓의報償ᄒᆞᄂᆞᆫ趣旨書를布告ᄒᆞ니其書에曰臣民된者ㅣ仗忠尙義ᄒᆞ면其國이興ᄒᆞ고其民이安ᄒᆞ며不忠、無義ᄒᆞ면國與民이偕亡ᄒᆞᄂᆞ니挽近歐洲와日本에證ᄒᆞ야도可知ᄒᆞᆯ비라今此借款은我韓存亡의關係니報ᄒᆞ면國存ᄒᆞ고不報ᄒᆞ면國亡ᄒᆞᆯ지라國民된者ㅣ엇지埃及의前轍을蹈ᄒᆞ리오愛國思想이有ᄒᆞᆫ者ᄂᆞᆫ轉相警告ᄒᆞ야疆土를維持ᄒᆞ라ᄒᆞ니、이에全國이響應ᄒᆞ야甚至於閭巷婦孺도爭先、出捐ᄒᆞ며繼ᄒᆞ야通文을發ᄒᆞ고民志를鼓勵ᄒᆞ야幾月間에募集ᄒᆞᆫ金이四五萬圓이러라

日俄戰爭後로日人이韓國에渡來ᄒᆞᄂᆞᆫ者ㅣ日多ᄒᆞ야韓人의失業ᄒᆞᆫ者ㅣ多ᄒᆞ고、또土地를買收ᄒᆞ야日人의게歸ᄒᆞᆫ者ㅣ甚多ᄒᆞ고、또日人이龍山典圜局後麓에田半日耕을韓民의게買得ᄒᆞ얏다稱ᄒᆞ고其全麓에在ᄒᆞᆫ韓人墳墓數百塚을掘去ᄒᆞᄂᆞᆫ지라塚主等이政府에號訴ᄒᆞ야僅히中止ᄒᆞ고三月六日에ᄂᆞᆫ開城、豐德兩郡接界에在ᄒᆞᆫ擎天塔은高麗恭愍王時魯國公主의紀念이라三十餘層을築ᄒᆞ야屢百年遺傳ᄒᆞᆫ古物이어ᄂᆞᆯ我皇太子嘉禮時에日本大使田中이我國에來ᄒᆞ야某

人의게請得ᄒᆞ얏다ᄒᆞ고東京으로輸去ᄒᆞ더라
先是에一鄕人이道上에셔大臣을銃殺코자ᄒᆞ다가就捕ᄒᆞ얏더니前注書羅寅永、吳基鎬、金寅植等이平理院에自現ᄒᆞ야曰我等이其主謀者라ᄒᆞ고五大臣을暗殺코자ᄒᆞ던供狀을呈ᄒᆞ니其書에曰維我三千里疆土와二千萬生靈으로今日悲境에淪ᄒᆞ야政權이墜失ᄒᆞ고民生이糜爛ᄒᆞ야無國、無民의境에至ᄒᆞ니是誰之罪오다政府諸奸의馴致ᄒᆞᆫ비라蠹在光武九年十一月十七日에堂々ᄒᆞᆫ帝國의外交權을肆然讓渡ᄒᆞ니此五賊은萬古의元惡이라余等이憂憤을不勝ᄒᆞ야諸奸을誅코자ᄒᆞ얏고現今逮囚ᄒᆞᆫ者ᄂᆞᆫ無辜ᄒᆞᆫ人이니余等이其刑에甘伏ᄒᆞ노라ᄒᆞ니時에此獄에干連되야韓人二十餘名이被囚ᄒᆞ고五大臣家에ᄂᆞᆫ日巡査等의戒嚴이더욱嚴密ᄒᆞ고羅寅永等은審問流配ᄒᆞ더라
旣而오日本에韓國度支部財政顧問官目賀田種太郞으로財政監査長을삼으니先是에ᄂᆞᆫ韓國財政이總히日本第一銀行에歸ᄒᆞ고度支部ᄂᆞᆫ中央金庫라ᄒᆞᆯᄲᅮᆫ이러니今에ᄂᆞᆫ其虛名도無ᄒᆞ며또日本國民等이分黨爭辯ᄒᆞ되日本이韓國內에셔行政ᄒᆞᆷ이柔弱拙劣ᄒᆞ다ᄒᆞ야其政府를攻擊ᄒᆞ거ᄂᆞᆯ日本外務大臣이衆議院에셔演說ᄒᆞ되韓日間聯合稅則은兩國經濟上關係와海外商業을調査ᄒᆞᆫ後에決定ᄒᆞ겟고韓國內에日本의優越權은世界에宣布ᄒᆞ얏다ᄒᆞ고또未幾에日本早稻田大學校學生等이韓國皇室을侮辱ᄒᆞ야此說이播傳ᄒᆞ니韓人이忿恨ᄒᆞ야排斥思想이漸生ᄒᆞ더라
先是日本對馬島에被幽ᄒᆞᆫ崔益鉉이臨死에遺疏를上ᄒᆞ니其疏에曰臨死臣崔益鉉은日本對馬島警備隊에被幽ᄒᆞ야皇帝陛下씌百拜上言ᄒᆞ노이다臣이無狀ᄒᆞ야畢竟俘虜의辱을遭ᄒᆞ오니必死로自期ᄒᆞ고生還이無望일시決意却食ᄒᆞ야以待自靖이오나但四千年祖國과三千里生靈이將次丘墟와魚肉을未免ᄒᆞᆯ지라願컨ᄃᆡ陛下ᄂᆞᆫ頹靡의志를振起ᄒᆞ고因循의習을拋棄ᄒᆞ사依賴의心을永斷ᄒᆞ고薪膽의志를益堅ᄒᆞ사自修를克盡ᄒᆞ고軍民을撫養ᄒᆞ시면國民은다愛國心이固有ᄒᆞᆫ者라엇지陛下를爲ᄒᆞ야死力을出치아니ᄒᆞ오릿가ᄒᆞ얏더라

五月二十二日에韓廷各大臣이、다시變更ᄒᆞ야李完用은總理大臣이오任善準은內部大臣이오李秉武ᄂᆞᆫ軍部大臣이오李載崑은學部大臣이오高永喜ᄂᆞᆫ度支大臣이오趙重應은法部大臣이오宋秉畯은農商工部大臣이오此外協辦도多少變更이有ᄒᆞ고朴齊純以下、曩者五大臣은幷히中樞院顧問을任ᄒᆞ얏ᄂᆞ이다

海牙事件及禪讓

六月十五日에和蘭海牙府에셔萬國平和會議를開ᄒᆞ고各國委員四十七名이會集ᄒᆞᆯ시和蘭外部大臣이開會祝辭를述ᄒᆞᆫ後、美國大統領루스벨트氏가世界平和에盡力ᄒᆞᆷ을讚頌ᄒᆞ고議長은俄國委員네리또후氏로定ᄒᆞ고會議를開ᄒᆞ더니七月五日外電에曰、韓國派遣委員이該會에來ᄒᆞ야韓國의獨立을恢復ᄒᆞᆯ事로懇請ᄒᆞ니其控告詞에曰吾等이皇命을祇承ᄒᆞ야貴總代表前에昭告ᄒᆞᄂᆞ이다向者我韓國의自主ᄒᆞᆷ은千八百八十四年에各國의公認ᄒᆞᆫ바오即現在貴國도、또ᄒᆞᆫ承認ᄒᆞᆷ이러니千九百五年十一月十七日以後로日人이兵權으로韓國을逼ᄒᆞ야其固有ᄒᆞᆫ各國國際交涉의權利를奪ᄒᆞᆫ지라故로今에特히日人의狡謀와、밋我의一切法律政權을破壞ᄒᆞᆫ事를將ᄒᆞ야詳明히三條를作ᄒᆞ야謹呈ᄒᆞ노니一은一切政事를日人이韓廷의允諾을不待ᄒᆞ고擅히施行ᄒᆞ며二ᄂᆞᆫ日人이海軍勢力을仗ᄒᆞ고韓國을反對ᄒᆞ며三은日人이韓國의一切法律風俗을破壞ᄒᆞ얏스니貴總統이公理를按ᄒᆞ야斷ᄒᆞ면可히日人이公法違背ᄒᆞᆷ을知ᄒᆞᆯ지라試問ᄒᆞ노니、곳韓國이、아의自主ᄒᆞᄂᆞᆫ地에、엇지日人으로、ᄒᆞ야곰我의國際交涉을干預ᄒᆞ야遠東平和局面을震蕩ᄒᆞ리오然이나、오작日人이我의國際交涉權을敗壞ᄒᆞᆫ故로敝使等이비록敝皇의全權使命이有ᄒᆞ야도斯會에叅列치못ᄒᆞ니此ᄂᆞᆫ敝使等의深惜ᄒᆞᄂᆞᆫ바로이다貴總統은此事에加意ᄒᆞ쇼셔敝國이國際交涉의權利를放棄ᄒᆞᆷ이敝國本意가、아니오다日本이壓制ᄒᆞᆫ故라故로敝使等이貴總統前에赴愬ᄒᆞ오니望ᄒᆞᄂᆞᆫ바濟弱、扶危ᄒᆞ고助力을慨施ᄒᆞ야敝使等으로、ᄒᆞ야곰萬國平和公會에叅列ᄒᆞ야日人의韓國에셔一切施爲를申訴케、ᄒᆞ면幸甚幸甚이오

이다

七月一日海牙電에曰、韓國委員李相卨、李儁、李瑋鍾三人이西伯里鐵道로由ᄒᆞ야露國京城에至ᄒᆞ얏ᄂᆞᆫ딕相卨은韓京出發時에韓廷에셔特使印章을授ᄒᆞ얏다、ᄒᆞ며李儁은曰吾等을因ᄒᆞ야日本이我廷을責ᄒᆞ면我廷은此事를不知ᄒᆞᆫ다、ᄒᆞ리라、ᄒᆞ니李瑋鍾은即前駐俄公使李範晋의子라露、英、佛三國語를通ᄒᆞ고今에露、英、佛、米各委員을訪問ᄒᆞ얏다、ᄒᆞ고七月六日에ᄂᆞᆫ李瑋鍾이國際協會에셔公開演說ᄒᆞᄂᆞᆫ딕千九百五年十一月十七日、韓日協約에皇帝의調印이無ᄒᆞᆫ것을指摘ᄒᆞ야韓國이日本의게外交權을委任ᄒᆞᆫ事實이無ᄒᆞ거ᄂᆞᆯ日本이保護政策을行ᄒᆞᆷ이不可ᄒᆞ다、ᄒᆞ고日本政友會에셔ᄂᆞᆫ海牙事件으로處置ᄒᆞᆯ事를審議ᄒᆞᆫ다、ᄒᆞ고猶興會에셔ᄂᆞᆫ此事의根本을廓清ᄒᆞᆯ事로伊藤博文의게開電ᄒᆞ고、또委員三名이渡韓ᄒᆞᆫ다、ᄒᆞ고十五日에ᄂᆞᆫ日本外務大臣林董이渡韓ᄒᆞᆫ다、ᄒᆞᄂᆞᆫ데日本各當局者의言에曰、此事가韓國이列强前에셔日本을侮辱ᄒᆞ얏다、ᄒᆞ고又曰、此事ᄂᆞᆫ禪讓이可ᄒᆞ다、ᄒᆞ고

又曰、韓皇ᄭᅴ셔日本에親來謝過ᄒᆞᆷ이可ᄒᆞ며以上責任은韓國內閣을擔辭職케、ᄒᆞ고繼後內閣은日人으로組織ᄒᆞ야萬般政務를日人手中에入ᄒᆞᆷ이最宜ᄒᆞ며、또軍部와徵兵令을廢ᄒᆞ야外交事務와同히我陸軍省에셔管轄ᄒᆞ고宮內度支兩大臣을擇ᄒᆞ야宮中을監督ᄒᆞᆯ지라此ᄂᆞᆫ我國對韓策의第一好機會니萬一、不然ᄒᆞ면韓國은我의厄介物(拘碍及沮戲物)이되야事端이續出ᄒᆞ리라、ᄒᆞ더니

十六日에韓國에셔內閣會議를開ᄒᆞᆫ後、十八日에ᄂᆞᆫ內閣大臣八員이海牙事件으로困難을免ᄒᆞᆯ方策을奏ᄒᆞ니　一은光武九年十一月十七日新約에御璽를押ᄒᆞᆯ事　二ᄂᆞᆫ皇帝의攝政을推薦ᄒᆞᆯ事　三은皇帝ᄭᅴ셔東京에親幸ᄒᆞ사日皇ᄭᅴ謝過ᄒᆞᆯ事러라

東京電에曰海牙府에셔韓員李儁이忠憤을不勝ᄒᆞ야自決ᄒᆞ고萬國使臣前에熱血을一灑ᄒᆞ야萬國이驚動케、ᄒᆞ얏다ᄒᆞ고、

十九日에日本外務大臣林董이韓京에入ᄒᆞ니各大臣及一進會員等이出迎ᄒᆞ고十九日上午에皇上ᄭᅴ셔皇太子의게傳位ᄒᆞᄂᆞᆫ詔를發ᄒᆞ

시더니既而오人民이鍾路에會集ᄒᆞ야兵丁과合ᄒᆞ야日巡查와接戰ᄒᆞ고自後屢次接戰ᄒᆞ얏고、또總理大臣李完用家에放火ᄒᆞ고各大臣家에往ᄒᆞ야惹鬧ᄒᆞ니此ᄂᆞᆫ皇帝ᄭᅴ셔日本에親幸、謝過ᄒᆞ신다ᄂᆞᆫ言을聞ᄒᆞ고忿激ᄒᆞᆷ이러라

二十四日에各大臣이伊藤博文及長谷川好道、林董等과會同ᄒᆞ야新協約에調印ᄒᆞ니 一은韓國政府ᄂᆞᆫ施政改善에關ᄒᆞ야統監의指導를受ᄒᆞᆯ事 二ᄂᆞᆫ韓政府法令制定及重要行政上의處分을預히統監의承認을經ᄒᆞᆯ事 三은韓國司法事務ᄂᆞᆫ普通行政事務와區別ᄒᆞᆯ事 四ᄂᆞᆫ官吏任免은統監의同意를待ᄒᆞᆯ事 五ᄂᆞᆫ政府에ᄂᆞᆫ統監의推薦ᄒᆞᆫ日人으로韓國官吏로任命ᄒᆞᆯ事 六은韓政府ᄂᆞᆫ統監의同意가無ᄒᆞᆫ外國人을傭聘치못ᄒᆞᆯ事 七은明治三十七年八月二十二日에調印ᄒᆞᆫ韓日協約第一項을廢止ᄒᆞᆯ事라ᄒᆞ니此ᄂᆞᆫ即財政顧問으로傭聘ᄒᆞᆫ事를廢止ᄒᆞ고仍히日本人으로各部長官을任ᄒᆞᆷ이러라

七月三十日에各大臣이伊藤博文等과會議ᄒᆞ고韓國軍隊를解散ᄒᆞᆯ셔其中一隊만存置ᄒᆞ고各隊를解散ᄒᆞ니第一大隊長朴星煥이一場痛哭ᄒᆞᆫ後、自刎ᄒᆞ야死ᄒᆞ니其部下兵士가大驚ᄒᆞ야日兵과開戰ᄒᆞ고其他兵士도營門을閉ᄒᆞ고日兵을防禦ᄒᆞ더라先是에日人이韓兵을解散코자ᄒᆞᆯ식各將官을招致ᄒᆞ야其部兵을訓鍊院에聚集ᄒᆞ라ᄒᆞ고軍械를奪ᄒᆞ고其空營ᄒᆞᆫ時를乘ᄒᆞ야其營을奪ᄒᆞ더니朴星煥의死ᄒᆞᆷ을聞ᄒᆞ고兵卒이비로소解隊ᄒᆞᆷ을知ᄒᆞ고擧皆奮激ᄒᆞ야爭鬪에至ᄒᆞᄂᆞᆫ지라

이에訓鍊院에往ᄒᆞᆫ兵丁은다空手라解散ᄒᆞ고在營ᄒᆞᆫ兵丁은日兵과相戰ᄒᆞ기四五日이라城內가一戰場이되야哭聲이處々에聞ᄒᆞ며、또家々閉門ᄒᆞ더니既而오日兵이該營에對ᄒᆞ야回旋砲等을放ᄒᆞ고、또大隊가圍包ᄒᆞ니韓兵이寡單ᄒᆞᆫ지라곳城外로走ᄒᆞ고其餘民家에散入ᄒᆞᆫ者ᄂᆞᆫ日兵의게被獲ᄒᆞ야或放或殺ᄒᆞ고、또日本軍司令部로送ᄒᆞ야審判ᄒᆞ고

京城에셔解隊ᄒᆞ든當日에各地方鎭衛隊도、또ᄒᆞᆫ一時解散ᄒᆞ라ᄒᆞ니

此令이下ᄒᆞ미江華에서ᄂᆞᆫ留在兵이日兵을射擊ᄒᆞ야數三名을殺ᄒᆞ고其他原州ᄂᆞᆫ兵民이合ᄒᆞ야日人의郵便取扱所ᄅᆞᆯ打破ᄒᆞ고幷히日人을殺ᄒᆞ니此ᄂᆞᆫ人民이國權의喪失됨을忿恨ᄒᆞ다가今에此機ᄅᆞᆯ乘ᄒᆞ야處々蜂起ᄒᆞ니即關東一省에安穩ᄒᆞᆫ地方이無ᄒᆞ고또其他京畿、忠淸、慶尙、全羅各道에及ᄒᆞ니該徒等이洋銃獵銃等을携持ᄒᆞ고斷髮人을遇ᄒᆞ면曰此ᄂᆞᆫ一進會라ᄒᆞ야殺戮ᄒᆞ니此ᄂᆞᆫ乙巳新條約時에一進會에서國內에宣言ᄒᆞ야日本保護ᄅᆞᆯ受홈이可라ᄒᆞᆫ故오또其中에會ᄅᆞᆯ藉勢ᄒᆞ고鄕民을淩壓ᄒᆞᆫ故러라이에該徒等이邑村間에入ᄒᆞ야衣粮을討索ᄒᆞ며銃械ᄅᆞᆯ收集ᄒᆞ며長吏ᄅᆞᆯ殺ᄒᆞ고檄文을飜傳ᄒᆞ니民心이더욱紛擾ᄒᆞ다가及其該徒가回ᄒᆞᆫ後에ᄂᆞᆫ日兵이謂ᄒᆞ되此地人民이義兵을容留ᄒᆞ얏스니곳義兵이라ᄒᆞ고家屋을燒ᄒᆞ고人民을殺ᄒᆞ니數月間에民戶數萬이燒燼이되고人民死者가無數ᄒᆞ더라이에人民이棲止가無ᄒᆞ야더욱義兵에投入ᄒᆞ고其外溝壑에塡ᄒᆞᄂᆞᆫ者와男女老幼가無罪被殺ᄒᆞᄂᆞᆫ者가處々皆然ᄒᆞ며또各處의盜賊과亂類가義兵이라稱ᄒᆞ고人民을迫脅ᄒᆞ고財物을勒取ᄒᆞ니故로人民이義兵及日兵의게困逼ᄒᆞ야一時ᄅᆞᆯ安過치못ᄒᆞ고流離飄泊ᄒᆞ더라、

隆熙時事

八月二日에各大臣等이　新皇帝陛下勅旨ᄅᆞᆯ奉ᄒᆞ야年號ᄅᆞᆯ改ᄒᆞ야曰隆熙라ᄒᆞ고　太皇帝府號ᄂᆞᆫ承寧이오宮號ᄂᆞᆫ德壽라ᄒᆞ고九月에ᄂᆞᆫ　太皇帝第三子英親王垠으로ᄡᅥ皇太子ᄅᆞᆯ封ᄒᆞ시고俞吉濬、張博、趙義淵等은還國ᄒᆞ야政府에陳情書ᄅᆞᆯ呈ᄒᆞ니無罪홈을辨明홈이라下詔蕩滌ᄒᆞ고次第로官職을拜ᄒᆞ고

先是에韓國紳士等이自强會ᄅᆞᆯ組織ᄒᆞ고殖産과敎育에注意ᄒᆞ야政府에建議ᄒᆞ며或地方에實行ᄒᆞ더니治安에妨害ᄒᆞᆫ다ᄒᆞ야解散케ᄒᆞ고新聞條例ᄅᆞᆯ制定ᄒᆞ야關係된事件은記載치못게ᄒᆞ고또朴泳孝ᄅᆞᆯ囚ᄒᆞᆫ지屢日에濟州島에安置ᄒᆞ니泳孝ᄂᆞᆫ日本에亡命ᄒᆞ얏다가歸國ᄒᆞᆫ지라數十年來로日本의保護ᄅᆞᆯ受ᄒᆞ얏스나及其歸國ᄒᆞ야ᄂᆞᆫ人의게阿附치아니ᄒᆞ고또禪位事에中立ᄒᆞ야其時宮內大臣으로就職치

아니ᄒᆞ다가斥逐을被ᄒᆞ얏ᄂᆞ이다

旣而오斷髮問題가起ᄒᆞ니內閣大臣이議論이不一ᄒᆞ야或은曰地方이紛擾ᄒᆞᆫ時ᄅᆞᆯ當ᄒᆞ야ᄯᅩ斷髮令을發布ᄒᆞ면더욱民心이激怒ᄒᆞᆯ지니騷擾가稍息ᄒᆞᆷ을待ᄒᆞ야發布ᄒᆞ라ᄒᆞ고或은曰他日에斷髮問題ᄅᆞᆯ提出ᄒᆞ면地方民情이更히不穩ᄒᆞᆯ지니此時에비록一層不穩ᄒᆞᆯ지라도發布ᄒᆞᆷ이良策이라ᄒᆞ더니畢竟民心이騷擾ᄒᆞᆯ가恐ᄒᆞ야斷髮詔勅은下ᄒᆞ얏스나人民의게强制치아니ᄒᆞ고

八月二十七日에ᄂᆞᆫ皇帝即位禮式을惇德殿에셔行ᄒᆞ실ᄉᆡ親任及勅任官等이叅賀ᄒᆞ고大宴을設ᄒᆞ야內外國官吏가慶祝ᄒᆞ고時에政府에셔地方暴動을鎭壓코자ᄒᆞ야日本에請兵ᄒᆞᆫ다ᄂᆞᆫ說이一時喧傳ᄒᆞ야遠近人心이더욱洶洶ᄒᆞ고ᄯᅩ從來로地方各郡에儲藏ᄒᆞᆫ軍器ᄅᆞᆯ見失ᄒᆞᆯ가恐ᄒᆞ야日人이押收ᄒᆞ야或燒燬或破損ᄒᆞ니各郡警報가京師에日至ᄒᆞ고五江等地에船隻을執留ᄒᆞ야軍糧과軍器ᄅᆞᆯ載運ᄒᆞ니沿江上下에商路가阻隔ᄒᆞ고

政府에셔日本銀行에借欵ᄒᆞᆫ三十餘萬圓을報償ᄒᆞ니此ᄂᆞᆫ開國五百四年에該銀行에三百萬圓을借欵ᄒᆞ야年來로漸次償還ᄒᆞ고至是ᄒᆞ야비로소餘額과利子ᄅᆞᆯ淸償ᄒᆞ고

日本이曾彌荒助로ᄡᅥ副統監을拜ᄒᆞ야韓國에赴任ᄒᆞ야統監을補佐케ᄒᆞ고各部에顧問官等을解任ᄒᆞ고從來協辦의職을次官이라稱ᄒᆞ야日本人으로叙任ᄒᆞ고十三道에事務官과主事等을置ᄒᆞ되ᄯᅩᄒᆞᆫ日本人을用ᄒᆞ며其外에도曾往雇傭의名을除去ᄒᆞ고直히韓國官職에占居ᄒᆞᆫ者ㅣ多ᄒᆞ야殆히三分의二ᄅᆞᆯ占據ᄒᆞ고時에政府에셔ᄯᅩ調査局을設置ᄒᆞ고國有와帝室有의財產文簿ᄅᆞᆯ整釐ᄒᆞ야前日各宮各司의不法收稅ᄅᆞᆯ撤罷ᄒᆞ고人民의私有로帝室에付屬ᄒᆞᆫ者ᄂᆞᆫ一倂該主의게還歸케ᄒᆞ더라

十月十七日에日本皇太子가渡韓ᄒᆞ니 皇帝ᄭᅴ셔仁川港에幸ᄒᆞ사接見ᄒᆞ시고政府諸臣이歡迎會ᄅᆞᆯ組織ᄒᆞ야韓日兩國의親睦ᄒᆞᆷ을祝賀ᄒᆞ고大小官吏ᄂᆞᆫ各其俸給을捐ᄒᆞ야歡迎費ᄅᆞᆯ支用ᄒᆞᄂᆞᆫ者도有ᄒᆞ

고提燈會를設ᄒᆞ고歡迎門을築ᄒᆞᄂᆞᆫ者도有ᄒᆞ니市街가熱鬧ᄒᆞ고官署가紛忙ᄒᆞ며十九日에日本皇太子가 大皇帝ᄭᅴ陛見ᄒᆞ거ᄂᆞᆯ陛下ᄭᅴ셔統監府에親臨勞問ᄒᆞ시고物品을賜ᄒᆞ시며日本太子가我皇太子의日本留學을請ᄒᆞ고各學校에寄附金을給ᄒᆞ고五日後에還國ᄒᆞ얏ᄂᆞ이다

十二月十三日에大皇帝陛下ᄭᅴ셔昌德宮으로移御ᄒᆞ사社稷에誓告ᄒᆞ시고、또大赦詔를下ᄒᆞ야開國以後各罪犯과現今罪犯을一體蕩滌ᄒᆞ야金弘集、鄭秉夏、安駉壽等의官爵을復ᄒᆞ얏ᄂᆞ이다

江原道原州鎭衛隊正校閔肯鎬가擧兵ᄒᆞ야其勢가漸大ᄒᆞᄂᆞᆫ지라觀察使黃鐵이禍福으로、ᄡᅥ其歸順을勸喩ᄒᆞ고且日君等이白旗를懸ᄒᆞ야歸順을表ᄒᆞ고軍物彈藥을本道에輸送ᄒᆞ라、ᄒᆞ니肯鎬가答書曰、今에皇帝傳位가陛下本意乎아君父가被脅ᄒᆞ고人民이魚肉이오疆土가他國에入ᄒᆞᆫ지라故로愚等이義旅를起ᄒᆞ얏스니兵出無名이、아니오、또村落의燒燼과人民의離散으로義兵이게歸咎ᄒᆞ니大抵義兵의起ᄒᆞᆷ은日人의無道ᄒᆞᆫ故라然則其咎가安在오、또義兵이解散ᄒᆞ면我民이日人의게受困치、아니ᄒᆞ고太平을可享乎아且宣諭使로言ᄒᆞ야도單騎로喩飭ᄒᆞᆷ이可ᄒᆞ거ᄂᆞᆯ此를不爲ᄒᆞ고外兵이隨來ᄒᆞ니此ᄂᆞᆫ我等을誘殺코자ᄒᆞᆷ이라、ᄒᆞ얏더라

政府에셔大臣及次官의隆熙二年度年俸預算을編成ᄒᆞ니大臣은六千圓이오次官은七千圓이오內部에셔ᄂᆞᆫ新官制를組織ᄒᆞ되奏任官十三人에本國人은四人이오書記郞은三十餘名內에本國人十七人이仍舊ᄒᆞ고主殿院에셔ᄂᆞᆫ巡檢三百名內에二百五十名을除汰ᄒᆞ고大皇帝御眞을撮影ᄒᆞ야十三道와各府尹府에奉安ᄒᆞ고度支部에셔ᄂᆞᆫ全國結稅收入總額을調査ᄒᆞ니此ᄂᆞᆫ皇太子가日本에御渡ᄒᆞ실時에帶去ᄒᆞ심이오伊藤博文으로太子太師를拜ᄒᆞ야日本에先歸ᄒᆞ고十二月五日에皇太子ᄭᅴ셔日本으로往ᄒᆞ실ᄉᆡ農商工部大臣宋秉畯과宮內大臣李允用等이陪從ᄒᆞ얏ᄂᆞ이다

時에各地方이漸々騷擾ᄒᆞ고、또一進會人을殺害ᄒᆞᄂᆞᆫ지라、이에漢城

府에서自衛團을設ᄒᆞ야京鄕各處에行ᄒᆞᆯ셔漢城內에ᄂᆞᆫ各署家屋과人口를調査ᄒᆞ야一百戶에統監一人、部長二人을置ᄒᆞ고十戶에ᄂᆞᆫ什長一人이오人民을勸喩ᄒᆞ야入闕케ᄒᆞᆯ셔鄕村人은入團치아니ᄒᆞ면團標가無ᄒᆞ야暴徒로疑ᄒᆞ고團標가有ᄒᆞ면一進會로疑ᄒᆞ며

十五日에勅旨를下ᄒᆞ야騷擾地方人民의게免罪文憑을給ᄒᆞ야安堵樂業ᄒᆞ라ᄒᆞ시고、또宮女十六名을明新女學校에入學케ᄒᆞ얏ᄂᆞ이다

是時에兪吉濬等이興士團을組織ᄒᆞ고內外國書籍을叅考ᄒᆞ야國民의敎科書를編輯ᄒᆞᆯ셔皇太子씌셔一萬圜을頒下ᄒᆞ셧고、또趙羲淵等은興工團을發起ᄒᆞ야國民工業에從事ᄒᆞ고

皇太子御駕가日本東京에至ᄒᆞ시니韓國留學生은停車場에서奉迎ᄒᆞ고日本生徒와淸國留學生도出迎ᄒᆞ야歡迎儀節이甚盛ᄒᆞ얏ᄂᆞ이다

內部에서地方郡守의게訓令曰、地方人民이誤解暴動ᄒᆞᆫ後로窮蔀愚氓은禍殃을被ᄒᆞ고城邑閭里ᄂᆞᆫ邱墟를成ᄒᆞᆫ지라我陛下씌옵셔恩詔를特下ᄒᆞ시니大小人民의게曉喩ᄒᆞ야不日歸化케ᄒᆞ라ᄒᆞ고、또忠淸江原、全羅、平安四道에宣喩使를送ᄒᆞ야曉喩ᄒᆞ고、또該徒等이京城을侵入ᄒᆞᆫ다ᄂᆞᆫ說이有ᄒᆞ야日兵이城門에速射砲를掛置ᄒᆞ고城外附近에巡回ᄒᆞ얏ᄂᆞ이다

皇貴妃씌셔ᄂᆞᆫ養正義塾의經費窘絀ᄒᆞᆷ을慮ᄒᆞ야千餘石秋收ᄒᆞᄂᆞᆫ田庄을下賜ᄒᆞ시고先是에紳士李鍾浩、李東暉等이敎育에專力ᄒᆞ야京鄕各地에學校를設ᄒᆞ야學生이數萬으로計ᄒᆞ니此ᄂᆞᆫ數千年來에初有ᄒᆞᆫ事라自此로國內人士가、더욱感奮ᄒᆞ야學會를組織ᄒᆞ고學事를講究ᄒᆞ야文化의風이漸開ᄒᆞ며

十數年以來로陽曆과陰曆을幷用ᄒᆞ되歲時와及其他節日은恒常陰曆을用ᄒᆞ더니隆熙二年에至ᄒᆞ야ᄂᆞᆫ陽曆一月로歲首를삼고陰曆은廢止ᄒᆞᆫ事로十三道에訓令ᄒᆞ얏ᄂᆞ이다

隆熙二年一月一日에 大皇帝陛下씌셔陛見ᄒᆞᆫ日本高等官五百餘人中에統監府官吏가二百餘名이오各部에現職官吏가二百餘名이되얏ᄂᆞ이다

警視廳에셔分課規定을改定ᄒᆞᄂᆞᆫᄃᆡ警視總監官房에ᄂᆞᆫ文書係、皇室警察係、商業警察係、會計係、消防係ᄅᆞᆯ設置ᄒᆞ고第一課에ᄂᆞᆫ保安係、訊問係、衛生係ᄅᆞᆯ設置ᄒᆞ얏ᄂᆞ이다

先是、淸日間에間島問題가起ᄒᆞ더니今에間島派出所長、日本人齋藤季治郞이報告ᄒᆞ되韓人男女가七萬二千七十六口오戶數가一萬五千三百五十六戶오淸人의人戶ᄂᆞᆫ二萬에不過라、ᄒᆞ고

內部에셔ᄂᆞᆫ地方郡守의貶題ᄅᆞᆯ廢止ᄒᆞ고農商工部에셔ᄂᆞᆫ各道各郡에山林의國有와民有ᄅᆞᆯ勿論ᄒᆞ고一切히測量圖形ᄒᆞ야公私ᄅᆞᆯ分別케、ᄒᆞ다ᄒᆞ고

二十三日에　皇后陛下ᄭᅴ셔入學ᄒᆞ시니學部에셔諸般冊子ᄅᆞᆯ進獻ᄒᆞ고敎師ᄂᆞᆫ宮內府次官小宮의夫人으로定ᄒᆞ얏ᄂᆞ이다

時에一種風說이有ᄒᆞ야曰、日本에셔我韓陳荒地ᄅᆞᆯ開墾ᄒᆞᆯ事로東亞拓殖會社ᄅᆞᆯ組織ᄒᆞ고資本金을募集ᄒᆞ며、또韓國驛屯土에ᄂᆞᆫ日本貧民勞動者ᄅᆞᆯ移殖ᄒᆞ되會社가擴張ᄒᆞᆫ後에ᄂᆞᆫ日人幾百萬이渡來ᄒᆞᆫ다ᄒᆞ야人心이動搖ᄒᆞ다가久ᄒᆞᆫ後、定ᄒᆞ얏ᄂᆞ이다

宮內、府에셔ᄂᆞᆫ帝室所屬博物館을設置ᄒᆞ고我國古來의圖書와美術品과世界의現在ᄒᆞᆫ文明機具珍品을蒐集ᄒᆞ고學部에셔ᄂᆞᆫ日本人百餘名을聘渡ᄒᆞ야全國內、普通學校의機關을主張케、ᄒᆞᆫ다ᄒᆞ며美國에셔ᄂᆞᆫ韓國의耶穌敎會ᄅᆞᆯ擴張코자、ᄒᆞ야美國紐育耶穌敎總部에셔宣敎師二十餘名이渡來ᄒᆞᆫ다、ᄒᆞ고

內部에셔十三道에訓令ᄒᆞ되地方騷擾에民屋이被燒ᄒᆞ야再築ᄒᆞᆯ力이無ᄒᆞᆫ人民의게材木을斫伐케、ᄒᆞ되國有森林이無케、ᄒᆞ고其他私有森林은該所有者의게曉諭ᄒᆞ야時價로買收케ᄒᆞ라、ᄒᆞ얏ᄂᆞ이다

大審院과控訴院과地方區裁判所ᄅᆞᆯ設施ᄒᆞ고法官은日本으로셔聘來ᄒᆞᆫ다、ᄒᆞ고時에義親王ᄭᅴ셔日本으로、브터還ᄒᆞ실ᄉᆡ皇孫이同來ᄒᆞ니此ᄂᆞᆫ先是、義親王ᄭᅴ셔日本에셔皇孫을誕生ᄒᆞ심이오이다

日本에셔伊藤博文의對韓方針이太히柔軟ᄒᆞ다ᄒᆞ고、韓國騷擾ᄅᆞᆯ鎭

歷次로 憲兵千餘名이 渡來ᄒᆞ고 學部에서ᄂᆞᆫ 幼稚院을 設ᄒᆞ야 高等女學校에 附屬ᄒᆞ고 保姆ᄂᆞᆫ 外任資格으로 幼稚를 保育케 ᄒᆞ고 農商工部에서ᄂᆞᆫ 觀測所를 新官制에 規定ᄒᆞ고 所長과 技師, 技手, 書記等數十名을 設置ᄒᆞ얏고 度支部에서ᄂᆞᆫ 臨時財源調査局에 技手를 日人으로 叙任ᄒᆞ얏ᄂᆞ이다

三月二十三日에 韓國前顧問官美國人須知分이 美國桑港에 至ᄒᆞ얏다가 韓國人의게 射擊을 受ᄒᆞ야 死ᄒᆞ니 此ᄂᆞᆫ 須知分이 美國新聞에 日本의 對韓政策을 贊揚ᄒᆞ야 揭載ᄒᆞᆫ 故오 ᄯᅩ 須知分의 携帶ᄒᆞᆫ 書類ᄂᆞᆫ 韓國에 妨碍가 有ᄒᆞᆫ디 ᄒᆞᆷ이러라 旣而오 須知分의 凶音이 日本에 至ᄒᆞ니 日廷이 該遺族의게 金十五萬圓을 賜與ᄒᆞ고 我政府에서ᄂᆞᆫ 五萬圓을 贈與ᄒᆞᆫ다 ᄒᆞ며

桑港報에 曰 須知分이 韓人을 對ᄒᆞ야 曰 韓國이 宮內에서ᄂᆞᆫ 失德이 太甚ᄒᆞ고 頑固黨은 百姓의 財産을 掠奪ᄒᆞ며 ᄯᅩ 百姓이 愚昧ᄒᆞ야 獨立資格이 無ᄒᆞ니 日本에 不歸ᄒᆞ면 俄國에 被奪ᄒᆞ얏스리라 ᄒᆞ고 華盛頓으로 向ᄒᆞᆯ시 玉蘭市停車場에서 韓人田明雲이 六穴砲를 出ᄒᆞ야 射擊ᄒᆞ더니 忽然히 後面에서 砲丸이 又來ᄒᆞ야 一丸은 田明雲을 中ᄒᆞ고 二丸은 須知分을 中ᄒᆞ니 此ᄂᆞᆫ 韓人張仁煥이라 此人도 須知分을 殺코ᄌᆞ ᄒᆞ야 來待ᄒᆞᆫ지 久ᄒᆞ더라

이에 該地警察官이 須知分及田明雲은 病院에 送ᄒᆞ고 張仁煥은 押去ᄒᆞ더니 旣而오 問招ᄒᆞᄂᆞᆫ지라 明雲曰 日本이 宣戰時에 言ᄒᆞ되 韓國獨立을 爲ᄒᆞ야 俄國과 開戰ᄒᆞᆫ다 ᄒᆞ더니 今에 我韓의 國權을 奪ᄒᆞ고 財政을 枯渴ᄒᆞ고 官職을 占取ᄒᆞ고 憲兵巡査가 全國에 遍滿ᄒᆞᄂᆞᆫ 故로 我가 美國에 來ᄒᆞ야 學業을 修ᄒᆞᆫ 後에 國家에 獻身코ᄌᆞ ᄒᆞ얏더니 今에 須知分이 各處에 通信ᄒᆞ되 韓人이 歡迎ᄒᆞᆫ다 感服ᄒᆞᆫ다 ᄒᆞᄂᆞᆫ지라 故로 我가 此賊을 殺코ᄌᆞ ᄒᆞ얏노라 ᄒᆞ고 張仁煥은 曰 須知分이 我二千萬同胞를 毒殺ᄒᆞ니 此賊을 不殺ᄒᆞ면 我同胞가 滅亡ᄒᆞᆯ지라 故로 我가 殺身成仁코ᄌᆞ ᄒᆞᆫ다 ᄒᆞ더라

四月十六日에 伊藤博文이 日本으로브터 漢城에 來ᄒᆞ고 二十九日에

新聞紙法改正勅令을發ᄒᆞ니外國에서發行ᄒᆞᆫ新聞紙와又外國人이內國에서發行ᄒᆞᆫ新聞紙가治安을妨害ᄒᆞ며風俗을壞亂ᄒᆞ거든內部大臣이其頒布를禁止ᄒᆞᆫ다ᄒᆞ얏고學部에서ᄂᆞᆫ新設ᄒᆞᆫ公立普通學校十四處의訓導를日本人으로叙任ᄒᆞᆫ다ᄒᆞ고

政府에서三大王ᄭᅴ追崇尊號를議定ᄒᆞ야 眞宗은昭皇帝라ᄒᆞ고 憲宗은成皇帝라ᄒᆞ고 哲宗은章皇帝라ᄒᆞ야裁可를奉ᄒᆞ얏ᄂᆞ이다

時에度支部에서外國人居留地에對ᄒᆞᆫ地稅와雜稅徵收事務取扱規程을定ᄒᆞ며또日本으로셔韓國에渡來ᄒᆞᆯ司法官의數爻가數百名이라ᄒᆞ고또地方鎭壓用費로二十八萬圜을臨時支出ᄒᆞᆫ다ᄒᆞ며各地方에電話를多數架設ᄒᆞ고憲兵과巡査를後面에排置ᄒᆞ야部署가周密ᄒᆞ얏ᄂᆞ이다

結論

大抵日本이我國을干涉ᄒᆞᆫ以來로亂擾가多端ᄒᆞ야百姓이奠安치못ᄒᆞ나然ᄒᆞ나改良된者ㅣ亦多ᄒᆞ니即宮內의弊端을一掃ᄒᆞ야巫卜、祈禱祭祀等의病國傷財와幷히外國을援ᄒᆞ야世界를擾亂ᄒᆞᄂᆞᆫ者를禁止ᄒᆞ고官吏의貪暴를戢ᄒᆞ고迂儒의舊習을矯ᄒᆞ야可觀ᄒᆞᆯ者ㅣ多ᄒᆞ니此를論ᄒᆞ면日本의功이또ᄒᆞᆫ多ᄒᆞ다ᄒᆞᆯ지로다然ᄒᆞ나可惜ᄒᆞᆫ者ᄂᆞᆫ日本이數十年來로我國을爲ᄒᆞ야謀忠ᄒᆞ다가今에ᄂᆞᆫ戰勝ᄒᆞᆫ威를乘ᄒᆞ야餘勇을賈ᄒᆞ고遠慮가無ᄒᆞ야近利를貪ᄒᆞ고以暴易暴에蹊田奪牛ᄒᆞ야東亞大局의百年大計를不謀ᄒᆞ니此ㅣ엇지失策이아니리오嗚呼라天이或者日本의滿盈을戒ᄒᆞ야然ᄒᆞᆷ인지未可知也오且又大可憂ᄒᆞᆫ者ᄂᆞᆫ我韓人이依賴思想이尙存ᄒᆞ야但히日本의始終이無ᄒᆞᆷ만怨尤ᄒᆞ고自修自立지아니ᄒᆞ니엇지慨然치아니리오

東國史略終

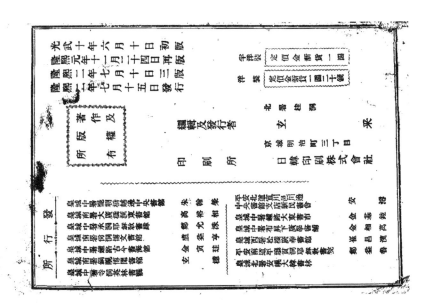

光武十年六月十日初版
隆熙元年十一月二十四日再版
隆熙二年七月十日三版
隆熙二年七月十五日發行

半洋裝 定價金新貨一圜
洋裝 定價金新貨一圜二十錢

著作及版權所有

編輯及發行者 北署桂洞 玄采

印刷所 京城明治町三丁目 日韓印刷株式會社

發行所

皇城中署罷朝橋越邊中央書館 朱翰榮
皇城南署大廣橋滙東書館 高裕相
皇城中署承洞耶穌敎書肆 鄭允洙
皇城南署尙洞博文書館 盧益亨
皇城中署鍾路古今書海館 金貢珪
皇城南署銅峴博聞書館 玄櫶
皇城中署寺洞英林書觀

平安北道宣川邑川邊中央書館支店新民書會 安濬
皇城中署鍾路大東書市 金基鉉
皇城中署布屛下廣學書舖 金相萬
皇城西署松橋廣學書館 崔昌漢
平安南道平壤貫洞耶穌敎書院 鄭益魯
皇城北署安峴大韓書林

초등본국약사

(初等本國略史)

卷1·2

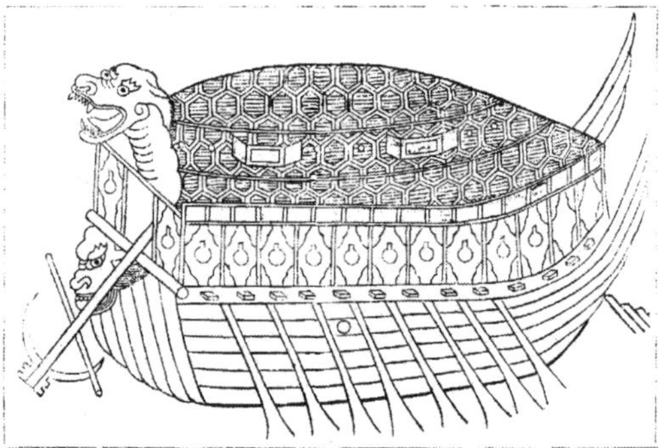

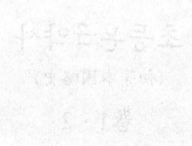

隆熙三年六月二日

學部檢定

私立學校歷史科

(初等教育學徒用)

初等本國略史 一

興士團編輯部 著

同文館發行

初等本國略史卷一

目次

初等本國略史卷一

第一 檀君

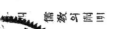

우리
太祖高皇帝、開國紀元前三千七百二十四年에
檀君이 나라를、세우시니 檀君은 우리
나라의 처음、나신님금이시라 神靈ᄒᆞ신德
이 하날처름、크샤 그、빗나심이 아참날의、
고흠이 萬物을비츄임과 갓하심으로 國

號를 朝鮮이라ᄒᆞ니라

第二 箕子

紀元前二千五百十三年에 箕子가東으로、오시니 箕子ᄂᆞᆫ支那、殷國의王族이라 周王、姬發에게 洪範을傳ᄒᆞᆫ後에 朝鮮國의됴、흠을 欽慕ᄒᆞ야 그、무리로더브러、도라온즉 ᄯᅢ에 檀君

의子孫이 北으로土地를 扶餘(今支那盛京省開原)에 넓히고 옴기어王ᄒᆞᄂᆞᆫ지라 나라사람이 箕子의 어진德을보고 놉히어王을삼아 朝鮮의뒤를니으게ᄒᆞ고 因ᄒᆞ야平壤(今平安南道)에都邑ᄒᆞ니라

王이 여덟가지의 가라침을、베프시며 밧갈고、베짜ᄂᆞᆫ法을 가라치샤 德化가 크게行ᄒᆞ매 百姓이富强ᄒᆞ야 그、業을 便安히

ᄒᆞ더니 王이崩ᄒᆞ시매 諡號ᄒᆞ야갈오대
文聖이라ᄒᆞ니라

第三 哀王의伐楚

哀王은 文聖王의四十二世孫이라 이셕에
나라사람이 武藝를崇尙ᄒᆞ며 勇猛을됴
하ᄒᆞ야 매양 멀니,치기를 生覺ᄒᆞ더니
紀元前一千五百九十二年에 支那의楚王,項
籍이 그,님금을죽이매 漢主,劉邦이 軍士

四

를들어 그罪를칠새 使臣을보내야 돕기
를請ᄒᆞ거날 王이 이에 一萬軍士를發ᄒᆞ
야 漢國兵으로더브러 垓下에모도야 項
籍을크게破ᄒᆞ니 이로,브터 우리나라의威
名이 天下에들니더라

第四 三韓

武康王은 哀王의아달이라 紀元前一千五
百八十三年에 燕人,衛滿의亂을因ᄒᆞ야 國

五

都를金馬郡(今全羅北道益山郡)에옴기고 國號를、곳치
어갈오대 馬韓이라ᄒᆞ야 辰韓(今慶尙北道慶州)과
弁韓(今慶尙南道地)을 管有ᄒᆞᆫ故로 이、갈온三韓이
니 韓이라ᄒᆞᆷ은 크다ᄒᆞ는、ᄯᅳᆺ이러라

第五 新羅始祖

紀元前一千四百十八年에 新羅、始祖가 나라를、세우시니 始祖의 姓은朴이오 일홈은赫居世이며 楊山村(今慶尙北道慶州郡)사람이라

六

나시매 聖人의德이잇거날 辰韓六郡의사람이 놉히어王을삼고 國號를 徐羅伐이라ᄒᆞ니 ᄯᅵ에 王의年이十三이라 밋、長成ᄒᆞ매 閼英을마져 后를삼은즉 后가ᄯᅩᄒᆞᆫ 聖人의德이잇서 能히政事를도아 나라이 크게、다사리매 百姓이두、聖人이라일컷더니 其後九

七

年에 日本邊民이 드러와侵鹵ᄒᆞ다가 王의威德을듯고 스사로물너가니라

第六 高句麗始祖

紀元前一千四百二十八年에 高句麗始祖가 나라를세우시니 始祖의 姓은高이오 일홈은朱蒙이며 北扶餘王의아달이라 七歲에 스사로 弓矢를지어 활쏘기를잘ᄒᆞ더니 밋長成ᄒᆞ매 그무리를거나리고 沸

流江(平安南道成川郡) 우에니르러 나라를세우어갈오대 高句麗라ᄒᆞ니라

처음에 朱蒙王이 遼東句麗山(今支那盛京省地) 아래에서 誕生ᄒᆞ매 그ᄯᅳᆺ이萬事를 다사람보다 놉기를됴하ᄒᆞ야 스사로 그姓을 高이라일컷고 밋나라를어드매 ᄯᅩ그姓을 그山名에더ᄒᆞ야 國號를 高句麗이라ᄒᆞ니 이셕 北胡靺鞨이 자조 邊方의근심

이、되거날 王이 처、물너어 멀니逃亾케ᄒᆞ
니라
翌年에 王이 ᄯᅡ를、넓히고저ᄒᆞ야 沸流江
의根源을찻더니 나물닙새의 흘너나림을、
보고 그、上流에잇는 沸流國에니르러 그、
님금松讓으로더브러 武藝를比較ᄒᆞ야 降
服바드니라

第七 百濟始祖

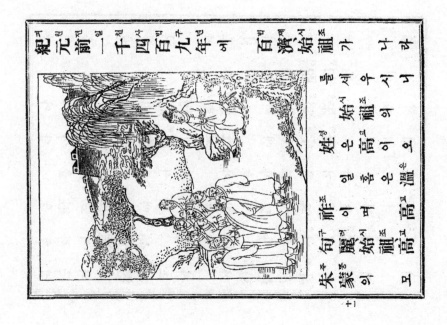

紀元前一千四百九年에 百濟、始祖가 나라
를세우시니
始祖의
姓은高이오
일홈은溫
祚이며高
句麗、始祖、高
朱蒙의 모

든아달이라 처음에 朱蒙이崩ᄒ시고 그、맛아달類利가、셔니 그、아아溫祚가 ᄯ한、큰、ᄠ이잇시되 兄王類利와닷톰이 可치아니ᄒ故로 烏干等열사람을、거나리고 漢山(京今城畿府道淺)에니르니 좃는者가、만흔지라 스사로、셔서王이되야 河南、慰禮城(廣今州京郡畿道)에都邑ᄒ고 열사람이 나라政事를、도음으로 國號를十濟라ᄒ얏다가 그、後에 나라이、다

사라어 百姓이 만히、도라옴으로 곳치어 갈오대 百濟라ᄒ니라

第八 新羅脫解王

紀元前一千三百三十四年에 脫解王이 新羅王位에、나아가시니 王의 姓은昔이오 일홈은脫解이라 어린ᄯ에 父母를일코 한老嫗의收養홈이되더니 風神이凡常치아니ᄒ고 才操와智慧가 사람보다、지나는지

라 그、老嫗가일너갈오대 丈夫가、맛당히
學問을힘써 큰、功名을세울지니 엇지 祿
祿혼、사람이되리오호대 脫解가 크게、쌔다
라서 晝夜로 부지런히、배호아 學術이能
通호니라
이쌔에新羅、南解王이 昔脫解의 놉흔일홈
을듯고 그、맛쌀로 脫解에게、시집보내여
太輔벼살을삼아서 國事를맛기엇더니 그、

十四

後에 南解王의遺命으로、써 王의位에나아
가니라

第九 金閼智

金閼智는 新羅사람이라 처음에 脫解王
이 한、어린兒孩를 金城始林(今慶尙北道慶州郡)에서
어드매 貌樣이 甚히奇異혼지라 王이깃
거호야 아달을삼으니 그、智略이 날로進
就호야 일홈이놉고 家族이繁盛호더니

十五

紀元前一千一百二十九年에 七世孫、味鄒에
니르러 新羅의王位에
올으니라
古史에갈오대 脫解王
이 始林가온대에 닭
의소래가 잇심을듯고
大臣、瓠公을 보내야
본즉 金櫝이 나무가

十六

지에、걸니고 白鷄가 그、아래에서、울거날
그、櫝을열어보니 한、奇異ᄒᆞᆫ兒孩가잇는지
라 王이 거두어기르고 金櫝에서、나옴으
로、써 그、姓을金이라ᄒᆞ며 白鷄의祥瑞가잇
심으로、써 始林을곳치어 鷄林이라ᄒᆞ니라

第十 乙支文德이隋兵을大破홈

乙支文德은 高句麗사람이라 어린ᄯᅢ로브
터 氣像이雄壯ᄒᆞ고 才操가神奇ᄒᆞ더니

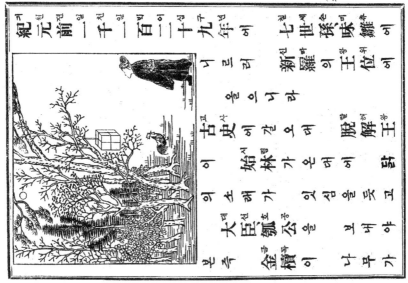

十七

嬰陽王、時代에밋처 大臣이되매 이셕를當
ᄒᆞ야 支那의隋國이 强盛ᄒᆞᆫ지라 그、님금
楊廣이 그、形勢의큼을밋고 使臣을보내야
倨慢ᄒᆞᆫ말삼으로 和親ᄒᆞ기를求ᄒᆞ거날
乙支文德이 크게怒ᄒᆞ야 그、使臣을쏫치
보내니라
紀元前七百七十九年에 隋主、楊廣이 大兵
을發ᄒᆞ야 高句麗를侵鹵ᄒᆞᆯ새 宇文述로、써

十八

先鋒을삼아 遼水(今支那盛京省遼河)를건느매 兵
馬가 千里에、셔로連ᄒᆞᆫ지라 文德이우어갈
오대 隋國이 비
록、强ᄒᆞ고크나 엿
지、우리나라를當ᄒᆞ
리오 이에 馬를
채썩ᄒᆞ야 나아가
니 나라사람이

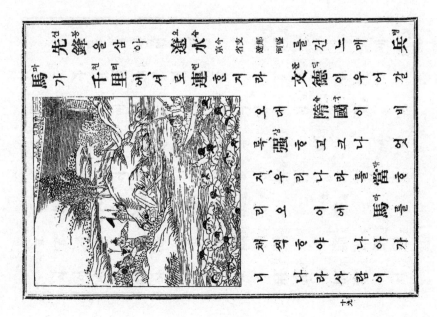

十九

그、軍容의 整肅홈을 보고 다、좃처 싸호기를
願ᄒᆞ더라
文德이 隋軍을 맛나매 일곱번、싸홈에 그
짓敗ᄒᆞ야 敵兵을 誘引ᄒᆞ야 平壤城外、三十
里에 니르매 宇文述이 비로소、속음을 ᄭᆡ닷
고 軍士를 도리키거날 文德이 ᄶᅩᆺ차처서
薩水(平安南道安州郡淸川江)에 니르러 그、大將辛世雄
을 버히고 大破ᄒᆞ니 生還ᄒᆞᆫ者이 겨우

二千七百人이러라

第十一 百濟와日本의交通

百濟、近仇首王의時에 博士、王仁이 王命을
밧들어 千字文(鍾繇千字)과 論語를가지고 日本
에가니 이ᄯᅵ에 日本이 外國의文化를
採用ᄒᆞ야 그人民의知識을 開發ᄒᆞ기에 힘
쓰며 百濟는 가장日本과 親善ᄒᆞᆫ故로
王仁갓흔 博學ᄒᆞᆫ선배를 보냄이러라

그、後에도 天文、地理、經學、醫學、曆法의 諸博
士와 其他織造이며 裁縫과鍛冶이며 陶
器와皮革이며 音樂及土木의 各色工匠을
다、日本의求홈을 因ᄒᆞ야 派遣ᄒᆞ고 佛
敎도 ᄯᅩ한相傳ᄒᆞ니 此時日本의文明은
百濟에 資賴ᄒᆞᆫ바이만ᄒᆞ니라

第十二 梁萬春과唐主의戰

梁萬春은 高句麗의名將이라 일즉安市城

(今支那盛京省遼東地)을직히더니 紀元前七百四十七
年에 支那唐主、李世民이 나라를、처음어드
매 威令이振動ᄒᆞ
는지라 그、臣下ᄃᆞ
려일너갈오대 隋
主가 高句麗를네
번치다가 다、狼狽
ᄒᆞ얏시니 내가맛

당히 親히처서 그、붓그름을 씨시리라ᄒᆞ
야 大軍을 거나리고 遼水를 건늘새 도라
갈 橋梁을 끈어 반다시、죽을 뜻을 보이고 高
句麗의 遼東城을 에우어 크게 싸혼지 十三日
에 唐兵이 利롭지 못ᄒᆞ야 죽은 者가 萬餘人
이러라
唐主가 또、安市城을 치거날 직힌 將帥 梁萬
春이 城을 구지 직히다가 唐主가 陣에 臨

ᄒᆞᆷ을 보고 활로써、唐主를 쏘아 그、왼편 눈을
마치니 唐兵이、크게 어지러운지라 萬春이
形勢를 타서 左右로 突擊ᄒᆞᆫ대 唐主가 겨
오、몸으로써、免ᄒᆞ야 그、將帥 薛仁貴의 保護로
穩全ᄒᆞᆷ을 어든지라 그、臣下를 도라보아 갈
오대 내가 天下에 橫行호대 두려운 者를
보지못ᄒᆞ얏더니 이제 天下의 무리로、써
高句麗의 적은 城에 이갓치 困ᄒᆞᆷ을 밧음이

엇지 하날이、아니리오 ᄒᆞ니라

第十三 新羅金庾信

金庾信은 新羅사람이니 그、아비는 舒玄이라 少時로、브터 큰뜻이잇서 高句麗와百濟의 자조侵鹵홈을보고 크게忿히녁여 호올로 中嶽(今慶尙北道慶州郡斷石山) 石窟가온대에、들어가 낫과밤으로 兵書를읽으며 劍術을鍛鍊ᄒᆞ더니 그、智略과膽力이 날로더ᄒᆞ야

英傑ᄒᆞᆫ人物이되니라

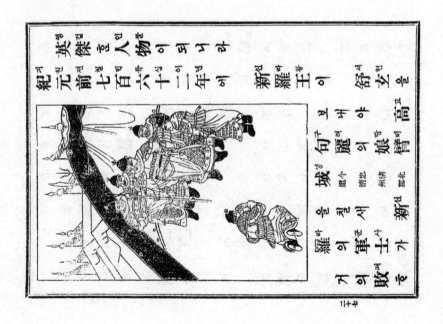

紀元前七百六十二年에 新羅王이 舒玄을보내야 高句麗의娘臂城(今忠淸北道淸州郡)을칠새 新羅의軍士가거의敗ᄒᆞ

야 甚(심)히急(급)ᄒᆞᆫ지라 ᄯᆡ에 庾(유)信(신)이 軍(군)中(중)에
좃차行(행)ᄒᆞ더니 그、危(위)殆(태)ᄒᆞᆷ을보고 아비에게
告(고)ᄒᆞ야갈오대 庾(유)信(신)이平(평)生(싱)에 忠(충)孝(효)로自(자)期(긔)
ᄒᆞ왓사오니 이졔 나라의辱(욕)됨과 父(부)親(친)의
危(위)殆(태)ᄒᆞᆷ을當(당)ᄒᆞ야 엇지 몸을、도라보리오ᄒᆞ
고 말을달니어 敵(뎍)陣(진)가온대에、들어가 敵(뎍)
將(장)의머리를 버혀가지고、도라오니 모든軍(군)
士(사)가勇(용)躍(약)ᄒᆞ며 銳(예)氣(긔)가倍(배)나더ᄒᆞ야 一(일)時(시)에、

二十八

나아가처서 娘(랑)臂(비)城(셩)을ᄲᆡ아ᄒᆞ니라
其(기)後(후)三(삼)十(십)一(일)年(년)에 新(신)羅(라)가 百(빅)濟(제)를滅(멸)ᄒᆞ고저
ᄒᆞ야 支(지)那(나)、唐(당)兵(병)과聯(련)合(합)ᄒᆞ야 百(빅)濟(제)의都(도)城(셩)(今忠淸南道扶餘郡)을칠새 大(대)將(장)金(김)庾(유)信(신)이 몬져黃(황)山(산)(今忠淸南道連山郡)을처서 百(빅)濟(제)의名(명)將(장)階(계)伯(빅)을죽이고
唐(당)兵(병)과셔로모도니 唐(당)將(장)蘇(소)定(뎡)方(방)이約(약)條(조)를
어긔엿다ᄒᆞ고 倨(거)慢(만)ᄒᆞᆫ말삼으로써 庾(유)信(신)의
部(부)下(하)將(장)士(사)를 責(칙)望(망)ᄒᆞ거날 庾(유)信(신)이大(대)怒(노)ᄒᆞ야

二十九

갈오대 唐將이 敢히、우리將士를辱ᄒᆞ니
내가엇지 이를、밧으리오 이제 唐兵을破
ᄒᆞᆫ後에 百濟를滅ᄒᆞ리라ᄒᆞ고 이에칼을
어루만지고 陣門에셔니 그、堂堂ᄒᆞᆫ威風이
一陣에쏠치는지라 定方이크게惕내야
罪를謝ᄒᆞ거날 庾信이容恕ᄒᆞ고함ᄭᅴ百
濟城을쌔히니 百濟나라가드듸혀新羅
의、아울은바이되니라

第十四 新羅統一

新羅는朴氏、昔氏、金氏三姓이서로傳ᄒᆞ야
나라를、다사릴새 님금이다、仁聖ᄒᆞ야
百姓을愛恤ᄒᆞ고臣下는忠誠ᄒᆞ야 님금을
輔導ᄒᆞ니 나라이富ᄒᆞ고軍士가强ᄒᆞ야高
句麗와百濟로더브러鼎足의形勢를이루어
三國이라일컷더니 文武王ᄯᅥᆨ에니르러
英傑ᄒᆞᆫ사람金庾信이 百濟를滅ᄒᆞᆫ後八年에

庾信의아ᄋᆞ 欽純이 高句麗를取ᄒᆞ니 三
國이、비로소 新羅의統一ᄒᆞᆫ바이되니라

第十五 甄萱과弓裔

紀元前五百九十九年에 甄萱이 後百濟라
自稱ᄒᆞ니 甄萱은 新羅尙州(今慶尙北道尙州郡)사람
이니 本來農家의아달이라 貌樣이雄壯ᄒᆞ
고 智略이만ᄒᆞ더니 ᄯᅢ에 新羅女主의
政事가濁亂ᄒᆞᆷ으로 盜賊이 四方에이러나

는지라 甄萱이 이에 다른ᄯᅳᆺ을、품어 무
리五千餘人을모도아 武珍州(今全羅南道光州郡)를掩
襲ᄒᆞ야取ᄒᆞ고 스사로王이되야 完山(今全羅北
道全州郡)에都邑ᄒᆞ고 일오대百濟의나라를興
復ᄒᆞᆫ다ᄒᆞ야 國號를後百濟라ᄒᆞ더니 後
에 高麗太祖가 나라를세우기에밋쳐 도
라와降服ᄒᆞ니라

紀元前五百九十年에 弓裔가自立ᄒᆞ야 泰

封王이되다 弓裔ᄂᆞᆫ 姓은金이니 新羅、憲安王의아달이라 어린ᄯᅢ에 그父王의버린바이되얏더니 밋、자라매 스사로勇猛을밋고反心을품어 軍士를北原(今江原道原州郡)을破ᄒᆞ고 에일이켜鐵圓(今江原道鐵原郡)等十餘邑을破ᄒᆞ고 이에王이되야 鐵圓에都邑ᄒᆞ고 國號를泰封이라ᄒᆞ니 이ᄯᅢ에 新羅의政治가 어지러옴으로 모든고을이 바람을바라

三十四

서 더져降服ᄒᆞ니 이로좃차 軍士가 더욱强ᄒᆞ고 土地가 漸漸넓어서 新羅全國의三分一을 엇기에、니르럿시나 弓裔의虐政이 날로甚ᄒᆞ매 民心이離散ᄒᆞ야 어진님금을生覺ᄒᆞᄂᆞᆫ지라 高麗太祖가 天命의도라옴으로 王位에나아가니 泰封이 드ᄃᆡ혀亾ᄒᆞ니라

第十六 高麗太祖의創業

三十五

紀元前四百七十三年에 高麗太祖가 나라를、세우시니 太祖의 姓은 王이오 名은 建이며 漢州松岳郡(今開城京畿道) 사람이라 容貌가 奇偉ᄒᆞ고 度量이 雄深ᄒᆞ야 世上을 건질 ᄯᅳᆺ이 잇서 天文과 地理와 兵法을 힘써 배호더니 밋、亂世를

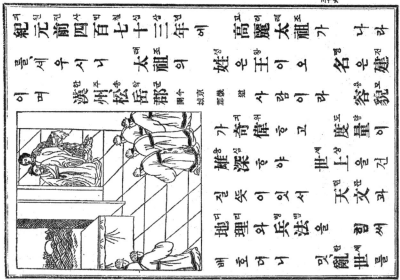

當ᄒᆞ매 文武俱備ᄒᆞᆫ 聖德으로 모든 盜賊을 討平ᄒᆞᆫ즉 民心이 도라와、부치는지라 將軍申崇謙等이 弓裔의 暴虐이 날로 甚ᄒᆞ야 衆心의 離散ᄒᆞᆷ을 보고 太祖를 推尊ᄒᆞ야 王을 삼고저ᄒᆞ야 大義로써、勸호대 太祖가 躊躇ᄒᆞ야、좃지아니ᄒᆞ니 그、夫人柳氏가 帳中으로、좃차나와 갈오대 義를 들어 暴虐을 除ᄒᆞᆷ은 녜로、브터 그러ᄒᆞ거날 大丈

夫가 므엇을,쓰리나뇨ᄒᆞ며 갑옷을,설어입히니 太祖가固辭ᄒᆞ다가 스러금,마지못ᄒᆞ야位에나아가서 松嶽郡에都邑ᄒᆞ고 國號를高麗이라ᄒᆞ니 이는山高水麗ᄒᆞᆫ뜻을取ᄒᆞᆷ이러라

第十七 申崇謙의壯節

申崇謙은高麗의開國功臣이라 그,사람됨이勇猛ᄒᆞ고大節이잇더니 高麗太祖九

年에太祖를좃차 甄萱을칠새 八公山(今慶尙北道大丘郡)에니르러 太祖가萱의軍士에게에운바이되야 그,形勢가甚히危急ᄒᆞ더니崇謙의狀貌가 太祖와恰似ᄒᆞᆷ으로,써 太祖게알외되 臣이敵兵을속이리니 請컨대王은,틈을타서避ᄒᆞ소서ᄒᆞ고 王의수레를타고 將軍金樂과 힘을한가지ᄒᆞ야싸호아죽으니 王이因ᄒᆞ야 버서,도라오시

나라

後(후)에王(왕)이 그、忠(충)節(졀)을生(싱)覺(각)ᄒᆞ샤 그、殉(순)節(졀)ᄒᆞᆫᄯᅢ에 졀을세워써、表(표)ᄒᆞ고 諡(시)號(호)ᄒᆞ야갈오대 壯(장)節(졀)이라ᄒᆞ니 이졔ᄭᆞ지我(아)國(국)人(인)이 그、忠(충)誠(셩)을 思(사)慕(모)ᄒᆞᄂᆞ니라

第(뎨)十(십)八(팔) 徐(셔)熙(희)의一(일)言(언)却(각)敵(뎍)

徐(셔)熙(희)ᄂᆞᆫ 高(고)麗(려)成(셩)宗(종)ᄯᅢ사람이라 性(셩)情(졍)이嚴(엄)ᄒᆞ고 智(지)略(략)이깁호더니 이ᄯᅢ에 契(글)丹(단)國(국)(今支那盛京省遼東地)이強(강)盛(셩)ᄒᆞ야 紀(긔)元(원)前(젼)三(삼)百(빅)九(구)十(십)八(팔)年(년)에 그、大(대)將(장)蕭(소)遜(손)寧(녕)으로ᄒᆞ야곰 大(대)軍(군)을거ᄂᆞ리고 高(고)麗(려)의西(셔)邊(변)에 侵(침)鹵(노)ᄒᆞ며 말삼호대 土(토)地(디)를버히어 和(화)親(친)ᄒᆞ지아니면 軍(군)士(사)의、슈히는날이 업시리라ᄒᆞ거날 成(셩)宗(종)이 羣(군)臣(신)으로、더브러 議(의)論(론)ᄒᆞᆫ대 徐(셔)熙(희)가갈오대 내나라의土(토)地(디)를 한조각인들 엇지 他(타)人(인)에게쥬리오 맛당히 한번싸호아 決(결)斷(단)ᄒᆞᆯ지

니이다 무리議論(의론)이 다,이를좃거날 王(왕)이
또,羣臣(군신)을모도아 議論(의론)ᄒᆞ야갈오대 누가
能(능)히 契丹營門(글단영문)에가서 一言(일언)으로,써 敵將(젹장)
의긔운을 꺽그리오 羣臣(군신)이 다,對答(대답)지못
ᄒᆞ대 徐熙(서희)가 ᄒᆞ올로 나아가갈오대 臣(신)
이 가기를願(원)ᄒᆞ나이다 이에 契丹營(글단영)에니
르러 蕭遜寧(소손녕)을보고갈오대 너의나라의東(동)
京(경)(今支那盛京省遼東地)은 本來(본래),我國(아국)의녯ᄶᅡ이니 이

를我國(아국)에 돌니어보낸後(후)에 可(가)히和親(화친)을
말삼ᄒᆞ리라ᄒᆞ니 氣槩(긔개)가嚴肅(엄숙)ᄒᆞ고言論(언론)이
正大(정대)ᄒᆞᆫ지라 遜寧(손녕)이 敢(감)히抗拒(항거)치못ᄒᆞ야
그,허믈을사례ᄒᆞ고 軍士(군사)를잇쓸어 물녀가
니라

第十九(뎨십구) 姜邯賛(강감찬)의大捷(대쳡)

姜邯賛(강감찬)은 衿川(금천)(今京畿道始興郡) 사람이니 高麗(고려),顯(현)
宗(종)ᄯᅢ大臣(대신)이라 少時(소시)로,브터 배호기를됴하

ᄒᆞ야 奇異ᄒᆞᆫᄭᅬ가만터니 밋、자라매 淸儉
ᄒᆞ야 家產을經營치안코 恒常 나라에
갑흘뜻이、잇는지라
이셕에 契丹이 그、
强홈을밋고 紀元前
三百七十三年에 蕭
遜寧으로ᄒᆞ야금 軍
士二十萬을거나리고

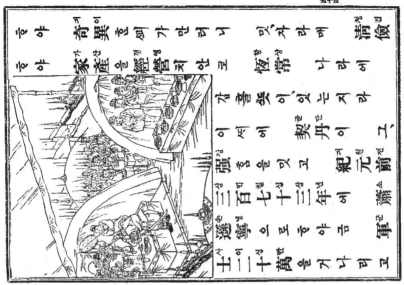

들어와盜賊ᄒᆞ거날 王(顯宗)이 姜邯贊으로、
써 大元帥를삼아 敵兵을막으라 命ᄒᆞ시
니 邯贊이 興化鎭(今平安北道義州地)에니르러 山
中에 伏兵을베플고 牛皮를連ᄒᆞ야 大川
을막엇다가 敵兵의건늠을、기다리어 막은
물을트고 伏兵이突擊ᄒᆞ니 遜寧이大敗ᄒᆞ
야 겨오 몸을버서逃亡홀새 죽엄이 드
을에遍滿ᄒᆞ야 살어도라간者이 千餘人에

지나지못ᄒᆞ니라 邯贊이 크게、이긔고도
라오니 王이깃거ᄒᆞ샤 親히 드을에마쟈
大宴을排設ᄒᆞ고 金花여ᄃᆞᆲ가지로、써 邯
贊의머리우에、쏘지니 보는사람이 다、榮華
로히녁여 稱讚ᄒᆞ기를、마지아니ᄒᆞ더라

第二十 崔冲의興學

崔冲은 高麗、文宗ᄯᅢ太師이니 風神이奇偉
ᄒᆞ고 志氣가剛壯ᄒᆞ야 넓히배호아 文章

이 一世에웃듬이라 이ᄯᅢ에 顯宗ᄯᅢ、後로
干戈의일이만ᄒᆞ야 文教를결를치못ᄒᆞ더
니 冲이、비로소 學校를세우고 靑年을불
너모도아 가라치기를 겨을히아니홈으로
學徒가 날로모도야 배호기를、힘쓰매
셰사람이 일너갈오대 崔公의學徒라ᄒᆞ니
我國의儒教가 實로 冲으로、브터 비로
소니라

第二十一 尹瓘의功業

尹瓘은 高麗睿宗ㅅ대 大臣이라 少時로브터 배호기를、됴하ᄒᆞ야 손에書籍을 놋치아니ᄒᆞ더니 밋、將帥가되매 비록軍中이라도 書籍을 가지고、다니더라 ㅅ대에女眞(今咸鏡北道吉州咸興等地)이強盛ᄒᆞ야 國家의근심이되거날 紀元前二百八十四年에 瓘이軍士十七萬을거나리고 가、쳐서 大破ᄒᆞ야 머리

六千餘級을버히고 連ᄒᆞ야 아홉城을쌔히니 女眞이 바람을바라고 逃走ᄒᆞ는지라

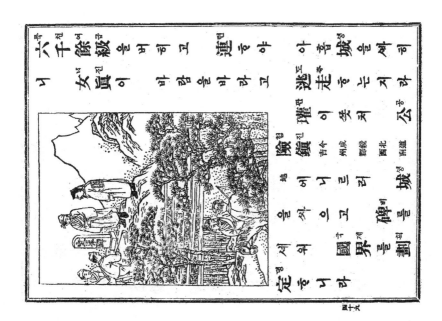

瓘이뜻쳐 公險鎭(今咸鏡北道吉州郡西南地)에니르러 城을싸으고 碑를 세워 國界를劃定ᄒᆞ니라

尹瓘이 한싸홈에 高句麗의 녯싸三百餘
里를 恢復ᄒᆞ고 平戎(今咸鏡北道吉州郡) 咸州(今咸鏡南道咸興
郡) 等地에 城을 建築ᄒᆞ야 나라地境을 넓히
니 그功業을 이제ᄭᆞ지 일컷나니라

第二十二 金富軾의 編史

高麗大臣金富軾은 文章과 智略이 사람에
ᄲᅱ여나더니 紀元前二百五十六年에 趙匡
의亂이 西方에 잇서 形勢가 强ᄒᆞᆫ지라 富

軾이 王(仁宗)의命을밧들고 討平ᄒᆞ야 大功
을세우고 또三國(新羅、高句麗、百濟)史記를지어 後
世에傳ᄒᆞ니라
일즉 支那宋國의 使臣徐兢이와서 富軾
을보고 그功德의큼과 氣像의雄壯홈을
欽慕ᄒᆞ야 그形像을 그리어도라가서 그
님금에게드리고 또板刻ᄒᆞ야 全國에傳ᄒᆞ
니 富軾의일홈이 世界에振動ᄒᆞ니라

第二十三 金就礪의功德

金就礪는高麗、高宗ᄯᅢ사람이니 사람됨이
儉素ᄒᆞ고正直ᄒᆞ며 平生에忠義로、써自
期ᄒᆞ더니 紀元前一百七十五年에契丹의
軍士를西方에막을새 後軍將이되야連
ᄒᆞ야 싸호아大破ᄒᆞ매 邊方이힘입어平
安ᄒᆞᆫ지라 모든고을百姓들이 술을、잔질ᄒᆞ
고 서로賀禮ᄒᆞ야갈오대 金將軍이後軍

將으로、써 압서나아가 盜賊을물니처우
리를保護ᄒᆞ야 安靖케ᄒᆞ니 그、功德을갑
ᄒᆞᆯ길이、업는지라 이술로、써 壽를빈다ᄒᆞ더
라
就礪가 軍士씀에 紀律이嚴明ᄒᆞ야 到處
에秋毫도犯치아니ᄒᆞ고 敵陣을對ᄒᆞ매
神奇ᄒᆞᆫ計策이만ᄒᆞ야 能히大功을니루되
自矜ᄒᆞ는일이、업심으로 ᄯᅢ사람이 그、忠正

ᄒᆞᆷ을일컷더라

第二十四 儒教의闡明

太師、崔冲의興學ᄒᆞᆫ後二百餘年에 干戈의頻數ᄒᆞᆷ으로、써 儒風이衰敗ᄒᆞ더니 紀元前八十七年忠烈王씌에 贊成事、安裕가 高明ᄒᆞᆫ學問으로 人才教育의 날로衰ᄒᆞᆷ을、근심ᄒᆞ야 支那에 사람을보내야 孔子의畫像을移摹ᄒᆞ고 樂器와經傳과諸子史를 가져

와서 國學을擴張ᄒᆞ고 學生을募集ᄒᆞ야 힘써、가라치더니 또、忠肅王씌에 程顥、朱熹의學을 漸漸밝히어 國中子弟를 教授ᄒᆞ얏고 그、後에、큰선배李穡、鄭夢周等이 더욱 힘써 儒教가 크게、떨치니라

漢南學校第三年生 山中花

隆熙三年九月十五日 印刷
隆熙三年九月三十日 發行

初等本國略史卷一
定價金十七錢

著作者 京城中部廣通七十九統八戶 興士團編輯部長 朴晶東
發行者 京城北部齋洞㖑統十四戶 同文館長 金相天
印刷者 京城中部松峴十六統二戶 金漢洙
印刷所 京城中部壽洞 同文館
發行所 京城中部壽洞 同文館
專賣所 京城中部寺洞二統五戶 廣韓書林 俞鎭泰

隆熙三年六月二日
學部檢定
私立學校歷史科
(初等教育學徒用)

初等本國略史 二

興士團編輯部 著

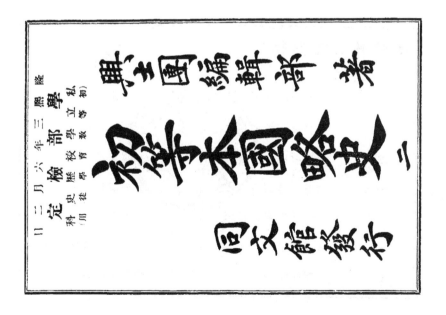

同文館發行

初等本國略史卷二

目次

全

初等本國略史卷二

第一 太祖高皇帝의創業

元年秋七月에 太祖高皇帝게오서 우리大韓帝國萬世의 큰業을 여으시니라

하날이、나이신聖人이라 少時로、브터 사람을사랑ᄒᆞ샤 世上건지실 큰뜻을、품으시니라

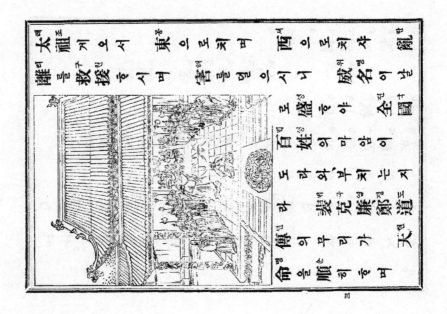

꿈에 한 神人(신인)이 金尺(금척)을、들이어 갈오대 이 자로、써 天下(텬하)의 ᄯᅡ를 자이소서 ᄒᆞ거날 太祖(태조)게오서 異常(이상)히 넉이시더니 밋、帝業(데업)을 여으신 後(후)에 夢金尺頌(몽금척송)이란 노래를 지어서 나라의 풍류를、삼으시니라

高麗(고려)의 末世(말세)를 當(당)ᄒᆞ야 外國(외국)의 侵鹵(침로)와 內地(내디)의 亂離(란리)가 자조 잇서 나라 形勢(형세)가 甚(심)히 危殆(위태)ᄒᆞ거날

二

太祖(태조)게오서 東(동)으로 치며 西(서)으로 치샤 亂離(란리)를 救援(구원)ᄒᆞ시며 害(해)를 덜으시니 威名(위명)이 날로 盛(성)ᄒᆞ야 全國(전국) 百姓(빅성)의 마암이 도라와、부치는지라 裴克廉(배극렴)、鄭道傳(정도뎐)의 무리가 天命(텬명)을 順(순)히 ᄒᆞ며

三

人心을應ᄒᆞ야 尊號를올니니라
太祖게오서 松都、壽昌宮에서 卽位ᄒᆞ시고
檀君의녜를因ᄒᆞ야 國號를朝鮮이라ᄒᆞ시
며 其後三年에 都城을 漢陽(今漢城府)에옴기
시니라

第二 太宗大王의活字新鑄

三年에 上이갈오샤대 므릇다사람을홈
이반다시典籍을 博觀홀지어날 吾東方

에 中國(支那를謂홈)의書가罕至ᄒᆞ야 板刻이刓
ᄒᆞ기易ᄒᆞ고 또、天下의書는 盡刊키難ᄒᆞᆫ지
라 朕이 銅을範ᄒᆞ야 字를만들어 書를
得ᄒᆞ는대로 印刷ᄒᆞ야、써 그傳홈을 넓히
리라ᄒᆞ시고 命ᄒᆞ야 鑄字所를寘ᄒᆞ고 古
註詩書及左氏傳의 字本으로鑄ᄒᆞ니 此는
我國鑄字의始라 其始鑄ᄒᆞᆫ年이 陰曆丁亥
에當ᄒᆞᆫ故로 名ᄒᆞ야曰丁亥字라ᄒᆞ나니 實

은其鑄造가 天下에最先ᄒᆞ니라
其後에 世宗二年에 鑄ᄒᆞᆫ者ᄂᆞᆫ 曰庚子字이오 十六年에 鑄ᄒᆞᆫ者ᄂᆞᆫ 庚子字에比ᄒᆞ야 差大ᄒᆞ고 또大字를範ᄒᆞ야 써綱目을印ᄒᆞ니 世에傳ᄒᆞ는 思政殿訓義가是며 文宗二年에 乙亥字를 鑄ᄒᆞ시고 十一年에鑄ᄒᆞᆫ者ᄂᆞᆫ 曰乙酉字이니佛教의圓覺經을印ᄒᆞ고 成宗朝에至ᄒᆞ야

辛卯字及癸丑字를鑄ᄒᆞ며 正祖十八年에字典本을 取ᄒᆞ야刻ᄒᆞ니 此를生生字이라ᄒᆞ고 二十年에 整理字를鑄ᄒᆞ니라

第三 世宗大王의國文親製

世宗大王은 太祖高皇帝의孫이시라 太祖게오서 비로소業을 여으시매 결을치못ᄒᆞᆫ일이、만ᄒᆞ시더니 紀元後二十八年에 世宗게오서 卽位ᄒᆞ시매 어진德과 밝은슬

귀가잇서 禮를짓고 풍류를지으샤 모든
制度를 一新케ᄒᆞ시니 나라이 크게、다사
리니라

처음에 우리나라의 나라글이、업서 일을
記錄ᄒᆞ기에 仔細치못홈이、만ᄒᆞ고 또、나라
말삼이 한결갓지못ᄒᆞ더니 上이即位ᄒᆞ신
지二十八年에 國文二十八字를 親히지으
시고 또、文臣、鄭麟趾、成三問、申叔舟의무리를

命ᄒᆞ샤 闕內에 國文都監을베프러 그、
音과訓의 바름을상고ᄒᆞ야 定ᄒᆞᆫ後에 訓
民正音을 頒行ᄒᆞ시니 이것이 곳、우리나
라의 現行ᄒᆞ는國文이라

그、배홈이쉬웁고 일을記錄홈에便ᄒᆞ야 漢
文의 能히못ᄒᆞ는者를 다、걸님업시通ᄒᆞ니
眞實로 나라를文明케홈에 큰效驗이잇
나니라

第四 音樂과 簡儀臺

처음에 世宗게오서 卽位ᄒᆞ신지 七年에 秬黍가 海州에나며 石磬을 南陽에어드니 上이 朴堧을 命ᄒᆞ샤 編磬을 造ᄒᆞ매 其聲이 清美ᄒᆞ야 律呂에 協ᄒᆞ는지라 因ᄒᆞ야 堧으로ᄒᆞ야금 音樂을 掌케ᄒᆞ야 舊樂을 更新ᄒᆞ니 朝廷과 廟社의 雅樂이 비로소 갓초니라

其後十六年에 金銚를 命ᄒᆞ샤 簡儀臺를 刱製ᄒᆞ야 千秋庭殿의 一小屋中에 寘ᄒᆞ고 玉漏機輪을 베플어 水로써 激轉케ᄒᆞ며 金으로 太陽을 만들어 一日에 一周를 繞行케ᄒᆞ대 赤黃道의 遠近出入을 准ᄒᆞ야 各節氣를 ᄯᆞ라서 天의 日行과 合ᄒᆞ니 十二時에 各其位神의 穴이 잇고 穴內에 玉女가 잇서 每一時에 其時가 至ᄒᆞᆫ즉 (假令子時丑時의類) 其穴門

이自開ᄒᆞ며 玉女가時牌를가지고 나와잇
다가 其時가盡ᄒᆞ면 其穴에還入ᄒᆞ고 穴
門이自閉ᄒᆞ나니 各時가次序를遵ᄒᆞ야 皆
然ᄒᆞ니라

第五 金宗瑞의北方開拓

金宗瑞ᄂᆞᆫ 世宗ᄯᅢ大臣이라 世宗十九年에
咸吉道(今咸鏡北道)都節制使가되얏더니 이ᄯᅢ
에 북녁地境(豆滿江沿邊)荒蕪ᄒᆞᆫᄯᅢ에 사ᄂᆞᆫ사람

이稀少ᄒᆞ야 盜賊이 자조出入ᄒᆞᄂᆞᆫ지라
宗瑞가 그形便을上게알외야 會寧、鍾城

等여섯鎭營을베플
고 南方의百姓五
百人을 옴기엿더
니 그氣候의甚
히참으로 견대지
못ᄒᆞ거날 다시

三千餘人을 옴기매 사람의 긔운이 旺盛홈
으로,써 寒氣가 前보다 減ᄒᆞ는지라 이에
農事짓기를 勸ᄒᆞ며 六畜기르기를,힘쓰게
ᄒᆞ니 이로좃차 土品이,기름지고 物件이
豊足ᄒᆞ매 사ᄂᆞᆫ百姓이 漸漸繁盛ᄒᆞ야 다,
雄壯ᄒᆞᆫ고을을 일우니 북녁地境千餘里를
開拓홈은 金宗瑞가 그,힘을,다ᄒᆞᆫ功이러라
그,前에 羣臣이 다,金宗瑞의 北方經營을

反對ᄒᆞ야 갈오대 百姓의힘을 疲困케ᄒᆞ
며 나라의財物을 虛費ᄒᆞ고 邊方오랑캐
에게 怨望을 맷게홈이 可치안타호대 上
이 金宗瑞를 깁히,아시ᄂᆞᆫ故로 의심치아
니ᄒᆞ시고 오로지,막기시니 宗瑞의功이
實狀은 世宗의聖明ᄒᆞ심에 말매암이러라

第六 世祖의 南怡의寃死

南怡ᄂᆞᆫ 世祖ᄯᅢ의 勇猛ᄒᆞᆫ將帥이라 紀元

後七十六年에 李施愛의亂을平定ᄒᆞ고 建
州(今支那盛京省地)의盜賊을쳐서 큰、功을세우매
少年으로 벼살이 兵曹判書에니르럿더니
셕에 奸臣、柳子光이 그、才操를猜忌ᄒᆞ야
上게譖愬ᄒᆞ야 怡가曖昧히죽음을當ᄒᆞ
니 世上이 다、冤痛히넉이더라
南將軍이 일즉히 詩를지어갈오대
白頭山石磨刀盡이오 豆滿江水飮馬無라

男兒二十未平國이면 後世誰稱大丈夫아
ᄒᆞ얏더니 譖愬ᄒᆞ는者가 이、詩에平字를
得字로곳치어 上게、올니어갈오대 南怡가
나라를圖謀ᄒᆞ는 逆賊의마암이、잇다ᄒᆞ야
이로、써죽이니라

第七 李滉의道學

李滉은 明宗셕의 큰、學者이라 少時로、보
터 實學을主張ᄒᆞ야 禮에밝음으로 일흠

이놉고 그,文章과道德이 한世上에 읏듬
이되니라
그,벼살이 宰相에니르매 여러번疏章을,올
니어 다사리ᄂᆞᆫ根本을 議論ᄒᆞ야 時弊를
바로잡고져ᄒᆞ대 議論이行치못ᄒᆞᆫ즉 이에
벼살을辭讓ᄒᆞ고 시골에,도라가서 學問
을講究ᄒᆞ야 後進開導ᄒᆞ기를,힘쓰니 四方
의선배가 닷토아 그,門에모도야 儒敎가

크게,ᄯᅳᆯ치ᄂᆞᆫ지라 時人이 놉히여갈오대
退溪先生이라ᄒᆞ니 그,집이 禮安郡,退溪
에 잇심을,일옴이니라

第八 李珥의先覺

李珥ᄂᆞᆫ 宣祖ᄯᅴ賢臣이라 別號ᄂᆞᆫ갈오대
栗谷이니 聰明ᄒᆞᆫ才操가 사람에,지나서
七歲에 能히經書를通ᄒᆞ더니 자라매 學
問이크게進就ᄒᆞ야 文章과經濟와道德이

世上의미루어 놉히는바이되고 밋、朝廷에、셔매 님금셤기기와 나라돕기를 至誠으로、써ᄒᆞ야 百官의師表가되니라

珥가 日本、豊臣秀吉의 異意잇심을 엿보아알며 ᄯᅩ、우리나라의 軍備의虛疎홈을 근심ᄒᆞ야 政府에 議論을들이어 軍士十萬을길너서 ᄯᅳᆺ아니ᄒᆞᆫ、근심을 防備ᄒᆞ쟈호대 朝廷이、좃지아니ᄒᆞ고 도로혀譖愬ᄒᆞ야

祥瑞롭지아닌、말삼이라ᄒᆞ니 珥가 歎息ᄒᆞ야갈오대 後에 반다시、나의말삼을 生覺ᄒᆞ는날이 잇시리라ᄒᆞ고 이에 朝臣中에 柳成龍의才操와그릇이 大事를堪當ᄒᆞ기에 足홈을보고 國事로、써 附托ᄒᆞ며 ᄯᅩ、李舜臣의 忠孝將材가 雙이업심을알아 일잇는날에 크게、쓰기를 柳成龍에게 附托ᄒᆞ더니 밋、柳成龍이 壬辰의亂을當ᄒᆞ

매일이 다班이의말삼과갓흔지라 歎息ᄒᆞ야갈오대 李公은 참聖人이라ᄒᆞ니라

第九 光國三臣의外交

明國史官이 高麗罪人으로써 우리 皇室의祖先이라 誣罔ᄒᆞ야 나라에 辱됨이 甚ᄒᆞᆫ지라 우리政府가갈오대 이말삼이 져나라私人의著述이라도 容恕치못ᄒᆞᆯ지온하믈며 그史官의붓으로 記錄ᄒᆞᆫ바이리오

二十二

ᄒᆞ고 이에 尹根壽、黃廷彧의무리를보내어 그無禮홈을詰難ᄒᆞᆫ즉 明國政府가 史冊의고침을約束ᄒᆞ나 말삼을左右로미루어 實行치아니ᄒᆞ거날 이에 兪泓을 明國에使臣으로命ᄒᆞ야보내서 談判케ᄒᆞᆫ대 兪泓이 明國京城에니르러 禮部尙書(外部大臣沈鯉로더브러 會同ᄒᆞ야 그일을辨論ᄒᆞᆯ새 沈鯉가 말삼을긋치고 몸을이리키거

二十三

날 兪泓이 그、소매를다리어 자리에 안치고 갈오대 우리의談判ᄒᆞᄂᆞᆫ일이 맛치지 아니ᄒᆞ얏시니 公이 어대로、가고져ᄒᆞᄂᆞᆫ야 ᄒᆞ고 므릇 七日에 조금도 겨으른빗이、업시며 言辭가 漸漸嚴正ᄒᆞᆫ지라 明皇이 듯고 歎息ᄒᆞ야갈오대 朝鮮에 이갓흔臣下가 잇시니 므삼일을 니루지못ᄒᆞ리오ᄒᆞ고 卽時、命ᄒᆞ야 兪泓의要求條件을應ᄒᆞ야

冊板을毁撤ᄒᆞ고 國中에行會ᄒᆞ야 그、冊을 다、禁ᄒᆞ게ᄒᆞ니라

兪泓이 그、談判에 功을니루고 本國에도라오니 宣祖게오서 大喜ᄒᆞ샤 郊外에幸行ᄒᆞ야 慰勞ᄒᆞ시며 그、功을 갑ᄂᆞᆫ다ᄒᆞ신즉 兪泓이듯고 速히行ᄒᆞ야 京城에들어오니 因ᄒᆞ야 光國一等功臣을封ᄒᆞ시고 尹根壽、黃廷彧에게도 功臣號를나리시니

時人이 나라를、빗나인三臣이라ᄒᆞ니라

第十 壬辰의亂

처음에 高麗末葉을當ᄒᆞ야 日本의邊民이 우리海邊의各郡을 쟈조入寇ᄒᆞ거날 太祖高皇帝게오서 神勇으로、써 擊退ᄒᆞ샤 伊來二百年間 昇平홈을어덧더니 밋、日本、豊臣秀吉이 其國內의 割據ᄒᆞᆫ羣雄을 討平ᄒᆞ고 一統ᄒᆞᆫ形勢를이루니 이ᄯᅢ는

紀元後一百九十九年이오 宣祖게오서位에、게오신지二十三年이라 昇平ᄒᆞᆫ時代를當ᄒᆞ야 全國사람이 軍士일을 아지못ᄒᆞ는지라 李珥의 養兵ᄒᆞ쟈는議論을 좃지아니ᄒᆞ고 또、趙憲이 屢次、疏章을올니어 日本이 반다시、옴을論難ᄒᆞ야 말삼이 甚히激切ᄒᆞ거날 政府에서 삶히지못ᄒᆞ고 도로혀 狂人이라指目ᄒᆞ더라

二十四年에豊臣秀吉이 그、軍士의强홈을밋
고 支那、明國을치고져ᄒᆞ야 使臣玄蘇를보
내어 我國에假道ᄒᆞ기를請ᄒᆞ거날 朝廷議
論이 許諾지아니ᄒᆞ니 翌年四月에 豊臣
秀吉이 加藤淸正의무리三十六將을보내어
軍士二十萬을거나리고 들어와侵鹵ᄒᆞ니
이ᄯᅢ에 日本軍士는 百番싸홈남어지에
긔운이、날내고 西洋사람의銃法을 새로、

어더서 器械가利로온故로 그、形勢가甚
히壯호대 우리나라軍士는 操鍊도업고
軍器는 다、부러진활과 동록쓴칼뿐이라
다만 木椎와鐵耞(개도리)로、써 對敵홀새 日
本軍士니르는곳에 우리나라사람이 銃을
마저、죽는者이 그、數를아지못ᄒᆞ니라
宋象賢은 東萊(慶尙南道)에서節死ᄒᆞ고 李鎰은
尙州(慶尙北道)에서敗ᄒᆞ며 申砬은 忠州(忠淸北道)

彈琴臺에서敗死ᄒᆞ매 日本軍士가長驅ᄒᆞ야
漢城에入ᄒᆞᆫ즉 上이義州에播遷ᄒᆞ시고
日軍이進ᄒᆞ야 平壤을陷ᄒᆞ다
이ᄯᅢ에 國朝文治의久ᄒᆞᆷ으로 武備에疎虞
ᄒᆞ야 처음에ᄂᆞᆫ 자조敗ᄒᆞ얏시나 漸次로
陸軍에都元帥權慄이 幸州(京畿高陽)에서勝
捷ᄒᆞ고 兵使朴晋이 震天雷大砲로 慶州
城을恢復ᄒᆞ며 海軍에 統制使李舜臣이

龜船으로ᄡᅥ 敵船을連破ᄒᆞ야 南海를扼ᄒᆞ
고 又其他義勇兵에 趙憲、郭再佑、鄭起龍等
이 各地方에起ᄒᆞ야 或敗或勝ᄒᆞ얏시나
이로브터 士氣가大振ᄒᆞ니라
이ᄯᅢ를當ᄒᆞ야 明國이 日本의計策을怒ᄒᆞ
고 또、我國의請求를應ᄒᆞ야 援兵을發ᄒᆞ야
다가 明將祖承訓이平壤에서敗ᄒᆞ니 我
國이다시 明에使를遣ᄒᆞ야 救援을請ᄒᆞᆫ

대 이에 明提督李如松이來ᄒᆞ야 急히
平壤을처서恢復ᄒᆞ얏시나 碧蹄驛(京畿坡州郡)에
서敗ᄒᆞ얏시며 其後에 明이 經略使楊鎬를
送ᄒᆞ야 日軍을처서 素沙(京畿振威郡)에서勝
捷ᄒᆞ얏시나 맛참내 蔚山(慶尙南道)에서大敗ᄒᆞ
고 其他諸將은 特別ᄒᆞᆫ戰功이업더니 相
持ᄒᆞᆫ지七年에 豊臣秀吉이죽으매 日軍이
罷ᄒᆞ야、도라가니라

밋德川家康이 秀吉을대신ᄒᆞ매 使臣을보
내야 和好ᄒᆞ기를請ᄒᆞ거날 朝廷이ᄯᅩᄒᆞᆫ
使臣을보내야對答ᄒᆞ니 이로조차 兩國의
親睦홈이 녜와갓ᄒᆞ니라
國事艱難ᄒᆞᆫᄯᅢ를當ᄒᆞ야 밧으로強敵을防禦
ᄒᆞ고 援兵을酬應ᄒᆞ며 안으로國民을撫綏
ᄒᆞ고 戰士의糧餉과器械를籌辦ᄒᆞ야 能히
中興의業을 이룬者는 다、大臣柳文忠公成

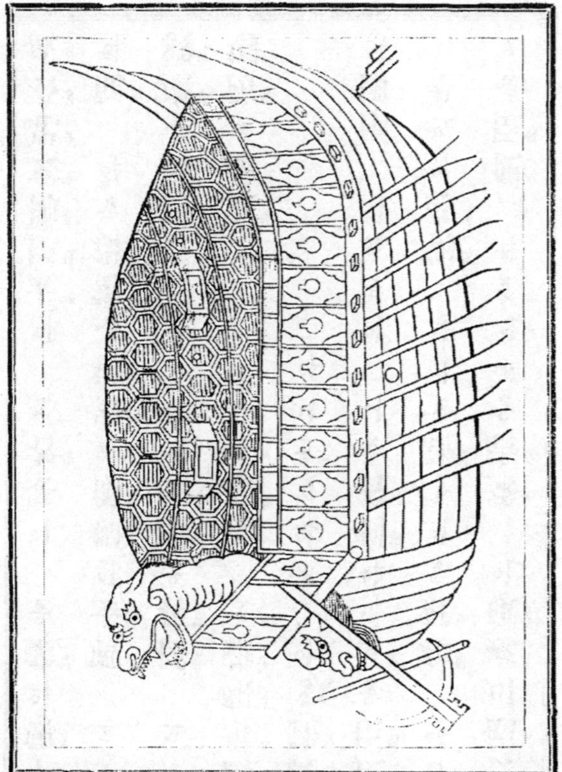

龍의功이러라

처음에 忠武公李舜臣이 兵船을 剏造ᄒᆞ니

그、形狀이 거북갓흠으로、써 일홈ᄒᆞ야 갈

오대龜船이라 그、制度가 甚히奇異ᄒᆞ야

上面은집웅갓치덥고 外面은鐵甲으로싸시

며 前後左右에 銃구멍을뚤어 四面으로

돗케ᄒᆞ고 進退ᄒᆞ기는櫓로、써ᄒᆞ야 自由ᄒᆞ

는中에、또敏速ᄒᆞ니 舜臣이 이、배로、써 日

本水軍을南海에破ᄒᆞ야 그北進ᄒᆞ는目的을
達치못ᄒᆞ게ᄒᆞ니라

또震天雷ᄂᆞᆫ 慶尙左兵使朴晉의刱造ᄒᆞᆫ大砲이니 그彈丸은 곳榴霰彈이라 敵陣을向ᄒᆞ야生

으매 소래ᄂᆞᆫ雨雷갓고 鐵丸은片片히흣터지면서 敵兵을傷ᄒᆞ는故로 名曰飛擊震天雷라ᄒᆞ니 朴晉이 이大砲로써 慶州城을恢復ᄒᆞ야 그刱造ᄒᆞᆫ名譽가 李舜臣의龜船으로더브러 가쥬런ᄒᆞ니라

第十一 鄭忠信의討逆

鄭忠信은 本來寒微ᄒᆞᆫ집子孫으로 勇猛과智略이잇더니 紀元後二百三十二年에 李

适이 平安兵使로、써 反ᄒᆞ야 軍士를거나
리고 새잇길을조차 곳、京城을逼迫ᄒᆞ거날
上이 公州에播遷ᄒᆞ신지라 适이京城을
擁據ᄒᆞ야 그、形勢가甚히猛烈ᄒᆞ매 모든
將帥가 다、두려ᄒᆞ야 갓가히ᄒᆞ지못ᄒᆞ더라
忠信이 都元帥張晩다려 말삼ᄒᆞ야갈오대
大駕가播遷ᄒᆞ심은 吾輩의 싸호지아니
ᄒᆞᆫ罪이니 한번싸호아 勝敗를決斷홈이

可ᄒᆞ다ᄒᆞ고 드듸혀 軍士를잇끌고 밤을
타서 李适을칠새 山上에올나 風勢를因
ᄒᆞ야 재를날니매 适의軍士가 눈으로能
히、보지못ᄒᆞ야 서로、어지럽거날 急히처서
大破ᄒᆞ니 适이 數百人으로더브러 廣州
로、다라나는지라 忠信이輕兵으로、써 쫏친
즉 适의形勢가窮盡ᄒᆞ니 그、部下將帥奇益
獻이 适의머리로、써 降服ᄒᆞ니라

四十

第十二 丙子의亂

처음에 淸國愛新覺羅氏가 滿洲에이러나 其勢가漸大ᄒᆞ매 明國을取코져ᄒᆞ는ᄯᅳᆺ이、잇시나 我國이 그、뒤를襲擊ᄒᆞᆯ가念慮ᄒᆞ야 和好ᄒᆞ기를請ᄒᆞ거날 朝廷이 明國과의 舊交를背棄치못ᄒᆞ야 許諾지아니ᄒᆞ고 도로혀姜弘立으로三萬兵을거나려 明國을救援ᄒᆞ나 明楊鎬等이兵敗ᄒᆞ고 姜弘立

四十一

은 敵國에降服ᄒᆞ얏더니 밋、淸太宗이位에나오매 다시使臣을보내야 和親을求ᄒᆞ니 그、말삼이 甚히悖慢ᄒᆞᆫ지라 尹煌、兪榥、李一相의무리十人이 그、和親ᄒᆞᆷ의 可치아님을、닷토대 吳達濟、洪翼漢、尹集三人이尤甚ᄒᆞ며 太學生尹宣擧는 오랑캐使臣을버히쟈ᄒᆞ야 國中의議論이 ᄯᅡ러激昂ᄒᆞ니 그、使臣이 逃亾ᄒᆞ야、도라가 和議의이

루지못ᄒᆞᆷ을報ᄒᆞᆫ대 紀元後二百四十三年
仁祖ᄯᅢ에 淸太宗이 그將帥龍骨大、馬保大
의무리로더브러 十三萬大兵을거나리고
드러와侵鹵ᄒᆞ니 上이 그亂을廣州、南漢
山城에避ᄒᆞ시니라
이ᄯᅢ를當ᄒᆞ야 我國이 壬辰의亂을經過ᄒᆞᆷ
이 久치아니ᄒᆞᆷ으로 兵備가穩全치못ᄒᆞ나
ᄡᅡ호기를主張ᄒᆞ는者가 朝野에充滿ᄒᆞ야

平安兵使柳琳이 奇異ᄒᆞᆫ計策으로 敵兵
을 江原道、金化郡에서破ᄒᆞ고 ᄯᅩ、忠淸道의
勤王兵은北上ᄒᆞ나 江華府의陷落ᄒᆞᆫ報가
行在所에達ᄒᆞᆫ매 大臣崔鳴吉이 和親ᄒᆞ는
議論을主張ᄒᆞ니 金尙憲、鄭蘊等이 죽기로、
ᄡᅥ닷토대 上이 人民의疲罷ᄒᆞᆷ을爲ᄒᆞ야
和議를죠치신대 淸兵이 退歸ᄒᆞ니라
처음에 林慶業이 忠州農家의子弟로 勇

猛(맹)과智略(지략)이 世上(세상)에쌱이업고 또、兵書(병서)읽기
를됴하ᄒᆞ더니 밋、義州府尹(의주부윤)이되매 白馬山(백마산)
城(성)을싸아서 外敵(외적)防備(방비)를嚴(엄)히ᄒᆞᆫ즉 清國軍(청국군)
士(사)가敢(감)히、갓가히못ᄒᆞ다가 丙子年(병자년)에 清(청)
太宗(태종)이 다른길로、좃차 우리나라에、들어온
지라 慶業(경업)이大憤(대분)ᄒᆞ야 恆常(항상)、清國(청국)을쳐서
丙子年(병자년)일을갑고져ᄒᆞ야 海上(해상)으로좃치 登(등)
州(주)에니르러 明兵(명병)을指揮(지휘)ᄒᆞ야 清兵(청병)을자조

破(파)ᄒᆞ나 맛참내 힘이弱(약)ᄒᆞ야 清將(청장)에게
사로잡힌바이되매 죽기로盟誓(맹서)ᄒᆞ고 降服(항복)
지아니ᄒᆞ니 清帝(청제)가 그、義(의)를놉히녁여 本(본)
國(국)으로、돌녀보내거날 이ᄯᅢ에 金自點(김자점)이
私嫌(사혐)으로、써 慶業(경업)을죽이니 至今(지금)ᄭᆞ지 國(국)
人(인)이말삼ᄒᆞ기를 林將軍(림장군)이죽음으로 丙子(병자)
年(년)의、붓그러옴을 씻지못ᄒᆞ얏다ᄒᆞ야 다、愛(애)
惜(석)히녁이나니라

第十三　孝宗大王의北伐經營

孝宗大王은　仁祖大王의아달이시니　恆常、清國을치고져ᄒᆞ샤　軍士를길으고　兵器를지으며　또、人材를擇用ᄒᆞᆯ새　英傑ᄒᆞᆫ사람宋時烈로　大臣을삼고　智略이雄壯ᄒᆞᆫ李浣으로　大將을삼으샤　日夜로　北伐ᄒᆞ기를議論ᄒᆞ야　將次軍士를、이리키고져ᄒᆞ다가孝宗게오서崩ᄒᆞ시고　또、朝廷에　沮戲ᄒᆞ는

者가만흠으로　北伐의議論이　行치못ᄒᆞ니라

第十四　李麟佐의亂

李麟佐는　英祖ᄯᅢ사람이라　紀元後三百三十六年에　忠清道에서　軍士를이리켜　慶尙道의鄭希亮과　聲勢를相通ᄒᆞ야　京城을犯ᄒᆞ다稱ᄒᆞ고　清州城에들어가　兵使、李鳳祥과　營將南延年을죽이고　安城郡에니르

니 그 氣勢가 壯大ᄒᆞ더라 이ᄯᅢ에 平安兵使李思晟과 摠戎使金重器의무리가 內外相應ᄒᆞ매 形勢가 甚히 危急ᄒᆞ야 人心이 洶洶ᄒᆞ거날 上이 兵曹判書吳命恒으로 都巡撫使를 삼으시고 朴文秀의무리로 從事官을 삼으샤 賊을 安城郡에서 大破ᄒᆞ고 그 魁首李麟佐를 사로잡으니 餘黨은 다 平定되니라

第十五 英祖의德政

紀元後三百十四年에 英祖大王게오서 卽位ᄒᆞ시니 上이 奢侈홈을 禁斷ᄒᆞ시며 學問을 힘쓰시고 農事를 勸ᄒᆞ시며 奴婢의 貢ᄒᆞᄂᆞᆫ 法를 罷ᄒᆞ시고 巫女의 祈禱를 嚴禁ᄒᆞ시며 酷毒ᄒᆞᆫ 刑罰을 除去ᄒᆞ시고 森林을 힘쓰게ᄒᆞ시니 나라이 다 사리고 百姓이 便安ᄒᆞ야 太平時代이라 일컷나니라

第十六　正祖時代의文學

正祖皇帝는 英祖의孫이시니 東宮에、겨오신써브터 文學을됴하ᄒᆞ시고 또、聰明ᄒᆞ야百家書를 다、通達ᄒᆞ샤 朝臣의 能히밋는者가업시니라

紀元後三百六十五年에 位에나아가샤 學問을勸奬ᄒᆞ시니 國中에 學士와詩人이輩出ᄒᆞ야 우리나라의文化가 이써에니르러

五十

가장盛ᄒᆞ니라

第十七　丁若鏞의不遇

丁若鏞은 正祖皇帝써사람이라 幼時로브터 聰明ᄒᆞᆫ才質이 무리에、뛰여나더니 밋、자라매 聞見이만ᄒᆞ며 學識이깁흐며 理致를 能히通ᄒᆞ며 經濟、法律、地理等學術에더욱、밝아서 그、著述ᄒᆞᆫ바書籍이 世上에만히傳ᄒᆞ나 맛참내 크게、쓰이지못ᄒᆞ야

五十一

그、품은바才操를 펴지못ᄒᆞ고 또、政治를 改良一新코져ᄒᆞᆷ에 뜻이잇섯시나 時勢에因ᄒᆞ야 마암과、갓지못ᄒᆞ얏시니 後人이 그、ᄯᅢ의만나

지못ᄒᆞᆷ을 歎息ᄒᆞ나니라

第十八 洪景來의亂

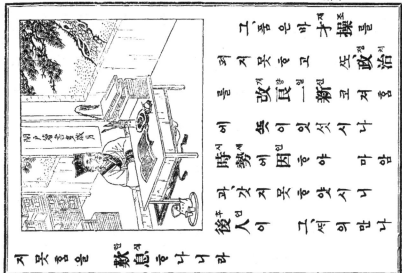

洪景來는 純祖ᄯᅢ사람이라 이ᄯᅢ에 政府의사람씀이 門閥을崇尙ᄒᆞ고 才操를登庸치아니ᄒᆞ며 外戚이 國政을專主ᄒᆞ야 百姓이困苦ᄒᆞ니 景來가 不測ᄒᆞᆫ마암을、품고 紀元後四百二十年에 平安道에서 亂을 이리켜 四方에 檄書를傳ᄒᆞ야 外戚政府의 公平되지못ᄒᆞᆫ罪를聲明ᄒᆞ고 因ᄒᆞ야

嘉山郡守鄭蓍를죽이며 宣川府使金益淳을
降服밧고 定州城에擁據ᄒᆞ야 關西各郡을
鹵略ᄒᆞ니 民心이 크게騷擾ᄒᆞᆫ지라 이에
巡撫使李堯憲과 巡撫中軍柳孝源의무리
를 命ᄒᆞ야처서 一年만에平定ᄒᆞ니 이를
壬申西賊이라,일컷나니라

第十九 大院王의執政

大院王은 莊祖皇帝의曾孫이시오 太皇帝
陛下의生父이시라 戚臣이國權을 잡은ᄯᅢ
를當ᄒᆞ야 金枝玉葉으로 貧困ᄒᆞᆫ中에處ᄒᆞ
야民間의事情을알더라
그,性稟이 넓고,굿세며 風度가軒昂ᄒᆞ야
英雄豪傑의氣像이잇더니 밋 太皇帝게오
서幼年에 皇室大統을니으시매 大院王
이 神貞皇太后의命을밧자와 大政을攝理
ᄒᆞ시니라

이ᄯᅢ에 外戚의專橫ᄒᆞᆫ後를니어 紀綱이解弛ᄒᆞ고 政治가紊亂ᄒᆞᆫ지라 大院王이 이에 法을밝히고 令을嚴히ᄒᆞ야 사람쓰기를 公道로、써ᄒᆞ고 百姓의病되는일을除ᄒᆞ며 軍丁의身稅를改良ᄒᆞ야 戶布로定ᄒᆞ야 累百年의큰弊端을革罷ᄒᆞ고 各道各郡에 社倉을두어 百姓으로ᄒᆞ야금 凶年의預備가잇게ᄒᆞ며 土豪를嚴禁ᄒᆞ야 書院을毁

撤ᄒᆞ기에니르니라

景福宮의 工事를이리켜 壬辰以後의 결흘치못ᄒᆞᆫ일을、이루엇시나 財用이足지못ᄒᆞ야 百姓에게願納을 命令으로定ᄒᆞ고 ᄯᅩ、當百錢을지어 錢政이 비로소變ᄒᆞ니라

天主教가 漸漸傳布ᄒᆞ매 大院王이 國家에利치못ᄒᆞᆯ가念慮ᄒᆞ야 크게殺戮을行ᄒᆞ니 비록 國家를、근심ᄒᆞ는마암에、남이나 外

國의形便을아지못ᄒᆞᆷ으로 이갓치殘酷ᄒᆞᆫ일
이、잇섯더라

第二十 丙寅의亂

이ᄯᅢ는 太皇帝의登極ᄒᆞᆫ신지三年이라
大院王이 天主敎徒를죽이매法蘭西의宣
敎師가 ᄯᅩᄒᆞᆫ 그、禍를免치못ᄒᆞᆫ지라그、中
에逃亾ᄒᆞ야、도라간者이淸國北京에니르
러그、公使를보고 그、일을告ᄒᆞᆫ대公使가

五十八

淸國政府에向ᄒᆞ야무른즉 朝鮮의일을
淸國의알바이、아니라ᄒᆞ니 이에法蘭西海
軍提督魯勢로ᄒᆞ야금 軍艦七隻을거나리고
紀元後四百七十五年에江華府를엄습ᄒᆞ
야 城을陷落ᄒᆞ고、써 擁據ᄒᆞ니라
御營大將梁憲洙로ᄒᆞ야금江界砲手八百人
을잇슬고 鼎足山城에나아가陣치나 敵軍
이 새벽을타서、치거날 憲洙가 이에 몸

五十九

소、싸홈을督促ᄒᆞ야 우리軍士의銃이 나리쏘으매法國軍士의死者가甚多ᄒᆞ니 敵將이能히對敵지못홈을알고逃亾ᄒᆞ야、도라가니라

第二十一 辛未의擾

丙寅에 阿美利加의合衆國商船쉬어만號가

風勢를避ᄒᆞ야 大同江下流에들어오다가淺灘에걸니어 움작이지못ᄒᆞ더니 이ᄯᅢ에 맛참 法國軍艦이 江華에들어와서侵鹵ᄒᆞ는지라 그、商船도 ᄯᅩ한 敵國의배라ᄒᆞ야 쳐서、불사르니라

合衆國政府가 듯고갈오대 이는 朝鮮、이우리와 條約업는緣故이라ᄒᆞ고 軍艦五隻을發ᄒᆞ야 魯藉壽로 提督을삼고命호대

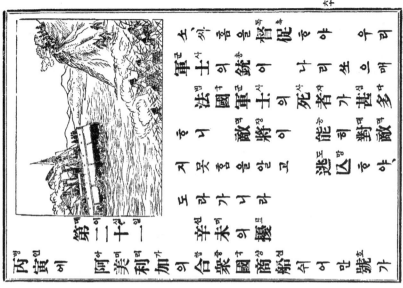

六十二

朝鮮에니르러몬져、好意를通ᄒᆞ야兩情이
相合ᄒᆞ거든條約을定ᄒᆞᆯ지오아모쪼록
싸홈을避ᄒᆞ라ᄒᆞ얏더니魯藉壽가朝鮮에
니르러官吏를보고져ᄒᆞ나機會를엇지못
ᄒᆞᆫ지라紀元後四百八十年에江華府、德津
에들어오니우리政府는敵國의軍艦이
또、왓다ᄒᆞ야鎭撫中軍魚在淵으로ᄒᆞ야곰치
니라

六十三

魚在淵이廣城津에陣치고合衆國의軍艦
을相對ᄒᆞ니魯藉壽가사람으로ᄒᆞ야곰
白旗(西洋에和親ᄒᆞ는旗)를가지고적은배
로、써魚中軍의陣을向ᄒᆞ야그、和親ᄒᆞ는뜻
을通ᄒᆞ거날우리軍士가大砲로、써그、
적은배를치니魯藉壽가우리나라에서
白旗和意를、알지못ᄒᆞᆷ을엇지알앗시리오
크게忿ᄒᆞ야압호로犯ᄒᆞ다가敗ᄒᆞᆫ즉山을

둘너 우리軍士의뒤를、엄습ᄒᆞ매 그、形勢가
甚히猛烈ᄒᆞᆫ지라 在淵이單身으로 칼을
들고、힘써싸호다가 칼자로가、부러져서 맛
참내 忠義에죽음으로 그、職分을다ᄒᆞ니
魯藉壽가 條約締結ᄒᆞ는事가 到底히 成
就ᄒᆞᆯ望이업심을生覺ᄒᆞ고 軍艦을率ᄒᆞ야退
去ᄒᆞ니 後十一年에 合衆國이 다시、提督
스훽드를보내야 條約을結ᄒᆞ니라

第二十二 外國의通商

壬辰과丙子의後로、브터 數百年間에 朝廷
이 苟且ᄒᆞᆫ太平으로 일업기를主張ᄒᆞ야
日本과支那로더브러 外面으로는相通ᄒᆞ나
깁흔交際는 許諾지아니ᄒᆞᆯ뿐더러 丙寅
에 法蘭西를물니치고 辛未에 合衆國을
쫏치매 天下에우리나라가 가장、强ᄒᆞ며
또、各國은 다、오랑캐라ᄒᆞ야 서로交通ᄒᆞ기

를 願치아니ᄒᆞᄂᆞᆫ中에 日本이 西洋과交
通ᄒᆞᄂᆞᆫ일을 듯고갈오대 日本도 天主學
ᄒᆞᄂᆞᆫ오랑캐가되얏다ᄒᆞ야 드듸혀 녯날好
誼를끈코 그使臣을拒絶ᄒᆞ니 日本政府가
ᄯᅩ한 怒ᄒᆞ야 西鄕隆盛의무리가 征韓
論(우리나라를치자ᄒᆞᄂᆞᆫ議論)을主唱ᄒᆞᆫ즉和
ᄒᆞᄂᆞᆫ者이만ᄒᆞᆫ지라 當時에 日本大臣巖倉
具視와 大久保利通이 世界의時勢에通ᄒᆞ

六十六

야 東洋의大局을生覺ᄒᆞ고 西鄕의議論을
反對ᄒᆞ매 伊藤博文과 井上馨等이 ᄯᅩ한
和應ᄒᆞ더니 乙亥에 永宗島守將이 日
本의雲揚艦을砲擊ᄒᆞᆫ지라 日本政府가
全權大臣黑田淸隆과 副使井上馨을보내야
國書를밧들고 江華에니르거날 우리政
府가 判府事申櫶으로ᄒᆞ야곰會同ᄒᆞ야 和
親ᄒᆞᄂᆞᆫ條約을定ᄒᆞᆯ새 우리나라의獨立自

六十七

主ᄒᆞ는權利를聲明ᄒᆞ야 天下에布告ᄒᆞ니
이는 이론바丙子의條約이니 다、當時大臣
朴珪壽와 志士吳慶錫二人의功이러라
이ᄯᅢ에 我國이 日本과의條約으로 그、使
臣의 漢城駐箚와 仁川及元山의 開港ᄒᆞ
는일을許諾ᄒᆞ매 朝鮮의獨立自主ᄒᆞ는權
이此를因ᄒᆞ야 비로소 天下萬國의公
認ᄒᆞ는바이되며 ᄯᅩ、朝廷도 外國을夷狄으

로視ᄒᆞ든 陋見誤解를覺ᄒᆞᆫ지라 그、後六年
에 合衆國海軍提督스웰드가 支那李鴻章
의紹介로 仁川에니르러 通商條約의訂結
을求ᄒᆞ거날 日本과和好ᄒᆞᆫ前例를써서 그、
請求에應ᄒᆞ고 ᄯᅩ、英吉利、日耳曼、澳地利、俄羅
斯、伊太利、法蘭西、比利時의諸國이 相繼ᄒᆞ야
至ᄒᆞ매 다、異議업시 和好條約을締結ᄒᆞ야
漸次로 今日갓치 萬國의貿易을通ᄒᆞ기

에至ᄒᆞ니라

第二十三 壬午의變

丙子和約의後로 日本이 公使花房義質을 派送ᄒᆞ야 漢城에駐箚ᄒᆞ고 西洋의文明으로、써 勸導ᄒᆞ니 이ᄯᅢ에 大院王이 政權을失ᄒᆞ고家居ᄒᆞᆫ매 外戚閔氏와 軋轢이甚ᄒᆞᆫ中에 朝廷은 財政이乏盡ᄒᆞ야 百官의祿俸과 五營의料布가 累朔愆滯ᄒᆞᆫ즉 무

리怨望이沸騰ᄒᆞ더니 宣惠廳料米頒給ᄒᆞ는際에 적은事故를因ᄒᆞ야 訓鍊都監軍士三人을 죽이고져ᄒᆞ다가 大變을激成ᄒᆞ니라

처음에 모든軍士가三人의寃抑홈을哀訴코져ᄒᆞ야 武衛大將閔謙鎬의家에니르니 謙鎬가잇지아니ᄒᆞᆫ즉 셔로、잇글고도라가는際에 謙鎬의床奴가 墻瓦를더지어一人의머리를치매 流血이面上에입픠니

무리가大怒ᄒᆞ야 謙鎬의집을打破ᄒᆞ고 因
ᄒᆞ야獄에가서 三人의가둠을放釋ᄒᆞᆫ後에
大院王에게 그、일을訴告ᄒᆞ나 王이밧지아
니ᄒᆞ는지라
亂兵等이 곳、大闕에나아가 그、寃痛ᄒᆞᆷ을
直訴ᄒᆞᆫ다揚言ᄒᆞ고 領議政李最應、大將閔謙
鎬、宣惠堂上金輔鉉等을害ᄒᆞ며 我國軍隊訓
鍊ᄒᆞ는敎師、日本陸軍中尉掘本禮造를죽이고

또、日本公使舘을 襲擊ᄒᆞ야、불살으니 朝
廷이 急히淸國의兵을借ᄒᆞ야 亂兵을鎭ᄒᆞ
고 그、首謀를誅ᄒᆞ며 日本에害를加ᄒᆞᆫ緣由
로 償金五十萬圓을出ᄒᆞ고 錦陵尉朴泳孝
로大使를삼아 日本에보내야謝意를表ᄒᆞ나
然ᄒᆞ나 此變의後로브터 日本及淸國이
各其、公使及商民을 保護ᄒᆞ기爲ᄒᆞ야 兵
을漢城에寘ᄒᆞ니 東洋의事가 이로、ᄌᆞ차紛

然ᄒ니라

第二十四 甲申改革의未遂

壬午變亂以後에 日本과淸國의軍士가우리京城에머므르매 風說이、날로盛ᄒ야 人心이定치못ᄒ고 朝廷議論이合지아니ᄒ니 老成ᄒ宰相閔台鎬、閔泳穆、趙寧夏의무리는 淸國의權力을依支ᄒ야 頑固ᄒ、녯法을직히고져ᄒ며 朴泳孝、洪英植、金玉均、徐光範의

무리는 新進少年이라 日本의協助를빌어開明ᄒ、새法을行코져ᄒ매 兩派의分裂ᄒ는禍機가朝夕에잇는지라

李祖淵은本來、朴相國珪壽의門人으로 일즉時局의大勢에通ᄒ지라 兩派의닷톰이國家에利치못홈을근심ᄒ야 中間調停ᄒ는、슈고를잡으매 도로혀 新進ᄒ는、모든사람의疑心ᄒ는바이、되더니 老成ᄒ、모든

사람이 金玉均의무리를構誣ᄒᆞ야 일이
또、叵測ᄒᆞᆫ地境에니르러 少年의몬져ᄒᆞᆫ바、됨
으로 一塲의改革血雨를쁠이니라
밋、鄭征局落成宴을當ᄒᆞ야 朴泳孝、金玉均의
무리가 閔台鎬、閔泳穆、趙寧夏、尹泰駿韓圭稷
의무리를죽이매 李祖淵이 또한 免치못
ᄒᆞ니 이셕에 日本公使가 上命을應ᄒᆞ야
其兵을率ᄒᆞ고 闕內에入ᄒᆞᆫ즉 淸將袁世

凱가 老成人의餘黨을도아 또한 軍士를
잇슬고 大闕을犯ᄒᆞ니 改革黨이 形勢의
對敵지못홈으로敗ᄒᆞ매 洪英植、朴泳敎의
무리는 죽음으로、써 나라를갑고 朴泳孝、
金玉均、徐光範의무리는 뒤를圖謀ᄒᆞ기爲ᄒᆞ
야 日本으로逃亾ᄒᆞ니 이로브터 老成黨
이朝廷權勢를잡고 戚臣이專橫ᄒᆞ야 改革
黨의、남어지사람을 죽이어다ᄒᆞ니라

이變亂에 日本人이 殺害를 被ᄒᆞᆫ者가 多ᄒᆞᆷ
으로 써 朝廷이 償金十一萬圓을 出ᄒᆞ고
修信使徐相雨를 派送ᄒᆞ야 謝意를 致ᄒᆞ니
日本이 淸國과 條約을 結ᄒᆞ야 兩國이 我
國에 派駐ᄒᆞᆫ 兵을 撤歸ᄒᆞ는 事와 또 他日彼此
間一國이 我國에 兵을 派遣ᄒᆞ는 必要잇는 時
는 서로 知照ᄒᆞ는 事를 定ᄒᆞ니 是曰天津條
約이라 甲午의 日淸戰役이 此에 起因ᄒᆞ니

七十八

라

第二十五 甲午改革의 發端

이ᄯᅢ에 東學黨이 地方官의 虐政을 견대
지 못ᄒᆞ야 全羅道에 일어나매 官軍이 자
조 敗ᄒᆞ야 그 形勢가 甚히 猛烈ᄒᆞᆫ지라 戚
臣의 무리가 國家의 大事를 當ᄒᆞ야 茫然히
ᄭᅬ의 나는 바를 아지 못ᄒᆞ고 救援ᄒᆞ는 軍士
를 淸國에 請ᄒᆞᆫ대 淸國이 또한 許諾ᄒᆞ

七十九

니 이는 天津約條에 어긔여 日本軍士도
불음과 갓흠이러라
清兵이 忠清道牙山郡에 陣치고 京城에 들
어오지 아니ᄒᆞ매 日本이 急히 軍士를 京城
에 보내어 根據地를 定ᄒᆞ니 우리 政府가
이에 나라를 그릇ᄒᆞᆫ 모든 사람을 罪주고 清
兵의 撤還ᄒᆞ기를 求호대 應치 아니ᄒᆞ거날
드듸혀 日本으로 더브러 同盟ᄒᆞ야 牙山의

清兵을 쳐서 破ᄒᆞ고 또 平壤에 大戰ᄒᆞ야 清
將 左寶貴를 죽이며 義和君으로 大使를 삼아
日本에 보내야 友好ᄒᆞᆫ 義를 益敦케 ᄒᆞ니
日兵이 이김을 타서 竹을 破ᄒᆞ는 勢로 遼
東城과 旅順口(支那盛京省)를 ᄲᅢᄒᆞᆫ즉 清國의 힘이
窮盡ᄒᆞ야 李鴻章으로ᄒᆞ야금 日本에 和親
을 請求ᄒᆞ야 馬關條約으로 써 우리나라 獨
立을 完成ᄒᆞ니라

金弘集이 總理大臣이되야 朴泳孝、徐光範의무리를召還ᄒᆞ고 外部、內部、軍部、法部、學部、農商工部、度支部를設施ᄒᆞ야 部에大臣을두어 그、일을맛게ᄒᆞ고 前日의百各司는 다、革罷ᄒᆞ며 外道는 二十三府로定ᄒᆞ야 府에觀察使를두고 牧使、府使、縣監、縣令、庶尹、留守、判官의官名을 廢止ᄒᆞ고 다、郡守라稱ᄒᆞ며 兵使、水使、萬戶、僉使、權管、別將、中軍、營將、虞

候의武職도 다、廢止ᄒᆞ야 地方制度를一新改革ᄒᆞ니라

그러나 翌年冬에니르러 改革ᄒᆞ든政府가變更ᄒᆞᆫ매 그、功이中途에곳치니라

第二十六 改革의中止

金弘集이 한、죽음으로 나라를갑흐매 魚允中은 暗殺ᄒᆞ는禍를當ᄒᆞ고 金允植은流刑의厄을免치못ᄒᆞ며 趙義淵、兪吉濬、張博

의무리三十餘人은 日本에 몸을避ᄒᆞ니
이로、브터 政府에法綱이 크게、문어저 賄
賂와請囑이公行ᄒᆞ고 官爵을買賣ᄒᆞ며 또、
頑固ᄒᆞᆫ黨派가 본대改革을 깃거ᄒᆞ지아니
ᄒᆞ는故로 內閣의新制度를變ᄒᆞ야 議政府
의 넷일홈을回復ᄒᆞ나 世界의公論을두려
ᄒᆞ야 敢히 一切、變更치못ᄒᆞ고 其中에
連坐ᄒᆞ는惡法은 다시 舊에復ᄒᆞ지못ᄒᆞ니

라

第二十七 國號의改稱

金弘集內閣ᄯᅢ에 大年號를세워서 開國五
百五年으로 建陽元年을삼고 太陽曆을行
ᄒᆞ얏더니 其後에 上이 皇帝의稱號로、써
大王의稱號를대신ᄒᆞ시고 因ᄒᆞ야 年號
를 光武이라ᄒᆞ시며 國號를 大韓이라곳
치시니라

第二十八 日本과의新協約

金弘集의 죽은後十餘年間에 內治는 그、道를일코 外交는 그、方策을그릇ᄒᆞ야 國家의危殆홈이 極盡ᄒᆞ더니 밋、甲辰春에 日本이 俄羅斯의 東方經營을反對ᄒᆞ야 兵力으로、써 그、慾心을抑制ᄒᆞᆯ새 仁川바다에서 그、軍艦三隻을ᄭᆡ타리고 連ᄒᆞ야 陸地싸홈에長驅大進ᄒᆞ야 旅順口를陷落ᄒᆞ고

八十六

奉天城을取ᄒᆞ매 合衆國의紹介로 日本과俄羅斯의兩國이 平和ᄒᆞ는約條를定ᄒᆞ니라

此戰爭이起ᄒᆞ매 朝廷이 東洋의平和를確立ᄒᆞ기爲ᄒᆞ야 我國의富强을協助ᄒᆞ는意로 日本과條約을結ᄒᆞ야 兩國의親密ᄒᆞᆫ交誼를協定ᄒᆞ니 是는 乙巳의五條約이라謂ᄒᆞ나니라

八十七

第二十九 今上陛下의登極

光武十一年에 皇帝게오서 大位를皇太子에게傳ᄒᆞ시니 皇太子게오서 辭讓ᄒᆞ샤、엇지못ᄒᆞ시고 이에 皇帝位에나아가샤 元年을隆熙라ᄒᆞ시고 皇帝를놉히어갈오샤대 太皇帝라ᄒᆞ시니라

我政府가 日本으로더브러 다시、七條協約을定ᄒᆞ며 日本의派駐ᄒᆞᄂᆞᆫ 統監의指導를

受ᄒᆞ고 또、日本人이 大韓의官吏됨을어드니라

이에 日本에避ᄒᆞ얏든諸臣의 無罪홈을밝혀서 다、召還ᄒᆞ고 또、大赦令을나리어 開國以來의 國事犯罪名잇는者를 다、蕩滌ᄒᆞ니라

第三十 皇太子의日本留學

上이 位에나아가샤 第三皇弟英親王을封

ᄒᆞ야 皇太子를삼으시니 太子게오서 寶齡이十一이라 狀貌가雄偉ᄒᆞ시며 才質이聰明ᄒᆞ샤 恆常戲弄에 軍士의操鍊을됴하ᄒᆞ시며 또學問을부지런히ᄒᆞ시고 글시쓰시기를잘ᄒᆞ시니 民心이歸附ᄒᆞ야 서로말삼ᄒᆞ대 우리나라에 大聖人이나셧다ᄒᆞ야서로하례ᄒᆞ며 서로경사ᄒᆞ더라

隆熙元年十一月에 上이 皇太子를命ᄒᆞ샤

日本에 留學ᄒᆞ라ᄒᆞ시고 日本國元老大臣伊藤博文으로 太師를삼으샤써 扈衛ᄒᆞ야行ᄒᆞ게ᄒᆞ시니 日本皇帝게서도 大喜ᄒᆞ샤 우리皇太子를 禮遇ᄒᆞ심이甚重ᄒᆞ시니라

第三十一 地方巡狩

隆熙三年一月에 上이詔書를나리샤 民間疾苦를親히삶히시는聖意로 地方巡狩ᄒᆞ

는禮를닥그시니 이는 國朝五百年來의
初有ᄒᆞᆫ盛典이라 一月七日에 瀛車를御ᄒᆞ
샤 南으로京釜鐵道를由ᄒᆞ야 大丘郡에停
宿ᄒᆞ시고 釜山港을經ᄒᆞ샤 馬山浦에臨ᄒᆞ
시니 各部大臣이扈從ᄒᆞ고 統監公爵伊藤
博文이 또한班外로、써 조차行ᄒᆞ니라
地方의人民이 隆冬時節에 玉駕의巡幸ᄒᆞ
심을 더욱、感激ᄒᆞ야 忠愛ᄒᆞ는誠意로祗迎

ᄒᆞ야 經過ᄒᆞ시는、곳마다 男女老少가 萬
歲를呼ᄒᆞ고 路傍에環拜ᄒᆞ니 上이停車
場에至ᄒᆞ신즉 爲ᄒᆞ야車窓을開ᄒᆞ샤 天顔
을仰瞻케ᄒᆞ시고 또、父老를召見ᄒᆞ샤 諄諄
히德音을下ᄒᆞ시며 停宿ᄒᆞ시는行在所에도
官民을召集ᄒᆞ야 拜謁을許ᄒᆞ시고 內帑
金을下ᄒᆞ샤 各學校에賜ᄒᆞ야 敎育을勸ᄒᆞ
시고 農商業團體에頒ᄒᆞ야 實業을奬ᄒᆞ시

니라
日本國 天皇게서는 艦隊를特派ᄒᆞ샤 我
聖上의天覽에 供케ᄒᆞ시고 親電으로、써
盛典을賀ᄒᆞ시니 兩國 皇室의親交가 敦
睦을益加ᄒᆞ시미 또、我國에居留ᄒᆞ는日本
官民等은 亦皆誠心으로 祗迎ᄒᆞ는意를奉
表ᄒᆞ니 兩國人民의 相愛ᄒᆞ는情이 是로
由ᄒᆞ야愈密ᄒᆞ니라

凡、六日을經ᄒᆞ샤 漢城에還御ᄒᆞ시고 越、二
十日에 西巡ᄒᆞ시는命을降ᄒᆞ샤 一月二十
七日에京義鐵道로 開城을經ᄒᆞ야 平壤郡
에停宿ᄒᆞ시고 新義州及義州等地에臨ᄒᆞ시
며 還御ᄒᆞ시는路에 開城에停宿ᄒᆞ시고
其、明日에 大駕가漢城에還ᄒᆞ시니 凡、八日
이라 地方人民의 祗迎ᄒᆞ는歡意가 南巡
ᄒᆞ시든時와갓ᄒᆞᆫ中에 西路에는學校의設

立이 甚多ᄒᆞᆫ故로 學徒의祗迎이盛壯ᄒᆞ며
且內帑金으로 敎育及實業을勸奬ᄒᆞ신일
도 처음과갓치ᄒᆞ시니라
西南巡幸ᄒᆞ신後로 地方人民이 聖上의恩
德을感泣ᄒᆞ야 國法을犯ᄒᆞ든暴徒도 歸順
ᄒᆞ는者가相繼ᄒᆞ며 且斷髮令이下호대 頑
迷不從ᄒᆞ는者가多ᄒᆞ더니 聖上의戎裝으
로髮을理ᄒᆞ신 天儀를仰瞻ᄒᆞ고 卽地其髮

을斷ᄒᆞ야 改革ᄒᆞ시는 聖意를 奉體ᄒᆞ는
者가甚衆ᄒᆞ니라

第三十二 東籍田의親耕

是歲春四月에 親耕ᄒᆞ시는命을下ᄒᆞ시고
五日로써 東籍田에 親臨ᄒᆞ시니 太皇帝
親耕ᄒᆞ신後四十一年에 初見ᄒᆞ는盛典이라
萬乘의至尊ᄒᆞ심으로 農夫의事를 賤타
아니시고 玉手로써 親히耒耜를잡으시며

種子를ᄲᅳᆯ이시니 百姓사랑ᄒᆞ시는至仁盛德이 稼穡의艱難을알고져ᄒᆞ심이라 臣民되는者가 엇지感激지아니리오 都下士民이 籍田을環衛ᄒᆞ야 盛儀를仰瞻ᄒᆞᆯ새 男女老少의萬歲歡呼ᄒᆞ는聲이 天地를震動ᄒᆞ는中에 各學校의學徒等은 親耕歌를唱ᄒᆞ야 手舞足蹈ᄒᆞ는誠心懽意가 詞曲間에藹然ᄒᆞ더라

是夜에 細雨가霏霏ᄒᆞ야 春旱에乾燥ᄒᆞᆫ土壤을沾濕ᄒᆞ니 人民이爲ᄒᆞ야 일홈ᄒᆞ야갈오대 潤種雨(종자축이는비)라ᄒᆞ더라

親耕ᄒᆞ신後에 皇后게서 親蠶을行ᄒᆞ시니 國中臣民이셔로告ᄒᆞ야 聖德의廣大ᄒᆞ심을感泣ᄒᆞ야 男耕女織ᄒᆞ는業을더욱勤勉ᄒᆞᆷ으로 萬分의一이라도 報答ᄒᆞ기를勸ᄒᆞ더라

근대 한국학 교과서 총서 7 | 역사과 |

초판인쇄 2022년 04월 11일
초판발행 2022년 04월 25일

편　　자 성신여대 인문융합연구소
발 행 인 윤석현
발 행 처 제이앤씨
책임편집 최인노
등록번호 제7-220호

우편주소 서울시 도봉구 우이천로 353 성주빌딩
대표전화 02) 992 / 3253
전　　송 02) 991 / 1285
전자우편 jncbook@hanmail.net

ISBN 979-11-5917-208-3 94370　　정가 48,000원
979-11-5917-201-4 (Set)